쎄듀 01(공일)은 공무원 1회 응시 합격을 목표로 합니다!

펴낸이	김기훈 · 김진희
펴낸곳	쎄듀 01 / 서울시 강남구 논현로 305 (역삼동)
발행일	2019년 8월 31일 초판 1쇄
내용문의	cafe.naver.com/kihoonenglish
구입문의	콘텐츠 마케팅 사업본부
	Tel. 02-6241-2007
	Fax. 02-2058-0209
등록번호	제 2018-000355호
ISBN	979-11-90020-09-1
	979-11-90020-08-4(세트)

First Published Copyright ⓒ 2021 by CEDU 01 Inc.
All rights reserved. No part of this publication may be reproduced, stored in a retrieval system, or transmitted in any form or by any means, electronic, mechanical, photocopying, recording, or otherwise, without the prior permission of the copyright owner.
본 교재의 독창적인 내용에 대한 일체의 무단 전재 · 모방은 법률로 금지되어 있습니다. 파본은 교환해 드립니다.

공무원

어휘 끝

WORD COMPLETE

테마북

저자

김기훈 성균관대학교 졸업
  現 ㈜쎄듀 대표이사, 대표 저자
     공단기 공무원 영어 강사
     메가스터디, 메가잉글리시(TOEIC, 교양영어), 엠베스트 영어과 대표 강사
     유료 누적 수강생 400만 돌파
     천일문 시리즈 등 정식 출간 영어교재 100종 이상, 누적 판매 부수 1000만 부 돌파
  前 서울특별시 교육청 외국어(영어) 교육 자문위원(2009~2011)
     고려대 교육대학원 영어교육과 초빙 강사
     2018 KOTESOL(대한영어교육학회)에서 세계적 석학 Stephen Krashen 등과
     'Focus on Fluency' 주제로 영어교육학 공동 강연
     서울시, 인천시 영어 1급 정교사 교수법 연수 특강 강사
     경희대, 중앙대, 이화여대 등 주요 대학 TOEFL, TOEIC, Vocabulary 특강 강사
     한국경제신문 영어 칼럼니스트
     미국 시사주간지 TIME, 일간지 The Wall Street Journal 대한민국 대표 영어 강사로 인터뷰
     방송 CBS Evening News, 독일 경제지 Kapital 등에 대한민국 대표 영어 강사로 인터뷰
     재능방송 영어 교수법 특강
     tvN 공부의 비법 제1기 최고 시청률 기록
     KBS FM 굿모닝 팝스 DJ
     KBS 추적 60분, 조선일보 사설, 중앙일보 특집기사,
     Arirang TV News 등 대한민국 유수 언론에 대한민국 1타 강사로 기사 게재
  저서 | 공무원 천일문 시리즈, 공무원 기본서 이기다 시리즈, 공무원 하다, 공무원 해내다, 공수하다,
          공무원 풀리다 시리즈, 공무원 영어 시험빈출 문법 구문 RANK 150, 천일문 시리즈, 어법끝, 어휘끝,
          쎄듀 본영어 등

쎄듀 영어교육연구센터
쎄듀 영어교육센터는 영어 컨텐츠에 대한 전문지식과 경험을 바탕으로
최고의 교육 컨텐츠를 만들고자 최선의 노력을 다하는 전문가 집단입니다.

오혜정 센터장 · 조현미 선임연구원 · 김수현 주임연구원
장정문 주임연구원 · 김민아
한예희 선임연구원 · 장혜승 주임연구원 · 구민지 주임연구원
인지영 선임연구원 · 최세림 주임연구원

마케팅	콘텐츠 마케팅 사업본부
영업	문병구
제작	정승호
인디자인 편집	올댓에디팅
디자인	이연수, 윤혜영
삽화	그림숲
영문교열	Adam Miller

어휘력이 폭발적으로 늘다
WORD COMPLETE

Contents

테마북

독해기본어휘 1000
① 고빈출 필수 어휘 0001-0934 ... 006
② 제2, 3 뜻으로 잘 쓰이는 어휘 0935-0976 ... 049
③ 의미에 주의해야 할 기출 파생어 0977-1000 ... 053

DAY		THEMES	PAGE
DAY 01	삶, 죽음, 생물	탄생, 성장 / 삶, 생명 / 죽음 / 생물 / 동식물 / 생태	055
DAY 02	사람, 사회, 가족	무리 / 시민화 / 정치, 사회(현상) / 계급 / 결혼과 가족	067
DAY 03	법, 통치, 범죄, 재판	법 / 통치 / 범죄 / 처벌 / 재판	077
DAY 04	자연(현상), 날씨, 재해, 우주	자연(현상) / 날씨, 기후 / 재해 / 우주 / 불, 빛	087
DAY 05	존재, 변화	존재 / 변화 / 보이다 / 숨기다 / 비어 있는 / 풀다	099
DAY 06	정신, 의식, 믿음, 종교	정신, 의식 / 악한, 거짓된 / 믿음, 사상 / 종교, 신앙 / 종교인 / 종교의식	109
DAY 07	감각, 지각	시각 / 보다 / 색깔, 빛깔 / 청각 / 후각, 미각 / 촉각 / 통증, 간지럼증 / 지각 / 낙관, 비관	119
DAY 08	분위기, 감정, 태도	분위기 / 감정, 기분 / 근심, 괴로움 / 공포, 충격 / 선호, 애정 / 혐오 / 태도, 성격	129
DAY 09	언어, 말, 이해, 숭배, 진취	언어, 말 / 읽다, 쓰다 / 글 / 표시 / 이해, 의식 / 숭배, 존경 / 진전, 진취	139
DAY 10	말, 생각, 애도	말하다 / 선언하다, 알리다 / 생각하다, 이해하다 / 반박하다 / 비판하다 / 한탄하다, 애도하다 / 조롱하다	149
DAY 11	소리, 설득, 직업	소리, 목소리 / 노래, 음악 / 설득하다 / 조성하다 / 비난하다 / 직업	157
DAY 12	묘사, 장애(물)	인물 묘사 / 모양 / 크기, 길이, 높이 / 장애(물) / 악화, 고통	165
DAY 13	형태, 모양 변화	형태, 모양 / 비슷한, 구부러진 / 모양 변화 / 감다 / 자르다 / 정렬, 정돈 / 정점	175
DAY 14	숫자, 시간	숫자, 수학 / 많음, 적음 / 시대 / 시간의 흐름 / 오래된 것	185
DAY 15	신체, 생명 유지	신체, 체형 / 뼈, 혈관 / 피부 / 근육, 내장기관 / 얼굴 / 생명 유지, 생리현상 / 질병, 치료	193
DAY 16	걷다, 싸움, 실수	공간 / 걷다 / 달리다 / 싸우다 / 실수, 좌절	203
DAY 17	상업, 의류, 의심	상업, 무역 / 판매 / 의류 / 의심, 괴롭힘 / 반복, 재빠름 / 건강함, 약함	211
DAY 18	액체, 풍부, 시도, 도구	액체의 성질 / 풍부하다 / 시도하다 / 달래다, 질책하다 / 도구 / 부품	221
DAY 19	소유, 상태, 물질	거주지, 주거 형태 / 소유, 압류 / 태도, 자세 / 관계, 성격 / 상황, 상태 / 가난 / 금속, 광물 / 물질	231
DAY 20	오다, 가다, 발생, 약속	발생, 기원 / 교통수단 (항공, 해양, 지상) / 높낮음 / 협정 / 피하다	241
DAY 21	보내다, 가지고 있다, 지속, 중단	보내다, 받다, 경직된 / 가지고 있다 / 출현, 발산 / 지속 / 자제, 중단	251
DAY 22	주다, 놓다, 태만	주다 / 알려주다 / 지불하다 / 대갚음 / (한 데) 놓다 / 태만	261
DAY 23	손 행동, 분류하다, 군대	던지다 / 치다 / 기타 손 행동 / 분류하다 / 군대 / 전쟁 / 공격 / 충돌 / 평화, 조화	271
DAY 24	표현, 손상, 기술	표정, 표현 / 억압, 단절 / 혼란 / 손상 / 악동 / 기술 / 장식 / 섬유, 인쇄	281
DAY 25	끌다, 유인, 암시, 경작	끌다, 나르다 / 유인, 유도 / 지도, 인도 / 학습 / 암시, 함축 / 경작	291
DAY 26	기만, 열망, 연회	기만, 비밀 / 열망 / 연회 / 먹다, 마시다 / 식성 / 요리 / 음식	301
DAY 27	측정, 단위, 유사	단위 / 유사한 / 다른 / 단일한 / 구별된 / 균형, 평정 / 마비, 무기력	311
DAY 28	움직임, 위치	움직임, 이동 / 동작 / 가벼운 동작 / 위치, 방향(위아래) / 위치, 방향(증감) / 위치, 방향(경감) / 위치 / 방향 (가운데, 반대)	321
DAY 29	시작, 만들다, 일하다, 이익	시작, 계획 / 만들다 / 세우다 / 일하다 / 이익, 효과	331
DAY 30	연결, 힘, 살피다	연결, 결합 / 분리, 파열 / 부패, 부식 / 힘을 싣다 / 살피다, 살펴보다 / 만족, 불만족	341

Sample Scheduler 테마북

6주 완성 1일 약 50개(표제어 기준) | 1주일 250개

	/ (月)	/ (火)	/ (水)	/ (木)	/ (金)	/ (土) / (日)
Week ①	**Day 01** ☐ 본문 ☐ MP3 ☐ RVT7	**Day 02** ☐ 본문 ☐ MP3 ☐ RVT7	**Day 03** ☐ 본문 ☐ MP3 ☐ RVT7	**Day 04** ☐ 본문 ☐ MP3 ☐ RVT7	**Day 05** ☐ 본문 ☐ MP3 ☐ RVT7	**Review** ☐ 어휘출제프로그램 ☐ RVT7 - 미암기 테스트
Week ②	**Day 06** ☐ 본문 ☐ MP3 ☐ RVT7	**Day 07** ☐ 본문 ☐ MP3 ☐ RVT7	**Day 08** ☐ 본문 ☐ MP3 ☐ RVT7	**Day 09** ☐ 본문 ☐ MP3 ☐ RVT7	**Day 10** ☐ 본문 ☐ MP3 ☐ RVT7	**Review** ☐ 어휘출제프로그램 ☐ RVT7 - 미암기 테스트
Week ③	**Day 11** ☐ 본문 ☐ MP3 ☐ RVT7	**Day 12** ☐ 본문 ☐ MP3 ☐ RVT7	**Day 13** ☐ 본문 ☐ MP3 ☐ RVT7	**Day 14** ☐ 본문 ☐ MP3 ☐ RVT7	**Day 15** ☐ 본문 ☐ MP3 ☐ RVT7	**Review** ☐ 어휘출제프로그램 ☐ RVT7 - 미암기 테스트
Week ④	**Day 16** ☐ 본문 ☐ MP3 ☐ RVT7	**Day 17** ☐ 본문 ☐ MP3 ☐ RVT7	**Day 18** ☐ 본문 ☐ MP3 ☐ RVT7	**Day 19** ☐ 본문 ☐ MP3 ☐ RVT7	**Day 20** ☐ 본문 ☐ MP3 ☐ RVT7	**Review** ☐ 어휘출제프로그램 ☐ RVT7 - 미암기 테스트
Week ⑤	**Day 21** ☐ 본문 ☐ MP3 ☐ RVT7	**Day 22** ☐ 본문 ☐ MP3 ☐ RVT7	**Day 23** ☐ 본문 ☐ MP3 ☐ RVT7	**Day 24** ☐ 본문 ☐ MP3 ☐ RVT7	**Day 25** ☐ 본문 ☐ MP3 ☐ RVT7	**Review** ☐ 어휘출제프로그램 ☐ RVT7 - 미암기 테스트
Week ⑥	**Day 26** ☐ 본문 ☐ MP3 ☐ RVT7	**Day 27** ☐ 본문 ☐ MP3 ☐ RVT7	**Day 28** ☐ 본문 ☐ MP3 ☐ RVT7	**Day 29** ☐ 본문 ☐ MP3 ☐ RVT7	**Day 30** ☐ 본문 ☐ MP3 ☐ RVT7	**Review** ☐ 어휘출제프로그램 ☐ RVT7 - 미암기 테스트

독해기본어휘 1000
❶ 고빈출 필수 어휘 0001-0934

WORD	MEANING	EXAMPLE
0001 **aboard** [əbɔ́ːrd]	부전 탑승하여, 승선하여	to go **aboard** the plane 비행기에 탑승하다
0002 **abroad** [əbrɔ́ːd]	부 해외에(서), 해외로	to go **abroad** on business 사업차 해외로 가다
0003 **absent** [ǽbsənt]	형 1 결석한, 결근한 2 없는, 결여된 3 멍한	to be **absent** from school 학교에 결석하다 an **absent** expression 멍한 표정
0004 **accuse** [əkjúːz]	타 1 고발[기소]하다 2 비난하다	to **accuse** him of theft 그를 절도 혐의로 기소하다
0005 **ache** [eik]	자 아프다 명 아픔, 통증	an **ache** in the shoulder 어깨에 생긴 통증
0006 **achieve** [ətʃíːv]	자타 달성하다, 해내다	to **achieve** academic goals 학업 목표를 달성하다
0007 **achievement** [ətʃíːvmənt]	명 성취, 업적	a high level of **achievement** 높은 수준의 성취도
0008 **addition** [ədíʃən]	명 1 추가, 추가된 것 2 덧셈	the latest **addition** to the best-selling series 가장 잘 팔리는 시리즈에 최근 추가된 것(= 최신품)
0009 **additional** [ədíʃənl]	형 추가의	**additional** information 추가 정보
0010 **additive** [ǽdətiv]	명 첨가물, 첨가제	food **additives** 식품 첨가물
0011 **addressee** [ædresíː]	명 수신인	the **addressee** of a letter 편지의 수신인
0012 **adjective** [ǽdʒiktiv]	명 형용사	**adjectives** modifying nouns 명사를 수식하는 형용사
0013 **advantageous** [ædvəntéidʒəs]	형 이로운, 유리한	an **advantageous** position 유리한 입장
0014 **adventurous** [ədvéntʃərəs]	형 모험심이 강한, 모험적인	an **adventurous** spirit 모험적 정신
0015 **affair** [əfέər]	명 일, 사건, 문제	a family **affair** 가족 간의 일[문제]
0016 **afford** [əfɔ́ːrd]	타 1 여유[형편]가 되다 2 《부정형》 ~하면 안 되다 3 제공하다	not to be able to **afford** any more delays 더 이상 지체하면 안 되다 to **afford** the opportunity 기회를 제공하다
0017 **affordable** [əfɔ́ːrdəbl]	형 살 만한 가격의, (가격이) 적당한	**affordable** housing 살 만한 가격의 주택
0018 **aid** [eid]	명 1 도움, 지원 2 보조 기구 자타 돕다	economic **aid** 경제적 지원 a hearing **aid** 보청기
0019 **aim** [eim]	명 1 겨냥, 조준 2 목적, 목표 타 목표로 하다	the ultimate **aim** 궁극적인 목적 to **aim** at a 20% reduction of expense 지출의 20% 감소를 목표로 하다
0020 **aisle** [ail]	명 통로	an **aisle** seat 통로 쪽 좌석
0021 **alcohol** [ǽlkəhɔ̀(ː)l]	명 술, 알코올	an **alcohol** problem 술 문제, 음주 문제

WORD	MEANING	EXAMPLE
0022 **alcoholic** [ǽlkəhɔ́:lik]	형 술의, 알코올이 든	**alcoholic** beverages 알코올이 든 음료, 주류
0023 **allergic** [ələ́ːrdʒik]	형 1 (~에 대해) 알레르기가 있는 《to》 2 알레르기(성)의	an **allergic** reaction 알레르기 반응
0024 **allergy** [ǽlərdʒi]	명 알레르기	to have an **allergy** to cat's fur 고양이 털에 알레르기가 있다
0025 **allowance** [əláuəns]	명 1 허용, 허락, 허가 2 용돈 3 (세금) 공제액	baggage **allowance** 수하물 허용량 the tax **allowance** 세금 공제액
0026 **anew** [ənjúː]	부 (처음부터) 다시, 새롭게	to put the past behind him and start **anew** 과거를 청산하고 새롭게 시작하다
0027 **ankle** [ǽŋkl]	명 발목	to sprain your **ankle** 발목을 삐다
0028 **approach** [əpróutʃ]	자 타 다가가다, 다가오다 타 (~에) 육박하다, 근접하다 명 접근(법)	to **approach** a million people 백만 명에 육박하다 a traditional **approach** 전통적인 접근법
0029 **appropriate** [əpróupriət]	형 적절한, 적합한(↔ inappropriate 부적절한)	an **appropriate** measure 적절한 조치
0030 **arcade** [ɑːrkéid]	명 1 아케이드, 상점가 《양쪽에 상점이 늘어선 도로》 2 오락실	a shopping **arcade** 쇼핑 아케이드 **arcade** games 오락실 게임들
0031 **arise** [əráiz]	자 1 발생하다 2 (잠자리에서) 일어나다	a new problem that has recently **arisen** 최근 발생한 새로운 문제
0032 **arrival** [əráivəl]	명 1 도착(↔ departure 출발) 2 도래, 도입	the **arrival** of new technology 신기술의 도입
0033 **arrow** [ǽrou]	명 1 화살 2 화살표	to shoot an **arrow** 화살을 쏘다
0034 **article** [ɑ́ːrtikl]	명 1 (신문 등의) 기사 2 (법률 문서의) 조항 3 물품, 물건, (같은 품목의) 한 개	a magazine **article** 잡지 기사 **Article** 3 of the U.S. Constitution 미국 헌법 제3조 an **article** of clothing 의류 한 점
0035 **ash** [ǽʃ]	명 1 재, 잿더미 2 유골	volcanic **ash** 화산재 the **ashes** of the dead 죽은 사람의 유골
0036 **aspect** [ǽspekt]	명 측면, 양상, 방향	all **aspects** of city life 도시 생활의 모든 측면
0037 **associate** [əsóuʃieit]	타 연상하다, 연관시키다 자 (좋지 않은 사람과) 어울리다 《with》 형 [əsóuʃiət] 제휴한 명 [əsóuʃiət] (일 등에서의) 동료	the problems **associated** with cancer treatment 암 치료와 연관된 문제들 an **associate** company in China 중국에 있는 제휴 회사
0038 **attach** [ətǽtʃ]	타 1 붙이다, 첨부하다 2 부속시키다 《to》	to **attach** a file to an e-mail 파일을 이메일에 첨부하다
0039 **attack** [ətǽk]	타 1 공격하다 2 비난하다 명 1 공격 2 비난	an article **attacking** the judges 판사들을 비난하는 기사 shark **attacks** 상어의 공격
0040 **attic** [ǽtik]	명 다락(방)	an old piano stored in the **attic** 다락에 보관된 오래된 피아노 한 대
0041 **attitude** [ǽtitjùːd]	명 태도, 자세, 사고방식	a positive **attitude** 긍정적인 태도

WORD	MEANING	EXAMPLE
0042 **automobile** [ɔ́ːtəməbìːl]	명 자동차	the **automobile** industry 자동차 산업
0043 **await** [əwéit]	타 기다리다	to **await** trial 재판을 기다리다
0044 **awaken** [əwéikən]	자타 1 (잠에서) 깨다, 깨우다 2 (감정이) 일다, 불러일으키다	to **awaken** popular interest 대중의 관심을 불러일으키다
0045 **aware** [əwɛ́ər]	형 1 (~을) 알고 있는, 의식하고 있는 2 눈치챈(↔ unaware 1 알지 못하는 2 눈치 못 챈)	to be **aware** that someone is following me 누군가가 나를 따라오는 것을 눈치채다
0046 **awe** [ɔː]	명 경외심 타 경외감을 불러일으키다	to gaze at the statue in **awe** 경외심을 갖고 동상을 바라보다
0047 **awesome** [ɔ́ːsəm]	형 1 경탄할 만한, 엄청난 2 막중한	**awesome** beauty 경탄할 만한 아름다움 an **awesome** responsibility 막중한 책임
0048 **awkward** [ɔ́ːkwərd]	형 1 (기분이) 어색한 2 (처리하기) 곤란한 3 서투른	an **awkward** silence 어색한 침묵 **awkward** at dancing 춤에 서투른
0049 **bacteria** [bæktíəriə]	명 박테리아, 세균	to grow **bacteria** 세균을 배양하다
0050 **bacterial** [bæktíəriəl]	형 박테리아의, 세균의	a **bacterial** infection 세균성 감염
0051 **balcony** [bǽlkəni]	명 발코니(석)	a room with a **balcony** 발코니가 있는 방
0052 **bang** [bæŋ]	타 쾅하고 닫다, 세게 치다 명 쾅하는 소리	to **bang** the door 문을 쾅하고 닫다
0053 **bare** [bɛər]	형 벌거벗은, 맨- 타 드러내다, 노출시키다	**bare** feet 맨발 to **bare** your soul 속마음을 드러내다
0054 **bargain** [báːrɡən]	명 1 (정상가보다) 싸게 사는 물건 2 흥정, 합의 자 흥정[합의]하다	to **bargain** about the price 가격을 흥정하다
0055 **bark** [baːrk]	자 (개가) 짖다 자타 버럭 외치다 (out) 명 나무껍질	to **bark** out an order 버럭 외쳐서 명령하다
0056 **barley** [báːrli]	명 보리	a lot of wheat and **barley** 많은 밀과 보리
0057 **barn** [baːrn]	명 헛간, 축사	a former **barn** 예전 헛간
0058 **basement** [béismənt]	명 지하층, 지하실	a **basement** apartment 아파트 지하층
0059 **bay** [bei]	명 1 만(灣) 2 구역	San Francisco **Bay** San Francisco 만 a loading **bay** 선적 구역
0060 **bearable** [bɛ́ərəbl]	형 견딜 만한, 참을 만한	**bearable** levels 견딜 만한 수준
0061 **beast** [biːst]	명 짐승, 야수	wild **beasts** 야생 짐승들
0062 **beat** [biːt]	자 1 (심장이) 뛰다 타 1 때리다, 두드리다 2 이기다, 패배시키다 명 1 박자, 장단 2 고동, 박동	the heart that **beats** fast 빠르게 뛰는 심장 to **beat** the other team 2 to 1 상대 팀을 2대 1로 이기다
0063 **behalf** [bihǽf]	명 1 이익, 지지 2 《on ~》 대신, 대표 《of》	on **behalf** of the entire company 회사 전체를 대표하여
0064 **behavioral** [bihéivjərəl]	형 행동(상)의, 행동에 관한	**behavioral** problems 행동상의 문제

WORD	MEANING	EXAMPLE
0065 **belong** [bilɔ́:ŋ]	자 (~의) 소유이다, (~에) 속하다 ((to))	the members who **belong** to the club 모임에 속한 회원들
0066 **belongings** [bilɔ́:ŋiŋz]	명 소유물, 소지품	personal **belongings** 개인 소지품
0067 **bend** [bend]	자 타 구부러지다, (몸을) 굽히다 명 굽은 곳	to **bend** over to pick up a coin 동전을 주우려고 몸을 굽히다
0068 **bet** [bet]	자 타 1 돈을 걸다 2 ~이 틀림없다, 장담하다 명 내기 (돈)	to **bet** $50 on horse racing 경마에 50달러를 걸다 to **bet** you that Tom won't come Tom은 오지 않을 거라고 **장담한다**
0069 **betray** [bitréi]	타 1 배신하다, 배반하다 2 (비밀을) 누설하다	to **betray** a secret to another 남에게 비밀을 누설하다
0070 **betrayal** [bitréiəl]	명 배신, 배반	a sense of **betrayal** 배신감
0071 **beware** [biwɛ́ər]	자 조심하다, 주의하다 ((of))	to **beware** of icy roads 빙판길을 조심하다
0072 **bias** [báiəs]	명 1 편견, 선입견 2 성향 타 (~에) 편견을 갖게 하다	a **bias** against women 여성에 대한 편견 to have a strong artistic **bias** 예술적 성향이 강하다
0073 **bid** [bid]	명 입찰(가) 자 타 1 (경매에서) 값을 부르다 2 응찰하다	to **bid** $200 for a vase 화병에 200달러를 부르다
0074 **bitter** [bítər]	형 1 (맛이) 쓴 2 쓰라린, 고통스러운 3 (날씨가) 매서운	a **bitter** taste 쓴맛 to weep **bitter** tears 쓰라린 눈물을 흘리다
0075 **blame** [bleim]	타 (~의) 책임으로 보다, 탓하다 명 책임, 책망	to **blame** me for being late 늦은 것을 내 **책임**으로 보다
0076 **blasting** [blǽstiŋ]	명 폭파, 발파	the noise of the **blasting** 발파로 인한 소음
0077 **bleed** [bli:d]	자 피를 흘리다, 피가 나다	to **bleed** heavily 심하게 피를 흘리다
0078 **blend** [blend]	자 타 1 섞이다, 혼합하다 2 조화되다, 융합하다	the tradition that **blends** into modern styles 현대적인 방식에 융합된 전통
0079 **blind** [blaind]	형 1 눈이 먼, 맹인인 2 맹목적인	to go **blind** 눈이 멀게 되다 **blind** faith 맹목적인 신앙, 맹신
0080 **blindly** [bláindli]	부 1 앞이 안 보이는 채 2 맹목적으로, 무턱대고	to stumble **blindly** in the dark 어둠 속에서 앞이 안 보이는 채로 비틀거리다 to **blindly** copy American styles 맹목적으로 미국 스타일을 따라 하다
0081 **blink** [bliŋk]	자 타 눈을 깜박이다 자 (불빛이) 깜박거리다 명 깜박거림	to **blink** one's eyes 눈을 깜박이다 a **blinking** warning light 깜박거리는 경고등
0082 **bloom** [blu:m]	명 꽃(= flower) 자 꽃을 피우다, 꽃이 피다(= blossom)	trees that **bloom** in the spring 봄에 꽃이 피는 나무들
0083 **blossom** [blásəm]	명 (나무 전체에 핀) 꽃 자 1 꽃이 피다(= bloom) 2 (사업, 사랑 등이) 꽃피다, 번창하다	lotus **blossom** 연꽃 a **blossoming** romance 꽃피는 로맨스
0084 **blush** [blʌʃ]	자 얼굴이 빨개지다, 부끄러워하다 명 얼굴이 붉어짐	to **blush** at the compliment 칭찬에 얼굴이 빨개지다

	WORD	MEANING	EXAMPLE
0085	**boarding** [bɔ́ːrdiŋ]	명 1 길게 잇댄 판자, 널빤지 2 탑승, 승선 3 기숙, 하숙	a **boarding** pass 탑승권 a **boarding** house 하숙집
0086	**bodily** [bάdəli]	형 신체의	**bodily** functions 신체적 기능, 신진대사
0087	**bold** [bould]	형 1 용감한, 과감한 2 강렬한, 선명한 3 볼드체의	a **bold** move 과감한 조치 **bold** stripes 강렬한 줄무늬
0088	**boldly** [bóuldli]	부 대담하게, 뻔뻔스럽게	to act **boldly** 대담하게 행동하다
0089	**boost** [buːst]	타 신장[증대]시키다, 북돋우다	to **boost** profits 이익을 증대시키다
0090	**booster** [búːstər]	명 1 (자신감 등을) 높이는 것, 촉진제 2 후원자	a confidence **booster** 자신감을 높이는 것 the football team's **boosters** 그 축구팀의 후원자들
0091	**booth** [buːθ]	명 (칸막이를 한) 작은 공간, 부스	one of the food **booths** 음식 판매 부스 중의 하나
0092	**border** [bɔ́ːrdər]	명 1 국경(선), 경계(선) 2 가장자리, 테두리	to cross the **border** 국경을 넘다 writing paper with a green **border** 녹색 테두리가 있는 편지지
0093	**bossy** [bɔ́si]	형 권위적인, 으스대는	to be too **bossy** 지나치게 권위적이다
0094	**bother** [bάðər]	타 귀찮게 하다, 방해하다 자타 걱정하다, 신경 쓰이게 하다	to **bother** a person with questions 어떤 사람을 질문으로 귀찮게 하다
0095	**bothersome** [bάðərsəm]	형 성가신, 짜증나게 하는	**bothersome** noise 성가신 소음
0096	**bounce** [bauns]	자타 (공이) 튀다, 튀기다 자 깡충깡충 뛰다 명 튀어 오름	the ball that **bounces** off the wall 벽을 맞고 튀는 공 to **bounce** on the bed 침대 위에서 깡충깡충 뛰다
0097	**bouquet** [boukéi, buːkéi]	명 부케, 꽃다발	a large **bouquet** of flowers 큰 꽃다발
0098	**boycott** [bɔ́ikɑːt]	타 보이콧하다, 구매를 거부하다 명 보이콧, 거부 운동	to **boycott** all Japanese goods 모든 일본 상품에 대해 보이콧하다
0099	**bracelet** [bréislət]	명 팔찌	to wear a **bracelet** 팔찌를 차다
0100	**breast** [brest]	명 (여성의) 가슴, 유방	**breast** cancer 유방암
0101	**breed** [briːd]	자 번식하다 타 1 사육하다, 기르다 2 야기하다	to **breed** horses 말들을 기르다 to **breed** confusion 혼란을 야기하다
0102	**breeze** [briːz]	명 산들바람, 미풍	a light **breeze** 가벼운 산들바람
0103	**bribe** [braib]	명 뇌물 타 뇌물을 주다	to take[accept] **bribes** 뇌물을 받다
0104	**bribery** [bráibəri]	명 뇌물 수수	to be arrested on **bribery** charges 뇌물 수수 혐의로 체포되다
0105	**bride** [braid]	명 신부	a toast to the **bride** and groom 신랑 신부를 위한 건배
0106	**brief** [briːf]	형 1 짧은, 잠시 동안의 2 간략[간결]한 타 간단히 알리다, 요약하다	a **brief** visit to Seoul 짧은 서울 방문 to **brief** someone on results 누군가에게 결과를 간략히 알리다

	WORD	MEANING	EXAMPLE
0107	**brilliant** [bríljənt]	형 1 탁월한, 우수한 2 눈부신, 찬란한	a **brilliant** idea 탁월한 생각 **brilliant** sunshine 눈부신 햇살
0108	**broom** [bru(:)m]	명 빗자루, 비	to sweep with a **broom** 비로 쓸다
0109	**browse** [brauz]	자 둘러보다, 훑어보다 타 (인터넷으로) 검색하다	to **browse** around the shops 상점들을 둘러보다
0110	**buck** [bʌk]	명 1 달러 2 (사슴 등의) 수컷 자 (말이) 날뛰다 타 저항하다	to borrow ten **bucks** 10달러를 빌리다 a **bucking** horse 날뛰는 말
0111	**buddy** [bʌ́di]	명 친구, 동료	old college **buddies** 오랜 대학 친구들
0112	**bunch** [bʌntʃ]	명 1 다발, 묶음 2 (수나 양이) 많음	a **bunch** of flowers 한 다발의 꽃 a **bunch** of questions 많은 질문들
0113	**burden** [bɔ́ːrdn]	명 부담, (무거운) 짐 타 부담[짐]을 지우다	to ease the tax **burden** 세금 부담을 줄이다
0114	**burial** [bériəl]	명 매장, 장례	ancient **burial** rites 고대의 장례식
0115	**burst** [bəːrst]	자타 파열되다, 터뜨리다 자 갑자기 ~하다 (into) 명 파열	to **burst** ballons 풍선을 터뜨리다 to **burst** into tears 갑자기 눈물을 터뜨리다
0116	**bush** [buʃ]	명 1 관목, 덤불 2 숱이 많은 머리털	dry grass and **bush** 마른 풀과 관목
0117	**buzz** [bʌz]	자 1 윙윙거리다 2 분주하다 명 윙윙거리는 소리	a **buzzing** bee 윙윙거리는 벌 한 마리
0118	**bygone** [báigɔn]	형 지나간, 옛날의	**bygone** days 지나간 나날들
0119	**cabin** [kǽbin]	명 1 오두막집 2 (배 등의) 선실, 객실	a log **cabin** 통나무집 the first-class **cabin** 일등석 선실
0120	**caloric** [kəlɔ́ːrik]	형 (음식에 함유된) 칼로리의	to reduce **caloric** intake 칼로리 섭취를 줄이다
0121	**candidate** [kǽndidèit, kǽndidət]	명 1 입후보자[출마자] 2 (일자리의) 지원자, 후보자	a presidential **candidate** 대통령 선거 출마자 **candidates** for the job 그 일자리의 지원자들
0122	**categorize** [kǽtəgəràiz]	타 분류하다	to **categorize** variables into four types 변수를 4가지 유형으로 분류하다
0123	**cease** [siːs]	자타 그치다, 중지하다, 그만두다	to **cease** fire 사격을 중지하다
0124	**cemetery** [sémətèri]	명 묘지	the **cemetery** on the hill 언덕 위에 있는 묘지
0125	**center / centre** [séntər]	명 1 한가운데, 중심 2 센터, 종합시설	a table in the **center** of the room 방 한가운데에 있는 탁자
0126	**ceramic** [sirǽmik]	명 도자기 (공예) 형 도자기의	a **ceramic** bowl 도자기 그릇
0127	**cereal** [síəriəl]	명 1 시리얼, 가공 곡물 2 곡식, 곡물	**cereal** crops 곡류 작물
0128	**ceremonial** [sèrəmóuniəl]	형 의식[예식]의 명 의식 절차	**ceremonial** occasions 의식 행사
0129	**challenge** [tʃǽlindʒ]	명 도전 타 (~에) 도전하다, 이의를 제기하다	a **challenge** for the Olympic gold medal 올림픽 금메달을 향한 도전
0130	**changeable** [tʃéindʒəbl]	형 변하기 쉬운, 변덕스러운	**changeable** weather 변덕스러운 날씨

WORD	MEANING	EXAMPLE
0131 **characteristic** [kæ̀riktərístik]	명 특징, 특질 형 특유의	a distinguishing **characteristic** 두드러진 특징 **characteristic** good humor 특유의 훌륭한 유머
0132 **charcoal** [tʃɑ́ːrkòul]	명 1 숯 2 목탄 3 짙은 회색	a **charcoal** drawing 목탄화
0133 **charisma** [kərízmə]	명 카리스마, 사람들을 휘어잡는 매력	to have great **charisma** 대단한 카리스마가 있다
0134 **charity** [tʃǽrəti]	명 1 자선 단체 2 자선 3 관용, 너그러움	local **charities** 지역 자선 단체들
0135 **charm** [tʃɑːrm]	명 1 매력 2 부적 3 주문, 마술(= spell) 타 매혹하다	considerable **charm** 상당한 매력 a good luck **charm** 행운의 부적 to be **charmed** by the beauty 아름다움에 매혹되다
0136 **chatter** [tʃǽtər]	자 재잘거리다, 수다를 떨다 명 재잘거림, 수다	to **chatter** away on a cell phone 휴대전화로 수다를 떨다
0137 **cheat** [tʃiːt]	타 속이다, 사기 치다 자 (시험에서) 부정행위를 하다	to **cheat** on a test 시험에서 부정행위를 하다
0138 **cheerful** [tʃíərfəl]	형 1 발랄한, 쾌활한 2 생기를 주는, 쾌적한	a **cheerful** smile 발랄한 미소 a **cheerful** restaurant 쾌적한 식당
0139 **chew** [tʃuː]	타 (음식을) 씹다, 물어뜯다	to **chew** one's nails 손톱을 물어뜯다
0140 **chick** [tʃik]	명 병아리, 새끼 새	a mother hen and her **chicks** 어미 닭과 병아리들
0141 **childish** [tʃáildiʃ]	형 어린애 같은, 유치한	**childish** handwriting 어린애 같은 필체
0142 **chop** [tʃɑp]	타 썰다, 다지다 명 (뼈가 붙은) 토막 (살)	to **chop** the carrots 당근들을 썰다 a pork **chop** 돼지고기 한 토막
0143 **chopper** [tʃɑ́pər]	명 1 큰 칼, 작은 도끼 2 헬리콥터	a meat **chopper** 고기를 써는 칼 a **chopper** pilot 헬리콥터 조종사
0144 **chore** [tʃɔːr]	명 1 (가정의) 잡일 2 하기 싫은 일	to do household **chores** 집안일을 하다
0145 **chunk** [tʃʌŋk]	명 1 (두툼한) 덩어리 2 상당히 많은 양	a **chunk** of cheese 치즈 한 덩어리
0146 **citizen** [sítizən]	명 시민, 주민	the **citizens** of San Francisco San Francisco 시민들
0147 **clap** [klæp]	자 타 박수를 치다, 손뼉을 치다 명 박수	to **clap** in delight 기뻐서 손뼉을 치다
0148 **classical** [klǽsikəl]	형 1 고전의, 고전적인 2 (음악의) 클래식의	**classical** literature 고전 문학
0149 **click** [klik]	자 타 1 딸깍하는 소리를 내다 2 (마우스를) 클릭하다 명 1 찰칵하는 소리 2 클릭	The door **clicked** shut. 문이 딸칵하며 잠겼다.
0150 **client** [kláiənt]	명 의뢰인, 고객	a meeting with an important **client** 중요한 고객과의 약속
0151 **cling** [kliŋ]	자 1 매달리다, 달라붙다 《to》 2 애착을 갖다 《to》	a dress that **clings** 몸에 달라붙는 드레스 to **cling** to one's parents 부모에 애착을 갖다
0152 **clinic** [klínik]	명 (전문) 병원, 의원, 진료소	a **clinic** for the homeless 노숙자를 위한 진료소

	WORD	MEANING	EXAMPLE
0153	**clown** [klaun]	명 광대 자 광대 짓을 하다	the class **clown** (웃긴 짓을 잘하는) 학급의 광대
0154	**clue** [klu:]	명 단서, 실마리, 힌트	to leave a **clue** at the scene of the crime 범행 현장에 단서를 남기다
0155	**clumsy** [klʌ́mzi]	형 어설픈, 서투른	to have **clumsy** hands 손이 서투르다
0156	**coach** [koutʃ]	명 1 (스포츠 팀의) 코치 2 (장거리용 대형) 버스 타 코치하다, 지도하다	a basketball **coach** 농구 코치 on a **coach** tour 버스 여행으로
0157	**coal** [koul]	명 석탄	the **coal** industry 석탄 산업
0158	**colleague** [káli:g]	명 동료(= coworker)	a **colleague** from work 직장 동료
0159	**collection** [kəlékʃən]	명 1 수집품, 소장품 2 무리, 더미	a coin **collection** 동전 수집품 a **collection** of empty bottles 빈 병 더미
0160	**collective** [kəléktiv]	형 1 집단의, 단체의 2 공동의, 공통의	a **collective** bargaining 단체 교섭 **collective** ownership 공동 소유권
0161	**column** [káləm]	명 1 (신문 등의) 세로단 2 칼럼, 정기 기고란 3 기둥, 원주	a **column** of text 텍스트의 세로단 하나 the financial **column** 경제 칼럼
0162	**comment** [káment]	명 논평, 의견, 비판 자 타 (~이라고) 논평하다, 견해를 말하다	to make a **comment** 의견을 말하다
0163	**compact** [kəmpǽkt]	형 1 작은, 소형의 2 촘촘한 명 [kámpækt] 소형차 타 (단단히) 다지다	a **compact** camera 소형 카메라 a **compact** mass 촘촘한 덩어리
0164	**companion** [kəmpǽnjən]	명 1 동반자, 동행 2 친구, 동지	a traveling **companion** 여행길 동반자
0165	**concrete** [kánkri:t]	명 콘크리트 형 구체적인, 명확한	the most **concrete** expressions 가장 구체적인 표현
0166	**concretely** [kankrí:tli]	부 구체적으로, 명확하게	to explain **concretely** 구체적으로 설명하다
0167	**concreteness** [kánkri:tnis]	명 구체적임, 명확함	a lack of **concreteness** 명확함의 부족
0168	**conditional** [kəndíʃənl]	형 1 조건부의(↔ unconditional 무조건적인) 2 《문법》조건을 나타내는	**conditional** approval 조건부 승인
0169	**conquer** [káŋkər]	타 정복하다, 이기다	the first ones to **conquer** Everest Everest를 정복한 최초의 사람들
0170	**consider** [kənsídər]	타 1 숙고하다 2 (~으로) 여기다	to **consider** a number of options 몇 가지 대안에 대해 숙고하다
0171	**considering** [kənsídəriŋ]	전 접 ~에 비해서, ~을 고려하면	a man who looks young **considering** his age 나이에 비해서 젊어 보이는 한 남자
0172	**consult** [kənsʌ́lt]	자 타 1 상담하다, 상의하다 2 참고하다, 참조하다	to **consult** the manual 설명서를 참조하다
0173	**continent** [kántənənt]	명 대륙	the North American **continent** 북아메리카 대륙
0174	**continually** [kəntínjuəli]	부 끊임없이	to think **continually** about the future 미래에 대해 끊임없이 생각하다
0175	**continue** [kəntínju:]	자 타 계속되다, 계속하다	to **continue** one's efforts 노력을 계속하다

	WORD	MEANING	EXAMPLE
0176	**continuous** [kəntínjuəs]	형 계속되는, 지속적인	a **continuous** flow of water 계속되는 물의 흐름
0177	**contrary** [kántreri]	형 (~과) 다른, 반대되는 《to》 명 반대	**contrary** to popular belief 일반적인 믿음과는 반대되는
0178	**contrast** [kántræst]	명 1 대조 2 차이 타 [kəntrǽst] 대조하다	a strong **contrast** 선명한 대조 to **contrast** A with B A와 B를 대조하다
0179	**correct** [kərékt]	형 맞는, 정확한(↔ incorrect 부정확한) 타 바로잡다, 고치다	grammatically **correct** sentence 문법적으로 맞는 문장
0180	**correction** [kərékʃən]	명 정정, 수정	to make a **correction** 정정[수정]하다
0181	**cosmetic** [kɑzmétik]	명 화장품 형 미용의, 성형의	a wide range of **cosmetics** 다양한 화장품들
0182	**cottage** [kátidʒ]	명 오두막집	a country **cottage** 시골 오두막집
0183	**council** [káunsəl]	명 의회, 협의회	a city **council** 시 의회
0184	**counsel** [káunsəl]	명 1 조언, 충고 2 변호인(단) 타 상담하다	to listen to **counsel** 조언에 귀를 기울이다 the **counsel** for the defense 피고 측 변호인단
0185	**counterbalance** [káuntərbæləns]	타 (반대되는 힘으로) 균형을 맞추다, 상쇄하다 명 [káuntərbæləns] 균형을 잡아 주는 것	honey added to **counterbalance** the acidity 신맛을 상쇄하기 위해 첨가된 꿀
0186	**course** [kɔːrs]	명 1 과정, 경과 2 강의, 강좌 3 항로, 방향	the **course** of research 연구 과정 to enroll in a **course** 강좌에 등록하다
0187	**coward** [káuərd]	명 겁쟁이, 비겁한 사람	a **coward** who runs away rather than fights 싸우기보다 도망치는 겁쟁이
0188	**craft** [kræft]	명 1 수공예(품) 2 기술, 기교 3 선박, 항공기 타 정교하게 만들다	traditional **crafts** 전통적인 수공예품 the writer's **craft** 그 작가의 기교
0189	**crawl** [krɔːl]	자 기어가다 명 기어가기, 서행	to **crawl** across the floor 바닥을 가로질러 기어가다
0190	**create** [kriéit]	타 1 창조하다, 창출하다 2 불러일으키다	to **create** more jobs 더 많은 일자리를 창출하다 to **create** a lot of problems 많은 문제를 불러일으키다
0191	**crew** [kruː]	명 1 승무원 2 팀, 조(組), 대(隊)	a film **crew** 영화 촬영 팀
0192	**cruel** [krúːəl]	형 1 잔혹한, 잔인한 2 고통스러운, 괴로운	a **cruel** dictator 잔혹한 독재자 a **cruel** blow 고통스러운 충격
0193	**cruelty** [krúːəlti]	명 잔인함, 학대	**cruelty** to animals 동물 학대
0194	**crush** [krʌʃ]	타 1 으깨다, 찌그러뜨리다 명 붐비는 인파	**crushed** garlic 으깬 마늘 a **crush** in the entrance 입구에 붐비는 인파
0195	**crystallization** [krìstəlizéiʃən]	명 1 결정화 2 구체화	the **crystallization** of a theory 이론의 구체화
0196	**crystallize** [krístəlàiz]	자 타 1 결정체를 이루다 2 확고해지다, 확고히 하다	to **crystallize** into salt 결정체를 이루어 소금이 되다
0197	**cue** [kjuː]	명 1 (무엇을 하라는) 신호 2 단서 타 신호를 주다	body language and nonverbal **cues** 신체 언어와 비언어적 단서들

	WORD	MEANING	EXAMPLE
0198	**curly** [kə́ːrli]	휑 곱슬곱슬한	short **curly** hair 짧은 곱슬머리
0199	**customary** [kʌ́stəmèri]	휑 1 관례적인 2 습관적인 (= habitual)	**customary** to tip waiters 종업원에게 팁을 주는 것이 관례적인
0200	**customize** [kʌ́stəmàiz]	타 주문 제작하다	to **customize** to the client's requirements 고객의 요구대로 주문 제작하다
0201	**dairy** [déəri]	휑 1 유제품의 2 낙농의 명 1 유제품 회사 2 낙농장	**dairy** products 유제품 the **dairy** industry 낙농업
0202	**damp** [dæmp]	휑 축축한, 습기 찬	**damp** clothes 축축한 옷
0203	**dampen** [dǽmpən]	타 1 물을 적시다 2 (기세 등을) 꺾다, 약화시키다	to **dampen** the enthusiasm 열정을 꺾다
0204	**dare** [dɛər]	자 (~할) 용기가 있다, 감히 ~하다 타 부추기다 명 부추김, 도전	to **dare** to oppose the opinion 그 의견에 반대할 용기가 있다
0205	**daring** [dɛ́əriŋ]	휑 대담한, 위험한 명 대담함	a **daring** innovator 대담한 혁신가
0206	**dash** [dæʃ]	명 황급히 달려감, 돌진 자 서둘러 가다, 돌진하다	to make a **dash** for safety 안전을 위해 황급히 달려가다
0207	**dawn** [dɔːn]	명 1 새벽 2 시작, 개막 자 1 날이 밝다 2 시작되다	from **dawn** to dusk 새벽부터 해질 때까지 the **dawn** of a new era 새로운 시대의 개막
0208	**decade** [dékeid]	명 10년	in the last **decade** 지난 10년간에
0209	**deceased** [disíːst]	휑 (최근에) 사망한, 고인(故人)이 된	to honor the memory of the **deceased** 고인을 추모하다
0210	**decimal** [désəməl]	휑 십진법의 명 소수(小數)	the **decimal** system 십진법 a **decimal** point 소수점
0211	**decorate** [dékərèit]	타 1 장식하다, 꾸미다 2 (~에게) 훈장을 수여하다	to **decorate** the room with flowers 방을 꽃으로 장식하다
0212	**deed** [diːd]	명 행위, 행동	a good **deed** 훌륭한 행위, 선행
0213	**deforestation** [difɔ̀(ː)ristéiʃən]	명 삼림 벌채	the **deforestation** of the island 그 섬의 삼림 벌채
0214	**degree** [digríː]	명 1 (각도, 온도의) 도 2 정도 3 학위	a turn of 90 **degrees** 90도 회전 to a large **degree** 상당한 정도로
0215	**delight** [diláit]	명 큰 기쁨, 즐거움 타 매우 기쁘게 하다	the **delights** of living in the country 시골 생활이 주는 큰 기쁨들
0216	**delightful** [diláitfəl]	휑 기쁜, 즐거운	**delightful** news 기쁜 소식
0217	**dense** [dens]	휑 1 빽빽한, 밀집한 2 (안개 등이) 짙은, 자욱한	a **dense** crowd 밀집한 군중 **dense** fog 자욱한 안개
0218	**density** [dénsəti]	명 밀도, 농도	high **density** of population 고밀도의 인구
0219	**destroy** [distrɔ́i]	타 1 파괴하다, 말살하다 2 죽이다, 살처분하다	to be completely **destroyed** by fire 화재로 완전히 파괴되다
0220	**devil** [dévəl]	명 1 악마, 악령 2 말썽꾸러기	to be possessed by **devils** 악령에 흘리다
0221	**devilish** [dévəliʃ]	휑 사악한, 악마 같은	**devilish** tricks 사악한 속임수

	WORD	MEANING	EXAMPLE
0222	**diet** [dáiət]	명 1 식사 2 다이어트, 식이요법	to have a balanced **diet** 균형 잡힌 식사를 하다 to go on a **diet** 다이어트를 하다
0223	**differ** [dífər]	자 1 다르다 2 동의하지 않다	to **differ** in quality 질적으로 다르다
0224	**difference** [dífərəns]	명 다름, 차이	to discern a **difference** 차이를 식별하다
0225	**differential** [dìfərénʃəl]	명 차이, 격차 형 차등을 두는, 차별하는	wage **differential** 임금 격차
0226	**diligent** [dílidʒənt]	형 근면한, 성실한	a **diligent** worker 근면한 일꾼
0227	**diner** [dáinər]	명 1 간이 식당 2 식사하는 사람	a roadside **diner** 길가의 간이 식당
0228	**dining** [dáiniŋ]	명 식사, 정찬	a **dining** room 식당
0229	**dip** [dip]	타 살짝 담그다 자 타 내려가다, 떨어지다 명 (일시적인) 감소, 하락	to **dip** one's hand in the water 손을 물에 살짝 담그다 a **dip** in house prices 주택 가격의 일시적 하락
0230	**dipper** [dípər]	명 국자, 퍼내는 도구	to dip up soup with a **dipper** 수프를 국자로 뜨다
0231	**direct** [dirékt, dairékt]	형 1 직접적인 2 직행의, 직통의 타 1 명령[지시]하다(= command) 2 길을 가르쳐주다 자 타 지휘하다, 감독[연출]하다	**direct** effects 직접적인 영향 a **direct** flight to New York New York으로 가는 직항편 항공 to **direct** a choir 합창단을 지휘하다
0232	**disobey** [dìsəbéi]	자 타 복종하지 않다, 거역하다	to **disobey** an order 명령을 거역하다
0233	**disobedient** [dìsəbíːdiənt]	형 반항하는, 거역하는	**disobedient** to authority 권위를 거역하는
0234	**display** [displéi]	타 1 전시하다 2 표현하다, 드러내다 명 1 전시 2 표현	to **display** no emotion 아무 감정도 드러내지 않다
0235	**distance** [dístəns]	명 거리 타 (~에) 관여하지 않다	to keep **distance** from strangers 낯선 사람들로부터 거리를 두다
0236	**distant** [dístənt]	형 1 먼 2 동떨어진, 다른 3 (사람에게) 거리를 두는	more **distant** planets 더 먼 행성들
0237	**divorce** [divɔ́ːrs]	명 1 이혼 2 분리, 단절 타 1 (~와) 이혼하다 2 분리시키다	to get a **divorce** 이혼하다 the **divorce** between religion and science 종교와 과학의 분리
0238	**divorced** [divɔ́ːrst]	형 1 이혼한 2 (~과) 분리된, 단절된 《from》	completely **divorced** from reality 현실과 완전히 분리된
0239	**dizzy** [dízi]	형 어지러운, 아찔한	to feel **dizzy** 어지러운 느낌이 들다
0240	**doctorate** [dάktərət]	명 박사 학위	a **doctorate** in economics 경제학 박사 학위
0241	**document** [dάkjumənt]	명 문서, 서류 타 1 기록하다 2 문서로 증명하다	**documented** evidence 문서로 증명된 증거
0242	**dorm(itory)** [dɔ́ːrm(ətɔ̀ri)]	명 기숙사, 공동 침실	a college **dormitory** 대학 기숙사
0243	**doubt** [daut]	명 의심, 의혹 타 의심하다, 확신하지 못하다	without **doubt** 의심할 여지없이
0244	**doze** [douz]	자 깜빡 잠이 들다, 졸다 《off》 명 깜박 졸음, 선잠	to **doze** off during the movie 영화를 보다가 깜빡 잠이 들다

	WORD	MEANING	EXAMPLE
0245	**dread** [dred]	타 두려워하다 명 두려움, 공포	to **dread** making speeches 연설하는 것을 두려워하다
0246	**dreadful** [drédfəl]	형 몹시 불쾌한, 끔찍한	a **dreadful** accident 끔찍한 사고
0247	**dual** [djúːəl]	형 두 부분으로 된, 이중의	a **dual** purpose 이중의 목적
0248	**due** [djuː]	형 1 ~으로 인한 《to》 2 ~하기로 되어 있는 명 1 (~에게) 마땅히 주어져야 하는 것 2 《pl.》 부과금, 회비	**due** to her efforts 그녀의 노력 덕분에 The train is **due** in London at 5 p.m. 기차는 오후 5시에 London에 도착하기로 되어 있다. to pay one's **dues** 회비를 내다
0249	**duet** [djuét]	명 이중주, 이중창(곡)	a piano **duet** 피아노 이중주
0250	**dull** [dʌl]	형 1 따분한, 재미없는 2 흐릿한, 칙칙한	a **dull** lecture 따분한 강의 a **dull** gray color 칙칙한 회색
0251	**dully** [dʌli]	부 둔하게, 흐릿하게, 무덤덤하게	the lights glowing **dully** 흐릿하게 빛나는 불빛들
0252	**dumb** [dʌm]	형 1 바보 같은, 멍청한 2 말을 못 하는	a **dumb** question 바보 같은 질문
0253	**dump** [dʌmp]	타 1 (쓰레기 등을) 버리다 2 아무렇게나 던져놓다	nuclear waste **dumped** in the ocean 바다에 버려지는 핵폐기물
0254	**dust** [dʌst]	명 1 (흙)먼지 2 가루 자타 먼지를 털다	to be covered in **dust** 먼지로 뒤덮이다 to **dust** the bookcase 책장의 먼지를 털다
0255	**dwell** [dwel]	자 살다, 거주하다	a cave where bats **dwell** 박쥐가 사는 동굴
0256	**dwelling** [dwélin]	명 주거(지), 주택	single-family **dwellings** 단독 주택
0257	**dynamic** [dainǽmik]	형 역동적인, 활발한 명 1 역학 2 《pl.》 (원)동력	a **dynamic** city 역동적인 도시
0258	**eager** [íːɡər]	형 열렬한, 간절히 바라는, 열심인	to be **eager** to win 승리하기를 간절히 바라다
0259	**earn** [əːrn]	자타 1 (돈을) 벌다, (수익을) 올리다 2 얻다, 받다	to **earn** a living 생계비를 벌다 to **earn** a reputation 명성을 얻다
0260	**earnest** [ə́ːrnist]	형 1 진심 어린, 진지한 2 열심인, 성실한	her **earnest** advice 진심 어린 조언 an **earnest** pupil 성실한 학생
0261	**earnings** [ə́ːrniŋz]	명 소득, 수입	a rise in average **earnings** 평균 소득의 증가
0262	**echo** [ékou]	명 1 울림, 메아리 2 (사상 등의) 반향 자 울리다, 메아리치다	to find an **echo** in another's heart 남의 마음에 반향을 불러일으키다 to **echo** all around the valley 골짜기 전체에 울리다
0263	**edge** [edʒ]	명 1 가장자리, 모서리 2 (칼의) 날 3 우위, 유리함 《on, over》 타 테두리를 두르다	on the **edge** of the bed 침대의 가장자리에 a military **edge** over the enemies 적에 대한 군사적 우위
0264	**edit** [édit]	타 편집하다, 교정하다 명 편집, 교정	to **edit** a book of essays 산문집을 편집하다
0265	**effort** [éfərt]	명 노력, 수고	to be worth the **effort** 노력할 만한 가치가 있다
0266	**effortful** [éfərtfəl]	형 노력한, 노력이 필요한	a tiresome and **effortful** task 지루하고 노력이 필요한 과제

독해기본어휘 1000 **017**

WORD	MEANING	EXAMPLE
0267 **effortless** [éfərtlis]	형 힘이 들지 않는, 수월한	to become **effortless** 수월해지다
0268 **elegance** [éligəns]	명 우아함, 고상함	a pose that shows her **elegance** 그녀의 우아함을 보여주는 포즈
0269 **element** [éləmənt]	명 1 요소, 성분 2 (화학) 원소	a key **element** 핵심 요소
0270 **emphasize / emphasise** [émfəsàiz]	타 강조하다	to **emphasize** the importance of health 건강의 중요성을 강조하다
0271 **encore** [áːŋkɔːr]	명 앙코르	to do an **encore** 앙코르곡을 연주하다
0272 **encyclop(a)edia** [insàikləpíːdiə]	명 백과사전	the **Encyclopedia** of Music 음악 백과사전
0273 **endeavo(u)r** [indévər]	명 노력, 시도 자타 노력하다, 시도하다	to **endeavor** to do one's duty 의무를 다하려고 노력하다
0274 **energize / energise** [énərdʒàiz]	타 활기[기운]를 북돋우다	to **energize** the crowd 군중들의 활기를 북돋우다
0275 **enterprise** [éntərpràiz]	명 1 기업, 회사 2 사업	public **enterprises** 공공 기업들
0276 **enthusiastic** [inθùːziǽstik]	형 열렬한, 열광적인	an **enthusiastic** supporter 열렬한 지지자
0277 **entry** [éntri]	명 1 입장, 들어감 2 참가(자), 출품(작)	an **entry** for a speech contest 웅변대회에의 참가
0278 **episode** [épəsòud]	명 1 에피소드, 사건 2 (연속극 등의) 한 회 방송분	the first **episode** of a new TV series 새 TV 연속극의 첫 회
0279 **equal** [íːkwəl]	형 1 같은, 동일한 ((to)) 2 동등한, 평등한 명 동등한 것[사람]	to enjoy an **equal** right 동등한 권리를 누리다
0280 **equally** [íːkwəli]	부 1 같게, 동일하게 2 동등[평등]하게	to treat people **equally** 사람을 평등하게 대하다
0281 **equip** [ikwíp]	타 1 장비를 갖추다 2 (지식 등을) 익히게 하다	to be fully **equipped** 장비를 완전히 갖추다 the training that will **equip** you for a job 일자리를 위한 기술을 익히게 해 줄 훈련
0282 **errand** [érənd]	명 심부름	to run some **errands** for my mom 어머니의 심부름을 좀 하다
0283 **escort** [iskɔ́ːrt]	타 호위하다, 호송하다 명 [éskɔːrt] 호위대(원)	the President's car **escorted** by the police 경찰에게 호위받는 대통령의 차량
0284 **estimate** [éstəmèit]	타 추산하다, 추정하다 명 [éstəmət] 추산, 추정	to **estimate** the crowd at 30,000 군중을 3만 명으로 추산하다
0285 **evenly** [íːvənli]	부 1 고르게, 반반하게 2 균등하게, 동등하게 3 차분히	to cover the surface **evenly** 표면을 고르게 바르다 **evenly** divided profits 균등하게 배분된 이익
0286 **eventful** [ivéntfəl]	형 다사다난한, 파란만장한	to lead a short but **eventful** life 짧지만 파란만장한 삶을 살다
0287 **eventual** [ivéntʃuəl]	형 최종적인, 궁극적인	the **eventual** winner of the tournament 선수권 대회의 최종 승자
0288 **evil** [íːvəl]	형 사악한, 악마의 명 악, 악행	to root out social **evils** 사회악을 근절하다

WORD	MEANING	EXAMPLE
0289 **exact** [igzǽkt]	형 정확한, 정밀한	the **exact** location 정확한 위치
0290 **examination** [igzæmənéiʃən]	명 1 조사, 검사, 검토 2 시험	detailed **examination** 자세한 조사 to take an **examination** 시험을 치르다
0291 **examine** [igzǽmin]	타 1 조사하다, 검사[검토]하다 2 진찰하다	to **examine** a patient 환자를 진찰하다
0292 **examiner** [igzǽmənər]	명 조사관, 심사위원	external **examiners** 외부 심사위원들
0293 **exhausting** [igzɔ́ːstiŋ]	형 진을 빼는, 기진맥진하게 만드는	an **exhausting** day at work 직장에서의 진을 빼는 하루
0294 **expand** [ikspǽnd]	자타 확대되다, 확장하다, 팽창시키다	the **expanding** universe 팽창하는 우주
0295 **expanse** [ikspǽns]	명 광활한[넓게 트인] 지역	a vast **expanse** of desert 광활한 사막
0296 **expansive** [ikspǽnsiv]	형 1 탁 트인 2 마음을 터놓는 3 포괄적인 4 경제가 팽창하는	**expansive** skies 탁 트인 하늘 a more **expansive** definition 좀 더 포괄적인 정의
0297 **explode** [iksplóud]	자타 폭발하다, 터뜨리다(= blow up)	to **explode** a bomb 폭탄을 터뜨리다
0298 **external** [ikstə́ːrnəl]	형 1 외부의, 외부에서의(↔ internal 내부의) 2 외국의, 대외적인	information from **external** sources 외부 소식통으로부터 얻은 정보
0299 **extremely** [ikstríːmli]	부 극도로, 극히	an **extremely** important issue 극히 중요한 문제
0300 **fairly** [fɛ́ərli]	부 1 공정하게, 타당하게 2 상당히, 꽤	a **fairly** easy book 꽤 쉬운 책
0301 **faith** [feiθ]	명 1 신뢰, 믿음 2 신앙	to have **faith** in him 그에 대한 신뢰가 있다 religious **faith** 종교적 신앙
0302 **faithful** [féiθfəl]	형 1 충실한, 의리 있는 2 정조를 지키는	a **faithful** friend 의리 있는 친구
0303 **familiarize** [fəmíljəràiz]	타 익숙하게 하다	to **familiarize** oneself with new procedures 새로운 절차에 익숙해지다
0304 **fantastic(al)** [fæntǽstik(əl)]	형 1 기막히게 좋은, 환상적인 2 기이한, 기묘한	a **fantastic** achievement 환상적인 성취
0305 **farewell** [fɛ́ərwél]	명 작별 (인사)	a **farewell** party 송별회
0306 **fascinate** [fǽsənèit]	자타 마음을 사로잡다, 매혹하다	to be **fascinated** by the sight 경치에 매혹되다
0307 **fate** [feit]	명 운명, 숙명, 비운	a twist of **fate** 운명의 장난
0308 **fatigue** [fətíːg]	명 (극심한) 피로, 피곤	physical and mental **fatigue** 신체적 및 정신적 피로
0309 **fatness** [fǽtnis]	명 비만, 뚱뚱함	body **fatness** 신체 비만
0310 **fatten** [fǽtn]	자타 1 살찌다, 살찌우다 2 풍부해지다, 늘리다	to **fatten** the company's profits 회사의 이익을 늘리다
0311 **fatty** [fǽti]	형 지방이 많은, 기름진	**fatty** foods 기름진 음식
0312 **faulty** [fɔ́ːlti]	형 1 잘못된 2 흠[결함]이 있는, 불완전한	**faulty** reasoning 잘못된 추론 **faulty** goods 불량품

WORD	MEANING	EXAMPLE
0313 **favo(u)r** [féivər]	명 1 호의, 친절 2 지지, 찬성 3 유리, 우위 타 지지[찬성]하다	to do a **favor** 호의를 베풀다 to be in **favor** of building a new golf course 새 골프장 건설에 찬성하다
0314 **favo(u)rable** [féivərəbl]	형 1 호의적인, 우호적인 2 유리한	to receive **favorable** reviews 호의적인 논평을 받다 a **favorable** position 유리한 입장
0315 **feather** [féðər]	명 (새의) 털, 깃털	a hat with **feathers** 깃털 달린 모자
0316 **fee** [fi:]	명 1 요금, -료(料) 2 (전문적인 서비스에 대한) 수수료	an entrance **fee** 입장료 lawyer's **fees** 변호사 수임료
0317 **fellow** [félou]	명 1 녀석, 친구 2 동료 형 같은 처지에 있는, 동료의	a fine **fellow** 착한 녀석 **fellow** members 동료 회원들
0318 **fiber / fibre** [fáibər]	명 섬유(질)	rich in dietary **fiber** 식이 섬유가 풍부한
0319 **figure** [fígjər]	명 1 모습, 형상(形象) 2 (중요한) 인물 3 몸매 4 숫자, 수치 5 도표, 그림, 도형	a public **figure** 공인(公人), 유명인 to keep one's **figure** 몸매를 유지하다 unemployment **figures** 실업률 수치
0320 **filter** [fíltər]	타 여과하다, 여과하여 제거하다 (off, out) 명 필터, 여과 장치	to **filter** off impurities 불순물을 여과하여 제거하다 a water **filter** 정수 필터
0321 **fin** [fin]	명 지느러미(처럼 생긴 부분)	a shark **fin** 상어 지느러미
0322 **finale** [finǽli]	명 피날레, 대단원	to end with a grand **finale** 거창한 피날레로 막을 내리다
0323 **finance** [fáinæns]	명 1 재정, 재무 2 재원, 자금 타 자금을 대다	to handle the **finances** 재정을 관리하다
0324 **fist** [fist]	명 주먹	get into a **fist** fight 주먹다짐을 벌이다
0325 **fit** [fit]	형 1 어울리는 2 (운동으로) 건강한 자 (모양, 크기가) 맞다	physically **fit** 신체적으로 건강한 clothes that **fits** well 잘 맞는 옷
0326 **flash** [flæʃ]	자 타 (빛이) 번쩍이다, 비추다 명 섬광, 번쩍임	a **flash** of lightning 번갯불의 섬광
0327 **flatten** [flǽtn]	자 타 납작해지다, 평평하게 만들다 자 쓰러뜨리다	to **flatten** the ground 땅을 평평하게 만들다 trees **flattened** down by a storm 폭우로 쓰러진 나무들
0328 **flavo(u)rsome** [fléivərsəm]	형 풍미가 강한	a **flavorsome** seasonal diet 풍미가 강한 제철 음식
0329 **flaw** [flɔː]	명 결함, 흠	fatal **flaws** 치명적인 결함들
0330 **flee** [fliː]	자 타 (~에서) 달아나다, 도망치다	refugees **fleeing** from the war 전쟁을 피해 도망친 난민들
0331 **flip** [flip]	자 타 휙 뒤집히다 (over), 휙 젖히다 타 (손가락으로) 톡 던지다	the boat that was **flipped** over by the wave 파도에 휙 뒤집힌 보트 to **flip** a coin to decide 결정하기 위해 동전을 톡 던지다
0332 **flock** [flɑk]	명 떼, 무리 자 모이다	a **flock** of sheep 양 떼 to **flock** together by the lake 호숫가에 모이다

WORD	MEANING	EXAMPLE
0333 **flood** [flʌd]	명 1 홍수 2 쇄도, 폭주 자타 물에 잠기다, 침수시키다	a **flood** of complaints 항의 폭주
0334 **foam** [foum]	명 거품 자 거품이 일다	waves **foaming** along the beach 바닷가에 거품이 이는 물결
0335 **foggy** [fɔ́ːgi]	형 안개가 자욱한	a **foggy** road 안개가 자욱한 도로
0336 **fond** [fand]	형 애정어린, 좋아하는	to be **fond** of sweets 단 것을 좋아하다
0337 **fondly** [fándli]	부 애정을 담아서	to smile **fondly** at the children 애정을 담아서 아이들에게 미소 짓다
0338 **forbid** [fərbíd]	타 금지하다, 못하게 하다(↔ permit 허용하다)	to be **forbidden** to leave the house 외출이 금지되다
0339 **foreignness** [fɔ́ːrənnis]	명 이국적인 것, 이질성	the **foreignness** of this concept 이 개념의 이질성
0340 **forested** [fɔ́ːristid]	형 나무가 우거진, 숲이 울창한	thickly **forested** hills 숲이 울창한 산
0341 **forestry** [fɔ́ːrəstri]	명 1 임학(林學) 2 삼림 관리	to study **forestry** in college 대학에서 임학을 공부하다
0342 **formal** [fɔ́ːrməl]	형 공식적인, 격식을 차린	a **formal** investigation 공식적인 조사
0343 **formalize** [fɔ́ːrməlàiz]	타 공식화하다, 형식을 갖추게 하다	to **formalize** the policy 그 정책을 공식화하다
0344 **fortunate** [fɔ́ːrtʃənət]	형 운이 좋은, 행운의, 다행인	**fortunate** not to be hurt 다치지 않아서 다행인
0345 **foundation** [faundéiʃən]	명 1 설립 2 토대, 기초 3 재단	a solid **foundation** for marriage 결혼 생활의 견고한 토대
0346 **fountain** [fáuntən]	명 1 분수 2 원천	a **fountain** of wealth 부의 원천
0347 **fragrance** [fréigrəns]	명 향기, 향수	a sweet **fragrance** 달콤한 향기
0348 **franchise** [fræntʃaiz]	명 1 체인점, 프랜차이즈 2 독점 판매권 타 독점 판매권을 주다	a fast-food **franchise** 패스트푸드 체인점
0349 **frank** [fræŋk]	형 솔직한, 노골적인	a **frank** and open discussion 솔직하고 허심탄회한 토론
0350 **fraud** [frɔːd]	명 1 사기, 사기꾼 2 가짜	to commit a **fraud** 사기를 치다
0351 **frequent** [fríːkwənt]	형 잦은, 빈번한(↔ infrequent 드문) 타 자주 다니다	a **frequent** occurrence 빈번한 일 to **frequent** a library 도서관을 자주 다니다
0352 **frighten** [fráitn]	타 겁먹게 만들다, 놀라게 하다	to be **frightened** by the shots 총성에 겁을 먹다
0353 **frost** [frɔːst]	명 서리, 성에 자타 성에가 끼다	a night with some ground **frost** 지면에 서리가 약간 끼는 밤
0354 **frosty** [frɔ́ːsti]	형 1 서리가 내리는, 몹시 추운 2 쌀쌀맞은	a **frosty** morning 서리가 내린 아침 a **frosty** look 쌀쌀맞은 표정
0355 **frown** [fraun]	자 눈살을 찌푸리다, 인상을 쓰다 명 눈살을 찌푸림, 찌푸린 얼굴	to **frown** with displeasure 불쾌감으로 눈살을 찌푸리다
0356 **frozen** [fróuzn]	형 냉동된, 얼어붙은	**frozen** food 냉동식품

WORD	MEANING	EXAMPLE
0357 **frugal** [frúːgəl]	형 1 절약하는(↔ extravagant 낭비하는) 2 (식사 등이) 소박한, 간소한	a **frugal** life 절약하는 생활
0358 **frugality** [fruːgǽləti]	명 절약, 검소	to live in **frugality** 검소하게 살다
0359 **fruitful** [frúːtfəl]	형 생산적인, 유익한	a **fruitful** discussion 생산적인 토론
0360 **fruitless** [frúːtlis]	형 성과 없는, 결실 없는	a **fruitless** attempt 성과 없는 시도
0361 **fulfill** [fulfíl]	타 1 성취하다, 이루다 2 (기대 등을) 충족시키다	the opportunity to **fulfill** my dream 내 꿈을 이룰 기회
0362 **fulfilling** [fulfíliŋ]	형 성취감을 주는	a **fulfilling** experience 성취감을 주는 경험
0363 **fullness** [fúlnis]	명 1 충만함, 풍부함, 포만 2 통통함	a feeling of **fullness** after meals 식후의 포만감
0364 **fund** [fʌnd]	명 기금, 자금 타 기금[자금]을 제공하다	to set up an investment **fund** 투자 자금을 조성하다
0365 **fundamental** [fʌ̀ndəméntl]	형 1 근본[본질]적인 2 핵심적인, 필수적인 명 (기본) 원칙	a **fundamental** change 근본적인 변화
0366 **funeral** [fjúːnərəl]	명 장례식	a black suit suitable for a **funeral** 장례식에 맞는 검은 양복
0367 **furious** [fjúəriəs]	형 1 몹시 화가 난 2 맹렬한, 열띤	to be in a **furious** mood 몹시 화가 나 있다 at a **furious** pace 맹렬한 속도로
0368 **furnish** [fə́ːrniʃ]	타 1 (가구를) 비치하다 2 제공하다, 공급하다	to **furnish** a room with bookshelves 방에 책장들을 비치하다 to **furnish** the information to us 우리에게 그 정보를 제공하다
0369 **furry** [fə́ːri]	형 털로 덮인, 털 같은	small **furry** animals 털로 덮인 작은 동물들
0370 **gardening** [gáːrdniŋ]	명 정원 가꾸기, 원예	**gardening** gloves 원예용 장갑
0371 **gaze** [geiz]	자 응시하다, 가만히 바라보다 명 응시	to **gaze** out the window 창밖을 응시하다
0372 **gear** [giər]	명 1 톱니바퀴, 기어 2 (특정 활동을 위한) 장비 타 조정하다, 적응시키다	climbing **gear** 등산 장비 to **gear** my life to the new circumstances 내 생활을 새로운 환경에 적응시키다
0373 **gem** [dʒem]	명 1 보석(= jewel) 2 보배	diamonds and other **gems** 다이아몬드와 다른 보석들
0374 **genius** [dʒíːnjəs]	명 1 천재(성) 2 특별한 재능	the **genius** of Shakespeare Shakespeare의 천재성
0375 **genre** [ʒáːnrə]	명 장르 (문학이나 예술 양식의 갈래)	movie **genre** 영화 장르
0376 **glamorous** [glǽmərəs]	형 화려한, 매력이 넘치는	**glamorous** movie stars 화려한 영화배우들
0377 **gloomy** [glúːmi]	형 1 우울한, 침울한 2 비관적인	a **gloomy** expression 우울한 표정
0378 **glorify** [glɔ́ːrəfài]	타 1 미화하다 2 (하느님을) 찬미하다	the movies that **glorify** violence 폭력을 미화하는 영화들

WORD	MEANING	EXAMPLE
0379 **glorious** [glɔ́ːriəs]	형 1 영광스러운 2 수려한, 장엄한	a **glorious** victory 영광스러운 승리 a **glorious** view of the mountains 산의 수려한 경관
0380 **govern** [gʌ́vərn]	자 타 통치하다, 다스리다	to **govern** the country for ten years 10년간 나라를 통치하다
0381 **governance** [gʌ́vərnəns]	명 통치, 지배, 관리 (방식)	a **governance** structure 지배 구조
0382 **government** [gʌ́vərnmənt]	명 1 정부, 정권 2 정치[통치] 체제	the federal **government** 연방 정부
0383 **governor** [gʌ́vərnər]	명 1 통치자, 지배자 2 주지사	the **governor** of Arizona Arizona 주지사
0384 **grab** [græb]	타 1 (단단히) 붙잡다, 움켜잡다 2 (식사를) 급히 하다	to **grab** the hand 손을 움켜잡다 to **grab** a bite 서둘러 한입 먹다
0385 **graduate** [grǽdʒuèit]	자 졸업하다 《from》 명 [grǽdʒuət] (대학) 졸업자	to **graduate** in law 법학과를 졸업하다
0386 **graduation** [græ̀dʒuéiʃən]	명 졸업(식)	a **graduation** thesis 졸업 논문
0387 **graffiti** [grəfíːti]	명 (공공장소에 하는) 낙서, 그래피티	the wall covered in **graffiti** 낙서로 뒤덮인 벽
0388 **grant** [grænt]	타 1 승인[허락]하다 2 인정하다 명 보조금	to **grant** the request 그 요청을 승인하다 student **grants** 학비 보조금
0389 **grasp** [græsp]	타 1 꽉 잡다, 움켜잡다 2 완전히 이해하다, 파악하다	to **grasp** what he meant 그가 의도한 뜻을 파악하다
0390 **greed** [griːd]	명 탐욕	his **greed** for power 그의 권력욕
0391 **grill** [gril]	명 그릴, 석쇠 타 석쇠에 굽다	**grilled** bacon 그릴에 구운 베이컨
0392 **grind** [graind]	타 갈다, 빻다 명 고되고 단조로운 일	to **grind** coffee 커피를 갈다 the daily **grind** 매일 하는 고되고 단조로운 일
0393 **groom** [gruːm]	타 1 (동물 등을) 손질하다, 다듬다 2 연수시키다 명 신랑	to **groom** the dog 개의 털을 손질하다 to be **groomed** to take over the company 회사를 인수 받기 위해 연수를 받다
0394 **grooming** [grúːmiŋ]	명 몸단장, (동물의) 털 손질	personal **grooming** 개인적인 몸단장
0395 **grounded** [gráundid]	형 (~에) 기반을 둔	the book **grounded** in memories of the author's own childhood 작가 자신의 유년 시절에 기반을 둔 책
0396 **grounding** [gráundiŋ]	명 1 기초 교육 2 (상태 불량으로) 이륙[출항] 금지	a good **grounding** in grammar 훌륭한 문법 기초 교육
0397 **groundless** [gráundlis]	형 근거 없는, 사실무근의	**groundless** fears 근거 없는 두려움
0398 **guarantee** [gæ̀rəntíː]	타 1 장담[보장]하다 2 (품질을) 보증하다 명 보증서	to **guarantee** goods against breakage 상품의 파손에 대해 보증하다
0399 **guilty** [gílti]	형 1 죄책감이 드는 2 유죄의	to feel **guilty** 죄책감을 느끼다 to be found **guilty** 유죄로 판결되다
0400 **hallway** [hɔ́ːlwèi]	명 현관, 복도	the long **hallway** 긴 복도

WORD	MEANING	EXAMPLE
0401 **hardness** [háːrdnis]	명 1 단단함, 견고(↔ softness 부드러움) 2 어려움, 곤궁함	the wood's **hardness** 그 나무의 단단함 the **hardness** of his life 그의 인생의 곤궁함
0402 **hardy** [háːrdi]	형 강인한, 튼튼한	a **hardy** breed of sheep 강인한 품종의 양
0403 **harsh** [haːrʃ]	형 1 가혹한, 냉혹한 2 (환경이) 혹독한	to receive **harsh** criticism 가혹한 비판을 받다 the **harsh** environment of the desert 사막의 혹독한 환경
0404 **hasten** [héisn]	자 서둘러 ~하다 타 재촉하다, 앞당기다	to **hasten** out of the building 건물 밖으로 서둘러 나가다 to **hasten** our departure 우리의 출발을 앞당기다
0405 **hatred** [héitrid]	명 증오, 혐오	deep **hatred** 깊은 증오
0406 **hay** [hei]	명 건초	a house made with dried mud bricks and **hay** 마른 진흙 벽돌과 **건초**로 만든 집
0407 **hazard** [hǽzərd]	명 위험 (요소)	a serious health **hazard** 심각한 건강상의 위험
0408 **hearty** [háːrti]	형 1 따뜻한, 다정한 2 푸짐한 3 진심 어린	a **hearty** welcome 따뜻한 환영 a **hearty** breakfast 푸짐한 아침 식사
0409 **hen** [hen]	명 암탉, 암컷 새	a small flock of laying **hens** 달걀을 낳는 몇 마리의 암탉들
0410 **heroic** [hiróuik]	형 1 영웅적인, 용맹한 2 영웅에 관한	a **heroic** figure 영웅적인 인물
0411 **hiccup** [híkʌp]	명 딸꾹질 자 딸꾹질하다	to **hiccup** for a few minutes 몇 분간 딸꾹질하다
0412 **hideous** [hídiəs]	형 흉측한, 흉물스러운	a **hideous** monster 흉측한 괴물
0413 **historic** [histɔ́ːrik]	형 역사적으로 중요한, 유서 깊은	a **historic** building 역사적으로 중요한 건물
0414 **historical** [histɔ́(ː)rikəl]	형 역사(상)의, 역사와 관련된	the **historical** background to the war 그 전쟁의 역사적 배경
0415 **holy** [hóuli]	형 1 신성한, 성스러운(= sacred) 2 경건한, 독실한	to live a **holy** life 독실한 삶을 살다
0416 **hop** [hɑp]	자 깡충깡충 뛰다	kids **hopping** over puddles 웅덩이를 깡충깡충 뛰는 아이들
0417 **hormonal** [hɔːrmóunl]	형 호르몬의	a **hormonal** disorder 호르몬 장애
0418 **hormone** [hɔ́ːrmòun]	명 호르몬	**hormone** levels 호르몬 수치
0419 **horn** [hɔːrn]	명 1 뿔 2 (차량의) 경적	to honk your car **horn** 차의 경적을 울리다
0420 **hospitable** [hɑ́spitəbl]	형 1 환대하는, 친절한 2 쾌적한(↔ inhospitable 1 불친절한 2 살기 힘든)	**hospitable** to strangers 낯선 사람들에게 친절한 a **hospitable** climate 쾌적한 기후
0421 **hospitality** [hὰspitǽləti]	명 환대, 접대	to give **hospitality** to guests 손님들을 환대하다
0422 **hospitalize** [hάspitəlàiz]	타 입원시키다	to be **hospitalized** after the accident 사고를 당해 입원하다
0423 **hostage** [hάstidʒ]	명 인질	to be taken **hostage** 인질로 잡히다

WORD	MEANING	EXAMPLE
0424 **hostile** [hástəl]	형 1 적대적인 2 열악한, 부적합한	a **hostile** attitude 적대적인 태도 a **hostile** environment 열악한 환경
0425 **humid** [hjú:mid]	형 (날씨, 공기가) 습한, 후덥지근한	a hot and **humid** weather 무덥고 습한 날씨
0426 **hybrid** [háibrid]	명 1 교배종, 잡종 2 혼성체, 혼합물(= mixture)	a **hybrid** of two roses 두 장미의 교배종
0427 **idealize** [aidí:əlàiz]	타 이상화하다, 이상적인 것으로서 그리다	to **idealize** the past 과거를 이상화하다
0428 **idiom** [ídiəm]	명 1 관용구, 숙어 2 (특정 시대, 지역에서 쓰는) **표현 양식**	a very obscure **idiom** 매우 모호한 관용구
0429 **idiomatic** [ìdiəmǽtik]	형 1 (언어 사용이) 자연스러운 2 숙어를 담고 있는, 관용적인	to speak **idiomatic** English 자연스러운 영어로 말하다 an **idiomatic** expression 관용적인 표현
0430 **idle** [áidl]	형 1 게으른 2 가동되지 않는, 놀고 있는 자 빈둥거리다	an **idle** student 게으른 학생 to lie **idle** 가동되지 않고 있다
0431 **imaginable** [imǽdʒənəbl]	형 상상할 수 있는	every **imaginable** method 상상할 수 있는 모든 방법
0432 **imaginary** [imǽdʒənèri]	형 상상에만 존재하는, 가상의	an **imaginary** creature 가상의 동물
0433 **imaginative** [imǽdʒənətiv]	형 상상력이 풍부한, 기발한	an **imaginative** solution to the problem 문제에 대한 기발한 해결책
0434 **imbalance** [imbǽləns]	명 불균형, 불안정	an **imbalance** of power 힘의 불균형
0435 **immediate** [imí:diət]	형 1 즉각적인 2 직접적인	to take **immediate** action 즉각적인 조치를 취하다 an **immediate** cause 직접적인 원인
0436 **impact** [ímpækt]	명 (강력한) 영향, 충격 자 [impǽkt] 영향[충격]을 주다 《on》	the **impact** of pollution on the climate 공해가 기후에 미치는 영향
0437 **impermissible** [ìmpərmísəbl]	형 용납할 수 없는(↔ permissible 허용되는)	an **impermissible** act 용납할 수 없는 행위
0438 **impersonal** [impə́:rsənl]	형 인간미 없는, 냉담한	cold, **impersonal** cities 차갑고 인간미 없는 도시들
0439 **importance** [impɔ́:rtəns]	명 중요성, 중대함	matters of great **importance** 매우 중요한 문제들
0440 **improve** [imprú:v]	자 타 개선되다, 향상시키다	to **improve** sales 판매를 향상시키다
0441 **incentive** [inséntiv]	명 1 격려, 자극 2 포상(금), 장려(금)	to give an **incentive** 포상금을 주다
0442 **incident** [ínsədənt]	명 (특히 좋지 않은) **사건**, 일	a shooting **incident** 총격 사건
0443 **income** [ínkʌm]	명 수입, 소득	a major source of **income** 주요 수입원
0444 **incoming** [ínkʌmiŋ]	형 1 도착하는, 들어오는 2 새로 선출된(↔ outgoing 1 떠나가는 2 물러나는)	the **incoming** tide 들어오는 바닷물[밀물] the **incoming** government 새로 선출된 정부
0445 **indicate** [índikèit]	타 1 나타내다, 보여주다 2 가리키다	to **indicate** one's intention 의도[의사]를 나타내다 to **indicate** a point on the map 지도상의 한 지점을 가리키다

WORD	MEANING	EXAMPLE
0446 **indirect** [ìndərékt, ìndairékt]	형 1 간접적인 2 우회하는	**indirect** effects 간접적인 영향 an **indirect** route 우회로
0447 **inferior** [infíəriər]	형 1 ~보다 못한, 열등한 《to》 (↔ superior 우월한) 2 하급의, 더 낮은	**inferior** to others 다른 것들보다 열등한 an **inferior** officer 하급 장교
0448 **inform** [infɔ́ːrm]	타 알리다, 통지하다	to **inform** the police of an accident 경찰에 사고를 알리다
0449 **informal** [infɔ́ːrməl]	형 비공식적인, 격식에 얽매이지 않는, 일상적인	an **informal** expression 일상적인 표현
0450 **injury** [índʒəri]	명 부상	to suffer an **injury** 부상을 입다
0451 **inn** [in]	명 여관, 소규모 호텔	to stay at a little **inn** 작은 여관에 머무르다
0452 **input** [ínpùt]	명 1 조언 2 투입 3 (컴퓨터) 입력 타 입력하다 (↔ output 1 생산 2 출력(하다))	a big **input** of resources 대대적인 자원 투입
0453 **insight** [ínsàit]	명 1 통찰력 2 이해, 간파	a man of great **insight** 대단한 통찰력의 소유자
0454 **instance** [ínstəns]	명 사례, 경우	to explain by giving specific **instances** 구체적인 사례를 들어 설명하다
0455 **instrumental** [ìnstrəméntl]	형 1 (어떤 일을 하는 데) 중요한 2 악기(용)의	to be **instrumental** in organizing the club 그 클럽을 조직하는 데 중요한 역할을 하다
0456 **interfere** [ìntərfíər]	자 1 간섭하다, 참견하다 《in》 2 방해하다 《with》	to **interfere** in another's privacy 다른 사람의 사생활에 간섭하다
0457 **interference** [ìntərfíərəns]	명 1 간섭, 참견 2 방해	to be free from government **interference** 정부의 간섭을 받지 않다
0458 **interpret** [intə́ːrprit]	타 설명하다, 해석하다 자 통역하다	to **interpret** a dream 꿈을 해석하다 to **interpret** Spanish into English 스페인어를 영어로 통역하다
0459 **interval** [íntərvəl]	명 (시간적인) 간격, 사이	at an **interval** of five years 5년 간격을 두고
0460 **intimate** [íntəmət]	형 1 친밀한 2 사적인, 은밀한 3 정통한, 조예 깊은 타 [íntəmèit] 넌지시 알리다 (= make known)	an **intimate** relationship 친밀한 관계 to **intimate** the truth 진실을 넌지시 알리다
0461 **intonation** [ìntənéiʃən]	명 억양	**intonation** patterns 억양 패턴
0462 **invest** [invést]	자 타 투자하다 타 (권한 등을) 부여하다	to **invest** in real estate 부동산에 투자하다
0463 **investigate** [invéstəgèit]	자 타 수사하다, 조사하다	to **investigate** the murder 살인 사건을 수사하다
0464 **investigation** [invèstəgéiʃən]	명 수사, 조사	to launch an **investigation** 수사에 착수하다
0465 **inviolable** [inváiələbl]	형 침범할 수 없는, 불가침의	the **inviolable** right to life 침범할 수 없는 생명권
0466 **inviolate** [inváiəlet]	형 침범되지 않은, 신성한	to swear an **inviolate** oath 신성한 맹세를 하다
0467 **iron** [áiərn]	명 1 철, 쇠 2 다리미 타 다림질을 하다	tools made of **iron** 철제 도구 to **iron** a few shirts 셔츠를 몇 장 다림질하다
0468 **ironic(al)** [airánik(əl)]	형 1 반어적인, 비꼬는 2 아이러니한, 모순적인	an **ironic** comment 반어적인 논평

WORD	MEANING	EXAMPLE
0469 **ironically** [airánikəli]	부 1 비꼬아, 반어적으로 2 얄궂게도	to smile **ironically** 비꼬듯 웃다
0470 **irony** [áirəni]	명 1 아이러니 2 반어법, 비꼼	a tragic **irony** 비극적 아이러니 to say with heavy **irony** 심하게 비꼬는 투로 말하다
0471 **issue** [íʃuː]	명 1 문제, 쟁점 2 (잡지의) 호 3 발행, 배포 타 1 발표하다 2 발급하다	to raise an **issue** 문제를 제기하다 to **issue** a statement 성명을 발표하다
0472 **keen** [kiːn]	형 1 간절히 바라는, 열망하는(= eager) 2 열중한, 열심인 3 예민한, 예리한(= sharp)	to be **keen** to learn 배우기를 간절히 바라다 a **keen** sense of smell 예리한 후각
0473 **kettle** [kétl]	명 주전자	an electric **kettle** 전기 주전자
0474 **kidnap** [kídnæp]	타 납치하다, 유괴하다 명 납치, 유괴	to be **kidnapped** by terrorists 테러범들에게 납치되다
0475 **kidnapper** [kídnæpər]	명 유괴범	to arrest the **kidnapper** 유괴범을 체포하다
0476 **kindergarten** [kíndərgɑ̀ːrtn]	명 유치원	to go to **kindergarten** 유치원에 다니다
0477 **kit** [kit]	명 (도구) 세트, 조립용품 세트	a first-aid **kit** 구급약품 세트
0478 **kneel** [niːl]	자 무릎을 꿇다	to **kneel** on the ground 땅바닥에 무릎을 꿇다
0479 **knit** [nit]	자 타 (옷 등을) 뜨다, 짜다 명 뜨개질한 옷, 니트	to **knit** a sweater 스웨터를 뜨다
0480 **knob** [nɑb]	명 손잡이	a door **knob** (회전식) 문손잡이
0481 **knot** [nɑt]	명 매듭	to tie a **knot** 매듭을 묶다
0482 **knowable** [nóuəbl]	형 알 수 있는	information that is easily **knowable** 쉽게 알 수 있는 정보
0483 **knowingly** [nóuiŋli]	부 1 다 알고도, 고의로 2 다 알고 있다는 듯이	to **knowingly** give false statements 고의로 거짓 진술을 하다
0484 **label** [léibəl]	명 1 라벨, 상표(= tag) 2 딱지, 꼬리표 3 음반사 타 라벨을 붙이다	to be displayed on the **label** 라벨에 표시되다 the **label** 'housewife' '가정주부'라는 꼬리표
0485 **lap** [læp]	명 1 무릎 위 2 한 바퀴 자 타 찰싹거리다	the final **lap** 마지막 한 바퀴 the sound of water **lapping** against the boat 배에 부딪쳐 찰싹거리는 물소리
0486 **latter** [lǽtər]	형 1 후자의, 마지막의 2 후반의 명 (the ~) 후자, 마지막	the **latter** half of the year 올해 후반기에
0487 **lawful** [lɔ́ːfəl]	형 합법적인, 법이 허용하는(↔ unlawful 불법의)	**lawful** gun ownership 합법적인 총기 소유
0488 **lawless** [lɔ́ːlis]	형 무법의, 무법 상태인	**lawless** streets 무법 상태인 거리들
0489 **league** [liːɡ]	명 1 연합, 연맹 2 리그, 경기 연맹	to join a **league** 연맹에 가입하다
0490 **leak** [liːk]	자 타 새다, 새게 하다 타 (비밀을) 누설하다(= disclose) 명 새는 곳, 누출	a **leaking** pipe 물이 새는 파이프 to **leak** information to the press 언론에 정보를 누설하다
0491 **leakage** [líːkidʒ]	명 누출, 새어나감	a **leakage** of toxic waste 유독성 폐기물의 누출

WORD	MEANING	EXAMPLE
0492 **leisure** [líːʒər]	명 여가, 한가한 시간	**leisure** activities 여가 활동들
0493 **lessen** [lésn]	타 줄이다(= reduce) 자 줄어들다	to **lessen** the risk 위험을 줄이다
0494 **licence** [láisəns]	명 면허증, 허가증	to issue a **license** 면허증을 발급하다
0495 **lick** [lik]	타 1 핥다, 핥아먹다 2 (불길이) 혀를 날름거리다	to **lick** the honey off the spoon 숟가락에 묻은 꿀을 핥아먹다
0496 **lifelike** [láiflàik]	형 실물과 똑같은	a **lifelike** statue 실물과 똑같은 조각상
0497 **likable** [láikəbl]	형 호감이 가는, 마음에 드는	the most **likeable** character in the novel 그 소설에서 가장 호감이 가는 인물
0498 **likelihood** [láiklihùd]	명 가능성, 가망(= probability)	the **likelihood** that things will change 상황이 바뀔 가능성
0499 **likely** [láikli]	형 1 ~할 것 같은, 있을 법한 2 가망 있는, 유망한 (↔ unlikely 1 ~할 것 같지 않은 2 가망 없는)	to be **likely** to succeed 성공할 것 같다 a **likely** young man 유망한 청년
0500 **likeness** [láiknis]	명 1 유사성, 닮음 2 초상, 화상	to bear the **likeness** to ~과 유사하다
0501 **liking** [láikiŋ]	명 좋아함, 애호, 취향	to one's **liking** ~의 취향에 맞는
0502 **limb** [lim]	명 1 팔, 다리 2 (나무의) 큰 가지	a dog with an injured **limb** 다리 하나를 다친 개 the **limbs** of the maple tree 단풍나무의 큰 가지들
0503 **linkage** [líŋkidʒ]	명 1 연결, 관련(성) 2 연결 장치	**linkages** between population growth and disease 인구 증가와 질병의 관련성
0504 **liquid** [líkwid]	명 액체 형 1 액체의 2 유동성의, 현금화하기 쉬운	a bottle of green **liquid** 녹색 액체가 담긴 병 **liquid** assets 유동 자산
0505 **litter** [lítər]	명 (공공장소에 버려진) 쓰레기 타 어지르다 《with》 자 타 쓰레기를 버리다	fines for people who drop **litter** 쓰레기를 버리는 사람들에 대한 벌금 to be **littered** with papers 서류들로 어질러져 있다
0506 **lively** [láivli]	형 활기 넘치는, 적극적인	the city's **lively** nightlife 그 도시의 활기찬 밤 문화
0507 **liven** [láivən]	자 타 활기를 띠다[북돋우다] 《up》	to **liven** up the speech with a joke 연설을 약간의 농담으로 활기를 북돋우다
0508 **load** [loud]	명 1 짐, 화물 2 업무량, 작업량(= workload) 타 (~에) 짐을 싣다	to carry a heavy **load** 무거운 짐을 나르다 to lighten the **load** 업무량을 줄이다
0509 **loan** [loun]	명 1 대출(금), 융자(금) 2 대여 타 대출해주다, 빌려주다	to pay off a **loan** 대출금을 갚다 to **loan** money to small businesses 중소기업에 대출해주다
0510 **localize / localise** [lóukəlàiz]	타 1 (영향 등을) 국한시키다(= confine) 2 ~의 위치를 알아내다 3 지역화하다	to try to **localize** the infection 감염을 국한시키려고 시도하다 to **localize** the faulty switches 고장난 스위치들의 위치를 알아내다
0511 **loop** [luːp]	명 고리 자 타 고리 모양으로 만들다[감다]	to **loop** a string around a finger 손가락에 끈을 고리 모양으로 감다

No.	WORD	MEANING	EXAMPLE
0512	**loose** [luːs]	형 1 헐거워진 2 묶이지 않은, 풀린 3 (옷이) 헐렁한(↔ tight 꽉 끼는) 타 풀다, 느슨하게 하다(= loosen)	a **loose** knot 헐거워진 매듭 to **loose** the straps 끈을 풀다
0513	**lord** [lɔːrd]	명 1 영주 2 《L-》 주님 3 귀족, 경	a feudal **lord** 봉건 영주
0514	**lounge** [laundʒ]	명 1 라운지, 대합실 2 휴게실 자 느긋하게 있다, 빈둥대다	the departure **lounge** 출국 대합실 to **lounge** around on the beach 바닷가에서 느긋하게 있다
0515	**loyal** [lɔ́iəl]	형 충실한, 충성스러운(↔ disloyal 불충실한)	a **loyal** supporter 충실한 지지자
0516	**lung** [lʌŋ]	명 폐, 허파	**lung** cancer 폐암
0517	**luxury** [lʌ́kʃəri]	명 호화로움, 고급, 사치(품)	a life of **luxury** 호화로운 삶
0518	**lyric** [lírik]	형·명 1 서정시(의) 2 《pl.》 (노래) 가사(의)	a song with beautiful **lyrics** 아름다운 가사의 노래
0519	**machinery** [məʃíːnəri]	명 1 기계(류), 기계 장치 2 조직, 기구, 기관	industrial **machinery** 농업용 기계류 the **machinery** of government 정부 기구
0520	**macho** [máːtʃou]	형 남자다움을 과시하는, 남성적인	**macho** posturing 남자다움을 과시하는 태도
0521	**madden** [mǽdn]	타 정말 화나게 하다	to be **maddened** by the delays 지연되어 정말 화가 나다
0522	**maid** [meid]	명 1 하녀, 가정부 2 처녀, 아가씨	to hire a **maid** 가정부를 고용하다
0523	**maiden** [méidn]	명 처녀, 아가씨 형 처음의, 처녀의	to rescue a fair **maiden** 아름다운 아가씨를 구출하다 a **maiden** flight 처녀비행
0524	**majority** [mədʒɔ́ːrəti]	명 1 (대)다수, 과반수(↔ minority 소수) 2 득표 차	a **majority** decision 다수결 to be elected with a **majority** of 450 450표 차이로 당선되다
0525	**manly** [mǽnli]	형 남자다운	a **manly** voice 남자다운 목소리
0526	**manner** [mǽnər]	명 1 방식, 태도 2 《pl.》 예의 3 《pl.》 관습	a polite but assertive **manner** 공손하지만 확신에 찬 태도
0527	**mannered** [mǽnərd]	형 (행동 등이) 격식을 차린, 자연스럽지 못한	a **mannered** way of speaking 부자연스러운 말투
0528	**margin** [máːrdʒin]	명 1 (페이지의) 여백 2 (득표, 점수의) 차이 3 마진, 중간이윤 4 가장자리	the left-hand **margin** 왼쪽 여백 to win by a narrow **margin** 근소한 차이로 이기다
0529	**marginal** [máːrdʒinl]	형 1 미미한, 중요하지 않은(= slight) 2 주변부의, 주변적인(↔ mainstream 주류의)	**marginal** interest 미미한 관심 **marginal** groups in society 사회 주변부 집단들
0530	**marginalize / marginalise** [máːrdʒinəlaiz]	타 하찮은 존재로 만들다	to **marginalize** the value of older ones 낡은 것들의 가치를 하찮게 만들다
0531	**marginally** [máːrdʒinəli]	부 아주 조금, 미미하게(= slightly)	**marginally** more expensive 아주 조금 더 비싼
0532	**marked** [maːrkt]	형 뚜렷한, 두드러진	a **marked** difference 뚜렷한 차이

WORD	MEANING	EXAMPLE
0533 **markedly** [máːrkidli]	부 현저하게, 두드러지게	**markedly** different opinions 현저하게 다른 의견들
0534 **mass** [mæs]	명 1 덩어리 2 많은 양, 큰 수 3 (사람들의) 무리	a huge **mass** of rock 거대한 바윗덩어리 a **mass** of evidence 많은 증거
0535 **massive** [mǽsiv]	형 1 거대한, 육중한 2 엄청난, 심각한	the **massive** walls of the castle 그 성의 거대한 벽 a **massive** shock 심각한 충격
0536 **material** [mətíəriəl]	명 1 직물, 천 2 자료 3 《pl.》 자재 형 물질적인	some **material** for making curtains 커튼을 만들 약간의 천 building **materials** 건축 자재
0537 **materialism** [mətíəriəlìzm]	명 물질(만능)주의, 유물론	the **materialism** of modern society 현대 사회의 물질주의
0538 **materialistic** [mətìəriəlístik]	형 물질주의적인	a **materialistic** culture 물질주의적인 문화
0539 **materialize / materialise** [mətíəriəlàiz]	자 1 구체화되다, 실현되다 2 갑자기 나타나다	to fail to **materialize** 실현되지 못하다
0540 **materially** [mətíəriəli]	부 1 물질적으로 2 현저하게	a **materially** rich but spiritually poor culture 물질적으로 풍부하지만 정신적으로 빈곤한 문화
0541 **matrix** [méitriks]	명 1 모체, 기반 2 (그물처럼 엮인) 망	the European cultural **matrix** 유럽의 문화적 모체
0542 **mature** [mətʃúər]	형 1 성숙한, 다 자란(↔ immature 미숙한) 2 숙성된 자 성숙해지다, 다 자라다 자 타 숙성되다, 숙성시키다	**mature** for one's age 나이에 비해 성숙한 to **mature** with age 나이가 들며 성숙해지다
0543 **mayor** [méiər]	명 시장, 군수	the **mayor** of New York 뉴욕 시장
0544 **meaninglessness** [míːniŋlisnis]	명 무의미함, 의미 없음	the **meaninglessness** of war 전쟁의 무의미함
0545 **measure** [méʒər]	타 1 측정하다, 재다 2 판단[평가]하다 3 (치수가) ~이다 명 조치, 대책	**measuring** equipment 측정 장비 to **measure** the performance of employees 직원들의 성과를 평가하다
0546 **melt** [melt]	자 타 1 녹다, 녹이다 2 (감정 등이) 누그러지다, 누그러뜨리다	**melting** ice 녹고 있는 얼음 to **melt** with sympathy 동정심으로 마음이 누그러지다
0547 **mental** [méntl]	형 정신의, 마음의, 정신적인	**mental** health 정신 건강
0548 **mentor** [méntɔːr]	명 멘토, 조언자	a **mentor** to freshmen 신입생들의 멘토
0549 **merciless** [máːrsilis]	형 무자비한, 인정사정없는(= cruel)	a **merciless** attack 무자비한 공격
0550 **mercy** [máːrsi]	명 1 자비 2 고마운[다행스러운] 일	to show no **mercy** 자비를 베풀지 않다
0551 **merriment** [mérimənt]	명 명랑함, 유쾌, 흥겹게 떠듦	a time of great joy and **merriment** 아주 즐겁고 유쾌한 시간
0552 **mess** [mes]	명 엉망인 상태 타 엉망으로 만들다, 어질러 놓다	to be in a **mess** 엉망[난장판]이 되어 있다.
0553 **messy** [mési]	형 1 지저분한, 엉망인(= chaotic) 2 지저분하게 만드는 3 (상황이) 골치 아픈	a **messy** room 지저분한 방 a **messy** divorce 골치 아픈 이혼

WORD	MEANING	EXAMPLE
0554 **mindful** [máindfəl]	형 ~을 염두에 두는, ~에 유념하는	to be **mindful** of the consequences 결과를 염두에 두다
0555 **mindless** [máindlis]	형 1 아무 생각이[이유가] 없는 2 머리를 쓸 필요가 없는	a **mindless** and repetitive task 머리를 쓸 필요가 없는 반복적인 일
0556 **misinform** [mìsinfɔ́ːrm]	타 잘못된 정보를 주다	to be **misinformed** about the meeting 모임에 대해 잘못된 정보를 받다
0557 **mist** [mist]	명 1 (옅은) 안개 2 스프레이, 분무	to be shrouded in **mist** 안개에 덮여 있다
0558 **misty** [místi]	형 1 안개가 낀 2 흐릿한	a cold **misty** morning 쌀쌀하고 안개 낀 아침 **misty** memories 흐릿한 기억
0559 **moist** [mɔist]	형 촉촉한, 젖은	**moist** with sweat 땀으로 촉촉한
0560 **moisten** [mɔ́isn]	자 타 촉촉해지다, 적시다	to **moisten** a towel 수건을 적시다
0561 **moisture** [mɔ́istʃər]	명 수분, 습기	to absorb **moisture** from the air 공기에서 수분을 흡수하다
0562 **moment** [móumənt]	명 1 잠깐, 순간 2 때, 시기	the right **moment** 알맞은 때
0563 **moody** [múːdi]	형 1 기분 변화가 심한, 변덕스러운 2 침울한	a **moody** teenager 변덕스러운 십 대 청소년
0564 **mop** [map]	명 대걸레 타 1 대걸레로 닦다 2 (얼굴을) 닦다	a **mop** and bucket 대걸레와 양동이 to **mop** your brow 이마를 닦다
0565 **motif** [moutíːf]	명 (작품의) 주제, 모티프	the **motif** in music 음악의 주제
0566 **motorcycle / motorbike** [móutərsàikl / móutərbàik]	명 오토바이	**motorcycle** racing 오토바이 경주
0567 **motto** [mátou]	명 좌우명, 표어	to make it one's **motto** to be humble 겸손하는 것을 좌우명으로 삼다
0568 **mouthful** [máuθfùl]	명 (음식) 한 입, 한 모금	to take a **mouthful** of water 물을 한 모금 마시다
0569 **mow** [mou]	자 타 (잔디, 풀을) 깎다	to **mow** the lawn 잔디를 깎다
0570 **murder** [mə́ːrdər]	명 살인, 살해 타 살해하다	to commit a **murder** 살인을 저지르다
0571 **myth** [miθ]	명 1 신화 2 잘못된 통념	ancient Greek **myths** 고대 그리스 신화 popular **myth** 대중의 잘못된 통념
0572 **mythical** [míθikəl]	형 1 신화 속에 나오는 2 가공의, 가상의	**mythical** heroes 신화 속의 영웅들
0573 **narrate** [nǽreit]	타 1 이야기를 하다[들려주다] 2 내레이션을 하다	to **narrate** events of the past 과거의 일들을 이야기하다
0574 **narrative** [nǽrətiv]	명 1 묘사, 이야기 2 서술 형 1 이야기식의 2 서술의	a detailed **narrative** of his life 그의 삶에 대한 상세한 이야기 a first-person **narrative** 1인칭 서술
0575 **nasty** [nǽsti]	형 1 끔찍한, 형편없는 2 못된, 고약한	a **nasty** taste 형편없는 맛 to have a **nasty** temper 고약한 성격을 지니다
0576 **navy** [néivi]	명 해군	to join the **navy** 해군에 입대하다

WORD	MEANING	EXAMPLE
0577 **needy** [níːdi]	형 궁핍한, 빈곤한	**needy** families 빈곤 가정
0578 **newscast** [njúːzkæst]	명 뉴스 방송	the nightly TV **newscast** 야간 TV 뉴스 방송
0579 **nightly** [náitli]	형 밤마다 하는, 야간의	the **nightly** news 야간 뉴스
0580 **noble** [nóubl]	형 1 고결한, 고귀한 2 웅장한 3 귀족의	**noble** ideals 고귀한 이상 a man of **noble** birth 귀족 출신의 남자
0581 **notice** [nóutis]	자타 1 알아차리다 2 주목하다 명 1 통지, 통보 2 주목, 주의	to **notice** a smell of gas 가스 냄새를 알아차리다 two weeks' **notice** 2주 전의 사전 통지
0582 **nuance** [njúːɑːns]	명 미묘한 차이, 뉘앙스	the **nuances** of language 언어의 미묘한 차이
0583 **nudity** [njúːdəti]	명 알몸, 나체	to have scenes of **nudity** 나체 장면들이 있다
0584 **nutty** [nʌ́ti]	형 1 견과 맛이 나는, 견과가 든 2 정신 나간, 정상이 아닌	candy with a **nutty** taste 견과 맛이 나는 사탕 some **nutty** friends 약간 정신 나간 친구들
0585 **obedient** [oubíːdiənt]	형 복종하는, 말을 잘 듣는(↔ disobedient 반항[거역]하는)	an **obedient** dog 말을 잘 듣는 개
0586 **obey** [oubéi]	자타 (명령, 법 등을) 따르다, 복종하다	to **obey** the law 법을 따르다[지키다]
0587 **obvious** [ɑ́bviəs]	형 분명한, 명백한	an **obvious** mistake 명백한 실수
0588 **odd** [ɑd]	형 1 이상한, 특이한(= strange) 2 가끔씩의, 때때로의(= occasional)	an **odd** question 이상한 질문 to make the **odd** mistake 가끔 실수를 하다
0589 **odds** [ɑdz]	명 1 가능성, 확률 2 역경, 곤란 3 배당률	the **odds** of getting the disease 그 병에 걸릴 가능성 against all (the) **odds** 모든 역경에도 불구하고
0590 **officer** [ɔ́(ː)fisər]	명 1 경찰관, 공무원 2 장교 3 (회사 등의) 임원, 간부	public **officer** 공무원 a senior **officer** 상급 장교
0591 **onset** [ɑ́nsèt]	명 (특히 불쾌한 일의) 시작(= beginning)	the **onset** of the bitter cold 혹한의 시작
0592 **orchard** [ɔ́ːrtʃərd]	명 과수원	an apple **orchard** 사과 과수원
0593 **orphan** [ɔ́ːrfən]	명 고아	to be left an **orphan** 고아가 되다
0594 **outcome** [áutkʌ̀m]	명 결과(= result)	the **outcome** of the election 선거 결과
0595 **outperform** [àutpərfɔ́ːrm]	타 (~보다) 뛰어나다, 능가하다	to **outperform** one's rivals 경쟁자들을 능가하다
0596 **overcome** [òuvərkʌ́m]	타 1 극복하다 2 (남을) 이기다 3 《수동태로》 압도당하다	to **overcome** injury 부상을 극복하다 to be **overcome** with grief 슬픔에 압도당하다
0597 **overemphasize** [òuvərémfəsàiz]	타 지나치게 강조하다	cannot **overemphasize** safety training 안전 교육은 아무리 강조해도 지나치지 않다
0598 **overlook** [òuvərlúk]	타 1 간과하다, 못 보고 지나치다(= miss) 2 눈감아주다, 못 본 체하다(= turn a blind eye to) 3 내려다보다	to **overlook** one important fact 한 가지 중요한 사실을 간과하다 to **overlook** minor faults 사소한 잘못을 눈감아주다

WORD	MEANING	EXAMPLE
0599 **overly** [óuvərli]	툄 지나치게, 너무	**overly** concerned about the problem 그 문제에 대해 **지나치게** 염려하는
0600 **overpass** [óuvərpæs]	명 고가도로, 육교	cars driving under the **overpass** 육교 밑을 통과하는 차들
0601 **owe** [ou]	타 1 (돈을) 빚지다 2 신세를 지고 있다 3 (~의) 덕분이다	to **owe** money to the bank 은행에 돈을 빚지다
0602 **ownership** [óunərʃip]	명 소유(권)	a growth in home **ownership** 주택 소유의 증가
0603 **painkiller** [péinkìlər]	명 진통제	to take some **painkillers** for headaches 두통으로 **진통제**를 좀 먹다
0604 **pal** [pæl]	명 1 친구 2 이봐, 자네《남자를 기분 나쁘게 투로 부르는 말》	an old **pal** 오래된 친구
0605 **pale** [peil]	형 1 창백한, 핼쑥한 2 (색깔이) 옅은 3 (빛이) 약한, 흐릿한	to turn **pale** 창백해지다 the **pale** light of early morning 이른 아침의 희미한 빛
0606 **parcel** [pá:rsəl]	명 1 소포, 꾸러미 2 (땅의) 구획	a brown paper **parcel** 갈색 종이로 포장된 소포 a small **parcel** of land 작은 토지 한 구획
0607 **parental** [pəréntl]	형 부모의, 어버이다운	**parental** consent 부모의 동의
0608 **parenthood** [pérənthùd]	명 부모임	the responsibilities of **parenthood** 부모 된 사람의 책임
0609 **parenting** [pɛ́ərəntiŋ]	명 육아, 양육	a course in **parenting** 육아 강좌
0610 **particulate** [pərtíkjulət]	형 미립자의, 미립자로 된 명 《pl.》 입자성 물질	**particulate** pollution 미립자로 된 오염 물질
0611 **passageway** [pǽsidʒwèi]	명 복도, 통로	a dark **passageway** 어두운 통로
0612 **passenger** [pǽsəndʒər]	명 승객, 여객	a passenger train 여객열차
0613 **passport** [pǽspɔ:rt]	명 여권	**passport** control 여권 심사대, 출입국 수속
0614 **pat** [pæt]	타 쓰다듬다, 토닥거리다 명 쓰다듬기, 토닥거림	to **pat** the dog on the head 개의 머리를 쓰다듬다
0615 **patch** [pætʃ]	명 1 (주변과는 다른 조그만) 부분 2 천 조각, 패치	a wet **patch** 젖은 부분 a jacket with leather **patches** at the elbows 팔꿈치 부분에 가죽 조각들을 덧댄 재킷
0616 **patent** [pǽtnt]	명 특허증, 특허권 형 1 특허의 2 명백한	to apply for a **patent** 특허권을 신청하다
0617 **patrol** [pətróul]	자 타 순찰하다 타 (위협적으로) 돌아다니다 명 순찰(대)	to make regular **patrols** 정기적으로 순찰을 돌다
0618 **perform** [pərfɔ́:rm]	자 타 공연하다, 연주하다 타 수행하다, 실행하다 (= carry out)	to **perform** on the piano 피아노를 연주하다 to **perform** a task 임무를 수행하다
0619 **personality** [pə̀:rsənǽləti]	명 1 성격, 인격, 개성 2 유명인 (= celebrity)	to have a very strong **personality** 매우 강한 개성을 지니다 a sports **personality** 스포츠계의 유명인

WORD	MEANING	EXAMPLE
0620 **personalize** [pə́ːrsənəlàiz]	타 1 (개인 소유물임을 나타내는) **표시를 하다** 2 (개인의 필요에) **맞추다** 3 **개인화하다**	a **personalized** exercise schedule 개인에 맞춘 운동 일정
0621 **personify** [pərsάnəfài]	타 1 ~의 화신이다, ~을 전형적으로 보여주다 (= typify) 2 의인화하다	to **personify** kindness 친절함을 전형적으로 보여주다 to **personify** the river as a goddess 그 강을 여신으로 의인화하다
0622 **personnel** [pə̀ːrsənél]	명 1 직원, 인원 2 인사 담당 부서	skilled **personnel** 숙련된 직원들 the **personnel** manager 인사부장
0623 **physicality** [fìzikǽləti]	명 신체적 특징, 겉모양	a comedian known for his **physicality** 그의 신체적 특징으로 유명한 코미디언
0624 **physician** [fizíʃən]	명 의사, 내과의사	a personal **physician** 개인 주치의
0625 **physics** [fíziks]	명 물리학	a degree in **physics** 물리학 학위
0626 **pictorial** [piktɔ́ːriəl]	형 1 그림을 이용한 2 그림의	a **pictorial** record of the trip 그 여행에 대한 그림을 이용한 기록
0627 **picturesque** [pìktʃərésk]	형 1 그림 같은 2 생생한	a **picturesque** village 그림 같은 마을
0628 **pillow** [pílou]	명 베개	a soft **pillow** 부드러운 베개
0629 **pilot** [páilət]	명 1 조종사 2 수로 안내인, 도선사 타 1 조종하다 2 (배의) 수로를 안내하다	an airline **pilot** 항공기 조종사
0630 **pioneer** [pàiəníər]	명 개척자, 선구자 타 개척하다	a **pioneer** in the field of medicine 의료 분야의 개척자 to **pioneer** a new market 새로운 시장을 개척하다
0631 **pitch** [pitʃ]	자타 (야구에서) 투구하다 자 힘껏 내던지다 명 1 투구 2 (축구, 럭비의) 필드, 경기장	to **pitch** five scoreless innings 5회 동안 무실점으로 투구하다 a football **pitch** 축구 경기장
0632 **pity** [píti]	명 1 연민, 동정 2 유감(= shame) 타 동정하다, 딱하게 여기다	to feel deep **pity** 깊은 동정심을 느끼다
0633 **planet** [plǽnit]	명 1 행성 2 《the ~》 지구	the **planets** of our solar system 우리 태양계의 행성들
0634 **pleasant** [plézənt]	형 쾌적한, 즐거운, 상냥한	a **pleasant** climate 쾌적한 기후
0635 **poisonous** [pɔ́izənəs]	형 1 유독한, 독이 있는 2 악의적인, 험악한	**poisonous** chemicals 유독성 화학물질 **poisonous** gossip 악의적 험담
0636 **policing** [pəlíːsiŋ]	명 1 치안 유지 활동 2 감시 활동	community **policing** 지역 치안 유지 활동 adequate **policing** 적절한 감시 활동
0637 **porch** [pɔːrtʃ]	명 1 현관 2 베란다(= veranda)	a front **porch** 앞 현관
0638 **portfolio** [pɔːrtfóuliòu]	명 1 서류 가방 2 포트폴리오, 작품집	a **portfolio** with examples of previous work 이전 작품들을 예시로 담은 작품집
0639 **position** [pəzíʃən]	명 1 위치 2 자세 3 입장, 처지 타 (~에) 두다, 자리를 잡다	in an upright **position** 똑바른 자세로 to take a central **position** 중도적 입장을 취하다

	WORD	MEANING	EXAMPLE
0640	**postgraduate** [poustgrǽdʒuət]	형 대학원의 명 대학원생	a **postgraduate** course 대학원 과정
0641	**pouch** [pautʃ]	명 1 주머니 2 우편물 가방 3 (캥거루 같은 동물의) 새끼 주머니	a small leather **pouch** 작은 가죽 주머니
0642	**pound** [paund]	명 《화폐, 무게 단위》 파운드 자 타 마구 두드리다 자 (심장이) 마구 뛰다	to gain 5 **pounds** (몸무게가) 5파운드 늘다 Her heart was **pounding**. 그녀의 심장이 두근거리고 있었다.
0643	**premium** [príːmiəm]	명 1 보험료 2 할증료 형 아주 높은, 고급의	health insurance **premiums** 건강 보험료 **premium** European beauty products 유럽의 고급 화장품들
0644	**pretest** [príːtèst]	명 예비 시험, 사전 평가	to carry out **pretests** on all electrical goods 모든 전자제품들에 대한 **사전 평가**를 실시하다
0645	**previous** [príːviəs]	형 이전의, 직전의	the **previous** year 전년도
0646	**prison** [prízn]	명 교도소, 감옥	to be in **prison** 교도소에 수감되다
0647	**privation** [praivéiʃən]	명 궁핍	economic **privation** 경제적 궁핍
0648	**problematic** [pràbləmǽtik]	형 문제가 있는[많은], 의문인	a **problematic** situation 문제가 많은 상황
0649	**professor** [prəfésər]	명 교수	a **professor** of psychology 심리학 교수
0650	**proper** [prápər]	형 1 적절한, 적합한 2 옳은, 타당한	to follow the **proper** procedures 적절한 절차를 따르다
0651	**property** [prápərti]	명 1 재산, 부동산 2 소유물 3 특성, 속성	public **property** 공공재산 a **property** of light 빛의 특성
0652	**pub** [pʌb]	명 펍 《간단한 음식거리도 함께 파는 대중적인 술집》, 술집	to go down to the **pub** 술집에 가다
0653	**punch** [pʌntʃ]	타 1 주먹으로 치다 2 (구멍을) 뚫다 명 1 주먹질, 펀치 2 박력	to **punch** holes in metal 금속에 구멍을 뚫다 a speech with **punch** 박력 있는 연설
0654	**quarrel** [kwɔ́ːrəl]	명 1 말다툼, 언쟁 2 불만 자 말다툼하다	to have a **quarrel** 말다툼하다
0655	**quizzical** [kwízikəl]	형 약간 놀란 듯한, 의아해하는	a **quizzical** expression 약간 놀란 듯한 표정
0656	**quote** [kwout]	자 타 인용하다 명 인용문, 인용구(= quotation)	to **quote** Wordsworth Wordsworth를 인용하다
0657	**rage** [reidʒ]	명 격렬한 분노 자 1 몹시 화를 내다 2 맹렬히 계속되다	to fly into a **rage** 격분하다
0658	**randomize / randomise** [rǽndəmàiz]	타 임의로 추출하다, 임의[무작위]로 순서를 정하다	to **randomize** a data stream 데이터 흐름을 무작위로 하다
0659	**range** [reindʒ]	명 1 범위, 폭 2 다양성 자 1 (범위가) ~에 이르다, ~ 사이이다 2 포함하다 타 배치하다	a wide **range** of choice 광범위한 선택권
0660	**rarity** [rɛ́ərəti]	명 희귀한 것, 진귀한 것, 희소성	**rarity** of diamonds 다이아몬드의 희소성
0661	**re(af)forestation** [riː(ə)fɔ̀ːrəsteiʃən]	명 숲 다시 가꾸기	a **reforestation** project 숲 다시 가꾸기 프로젝트

	WORD	MEANING	EXAMPLE
0662	**readership** [rídərʃip]	명 독자 수, 독자층	to have a wide **readership** 넓은 독자층이 있다
0663	**readily** [rédəli]	부 손쉽게, 기꺼이	**readily** accessible on the Internet 인터넷에서 손쉽게 접할 수 있는
0664	**realize / realise** [ríːəlàiz]	자타 깨닫다, 인식하다 타 실현하다, 달성하다	to **realize** the truth 진실을 깨닫다 to **realize** a dream 꿈을 실현하다
0665	**reap** [riːp]	자타 (농작물을) 수확하다 타 (좋은 결과를) 얻다	to **reap** the benefit of hard work 고생한 보람을 얻다
0666	**reasonable** [ríːzənəbl]	형 1 이성적인, 분별력 있는 2 합리적인, 타당한 3 (가격이) 적정한	a **reasonable** man 이성적인 남자 a **reasonable** request 타당한 요구
0667	**reasonably** [ríːzənəbli]	부 1 상당히, 꽤 2 합리적으로 3 적정하게	in **reasonably** good condition 상당히 괜찮은 상태인 **reasonably** priced 가격이 적정하게 책정된
0668	**reasoning** [ríːzəniŋ]	명 추론, 추리	logical **reasoning** 논리적 추론
0669	**recipe** [résəpi]	명 조리법, 요리법	a **recipe** for tomato soup 토마토 수프 조리법
0670	**record** [rékərd]	명 1 기록 2 음반 자타 [rikɔ́ːrd] 1 기록하다 2 녹음하다	to break a **record** 기록을 깨다
0671	**recover** [rikʌ́vər]	자 (건강 등이) 회복되다 타 (잃은 것을) 되찾다	to **recover** from a heart attack 심장마비에서 회복되다 to **recover** consciousness 의식을 되찾다
0672	**recreate** [rìːkriéit, rékrièit]	타 재현하다, 되살리다	to **recreate** a typical Korean village 전형적인 한국 마을을 재현하다
0673	**regard** [rigáːrd]	명 1 관심, 고려 2 존중 타 (~을 ~으로) 여기다	to pay proper **regard** to the needs of ~의 요구에 적절한 관심을 기울이다 to **regard** him as a friend 그를 친구로 여기다
0674	**region** [ríːdʒən]	명 지역, 지방	the tropical **regions** 열대 지방
0675	**remind** [rimáind]	타 상기시키다, 생각나게 하다	the flavor that **reminds** me of my hometown 고향을 생각나게 하는 맛
0676	**reorganize / reorganise** [riːɔ́ːrɡənàiz]	자타 재조직하다, 개편하다	to **reorganize** the cabinet 내각을 개편하다
0677	**repeat** [ripíːt]	타 반복하다, 따라 말하다	to **repeat** the same mistakes 똑같은 실수를 반복하다
0678	**reply** [riplái]	자타 대답[답신]하다 자 대응하다 명 1 대답, 답신 2 대응	in **reply** to the letter 편지에 대한 답신으로
0679	**report** [ripɔ́ːrt]	자타 1 알리다, 전하다 2 보도하다 명 보도, 보고(서)	to **report** an accident to the police 경찰에 사건을 알리다 a detailed **report** 자세한 보고(서)
0680	**reportedly** [ripɔ́ːrtidli]	부 전하는 바에 따르면, 소문에 의하면	She is **reportedly** in a coma. 소문에 의하면 그녀는 혼수상태이다.
0681	**reporter** [ripɔ́ːrtər]	명 기자, 리포터	a crime **reporter** 범죄 전문 기자
0682	**rescue** [réskjuː]	타 구하다, 구조하다 명 구출, 구조	to **rescue** a child from drowning 물에 빠진 아이를 구조하다

WORD	MEANING	EXAMPLE
0683 **resourceful** [risɔ́ːrsfəl]	형 수완이 좋은, 지략 있는	a **resourceful** leader 지략 있는 지도자
0684 **result** [rizʌ́lt]	명 결과, 성과 자 (결과로) 발생하다	injuries **resulting** from auto accidents 교통사고로 발생한 부상
0685 **resultant** [rizʌ́ltənt]	형 결과로서 생긴, 그에 따른	the growing economic crisis and **resultant** unemployment 커져 가는 경제 위기와 그에 따른 실업 문제
0686 **retire** [ritáiər]	자 타 은퇴하다, 퇴직시키다 자 자리를 뜨다, 물러나다	to **retire** from public life 공직에서 물러나다
0687 **reveal** [rivíːl]	타 1 (비밀 등을) 드러내다, 밝히다 2 (보이지 않던 것을) 드러내 보이다	to **reveal** a secret 비밀을 드러내다
0688 **revealing** [rivíːliŋ]	형 1 흥미로운 사실을 드러내는 2 노출이 심한	a **revealing** interview 흥미로운 사실을 드러내는 인터뷰 a **revealing** blouse 노출이 심한 블라우스
0689 **revelation** [rèvəléiʃən]	명 1 폭로(된 사실) 2 (신의) 계시	**revelations** about his affair 그의 불륜에 대해 폭로된 사실 to receive a divine **revelation** 신의 계시를 받다
0690 **reward** [riwɔ́ːrd]	명 1 보상 2 현상금, 보상금, 사례금 타 보상[보답]하다	to offer a **reward** 현상금을 걸다 to be **rewarded** with a cash bonus 현금 보너스로 보상받다
0691 **rewarding** [riwɔ́ːrdiŋ]	형 1 (활동 등이) 보람 있는 2 수익이 많이 나는	a **rewarding** job 보람 있는 일 a financially **rewarding** activity 재무적으로 수익이 많이 나는 활동
0692 **rinse** [rins]	타 1 씻다 2 (물로) 씻어 내다, 헹구다 명 씻기, 헹구기	to **rinse** the lettuce leaves in cold water 상춧잎을 찬물에 씻다
0693 **ripe** [raip]	형 1 (과일 등이) 익은 2 (시기가) 적합한	**ripe** tomatoes 익은 토마토
0694 **risky** [ríski]	형 위험한	a **risky** investment 위험한 투자
0695 **rivalry** [ráivəlri]	명 경쟁(의식)	intense **rivalry** 치열한 경쟁
0696 **rob** [rɑb]	타 (사람, 장소를) 털다, 강탈하다	to **rob** a bank 은행을 털다
0697 **rot** [rɑt]	자 타 썩다, 썩히다 명 썩음, 부식, 부패	to be left to **rot** 썩도록 방치하다
0698 **rough** [rʌf]	형 1 (표면이) 거친(↔ smooth 매끄러운) 2 대강의, 대략적인(= approximate)	**rough** ground 거친 땅바닥 a **rough** idea 대략적인 생각
0699 **route** [ruːt, raut]	명 1 경로, 길 2 노선 3 (어떤 일을 달성하는) 방법, 길	to take a **route** 경로를 택하다
0700 **row** [rou]	명 줄, 열 자 타 노를 젓다	to stand in a **row** 한 줄로 서다 to **row** across the lake 노를 저어 호수를 건너다
0701 **royal** [rɔ́iəl]	형 1 국왕의, 여왕의(= regal) 2 성대한, 장엄한(= splendid) 명 왕족	**royal** power 국왕의 권력 a **royal** welcome 성대한 환영
0702 **royalty** [rɔ́iəlti]	명 1 왕족 2 인세, 저작권 사용료	to be treated like **royalty** 왕족 대접을 받다 to receive $40,000 in **royalties** 저작권 사용료로 4만 달러를 받다

WORD	MEANING	EXAMPLE
0703 **rug** [rʌg]	명 깔개, 양탄자	to shake out a **rug** 깔개를 털다
0704 **ruin** [rúːin]	타 1 망치다, 엉망으로 만들다(= wreck) 2 파산시키다 명 1 파산, 파탄 2 붕괴 3 《pl.》 폐허	to **ruin** the mood 분위기를 망치다 financial **ruin** 재정적 파탄
0705 **sake** [seik]	명 이익; 원인	for the **sake** of our country 우리나라의 이익을 위해서
0706 **satellite** [sǽtəlàit]	명 1 (인공)위성 2 위성 도시	a weather **satellite** 기상 위성 a **satellite** of Chicago 시카고의 위성 도시
0707 **saw** [sɔː]	명 톱 자 타 톱질하다	a power **saw** 전동 톱 to **saw** wood in the yard 뜰에서 나무를 톱질하다
0708 **scale** [skeil]	명 1 규모, 범위 2 등급 3 눈금 4 저울 5 비율, (지도의) 축척 타 1 (높은 곳을) 오르다 2 비늘을 벗기다	on a large **scale** 대규모로 to **scale** the mountain 산을 오르다
0709 **scan** [skæn]	타 1 유심히 살피다 2 (대충) 훑어보다 3 스캔하다 명 1 훑어 보기 2 정밀 검사	to **scan** the list quickly 명단을 재빨리 훑어보다 to have a brain **scan** 뇌 정밀 검사를 받다
0710 **scarce** [skɛərs]	형 부족한, 드문	**scarce** resources 부족한 자원
0711 **scatter** [skǽtər]	타 (흩)뿌리다 자 뿔뿔이 흩어지다(= disperse)	to **scatter** leaflets 전단지를 뿌리다
0712 **scenario** [sinɛ́əriòu]	명 1 시나리오, 각본 2 (계획 등의) 개요, 계획	the worst-case **scenario** 최악의 시나리오
0713 **scene** [siːn]	명 1 (영화 등의) 장면 2 (사건 등의) 현장 3 경치, 풍경	the opening **scene** of the movie 영화의 첫 장면 the **scene** of the crime 범죄 현장
0714 **scenery** [síːnəri]	명 1 경치, 풍경 2 (무대의) 배경, 무대 장치	spectacular mountain **scenery** 장관을 이루는 산의 풍경
0715 **scent** [sent]	명 향기, 냄새 타 냄새로 찾아내다, 감지하다	the **scent** of flowers 꽃의 향기
0716 **scholar** [skɑ́lər]	명 1 학자 2 장학생	a renowned **scholar** 저명한 학자
0717 **scholarly** [skɑ́lərli]	형 1 학문[학술]적인 2 학자의, 학구적인	a **scholarly** journal 학술지
0718 **scholarship** [skɑ́lərʃip]	명 1 장학금 2 학문	to win a **scholarship** 장학금을 받다 productive **scholarship** 생산적인 학문
0719 **scholastic** [skəlǽstik]	형 학업의	**scholastic** achievements 학업 성취
0720 **scold** [skould]	타 꾸짖다, 야단치다(= rebuke)	to **scold** severely 호되게 꾸짖다
0721 **seal** [siːl]	타 1 봉인하다, 밀폐하다 2 확정 짓다 3 봉쇄하다 명 1 인장 2 바다표범	to **seal** the box with clear tape 상자를 투명 테이프로 밀봉하다 to **seal** a contract 계약을 확정 짓다
0722 **seasoning** [síːzniŋ]	명 양념	to add **seasoning** to the food 음식에 양념을 치다
0723 **seeming** [síːmiŋ]	형 외관상의, 겉으로 보이는	a **seeming** impossibility 외견상 불가능해 보이는 것

WORD	MEANING	EXAMPLE
0724 **seemingly** [síːmiŋli]	부 1 외관상으로, 겉보기에(= apparently) 2 보아하니	a **seemingly** stupid question 외견상 어리석은 듯한 질문
0725 **seemly** [síːmli]	형 적절한, 점잖은	**seemly** behavior 적절한 행동
0726 **seize** [siːz]	타 1 꽉 붙잡다, 움켜잡다(= grab) 2 장악하다 3 체포하다	to **seize** someone by the arm 사람의 팔을 꽉 붙잡다 to **seize** power 권력을 장악하다
0727 **servant** [sə́ːrvənt]	명 1 하인, 종 2 고용인, 종업원	a domestic **servant** 집안일을 돕는 하인
0728 **session** [séʃən]	명 (특정 활동을 위한) 시간, 기간	a training **session** 연수 기간
0729 **settle** [sétl]	자타 1 해결하다 2 결정하다, 확정하다 자 정착하다	to **settle** a dispute 분쟁을 해결하다 to **settle** in Madrid 마드리드에 정착하다
0730 **sew** [sou]	자타 바느질하다, 꿰매다, 깁다	to **sew** by hand 손으로 깁다, 손바느질을 하다
0731 **shallow** [ʃǽlou]	형 1 얕은(↔ deep 깊은) 2 깊이가 없는, 경박한(= superficial)	a **shallow** stream 얕은 시내 a **shallow** idea 얕은 생각
0732 **shelter** [ʃéltər]	명 1 주거지 2 피신(처), 대피 3 쉼터, 보호소 타 보호하다 자 피하다	an animal **shelter** 동물 보호소
0733 **shepherd** [ʃépərd]	명 양치기 타 (길을) 안내하다, 인도하다	a **shepherd** boy 양치기 소년
0734 **shift** [ʃift]	자타 1 옮기다, 이동하다 2 (태도, 계획을) 바꾸다 명 1 변화, 전환 2 교대 근무	to **shift** some furniture 가구 몇 개를 옮기다 to work a twelve-hour **shift** 12시간 교대 근무를 하다
0735 **showcase** [ʃóukèis]	명 1 공개 행사 2 진열장	a **showcase** of the company's new products 그 회사의 신제품 공개 행사
0736 **shrink** [ʃriŋk]	자타 1 줄어들게 하다, 오그라들다 2 감소하다 자 (놀라서) 움츠러들다	to **shrink** with water 물에 젖으면 오그라들다
0737 **shrug** [ʃrʌg]	자타 어깨를 으쓱하다 명 어깨를 으쓱하기	with a **shrug** 어깨를 으쓱하며
0738 **simplicity** [simplísəti]	명 1 간단함, 단순함 2 간소함, 간결함	the **simplicity** of the system 그 시스템의 단순함
0739 **sin** [sin]	명 1 (종교상의) 죄 2 잘못, 죄악 자 죄를 짓다	to commit a **sin** 죄를 범하다
0740 **sincere** [sinsíər]	형 진실된, 진정한(= genuine) (↔ insincere 진실되지 못한)	**sincere** apologies 진정한 사과
0741 **sip** [sip]	자타 (음료를) 홀짝이다, 조금씩 마시다 명 한 모금	to **sip** coffee 커피를 조금씩 마시다
0742 **situate** [sítʃuèit]	타 1 위치시키다 2 (특정 상황에) 놓고 보다, 고려하다	to **situate** the new office near the airport 새 사무실을 공항 근처에 위치시키다
0743 **sizable** [sáizəbl]	형 상당한, 꽤 큰, 꽤 많은	a **sizable** proportion of the population 인구의 상당한 부분
0744 **slang** [slæŋ]	명 속어, 은어	teenage **slang** 십 대 은어
0745 **slash** [slæʃ]	타 1 긋다, 베다(= slit) 2 대폭 줄이다[낮추다] 명 1 긋기 2 사선, 슬래시	to **slash** paintings 그림을 칼로 긋다 to **slash** the budget 예산을 삭감하다
0746 **slimy** [sláimi]	형 끈적끈적한, 점액질의	a **slimy** substance 끈적끈적한 물질

WORD	MEANING	EXAMPLE
0747 **slogan** [slóuɡən]	명 구호, 슬로건, 선전 문구	an advertising **slogan** 광고의 구호[선전 문구]
0748 **slope** [sloup]	명 1 경사면, 비탈 2 경사, 기울기 3 (스키의) 슬로프 자 경사지다	a steep **slope** 가파른 비탈
0749 **sloppy** [slápi]	형 1 엉성한, 대충 하는 2 (옷이) 헐렁한	a **sloppy** worker 일을 대충하는 사람
0750 **sluggish** [slʌ́ɡiʃ]	형 1 느릿느릿 움직이는 2 부진한	**sluggish** traffic 느릿느릿 움직이는 자동차들
0751 **slump** [slʌmp]	자 1 급락하다(↔ soar 치솟다) 　　 2 털썩 앉다, 푹 쓰러지다 명 1 급락, 급감 2 불황	to **slump** to the floor 바닥에 푹 쓰러지다 a **slump** in profits 수입 급감
0752 **smog** [smaɡ]	명 스모그	**smog** caused by traffic fumes 차량 배기가스로 인한 스모그
0753 **sneeze** [sniːz]	자 재채기하다 명 재채기	to hold a **sneeze** 재채기를 참다
0754 **sniff** [snif]	자 1 코를 훌쩍이다 2 콧방귀를 뀌다 《at》 자 타 냄새를 맡다 명 1 코를 킁킁거리기 2 콧방귀 뀌기	to keep **sniffing** and sneezing 계속 코를 훌쩍이고 재채기하다 to **sniff** at the proposal 제안에 콧방귀를 뀌다
0755 **soak** [souk]	자 타 푹 담그다 타 흠뻑 적시다 명 담그기	to **soak** the clothes 옷을 푹 담그다
0756 **sodium** [sóudiəm]	명 나트륨	to have high **sodium** and fat 나트륨과 지방 함량이 높다
0757 **solely** [sóulli]	부 1 오로지, 단지 2 단독으로	to become **solely** responsible for the firm 회사를 단독으로 책임지게 되다
0758 **sorrowful** [sárəfəl]	형 (아주) 슬픈, 애처로운	a **sorrowful** goodbye 슬픈 이별
0759 **sort** [sɔːrt]	명 종류, 유형(= kind) 타 분류하다, 구분하다	animals of various **sorts** 다양한 종류의 동물들 to **sort** the mail 우편물을 분류하다
0760 **souvenir** [sùːvəníər]	명 기념품	a **souvenir** shop 기념품 가게
0761 **sow** [sou]	타 1 (씨를) 뿌리다 　　 2 (의심 등을) 심다, 싹트게 하다	to **sow** the field with barley 밭에 보리씨를 뿌리다 to **sow** doubt in his mind 그의 마음에 의혹이 싹트게 하다
0762 **soy** [sɔi]	명 1 콩(= soybean) 2 간장(= soy sauce)	**soy** flour 콩가루 to boil in **soy** 간장으로 조리다
0763 **spade** [speid]	명 1 삽 2 (카드의) 스페이드	to turn the soil over with a **spade** 삽으로 흙을 뒤집다
0764 **spare** [spɛər]	형 1 남는 2 여분의, 예비용의 타 (시간, 돈 등을) 할애하다 명 여분	a **spare** bedroom 남는 침실 to **spare** the time 시간을 할애하다
0765 **spatial** [spéiʃəl]	형 공간의, 공간적인	the **spatial** distribution of the population 인구의 공간적 분포
0766 **spoonful** [spúːnfùl]	명 한 숟가락(의 분량)	a **spoonful** of sugar 설탕 한 숟가락
0767 **spot** [spat]	명 1 (작은) (반)점 2 얼룩 3 (특정한) 장소, 지점 타 찾아내다, 알아채다	with black **spots** 검은색 반점이 있는 to **spot** the difference between the pictures 그림의 차이점을 알아채다

WORD	MEANING	EXAMPLE
0768 **sprinkle** [spríŋkl]	타 뿌리다 《on, over》 자 비가 부슬부슬 내리다 명 보슬비	to **sprinkle** sugar over the strawberries 딸기 위에 설탕을 뿌리다
0769 **squeeze** [skwiːz]	자타 1 꽉 조이다, 꼭 쥐다 2 (좁은 곳에) 밀어 넣다 《into》 타 짜내다 명 꽉 짜기	to **squeeze** the bottle 병을 손으로 꼭 쥐다 to **squeeze** the juice from the orange 오렌지에서 과즙을 짜내다
0770 **stadium** [stéidiəm]	명 주경기장, 스타디움	a baseball **stadium** 야구장
0771 **staff** [stæf]	명 직원, 사원	to have a **staff** of 50 50명의 직원이 있다
0772 **stake** [steik]	명 1 말뚝 2 지분 3 판돈 타 돈을 걸다	a 10-percent **stake** in the company 그 회사에 대한 10%의 지분 to **stake** much money on a race 경주에 많은 돈을 걸다
0773 **standpoint** [stǽndpɔ̀int]	명 관점, 견지	from an economic **standpoint** 경제적인 관점에서
0774 **steadiness** [stédinis]	명 1 견실함, 끈기 2 불변	diligence and **steadiness** 근면함과 끈기
0775 **steady** [stédi]	형 1 꾸준한, 일정한 2 흔들림 없는, 안정된 (↔ unsteady 1 불규칙한 2 불안정한)	**steady** economic growth 꾸준한 경제 성장
0776 **stealthy** [stélθi]	형 몰래 하는, 살며시 하는	a **stealthy** movement 살며시 하는 동작
0777 **stem** [stem]	명 (식물의) 줄기 타 (흐름을) 막다, 저지하다	to **stem** the bleeding 피가 흐르는 것을 막다
0778 **stick** [stik]	자타 1 붙이다 2 찌르다 자 (~에 끼여) 꼼짝하지 않다 명 1 나뭇가지 2 긴 막대	to **stick** tiles to floors 타일을 바닥에 붙이다 to **stick** the needle into the arm 주삿바늘을 팔에 찌르다
0779 **stiff** [stif]	형 1 뻐근한, 뻣뻣한 2 심한, 힘든	a **stiff** neck 뻐근한 목
0780 **stiffen** [stífən]	자타 1 몸이 뻣뻣해지다 2 (태도, 생각을) 강화하다(= strengthen)	to **stiffen** in terror 공포로 몸이 뻣뻣해지다 to **stiffen** the penalties 처벌을 강화하다
0781 **stir** [stəːr]	타 1 젓다 2 자극하다 자타 약간 움직이다, 뒤척이다 명 1 젓기 2 동요	to **stir** the sauce 소스를 젓다 The sleeping baby **stirred**. 자고 있던 아기가 뒤척였다.
0782 **stitch** [stitʃ]	명 1 바늘땀 2 상처를 한 바늘 꿰맨 것 타 꿰매다	to keep the **stitches** small 바늘땀을 작게 유지하다 to **stitch** a patch on a coat 코트에 조각을 덧대어 꿰매다
0783 **stock** [stak]	명 1 재고(품) 2 주식 3 가축(= livestock) 타 1 보유하고 있다 2 채우다	out of **stock** 재고가 없는 **stock** prices 주가
0784 **stool** [stuːl]	명 (등받이와 팔걸이가 없는) 의자, 스툴	a piano **stool** 피아노 의자
0785 **storage** [stɔ́ːridʒ]	명 저장, 보관(소)	a **storage** facility 저장 시설
0786 **straight** [streit]	부 1 똑바로, 곧장 2 솔직하게 형 1 곧은, 일직선의 2 솔직한, 정직한	to keep **straight** on 계속 똑바로 가다 a **straight** answer 솔직한 대답
0787 **strategic** [strətíːdʒik]	형 전략적인, 전략상 중요한	**strategic** planning 전략상 중요한 계획
0788 **straw** [strɔː]	명 1 짚, 밀짚 2 빨대	a **straw** hat 밀짚모자

	WORD	MEANING	EXAMPLE
0789	**stream** [striːm]	명 1 개울, 시내 2 연속, 흐름	a **stream** of traffic 차량의 흐름
0790	**strike** [straik]	자타 1 치다, 때리다 2 (나쁜 일이) 갑자기 발생하다 타 부딪치다 자 파업하다 명 1 공격 2 파업	to **strike** a table 탁자를 치다 to **strike** for a pay increase 임금 인상을 위해 파업하다
0791	**string** [striŋ]	명 1 줄, 끈 2 일련, 연속 3 《pl.》 조건, 단서 형 1 줄로 된 2 현악기의 타 (줄[끈]로) 묶다, 매달다	a **string** of questions 질문의 연속 a proposal with no **strings** attached 조건 없는 제의 a **string** quartet 현악 4중주(곡)
0792	**stroke** [strouk]	명 1 때리기, 치기 2 뇌졸중 3 (공을 치는) 타격, 스트로크	to have a **stroke** 뇌졸중을 일으키다
0793	**struggle** [strʌ́gl]	자 1 투쟁하다, 몸부림치다 2 힘겹게 나아가다 명 투쟁, 분투	to **struggle** for independence 독립을 위해 투쟁하다
0794	**stubborn** [stʌ́bərn]	형 1 완고한, 고집스러운 2 없애기 힘든, 고질적인(= persistent)	a **stubborn** stain 잘 지워지지 않는 얼룩
0795	**stuck** [stʌk]	형 움직일 수 없는, 꼼짝 못 하는	to be **stuck** in the mud 진창에 빠져 꼼짝 못 하다
0796	**stuff** [stʌf]	명 1 물건 2 소지품, 용구 타 1 (빽빽히) 채워 넣다 2 박제하다	sticky **stuff** 끈적거리는 물건 to **stuff** pockets with candy 주머니를 사탕으로 채워 넣다
0797	**stuffed** [stʌft]	형 1 가득 찬(= full) 2 박제된	bags **stuffed** with trash 쓰레기로 가득 찬 봉지들 a **stuffed** animal 박제 동물
0798	**stunt** [stʌnt]	명 1 (영화에서의) 스턴트, 곡예 2 관심을 끌기 위한 일 타 방해하다, 저해하다	a **stunt** man 스턴트맨 to **stunt** a plant's growth 식물의 성장을 방해하다
0799	**suck** [sʌk]	자타 빨다, 빨아 먹다 명 빨아들이기	to **suck** up milk through a straw 우유를 빨대로 빨아 먹다
0800	**superb** [supə́ːrb]	형 최상의, 아주 뛰어난(= excellent)	wines of **superb** quality 최고 품질의 포도주
0801	**superior** [səpíəriər]	형 1 ~보다 우수한, 우월한 (to) (↔ inferior 열등한) 2 상관의 3 거만한(= arrogant)	**superior** to the old one 예전 것보다 우수한 a **superior** manner 거만한 태도
0802	**surgeon** [sə́ːrdʒən]	명 외과 의사	a heart **surgeon** 심장외과 의사
0803	**surgical** [sə́ːrdʒikəl]	형 외과의, 수술의	**surgical** instruments 수술 도구
0804	**surgically** [sə́ːrdʒikəli]	부 수술을 통해, 수술로	to **surgically** remove a tumor 수술을 통해 종양을 제거하다
0805	**surprise** [sərpráiz]	명 놀람, 놀라운[뜻밖의] 일 타 놀라게 하다	a tone of **surprise** 놀란 어조
0806	**surrender** [səréndər]	자타 항복하다(= give in) 타 (권리 등을) 포기하다, 넘겨주다(= relinquish) 명 항복, 굴복	The enemy finally **surrendered**. 적군이 마침내 항복했다.
0807	**surrounding** [səráundiŋ]	형 인근의, 주위의	the **surrounding** area 인근 지역
0808	**surroundings** [səráundiŋz]	명 환경, 주변의 것들	to work in pleasant **surroundings** 쾌적한 환경에서 일하다

WORD	MEANING	EXAMPLE
0809 **swallow** [swálou]	자 타 (음식물 등을) **삼키다** 타 (감정을) 억누르다, 참다 명 1 삼키기 2 《조류》 제비	to **swallow** a pill 알약을 삼키다 to **swallow** doubts 의심이 나는 것을 억누르다
0810 **swear** [swɛər]	자 타 **맹세하다** 자 욕하다	to **swear** by God 신에게 맹세하다 to **swear** in front of others 다른 사람들 앞에서 욕하다
0811 **sweep** [swi:p]	자 타 1 (빗자루로) **쓸다**, 청소하다 2 휩쓸고 가다 명 쓸기, 비질하기	to **sweep** the floor 바닥을 쓸다 A storm **swept** across the plains. 폭풍이 평원을 휩쓸고 갔다.
0812 **swell** [swel]	자 1 **부어오르다** 2 (소리가) 커지다 자 타 1 불룩해지다 2 증가[팽창]시키다	Her broken ankle **swelled**. 그녀의 부러진 발목이 부어올랐다. Last year's profits were **swelled**. 작년 수익이 증가되었다.
0813 **swift** [swift]	형 1 **신속한**, 재빠른 2 (움직임이) 빠른, 날랜	a **swift** reply 신속한 답장
0814 **sword** [sɔːrd]	명 **칼**, 검	to draw a **sword** 검을 뽑다
0815 **symbolic** [simbálik]	형 **상징적인**, 상징하는	the dove that is **symbolic** of peace 평화를 상징하는 비둘기
0816 **symposium** [simpóuziəm]	명 **심포지엄**, 학술 토론회	the **symposium** on AIDS research 에이즈 연구에 관한 학술 토론회
0817 **system** [sístəm]	명 **체계**, 제도	to set up a **system** 체계를 구축하다
0818 **tablet** [tǽblit]	명 1 **정제**, 알약(= pill) 2 (물에 녹는) 작고 딱딱한 조각 3 메모장	to take a **tablet** 알약을 복용하다
0819 **taboo** [təbúː]	명 **금기** (사항), 터부 형 금기시되는	to break a **taboo** 금기를 깨다
0820 **tackle** [tǽkl]	타 (힘든 일을) **다루다**, 처리하다 자 타 태클하다 명 태클	to **tackle** a problem 문제를 처리하다
0821 **talkative** [tɔ́ːkətiv]	형 **수다스러운**, 말이 많은	to be in a **talkative** mood 수다를 떨고 싶은 기분이다
0822 **tap** [tæp]	자 타 **가볍게 두드리다**, 톡톡 치다 명 1 수도꼭지 2 가볍게 두드리기	to **tap** on a desk 책상을 가볍게 두드리다
0823 **taper** [téipər]	자 타 (폭이) **점점 가늘어지다**, 가늘게 만들다	The jeans **taper** to the ankles. 그 청바지는 발목으로 가면서 통이 좁아진다.
0824 **telepathy** [təlépəθi]	명 **텔레파시**	to communicate by **telepathy** 텔레파시로 소통하다
0825 **temple** [témpl]	명 1 **절**, 사찰 2 《해부》 관자놀이	a Buddhist **temple** 불교 사찰
0826 **term** [tə:rm]	명 1 **용어**, 말 2 학기 3 기간, 임기	a medical **term** 의학 용어 a **term** of office 공직의 임기
0827 **thicket** [θíkit]	명 **덤불**, 수풀	a dense **thicket** of bamboo 무성한 대나무 덤불
0828 **thoroughly** [θə́ːrouli]	부 1 **완전히**, 전적으로 2 철저하게, 꼼꼼하게	to plan **thoroughly** 철저하게 계획을 세우다
0829 **thread** [θred]	명 1 **실** 2 (실같이 가느다란) 줄기, 가닥 타 (실 등을) 꿰다	a **thread** of light 한 줄기의 빛

WORD	MEANING	EXAMPLE
0830 **threaten** [θrétn]	타 위협하다, 협박하다	to **threaten** the security 안전을 위협하다
0831 **tick** [tik]	자 (시계가) 똑딱거리다 타 (정답에) 체크 표시를 하다	to hear the clock **ticking** 시계가 똑딱거리는 소리를 듣다 to **tick** the appropriate box 적합한 칸에 체크 표시를 하다
0832 **ticklish** [tíkliʃ]	형 1 간지러움을 잘 타는 2 까다로운, 민감한	a very **ticklish** subject 매우 민감한 주제
0833 **tidal** [táidl]	형 조수의, 조수에 의한	**tidal** currents 조류(潮流), 바닷물의 흐름
0834 **tide** [taid]	명 1 조수, 밀물과 썰물 2 흐름, 물결	the **tide** of public opinion 여론의 흐름
0835 **tidy** [táidi]	형 정돈된, 깔끔한(↔ messy 지저분한) 자 타 정돈하다	a **tidy** kitchen 잘 정돈된 주방
0836 **timeless** [táimlis]	형 1 끝이 없는, 영원한 2 세월이 흘러도 변치 않는	the **timeless** beauty 세월이 흘러도 변함없는 미모
0837 **timely** [táimli]	형 시기적절한, 때맞춘	the **timely** advice 시기적절한 조언
0838 **tin** [tin]	명 1 주석 2 통조림 3 깡통	a **tin** mine 주석 광산 two **tins** of tomatoes 토마토 통조림 두 개
0839 **tiresome** [táiərsəm]	형 성가신, 짜증스러운	a very **tiresome** business 아주 성가신 일
0840 **tissue** [tíʃuː]	명 1 (세포의) 조직 2 화장지	brain **tissue** 뇌 조직
0841 **toddler** [tádlər]	명 걸음마를 갓 시작한 아기	toys suitable for **toddlers** 걸음마를 시작한 아기들에게 적합한 장난감들
0842 **token** [tóukən]	명 1 표시, 증표 2 (화폐 대용으로 쓰는) 토큰 3 상품권	a **token** of gratitude 감사의 표시
0843 **toll** [toul]	명 1 통행료 2 사상자 수 3 종소리 자 타 (천천히) 종이 울리다, 종을 치다	highway **tolls** 고속도로 통행료 The bell **tolled** for those killed. 사망자들을 위한 종이 울렸다.
0844 **tollbooth** [tóulbùːθ]	명 요금소, 통행료 받는 곳	to pass through a **tollbooth** 요금소를 통과하다
0845 **tomb** [tuːm]	명 무덤, 묘	the family **tomb** 가족 묘
0846 **toss** [tɔːs]	타 1 (가볍게) 던지다 2 (머리 등을) 갑자기 젖히다 자 타 흔들리다, 뒤흔들다 명 동전 던지기	to **toss** a coin (결정하려고) 동전을 던지다 The boat **tossed** on the waves. 배가 파도에 흔들렸다.
0847 **touchy** [tʌ́tʃi]	형 1 화를 잘 내는, 과민한(= sensitive) 2 (주제가) 민감한, 주의해서 다뤄야 하는 (= delicate)	a **touchy** subject 민감한 주제
0848 **towering** [táuəriŋ]	형 1 우뚝 솟은 2 대단히 뛰어난	**towering** mountains 우뚝 솟은 산들 a **towering** figure 걸출한 인물
0849 **traditional** [trədíʃənl]	형 전통의, 전통적인	**traditional** methods of teaching 전통적인 교수법
0850 **tragedy** [trǽdʒədi]	명 1 비극적인 사건, 참사 2 비극 (작품)(↔ comedy 희극)	Shakespeare's **tragedies** Shakespeare의 비극 작품들
0851 **tragic** [trǽdʒik]	형 1 비극적인 2 비극의	a **tragic** accident 비극적인 사고

WORD	MEANING	EXAMPLE
0852 **treasury** [tréʒəri]	명 1 《the T-》 재무부 2 금고, 보고(寶庫)	to work at the **Treasury** 재무부에서 일하다
0853 **trial** [tráiəl]	명 1 재판, 공판 2 실험 3 시련, 골칫거리	a criminal **trial** 형사 재판 the daily **trials** of living 매일 반복되는 삶의 시련
0854 **tribe** [traib]	명 1 부족, 종족 2 집단, 무리	the Maasai **tribe** 마사이족 **tribes** of journalists 언론인 집단
0855 **trickery** [tríkəri]	명 사기, 속임수	to resort to **trickery** 속임수를 쓰다
0856 **tricky** [tríki]	형 1 까다로운, 난처한 2 교활한, 사기꾼 기질이 있는 (= crafty)	a **tricky** situation 난처한 상황 a **tricky** salesman 교활한 판매원
0857 **trigger** [trígər]	명 1 방아쇠 2 계기, 도화선 타 1 촉발하다 2 작동하다	to pull the **trigger** 방아쇠를 당기다 to **trigger** a civil war 내전을 촉발하다
0858 **trim** [trim]	타 1 다듬다, 손질하다 2 잘라내다 명 1 (머리를) 다듬기 형 1 늘씬한 2 잘 가꾼	to **trim** one's hair 머리를 다듬다
0859 **triumph** [tráiəmf]	명 승리, 대성공 자 승리를 거두다, 이기다 《over》	to **triumph** over fear 두려움을 이기다
0860 **triumphant** [traiʌ́mfənt]	형 1 크게 성공한 2 의기양양한, 승리의 기쁨에 찬	the **triumphant** army 크게 승리한 군대 a **triumphant** grin 의기양양한 웃음
0861 **troop** [tru:p]	명 1 군대, 병력 2 무리 자 무리 지어 걸어가다	to deploy **troops** in the region 그 지역에 군대를 파견하다 a **troop** of deer 사슴 무리
0862 **trousers** [tráuzərz]	명 바지	a pair of **trousers** 바지 한 벌
0863 **tune** [tju:n]	명 곡조, 선율 타 1 조율하다 2 (채널을) 맞추다 3 조정하다	a familiar **tune** 친숙한 곡조 to **tune** to the news channel 뉴스 채널에 맞추다
0864 **typhoon** [taifú:n]	명 태풍	a **typhoon** shelter 태풍 대피소
0865 **ultimate** [ʌ́ltimət]	형 1 궁극적인, 최종적인 2 최고의 3 근본적인 명 (~의) 극치	our **ultimate** goal 우리의 궁극적인 목표 the **ultimate** in luxury 호화로움의 극치
0866 **unattached** [ʌ̀nətǽtʃt]	형 1 붙어 있지 않은, 떨어져 있는 2 사귀는 사람이 없는 (= single) 3 무소속의	an **unattached** garage (집에서) 떨어져 있는 차고
0867 **unceasing** [ʌnsí:siŋ]	형 끊임없는	**unceasing** efforts 끊임없는 노력
0868 **uncommon** [ʌnkʌ́mən]	형 1 흔하지 않은, 드문 2 굉장한	an **uncommon** opportunity 흔치 않은 기회
0869 **undercover** [ʌ̀ndərkʌ́vər]	형 비밀리에 하는, 잠복의	an **undercover** operation 비밀 작전
0870 **undercut** [ʌ̀ndərkʌ́t]	타 1 ~보다 싸게 팔다 2 약화시키다 (= undermine)	to **undercut** the competing store by 10 percent 경쟁 상점보다 10퍼센트 싸게 팔다
0871 **underdeveloped** [ʌ̀ndərdivéləpt]	형 1 저개발의 2 발육이 늦은	**underdeveloped** countries 저개발국들 an **underdeveloped** child 발육이 불량한 어린이
0872 **underestimate** [ʌ̀ndəréstimèit]	타 1 (비용 등을) 너무 적게 잡다 2 (사람을) 과소평가하다 (↔ overestimate 과대평가하다)	to **underestimate** the cost of the project 프로젝트의 비용을 너무 적게 잡다

	WORD	MEANING	EXAMPLE
0873	**underfunded** [ʌ̀ndərfʌ́ndid]	형 자금 부족을 겪는	seriously **underfunded** 심각하게 자금 부족을 겪는
0874	**undergo** [ʌ̀ndərgóu]	타 (변화, 안 좋은 일을) 겪다, 받다	to **undergo** a financial crisis 재정 위기를 겪다 to **undergo** surgery 수술을 받다
0875	**uniform** [júːnəfɔ̀ːrm]	명 제복, 유니폼 형 획일적인, 동일한	a school **uniform** 교복 **uniform** in size and design 크기와 디자인이 동일한
0876	**uniformity** [jùːnəfɔ́ːrməti]	명 획일성, 일관성	a **uniformity** of opinion among people 사람들 사이의 의견의 획일성
0877	**universalize / universalise** [jùːnəvə́ːrsəlàiz]	타 일반화하다, 보편화하다	theories that **universalize** experience 경험을 일반화하는 이론들
0878	**universe** [júːnəvə̀ːrs]	명 우주, 은하계	the secrets of the **universe** 우주의 신비
0879	**unwed** [ʌnwéd]	형 미혼의, 독신의	an **unwed** mother 미혼모
0880	**upend** [ʌpénd]	타 거꾸로 하다, 뒤집다	to **upend** the bicycle to fix it 자전거를 고치기 위해 뒤집다
0881	**upfront** [ʌ́pfrʌ̀nt]	형 1 솔직한(= honest) 2 선불의	to be **upfront** about one's intentions 의도에 대해 솔직하다 an **upfront** fee of 5% 5퍼센트의 선불 수수료
0882	**upgrade** [ʌ́pgrèid]	타 1 개선하다 2 승진시키다 3 (비행기, 호텔에서) 상위 등급으로 높여주다	to **upgrade** the rail system 철도 시스템을 개선하다 to be **upgraded** to a senior manager 상급 관리자로 승진되다
0883	**uphill** [ʌ́phíl]	형 1 오르막의 2 힘든, 어려운 부 오르막으로	an **uphill** climb 오르막 등반 an **uphill** struggle 힘든 투쟁
0884	**uphold** [ʌphóuld]	타 1 옹호하다, 유지시키다 2 확정하다	to **uphold** the law 그 법을 옹호하다 to **uphold** the decision 그 판결을 확정하다
0885	**upkeep** [ʌ́pkìːp]	명 1 유지(비) 2 양육(비)	the **upkeep** of the children 자녀에 대한 양육비
0886	**uplift** [ʌ́plìft]	명 1 증가, 올리기 2 희망 타 [əplíft] 희망을 주다	an **uplift** in sales 판매 증가
0887	**uprising** [ʌ́pràiziŋ]	명 봉기, 반란	an armed **uprising** against the government 반정부 무장봉기
0888	**uproot** [ʌprúːt]	타 뿌리째 뽑다, 근절하다 자·타 (살던 곳에서) 떠나다, 떠나게 하다	to be **uprooted** from their country 그들의 나라에서 떠나게 되다
0889	**upscale** [ʌ́pskèil]	형 수준 높은, 부유층의, 고급의	an **upscale** readership 수준 높은 독자층
0890	**upstart** [ʌ́pstɑ̀ːrt]	명 건방진 놈, 갑자기 출세한 사람, 벼락부자	an **upstart** who won a lottery 복권에 당첨된 한 벼락부자
0891	**upstream** [ʌ́pstrìːm]	부 상류로 (거슬러), 상류에(↔ downstream 하류로)	to swim **upstream** 상류로 거슬러 헤엄치다
0892	**upturn** [ʌ́ptə̀ːrn]	명 호전, 상승	an **upturn** in the economy after long slump 오랜 침체 후의 경기의 호전
0893	**upwind** [ʌ́pwìnd]	부 바람을 안고, 바람과 반대 방향으로	to sail **upwind** 바람을 안고 항해하다

WORD	MEANING	EXAMPLE
0894 **urge** [əːrdʒ]	타 1 강력히 권고하다, 촉구하다 2 재촉하다 명 충동, 욕구	to **urge** drivers to avoid the area 운전자들에게 그 지역을 피할 것을 촉구하다 the **urge** to cry out 소리치고 싶은 충동
0895 **urgent** [əːrdʒənt]	형 1 긴급한, 다급한 2 (말, 행동이) 절박한	to be in **urgent** need of medical attention 긴급한 치료를 요하다
0896 **usual** [júːʒuəl]	형 흔히 있는, 평상시의 (↔ unusual 흔치 않은, 드문)	in the **usual** way 평소에 하던 대로
0897 **vast** [væst]	형 거대한, 방대한, 어마어마한 (= huge)	a **vast** amount of information 방대한 양의 정보
0898 **vehicle** [víːikl]	명 1 차량, 탈 것 2 수단, 매개체	a stolen **vehicle** 도난 차량 the Internet as a marketing **vehicle** 마케팅 수단으로써의 인터넷
0899 **veil** [veil]	명 1 베일, 면사포 2 (진실을 가리는) 장막 타 1 베일로 얼굴을 가리다 2 (감정 등을) 숨기다, 가리다	a bridal **veil** 신부의 면사포 to **veil** one's intention 의도를 숨기다
0900 **versus** [vəːrsəs]	전 (경기 등에서) –대(對), ~에 대하여 《약자 vs.》	France **versus** Brazil in the final 프랑스 대(對) 브라질 결승전
0901 **vice** [vais]	명 1 범죄 2 악, 악덕 (↔ virtue 선, 미덕)	a nest of **vice** 범죄 소굴
0902 **volume** [váljum]	명 1 (시리즈로 된) 책, 권 2 부피, 양 3 음량	encyclopedia in 20 **volumes** 20권으로 된 백과사전 an increase in sales **volumes** 판매량 증가
0903 **voluminous** [vəlúːmənəs]	형 1 권수가 많은, 방대한 2 품이 넉넉한	a **voluminous** report 방대한 보고서 a **voluminous** skirt 품이 넉넉한 치마
0904 **vomit** [vámit]	자타 토하다, 게워내다 (= throw up) 명 토사물	to **vomit** blood 피를 토하다
0905 **wag** [wæg]	자타 (꼬리를) 흔들다, 흔들리다 타 (손가락 등을) 좌우로 흔들다 명 흔들기	The dog **wagged** its tail. 개가 꼬리를 흔들었다.
0906 **wage** [weidʒ]	명 임금, 급여 타 (전쟁, 운동을) 벌이다	to earn a low **wage** 낮은 임금을 받다 to **wage** war against crime 범죄와의 전쟁을 벌이다
0907 **wager** [wéidʒər]	명 내기, 도박, 판돈 자타 돈을 걸다	to **wager** 50 dollars on the race 그 경주에 50달러의 돈을 걸다
0908 **wander** [wándər]	자타 (정처 없이) 거닐다, 돌아다니다 《about, over》	to **wander** over the city 도시를 돌아다니다
0909 **warranty** [wɔ́ːrənti]	명 (제품의) 품질 보증서 (= guarantee)	a three-year **warranty** 3년 품질 보증서
0910 **watery** [wɔ́ːtəri]	형 1 물 같은, 물기가 많은 2 희미한, 연한	a **watery** fluid 물 같은 액체 a **watery** smile 희미한 미소
0911 **wearable** [wέərəbl]	형 착용하기 좋은, 착용 가능한	**wearable** for warm climate 따뜻한 기후에 입을 수 있는
0912 **weave** [wiːv]	자타 1 직물을 짜다 2 (이야기 등을) 엮다 명 (직물 등의) 짜임	textiles **woven** from wool 양모로 짠 직물 to **weave** a narrative 이야기를 엮다
0913 **weedy** [wíːdi]	형 1 잡초투성이의 2 허약한	a **weedy** garden 잡초투성이의 정원 a **weedy** little man 허약하고 작은 남자
0914 **weep** [wiːp]	자타 울다, 눈물을 흘리다	to **weep** quietly 숨죽여 울다

WORD	MEANING	EXAMPLE
0915 **weepy** [wíːpi]	형 슬픈, 눈물이 날 것 같은	to feel tired and **weepy** 지치고 눈물이 날 것 같다
0916 **weird** [wiərd]	형 괴상한, 기이한(= strange)	a **weird** dream 기이한 꿈
0917 **welfare** [wélfɛər]	명 복지, 행복	a social **welfare** program 사회 복지 프로그램
0918 **wellness** [wélnis]	명 건강(함)	to manage **wellness** programs 건강 프로그램을 운영하다
0919 **wetland** [wétlænd]	명 습지(대)	to protect the **wetlands** 습지대를 보호하다
0920 **whisper** [wíspər]	자타 1 속삭이다 2 소문을 퍼뜨리다, 소문으로 술렁거리다 명 1 속삭임 2 소문	to **whisper** something to a girl 소녀에게 뭔가를 속삭이다 It is **whispered** that ~라는 소문이 퍼지다
0921 **whistle** [wísl]	명 1 휘파람 2 호각 자타 1 휘파람을 불다 2 호각으로 신호하다	to blow the **whistle** 호각을 불다 to **whistle** a tune 어떤 곡을 휘파람으로 불다
0922 **wicked** [wíkid]	형 1 못된, 사악한(= evil) 2 짓궂은	a **wicked** witch 못된 마녀
0923 **widespread** [wáidspréd]	형 광범위한, 널리 퍼진	**widespread** damage 광범위한 피해
0924 **willing** [wíliŋ]	형 1 ~할 의향이 있는, 꺼리지 않는 2 자발적인, 열성적인	**willing** helpers 자발적으로 돕는 사람들
0925 **withdraw** [wiðdrɔ́ː]	자타 물러나다, 철수하다 타 1 중단하다 2 (돈을) 인출하다	to order the army to **withdraw** 군대에 철수하라고 명령하다 to **withdraw** one's entire balance 잔고를 모두 인출하다
0926 **withhold** [wiðhóuld]	타 (~을) 주지 않다, 보류하다	to **withhold** payment 지불을 보류하다
0927 **witness** [wítnis]	명 1 목격자 2 증인 타 목격하다	a key **witness** 주요 증인 to **witness** a crime scene 범죄 현장을 목격하다
0928 **wondrous** [wʌ́ndrəs]	형 경이로운, 경탄스러운(= wonderful)	a **wondrous** sight 경이로운 광경
0929 **wordy** [wə́ːrdi]	형 장황한	a **wordy** and repetitive essay 장황하고 같은 말을 반복하는 에세이
0930 **wound** [wuːnd]	명 상처, 부상 타 상처를 입히다	to suffer a **wound** 상처를 입다
0931 **wrap** [ræp]	타 포장하다, 싸다 명 랩, 포장지	to **wrap** a present 선물을 포장하다
0932 **yawn** [jɔːn]	자 1 하품하다 2 쩍 벌어지다 명 하품	to **yawn** loudly 크게 하품하다
0933 **yield** [jiːld]	타 1 (결과를) 내다, 생산하다 2 양도하다 자 항복하다, 굴복하다 명 수확량, 총수익	to **yield** good returns 괜찮은 수익을 내다 a high crop **yield** 높은 작물 수확량
0934 **zip** [zip]	명 지퍼(= zipper) 타 지퍼를 잠그다 자타 쌩[휙] 하고 가다	to **zip** and button the jacket 재킷의 지퍼를 잠그고 단추를 채우다 a car that **zipped** past us 우리를 쌩 하고 지나간 차 한 대

독해기본어휘 1000

❷ 제2, 3 뜻으로 잘 쓰이는 어휘 0935-0976

| 0935 | **accident** [æksidənt] | 명 1 (자동차) 사고 · by accident | 명 2 우연 우연히, 뜻밖에 |

| 0936 | **address** [ədrés] | 명 1 주소 타 1 [ǽdres] 주소를 쓰다 · to deliver an **address** · to **address** a problem | 명 2 연설 타 2 연설하다 3 다루다 연설하다 문제를 다루다 |

| 0937 | **balance** [bǽləns] | 명 1 균형 자 타 균형을 유지하다 · to weigh things in the **balance** · the **balance** at the bank · to **balance** the cost against the profits | 명 2 저울 3 잔고, 잔액 타 견줘 보다 물건을 저울에 달다 은행 잔고 비용을 수익과 견줘 보다 |

| 0938 | **bald** [bɔːld] | 형 1 대머리의, 벗겨진 · a **bald** statement | 형 2 직설적인, 숨김없는 숨김없는 진술 |

| 0939 | **bar** [baːr] | 명 1 술집, 바 2 막대 3 난간 · a **bar** to success · to pass the **bar** exam · to **bar** his exit | 명 4 장애물 5 변호사(직), 법정 타 막다, 금하다 성공의 장애물 변호사 시험에 합격하다 그가 나가는 길을 막다 |

| 0940 | **beam** [biːm] | 명 1 빛줄기, 광선 · oak **beams** · to **beam** with joy | 명 2 기둥 3 환한 미소 자 활짝 웃다 오크 목재의 기둥들 기뻐서 활짝 웃다 |

| 0941 | **board** [bɔːrd] | 명 1 판자 2 게시판 타 승선[탑승]하다 · the **Board** of Education · bed and **board** · to **board** near the school | 명 3 이사[위원회] 4 (호텔 등의) 식사 자 하숙하다 교육 위원회 숙박과 식사 학교 근처에서 하숙하다 |

| 0942 | **champion** [tʃǽmpiən] | 명 1 챔피언, 선수권 우승자 · to **champion** women's rights | 명 2 투사, 옹호자 타 (~을 위해) 싸우다, 옹호하다 여성의 인권을 옹호하다 |

| 0943 | **chance** [tʃæns] | 명 1 가능성 2 기회 · to meet a friend by **chance** | 명 3 우연, 운 친구를 우연히 만나다 |

| 0944 | **check** [tʃek] | 타 1 확인하다 명 1 확인 2 수표 · to **check** anger | 타 2 억누르다, 억제하다 화를 억누르다 |

| 0945 | **company** [kʌ́mpəni] | 명 1 회사 · to bring some **company** · to enjoy John's **company** | 명 2 일행, 친구 3 함께 있음 일행을 몇 명 데려오다 John과 함께 있는 것을 좋아하다 |

0946 **culture** [kʌ́ltʃər]
명 1 문화 명 2 재배, 양식 3 배양(균) 타 배양하다

- **culture** of cotton — 목화 재배
- stem cell **culture** — 줄기세포 배양

0947 **custom** [kʌ́stəm]
명 1 관습, 풍습 명 2 《pl.》세관 3 《pl.》관세 형 맞춤의, 주문 제작한

- to go through **customs** — 세관을 통과하다
- **customs** imposed on imports — 수입품에 부과되는 관세
- a **custom** motorcycle — 주문 제작한 오토바이

0948 **drill** [dril]
명 1 드릴 자 타 구멍을 뚫다 명 2 반복 연습, 훈련

- the emergency **drills** — 비상 대비 훈련

0949 **ear** [iər]
명 1 귀 명 2 (곡식의) 이삭, 알

- **ears** of corn — 옥수수 알

0950 **fast** [fæst]
형 빠른 부 빠르게 자 단식하다 명 단식

- to go on a **fast** for ten days — 10일 간의 단식을 시작하다

0951 **fine** [fain]
형 1 좋은 부 잘, 괜찮게 형 2 미세한, 고운 명 벌금

- a **fine** distinction — 미세한 차이
- to pay a **fine** — 벌금을 내다

0952 **game** [geim]
명 1 게임, 경기 2 장난, 농담 명 3 사냥감 형 투지가 있는

- to search for **game** in the wood — 숲속에서 사냥감을 찾다
- to be **game** for anything — 무엇이든 할 투지가 있다

0953 **jam** [dʒæm]
명 1 잼 2 혼잡, 교통 체증 명 3 막힘, 걸림 타 가득 채우다

- a paper **jam** in the photocopier — 종이가 복사기에 걸림
- to be **jammed** with people — 사람들로 가득 차다

0954 **lead** [liːd]
자 타 인도하다, 이끌다 명 [led] 납

- a **lead** pipe — 납 파이프

0955 **leave** [liːv]
자 타 떠나다, 그만두다 타 남기다 명 (공식적인) 허가

- to be absent without **leave** — 허가 없이 결근[결석]하다

0956 **local** [lóukəl]
형 1 지역[현지]의 명 현지인 형 2 《의학》국소의, 신체 일부의 3 완행의

- a **local** infection — 신체 일부의 감염
- a **local** train — 완행열차

0957	**might** [mait]	조 《may의 과거형》 ~였을지도 모른다	명 **힘, 세력, 권력**
		· the idea that **might** is right	힘이 정의라는 생각

0958	**motor** [móutər]	형 1 모터(의) 2 자동차(의)	형 **운동의, 운동 신경의**
		· **motor** and sensory functions	운동 및 감각 기능

0959	**mug** [mʌg]	명 머그잔	타 **강도질을 하다**
		· to be **mugged** in the street	거리에서 강도를 당하다

0960	**note** [nout]	명 1 쪽지, 메모 2 노트, 필기	명 3 **음, 음표** 4 **지폐** 타 1 (~에) **주목하다** 2 **언급하다**
		· a low **note** · a ten-pound **note** · to **note** a warning · as **noted** above	저음 10파운드짜리 **지폐** 한 장 경고에 **주목하다** 위에서 **언급한** 바와 같이

0961	**occasion** [əkéiʒən]	명 1 경우, 때 2 (특별한) 행사	명 3 **이유, 원인**
		· the **occasion** of mass riots	집단 폭동의 원인

0962	**parade** [pəréid]	명 1 퍼레이드, 행진	명 2 **과시** 타 **과시하다**
		· a **parade** of wealth	부의 과시

0963	**party** [pɑ́ːrti]	명 1 파티	명 2 **일행, 무리** 3 《정치》 **정당** 4 (계약 등의) **당사자**
		· a **party** of tourists · the opposition **party** · the injured **party**	여행자 무리 야당 피해 당사자

0964	**quotation** [kwoutéiʃən]	명 1 인용(구)	명 2 **견적서** 3 **시세**
		· a **quotation** for fixing the roof · a **quotation** on fruit	지붕 수리 견적서 과일의 시세

0965	**realize / realise** [ríːəlàiz]	자 타 깨닫다 타 1 실현하다	타 2 **(얼마에) 팔리다**
		· the picture that **realized** $2 million	2백만 달러에 팔린 그림

0966	**school** [skuːl]	명 1 학교	명 2 (물고기 등의) **떼**
		· a **school** of dolphins	돌고래 떼

0967	**season** [síːzn]	명 계절	자 타 **양념을 넣다, 간을 하다**
		· to **season** a dish with salt	소금으로 요리에 간을 하다

0968 sentence
[séntəns]

몡 1 문장　　몡 2 형벌, 형(刑)　타 (형을) 선고하다

- a prison **sentence** — 징역형
- to be **sentenced** to death — 사형선고를 받다

0969 sound
[saund]

몡 소리, 음　자타 소리 내다　혱 1 현명[타당]한 2 (잠이) 깊은　자 ~인 것 같다

- to fall into a **sound** sleep — 깊은 잠에 빠지다
- **sound** advice — 현명한 충고
- to **sound** interesting — 재미있는 것 같다

0970 sponge
[spʌndʒ]

몡 스펀지, 해면　타 1 스펀지로 닦다　타 2 빌붙다, 빌붙어 얻어내다

- to **sponge** a dinner from a friend — 친구에게 식사를 얻어먹다

0971 spring
[spriŋ]

몡 1 봄 2 용수철　몡 3 샘　자 튀어 오르다, 벌떡 일어나다

- **spring** water — 샘물
- to **spring** out of bed — 침대에서 벌떡 일어나다

0972 square
[skwɛər]

혱 정사각형(의)　몡 1 광장 2 제곱

- the main **square** — 중앙 광장
- a **square** meter — 1제곱미터

0973 stage
[steidʒ]

몡 1 단계 2 무대　타 꾀하다, 벌이다

- to **stage** a strike — 파업을 벌이다

0974 story
[stɔ́:ri]

몡 1 이야기, 줄거리　몡 2 (건물의) 층

- a building of thirty-eight **stories** — 38층 건물

0975 toast
[toust]

몡 1 토스트　타 1 (빵을) 굽다　몡 2 건배　타 2 (~을 위해) 건배하다

- to propose a **toast** — 건배를 제안하다

0976 vest
[vest]

몡 조끼, 러닝셔츠　자타 (재산 등이) ~에 귀속되다 (in), 부여하다

- the property **vested** in family — 가족들에게 귀속된 재산

독해기본어휘 1000

3 의미에 주의해야 할 기출 파생어 0977-1000

0977	**accountable** [əkáuntəbl]	← account (for) 설명하다	형 (해명할) 책임이 있는
		· to be **accountable** for the decision	그 결정에 대해 **책임이** 있다
0978	**barely** [bɛ́ərli]	← bare 벌거벗은	부 1 간신히, 가까스로 2 거의 ~아니게[없이]
		· to **barely** understand English	간신히 영어를 이해하다
0979	**bitterly** [bítərli]	← bitter 맛이 쓴	부 1 격렬히, 비통하게 2 몹시
		· to weep **bitterly** · **bitterly** disappointed	비통하게 울다 몹시 실망한
0980	**breezily** [brí:zili]	← breeze 산들바람, 미풍	부 쾌활하게, 밝게
		· to chat **breezily**	쾌활하게 수다를 떨다
0981	**categorical** [kæ̀təgɔ́:rikəl]	← category 범주, 카테고리	형 단정적인
		· to make a **categorical** statement	단정적인 진술을 하다
0982	**considerable** [kənsídərəbl]	← consider 고려하다	형 상당한, 많은
		· a **considerable** amount of money	상당한 액수의 돈
0983	**considerate** [kənsídərit]	← consider 고려하다	형 사려 깊은, 배려하는 (↔ inconsiderate 사려 깊지 못한)
		· **considerate** of others' feelings	타인의 감정에 사려 깊은
0984	**consideration** [kənsìdəréiʃən]	← consider 고려하다	명 1 숙고, 고려(사항) 2 사려, 배려
		· careful **consideration**	신중한 고려
0985	**deadly** [dédli]	← dead 죽음	형 1 치명적인 2 극도의, 완전한
		· **deadly** weapons	치명적인 무기들
0986	**exhaustive** [igzɔ́:stiv]	← exhaust 지치게 하다	형 철저한, (하나도) 빠짐없는
		· **exhaustive** research	철저한 연구
0987	**fasten** [fǽsən]	← fast 빠른	자 타 매다, 채우다
		· to **fasten** a seatbelt	안전벨트를 매다
0988	**fitful** [fítfəl]	← fit 어울리는, (모양, 크기가) 맞다	형 잠깐 ~하다가 마는
		· a **fitful** night's sleep	자주 깨는 밤잠

0989	**fitting** [fítiŋ]	← fit 어울리는, (모양, 크기가) 맞다	형 적절한, 합당한 명 부품
		· a **fitting** punishment · light **fittings**	합당한 처벌 조명 부품들
0990	**grasping** [grǽspiŋ]	← grasp 꽉 잡다, 움켜잡다	형 욕심 많은
		· a **grasping** landlord	욕심 많은 집주인
0991	**impersonate** [impə́ːrsəneit]	← person 사람	타 (~의) 행세를 하다, 흉내 내다
		· to **impersonate** a police officer	경찰관 행세를 하다
0992	**liken** [láikən]	← like ~와 같은	타 (~에) 비유하다, 견주다 ((to))
		· to **liken** life to a trip	인생을 여행에 비유하다
0993	**listless** [lístlis]	← list 목록(을) 작성하다	형 힘이 없는, 무기력한
		· to feel **listless** and depressed	무기력하고 우울한 느낌이 들다
0994	**livelihood** [láivlihùd]	← lively 활기 넘치는	명 생계
		· a means of **livelihood**	생계 수단
0995	**matchless** [mǽtʃlis]	← match 어울리는 것, 짝	형 비할 데 없는, 독보적인
		· her **matchless** beauty	비할 데 없는 그녀의 미모
0996	**routine** [ruːtíːn]	← route 길, 경로	명 일과, 일상 형 일상[정기]적인
		· a break from **routine** · on a **routine** basis	일상으로부터의 휴식 정기적으로
0997	**specialize / specialise** [spéʃəlàiz]	← special 특별한	자 (~을) 전문으로 하다, 전공하다 ((in))
		· to **specialize** in criminal law	형법을 전문으로 하다
0998	**striking** [stráikiŋ]	← strike 치다	형 1 눈에 띄는, 두드러진 2 굉장히 매력적인
		· a **striking** feature	두드러진 특징
0999	**sweeping** [swíːpiŋ]	← sweep 휩쓸고 가다	형 1 전면적인, 광범위한 2 곡선 모양의, 완만한
		· **sweeping** changes · a **sweeping** curve	전면적인 변화 완만한 곡선
1000	**universal** [jùːnəvə́ːrsəl]	← universe 우주, 은하계	형 보편적인, 일반적인
		· a **universal** feature of old age	일반적인 노령의 특징

DAY 01

삶, 죽음, 생물

- 탄생, 성장
- 삶, 생명 → 죽음
- 생물
- 동식물 → 생태

탄생, 성장

회독 ✓Check ☐ ☐ ☐

0001
inseminate *
[insémənèit]

타 (여성, 동물의 암컷을) 수정(受精)시키다

insemination 명 수정(受精)
- children conceived through artificial **insemination**
  인공**수정**을 통해 가진[임신한] 아이들

0002
f(o)etal *
[fí:tl]

형 태아의, 태아 상태의   국회

fetus 명 (임신 8주 후의) 태아
- Some drugs are known to cause **fetal** damage and should not be taken during pregnancy. 일부 약물은 **태아**에 손상을 일으키는 것으로 알려져 있으며, 임신 중에 복용 되어서는 안 된다.

0003
adolescent ***
[ӕdəlésnt]

형 청소년기의 명 청소년   국9|국7|지9|지7|서9|경찰|법원|교행|사복

ad(to)+ol(grow)+escent(형)
adolescence 명 청소년기
- Many parents find it hard to understand their **adolescent** children. 많은 부모들이 **청소년기**의 자녀들을 이해하기 어려워한다.
- Snacks account for 25% to 30% of daily energy intake among **adolescents**. 간식은 **청소년**들의 1일 에너지 섭취량의 25~30%를 차지한다. [지9]

cf. preadolescent 형 청소년기 이전(의)

0004
juvenile **
[dʒú:vənl]

형 ¹ 청소년의 ² 어린애 같은, 유치한 명 청소년   서7|경찰|법원

- the **juvenile** justice system 청소년 사법 제도 [서7][법원]
- The film's sense of humor is **juvenile**. 그 영화의 유머 감각은 **유치하다**.
cf. puerility 명 어린애 같음, 유치함

유 ² infantile, childish, immature
명 adolescent, teenager

0005
puberty *
[pjú:bərti]

명 사춘기   지7|경찰|국회|교행

puber(t)al 형 사춘기의
- A variety of physical and emotional changes take place during **puberty**. 사춘기 동안에는 다양한 신체적, 정서적 변화가 일어난다.

MORE+ 관련어휘 인생의 시기

childhood	명 어린 시절
boyhood	명 (남자의) 어린 시절
manhood	명 (남자) 성인[어른]
menopause	명 폐경기, 갱년기
octogenarian	명 80대인 사람

0006 기상
precocious＊ 　 형 조숙한, 아이 같지 않은
[prikóuʃəs]

precociously 부 조숙하게, 아이 같지 않게　**precocity** 명 조숙, 어른스러움
- From an early age she displayed a **precocious** talent for music.
그녀는 어린 나이 때부터 음악에서 **아이 같지 않은** 재능을 보였다.

0007 국회
twilight＊＊　 명 1 황혼, 땅거미　2 황혼기, 쇠퇴기　형 1 불가사의한　2 중간 지대의　　유 명 1 dusk
[twáilàit]

- The sun is melting on the horizon and **twilight** deepens.
해가 지평선에서 사라지고 있고 **땅거미**가 짙어진다.
- He is now in the **twilight** years of his life.
그는 이제 인생의 **황혼기**에 있다.

0008 지9 | 경찰 | 기상
masculine＊＊ 　 형 1 남성적인, 남자다운　2 (문법) (어휘가) 남성을 가리키는　　반 feminine (여성스러운)
[mǽskjulin]

masculinity 명 남성성, 남자다움
- Much of what people consider **masculine** or feminine is shaped by culture. 사람들이 **남자답거나** 여성스럽다고 여기는 것의 대부분은 문화에 의해 형성된다. [기상]

삶, 생명
회독 ✓Check ☐ ☐ ☐

0009 국7 | 서7
exuberant＊ 　 형 1 (사람 등이) 활기 넘치는, 원기 왕성한　2 (식물 등이) 무성한, 잘 자라는　　유 1 excited, ebullient　2 luxuriant
[igzú:bərənt]

ex(강조)+uber(fertile)+ant(형) → 매우 풍부한 → 넘쳐흐르는
exuberantly 부 활기차게, 원기 왕성하게
- The mood of the crowd was very cheerful and **exuberant**.
군중들의 분위기는 매우 명랑하고 **활기가 넘쳤다**.

MORE+ 관련어휘
boisterous　형 (사람이) 활기 넘치는, 떠들썩한
lusty　형 (사람이) 활기찬, 튼튼한
blooming　형 1 발랄한, 생기 넘치는　2 활짝 꽃 핀
briskly　부 1 (걸음 등이) 활기차게　2 (태도 등이) 자신감 넘치게

0010 국회
rejuvenate＊ 　 타 1 다시 젊어지게 하다　2 (산업 등을) 재활성화하다
[ridʒú:vənèit]

rejuvenation 명 1 회춘　2 재활성화
- A good exercise program will **rejuvenate** your skin and even improve your blood circulation. 좋은 운동 프로그램은 당신의 피부를 **다시 젊어지게 하고** 혈액 순환도 향상시킬 것이다.
- Each presidential candidate claims to have a plan to **rejuvenate** the sagging economy. 각 대통령 후보들은 침체된 경제를 **재활성화할** 계획이 있다고 주장한다.

DAY 01　057

0011 stamina* [stǽmənə]
법원

명 체력, 스태미나

- a workout program that builds strength and **stamina**
  힘과 **체력**을 길러주는 운동 프로그램
- *cf.* pep 명 생기, 활력

0012 drab* [dræb]

형 ¹(색이) 칙칙한 ²답답한, 재미없는

drabness 명 ¹칙칙함 ²지루함
- **drab** and grey buildings 칙칙한 회색 건물들

0013 sterile* [stéril]
경찰

형 ¹(사람, 동물이) 불임의, 생산 못하는 ²살균한, 무균의
³(땅이) 불모의, 척박한

sterilize 타 ¹불임 시술을 하다 ²살균하다, 소독하다
sterility 명 ¹불임 ²무균 상태
- The operation must be carried out under **sterile** conditions.
  수술은 **무균** 상태에서 실시되어야 한다.

유 ¹infertile
반 ¹fertile(가임의, 생식 능력이 있는)

죽음

0014 fatal*** [féitl]
국9 | 지9 | 서9 | 경찰 | 국회 | 기상 | 법원 | 사복

형 ¹치명적인, 죽음을 초래하는 ²(결과 등이) 치명적인, 돌이킬 수 없는

fatally 부 치명적으로
fatality 명 ¹(사고 등으로 인한) 사망자 ²(병 등의) 치사율 ³숙명, 어쩔 수 없는 운명
- **fatal** blood disorder 치명적인 혈액 질환 [지9] [사복]
- Globally, pedestrians constitute 22% of all road traffic **fatalities**. 전 세계적으로 보행자는 모든 도로 교통 **사망자**의 22%를 차지한다. [지9]

유 ¹deadly, lethal
- fatal to A
  A에 치명적인

0015 bereave* [birí:v]

타 ¹(가족 등과) 사별하다 ²(희망 등을) 빼앗다

be(make)+reave(빼앗다) → 빼앗기게 하다
bereaved 형 ¹사별한 ²(pl. the ~) 사별한 사람, 유족
bereavement 명 사별
- those who had been recently **bereaved** 최근에 사별을 겪은 사람들

0016 doom** [du:m]
지9 | 지7 | 국회 | 교행 | 사복

명 비운, 파멸, 죽음 타 불길한 운명[결말]을 맞게 하다

doomy 형 불길한
- The sailors had a sense of impending **doom** as the storm approached. 선원들은 폭풍이 다가오자 곧 다가올 **죽음**을 예감했다.

0017
embalm＊ [imbá:m] 　　타 (시체를) 방부 처리하다, 미라로 만들다　　국회

- the Egyptian method of **embalming** the body
  시체를 **미라로 만드는** 이집트인의 방법

0018
coffin＊＊ [kɔ́(:)fin] 　　명 관　　국회　　≒ casket

- The dead bodies were put in **coffins** and then buried in tombs.
  그 시신들은 **관**에 넣어진 후 무덤에 묻혔다.

MORE+ 관련어휘

장례
epicedium / epicede　명 장송가
epitaph　명 묘비명, 비문
obituary　명 (신문의) 부고 기사, 부고란

0019
miscarry＊ [miskǽri] 　　자 타 유산하다　자 (계획이) 실패하다　　국7 | 법원

miscarriage　명 유산

- Exposure of pregnant women to high levels of lead can cause **miscarriage**. 임신부가 높은 농도의 납에 노출되면 **유산**의 원인이 될 수 있다. [법원]

cf. stillbirth　명 사산(死産)

0020
euthanasia＊ [jùːθənéiʒə] 　　명 안락사　　국9 | 서9 | 경찰 | 기상　　≒ mercy killing

eu(good)+thanas(death)+ia(명) → 편안한 죽음
euthanize 타 (동물을) 안락사시키다

- **Euthanasia** generally refers to the voluntary ending of the life of someone who is hopelessly ill. **안락사**는 일반적으로 회복 가망성이 없이 병든 사람들의 생명을 자발적으로 끊는 것을 말한다. [국9]

0021
execute＊＊ [éksikjùːt] 　　타 ¹ 사형하다, 처형하다　² (계획 등을) 실행하다　³ (복잡한 동작 등을) 해내다　⁴ (예술 작품을) 만들어 내다　　국9 | 국7 | 경찰 | 법원

≒ ¹ put to death, kill, behead　² perform, implement, carry out

execution 명 ¹ 사형, 처형　² 실행, 수행　³ (연주 등의) 솜씨
executor 명 유언 집행자
executive 명 ¹ (회사의) 임원, 중역, 간부　² (회사의) 경영[운영]진
　　　　　형 ¹ 경영[운영]의　² 고급의

- They believe that **executing** a criminal is the only way to protect society from further crime. 그들은 범죄자를 **처형하는** 것이 더 이상의 범죄로부터 사회를 보호하는 유일한 방법이라고 믿는다. [법원]
- to **execute** a plan 계획을 **실행하다**

0022
decimate＊ [désəmèit] 　　타 ¹ (사람, 동물 등을) 대량 살상하다　² (산업 등에) 큰 타격을 입히다

decimation 명 ¹ 대량 살상　² (산업 등의) 심한 타격, 큰 손실

- The cows have been **decimated** by an unknown disease.
  소들이 알려지지 않은 질병으로 **떼죽음을 당했다**.
- Budget cuts have **decimated** public services in small towns.
  예산 삭감은 소도시의 공공 서비스에 **큰 타격을 입혔다**.

생물

회독 ✓Check ☐ ☐ ☐

0023   국7 | 지7 | 서9 | 경찰 | 국회 | 기상 | 법원 | 교행 | 사복

organic***
[ɔːrɡǽnik]

[형] ¹유기체의, 생물의 ²유기농의 ³(인체) 장기의
⁴유기적인, 조직적인

organism [명] ¹유기체, 미생물 ²유기적 조직체
organically [부] ¹유기농법으로 ²자연적으로

- Bacteria use oxygen to convert **organic** waste to carbon dioxide, water, and more bacteria. 박테리아는 산소를 사용하여 유기 폐기물을 이산화탄소, 물, 그리고 더 많은 박테리아로 변환시킨다.
- Once energy has been used by **organisms**, it becomes unavailable for reuse. 에너지가 유기체에 의해 일단 사용되면, 그것은 재사용할 수 없게 된다. [경찰]

0024   국9 | 지9 | 국회 | 기상 | 법원 | 사복

germ***
[dʒəːrm]

[명] ¹세균, 미생물 ²(발생, 발달의) 기원, 초기 ³(생물 등의) 싹

germinate [자] 싹트다, 시작되다 [타] 싹트게 하다

- the **germ** that causes tuberculosis 결핵을 일으키는 세균
- The **germ** of an idea sprouted in his mind. 그의 마음속에 어떤 생각의 싹이 돋아났다.

MORE+ 관련어휘

기타 세균, 균
- **fungi** [명] 《fungus의 pl.》 균류 《곰팡이, 효모, 버섯류 등》
- **antifungal** [형] 항균의, 살균용의
- **antiseptic** [명] 소독제, 소독약 [형] ¹소독이 되는 ²소독된, 무균 상태의
- **aseptic** [형] 무균성의

0025   국7 | 서7 | 사복

metabolism**
[mətǽbəlìzm]

[명] 《생물》 신진대사

meta(change)+bol(throw)+ism[명] → (물질을) 변화시켜 에너지를 만듦
metabolic [형] 신진대사의   **metabolize** [타] 신진대사시키다

- by lowering cholesterol and boosting **metabolism** 콜레스테롤을 낮추고 신진대사를 촉진시킴으로써 [사복]

MORE+ 관련어휘

신진대사 작용
- **catabolism / katabolism** [명] 《생물》 이화(異化) 작용 《섭취한 물질을 분해하여 에너지원으로 사용하는 과정》
- **anabolism** [명] 《생물》 동화(同化) 작용 《작은 분자를 사용하여 신체에서 필요한 화합물로 합성하는 과정》

0026 | 서9 | 법원

transplant**
[trænsplænt]

- 타 ¹ (장기 등을) 이식하다 ² (다른 장소로) 이주시키다
- 명 ¹ 이식 ² 이식된 장기

유 타 ¹ implant, graft ² shift, transport, transfer

trans(across)+plant(심다) → 가로질러 심다 → 다른 곳으로 옮겨 붙이다
transplantation 명 ¹ 이식 ² 이주, 이민

- Scientists hope to someday cure diseases by **transplanting** healthy stem cells into sick people. 과학자들은 언젠가 건강한 줄기세포를 아픈 사람들에게 **이식함**으로써 질병을 치료할 수 있기를 바란다.
- The treatment was first tested in patients who received **transplants** of livers. 그 치료법은 처음으로 간 **이식**을 받은 환자들한테 시험되었다.

0027 | 국7 | 지7 | 서9 | 서7 | 경찰 | 법원

clone***
[kloun]

- 명 ¹ 《생물》 클론, 복제 생물 ² 똑같이 닮은 사람[것], 복사판
- 타 (동식물을) 복제하다

- to **clone** human embryos 인간 배아를 **복제하다**

MORE+ 관련어휘

기타 생체, 면역
- chromosome 명 《생물》 염색체
- asexual 형 무성(無性)의, 성기가 없는
- antibody 명 항체《항원에 대항하기 위해 생성되는 물질》
- antigen 명 항원《항체를 형성하게 하는 물질》

동식물

회독 ✓Check ☐ ☐ ☐

0028

fauna*
[fɔ́ːnə]

- 명 (특정 지역, 시대의) 동물군, 동물상(相)

- The creation of the wildlife garden would help sustain native flora and **fauna** in the region. 야생 동물원의 조성은 그 지역의 토종 식물군과 **동물군**을 유지하는 데 도움이 될 것이다.

MORE+ 관련어휘

동물의 종류
- vertebrate 명 척추동물   vertebra 명 등골뼈
- invertebrate 명 무척추동물
- poultry 명 가금류《닭, 오리, 거위 등》
- fowl 명 가금류
- vulture 명 ¹ 독수리, 콘도르 ² 남을 속여 먹는 사람

0029 | 국9 | 서9 | 서7 | 경찰 | 법원 | 사복

mammal***
[mǽməl]

- 명 포유동물, 포유류

mammalian 형 포유류의
- A whale is classified as a **mammal**. 고래는 **포유류**로 분류된다.

DAY 01 061

MORE+ 관련어휘 | 포유류의 종류
- ape　　　　명 유인원　타 흉내 내다
- sloth　　　명 ¹나무늘보　²나태, 태만
- feline　　　명 고양잇과의 동물　형 고양잇과의
- canine　　 형 개의　명 ¹개　²송곳니
- canis　　　명 개과, 개속(屬)
- rodent　　 명 설치류《쥐나 다람쥐처럼 앞니가 날카로운 동물》

0030　　　　　　　　　　　　　　　　　　　　　서9 | 경찰

nocturnal**
[nɑktə́ːrnl]

형 ¹야행성의　²밤에 일어나는, 야간의

반 ¹diurnal(주행성의)

nocturnally 부 밤에, 야간에
- Many desert animals are **nocturnal**, coming out to hunt only when the sun has descended. 많은 사막의 동물들은 **야행성이며**, 태양이 지고 나서야 사냥을 하러 나온다.

0031

unfledged*
[ʌnfléʤd]

형 ¹아직 깃털이 다 나지 않은　²어린, 미숙한

유 ²inexperienced, immature

- The **unfledged** nurse had very little experience in hospice care. 그 **미숙한** 간호사는 호스피스 치료 경험이 거의 없었다.

0032　　　　　　　　　　　　　　　　　　　　　　　　　　지7

fluffy*
[flʌ́fi]

형 ¹(동물 등이) 털이 복슬복슬한　²(천 등이) 솜털의, 보송보송한
　³(크림 등이) 폭신폭신한

fluff 명 ¹(동물의) 솜털　²(옷 등의) 보풀
- the **fluffy** fur of a kitten 새끼고양이의 복슬복슬한 털
- The towels were so big and **fluffy**. 수건들은 매우 크고 **보송보송했다**. [지7]

MORE+ 관련어휘 | 동물의 부위
- beak　　　명 (새의) 부리
- paw　　　 명 (동물의) 발　타 (동물이) 발로 긁다, 건드리다
- hind　　　 형 (동물의 다리가) 뒤(쪽)의
- claw　　　명 ¹(동물 등의) 발톱　²(게 등의) 집게발
- caudal　　형 ¹꼬리의　²꼬리 쪽의　³꼬리 모양의
- dorsal　　 형 (동물이나 물고기의) 등에 있는, 등의
- ventral　　형 (동물이나 물고기의) 배의, 복부의

0033　　　　　　　　　　　　　　　　　　　국7 | 지7 | 기상 | 법원

pest**
[pest]

명 ¹해충, 유해동물　²성가신 사람

- We can get better crops that resist **pests**. 우리는 **해충**에 저항하는 더 좋은 작물을 얻을 수 있다. [지7]
- He is a troublesome **pest** who continually annoys his friends. 그는 자신의 친구들을 끊임없이 괴롭히는 **성가신 사람**이다.

0034　　　　　　　　　　　　　　　　　　　　지7 | 기상 | 법원

parasite**
[pǽrəsàit]

명 ¹기생충, 기생 동물[식물]　²기생충 같은 사람

parasitic 형 ¹기생충에 의한　²기생하는　³(사람이) 기생충 같은, 빌붙는
- the **parasite** attaching itself to the mouths of fish 물고기의 입에 달라붙는 **기생충**
- cf. **host** 명 ¹(기생 생물의) 숙주　²(손님을 초대한) 주인　³(프로그램) 진행자　타 주최하다

0035
commensal*
[kəménsəl]

형 ¹ (동식물이) 공생하는 ² 식사를 같이하는

commensalism 명 공생
- A remora attaching itself to a shark for transportation purposes is a prime example of **commensalism**. 이동을 목적으로 상어에 달라붙는 빨판상어는 **공생**의 전형적인 예이다.

0036
flora*
[flɔ́:rə]

명 (특정 지역, 시대의) 식물군, 식물상(相)

- Australia is home to more than one million species of **flora**.
호주는 백만 종 이상의 **식물군** 서식지이다.

0037
floral*
[flɔ́:rəl]

형 ¹ 꽃 그림의, 꽃무늬의 ² 꽃으로 된

florist 명 ¹ 꽃집 주인, 꽃집 직원 ² (the florist's) 꽃집
- The interior designer chose to decorate the home by adding **floral** wallpaper. 그 인테리어 디자이너는 **꽃무늬** 벽지를 추가하여 집을 꾸미기로 했다.

MORE+ 관련어휘

식물의 부위
node	명 (식물 줄기의) 마디
foliage	명 나뭇잎
deciduous	형 매년 잎이 떨어지는, 낙엽성의
petal	명 꽃잎
stalk	명 (식물의) 줄기
thorn	명 ¹ (식물의) 가시 ² 가시가 있는 식물
prickly	형 ¹ (식물 등이) 가시로 뒤덮인 ² 따끔따끔한 ³ 다루기 힘든

0038
botanic(al)**
[bətǽnik(əl)]

형 ¹ 식물의 ² 식물학(상)의

botanist 명 식물학자 **botany** 명 식물학
- A **botanist** is an expert in not all living things, but plants in general. **식물학자**는 모든 생물체가 아니라 일반적으로 식물에 대한 전문가이다.
cf. zoology 명 동물학 horticulture 명 원예(학)

MORE+ 관련어휘

식물의 종류, 원예
herb	명 허브, 약초
vine	명 포도나무, 덩굴식물
vineyard	명 포도밭
grapevine	명 포도나무[덩굴]
sapling	명 묘목, 어린나무
arbo(u)r	명 정자 《아치형이나 사각형 틀에 덩굴식물을 올려 그 아래 앉아 쉴 수 있게 만들어 놓은 자리》
prune	타 가지치기 하다 명 말린 자두
graft	명 접목 《접붙일 때 쓰는 나뭇가지》 타 (식물 등을) 접목하다
seminate	타 씨를 뿌리다

생태

회독 ✓ Check ☐ ☐ ☐

0039 | 국9 | 서9 | 서7 | 법원

dormant**
[dɔ́ːrmənt]

형 휴면기의, 활동[성장]을 중단한

dormancy 명 (동식물의) 휴면 (상태)
- The seeds remain **dormant** until the spring.
  그 씨앗들은 봄까지 휴면 상태로 남아 있다.

🔵 inactive, inert, resting
🔴 active(활동 중인)
- lie[remain] dormant 동면중이다

0040 | 법원

hibernate*
[háibərnèit]

자 (동물이) 동면하다, 겨울잠을 자다

hibernation 명 동면, 겨울잠
- Most snakes **hibernate** underground in the winter and live off stored body fat. 겨울에 대부분의 뱀은 땅속에서 **겨울잠을 자고** 저장해놓은 체지방에 의지해 산다.

0041 | 교행

forage*
[fɔ́ːridʒ]

자 ¹(동물이) 먹이를 찾아다니다 ²(손으로) 찾다 명 (소 등의) 사료

- In the summer, goats can **forage** freely.
  여름에 염소들은 자유롭게 **먹이를 찾아다닐** 수 있다.
- **forage** crops 사료용 작물

🔵 ¹hunt, search
²rummage
- forage for (식량 등을) 찾아다니다

0042 | 교행

graze**
[greiz]

자 (가축이) 풀을 뜯어 먹다 타 ¹(가축을) 방목하다 ²(피부 등을) 까지게 하다 명 까진[긁힌] 상처

grazing 명 방목지, 목초지
- Areas unsuited for cultivation are used to **graze** large herds of sheep, cattle, and goats. 경작에 적합하지 않은 지역은 큰 무리의 양, 소, 염소 떼를 **방목하**는 데 쓰인다.
- The boy **grazed** his knee on the sidewalk when he fell.
  그 남자아이는 넘어졌을 때 보도에서 무릎이 **까졌다**.

0043 | 국9 | 국7 | 지9 | 경찰 | 국회

hatch**
[hætʃ]

자 타 (알이) 부화하다, 부화시키다 타 (계획 등을) 꾸미다
명 (배 등의) 화물 출입구

- Over a period of several days, the male frog watches the eggs **hatch** into tiny tadpoles.
  수컷 개구리는 며칠 동안 알이 작은 올챙이로 **부화하**는 것을 지켜본다.
- They **hatched** a plan for a surprise birthday party.
  그들은 깜짝 생일파티를 위한 계획을 **꾸몄다**.

MORE+ 관련어휘 | 동물의 양육, 생존

- **mating** 명 (동물의) 짝짓기[교미]
- **fledge** 타 (새끼 새를) 깃털이 다 날 때까지 기르다
  자 (날 수 있을 정도로) 깃털이 다 나다
- **peck** 타 ¹(부리로) 쪼다, 쪼아 먹다 ²(뺨 등에) 가볍게 입 맞추다
- **tadpole** 명 올챙이
- **spawn** 타 ¹(개구리 등이) 알을 낳다 ²(결과를) 낳다 명 (개구리 등의) 알 덩어리
- **caterpillar** 명 (나비 등의) 애벌레
- **cocoon** 명 ¹(곤충의) 고치 ²보호막
- **hive** 명 ¹벌집 ²(한 벌집에 사는) 벌 떼 ³북새통을 이루는 곳
- **den** 명 ¹(야생 동물이 사는) 굴 ²은신처 ³(범죄 행위 등의) 소굴

0044
predator*** [prédətər]
국7 | 지7 | 서9 | 경찰 | 기상 | 법원

명 ¹포식 동물 ²(비유적으로) 포식자, (남의 약점을 이용하는) **약탈자**

- **predation** 명 (동물의) 포식(捕食)
- **predatory** 형 ¹포식성의 ²포식 동물 같은, 약탈자 같은
- Some pesticides accumulate in food chains, causing populations of top **predators** to decline. 일부 농약은 먹이 사슬에 축적되어, 최고 **포식자들**의 개체 수가 줄어들도록 야기한다. [기상]
- **predatory** animals 포식성 동물들

0045
poach* [poutʃ]
기상

타 ¹(동물을) 밀렵하다 ²수란을 만들다 ³(생선 등을) 졸이다
- **poach on** A A를 침범하다

- **poacher** 명 ¹밀렵꾼 ²수란짜《수란을 만드는 데 쓰는 기구》
- Approximately 100 elephants are **poached** every day for their ivory tusks. 매일 약 100마리의 코끼리들이 상아 때문에 **밀렵된다**.

0046
cull* [kʌl]

타 ¹(지나친 개체 수 증가를 막기 위해) (동물을) **살처분하다**
²(정보 등을) 발췌하다 명 도태
- **cull** A **from** B A를 B에서 발췌하다

- More than 160,000 deer are **culled** each year because they damage crops or cause traffic accidents. 농작물을 훼손하거나 교통사고를 유발하기 때문에 매년 16만 마리 이상의 사슴이 **살처분되고** 있다.
- She went to Japan to **cull** recipes for her book. 그녀는 자신의 책에 쓸 요리법을 **발췌하기** 위해 일본에 갔다.

0047
flourish*** [flɜ́:riʃ]
국9 | 지9 | 지7 | 서7 | 국회 | 법원 | 사복

자 ¹(동식물이) 잘 자라다 ²(사업 등이) 번창하다
타 (사람들이 보도록) 흔들어 대다

- Your plants will **flourish** with a little extra attention.
당신의 식물은 조금만 더 관심을 기울이면 **잘 자라날** 것이다.

0048 　　　　　　　　　　　　　　　　　　　　　　　　　　　국9 | 경찰 | 사복

thrive **
[θraiv]

자 ¹ (동식물이) 잘 **자라다** ² (사업 등이) **번창하다**

- Most plants need a lot of sunlight in order to **thrive**.
  대부분의 식물들은 잘 **자라기** 위해서 많은 햇빛이 필요하다.
- While other companies are failing, his company continues to **thrive**, adding new clients and increasing staff.
  다른 회사들이 무너지는 동안, 그의 회사는 새로운 고객들을 추가하고 직원을 늘리며 계속해서 **번창하고** 있다.

⊜ flourish,
¹ blossom, grow vigorously
² prosper

0049 　　　　　　　　　　　　　　　　　　　　　　　　　　　　　　　　　　서7

efflorescence *
[èflərésns]

명 ¹ (식물의) **개화** ² (예술 등의) **전성기**

- I watered the bed of roses to encourage their **efflorescence**.
  나는 장미꽃의 **개화**를 촉진시키기 위해 화단에 물을 주었다.
- There was an **efflorescence** of scientific publications in the period 1645-1660. 과학 분야 출판물의 **전성기**는 1645년에서 1660년 동안의 기간이었다.

0050 　　　　　　　　　　　　　　　　　　　　　　국7 | 서9 | 법원 | 교행 | 사복

pollen **
[pálən]

명 **꽃가루, 화분**

pollinate 타 (꽃 등을) 수분(受粉)하다 **pollination** 명 수분

- Bees have trouble finding **pollen** and nectar sources because of the extensive use of herbicides. 꿀벌은 광범위한 제초제 사용 때문에 **꽃가루**와 꿀을 찾는 데 어려움이 있다. [법원]
- **Pollination** is essential to the production of fruit and seed crops. **수분**(受粉)(꽃가루가 바람 등에 의해 암술머리에 옮겨붙는 것)은 과일과 곡물 생산에 있어 필수적이다. [서9][사복]

DAY 02

사람, 사회, 가족

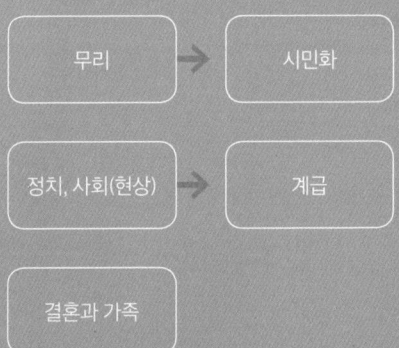

무리

회독 ✓Check ☐ ☐ ☐

0051 　　　　　　　　　　　　　　　　　　　　　　　　　　국9 | 서7 | 기상

swarm*
[swɔːrm]

몡 ¹ (곤충의) 떼, 무리 ² (급히 이동 중인) 군중
자 ¹ (곤충 등이) 떼 지어 날아다니다 ² (사람 등이) 우르르 몰려들다

유 몡 ² crowd, horde

- a **swarm** of bees 한 무리의 벌들
- As the celebrity entered the building, the reporters **swarmed** around her and started asking questions. 그 유명인이 건물 안으로 들어서자 취재진이 **우르르 몰려들어** 질문하기 시작했다.

0052 　　　　　　　　　　　　　　　　　　　　　　　　　　　　서9 | 경찰

herd**
[hɜːrd]

몡 ¹ (짐승의) 떼 ² (부정적) 사람들, 대중 타 (짐승을) 몰다
자 (떼를 지어) 이동하다

유 몡 ¹ flock
- ride herd on (동물 등을) 지키다, 감시하다

- The **herd** of cattle is grazing peacefully in the pasture. 소**떼**가 목장에서 평화롭게 풀을 뜯고 있다.
- The tourists left the hotel and were **herded** onto a bus in a hurry. 관광객들은 호텔을 떠나 서둘러 버스로 **이동했다**.

0053 　　　　　　　　　　　　　　　　　　　　　　　　　　　　　　기상

cluster**
[klʌstər]

몡 ¹ 무리, 떼 ² (작은 열매의) 송이 자 무리를 이루다, 모이다

유 몡 ¹ crowd, group ² bunch
자 gather

- Students stood in **clusters** around the bulletin boards. 학생들이 게시판 주위에 **무리**를 지어 서 있었다.
- a **cluster** of grapes 포도 한 송이

MORE+ 관련어휘　　무리의 인원
- duo　　몡 2인조, 단짝
- trio　　몡 ¹ 3인조 ² 3중주단, 3중창단
- quartet　몡 ¹ 4인조 ² 4중주단, 4중창단 cf. a string quartet 현악 4중주단[곡]

0054

throng*
[θrɔ(ː)ŋ]

몡 인파, 군중 자타 (떼를 지어) 모여들다

유 몡 crowd
자타 pack
- throng with ~으로 가득하다

- We pushed our way through the **throng**. 우리는 **인파**를 뚫고 지나갔다.
- Great crowds **thronged** the town over the weekend for a festival. 많은 사람들이 주말 동안 축제 때문에 마을에 **모여들었다**.
  cf. troupe　몡 공연단, 극단

0055 　　　　　　　　　　　　　　　　　　　　　　　　　　　　　　　지9

clique*
[kliːk]

몡 파벌, 패거리

유 faction

- It's kind of hard to value differences in a close-knit **clique**. 긴밀히 맺어진 **파벌** 내에서 차이점을 중시하는 것은 다소 어렵다. [지9]

0056

compatriot*
[kəmpéitriət]

몡 동포, 같은 나라 사람

유 countryman

- com(together)+patriot(애국자) → 함께 애국심을 가진 사람
- The player played against one of his **compatriots** in the semi-final. 그 선수는 자신과 **같은 나라 사람** 중 한 명과 준결승전에서 겨루었다.

0057
consort*
[kɑ́nsɔːrt]

자 (안 좋은 사람과) 어울리다 《with》 명 [kɑ́nsɔːrt] (통치자의) 배우자

유 자 associate 《with》

con(together)+sort(share) → 함께 (나쁜 일을) 나누어서 하다
- There is evidence that the man has **consorted** with the suspect.
  그 남자가 용의자와 **어울렸다**는 증거가 있다.
- Queen Victoria and her **consort**, Prince Albert
  Victoria 여왕과 그녀의 **배우자**인 Albert 왕자

0058
infest*
[infést]

타 (곤충, 쥐 등이) 들끓다, 우글거리다

유 overrun

in(not)+fest(seized) → 잡히지 않는 → 널리 퍼져 있는
infestation 명 만연, 횡행
- The old house is **infested** with cockroaches.
  그 낡은 집은 바퀴벌레가 **들끓고 있다**.

0059
teeming*
[tíːmiŋ]

형 바글거리는, 우글거리는

- He walked through the **teeming** streets.
  그는 사람들이 **바글거리는** 거리를 가로질러 걸었다.

시민화

회독 ✔Check ☐ ☐ ☐

0060
barbarian**
[bɑːrbɛ́(ː)əriən]

국7 | 국회 | 법원

명 1 야만인, 미개인 2 교양 없는 사람

barbaric 형 야만적인, 미개한 **barbarism** 명 1 야만, 미개 2 만행
barbarous 형 1 잔혹한, 악랄한 2 상스러운
- The city was invaded by **barbarians**.
  그 도시는 **야만인들**에 의해 침략당했다.
- Surgical operations in the Middle Ages performed only by barbers was so crude and **barbarous**. 중세의 이발사들에 의해 수행되었던 외과 수술은 너무 조악하고 **잔혹했다**. [국7]

0061
savage**
[sǽvidʒ]

지9 | 국회 | 기상 | 교행 | 사복

형 1 야만적인, 몹시 사나운 2 (비판 등이) 맹렬한 명 야만인
타 1 (동물이) 사납게 공격하다 2 맹렬히 비판하다

유 형 1 brutal, barbaric, ferocious, fierce 2 severe
명 barbarian

savagely 부 1 사납게, 잔인하게 2 맹렬히
- In the early 1600s, the Native Americans that Europeans met were considered to be **savage** peoples. 1600년대 초반에, 유럽인들이 만났던 미국 원주민들은 **야만적인** 민족들로 간주되었다. [교행]
- Most critics **savaged** the violent film. 대부분의 비평가들이 그 폭력적인 영화를 **맹렬히 비판했다**.

0062
sanguinary*   휑 유혈의, 피를 흘리는   윤 bloody, gory
[sǽŋgwənèri]
- a **sanguinary** accident 유혈 사태

0063   국9 | 법원 | 교행
tame**   휑 길들여진   타 길들이다, 다스리다   윤 휑 domesticated, compliant / 타 domesticate
[teim]   반 휑 untamed (길들여지지 않은), wild(야생의)
- **tameness** 명 온순함, 유순함
- a **tame** dog 길들여진 개
- My father bought a beautiful horse that no one could **tame**. 나의 아버지는 누구도 길들이지 못한 아름다운 말 한 필을 샀다. [교행]

0064
inure*   타 단련하다, 익히다   자 (~에) 도움이 되다, 적용되다 《to》   윤 타 harden
[injúər]
- **inure** oneself to A: A에 단련되다
- Does violence on television **inure** children to violence in real life? 텔레비전 속 폭력이 아이들에게 실제 생활에서의 폭력에 단련되도록 만드는가?
- The law **inures** to the benefit of the victim and victim's family. 그 법은 피해자와 피해자 가족의 이익에 적용된다.

0065
chivalry*   명 ¹(특히 여자에 대한) 정중함 ²(중세의) 기사도 (정신)
[ʃívəlri]
- He is notable for his manner, especially his **chivalry** towards women. 그는 여성들에 대한 태도, 특히 정중함으로 유명하다.
- the medieval knights' code of **chivalry** 중세 기사(騎士)들의 기사도라는 규범

0066   국7 | 서9 | 경찰
courtesy**   명 ¹공손함, 정중함 ²예의상 하는 말[행동]   휑 무료의, 서비스의   윤 명 ¹politeness / 휑 free
[kə́ːrtisi]
- **courteous** 휑 공손한, 정중한
- The policeman has to maintain a strict balance between **courtesy** and friendliness. 경찰은 정중함과 친절함 사이의 엄격한 균형을 유지해야 한다. [경찰]
- a **courtesy** shuttle bus 무료 셔틀버스

정치, 사회(현상)   회독 ✓Check ☐ ☐ ☐

0067   국9 | 국7 | 지9 | 지7 | 서9 | 서7 | 경찰 | 국회 | 기상 | 법원 | 교행
political**   휑 정치의, 정치적인
[pəlítikəl]
- **politics** 명 정치(학)   **politically** 用 정치적으로   **polity** 명 정부 형태, 국가 조직
- Picasso became a **political** activist for Spain during the Spanish Civil War. Picasso는 스페인 내전 동안 스페인을 위해 정치적 활동가가 되었다. [지7]
- *cf.* politic 휑 현명한, 신중한

0068 국9 | 국7 | 지9 | 지7 | 서9 | 서7 | 경찰 | 국회 | 기상 | 법원 | 교행 | 사복

policy***
[pάlisi]

명 ¹**정책, 방침** ²**방책**

- a public **policy** 공공 **정책** [국7][서9][서7]
- She made it a **policy** not to lend her friends money.
  그녀는 자신의 친구들에게 돈을 빌려주지 않는다는 **방책**을 만들었다.

0069 국7 | 지7 | 국회

ideology**
[àidiάlədʒi, idiάlədʒi]

명 **이데올로기, 이념**

ideo(idea)+logy(study)
ideological 형 사상적인, 이념적인
- the **ideology** of Marxism-Leninism 마르크스 레닌주의의 **이념** [국회]

MORE+ 관련어휘 정치, 경제 이념

laissez-faire	명 자유방임주의
collectivism	명 집산주의 《주요 생산수단을 정부의 관리하에 통제함을 이상으로 하는 주의》
capitalism	명 자본주의
liberalism	명 자유주의, 진보주의
conservatism	명 보수주의, 보수성
chauvinism	명 ¹맹목적 애국심 ²(자기가 속하는 단체 등을 위한) 극단적 배타[우월]주의
jingoism	명 맹목적 애국주의

0070 국7 | 서9 | 서7 | 경찰 | 국회 | 교행 | 사복

colonial***
[kəlóuniəl]

형 **식민(지)의** 명 **식민지 주민**

colony 명 ¹식민지 ²(출신지, 직업 등이 같은 사람들의) 거주지, -촌 ³《생물》 군집
- Slaves weren't **colonials**, they were the property of **colonials**.
  노예들은 **식민지 주민**이 아니라 **식민지 주민**의 소유물이었다.

0071 국회

metropolitan**
[mètrəpάlitən]

형 ¹(식민지가 아닌) **본국의** ²**대도시의, 수도의**   ⊜ ²urban

metro(mother)+polit(city)+an(형) → 모국의
metropolis 명 주요 도시 《국가나 행정 지역의 수도》
- The French considered Algeria to be part of **metropolitan** France. 프랑스인들은 Algeria를 프랑스 **본국**의 일부라고 여겼다.
- to relieve the parking problems in the **metropolitan** area
  대도시권의 주차난을 해소하다
- cf. **cosmopolitan** 형 세계적인, 국제적인 명 범세계주의자

0072 국7 | 서9 | 법원

municipal*
[mju:nísəpəl]

형 **지방 자치제의, 시[읍, 군]의**

municipality 명 (시, 읍 등의) 지방 자치제 (당국)
- a **municipal** agency 지방 자치 단체 [서9]

MORE+ 관련어휘 행정 구역

county	명 (미국, 영국 등에서) 자치주[군]
borough	명 (국회의원 선거구로서의) 자치구[도시]
prefecture	명 (프랑스, 일본 등의) 지방 행정 구역, 도, 현
upstate	형 부 (대도시에서 멀리 떨어진) 주(州) 북부의[북부로] 명 시골

DAY 02 **071**

0073
fad* [fæd]
명 (일시적인) 유행 — craze, trend
- She's always interested in the latest fashion **fads**.
  그녀는 항상 최신 유행 패션에 관심이 있다.

0074
plague** [pleig]
명 1 전염병 2 (곤충 등의) 떼 타 괴롭히다, 성가시게 하다 — 명 1 epidemic, infection 타 afflict, harass
- **Plagues** of grasshoppers devoured entire cultivated fields and miles of prairie foliage. 메뚜기 **떼**는 전체 경작지와 수 마일의 대초원 나뭇잎을 먹어 치웠다. [서7]
- He has been **plagued** by his bad condition.
  그는 자신의 안 좋은 컨디션 때문에 **괴로웠다**.

0075
pestiferous* [pestífərəs]
형 병균을 옮기는, 전염성의 — infectious, contagious
- pesti(plague)+fer(carry)+ous(형) → 전염병을 옮기는
- The Asian tiger mosquitos are really **pestiferous** and have potential to transmit different viruses. 아시아 호랑이 모기(외줄모기)는 매우 **전염성**이 있어서 서로 다른 바이러스를 전염시킬 가능성이 있다.

0076
quarantine* [kwɔ́ːrəntìːn]
명 (전염병을 막기 위한) 격리 타 격리하다 — 명 isolation, segregation 타 isolate, segregate
- Animals brought into the country are automatically **quarantined**. 국내로 들어오는 동물들은 자동으로 **격리된다**.

계급

0077
stratify* [strǽtəfài]
타 계층화하다
- The US has been **stratified** on a social level.
  미국은 사회적 수준에서 **계층화되어** 왔다.

0078
echelon* [éʃəlàn]
명 1 계층, 계급 2 (군대 등의) 사다리꼴 편성 — 1 level, rank
- the upper **echelons** of the business world
  업계의 상위 **계급**

0079
supreme**
[suprí:m]

국7 | 법원 | 교행

형 ¹ (계급, 위치 면에서) 최고의 ² (정도 면에서) 최대의, 지대한

유 ¹ top, superior ² incomparable, surpassing

supremacy 명 ¹ 우위 ² 패권 supremely 부 극도로, 지극히

- the Egyptian **Supreme** Council of Antiquities
  이집트의 고대 유물 (보존) **최고** 위원회 [교행]
- Every player on a team must put a **supreme** effort to secure victory. 우승을 얻기 위해서는 팀의 모든 선수들이 **최대의** 노력을 해야 한다.

0080
dominate***
[dámənèit]

국9 | 국7 | 지9 | 지7 | 서9 | 서7 | 경찰 | 국회 | 법원 | 교행 | 사복

자 타 지배하다, 우위를 차지하다

유 control, rule, govern, monopolize

domin(master, lord)+ate(동) → 주인이 되어 다스리다
domination 명 지배, 통치 dominant 형 ¹ 지배적인, 우세한 ² (생물) 우성의
dominance 명 ¹ 우위 ² (생물) 우성 dominion 명 ¹ 지배(권) ² 영토

- E-book sales are **dominated** by genre fiction — "light reading."
  전자책 판매는 '가벼운 읽을거리'인 장르 소설이 **우위를 차지한다**. [지9]

0081
domineering*
[dàməníəriŋ]

형 (부정적) 군림하려 드는

domineer 자 타 권세를 부리다

- He's arrogant and **domineering** and never listens to anyone.
  그는 오만하고 **군림하려** 들며, 결코 누구의 말도 듣지 않는다.

0082
snobbish*
[snábiʃ]

형 우월감에 젖어 있는, 속물적인

- They look like **snobbish** elite who enjoy their wealth and their sense of superiority. 그들은 자신의 부와 우월감을 즐기는 **속물적인** 엘리트층 같다.

0083
authoritarian*
[əθɔ̀:rətɛ́əriən]

국9

형 권위주의적인, 독재적인 명 권위주의자

유 autocratic, dictatorial 명 autocrat

authoritative 형 ¹ 권위적인 ² 믿을 만한

- **Authoritarian** governments have deprived people of civil freedoms for decades. **독재적인** 정부들은 수십 년간 사람들에게서 시민으로서의 자유를 빼앗아 왔다.
- His grandfather was an **authoritarian**. 그의 할아버지는 **권위주의자**였다.

0084
tyranny*
[tírəni]

국9 | 국7 | 지7 | 서9

명 ¹ 독재 (정치, 국가) ² 압제, 폭압

유 ¹ autocracy, dictatorship

tyrant 명 독재자, 폭군 tyrannize 자 타 압제하다, 폭군같이 굴다
tyrannical 형 압제적인, 폭군의

- Any political system that refuses to allow people to protest becomes a **tyranny**. 사람들이 항의하는 것을 거부하는 정치 체제는 어떠한 것이라도 **독재 정치**가 된다.

0085
despot* [déspət] 　 명 폭군 　 　 tyrant, dictator

despotic 형 전제[독재]적인 despotism 명 폭정
- Many people left their country because of the dictates of the **despot**. 많은 사람들이 폭군의 명령 때문에 조국을 떠났다.

결혼과 가족
회독 ✓ Check ☐ ☐ ☐

0086
courtship* [kɔ́ːrtʃip] 　 명 ¹교제, 연애 ²(동물의) 구애 ³관심 끌기 　 　 ¹romance

국9
- Their **courtship** lasted all through school. 그들의 **교제**는 학교를 다니는 내내 계속되었다. [국9]
- the President's **courtship** of middle-class voters 중산층 유권자들에 대한 대통령의 **관심 끌기**

0087
betroth* [bitróuð] 　 타 약혼시키다 (to) 　 　 engage (to)

betrothal 명 약혼 betrothed 형 약혼한 명 약혼자
- I was **betrothed** to my childhood friend, Emma. 나는 내 소꿉친구인 Emma와 **약혼했다**.

0088
marital* [mǽrətl] 　 형 결혼 생활의, 부부 생활의 　 　 connubial, nuptial

지7 | 국회
- **marital** satisfaction 결혼[부부] 생활의 만족도 [지7]

MORE+ 관련어휘　혼인 형태
- monogamy 　 명 일부일처제
- polygamy 　 명 일부다처제
- bigamy 　 명 중혼(重婚) 《아내나 남편이 있는 사람이 다른 사람과 다시 혼인함》

0089
beget* [bigét] 　 타 ¹(남자가) 자식을 보다[얻다] ²(어떤 결과를) 야기하다 　 　 ²cause

기상 | 사복
- The king died without **begetting** an heir. 그 왕은 후계자를 **보지** 못하고 죽었다.
- Violence **begets** violence and evil generates greater evil. 폭력은 폭력을 **야기하고** 악은 더 큰 악을 만들어 낸다.

0090
filial* [fíliəl] 　 형 (부모에 대한) 자식의

- a **filial** duty to parents 부모에 대한 **자식의** 도리

0091 지7 | 경찰 | 법원

sibling**
[síbliŋ]

명 형제자매

🔵 brother or sister

sib(blood relation)+ling(명)

- His elder sister is a biographer and four other **siblings** also write books. 그의 누나는 전기 작가이고 다른 네 명의 **형제자매들** 또한 책을 쓴다.

0092

fraternal*
[frətə́ːrnl]

형 ¹ 형제간의 ² 공제(共濟)의 《사상 등이 같은 개인, 집단이 서로 돕기 위한 것》

fratern(brother)+al(형)

- **fraternal** love 형제애
- If you don't have access to employer-provided health care, join a **fraternal** organization to get access to insurance. 당신이 고용주가 제공하는 의료 서비스를 이용하지 못한다면, 보험을 이용하기 위해 **공제** 조합에 가입하세요.

0093 국9

kin(s)folk*
[kin(z)fouk]

명 친척들, 친족

🔵 relatives, relations

- When a kangaroo is killed, the hunters have to give its main parts to their **kinfolk**. 캥거루가 죽으면, 사냥꾼들은 캥거루의 주요 부분들을 그들의 **친족**에게 주어야 한다. [국9]

MORE+ 관련어휘

친척
kin	명 친족, 친척
kindred	명 일가친척 형 비슷한, 관련된
kinship	명 ¹ 친족(임) ² 연대감, 동류의식
clan	명 (관련 있는) 집단, 무리

0094 국7 | 서7

rapport*
[ræpɔ́ːr]

명 (친밀한) 관계

🔵 affinity, link, bond

- Before you do business with someone, it is important to establish a **rapport**. 누군가와 거래를 하기 전에 **친밀한 관계**를 맺는 것이 중요하다.

0095 서7

backer*
[bǽkər]

명 (재정적) 후원자

- The film-makers are seeking **backers** to finance the project. 영화 제작자들은 그 프로젝트에 자금을 댈 **후원자들**을 찾고 있다.

0096 경찰

bachelor**
[bǽtʃələr]

명 ¹ 미혼남 ² 독신남 ³ 학사 (학위 소지자)

- My cousin is a **bachelor** who has no interest in marriage. 내 사촌은 결혼에 관심이 없는 **독신남**이다.
- a **bachelor**'s degree 학사 학위 [경찰]
- *cf.* a master[doctor]'s degree 석사[박사] 학위

0097 지7 | 법원

cradle**
[kréidl]

명 요람, 아기 침대 타 부드럽게 안대[잡다]

유 명 crib

- A baby is sleeping peacefully in her **cradle**.
  아기가 자신의 **요람**에서 평온하게 자고 있다.
- A boy **cradled** a wounded kitten and went to the vet.
  한 소년이 다친 새끼 고양이를 **부드럽게 안아서** 수의사에게 갔다.

0098

diaper*
[dáiəpər]

명 기저귀 타 기저귀를 채우다

유 명 nappy

- a disposable **diaper** 일회용 기저귀
- to **diaper** a baby 아기에게 기저귀를 채우다

0099 경찰

custody*
[kʌ́stədi]

명 ¹양육권, 보호권 ²(재판 전의) 유치, 구류

- in custody
  구류되어, 감금되어

custod(guard)+y(명)
custodian 명 ¹후견인, 보호자 ²관리인 **custodial** 형 ¹양육권의 ²구금의

- Karl's father was awarded sole **custody** of the child.
  Karl의 아버지는 아이의 단독 **양육권**을 얻었다.
- Handcuffs are usually done to prevent suspected criminals from escaping police **custody**. 수갑은 범죄 용의자들이 경찰 **구류**에서 탈출하지 못하도록 하는 데 보통 사용된다. [경찰]

DAY 03

법, 통치, 범죄, 재판

- 법
- 통치
- 범죄 → 처벌 → 재판

법

회독 ✓Check ☐ ☐ ☐

0100 codify* 서9
[kάdəfài]

타 (법률 등을) 성문화하다, 법전으로 편찬하다

code(법전)+ify(통)
codification 명 성문화, 법전화
- In 534, the emperor **codified** the law.
  534년에 그 황제는 그 법을 **성문화했다**.

0101 rescind* 서7
[risínd]

타 (법률 등을) 폐지하다, 철회하다

re(back)+scind(cut) → (법, 조약 등을) 다시 자르다
rescission 명 폐지, 철회
- The plan was later **rescinded**, after it was revealed to be without legal foundation. 그 계획은 법적 근거가 없는 것으로 드러나 나중에 **폐지되었다**.

유 revoke, withdraw, annul, repeal

0102 forbidden** 국9 | 지7 | 경찰
[fərbídn]

형 금지된

- With nuclear radiation technology, the new device can easily detect **forbidden** materials like drugs. 방사선 기술로, 새로운 장치는 마약과 같이 **금지된** 물질을 쉽게 감지할 수 있다.
- *cf.* forbidding 형 험악한, 으스스한

유 prohibited, banned

0103 breach* 지7 | 서9 | 서7 | 교행
[briːtʃ]

명 ¹위반 ²틈, 구멍 타 ¹위반하다 ²(성벽 등을) 뚫다

- a **breach** of contract 계약 **위반**
- The angry protesters **breached** the security fence.
  성난 시위자들이 보안 울타리를 **뚫었다**.

유 명 ¹violation
타 ¹violate
²burst, crack

0104 ensure*** 국9 | 국7 | 지9 | 지7 | 서9 | 서7 | 경찰 | 국회 | 기상 | 법원 | 교행
[inʃúər]

타 보장하다, 반드시 ~하게 하다

en(make)+sure(확실한)
- Most people have simply trusted corporations to **ensure** the safety of the new product. 대부분의 사람들은 기업들이 새로운 상품의 안정성을 **보장할** 것이라고 단순히 믿어왔다. [경찰]

MORE+ 혼동어휘

ensure vs. insure

insure 자타 보험에 들다[가입시키다]
(insurance 명 ¹보험 ²보험금   insurer 명 보험회사[업자])
insure는 특정한 조건이나 상황 안에서(in) 확실한(sure) 보장을 받도록 하는 것이다.
실제로는 ensure와 같이 '보장하다'라는 의미로도 쓰인다.
e.g. to **insure** against sickness or injury 질병이나 상해 **보험에 들다**
  to **insure[ensure]** success 성공을 보장하다

0105
assure *** [əʃúər]
국9 | 국7 | 지9 | 지7 | 경찰 | 국회 | 법원

타 장담하다, 확신시키다

유 ensure, guarantee

as(to)+sure(확실한)
assurance 명 ¹장담 ²자신감　**assured** 형 ¹확실한 ²자신감 있는
- They phoned the police several times and were **assured** that officers were on the way. 그들은 경찰에 여러 번 전화해서 경찰관들이 오고 있을 것이라 **확신했다**. [경찰]

0106
reassure ** [rì:əʃúər]
지7 | 국회

타 안심시키다

re(again)+assure(보장하다) → 재차 보장해주다
reassurance 명 안심시키는 행동[말]　**reassuring** 형 안심시키는
- Experts **reassured** the public that such accidents wouldn't happen again. 전문가들은 그런 사고가 다시는 일어나지 않을 것이라고 대중을 안심시켰다.

0107
ascertain * [æ̀sərtéin]
국회

타 확인하다, 알아내다

as(to)+certain(확실한)
ascertainment 명 확인, 규명
- Her doctors have been unable to **ascertain** the cause of her illness. 그녀의 의사들은 그녀의 병의 원인을 **알아낼** 수 없었다.

0108
ethic *** [éθik]
국9 | 국7 | 서9 | 서7 | 경찰 | 국회 | 기상

명 윤리　형 윤리적인

유 명 doctrine, belief

ethics 명 윤리(학), 도덕　**ethical** 형 윤리적인, 도덕적으로 옳은
ethicist 명 윤리학자
- work **ethic** 직업[노동]윤리 [경찰]
- Euthanasia has become a legal, medical and **ethical** issue. 안락사는 법적, 의학적, 그리고 **윤리적** 문제가 되었다. [국9]

cf. unethical 형 비윤리적인

0109
virtuous *** [və́ːrtʃuəs]
국9 | 국7 | 지7 | 국회 | 기상 | 법원 | 사복

형 도덕적인, 고결한

유 moral, ethical, righteous
반 vicious(나쁜)

virtu(e)(미덕, 선)+ous(형)
virtue 명 ¹미덕, 선 ²장점
- She felt that she had made a **virtuous** decision by donating the money to charity. 그녀는 자선단체에 돈을 기부함으로써 자신이 **고결한** 결정을 했다는 기분이 들었다.

0110
unscrupulous * [ənskrúːpjələs]
국회 | 기상

형 부도덕한

유 unprincipled, immoral
반 scrupulous (양심적인)

- He could no longer just stand by and watch their **unscrupulous** behavior. 그는 그들의 **부도덕한** 행위를 더 이상 보고만 있을 수 없었다.

DAY 03　079

0111 　　　　　　　　　　　　　　　　　　　　　　　　　　　　국9

anomie / anomy**
[ǽnəmiː]

명 사회적[도덕적] 무질서, 아노미

a(without)+nomie(law) → 법이 없는 혼돈 상태
- Sociologists define **anomie** as a state where normal values are confused or unclear. 사회학자들은 **아노미**를 정상적인 가치가 혼란스럽고 분명하지 않은 상태로 정의한다.

0112

anomalous*
[ənάmələs]

형 변칙의, 이례적인

유 abnormal, irregular

an(not)+omal(even, same)+ous(형) → 일정하지[같지] 않은
anomaly 명 변칙, 이례
- Researchers could not explain the **anomalous** test results. 연구원들은 **이례적인** 실험 결과를 설명할 수 없었다.

MORE+ 관련어휘　　이례적임, 특이함
- bizarre　　　형 특이한, 기이한
- cranky　　　형 ¹기이한 ²짜증을 내는
- grotesque　　형 ¹기이한 ²터무니없는, 말도 안 되는
- idiosyncrasy　명 특이한 방식[성격], 별난 점

0113 　　　　　　　　　　　　　　　　　　　국9 | 국7 | 서9 | 법원

biased**
[báiəst]

형 편향된, 선입견이 있는

유 prejudiced, one-sided
반 unbiased(선입견 없는), impartial (공정한)

bias(기울이다)+ed(형) → 마음이 한쪽으로 기울어진
- **biased** information **편향된** 정보 [국7]
cf. bigotry 명 편협함, 심한 편견

통치
　　　　　　　　　　　　　　　　　　　　　　회독 ✔Check ☐ ☐ ☐

0114 　　　　　　　　　　　　　　　　　　　　　　　　서7 | 경찰

throne**
[θroun]

명 ¹왕좌 ²(the ~) 왕위　타 왕위에 올리다

- When he succeeded to the **throne**, several of the French nobles were given high positions. 그가 **왕위**를 계승하자 프랑스 귀족들 중 몇 명이 높은 지위를 얻었다. [서7]
cf. enthrone 타 왕좌에 앉히다　dethrone 타 (왕을) 퇴위시키다

0115 　　　　　　　　　　　　　　　　　　　　　　　　　국회

dynasty**
[dáinəsti]

명 ¹(역대) 왕조, 왕가 ²명문(가)

유 ²lineage, ancestry

dynastic 형 왕조의, 왕가의
- King Sejong the Great was the fourth king of the Joseon **Dynasty**. 세종대왕은 조선**왕조** 제4대 왕이었다.
- She was born into a powerful political **dynasty**. 그녀는 영향력 있는 정치적 **명문가**에서 태어났다.

0116
feudalism*
[fjúːdlizm]

명 봉건 제도

feudal 형 봉건적인, 봉건 제도의
- The whole concept of **feudalism** kept the peasants poor.
  봉건 제도의 전반적인 개념은 소작농을 계속 가난하게 했다.

MORE + 관련어휘 — 봉건 제도의 계층 구조
- Pope 명 ((the ~)) 교황
- king 명 왕
- lord 명 ¹ 귀족 ² (중세 유럽의) 영주
- noble 명 귀족
- cf. duke 명 공작
-     earl 명 백작(= count)
- knight 명 기사
- peasant 명 소작농

0117
parliament**
[páːrləmənt]

명 의회, 국회

parliamentary 형 의회의 **parliamentarian** 명 의회[국회] 의원
- The government dismissed the **parliament** after a dispute over the handling of the financial crisis. 정부는 금융 위기 처리에 대한 논쟁 후에 **의회**를 해산했다. [법원]

cf. **capitol** 명 ((the C-)) (미국의) 국회의사당

0118
hegemony*
[hidʒéməni]

명 헤게모니, 패권 ((다른 집단, 국가, 문화를 지배하는 것))

유 leadership, dominance

hegemonic 형 지배하는, 패권을 쥔
- Cultural **hegemony** is based on a theory that a diverse culture can be controlled by one class. 문화적 **패권**은 다양한 문화가 하나의 계급에 의해 통제될 수 있다는 이론에 기초한다.

범죄

회독 ✓ Check ☐ ☐ ☐

0119
peccable*
[pékəbl]

형 죄를 짓기 쉬운, 과오를 범하기 쉬운

유 sinful, immoral
반 impeccable
 (죄를 범하지 않는)

- They hold all mankind to be **peccable**.
  그들은 모든 인류가 **죄를 짓기 쉽다**고 생각한다.

0120
felony*
[féləni]

명 중죄, 흉악 범죄

유 perpetration

felon 명 중죄인, 흉악범
- **Felony** refers to major crimes like murder.
  중죄는 살인 같은 중대한 범죄를 가리킨다. [경찰]

cf. **misdemeano(u)r** 명 ¹ (심각하지 않은) 비행 ² 경범죄

0121
strangle*
[strǽŋgl]

타 1 교살하다, 목 졸라 죽이다 2 억압하다

- The victim was **strangled** with a scarf. 그 피해자는 스카프로 **교살당했다**.
- How on earth will it help the poor if governments try to **strangle** globalization? 정부가 세계화를 **억압하려고** 한다면 도대체 어떻게 가난한 사람들을 도울 수 있을 것인가? [국9]

유 1 throttle, choke 2 suppress

0122
suffocate*
[sʌ́fəkèit]

자 타 질식사하다, 숨막히게 하다

suffocating 형 숨 막히는 **suffocation** 명 질식(시킴)
- It was very hot inside the car, and I felt as though I was **suffocating**. 차 안은 몹시 더웠고, 나는 **숨이 막힐** 것 같았다.

유 smother, choke, stifle, gasp

0123
smuggle*
[smʌ́gl]

타 밀수하다, 밀반입하다, 밀반출하다

smuggler 명 밀수업자 **smuggling** 명 밀수, 밀반입[출]
- Cigarettes were being **smuggled** inside cans labelled as peas. 담배가 콩이라고 라벨이 붙은 캔에 담겨 **밀수되고** 있었다.

● smuggle oneself into A
A로 밀입국하다

0124
incendiary*
[inséndièri]

형 1 방화의 2 자극[선동]적인
명 1 방화범 2 소이탄 (목표물을 불살라 없애는 탄환)

in(into)+cendi(on fire)+ary(형) → ~에 불을 지르는
- Sources said the explosion seemed to have been caused by an **incendiary** device. 소식통에 의하면 그 폭발은 **방화** 장치에 의해 유발된 것으로 보인다고 했다.
- an **incendiary** speech 선동적인 연설

유 형 2 inflammatory 명 1 arsonist

0125
theft**
[θeft]

명 절도

thieve 타 훔치다 **thieving** 명 절도, 도둑질 형 도둑질의
- Anything that someone creates can be protected from **theft** by patenting. 누군가가 만든 어떤 것이라도 특허에 의해 **절도**로부터 보호받을 수 있다. [경찰]

cf. antitheft 형 도난 방지의 thief 명 도둑, 절도범

유 robbery, stealing

MORE+ 관련어휘 절도, 사기, etc

burglary	명 절도(죄)	robbery	명 강도 (사건)
mugger	명 (노상) 강도	kleptomaniac	명 절도광, 도벽광
pilfer	자 타 좀도둑질을 하다	ransack	타 뒤지다, 뒤집어엎다
bogus	형 가짜의, 위조의	embezzle	타 횡령하다
defraud	타 속여서 빼앗다, 사취하다	subterfuge	명 속임수
swindle	자 타 사취하다, 사기 치다	charlatan	명 사기꾼, 돌팔이
	명 사취, 사기		
vandalism	명 반달리즘, 공공 기물 파손		

0126
hijacker*
[háidʒækər]
⊛ (비행기나 차량의) 납치범
hijack 태 ¹(비행기 등을) 납치하다 ²장악하다 ⊛ 납치 (행위)
hijacking ⊛ ¹공중[해상] 납치 ²강탈
- Airline passengers tried to overpower the **hijackers**.
  비행기 승객들은 **납치범들**을 제압하려고 시도했다.

0127
assassin**
[əsǽsin]
⊛ 암살범

지9 | 지7

⊕ murderer, killer, executioner

assassinate 태 암살하다 assassination ⊛ 암살
- The president Abraham Lincoln was **assassinated** by a young man. Abraham Lincoln 대통령은 한 청년에게 **암살당했다**.

0128
fugitive*
[fjúːdʒətiv]
⊛ 도망자, 탈주자 ⊛ ¹도망을 다니는, 도망친 ²일시적인

교행

⊕ ⊛ outlaw, escapee
⊛ ²fleeting

- The couple worked their farm and made it a haven for **fugitive** slaves. 그 부부는 자신의 농장에서 일하면서 그곳을 **도망친** 노예들의 안식처로 만들었다. [교행]
- As he daydreamed, **fugitive** thoughts passed through his mind. 그가 공상에 잠긴 동안 **일시적인** 생각들이 그의 머리를 스쳐 갔다.
cf. abscond 찌 도주하다, 종적을 감추다 refuge ⊛ 피신(처), 피난(처)

0129
ensnare*
[insnɛ́ər]
태 (함정에) 빠지게 하다, 걸려들게 하다

en(make, put in)+snare(올가미) → 올가미에 걸려들게 만들다
ensnarement ⊛ 함정에 빠뜨리기
- Park rangers found three deer that had become **ensnared** in traps. 공원 경비원들은 덫에 **걸려들었던** 사슴 세 마리를 발견했다.
cf. gullible ⊛ 잘 속아 넘어가는

0130
connive*
[kənáiv]
찌 (나쁜 일을) 묵인하다, 방조하다 «at»

서7

⊕ conspire
- connive with A to-v A가 v하는 것을 방조하다

connivance ⊛ 묵인, 방조
- to **connive** at a person's wrong doing 남의 비행을 **묵인하다**

처벌

회독 ✓Check ☐ ☐ ☐

0131
retaliate*
[ritǽlièit]
찌 보복하다, 앙갚음하다

국7 | 지9 | 서9

⊕ revenge, avenge, repay

re(back)+tali(payment)+ate(동)
retaliation ⊛ 보복, 앙갚음 retaliatory ⊛ 보복적인
- After the company announced plans to reduce benefits, the union threatened to **retaliate** by calling for a strike. 회사가 혜택을 축소하겠다는 계획을 발표한 후 노조는 파업을 요구하며 **보복하겠다**고 위협했다.

0132
vindictive*
[vindíktiv]

형 앙심을 품은, 보복을 하려는

- She was **vindictive** and wanted to revenge.
  그녀는 **앙심을 품고** 복수하길 원했다.

유 spiteful, revengeful, vengeful

0133
precinct*
[príːsiŋkt]

명 ¹ 경찰 관할 구역 ² 지정 구역, 지구(地區) ³ (건물의) 구내, 경내

- The crime rate in the Central Park police **precinct** is the lowest in New York City. Central Park **경찰 관할 구역**의 범죄율은 New York City에서 가장 낮다.
- a shopping **precinct** 쇼핑 지구

유 ² area, zone
³ enclosure

0134
squad*
[skwad]

지7

명 ¹ (경찰서의) -반, -계 ² (특정 작업을 하는) -대(隊), -단(團)

MORE + 관련어휘
- a serious crime **squad** 강력반
- a fraud **squad** 사기 전담반
- a narcotic **squad** 마약 단속반
- a relief **squad** 구조대
- an Olympic **squad** 올림픽 대표 선수단
- a cheerleading **squad** 응원단

유 team, crew, group, division

0135
inmate*
[ínmeit]

국7 | 국회

명 (교도소) 수감자, 재소자, (정신병원) 수용자

- The number of prison **inmates** has been increasing in recent years. 최근 몇 년간 교도소 **수감자**의 수가 증가하고 있다.

0136
profiler**
[próufailər]

지7

명 프로파일러, 범죄 심리 분석관

profile 명 ¹ 옆얼굴 ² 개요(서) ³ 인지도 타 프로필[개요]을 알려 주다
profiling 명 자료[정보] 수집

- He is an FBI **profiler** working on a murder case.
  그는 살인 사건을 수사 중인 FBI **범죄 심리 분석관**이다.

0137
forensic*
[fərénsik]

경찰 | 국회 | 기상

형 ¹ 법의학적인, 범죄 과학 수사의 ² 법정의

- Although every **forensic** case is different, each case goes through many of the same phases. 비록 모든 **법의학적** 사건들이 다르지만, 각각의 사건은 많은 동일한 단계를 거친다. [경찰]

0138
imprison**
[impríz*ə*n]

국9 | 경찰 | 사복

타 투옥하다, 감금하다

- In 1938, he was **imprisoned** for a year as a suspected German spy. 1938년에 그는 독일의 스파이 혐의자로 1년 동안 **투옥되었다**.

유 jail, put in prison

0139

flog*
[flag]

타 태형을 내리다, 매로 때리다

flogging 명 태형, 장형
- The sailors were **flogged** for attempting a mutiny.
  선원들은 폭동을 일으킨 죄로 **태형**을 받았다.

0140

confiscate*
[kánfəskèit]

타 몰수하다, 압수하다

유 impound, seize

con(together)+fisc(money bag)+ate(동) → 돈주머니를 모두 모으다
confiscation 명 몰수, 압수
- A staff member **confiscated** a woman's camera because she took pictures during the performance. 그녀가 공연 중에 사진을 찍어서 관계자가 그녀의 카메라를 **압수했다**.

재판

회독 ✓Check ☐ ☐ ☐

0141 국9 | 지7 | 교행

plead**
[pliːd]

자 애원하다, 간청하다   자타 변호하다, 변론하다

유 자 beg
자타 claim, assert

plea 명 ¹ 애원, 간청 ² (피고의) 답변, 항변
- A frog comes upon a scorpion and **pleads** for his life.
  개구리가 전갈을 만나 살려 달라고 **애원한다**. [교행]
- She couldn't afford a lawyer to **plead** her case.
  그녀는 자신의 사건을 **변호해줄** 변호사를 고용할 여유가 없었다.

0142 국7

remonstrance*
[rimánstrəns]

명 항의

유 protest, complaint

re(강조)+monstr(show)+ance(명) → 정말 불만을 보여주는 것
remonstrate 자타 항의하다
- Many residents wrote letters of **remonstrance** to city officials.
  많은 거주자들이 시(市) 관계자들에게 **항의**의 편지를 썼다.

0143

exonerate*
[igzánərèit]

타 무죄임을 밝혀 주다

유 release, acquit, exculpate

ex(out of)+oner(burden)+ate(동) → 짐에서 벗어나다
exoneration 명 ¹ 면죄 ² (의무의) 면제
- The signature of all his creditors was needed to **exonerate** him.
  그의 **무죄**를 **밝히기** 위해 모든 채권자들의 서명이 필요했다.

- exonerate A from B
  A를 B에서 면제하다

0144

extenuating*
[iksténjuèitiŋ]

형 정상 참작이 가능한, (죄 등을) 가볍게 할 수 있는

- an **extenuating** circumstance 정상 참작이 가능한 상황

0145
clemency＊ [klémənsi]
명 관용, 관대한 처분
- The judge ignored the prisoner's pleas for **clemency**.
판사는 그 재소자의 **관대한 처분**의 간청을 승인하지 않았다.

⊜ mercy

0146
lenient＊ [líːniənt] [국7]
형 (규칙 적용이) 관대한
leni(soft)+ent(형)
- If teachers are too **lenient**, they can have major discipline problems. 교사들이 너무 **관대하면**, 그들에게 주요한 규율 문제가 생길 수 있다. [국7]

⊜ generous, merciful, benevolent
- be lenient with A
A에게 관대하다, 너그럽다

0147
parole＊ [pəróul]
명 가석방 타 가석방하다
- He was given a life sentence without the possibility of **parole**.
그는 **가석방**의 가능성이 없는 종신형을 선고받았다.

0148
bail＊ [beil] [서9 | 경찰]
명 보석(금) 타 보석으로 풀어주다
- He is free on $3 million **bail** but must attend the court hearings daily. 그는 3백만 달러의 **보석금**을 내고 풀려나지만 매일 법정 심리에 참석해야만 한다.
- She denied the charge and was **bailed** out to appear on June 10. 그녀는 혐의를 부정했고 6월 10일에 법정에 출두하기로 하고 **보석으로 풀려났다**.

0149
extradite＊ [ékstrədàit] [경찰]
타 (범죄인을 관할국에) 인도하다
ex(out)+tradite(deliver) → 밖으로 넘겨주다
extradition 명 (범인의) 인도
- The criminal will be **extradited** from the U.S. to Canada.
그 범죄자는 미국에서 캐나다로 **인도될** 것이다.

⊜ deport

0150
repatriate＊ [riːpéitrièit]
타 ¹ 본국으로 송환하다 ² 본국으로 송금하다
re(back)+patri(a)(native land)+ate(동)
repatriation 명 ¹ 본국 송환 ² 본국 송금
- The government **repatriated** him because he had no visa.
그는 비자가 없었기 때문에 정부는 그를 **본국으로 송환했다**.
- Foreign firms would be permitted to **repatriate** all profits.
외국계 회사들은 모든 수익을 **본국으로 송금하는** 것이 허용될 것이다.

DAY 04

자연(현상), 날씨, 재해, 우주

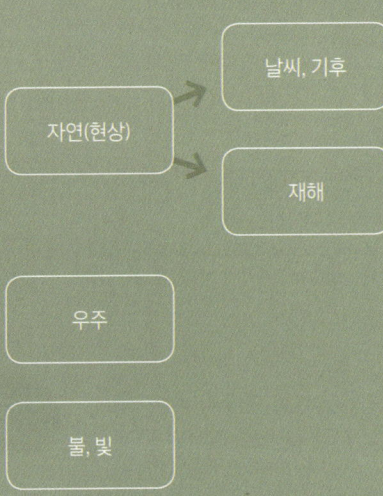

자연(현상)

회독 ✓Check ☐ ☐ ☐

0151　　　　　　　　　　　　　　　　　　　　　　　　　　　　　　기상 | 교행

plateau**
[plætóu]

명 ¹《pl. plateaus 또는 plateaux》고원 ² 정체기, 안정기
자 정체[안정] 상태를 유지하다 《out》

- The tribes live in remote **plateaus** and mountainous areas.
  그 부족들은 외진 **고원**과 산악 지대에 산다.
- Unemployment has at last **plateaued** out.
  실업률이 마침내 **안정 상태를 유지하고** 있다.

MORE+ 관련어휘　여러 가지 지형

crest	명 ¹(산의)마루 ²(조류 머리의) 볏　타 (~의) 꼭대기[정상]에 이르다
	자 최고조에 달하다
ridge	명 ¹산등성이, 산마루 ²논둑, 밭이랑
canyon	명 협곡
gorge	명 골짜기, 협곡
crater	명 ¹분화구 ²(지면의) 구멍　타 (땅 등을) 움푹 들어가게 하다
puddle	명 (비 온 뒤의) 물웅덩이

0152　　　　　　　　　　　　　　　　　　　　　　　　　　　　　　　　기상

pasture**
[pǽstʃər]

명 ¹ 초원, 목초지 ² (pl.) (생활) 환경
자 타 (가축이) 풀을 뜯어 먹다, 방목하다

유 ¹ meadow

- The horses were grazing in the **pasture**.
  말들이 **초원**에서 풀을 뜯어 먹고 있었다.
- He's been here five years so he may want new **pastures**.
  그는 이곳에 5년째 머물러서 새로운 **환경**을 원할지도 모른다.
- cf. savanna(h) 명 (열대 지방의) 사바나, 대초원
  prairie 명 (북미 지역의) 대초원《나무가 거의 없음》

0153　　　　　　　　　　　　　　　　　　　　　　　　　　　　　　　　국7

shrub*
[ʃrʌb]

명 관목《밑동에서 가지를 많이 치는 키 작은 나무》

shrubby 형 관목 같은, 관목이 우거진
- Hundreds of trees and **shrubs** will be planted at the park during December. 수백 그루의 나무와 **관목**들이 12월에 그 공원에 심어질 예정이다.

MORE+ 관련어휘　관목, 덤불

shrubbery	명 관목 숲
bush	명 ¹관목, 덤불 ²(덤불처럼) 숱 많은 털[머리]
shaw	명 (주로 밭을 따라 나 있는) 덤불, 잡목 숲
grove	명 ¹(작은) 숲, 수풀 ²(작은) 과수원

0154
wilderness**
[wíldərnis]

명 (사막 같은) 황야, 황무지 — wasteland

- They saw a **wilderness** that was filled with seemingly infinite abundance. 그들은 겉보기에는 무한히 풍부해 보이는 **황무지**를 보았다. [교행]

MORE+ 관련어휘

황야, 황무지
- heath 명 (잡초나 작은 야생화만 있는) 황야, 황무지
- moor 명 (야생화 등으로 뒤덮인) 황야 지대 자타 (배를) 정박시키다
- moorish 형 황야의

0155
swamp*
[swɑmp]

명 늪, 습지 타 ¹(큰 파도 등이) 뒤덮다 ²(일 등이) 넘쳐나게 하다 — 명 marsh / 타 ¹flood, inundate

- Researchers says that **swamps** protect the environment and make the lives of wildlife better. 연구원들은 늪이 환경을 보호하고 야생 동물의 삶을 더 낫게 해준다고 말한다.
- A huge wave **swamped** the lighthouse. 거대한 파도가 등대를 **뒤덮었다**.

MORE+ 관련어휘

물가, 연안
- lagoon 명 ¹(강, 호수로 통하는) 작은 늪 ²석호 (모래 언덕으로 바다와 격리된 호수)
- trench 명 ¹(깊은) 도랑 ²(군사) 참호
- brook 명 개울 타 용납하지 않다
- ford 명 (강바닥이 얕은) 여울 타 (강 등을) 건너다
- inlet 명 ¹(바다, 호수의) 좁은 물줄기 ²주입구
- cascade 명 작은 폭포 자 폭포처럼 흐르다

0156
peninsula**
[pənínsələ]

명 반도(半島) 《삼면이 바다로 둘러싸여 육지에 이어진 땅》

pen(almost)+insula(island) → 거의 섬에 가까운 형태의 땅
peninsular 형 반도의, 반도 모양의

- Dokdo lies in the easternmost part of the Korean **Peninsula**. 독도는 한**반도**의 최동단에 위치해 있다.

0157
mound**
[maund]

명 ¹둔덕, (작은) 언덕 ²무더기, 더미 ³(야구) (투수의) 마운드 — ¹hillock, hill, knoll / ²heap, pile, stack

- He built a small house high upon the **mound**. 그는 작은 집 한 채를 **언덕** 위 높은 곳에 지었다.
- a **mound** of dirty laundry 더러운 빨래 **더미**

0158
rugged**
[rʌ́gid]

형 ¹바위투성이의 ²다부지게 생긴 ³(장비 등이) 튼튼한

ruggedness 명 ¹울퉁불퉁함, 거칠거칠함 ²억셈, 투박함
- a **rugged** coastline **바위투성이의** 해안지대
- The glasses are lightweight but **rugged**. 그 안경은 가볍지만 **튼튼하다**.
- cf. boulder 명 (물 등에 깎여 둥글게 된) 큰 바위

0159 　　　　　　　　　　　　　　　　　　　　　　　　　　　　국9 | 서7

wither**　　자타　¹시들다, 말라 죽게 하다　²약해지다, 위축시키다　　㊤ wilt
[wíðər]　　　　　　　　　　　　　　　　　　　　　　　　　　　　　㊥ ¹thrive,
　　　　　withered 형 ¹시든, 말라 죽은 ²여윈, 쇠약한　　　　　　　　　　flourish(잘 자라다)
　　　　　withering 형 위축시키는, 기를 죽이는　　　　　　　　　　　　²strengthen
　　　　　• Plants under water for longer than a week are deprived of　　(강화되다)
　　　　　　oxygen and **wither** and perish. 일주일 넘게 물속에 있는 식물은 산소가 결핍
　　　　　　되고 시들어 죽게 된다. [국9]
　　　　　• The muscles in his leg **withered** after living in a wheelchair for
　　　　　　a long time. 오랜 휠체어 생활 후에 그의 다리 근육은 약해졌다.

0160　　　　　　　　　　　　　　　　　　　　　　　　국9 | 지9 | 서9 | 기상 | 교행

erode**　　자타　¹침식되다, 부식시키다　²(서서히) 약화되다, 무너뜨리다　　㊤ wear away
[iróud]
　　　　　e(away)+rode(갉아먹다)
　　　　　erosion 명 ¹침식, 부식 ²약화
　　　　　• Limestone takes millions of years being **eroded** by water to
　　　　　　give it its unusual appearance. 석회암은 물에 의해 침식되어서 특이한
　　　　　　형태를 가지는 데 수백만 년이 걸린다.
　　　　　cf. corrode 자타 ¹부식시키다 ²좀먹다

0161

ebb*　　명 썰물, 간조　　　　　　　　　　　　　　　　　　　　　　㊤ 자 ²decrease
[eb]　　　자 ¹(바닷물이) 빠지다, 썰물이 되다　²서서히 가라앉다, 약해지다　㊥ 자 ¹flow
　　　　　　　　　　　　　　　　　　　　　　　　　　　　　　　　　　　　(밀물이 되다)
　　　　　• the **ebb** and flow[flood] 썰물과 밀물
　　　　　• I felt my anger **ebb** away and a feeling of shame come over me.
　　　　　　나는 내 분노가 서서히 가라앉자 부끄러움이 몰려오는 것을 느꼈다.

날씨, 기후　　　　　　　　　　　　　　　　　　　회독 ✓Check ☐ ☐ ☐

0162　　　　　　　　　　　　　　　　　　　　　　　　　　　　　서7

balmy*　　형 (공기, 날씨 등이) 온화한, 훈훈한　　　　　　　　　　　㊤ mild, gentle,
[báːmi]　　　　　　　　　　　　　　　　　　　　　　　　　　　　　　　　temperate,
　　　　　balm 명 ¹위안(을 주는 것) ²연고, 크림　　　　　　　　　　　　　　pleasant
　　　　　• Spring favors the farmer with sunny skies and **balmy**
　　　　　　temperatures. 봄은 빛나는 하늘과 온화한 기온으로 농부들에게 혜택을 베푼다. [서7]
　　　　　• The gentle music is a **balm** to my spirit.
　　　　　　부드러운 음악은 내 영혼에 위안이 된다.

　MORE+ 관련어휘　　날씨
　　　　　　　　　　　inclement　형 (날씨가) 궂은(↔ clement 온화한)
　　　　　　　　　　　blustery　　형 바람이 거센
　　　　　　　　　　　overcast　　형 구름이 뒤덮인, 흐린
　　　　　　　　　　　muggy　　　형 후텁지근한
　　　　　　　　　　　icicle　　　　명 고드름

090　공무원 어휘끝 | 테마북

0163 　　　　　　　　　　　　　　　　　　　　　　　　　　국회
swelter[*]　　　자 무더위에 시달리다

[swéltər]

sweltering 형 ¹ 무더운, 찌는 듯한 ² 더위에 지친
- Seoul **sweltered** yesterday in its hottest day so far this year.
  어제 서울은 올해 중 가장 더운 날로 **무더위에 시달렸다**.

0164
dew[*]　　　명 이슬

[dju:]

dewy 형 이슬 맺힌
- The grass was wet with the morning **dew**.
  잔디가 아침 **이슬**에 젖어 있었다.

0165
haze[*]　　　명 ¹ 연무, 실안개 ² (정신이) 몽롱한 상태
　　　　　자 타 연무[실안개]로 뒤덮다

[heiz]

hazily 부 몽롱하게, 흐릿하게
- In winter, dense **haze** is common. 겨울에는 짙은 **연무**가 흔하다.
- an alcoholic **haze** 술에 취해 몽롱한 상태

0166 　　　　　　　　　　　　　　　　　　　　　　　　　　국9
drizzle^{**}　　명 보슬비, 이슬비　자 (비가) 보슬보슬 내리다　타 (액체를) 조금 붓다　　유 타 drip, dribble

[drízl]

- Light **drizzle** is falling, but the players stay on the ground.
  약한 **보슬비**가 내렸지만 선수들은 경기장에 남아 있다.
- She **drizzled** maple syrup on her pancakes.
  그녀는 팬케이크 위에 메이플 시럽을 조금 **부었다**.

0167 　　　　　　　　　　　　　　　　　　　　　　　　국9 | 국회
hail[*]　　　명 우박　자 우박이 쏟아지다　타 (특별한 것으로) 묘사하다, 일컫다　　유 타 acclaim

[heil]

- Many cars were damaged by **hail** during the storm.
  많은 차들이 폭풍이 치는 동안 **우박**으로 인해 손상되었다.
- Potatoes were once **hailed** as history's most important vegetable. 감자는 한때 역사상 가장 중요한 채소로 **일컬어졌다**. [국회]

0168 　　　　　　　　　　　　　　　　　　　　　　　　　　서7
blizzard^{**}　명 ¹ 눈보라 ² (일 등의) 쇄도　　유 ¹ snowstorm, snow blast

[blízərd]

- The bitter winter season brings numbing temperatures and crushing **blizzards**. 혹독한 겨울철은 감각을 마비시키는 기온과 치명적인 **눈보라**를 몰고 온다. [서7]
- a **blizzard** of questions **쇄도**하는 질문들

0169 　　　　　　　　　　　　　　　　　　　　　　　　국7 | 법원
climatic^{**}　형 기후의

[klaimǽtik]

- The **climatic** conditions in the region make it an ideal place to grow grapes. 그 지역의 **기후** 조건은 그곳을 포도를 재배하는 데 이상적인 장소로 만든다.

cf. clime 명 (기후가 ~한) 국가, 지역

0170 국9 | 경찰 | 기상

temperate** [témpərət]

형 ¹ (기후, 지역이) 온화한, 온대성의 ² (행동이) 차분한, 절제된

유 ¹ mild, genial
² abstemious, moderate
반 ² intemperate (무절제한)

temperately 부 적당히, 절제하여
- the **temperate** rainforests of the Pacific 태평양 연안의 온대 우림 [국9]
- She was **temperate** in her consumption of shopping.
  그녀는 쇼핑 관련 소비에 있어 **절제했다**.

0171 국7 | 서9 | 법원

tropical** [trɑ́pikəl]

형 열대 (지방)의

tropics 명 ((the ~)) 열대 지방
tropic 명 회귀선 《적도를 중심으로 남북 각 23도 27분을 지나는 위선(緯線)》
- In **tropical** rainforests, there is very high humidity.
  열대 우림에서는 습도가 매우 높다.
- the dweller in the **tropics** 열대 지방에 사는 사람들 [서9]
- cf. subtropical 형 아열대의

0172 국9 | 법원

updraft* [ʌ́pdræft]

명 상승 기류

- **Updrafts** of warm air set off thunderstorms.
  따뜻한 공기의 **상승 기류**가 뇌우를 유발한다. [국9]
- cf. downdraft 명 하강 기류

0173 법원

meteorology* [mìːtiərɑ́lədʒi]

명 ¹ 기상학 ² (특정 지방의) 기상

meteor(high up)+ology(study) → 높은 곳(대기)을 연구하는 것
meteorologist 명 기상학자
- **Meteorology** is a science that deals with the atmosphere and with weather. 기상학은 대기와 날씨를 다루는 학문이다.

MORE+ 관련어휘
geophysicist 명 지구 물리학자
oceanographer 명 해양학자

재해

회독 ✓ Check ☐ ☐ ☐

0174 법원

catastrophe** [kətǽstrəfi]

명 ¹ 참사, 대재앙 ² 파국, 큰 불행

유 disaster, calamity, holocaust, havoc

cata(down)+strophe(turn) → 뒤엎음 → 전복되는 사고
catastrophic 형 ¹ 대재앙의 ² 파국을 초래하는
- The oil spill is an environmental **catastrophe**.
  석유 유출은 환경적 **대재앙**이다.
- The high tax would be a **catastrophe** for the industry.
  높은 세금은 그 산업에 큰 **불행**일 것이다.

0175
cataclysm*
[kǽtəklìzm]

명 ¹ (홍수 등의) 대재앙 ² (사회적, 정치적) 대변동, 격변

cata(down)+cly(wash)+(i)sm(명) → 휩쓸려 내려감 → 상황 따위가 급변함
cataclysmic 형 격변하는
- The country barely survived the **cataclysm** of war.
  그 나라는 전쟁이라는 **대재앙**에서 가까스로 살아남았다.
- The revolution could result in worldwide **cataclysm**.
  그 혁명은 전 세계적인 **대변동**을 일으켰다.

유 ¹ catastrophe ² upheaval

0176
avalanche**
[ǽvəlæntʃ]

명 ¹ 눈사태, 산사태 ² (어떤 일의) 쇄도 자타 쇄도하다, 밀어닥치다

- The expedition was trapped by an **avalanche**.
  그 탐험대는 **눈사태**에 갇혔다.
- The celebrity didn't react until negative press coverage **avalanched**. 그 유명인사는 부정적인 언론 보도가 **쇄도하기** 전까지는 반응하지 않았다.

cf. tsunami 명 쓰나미 《지진 등에 의한 엄청난 해일》

유 명 ¹ snowslide, landslide ² barrage

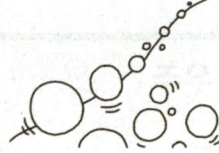

0177
drought**
[draut]

명 가뭄

- The **drought** caused serious damage to crops. **가뭄**이 작물에 심각한 피해를 초래했다.

cf. flood 명 ¹ 홍수 ² 쇄도, 폭주 자타 범람하다

0178
famine**
[fǽmin]

명 ¹ 기근, 굶주림 ² 부족, 결핍

famish 자타 굶주리다
- The dam has protected Egypt from the **famines** of its neighboring countries. 그 댐은 이웃 국가들의 **기근**으로부터 이집트를 보호해 왔다. [지9]
- The American Civil War brought about a cotton **famine**.
  미국 남북전쟁은 목화의 **부족**을 초래했다.

유 ¹ starvation, hunger ² shortage, scarcity

0179
salvage*
[sǽlvidʒ]

명 (침몰선 등의) 구조, 인양 타 ¹ 구조[인양]하다 ² (평판 등을) 회복하다

- The wreck was **salvaged** after three months after its sinking.
  그 난파선은 침몰이 있은 지 석 달 후에 **인양되었다**.
- He finally could **salvage** his reputation by winning the World Championships. 그는 마침내 세계 선수권 대회 우승으로 자신의 평판을 **회복할** 수 있었다.

cf. savio(u)r 명 ¹ 구조[구제]자 ² 《the[Our] S-》 그리스도, 구세주

유 타 ¹ save, extricate ² retain

0180
mishap* [míshæp]
명 작은 사고[불행]

mis(bad)+hap(luck)

- The fire in the kitchen began because of a **mishap**.
부엌에서 일어난 그 화재는 작은 사고 때문에 시작되었다.

유 misfortune, accident

0181
befall* [bifɔ́ːl]
자 타 (안 좋은 일이) 닥치다, 생기다

be(make)+fall → 안 좋은 일에 빠지게 하다

- The drought was one of many hardships to **befall** the small country. 가뭄은 그 작은 나라에 닥친 많은 고난 중 하나였다.

우주

회독 ✔Check ☐ ☐ ☐

0182
경찰 | 국회 | 사복

galaxy** [gǽləksi]
명 ¹ 은하계 ² (the G-) 은하수 ³ 기라성 (같은 사람들)

galactic 형 은하계의

- The Kepler observatory is searching for Earth-like planets in more distant areas of the **galaxy**. Kepler 망원경은 우리 은하계보다 더 먼 지역에서 지구와 닮은 행성을 찾고 있다. [경찰]
- Music fans flocked to see a **galaxy** of international musicians at the festival. 음악계 팬들은 기라성 같은 세계적인 음악가들을 보려고 그 축제에 모였다.

0183
국9 | 지9 | 서9 | 경찰

celestial** [səléstiəl]
형 ¹ 천체의, 하늘의 ² 천상의, 신성한

celest(heaven)+ial(형)

- Ancient astronomers could predict the risings of certain **celestial** objects.
고대 천문학자들은 특정 천체 물체들의 출현을 예측할 수 있었다. [지9]
- Angels are **celestial** beings. 천사들은 신성한 존재이다.
cf. terrestrial 형 지구의, 육지의

유 ¹ heavenly ² divine, holy

MORE+ 기출어휘

천체
meteor	명 유성, 별똥별 (= shooting star)
comet	명 혜성
asteroid	명 소행성
horoscope	명 별점, 점성술

0184
sidereal* [saidíəriəl]
형 별의, 항성(恒星)의

sidere(star)+al(형)

- Ancient cities used **sidereal** rather than clock time.
고대 도시들은 시계의 시간보다는 항성의 시간을 사용했다.

0185
heliocentric*
[hìːliouséntrik]

형 태양을 중심으로 하는

helio(sun)+centric(중심의)

- Copernicus's theory is called the '**heliocentric** theory of the universe.' Copernicus의 이론은 '우주의 **태양 중심설**(지동설)'로 불린다.

MORE+ 관련어휘

The Eight Planets of the Solar System (태양계 8개 행성)
Mercury	명 수성
Venus	명 금성(= the morning[evening] star)
Earth	명 《the ~》 지구(= the planet)
Mars	명 화성 (Martian 형 화성의 명 화성인)
Jupiter	명 목성
Saturn	명 토성
Uranus	명 천왕성
Neptune	명 해왕성

0186
eclipse**
[iklíps]

지9

명 ¹ (일식, 월식의) 식(蝕) ² (중요성 등의) 퇴색
타 ¹ (천체가) 가리다 ² 퇴색시키다

- an **eclipse** of the sun[moon] 일식[월식]
- The popularity of television led to the **eclipse** of the radio.
  텔레비전의 인기는 라디오의 **퇴색**으로 이어졌다.

불, 빛

회독 ✓Check ☐ ☐ ☐

0187
fiery**
[fáiəri]

기상 | 법원

형 ¹ 불의, 불타는 듯한 ² (성질이) 불같은 ³ 격분한, 맹렬한

- It's likely to be a hot, **fiery** summer in the south.
  남부 지방은 덥고 **불타는 듯한** 여름이 될 것 같다.
- My grandfather has a **fiery** temper. 할아버지는 **불같은** 성격을 가지셨다.

유 ¹ burning, blazing
² irritable
³ ardent

0188
kindle*
[kíndl]

국회

자/타 ¹ 불이 붙다, 태우다 ² (감정 등이) 타오르다, 흥분시키다

- Once a child's self-esteem is in place, it **kindles** further success.
  일단 아이의 자존감이 제대로 되어 있으면, 그것은 더 큰 성공에 불을 붙인다. [국회]

유 ¹ light, ignite
² rouse

0189
ignite*
[ignáit]

지7 | 서9

자/타 ¹ 불이 붙다, 점화하다 타 ² (감정 등을) 유발하다, 자극하다

ignition 명 발화, 점화 (장치)

- **Ignite** a candle, a cigarette, or a ball of cotton. Each one will burn at different rates in air. 초, 담배, 솜덩어리에 **불을 붙여라**. 각각 공기 중에서 서로 다른 속도로 탈 것이다. [지7]
- His proposal **ignited** fierce opposition.
  그의 제안은 거센 반대를 **유발했다**.
- cf. combust 자/타 연소하다, 연료를 태우다

유 자/타 light, kindle
타 arouse, spark, inflame

0190 smo(u)lder*
[smóuldər]

자 ¹ (불꽃 없이 서서히) 타다, 그을다 ² (억압된 감정이) 나오다
³ (감정이 속에) 가득 차다

- The bonfire still **smouldered**. 모닥불은 여전히 타고 있었다.
- Her eyes **smoldered** with anger. 그녀의 눈은 분노로 가득 찼다.
- *cf.* soot 타 그을음투성이로 만들다 명 그을음, 검댕

0191 flare**
[flɛər]

자 ¹ 확 타오르다 ² (사태가) 터지다
명 ¹ (순간적으로) 타오르는 불꽃 ² 신호탄

유 명 ¹ flame

- A match **flared** in the darkness. 성냥이 어둠 속에서 확 타올랐다.
- When the crew saw **flares**, they knew the other ship was in trouble. 선원들이 신호탄들을 보았을 때, 그들은 다른 배에 문제가 생겼다는 것을 알았다.

0192 blaze**
[bleiz]

자 ¹ 활활 타다 ² 눈부시게 빛나다
명 ¹ (대형) 화재, 불길 ² 휘황찬란한 빛[색]

유 자 ¹ burn ² shine
명 ¹ fire ² flash

ablaze 형 ¹ 불타는 듯한 ² 환한 ³ 타올라서 ⁴ 빛나서

- Even residents helped to put out the fire in the woods, but it still **blazed** fiercely. 심지어 주민들도 숲의 불을 끄기 위해 도왔지만, 불은 계속해서 맹렬하게 활활 탔다.
- The gardens in spring are filled with a **blaze** of colour. 봄의 정원은 휘황찬란한 색으로 가득 찬다.
- *cf.* inferno 명 ¹ 큰불, 화재 ² 지옥 같은 곳

0193 incinerate*
[insínərèit]

타 소각하다

유 singe, ignite, kindle

in(into)+ciner(ashes)+ate(동) → 재가 되도록 하다
incineration 명 소각 **incinerator** 명 소각로

- Household waste is usually **incinerated** after it has been collected. 가정용 쓰레기는 보통 수거된 후에 소각된다.
- *cf.* furnace 명 ¹ 용광로 ² 매우 더운 곳

0194 fervent*
[fə́ːrvənt]

형 열렬한, 강렬한

유 ardent, fervid, eager, avid

ferv(boil)+ent(형) → 펄펄 끓는

- My cousin is a **fervent** fan of the singer. 내 사촌은 그 가수의 열렬한 팬이다.

MORE+ 관련어휘

열렬, 열정
- fervo(u)r 명 열렬, 열정
- gusto 명 (하는 일에 대한) 열정, 즐김
- zeal 명 열의, 열성
- zealot 명 (종교, 정치에) 열성적인 사람, 광신자

0195 glow**
[glou]

자 (은은히) 빛나다, 타다 명 ¹(은은한) 불빛 ²(기쁨 등의) 감정

유 명 ¹ radiance

glowing 형 극찬하는
- The lamp **glowed** in the window. 등이 창가에서 빛났다.
- As each task gets done, I get a small **glow** of satisfaction. 각각의 일이 끝날 때, 나는 작은 만족감을 느꼈다.

MORE + 관련어휘

빛나다, 반짝이다
- gleam 자 ¹어슴푸레 빛나다 ²(눈이) 반짝거리다 명 ¹어슴푸레한 빛 ²반짝거림
- glisten 자 반짝이다, 빛나다 명 반짝임
- glitter 자 반짝반짝 빛나다 명 반짝반짝하는 빛, 번득임
- sparkle 자 ¹반짝이다 ²생기 넘치다, 재기발랄하다 명 ¹반짝거림 ²생기
- glimmer 자 (희미하게) 깜박이다 명 ¹깜박이는 빛 ²희미한 기미
- flicker 자 (불, 빛이) 깜박거리다 명 (빛의) 깜박거림
- refulgent 형 빛나는, 찬란한

0196 dazzling**
[dǽzliŋ]

형 ¹눈부신 ²현란한, 매혹적인

유 ¹ bright, glaring ² impressive

- a **dazzling** smile 눈부신 미소
- She showed some **dazzling** dance performances against tough competitors. 그녀는 어려운 경쟁자들을 상대로 **현란한** 춤 공연을 보여줬다.

0197 incandescent*
[ìnkəndésnt]

형 ¹백열성의 ²열정적인, 열렬한

유 ² passionate, ardent

in(강조)+cand(white)+escent(형) → 하얗게 빛나는 성질을 가진
incandescence 명 ¹백열광 ²(분노 등의) 불타오름
- **incandescent** light bulb 백열전구 [자9]
- to feel an **incandescent** love for life 삶에 대한 **열렬한** 사랑을 느끼다
- cf. phosphorescence 명 인광(을 발함)《(빛의 자극이 멎은 뒤에도 계속하여 내는 빛)》

0198 radiate**
[réidièit]

자 타 (열, 빛 등을) 방출하다 자 (선 등이) 사방으로 퍼지다
타 (감정 등을) 내뿜다

유 자 타 emit, pour, spread
- radiate from A A에서 발하다

radi(beam)+ate(통)
radiation 명 ¹방사선 (치료) ²복사 **radiant** 형 ¹빛나는 ²복사의
- Dark clothes are better at **radiating** the body's heat. 어두운 색상의 옷들이 체열을 **방출하**는 데 더 좋다. [경찰]
- the **radiant** energy of the sun 태양의 **복사** 에너지 [경찰]
- cf. radiator 명 라디에이터, 방열기
  radial 형 ¹방사상의 ²반지름의 명 방사상의 구조

0199 irradiate*
[iréidièit]

타 ¹빛나게 하다, 환하게 하다 ²방사능 처리를 하다 ³계몽하다

유 ¹ illuminate, light, brighten
반 ¹ darken (어둡게 하다)

irradiation 명 ¹빛을 투사함 ²방사선 조사[요법] **irradiative** 형 빛나는
- faces **irradiated** with joy 기쁨으로 환히 **빛나는** 얼굴들
- The food was **irradiated** to kill germs. 그 식품은 세균을 죽이기 위해 **방사능 처리가 되었다.**

0200

somber / sombre*

[sámbər]

형 ¹ 어두운, 검은 ² 우울한, 침울한

유 dark, gloomy

- The night skies were **somber** and starless. 밤하늘은 **어둡고** 별이 없었다.
- The rainy weather tends to put some people in a **somber** mood. 비 오는 날씨는 어떤 사람들을 **우울한** 기분이 들게 하는 경향이 있다.

0201

umbrage*

[ʌ́mbridʒ]

명 ¹ 그림자, 그늘 ² 분노, 불쾌

유 ² offence

umbra(shade)+(a)ge(명)

- I take **umbrage** at her rude remark. 나는 그녀의 무례한 발언에 **불쾌**하다.

• take umbrage at A A에 분노하다[불쾌하다]

0202

지9 | 법원 | 사복

ray**

[rei]

명 ¹ 광선, 선 ² 한 줄기 ~

- We can be blinded by the direct exposure to the sun's **rays**. 우리는 태양 **광선**에 직접적인 노출에 의해 눈이 멀 수 있다.
- The news brought a **ray** of hope to all of people who have been fighting the incurable disease. 그 소식은 불치병과 싸워온 사람들 모두에게 **한 줄기** 희망을 가져왔다.

MORE + 관련어휘

빛

ultraviolet	형 명 자외선(의)
infrared	형 명 적외선(의)
photon	명 《물리》 광자, 광양자 《빛의 입자》
photovoltaic	형 《물리》 광전지의, 광발전의

DAY 05

존재, 변화

| 존재 | → | 변화 |
| 보이다 | → | 숨기다 |
| 비어 있는 |
| 풀다 |

존재

회독 ✓Check ☐ ☐ ☐

0203 국7 | 지7 | 국회

intrinsic**
[intrínsik]

형 고유한, 내적인, 본질적인

intrin(within)+sic(alongside) → 안에서부터 함께 해온
- the **intrinsic** value of music as a universal language
  보편적인 언어로서 음악의 **내적** 가치

유 inherent, essential
반 extrinsic(외적인, 비본질적인)

0204 국9 | 국회 | 교행

peculiar*
[pikjúːljər]

형 ¹ 독특한, 고유의 ² 기이한, 이상한

peculiarity 명 특이한 점, 기이한 특징
- a custom **peculiar** to America 미국 고유의 관습
- It seems **peculiar** that he would leave town and not tell anybody. 그가 아무에게도 말하지 않고 마을을 떠난 것은 **이상해** 보인다.

유 ¹ particular, distinct, unique
² odd, strange

0205 국회

latent*
[léitnt]

형 ¹ 잠재하는 ² 잠복해 있는, 휴면(休眠)의

latency 명 ¹ 잠재 ² 잠복, 휴면
- A good education will help you develop your **latent** talents.
  좋은 교육은 당신의 **잠재된** 능력을 개발하도록 도움을 줄 것이다. [국회]

유 ¹ potential, hidden
² dormant, inactive

0206 국9 | 지7 | 서7 | 국회

ubiquitous**
[juːbíkwətəs]

형 어디에나 있는, 흔히 볼 수 있는

ubi(where)+quit(any, also, ever)+ous(형) → 언제 어디에나 있는
ubiquity 명 어디에나 있음, 편재(遍在)
- Art reproductions are **ubiquitous**.
  예술품 복제물들은 흔히 볼 수 있다. [국9]

유 omnipresent, universal, pervasive, widespread

0207

titular*
[títjulər]

형 명목상의, 유명무실한

titul(title)+ar(형) → 이름뿐인
- Although retired, he remains the **titular** chairman of the company. 비록 은퇴했지만 그는 여전히 회사의 **명목상의** 회장이다.

유 nominal

0208 법원

vestige*
[véstidʒ]

명 ¹ 자취, 흔적 ² 아주 조금 ³ (생물) 퇴화 기관

vestigial 형 ¹ 흔적으로 남은, 흔적의 ² (생물) 퇴화한
- a **vestige** of an ancient ruin 고대 유적의 흔적
- There's not a **vestige** of doubt that what she says is true.
  그녀가 말한 것이 사실이라는 데는 **아주 조금**의 의심도 없다.

유 ¹ trace

0209
perish**
[périʃ]

짜 ¹ (사고 등으로) 죽다, 비명횡사하다 ² 소멸되다, 사라지다

per(completely)+ish(go)

perishable 휑 (식품이) 잘 상하는, 잘 썩는

- Plants under water for longer than a week are deprived of oxygen and wither and **perish**.
  일주일 넘게 물속에 있는 식물은 산소가 결핍되며 시들어 **죽게 된다**. [국9]
- Many ancient languages have **perished** over time.
  많은 고대어들이 시간이 지나면서 **소멸되었다**.

cf. perishing 휑 몹시 추운

유 ¹ die, decease
² disappear, vanish

0210
dissipate*
[dísəpèit]

짜 타 소멸되다, 없애다   타 (시간, 돈 등을) 낭비하다, 허투루 쓰다

dis(apart)+sipate(throw) → 던져서 흩어져버리게 하다

dissipation 몡 ¹ 소멸, 소실 ² 탕진   **dissipated** 휑 방탕한

- Eventually, his anger **dissipated**. 결국 그의 분노는 **없어졌다**.
- She **dissipated** her inherited fortune in only a few years.
  그녀는 상속받은 자신의 재산을 단 몇 년 만에 **낭비했다**.

유 타 waste, fritter, lavish

0211
squander*
[skwándər]

타 낭비하다, 허비하다

- He vowed not to **squander** the last opportunity.
  그는 마지막 기회를 **허비하지** 않으리라 맹세했다.

유 waste, fritter
반 save (모으다, 저축하다)

0212
thrift**
[θrift]

몡 절약, 검약

thrifty 휑 절약[검약]하는

- Through hard work and **thrift**, my grandparents sent all of their children to college. 근면과 **절약**을 통해 나의 조부모님들은 모든 자식들을 대학에 보내셨다.

cf. thrive 짜 ¹ 잘 자라다 ² 번창하다

유 saving, prudence
반 extravagance (사치, 낭비)

0213
metaphysics*
[mètəfíziks]

몡 형이상학 《사물의 본질, 존재의 근본 원리를 다루는 철학의 한 분야》

meta(초월한)+physics(물리학) → 물리적 사물을 초월한 것을 연구

- His philosophical interests were mostly in **metaphysics**, and marginally in ethics. 그의 철학적 관심은 주로 **형이상학**에 있고, 윤리학에는 아주 조금 있다.

변화

회독 ✓Check ☐ ☐ ☐

0214
miscellaneous* [mìsəléiniəs]
형 여러 종류의, 다양한

유 diverse, various, varied

miscellane(mixed)+ous(형)

- In the drawer, I kept postcards, souvenirs, and other **miscellaneous** items. 나는 그 서랍에 엽서, 기념품 그리고 다른 **여러 종류의** 물건을 넣어두었다.

0215
upheaval* [əphívəl]
명 격변, 대변동

유 disruption

up(up)+heave(오르게 하다)+al(명) → 땅이 위로 솟아오르는 것

- The civil rights movement showed a period of social **upheaval**. 시민권 운동은 사회적 **격변**의 시기를 보여주었다.

0216
swap** [swap]
국7

자 타 ¹ 교환하다, 바꾸다 ² (일을) 교대하다 명 교환

유 exchange, trade

- I **swapped** seats with my sister so she could see the stage better. 나는 내 여동생이 무대를 더 잘 볼 수 있도록 그녀와 자리를 **바꿨다**.

0217
reciprocal* [risíprəkəl]
국9 | 지7 | 서9 | 경찰

형 상호 간의, 서로의

유 mutual, complementary, bilateral

reci(back)+pro(forward)+cal(형) → 앞뒤로 오가는 → 이쪽과 저쪽이 함께
reciprocate 자타 보답[화답]하다 자 (기계) 왕복 운동을 하다
reciprocity 명 호혜 《서로 혜택을 주고받는 일》
reciprocation 명 ¹ 보답, 화답 ² 왕복 운동

- There is a **reciprocal** relation between goals and data. 목표들과 데이터 사이에는 **상호 간의** 관계가 있다. [경찰]

0218
default* [difɔ́lt]
명 ¹ (채무) 불이행 ² (컴퓨터) 디폴트, 초기값 자 체납하다 (on)

- by default ¹ 자동적으로 ² 부전승으로

de(away)+fault(deceive) → 멀리 달아나서 속이다 → 의무를 다하지 않다
defaulter 명 체납자

- The company will have to restructure its debts to avoid **default**. 그 회사는 **채무 불이행**을 피하려면 부채를 구조 조정해야 할 것이다.
- If the borrower **defaults**, the bank can take the house. 대출자가 **체납한다**면, 은행은 집을 가져갈 수 있다.

0219
solemn* [sάləm]
형 근엄한, 엄숙한

유 grave
반 cheerful (쾌활한)

sol(완전한)+emn(해, 년) 《변동 없이 매년 치르는 종교적 의식에서 유래》
solemnity 명 근엄함, 엄숙함 **solemnize** 타 (결혼식 등을) 엄숙히 거행하다

- She recited a poem in a **solemn** voice. 그녀는 **근엄한** 목소리로 시 한 편을 낭송했다.

0220
stern**
[stəːrn]

[형] ¹ 근엄한, 엄중한 ² 단호한

[유] ¹ severe, strict, austere

sternness [명] 엄격함

- The court issued a **stern** punishment to the drunk driver.
  법정은 그 음주 운전자에게 엄중한 처벌을 내렸다.

보이다

✓ Check ☐ ☐ ☐

0221
transparent**
[trænspɛ́ərənt]

[형] ¹ 투명한 ² 명백한, 명확한

[유] ² obvious

trans(through)+par(appear)+ent(형) → 통과해서 나타나는[보이는]
transparency [명] 투명성, 투명도
- a **transparent** glass 투명한 유리
- Their motives for the crime are not **transparent**.
  그들의 범행 동기는 명확하지 않다.

0222
opaque*
[oupéik]

[형] ¹ 불투명한 ² 불분명한, 이해하기 힘든

[유] blurred
[반] transparent
(¹ 투명한 ² 명백한)

- the **opaque** water of the muddy river 진창인 강의 불투명한 물
- the **opaque** writing 불분명한 글

0223
nebulous*
[nébjuləs]

[형] 흐릿한, 모호한

[유] vague

- The philosophical concepts can be **nebulous**.
  철학적 개념들은 모호할 수 있다.

0224
wispy*
[wíspi]

[형] ¹ 희미한, 약간의 ² (촘촘하지 못하고) 몇 가닥으로 된, 성긴

[유] ¹ nebulous

- The **wispy** smoke rose from chimneys all around town.
  마을 전역의 굴뚝에서 희미한 연기가 솟아올랐다.
- a **wispy** beard 성긴 수염

0225
haunt**
[hɔːnt]

[타] ¹ (~에) 귀신[유령]이 나타나다 ² (생각 등이) 계속 떠오르다
[명] 자주 가는 곳

[유] [타] ² torment, obsess

haunted [형] ¹ 귀신[유령]이 나오는 ² 겁에 질린 haunting [형] 잊히지 않는
- The hotel is famous for the rumor that a headless lady **haunts** a specific room. 그 호텔은 특정 객실에 머리 없는 여인 귀신이 나타난다는 소문으로 유명하다.
- If you keep ignoring the problem, it will **haunt** you.
  네가 그 문제를 계속 무시한다면, 그것은 계속 떠오를 것이다.

0226 서9

spook*
[spuːk]

명 ¹ 유령 ² 스파이, 첩자 자 타 겁먹다, 겁먹게 하다

유 명 ¹ ghost, phantom ² spy
자 타 scare

- spooky 형 으스스한, 귀신이 나올 것 같은
- I don't like horror movies which contain scary **spooks**.
  나는 무서운 유령이 나오는 공포 영화를 좋아하지 않는다.
- a CIA **spook** CIA 스파이
- *cf.* apparition 명 ¹ 유령, 망령, 환영 ² (갑작스러운) 출현
  wight 명 ¹ 혼령, 유령 ² (~한) 사람

0227 경찰

mirage**
[mirάːʒ]

명 신기루 (같은 것)

- You probably have seen the **mirage** on a road on a hot day.
  당신은 아마도 무더운 날 길 위에서 신기루를 본 적이 있을 것이다. [경찰]

숨기다

회독 ✓ Check ☐ ☐ ☐

0228 국회

stash*
[stæʃ]

타 (안전한 곳에) 숨기다, 넣어 두다   명 숨겨둔 것

유 타 store, hide, conceal

- I always **stash** away a few dollars for a rainy day.
  나는 만일의 경우를 대비하여 항상 돈을 조금씩 숨겨 둔다. [국회]

0229 국9 | 경찰 | 법원

lurk*
[ləːrk]

자 ¹ (기다리며) 숨어 있다 ² (불쾌한 일 등이) 도사리다

유 ¹ skulk, hide

- **Lurking** beneath New Zealand is a long-hidden continent called Zealandia. 뉴질랜드 아래에는 Zealandia라 불리는 오랫동안 감춰진 대륙이 숨어 있다. [국9]
- We can't anticipate what kind of danger **lurks**.
  우리는 어떤 종류의 위험이 도사리고 있는지 예측할 수 없다.

0230 법원

telltale*
[téltèil]

형 숨길 수 없는   명 고자질하는 사람

tell(말하다)+tale(이야기) → 이야기를 다 말해버리는 (사람)

- Predators concentrate their search on **telltale** signs of prey, ignoring everything else. 포식자들은 다른 모든 것들을 무시한 채 사냥감의 숨길 수 없는 흔적을 찾는 데만 집중한다. [법원]

0231 지9 | 기상

flap**
[flæp]

명 ¹ 덮개 ² 펄럭[퍼덕]거림   자 타 펄럭[퍼덕]거리다

- She opened the tent **flap** and crawled outside.
  그녀는 텐트의 덮개를 열고 밖으로 기어 나왔다.
- Birds must **flap** their wings to stay in the air.
  새들은 공중에 떠 있기 위해 날개를 펄럭여야만 한다. [기상]

0232 서9 | 국회

delve*

[delv]

[자] 살살이 뒤지다, 깊이 파고들다 (in, into)

- The documentary **delves** into coal mining issues.
  그 다큐멘터리는 탄광업 문제에 대해 **깊이 파고든다**. [서9]

[유] dig 《into》, probe 《into》

- delve into A (알아내기 위해) A를 캐다

0233 서9 | 서7

scour*

[skauər]

[타] 1 샅샅이 뒤지다 2 문질러[박박] 닦다

scourer [명] 냄비 닦는 수세미

- Millions of people **scoured** stores for air filters and face masks.
  수백만 명의 사람들이 공기 필터와 얼굴 마스크를 구하러 상점을 **샅샅이 뒤졌다**. [서9]
- He **scoured** the pan with steel wool. 그는 쇠 수세미로 팬을 **문질러 닦았다**.

[유] 1 search

0234 국회

enigma*

[ənígmə]

[명] 수수께끼 (같은 사람[것])

enigmatic [형] 수수께끼 같은, 불가사의한

- We would still remain an **enigma** to ourselves.
  우리는 우리 자신에 대해 여전히 **수수께끼**인 채로 남을 것이다. [국회]

[유] mystery, puzzle, riddle, conundrum

0235 서9

decipher*

[disáifər]

[타] 판독하다, 해독하다

de(away)+cipher(암호) → 암호를 없애다 → 암호를 풀다

- to **decipher** a secret message 비밀 메시지를 **판독하다**

cf. cryptography [명] 암호 작성술[해독술]

[유] decode, decrypt
[반] encode(암호로 바꾸다), encrypt(암호화하다)

0236 국회

indecipherable*

[ìndisáifərəbl]

[형] 해독[이해]할 수 없는

- Researchers say the newly found pictograph is still **indecipherable**. 연구원들은 새로 발견된 상형문자는 아직 **해독할 수 없다**고 말한다.

[유] illegible, unreadable

0237 지9 | 사복

covert*

[kóuvərt]

[형] 은밀한, 비밀의 [명] 은신처, 덤불

- He took part in a number of **covert** military operations.
  그는 수많은 **은밀한** 군사 작전에 참여했다.
- Hunters surrounded fox **coverts** at dawn.
  사냥꾼들이 새벽에 여우 **은신처**를 둘러쌌다.

[유] [형] secret
[반] [형] overt(명시적인, 공공연한)

0238 법원

arcane*

[ɑːrkéin]

[형] 신비로운, 불가사의한

arcana [명] (arcanum의 복수형) 신비한 것들, 비밀

- The tribe performs an **arcane** ritual for the prosperity of the town to this day. 그 부족은 오늘날까지도 마을의 번영을 위해 **신비로운** 의식을 행한다.

[유] mysterious, secret

0239
shaman[*]
[ʃɑ́ːmən]

명 샤먼, 주술사

shamanic 형 샤먼의, 주술사의
- The rituals are performed under the direction of the **shaman**.
  그 의식은 주술사의 지시 아래 행해졌다.

비어 있는

회독 ✓Check ☐ ☐ ☐

0240
서9 | 경찰 | 국회
hollow^{**}
[hálou]

형 ¹(속이) 빈 ²움푹 꺼진 ³공허한 명 ¹구멍 ²움푹 꺼진 곳

유 형 ¹,³ empty ² sunken
명 ¹ hole, cavity

hollowness 명 ¹속이 텅 빈 것 ²오목한 것 ³공허
- The wood duck builds its nest in a **hollow** tree.
  미국 원앙새는 **속이 빈** 나무에 둥지를 짓는다.
- His vacant eyes seem to express a **hollow** life.
  그의 멍한 눈동자는 **공허한** 삶을 표현하는 것 같다.

0241
slot[*]
[slat]

명 ¹(가늘고 길쭉한) 구멍, 홈 ²(방송 등의) 시간, 자리
타 (구멍에) 넣다, 끼우다

유 명 ¹ hole ² time
타 insert, put

- The boy put three coins into the machine's **slot**.
  그 소년은 기계의 **구멍**에 동전 세 개를 넣었다.
- The special edition program will be broadcast in the regular time **slot**. 그 특별판 프로그램은 정규 **시간**에 방송될 예정이다.

0242
국회 | 법원
pit[*]
[pit]

명 ¹구덩이 ²탄광, (광물) 채취장
타 (움푹 패인) 자국[구멍]을 남기다

유 명 ¹ ditch ² mine
타 dent

- The earliest ancient Egyptians buried their dead in small **pits** in the desert. 가장 초기의 고대 이집트인들은 그들의 시신을 사막의 작은 **구멍이**들에 묻었다. [국회]
- The road surface is **pitted** with potholes.
  도로의 표면은 움푹 패인 **구멍**들이 나 있었다.

0243
perforate[*]
[pə́ːrfərèit]

타 (~에) 구멍을 뚫다[내다]

유 pierce, penetrate, puncture

per(through)+fora(hole)+(a)te(동)
perforation 명 구멍 (뚫기)
- Use a fork to **perforate** the foil. 포크를 사용해서 포일에 **구멍을** 뚫어라.

0244
burrow**
[bə́ːrou]

자 ¹ 굴을 파다 ² (깊게) 조사하다   명 (동물이 판) 굴

유 자 ¹ tunnel, dig
명 warren, hole

- Some lizards **burrow** in the ground or live in holes.
  어떤 도마뱀들은 땅에 **굴을 파거나** 구멍에서 산다.
- The journalist is **burrowing** into the corruption of politicians.
  그 기자는 정치인들의 부패에 관해 **조사하고 있다**.

0245
shovel**
[ʃʌvəl]

타 삽으로 파다, 삽질하다 명 삽

- We went out and helped people **shovel** snow out of the street.
  우리는 밖에 나가서 사람들이 길에서 눈을 **삽으로 파는** 것을 도왔다.

0246
exodus*
[éksədəs]

명 (많은 사람의) 대이동, 출국

- The war caused a mass **exodus** of refugees.
  그 전쟁은 난민들의 **대이동**을 야기했다.

풀다

회독 ✓Check ☐ ☐ ☐

0247
unravel*
[ənrǽvəl]

자 타 ¹ (매듭 등이) 풀리다, 풀다 ² (의문 등이) 해결되다, 밝히다

유 ¹ unwind, untangle, disentangle
반 ravel(더 복잡하게 만들다)

un(opposite)+ravel(복잡하게 만들다)
- to **unravel** a rope 밧줄을 **풀다**
- Investigators were attempting to **unravel** the cause of death.
  조사관들은 죽음의 원인을 **밝히려고** 하고 있었다.

0248
entrench*
[intréntʃ]

타 견고히 자리 잡게 하다, 확고히 하다

유 ingrain, establish

en(만들다)+trench(참호) → 참호를 만들어서 튼튼히 하다
entrenchment 명 단단히 자리 잡음, 확고함
- Experts say that unhealthy eating habits are **entrenched** in the lives of some children. 전문가들은 건강에 나쁜 식습관이 몇몇 아이들의 삶에 **견고히 자리 잡았다**고 말한다.

0249
stalemate*
[stéilmèit]

명 교착 상태 타 꼼짝 못 하게 하다

유 명 impasse

- The budget debate ended in a **stalemate**.
  예산 토론은 **교착 상태**로 끝이 났다.

0250
straggler*
[strǽglər]

명 낙오자, 뒤처진 사람[동물]

straggle 재 ¹낙오되다, 뒤처지다 ²제멋대로 자라나다[퍼지다]
- People waited for the **stragglers** to finish the race.
사람들은 **뒤처진 사람들**이 완주하는 것을 기다렸다.

0251
havoc*
[hǽvək]

서9

명 (대규모) 파괴[피해], 혼란

- Heavy rains and rising water are wreaking **havoc** across Europe. 폭우와 수면 상승은 유럽에 걸쳐 **큰 피해**를 입히고 있다.

유 devastation, destruction, disorder, chaos
• play havoc with A A를 혼란시키다, 엉망으로 만들다

0252
holocaust*
[hάləkɔ̀ːst]

기상

명 ¹(화재 등으로 인한) 대참사
²《the H-》 홀로코스트 《나치에 의한 유대인 대학살》

holo(whole)+caust(burn) → 모두 다 불태워 없애다
- The result of a nuclear **holocaust** is beyond imagination.
핵에 의한 **대참사**의 결과는 상상을 초월한다.

유 ¹disaster, catastrophe

0253
sabotage*
[sǽbətàːʒ]

명 사보타주, (고의적인) 방해 행위 타 (고의적으로) 파괴하다

- Police are investigating whether a train accident was caused by an act of **sabotage**. 경찰은 기차 사고가 **사보타주** 행위로 일어난 것인지 조사하고 있다.

DAY 06

정신, 의식, 믿음, 종교

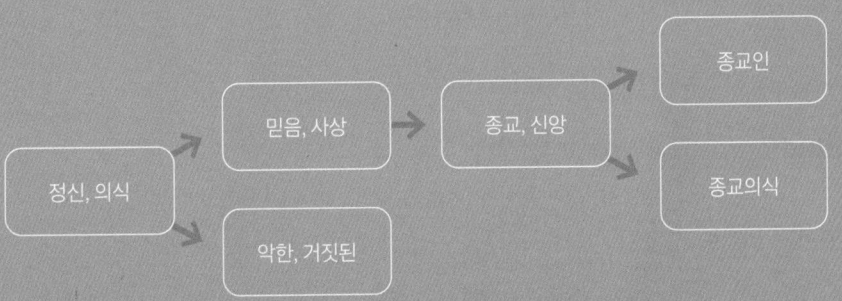

정신, 의식

회독 ✓Check ☐ ☐ ☐

0254
국9 | 서9 | 경찰 | 국회 | 기상

obsess**
[əbsés]

⊕ (생각이 마음을) 사로잡다, 집착하게 하다 ⓐ 강박감을 느끼다

ob(against)+sess(sit) → 꼼짝 못 하고 자리하다
obsession ⓝ 강박 상태[관념]
obsessive ⓐ (비정상일 정도로 어떤 것에) 사로잡혀 있는, 강박적인

- Sometimes, you are better off not being **obsessed** with eliminating messiness. 때로는 뒤죽박죽인 것을 없애버리려는 강박에 **사로잡히지** 않는 것이 더 낫다. [경찰]
- **Obsessive**-Compulsive Disorder(OCD) 강박 장애

유 ⊕ preoccupy, engross, plague

• be obsessed with ~에 집착하다

0255

lunatic*
[lúːnətik]

ⓝ 미치광이, 미친 사람 ⓐ 미친, 터무니없는

- Some **lunatic** was driving on the wrong side of the road.
  어떤 **미친 사람**이 역주행을 하고 있었다.

유 ⓝ maniac

0256

frantic*
[fræntik]

ⓐ ¹(두려움, 걱정으로) 제정신이 아닌 ²미친

- The girl was **frantic** with fear. 그 소녀는 공포로 **제정신이 아니었다**.

유 ¹distraught, frenzied

0257
서9

delirious*
[dilíəriəs]

ⓐ ¹(고열로 인해) 의식이 혼미한, 헛소리를 하는
²좋아서 어쩔 줄 모르는, 기뻐 날뛰는

delirium ⓝ (pl. deliria 또는 deliriums) 망상, 헛소리

- She became **delirious** and couldn't recognize people.
  그녀는 **의식이 혼미해져서** 사람들을 알아볼 수 없었다.
- There was a great roar from the **delirious** crowd.
  기뻐 날뛰는 군중들로부터 큰 포효가 있었다.

유 ²excited, ecstatic
반 ¹sane(제정신의)
²calm(침착한)

• be delirious with ~으로 미친 듯이 기뻐하다

0258

morbid*
[mɔ́ːrbid]

ⓐ ¹(정신이) 병적인 ²병의

- She has a **morbid** fear of snakes. 그녀는 뱀에 대해 **병적인** 두려움이 있다.

유 ¹gruesome, dreadful, horrid
²pathological

MORE+ 관련어휘

정신 질환
- hysteria ⓝ 히스테리, 과잉 반응
- neurosis ⓝ ¹《의학》신경증 ²강한 공포[걱정], 노이로제
- anxiety ⓝ 불안(감), 염려 anxious ⓐ 불안해하는
- paranoia ⓝ ¹편집증 ²피해망상 paranoid ⓐ ¹피해망상적인 ²편집증 환자의
- pica ⓝ 《병리》이식증 《음식물이 아닌 것들을 즐겨 먹는 것》
- fetish ⓝ ¹집착 ²페티시 《특정 물건을 통해 성적 쾌감을 얻는 것》

0259
hypnoid(al)*
[hipnɔ́id(əl)]

형 최면 상태의, 최면에 걸린

hypnosis 명 ¹ 최면 (상태) ² 최면술 **hypnotize** 타 최면을 걸다
- A **hypnotized** person lapses into a kind of trance.
  최면에 걸린 사람은 일종의 비몽사몽 상태에 빠지게 된다. [국7]

MORE + 관련어휘

최면, 마취
soporific	형 최면성의
trance	명 ¹ 최면 상태, 혼수상태 ² 무아지경
narcotize	타 마취시키다 **narcosis** 명 (약물에 의한) 혼수[수면] 상태
coma	명 혼수상태, 코마

0260
inebriated*
[iníːbrièitid]

형 술에 취한

- He was clearly **inebriated** when he left the bar.
  술집을 나설 때 그는 분명히 술에 취해 있었다.

0261
sober*
[sóubər]

형 ¹ 술 취하지 않은 ² 냉철한, 진지한
자타 ¹ 술이 깨게 하다 ² 침착해지다

유 형 ² serious
반 형 형 ¹ intoxicated
(술에 취한)

• sober up
술이 깨다

sobriety 명 ¹ 술에 취하지 않은 상태, 절제, 금주(temperance) ² 냉철함, 진지함
- I promised him that I'd stay **sober** tonight.
  나는 오늘 밤에는 술에 취하지 않기로 그와 약속을 했다.
- She was a model of **sobriety** and honesty.
  그녀는 **냉철함**과 성실함의 본보기였다.

0262
somnolent*
[sámnələnt]

형 ¹ 거의 잠 든, 조는 ² (사람을) 나른하게 만드는

유 sleepy, drowsy, slumberous

somnol(sleep)+ent(형)
- a **somnolent** Sunday afternoon 나른한 일요일 오후

0263
slumber*
[slʌ́mbər]

명 잠, 수면 자 ¹ 자다 ² (화산 등이) 활동을 쉬다

- She fell into a deep and peaceful **slumber**.
  그녀는 깊고 평화로운 잠에 빠져들었다.

MORE + 관련어휘

잠에 관한 기타 어휘
doze	자 (흔히 침대 아닌 곳에서) 깜빡 잠이 들다, 졸다 명 잠깐 잠, 낮잠
nap	자 (특히 낮에) 잠깐 자다, 낮잠을 자다 명 잠깐 잠, 낮잠
snooze	자타 (특히 낮에 침대 아닌 곳에서) 잠깐 자다 명 잠깐 잠
drowse	자 졸다

0264
rouse**
[rauz]

타 ¹ (특히 깊이 잠든 사람을) 깨우다 ² (어떤 감정을) 불러일으키다

유 ² work up, whet

- The insult **roused** him to anger. 그 모욕은 그에게 분노를 불러일으켰다.

0265   국9 | 지7 | 서9

hallucinate*
[həlúːsəneit]

[자] 환각을 느끼다

hallucination [명] 환각, 환청
- This patient may **hallucinate** when she has a fever.
  이 환자는 열이 있을 때 **환각을 느낄** 수도 있다.

악한, 거짓된
회독 ✓Check ☐ ☐ ☐

0266   경찰 | 사복

malice**
[mǽlis]

[명] 악의, 적의

mal(bad)+ice[명]
malicious [형] 악의적인, 적의 있는
- The critic's **malice** was evident in the harsh review.
  비평가의 **적의**가 그 혹독한 논평에서 분명히 드러났다.

[유] ill will

0267   국7 | 지9 | 지7 | 경찰 | 국회

spite*
[spait]

[명] 앙심, 악의 [타] (고의로) 괴롭히다

spiteful [형] 앙심을 품은, 악의적인(= malicious)
- They're playing the music so loud just to **spite** us.
  그들은 그저 우리를 **괴롭히려고** 음악을 그렇게 크게 틀어 놓고 있다.

0268

sinister*
[sínəstər]

[형] ¹ 사악한, 해로운 ² 불길한
- The young woman had a **sinister** motive for marrying the elderly millionaire. 그 젊은 여자는 그 나이 많은 백만장자와 결혼하는 데에 **사악한** 동기가 있었다.

[유] disastrous, unlucky, doomful, baleful, inauspicious

0269   국회 | 기상

sagacious*
[səɡéiʃəs]

[형] 현명한, 슬기로운

sagacity [명] ¹ 현명, 총명 ² 기민
- Tom's decision to leave early turned out to be **sagacious**; about an hour later, it began to pour. 일찍 떠나기로 한 Tom의 결정은 **현명한** 것으로 드러났는데, 한 시간 정도 후에 비가 퍼붓기 시작했다. [기상]

[유] wise, sage, smart, judicious, sensible

0270   지9

taint*
[teint]

[타] ¹ (평판 등을) 더럽히다, 상처 입히다 ² 오염시키다 [명] 오점, 오명
- The scandal would forever **taint** his reputation and ruin his chance for reelection. 그 스캔들은 그의 평판을 영원히 **더럽히고** 재당선 기회를 망칠 것이다.
- The city has suffered for many years under the **taint** of corruption. 그 도시는 부패의 **오명**으로 여러 해 동안 고통을 받아 왔다.

[유] [타]² contaminate, pollute

MORE+ 관련어휘

더럽히다
besmirch   [타] (평판 등을) 더럽히다
sully   [타] (가치를) 훼손하다, 더럽히다
defile   [타] (신성하거나 중요한 것을) 더럽히다

0271
sage*
[seidʒ]
- 형 ¹ 슬기로운, 현명한 ² 사려 깊은   명 세이지 (약용, 향료용 허브)
- **sage** advice 현명한 조언

0272
spurious*
[spjúəriəs]
지7 | 서7
- 형 ¹ 거짓된, 겉으로만 그럴싸한 ² 비논리적인
- A jury has rejected the **spurious** claim that the police created evidence. 배심원단은 경찰이 증거를 만들어냈다는 **거짓된** 주장을 기각했다.

유 ¹ counterfeit, fake, forged ² illogical, inconsequent
반 ¹ genuine(진실한)

0273
canny*
[kǽni]
지7
- 형 약삭빠른, 영리한
- **Canny** investors are starting to worry that the stock market might be due for a sharp fall. **약삭빠른** 투자자들은 주식 시장이 급락하게 될지 모른다고 걱정하기 시작하고 있다. [지7]
- *cf.* uncanny 형 이상한, 묘한(= odd)

유 shrewd

믿음, 사상

회독 ✓Check ☐ ☐ ☐

0274
mythology**
[miθɑ́lədʒi]
국7 | 지9 | 기상 | 법원
- 명 ¹ (문화, 사회 등의 집합적) 신화 ² (사람들의) 근거 없는 믿음
- mythological 형 신화적인 mythologize 타 신화를 만들다 자 신화화하다
- **Mythology** was an integral part of Egyptian culture. **신화**는 이집트 문화의 필수적인 부분이었다. [지9]
- The politician has been **mythologized** by his supporters. 그 정치인은 지지자들에 의해 **신화화되어** 왔다.

0275
mainstream**
[méinstri:m]
국9 | 경찰 | 법원
- 명 (사상, 견해 등의) 주류, 대세 형 주류의, 정통파의
- 타 주류에 편입시키다
- His radical views place him outside the **mainstream** of American politics. 그는 과격한 견해 때문에 미국 정치의 **주류** 밖에 있다.

0276
propagate*
[prɑ́pəgèit]
지7
- 타 (사상 등을) 전파[선전]하다 자 타 (식물을) 번식시키다, 번식하다
- propagation 명 ¹ 선전 ² 번식, 증식 ³ (소리 등의) 전파, 전달
- The group **propagates** its antigovernment doctrine on the Web. 그 단체는 자신들의 반정부주의를 웹상에 **전파**한다.
- Plants won't **propagate** in these conditions. 이런 환경에서는 식물들이 **번식하지** 않는다.

유 타 spread, disseminate, disperse, distribute
자 타 multiply

0277

impregnate*
[imprégneit]

타 ¹ 주입하다 ² 임신시키다 ³ (물질을) 스며들게 하다

impregnation 명 ¹ 수태, 수정 ² 포화 ³ 고취, 주입
- to **impregnate** a mind with new ideas. 머리에 새로운 사상을 주입하다

유 ¹ infuse
³ permeate, saturate

0278

국7 | 경찰

cult*
[kʌlt]

명 ¹ 추종, 숭배 ² 사이비 종교 집단
형 추종자들을 거느린, ~을 추종하는

- the **cult** of nature 자연 숭배
- The singer has become a **cult** figure in America.
그 가수는 미국에서 추종하는 팬들을 거느린 인물이 되었다.

0279

국9 | 지9 | 서7 | 기상 | 법원 | 교행

spontaneous***
[spɑntéiniəs]

형 ¹ 자발적인, 마음에서 우러난 ² (사람이) 즉흥적인
³ (문제 등이) 자연스러운

spontaneity 명 자발적임, 자연스러움
spontaneously 부 자발적으로, 자연스럽게
- **spontaneous** applause 마음에서 우러난 박수갈채
- **spontaneous** remission of the disease 병의 자연스러운 완화

유 ¹ voluntary, willing, freewill
² unplanned, impromptu, unprepared

0280

지7 | 경찰

fallacy**
[fǽləsi]

명 ¹ (많은 사람들이 옳다고 믿는) 틀린 생각 ² (인식 상의) 오류

fall(deceive)+acy 명
fallacious 형 잘못된, 틀린
- It's a **fallacy** that the Earth is flat. 지구가 평평하다는 것은 틀린 생각이다.

유 ¹ illusion, misconception
² error, untruth, mistake

0281

지7 | 경찰

impermanent*
[impə́ːrmənənt]

형 영구적이 아닌, 일시적인

- an **impermanent** solution 일시적인 해결책

유 temporary
반 permanent (영구적인)

0282

traitor*
[tréitər]

명 배반자, 반역자

- At the end of the war Mata Hari was hanged as a **traitor**.
전쟁이 끝날 때 Mata Hari는 반역자로 교수형에 처해졌다.

유 betrayer
- turn traitor to A A를 배신하다

MORE+ 관련어휘

배반, 불신
treachery   명 배반   treacherous   형 기만적인, 신뢰할 수 없는
askance   부 ¹ 의심[불신]의 눈으로 ² 옆으로, 비스듬히 ³ 곁눈으로

종교, 신앙

회독 ✓Check ☐ ☐ ☐

0283
theology*
[θiálədʒi]

명 신학 (체계)

- a degree in **Theology** 신학 학위

0284 국7 | 서9
divine**
[diváin]

형 ¹ 신[하느님]의 ² 신성한   타 (직감으로) 알다, 예측하다

divinely 부 신처럼, 신의 힘으로 **divinity** 명 ¹ 신성(神性) ² 신 ³ 신학

- The pharaohs of ancient Egypt were considered **divine**.
  고대 이집트의 파라오는 신성하다고 여겨졌다.
- He **divined** her unhappiness before she said a word.
  그는 그녀가 말을 하기도 전에 그녀의 불행을 알았다.

0285 지9
deify*
[díːəfài, déifai]

타 신격화하다, 신으로 받들다

dei(god)+fy(동)
deity 명 ¹ 신 ² (the D-) 하느님 **deification** 명 신격화, 신성시

- The Romans used to **deify** their emperors.
  로마인들은 황제를 신격화했었다.

0286
hallow*
[hǽlou]

타 ¹ 신성하게[깨끗하게] 하다 ² 숭배하다   명 성인(聖人)

- The bread and wine has been **hallowed** by being dedicated to God.
  빵과 포도주는 신에게 바쳐짐으로써 신성한 것이 되었다.

0287
salvation*
[sælvéiʃən]

명 ¹ 구원, 구세주 ² 구조, 구제

유 ¹ redemption ² rescue

- The new medication has been her **salvation**.
  그 신약은 그녀의 구세주였다.
- *cf.* the Salvation Army 구세군

0288
incarnate*
[inkáːrnət]

형 ¹ 화신(化身)인, 전형인 ² 인간의 모습을 한
타 [inkáːrneit] (관념 등을) 구현하다

in(in)+carn(flesh)+ate(형)(동)
incarnation 명 ¹ 화신, 구체화 ² 환생, 윤회

- They treated her as though she was the devil **incarnate**.
  그들은 그녀가 악마의 화신인 것처럼 대했다.

DAY 06

0289
reincarnate*
[riːinkɑ́ːrneit]

[자] [타] 환생하다

re(again)+in(in)+carn(flesh)+ate(통) → 다시 살을 갖게 되다
reincarnation [명] ¹ 환생 ² 환생한 사람[동물]

- Some religions teach that we are **reincarnated** many times on the way to enlightenment. 일부 종교에선 우리가 깨달음으로 가는 길에 여러 번 **환생한다**고 가르친다.
- Tibetan Buddhists regard the Dalai Lama as the **reincarnation** of his 13 predecessors. 티베트 불교 신자들은 Dalai Lama(달라이 라마)를 13명 전신의 **환생**으로 여긴다.

0290
devout*
[diváut]

[형] ¹ 독실한, 믿음이 깊은 ² 성실한

- They are **devout** Catholics. 그들은 **독실한** 가톨릭 신자이다.

0291
pious*
[páiəs]

[형] ¹ 경건한, 독실한 ² 경건한 체하는 ³ 비현실적인

- She goes to church every Sunday to prove she is **pious**. 그녀는 자신이 **독실하다**는 것을 증명하기 위해 매주 일요일 교회에 간다.
- the **pious** hope that the war would end soon 전쟁이 곧 끝날 거라는 **비현실적인** 소망

0292
dogma*
[dɔ́ːgmə]

[명] ¹ 교의, 교리 ² 정설, 정론 ³ 독단적 주장

dogmatic [형] ¹ 교리에 관한 ² 독단적인 **dogmatics** [명] 교리론, 신조론
- one of the central **dogmas** of the Church 교회의 중심 **교리** 중 하나
- She's so **dogmatic** lately that arguing with her is pointless. 그녀는 요즘 너무 **독단적이어서** 그녀와 논쟁을 하는 것은 무의미하다.

0293
preach**
[priːtʃ]

[자] [타] ¹ (특히 교회에서) 설교하다 ² (특정 종교 등을 받아들이도록) 전하다

preachy 설교하려 드는 **preacher** 전도사, 설교가
- to **preach** the word of God 하느님의 말씀을 **전하다**

0294
sermon*
[sə́ːrmən]

[명] ¹ 설교 ² 훈계, 잔소리

- The **sermon** was so long and boring that I became sleepy. **설교**가 너무 길고 지루해서 나는 잠이 왔다.

종교인

회독 ✓Check ☐ ☐ ☐

0295
cardinal*
[kɑ́ːrdənl]

명 ¹ 추기경 ² 진홍색 형 ¹ 가장 중요한, 기본적인 ² 진홍색의

유 형 ¹ principal

법원 | 사복

- As a salesman, your **cardinal** rule is to do everything you can to satisfy a customer. 판매원으로서 **가장 중요한** 규칙은 고객을 만족시키기 위해서 당신이 할 수 있는 모든 것을 하는 것이다. [사복]

0296
priest**
[priːst]

명 ¹ 사제, 신부 ² (기독교 외의) 성직자

지9 | 기상

- He was ordained as a Roman Catholic **priest**.
  그는 로마 가톨릭 **사제**로 임명되었다.

0297
protestant**
[prɑ́təstənt]

명 (P-) (개)신교도, 프로테스탄트

지7 | 경찰

- At the age of 33, he became a **Protestant**.
  33세의 나이에 그는 **신교도**가 되었다.

0298
pilgrim*
[pílɡrim]

명 ¹ 순례자, 성지 참배인 ² 방랑자

유 ¹ palmer

- Thousands of Muslim **pilgrims** traveled to Mecca.
  수천 명의 이슬람교 **순례자들**이 Mecca로 여행을 떠났다.

MORE+ 관련어휘

기타 종교인

bishop	명 ¹ 주교 ² (체스의) 비숍
archbishop	명 대주교
pope	명 ¹ (가톨릭교의) 교황 ² 최고 권위자, 교주 papal 형 교황의
deacon	명 부제, 보제《priest 바로 아래 지위》
pastor	명 (특히 일부 비국교 교회의) 목사
cleric	명 성직자 clerical 형 ¹ 성직자의 ² 사무직의
saint	명 성인(聖人), 성-
clergy	명 (특히 기독교의) 성직자들
nun	명 수녀, 여승
monk	명 수도자, 수도승 monkish 형 ¹ 수도자 같은 ² 수도자의
monastic	형 ¹ 수도자의 ² 수도원의 ³ 금욕적인 monastery 명 수도원
martyr	명 ¹ 순교자 ² (병으로) 늘 고통받는 사람
martyrize	타 박해하다 재 순교자가 되다
hermit	명 (보통 종교적 이유에 의한) 은둔자
laity	명 평신도, 일반 신자
layman	명 ¹ 평신도 ² (특정 주제에 대한) 비전문가
avatar	명 ¹ 화신《부처가 중생을 교화하기 위하여 여러 모습으로 변화하는 일》 ² (컴퓨터의) 아바타

DAY 06 117

종교의식

회독 ✓Check ☐ ☐ ☐

0299
국9 | 지9 | 지7 | 서9 | 서7 | 경찰 | 법원 | 교행

rite***
[rait]

명 (특히 종교상의) 의식, 의례

유 ceremony

ritual 형 의식의, 의식에 관한 명 ¹ 의식 절차 ² 의례적인 일
ritualize 타 의례적으로 하다
- funeral **rites** 장례 의식
- Sunday lunch with the in-laws has become something of a **ritual**. 시대 식구들과 함께 일요일 점심을 먹는 것이 하나의 **의례적인 일**이 되었다.

0300
지9

enshrine*
[inʃráin]

타 ¹ (사당, 신전에) 모시다, 안치하다 ² (기억 등을) 간직하다

- The sacred treasures are **enshrined** in this temple.
  이 신전에는 성물이 **안치되어** 있다.
- *cf.* shrine 명 ¹ 성지(聖地) ² (유골을 모신) 사당, 묘

0301
지9 | 서9

baptize / baptise*
[bæptáiz]

타 세례를 주다

baptism 명 세례(식)   baptist 명 ¹ 세례를 베푸는 사람 ² 침례교도 ³ 침례교회의
- I was **baptized** a Catholic. 나는 가톨릭 교인으로 **세례를 받았다**.

MORE+ 관련어휘

세례, 예배

christen	자타 ¹ 세례를 주다 ² 이름을 붙이다 christening 명 세례
hymn	명 찬송가, 찬가
psalm	명 (성경에 나오는) 찬송가
liturgical	형 예배식의, 전례(典禮)의
incense	명 (특히 종교 의식에 쓰이는) 향 타 몹시 화나게 하다 incensed 형 몹시 화난
trinity	명 ¹ (the T-) (기독교) 삼위 일체 ² 3인조, 3개가 한 조로 된 것

0302
국9 | 경찰

meditate**
[médətèit]

자 명상하다, 묵상하다 타 ~을 꾀하다, 계획하다

유 자 contemplate, reflect, ponder
타 plan, purpose

meditation 명 명상, 묵상   meditative 형 명상에 잠기는
meditator 명 명상가
- They were **meditating** revenge. 그들은 복수를 **꾀하고** 있었다.
- I could see that she was in a **meditative** mood.
  나는 그녀가 **명상에 잠긴** 상태였다는 것을 알 수 있었다.

- **meditate on[upon]**
  ~에 관해서 명상하다

0303

totem*
[tóutəm]

명 ¹ 토템 《아메리카 원주민 사회에서 신성시되는 상징물》 ² 숭배되는 표상[상징]

totemism 명 토템 숭배, 토템 신앙
- Private jets are a **totem** of success among extremely wealthy people. 전용기는 매우 부유한 사람들 사이에서 성공의 **표상**이다.

DAY 07

감각, 지각

- 시각 → 보다
- 시각 → 색깔, 빛깔
- 청각
- 후각, 미각
- 촉각 → 통증 / 가려움
- 지각 → 낙관 / 비관

시각1 - 보다

회독 ✓Check ☐ ☐ ☐

0304 기상 | 법원

behold*
[bihóuld]

타 (바라)보다

beholder 명 보는 사람, 구경꾼
- He **beheld** the figure of a man. 그는 한 남자의 모습을 **보았다**. [법원]

0305 법원

squint*
[skwint]

자 타 눈을 가늘게 뜨고 보다 자 (눈이) 사시이다
명 ¹ 잠깐 봄 ² 사시, 사팔뜨기

- She was **squinting** through the keyhole.
  그녀는 **눈을 가늘게 뜨고** 열쇠 구멍을 들여다보고 있었다.

0306 국9 | 국7 | 서9 | 법원

glance**
[glæns]

자 ¹ 흘낏 보다 ² 대충 훑어보다   명 흘낏 봄

- She **glanced** at her watch. 그녀는 시계를 **흘낏 보았다**.

유 scan
- at first glance
  언뜻 보기에는, 처음에는

0307 지7 | 서9 | 국회

glare**
[glɛər]

자 ¹ 노려보다 《at》 ² 환하다, 눈부시다   명 ¹ 환한 빛, 눈부심 ² 노려봄

glaring 형 ¹ 확연한 ² 너무 밝은   **glaringly** 분 눈부시게, 눈에 띄게
- He didn't shout, he just **glared** at me silently.
  그는 고함을 지르지 않고 그저 말없이 나를 **노려보기**만 했다.
- a **glaringly** obvious mistake 눈에 **띄게** 명백한 실수

유 자 ¹ glower 《at》

0308 지7 | 사복

skim**
[skim]

자 타 ¹ 대강 훑어보다 ² (기름기 등을) 걷어 내다 ³ (표면을) 스쳐 지나가다

- I always **skim** the financial section of the newspaper.
  나는 항상 신문의 경제면을 **대강 훑어본다**.

유 ¹ scan, glance
² remove
³ glide
- skim A from B
  B에서 A를 걷어 내다

MORE+ 관련어휘

보다

glimpse	명 잠깬[언뜻] 봄 타 ¹ 언뜻 보다 ² 깨닫다, 이해하다
loom	자 ¹ 어렴풋이 보이다, 나타나다 ² (위험, 근심 등이) 곧 닥칠 것처럼 보이다
peek	자 타 ¹ (재빨리) 훔쳐보다 ² 살짝 보이다 명 엿봄
peep	자 (작은 틈으로) 훔쳐보다, 살짝 보다 명 훔쳐봄
snoop	자 기웃거리다, 염탐하다 명 염탐(꾼) **snoopy** 형 기웃거리며 돌아다니는
riffle	자 타 (종이, 책장을) 휙휙 넘기다, 대충 보다

시각2 - 색깔, 빛깔

회독 ✓Check ☐ ☐ ☐

0309
hue*
[hjuː]

명 ¹ 빛깔, 색조 ² (신념 등의) 색깔, 유형

- His face took on an unhealthy whitish **hue**.
  그의 얼굴은 건강하지 못한 창백한 **빛**을 띠고 있었다.
- supporters of every political **hue** 온갖 정치적 **색깔**을 지닌 지지자들

MORE + 관련어휘

색의 종류
cerulean	형 명 짙은 청색(의)
crimson	형 명 진홍색(의)
indigo	형 남색의 명 인디고, 남색, 쪽빛
iridescence	명 무지갯빛, 보는 각도에 따라 달라지는 빛
mauve	형 명 연보라색(의)
tint	명 ¹ 엷은 색, 색조 ² 염색(하기) 타 ¹ 색조를 더하다 ² 염색하다

0310
fade**
[feid]

자 타 ¹ (색이) 바래다, 희미해지다 ² (실력이) 시들해지다

- He was wearing **faded** blue jeans. 그는 **색이 바랜** 청바지를 입고 있었다.

0311
mellow*
[mélou]

형 ¹ (색깔이) 부드럽고 풍부한 ² (맛이) 그윽한
자 타 ¹ (색깔이) 은은해지다 ² 원숙해지다

- The painting captures the **mellow** light of a summer evening.
  그 그림은 여름 저녁의 **부드럽고 풍부한** 빛을 잘 담아낸다.
- She had **mellowed** a great deal since their days at college.
  그녀는 그들이 대학을 다니던 때 이후로 많이 **원숙해졌다**.

0312
dim**
[dim]

형 ¹ 어둑한, 흐릿한 ² (앞날이) 밝지 않은
자 타 ¹ 어둑해지다 ² (감정이) 약해지다

유 형 ¹ vague

- A private observed the **dim** form of another soldier approaching. 한 이등병이 다가오는 다른 병사의 **흐릿한** 형체를 보았다. [기상]

0313
blur**
[bləːr]

명 ¹ 흐릿한 형체 ² (기억이) 희미한 것
자 타 흐릿해지다, 흐릿하게 만들다

유 명 ¹ dimness, ² faintness
자 타 obscure

blurry 형 흐릿한, 모호한

- Everything is a **blur** when I take my glasses off.
  난 안경을 벗으면 모든 게 **흐릿한 형체**로 보인다.

- blur out
  ~을 흐릿하게 하다

DAY 07 **121**

청각

회독 ✓Check ☐ ☐ ☐

0314 국7 | 국회 | 법원

monotone**
[mάnətòun]
명 단조로운 소리, 방식 형 단조로운, 변화가 없는

mono(one)+tone(sound)
monotonous 형 단조로운, 변함없는   **monotony** 명 단조로움
- She watches television to relieve the **monotony** of everyday life. 그녀는 일상생활의 **단조로움**을 덜기 위해 텔레비전을 본다.

0315

eavesdrop*
[íːvzdràp]
자 엿듣다, 도청하다 (on)

- We caught him **eavesdropping** outside the window. 우리는 그가 창밖에서 엿듣고 있는 것을 잡았다.

0316 법원 | 사복

hiss*
[his]
자 쉬익[쉿] 하는 소리를 내다   명 쉿 하는 소리

- the insistent **hiss** of radio signals coming from every direction 사방에서 나오는 계속되는 전파 신호의 **쉿 하는 소리** [사복]

MORE+ 관련어휘
소리
hark   자 주의 깊게 듣다 《to, at》
wheeze   자타 (숨쉬기가 힘이 들어서) 쌕쌕거리다   명 ¹ 쌕쌕거리는 소리 ² 묘책, 명안
whimper   자타 훌쩍이다   명 (사람이) 훌쩍거림, (동물이) 낑낑거림

0317 서9

guffaw*
[ɡʌfɔ́ː]
자 타 시끄럽게 웃다   명 갑작스러운 큰 웃음

유 명 belly laugh

- They all **guffawed** at his jokes. 그의 농담에 그들 모두 **시끄럽게 웃었다**.

0318 지9 | 서9

giggle**
[ɡíɡəl]
자 피식 웃다, 킥킥거리다   명 ¹ 피식 웃음, 킥킥거림 ² 장난

유 자 titter

giggly 형 피식[킥킥] 웃는
- She **giggled** like a little kid. 그녀는 어린애처럼 **킥킥거렸다**.

MORE+ 관련어휘
웃다
smirk   자 능글맞게 웃다   명 능글맞은 웃음
grin   자타 (소리 없이) 활짝 웃다   명 활짝 웃음
chuckle   자 빙그레[싱긋] 웃다   명 빙그레[싱긋] 웃음
snort   자 코웃음을 치다, 콧방귀를 뀌다   명 코웃음, 콧방귀
belly laugh   명 껄껄 웃음, 배꼽 잡는 큰 웃음

0319 국7

yelp*
[jelp]
자 타 (아파서) 깍 하고 비명을 내지르다

- The dog **yelped** in pain. 그 개는 통증에 **비명을 내질렀다**.

0320
raucous*
[rɔ́ːkəs]

형 시끌벅적한, 요란하고 거친

- a group of **raucous** young men 한 무리의 시끌벅적한 청년들

유 loud, noisy, rowdy, boisterous, clamorous

0321
blare*
[blɛər]

자 타 (소리가) 요란하게[쾅쾅] 울리다 명 요란한 소리

- Music **blared** out from the open window.
  열린 창문으로 음악 소리가 요란하게 울려 나왔다.

0322
splash**
[splæʃ]

자 1 (액체가) 후드득 떨어지다 2 첨벙거리다 타 (물 등을) 끼얹다

splashy 형 1 물이 튀는 2 눈에 확 띄는

- Rain **splashed** against the windows. 비가 창문에 후드득 떨어졌다.
- bright **splashy** colors 눈에 확 띄는 밝은 색깔 [법원]

0323
rattle*
[rǽtl]

자 타 달가닥거리다 타 당황하게 하다

유 타 unnerve

- Every time a bus went past, the windows **rattled**.
  버스가 지나갈 때마다 창문들이 달가닥거렸다.
- He was clearly **rattled** by the question.
  그는 분명히 그 질문에 당황해하는 것 같았다.

MORE+ 관련어휘 생활 소음

beep	자 명 삐 소리(를 내다)	**beeper** 명 무선 호출기, 삐삐
clatter	자 명 달가닥[덜커덕/쨍그랑]하는 소리를 내다	명 달가닥하는 소리
creak	자 타 삐걱거리다 명 삐걱거리는 소리	**creaky** 형 삐걱거리는
crepitate	자 타닥타닥 소리 나다	
crisp	형 1 바삭바삭한 2 아삭아삭한 3 서늘한	**crispy** 형 바삭바삭한
crunch	명 으드득 소리 자 타 아작아작 씹다, 깨물다	
rumble	자 우르르[우르릉]거리는 소리를 내다 명 우르릉거리는 소리	
strident	형 (소리가) 귀에 거슬리는	**stridence** 명 삐걱거림, 귀에 거슬림
screech	자 타 꽥하는 소리를 내다 명 날카로운 소리	
slam	자 타 쾅[탁] 닫다, 닫히다 명 탁하는 소리	
bang	자 타 쾅[탕]하고 치다, 때리다 명 쾅하는 소리	
sputter	자 (엔진, 불길 등이) 펑펑하는 소리를 내다	
splutter	자 타 (화가 나거나 당황해서) 식식거리며 말하다 명 칙칙거리는 소리	
squeak	자 명 끽[찍]하는 소리를 내다	**squeaky** 형 끽[찍]하는 소리가 나는

0324
growl*
[graul]

자 (개 등이) 으르렁거리다 《at》 자 타 (사람이) 으르렁거리듯 말하다
명 으르렁거리는 소리

- I could hear a dog **growling** behind me.
  나는 개가 내 뒤에서 으르렁거리는 소리를 들었다.

• **growl at**
  ~을 향해 으르렁거리다

0325

howl* [haul]

- 재 ¹ (개, 늑대 등이) 울다, 울부짖다 ² 악을 쓰다, 아우성치다
- 명 울부짖는 소리
- • The crowd **howled** its displeasure. 군중이 불만을 토로하며 **아우성쳤다**.

• howl A down
아우성쳐서 A의 말이 안 들리게 만들다

MORE+ 관련어휘 동물 소리

chirp / chirrup	재 (작은 새나 곤충이) 짹짹거리다 명 짹짹 소리
grunt	재 ¹ (돼지가) 꿀꿀거리다 ² (사람이) 끙 앓는 소리를 내다 명 꿀꿀거리는 소리
honk	명 ¹ 끼루룩 《기러기 우는 소리》 ² 빵빵 《자동차 경적》 재 ¹ (차가) 빵빵거리다 ² 기러기가 울다
purr	재타 ¹ (고양이가 기분이 좋아서) 가르랑거리다 ² 기분 좋게 말하다
twitter	재 (새가) 지저귀다, 짹짹거리다 명 지저귐, 짹짹거림

후각, 미각

회독 ✓Check ☐ ☐ ☐

0326

국7

foul* [faul]

- 형 ¹ (냄새가) 고약한 ² (말이) 상스러운
- 타 ¹ 반칙을 범하다 ² 더럽히다 명 파울, 반칙
- • the **foul** odor of rotten eggs 썩은 달걀에서 나는 **고약한 냄새**
- • Don't use that kind of **foul** language. 그러한 **상스러운** 말을 사용하지 마라.

⊕ 형 ² offensive

0327

지7 | 국회

stink** [stiŋk]

- 재타 ¹ 악취가 풍기다[풍기게 하다] ² 수상쩍다
- 명 ¹ 악취 ² 소동, 물의
- • Her room is filthy, and it **stinks**. 그녀의 방은 더럽고, 악취가 난다.

⊕ 재 ¹ reek

• stink A out
A에 악취가 진동하게 하다

0328

국회

savo(u)r* [séivər]

- 명 ¹ 맛, 풍미, 향취 ² 운치 ³ 기색, 경향 재 풍미가 있다
- 타 ¹ 맛을 내다 ² 감상하다

sav(taste)+or(명)
savory 형 ¹ 맛 좋은 ² 자극적인
• a **savor** of mint 민트 향
cf. unsavory 형 ¹ 맛이 좋지 않은 ² (도덕적으로) 불미스러운

⊕ 명 relish

• savor of
~의 기미가 있다

0329

insipid* [insípid]

- 형 ¹ 맛[풍미]이 없는 ² 재미없는

insipidness 명 재미없음(= blandness)
- • a cup of **insipid** coffee 맛없는 커피 한 잔
- • After an hour of **insipid** conversation, I left.
  나는 한 시간 동안 **재미없는** 대화를 나누다가 떠났다.

⊕ ¹ flavorless
² dull

촉각

회독 ✓Check ☐ ☐ ☐

0330 서9

chill**
[tʃil]

명 ¹ 냉기 ² 오한 타 ¹ 몹시 춥게 만들다 ² 차게 식히다 형 쌀쌀한

chilling 형 으스스한 chilly 형 쌀쌀한, 추운

- There's a **chill** in the air this morning. 오늘 아침은 공기가 **차다**.
- The film evokes **chilling** reminders of the war.
  그 영화는 **으스스한** 기분으로 그 전쟁을 상기하게 만든다.

● chill out
  ¹ 긴장을 풀다
  ² 열을 식히다

0331 경찰

dank*
[dæŋk]

형 눅눅한, 축축한

- The air is **dank** and stale in the basement during the long rainy season. 오랜 우기 동안에는 지하실 공기가 **축축하고** 퀴퀴하다. [경찰]

0332 국9 | 경찰 | 기상

frigid*
[frídʒid]

형 ¹ 몹시 추운, 찬 ² 냉랭한

- On **frigid** winter days, the joggers wear heavy layers of clothes.
  몹시 추운 겨울에는 조깅하는 사람들이 두꺼운 옷을 입는다. [국9]

유 ¹ chilly,
   freezing,
   frozen
  ² frosty, aloof

0333 국7 | 서9

lukewarm*
[lúːkwɔ̀ːrm]

형 ¹ (액체가) 미지근한 ² 마음이 내키지 않는, 미온적인

- This sweater should be washed in **lukewarm** water.
  이 스웨터는 **미지근한** 물에 빨아야 한다.
- Our plan got a **lukewarm** reception.
  우리의 계획은 **미온적인** 반응을 얻었다.

유 ¹ warmish, tepid,
     hypothermal
  ² halfhearted,
    indifferent

0334 지9 | 지7 | 경찰 | 법원

coarse*
[kɔːrs]

형 ¹ (피부나 천이) 거친 ² (입자가) 굵은 ³ 야비한, 천박한

- The fabric varies in texture from **coarse** to fine.
  천의 질감은 **거친** 것부터 고운 것까지 다양하다.

유 ¹ rough, uneven
  ³ vulgar
반 ¹ smooth
  (매끄러운)
  ² fine(고운)

0335 지7

grope*
[group]

자 ¹ (손으로) 더듬다 ² (앞이 보이지 않아) 더듬으며 가다

- The great ship **groped** her way toward the shore.
  그 거대한 배는 해변을 향하여 **더듬거리며 나아갔다**. [지7]

유 ¹ touch
● grope about for
  손으로 더듬다
● grope around
  손으로 더듬어 나아가다

0336 서7 | 경찰

numb**
[nʌm]

형 ¹ (얼어서) 감각이 없는 ² (충격 등으로) 멍한
타 ¹ 감각이 없게 만들다 ² 멍하게 만들다

numbing 형 ¹ 감각을 마비시키는 ² 망연자실하게 하는

- He felt **numb** with shock. 그는 충격을 받아 **멍한** 기분이었다.
- The bitter winter season brought **numbing** temperatures.
  매서운 겨울철은 **감각을 마비시키는** 기온을 가져왔다. [지7]

MORE+ 관련어휘 무감각, 무신경
- benumb 타 ¹무감각하게 하다, 얼게 하다 ²멍하게 하다
- stolid 형 둔감한, 무신경한
- anesthesia 명《의학》마취, 무감각증
  - anesthetic 명 마취약 anesthetize 타 마취시키다
- analgesic 명 진통제

통증 / 가려움

0337 itch** [itʃ] 서9 | 경찰
자 타 (몸이) 가렵다, 가렵게 하다
명 ¹가려움, 간지러움 ²욕망, 갈망

- itchy 형 가려운, 가렵게 하는
- people suffering from **itchy** throats
  가려운 목 때문에 고통 받는 사람들 [서9]

0338 throb** [θrɑb] 국회 유 자 ²pulsate
자 ¹욱신거리다, 지끈거리다 ²고동치다, 울리다
명 ¹욱신거림 ²진동

- Her finger **throbbed** with pain. 그녀의 손가락이 고통으로 욱신거렸다.

0339 tickle** [tíkl] 교행 | 사복
자 타 간지럽다, 간지럽히다 타 흥미를 돋우다, 재미있게 하다
명 ¹간지러움 ²간지럽히기

- ticklish 형 ¹간지럼을 잘 타는 ²(문제가) 까다로운, 곤란한
- Her little brother screamed with laughter as she **tickled** him.
  그녀가 **간지럽히자** 그녀의 남동생은 웃으며 소리를 질렀다.

0340 tingle* [tíŋgl]
자 ¹따끔거리다, 얼얼하다 ²(흥분 등으로) 설레다
명 ¹따끔거림 ²흥분

- My body **tingled** all over and my head ached.
  내 온몸이 **따끔거리고** 머리가 아팠다.
- She was **tingling** with excitement. 그녀는 흥분으로 **설렜다**.

0341 antenna** [ænténə] 지9 | 사복
명 ¹(pl. antennae) 촉각, 더듬이 ²(사람의) 감각, 감수성
³(pl.) 안테나

- The minister was praised for his acute political **antennae**.
  그 장관은 정치적 **감각**이 아주 예민하다는 찬사를 들었다.

지각

회독 ✓Check ☐ ☐ ☐

0342 　　　　　　　　　　　　　　　　　　　　　　　지7 | 법원

proximate*
[prάksimət]

- 혱 (시간, 순서 등이) 가장 가까운, 근접한
- be proximate to ~에 가장 가깝다

proximity 몡 (거리, 시간상으로) 가까움, 근접
- networks that connected geographically **proximate** universities
  지리적으로 **근접한** 대학들을 연결한 네트워크

MORE+ 관련어휘 — 거리
- propinquity 몡 (장소, 시간상으로) 가까움, 근접
- vicinity 몡 (~의) 부근, 인근

0343 　　　　　　　　　　　　　　　　　　　　국9 | 국회 | 법원

embody**
[imbάdi]

- 타 ¹ 상징하다, 구현하다 ² 포함하다, 담다
- ¹ represent, epitomize, incarnate, personify, concretize

em(make)+body(물체) → 형체를 갖게 만들다
- He is a leader who **embodies** courage. 그는 용기를 **상징하는** 지도자이다.
- The new law **embodies** a revenue provision.
  새로운 법은 세입 조항을 **포함하고** 있다.

0344 　　　　　　　　　　　　　　　　　　　　　　　국9 | 지9

hindsight*
[hάindsàit]

- 몡 사정을 다 알게 됨, 뒤늦은 깨달음
- It's easy to criticize with the benefit of **hindsight**.
  뒤늦게 깨닫고 나서 비판을 하기는 쉽다.

0345 　　　　　　　　　　　　국9 | 국7 | 지9 | 서9 | 서7 | 교9 | 사복

intuition***
[ìntʃuíʃən]

- 몡 ¹ 직관력 ² 직감, 직관
- ¹ insight, instinct, discernment, perception

intuit 자타 직감하다, 직관하다　intuitive 혱 직감에 의한
- I had an **intuition** that something awful was about to happen.
  나는 곧 무슨 끔찍한 일이 일어날 것이라는 **직감**이 들었다.

MORE+ 관련어휘 — 예감
- palpable 혱 ¹ 감지할 수 있는, 손에 만져질 듯한 ² 명백한
- inkling 몡 (일어나고 있거나 일어날 일에 대해) 눈치를 챔, 암시
- auspicious 혱 상서로운
- inauspicious 혱 상서롭지 못한, 불길한
- soothsayer 몡 예언자, 점쟁이

0346 　　　　　　　　　　　　　　　　　　　　　　　　　국회

counterintuitive*
[kàuntərintjúːitiv]

- 혱 반(反) 직관적인, 직관에 어긋나는
- It may seem **counterintuitive**, but we do burn calories when we are sleeping. **직관에 어긋나는** 것처럼 보일 수도 있지만, 우리는 잠을 자고 있을 때 칼로리를 소모한다.

낙관 / 비관

회독 ✓Check ☐ ☐ ☐

0347　　　　　　　　　　　　　　　　　　　　　　　　　　경찰
sanguine[*]
[sǽŋgwin]
혱 낙관적인, 자신감이 넘치는
- a **sanguine** view 낙관적인 견해

윤 optimistic, cheerful, buoyant

0348
upbeat[*]
[ʌ́pbiːt]
혱 긍정적인, 낙관하는
- The tone of the speech was **upbeat**. 그 연설의 어조는 **낙관적**이었다.

윤 optimistic
반 downbeat (침울한, 비관적인)

0349　　　　　　　　　　　　　　　　　　　　국9 | 서9 | 국회 | 법원
pessimist[**]
[pésəmist]
명 비관주의자
pessimism 명 비관주의　pessimistic 혱 비관적인
- A **pessimist** always thinks things will get worse.
  비관주의자는 항상 일들이 더 나빠지는 것을 생각한다.

반 optimist (낙관주의자)

0350
hedonic[*]
[hiːdánik]
혱 쾌락의, 향락적인
hedonism 명 쾌락주의
- The vacationers' **hedonic** feelings increased tenfold when they headed to the beach. 피서객들의 **쾌락**의 감정은 해변으로 향할 때 10배 증가했다.
cf. hedonics 명 《심리》 쾌락론

0351　　　　　　　　　　　　　　　　　　　　　　　　지9 | 서9
wary[*]
[wɛ́əri]
혱 경계하는, 조심하는 《of》
- You should be **wary** of strangers who offer you a ride.
  차에 태워 주겠다고 하는 낯선 사람들을 **조심해야** 한다.

윤 alert, watchful, meticulous, heedful
● be wary over ~을 예의주시하다

0352
unwary[*]
[ʌnwɛ́əri]
혱 주의[경계]를 게을리하는, 부주의한
- The stock market is full of traps for the **unwary**.
  주식 시장은 **주의를 게을리하는** 사람들에게는 함정투성이이다.

0353　　　　　　　　　　国7 | 지9 | 지7 | 서9 | 서7 | 국회 | 법원 | 교행
reckless[***]
[réklis]
혱 [1] 무모한, 신중하지 못한　[2] 난폭한
recklessness 명 무모함
- The fear of getting hurt didn't prevent him from engaging in **reckless** behaviors. 다치는 것에 대한 두려움이 그가 **무모한** 행동을 하는 것을 막지 못했다. [지9]

윤 [1] rash, careless, heedless, imprudent, precipitate

MORE+ 관련어휘
무모한
foolhardy 혱 무모한
temerity 명 무모함, 저돌적임　temerarious 혱 무모한, 저돌적인
gingerly 부 조심조심

DAY 08

분위기, 감정, 태도

- 분위기
- 감정, 기분
  - 근심, 괴로움
  - 공포, 충격
  - 선호, 애정 → 혐오
- 태도, 성격

분위기

회독 ✓Check ☐ ☐ ☐

0354 기상

aura**
[ɔ́ːrə]

몡 (사람, 장소가 발산하는) **분위기, 기운**

- The garden has an **aura** of mystery.
  그 정원은 신비로운 **분위기**를 가지고 있다.

유 atmosphere, mood

0355

ambience / ambiance*
[ǽmbiəns]

몡 (장소의) **분위기**

amb(around)+ie(go)+(e)nce(몡) → 어떤 곳 주변을 휘도는 느낌

- The owner of restaurant used candlelight to give it a romantic **ambience**. 레스토랑의 사장은 촛불을 사용해서 그곳에 로맨틱한 **분위기**를 주었다.

cf. ambient 혱 ¹잔잔한, 은은한 ²주위의, 주변의

유 atmosphere, aura, mood

0356 경찰

cozy / cosy**
[kóuzi]

혱 ¹ **아늑한, 편안한** ² **단란한, 화기애애한** ³ 《부정적》 **안이한**

coziness 몡 아늑함, 편안함 cozily 튀 아늑하게, 편안하게

- a **cozy** restaurant 아늑한 식당
- His **cozy** attitude can cause a problem.
  그의 **안이한** 태도는 문제를 일으킬 수 있다.

cf. snug 혱 ¹아늑한, 포근한 ²꼭 맞는 snugly 튀 ¹아늑하게, 포근하게 ²꼭 맞게

유 ¹comfortable ²intimate, friendly

0357 국7 | 경찰 | 국회

stark*
[stɑːrk]

혱 ¹ **삭막한, 휑한** ² **냉혹한** ³ (차이가) **극명한** ⁴ **완전한, 순전한**

starkness 몡 ¹삭막함 ²냉혹함 ³극명함 ⁴완전함

- Gray wallpaper seems to give the room a **stark**, lifeless appearance. 회색 벽지는 그 방에 **삭막하고** 생기 없는 인상을 주는 것 같다.
- The new promotion method is in **stark** contrast to traditional recruitment strategies. 새로운 홍보 방법은 전통적인 신규 모집 전략과는 **극명한** 대조를 이룬다. [경찰]

유 ¹desolate, barren ²bleak ³clear, distinct ⁴utter

0358 서9

mundane**
[mʌndéin]

혱 ¹ **재미없는, 일상적인** ² **현세의, 세속적인**

- They didn't want to be bothered with **mundane** concerns like doing the dishes while on vacation. 그들은 휴가 기간에 설거지하는 것과 같은 **일상적인** 걱정거리로 귀찮아지는 것을 원치 않았다. [서9]
- Meditation helped her put her **mundane** worries aside.
  명상은 그녀가 자신의 **현세의** 걱정들을 떨치는 데 도움을 주었다.

유 ¹dull, ordinary, everyday ²earthly

MORE+ 관련어휘 지루함, 따분함

tedious	혱 지루한, 싫증 나는
humdrum	혱 단조로운, 따분한
prosaic(al)	혱 ¹평범한, 따분한 ²세속적인
bland	혱 ¹단조로운, 특징 없는 ²(맛이) 자극적이지 않은
insipid	혱 ¹재미없는 ²맛[풍미]이 없는

감정, 기분

회독 ✓Check ☐ ☐ ☐

0359 | 지9 | 서9

bliss*
[blis]

명 더없는 행복, 만족

blissful 형 더없이 행복한 **blissfully** 부 더없이 행복하게
- Lying in the warm sun and listening to the waves was **bliss**.
  따뜻한 햇볕 아래 누워 파도 소리를 듣는 것은 **더없는 행복**이었다.
- *cf.* bless 타 ¹축복을 빌다 ²기도하다

MORE+ 관련어휘 — 행복, 불행

jolly	형 행복한, 즐거운 부 아주
ecstasy	명 황홀감, 황홀경
felicity	명 ¹더할 나위 없는 행복 ²절묘하게 들어맞음
infelicitous	형 ¹불행한, 불운한 ²부적절한

0360 | 국9 | 국7 | 지9 | 국회

exhilarate*
[igzíləreìt]

타 아주 기쁘게[신나게] 만들다

exhilaration 흥분감, 행복
- I was not exhausted because I was excited, **exhilarated**.
  나는 흥분되었고, **아주 기뻤기** 때문에 지치지 않았다. [지9]

MORE+ 관련어휘 — 기쁨, 즐거움

rejoice	자 크게 기뻐하다
jubilate	자 환호하다, 환희에 넘치다
gaiety	명 흥겨움, 유쾌함
delectation	명 즐거움, 기쁨
glee	명 신이 남, (남의 불행에) 고소해 함
titillating	형 흥을 돋우는, 기분 좋게 자극하는
jovial	형 아주 쾌활한

0361 | 지9 | 지7

hilarious*
[hilɛ́əriəs]

형 아주 우스운, 아주 재미있는

hilariously 부 아주 재미있게 **hilarity** 명 유쾌, 즐거움
- His inaugural address was **hilarious**. 그의 취임사는 **아주 재미있었다**. [지9]

0362 | 지9 | 경찰 | 법원 | 사복

pique*
[piːk]

타 ¹(~의 감정을) 상하게 하다 ²(흥미를) 돋우다, 자극하다 ³자랑하다
명 화, 불쾌

유 타 ²whet, work up

• pique oneself on[upon] A
A를 자랑[자만]하다

piquant 형 ¹흥미진진한 ²(맛 등이) 톡 쏘는 **piquancy** 명 톡 쏘는 듯한 맛[느낌]
- The package **piqued** my curiosity. 그 상자는 나의 호기심을 **자극했다**.
- Mary **piqued** herself upon the solidity of her reflections.
  Mary는 자기 성찰의 견고함을 **자랑했다**. [법원]

DAY 08

0363

enrage* ⓣ 격분하게 만들다 ⓨ infuriate, incense, madden

[inréidʒ]

enragement ⓝ 격분, 분노
- Many readers were **enraged** by his article.
  많은 독자들이 그의 글에 **격분했**다.

0364 국7 | 서7 | 경찰

exasperate* ⓣ 몹시 화나게 하다, 짜증 나게 하다 ⓨ infuriate, enrage, incense

[igzǽspərèit]

exasperation ⓝ 격분, 분노
- The witness's refusal to cooperate has **exasperated** the lawyers.
  그 증인의 협조 거부는 변호사들을 **몹시 화나게 했**다.

0365 국9 | 국7 | 서9 | 기상 | 법원 | 교행

fury*** ⓝ 격렬한 분노, 격분한 상태 ⓨ rage, anger

[fjúəri]

furious ⓐ ¹몹시 화가 난 ²맹렬한, 열띤
- I could see the **fury** in her eyes.
  나는 그녀의 눈에서 **격렬한 분노**를 볼 수 있었다.

0366 국9 | 국7 | 서7 | 경찰 | 국회 | 기상 | 법원 | 교행

irritate*** ⓣ ¹ 짜증 나게 하다 ² (피부 등을) 자극하다 ⓨ annoy, bother, vex

[írətèit]

irritation ⓝ ¹짜증 ²자극 **irritable** ⓐ ¹짜증을 잘 내는 ²민감한
irritability ⓝ ¹화를 잘 냄, 성급함 ²과민성
- It's his arrogance that really **irritates** me.
  나를 정말 **짜증 나게 하는** 것은 바로 그의 오만함이다.
- to be allergic to tyranny, **irritable** with ignorance and always open to improvement 폭정을 싫어하고 무지에는 **민감하며** 항상 발전을 받아들이다 [국9]

cf. **irksome** ⓐ 짜증 나는, 귀찮은(= tiresome)

0367 국9 | 기상 | 법원 | 교행

nuisance** ⓝ ¹ 성가신 사람, 골칫거리 ² 소란[방해] 행위

[njúːsns]

- My allergies are a **nuisance** in the springtime.
  내 알레르기들은 봄철에 **골칫거리**이다.
- a public **nuisance** 공공 소란 행위

0368 국9 | 서9 | 기상

vexed*
[vekst]

혱 성가신, 짜증 나는

vex 타 성가시게[짜증 나게] 하다　vexatious 형 성가신
vexatiously 부 성가시게
- She was **vexed** with her children running around in the house.
  그녀는 집 안을 뛰어다니는 자신의 아이들에게 **짜증이 났다**.

유 annoyed, irritated

0369 경찰 | 국회

melancholy*
[mélənkɑ̀li]

명 우울감, 비애　형 구슬픈

melancholic 형 우울한
- His music is said to have a deep **melancholy**.
  그의 음악에는 깊은 **비애**가 있다고 한다.
- the **melancholy** tone of the poem 그 시의 **구슬픈** 어조
cf. brooding 형 ¹음울한 ²깊이 생각에 잠긴
    dour 형 ¹시무룩한, 퉁한 ²(장소 등이) 음침한

0370 지7 | 경찰 | 법원

nostalgia**
[nɑstǽldʒə]

명 (과거 행복했던 시절에 대한) 향수(鄕愁), 그리움

nostalgic 형 향수를 불러일으키는
- a reimagining of the author's boyhood town through the prism of memory and **nostalgia**
  추억과 **향수**의 프리즘을 통해 바라본 작가 자신의 어린 시절 마을의 재현 [지7]

근심, 괴로움

회독 ✓Check ☐ ☐ ☐

0371 지9 | 경찰

anguish**
[ǽŋgwiʃ]

명 고뇌, 괴로움

anguished 형 고뇌에 찬, 괴로움에 겨운
- They watched in **anguish** as fire spread through the town.
  그들은 **괴로움** 속에서 불이 마을 전체로 퍼져나가는 것을 바라보았다.

유 agony, distress, torment, grief, misery

0372 지9 | 지7 | 서7 | 경찰

grief**
[gri:f]

명 (타인의 죽음 등으로 인한) 비통, 큰 슬픔

grieve 자타 비통해하다　grievous 형 통탄할, 극심한
grievance 명 불만[고충] 사항
- Traffic incidents cause much suffering and **grief** as well as economic hardship. 교통사고들은 경제적인 어려움뿐만 아니라 많은 고통과 큰 슬픔을 야기한다. [지9]

0373

sob*
[sɑb]

자 흐느껴 울다　명 흐느낌, 흐느껴 우는 소리

- She began to **sob** as she heard that her grandmother passed away. 그녀는 자신의 할머니께서 돌아가셨다는 것을 듣고 **흐느껴 울기** 시작했다.
cf. wail 자 울부짖다　명 울부짖음

유 자 whimper

0374
woeful*
[wóufəl]

형 ¹ 비통한, 몹시 슬픈 ² 비참한, 애처로운

유 ¹ deplorable

woe 명 ¹ 비통, 비애 ² 《pl.》 고민, 문제
- Her face was **woeful**. 그녀의 표정은 **몹시 슬펐다**.
- We listened to his tale of **woe**. 우리는 그의 **비통한** 이야기를 들었다.

MORE+ 관련어휘

비통함, 애처로움

woebegone	형 비통해하는, 비탄에 잠긴 (= woeful, mournful)
plaintive	형 (소리가) 애처로운, 구슬픈
piteous	형 애처로운, 가련한 (= pathetic)

0375
remorse*
[rimɔ́ːrs]

국7 | 교행

명 회한, 후회, 가책

유 repentance, regret, guilt

remorseful 형 후회하는, 양심의 가책을 받는
- They were filled with **remorse** and shame. 그들은 **후회**와 수치심으로 가득했다.

공포, 충격

회독 ✓Check ☐ ☐ ☐

0376
appal(l)*
[əpɔ́ːl]

지7 | 경찰 | 국회

타 오싹하게 하다, 섬뜩하게 하다

유 horrify

ap(to)+pall(pale) → 놀라서 창백해지게 하다
appalling 형 ¹ 오싹[섬뜩]하게 하는, 끔찍한 ² 지독한, 엄청난
- The horror movie we saw yesterday **appalled** me.
  우리가 어제 본 그 공포 영화는 나를 **오싹하게 했다**.
- the **appalling** series of wars 일련의 **끔찍한** 전쟁들 [지7]

MORE+ 관련어휘

무서움, 끔찍함

ghastly	형 ¹ 무서운, 소름 끼치는 ² 유령 같은, 창백한
formidable	형 ¹ 무서운, 만만찮은 ² 방대한, 엄청나게 많은
harrowing	형 끔찍한, 참혹한
odious	형 끔찍한, 혐오스러운 odium 명 증오

0377
discompose*
[dìskəmpóuz]

국회

타 (마음의) 평정을 잃게 만들다, 불안하게 하다

유 disconcert, disturb

discomposure 명 마음의 동요, 불안
- Something **discomposed** my mind and I couldn't concentrate on anything. 무언가가 내 마음을 **불안하게 해서** 어떤 것에도 집중할 수 없었다.

MORE+ 관련어휘

동요, 전율, 떨다

shiver	자 (몸을) 떨다 명 ¹ 전율 ² 《pl.》 오한 shivery 형 (몸을) 떠는
shudder	자 ¹ 벌벌 떨다 ² (기계 등이) 진동하다 명 떨림, 전율
tremble	자 떨리다 명 떨림, 전율
quake	자 ¹ 몸을 떨다 2 (땅 등이) 흔들리다 명 ¹ 떨림, 전율 ² 지진
quiver	자 (가볍게) 떨리다 명 떨림, 전율

0378
staggering*
[stǽɡəriŋ]

형 ¹ (엄청나서) 충격적인 ² 비틀거리는

stagger 자타 ¹ 큰 충격을 주다 ² 비틀거리게 하다
- The storm caused a **staggering** amount of damage.
  그 폭풍은 **충격적일** 정도의 피해를 야기했다.

국9 | 국회

0379
startle**
[stáːrtl]

자타 깜짝 놀라[게 하]다 명 깜짝 놀라게 하는 것

startling 형 깜짝 놀라게 하는 startled 형 놀란
startler 명 ¹ 놀라게 하는 사람[것] ² 놀라운 사실
- An aggressive driver may **startle** other drivers.
  난폭 운전자는 다른 운전자들을 **놀라게** 할 수 있다.

지9 | 서9 | 경찰 | 국회 | 법원

MORE+ 관련어휘 놀라게[겁먹게] 하다
- astound 타 깜짝 놀라게 하다, (충격에) 멍하게 하다
- stupefy 타 깜짝 놀라게 하다, 멍하게 하다
- petrify 타 겁에 질리게 만들다 자타 석화(石化)하다
- galvanize 타 ¹ 놀라서 ~하게 하다 ² (~에) 아연 도금을 하다
- daunt 타 겁먹게[기죽게] 하다

0380
shriek*
[ʃriːk]

자 ¹ 비명을 지르다 ² 날카로운 소리를 내다 명 (날카로운) 소리, 비명

유 scream, screech
- She **shrieked** when she saw a mouse. 그녀는 쥐를 보고 **비명을** 질렀다.
- The wheels **shrieked** as the car sped away.
  차가 속도를 내자 바퀴들이 **날카로운 소리를** 냈다.

지9

0381
blanch*
[blæntʃ]

자 (충격 등으로) 창백해지다
타 ¹ 표백하다, 희게 하다 ² (채소 등을) 데치다

유 타 ¹ bleach
- They **blanched** and remained silent at the strange sound.
  그들은 이상한 소리에 **창백해져서** 아무 말도 없었다.
- to **blanch** the vegetables slightly 채소들을 살짝 **데치다**

0382
stun**
[stʌn]

타 ¹ 기절시키다 ² 망연자실하게 만들다

유 ¹ knock out ² daze, stupefy
- The boxer **stunned** his opponent with a punch.
  그 권투 선수는 상대를 펀치 한 방으로 **기절시켰다**.
- cf. stunning 형 ¹ 굉장히 아름다운, 근사한 ² 깜짝 놀라게 하는

지9 | 지7 | 경찰 | 법원

선호, 애정

회독 ✓Check ☐ ☐ ☐

0383
beloved**
[bilʌ́v(i)d]

형 (대단히) 사랑하는, 소중한 명 (one's ~) 사랑하는 사람

유 형 dear
- The old man lost his **beloved** wife last year.
  그 노인은 작년에 **사랑하는** 아내를 잃었다.

국9 | 국7 | 기상

DAY 08

0384 cherish** [tʃériʃ]
법원

타 ¹ 소중히 여기다, 아끼다 ² (소망 등을) 품다, 간직하다

유 ¹ adore ² treasure

- There are very few of us who do not **cherish** a feeling of self-complacency. 우리 중에 자기만족의 감정을 **소중히 여기지** 않는 사람은 매우 적다. [법원]
- I will always **cherish** that memory. 나는 그 추억을 언제나 **간직할** 것이다.

0385 endearing* [indíəriŋ]
지9 | 서9

형 사랑스러운

유 lovable, adorable

endear 타 사랑받게 하다 **endearment** 애정(의 표현)

- Sense of humor is one of your most **endearing** traits. 유머 감각이 너의 가장 **사랑스러운** 특징들 중 하나이다.

0386 enthral(l)* [inθrɔ́ːl]
경찰

타 (~의 마음을) 사로잡다, 매혹시키다

유 enslave, charm, captivate

en(make)+thrall(노예, 속박) → 마음의 노예로 만들다
enthralling 형 마음을 사로잡는, 매혹적인

- The movie has **enthralled** audiences across the country. 그 영화는 전국의 관객들을 **매혹시켰다**.

0387 fanatic* [fənǽtik]
국7 | 경찰

명 ¹ (~에) 광적인 사람 ² 열광자, 광신도 형 열광적인, 광적인

유 명 ¹ enthusiast ² zealot

fanaticize 자 열광하다, 열광시키다 **fanatical** 형 열광적인, 광적인
- the fitness **fanatic** who exercises daily 매일 운동하는 운동에 **광적인 사람** [국7]
- a **fanatic** supporter 열광적인 지지자
  - *cf.* freak 명 ¹ (~에) 광적으로 관심이 많은 사람 ² 괴짜, 괴물
    weirdo 명 괴짜, 별난 사람

MORE+ 관련어휘 열광
frenzy 명 격분, 열광 타 흥분[격분]시키다
infatuation 명 (사랑의) 열병, 심취
dote 자 ¹ (맹목적으로) 사랑하다 《on》 ² 노망나다

혐오

회독 ✓Check ☐ ☐ ☐

0388 loathe* [louð]
국회

타 혐오하다, 몹시 싫어하다

유 hate, detest, abhor, despise, abominate

loathsome 형 혐오스러운 **loath** 형 ~하기를 꺼리는

- They were rivals who truly **loathed** each other. 그들은 정말로 서로를 **몹시 싫어하는** 경쟁자였다.

0389
antagonism＊ [æntǽɡənìzm]   지9 | 경찰 | 국회
명 적대감, 적개심   윤 hostility

ant(against)+agon(struggle)+ism(명)
antagonist 명 적대자   **antagonistic** 형 적대적인
antagonize 타 적대감을 불러일으키다

- There is a long history of **antagonism** between the two nations.
  두 나라 사이의 **적대감**에는 오랜 역사가 있다.

0390
misanthropic＊ [mìsənθrɑ́pik]   지7
형 사람을 싫어하는, 염세적인

- She became increasingly **misanthropic** in her old age.
  그녀는 노년에 점점 더 **사람을 싫어하게** 되었다.

cf. **philanthropic** 형 박애주의의

0391
grudge＊ [ɡrʌdʒ]   지9 | 서9
명 원한, 악의   타 1 (주기를) 아까워하다   2 시기하다, 질투하다

grudging 형 마지못해 하는, 인색한   **grudgingly** 부 마지못해, 억지로

- Is there anyone who might have had a **grudge** against her?
  그녀에게 **원한**을 품고 있을 만한 사람이 있나요?
- I didn't **grudge** him his moment of triumph.
  나는 그의 승리의 순간에 그를 **질투하지** 않았다.

0392
cloy＊ [klɔi]   지7
자 타 (싫증 나서) 물리다, 물리게 하다

cloying 형 질릴 정도인, 물린

- The smell of the cheap perfume began to **cloy**.
  값싼 향수의 향기가 **물리기** 시작했다.

cf. **jaded** 형 물린, 싫증 난   **jadedly** 부 지겹게

태도, 성격

0393
genial＊ [dʒíːnjəl]
형 상냥한, 싹싹한   윤 affable

- Our hosts were **genial** and friendly, and our stay was a very pleasant one. 우리를 초대한 주인들은 **상냥하고** 친절했고, 우리의 투숙은 매우 즐거웠다.

0394
solicitude＊ [səlísətjùːd]   국9 | 지9
명 배려, 염려

- My friends expressed **solicitude** for my health.
  내 친구들이 나의 건강을 **염려**를 표했다.

0395

국7 | 법원

vicious**
[víʃəs]

형 ¹잔인한 ²악덕한, 타락한 ³지독한, 극심한

vic(e)(악)+ious(형) → 사악한 → 바르지 못한
vice 명 ¹(마약 등의) 범죄 ²악(덕)
- a **vicious** temper 잔인한 성질
- a **vicious** headache 극심한 두통

○ ¹brutal, savage, cruel
²malicious, malevolent, spiteful

MORE+ 관련어휘 난폭, 무자비

heinous	형 가증스러운, 흉악한
rowdiness	명 난폭함, 소란스러움
ruthless	형 무자비한, 인정사정없는
choleric	형 화를 잘 내는, 성마른

0396

bashful*
[bǽʃfəl]

형 수줍은, 부끄럼 타는

- He confessed his feeling about her with a **bashful** smile.
  그는 그녀에 대한 자신의 생각을 수줍은 미소를 지으며 고백했다.

0397

picky*
[píki]

형 까다로운, 깐깐한

- She's very **picky** about her food. 그녀는 식성이 매우 **까다롭다**.
  cf. fussy 형 ¹까다로운, 신경질적인 ²(지나치게) 장식이 많은

0398

국9

reticent*
[rétəsənt]

형 과묵한, 말을 잘 안 하는

re(강조)+tic(silent)+ent(형)
reticence 명 과묵, 말수가 적음
- He was extremely **reticent** about his personal life.
  그는 자신의 사생활에 대해 극도로 말을 잘 안 했다.

• be reticent about ~에 대해 말하려고 하지 않다

MORE+ 관련어휘 조용한

serene	형 고요한, 평화로운, 조용한 **serenity** 명 (하늘, 기후 등의) 고요함, 맑음
tacit	형 암묵적인, 무언의
taciturn	형 무뚝뚝한, 말수가 적은

DAY 09

언어, 말, 이해, 숭배, 진취

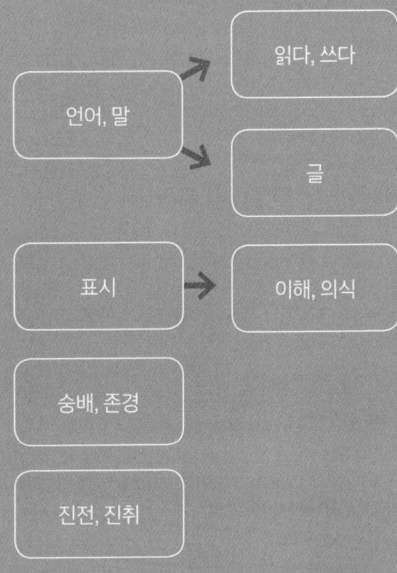

언어, 말

회독 ✓Check ☐ ☐ ☐

0399 　　　　　　　　　　　　　　　　　　　　　서9 | 법원

oath*
[ouθ]

명 ¹ 맹세, 서약, 선서 ² 욕설

• Witnesses have to take the **oath** before giving evidence.
증인들은 증언하기 전에 **선서**를 해야 한다.

유 ¹ vow, pledge
² curse

0400

axiom*
[ǽksiəm]

명 ¹ 공리, 자명한 이치 ² 격언

axiomatic 형 자명한
• It is a widely held **axiom** that governments should not negotiate with terrorists.
정부가 테러리스트들과 협상해서는 안 된다는 것은 널리 받아들여지고 있는 **공리**이다.

유 ¹ truism, principle
² dictum

0401

aphorism*
[ǽfərìzm]

명 경구(警句)《진리 등을 간결하게 표현한 말》, 격언

aphoristic 형 경구적인, 경구를 많이 사용하는
• When decorating, remember the familiar **aphorism**, "less is more." 장식할 때, '적을수록 더 좋다'라는 익숙한 **경구**를 기억하라.

유 epigram, adage

0402 　　　　　　　　　　　　　　　　　　　국회 | 법원

rhetoric*
[rétərik]

명 ¹ 미사여구 ² 수사법[학]

rhetorical 형 ¹ 미사여구식의, 과장이 심한 ² 수사법[학]의
• The author uses too many **rhetorical** expressions in her works.
그 작가는 자신의 작품에 **과장이 심한** 표현을 너무 많이 쓴다.

유 ² oratory, eloquence

0403 　　　　　　　　　국9 | 국7 | 법원 | 교행 | 사복

metaphor**
[métəfɔ̀ːr]

명 은유, 비유

metaphorical 형 은유의, 비유적인
• **Metaphor** is so widespread in language.
은유는 언어에 있어서 아주 일반적이다. [국9]
cf. simile 형 직유

유 trope, analogy

0404 　　　　　　　　　　　　　　　　　　　　　　　　국7

prolix*
[proulíks]

형 (글, 연설 등이) 장황한, 지루한

prolixity 명 장황함, 지루함 **prolixly** 부 장황하게, 지루하게
• The novelist has a gift for description but her descriptive passages are often **prolix**. 그 소설가는 묘사에 능한 재능이 있지만 그녀의 묘사적인 구절들은 종종 **장황하다**. [국7]

유 verbose, long-winded

0405
succinct*
[səksíŋkt]

형 간결한, 간단명료한

🔊 brief, laconical

succinctly 분 간결하게 **succinctness** 명 간결함
- to use short, **succinct** sentences 짧고 간결한 문장을 사용하다

0406
wordsmith*
[wə́ːrdsmìθ]

명 명문장가, 말[글]에 능한 사람

- Her skill as a **wordsmith** landed her a job as a journalist.
  명문장가로서의 그녀의 능력이 기자 일을 얻게 했다.

0407
syllable*
[síləbl]

명 (단어의) 음절

syllabic 형 음절의, 음절을 이루는
- The first **syllable** of the word "doctor" is given stress.
  'doctor(의사)'라는 단어의 첫 번째 음절에 강세가 있다.

0408
semantic*
[simǽntik]

형 《언어》 의미의, 의미론적인

semantics 명 의미(론) **semantically** 부 의미상으로
- Children's **semantic** development is a gradual process.
  아이들의 의미론적인 발달은 점진적인 과정이다.
- *cf.* syntactic 형 구문론의, 통사론의

0409
terminology*
[tə̀ːrmənálədʒi]

명 (전문) 용어

termino(word, expression)+logy(speaking)
terminological 형 용어상의
- technical/scientific/legal/medical **terminology**
  전문/과학/법률/의학 용어

MORE+ 관련어휘
lexical	형 어휘의, 어휘에 관한
neologism	명 신조어, 새로운 표현[의미]
jargon	명 (특수한 직업, 집단의) 특수 용어, 전문어

0410
glossary*
[glásəri]

명 용어 사전[해설]

- Each chapter is followed by a brief summary and a **glossary** of key terms. 각 챕터에는 간략한 요약과 주요 용어의 해설이 뒤따른다.
- *cf.* thesaurus 명 유의어 사전

읽다, 쓰다

회독 ✓Check ☐ ☐ ☐

0411
depict**
[dipíkt]
국7 | 서9 | 국회 | 기상

타 ¹ (그림으로) 그리다 ² (말이나 글로) 묘사하다

depiction 명 묘사, 서술
- Modern art focuses not only on **depicting** the world of surfaces, but also the inner world of abstract thoughts and feelings. 현대 예술은 표면적인 세계를 **묘사하는** 데뿐만 아니라 추상적 사고와 감정의 내면세계를 묘사하는 데에도 초점을 맞춘다. [국7]
- the book's fascinating **depiction** of the country's early history
그 국가의 초창기 역사에 대한 책의 흥미로운 **묘사**

유 ¹ illustrate, portray
² describe

0412
scrawl*
[skrɔːl]
국9 | 국7 | 서7

자 타 휘갈겨 쓰다, 낙서를 하다 명 ¹ 휘갈겨 쓴 글씨 ² 휘갈겨 씀

- I quickly **scrawled** my address on a piece of paper.
나는 급히 종이 위에 내 주소를 **휘갈겨 썼다**.

유 scribble

0413
indent*
[indént]
국7 | 국9 | 서7

타 ¹ (글의 행을) 들여 쓰다 ² 움푹 들어가게 하다 자 주문하다
명 ¹ [índent] 들여 쓴 자리 ² 움푹 들어간 자국 ³ (물품의) 주문

in(into)+dent(톱니) → 톱니처럼 안으로 움푹 들어가게 하다
- **Indent** the first line of each paragraph. 각 단락의 첫 줄을 들여 쓰시오.
- The horse's hooves left deep **indentations** in the mud.
말발굽이 진흙에 깊게 **움푹 들어간 자국**을 남겼다.

유 명 indentation

0414
penmanship*
[pénmənʃip]
서7

명 ¹ 필적, 필체, 서체 ² 서법(書法), 서도

- Your poor **penmanship** makes it hard to read your paper.
너의 악필이 네 보고서를 읽기 힘들게 한다.

유 ¹ handwriting

0415
stipulate*
[stípjulèit]
서7

타 규정하다, 명기하다 자 (조건으로) 요구하다 《for》

stipulation 명 규정, 조건
- A five-day work week is **stipulated** in the contract.
주 5일 근무가 계약서에 **명기되어** 있다.

유 타 specify

0416
plagiarism*
[pléidʒərìzm]
국7 | 지7 | 기상

명 표절, 도용

plagiar(kidnapper)+ism(명) → 남의 것을 납치하는 것
plagiarize 타 표절[도용]하다
- The thesis contains numerous **plagiarized** passages.
그 논문에는 **표절된** 수많은 구절이 들어 있다.

글

회독 ✓Check ☐ ☐ ☐

0417 epic* [épik]
형 명 ¹ 서사시(의) ² 장대한[대단한] (일)

- Homer's ancient Greek **epic** "The Odyssey"
  Homer의 고대 그리스 서사시 '오디세이'
- The Korea-Japan match was an **epic** battle between two great teams. 한일전은 두 국가 간의 **대단한** 싸움이었다.

cf. lyric 형 명 ¹ 서정시(의) ² (pl.) (노래) 가사(의)

MORE+ 관련어휘
- saga 명 ¹ (중세 북유럽) 영웅 전설 ² 무용담, 모험담
- trilogy 명 (소설 등의) 3부작
- ode 명 송시(頌詩), 부(賦) 《특정한 사람 등을 기리는 서정시》
- burlesque 명 풍자시[극] 형 익살스러운, 해학의
- parody 타 패러디하다, 서투르게 흉내 내다 명 패러디

0418 satire* [sǽtaiər]
명 ¹ 풍자 (문학) ² 비꼼, 빈정댐

유 ² derision, mockery, sarcasm, ridicule

satirize 타 ¹ 풍자화하다 ² 비꼬다, 빈정대다 satirical 형 ¹ 풍자적인 ² 비꼬는

- The objects of **satire** are usually powerful and influential people or institutions such as those in religion, politics, or business. **풍자**의 대상은 보통 종교, 정치, 재계의 권력 있고 영향력 있는 사람들이나 기관이다. [지7]

0419 rhyme** [raim]
명 ¹ (시의) 운, 각운(脚韻) ² 운문, 시 자 타 운이 맞다, 운을 맞추다

유 명 ² poem, verse

- a poem written in **rhyme** 각운(脚韻)으로 쓴 시
- "Bug" **rhymes** with "rug." 'Bug(벌레)'는 'rug(깔개)'와 운이 맞다.

0420 verse** [vəːrs]
명 ¹ 운문, 시 ² (시 등의) 절(節), 연(聯)

유 ¹ poetry, rhyme ² stanza

- Mark Twain began his career writing light, humorous **verse**.
  Mark Twain은 가볍고 재미있는 **운문**을 쓰면서 자신의 경력을 시작했다. [서9]

0421 prose** [prouz]
명 ¹ 산문(체) ² 평범함, 단조로움 형 ¹ 산문의 ² 평범한, 단조로운

유 명 ² monotony
반 명 ¹ poem, poetry, verse(운문)

- She used her poetry and **prose** to take on a wide range of issues facing her society. 그녀는 사회가 직면한 광범위한 문제들을 다루기 위해 자신의 시와 **산문**을 사용했다. [서9]
- the **prose** of an daily routine 일상의 **단조로움**

DAY 09

0422 국9 | 지9 | 경찰

draft**　명 ¹ 원고, 초안　² 기류, 외풍　³ 《the ~》 징집, 징병
　　　　　타 ¹ 원고[초안]를 작성하다　² 징집하다, 선발하다

유 명 ³ conscription
타 ² conscript

[dræft]
- As the rain falls, it pulls air along with it and turns part of the **draft** downward. 비가 내리면서 비는 공기를 끌어당기며 일부 **기류**를 아래쪽으로 향하게 한다. [국9]
- We did almost all the work on our joint projects together, including the **drafting** of questionnaires. 우리는 설문조사 **초안 작성**을 포함하여 합동 프로젝트에 대한 거의 모든 작업을 함께 했다. [지9]

0423 국7 | 지7 | 서9 | 경찰 | 기상

plot**　명 ¹ (소설 등의) 구성, 줄거리　² 음모　³ 작은 지면[땅], 터
　　　　타 ¹ 구성[줄거리]을 짜다　² 음모를 꾸미다

유 명 ¹ storyline
　　² conspiracy
타 ¹ plan
　² conspire

[plɑt]
- the whole **plot** of land 모든 **지면**의 땅 [경찰]
- She admitted **plotting** with her lover to murder her husband. 그녀는 자신이 남편을 살해하기로 사랑하는 사람과 **음모를 꾸민** 것을 인정했다. [경찰]

0424 지9 | 서9

playwright*　명 극작가, 각본가

유 dramatist, scriptwriter

[pléirait]
- William Shakespeare is a very famous **playwright**. William Shakespeare는 매우 유명한 **극작가**이다.

0425 경찰

authorship*　명 ¹ 원작자, 원곡자　² 저술, 저술 (작업)

[ɔ́ːθərʃip]
- The **authorship** of the poem is unknown. 그 시의 **원작자**는 알려져 있지 않다.
- Composers could fix their music exactly as they wished it to be performed, leading them to take pride in **authorship**. 작곡가들은 자신의 음악이 바라는 대로 연주되도록 정확히 수정할 수 있어서 **저작**에 자부심을 갖기에 이르렀다. [경찰]

0426

lore*　명 ¹ 구전 지식　² 구비(口碑) 설화, (민간) 전통

유 ² mythology, myths

[lɔːr]
- Many scholars are interested in the **lore** of the ancient Egyptians. 많은 학자들이 고대 이집트인들의 **구전 지식**에 관심이 있다.
- cf. folklore 명 민속, 민간전승

표시

희독 ✓Check ☐ ☐ ☐

0427 국7 | 경찰 | 국회 | 교행

emblem*　명 상징, 표상

유 symbol, token

[émbləm]
- emblematic 형 ¹ 상징적인　² 전형적인
- A child's first birthday is an **emblem** of survival and growth. 아이의 첫 생일은 생존과 성장의 **상징**이다. [경찰]

0428 iconic** 지9
[aikánik]
형 상징이 되는, 우상의

icon 명 우상, 아이콘
- The giant whales are an **iconic** part of winter on the islands.
  거대한 고래들은 이 섬의 겨울을 **상징하는** 부분이다. [지9]

0429 ideogram* 지9
[ídiəgræm, áid-]
명 표의(表意) 문자 《낱낱의 글자가 일정한 뜻을 나타내는 문자》

ideo(idea)+gram(write)
- Chinese characters are representative **ideograms**.
  한자는 대표적인 **표의 문자**이다.

cf. phonogram 명 표음(表音) 문자 《말소리를 그대로 기호로 나타낸 문자》

0430 demarcate* 기상
[dimá:rkeit]
타 ¹ 경계[한계]를 표시하다 ² 분리하다, 구별하다

유 ² separate, divide

demarcation 명 ¹ 경계, 한계 ² 분리, 구별
- The boundary between the countries must be clearly **demarcated**. 국가들 사이의 분계선은 명확히 **경계가 표시되어야** 한다.
- a clear **demarcation** between work and leisure
  일과 여가 사이의 확실한 **분리**

0431 endorse* 국7 | 지9 | 지7 | 국회 | 법원
[indɔ́:rs]
타 ¹ (수표에) 배서[이서]하다 ² (공개적으로) 지지[승인]하다 ³ (상품을) 보증[추천]하다

유 ¹ countersign
² support, uphold, approve, advocate

in(in, on)+dorse(back) → 뒷면에 표시하다
endorsement 명 ¹ 배서, 이서 ² 지지 ³ 보증, 추천
- Please **endorse** the check on the back. 수표 뒷면에 **이서해주십시오**.
- The committee **endorsed** embryo editing aimed at genes that cause serious diseases. 그 위원회는 심각한 질병을 일으키는 유전자를 대상으로 배아의 (유전자) 배열을 바꾸는 것을 **승인했다**. [지9]

이해, 의식

회독 ✓ Check ☐ ☐ ☐

0432 profound*** 지9 | 서9 | 경찰 | 국회 | 기상 | 법원 | 교행 | 사복
[prəfáund]
형 ¹ (지식 등이) 심오한, 깊은 ² (병 등이) 극심한

유 ² acute, intense, extreme
반 ¹ superficial (피상적인)

pro(강조)+found(bottom) → 깊숙한 밑바닥에 있는
profoundly 부 심오하게, 깊이 **profundity** 명 심오함, 깊이
- Fourteenth-century approaches to music had a **profound** and continuing impact on music in later centuries. 14세기 음악에 대한 접근법은 후세기의 음악에 **심오하고** 지속적인 영향을 미쳤다. [경찰]

0433 기상

recondite*
[rékəndàit]

형 ¹ 잘 알려지지 않은 ² 심오한, 난해한

re(back)+con(together)+dite(put) → 뒤에 모아 두다 → 잘 보이지 않는

- The philosopher's thesis was so **recondite** that I couldn't understand first few sentences. 그 철학자의 논제는 너무 **난해해서** 나는 처음 몇 문장을 이해할 수 없었다.

유 ¹ unknown, obscure
² profound, abstruse

0434 국7

inscrutable*
[inskrú:təbl]

형 (표정 등이) 불가해한, 헤아리기 어려운

in(not)+scrut(search)+able(형) → 알아낼 수 없는
inscrutability 명 헤아릴 수 없음, 불가사의함
- an **inscrutable** smile 헤아리기 어려운 미소
cf. esoteric 형 소수만 이해하는

유 incomprehensible, enigmatic, impenetrable

0435 지9 | 기상

subliminal*
[sʌblímənl]

형 알지 못하는 사이에 영향을 미치는, 잠재의식의

sub(below)+limen(문지방)+al(형) → 문지방 아래의 → 의식하지 못하는

- At short durations of exposure—known as **subliminal** exposure—people cannot register the stimuli. 잠재의식의 노출로 알려진 짧은 노출 지속 기간에 사람들은 자극들을 기억할 수 없다. [지9]

유 subconscious

0436 국7 | 기상

indelible*
[indéləbl]

형 잊을 수 없는, 지워지지 않는

- He was only 27 years old, yet he left an **indelible** mark on the music world. 그는 27세에 불과했으나, 음악 세계에 **지워지지 않는** 흔적을 남겼다. [기상]

유 permanent, unforgettable
반 removable (지울 수 있는)

숭배, 존경

회독 ✓Check ☐ ☐ ☐

0437 경찰 | 국회 | 법원

marvel(l)ous**
[má:rvələs]

형 ¹ 놀라운, 경탄할 만한 ² 《the ~》《명사적》 불가사의함, 괴이함

marvel 명 놀라운 일, 경이로움 자 놀라다, 경탄하다

- It was an absolutely **marvellous** performance.
그것은 굉장히 **놀라운** 공연이었다.

유 ¹ amazing, phenomenal, excellent, splendid

MORE+ 관련어휘
boggling	형 놀랄만한, 믿기 어려운
awestruck	형 경이로워 하는
redoubtable	형 존경할 만한
sublime	형 ¹ 장엄한, 숭고한 ² 터무니없는 명 《the ~》¹ 장엄, 숭고 ² 절정, 극치

0438

overwhelm***
[òuvərhwélm]

타 ¹압도하다, 휩싸다 ²제압하다 ³물속에 가라앉히다

overwhelming 형 압도적인 overwhelmingly 부 압도적으로

- When you're feeling **overwhelmed** by the chaos of life, take time to appreciate everything that's going well. 당신이 삶의 혼돈에 휩싸였다고 느낄 때, 잘 되어가고 있는 모든 것들에 감사하는 시간을 가져라. [법원]
- Bostonians **overwhelmingly** opposed condemning the bomber to death. 보스턴 주민들은 폭파범에 대한 사형 선고를 **압도적으로** 반대했다. [경찰]

유 ¹²overcome, overpower ³swamp, submerge

0439

revere*
[rivíər]

타 숭배하다, 존경하다

reverent 형 숭배하는, 존경하는 reverence 명 숭배, 존경

- The town **reveres** him as a hero. 그 마을은 그를 영웅으로 **숭배한다**.

유 respect, admire, idolize

0440

irreverent*
[irévərənt]

형 불경한, 불손한

irreverence 명 불경, 불손(한 언행)

- an **irreverent** attitude to tradition 전통에 대한 **불손한** 태도

유 disrespectful
반 reverent, respectful (숭배[존경]하는)

0441

esteem***
[istí:m]

타 ¹존경[존중]하다 ²(~이라고) 생각하다, 여기다 명 존경, 존중

- He teaches people to **esteem** others more than themselves. 그는 사람들에게 자신보다 남을 더 **존중하도록** 가르친다.
- She is **esteemed** highly trustworthy. 그녀는 매우 신뢰할 수 있는 사람으로 **여겨진다**.

cf. self-esteem 명 자존심, 자부심

유 타 ¹admire, respect ²consider, regard
명 admiration, respect

0442

venerable*
[vénərəbl]

형 ¹공경할 만한, 덕망 있는 ²(건물 등이) 유서 깊은

- a portrait of a **venerable** king 덕망 있는 왕의 초상화
- a **venerable** old hotel 유서 깊은 한 오래된 호텔

유 ¹respectable

0443

renown**
[rináun]

명 명성

re(repeatedly)+nown(name) → 거듭해서 이름 짓다 → 이름을 알리다

renowned 형 유명한, 명성 있는(= celebrated)

- He achieved great **renown** for his discoveries. 그는 자신의 발견으로 큰 **명성**을 얻었다.
- In Sandbanks, **renowned** for being the UK's most expensive resort, prices are down 5.6%. 영국에서 가장 비싼 리조트로 **유명한** Sandbanks는 가격이 5.6% 하락했다. [국회]

유 fame, honor

진전, 진취

0444 outstrip*
[áutstrìp]
경찰
타 능가하다, 앞지르다
out(better)+strip(move quickly) → 더 빨리 움직이다
- to **outstrip** both population growth and inflation
  인구 증가와 통화 팽창 모두를 **앞지르다** [경찰]

유 surpass, outpace

0445 retard*
[ritáːrd]
국9 | 지7 | 서9 | 국회
타 지연시키다, 지체시키다
re(back)+tard(slow) → 느리게 만들어 뒤처지게 하다
retardant 형 늦추는 명 《화학》 지연[억제]제 **retardation** 명 지연, 지체
- The chemical will **retard** the spread of fire.
  그 화학물질은 화재의 확산을 **지연시킬** 것이다.
- a rust **retardant** 녹 억제[방지]제

유 delay, slow down, hold back, hinder

0446 viable*
[váiəbl]
국9 | 서9 | 경찰
형 ¹실행[성공] 가능한 ²생존[성장] 가능한
viability 명 ¹실행[성공] 가능성 ²생존 능력
- New projects must be economically **viable**.
  새로운 프로젝트들은 반드시 경제적으로 **실행 가능해야** 한다.

유 ¹feasible, workable, practicable

0447 hearten*
[háːrtn]
국9
타 용기를 북돋우다, 격려하다
heartening 형 용기를 북돋우는, 격려하는
- The team's fans were **heartened** by the victory.
  그 팀의 팬들은 우승에 **용기를 얻었다**.

유 invigorate
반 dishearten
(낙담시키다)

0448 concerted*
[kənsə́ːrtid]
형 합심한, 결연한
con(with)+cert(join)+ed(형)
- We need to make a **concerted** effort to improve on our results.
  우리는 우리의 결과를 향상시키기 위해 **합심해서** 노력할 필요가 있다.

유 collaborative, cooperative

DAY 10

말, 생각, 애도

- 말하다 → 선언하다, 알리다
- 생각하다, 이해하다 → 반박하다
- 생각하다, 이해하다 → 비판하다
- 한탄하다, 애도하다
- 조롱하다

말하다

회독 ✓Check ☐ ☐ ☐

0449   지9 | 기상

articulate*
[ɑːrtíkjuleit]

자|타 ¹ 분명히 표현하다 ² 또렷이 발음하다
형 [ɑːrtíkjulət] ¹ 분명히 표현하는 ² 또렷한, 분명한

- She struggled to **articulate** her thoughts.
  그녀는 자기 생각을 **분명히 표현하려고** 애썼다.

유 자|타 ² enunciate, pronounce, vocalize
형 ² distinct

0450   국9 | 국7 | 지9

clarify**
[klǽrəfài]

자|타 ¹ 명확하게 하다, 분명히 말하다
² (액체 등을) 맑게 하다, 정화하다

clar(clear)+ify(동)
clarification 명 ¹ 설명, 해명 ² 정화   **clarifier** 명 정화기, 깨끗하게 하는 것
- The president was forced to **clarify** his position on the issue.
  대통령은 그 문제에 대한 입장을 **명확히 하도록** 강요받았다.

0451

blurt*
[blə:rt]

타 불쑥 말하다, 무심결에 누설하다
명 불쑥 말을 꺼냄, 엉겁결에 말함

- She **blurted** it out before I could stop her.
  내가 채 말리기도 전에 그녀가 그 말을 **불쑥 해 버렸다**.

유 타 divulge, reveal, exclaim, disclose

- blurt A out
  A를 불쑥 내뱉다

0452

mumble*
[mʌ́mbəl]

자|타 중얼거리다, 웅얼거리다   명 중얼거림, 웅얼거림

- He **mumbled** something and then left.
  그는 무언가 **중얼거리고** 나서 떠났다.

MORE+ 관련어휘

중얼거리다
mutter	자	타 (특히 기분이 나빠서) 중얼거리다, 투덜거리다 명 중얼거림
murmur	자	타 속삭이다, 중얼거리다 명 속삭임
prevaricate	자 얼버무리다, 발뺌하다

0453

stammer*
[stǽmər]

자|타 말을 더듬다   명 말 더듬기

- He **stammers** when he's nervous. 그는 긴장하면 말을 **더듬는다**.

MORE+ 관련어휘

말 관련 기타 어휘
stutter	자	타 말을 더듬다, 더듬거리다 명 말 더듬기
dumbfounded	형 말문이 막힌, 어안이 벙벙한
glib	형 ¹ 말 잘하는, 입심 좋은 ² (변명, 설명 등이) 그럴듯한
garrulous	형 수다스러운, 말이 많은
repartee	명 재치 있는 말재주
harangue	자	타 열변을 토하다, 긴 설교를 하다 명 긴 연설, (장황한) 설교

0454
babble* [bǽbl]
- 몡 ¹ 웅성거림 ² 횡설수설 ³ (아기의) 옹알이
- 재 ¹ 횡설수설하다 ² (물이) 졸졸 흐르다
- I can't listen to his constant **babble**.
  난 그의 끊임없는 **횡설수설**을 듣고 있을 수가 없다.
- a **babbling** brook 졸졸 흐르는 시내

0455
laconic* [ləkάnik]   서7
- 혱 ¹ 말수가 적은, 할 말만 하는 ² 간결한
- He had a reputation for being **laconic**.
  그는 **말수가 적은** 것으로 유명하다.
- 윾 ² terse, pithy, succinct, brusque, concise

선언하다, 알리다

회독 ✓ Check ☐ ☐ ☐

0456
declare* [diklέər]   국7 | 지9 | 지7 | 서9 | 서7 | 국회 | 법원
- 탄 ¹ 선언하다, 공표하다 ² 단언하다 ³ (세관에) 신고하다
- **declaration** 명 ¹ 선언, 발표 ² (세관, 세무서에의) 신고(서) ³ 《법》 진술
- The government has **declared** a state of emergency.
  정부가 비상사태를 **선포했다**.
- customs **declarations** 세관 신고서
- declare for [against] A A에 대한 지지[반대]를 표명하다

0457
inaugural* [inɔ́ːgjərəl]   국7 | 지9 | 서9
- 혱 취임(식)의, 개회의 몡 ¹ 취임사, 취임 연설 ² 취임식
- **inauguration** 몡 ¹ 취임(식) ² 개시
- an **inaugural** address 개회사
- We would be planning an **inauguration** of the first man of African descent to ascend to the presidency. 우리는 아프리카계 사람이 최초로 대통령 자리에 오르는 **취임식**을 준비하게 될 것이다. [지9]

0458
podium* [póudiəm]
- 몡 (pl. podiums 또는 podia) ¹ (오케스트라) 지휘대 ² 연설대, 연단
- pod(foot)+ium(명) → 발을 디디고 서는 곳
- It was more than I could imagine to be up on the **podium** and singing the national anthem.
  연단에 올라 애국가를 부르는 것은 내가 상상했던 것 이상이었다.
- 윾 rostrum

0459
acquit* [əkwít]
- 탄 ¹ 무죄를 선고하다 ² (~하게) 처신하다
- ac(to)+quit(free) → 자유롭게 하다
- **acquittal** 몡 무죄 선고
- The jury **acquitted** him of murder.
  배심원단이 그의 살인 혐의에 대해 **무죄를 선고했다**.
- 윾 ¹ release, liberate, set free, discharge
- 반 ¹ convict (유죄를 선고하다)
- acquit A of B A에게 B를 선고하다

DAY 10 151

0460 국회

promulgate*
[práməlgèit]

타 ¹ (사상 등을) 널리 알리다 ² (법령, 제도 등을) 공포하다

- Her ideas have been widely **promulgated** on the Internet.
  그녀의 아이디어는 인터넷상에 널리 알려졌다.
- The law was **promulgated** in April 1988.
  그 법은 1988년 4월에 공포되었다.

유 announce, make known, popularize, proclaim

0461 경찰 | 국회 | 기상

divulge*
[diválds]

타 (비밀 등을) 누설하다, 폭로하다

- They could not **divulge** any further information.
  그들은 어떠한 추가적인 정보도 누설할 수 없었다.

유 disclose, reveal, expose, spill, uncover, let on

● divulge A to B
A를 B에게 폭로하다

0462

unforeseen*
[ʌnfɔːrsíːn]

형 예측하지 못한, 뜻밖의

- The project was running late owing to **unforeseen** circumstances. 뜻밖의 상황으로 인해 그 프로젝트가 늦춰지고 있었다.
- cf. foresee 타 ¹ 예견하다 ² 사전에 확인하다 자 선견지명이 있다

유 unexpected

생각하다, 이해하다

회독 ✓Check ☐ ☐ ☐

0463 국9 | 국7 | 지9 | 지7 | 서9 | 서7 | 국회 | 법원

intellectual***
[ìntəléktʃuəl]

형 ¹ 지능의 ² 교육을 많이 받은, 이지적인 명 지식인, 식자

- a child's **intellectual** development 아이의 지능 발달
- He thinks that he's an **intellectual**, but he doesn't know what he's talking about. 그는 자신이 지식인이라고 생각하지만, 자신이 무엇을 말하는지 스스로 알지 못한다.

0464 국7 | 경찰 | 국회 | 사복

contemplate**
[kάntəmplèit]

타 ¹ 고려하다, 심사숙고하다 ² 예상하다 ³ 응시하다, 관찰하다

contemplation 명 ¹사색, 명상 ² 응시
- He **contemplated** the meaning of the poem for a long time.
  그는 시의 의미에 대해 오랫동안 심사숙고했다.
- a life of prayer and **contemplation** 기도와 명상으로 이뤄진 생활

유 ¹,² consider, ponder, speculate
³ gaze at, inspect

0465 서9

construe**
[kənstrúː]

타 ¹ 해석하다, ~의 뜻으로 파악하다 ² 추론하다

- He **construed** my actions as hostile.
  그는 나의 행동을 적대적인 것으로 해석했다.

유 interpret

● construe A as B
A를 B로 이해하다

0466 교행

deem*
[diːm]

자 타 (~으로) 여기다, 생각하다

- The building was **deemed** unsafe after the fire.
  그 건물은 화재 이후 안전하지 않은 것으로 여겨졌다.

유 consider

● deem highly [lightly] of
~을 존경[경시]하다

0467
obscure***
[əbskjúər]

지9 | 서9 | 서7 | 경찰 | 국회 | 법원

형 1 이해하기 어려운 2 잘 알려지지 않은, 무명의 타 모호하게 하다

obscurity 명 무명, 모호함

- I found her lecture very **obscure**.
  나는 그녀의 강의가 매우 **이해하기 어려웠다**.
- He was born around 1650 but his origins remain **obscure**.
  그는 1650년경에 태어났으나 그의 출신에 대해서는 **별로 알려지지 않았다**.

유 형 1 unclear, indistinct 2 unknown
타 blur
반 형 1 obvious (명백한)

0468
brood*
[bruːd]

지9

자 타 1 (걱정 등을) 되씹다, 곱씹다 ((on, over)) 2 (새가) 알을 품다
명 (같은 때에 태어난) 새끼들

- He **brooded** over his mistakes. 그는 자신의 실수를 **곱씹었다**.

유 자 타 1 ponder ((on, over)), muse ((on, over)), mull over
자 타 2 incubate
● brood on ~에 대해 곰곰이 생각하다

반박하다

회독 ✓ Check □ □ □

0469
rebut*
[ribʌ́t]

국7

자 반증을 들다 타 논박하다, 반박하다

rebuttal 명 《법》 원고의 반박, 반증(의 제출)

- Her lawyer attempted to **rebut** the witness's testimony.
  그녀의 변호사는 증인의 증언을 **반박하려고** 시도했다.

유 타 disprove

0470
refute*
[rifjúːt]

지7 | 경찰 | 사복

타 1 논박하다, 반박하다 2 부인하다

re(back)+fute(strike)
- to **refute** an argument 주장을 **논박하다**

유 1 contradict, retort, controvert
2 deny

0471
corroborate*
[kərɑ́bərèit]

지9 | 서9 | 서7

타 (뒷받침하는 증거나 정보를) 제공하다, 확증하다

- Two witnesses **corroborated** his story.
  증인 두 명이 그의 이야기를 **확증해주었다**.

유 confirm, back up, support, sustain

0472
trenchant*
[tréntʃənt]

형 (비판, 발언 등이) 정곡을 찌르는

trenchancy 명 예리함, 날카로움
- a **trenchant** analysis 정곡을 찌르는 분석

유 sarcastic, acerbic, caustic, scathing, keen

0473
emphatic*
[imfǽtik]

형 1 (진술, 대답 등이) 강한, 단호한 2 강조하는 3 (승패가) 확실한

- an **emphatic** denial 강한 부정

0474
grim* [grím]
- 형 ¹ 엄숙한, 단호한 ² 암울한 ³ (장소, 건물이) 음침한, 음산한
  - a **grim** look 단호한 표정
  - Things look pretty **grim** for farmers at the moment.
    지금은 상황이 농민들에게 매우 **암울해** 보인다.
- 유 ¹ severe, stern, rigorous
  ² dismal
  ³ dreadful, awful

비판하다
회독 ✓Check ☐ ☐ ☐

0475
vilify* [víləfài] 지7
- 타 비방하다, 비난하다
  - vil(cheap)+ify(동) → 누군가를 하찮게 만들다
  - **vile** 형 ¹ 불쾌한, 지독한 ² 비열한, 비도덕적인   **vilification** 명 욕설, 비방
  - He was **vilified** in the press for his comments.
    그는 자신의 발언에 대해 언론에서 **비난받았다**.
  - a **vile** and cowardly act 비열하고 비겁한 행위
- 유 malign, revile, slander, criticize, disparage
- • vilify A as B
  A를 B라고 비난하다

0476
calumniate* [kəlʌ́mnièit] 서7
- 타 비방하다, 중상하다
  - If the tabloid continues to **calumniate** the actor, it will be hit with a lawsuit. 그 타블로이드지가 그 배우를 계속 **비방한다면**, 소송을 당할 것이다.

0477
libelous* [láibələs]
- 형 중상[비방]하는, 명예 훼손의
  - **libel** 명 명예 훼손(의 글), 모욕 타 비방하다
  - stories that are inaccurate or **libelous** 부정확하거나 **비방하는** 이야기들

0478
mordant* [mɔ́ːrdənt]
- 형 ¹ 신랄한, 통렬한 ² 부식성의
  - mord(bite)+ant(형) → 상대방을 물어뜯는
  - a writer famous for her **mordant** humor 신랄한 유머로 유명한 작가
- 유 ¹ caustic, sardonic, trenchant

0479
slander* [slǽndər]
- 명 ¹ 모략, 비방 ² 명예 훼손죄   타 중상모략[비방]하다
  - She is being sued for **slander**. 그녀는 **명예 훼손죄**로 고소당했다.
- 유 타 libel, malign, disparage

0480
curse* [kəːrs]
- 명 ¹ 욕설, 악담 ² 저주   자 욕설을 하다 《at》
- 타 ¹ 악담을 퍼붓다 ² 저주를 내리다
  - He muttered a **curse** at the other driver.
    그는 상대방 운전자를 향해 **욕설을** 중얼거렸다.
- 유 명 ¹ oath, swear word
  타 ² hex

0481
revile* [riváil]
- 자 타 욕하다, 매도하다
  - **revilement** 명 욕설, 매도
  - Many people **reviled** him for his callous behavior.
    많은 사람들이 그의 냉담한 태도를 보고 그를 **욕했다**.

0482
censure*
[sénʃər]

명 비난, 책망　자타 비난하다, 책망하다

- When you're criticizing, remember that you're **censuring** a job-related behavior, not the person.
  비판할 때는 사람이 아니라 일과 관련된 행위를 **책망하는** 것임을 기억하라. [국9]

유 자타 criticize, denounce, reprove, rebuke, reprimand

0483
expostulate*
[ikspástʃulèit]

자타 훈계하다, 반대하다

- to **expostulate** with a person on his dishonesty
  남의 불성실을 **훈계하다**

0484
nag*
[næg]

자타 ¹잔소리를 하다, 바가지를 긁다　²계속 괴롭히다

nagging 형 ¹잔소리하는　²(통증, 의심 등이) 계속되는　naggy 형 잔소리가 심한
- She **nagged** him to do the housework.
  그녀는 그에게 집안일을 하라고 **잔소리했다**.

유 ²pester

한탄하다, 애도하다　　　　회독 ✓Check □ □ □

0485
bemoan*
[bimóun]

자타 슬퍼하다, 탄식하다

- He **bemoans** the fact that the team lost again.
  그는 팀이 다시 패했다는 사실에 **탄식한다**.

0486
bewail*
[biwéil]

자타 비통해하다, 애통해하다

- to **bewail** the loss of a child 자식의 죽음을 **애통해하다**

유 grieve

0487
lament*
[ləmént]

자타 애도하다, 한탄하다　명 애도

- She **lamented** over the loss of her best friend.
  그녀는 자신의 가장 친한 친구를 잃은 것에 대해 **애도했다**.

유 자타 grieve, weep

0488
deplore*
[diplɔ́ːr]

타 (죽음, 과실 등을) 개탄하다

deplorable 형 개탄스러운
- We **deplore** the development of nuclear weapons.
  우리는 핵무기 개발을 **개탄한다**.

0489
mourn**
[mɔːrn]

자타 애도하다, 애석해하다 (for)

mournful 형 애절한, 슬퍼하는
- She **mourned** for her lost childhood.
  그녀는 자신의 잃어버린 어린 시절을 **애석해했다**.
- a **mournful** requiem 애절한 진혼곡 [서9]

유 grieve ((for))

DAY 10　155

조롱하다

회독 ✓Check ☐ ☐ ☐

0490
jeer*
[dʒiər]

자타 야유하다, 조롱하다 명 야유, 조롱
- The police were **jeered** at by the waiting crowd.
  경찰은 기다리던 군중의 야유를 받았다.

⊕ taunt
● jeer at
~을 비웃다

0491   서9 | 기상 | 교행
mock**
[mɑk]

자타 (흉내를 내며) 놀리다   타 무시[경시]하다   형 ¹ 가짜의 ² 모의의
mocking 형 비웃는 (듯한) **mockery** 명 ¹ 조롱, 조소 ² 엉터리
- He's always **mocking** my French accent.
  그는 항상 내 프랑스식 억양을 놀린다.
- a **mock** interview/examination 모의 인터뷰/고사

0492   지7 | 서7
deride*
[diráid]

타 조롱하다, 비웃다
derision 명 조롱, 조소 **derisive / derisory** 형 조롱하는, 비웃는
- This building, once **derided** by critics, is now a major tourist attraction. 비평가들에 의해 한때 조롱을 당했던 이 건물은 이제 주요 관광 명소이다.

⊕ ridicule, scorn, sneer at

0493   서9 | 국회
sarcastic*
[sɑːrkǽstik]

형 ¹ 빈정대는, 비꼬는 ² 풍자하기 좋아하는, 풍자를 사용하는
sarcasm 명 빈정댐, 비꼼
- **sarcastic** comments 빈정대는 논평

0494
innuendo*
[ìnjuéndou]

명 (pl. innuendoes 또는 innuendos) 빗대어서 하는 말, 빈정거림
- The family is being torn apart by rumor and **innuendo**.
  그 가족은 소문과 빈정거림으로 인해 분열되고 있다.

⊕ insinuation, implication

0495   경찰
prank*
[præŋk]

명 농담, 희롱, 장난
prankish 형 장난하는, 시시덕거리는
- Their activities are not just **pranks**.
  그들의 행동은 단순히 장난이 아니다. [경찰]

0496   교행
parable*
[pǽrəbl]

명 우화
para(alongside)+ble(throw) → 이야기에 교훈을 함께 던지는 것
- He told the children a **parable** about the importance of forgiveness. 그는 용서의 중요성에 대한 우화를 아이들에게 들려주었다.

⊕ fable

0497   법원 | 사복
allegory*
[ǽləgɔ̀ːri]

명 우화, 풍자
- This long poem is an **allegory** about love and jealousy.
  이 긴 시는 사랑과 질투에 관한 풍자이다.

DAY 11

소리, 설득, 직업

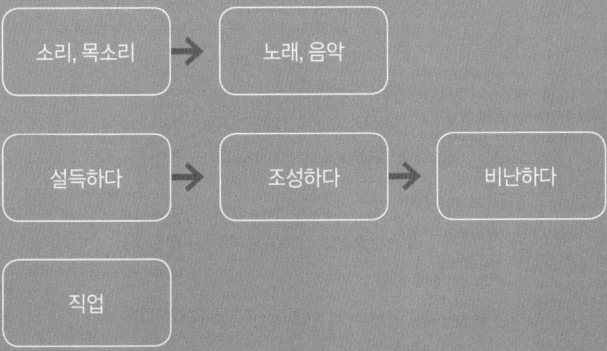

소리, 목소리

회독 ✓Check ☐ ☐ ☐

0498
moan*
[moun]

[자][타] ¹ 신음하다 ² 불평하다, 한탄하다
[명] ¹ 신음 (소리) ² 불평, 한탄

- to **moan** in pain 아파서 신음하다
- We were all **moaning** about the cold, rainy weather.
  우리는 모두 춥고 비 오는 날씨에 대해 **불평하고** 있었다.

[유] [자][타] ¹ groan
² grumble, whine, complain

- moan on[over] A
  A에 대해 불평하다

0499
muffle*
[mʌ́fl]

서9

[타] ¹ (소리를) 죽이다, 약하게 하다 ² (따뜻하게 하기 위해) 감싸다, 덮다

muffled [형] (소리를) 죽인, 낮춘

- The snow **muffled** the sound of the traffic.
  눈이 차량의 소음을 **줄어들게** 했다.

0500
bellow*
[bélou]

지9

[자][타] 고함치다 ² (큰 짐승이) 우렁찬 소리를 내다 [명] 울부짖는 소리

- They **bellowed** at her to stop. 그들이 그녀에게 멈추라고 고함쳤다.

[유] [자][타] yell 《at》

- bellow at A
  A에게 고함치다

MORE + 관련어휘

고함치다
rant [자][타] 고함치다, 큰소리로 불평하다
roar [자][타] 고함치다 [자] ¹ (짐승이) 으르렁거리다 ² (기계 등이) 큰 소리를 내며 움직이다

0501
hoarse*
[hɔːrs]

[형] (목)쉰, 쉰 목소리의

- a **hoarse** voice 쉰 목소리

0502
husky*
[hʌ́ski]

지7

[형] (목소리가) 약간 쉰 듯한, 허스키한
[명] 허스키 개 《눈썰매를 끄는 크고 강인한 개》

- She spoke in a **husky** whisper. 그녀는 **약간 쉰 듯한 목소리로** 속삭였다.

0503
shrill*
[ʃril]

국9

[형] ¹ (목소리 등이) 날카로운 ² (요구, 비평 등이) 과장된
[자][타] 날카로운 소리를 내다

- His voice **shrills** with excitement. 그의 목소리는 흥분으로 **날카로운 소리를** 낸다. [국9]

[유] [형] high-pitched, piercing, sharp
[자] scream, screech

0504
hush*
[hʌʃ]

[자][타] 조용히 하다, 조용히 시키다
[명] ¹ 침묵, 고요 ² 묵살, 쉬쉬해 버림

- He told his students to **hush**. 그는 학생들에게 **조용히** 하라고 말했다.
- There was a deathly **hush** in the theater. 극장 안에는 쥐 죽은 듯한 **침묵**만 있었다.

[유] [명] ¹ silence, stillness

0505
mute* [mjuːt]

- 형 1 무언의, 말없는 2 말을 못 하는
- 타 1 (악기의) 소리를 줄이다 2 약화하다, 완화하다

유 형 1 silent 2 dumb
타 2 tone down

- The child sat **mute** in the corner of the room.
  그 아이는 방 한구석에 **말없이** 앉아 있었다.
- He **muted** his criticism of the president.
  그는 대통령에 대한 자신의 비판을 **완화하였다**.

노래, 음악

회독 ✓Check ☐ ☐ ☐

0506
anthem** [ǽnθəm]

- 명 1 (국가, 단체 등에 중요한 의미가 있는) 노래, -가 2 성가, 찬송가

- to sing the national **anthem** 애국가를 부르다

0507
choir* [kwáiər]

- 명 1 합창단, 성가대 2 (교회의) 성가대석

choral 형 합창곡의, 합창단의

- She sings in the school **choir**. 그녀는 학교 **합창단**에서 노래한다.

0508
hum** [hʌm]

- 자 타 콧노래를 부르다 자 1 윙윙거리다 2 활기가 넘치다
- 명 윙윙거리는 소리

- She was **humming** softly to herself.
  그녀는 혼자 조용히 **콧노래를 부르고** 있었다.
- The streets were beginning to **hum** with life.
  거리가 사람들로 **활기가 넘치기** 시작했다.

0509
attune* [ətjúːn]

- 타 1 (악기 등을) 조음하다, 조율하다 2 (마음 등을) 맞추다, 익숙하게 하다

attuned 형 익숙한, 적절히 대응하는

- attune to A
  A에 맞추다

- to **attune** a violin to a piano 바이올린을 피아노 음에 맞춰 **조율하다**
- It is important to **attune** the company to the needs of its customers. 그 회사는 고객의 요구를 **맞추는** 것이 중요하다.

0510
concerto** [kəntʃéərtou]

- 명 (pl. concertos 또는 concerti) 협주곡, 콘체르토

- a piano **concerto** 피아노 **협주곡**

MORE+ 관련어휘

atonal	형	음악 작품이 특정한 조로 쓰이지 않은, 무조의
bass	형	베이스, 최저음 형 저음의, 베이스의
reprise	명	(특히 음악에서) 반복 부분 타 반복하다, 되풀이하다
virtuoso	명	(특히 곡 연주 분야의) 거장, 명연주가 형 고도의 기교를 보여 주는

설득하다

회독 ✓ Check ☐ ☐ ☐

0511 지9 | 서7 | 국회 | 법원

underpin*
[ʌ̀ndərpín]

타 ¹ (주장 등을) 뒷받침하다 ² (구조물에) 버팀목을 대다

• The report is **underpinned** by extensive research.
그 보고서는 광범위한 실태 조사로 **뒷받침되어** 있다.

유 support, bolster, prop up
¹ corroborate

0512 서7

hortatory*
[hɔ́ːrtətɔ̀ːri]

형 ¹ 충고의, 권고의 ² 격려의

• The coach gave his players a **hortatory** speech to inspire them to play well. 코치는 선수들에게 경기를 잘하도록 **격려하는** 말을 전했다.

0513 서7

tout*
[taut]

타 (사람들을 설득하기 위해) 장점을 내세우다   자타 광고하다, 홍보하다
명 암표상

• The company is running advertisements **touting** the drug's effectiveness. 그 회사는 그 약의 효능을 **홍보하는** 광고를 내보내고 있다.

유 타 praise
자타 brag publicly about, loudly trumpet
• tout as A A라고 칭찬하다

0514 서7

wangle*
[wǽŋgl]

타 ¹ (꾀를 부려) 얻어내다 ² (서류 등을) 그럴듯하게 꾸며 내다
자 (어려움에서) 용케 벗어나다

• I **wangled** an invitation to her party. 나는 그녀의 파티 초대장을 **얻어냈다**.

• wangle from[out of] A A로부터 얻어 내다

0515 국9 | 지9 | 지7 | 국회 | 기상

flatter**
[flǽtər]

타 ¹ 아첨하다, 알랑거리다
² (기쁘게 하려고) 듣기 좋은 칭찬을 하다, 추켜세우다

flatt(blow, spread)+er(동) → 납작 엎드려 알랑거리다
flattery 명 아첨 **flattering** 형 ¹ 돋보이게 하는, 으쓱하게 하는 ² 아첨하는

• She wasn't fooled by his **flattering** comments.
그녀는 그의 **아첨하는** 말에 속지 않았다.

유 ¹ wheedle
² praise, compliment
• be flattered (어깨가) 으쓱해지다

0516 지7

blabber*
[blǽbər]

자타 횡설수설하다   명 수다쟁이, 입이 가벼운 사람

• She **blabbered** on and on. 그녀는 계속해서 **횡설수설했다**.

유 자타 jabber, prattle, gabble

0517 서7 | 기상

gimmick*
[gímik]

명 (관심을 끌기 위한) 술책

• a sales **gimmick** 판매 술책

0518 서9 | 경찰
malleable* 〔형〕 ¹(사람이) 잘 변하는, 영향을 잘 받는 ²(금속 등이) 펴 늘일 수 있는

[mǽliəbl]
- Knowledge gives you power by making you less **malleable** to negative influences. 지식은 당신이 부정적 **영향**을 덜 받게 함으로써 힘을 준다.
- Many metals are **malleable**. 많은 금속들이 펴 늘일 수 있다.

0519
recalcitrant* 〔형〕¹(규칙, 지시에) 저항하는, 반항하는 ²다루기 힘든
〔명〕고집쟁이, 반항자

[rikǽlsitrənt]
- a **recalcitrant** prisoner 반항하는 죄수

유 〔형〕¹ defiant, disobedient, rebellious, insubordinate, intractable

---

조성하다
회독 ✓Check ☐ ☐ ☐

0520 서9 | 사복
elicit* 〔타〕(정보, 반응을 어렵게) 끌어내다

[ilísit]
e(out)+licit(entice)
- The question **elicited** a positive response from 60% of voters. 그 질문은 투표자의 60%로부터 긍정적인 반응을 끌어냈다.

유 derive, evoke, draw out
• elicit from A A에서 끌어내다

0521 지7
foment* 〔타〕(문제, 폭력을) 조성하다, 조장하다

[foumént]
- They accused him of **fomenting** political unrest. 그들은 그가 정치 불안을 **조장한다고** 비난했다.

유 incite

0522 서9
muster* 〔타〕¹(지지를) 모으다 ²(용기를) 내다 〔자〕〔타〕(특히 병사들이) 소집하다
〔명〕소집, 집결

[mʌ́stər]
- Campaigners **muster** one million signatures for a proposal. 활동가들은 제안을 위해 백만 명의 서명을 모은다. [서9]

유 〔타〕¹ gather, collect, congregate
² evoke, incite, provoke

0523 서9
imbue* 〔타〕(강한 의견 등을) 가득 채우다, 불어넣다

[imbjúː]
- His works are **imbued** with a lesson of tolerance and acceptance. 그의 작품들은 관용과 수용이라는 교훈으로 **가득 차** 있다.

유 infuse, permeate
• imbue A with B A에게 B를 불어넣다

0524 국7 | 국회
propaganda* 〔명〕(비방 목적의) 선전

[prɑ̀pəgǽndə]
propagandist 〔형〕〔명〕선전하는 (일원)
- The most popular arena for spreading false **propaganda** is the Internet. 잘못된 **선전**을 퍼뜨리는 데 가장 일반적인 무대는 인터넷이다.

0525

poll***
[poul]

국9 | 지9 | 서9 | 서7 | 경찰 | 국회

명 1 투표(수) 2 여론 조사 자 득표하다 타 ~의 여론 조사를 하다

유 명 1 vote 2 survey

- The magazine conducted a **poll** to find out the most favorite movie of the year. 그 잡지는 그해 가장 인기 있는 영화를 알아내기 위해 **여론 조사**를 했다.
- The candidate **polled** more than 10,000 votes in the last election. 그 입후보자는 지난 선거에서 만 표 이상 **득표했다**.

MORE + 관련어휘

투표, 선거	
straws	명 추첨, 제비뽑기(= lots)
vote	명 (일반적인 의미의) 투표 자 타 투표하다
ballot	명 무기명[비밀] 투표 (용지)
referendum	명 (특정한 문제에 대한) 국민투표
plebiscite	명 (특히 정치적 사안에 관한) 국민투표
election	명 1 선거 2 당선
enfranchisement	명 참정권, 선거권

0526

organize / organise***
[ɔ́ːrɡənàiz]

국9 | 국7 | 지9 | 지7 | 서9 | 경찰 | 국회 | 기상 | 법원 | 교행 | 사복

타 1 준비하다, 조직하다 2 정리하다, 체계화하다

organ(instrument)+ize(동) → 특정 기능을 수행할 수 있도록 도구화하다
organization 명 1 조직, 단체 2 준비, 구성 3 구조

- They hired a professional to help **organize** their wedding. 그들은 결혼 **준비하는** 것을 도울 전문가를 고용했다.

0527

reorganize / reorganise**
[riːɔ́ːrɡənàiz]

경찰 | 교행

자 타 재편성하다, 개편하다

re(again)+organize(조직하다) → 다시 조직하다

- The staff is still **reorganizing** the files according to the new system. 그 직원들은 새로운 시스템에 따라 여전히 파일을 **재편성하고** 있다.

0528

spur*
[spəːr]

서9 | 서7

명 1 박차 2 자극제, 원동력
타 1 ~에 박차를 가하다 2 격려하다, 자극하다

유 타 2 stimulate, fuel, provoke, promote, galvanize

- The reward **spurred** them to work harder. 보상은 그들이 더 열심히 일하도록 **자극했다**.

비난하다

회독 ✔Check ☐ ☐ ☐

0529

reproach*
[ripróutʃ]

지7 | 사복

명 1 비난, 책망 2 치욕, 창피 타 비난하다, 책망하다

유 타 scold, censure, denounce, condemn, rebuke, reprove

- His voice was full of **reproach**. 그의 목소리에는 **비난**이 가득했다.

● reproach for A
A를 비난[질책]하다

0530
chasten*
[tʃéisn]
타 잘못을 깨닫게 하다, 훈계하다
- He felt suitably **chastened** and apologized.
나는 응당 **잘못을 깨닫고** 사과했다.

0531
asperse*
[əspə́ːrs]
타 험담하다, 비방하다
- He **aspersed** the place and its inhabitants.
그는 그 장소와 그곳에 살고 있는 거주민을 **험담했다**.

0532
castigate*
[kǽstəgèit]
타 ¹책망하다 ²혹평하다
- He **castigated** the prime minister as an ineffective leader.
그는 수상을 무능한 지도자라고 **혹평했다**.

• castigate oneself 자책하다

0533
opprobrium*
[əpróubriəm]
명 ¹오명, 불명예 ²비난, 욕설
- They're going ahead with the plan despite public **opprobrium**.
그들은 대중의 **비난**에도 불구하고 그 계획을 따르고 있다.

0534
국7 | 서9 | 국회
laud*
[lɔːd]
타 칭찬하다
laudable 형 칭찬할 만한(= praiseworthy)   **laudatory** 형 칭찬하는, 감탄하는
- He would be **lauded** in death, but not while he lived.
그는 죽어서 **칭찬을 받겠지만**, 살아 있는 동안에는 그렇지 않을 것이다. [국7]

🔄 praise, commend, honor, extol, eulogize

0535
국회
panegyric*
[pæ̀nədʒírik]
명 칭찬하는 말[글], 찬사
- a **panegyric** on the pleasures of malt whisky
몰트위스키가 주는 기쁨에 대한 **찬사**

직업

회독 ✓Check ☐ ☐ ☐

0536
법원 | 교행
calling*
[kɔ́ːliŋ]
명 ¹직업, 천직 ²소명 (의식) ³(회의, 국회 등의) 소집
- For Mary, teaching wasn't a job, it was a **calling**.
Mary에게 있어 가르치는 것은 직업이 아니라 **소명**이었다.

🔄 ¹·²vocation

0537
국7
mantle*
[mǽntl]
명 ¹~의 역할, 책임 ²(표면을 덮고 있는) 꺼풀 ³망토 타 (표면을) 덮다
- He took on the **mantle** of director. 그는 감독의 **역할**을 맡았다.

• take on the mantle of A A의 책임을 떠맡다

0538
niche[*]
[nitʃ, niːʃ]

명 ¹ 꼭 맞는 역할, 적소 ² (시장의) 틈새 ³ (특정 생물이 살기에) 적합한 환경

- He eventually found his **niche** in sports journalism.
  그는 마침내 스포츠 저널리즘에서 자신에게 꼭 맞는 자리를 찾았다.
- a **niche** market 틈새시장

0539
pluralist[*]
[plúərəlist]

명 ¹ 여러 직업을 겸한 사람 ² 다원주의자   형 (사회가) 다원적인

pluralism 명 ¹ (부정적) 겸임, 겸직 ² 다원주의
- a **pluralist** democracy 다원적 민주주의

0540
국9 | 지9 | 경찰 | 법원
veterinary[*]
[vétərənèri]

형 수의(학)의

veterinarian 명 수의사
- a **veterinary** school 수의과 대학

0541
국9 | 국7 | 서9 | 법원
entrepreneur[*]
[ɑ̀ːntrəprənə́ːr]

명 사업가, 기업가

🔊 enterpriser

entrepreneurship 명 기업가 정신
- Many **entrepreneurs** see potential in this market.
  많은 기업가들이 이 시장에서 잠재성을 본다.

0542
nanny[*]
[nǽni]

명 ¹ 유모 ² (주로 아이들이 부르는) 할머니

- Today many women work and employ maids or **nannies**.
  오늘날 많은 여성들이 직장에 다녀서 가정부나 유모를 고용한다.
- The boy asked when his **nanny** came to his house.
  그 소년은 자신의 할머니가 집에 언제 오시는지 물었다.

0543
서7
menial[*]
[míːniəl]

명 머슴, 하인, 하녀   형 ¹ 시시한, 지루한 ² 천한, 보잘것없는

- Tens of thousands of young Koreans do **menial** work for little pay. 수만 명의 젊은 한국인들이 보수를 거의 받지 않고 보잘것없는 일을 한다. [서7]

0544
국7 | 지9 | 사복
butler[**]
[bʌ́tlər]

명 집사

- The dining room was supervised by the **butler**.
  식당은 집사에 의해 감독되었다. [지9]

DAY 12

묘사, 장애(물)

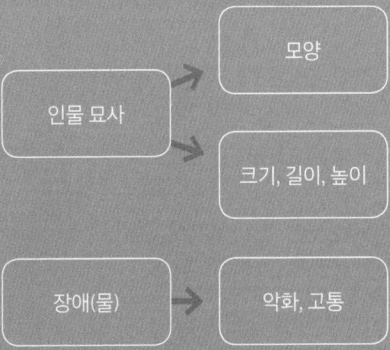

인물 묘사

회독 ✓Check ☐ ☐ ☐

0545 국7 | 국회 | 기상

avid*
[ǽvid]

형 ¹ 열성적인, 열렬한 ² 열렬히 원하는, 열망하는 《for》

avidly 부 열성적으로, 열렬히 avidity 명 열성, 열심

- He is an **avid** fan of the sports team, and he goes to every match. 그는 그 스포츠 팀의 **열성적인** 팬이어서 모든 경기를 보러 간다.
- They were **avid** for more information about artificial intelligence. 그들은 인공지능에 대한 더 많은 정보를 **열렬히 원했다**.

유 ¹ keen, eager, enthusiastic

0546 국7 | 지9 | 지7 | 서9 | 경찰 | 국회 | 기상 | 사복

fair***
[fɛər]

형 ¹ 공정[공평]한 ² 타당[합당]한 ³ (양 등이) 상당한, 꽤 많은 ⁴ 맑은, 깨끗한 명 박람회

fairly 부 ¹ 공정[합당]하게 ² 상당히, 꽤 fairness 명 ¹ 공정함 ² (피부가) 힘, 금발

- Being ethical means being **fair** and reasonable and not being greedy. 윤리적이란 것은 탐욕스러운 것이 아니라 **공정하고** 이성적이라는 것을 의미한다. [국7]
- Ancient navigation relied on the sun, and therefore depended on **fair** weather. 고대 항해술은 태양에 의존했는데, 그래서 **맑은** 날씨에 좌우되었다. [서9]
- the exhibitors at the trade **fair** 무역 **박람회**의 참가 업체들 [사복]

유 형 ¹ just ² reasonable ³ respectable
반 형 ¹ unfair(불공평한) ² unreasonable (불합리적인)

0547 국7 | 지7 | 서9 | 서7 | 경찰 | 법원

gallant*
[gǽlənt]

형 ¹ 용감한, 용맹한 ² (여성에게) 정중한, 신사다운 명 정중한 남자

gallantly 부 ¹ 용감[용맹]하게 ² 정중하게 gallantry 명 ¹ 용감, 용맹 ² 정중한 행위

- They failed to reach the summit, but they made a **gallant** attempt. 그들은 정상에 도달하는 것에 실패했지만 **용감한** 시도를 했다.
- The gentleman kindly offered me his seat in a **gallant** gesture. 그 신사분은 **정중한** 손짓으로 내게 자신의 자리를 친절하게 권했다.

유 형 ¹ brave, courageous ² chivalrous, gentlemanly

0548 국7 | 지7 | 서9 | 서7 | 경찰 | 법원

decent***
[díːsnt]

형 ¹ 예의 바른, 점잖은 ² (수준, 질이) 괜찮은, 제대로 된 ³ 상당한, 꽤 좋은

dec(proper)+ent(형)
decently 부 ¹ 예의 바르게 ² 상당히, 꽤
decency 명 ¹ 체면, 품위 ² 《the ~》《pl.》 예절

- He is a **decent** man who would help anyone in need. 그는 어려움에 처한 사람이라면 누구든 도우려 하는 **예의 바른** 사람이다.
- Crime is fundamentally the result of society's failure to provide a **decent** life for all people. 범죄는 근본적으로 모든 사람들에게 **제대로 된** 삶을 제공하지 못한 사회적 실패의 결과이다. [경찰]

유 ¹ modest ² proper ³ fair, respectable, satisfactory
반 indecent(¹ 점잖지 못한 ² 부적당한)

0549
shrewd*
[ʃruːd]

형 ¹ 예리한, 상황 판단이 빠른 ² 기민한, 민첩한

지7 | 기상

유 ¹ astute, sharp, agile, canny

shrewdly 뷔 예리하게 shrewdness 명 예리함, 명민함
- She was **shrewd** enough to guess the motive behind his gesture.
그녀는 그의 몸짓에 숨겨진 의도를 짐작할 정도로 **예리했다**.

cf. folly 명 어리석음, 어리석은 짓

0550
debunk*
[diːbʌ́ŋk]

타 실체를 폭로하다, (생각 등이) 틀렸음을 밝히다

국7

유 disprove

de(away)+bunk(nonsense) → 헛소리를 날려버리다
- This study **debunks** the myth that men are better at math than women. 이 연구는 남성이 여성보다 수학을 더 잘한다는 통념이 **틀렸음을 밝힌다**.

cf. confute 타 논박하다, 틀렸음을 입증하다

모양

회독 ✓Check ☐ ☐ ☐

0551
cane**
[kein]

명 ¹ (속이 빈) 줄기 ² 지팡이 ³ 회초리 타 회초리로 때리다

국7

유 명 ² (walking) stick ³ rod

- An old gentleman was walking slowly with a **cane**.
한 노신사가 **지팡이**를 짚고 천천히 걷고 있었다.
- In the past, some teachers would **cane** students who misbehaved. 과거에 일부 교사들은 잘못된 행동을 한 학생들을 **회초리로 때리곤** 했다.

cf. baton 명 ¹ 지휘봉, 경찰봉 ² (릴레이 경주용) 바통, 배턴

0552
axis*
[ǽksis]

명 ¹ (중심)축 ² (국가 간의) 연합

- The Earth revolves on an **axis** between the north and south poles.
지구는 북극과 남극 사이의 **축**을 중심으로 회전한다.

cf. spindle 명 (회전)축, 굴대

0553
swivel*
[swívəl]

자 타 돌다, 회전시키다 명 회전 고리, (회전의자의) 받침

서7

유 자 타 spin

- She **swivelled** her head to see who had entered the room. 그녀는 고개를 **돌려** 누가 방에 들어갔는지 보았다.

0554

pivotal* 형 중추적인, 핵심적인

[pívətl]

pivot(축)+al(형) → 축과 같이 중심적인 역할의
pivot 명 중심(축) 자 (축을 중심으로) 회전하다, 돌다
- a **pivotal** figure in U.S. politics 미국 정치계의 **중추적인** 인물

유 central, critical, crucial, decisive, vital

서9 | 경찰

0555

verge** 명 1 가장자리 2 길가, 도로변 자 인접하다 《on, upon》

[vəːrdʒ]

- This street **verges** on the slum area. 이 거리는 빈민 지역과 **인접해** 있다.

유 명 1 brink, edge
자 border on
- on the verge of A
A하기 직전인

국9

0556

strap** 명 끈, 줄, 띠 타 1 끈으로 묶다 2 붕대로 감다, 반창고를 붙이다

[stræp]

strappy 형 끈이 달린
- The shoulder **straps** of this bag are adjustable.
이 가방의 어깨**끈**은 길이가 조절 가능하다.
- I kept my bicycle **strapped** to a tree for a while.
나는 잠시 내 자전거를 나무에 **끈으로 묶어두었다**.

유 타 2 bandage

국9 | 지9

MORE+ 관련어휘 끈, 줄, 띠

string	명 끈, 줄 타 (줄로) 매달다, (실 등에) 꿰다
cord	명 1 끈, 가는 밧줄 2 (전기) 코드, 전선
twine	명 노끈 타 휘감다
(shoe)lace	명 신발 끈(= shoestring)
leash	명 (개의) 목줄 타 (개에게) 목줄을 채우다
yarn	명 1 뜨개(실) 2 재미있게 엮은 이야기

0557

diagonal** 형 명 (직선이) 사선(의), 대각선(의)

[daiǽgənl]

dia(across)+gon(angle)+al(형) → 각이 가로질러 있는 것
diagonally 부 비스듬하게, 대각선으로
- a blanket with **diagonal** stripes. **대각선** 줄무늬가 있는 담요

유 형 oblique, slanted

법원

MORE+ 관련어휘

pentagon	명 5각형 (penta(five)+gon(angle))
hexagon	명 6각형 (hexa(six)+gon(angle))
heptagon	명 7각형 (hepta(seven)+gon(angle))
octagon	명 8각형 (octa(eight)+gon(angle))
polygon	명 다각형 (poly(many)+gon(angle))

0558

elastic* 형 1 탄력[신축성] 있는 2 융통성 있는 명 고무줄

[ilǽstik]

- The wheels are made of an **elastic** material to absorb the shock from bumpy roads. 그 바퀴는 울퉁불퉁한 도로의 충격을 흡수하기 위해 **탄력 있는** 소재로 만들어진다.

유 형 1 stretchy
2 flexible
반 형 1 inelastic
(탄력 없는)

0559
brim*
[brim]

명 ¹ (컵 등의) 위 끝부분 ² (모자의) 챙 자 (넘칠 듯) 그득하다, 가득 차다

기상

brimful 형 넘칠 듯 그득한
- She filled the mug nearly to the **brim** with coffee.
  그녀는 머그잔의 거의 **위 끝부분**까지 커피를 가득 채웠다.
- The bathtub **brimmed** with water. 욕조가 물로 **가득 찼다**.

0560
pottery**
[pátəri]

명 도자기 (제조소), 도예

지7 | 경찰 | 국회

- The archaeologists found old **pottery** vessels in the ancient city. 고고학자들은 그 고대 도시에서 옛 **도자기** 그릇들을 발견했다.
cf. porcelain 명 자기(磁器), 자기 제품

0561
packet*
[pǽkit]

명 ¹ 작은 꾸러미[봉지] ² 다발, 묶음

- a **packet** of potato chips 감자칩 한 **봉지**
- a **packet** of letters 편지 한 **묶음**

0562
rack**
[ræk]

명 받침대, 선반, 보관대 타 괴롭히다, 고통스럽게 하다

지9

- After putting a wine **rack** in the kitchen, we had a place to store our most favorite wines. 주방에 와인 **선반**을 두어 우리가 가장 좋아하는 와인을 보관할 수 있는 장소를 마련했다.
- The country has been **racked** by constant civil wars.
  그 나라는 끊임없는 내전으로 **고통받아** 왔다.

MORE+ 관련어휘 사각형 모양의 생활용품
- frame 명 ¹ 액자, 틀 ² 안경테 ³ 뼈대, 골격
- tray 명 쟁반, 납작한 용기
- crate 명 나무상자 타 상자에 담다
- pad 명 ¹ (충격 완화 등을 위한) 패드 ² (편지 등의) 묶음
       타 (~에) 패드를 대다 자 살그머니 걷다

크기, 길이, 높이

회독 ✓Check ☐ ☐ ☐

0563
gigantic**
[dʒaigǽntik]

형 거대한, 엄청난

국9 | 국회 | 사복

≒ huge, enormous

gigant(giant)+ic(형) → 거인 같은
gigantically 부 거대하게, 엄청나게
- **Gigantic** waves more than 40 feet high crashed against the boat. 40피트가 넘는 **거대한** 파도가 보트에 부딪쳤다.

DAY 12 **169**

0564 국7 | 지7

colossal*

[kəlάsəl]

[형] 거대한, 엄청난, 막대한

[유] enormous, vast, immense, huge

colossus [명] [1]《pl. colossi》 거대한 조각상 [2] 대단히 중요한 사람[것]

colossally [부] 엄청나게

• **colossal** natural disasters like earthquakes and hurricanes and floods 지진, 허리케인, 홍수와 같은 **거대한** 자연재해

MORE+ 관련어휘

hefty [형] [1] 장대한, 크고 무거운 [2] (타격 등이) 강한, 거센

capacious [형] [1] (용량이) 큰, 많이 들어가는 [2] (공간이) 널찍한

prodigious [형] 엄청난, 굉장한, 놀랄 만한

0565 서7

stupendous*

[stjuːpéndəs]

[형] 엄청난, 어마어마한, 놀랄 만한

[유] tremendous, remarkable, amazing, phenomenal

stupendously [부] 엄청나게, 굉장히

• She ran up **stupendous** debts through her extravagant lifestyle. 그녀는 자신의 사치스러운 생활 방식으로 인해 **엄청난** 빚을 졌다.

0566

dilate*

[dailéit]

[자] [타] (동공 등이) 팽창하다, 확장시키다

[유] expand, widen, swell

[반] contract(수축하다)

di(apart)+la(wide)+(a)te([동]) → 벌어지게 하여 넓히다

dilat(at)ion [명] 팽창, 확장

• The drug causes the blood vessels to **dilate**. 그 약은 혈관을 **확장시킨다**.

0567 국9 | 경찰 | 법원 | 사복

splendid**

[spléndid]

[형] 멋진, 훌륭한, 아주 아름다운

[유] great

splendidly [부] 멋지게, 훌륭하게 **splendo(u)r** [명] 장려함, 장관

• The troops are doing a **splendid** job of keeping the peace of the country. 그 군대는 나라의 평화를 유지하는 **훌륭한** 일을 하고 있다.

0568 지9 | 지7 | 서9

utmost**

[ʌ́tmòust]

[형] 최고의, 극도의 [명] 최대(한도)

• to the utmost 최대한으로

• This is a matter of the **utmost** urgency. 이것은 **최고로** 시급한 문제이다.

cf. at (the) most 기껏해야

0569 서9 | 기상

hype*

[haip]

[명] (대대적이고 과장된) 광고, 선전 [타] 광고[선전]를 하다

[유] [명] puffery

• After months of promotional **hype**, the band finally released their new album. 몇 달간의 홍보 **광고** 후에, 그 밴드는 마침내 그들의 새 앨범을 발매했다.

cf. hyperbole [명] 과대 표현, 과장법

0570
bombast*
[bámbæst]

몡 과장된 말, 허풍

bombastic 혱 과장된, 허풍을 떠는
- a **bombastic** speech intended to impress the voters
  유권자들에게 깊은 인상을 심어주기 위한 **과장된** 연설

0571
brag*
[bræg]

재 타 (심하게) 자랑하다, 떠벌리다

- They're always **bragging** about their son's success.
  그들은 아들의 성공에 대해 항상 **자랑하고 있다**.

유 boast

0572
petty*
[péti]

법원

혱 ¹ 사소한, 하찮은 ² 쩨쩨한, 옹졸한

pettiness 몡 쩨쩨함, 옹졸함
- The meeting spent too much time on **petty** issues, and couldn't address the real problem. 그 회의는 **사소한** 문제에 너무 많은 시간을 할애하여 정말 중요한 문제를 다루지 못했다.

유 ¹ trivial, minor
² small-minded

0573
ephemeral*
[ifémərəl]

혱 ¹ 수명이 짧은, 단명하는 ² 순식간의, 덧없는

ep(on)+hemer(day)+al(혱) → 단 하루 만에 하는 → 시간이 짧은
ephemera 몡 ¹ 수명이 짧은 것 ² 잠깐 쓰고 버리는 것
- The mayfly is an **ephemeral** insect. 하루살이는 **수명이 짧은** 벌레이다.

유 ¹ short-lived
² transient, transitory
반 ¹ permanent (영구적인)

0574
lofty*
[lɔ́:fti]

국회

혱 ¹ (건물 등이) 매우 높은, 우뚝 솟은 ² 숭고한, 원대한
³ 거만한, 교만한

loftiness 몡 ¹ 우뚝 솟음 ² 숭고함, 원대함 ³ 거만함, 교만함 **loftily** 뷔 거만하게
- We stayed at the hotel from whose **lofty** heights we could see across New York. 우리는 **매우 높은** 위치에서 뉴욕을 가로질러 볼 수 있는 호텔에서 묵었다.
- **lofty** ideals of equality and social justice
  평등과 사회 정의에 대한 **숭고한** 이상

유 ³ haughty

0575
prestige**
[prestí:ʒ]

지7 | 서9 | 법원

몡 명성, 위신 혱 일류의, 고급의

prestigious 혱 명망 높은, 권위 있는
- Hosting the Olympic Games will add to the country's international **prestige**. 올림픽을 개최하는 것은 그 나라에 국제적 **명성**을 더해 줄 것이다.

유 authority, status, reputation, credit

DAY 12 **171**

장애(물)

회독 ✓Check ☐ ☐ ☐

0576   지9 | 국회

hurdle**
[hə́ːrdl]

명 ¹ 장애(물), 난관 ² (경기용의) 허들, (pl.) 허들 경기
자/타 뛰어넘다

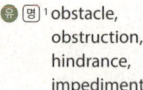
유 명 ¹ obstacle, obstruction, hindrance, impediment

- The knee injury that kept the athlete away from the courts was a huge **hurdle** to overcome. 그 선수를 출전하지 못하게 한 무릎 부상은 극복해야 할 큰 **장애물**이었다.
- The fastest-growing major economy in the world, India is expected soon to **hurdle** Britain as the globe's fifth largest market. 가장 빠르게 성장하는 세계의 주요 경제국인 인도는 세계에서 다섯 번째로 큰 시장인 영국을 곧 **뛰어넘을** 것으로 예상된다.

0577   지7 | 법원

hindrance*
[híndrəns]

명 방해(물), 저해(요인)

유 impediment, obstacle, obstruction

hinder 타 방해하다, 저해하다
- The unreliable power supply is a major **hindrance** to Nigeria's economic growth. 불확실한 전력 공급은 나이지리아의 경제 성장에 큰 **저해요인**이다.
- The country's economic growth is being **hindered** by trade sanctions. 그 나라의 경제 성장은 무역 제재로 인해 **방해받고** 있다.

0578   서7

hamper*
[hǽmpər]

타 방해하다, 훼방 놓다 명 (덮개가 있는) 바구니

유 타 hinder

- to tow away vehicles that are **hampering** movement
  이동을 **방해하고** 있는 차량을 견인하다

0579

ba(u)lk*
[bɔːk]

타 방해하다 자 꺼리다, 멈칫거리다 ⟨at⟩

- If the witness **balks** at testifying, our lawyers will not have enough evidence to win this case. 만약 증인이 증언하기를 **꺼린다면**, 우리 변호사들은 이번 소송에서 이길 충분한 증거를 확보하지 못할 것이다.

0580

encumber*
[inkʌ́mbər]

타 ¹ 방해하다, 지장을 주다 ² 거추장스럽게[걸리적거리게] 하다

en(in)+cumber(lie) → 안에 드러누워 못 지나가게 막다
encumbrance 명 거추장스러운 것
- a negotiation **encumbered** by a lack of trust in the product
  제품에 대한 신뢰 부족으로 **지장을 받는** 협상

cf. cumbersome 형 ¹ 번거로운, 복잡한 ² 다루기 힘든

0581
unwieldy＊　　[ənwíːldi]

[형] ¹ (너무 커서) 다루기 어려운 ² 통제하기 어려운

[유] ¹ cumbersome

un(not)+wield(휘두르다)+y(형) → 휘두르기 쉽지 않은
unwieldiness [명] ¹ 다루기 불편함 ² 통제가 어려움

- an **unwieldy** machine that requires two people to operate
  두 사람이 조작해야 하는 **다루기 어려운** 기계

악화, 고통
회독 ✓ Check ☐ ☐ ☐

0582
exacerbate＊　　[igzǽsərbèit]

[타] (문제 등을) 악화시키다

[유] aggravate, worsen

ex(강조)+acerb(bitter)+ate(동) → 더 쓰라리게 만들다
exacerbation [명] 악화

- The shutdown of the factory would only **exacerbate** the unemployment problem. 그 공장의 폐업은 실업 문제를 **악화시킬** 뿐이다.

0583
deteriorate＊＊　　[ditíəriərèit]

[자] 악화되다, 더 나빠지다

[유] degenerate, worsen
[반] ameliorate, enhance (개선하다)

deterior(lower)+ate(동)
deterioration [명] 악화, 저하

- Her health **deteriorated** to the point that she could no longer walk. 그녀의 건강은 더 이상 걸을 수 없을 정도로 **악화되었다**.

0584
sully＊　　[sʌ́li]

[타] ¹ (가치를) 훼손하다, 떨어뜨리다 ² 더럽히다

[유] ¹ tarnish

- The scandal **sullied** her reputation. 그 추문은 그녀의 명성을 **훼손했다**.
- Oil spill **sullied** the Gulf coast, coating beaches, plants, and animals with oil. 기름 유출은 멕시코 연안을 **더럽혔고**, 해변과 식물, 동물들을 기름으로 덮었다.

0585
impinge＊　　[impíndʒ]

[자] (특히 나쁜) 영향을 주다, 침해하다 《on, upon》

[유] encroach 《on, upon》

- actions which seriously **impinge** on other people's freedoms
  타인의 자유를 심각하게 **침해하는** 행위

0586
belittle＊　　[bilítl]

[타] 경시하다, 얕보다

[유] disparage, downplay

be(make)+little(작은) → 가치 등을 작게 하다

- The anonymity of the Internet allows many people to **belittle** others online. 인터넷의 익명성은 많은 사람들이 온라인상에서 다른 사람들을 **경시하게** 한다.

0587 bully**
[búli]
- 타 (약자를) 괴롭히다, 못살게 굴다 명 괴롭히는 사람, 불량배
- bullying 명 괴롭힘, 따돌림
- A 14-year-old boy has been constantly **bullied** at school.
  14살짜리 한 소년이 학교에서 지속적으로 **괴롭힘을 당했다**.

지7 | 경찰

0588 harass*
[hərǽs, hǽrəs]
- 타 ¹ 괴롭히다, 희롱하다 ² (적을) 끊임없이 공격하다
- harassment 명 괴롭힘 harassed 형 (~에) 시달리는, 잔뜩 지친
- Being **harassed** at work can leave you feeling helpless.
  직장에서 **괴롭힘을 당하는** 것은 당신을 무력하게 느끼도록 할 수 있다.

유 ¹ harry, bother, annoy, plague, afflict

MORE+ 관련어휘
- harry 타 ¹ (계속적인 질문 등으로) 괴롭히다 ² (적 등을) 계속 공격[침략]하다
- pester 타 (계속되는 부탁으로) 성가시게[귀찮게] 하다
- beset 타 (곤란, 유혹 등이) 괴롭히다, 따라다니다

0589 rankle*
[rǽŋkl]
- 자 타 신경에 거슬리다, 마음을 괴롭히다
- The joke about her family **rankled** her.
  그녀의 가족에 대한 농담이 그녀의 **신경에 거슬렸다**.

유 irritate, annoy, vex

국7

0590 scourge*
[skəːrdʒ]
- 타 고통을 주다, 괴롭히다 명 재앙, 골칫거리
- a city ravaged by the **scourge** of unemployment
  실업이라는 **재앙**으로 황폐해진 도시

유 타 afflict, plague 명 affliction

0591 excruciating*
[ikskrúːʃièitiŋ]
- 형 몹시 고통스러운, 극심한
- ex(강조)+cruci(cross)+at(e)(동)+ing(형) → 십자가에 못 박히게 하다 → 고통을 주는
- to suffer from **excruciating** headaches 극심한 두통으로 고통을 겪다

유 agonizing, torturing

기상 | 법원

0592 throes*
[θrouz]
- 명 ¹ (극심한) 고통, 진통 ² 과도기의 혼란[갈등]
- the death **throes** 죽음의 극심한 고통
- The country was in the **throes** of change.
  그 나라는 **한창 변화를 겪는** 중이었다.

유 ¹ pain
- in the throes of A
  A를 한창 겪는 중인

0593 dire*
[daiər]
- 형 대단히 심각한, 극심한
- The firm is in **dire** straits and may go bankrupt.
  그 회사는 **대단히 심각한** 위기에 처해 있고 파산할지도 모른다.

서7

유 terrible, desperate, appalling
- be in dire straits
  심각한 곤경[위기]에 처하다

DAY 13

형태, 모양 변화

- 형태, 모양 → 비스듬한, 구부러진
- 모양 변화 → 감다
- 모양 변화 → 자르다
- 정렬, 정돈
- 정점

형태, 모양

회독 ✓Check ☐ ☐ ☐

0594 국9 | 지7 | 서9 | 서7 | 경찰 | 기상 | 법원 | 사복

molecule***
[máləkjùːl]

명 분자 ⊙ particle, speck

mole(mass)+cule(명) → 아주 작은 덩어리
molecular 형 분자의, 분자로 된, 분자에 의한
- A **molecule** of water consists of two atoms of hydrogen and one atom of oxygen. 물 **분자**는 수소 원자 2개와 산소 원자 1개로 구성된다.

MORE+ 관련어휘 알갱이
- granular 형 ¹알갱이가 든 ²알갱이 모양의
- pellet 명 ¹(부드러운 것을 단단하게 뭉친) 알갱이 ²아주 작은 총알
- blob 명 ¹(작은) 방울 ²(작은) 색깔 부분

0595 지9 | 지7 | 서7 | 경찰 | 국회 | 법원 | 교통 | 사복

mo(u)ld***
[mould]

명 ¹틀, 거푸집 ²유형, 타입 ³곰팡이
타 (부드러운 재료를) 틀에 넣어 만들다

⊙ 명 ¹frame ²kind ³fungus
타 shape

- She does not fit the **mold** of a typical college professor.
  그녀는 전형적인 대학교수 **타입**은 아니다.
- a **molded** plastic chair 틀에 넣어 만든 플라스틱 의자

0596 국9 | 지7

queue**
[kjuː]

명 (차례를 기다리는 사람이나 차의) 줄, 열 자 줄을 서서 기다리다 《up》

⊙ 명 file, train

- They had to **queue** up for 2 hours for the tickets.
  그들은 표를 사기 위해 2시간 동안 줄을 서서 **기다려야** 했다.

MORE+ 관련어휘 줄, 선
- strand 명 (실, 전선, 머리카락 등의) 가닥, 올, 줄
- streak 명 (바탕을 이루는 부분과 색깔이 다른) 기다란 줄 모양의 것
- tier 명 (여러 줄, 단으로 이루어진 것의 어느 한) 줄, 단
- contour 명 ¹(사물의) 윤곽 ²등고선
- parabola 명 포물선
- osculate 자 타 (곡선 등이) 접하다, 접촉시키다
- grid 명 격자무늬
- lattice 명 격자, 격자 모양의 것

0597 국9 | 지9 | 지7 | 서7 | 서9 | 경찰 | 국회 | 법원

sphere***
[sfiər]

명 ¹구(球), 구체 ²(활동, 영향, 관심 등의) 영역

⊙ orb, globe
● be in one's sphere
  ~의 영역 내에 있다

spherical 형 구 모양의, 구체의
- The moon is almost a perfect **sphere**.
  달은 거의 완벽한 **구** 모양이다. [서9]

0598 법원

ellipse*
[ilíps]

명 타원

- The Earth orbits the sun in an **ellipse**.
  지구는 **타원**형으로 태양의 궤도를 돈다.

0599 　　　　　　　　　　　　　　　　　　　　　　　　　　　지9 | 기상

oval**
[óuvəl]

형 명 타원형(의), 달걀형(의)

유 elliptical, ovoid

ovalness 명 타원형, 달걀 모양
- An **oval** mirror was hung on the wall.
  타원형의 거울 하나가 벽에 걸려 있었다.

0600 　　　　　　　　　　　　　　　　　　　　　　　　　　　지7

cone**
[koun]

명 ¹ 원뿔 ² 원뿔형 물체

conical 형 원뿔 모양의
- a paper **cone** full of popcorn 팝콘이 가득 든 **원뿔형** 종이 통

0601

cylinder*
[sílindər]

명 ¹ 원통, 원기둥 ² 원통형 용기[통]

cylindrical 형 원통형의, 실린더형의
- huge **cylindrical** gas tanks 거대한 **원통형의** 가스탱크들

0602 　　　　　　　　　　　　　　　　　　　　　　　　　　　지7

cube**
[kju:b]

명 ¹ 정육면체 ² 《수학》 세제곱
타 ¹ (음식 재료를) 네모로 썰다 ² 세제곱하다

cubic 형 정육면체의 cubism 명 《예술》 입체파
- They are small **cubes** and each side has a different number of spots on it, ranging from one to six. 그것들은 작은 **정육면체들**로 각각의 면에 1부터 6에 이르는 서로 다른 숫자의 점들을 가지고 있다.
- The cook **cubed** a piece of cheese to put on a salad.
  그 요리사는 샐러드에 얹기 위해 치즈 조각을 **네모로 썰었다**.

MORE + 관련어휘

다면체
trihedron 명 삼면체　　　tetrahedron 명 사면체
hexahedron 명 육면체　　polyhedron 명 다면체

비스듬한, 구부러진　　　　　　　　　　　　　회독 ✓ Check ☐ ☐ ☐

0603 　　　　　　　　　　　　　　　　　　　　　　　　　　　지7 | 법원

steep**
[sti:p]

형 ¹ (언덕 등이) 가파른, 비탈진 ² (가격 등이) 터무니없는, 너무 비싼

유 ¹ abrupt　² exorbitant
반 ² moderate(적당한)

steepness 명 ¹ 가파름, 험준함 ² 엄청남 steepen 자타 가파르게 되다[하다]
- The stone rolled since it was a **steep** path.
  가파른 길이었기 때문에 돌이 굴렀다.
- The prices are just too **steep** for them. 그들에게는 물가가 너무 **비싸다**.

MORE + 관련어휘

경사
scarp 명 급경사, 가파른 비탈
beveled 형 비스듬한, 빗각의, 경사진
lopsided 형 한쪽이 처진, 한쪽으로 치우친

0604 tilt**
[tilt]

자타 ¹ 기울이다, (뒤로) 젖히다 ² (의견 등이 한쪽으로) 기울어지다
명 젖히기

지9 | 법원

유 자타 ¹ tip, incline
명 list, slant

tiltable 형 기울일 수 있는 **tilter** 명 경사지게 하는 것
- He **tilted** his head and looked sideways at her.
  그는 고개를 뒤로 **젖히고** 그녀를 곁눈질했다.

0605 skew*
[skjuː]

형 비스듬한, 비뚤어진 자 비스듬히 움직이다 타 왜곡하다

기상

유 타 misrepresent, distort

- His hat looked slightly **skew**. 그의 모자는 약간 **비뚤어져** 보였다.
- The researcher's mistake has **skewed** the results of the study.
  그 연구원의 실수가 연구 결과들을 **왜곡했다**.
- cf. **askew** 형 삐딱한, 비스듬한 부 삐딱하게

0606 arch**
[ɑːrtʃ]

명 아치형 구조물 자타 (몸이) 동그랗게 구부러지다
자 아치 모양을 그리다

서7

유 명 dome, vault
자타 curve, bend

archness 명 능글맞음, 교활 **archly** 부 능글맞게, 장난스럽게
- Tall trees **arched** over the path.
  길 위로 키 큰 나무들이 아치 모양으로 우거져 있었다.

0607 hunch*
[hʌntʃ]

자타 구부리다 명 예감, 직감

유 자타 bend, curve
명 premonition

- He **hunched** his shoulders as he headed out into the storm.
  그는 폭풍우 속으로 향할 때 어깨를 **구부렸다**.
- I have a **hunch** that she may be planning a surprise party.
  나는 그녀가 깜짝 파티를 계획하고 있을지도 모른다는 **예감**이 든다.

0608 warp*
[wɔːrp]

자타 (원래의 모습을 잃고) 휘게 하다, 뒤틀리다 타 왜곡하다
명 (베틀의) 날실

국9

유 자타 twist, contort

warpage 명 ¹ 굽힘, 뒤틀림 ² 왜곡 **warped** 형 ¹ 틀어진 ² (생각이) 비뚤어진
- The heat has **warped** the boards. 열이 판자들을 **휘게 했다**.
- Her judgement has been **warped** by her obvious dislike of him.
  그녀의 판단은 그에 대한 명백한 혐오감으로 **왜곡되었다**.

MORE+ 관련어휘 비틀다, 처지다

- thraw 자타 비틀(리)다 명 비틀림
- tweak 타 (갑자기) 잡아당기다, 비틀다 명 잡아당기기, 비틀기
- droop 자 (특히 지치거나 약해져서) 아래로 처지다, 늘어지다
- sag 자 ¹ (가운데가) 축 처지다, 늘어지다 ² (수직으로) 줄어들다
- slack 형 ¹ (느슨하게) 늘어진, 처진 명 (밧줄 등의) 느슨한[처진] 부분

0609

meander*
[miǽndər]

자 ¹(도로 등이) **구불구불하다** ²**정처 없이 거닐다**
³(대화 등이) **두서없이 진행되다**

국회

유 ² ramble, roam, stray
반 ² stay(머무르다)

meandering 형 ¹구불구불한 길 ²정처 없이 거닐기 ³두서없이 이야기하는
- The path **meanders** through the garden.
  그 길은 정원을 가로질러 **구불구불** 이어진다.
- The conversation **meandered** on for hours.
  대화가 몇 시간 동안 **두서없이** 진행됐다.

0610

winding*
[wáindiŋ]

형 **구불구불한**

유 sinuous, crooked
반 straight(곧은)

windingly 부 ¹휘어져서, 감겨서 ²복잡하게
- The roads are often narrow and **winding**.
  그 길들은 대체로 좁고 **구불구불하다**.

감다

회독 ✓Check ☐ ☐ ☐

0611

coil*
[kɔil]

자 타 (고리 모양으로) (휘)**감다** 명 (둥글게 감아 놓은) **고리, 사리**

유 자 타 twine, loop

- Mist **coiled** around the tops of the hills.
  안개가 산꼭대기 주위를 **휘감았다**.
- a **coil** of wire 전선 한 사리

0612

entwine*
[intwáin]

자 타 ¹**휘감기다, 휘감다** ²**얽히다, 얽히게 하다**

서9

유 ² entangle, intertwine

- The ivy **entwined** around the house.
  담쟁이덩굴이 그 집 주변에 **휘감겨 있었다**.
- His destiny was **entwined** with her. 그의 운명은 그녀와 **얽혀** 있었다.

0613

crook*
[kruk]

명 **갈고리 모양의 것, 굽은 것** 자 타 **구부러지다, 구부리다**

경찰 | 법원

유 자 타 flex, curve

crooked 형 구부러진, 비뚤어진
- He had to **crook** his neck to get through the door.
  그 문을 통과하기 위해 그는 목을 **구부려야** 했다.
- *cf.* annular 형 고리 모양의

0614

spire*
[spaiər]

명 ¹**소용돌이** ²(특히 교회의) **첨탑**

국9 | 법원 | 사복

유 ² steeple

spiral 형 나선형(의) 자 ¹나선형으로 움직이다 ²급등하다
- A church **spire** could be seen in the distance.
  교회의 **첨탑**이 멀리서 보였다.
- There was a **spiral** staircase in her luxurious house.
  그녀의 호화로운 집에는 **나선형의** 계단이 있었다.

0615
undulate* [ʌ́ndʒulèit]
- 자 파도 모양을 이루다
- 유 wave, surge

undulation 명 파도 모양, 기복
- The surface of the lake **undulated** gently.
  호수 표면이 잔잔하게 **파도 모양을 이루었다**.

0616
ripple* [rípl]
- 명 잔물결, 파문 자타 잔물결이 일다, 잔물결을 일으키다

ripply 형 잔물결이 이는, 파문이 있는
- A soft breeze made **ripples** on the lake.
  부드러운 바람이 호수에 **잔물결**을 일으켰다.

모양 변화   회독 ✓Check ☐ ☐ ☐

0617
crumple* [krʌmpl]
- 자타 구기다, 구겨지다
- 자 ¹ (얼굴이) 일그러지다 ² (의식을 잃어서) 쓰러지다
- 유 자타 rumple

crumply 형 구김이 가기 쉬운
- He **crumpled** the letter up into a ball and threw it on the fire.
  그는 그 편지를 동그랗게 **구겨서** 불 위로 던졌다.
- She **crumpled** up in agony. 그녀는 몹시 괴로워하며 **쓰러졌다**.

0618
outstretch* [àutstrétʃ]
- 타 ¹ 펴다, 뻗다 ² 확장하다
- 유 ¹ flatten ² expand, extend

out(out)+stretch(늘이다)
outstretched 형 (신체의 일부가) 쭉 뻗은
- A bird was eating crumbs from his **outstretched** hand.
  새 한 마리가 그가 **편** 손에 있는 빵 부스러기들을 먹고 있었다.

MORE+ 관련어휘 펴다, 펼치다
- waft 자타 (공중에서 부드럽게) 퍼지다 명 한 줄기 냄새
- unfurl 자타 ¹ (동그랗게 말린 것이) 펼쳐지다 ² 펴지다, 펴다
- splay 자타 (손가락, 다리 등을) 벌리다, 펴지다

0619   국회
billow* [bíloᴜ]
- 자 ¹ (바람에) 부풀어 오르다 ² (연기 등이) 피어오르다
- 명 자욱하게 피어오르는 것
- 유 자 ¹ balloon, belly

billowy 형 크게 굽이치는, 물결이 높은, 소용돌이치는
- The sails on the boat **billowed** in the wind.
  배의 돛들이 바람에 **부풀어 올랐다**.
- Smoke was **billowing** from the chimney.
  연기가 굴뚝에서 **피어오르고** 있었다.

0620
bloat*
[blout]

자타 ¹(특히 보기 싫게) 부풀다, 부풀게 하다 ²붓다, 붓게 하다

유 ¹inflate, swell

- His features had been **bloated** by years of drinking.
  그의 이목구비는 수년간의 음주로 **부어** 있었다.

0621
bulge*
[bʌldʒ]

서9 | 기상

자타 ¹부풀다, 부풀리다 ²불룩해지다, 불룩하게 하다
명 ¹부풂 ²불룩함

유 자타 ²protrude, project
반 명 ²hollow(움푹한 곳)

bulgy 형 ¹부푼 ²불룩한 **bulging** 형 불거져 나온
- The sack **bulges** with oranges. 그 자루는 오렌지로 **불룩하다**.

MORE+ 관련어휘 불룩한 것
chunk   명 ¹(두툼한) 덩어리 ²상당히 많은 양 **chunky** 형 두툼한
lump   명 ¹덩어리 ²다량, 듬뿍 ²한 무더기로 타 한 덩어리로 만들다
cloddish 형 ¹흙덩어리 같은 ²둔감스러운

0622
furrow*
[fə́ːrou]

서7

명 ¹고랑, 골 ²(얼굴의) 깊은 주름 타 ¹고랑을 만들다
자타 찡그리다

furrowy 형 주름살이 많은
- regular **furrows** in a ploughed field
  쟁기로 갈아 놓은 들판의 규칙적인 **고랑들**
- When she heard the bad news, she **furrowed** her brow.
  나쁜 소식을 들었을 때 그녀는 미간을 **찡그렸다**.

0623
shatter**
[ʃǽtər]

기상

자타 산산이 부서지다, 산산조각 내다 타 엄청난 충격을 주다

- **shatter** into A A로 깨지다

shattered 형 ¹엄청난 충격을 받은 ²완전히 지친
- My regal aura was **shattered**. 나의 장엄한 기품은 **산산조각이 나버렸다**. [기상]

자르다
회독 ✓Check ☐ ☐ ☐

0624
sever*
[sévər]

타 ¹절단하다, 잘라내다 ²(관계 등을) 끊다, 단절하다

유 ¹detach, split ²disconnect
반 ¹join(결합하다)

se(apart)+ver(prepare) → 떨어뜨리는 것을 준비하다
severance 명 ¹단절 ²해고
- Her finger was **severed** in an accident.
  사고로 그녀의 손가락이 **절단되었다**.
- The two countries have **severed** all diplomatic links.
  그 두 국가는 모든 외교 관계를 **단절했다**.

0625 shred*
[ʃred]

기상

타 ¹ (갈가리) 찢다, 자르다 ² 채를 썰다
명 ¹ (가늘고 작은) 조각 ² 아주 조금

유 명 ¹ piece, scrap ² particle
• in shreds 누더기처럼 너덜너덜 해진

shredder 명 파쇄기
• She was accused of **shredding** documents relating to the case. 그녀는 그 소송에 관련된 서류들을 갈가리 찢었다는 혐의를 받았다.
• **shreds** of paper 종잇조각들

0626 hack*
[hæk]

국7 | 경찰 | 국회 | 기상

자 타 ¹ (마구) 자르다, 난도질하다 ² 해킹하다
명 (특히 칼 같은 것으로) 내려치기

유 자 타 ¹ cut, chop, mangle

hacker 명 《컴퓨터》 해커
• Four people were **hacked** to death in Wichita, Kansas over a two-week period. Kansas주 Wichita시에서 사람 네 명이 2주에 걸쳐 **난도질당해** 죽었다. [기상]
• He **hacked** into the bank's computer. 그는 그 은행의 컴퓨터를 **해킹했다**.

0627 amputate*
[æmpjutèit]

타 (수술로) 절단하다

유 sever
반 join(접합하다)

amputation 명 절단 (수술) **amputator** 명 절단기
• Doctors were scheduled to **amputate** his left leg. 의사들은 그의 왼쪽 다리를 **절단할** 계획이었다.
• She lived only hours after the **amputation**. 그녀는 **절단** 직후 몇 시간만 살아 있었다.

0628 clipping*
[klípiŋ]

명 ¹ 잘라낸 조각 ² (신문, 잡지의) 오려 낸 기사

유 ¹ cutting, part

clippingly 뷔 깎아내듯이, 베어내면서
• He showed me a **clipping** about the flood. 그는 내게 홍수에 대한 **오려 낸 기사**를 보여줬다.

MORE+ 관련어휘 갈라진 틈
crack 명 ¹ (무엇이 갈라져 생긴) 금 ² (좁은) 틈 자 타 갈라지다, 금이 가다
fissure 명 (특히 암석, 지면에) 길게 갈라진 틈
swath 명 낫을 휘둘러 한 줄로 베어나간 자리
tenuous 형 ¹ 얇은, 가는 ² (공기 등이) 희박한 ³ 빈약한

0629 segment**
[ségmənt]

국9 | 지9 | 국회

명 ¹ 부분 ² 한 쪽[조각] 타 나누다, 분할하다

유 명 ¹ part ² piece, section
반 명 ¹ whole(전체)

segmentation 명 분할, 분할된 부분 **segmental** 형 (음의) 분절의
• Market researchers often **segment** the population on the basis of age and social class. 시장 조사자들은 인구를 흔히 연령과 사회 계층을 기반으로 **나눈다**.

정렬, 정돈

회독 ✓Check ☐ ☐ ☐

0630
국9 | 지7 | 서9 | 서7 | 경찰 | 기상 | 법원 | 사복

adjust*** [ədʒʌ́st]

태 ¹ 정돈하다 ² 조정하다, 조절하다 자태 적응하다

유 태 ² alter, reform
자태 adapt

adjustment 명 조정, 수정 ² 적응 adjustable 형 조절 가능한
- to **adjust** the volume of music 음악의 볼륨을 **조절하다** [서7]
- It took him a while to **adjust** to living alone.
  그는 혼자 사는 것에 **적응하는** 데는 한참이 걸렸다.

MORE+ 관련어휘

세심한
- fastidious 형 ¹ 세심한, 꼼꼼한 ² 깔끔을 떠는, 까다로운
- meticulous 형 세심한, 꼼꼼한(= careful)
- scrupulous 형 ¹ 세심한, 꼼꼼한 ² 양심적인

0631
지9

abreast* [əbrést]

부 나란히, 병행하여

유 beside
- keep abreast of ~
  ~의 최근 정황을 잘 알아두다

a(in)+breast(breast) → 가슴의 위치가 같게
- The path was wide enough for two people to walk **abreast**.
  그 길은 두 사람이 **나란히** 걸을 만큼 충분히 넓었다.

0632

congruous* [káŋgruəs]

형 ¹ 일치하는, 조화하는 ² 적합한, 적당한

반 ² unsuitable (부적당한)

- a **congruous** room to work in 일하기에 **적합한** 공간

0633
경찰

incongruous* [inkáŋgruəs]

형 (특정한 상황에) 어울리지 않는, 부적당한

유 discordant, inharmonious

in(not)+con(together)+gru(fall)+ous(형)
- The coat looked **incongruous** with the black dress she wore underneath. 그 코트는 그녀가 안에 입은 검은 드레스와 **어울리지 않아** 보였다.

0634

tuck* [tʌk]

태 ¹ (끝부분을 단정하게) 밀어 넣다, 접다 ² (작은 공간에) 끼워 넣다
명 (옷의) 주름, 단

유 태 ¹ stuff ² slip
명 gather

tucker 명 음식
- He **tucked** his shirt into his pants. 그는 셔츠를 바지 속으로 **밀어 넣었다**.
- The letter had been **tucked** under a pile of papers.
  그 편지는 서류 더미 아래 **끼워져 있었다**.

0635

cram* [kræm]

자태 (좁은 공간에) 밀어[채워] 넣다 태 벼락치기 공부를 하다
명 벼락치기 공부

유 자태 stuff, pack, crowd, jam, fill

- Before the trip I **crammed** my head with information about Spain. 여행 전에 나는 Spain에 관한 정보를 내 머리에 **채워 넣었다**.
- He's **cramming** for the exam tomorrow.
  그는 내일 시험을 위해 **벼락치기 공부를 하고** 있다.

0636 서9

lousy*
[láuzi]

형 1 몹시 더러운 2 엉망인, 형편없는

유 2 awful, terrible

lousiness 명 몹시 더러움   lousily 부 몹시 더럽게
- a **lousy** room with rats 쥐들이 있는 **몹시 더러운** 방
- She got **lousy** grades in high school.
  그녀는 고등학교 시절에 **형편없는** 성적을 받았다.

0637

filthy*
[fílθi]

형 아주 더러운   부 대단히, 매우

유 형 dirty, foul
반 형 clean(깨끗한)

filthiness 명 더러움, 불결함   filth 명 오물   filthily 부 더럽게, 불결하게
- The whole house is absolutely **filthy**. 온 집안이 너무도 **더럽다**.
- **Filth** breeds disease and vermin. 오물은 질병과 해충을 발생시킨다.

정점

회독 ✓Check ☐ ☐ ☐

0638 지7

zenith*
[zíːniθ]

명 1 정점, 절정 2 《the ~》 천정(天頂)

유 1 peak, apex
- be in[at] one's zenith 정점에 자리하다

zenithal 형 정점의, 절정의
- In 1977, punk was at its **zenith**. 1977년에 펑크 음악은 **정점**에 있었다.

0639 국7 | 지7

pinnacle*
[pínəkl]

명 1 정점, 절정 2 작은 첨탑

유 1 apex, culmination, peak
반 1 nadir(최저점)
- reach a pinnacle 최고의 자리에 이르다

pinnacled 형 1 높은 곳에 있는 2 첨탑이 있는
- His career reached its **pinnacle** when he won the championship. 그가 챔피언이 되었을 때 그의 경력은 **정점**에 이르렀다. [지7]
- jagged **pinnacles** 뾰족뾰족한 작은 **첨탑들**

MORE+ 관련어휘   '뾰족한' vs. '뭉툭한'
- spike   명 못, (못 같이) 뾰족한 것
- hump   명 (특히 지면에) 툭 솟아오른 곳
- hubble   명 (얼음 위나 도로의) 작은 둔덕, 돌출
- blunt   형 무딘, 뭉툭한

0640 지7

nadir*
[néidər]

명 (어떤 상황에서) 최악의 순간

- The defeat was the **nadir** of her career.
  그 패배는 그녀의 경력에서 **최악의 순간**이었다.

0641 서9 | 경찰

(a)meliorate*
[(ə)míːljərèit]

타 개선하다

유 mend, improve, reform, enhance
반 aggravate, deteriorate (악화시키다)

amelioration 명 개량, 개선
- the responsibility for **ameliorating** income inequality
  소득 불평등을 **개선하는** 책임

DAY 14

숫자, 시간

숫자, 수학

회독 ✓Check ☐ ☐ ☐

0642　　　　　　　　　　　　　　　　　　　　　　　　　　　기상
digit*
[dídʒit]
명 ¹ (0에서 9까지의 아라비아) 숫자 ² 손가락, 발가락
- a four-**digit** number 네 자릿수

0643　　　　　　　　　　　　　　　　　　　　　　　　　　　지9
arithmetic*
[ərίθmətik]
명 산수, 연산
- **arithmetic** calculations 산술 연산 [지9]

0644　　　　　　　　　　　　　　　　　　　　　국7 | 지7 | 교행
reckon*
[rékən]
타 ¹ 계산[추산]하다 ² (~이라고) 생각하다 ³ 여겨지다 ⁴ 예상하다
- Losses were **reckoned** to be over a million dollar.
  손실액은 백만 달러 이상으로 **추산되었다**.
- Concert seasons are usually **reckoned** from the fall through the spring. 콘서트 시즌은 보통 가을부터 봄까지로 **여겨진다**. [교행]

• reckon A up
  A를 모두 합하다[합산하다]
• reckon on A
  (어떤 일이 있을 것으로) A를 예상하다

0645
binary*
[báinəri]
형 《수학, 컴퓨터》 2진법의   명 2진법
bin(two)+ary(형|명)
- the **binary** system 2진법

0646　　　　　　　　　　　　　　　　　　　　　　　　　　　교행
quotient*
[kwóuʃənt]
명 ¹ 《수학》 (나눗셈에서의) 몫 ² 지수
- When six is divided by three, the **quotient** is two.
  6을 3으로 나누면 **몫**은 2가 된다.
- intelligence **quotient** 지능지수

0647
radius*
[réidiəs]
명 ¹ 반지름 ² (행동 등의) 반경, 범위
- More than 100,000 students live within a 10-mile **radius** of the university. 10만 명 이상의 학생들이 그 대학에서 **반경** 10마일 이내에 살고 있다.

0648
calculus*
[kǽlkjuləs]
명 《pl. calculi》 미적분학
- Her mathematics knowledge extends well beyond **calculus**.
  그녀의 수학적 지식은 **미적분학**을 훨씬 더 뛰어넘는다.

0649　　　　　　　　　　　　　　국9 | 지9 | 지7 | 서9 | 법원 | 사복
quarter***
[kwɔ́ːrtər]
명 ¹ 4분의 1 ² 15분 ³ 1분기, 3개월 ⁴ (도시 내의) 구역, 지구
- A **quarter** of the class voted "no." 학급의 **4분의 1**이 '반대'에 투표했다.
- the historic **quarter** of the city 그 도시에서 역사적으로 유명한 **지역**

0650
tenfold*
[ténfould]
형 10배의, 10겹의 부 10배로, 10겹으로
- Paying for World War I had led to a **tenfold** increase in the national debt. 1차 세계대전의 비용 문제로 인해 국가 부채가 **10배** 증가하였다. [국9]

0651
manifold*
[mǽnəfòuld]
형 1 (수가) 많은 2 여러 가지의
- the country's **manifold** problems 그 나라의 **많은** 문제들

0652
trillion**
[tríljən]
명 1 1조 2 엄청난 양[수]
- We could see **trillions** of stars in the sky. 우리는 하늘에서 **엄청난 수의** 별들을 볼 수 있었다.

MORE+ 관련어휘
twain 명 둘 자타 둘로 나누다
tertiary 형 제3의, 셋째의
tertian 형 (열, 통증 따위가) 사흘마다 일어나는
ternary 형 셋으로 이루어지는

많음, 적음

0653
countless**
[káuntlis]
형 무수한, 셀 수 없이 많은
- Second-hand smoke affects **countless** innocent people. 간접흡연은 **무수한** 죄 없는 사람들에게 영향을 끼친다. [지9]

유 innumerable, infinite, incalculable, limitless, endless

0654
multitude*
[mʌ́ltitjùːd]
명 1 아주 많은 수, 다수 2 일반 대중 3 군중
multi(many)+tude(명) → 많은 것이 모인 상태
multitudinous 형 무수히 많은, 다수의
- a **multitude** of possibilities 다수의 가능성
- to feed the starving **multitudes** 굶주린 **일반 대중**을 먹여 살리다

유 3 throng
- cover[hide] a multitude of sins 안 좋은 사정[사실들]을 숨기다

0655
aplenty*
[əplénti]
형 (필요 이상으로) 많은
- He has faced upheavals **aplenty** in his life. 그는 삶에서 **많은** 격변을 겪어 왔다.

0656
preponderant*
[pripándərənt]
형 (수적으로) 우세한, 압도적인
preponderance 명 (수량, 세력 등이) 우세함, 더 많음
- the country's **preponderant** power 그 나라의 **우세한** 권력

0657 국회

bulk* [bʌlk]

명 ¹ 큰 규모, 많은 양 ² (~의) 대부분 ³ 육중한 것
자|타 부피가 커지다 《up》

- The **bulk** of the population lives in cities. 인구의 **대부분**이 도시에 산다.

• bulk A up
  A를 더 크게 만들다

0658 국9

surplus** [sə́ːrpləs]

명 ¹ 과잉 ² 흑자   형 과잉의, 잉여의

sur(over)+plus(more)
- There is a **surplus** of workers and not enough jobs.
  노동력은 **과잉**이고 일자리는 부족하다.
- The balance of payments was in **surplus** last year.
  작년에는 수지가 **흑자**였다.

반 명 ² deficit(적자)
• in surplus
  여분으로, 남아서
• surplus to A
  A에 남는

0659

glut* [glʌt]

타 (시장에 물건을) 과잉 공급하다   명 차고 넘침, 과잉

- a **glut** of oil on the world market 세계 시장에서 석유의 **과잉**

유 명 surfeit
반 명 shortage(부족)

0660

disgorge* [disɡɔ́ːrdʒ]

타 ¹ 쏟아내다 ² 방출하다, 배출하다

- The pipe **disgorges** sewage into the sea.
  그 하수관이 바닷속으로 오수를 **쏟아낸다**.

• disgorge into A
  A로 배출하다

0661 국7

scant* [skænt]

형 부족한, 불충분한   타 아까워하다, 몹시 아끼다

scanty 형 ¹ 얼마 안 되는, 불충분한 ² 겨우 자라는
- She drew improper conclusions from the **scant** evidence.
  그녀는 **불충분한** 증거만 가지고 적절치 못한 결론을 도출해냈다.

0662 경찰 | 사복

sparse* [spɑːrs]

형 (인구 등이) 희박한, 성긴

- the **sparse** population of the islands 그 섬들의 **희박한** 인구 밀도

MORE+ 관련어휘

myriad	명 무수히 많음 형 무수한
unduly	부 지나치게, 과도하게
burgeoning	형 (인구, 수요 등이) 급증하는, 급성장하는
copious	형 ¹ 엄청난 양의, 막대한 ² 내용이 풍부한
fraught	형 ¹ ~ 투성이의 ² 걱정스러운, 난처한
modicum	명 소량, 근소
paucity	명 부족, 결핍
trifle	명 ¹ 소량, 근소한 금액 ² 사소한 일, 하찮은 것

시대

0663 era**
[íərə]
국7 | 지7 | 서9 | 법원 | 사복

명 1 (역사, 정치상의) 시대, 연대
2 (지리) (지질 시대의 한 부분을 나타내는) -대(代)

- the Victorian **era** Victoria 여왕 시대

0664 epoch*
[épək]
국7

명 (중요한 사건이 일어난) 시대

epochal 형 1 신기원의 2 획기적인

- The death of the emperor marked the end of an **epoch** in the country's history. 그 황제의 죽음은 그 나라 역사에서 한 시대의 종결을 나타내는 것이었다.
- an **epochal** invention 획기적인 발명

0665 interglacial*
[ìntərgléiʃəl]

형 《지질》 간빙기(間氷期)의, 두 빙하 시대 중간의 명 간빙기

- We have enjoyed 12,000 years of climate peace since the last shift from a glacial age to an **interglacial** one. 우리는 빙하 시대에서 간빙기로의 마지막 변화 이후 12,000년 동안 기후 평화를 누려왔다.

0666 mesozoic*
[mèzəzóuik]
서7

형 《M-》 중생대의 명 《the M-》 중생대

- the **Mesozoic** era 중생대

0667 pal(a)eolithic*
[pèiliəlíθik]

형 《P-》 구석기 시대의, 구석기의

- The museum has **Paleolithic** tools made 200,000 years ago. 그 박물관은 20만 년 전에 만들어진 구석기 시대의 도구를 소장하고 있다.

0668 neolithic*
[nìːəlíθik]

형 《N-》 신석기 시대의, 신석기의

- During **Neolithic** times, agriculture was born. 신석기 시대에 농업이 생겨났다.

시간의 흐름

0669 span**
[spæn]
지7 | 경찰 | 기상 | 법원

명 1 기간, 시간 2 범위 3 다양성
타 1 (얼마의 기간에) 걸쳐 이어지다 2 가로지르다

- I worked with him over a **span** of six years. 나는 6년의 기간에 걸쳐 그와 함께 일했다.

DAY 14 189

0670
elapse*
[ilǽps]

자 (시간이) 흐르다, 경과하다

- Many years **elapsed** before they met again.
  수년이 흐른 뒤에야 그들은 다시 만났다.

pass by, go by

0671
coeval*
[kouí:vəl]

형 같은 시대의, 나이[시작 시기]가 같은 명 같은 시대의 사람[것]

co(together)+ev(time)+al(형)(명)

- The industry is **coeval** with the construction of the first railways. 그 산업은 첫 철도 건설과 같은 시기에 시작되었다.

- coeval with A
  A와 같은 시대의

0672
concomitant*
[kɑnkɑ́mətənt]

형 동시에 일어나는, 수반되는 명 수반되는 일, 부수물

con(together)+comit(companion)+ant(형)(명)

- The drug's risks increase with the **concomitant** use of alcohol.
  술과 **동시에** 이용하면 약물의 위험이 증가한다.
- hunger, a lack of education, and other **concomitants** of poverty
  굶주림, 교육의 결여 그리고 가난의 다른 **부수물들**

유 (형) attendant, collateral

0673
long-lasting**
[lɔ́(:)ŋlǽstiŋ]

형 오래 지속되는

- a **long-lasting** friendship 오래 지속되는 우정

유 durable

0674
eternal**
[itə́:rnl]

형 ¹영원한, 영구적인 ²끊임없는

- Church members express a belief in **eternal** life after death.
  교회 신도들은 사후의 **영원한** 삶에 대한 믿음을 표현한다.

유 ¹everlasting, constant, permanent, perpetual
²constant

0675
interim*
[íntərəm]

형 ¹임시의, 중간의 ²잠정적인 명 한동안, 잠시

- an **interim** report 중간보고
- Eventually an **interim** agreement on arms control was reached.
  마침내 무기 통제에 관한 **잠정적인** 합의가 이루어졌다.

유 ²provisional
- in the interim
  그 동안[사이]에

0676
transitory*
[trǽnsətɔ̀:ri]

형 일시적인, 덧없는

transit(통과)+ory(형) → 통과해 버리는 → 머무르지 않는

- The headache was **transitory** and she didn't take it seriously.
  두통이 **일시적**이어서 그녀는 그것을 심각하게 받아들이지 않았다.

유 temporary, ephemeral, transient, momentary, impermanent

0677
sporadic(al)*
[spərǽdik(əl)]

형 산발적인, 이따금 발생하는

- **Sporadic** uprisings continued until the collapse of Tsarist Russia in 1917. **산발적인** 폭동이 1917년에 제정 러시아가 붕괴할 때까지 계속되었다. [지9]

유 occasional, irregular, infrequent

0678
brink* [briŋk]
형 1 (어떤 상황이 발생하기) 직전 2 (벼랑, 강가의) 가장자리, 끝

- Scientists are on the **brink** of making a major new discovery.
  과학자들이 새로운 중대 발견을 하기 **직전**에 있다.

유 2 edge, verge, border, boundary, margin
- on[at] the brink of A A의 직전에

0679
overdue* [òuvərdjúː]
형 1 연체된, 기한이 지난 2 벌써 행해졌어야 할, 이미 늦어진

- These books are a week **overdue**. 이 책들은 일주일 **연체되었다**.
- **overdue** reforms 벌써 이뤄졌어야 할 개혁

유 1 delayed, delinquent

0680
belated* [biléitid]
형 뒤늦은

- a **belated** birthday present 뒤늦은 생일 선물

MORE + 관련어휘

erstwhile	형 이전의, 지금까지의
heretofore	부 지금까지는, 이전에는
hitherto	부 1 지금까지 2 그때까지
henceforth / henceforward	부 ~ 이후로 죽, 앞으로
partway	부 1 도중까지, 도중에서 2 어느 정도

오래된 것

0681
antique** [æntíːk]
명 (귀중한) 골동품 형 1 골동품인 2 고풍의

anti(before)+que(appearance) → 물건들의 예전 모습

- Priceless **antiques** were destroyed in the fire.
  그 화재로 대단히 귀중한 **골동품들**이 소실되었다.

0682
antiquated* [æntikwèitid]
형 (생각이나 물건이) 구식인

- the **antiquated** central heating system 구식인 중앙난방 시스템

유 obsolete, outdated, archaic

0683
hackneyed* [hǽknid]
형 낡은, 진부한

- She writes **hackneyed** stories for a local newspaper.
  그녀는 지방 신문에 **진부한** 기사를 기고한다.

0684 cliché / cliche* 명 상투적인 문구 (사용)
[kliːʃéi]

clichéd 형 상투적인, 낡은 투의
- She trotted out the old **cliché** that "a trouble shared is a trouble halved." 그녀는 '어려움은 나누면 반으로 줄어든다'라는 케케묵은 **상투적인 문구**를 거창하게 내뱉었다.

0685 arch(a)eology** 명 고고학
[ὰːrkiάlədʒi]

archeo(ancient)+logy(study)
- university research on **archeology** 대학의 고고학 연구

0686 archaic* 형 ¹낡은, 폐물이 된 ²구식의 ³고대의
[ɑːrkéiik]

- an **archaic** expression 낡은 표현
- These **archaic** relics show the life of primitive man well. 이들 고대 유물들은 원시인의 생활을 잘 보여준다.

0687 seedy* 형 ¹낡은, 초라한 ²(평판 등이) 지저분한, 더러운 ³씨가 많은
[síːdi]

유 ¹dilapidated ²sordid

seediness 명 ¹초라함 ²씨가 많음
- He was wearing an old and **seedy** suit. 그는 오래되고 **낡은** 양복을 입고 있었다.
- The book exposes the **seedy** underbelly of our society. 그 책은 우리 사회의 **더러운** 이면을 드러낸다.

0688 retro* 형 명 (패션, 음악 등이) 복고풍(의), 재유행(의)
[rétrou]

- The song has a simple, **retro**-style melody. 그 노래는 단순한 **복고풍**의 멜로디를 가지고 있다.

0689 obsolete* 형 더 이상 쓸모가 없는, 구식의
[ὰbsəlíːt]

유 out of date, old-fashioned, passe
반 up to date (최신식의)

ob(against)+solete(to be used)
- An alternative apparatus might replace the cell phone soon and make it **obsolete**. 대체 가능한 기계가 곧 휴대전화를 대신하여 그것을 **쓸모없게** 만들지도 모른다. [지9]

0690 fossil*** 명 ¹화석 ²(고루한 사고방식을 지닌) 늙은이
[fɑ́sl]

fossilize 자 타 ¹화석화하다 ²(생각 등이) 경직되다 **fossilization** 명 화석화
- Burning **fossil** fuels is one of the leading causes of climate change. 화석 연료를 태우는 것은 기후 변화의 주요 원인 중 하나이다. [지9]
- Bone **fossilization** is the process by which minerals slowly replace the organic content of the bones of a dead animal. 뼈 **화석화**는 죽은 동물 뼈의 유기물을 미네랄이 천천히 대체하는 과정이다. [교행]

DAY 15

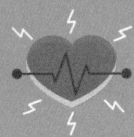

신체, 생명 유지

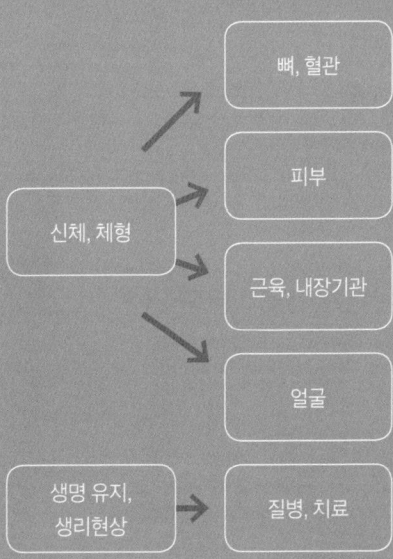

신체, 체형

회독 ✓Check ☐ ☐ ☐

0691 국9 | 서9 | 경찰 | 사복

flesh**
[fleʃ]
명 ¹ (사람, 동물의) 살, 고기 ² 과육 ³ 피부, 살결

- excessive hunting for animal's **flesh** and hide
  동물의 **고기**와 가죽을 위한 과도한 사냥 [사복]

0692 서9 | 경찰

belly**
[béli]
명 ¹ 배 ² (사물의) 볼록한 부분 자 (돛 등이) 불룩해지다, 부풀다

유 명 ¹ stomach, gut

- I was able to defend myself from the assailant by giving him a swift kick in the **belly**. 나는 그의 **배**를 재빠르게 발로 차서 공격자로부터 스스로를 방어할 수 있었다. [경찰]

0693 국7

navel*
[néivəl]
명 배꼽

유 belly button, tummy button

- He had a stomach pain and rubbed his **navel**.
  그는 배가 아파서 **배꼽**을 문질렀다.

MORE+ 관련어휘   기타 신체 부위

somatic	형 신체의, 육체의
cerebral	형 ¹ 뇌의 ² 지적인, 이지적인
bosom	명 (여자의) 가슴 (부위) 형 절친한
armpit	명 겨드랑이
buttock	명 엉덩이
thigh	명 넓적다리, 허벅다리

0694 기상

physique*
[fizí:k]
명 (사람의) 체격

유 build

- a muscular male **physique** that features little body fat
  체지방이 거의 없는 근육질의 남성 **체격** [기상]

0695 국9 | 지9 | 지7 | 서9 | 국7 | 국회 | 기상 | 법원 | 사복

obesity***
[oubí:səti]
명 비만, 비대

유 corpulence, overweightness, fatness

obese 형 (사람이) 비만인, 뚱뚱한

- High-fat foods are a source of the increasing **obesity** rate.
  고지방 음식은 증가하는 **비만율**의 한 원인이다. [지7]

0696

stout*
[staut]
형 ¹ (사람이) 통통한 ² 튼튼한 ³ 용감한, 굳센

유 ² sturdy, robust

- She became **stout** as she grew older. 그녀는 나이가 들면서 **통통해졌다**.
- He put up a **stout** defence in court. 그는 법정에서 **용감하게** 항변을 펼쳤다.

0697

chubby*
[tʃʌ́bi]
형 통통한, 토실토실한

- a baby with **chubby** cheeks 볼이 **통통한** 아기

0698 slender**
[sléndər]

서7 | 경찰 | 국회 | 기상

[형] ¹ 날씬한, 호리호리한 ² 가느다란 ³ 빈약한

유 ¹ slim

- Anorexia nervosa is found only in cultures that idealize **slender** female bodies. 거식증은 **날씬한** 여성의 몸을 이상화하는 문화에서만 발견된다. [기상]

MORE+ 관련어휘

기타 체형
- rotund   [형] (살이 쪄서) 통통한, 둥실둥실한
- plump   [형] ¹ 통통한, 포동포동한 ² (물건, 과일이) 볼록한, 속이 꽉 찬
- flabby   [형] ¹ (군살이) 축 늘어진 ² 무기력한, 힘없는

뼈, 혈관

회독 ✓Check ☐ ☐ ☐

0699 skeleton**
[skélətn]

국7 | 경찰 | 기상 | 교행

[명] ¹ 뼈대, 골격 ² 해골   [형] (인원 등의) 최소한도의

- The **skeleton** supporting the ancient shark's gills is completely different from that of a modern shark's. 고대 상어의 아가미를 받치는 **뼈대**는 현대의 상어의 것과는 완전히 다르다. [국7]
- We'll be operating with a **skeleton** staff during the holiday. 우리는 휴일 동안 **최소한의** 직원들로 운영할 것이다.

0700 skull*
[skʌl]

지9 | 교행

[명] 두개골, 해골

유 cranium

- fossils of early primates' teeth and **skulls**
  초기 영장류의 치아와 **두개골** 화석 [교행]

0701 knuckle*
[nʌkl]

기상

[명] 손가락 관절[마디]

- Raising his right hand, he laid the **knuckle** of his index finger against his chin. 그는 오른손을 들어 검지 **마디**를 자신의 턱에 갖다댔다.
- She **knuckled** down to some hard work and finally got her promotion. 그녀는 **열심히 일하기 시작했고** 결국 승진하였다.

● knuckle down (to A) (A를) 열심히 하기 시작하다

0702 spine**
[spain]

경찰

[명] ¹ 척추, 등뼈 ² (식물 등의) 가시

유 ¹ backbone

- Anthropologists say that the first animals with a **spine** lived 500 million years ago. 인류학자들은 **척추**를 가진 최초의 동물들이 5억 년 전에 살았다고 말한다. [경찰]

0703 sprain*
[sprein]

[타] (팔목, 발목 등을) 삐다, 접지르다   [명] 염좌, 접질림

유 wrench, twist

- He left in a wheelchair after **spraining** an ankle.
  그는 발목을 **삐고** 나서 휠체어로 신세를 졌다.

0704
artery** [άːrtəri]
기상 | 법원

명 1 동맥 2 (도로 등의) 간선

- If an **artery** that supplies blood to your heart becomes blocked, you can have a heart attack. 만약 심장으로 피를 공급하는 **동맥**이 막히게 되면, 당신은 심장마비가 올 수도 있다.

0705
vein** [vein]
국7 | 국회 | 법원

명 1 정맥 2 (식물의) 잎맥 3 방식, 태도

venous 형 정맥의, 정맥에 있는
- I felt the adrenaline coursing through my **veins** as I passed the finishing line. 나는 결승선을 지날 때 아드레날린이 내 **정맥**을 따라 흐르는 것을 느꼈다.
- in a similar **vein** 비슷한 **방식**으로 [국회]

cf. capillary 명 모세혈관

0706
h(a)emorrhage* [hémərɪdʒ]

명 1 출혈 2 자산 손실 자 1 출혈하다 2 큰 손실을 보다

- a cerebral **hemorrhage** 뇌출혈
- The business has been **hemorrhaging** money for several months. 그 사업은 몇 달간 큰 금전 손실을 보고 있다.

cf. stanch 타 (출혈을) 멎게 하다, (상처를) 지혈하다 자 출혈이 멎다

0707
lymph* [limf]
국7

명 림프, 임파(액)

- Surgically removing tumors can be successful if the cancer has not yet spread to the vital parts like the **lymph** nodes. 수술로 종양을 제거하는 것은 암이 아직 **림프**절과 같은 중요 부위로 전이되지 않았을 때 성공적일 수 있다. [국7]

0708
plasma** [plǽzmə]
서9

명 1 혈장 《혈액을 구성하는 액체 성분》 2 플라스마 《기체 상태에 높은 에너지를 가하면 원자 속의 전자가 분리되어 플라스마 상태가 됨》

- Blood is made up of **plasma**, red blood cells, white blood cells and platelets. 혈액은 **혈장**, 적혈구, 백혈구, 그리고 혈소판으로 구성된다.

피부

0709
membrane* [mémbrein]
경찰

명 1 (인체 조직의) 막 2 (식물의) 세포막

membranous 형 막의, 막을 형성하는
- mucous **membrane** (콧속, 입 안 등의) 점막

0710
dermatology*
[də̀ːrmətάlədʒi]

명 피부과학

dermatologist 명 피부과 전문의
- Laser therapy in **dermatology** is expanding rapidly.
  피부과학 분야에서 레이저 치료가 급속도로 영역을 넓히고 있다.

0711
wrinkle*
[ríŋkl]

명 주름, 구김살
자타 ¹ 주름이 지다, 주름을 잡다 ² 구김살이 생기다

유 명 crease, fold
자타 ¹ pucker
반 자타 ¹ smooth
(주름을 펴다)

wrinkly 형 주름이 있는
- There were fine **wrinkles** around his eyes.
  그의 눈가에는 잔주름이 져 있었다.

0712
freckle*
[frékl]

명 주근깨

- The brothers both had reddish hair and **freckles**.
  그 형제들은 둘 다 빨간 머리와 **주근깨**를 갖고 있었다.

0713
pore*
[pɔːr]

명 (피부 등의) 구멍, 모공   타 세세히 보다 《over》

- Skin cleansing products help remove dirt and germs from the skin surface and **pores**. 피부 클렌징 제품은 피부 표면과 **모공**에서 먼지와 세균을 없애주는 것을 도와준다.

MORE + 관련어휘
epidermis   명 피부의 표피, 상피
cutaneous   형 피부의
subcutaneous 형 피하(皮下)의

근육, 내장기관

0714
muscular**
[mʌ́skjulər]

형 ¹ 근육의 ² 근육질의, 근육이 발달한

- He was tall, lean and **muscular**. 그는 키 크고 마른 데다가 근육질이었다.

0715
cramp*
[kræmp]

명 ¹ (근육의) 경련, 쥐 ² (pl.) 위경련   타 (발달 등을) 막다, 방해하다

- to get a **cramp** in your leg 다리에 쥐가 나다
- The new regulations may **cramp** the company's financial growth. 새로운 규정들이 그 회사의 재정적 성장을 **방해할** 수도 있다.

cf. convulsion 명 ¹ 경련, 경기 ² (국가, 조직의) 격변
    convulsive 형 경련성의, 발작적인

유 명 ¹ spasm, convulsion
타 hinder, circumvent, impede

- cramp A's style
  A의 자유로운 행동을 방해하다

0716
neural[njúərəl] 형 신경(계통)의

neurology 명 신경학 **neurologist** 명 신경학자, 신경과 전문의
- Some people suffered severe **neural** damage as a result of the disease. 어떤 사람들은 그 질병의 결과로 심각한 **신경** 손상을 겪었다.
- *cf.* synapse 명 신경 접합부, 시냅스

MORE+ 관련어휘
신경(neuro)
neuron(e) 명 뉴런, 신경 세포
neuroplasticity 명 신경 가소성 《인간의 두뇌가 경험에 의해 변화되는 능력》
neuroscience 명 신경 과학

0717
organ[ɔ́ːrɡən] 지9|지7|서9|서7|경찰|국회|기상|법원

명 ¹(인체 내의) 장기, 기관 ²《악기》오르간 ³(정치적인) 기관
- new **organs** to replace damaged or worn-out ones 손상되거나 닳은 것들을 대체할 새로운 **장기들** [서7]
- the **organs** of local government 지방 정부 **기관**

0718
gut[ɡʌt] 지9|기상

명 ¹소화관 ²내장 ³직감, 본능 형 직감에 따른
타 ¹내장을 제거하다 ²(건물의) 내부를 파괴하다
- He knew he had to trust his **gut** and do what felt right. 그는 자신의 **직감**을 믿고 옳다고 생각되는 일을 해야 한다는 것을 알고 있었다.
- The building was completely **gutted** by fire. 그 건물은 화재로 **내부가** 완전히 **파괴되었다**.
- *cf.* gutless 형 배짱이 없는

0719
intestine[intéstin] 지9|법원

명 장, 창자
- the large **intestine** and the small **intestine** 대장과 소장

0720
kidney[kídni] 법원

명 신장, 콩팥
- risk of high blood pressure and **kidney** damage 고혈압과 **신장** 손상 위험 [법원]

MORE+ 관련어휘
기타 내장
bowel 명 ¹창자 ²(pl.) 내장, 장 전체
colorectal 형 결장의, 직장의
bronchus 명 《pl. bronchi》 기관지 bronchial 형 기관지의
bronchitis 명 기관지염

얼굴

회독 ✓Check ☐ ☐ ☐

0721 지7

profile**

[próufail]

명 ¹옆얼굴, (얼굴의) 옆모습 ²개요(서)
타 개요를 작성하다, 프로필을 알려주다

- An image of the President's **profile** appears on the coin.
  대통령의 **옆얼굴** 이미지가 그 동전에 나타나 있다.

0722 경찰

nasal*

[néizəl]

형 ¹코의 ²콧소리의 명 콧소리, 비음

- When people lie, more blood goes to the nose and it causes **nasal** tissue to itch. 사람들이 거짓말을 할 때, 더 많은 피가 코로 가고 그것은 **코의** 조직들이 가려워지게 만든다. [경찰]

cf. nostril 명 콧구멍

0723 지9

snore**

[snɔːr]

자 코를 골다 명 코 고는 소리

- I could hear Paul **snoring** in the next room.
  옆방에서 Paul이 코 고는 소리가 들렸다.

0724 국9 | 서9 | 경찰 | 법원

dental**

[déntl]

형 치아의, 치과의

dentist 명 치과 의사

- **Dentists** agree that brushing your teeth three times a day promotes good **dental** health. 치과 의사들은 하루에 세 번 이를 닦는 것이 좋은 **치아** 건강을 증진시킨다는 것에 동의한다. [경찰]

0725 국9 | 국7 | 지9 | 국회 | 기상 | 법원

gum***

[gʌm]

명 ¹잇몸 ²고무질, 점성 고무 ³풀 타 풀칠을 하다

- **gum** disease 잇몸 질환, 치주염
- I **gummed** the photographs onto the paper.
  나는 종이에 사진들을 풀칠해서 붙였다.

MORE + 관련어휘 | 기타 치아

jaw 명 ¹턱 ²(치아를 포함한) 입
incisor 명 앞니
molar 명 어금니
canine 명 ¹송곳니 ²개 형 개의
denture 명 틀니, 의치

생명 유지, 생리현상

회독 ✓Check ☐ ☐ ☐

0726 국회

inhale*
[inhéil]
자 타 (숨, 연기 등을) 들이마시다, 들이쉬다
⊕ breathe in

inhalation 명 흡입
- She **inhaled** the fresh country air. 그녀는 신선한 시골 공기를 들이마셨다.
- Several survivors of the fire are suffering from smoke **inhalation**. 화재의 생존자 몇 명이 연기 흡입으로 고통받고 있다.

0727

exhale*
[ekshéil]
자 타 (숨, 연기 등을) 내쉬다, 내뿜다
⊕ breathe out

exhalation 명 ¹숨을 내쉼 ²발산, 증발
- He sat back and **exhaled** deeply. 그는 뒤로 기대앉으며 깊이 숨을 내쉬었다.

0728

gasp*
[gæsp]
자 숨이 턱 막히다, 헉하고 숨을 쉬다 명 헉하는 소리
- He **gasped** as he stepped into the icy water. 그는 얼음처럼 차가운 물에 발을 들여놓으면서 헉하고 숨을 쉬었다.

0729 기상

pant**
[pænt]
자 타 (숨을) 헐떡이다, 헐떡이며 말하다 명 헐떡거림, 숨 가쁨
- The hikers were **panting** by the time they reached the top of the hill. 등산객들은 언덕 꼭대기에 도착했을 때 숨을 헐떡이고 있었다.

0730 경찰

urine**
[júərin]
명 소변, 오줌

urinate 자 소변을 보다
- to conduct a **urine** test 소변 검사를 하다

0731 국9

fart*
[fɑːrt]
자 방귀를 뀌다 명 방귀
- children **farting** in the bath 욕조에서 방귀를 뀌는 아이들

0732 기상

diarrh(o)ea*
[dàiəríːə]
명 설사
- Stress tends to set off the symptoms of **diarrhea**. 스트레스는 설사 증상을 유발하는 경향이 있다.

MORE+ 관련어휘

- slake 타 (물을 마셔) 갈증을 해소하다
- belch 자 트림하다 자 타 (연기 등을 펑펑) 내뿜다 명 트림
- burp 자 트림하다 타 트림을 시켜주다
- flatulent 형 ¹배에 가스가 찬, 속이 부글거리는 ²허풍스러운
- palpitate 자 (심장이 두려움, 흥분으로) 두근거리다, 고동치다

질병, 치료

회독 ✓Check ☐ ☐ ☐

0733 　　　　　　　　　　　　　　　　　　　　　　　　국7 | 서7 | 기상 | 법원
tumo(u)r*
[tjúːmər]
명 ¹ 종양 ² 부어오른 부분

- Removing **tumors** can be successful if the cancer has not yet spread to vital parts. 암이 아직 생명 유지에 필수적인 부위로 전이되지 않았다면 **종양**을 제거하는 것은 성공할 수 있다. [국7]

0734 　　　　　　　　　　　　　　　　　　　　　　　국7 | 지7 | 서7 | 기상 | 법원
arthritis*
[ɑːrθráitis]
명 관절염

arthritic 형 관절염의, 관절염에 걸린 명 관절염 환자
- to develop **arthritis** 관절염에 걸리다

0735 　　　　　　　　　　　　　　　　　　　　　　　국9 | 국7 | 서9 | 법원
asthma*
[ǽzmə]
명 천식

- the residents who used to mine but now suffer from **asthma** 광산에서 채굴을 했다가 지금은 **천식**으로 고통받는 주민들 [서9]

0736 　　　　　　　　　　　　　　　　　　　　　　　　국7 | 지9 | 지7
diabetes**
[dàiəbíːtis, -tiːz]
명 당뇨병

diabetic 형 당뇨병의, 당뇨병이 있는 명 당뇨병 환자
- **Diabetes** can cause people to go blind or even die. **당뇨병**으로 인해 사람들은 시력을 잃거나 심지어 죽을 수도 있다.

0737 　　　　　　　　　　　　　　　　　　　　　　　　　　서9
pneumonia*
[njuːmóunjə]
명 폐렴

pneumonic 형 ¹ 폐렴의, 폐렴이 있는 ² 폐의
- Severe acute respiratory syndrome(SARS) is a serious form of **pneumonia**. 급성호흡기증후군(SARS)은 심각한 **폐렴**의 일종이다. [서9]

cf. **pneumatic** 형 ¹ 공기가 가득한 ² 압축 공기에 의한

MORE+ 관련어휘

기타 질병
cataract	명 ¹ 백내장 ² 큰 폭포 **cataractal** 형 ¹ 백내장의 ² 급류의
abscess	명 종기, 농양
epilepsy	명 간질 **epileptic** 형 간질의, 간질이 있는 명 간질 환자
autism	명 자폐증 **autistic** 형 자폐증의
gout	명 (관절에 생기는) 통풍

0738 | 국9 | 국7 | 지9 | 지7 | 서7 | 경찰 | 기상 | 법원 | 교행 | 사복

immune***
[imjúːn]

형 ¹면역성이 있는 ²영향을 받지 않는 《to》
³~이 면제되는 《from》

유 ³ exempt

immunity 명 ¹면역력 ²면제   immunize 타 면역력을 갖게 하다
- His company seems to be **immune** to the recession.
  그의 회사는 불경기의 **영향을 받지 않는** 것처럼 보인다.
- Short-term stress can boost your productivity and **immunity**.
  단기간의 스트레스는 생산성과 **면역력**을 높일 수 있다. [법원]

MORE+ 관련어휘

immunotherapy 명 《의학》 **면역** 요법 《면역체를 체내에 주입하거나 체내에서 생산하도록 하는 치료법》

auto**immunity** 명 《의학》 자가 **면역** 《자신의 조직 성분에 대하여 면역을 일으키거나 과민성인 상태》

0739 | 서9

hygiene**
[háidʒiːn]

명 위생(법)

hygienic 형 위생적인, 위생에 좋은
- Poor **hygiene** caused many of the soldiers to get sick.
  열악한 **위생** 상태로 많은 군인들이 병에 걸렸다.

0740 | 지9 | 국회 | 기상

ointment*
[ɔ́intmənt]

명 연고

유 cream, salve

- She rubbed some **ointment** on his leg. 그녀는 다리에 **연고**를 조금 발랐다.

0741

relapse*
[riːǽps]

명 (병의) 재발, 악화   자 (안 좋은 상태로) 되돌아가다 《into》

유 명 recurrence

relapsable 형 ¹재발할 수 있는 ²(원상으로) 되돌아갈 수 있는
- Patients who stop taking the medication have a higher risk of **relapse**. 약물 복용을 중단한 환자들은 병의 **재발** 가능성이 더 높다.
- The country soon **relapsed** into chaos.
  그 나라는 곧 혼돈 상태로 **되돌아갔다**.

0742 | 국9 | 경찰

placebo*
[pləsíːbou]

명 플라세보, 위약(僞藥) 《약효가 있는 것처럼 가짜로 투여하는 약》

- results of a **placebo** 위약을 사용한 결과 [국9]

DAY 16

걷다, 싸움, 실수

공간

걷다 → 달리다

싸우다

실수, 좌절

공간

0743

parlo(u)r* [pɑ́ːrlər]
명 응접실, 거실 형 1 객실(용)의 2 말뿐인, 겉으로만
- After supper, she ushered everyone into the **parlor**.
  저녁 식사 후에 그녀는 모든 사람을 응접실로 안내했다.
- **parlor** furniture 객실용 가구

유 명 living room, drawing room

0744

anteroom* [ǽntirú(ː)m]
명 대기실
- The ministers waited for their meeting in the Cabinet **anteroom**. 장관들은 내각 대기실에서 회의가 시작되기를 기다렸다.

유 vestibule, foyer

0745

경찰

chamber** [tʃéimbər]
명 1 (공공건물의) 회의실 2 (단원제가 아닌 의회의) –원(院).
- They left the council **chamber**. 그들은 지방 의회 회의실을 떠났다.
- the lower[upper] **chamber** (의회의) 하[상]원

유 1 room, hall

0746

runway* [rʌ́nwèi]
명 1 활주로 2 (패션쇼장의) 무대 3 강줄기, 수로
- The airplane has moved onto the **runway**. 비행기가 활주로에 진입했다.
- Her models walked the **runway** wearing unique headpieces.
  그녀의 모델들은 독특한 모자를 쓰고 무대 위를 걸었다.

유 1 airstrip, tarmac, strip

걷다

0747

promenade* [prɑ̀mənéid]
자 타 거닐다, 산책하다 명 1 거닐기, 산책 2 산책로
promenader 명 산책하는 사람
- They **promenaded** along the waterfront.
  그들은 해안가를 따라 산책했다.
- On the **promenade**, strollers were taking in the evening air.
  산책로에는 산책하는 사람들이 저녁 공기를 쐬고 있었다.

유 자 타 ramble, meander
명 2 mall, paseo

0748

서7

stroll** [stroul]
자 타 한가로이 거닐다, 산책하다 명 산책, 거닐기
stroller 명 산책하는 사람
- People are **strolling** down the boardwalk.
  사람들이 산책로를 따라 한가로이 거닐고 있다.

유 자 타 ramble, saunter
명 walk
• go for a stroll 산책하다

0749 stride**
[straid]
기상 | 법원
자타 1 성큼성큼 걷다 2 (물건에) 걸터 서다
명 1 (성큼성큼 걷는) 걸음, 활보 2 진전

유 자타 1 stalk, tramp
명 1 pace 2 progress

- She **strode** across the room towards me.
  그녀는 방을 가로지르며 내 쪽으로 성큼성큼 걸었다.

0750 plod*
[plɑd]
국회
자타 (지쳐서) 터벅터벅 걷다 2 꾸준히 일하다 3 애쓰다 (through)

유 자타 1 footslog, trudge 2 drudge
반 자타 2 idle(빈둥거리며 보내다)

plodding 형 꾸준히 하는
- We **plodded** our way across the muddy field.
  우리는 진흙투성이인 들판을 가로질러 터벅터벅 걸었다.
- She's **plodding** away day and night. 그녀는 밤낮으로 꾸준히 일하고 있다.

● plod along 일을 느릿느릿 해나가다

0751 shuffle*
[ʃʌfl]
사복
자타 1 발을 끌며 걷다 2 (카드 등을) 뒤섞다
명 1 발을 끌며 걷기 2 뒤섞기

유 자타 1 drag 2 rearrange

- She **shuffled** along with her head down and her eyes half closed. 그녀는 머리를 숙이고 눈을 반쯤 감은 채로 발을 끌며 걸었다.
- He **shuffled** all the papers on his desk.
  그는 책상 위에 있는 모든 서류들을 뒤섞어 놓았다.

0752 sneak*
[sniːk]
자 살금살금 들어오다[나가다] 타 몰래 움직이다 형 기습적인

유 자 skulk, creep

sneakiness 명 몰래 함, 비열하게 함 **sneaky** 형 교활한, 엉큼한
- He managed to **sneak** in through the back door while she wasn't looking. 그녀가 보지 않는 동안에 그는 뒷문을 통해 가까스로 살금살금 들어 왔다.

0753 slink*
[sliŋk]
지9
자 살금살금 움직이다, 슬금슬금 도망가다

유 creep, lurk
● slink off 슬그머니 도망치다

- I tried to **slink** out of the room so that nobody would see me go. 아무도 내가 가는 것을 못 보게 하려고 나는 방에서 나와 슬금슬금 도망가려고 했다.

0754 creep**
[kriːp]
서9 | 경찰
자 1 살금살금 움직이다 2 (식물이 벽 등을) 타고 오르다
명 너무 싫은 사람

유 자 1 crawl, sneak
● creep up on A A에게 슬금슬금 다가 가다

creepy 형 1 (섬뜩할 정도로) 기이한 2 오싹하게 하는 **creeper** 명 덩굴 식물
- She **crept** up the stairs, trying not to wake her parents.
  그녀는 부모님이 잠에서 깨지 않도록 살금살금 움직여 계단을 올라갔다.
- ivies **creeping** up the walls of a ruined castle
  폐허가 된 성벽을 타고 오르는 담쟁이덩굴

0755
scurry*
[skə́:ri]

자 허둥지둥 가다, 종종걸음 치다 명 ¹ 종종걸음 ²(눈 등의) 휘몰아침

- She said goodbye and **scurried** back to work.
  그녀는 작별 인사를 하고 **종종걸음을 치며** 다시 일을 하러 갔다.
- The sled disappeared in a **scurry** of snow.
  그 썰매는 **휘몰아치는** 눈 속으로 사라졌다.

유 자 scuttle, scamper
- scurry along 종종걸음을 치며 가다

0756
국회
stomp*
[stamp]

자 타 ¹ 쿵쿵거리며 걷다 ² 발을 구르며 춤추다   명 발 구르기

- She **stomped** angrily out of the office.
  그녀는 화가 나서 **쿵쿵거리며 걸으면서** 사무실을 나갔다.

유 자 타 ¹ stamp, tramp
- stomp one's buzz 실망시키다

0757
법원
trek*
[trek]

자 타 ¹ (힘들게 오래) 걷다 ² 트레킹을 하다
명 ¹ 길고 고된 여행 ² 트레킹

trekker 명 ¹ 여행하는 사람 ² 트레킹하는 사람
- She had to **trek** up that hill with all the groceries.
  그녀는 모든 식료품들을 가지고 언덕을 **걸어** 올라가야만 했다.
- They went **trekking** in Nepal. 그들은 Nepal에서 트레킹을 했다.

유 자 ¹ footslog
명 ¹ slog, march
- make a trek to A A로 긴 여행을 하다

0758
법원
walkathon*
[wɔ́:kəθàn]

명 장거리 경보, 행진

- The **walkathon** included participants of all ages, including school children. 장거리 경보에는 초등학생들을 포함하여 모든 연령층의 참가자들이 포함되었다.

0759
지9
roam*
[roum]

자 타 ¹ 돌아다니다, 배회하다 ²(시선을) 두리번거리다
명 돌아다님, 산책

- The cattle **roamed** in search of water. 소들은 물을 찾아 **돌아다녔다**.
- Her eyes boldly **roamed** the room. 그녀의 두 눈은 방을 대담하게 **두리번거렸다**.

유 자 타 ¹ wander, stroll
- roam around 돌아다니다

0760
국7 | 서9 | 서7 | 경찰
stray**
[strei]

자 ¹ 길을 잃다, 헤매다 ²(생각 등이) 옆길로 새다
명 형 길 잃은 (사람)

- My son always takes pity on **stray** cats and dogs.
  내 아들은 항상 **길 잃은** 고양이들과 개들을 불쌍히 여긴다. [서9]
- cf. astray 분 ¹ 길을 잃고 ² 정도에서 벗어나, 타락하여

유 자 ¹ wander ² deviate, digress
형 lost

0761
rover*
[róuvər]

명 방랑자, 배회자

- They became **rovers** who departed further and further from civilization. 그들은 문명에서 아주 멀리 이탈한 **방랑자들이** 되었다.

유 drifter, vagrant

달리다

회독 ✓Check ☐ ☐ ☐

0762
sprint*
[sprint]

서7

자 타 (단거리를) 전력 질주하다
명 ¹ 단거리 경주 ² (골 직전의) 전력 질주

유 자 타 rush, dash

sprinter 명 단거리 주자, 스프린터
• He jumped out of the car and **sprinted** for the front door.
그는 차에서 뛰어 내려 현관문을 향해 **전력 질주했다**.

0763
gallop*
[gǽləp]

자 타 (말 등이) 전속력으로 달리다, 질주하다 명 ¹ 질주 ² 전속력

유 자 타 speed, career, race

• A herd of wild horses **galloped** on the vast grassland.
야생마 한 무리가 광활한 초원을 **질주했다**.

• at full gallop 전속력으로

0764
outrun*
[àutrʌ́n]

타 ¹ ~보다 더 빨리[멀리] 달리다 ² 초과하다, 넘어서다

유 ¹ outdistance ² exceed, beat

• His motorcycle could **outrun** any car on the road.
그의 오토바이는 도로 위의 어떤 차**보다 더 빨리 달릴** 수 있다.
• The company's spending was **outrunning** its income.
그 회사의 지출은 수입을 **초과하고** 있었다.

0765
glide**
[glaid]

기상

자 타 ¹ 미끄러지듯 움직이다 ² (비행기가) 활공하다
명 ¹ 미끄러짐 ² 활공, 활주

유 자 타 ¹ slip, slide ² coast

• glide out 미끄러지듯 나가다

• The skaters were **gliding** over the ice.
스케이트를 타는 사람들이 얼음 위에서 **미끄러지듯 움직이고** 있었다.
• The plane managed to **glide** down to the runway.
그 비행기는 가까스로 **활공하여** 활주로에 내려앉았다.

0766
whirl*
[hwə:rl]

자 타 빙글빙글 돌(리)다 자 혼란스럽다 명 ¹ 빙빙 돌기 ² 현기증

유 자 타 turn 명 ¹ rotation

• The wind came up and the snow began to **whirl** around us.
바람이 불어오자 눈이 우리 주위를 **빙글빙글 돌기** 시작했다.
• She made her way back to the office, her mind **whirling**.
그녀는 마음이 **혼란스러운** 상태로 사무실로 돌아왔다.

0767
swirl*
[swə:rl]

자 타 (빠르게) 빙빙 돌다, 소용돌이치게 하다 명 소용돌이

유 자 타 spin

swirly 형 ¹ 소용돌이치는 ² 꼬인, 뒤얽힌
swirlingly 부 ¹ 소용돌이치게 ² 현기증 나게
• The water **swirled** around the drain. 물이 배수구 주변을 소용돌이쳤다.

DAY 16 207

0768
rotate**
[róuteit]

자 타 ¹ 회전하다, 회전시키다 ² (일을) 교대로 하다, 교대 근무를 하다

rotary 형 ¹ 회전하는 명 ¹ 회전 기계 ² 교차로, 로터리

- The moon **rotates** more slowly than the earth.
  달은 지구보다 더 천천히 **회전한다**. [서9]
- The staff **rotates** the weekend shift. 직원들은 주말 근무를 **교대로 한다**.

유 ¹ revolve, turn
² switch
- rotate on A
  A를 중심으로 회전하다

0769
stumble**
[stʌ́mbl]

자 타 발부리가 걸리다
자 ¹ 비틀거리다 ² 실수하다 ³ 우연히 발견하다 《upon》

- He **stumbled** over a stone and fell down.
  그는 돌에 **발부리가 걸려** 넘어졌다.
- I **stumbled** upon a rare book at a secondhand bookstore.
  나는 헌책방에서 보기 드문 책을 **우연히 발견했다**.

유 자 ¹ stagger, falter
² blunder

0770
hobble*
[hábl]

자 타 다리를 절다 타 ¹ (말 등을) 두 다리를 묶다 ² 방해하다

- She got up slowly and **hobbled** to the table.
  그녀는 천천히 일어나서 **다리를 절며** 탁자로 걸어갔다.
- circumstances that **hobble** industry 산업을 **방해하는** 환경

유 자 타 stagger
타 ² hamper
반 타 ² aid(돕다)

0771
limp**
[limp]

자 (다리 등을) 절뚝거리다 명 절뚝거림
형 ¹ 기운이 없는, 축 처진 ² 흐느적거리는

limply 부 축 늘어져, 흐느적거리며
- He walks with a **limp**. 그는 **절뚝거리며** 걷는다. [법원]
- She felt **limp** and exhausted. 그녀는 **기운이 없고** 기진맥진한 기분이었다.

- have a limp
  다리를 절다
- go limp 축 늘어지다

0772
lame*
[leim]

형 ¹ 다리를 저는, 절뚝거리는 ² 설득력이 없는, 궁색한

- She is **lame** in her left leg. 그녀는 왼쪽 **다리를 전다**.
- He gave some **lame** excuses about missing the bus.
  그는 버스를 놓친 것에 대해 **궁색한** 변명들을 했다.

유 ¹ limping
² unconvincing, flimsy
반 ² strong
(설득력 있는)

싸움

✓Check ☐ ☐ ☐

0773
grapple*
[grǽpl]

자 ¹ 맞붙어 싸우다 《with》 ² (해결책을 찾아) 고심하다 타 꽉 잡다

- The two wrestlers **grappled** together. 두 레슬러는 서로 **맞붙어 싸웠다**.
- She was **grappling** to find an answer to his question.
  그녀는 그의 질문에 대한 답을 찾으려 고심하고 있었다.

유 자 ¹ combat 《with》
타 ² seize
- grapple with A
  A를 해결하려고 노력하다

0774
wrestle**
[résl]

자타 ¹몸싸움을 벌이다 ²레슬링을 하다 ³(어려운 문제와) 씨름하다

wrestler 명 레슬링 선수

- Armed guards **wrestled** with the intruder.
  무장 경호원들이 침입자와 **몸싸움을 벌였다**.

유 자타 ¹battle, fight, jostle

- wrestle out
  분투하여 완수하다

0775
topple*
[tápl]

자타 넘어지다, 넘어뜨리다 타(권좌 등에서) 끌어내리다, 몰락시키다

- High winds **toppled** several telephone poles.
  강풍이 전봇대 몇 개를 **넘어뜨렸다**.
- Political corruption threatens to **topple** the regime.
  정치 부패가 그 정권을 **몰락시킬** 것 같다.

유 자타 overturn, fall
타 unseat

- topple over
  넘어지다

0776
trample*
[trǽmpl]

자타 ¹짓밟다, 밟아 뭉개다 ²(남의 감정, 권리를) 무시하다, 유린하다

- Her dog **trampled** on his tulips. 그녀의 개가 그의 튤립들을 **밟아 뭉갰다**.
- She accused the government of **trampling** on the needs and rights of the ordinary citizen. 그녀는 정부가 평범한 시민의 요구와 권리를 **무시한다고** 비난했다.

유 ¹stamp, squash

- trample on A
  A를 짓밟다

0777
tumble**
[tʌmbl]

자타 굴러떨어지다 자(가격이) 폭락하다
명 ¹굴러떨어짐 ²(주가 등의) 폭락

- He slipped and **tumbled** down the stairs.
  그는 발이 미끄러져 계단에서 **굴러떨어졌다**.

유 자타 fall, drop
자 plummet
반 자타 ascend (오르다)

실수, 좌절

회독 ✓Check ☐ ☐ ☐

0778
blunder*
[blʌ́ndər]

명 큰 실수 자 ¹큰 실수를 하다 ²머뭇거리다

blundering 형 실수하는, 서투른
- a series of **blunders** 일련의 큰 실수들

유 명 fiasco, mistake
자 ¹bungle

- blunder into A
  A에 부딪치다

0779
lapse*
[læps]

명 ¹사소한 실수, 잘못 ²(시간의) 경과, 추이
자 ¹실수하다 ²(~의) 상태가 되다

lapsus 명 (pl. lapsus) 실수, 잘못
lapsed 형 ¹지나간, 없어진 ²(관습 등이) 쇠퇴한, 폐지된
- a **lapse** in table manners 식탁 예절에서의 사소한 실수

유 명 ¹oversight, peccadillo ²interval
자 ¹muff

- lapse into (더 나쁘거나 덜 활발한 상태에) 빠지다

0780
pratfall＊
[prǽtfɔ̀ːl]

명 1 난처한 실수 2 엉덩방아

- He slipped and took a **pratfall** into the mud.
  그는 미끄러져서 진창에 **엉덩방아**를 찧었다.

유 1 stumble, blunder
- take a pratfall 겸연쩍은 실수를 하다

0781
mull＊
[mʌl]

명 1 실수, 실패 2 혼란 자타 숙고하다

지7

- She began to **mull** over the various possibilities.
  그녀는 다양한 가능성들에 대해 **숙고하기** 시작했다.

유 자타 deliberate, contemplate
- make a mull of A A를 엉망으로 만들다

0782
bumble＊
[bʌmbl]

자타 실수하다 자 1 더듬거리며 말하다 2 갈팡질팡하다
명 큰 실수

법원

- She could hear him **bumbling** around in the kitchen.
  그녀는 그가 부엌에서 **갈팡질팡하는** 소리를 들을 수 있었다.

유 자타 bobble, stumble

0783
plight＊＊
[plait]

명 역경, 곤경

지7 | 서9

- He was in a **plight** when he became ill and had no money.
  그는 병이 나고 돈이 없게 되자 **곤경**에 빠졌다.

유 hardship, difficulty

0784
thwart＊
[θwɔːrt]

자타 1 (계획 등을) 좌절시키다, 훼방 놓다 2 비스듬히[가로질러] 가다

서7 | 기상 | 법원

- The government tried to **thwart** all attempts by opposition leaders to form new parties. 정부는 야당 지도자들이 새로운 정당을 만들려는 모든 시도들을 **좌절시키려고** 노력했다.

유 자타 1 frustrate, foil
반 자타 2 assist(돕다)
- thwart in A A를 방해하다

0785
wretched＊
[rétʃid]

형 1 비참한, 불행한 2 끔찍한, 형편없는

- I felt so **wretched** because I thought I might never see you again. 나는 너를 다시는 볼 수 없을 것 같아서 너무 **비참했다**.

유 pitiful

0786
crestfallen＊
[kréstfɔ̀ːlən]

형 풀이 죽은, 의기소침한

- After losing its last game, the team was **crestfallen**.
  지난 게임에서 진 이후, 그 팀은 **풀이 죽었다**.

0787
bereft＊
[biréft]

형 1 빼앗긴, 잃은 《of》 2 상실감에 빠진

- Alone now and almost penniless, he was **bereft** of hope.
  이제 혼자이고 거의 무일푼이 되어, 그는 희망을 **잃었다**.
- He was utterly **bereft** when his wife died.
  아내가 죽었을 때 그는 완전히 **상실감**에 **빠졌다**.

DAY 17

상업, 의류, 의심

상업, 무역 → 판매

의류

의심, 괴롭힘

반복, 재빠름

건강함, 약함

상업, 무역

회독 ✓Check ☐ ☐ ☐

0788 국7 | 지7

invoice*
[ínvɔis]

명 송장, 청구서 자|타 송장[청구서]을 보내다

in(on)+voice(road) → 길 위로 보내다
- to send an **invoice** for the goods 물품 대금 **청구서**를 보내다

유 명 bill, account
자|타 charge
- make an invoice of ~의 송장을 만들다

0789 국9 | 국7 | 지9 | 지7 | 서9 | 서7 | 경찰 | 국회 | 기상 | 법원 | 교행 | 사복

commerce***
[kámərs]

명 무역, 상업

commercial 형 상업의, 상업적인 명 광고 **commercialize** 타 상업화하다
- Banks are the nerves of **commerce**. 은행은 **상업**의 중추이다.
- A number of companies are now planning projects to **commercialize** space in various ways.
수많은 회사들이 다양한 방법으로 우주를 **상업화할** 안들을 지금 계획하고 있다. [국회]

유 business, trade

0790 지9 | 지7 | 서9 | 서7 | 경찰 | 국회

prosper***
[práspər]

자 (사업 등이) 번성하다, 번창하다

prosperity 명 번성, 번영 **prosperous** 형 번성한, 번영한
- Merchants **prospered** in business as trade expanded.
무역이 확대됨에 따라 상인들도 사업에서 **번성했다**. [지9]

0791 국9 | 지7

buoyant*
[bɔ́iənt]

형 ¹ 경기가 좋은, 활황인 ² 자신감에 차 있는
³ (물에) 뜰 수 있는, 부력을 가진

- Russia and China look set to continue military expansion on the back of their **buoyant** economies.
러시아와 중국은 **활황인** 경제를 등에 업고 군비 확장을 지속할 태세이다. [지7]
- The air in contact with the ground heats up and thus becomes lighter, more **buoyant**, than the air surrounding it.
땅에 접촉한 공기는 데워지고 따라서 그 주변의 공기보다 더 가벼워지고, **부력**을 더 갖게 된다. [국9]

유 ¹ booming, thriving
² cheerful

0792 경찰 | 국회 | 법원

stagnation*
[stæɡnéiʃən]

명 침체, 정체

stagnate 자 ¹ 침체되다, 부진해지다 ² 고이다
- Exports shows signs of **stagnation** or even decline.
수출이 **정체** 내지는 감소세를 보인다.

유 depression, recession, slump

0793

monopoly*
[mənápəli]

명 ¹ (생산, 시장의) 독점(권), 전매(권) ² 독점품, 전매품

mono(alone)+poly(sell)
monopolistic 형 독점적인 **monopolist** 명 독점 기업
- It is not good for consumers if one company has a **monopoly** in any area of trade. 만약 한 회사가 어떤 무역 분야에서 **독점권**을 가지고 있다면 소비자들에게는 좋지 않다.
- *cf.* **duopoly** 명 ¹ 복점 《두 기업에 의한 독점》 ² 복점권을 가진 업체들

유 ¹ corner
- have a monopoly on ~의 독점권을 가지다

0794
proxy[*]
[práksi]

명 ¹ 대리(권), 위임(권) ² 대리인

- You can vote either in person or by **proxy**.
  당신은 투표를 직접 할 수도 있고 **대리**로 할 수도 있다.

국9 | 지9 | 지7

유 ¹ surrogate
² agent, representative

- be proxy for
  ~의 대리가 되다

0795
deputy^{**}
[dépjuti]

명 ¹ 대리(인) ² (국회)의원 형 대리의, 부(副)의

depute 타 위임하다   deputize 자 대행하다

- He is acting as **deputy** till the manager returns.
  그는 팀장이 돌아올 때까지 **대리인** 역할을 하고 있다.
- a **deputy** governor 부지사

법원

유 ¹ substitute, representative
형 assistant, supporting

판매

회독 ✓Check ☐ ☐ ☐

0796
merchandise^{**}
[mə́ːrtʃəndàiz]

명 ¹ 물품, 상품 ² 재고품 타 판매하다

merchandiser 명 상인

- a wide selection of **merchandise** 다양하게 엄선해 놓은 **상품**
- She had to **merchandise** the new product line.
  그녀는 새로운 제품 라인을 **판매해야** 했다.

국9 | 국7 | 경찰 | 법원

유 명 ¹ goods, products
² commodities
타 sell, market

0797
salon^{**}
[səlán]

명 ¹ (의상, 미용 등의) 가게, -실(室) ² (대저택의) 응접실

- The hotel has a beauty **salon** for cats.
  그 호텔에는 고양이를 위한 **미용실**이 있다.

서9

유 ¹ shop, store
² sitting room, living room

0798
stall^{**}
[stɔːl]

명 ¹ (특히 시장의) 가판대, 좌판 ² 마구간
자 타 (차량 엔진이) 멎다, 시동을 끄다

- a **stall** at a flea market 벼룩시장의 **좌판**
- He was trying to gain altitude when his plane **stalled**.
  그는 비행기의 엔진이 **멎었을** 때 고도를 높이려고 애쓰고 있었다.

국회

유 명 ¹ stand, booth

0799
vendor[*]
[véndər]

명 ¹ 행상인, 노점상 ² (특정한 제품) 판매 회사

vend 타 행상하다, 팔다

- Outside the theater, there was a row of flower **vendors**.
  극장 밖에는 꽃 **행상인**들이 줄지어 있었다.

0800
wholesale[*]
[hóulsèil]

형 ¹ 도매의 ² 대량의, 대규모의 부 ¹ 도매로 ² 대량으로

wholesaler 명 도매업자

- to offer goods for a **wholesale** price 제품을 **도매가**로 제공하다

국9 | 법원

유 형 ² mass, broad
반 형 ¹ retail(소매의)

DAY 17 **213**

0801
peddle＊ [pédl]
타¹ (물건을) 팔러 다니다 ² (이야기를) 퍼뜨리다, 유포하다
- They **peddled** fruits and vegetables out of their truck.
  그들은 트럭으로 과일과 채소를 **팔러 다녔다**.
- to **peddle** malicious gossip 악의적인 소문을 **퍼뜨리다**

유 ¹ sell, trade
² spread

0802
국회 | 법원
barter＊＊ [báːrtər]
자|타 물물 교환하다, 교역하다 명 물물 교환
- Trading is still carried out under the **barter** system in the countryside markets. 시골 장터들에서는 **물물 교환** 제도 하의 거래가 여전히 이루어진다.

유 자|타 bargain, exchange
명 swap, trade

0803
지9
leaflet＊ [líːflit]
명¹ (광고, 선전용) 전단지 ² 작은[어린] 잎 자|타 광고 전단지를 뿌리다
- They did a lot of **leafleting** in the area.
  그들은 그 지역에 많은 **광고 전단지를 뿌렸다**.

유 명¹ booklet, pamphlet

의류
회독 ✓Check ☐ ☐ ☐

0804
법원
attire＊ [ətáiər]
명 의복, 복장 타 (옷을) 차려입히다
- The *burqa* is a form of religious **attire**.
  부르카는 종교적인 **복장**의 한 형태이다.
- She **attired** herself in her new dress.
  그녀는 새 드레스를 **차려입었다**.

유 명 clothes, wear
타 apparel, costume
• attire oneself in ~을 입다

0805
국9 | 지7
garment＊ [gáːrmənt]
명 의복, 옷
garmentless 형 의류 한 점 없는
- This **garment** is made of a fabric that will not shrink.
  이 **옷**은 줄어들지 않는 원단으로 만들어진다.
- *cf.* undergarment 명 속옷

유 apparel, costume, dress

0806
국7
wardrobe＊ [wɔ́ːrdroub]
명¹ 옷장 ² (한 개인이 가지고 있는) 옷
- His **wardrobe** consists almost entirely of black T-shirts and pants. 그의 **옷장**은 거의 전부 검은색 티셔츠와 바지로 구성되어 있다.
- She has a large **wardrobe** like a fashion model.
  그녀는 패션모델처럼 많은 **옷**을 가지고 있다.

유 ¹ closet
² clothes, apparel

0807
shroud*
[ʃraʊd]

명 ¹수의(壽衣) ²장막
타 ¹(어둠, 천 등이) 뒤덮다, 가리다 ²(정보 등을) 감추다

유 명 ¹winding sheet ²veil
타 ¹cover ²conceal

- The organization is cloaked in a **shroud** of secrecy.
  그 조직은 비밀의 **장막**에 가려져 있다.
- The city was **shrouded** in mist. 그 도시는 안개에 **뒤덮여** 있었다.

0808
dummy*
[dʌ́mi]

명 ¹(의류 제작용) 인체 모형, 마네킹 ²멍청이 형 ²모조의, 가짜의

유 명 ¹model
형 fake, mock

- He practiced artificial respiration with a **dummy**.
  그는 **인체 모형**을 가지고 인공호흡을 연습했다.
- a **dummy** bomb 가짜 폭탄

0809
drape*
[dreip]

타 ¹(천 등을 느슨하게) 걸치다 ²장식하다
명 ¹포장 ²(스커트 등의) 드리워진 모양

유 타 ¹suspend
반 타 ¹uncover (덮개를 벗기다)

drapeable 형 우아하게 장식할 수 있는
- She had a shawl **draped** around her shoulders.
  그녀는 어깨에 숄을 **걸치고** 있었다.
- He thought that the **drape** of her long dress was beautiful.
  그는 그녀의 긴 드레스가 **드리워진 모양**이 아름답다고 생각했다.

0810
tatters*
[tǽtərz]

명 ¹누더기, 넝마 ²(헝겊, 종이 등의 찢어진) 조각

유 명 ¹rag
- be in tatters 누더기를 걸치고 있다

tattered 형 ¹낡을 대로 낡은 ²다 망가진
- He was dressed in **tatters**. 그는 **누더기**를 입고 있었다.

0811
ragged**
[rǽgid]

형 ¹누더기가 된, 다 해진 ²누더기를 걸친
³(표면이) 고르지 못한, 우둘투둘한

유 ¹tatty ²shabby ³jagged
반 ³even (고른)
- (from) rags to riches 무일푼에서 부자가 된

rag 명 해진 천, 누더기 **raggedness** 명 ¹너덜너덜함 ²울퉁불퉁함
- a **ragged** coastline 고르지 못한 해안선

0812
shabby*
[ʃǽbi]

형 ¹(건물, 물건 등이) 다 낡은, 허름한 ²추레한, 누더기를 걸친
³(행동이) 부당한

유 ²scruffy, ragged
반 ²smart (말쑥한) ³fair (공정한)

shabbiness 명 ¹초라함, 추레한 모습 ²비열함
- She tried to make up for her **shabby** treatment of him.
  그녀는 그에게 **부당한** 대우를 한 것에 대해 보상하려고 했다.

0813
crease*
[kri:s]

명 주름, 구김살
자 타 ¹주름이 생기다, 구기다 ²(사람이) 포복절도하다

유 명 wrinkle, line
자 타 ¹crumple, rumple
반 자 타 ¹smooth (주름을 펴다)

creasy 형 주름이 많은, 구김살투성이의
- This shirt **creases** very easily. 이 셔츠는 **주름이** 매우 잘 생긴다.
- crease up 크게 웃다

DAY 17

0814 서9

shrivel*
[ʃrívəl]

자 타 ¹ 주름지게 하다 ² 오그라들다 ³ 시들게 하다

• The plastic bag **shrivels** up in the fire. 비닐봉지는 불 속에서 오그라든다.

유 ² dwindle, shrink
³ wither

0815 국7 | 지9 | 지7 | 서7 | 경찰 | 국회 | 법원

strip***
[strip]

자 타 옷을 벗다[벗기다] 타 ¹ (껍질을) 벗기다 ² 제거하다
명 가느다란 조각

• Many people don't realize that soap can **strip** the good oils from your skin, as well as the bad oils. 많은 사람들은 비누가 피부에서 나쁜 기름뿐 아니라 좋은 기름도 **제거할** 수 있다는 것을 알지 못한다. [지9]

유 자 타 undress, disrobe
타 ¹ peel ² remove
명 piece, shred
반 자 타 clothe(옷을 입히다)

• strip away
벗겨 내다

0816 지7

skimpy*
[skímpi]

형 ¹ (옷이) 노출이 심한 ² (양 등이) 너무 적은, 불충분한

• a **skimpy** dress 노출이 심한 드레스
• My knowledge of music is extremely **skimpy**.
음악에 대한 내 지식은 극히 **불충분하다**.

유 ² insufficient, meager, scant
반 ² adequate(충분한)

MORE+ 관련어휘 의복, 패션

lining	명 ¹ (무엇의 안에 대는) 안감 ² (인체 부위의) 내벽
kerchief	명 (목이나 머리에 두르는) 스카프, 네커치프
barret	명 (베레 비슷한) 납작한 모자
coxcomb	명 멋쟁이, 맵시꾼
chic	명 멋진, 세련된
dowdy	명 볼품없는, 촌스러운
unflattering	명 ¹ (옷 등이) 어울리지 않는 ² 아첨하지 않는

의심, 괴롭힘

회독 ✓Check ☐ ☐ ☐

0817 국회

dubious*
[djúːbiəs]

형 ¹ 수상쩍은, 의심스러운 ² (결과가) 불확실한, 미덥지 않은

dubiousness 명 수상함, 의심스러움
• She gave a **dubious** excuse for her absence from class.
그녀는 수업에 빠진 것에 대해 **수상쩍은** 변명을 했다.

유 ¹ untrustworthy
² ambiguous, obscure
반 ¹ trustworthy (신뢰할 수 있는)
² sure(확신하는)

0818 국7

dodgy*
[dɑ́dʒi]

형 ¹ 의심스러운, 부정직해 보이는 ² 부실한, 위태로운
³ 위험한, 곤란한

• She made a lot of money, using some very **dodgy** methods.
그녀는 어떤 매우 **의심스러운** 방법들을 써서 돈을 많이 벌었다.

유 ¹ suspicious, questionable
² inferior ³ risky

0819
suspicion**
[səspíʃən]

명 1 의심, 불신 2 혐의, 의혹 3 (막연한) 느낌

국9 | 지9 | 경찰 | 국회 | 법원

suspicious 형 1 의심스러운, 수상쩍은 2 못 미더워하는
- Their offer was greeted with some **suspicion**.
그들의 제의는 약간의 의심을 받았다.

유 명 1 distrust, mistrust 2 dubiety 3 guess
- under suspicion (of A) (A의) 혐의를 받고 있는

0820
skeptic***
[sképtik]

명 회의론자, 의심 많은 사람 형 회의론자의

국7 | 지9 | 지7 | 서9 | 경찰 | 국회 | 법원 | 사복

skeptical 형 회의적인, 의심 많은 skepticism 명 회의(론), 무신론
- Some **skeptics** argue that the usefulness of the Internet is blown out of proportion. 일부 회의론자들은 인터넷의 유용성이 너무 부풀려진 다고 주장한다.

유 명 doubter, unbeliever

0821
indubitable*
[indjúːbitəbl]

형 의심할 여지가 없는, 확실한

indubitably 부 의심할 여지없이, 틀림없이
- His brilliance rendered this film an **indubitable** classic.
그의 탁월함은 이 영화를 의심할 여지가 없는 명작으로 만들었다.

유 apparent, assured, certain
반 doubtful(확신을 못 하는)

0822
certitude*
[sɚ́ːrtətjùːd]

명 확신

- Unfortunately, the witness could not describe her attacker's face with **certitude**. 불행히도 그 목격자는 자신을 공격한 사람의 얼굴을 확신을 가지고 묘사하지 못했다.

0823
glean*
[gliːn]

타 (정보, 지식 등을) 얻다, 모으다

국회

gleaner 명 수집가 gleanable 형 주워 모을 수 있는
- She **gleaned** her data from various studies.
그녀는 자신의 자료를 다양한 연구들로부터 얻었다.

유 collect, gather, amass
- glean from ~에서 주워 모으다

0824
contemn*
[kəntém]

타 경멸하다, 모멸하다

- arrogant critics who **contemn** the general public's taste in art
예술에 대한 일반 대중의 취향을 경멸하는 오만한 비평가들

유 despise, neglect
반 admire(칭찬하다)

0825
scorn**
[skɔːrn]

명 경멸(감), 멸시(감)
타 1 경멸하다, 멸시하다 2 (멸시하여) 거절하다, 퇴짜 놓다

국9 | 기상 | 국회

scornful 형 경멸하는, 멸시하는 scornfulness 명 비웃음, 경멸조
- She **scorned** their views as old-fashioned.
그녀는 그들의 견해를 구식이라고 멸시했다.

유 명 contempt, disparagement
타 1 disdain, despise
반 명 respect(존경)

DAY 17

0826
pejorative*
[pidʒɔ́:rətiv]

형 (발언이) 경멸적인, 비난 투의

- the **pejorative** suggestion of chauvinism
  맹목적 애국심에 대한 **경멸적인** 암시 [서7]

유 derogatory, depreciatory
반 complimentary (칭찬의)

서9 | 서7

0827
coerce*
[kouə́:rs]

타 (협박하여) 강요하다, 강제하다

coercion 명 강요, 강압 **coercive** 형 강압적인
coercible 형 강제[강압]할 수 있는

- They were **coerced** into negotiating a settlement.
  그들은 합의를 끌어내도록 **강요받았다**.

유 force, compel
● coerce A into B
  A가 B하도록 강요하다

서9 | 서7 | 경찰 | 법원 | 사복

0828
overbearing*
[òuvərbɛ́əriŋ]

형 고압적인, 남을 지배하려 드는

- an **overbearing** manner 고압적인 태도

유 domineering

0829
importune*
[ìmpɔːrtjúːn]

타 성가시게 조르다, 끈질기게 부탁하다

importunity 명 끈질김, 끈질긴 요구

- He began to **importune** her with offers of marriage.
  그는 그녀에게 결혼해 달라고 **성가시게 조르기** 시작했다.
- He yielded to the **importunities** of his advisers.
  그는 고문단의 **끈질긴 요구들**을 따랐다.

유 pester, press, plague

MORE+ 관련어휘
- solicit 자[타] 간청하다, 요청하다
- appease 타 ¹달래다 ²(전쟁을 피하기 위해 어떤 국가의) 요구를 들어주다

반복, 재빠름

회독 ✓Check ☐ ☐ ☐

0830
iterate*
[ítərèit]

자 되풀이하여 말하다, 반복하다

iteration 명 반복 **iterant** 형 반복하는

- I will **iterate** our policy over and over to be perfectly clear.
  나는 우리의 규정을 완벽히 명백해지도록 여러 번 **되풀이해서 말할** 것이다.

cf. reiterate 타 (강조하기 위해) 반복하여 말하다, 되풀이하다

유 repeat

0831
redundant*
[ridʌ́ndənt]

형 ¹불필요한, 쓸모없는 ²(일거리 부족으로) 정리 해고당한

redundancy 명 ¹불필요한 중복 ²정리 해고

- the removal of **redundant** information 불필요한 정보의 제거
- Businesses are closing and making people **redundant**.
  기업들은 문을 닫고 사람들을 **정리 해고당하게** 만들고 있다.

서9

유 ¹inessential, superfluous
  ²unemployed
반 ¹essential (없어서는 안 될)

0832

deft*
[deft]

형 ¹ (사람의 움직임이) 날랜, 재빠른 ² 능숙한, 능란한

국7

deftness 명 교묘함, 능숙함
- **deft** footwork 날렌 발놀림
- She finished off the painting with a few **deft** strokes of the brush. 그녀는 몇 번의 **능숙한** 붓질로 그 그림을 끝마쳤다.

유 ² skilful, able, expert
반 ² awkward(서투른)
● deft at ~에 능숙한

0833

nimble*
[nímbl]

형 ¹ 빠른, 날렵한 ² 영리한, 재치 있는

지9 | 서9 | 사복

- Her mind was so **nimble** and she was so quick to learn.
  그녀의 머리는 아주 **영리해서** 배우는 것이 매우 빨랐다.

유 ¹ agile, quick, speedy
² shrewd, smart
반 ¹ slow(느릿느릿한)

0834

drastic**
[drǽstik]

형 ¹ 과감한, 극단적인 ² 급격한

지7 | 서9 | 법원 | 사복

drastically 부 과감하게, 철저하게
- The government is threatening to take **drastic** action.
  정부가 **극단적인** 조치를 취하겠다고 위협하고 있다.
- Our distant ancestors proved to be superbly adjustable to the **drastic** changes. 우리의 옛 조상들은 **급격한** 변화에 훌륭하게 적응할 수 있다는 것을 증명했다. [법원]

유 ¹ severe, harsh, extreme

0835

caprice*
[kəprí:s]

명 (태도, 행동의) 갑작스러운 변화, 변덕

capricious 형 잘 변하는, 변덕스러운
- Employees have complained of being at the mercy of the manager's every whim and **caprice**. 직원들은 관리자의 모든 변덕과 **갑작스러운 행동 변화**에 휘둘리는 것에 대해 불만을 표시했다.

유 vagary, whim

건강함, 약함

회독 ✓Check ☐ ☐ ☐

0836

robust*
[roubʌ́st]

형 ¹ 원기 왕성한, 팔팔한 ² 튼튼한, 탄탄한 ³ 씩씩한, 투지 넘치는

국7 | 지9 | 경찰

- My grandmother is over 90, but still very **robust**.
  우리 할머니는 아흔이 넘으셨지만 여전히 아주 **팔팔하시다**.

유 ¹,² sturdy, vigorous, powerful
³ resolute, firm

0837

hale*
[heil]

형 (특히 노인이) 건강한, 정정한   타 세게 당기다, 끌어내다 (into)

- The old man still remains **hale** and hearty at 80.
  그 노인은 80세에도 여전히 **정정하다**.
- to **hale** a suspect into court 용의자를 법정으로 끌어내다

유 형 sprightly

DAY 17 219

0838

sturdy**
[stə́ːrdi]

국7 | 서9 | 경찰 | 법원

형 ¹튼튼한, 견고한 ²건강한 ³단호한, 확고한

유 ¹solid, durable, substantial ³firm

- The leather jacket is **sturdy** enough to last for years.
  그 가죽 재킷은 여러 해 동안 입을 정도로 **튼튼하다**.

0839

weary**
[wíəri]

국9 | 국7 | 경찰

형 ¹지친, 피곤한 ²지치게 하는 ³~에 싫증 난 《of》

유 ³wearisome

wearily 뿐 ¹지쳐서 ²싫증이 나서 weariness 명 권태, 피로

- The miners were **weary** after a long shift.
  광부들은 오랜 근무 시간 후에 **지쳐** 있었다.
- She was **weary** of her parents' constant arguments.
  그녀는 부모님의 끊임없는 논쟁에 **싫증이 났다**.

0840

delicate***
[délikət]

국9 | 국7 | 지7 | 서9 | 경찰 | 국회 | 기상 | 법원 | 사복

형 ¹연약한, 다치기 쉬운 ²섬세한, 정교한

유 ¹fragile, brittle, frail ²exquisite

de(away)+lic(entice)+ate(형)

delicacy 명 ¹연약함 ²섬세함 ³(특정 지역의) 별미

- **Delicate** skin must be protected from the sun.
  연약한 피부는 태양으로부터 보호되어야 한다.
- Caviar is considered a **delicacy** in many countries.
  Caviar(캐비아)는 많은 나라에서 **별미**로 여겨진다.

0841

vulnerable***
[vʌ́lnərəbl]

국9 | 국7 | 지9 | 지7 | 서9 | 경찰 | 국회 | 법원

형 취약한, 연약한 《신체적, 정서적으로 상처받기 쉬운》

유 susceptible, weak, sensitive, helpless, precarious
반 immune(면역성 있는)

vulnerability 명 상처받기 쉬움, 취약성

- Young children are particularly **vulnerable** to the toxic effects of lead. 어린아이들은 납의 독성 효과에 특히 **취약하다**. [법원]
- cf. invulnerable 명 해칠 수 없는, 안전한

0842

nausea*
[nɔ́ːziə]

국9 | 서9 | 경찰

명 욕지기, 메스꺼움

nauseous 형 욕지기 나는, 메스꺼운

- Some people experience **nausea** when flying.
  어떤 사람들은 비행할 때 **메스꺼움**을 경험한다.
- cf. ad nauseam 뿐 지겹도록

MORE+ 관련어휘

roborant	명 힘을 돋우는 강장제
wholesome	형 ¹건강에 좋은 ²건전한, 유익한
supple	형 ¹(몸이) 유연한 ²(부드럽고) 탄력 있는
	suppleness 명 유연(= plasticity)
emaciated	형 쇠약한, 수척한
meager / meagre	형 ¹빈약한 ²메마른, 야윈 ³불충분한
haggard	형 초췌한
pallid	형 ¹창백한 ²흐릿한
pallor	명 (병, 두려움 등으로) 창백함
an(a)emic	형 ¹빈혈이 있는 ²활기 없는
giddy	형 ¹어지러운 ²(너무 좋아서) 들뜬, 아찔한
queasy	형 욕지기 나는, 메스꺼운

DAY 18

액체, 풍부, 시도, 도구

- 액체의 성질
- 풍부하다
- 시도하다
- 달래다, 질책하다
- 도구 → 부품

액체의 성질

회독 ✓Check ☐ ☐ ☐

0843
drip** [drip] 기상

자|타 (액체가) 방울방울 흐르다[흘리다] 명 ¹ 똑똑 떨어짐 ² (물)방울

유 자|타 dribble
명 ² drop, trickle

- Water **dripped** from a crevice in the cave.
  동굴 안의 갈라진 틈으로부터 물이 **방울방울** 흘렀다.

MORE+ 관련어휘
(물)방울
- glob 명 (액체, 페인트 같은 물질의) 방울
- blob 명 (작은) 방울
- dewdrop 명 (작은 액체) 방울

0844
dribble* [dríbl]

자|타 (액체가) 줄줄 흐르다, 조금씩 붓다 자 (침을) 흘리다
명 ¹ (액체가) 똑똑 떨어짐 ² 《스포츠》 드리블

유 자|타 drop
자 drool, drivel

dribbly 명 방울방울 떨어져

- Melted wax **dribbled** down the side of the candle.
  녹은 촛농이 양초 옆으로 **줄줄** 흘렀다.

0845
torrent* [tɔ́ːrənt] 서7 | 법원

명 ¹ 급류 ² (질문 등의) 마구 쏟아짐[퍼부음]

유 ¹ current, flood, stream, deluge

torr(parch)+ent(명) → 바싹 마르게 할 정도로 거센 물살
torrential 형 (비가) 양동이로 들이붓듯이 내리는

- Part of the road was washed away in **torrential** rains.
  도로의 일부 구간이 **양동이로 들이붓듯이** 내리는 비에 유실되었다.

0846
drain** [drein] 지7 | 서7 | 기상 | 법원

자|타 (액체가) 흘러 나가다, 빼내다 타 (힘을) 소모시키다
명 ¹ 배수로 ² (시간, 돈 등을) 고갈시키는 것

유 자|타 leak
타 exhaust, fatigue
명 ² exhaustion
반 자|타 ¹ fill(채우다)

drainage 명 배수 **drained** 형 진이 빠진

- He pulled out the plug and the water **drained** away.
  그가 마개를 뽑자 물이 흘러 나갔다.
- covered **drainage** systems 지붕이 있는 **배수로** 시설 [서9]

0847
exude* [igzúːd]

자|타 ¹ (액체, 기체가) 스며 나오다[나오게 하다] ² (분위기 등이) 풍기다

유 ooze, emanate

- A sticky substance **exuded** from the pine tree.
  소나무에서 끈적끈적한 물질이 **스며 나왔다**.
- She **exudes** charm. 그녀는 매력이 물씬 **풍긴다**.

지9 | 지7 | 사복

0848
permeate*
[pə́ːrmièit]

자 타 ¹ (액체, 기체 등이) 스며들다, 침투하다
² (사상 등이) 퍼지다, 보급하다

유 ¹ penetrate, impregnate, infiltrate

permeation 명 침투, 삼투 **permeable** 형 스며들 수 있는, 투과성의
- Characters and events from myth **permeate** Egyptian art, architecture, and literature. 신화의 등장인물들과 사건들은 이집트의 예술, 건축, 그리고 문학에 스며들어 있다. [지9]
- a belief that **permeates** all levels of society 사회 모든 계층에 퍼지는 어떤 믿음

기상

0849
impermeable*
[impə́ːrmiəbl]

형 (액체, 기체가) 스며들지 않는, 불침투성의

유 impervious, waterproof
반 permeable (침투할 수 있는)

impermeableness 명 불투과성, 불침투성
- He wears a coat that is **impermeable** to rain.
그는 빗물이 스며들지 않는 코트를 입고 있다.

국9 | 기상 | 법원 | 사복

0850
vapo(u)r**
[véipər]

명 증기, 수증기 자 타 증발하다, 증발시키다

유 명 steam, fog, moisture

vaporization 명 증발 (작용), 기화(氣化)
- Clouds of ash and **vapor** have spread across the sky.
화산재와 수증기가 공기 중에 퍼졌다.

국회

0851
evaporate**
[ivǽpərèit]

자 타 ¹ (액체가) 증발하다, 증발시키다 ² (희망 등이) 사라지다

유 ¹ vaporize
² disappear, vanish

evaporation 명 증발 (작용) **evaporative** 형 증발의
- Most of the water **evaporated**. 대부분의 물이 증발했다.
- His confidence had now completely **evaporated**.
그의 자신감은 이제 완전히 사라졌다.

0852
liquefy*
[líkwəfài]

자 타 액화하다, 용해시키다

유 melt, dissolve, thaw

lique(liquid)+fy(동)
liquefaction 명 액화, 용해 **liquefactive** 형 액화성의, 용해성의
- The intense heat **liquefied** the plastic.
뜨거운 열이 플라스틱을 액화시켰다.

DAY 18 223

0853

condense** [kəndéns] 국9 | 법원

자타 ¹ (기체가) 응결하다, 압축하다 ² (글, 정보를) 요약하다

유 ¹ constrict, compress ² abridge, abbreviate
반 ¹ dilute(묽게 하다) ² lengthen (길게 하다)

condensation 명 응결   condensability 명 압축성
condensable 형 ¹ 압축할 수 있는 ² 요약할 수 있는

- The water vapor **condenses** and starts to drop as rain.
  수증기는 **응결하여** 비로 떨어지기 시작한다. [국9]
- He asked me to **condense** five pages of the report into two pages. 그는 내게 다섯 페이지의 보고서를 두 페이지로 **요약할** 것을 부탁했다.

MORE+ 관련어휘 액체의 상태 변화

congeal	자 (피나 기름 등이) 엉기다, 굳다
coagulate	자타 (액체가) 응고하다, 응고시키다
distil(l)	타 증류하다 distillation 명 증류 distillery 명 양조장
ferment	자타 발효되다, 발효시키다 fermentation 명 발효 (작용)

0854

cleanse* [klenz] 지7

타 ¹ (피부, 상처를) 세척하다 ² (~의 죄책감을) 씻어 주다
자 깨끗해지다, 청결해지다

유 타 ¹ clean, rinse ² purge, purify
반 타 ¹ dirty(더럽히다)

clean 형 ¹ 깨끗한 ² 깔끔한 자타 깨끗이 닦다, 청소하다

- The nurse **cleansed** a bloody cut on the patient's hand.
  그 간호사는 환자의 손에 있는 피가 나는 베인 상처를 **세척했다**.

0855

detergent** [ditə́ːrdʒənt] 지9 | 법원

명 세정제, 세제 형 세정의, 깨끗이 씻어 내는

유 명 cleaner, cleanser
형 cleansing, abstergent

- This **detergent** dissolves easily on cold water.
  이 **세제**는 찬물에 쉽게 녹는다.

풍부하다

회독 ✓Check ☐ ☐ ☐

0856

abound*** [əbáund] 국9 | 지9 | 지7 | 경찰 | 국회 | 법원 | 교행

자 풍부하다, 아주 많다

유 thrive, flourish, proliferate

abundance 명 풍족함, 많음   abundant 형 풍부한

- The growth of industry promised wealth and **abundance**.
  산업의 성장은 부와 **풍족함**을 약속했다.

0857

bountiful* [báuntifəl]

형 ¹ 풍부한, 많은 ² 관대한, 후한

유 ¹ plentiful, ample ² generous, lavish
반 ¹ meager(불충분한)

bountifulness 명 ¹ 풍부함 ² 후함   bountifully 부 ¹ 풍부하게 ² 후하게

- a **bountiful** supply of food **풍부한** 식품 공급

0858
opulent*
[ápjulənt]

형 ¹풍부한, 풍족한 ²화려한

opulence 명 풍부함, 부유함
- to enjoy an **opulent** lifestyle 풍족한 생활을 향유하다
- The king wore **opulent** robes for his coronation.
  왕은 대관식을 위해 **화려한** 예복을 입었다.

국회
- ¹ affluent
- ² luxurious, sumptuous
- 반 ² economical (검소한)

0859
ample**
[ǽmpl]

형 ¹(남을 정도로) 풍부한, 충분한 ²광대한, 넓은

ampleness 명 풍부함 amplify 타 증폭시키다
- He arranged **ample** space to sit down.
  그는 앉기에 **충분한** 공간을 마련했다.

국7 | 지9 | 기상 | 법원
- ¹ enough, sufficient
- ² large, great
- 반 ¹ scant(불충분한)

시도하다

회독 ✓Check ☐ ☐ ☐

0860
contrive*
[kəntráiv]

자 타 ¹고안하다, 궁리하다 ²용케 ~하다

contrivance 명 ¹고안품, 발명품 ²계획, 계략 ³재간, 수완
contrivable 형 고안할 수 있는
- They **contrived** a plan to defraud the company.
  그들은 그 회사에 사기를 칠 계획을 **궁리했다**.
- She **contrived** to make it to the airport in time.
  그녀는 **용케** 공항에 제시간에 도착했다.

- ¹ originate, devise
- ² manage
- 반 ² fail(실패하다)
- cut and contrive 용케 꾸려 나가다

0861
opt*
[apt]

자 (~ 하는 쪽을) 선택하다, 고르다 (for)
- She was offered a job but **opted** to go to college instead.
  그녀는 일자리를 제안 받았지만, 대신 대학에 가는 것을 **선택했다**.

국7 | 기상
- choose, pick, select
- opt for A A를 선택하다

0862
strive***
[straiv]

자 타 ¹분투하다, 노력하다 ²싸우다, 경쟁하다

strife 명 분쟁, 싸움 strifeful 형 분쟁의, 충돌하는
- She always **strives** for perfection. 그녀는 항상 완벽해지려고 **노력한다**.
- The increased power of the trade unions intensified industrial **strife**. 노조의 강화된 힘은 산업 **분쟁**을 심화시켰다. [국9]

국9 | 국7 | 지7 | 경찰 | 교행 | 사복
- ¹ struggle, exert
- ² battle
- 반 ² surrender (굴복하다)
- strive for ~을 얻으려고 노력하다

0863
overture[*]
[óuvərtʃər]

명 ¹ (사업, 논의 등을 위한) 제의, 제안 ² 《음악》 서곡, 전주곡

- Neither side in the conflict seems willing to make peace **overtures**. 그 분쟁의 어느 쪽도 화해의 **제안**을 할 의향이 없어 보인다.
- the **overture** to *The Magic Flute* 〈마법의 피리〉의 서곡

유 ¹ approach, proposal ² prelude
반 ¹ rejection(거절) ² finale(피날레, 끝악장)

0864
commence^{**}
[kəméns]

지7

자 타 시작되다, 시작하다

commencement 명 ¹ 시작, 개시 ² 학위 수여식, 졸업식

- The meeting is scheduled to **commence** at noon. 그 회의는 정오에 **시작될** 예정이다.

유 begin, initiate
반 end(끝내다)

0865
scrutinize / scrutinise[*]
[skrú:tənàiz]

국9 | 서9 | 서7

자 타 세밀히 조사하다 타 유심히[자세히] 보다

scrutiny 명 정밀 조사, 철저한 검토 **scrutinizingly** 부 유심히, 꼼꼼히

- He **scrutinized** the document. 그는 서류를 **자세히** 들여다보았다.

유 자 타 examine, analyze, inspect

0866
unauthorized / unauthorised[*]
[ʌnɔ́:θəraizd]

경찰

형 공인되지 않은, 승인되지 않은

- The government demolished **unauthorized** buildings. 정부는 **승인되지 않은** 건물들을 철거했다.

유 unofficial, unchartered
반 official(공인의)

0867
catalyst[*]
[kǽtəlist]

법원 | 교행

명 ¹ (변화의) 기폭제 ² 《화학》 촉매(제)

- Throughout history, food has had a huge impact on civilization as a **catalyst** of social change. 역사 전반에 걸쳐, 음식은 사회 변화의 **기폭제**로서 문명에 큰 영향을 미쳐왔다. [교행]

유 ¹ accelerant ² impetus, incentive

달래다, 질책하다

회독 ✓Check ☐ ☐ ☐

0868
coax[*]
[kouks]

자 타 구슬리다, 달래다

coaxer 명 말주변이 좋은 사람 **coaxingly** 부 살살 달래면서

- She **coaxed** him into turning himself in to the police. 그녀는 그를 **달래서** 경찰에 자수하게 했다.

유 cajole, wheedle, entice
반 bully(괴롭히다)

0869
wheedle* [wíːdl] 　　国会

자 타 (듣기 좋은 말로) 구슬리다, 꾀다

wheedling 혱 감언으로 꾀는　wheedlingly 뷔 감언으로 꾀어
- She **wheedled** me into lending her my new coat.
그녀는 나를 **구슬려서** 그녀에게 내 새 코트를 빌려주게 했다.

유 flatter, entice, coax
반 repel(퇴짜 놓다)

0870
conciliatory* [kənsíliətɔ̀ːri]　　국7 | 국회 | 기상

혱 달래는 (듯한), 회유적인
- a **conciliatory** policy 회유 정책

유 placatory, propitiatory, appeasing

0871
rebuke* [ribjúːk]　　국7 | 지7

타 질책하다, 꾸짖다　명 비난, 질책
- The company was publicly **rebuked** for having neglected safety procedures. 그 회사는 안전 규정들을 소홀히 한 것에 대해 공개적으로 **질책을 받았다**.

유 타 reprove
명 reproach, scolding
반 타 praise(칭찬하다)
명 compliment (칭찬)

0872
upbraid* [ʌpbréid]

타 질책하다, 호되게 나무라다
- He **upbraided** her for her irresponsible handling of the family finances. 그는 그녀의 무책임한 살림살이 방식 때문에 그녀를 **질책했다**.

유 rebuke, reprimand
반 compliment (칭찬하다)

도구

회독 ✓Check ☐ ☐ ☐

0873
gadget* [ɡǽdʒit]　　국7

명 (작고 유용한) 도구, 장치

gadgety 혱 ¹장치가 있는, 장치로서 간편한　²기계 만지기를 좋아하는
- I suddenly came to the realization that I had become overly dependent on machines and **gadgets**. 나는 내가 기계와 도구에 과도하게 의존하게 되었다는 것을 갑자기 깨달았다. [국7]

유 implement, instrument, apparatus

0874
uptake* [ʌ́pteik]　　국7 | 서7

명 ¹(이용 가능한 것의) 활용　²(신체로의) 흡수(율)　³이해(력)
- a high **uptake** of the free training 무료 교육에 대한 많은 **활용**
- Vitamin D is known to boost the **uptake** of calcium and bone formation. 비타민 D는 칼슘의 **흡수**와 뼈의 형성을 촉진하는 것으로 알려져 있다. [국7]

유 ²absorption
• be quick on the uptake 이해가 빠르다

0875 hoe* [hou] 서7

| 명 괭이 | 자타 괭이질을 하다 |

- to **hoe** the flower beds 화단에 괭이질을 하다

- **hoe in** 열심히 먹다

0876 harpoon* [haːrpúːn] 기상

| 명 (고래잡이용) 작살 | 타 작살로 잡다 |

- He is hurling a **harpoon** to catch the whale.
  그는 고래를 잡기 위해 작살을 던지고 있다.

- 유 명 lance, spear, dart

0877 rake* [reik] 서7

| 명 ¹갈퀴 ²난봉꾼 | 자타 갈퀴질을 하다, 갈퀴로 모으다 |
| 자 샅샅이 뒤지다 |

rakable 형 ¹갈퀴질할 수 있는 ²샅샅이 뒤질 수 있는
- They started **raking** up hay. 그들은 건초를 갈퀴로 모으기 시작했다.

- 유 명 ²libertine
- 자타 gather
- 자 search
- **rake over** (과거 일을 자꾸) 들추다

0878 whip* [hwip] 지7

| 명 채찍 | 자 ¹채찍질하다 ²급히 움직이다, 돌진하다 |
| ³(비 등이) 세차게 때리다 |

- He cracked his **whip** and the horse leapt forward.
  그가 채찍으로 찰싹 소리를 내자 말이 앞쪽으로 뛰어올랐다.
- She was startled, and her head **whipped** toward the direction of the voice. 그녀는 깜짝 놀라서 말소리가 나는 방향 쪽으로 그녀의 고개를 급히 움직였다.

- 유 명 scourge
- 자 ¹lash, flog
- ²dash
- **whip through** ~을 후다닥 해치우다

0879 crutch* [krʌtʃ]

| 명 ¹목발 ²버팀목, 지주 | 자타 목발을 짚다 |

- After the accident he spent five months on **crutches**.
  그 사고 후에 그는 5개월 동안 목발을 사용했다.

- **as stiff as a crutch** 무일푼의

0880 stretcher* [strétʃər] 경찰

| 명 (부상자를 싣는) 들것 | 타 들것으로 실어 나르다 |

- He was **stretchered** off after coming on as a substitute in the game. 그는 그 경기에 교체 선수로 투입된 후에 들것으로 실려 나갔다.

- 유 명 litter, gurney

부품

회독 ✓Check ☐ ☐ ☐

0881
rivet*
[rívit]

법원

명 대갈못
타 ¹ 대갈못으로 고정하다 ² (흥미, 관심을) 고정시키다, 사로잡다

riveting 형 관심을 사로잡는, 눈을 못 떼게 하는
• The steel plates were **riveted** together.
그 강철판들은 **대갈못으로** 함께 **고정되어** 있었다.

유 타 ² attract, fascinate
반 타 ² bore(지루하게 하다)
• rivet one's eye on ~을 주시하다

0882
screw**
[skru:]

지9 | 지7 | 교행

명 ¹ 나사(못) ² (나사의) 한 번 죔
자 타 ¹ 나사로 죄다 ² (몸을) 비틀다 ³ 속이다

screwy 형 나사가 풀린 듯한, 이상한
• The bookcase is **screwed** to the wall. 그 책꽂이는 벽에 **나사로 죄어져** 있다.

유 자 타 ¹ fasten, clamp
반 자 타 ¹ unscrew (나사를 풀다)

0883
blade*
[bleid]

명 ¹ (칼의) 날 ² (한 가닥의) 풀잎 자 인라인 스케이트를 타다

bladed 형 ¹ 날이 있는 ² 잎이 있는
• The dull **blade** didn't even make a dent in the tough nylon.
그 무딘 **날은** 튼튼한 나일론 밧줄에 흠조차 내지 못했다.
• Each **blade** of grass is covered with dew. 풀잎마다 이슬로 덮여 있다.

유 명 ¹ edge

MORE+ 관련어휘

여러 가지 도구
ax(e) 명 도끼
sickle 명 낫
pulley 명 도르래 타 ~에 도르래를 달다, 도르래로 끌어올리다
lantern 명 등, 손전등

0884
hoop*
[hu:p]

국7 | 서9

명 ¹ (금속 등의) 테, 고리 ² (농구의) 링 타 ¹ 테를 두르다 ² 둘러싸다

• the netless basketball **hoops** 그물이 없는 농구 **링** [서9]

유 명 ¹ ring, loop
• go through the hoops 시련을 겪다

0885
saddle*
[sǽdl]

지7

명 (말, 오토바이 등의) 안장 자 타 안장을 얹다 타 (책임을) 지우다

sadd(sit)+le(tool) → 앉는 도구
• He put the **saddle** on his horse and then went riding.
그는 자신의 말에 **안장을** 얹고 나서 말을 타고 갔다.
• She **saddled** him with her responsibility.
그녀는 자신의 책임을 그에게 **지웠다**.

유 타 burden, load, encumber
• in the saddle 실권을 쥐고

MORE+ 관련어휘

harness 명 마구(馬具) 타 ¹ (말 등의 동물에) 마구를 채우다 ² 동력원으로 이용하다
rein 명 ¹ 고삐 ² 유아 보호용 끈 ³ 통제 수단 타 (말에) 고삐를 매다
bridle 명 (말에게 씌우는) 굴레 타 ¹ 굴레를 씌우다 ² (감정을) 억제하다
bit 명 (말의 입에 물리는) 재갈

0886
snare*
[snɛər]

명 ¹덫, 올가미 ²함정, 유혹 타 ¹덫으로 잡다 ²함정에 빠뜨리다

snareless 형 ¹올가미가 없는 ²함정이 없는

- Some weasels were caught in a **snare**. 족제비 몇 마리가 덫에 걸렸다.

유 명 ¹trap
타 ²entrap, enmesh

- fall into snare 계략에 걸리다

0887
faucet**
[fɔ́ːsit]

명 (수도)꼭지

지7 | 기상

- Water gushed from the **faucet** when I turned it on.
  내가 수도꼭지를 틀자 물이 세차게 흘러나왔다.

유 spigot, spout, stopcock

0888
funnel*
[fʌnl]

명 깔때기 자타 ¹(손 등이) 깔때기 모양이 되다 ²(좁은 곳을) 이동하다

서7 | 경찰 | 법원

- The dark clouds are shaped like a **funnel**.
  먹구름들이 **깔때기** 모양으로 형성되어 있다. [경찰]
- Smoke **funneled** up the chimney. 연기가 굴뚝을 타고 **올라갔다**.

유 자타 ²channel, convey

0889
hinge*
[hindʒ]

명 경첩 자타 ¹경첩을 달다 ²~에 달려 있다, ~에 따라 정하다 《on》

경찰

hinged 형 경첩이 달린

- The door had been pulled off its **hinges**.
  그 문은 **경첩**에서 떼어놓은 상태였다.
- Everything **hinges** on the outcome of these talks.
  모든 것이 이 담화 결과에 **달려 있다**.

유 명 joint, juncture
타 ²depend (on), resort (to)

DAY 19

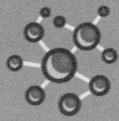

소유, 상태, 물질

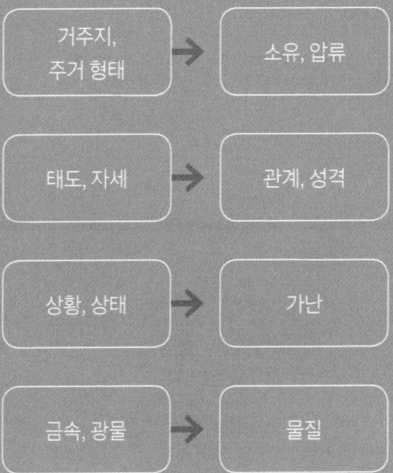

거주지, 주거 형태	→	소유, 압류
태도, 자세	→	관계, 성격
상황, 상태	→	가난
금속, 광물	→	물질

거주지, 주거 형태

회독 ✓Check ☐ ☐ ☐

0890 지7 | 서7 | 경찰

lodge**
[lɑdʒ]

- 자타 ¹ 묵다, 숙박시키다 ² (총알 등이) 박히다, 박다
- 타 (이의를) 제기하다 명 오두막, 산장

자타 ¹ stay, reside accommodate
타 submit
명 cabin

lodger 명 숙박인 **lodging** 명 ¹ 숙박, 하숙 ² 셋방
- She **lodged** a complaint against her landlord in court.
  그녀는 법정에서 자신의 집주인에 대해 불만을 **제기했다**.
- **lodging** and meals provided 숙식 제공 [경찰]

0891 경찰

nomadic*
[noumǽdik]

형 유목의, 방랑의

wandering, roaming, rambling

nomad 명 유목민, 방랑자
- the **nomadic** people of Sahara Sahara 사막의 **유목민들** [경찰]

0892 지7

enclave*
[énkleiv]

명 (한 국가나 도시 내의) 소수 민족 거주지

- The city has a Cuban **enclave**. 그 도시에는 쿠바의 소수 민족 거주지가 있다.

0893 지7 | 사복

turf*
[tɜrf]

명 ¹ 잔디 ² 세력권, (전문) 영역 ³ 《the ~》 경마(장) 타 잔디를 깔다

명 ¹ lawn, grass
² territory, province, domain

- newly laid **turf** 새로 깐 **잔디**
- **turf** wars between gangs 범죄 조직 간의 **세력권** 싸움

0894

sublet*
[sʌ́blet]

자타 전대(轉貸)하다 《세입자가 계약 종료 전에 이사를 가면서 자신의 계약 기간까지 다음 입주자에게 임대하는 것》

sublease

- She **sublet** her apartment to a student for the summer.
  그녀는 여름 동안 그녀의 아파트를 어떤 학생에게 **전대했다**.

소유, 압류

회독 ✓Check ☐ ☐ ☐

0895 국회

proprietor*
[prəpráiətər]

명 (상점, 토지 등의) 소유자, 경영자

owner, landlord, possessor

proprietorship 명 소유권 **proprietorial** 형 소유의, 소유주의
- a restaurant **proprietor** 식당 **경영자**

0896
foreclosure*
[fɔrklóuʒər]

명 《금융》 (빌려 간 돈에 대한) 담보권 행사, 압류

foreclose 자태 《금융》 (은행이) 담보권을 실행하다
• The bank has threatened to **foreclose** their property.
은행은 그들의 재산에 **담보권을 실행할** 것이라고 위협했다.

지9 | 사복

0897
sequester*
[sikwéstər]

태 ¹《법》 가압류(假押留)하다, 압수하다 ² 격리시키다, 고립시키다

sequestered 형 ¹ 한적한, 외딴 ² 가압류된, 몰수된
• Their property was **sequestered**. 그들의 재산은 **가압류되었다**.
• I found a **sequestered** spot at the bottom of the garden and lay down with my book. 나는 정원 안쪽에서 **한적한** 장소를 발견하고는 책을 가지고 누웠다.

유 ¹ confiscate, expropriate
² isolate, seclude

0898
retrieve**
[ritríːv]

태 ¹ 되찾다, 회수하다 ² 만회하다 ³ (정보를) 검색하다
명 ¹ 회수 ² 회복

retrieval 명 ¹ 회수 ² 벌충, 보상 ³ (정보) 검색
• Police **retrieved** his stolen car. 경찰은 그의 도난당한 차량을 **되찾았다**.

국7 | 지9 | 사복

유 태 ¹ reclaim
¹² redeem, recover, regain, recoup

0899
irretrievable*
[ìritríːvəbl]

형 회수할 수 없는, 돌이킬 수 없는
• the **irretrievable** breakdown of a marriage 결혼의 **돌이킬 수 없는** 파탄

유 irreparable, irrevocable, unredeemable

태도, 자세

회독 ✓ Check ☐ ☐ ☐

0900
mien*
[miːn]

명 ¹ (성격, 감정을 나타내는) 태도, 표정 ² 모습, 풍채
• to assume a haughty **mien** 거만한 **태도**를 취하다

서9

유 ¹ expression, countenance
² appearance, aura

0901
nonchalant*
[nànʃəláːnt]

형 ¹ 차분한 ² 태연한, 무(관)심한

nonchalance 명 냉담, 태연
• He was surprisingly **nonchalant** about winning the award.
그는 상을 받는 것에 대해 놀라울 정도로 **무관심했다**.

유 ¹ calm, serene, composed
² indifferent, casual

0902
plumb*
[plʌm]

태 (신비한 것을) 헤아리다, 파헤치다 형 ¹수직의 ²정확한
부 ¹수직으로 ²완전히

유 태 probe, explore, delve, fathom

- a scientist who spent her life **plumbing** the minds of criminals
  범죄자들의 심리를 **파헤치는** 데 일생을 보낸 과학자
- We were **plumb** exhausted after cleaning.
  우리는 청소 후에 **완전히** 지쳤다.

0903
demean*   서7 | 기상
[dimíːn]

태 ¹위신을 떨어뜨리다 ²비하하다

demeano(u)r 처신, 태도 **demeaning** 형 비하하는, 모욕적인

유 discredit, degrade, debase, devalue

- The entire family was **demeaned** by his behavior.
  온 가족이 그의 행동으로 **위신이 떨어졌다**.
- language that **demeans** women 여성을 **비하하는** 언어

0904
repudiate*   국7
[ripjúːdièit]

태 ¹거부하다, 물리치다 ²부인하다 ³절교[의절]하다

repudiation 명 ¹(지불) 거절 ²부인 ³의절
repudiative 형 ¹거절하는 ²의절하는

유 ¹reject, renounce
²deny, refute
반 ¹,²approve (인정하다)

- The book **repudiates** all the racist stereotypes about black women. 그 책은 흑인 여성에 대한 모든 인종주의적 고정관념을 **거부한다**.

관계, 성격

회독 ✓Check ☐ ☐ ☐

0905
resort**   국7 | 지9 | 서9 | 경찰 | 국회
[rizɔ́ːrt]

자 ¹의지하다, 도움을 청하다 《to》 ²자주 드나들다 《to》
명 ¹휴양지 ²의존 ³수단, 방책

유 자 ¹hinge 《on》

- They were prepared to **resort** to force if negotiation failed.
  그들은 협상에 실패할 경우 무력에 **의지할** 준비가 되어 있었다.
- Our first **resort** was to go to the police.
  우리의 첫 번째 **방책**은 경찰에게 가는 것이었다.

0906
mainspring*   국회
[méinspriŋ]

명 ¹주된 부분[원인] ²(시계의) 큰 태엽

유 ¹motive, impetus

- The longing to know ourselves is the **mainspring** of all psychology. 우리 스스로를 알고자 하는 열망은 모든 심리학의 **주된 부분**이다. [국회]

0907
staple**   국9 | 서9 | 법원
[stéipl]

형 주된, 주요한 명 ¹주식(主食) ²(한 국가의) 주요 산물 ³주성분
태 스테이플러로 고정하다

유 형 basic, necessary, predominant
명 ³chief, bulk

- Rice is the **staple** of their diet. 쌀은 그들 식단의 주식이다.

0908
auxiliary*
[ɔːɡzíljəri]

형 1 보조의 2 예비의 명 보조원

- an **auxiliary** power supply 예비 전력 공급 (장치)
- a nursing **auxiliary** 간호**보조원**
- cf. ancillary 형 1 보조적인 2 부수적인 명 1 보조원 2 부속물

유 형 1 supplementary
  2 extra
  명 assistant

0909
supplant*
[səplǽnt]

타 1 (남을 밀어내고) 대신하다, 대체하다 2 (물건을) 대체하다

- Older workers are being **supplanted** by recent college graduates. 나이 든 근로자들이 최근의 대학 졸업생들로 **대체되고** 있다.

유 replace, displace, supersede

0910
entail*
[intéil]

서9 | 서7

타 수반하다

entailment 명 《법률》 세습 재산
- Such a large investment inevitably **entails** some risk. 그러한 대규모 투자는 필연적으로 약간의 위험을 **수반한다**.

유 involve, accompany

0911
assuage*
[əswéidʒ]

사복

타 (나쁜 감정을) 누그러뜨리다, 달래다

assuagement 명 완화, 진정 assuasive 형 진정시키는
- When my sister's elbow healed, her fears of never being able to play tennis were **assuaged**. 우리 언니의 팔꿈치가 나았을 때, 다시는 테니스를 칠 수 없을 것이라는 언니의 두려움은 **누그러졌다**. [사복]

유 relieve, alleviate, mitigate, allay, mollify, soothe

0912
soothe**
[suːð]

기상 | 사복

타 1 (마음을) 달래다, 진정시키다 2 (통증을) 완화하다

soothing 형 달래는, 위로하는
- He tried to **soothe** the crying child. 그는 우는 아이를 **달래려고** 노력했다.

유 1 appease, allay, comfort, assuage
  2 relieve
반 intensify(강화하다)

0913
pacify*
[pǽsəfài]

국9 | 지9 | 지7 | 사복

타 1 진정시키다, 달래다 2 평화를 가져오다

pacification 명 평화, 화해 pacific 형 1 평화로운 2 (성질이) 온화한
- She resigned from her position to **pacify** her accusers. 그녀는 자신을 비난하는 사람들을 **진정시키기** 위해 자신의 자리에서 물러났다.
- His **pacific** personality is expected to solve a number of current issues. 그의 **온화한** 성품이 여러 가지 현안을 해결할 것으로 기대되고 있다.

유 1 appease, calm, assuage, soothe, mollify, placate

0914
mollify*
[máləfài]

타 진정시키다, 달래다

moll(soft)+ify(동)
- He tried to **mollify** his critics with an apology. 그는 자신을 비판하는 사람들을 사과로 **진정시키려고** 노력했다.

0915
emollient* 휑 (마음을) 진정시키는, 완화하는 명 피부 연화제, 진통제
[imáljənt]
e(out)+molli(soft)+ent(휑)
- an **emollient** reply 마음이 놓이게 하는 대답

0916
misconstrue* 타 오해하다, 곡해하다
[mìskənstrúː]
- The media deliberately **misconstrue** information in order to confuse people. 그 매체는 사람들을 혼란시키기 위해 의도적으로 정보를 곡해한다.

유 misinterpret, misjudge, pervert

0917
국7 | 지9 | 경찰 | 법원
crafty** 휑 술수[술책]가 뛰어난, 교활한
[krǽfti]
craftiness 명 교활함, 간사함 **craft** 명¹(수)공예 ²기술 타 공들여 만들다
- A **crafty** crook faked an injury to escape from prison. 교활한 사기꾼이 탈옥하기 위해 다친 척을 했다.
- the **craft** of pottery 도자기 공예

유 cunning, wily, guileful, sly

상황, 상태

회독 ✓Check ☐ ☐ ☐

0918
지7 | 경찰
precarious* 휑 (상황이) 불안정한, 위태로운
[prikέəriəs]
precariousness 명 불안정성, 위태로움
- a **precarious** future 불안정한 미래

유 risky, insecure, hazardous, unsafe
반 stable(안정적인)

0919
지7 | 국회 | 사복
bleak* 휑 ¹암울한, 절망적인 ²(날씨, 장소가) 으스스한, 음산한 ³황량한, 쓸쓸한
[bliːk]
bleakness 명 적막함, 음침함
- The fortunes of the middle class became **bleak**. 중산층의 운명은 암울해졌다. [사복]
- The weather is **bleak**. 날씨가 으스스하다.

유 ¹gloomy, dismal, depressing ³barren, desolate

MORE+ 관련어휘
dreary 휑 ¹쓸쓸한, 음울한 ²따분한, 지루한 drearily 뷔 쓸쓸히, 황량하게
forlorn 휑 ¹(사람이) 쓸쓸해 보이는 ²(장소가) 황량한, 버려진

0920
국9 | 서9 | 법원
falter** 자 ¹불안정해지다, 흔들리다 ²(자신이 없어) 말을 더듬다, 머뭇거리다
[fɔ́ːltər]
faltering 휑 ¹비틀거리는 ²말 더듬는
- He had set high goals and never **faltered** along the hard road leading to them. 그는 높은 목표를 세웠고 그것들로 이끄는 힘든 길을 가며 절대 흔들리지 않았다. [국9]
- the baby's first **faltering** steps 아기의 비틀거리는 첫걸음마
- cf. **unfalteringly** 뷔 비틀거리지 않고, 망설임 없이

유 ¹weaken, stumble, waver ²stutter, stammer

0921
hassle*
[hǽsl]

명 1 귀찮은[번거로운] 일[상황] 2 싸움, 언쟁 타 재촉하다, 들볶다
자 말다툼하다

유 명 1 annoyance, nuisance
타 bother, harass, pester

- All this paperwork is a **hassle**. 이 모든 서류 작업은 귀찮은 일이다.

0922
paradox**
[pǽrədàks]

명 1 역설(적인 것) 2 모순된 말[사람]

교행

유 2 contradiction, anomaly

paradoxical 형 1 역설의 2 모순적인
- It's a curious **paradox** that drinking a lot of water can often make you feel thirsty. 물을 많이 마시는 것이 종종 목을 마르게 할 수 있다는 것은 기이한 역설이다.

0923
standstill*
[stǽndstìl]

명 정지, 멈춤

유 halt, stop

- Traffic in the northbound lane is at a complete **standstill**.
북쪽으로 향하는 차선 쪽의 차량들은 완전히 정지해 있다.

0924
preordained*
[prìɔːrdéind]

형 이미 운명 지워진

유 predestined, fated, doomed

pre(before)+ordain(order)+ed(형)
preordain 타 미리 운명을 정하다
- There is no **preordained** winner in sports.
스포츠에서 이미 운명 지워진 승자는 없다.

가난

회독 ✓Check ☐ ☐ ☐

0925
impoverish**
[impávəriʃ]

타 1 가난하게 하다 2 (질을) 떨어뜨리다

국9 | 서9

유 1 poor, pauperize
2 diminish, degrade, deplete

impoverishment 명 빈곤화, 궁핍화 **impoverished** 형 1 빈곤한 2 결핍된
- Environmentalists claim trade harms the environment and **impoverishes** people in the developing world.
환경론자들은 무역이 환경을 해하고 개발도상국 국민들을 가난하게 한다고 주장한다.

0926
indigent*
[índidʒənt]

형 궁핍한, 가난한

유 poor, destitute, penniless

indigence 명 극심한 곤궁, 궁핍
- Because he was **indigent**, the court appointed a lawyer to defend him. 그가 궁핍했기 때문에 법원이 그를 변호할 변호사를 지명했다.

0927

impecunious* [형] 동전 한 푼 없는, 무일푼의

[ìmpikjú:niəs]

impecuniousness [명] 무일푼, 가난함

• Vergerio came from a respected but **impecunious** family.
Vergerio는 존경받지만 **동전 한 푼 없는** 집안 출신이다.

[유] insolvent, penniless, penurious

0928 서9

penury* [명] ¹ 가난, 극빈 ² 결핍

[pénjəri]

penurious [형] ¹ 몹시 가난한, 극빈한 ² 인색한

• Even in the middle of **penury**, dreams remain colorful.
가난 속에서도 꿈은 다채롭게 존재한다.

[유] ¹ poverty, need, destitution ² deprivation, dearth

0929 서7 | 사복

slum** [명] 빈민가, 슬럼 [자] (평소 자기가 익숙한 곳보다) 형편없는 곳에 다니다

[slʌm]

• He grew up in the **slums** of New York.
그는 New York **빈민가**에서 자랐다.

0930

antipoverty* [형][명] 빈곤 퇴치(의)

[æntipɑ́vərti]

• a national **antipoverty** strategy 국가적 **빈곤 퇴치** 전략

0931

outreach* [명] (주로 지역사회를 위한) 지원[봉사] 활동

[áutriːtʃ]

• They set up an **outreach** center for children in need.
그들은 어려움에 처한 아동들을 위한 **지원 활동** 센터를 설립했다.

금속, 광물

회독 √Check □ □ □

0932 국9

copper* [명] 구리, 동

[kɑ́pər]

coppery [형] 구리 같은, 구릿빛의

• The wires are made of **copper**. 전선은 **구리**로 만들어진다.

0933 지9

rust** [명] 녹 [자][타] 녹슬다, 녹슬게 하다

[rʌst]

rusty [형] ¹ 녹슨 ² (실력 등이) 녹이 슨

• Gold was valued from ancient times because it did not **rust**.
금은 **녹슬지** 않기 때문에 고대 때부터 귀하게 여겨졌다.

cf. antirust [형] 녹슬지 않는 [명] 녹 방지제

[유] [자][타] corrode, oxidize

MORE+ 관련어휘 **금속**
- alloy 명 합금 타 합금하다
- amalgam 명 ¹혼합물 ²아말감 《수은과 다른 금속과의 합금》
- bronze 명 청동 구릿빛의
- brass 명 ¹놋쇠[황동] (제품) ²금관악기 (연주자)
- chrome 명 《금속》 크롬

0934
monolithic*
[mὰnəlíθik]

형 ¹하나의 암석으로 된 ²(조직이) 단일체의 ³획일적인

유 ³ rigid, immovable, inflexible

mono(one)+lith(stone)+ic(형) → 돌 하나로 이루어진
monolith 명 ¹단일 암체 ²거대한 단일 조직
- The war memorial, a **monolithic** stone pillar, was erected at the museum. 하나의 암석으로 된 돌기둥인 전쟁 기념비가 박물관에 세워졌다.
- a **monolithic** society 획일적인 사회

0935
plaster*
[plǽstər]

명 ¹회[석고]반죽 ²깁스 ³일회용 반창고
타 ¹회반죽을 바르다 ²딱 들러붙게 하다

plas(form)+ter(명) → 형체를 만드는 것
plasterer 명 미장이, 미장공 **plastered** 형 술에 취한
- an old house with crumbling **plaster** and a leaking roof
  회반죽이 부서져 내리고 지붕이 새는 낡은 집
- His clothes were **plastered** to his body from the rain.
  그의 옷은 비에 젖어 그의 몸에 딱 들러붙게 되었다.

MORE+ 관련어휘 **기타 광물**
- granite 명 화강암
- basalt 명 현무암
- jade 명 ¹옥, 비취 ²옥색, 비취색
- lime 명 ¹석회 ²라임 《레몬과 비슷한 녹색 과일》

기타 물질

회독 ✓Check ☐ ☐ ☐

0936
petroleum*
[pətróuliəm]

명 석유

- crude **petroleum** 원유(原油)

0937
lubricant*
[lú:brikənt]

경찰

명 윤활유 형 미끄럽게 하는

lubricate 타 윤활유를 바르다 **lubrication** 명 윤활, 미끄럽게 하기
lubricative 형 윤활성의
- Fats act as **lubricants** in our body.
  지방은 우리 몸에서 윤활유 역할을 한다. [경찰]
- to **lubricate** a car engine 자동차 엔진에 윤활유를 바르다

DAY 19

0938
antifreeze*
[ǽntifrìːz]

명 부동액(不凍液)

anti(against)+freeze(freeze)

- Most breakdowns are due to people forgetting to put **antifreeze** in their radiators.
  대부분의 고장은 사람들이 난방기에 **부동액**을 넣는 것을 깜박하기 때문이다.

0939
mercury**
[mə́ːrkjuri]

지9 | 법원

명 ¹(화학) 수은 ²(기압계, 온도계의) 수은주 ³(M-) 수성(水星)

- Globally, the **mercury** is already up more than 1 degree Fahrenheit. 전 세계적으로 **수은주**는 이미 화씨 1도 이상 올랐다. [지9]

0940
chlorinate*
[klɔ́ːrənèit]

타 (물에) 염소를 넣다, 염소로 처리[소독]하다

chlorination 명 염소 처리[소독]

- **Chlorination** will kill the bacteria in the water.
  염소 소독은 물속의 세균을 없앨 것이다.

0941
cellulose*
[séljulòus]

서7

명 셀룰로오스, 섬유소 《종이나 플라스틱 제조에 사용》

cellul(little cell)+ose(명)
cellulosic 형 셀룰로오스의, 셀룰로오스를 함유하는

- **Cellulose** is crucial for manufacturing paper.
  셀룰로오스는 종이를 만드는 데 중요하다.

0942
viscosity*
[viskásəti]

명 ¹점도(粘度) ²점착성

🔵 ¹density, thickness

viscid 형 점성의, 끈적이는 viscous 형 점성이 있는, 끈적거리는

- Honey is much thicker and more **viscous** compared with water.
  꿀은 물과 비교해 훨씬 더 걸쭉하고 **끈적거린다**.

MORE+ 관련어휘

fluorescent	형 ¹형광성의 ²(색깔이) 화사한, 선명한 명 형광등
caustic	형 ¹가성(苛性)의, 부식성의 ²신랄한, 비꼬는
carcinogen	명 발암 물질
celluloid	명 ¹셀룰로이드 《과거 영화 필름에 쓰던 물질》 ²영화 (필름)
neon	명 네온 《기체 원소》
phosphorus	명 인 《비금속 원소》
sulfate	명 (화학) 황산염
sulfide / sulphide	명 (화학) 황화물
sulfuric / sulphuric	형 (화학) 유황의, 유황을 사용한
vitreous	형 유리 같은, 유리질의 ²(생물) 유리체의
latex	명 ¹(고무나무 등의) 유액 ²라텍스 《탄성 고무》
wax	명 ¹밀랍, 왁스 ²(귓구멍 속의) 귀지 타 왁스로 광을 내다

DAY 20

오다, 가다, 발생, 약속

- 발생, 기원
- 교통수단
- 높낮음
- 협정
- 피하다

- 항공
- 해양
- 지상

발생, 기원

회독 ✓Check ☐ ☐ ☐

0943
fortuitous*
[fɔːrtjúːətəs]

형 ¹ 우연한, 뜻밖의 ² 행운의

fortuit(chance)+ous(형)
- A **fortuitous** accident can cause a great discovery.
  뜻밖의 사건이 위대한 발견을 일으킬 수 있다.

유 ¹ unexpected, accidental, chance
² fortunate

0944
adventitious*
[ædvəntíʃəs]

형 우발적인, 우연한

ad(to)+vent(come)+itious(형) → (외부에서) ~로 온 → 우연히 얻은
- Their actions were **adventitious** and unpredictable.
  그들의 행동은 **우발적**이고 예측할 수 없었다.

유 accidental, inadvertent

0945
locus*
[lóukəs]

명 (pl. loci) (존재, 발생의) 중심(지), 근원

- The area became a **locus** of resistance to the government.
  그 지역은 정부를 향한 저항의 **중심지**가 되었다.

0946
realm**
[relm]

국9 | 서7 | 국회 | 사복

명 ¹ 왕국 ² (활동 등의) 영역, 범위

- new discoveries in the **realm** of medicine
  의학 **영역**에서의 새로운 발견들

유 ¹ kingdom
² domain, sphere, field

0947
arena*
[ərí:nə]

명 ¹ (원형) 경기장, 공연장 ² 활동 무대, -계(界)

- an Olympic **arena** 올림픽 경기장
- She entered the political **arena** as a young woman.
  그녀는 젊은 여성으로서 정계에 입문했다.

유 ¹ stadium
² area, scene, province

0948
forebear*
[fɔ́ːrbɛ̀ər]

명 선조, 조상

fore(before)+be(있다)+ar(명) → 오래전에 있던 사람
- His **forebears** fought in the American Civil War.
  그의 **조상**들은 미국 남북전쟁에 참전했다.

유 ancestor, forefather, progenitor

MORE+ 혼동어휘

forebear vs. forbear
forbear 자타 참다, 삼가다 타 (감정 등을) 억누르다
         (for(강조)+bear(견디다)) → 철저히 견디어 버티다)

0949
posterity*
[pɑstérəti]

서9

명 후세, 후대

poster(after)+ity(명)
- Our ancestors have tried to leave a lot of cultural heritages for **posterity**. 우리 선조들은 **후세**를 위해 많은 문화유산을 남기려고 노력해왔다.

유 offspring, descendant, successor

0950
alumni*
[əlʌ́mnai]

명 졸업생들

alumnus 명 남자 졸업생 alumna 명 여자 졸업생

- Faculty, students, and **alumni** were invited to nominate candidates for the next president of the university.
  교수진, 학생 및 **졸업생들**은 대학의 차기 총장 후보자를 추천하도록 요청받았다. [지9]

교통수단(항공)

회독 ✓Check ☐ ☐ ☐

0951
aviation**
[èiviéiʃən]

명 항공(술)

avi(bird)+ation(명) → 새처럼 나는 것
aviator 명 비행사

- federal **aviation** laws 연방 **항공법** [교행]

0952
freight*
[freit]

명 화물 (운송) 타 ¹ 화물을 보내다 ² (감정을) 싣다, 담다

유 명 cargo, load, shipment
타 ¹ transport, convey

- The ship carries both passengers and **freight**.
  그 배는 승객과 **화물** 둘 다 운송한다.
- Each word was **freighted** with anger. 각 단어마다 분노가 실려 있었다.

0953
carousel*
[kærəsél]

명 ¹ (공항의) 수하물 컨베이어 ² 회전목마
³ (전자레인지의 음식을 놓는) 회전판

유 ¹ conveyor
² merry-go-round

- Please check for your baggage at **carousel** number 2.
  2번 **수하물 컨베이어**에서 짐을 확인해 보세요. [서9]
- I'd like to ride the **carousel** at Miner's Landing.
  Miner's Landing에서 **회전목마**를 타고 싶다. [서9]
- a 500 watt microwave with a **carousel**
  회전판이 있는 500와트짜리 전자레인지 [서9]

MORE+ 관련정보 carousel은 '회전 기능을 가진 어떤 것'을 나타내는데, 중세 시대 기사들이 말을 타고 원형 대형을 이루어 즐기던 마상(馬上) 시합에서 유래한 단어이다.

0954
cockpit*
[kάkpit]

명 ¹ 조종석 ² 싸움터, (닭싸움) 시합장

- The pilots of the future can be trained in a mock **cockpit**.
  예비 조종사들은 모의 **조종석**에서 훈련받을 수 있다.

0955
parachute*
[pǽrəʃùːt]

명 낙하산 자 낙하산을 타고 뛰어내리다 타 낙하산으로 투하하다

para(defense against)+chute(a fall) → 떨어지는 것을 막아주는 것

- The planes came over the coast and started to drop supplies by **parachute**. 비행기들이 해안으로 다가와 **낙하산**으로 보급품들을 떨어뜨리기 시작했다.

교통수단(해양)

회독 ✓Check ☐ ☐ ☐

0956 　경찰

nautical*
[nɔ́ːtikəl]

형 항해의, 해상의, 선박의

• Because John has a **nautical** bent, he wants to become a sailor.
John은 **항해**에 소질이 있기 때문에 선원이 되기를 원한다. [경찰]

유 maritime, marine

0957 　기상

levee*
[lévi]

명 ¹(강가의) 제방, 둑 ²부두, 선착장

• Much of the city was under water after floods broke **levees**.
홍수로 **제방**이 무너진 후 그 도시 대부분이 물에 잠겼다.

유 ¹dam, dike ²dock, wharf

0958 　지7

dock**
[dɑk]

명 부두 자타 ¹(배를) 부두에 대다 ²(우주선이) 도킹[결합]하다
타 삭감하다

• The ship **docked** at the main port of Indian Island.
그 배는 Indian Island의 주요 항구에 **배를 대었다**.
• The factory **docks** the wages of its laborers if they're late more than twice. 그 공장은 근로자들이 두 번 이상 늦으면 임금을 **삭감한다**.

유 자타 ¹moor, berth, anchor
타 deduct, subtract

0959 　서9 | 경찰

embark**
[imbɑ́ːrk]

자타 (배에) 타다, 승선시키다 타 착수하다, 시작하다 《on, upon》

em(in)+bark(a small ship) → 작은 배 안에 타다
embarkation 명 ¹승선 ²착수

• Millions of Europeans **embarked** for America in the late 19th century. 19세기 후반에 수백만 명의 유럽인들이 미국행 **배에 탔다**.
• to **embark** upon a new project 새로운 프로젝트에 **착수하다**

유 타 undertake, initiate
반 자타 disembark, debark (배에서 내리다)

0960 　지7 | 경찰

vessel**
[vésəl]

명 ¹(대형) 선박, 배 ²(액체를 담는) 그릇 ³혈관, 관(管)

• New Zealand has banned **vessels** from carrying nuclear weapons. New Zealand는 **선박**으로 핵무기를 나르는 것을 금지시켰다.
• blood **vessels** 혈관 [경찰]

유 ²container, receptacle

MORE+ 관련어휘

'선박, 배' 종류
liner	명 (대형) 여객선
ferry	명 페리, 연락선 《사람, 차량 등을 운반하는 배》
barge	명 바지선 《바닥이 납작한 화물 운반선》
cruiser	명 순양함, (유람용) 순항 보트
sailboat	명 범선, 요트
sloop	명 범선 《돛대가 하나인 작은 배》

0961 wreck ** [rek] 국7 | 경찰

명 ¹ 난파선 ² 잔해, 만신창이   타 ¹ 난파시키다   ² 망가뜨리다   타 ² destroy, ruin, spoil

wreckage 명 잔해

- The crew of the **wrecked** ship tried to get through to the coast guard. 난파된 배의 승무원들은 해안 경비대에 연락하려고 애썼다. [국7]

cf. shipwreck 명 난파(선), 조난사고

0962 anchor ** [ǽŋkər] 국9 | 법원 | 사복

명 ¹ 닻 ² 정신적 지주 ³ 뉴스 앵커   자타 정박하다   타 고정시키다   명 ³ announcer   자 moor, berth   타 secure, fasten

anch(bend)+or(명) → 구부러진 것 = 갈고리 모양의 닻
anchorage 명 ¹ 정박지 ² (무엇을 묶어 놓는) 보관대

- the **anchor** of the family 가족의 정신적 지주
- More than 500 ships were **anchored** in San Francisco Bay. 500척 이상의 배들이 San Francisco 만에 **정박되어** 있었다. [사복]

0963 deck * [dek]

명 ¹ (배의) 갑판 ² (이층 버스의) 층   타 꾸미다, 장식하다   타 decorate, adorn, embellish, bedeck

- We stood on the **deck** and watched dolphins swim. 우리는 **갑판** 위에 올라서서 돌고래들이 헤엄치는 것을 지켜보았다.
- They spent hours **decking** the chapel with flowers before the wedding. 그들은 결혼식 전에 예배당을 꽃으로 **장식하며** 몇 시간을 보냈다.

0964 paddle ** [pǽdl] 교행

명 (작은 배의 짧은) 노   자타 (작은 배를 타고) 노를 젓다   자 물장난하다

- We **paddled** for several hours along the coast. 우리는 해안가를 따라 몇 시간 동안 **노를 저었다**.

cf. oar 명 (길이가 긴) 노

0965 helm * [helm]

명 ¹ (배의) 키 ² (the ~) 지배적 지위, 책임

- at the helm
  ¹ 배의 키를 잡고 있는
  ² 책임지고 있는

- The coach will remain at the **helm** for the rest of the season. 그 코치가 남은 시즌 동안 계속 **책임**을 맡을 것이다.

cf. tiller 명 (배의) 키의 손잡이

0966 buoy * [búːi, bɔ́i] 국9 | 지7

명 (물속에 띄우는) 부표   타 ¹ 물에 뜨게 하다 ² 기분을 좋게 하다   명 marker   타 ² cheer

buoyant 형 ¹ 물에 떠 있는 ² 자신감에 차 있는 ³ 경기가 좋은

- He was **buoyed** up by her praise. 그는 그녀의 칭찬에 **기분이 좋아졌다**.

cf. lifebuoy 명 (물에 빠진 사람이 잡고 떠 있게 하는) 구명부표

교통수단(지상)

회독 ✓ Check ☐ ☐ ☐

0967 기상

sled(ge)**
[sled(ʒ)]

명 썰매 자 썰매를 타다

- The **sled** coasted down the slopes in the snow.
  썰매가 눈 덮인 경사면 아래로 미끄러져 내려갔다.
- cf. toboggan (앞이 위로 구부러진) 썰매 sleigh (동물이 끄는) 썰매

0968 지9 · 경찰

sedan*
[sidǽn]

명 세단형 자동차 (보통 승용차)

- Plans to develop an affordable electric **sedan** have been put on hold. 적당한 가격의 전기 **자동차**를 개발하려는 계획들은 보류되었다. [지9]
- cf. saloon ¹세단형 자동차 ²라운지 바, 휴게실

MORE+ 관련어휘   '탈 것' 종류

wagon	명 4륜 마차, 화물차	carriage	명 마차
van	명 밴, 승합차	lorry	명 트럭, 화물 자동차
motorcycle	명 오토바이	metro	명 《the M-》 (파리 등의) 지하철

0969 국회

veer*
[viər]

자 ¹ (차량이) 방향을 핵 틀다, 바꾸다 ² (대화 등의 방향이) 바뀌다

유 ¹swerve

- I **veered** into the shoulder of the road.
  나는 갓길로 방향을 핵 틀었다. [국회]
- Our talk soon **veered** to a different subject.
  우리의 대화는 곧 다른 주제로 바뀌었다.

0970 지9

slew*
[sluː]

자 타 (차량이) 미끄러지다, (차량을) 휙 돌리다 명 많음, 다수 (of)

- He **slewed** the van to the left to avoid the dog.
  그는 개를 피하기 위해 차를 왼쪽으로 휙 돌렸다.
- There have been a whole **slew** of shooting incidents.
  굉장히 많은 총격 사건들이 있었다.

0971

skid*
[skid]

자 (차량이) 미끄러지다 명 미끄러짐

- The truck **skidded** on the icy road.
  트럭이 빙판길에서 미끄러졌다.
- cf. skid mark 타이어가 미끄러진 자국

0972

axle*
[ǽksl]

명 (바퀴의) 차축

- An **axle** is a metal bar that connects a pair of wheels on a car.
  차축은 차의 바퀴 한 쌍을 연결하는 금속 막대이다.

MORE+ 관련어휘 | **자동차 부품**
- steering wheel   명 (자동차의) 핸들
- dashboard   명 (자동차의) 계기판
- windshield   명 (자동차의) 앞 유리
- rear-view mirror   명 (자동차의) 백미러
- gear   명 기어, 톱니바퀴
- exhaust pipe   명 엔진의 배기관(= tailpipe)

0973 경찰
beacon*
[bíːkən]

명 ¹ (특히 높은 곳에 있는) 신호등, 불빛   ² 봉화, 횃불
³ 지침이 되는 사람[것]

유 ¹ signal, sign

- Utopian communities serve as **beacons** for social change.
  유토피아적 공동체는 사회 변화를 위한 **지침이 되는** 역할을 한다. [경찰]

0974
viaduct*
[váiədʌkt]

명 고가교(高架橋), 구름다리

via(road)+duct(lead) → 길이 이어지게 해주는 것

- A **viaduct** is a long, high bridge that carries a road or a railway across a valley. **구름다리**는 계곡을 가로지르는 도로 또는 철로를 잇는 길고 높은 다리이다.

높낮음

회독 ✓Check ☐ ☐ ☐

0975 국7
notch*
[nɑtʃ]

명 ¹ 등급   ² V자형 표시
타 ¹ (승리, 높은 점수를) 달성하다   ² V자로 새기다

유 명 ¹ degree, step, grade
타 ¹ score, achieve

- If passengers don't get a comfortable sleep in the seats, the perception of the airline service comes down a **notch**.
  승객들이 좌석에서 편안히 잠을 자지 못한다면, 항공사 서비스에 대한 인식이 한 **등급** 떨어진다. [국7]

0976
downgrade*
[dáungreid]

타 ¹ (등급 등을) 격하시키다   ² (가치 등을) 떨어뜨리다, 경시하다
명 내리막

유 타 degrade, demote
반 타 upgrade, promote (승격시키다)

- The restaurant was **downgraded** from three to two Michelin stars. 그 식당은 미슐랭 스타 세 개에서 두 개로 **격하되었다**.

0977 서9 | 법원
debilitate*
[dibílətèit]

타 약화시키다, 쇠약하게 하다

유 incapacitate, weaken

de(away)+bilit(strong)+ate(동) → 강한 상태에서 멀어지다
debilitation 명 약화, 쇠약

- Viruses **debilitate** the body's immune system.
  바이러스는 신체의 면역 체계를 **약화시킨다**.

DAY 20 **247**

0978
abate*
[əbéit]

자 타 (강도가) 약해지다, 약화시키다
a(to)+bate(beat) → 때려서 힘을 못 쓰게 하다
abatement 명 ¹ 경감, 감소 ²《법률》(소송의) 중단, 기각
- We waited for the storm to **abate**. 우리는 폭풍이 약해지기를 기다렸다.
- a tax **abatement** 세금 경감

⟹ subside, lessen, diminish

0979
attenuate*
[əténjuèit]

서9

타 약화시키다, 희석시키다
at(to)+tenu(thin)+ate(동) → 가늘게 만들다 → 약하게 만들다
attenuation 명 쇠약, 희석 **attenuated** 형 ¹ 약화된, 희석된 ² 몹시 여윈
- Earplugs will **attenuate** the loud sounds of the machinery.
  귀마개는 기계의 시끄러운 소리들을 약화시킬 것이다.

⟹ reduce, weaken, lessen, dilute

0980
undermine**
[ʌ̀ndərmáin]

국9 | 국7 | 지7 | 서9 | 법원

타 (자신감 등을) 약화시키다, 손상시키다
under(under)+mine(파내다) → 밑을 파서 기반을 약화시키다
- Public confidence in the environmental group has been **undermined**. 그 환경 단체에 대한 대중의 신뢰가 약화되었다. [서9]

⟹ weaken, compromise

0981
faint**
[feint]

서9 | 국회 | 기상 | 사복

형 ¹ 희미한, 약한 ² 어지러운 자 기절하다 명 기절
faintly 부 희미하게, 힘없이, 약간
- A very powerful telescope can see very **faint** stars beyond magnitude 20. 매우 강력한 망원경은 광도 20이 넘는 아주 희미한 별들을 볼 수 있다. [기상]
- She **fainted** and became conscious a few hours after.
  그녀는 기절해서 몇 시간 후에 의식이 돌아왔다.

⟹ 형 ¹ dim, indistinct ² dizzy

0982
feeble*
[fíːbl]

형 ¹ 아주 약한, 힘없는 ² (효과 등이) 미미한, 설득력 없는
- a **feeble** elderly man in a wheelchair 휠체어를 탄 힘없는 한 노인
- a **feeble** argument 설득력 없는 주장

⟹ ¹ fragile, frail, weak ² ineffective

0983
flagging*
[flǽgiŋ]

형 (결심 등이) 약해지는, 축 늘어진
flag 자 약해지다, 지치다 타 (중요한 정보 옆에) 표시하다 명 깃발
- The woman wants to revive her **flagging** enthusiasm in her career. 그 여자는 자신의 직업에 대해 약해지는 열정을 되살리고 싶어 한다.

협정

회독 ✓Check ☐ ☐ ☐

0984
pledge** [pledʒ]
명 1 약속, 맹세 2 저당, 담보(물) 자타 맹세하다 타 저당 잡히다
- In marriage two people **pledge** to love one another.
  결혼식에서 두 사람은 서로 사랑할 것을 **맹세한다**. [국회]
- He left his car as a **pledge** that he would return with the money. 그는 돈을 갖기로 하고 자신의 차를 **담보**로 맡겼다.

명 1 promise, vow, oath 2 surety

지7 | 국회

0985
pact* [pækt]
명 약속, 협정, 조약
- We made a **pact** never to tell anyone about what had happened yesterday. 우리는 어제 있었던 일에 대해 아무에게도 말하지 않기로 **약속했다**.
- a peace **pact** 평화 **협정**

agreement

지9

0986
treaty** [tríːti]
명 (국가 간의) 조약
- The two presidents signed a **treaty** on arms reduction.
  두 대통령은 군비 축소에 관한 **조약**에 서명했다.

agreement

국7 | 지7

0987
tariff* [tǽrif]
명 1 관세 《수출입 상품에 붙이는 세금》 2 (호텔, 식당 등의) 가격표
- the reduction of import **tariffs** 수입 **관세**의 감축

MORE+ 관련어휘   '세금(tax)' 종류
- levy   명 세금, 추가 부담금 타 (세금을) 부과하다
- duty   명 (특히 국내 수입품에 대한) 세금
- customs 명 관세 《국내로 들여오는 수입품에 대한 세금》
- excise 명 (국내) 소비세, 물품세

0988
capitation* [kæpətéiʃən]
명 1 인두세 《개인에게 일률적으로 매기는 세금》 2 (개인별) 균일 할당(제)

capit(head)+ation(명) → 머릿수대로 나눔
- **Capitation** is a tax levied on the basis of a fixed amount per head. **인두세**란 1인당 고정된 금액으로 부과되는 세금이다.

0989
congressman* [káŋgrismən]
명 국회의원 《특히 미국의 하원 의원》
- The **congressman** rose from his seat to make a speech.
  그 **국회의원**이 연설을 하기 위해 자리에서 일어났다.

MORE+ 기출어휘   정부 관료
- senator   명 상원 의원
- deputy   명 (일부 국가 의회의) 의원, 국회의원
- prime minister 명 수상, 국무총리
- chancellor   명 (독일, 오스트리아의) 수상

피하다

0990 rampant [rǽmpənt] 국7
형 1 (나쁜 것이) 걷잡을 수 없는, 만연하는 2 (식물이) 무성한

ramp(climb)+ant → 식물의 줄기가 올라와 가득 뒤덮은
rampantly 부 1 걷잡을 수 없이 2 무성하게
- Some voters seem to think political corruption is **rampant**.
  몇몇 유권자들은 정치적 부패가 **만연해 있다**고 생각하는 것 같다.

유 1 widespread, prevalent, pervasive
2 lush, bushy

0991 rife [raif] 법원
형 1 (나쁜 것이) 만연한, 널리 퍼져 있는 2 (나쁜 것으로) 가득한
- a society which is so **rife** with rumor, alarm, and lies
  소문, 공포 그리고 거짓말로 너무 **가득한** 사회 [법원]

유 1 widespread, prevalent
- be rife with A
  A로 가득 차 있다

0992 shun [ʃʌn] 국9 | 서9 | 법원
타 피하다, 멀리하다
- Because some parents **shunned** the vaccine, their children are suffering the consequences. 어떤 부모들은 백신 접종을 **피했기** 때문에 자녀들이 그 결과로 고통을 겪고 있다. [서9]

유 avoid, evade

0993 inevitable [inévitəbəl] 국9 | 국7 | 지9 | 지7 | 서9 | 서7 | 법원 | 교행 | 사복
형 불가피한, 필연적인

in(not)+evit(avoid)+able(형)
inevitability 명 불가피함, 필연성   **inevitably** 부 불가피하게, 필연적으로
- Even though stress is **inevitable**, it can motivate and challenge you to excel. 비록 스트레스는 **불가피하지만**, 그것은 네가 앞서가도록 동기부여하고 자극하기도 한다. [사복]

유 unavoidable, inescapable
반 evitable, avoidable(피할 수 있는)

DAY 21

보내다, 가지고 있다, 지속, 중단

- 보내다, 받다, 경직된
- 가지고 있다
- 출현, 발산
- 지속 → 자제, 중단

보내다, 받다, 경직된

회독 ✓ Check ☐ ☐ ☐

0994 국7 | 지7 | 경찰

dispatch / despatch**
[dispǽtʃ]

- 타 1 급파[파견]하다, 급송[발송]하다 2 신속히 해치우다
- 명 급파, 급송

유 타 1 send, transmit 2 expedite

dis(apart)+patch(foot) → 족쇄를 분리하다 → 나아가게 하다
dispatcher 명 (열차, 버스 등의) 운행 관리원, 배차원
- Officers are **dispatched** to individual calls for assistance within their district. 경찰관들은 그들의 지역 내 주민들의 도움 요청에 **급파된다**. [경찰]

0995 서7 | 경찰

amenable*
[əmíːnəbl]

- 형 1 말을 잘 듣는, 잘 받아들이는
- 2 (특정한 방식으로) 처리할 수 있는 ((to))

유 1 compliant, receptive, agreeable

a(to)+men(lead)+able(형) → 원하는 쪽으로 이끌 수 있는 → 말하는 대로 하는
amenability 명 순종, 복종
- Young people tend to be more **amenable** than older citizens to the idea of immigration. 젊은 사람들은 이민에 관한 생각을 노인들보다 더 **잘 받아들이는** 경향이 있다.

MORE + 혼동어휘

amenable vs. amendable
amendable은 동사 amend에 접미사 -able이 붙은 파생형이다.
amend 타 (법 등을) 개정하다, 수정하다
amendable 형 개정[수정]할 수 있는

0996 국9 | 국7 | 지7 | 서7 | 국회 | 교행

coincide***
[kòuinsáid]

- 자 1 (의견 등이) 일치하다 ((with)) 2 (일이) 동시에 일어나다 ((with))

유 1 correspond 《with》, concur 《with》, tally 《with》

co(together)+in(in)+cide(fall) → 모두 같은 곳으로 떨어지다
coincidence 명 1 (의견의) 일치 2 동시 발생 3 우연의 일치
coincident 형 1 일치하는 2 동시에 일어나는 **coincidental** 형 우연의
- Our views on environmental issues **coincide** with those of the government. 환경 문제에 대한 우리의 견해는 정부의 의견과 **일치한다**.
- It was no **coincidence** that he quit his job at the bank a day after the robbery. 그가 강도 사건이 있던 다음날 은행을 관둔 것은 **우연의 일치**가 아니었다.

0997 기상

vacillate*
[vǽsəlèit]

- 자 (마음이) 흔들리다, 망설이다

유 waver, dither

vacillation 명 동요, 우유부단함
- He **vacillated** for so long that someone else stepped in and made the decision. 그가 너무 오래 **망설인** 탓에 다른 사람이 나서서 결정을 내렸다.

0998 서9

ossify*
[ásəfài]

- 자 타 굳어지다, 경직시키다

유 harden, solidify, stiffen

ossi(bone)+fy(동) → 뼈가 되게 하다
ossification 명 골화(骨化), 경직화
- An **ossified** political process has suppressed new ideas. **경직된** 정치적 과정은 새로운 생각들을 억눌렀다. [서9]

0999
rigid**
[rídʒid]

형 ¹ 엄격한, 융통성 없는 ² 뻣뻣한, 단단한

rigidity 명 ¹ 엄격 ² 단단함, 경직   rigidly 부 엄격히, 완고하게
- The cellular components of the brain do not form permanent structures or play **rigid** roles. They're flexible. 뇌의 세포 구성요소들은 영구적인 구조를 형성하거나 **엄격한** 역할을 수행하지 않는다. 그것들은 유동적이다. [경찰]
- Glass is **rigid** and breaks like a crystalline solid. 유리는 **단단하고** 결정성 고체처럼 부서진다. [서7]

유 inflexible, stiff, fixed
반 flexible (¹ 융통성 있는 ² 유연한)

1000
rebuff*
[ribʌ́f]

명 (제안 등에 대한) 퇴짜, 묵살   타 퇴짜 놓다, 묵살하다
- Our suggestion was immediately **rebuffed**. 우리의 제안은 곧바로 **퇴짜를 맞았다**.

유 rejection, refusal

1001
elide*
[iláid]

타 ¹ 무시하다, 고려하지 않다   ² (발음 등을) 생략하다
- English speakers often **elide** the vowel completely. 영어권 화자들은 종종 모음을 완전히 **생략한다**.
- cf. elision 명 (음성) 모음 발음 탈락, 음절 생략

유 ¹ ignore ² omit

1002
impudent*
[ímpjudnt]

형 무례한, 버릇없는

im(not)+pud(feel shame)+ent(형) → 창피함을 느끼지 않는
impudence 명 무례함, 건방짐
- The boy was punished for his **impudent** behavior. 그 소년은 **버릇없는** 행동 때문에 처벌받았다.

유 impertinent, insolent, surly, impolite

출현, 발산

회독 ✓ Check ☐ ☐ ☐

1003
omen*
[óumən]

명 징조, 전조

ominous 형 불길한
- In the past, people believed that eclipses were bad **omens** or signs. 과거에 사람들은 월식을 불길한 **전조**나 징후로 믿었다.

유 portent, foreboding, premonition

1004
harbinger*
[hάːrbindʒər]

명 전조, 조짐
- Her successful job interview was seen as a **harbinger** of better times to come. 그녀의 성공적인 취업 면접은 더 나은 시기가 찾아올 **조짐**으로 보였다.

유 herald, portent, omen, sign

1005
betoken[*]
[bitóukən]

타 (~의) 징조[전조]이다

be+token(sign) → ~의 신호가 되다
- Thunder might **betoken** rain. 천둥은 비가 올 **징조**일 수도 있다.

유 presage, portend, denote, bode

1006
presage[*]
[priséidʒ]

타 (~의) 전조가 되다, 예고하다 명 [présidʒ] 전조, 조짐   지7

pre(before)+sage(perceive) → 미리 감지하다
- Some animals can detect a **presage** of an earthquake.
어떤 동물들은 지진의 **전조**를 감지할 수 있다. [지7]

유 타 betoken, denote, bode
명 omen, harbinger

1007
emanate[*]
[émənèit]

자 타 나오다, 발산하다, 내뿜다

e(out)+man(flow)+ate(통) → 밖으로 흘러나오다
emanation 명 발산(물)   **emanative** 형 발산하는, 방사성의
- Constant criticism has **emanated** from her opponents.
끊임없는 비판이 그녀의 반대자들로부터 **나왔다**.
- She seems to **emanate** an air of serenity all the time.
그녀는 항상 평온한 기운을 **내뿜는** 것 같다.

유 exude, emit

1008
fume^{**}
[fjuːm]

국7 | 지9 | 서9 | 기상

자 ¹ 연기를 내뿜다 ² (화가 나서) 씩씩대다, 성내다 명 연기, 매연
- I start **fuming** whenever I hear his name.
나는 그의 이름을 들을 때마다 화가 나서 **씩씩대기** 시작한다. [지9]
- the **fumes** leaking from a waste disposal site
쓰레기 처리장에서 새어 나오는 **매연** [서9]

유 자 ² rage
명 smoke, exhaust

1009
spurt[*]
[spəːrt]

자 타 (액체 등이) 솟구치다, 뿜어내다 자 (갑자기) 전력 질주하다
명 분출
- Water **spurted** from the burst pipe. 터진 파이프에서 물이 **솟구쳤다**.
- He **spurted** to the top of the hill.
그는 언덕 꼭대기까지 **갑자기 전력 질주했다**.

유 자 타 명 squirt, gush, fountain
자 sprint

가지고 있다

회독 ✓Check ☐ ☐ ☐

1010
possess^{***}
[pəzés]

국9 | 국7 | 지9 | 지7 | 서9 | 경찰 | 국회 | 기상 | 법원 | 교행

타 소유하다

pos(powerful)+sess(sit) → 자리한 곳에서 영향력을 가지다
possession 명 ¹ 소유 ² (pl.) 소유물   **possessive** 형 소유욕이 강한
- nations that **possess** nuclear weapons 핵무기를 **소유**한 나라들
- She came into **possession** of a rare silver coin.
그녀는 진귀한 은화를 **손에 넣게** 되었다.

유 own, have, hold
- come into possession of ~을 손에 넣다

1011
repossess*
[riːpəzés]

타 (대금이 치러지지 않은 물건을) 회수하다, 압류하다

re(again)+possess(소유하다)
repossession 명 회수, 압류 **repossessable** 형 회수할 수 있는
- Lenders will **repossess** other properties.
  대출 기관은 다른 부동산들을 **압류할** 것이다. [경찰]
- a **repossession** order 압류 명령

유 retrieve, regain, get back, recoup, reclaim

1012
asset**
[ǽset]

명 자산, 재산

as(to)+set(enough)
- The only **asset** he had when he died was the house he lived in.
  그가 죽을 때 갖고 있던 유일한 **재산**은 그가 살던 집뿐이었다. [국7]

유 property, estate, possession

1013
estate***
[istéit]

명 ¹ 사유지, 토지 ² (법률) 재산

e(property)+state(stand) → 재산이 자리하는 곳
- The real **estate** collapse began in mid-2006. 부동산(토지, 집 등 움직여서 옮길 수 없는 **재산**) 붕괴가 2006년 중반에 시작되었다. [지9] [사복]
- *cf.* chattel 명 ¹ 동산 《부동산인 토지 및 그 정착물이 아닌 물건》 ² (pl.) 소지품

유 ² assets, capital, fortune, property

1014
hoard**
[hɔːrd]

명 비축물, 저장물 자 타 (비밀히에) 비축하다, 사재기하다

hoarder 명 물건을 모아두는 사람 **hoarding** 명 ¹ 비축하기 ² 광고판
- At the time of the Great Depression, people with a lot of currency or gold **hoarded** them and did not put them into banks. 대공황 시기에, 많은 화폐나 금을 가진 사람들은 그것들을 **비축해두고** 은행에 넣지 않았다. [법원]

유 store, reserve
자 타 stock, stockpile

1015
standby*
[stǽndbài]

명 ¹ 예비품, 비상용품 ² 대기자   형 대기(중)의

- We bought an electric generator as a **standby**.
  우리는 **비상용품**으로 발전기를 샀다.
- a **standby** player 대기 선수

유 명 ¹ alternative, substitute
- on standby
  ¹ 대기하고 있는
  ² 대기자 명단에 올라 있는

1016
preliminary**
[prilímənèri]

형 예비의 명 ¹ 예비 단계, 예선전 ² (pl.) 서두, 서론

pre(before)+limin(시작)+ary(형/명) → 시작하기 이전(의)
- A **preliminary** investigation indicates that the accident occurred because of the pilot's fatigue.
  예비 조사는 그 사고가 조종사의 피로 때문에 생겼음을 보여준다. [경찰]
- After a few brief **preliminaries**, she launched into her speech.
  그녀는 간단한 **서두** 몇 마디를 끝낸 후에 연설을 시작했다.
- *cf.* semifinal 명 준결승전 quarterfinal 명 준준결승전

유 형 preparatory, introductory
명 ² preface, preamble, prelude
- preliminary to A
  A에 앞서서

1017

patrimony[*] 몡 ¹ 세습 재산 ² (국가 등의) 유산, 전승   ≒ ¹ inheritance ² heritage

[pǽtrəmòuni]

patri(father)+mony(명) → 아버지의 것 → 조상으로부터 받은 것
patrimonial 휑 세습의, 조상 전래의
- the world's cultural **patrimony** 세계의 문화적 유산
cf. bequest 명 유산, 유증 《유언에 의하여 재산을 물려주는 것》

1018

certify^{***}   국7 | 서7 | 경찰 | 국회 | 기상 | 교행

타 ¹ (공식적으로) 증명하다, 보증하다 ² 자격증을 교부하다   ≒ verify, guarantee, attest, prove, confirm, testify

[sə́ːrtəfài]

cert(sure)+ify(동) → 확실하게 만들다
certificate 명 증명서, 자격증   **certification** 명 ¹ 증명 ² 자격증 교부
certifiable 휑 ¹ 보증할 수 있는 ² 정신이상인, 미친
- Potatoes are **certified** as a "heart healthy" food by the American Heart Association. 감자는 미국 심장 협회에 의해 '심장에 좋은' 음식으로 **증명된다**. [국회]
- a birth **certificate** 출생증명서

1019

relevant^{***}   국9 | 국7 | 지9 | 지7 | 경찰 | 국회 | 법원 | 교행

휑 ¹ 관련 있는, 적절한 (to) ² 유의미한, 의의가 있는   ≒ ¹ germane ((to)), pertinent ((to)), apposite ((to)), applicable ((to))

[réləvənt]

relevance 명 관련성, 적절성
- The applicant's work experience was not **relevant** to the job he applied for. 그 지원자의 경력은 그가 지원한 일과 **관련이** 없었다.

1020

irrelevant^{***}   국9 | 지9 | 지7 | 서9 | 서7 | 경찰 | 국회 | 기상 | 법원

휑 ¹ 무관한, 상관없는 (to) ² 부적절한   ≒ ¹ unrelated, extraneous ((to))

[iréləvənt]

irrelevance 명 무관함, 무관한 것
- Your sympathy is **irrelevant** to the morality of your action. 너의 동정심은 네 행동의 도덕성과 **무관하다**. [국9]

1021

celebrate^{***}   국9 | 국7 | 지9 | 서9 | 경찰 | 기상 | 법원 | 사복

자 타 기념하다, 축하하다   ≒ commemorate

[séləbrèit]

celebration 명 기념, 축하 (행사)   **celebratory** 휑 기념하는, 축하하는
- Boxing Day is a holiday **celebrated** in the United Kingdom on December 26 every year. Boxing Day는 매년 12월 26일에 영국에서 **기념되는** 휴일이다. [법원]
cf. celebrated 휑 유명한(= renowned)

1022

felicitation[*]

명 (pl.) 축하, 축사

[fiìisətéiʃən]

- Please accept my heartfelt **felicitations** for the success of your business. 당신의 사업 성공에 대한 저의 진심 어린 **축하**를 받아주세요.

지속

회독 ✓Check ☐ ☐ ☐

1023 linger***
[líŋɡər]

국9 | 지9 | 서9 | 경찰 | 기상 | 법원

㉐ (예상보다 오래) 남다, 계속되다

lingering ⓗ 오래 끄는[가는]

- When stress **lingers**, you may find yourself struggling.
  스트레스가 **계속될** 때, 너는 너 자신이 고군분투하고 있다는 것을 알게 될 것이다. [법원]

⑧ stay, remain, persist

1024 persevere**
[pə̀ːrsəvíər]

국9 | 국7 | 국회

㉐ 인내심을 갖고 계속하다, 끈기 있게 노력하다

per(very)+severe(severe) → 매우 엄격한 → 어려움에 굴하지 않는
perseverant ⓗ 참을성 있는, 인내심 강한 **perseverance** ⓝ 인내(심)

- Even though he was tired, he **persevered** and finished the race.
  그는 피곤했지만 **인내심을 갖고 계속해서** 그 경주를 마쳤다.
- After many years of training and **perseverance**, Greg made the 1984 Olympic team. 여러 해 동안의 훈련과 **인내** 끝에, Greg는 1984년 올림픽 팀에 들어갔다. [국9]

⑧ persist

• persevere in[with] A
꾸준히 A를 하다

1025 niggling*
[níɡliŋ]

ⓗ ¹ (걱정, 통증이) 계속되는 ² 사소한, 하찮은

niggle ㉐ⓣ 신경이 쓰이다, 괴롭히다 《at》 ⓝ 약간의 통증

- **niggling** aches and pains **계속되는** 아픔과 고통
- Doubts about a suspicious man continued to **niggle** at the detective. 수상한 한 남자에 대한 의심이 그 형사를 계속 **신경 쓰이게 했다**.

⑧ ¹ nagging
² petty, trivial, trifling

1026 unrelenting*
[ʌ̀nriléntiŋ]

국회

ⓗ ¹ (불쾌한 상황이) 끊임없는 ² 가차 없는, 엄한

- **unrelenting** pressure 끊임없는 압박
- The professor tends to be **unrelenting** about deadlines.
  그 교수는 마감 일자에 대해 **가차 없는** 경향이 있다.

⑧ relentless
¹ continual
² uncompromising

1027 piecemeal*
[píːsmìːl]

경찰

ⓗ 단편적인, 조금씩 진행되는 ⓑ 조금씩, 점차

piece(조각)+meal(at one time) → 한 번에 한 조각씩 → 조금씩

- Some people want changes to be made all at once, but I think we should take a **piecemeal** approach. 어떤 사람들은 변화가 한 번에 일어나길 원하지만, 나는 우리가 **조금씩 진행되는** 접근법을 취해야 한다고 생각한다.

1028 bout*
[baut]

법원

ⓝ ¹ 한바탕, 한 차례 ² (권투, 레슬링의) 한판 승부, 시합 ³ 병치레, 병환

- He lost his **bout** with the boxing champion.
  그는 복싱 챔피언과의 **시합**에서 졌다.
- **bouts** of fatigue 피로로 인한 **병치레** [법원]

⑧ ¹ spell, period
² fight, round

자제, 중단

1029
abstemious*
[æbstíːmiəs, əb-]

형 (술 등을) 자제하는

abs(off)+tem(drink)+ious(형) → 술을 멀리하는
- an **abstemious** diet 자제하는 식습관, 절식

유 abstinent, austere

1030
tolerate***
[tάləreit]

국9 | 국7 | 지9 | 지7 | 경찰 | 국회 | 기상 | 법원

타 참다, 견디다, 용인하다

tolerable 형 참을 수 있는   **tolerant** 형 ¹관대한 ²내성 있는, 잘 견디는
tolerance 명 ¹용인, 관용(= toleration) ²내성, 저항력
- Good listeners are inclined to accept or **tolerate** rather than to judge and criticize. 잘 듣는 사람은 판단하고 비판하기보다는 수용하고 **참는** 경향이 있다. [국9]
- Zero **tolerance** imposes immediate and harsh sentences for trivial offences. **무관용** 정책은 사소한 위법행위에 대해 즉각적이고 가혹한 선고를 내린다. [법원]

유 endure, stand, put up with, bear

1031
intolerance*
[intάlərəns]

서7

명 ¹(반대 의견 등에 대한) 편협성 ²과민증, 알레르기

intolerable 형 참을 수 없는   **intolerant** 형 ¹편협한 ²과민증이 있는
- a struggle against religious **intolerance** 종교적 **편협성**에 맞서는 투쟁
- He has an **intolerance** to dairy products. 그는 유제품에 **과민증**이 있다.

유 ¹bigotry ²allergy, hypersensitivity

1032
eschew*
[istʃúː]

타 피하다, 삼가다

eschewal 명 피하기, 삼가기
- He appealed to the crowd to **eschew** violence. 그는 군중에게 폭력을 **삼가** 달라고 호소했다.

유 abstain, refrain

1033
austere*
[ɔːstíər]

국7 | 국회

형 ¹금욕적인 ²꾸밈없는, 소박한 ³엄격한, 근엄한

austerity 명 ¹내핍 상태(물자가 없는 것을 참고 견딤) ²금욕적임 ³엄격함
- They lived an **austere** life in the countryside. 그들은 시골에서 **소박한** 삶을 살았다.
- The country lived through years of **austerity** after the war. 그 나라는 전쟁이 끝난 뒤 수년간의 **내핍 상태**를 겪었다.

유 ¹abstemious, abstinent ²plain ³stern, strict

1034
ascetic*
[əsétik]

혱 금욕적인 몡 금욕주의자

asceticism 몡 금욕주의, 고행(苦行)
- Buddhism requires **ascetic** behavior including fasting.
  불교는 단식을 포함한 **금욕적인** 행동을 요구한다.

유 혱 austere, abstemious, abstinent
몡 abstainer

1035
stoically*
[stóuikəli]

튀 금욕적으로, 태연하게

stoic(al) 혱(내색하지 않고) 견디는 (사람) stoicism 몡 극기(심)
- We knew he must be in pain, despite his **stoic** attitude.
  우리는 그의 **내색하지 않고 견디는** 태도에도 불구하고 그가 고통스러워한다는 것을 알았다.

유 ascetically

1036
curb***
[kəːrb]

국7 | 지9 | 서9 | 서7 | 국회 | 사복

타 억제하다, 제한하다 몡 ¹억제책, 제한하는 것 ²도로 경계석
- The courts' better treatment of children could help **curb** delinquency. 아이들에 대한 법정의 더 나은 대우가 비행을 **억누르는 데** 도움이 될 수 있다. [서7]

유 타 restrain, restrict, suppress
몡 ¹restraint

1037
unbridled*
[ʌnbráidld]

혱 억제되지 않은, 제약 없는

un(not)+bridl(e)(굴레를 씌우다)+ed(혱)
unbridle 타 ¹(말의) 고삐를 풀다 ²해방시키다, 자유롭게 하다
- She spoke with **unbridled** passion.
  그녀는 **억제되지 않는** 열정을 담아 말했다.
cf. halter 몡(말의) 고삐 타 ¹고삐를 매다 ²억누르다

유 unrestrained, unconstrained, uncontrolled

1038
forestall*
[fɔːrstɔ́ːl]

기상

타 미연에 방지하다

fore(before)+stall(place) → 미리 두고 준비하다
forestallment 몡 기선 제압, 앞지름
- a measure to **forestall** further attacks
  추가 공격을 **미연에 방지하기** 위한 조치

유 prevent, obviate, avert

1039
bulwark*
[búlwərk]

몡 방어물, 방벽, 보호해주는 것 (against)

- The security forces are a **bulwark** against the breakdown of society. 치안 부대는 사회의 붕괴로부터 **보호해주는 것**이다.

유 defense, protector, guard

1040

bastion[*]
[bǽstʃən]

명 ¹ 보루, 요새 ² (특정 사상 등의) 수호자

- In modern societies, the media are often regarded as the last **bastion** of liberty. 현대 사회에서는 언론이 자유의 최후의 **보루**라고 종종 여겨진다.
- a **bastion** of upper-class privilege 상류층 특권의 수호자

유 ¹ rampart, citadel, fort ² defender

1041

국9 | 국7 | 지9 | 지7 | 서9 | 국회

halt^{***}
[hɔːlt]

자 타 멈춰 서다, 중단시키다 명 멈춤, 중단

halting 형 멈칫거리는, 자주 중단되는

- The search for the missing child **halted** overnight, then resumed the next morning. 실종된 아이를 찾는 수색은 하룻밤 동안 **중단되었**고, 다음 날 아침에 재개되었다.

유 자 타 terminate, cease, suspend

1042

경찰 | 국회

moratorium[*]
[mɔ̀ːrətɔ́ːriəm]

명 ¹ 활동 중단 ² 《경제》 모라토리엄, 지불 유예 《국가 긴급 사태로 인해 금전 채무의 이행을 연장하는 것》

- The new treaty calls for a nuclear testing **moratorium**. 새로운 조약은 핵실험 **중단**을 요구한다.

유 suspension, postponement, standstill, halt

1043

경찰 | 국회

apocalyptic[*]
[əpɑ̀kəlíptik]

형 종말론적인

apocalypse 명 ¹ 종말, 파멸 ² 대재앙

- an **apocalyptic** view of the future 미래에 대한 **종말론적** 관점
- an environmental **apocalypse** 환경의 대재앙

DAY 22

주다, 놓다, 태만

- 주다
  - 알려주다
  - 지불하다
  - 대갚음
- (한데) 놓다
- 태만

주다

회독 ✓Check ☐ ☐ ☐

1044
commend* [kəménd]
[타] ¹위탁하다, 맡기다 ²칭찬하다 ³추천하다

com(강조)+mend(맡기다)
commendation [명] ¹위탁 ²칭찬 ³추천 **commendable** [형] 칭찬받을 만한

- His painting was highly **commended** by the judges in the competition. 그의 작품은 대회에서 심사위원들로부터 매우 **칭찬받았다**.
- I **commend** this book to anyone who wants to know more about American history. 나는 미국 역사에 대해 더 알고 싶어 하는 사람이라면 누구에게나 이 책을 **추천한다**.

[유] ¹entrust ²compliment, praise ³recommend

1045
recommend*** [rèkəménd]
지9 | 지7 | 서9 | 서7 | 경찰 | 기상 | 법원

[타] 추천하다, 권장[권고]하다

re(강조)+commend(추천하다)
recommendation [명] 추천, 권장, 권고

- Doctors **recommend** that we stay away from alcoholic beverages for 2~3 days after excessive drinking. 의사들은 과한 음주 후에는 2~3일 동안 알코올성 음료를 자제해야 한다고 **권고한다**. [지7]

[유] commend, suggest, propose

1046
authorize / authorise** [ɔ́ːθəràiz]
국9 | 지9 | 경찰

[타] 재가하다, 권한을 부여하다

authorization [명] 허가(증)

- The World Health Organization(WHO) was **authorized** to initiate a global campaign to eradicate smallpox. 세계 보건 기구(WHO)는 천연두를 근절하기 위한 세계적인 캠페인을 시작하도록 **권한을 부여받았다**. [경찰]

[유] empower, commission, sanction, approve

1047
authority*** [əθɔ́ːrəti]
국9 | 국7 | 지9 | 지7 | 서9 | 경찰 | 국회 | 기상 | 법원 | 사복

[명] ¹지휘권, 권한 ²권위(자) ³(정부) 당국 ⁴허가, 인가

authoritative [형] 권위 있는, 권위적인
authoritarian [형] 권위주의적인, 독재적인 [명] 권위주의자

- the legal **authority** to enter a private property without permission 허가 없이 사유지에 들어갈 수 있도록 하는 법적 **권한** [경찰]
- to be disobedient to **authorities** who tried to muzzle new thoughts and to the **authority** of long-established opinions which declared a change to be nonsense 새로운 생각을 억압하려고 한 **정부 당국**과 변화를 터무니없는 것이라고 선언한 오랜 견해의 **권위**에 불복종하다 [서9]

[유] ¹jurisdiction ⁴authorization, permission

1048
bestow* [bistóu]
서9 | 사복

[타] 수여하다, 부여하다

- The university **bestowed** an honorary degree upon her. 그 대학에서 그녀에게 명예 학위를 **수여했다**.

[유] confer, award, grant

1049
apportion*
[əpɔ́ːrʃən]

타 배분하다, 할당하다

ap(to)+portion(부분) → 각자에게 부분을 나눠주다
- His property was **apportioned** equally among the heirs.
  그의 재산은 상속자들에게 균등하게 **배분되었다**.

유 allocate, distribute, allot, assign
- apportion A between[among] B
  A를 B에게 배분하다

1050
inundate*
[ínəndèit]

타 ¹쇄도하게 하다 ²범람[침수]시키다

in(onto)+und(wave)+ate(통) → 물밀 듯 들이닥치다
inundation 명 ¹충만, 쇄도 ²범람, 침수
- The radio program was **inundated** with complaints from listeners. 그 라디오 프로그램은 청취자들로부터의 항의가 **쇄도했다**.
- Rising rivers could **inundate** low-lying areas.
  불어난 강물이 저지대를 **침수시킬** 수 있다.

유 flood, overflow, deluge
¹overwhelm
- be inundated with A
  A가 쇄도하다

1051
render**
[réndər]

법원

타 ¹제공하다 ²(어떤 상태가 되게) 만들다 ³연주하다 ⁴번역하다

rendition 명 ¹연주, 공연 ²용의자 인도, 송환
- Nike's logo is one of the most recognizable images on the planet, **rendering** the actual name unnecessary.
  Nike(나이키)의 로고는 지구상에서 가장 알아보기 쉬운 이미지들 중 하나여서, 실제 이름을 불필요하게 **만든다**. [법원]

유 ¹provide, supply, furnish
³perform
⁴translate

1052
dispense**
[dispéns]

국7 | 서9

타 ¹나눠주다, 제공하다 ²(약사가 약을) 조제하다
자 ~없이 지내다 ((with))

dis(apart)+pense(weigh) → 무게를 달아 떼어내다 → 분배하다
dispenser 명 (휴지 등을 하나씩 뽑아 쓰는) 용기
dispensary 명 ¹(약품) 조제실 ²진료소
- The ATM only **dispenses** $20 bills.
  그 현금인출기는 오직 20달러짜리 지폐만 **제공한다**.
- Most tellers in the banks these days cannot **dispense** with computers. 요즘 은행의 대부분의 창구 직원들은 컴퓨터 **없이는** **지낼** 수 없다. [서9]
cf. **dispensation** 명 ¹(은혜의) 베풂 ²특별 허가 ³제도, 체제

유 ¹distribute, allocate, apportion

1053
indispensable**
[ìndispénsəbl]

지7 | 서9 | 서7

형 ¹필수적인, 없어서는 안 될 ²(의무 등이) 피할 수 없는

in(not)+dispens(e)(없애다)+able(형)
- International cooperation is **indispensable** to resolving the problem of the drug trade. 국제적 협력은 마약 거래 문제를 해결하는 데 있어서 **필수적이다**.

유 ¹essential, vital, imperative, requisite
반 ¹dispensable (불필요한)

1054
overdose*
[óuvərdòus]

경찰

명 (약의) 과다 복용 자 과다 복용하다

- Elvis' heart failure was brought on by a massive drug **overdose**.
  Elvis의 심장 마비는 대량의 약물 **과다 복용**으로 인한 것이었다. [경찰]

1055 국회

unflinching* [형] 위축되지 않는, 불굴의

[ənflíntʃiŋ]

unflinching [부] 굴하지 않고, 단호히

• The work is a testament to the artist's integrity and her **unflinching** courage. 그 작품은 그 예술가의 진정성과 그녀의 **불굴의** 용기를 증명하는 것이다. [국회]

cf. flinch [자] ¹ 움찔[주춤]하다 ² 피하려 하다 《from》

[유] resolute, determined, steadfast, firm

1056

undaunted* [형] 의연한, 흔들림 없는

[ʌndɔ́:ntid]

un(not)+daunted(겁먹은)

daunt [타] 겁먹게 하다, 기죽게 하다

• The firefighters were **undaunted** by the dangerous conditions they faced. 소방관들은 그들이 직면한 위험한 상황에 **의연했다**.

[유] fearless, intrepid, unafraid, dauntless

1057

jaunty* [형] 의기양양한, 쾌활한, 경쾌한

[dʒɔ́:nti]

jauntily [부] 의기양양하게, 쾌활하게

• He struck a **jaunty** pose for the camera. 그는 카메라를 향해 **의기양양한** 자세를 취했다.

[유] cheerful, merry, joyful

알려주다

회독 ✔Check ☐ ☐ ☐

1058

expatiate* [자] 상세히 설명하다[말하다] 《on, upon》

[ikspéiʃièit]

• He was **expatiating** on the tendency of contemporary poems. 그는 현대 시의 경향에 대해 **상세히 설명하고** 있었다.

[유] expound

1059

postulate* [타] ¹ (사실이라고) 가정[상정]하다 ² 요구하다 [명] [pɑ́stʃulət] 가정, 상정

[pɑ́stʃulèit]

postulation [명] ¹ 가정 ² 요구

• Scientists have **postulated** the existence of water on the planet. 과학자들은 그 행성에 물이 존재한다고 **가정해왔다**.

[유] [타] ¹ posit, hypothesize, assume, presuppose

1060 국회

treatise* [명] 논문 《on》

[trí:tis]

• the philosopher's **treatise** on rhetoric 수사학에 관한 철학자의 **논문** [국회]

[유] disquisition, dissertation, thesis

1061

proofread* [자] [타] (책의) 교정을 보다

[prú:frì:d]

• An editor should **proofread** a manuscript and correct grammatical errors. 편집자는 원고의 **교정을 보고** 문법적인 오류를 정정해야 한다.

1062
archive* [ɑ́ːrkaiv]
- 명 ¹ 기록 보관소 ² 공문서 타 (자료를) 보관하다
- 유 명 ¹ repository

archival 형 ¹ 기록 보관소의 ² 공문서의   archivist 명 기록[문서] 보관 담당자
- The reports are preserved in the official **archives**.
  그 보고서들은 공식 **기록 보관소**에 보관된다.
- She **archived** the document in a folder on her hard drive.
  그녀는 자신의 하드 드라이브 폴더에 그 문서를 **보관했다**.

지불하다   회독 ✓Check ☐ ☐ ☐

1063
pecuniary* [pikjúːnièri]   국7
- 형 ¹ 금전(상)의 ² 벌금(형)의
- 유 ¹ monetary, financial

pecuni(money)+ary(형)
- **pecuniary** interest in the continued growth of the town
  도시의 지속적인 성장에 따른 **금전상**의 이익 [국7]
- a **pecuniary** offense 벌금형

1064
fiscal* [fískəl]   지7 | 경찰 | 교행
- 형 (국가) 재정의, 회계의
- 유 monetary, financial

fiscally 부 재정상
- a **fiscal** and monetary policy 국가 **재정** 및 통화 정책
- Up to 250 employees could lose their jobs in the new **fiscal** year. 새로운 **회계** 연도에 최대 250명의 직원들이 실직할 수도 있다. [경찰]

1065
monetary* [mánətèri]   지9 | 사복
- 형 ¹ 통화의, 화폐의 ² 금전(상)의, 금융의, 재정상의

money 명 돈, 금전   monetarily 부 화폐로, 금전상으로
- a **monetary** unit 화폐 단위
- People often value education for its **monetary** value.
  사람들은 종종 교육을 **금전상**의 가치로 평가한다. [지9]

1066
wad* [wɑd]
- 명 ¹ 돈뭉치 ² (부드러운 것의) 뭉치, 덩이 타 뭉치다, (뭉쳐서) 채우다
- 유 명 ² bundle 타 stuff, fill

wadding 명 충전재, 메워 넣는 것
- a **wad** of ten-dollar bill 10달러짜리 지폐 **뭉치**
- She **wadded** up the paper and threw it in the wastebasket.
  그녀는 종이를 **뭉쳐서** 휴지통에 던져 버렸다.
- They filled the pillow with **wadding** and stitched it.
  그들은 베개를 **충전재**로 채워 넣고 꿰맸다.

cf. tuft 명 (머리카락 등의) 다발, 뭉치

DAY 22 265

1067
jackpot*
[dʒǽkpàt]

경찰

명 거액의 상금, 당첨금, 대박

- The lottery **jackpot** was over one million dollars.
  그 복권 **당첨금**은 100만 달러가 넘었다.
- to hit the **jackpot** **대박**을 터뜨리다

cf. lucre 명 (특히 부당하게 얻은) 돈, 이득

유 winnings, prize

1068
exorbitant*
[igzɔ́ːrbətənt]

서7

형 (가격 등이) 엄청난, 과도한

ex(out of)+orbit(궤도)+ant(형) → 궤도를 이탈하다 → 한도를 넘어선

- **exorbitant** rates of interest 과도한 이자율

유 extortionate, excessive, immoderate, inordinate

1069
stingy**
[stíndʒi]

국7 | 지9 | 경찰

형 (돈에 대해) 인색한, 돈을 너무 아끼는

sting(찌르다)+y(형) → 찔러도 꿈쩍하지 않을 만큼 야박한
stinginess 명 인색함

- The words "**stingy**" and "frugal" both mean "careful with money," but to call a person **stingy** is an insult.
  '인색한'과 '검소한'이라는 단어는 둘 다 '돈에 신중한'이라는 뜻이지만, 사람에게 **인색하다**고 하는 것은 모욕이다. [경찰]

MORE+ 관련어휘 ┆ parsimony, meanness, miserliness, niggardliness는 모두 '인색함'이라는 의미를 나타낸다.

유 mean, parsimonious, penurious
반 generous(관대한)

1070
miserly*
[máizərli]

형 ¹(사람이) 구두쇠인 ²(양, 액수가) 아주 적은

miser 명 구두쇠

- The team's **miserly** owner opposed buying new equipment.
  구두쇠인 그 팀의 소유주는 새 장비를 사는 것을 반대했다.
- Most economists expect growth for next year to be a **miserly** 1%. 대부분의 경제학자들은 내년 성장률을 **아주 적은** 1%로 예상한다.

cf. cheapskate 명 구두쇠

유 ¹ mean, parsimonious
² paltry

1071
disburse*
[disbə́ːrs]

타 (자금 등을) 지출하다, 지불하다

dis(away)+burse(purse) → 지갑에서 꺼내 없애다
disbursement 명 지출, 지불

- The role of the committee is to **disburse** grants to needy students. 그 위원회의 역할은 형편이 어려운 학생들에게 보조금을 **지불하는** 것이다.

유 spend, expend

1072 overdraw*
[òuvərdrɔ́ː]

짜타 초과 인출하다

overdrawn 형 1 (돈을) 초과 인출한 2 (계좌에서) 초과 인출된
- If the account is **overdrawn**, deposit money as soon as possible to avoid additional fees. 계좌에서 돈이 **초과 인출되면**, 가능한 한 빨리 돈을 입금해서 추가 요금을 피하라.

MORE+ 관련어휘 은행 업무(banking)
- deposit 타 (예금주가) 예금하다 명 예치금
- withdraw 타 (예금주가) 인출하다
- credit 타 (은행 등이 어떤 계좌에) 입금하다 명 입금
- debit 타 (은행 측에서) 인출하다 명 인출액, 출금액
- transfer 타 이체하다 《한 계좌에서 다른 계좌로 돈을 보내는 것》
- remit 타 송금하다 《입금, 이체 등으로 돈을 보내는 것》

1073 mortgage**
[mɔ́ːrɡidʒ]

지9 | 서7 | 기상 | 사복

명 (담보) 대출(금) 《부동산을 담보로 하는 대출》 타 저당 잡히다

- Tenants had to make too high **mortgage** payments for condominiums. 세입자들은 너무 많은 아파트 **담보 대출금**을 내야 했다. [서7]

MORE+ 관련어휘
- mortgage loan 명 주택 담보 대출, 모기지론
- mortgage rates 명 담보 대출 금리
- mortgage interest 명 담보 대출 이자
- mortgage repayments 명 담보 대출 분할 상환금
- mortgage payoff 명 담보 대출금 상환

1074 arrears*
[əríərz]

명 체납금

유 debts, liabilities

ar(to)+rears(behind) → 뒤에 남아 있는 것
- He recently paid off the rent **arrears** of the past several months. 그는 지난 몇 달간의 임대 **체납금**을 최근에 모두 갚았다.
- *cf.* defaulter 명 체납자 taxpayer 명 납세자

1075 peculate*
[pékjulèit]

국7

타 (공금 등을) 횡령하다, 빼돌려 쓰다

유 embezzle, appropriate

pecul(money)+ate(동) → 돈을 쓰다
peculation 명 공금 횡령
- The minister is being held on charges of **peculation** of government funds. 그 장관은 정부 **공금 횡령** 혐의로 붙잡혀 있다.

MORE+ 관련어휘 peculate vs. speculate
- speculate 자타 추측하다, 짐작하다 자 투기하다
  specul(look)+ate(동) → 관찰한 것으로 판단해보다

대갚음

회독 ✓Check ☐ ☐ ☐

1076

reimburse*
[riːimbə́ːrs]

㉠ 배상하다, 변제하다

re(back)+im(in)+burse(purse) → 돈을 다시 지갑에 넣어주다
reimbursement ⓝ 배상, 변제
- Make sure you keep your receipts so we can **reimburse** you for your expenses. 저희가 당신의 비용을 **배상**할 수 있도록 영수증을 꼭 보관하세요.

유 compensate, recompense, remunerate, refund, repay

1077

requite*
[rikwáit]

㉠ ¹보답하다 ²보복하다

re(back)+quite(지불하다) → 대갚아 주다
unrequited ⓐ ¹보답받지 못하는, 짝사랑의 ²무보수의
- a song about **unrequited** love 보답받지 못한 사랑[짝사랑]에 관한 노래

유 ²avenge, revenge

1078

redress*
[rídres]

㉠ (잘못된 것을) 바로잡다, 시정하다 ⓝ 보상, 배상

re(again)+dress(똑바르게 하다)
- It is time to **redress** the injustices of the past.
  과거의 부당함을 **바로잡아야** 할 때다.
- to seek legal **redress** for unfair dismissal
  부당 해고에 대해 법적 **보상**을 구하다

유 ㉠ rectify, correct
ⓝ compensation, reparation, amends

1079

atone*
[ətóun]

㉑ 속죄하다, 보상하다 ((for))

atonement ⓝ 속죄, 보상
- I prayed to **atone** for my wrong. 나는 내 잘못에 대해 **속죄하기** 위해 기도했다.

1080

expiate*
[ékspièit]

㉠ 속죄하다

expiable ⓐ 보상할 수 있는 **expiation** ⓝ 속죄, 보상
- a chance to **expiate** past sins 과거의 죄에 대해 **속죄할** 기회

1081

recoup*
[rikúːp]

㉠ (손실, 지출 등을) 회수하다, 만회하다

re(back)+coup(cut) → 줄어든 것을 도로 메우다
- Investors are hoping to **recoup** some of their losses.
  투자자들은 손실금의 일부를 **회수하기**를 기대하고 있다.
- cf. **payback** ⓝ ¹원금 회수 ²보상, 보복

유 recover, retrieve, regain

1082

seizure*
[síːʒər]

ⓝ ¹압수(량), 몰수 ²장악, 점령 ³(병의) 발작

seize ㉠ ¹꽉 붙잡다 ²압수하다 ³장악하다 ⁴(감정이) 엄습하다
- search and **seizure** of private property 사유 재산의 수색과 **압수** [경찰]
- The army has **seized** control of the city. 군대가 그 도시를 **장악했**다.

유 ¹confiscation
²capture
³convulsion, spasm

(한데) 놓다

1083 muddle*
[mʌ́dl]

타 뒤죽박죽을 만들다 자 타 혼동하다, 헷갈리게 하다 명 혼동, 혼란

유 자 타 confuse, bewilder

muddled 형 혼란스러워하는, 갈피를 못 잡는
- Someone has **muddled** all the papers on my desk.
  누군가 내 책상 위에 있던 종이들을 모두 **뒤죽박죽으로 만들어놓았다**.
- a mind **muddled** by too much advice
  너무 많은 충고에 **혼란스러워하는** 마음

1084 jumble*
[dʒʌ́mbl]

타 뒤섞다 명 ¹ 뒤죽박죽 섞인 것 ² (자선 바자회에 보낼) 헌 물건들

jumbled 형 뒤죽박죽이 된, 어수선한
- The letters were **jumbled** together in the drawer.
  편지들이 서랍 속에 함께 **뒤섞여 있었다**.

1085 meld*
[meld]

자 타 섞이다, 혼합하다 명 혼합물

유 자 타 blend, merge

- Stir the ingredients to let the flavors **meld**.
  맛이 **섞이도록** 재료를 저어라.

1086 mingle*
[míŋgl]

자 타 어우러지다, 섞다 자 (사람들과) 어울리다, 섞이다

유 자 타 blend, merge
자 socialize

- The story **mingles** fact and fiction. 그 이야기는 사실과 허구가 **섞여 있다**.
- The event gives you a chance to **mingle** with other students.
  그 행사는 네가 다른 학생들과 **어울릴** 기회를 준다.

1087 motley*
[mátli]

형 마구 뒤섞인, 잡다한

유 assorted, mixed, miscellaneous

- There's a **motley** collection of old furniture in the house.
  그 집에는 **잡다한** 낡은 가구들이 모여 있다.

태만

1088 procrastinate*
[proukrǽstənèit]

자 미루다, 꾸물거리다

유 postpone, defer, delay

pro(forward)+crastin(내일의)+ate(통) → 할 일을 내일로 보내다
procrastination 명 지연, 연기
- guilt over **procrastinating** with one's tax return
  납세 신고를 **미룬** 것에 대한 죄책감 [기상]

1089 shelve*
[ʃelv]

타 ¹ (계획을) 보류하다 ² 선반에 얹다   **자** (땅이 아래로) 경사지다

유 타 ¹ postpone, delay, defer, suspend
자 slope, tilt

shelving 명 선반 (재료)
- Reforms enacted in some states have already taken effect, whereas in other states, reforms legislation **is shelved**.
  일부 주(州)에서 제정된 개혁은 이미 발효된 반면, 다른 주에서는 개혁 입법이 **보류되어** 있다. [국7]

1090 remiss*
[rimís]

형 태만한, 소홀한

유 negligent, neglectful

remissness 명 태만, 부주의
- He has been **remiss** in his duties since he finished a big project.
  그는 큰 프로젝트 하나를 끝낸 이후로 자신의 업무에 **소홀했다**.

1091 aloof*
[əlúːf]

형 냉담한, 거리를 두는

유 distant, unfeeling, indifferent

aloofness 명 냉담함, 무관심
- She remained **aloof** despite their efforts to make friends.
  그녀는 친구가 되려는 그들의 노력에도 불구하고 여전히 **냉담했다**.

1092 callous*
[kǽləs]

형 냉담한, 무정한

유 heartless, unfeeling
반 compassionate (연민 어린)

- a **callous** attitude to other people's suffering
  타인의 고통에 대한 **냉담한** 태도

1093 candid**
[kǽndid]

형 솔직한, 숨김없는

유 frank, outspoken, straightforward, forthright

candid(빛나는) → 새하얀, 밝은 → 모두 드러내는
cando(u)r 명 솔직함
- She gave us her **candid** opinion on the matter.
  그녀는 우리에게 그 문제에 대한 자신의 **솔직한** 생각을 말해주었다.

1094 blatant*
[bléitənt]

형 노골적인, 뻔한

유 flagrant, obvious

blatantly 부 노골적으로, 뻔뻔스럽게
- Imposing the system of democracy on other countries is a **blatant** breach of the UN policy of non-intervention.
  민주주의 체제를 다른 국가에 강요하는 것은 UN의 불간섭 정책에 대한 **노골적인** 위반이다. [서9]

DAY 23

손 행동, 분류하다, 군대

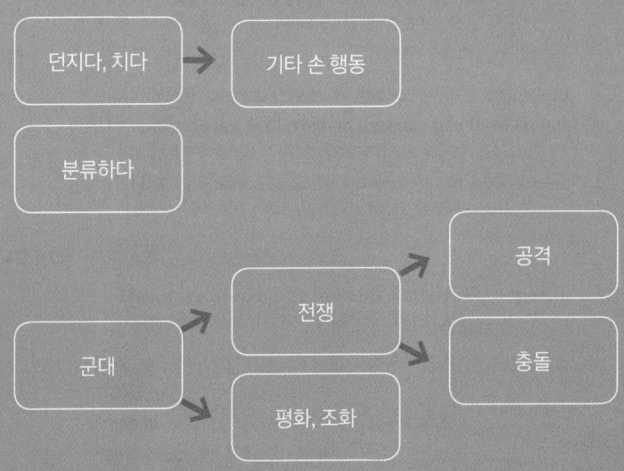

던지다, 치다

회독 ✓Check ☐ ☐ ☐

1095
sling*
[slɪŋ]

[타] ¹ (내)던지다 ² 매달다, 걸치다
[명] ¹ 슬링 《무거운 것을 들어 올리는 장치》 ² 쇠사슬, 밧줄

- The protesters started **slinging** stones at the police.
  시위자들은 경찰에게 돌을 **던지기** 시작했다.
- He **slung** a hammock between two trees.
  그는 해먹을 두 나무 사이에 **매달았다**.

cf. mudslinging [명] 《정치 운동에서》 중상[비방]하기

서9 | 경찰

[유] [타] ¹ throw, cast, chuck
² hang, suspend

1096
slap*
[slæp]

[자][타] 철썩 때리다 [명] 철썩 때림 [부] 정면으로, 바로

- She **slapped** his face. 그녀는 그의 뺨을 **철썩 때렸다**.
- Her apartment is **slap** in the middle of the city.
  그녀의 아파트는 도시 **바로** 중앙에 있다.

국9 | 국회

[유] [자][타] beat, smack, spank
[부] directly, straight

1097
lash*
[læʃ]

[자][타] ¹ 후려치다, 휘갈기다 ² 《비, 파도 등이》 몰아치다
³ 비꼬다, 몹시 비난하다

- Waves **lashed** the shore. 파도가 해안에 **몰아쳤다**.
- He **lashed** out at the government for its failure to cut taxes.
  그는 세금 감면 실패에 대해 정부를 **몹시 비난했다**.

서9 | 서7

[유] ¹ beat, pound, batter, whip
- lash out at A A를 맹렬히 비난하다

1098
thump*
[θʌmp]

[자][타] 《주먹으로 세게》 치다 [자] 쿵쾅거리다
[명] ¹ 쿵 하는 소리 ² 《세게》 치기

thumping [형] ¹ 쾅 치는 ² 막대한, 거대한

- Someone was **thumping** loudly on the door.
  누군가가 문을 시끄럽게 **치고** 있었다.
- Her heart **thumped** with fright. 그녀의 심장은 공포로 **쿵쾅거렸다**.

[유] [자][타] strike, pound, punch, hit

1099
smash**
[smæʃ]

[자][타] ¹ 박살을 내다 ² 《세게》 부딪치다
[명] ¹ 박살 나는 소리 ² 충돌 사고 ³ 《노래 등의》 엄청난 히트, 대성공

- The glass bowl **smashed** into a thousand pieces.
  그 유리그릇은 산산조각으로 **박살이 났다**.
- The movie became a box office **smash** this year.
  그 영화는 올해 박스 오피스에서 **대성공**하게 되었다.

국9

- smash A down A를 때려 부수다

기타 손 행동

회독 ✓Check ☐ ☐ ☐

1100
stab*
[stæb]

자 타 찌르다 명 ¹찌르기 ²찌르는 듯한 통증 ³시도

- The victim was **stabbed** in the chest five times.
  피해자는 가슴을 다섯 차례 **찔렸다**.
- She took a **stab** at solving the problem.
  그녀는 문제를 해결하려고 **시도했다**.

유 자 타 stick, spear, prick
자 타 명 ¹pierce, thrust,

1101
pinch*
[pintʃ]

자 타 ¹꼬집다 ²꽉 죄다 자 절약하다
명 자밤 (엄지와 검지로 한 번 집을 만한 분량)

- He **pinched** her cheeks and told her how cute she was.
  그는 그녀의 볼을 **꼬집으며** 그녀가 얼마나 귀여운지 말했다.
- He **pinched** the top of his nose to stop the bleeding.
  그는 지혈하기 위해 코 위쪽을 **꽉 죄었다**.

유 자 타 ¹nip, tweak
²grasp, squeeze

1102
sway*
[swei]

자 타 ¹흔들(리)다, 동요하다 ²지배하다
명 ¹흔들림, 동요 ²장악, 지배

- He **swayed** a moment before he fainted.
  그는 쓰러지기 전에 잠시 **흔들렸다**.
- The ancient Romans held **sway** over most of Europe.
  고대 로마인들은 유럽 대부분을 **지배했다**.

유 자 타 ¹rock, swing
²dominate, govern, rule

1103
pluck**
[plʌk]

타 ¹(털 등을) 뽑다 ²(꽃 등을) 따다, 꺾다 ³빼내다 명 용기, 결단

plucky 형 용감한, 결단력 있는
- to **pluck** gray hairs 흰머리를 **뽑다**
- a **plucky** attempt to save the life of others
  다른 사람의 생명을 구하려는 **용감한** 시도

유 ¹draw, pull, ¹²pick
명 courage, bravery

1104
tease**
[tiːz]

타 ¹(부드럽게) 당기다, 뽑다 ²놀리다 ³괴롭히다
명 남을 놀리기 좋아하는 사람

teasing 형 ¹짓궂게 괴롭히는 ²성가신, 귀찮은
- to **tease** wool into strands 양털을 뽑아 실로 만들다
- He was always **teased** by his brother about being short.
  그는 키가 작은 것에 대해 자신의 형에게서 항상 **놀림을 받았다**.

유 타 ²mock, taunt

1105
flick**
[flik]

타 (손가락 등으로) 튀기다, 털다 자 타 잽싸게 움직이다 명 영화 (필름)

- He **flicked** the ash from his cigar. 그는 자신의 시가에 묻은 재를 **털었다**.
- Hollywood action **flick** 할리우드 액션 **영화** [지9]

유 타 flip, snap
자 타 jerk, jolt

DAY 23 273

1106
beckon* [békən]
자태 ¹ (오라고) 손짓하다, 부르다 ² 유혹하다 자 조짐을 보이다
beckoning 형 유혹적인, 매력적인
- She **beckoned** the waiter to come over.
  그녀는 종업원에게 오라고 손짓했다.

유 자태 ¹ signal, gesture, wave ² tempt, entice

1107
서9 | 서7 | 기상 | 법원
rip* [rip]
자태 찢다, 찢어지다 태 떼어[뜯어] 내다 명 찢어진 곳
- Thorns **ripped** at my sleeves. 가시가 나의 소매를 찢었다. [법원]
- I **ripped** the poster off the wall. 나는 벽에서 포스터를 떼어 냈다.

유 자태 tear, split, cut
- rip A off
  ¹ A를 훔치다
  ² A에게 바가지 씌우다

1108
서7 | 경찰 | 국회
squash** [skwɑʃ]
태 ¹ 짓누르다, 으깨다 ² 억압하다 자태 밀어 넣다
- Someone sat on my hat and **squashed** it.
  누군가 내 모자 위에 앉아 그것을 짓눌렀다.
- Four of us **squashed** into the backseat.
  우리 넷은 뒷좌석에 밀어 넣어졌다.

유 태 ¹ crush, flatten, squeeze 자태 jam, plunge

1109
wrench* [rentʃ]
자태 확 비틀다 태 (발목 등을) 삐다 명 ¹ 확 비틂 ² 접질림
- Somebody has **wrenched** the window open.
  누군가 창문을 확 비틀어 열었다.
- She **wrenched** her ankle while skating.
  그녀는 스케이트를 타는 동안 발목을 삐었다.

유 자태 jerk, tug 태 ¹² twist, sprain

1110
교행
ovation* [ouvéiʃən]
명 (열렬한) 박수
- She was given a standing **ovation** at the end of her speech.
  그녀는 연설 마지막에 기립박수를 받았다.

유 applause, acclaim, plaudits

MORE+ 관련어휘 | 기타 손 행동
- nip 자태 ¹ 꼬집다 ² (개 등이) 물다 ³ (추위가) 할퀴고 가다
- waggle 자태 (상하, 좌우로) 흔들리다, 흔들다 명 흔들기
- snuff 태 (촛불을 손가락으로 눌러서) 끄다 자태 코를 킁킁거리다
- fumble 자태 ¹ 손으로 더듬다, 더듬어 찾다 ² 공을 놓치다 ³ 말을 더듬다
- juggle 자태 저글링하다 태 (두 가지 이상의 일을 동시에) 곡예 하듯 하다
- strew 태 ¹ (을)뿌리다 ² 흩뿌려져 있다, 온통 뒤덮다

분류하다

회독 ✓Check ☐ ☐ ☐

1111
기상
assort* [əsɔ́ːrt]
태 ¹ 분류하다 ² (가게에) 구색을 갖추다 자 어울리다, 조화하다 (with)
assortment 명 모음, 종합
- to **assort** goods 상품을 분류하다
- cf. assorted 형 여러 가지의

유 태 ¹ classify, categorize 자 match

1112
intersperse[*]   타 (~사이사이에) 배치하다

[ìntərspə́ːrs]

inter(between)+sperse(scatter) → 사이에 흩뿌리다
- Trees and shrubs are **interspersed** throughout the area to enhance the pleasant surroundings. 나무와 관목들이 쾌적한 주변 환경을 더욱 살리기 위해 그 지역 전역에 **배치되어 있다**. [국7]

1113
taxonomy[*]   명 ¹ 분류(학) ² (특정) 분류 체계[법]

[tæksánəmi]

유 ¹ classification, categorization

taxo(arrange)+nomy(method) → 배열하는 방법
taxonomic 형 분류의, 분류학상의   **taxonomist** 명 분류학자
- plant **taxonomy** 식물 분류학

1114
tab[*]   명 ¹ 색인표 ² 손잡이 끈 ³ 외상 장부
   타 ¹ (~에) 라벨을 달다 ² (~라고) 일컫다

[tæb]

- a notebook with index **tabs** 색인표가 있는 공책
- She was **tabbed** as the favorite to win. 그녀는 우승 후보로 일컬어졌다.

군대

회독 ✓Check ☐ ☐ ☐

1115
outpost[*]   명 ¹ (군대) 전초 기지 ² (외딴곳의) 소도시

[áutpòust]

유 ² satellite

- an American **outpost** in Africa 아프리카에 있는 미국의 **전초 기지**
- a few scattered **outposts** along the west coast
  서해안을 따라 흩어져있는 몇몇 소도시

1116
brigade[*]   명 ¹ (군대) 여단 《보통 2개 연대로 구성된 군대 편제 단위》 ² 단체, -대(隊)

[brigéid]

유 ¹ unit
  ² squad, team, group

- He commanded a **brigade** of 3,000 men. 그는 3천 명의 **여단**을 지휘했다.
- a fire **brigade** 소방대

MORE + 관련어휘   군대 및 계급

fleet	명 ¹ 함대 ² 선단(船團) 형 빠른
naval	형 해군의, 해군에 의한 ² 군함의
garrison	명 ¹ 수비대, 주둔군 ² 주둔지 타 (군대를) 배치하다, 주둔시키다
legion	명 ¹ (고대 로마의) 군단, 부대 ² (사람, 물건의) 다수 형 아주 많은
marshal	명 ¹ (영국 육군) 원수 ² (미국 법원의) 집행관, 보안관
	타 ¹ 정렬시키다 ² 정돈하다
brigadier	명 (영국 육군의) 준장
lieutenant	명 (육군, 해군, 공군의) 중위(first lieutenant), 소위(second lieutenant)

1117

mercenary* [mə́ːrsənèri]
- 몡 용병 혱 돈이 목적인
- mercenariness 몡 보수를 목적으로 함
  - an army of foreign **mercenaries** 외국인 용병 부대
  - His motives in choosing a career were purely **mercenary**.
    직업을 선택하는 데 있어 그의 동기는 순전히 돈이 목적이었다.

유 money-oriented, materialistic

MORE + 관련어휘

정찰병, 감시병
- scout 몡 ¹정찰병 ²내탐자 자타 ¹정찰하다 ²찾다 ³스카우트[발굴]하다
- sentinel / sentry 몡 감시병, 보초

1118

warrior*** [wɔ́ːriər]
- 몡 전사(戰士)
  - the reputation of Genghis Khan as utterly ruthless **warrior**
    완전히 무자비한 **전사**로서의 Genghis Khan(칭기즈 칸)에 대한 평판 [서9]

유 soldier, fighter, combatant

1119

archery* [ɑ́ːrtʃəri]
- 몡 활쏘기, 양궁(술)
- archer 몡 활 쏘는 사람, 궁수
  - Korea is the best country in **archery** in the world.
    한국은 **양궁**에 있어 세계에서 가장 뛰어난 국가이다.

전쟁

회독 ✓Check ☐ ☐ ☐

1120

warfare* [wɔ́ːrfɛ̀ər]
- 몡 ¹전투, 전쟁 ²투쟁, 싸움
  - nuclear **warfare** 핵전쟁
  - a manufacturing company in direct competitive bid **warfare** with a lower-price opponent
    저가의 상대(회사)와 직접적인 경쟁 입찰 **싸움** 중인 한 제조회사 [법원]

유 combat, war

1121

martial** [mɑ́ːrʃəl]
- 혱 ¹전쟁의 ²군인의, 군인다운 ³무(武)의
  - **martial** music 군악
  - Taichi has roots in Chinese **martial** arts.
    태극권은 중국 무술에 근원을 두고 있다. [경찰]

유 혱 ¹combative, warlike ²military

1122

mutiny* [mjúːtəni]
- 몡 (군인, 선원들의) 반란, 폭동
- 자 ¹반란을 일으키다 ²(상관에게) 반항하다
- mutinous 혱 ¹(명령에) 반항하는 ²반란에 가담하는
  - The ship's captain was worried after he heard rumors of a possible **mutiny** among his crew.
    그 배의 선장은 선원들 사이에서의 **반란** 가능성에 대한 소문을 들은 후에 근심했다. [경찰]

유 rebellion, riot, revolt, insurrection

1123
atrocity*
[ətrásəti]

명 (전시의) 잔혹 행위

atroc(fierce, cruel)+ity(명)
atrocious 형 1 극악무도한 2 형편없는, 끔찍한
- a book which detailed war **atrocities**
  전쟁의 **잔혹 행위**를 상세히 묘사한 책
- **atrocious** handwriting 형편없는 손글씨

유 cruelty, brutality, savagery, inhumanity, barbarity

1124
bellicose*
[bélikòus]

형 호전적인, 싸우기 좋아하는

bellicosity 명 호전성
- The tone of his speech was **bellicose** and threatening.
  그의 연설의 어조는 **호전적**이고 위협적이었다.

유 aggressive, hostile, warlike

1125
massacre*
[mǽsəkər]

명 1 대학살 2 (경기에서의) 완패 타 1 대학살하다 2 완패시키다

- He was involved in the **massacre** of a troop of 80 men.
  그는 군인 80명의 **대학살**에 연루됐다.
- The competition was a 5–0 **massacre** for our team.
  경기는 우리 팀의 5대 0 **완패**였다.

유 타 1 murder

1126
carnage*
[káːrnidʒ]

명 (전쟁 등에서의) 대학살

- Years of violence and **carnage** have left the country in ruins.
  수년에 걸친 폭력과 **대학살**은 그 나라를 폐허로 만들었다.

유 butchery

1127
slaughter**
[slɔ́ːtər]

타 1 (대량) 학살하다, 살육하다 2 (가축을) 도살하다 명 1 학살 2 도살

- Hundreds of people were **slaughtered** by the invaders.
  침략군에 의해 수백 명의 사람이 **살육되었다**.

유 타 1 slay 2 butcher

1128
pillage*
[pílidʒ]

자 타 약탈하다, 강탈하다 명 1 약탈 2 전리품

pillager 명 약탈자
- The enemy **pillaged** the town. 적군이 마을을 **약탈했다**.

유 자 타 명 plunder, ravage
자 타 rob

1129
booty*
[búːti]

명 1 전리품, 노획물 2 벌이, 이득

- National treasures were seized as **booty** and fell into the hands of collectors. 국보는 **전리품**으로 약탈당해 수집가들의 손에 들어갔다.

1130
internment*
[intə́ːrnmənt]

명 (포로 등의) 억류, 유치, 수용

intern 타 억류하다 internee 명 억류된 사람
- Many foreigners were **interned** for the duration of the war.
  많은 외국인들이 전쟁 동안 **억류되었다**.

1131 국7

artillery*
[ɑːrtíləri]

명 ¹ 대포 ² 《the ~》 포병대

artill(skill)+ery(명) → 포격 기술을 갖춘 부대

- The troops were being bombarded by **artillery**.
  그 부대는 **대포**에 의해 포격당하고 있었다.

유 ¹ cannon, ordnance

MORE+ 관련어휘 여러 가지 무기

spear	명 창 타 ¹ 찌르다, 찍다 ² (물고기를) 작살로 잡다
trident	명 삼지창 형 세 갈래인
dart	명 ¹ (작은) 화살 《darts: 화살 던지기 놀이》 자 타 쏜살같이 움직이다
rifle	명 라이플총, 소총 자 타 샅샅이 뒤지다 타 ¹ 훔치다 ² 힘차게 날리다
shield	명 ¹ 방패 ² 보호 장치 타 ¹ 보호하다 ² 가리다, 숨기다

공격

회독 ✓Check ☐ ☐ ☐

1132 서9

encroach*
[inkróutʃ]

자 ¹ 침해하다 《on》 ² 침입하다, 잠식하다 《on》

encroachment 명 ¹ 침해, 침략 ² 침식(지)

- She was accused of **encroaching** on the whites-only section.
  그녀는 백인 전용 자리를 **침해했다고** 비난을 받았다. [서9]
- the gradual **encroachment** of the ocean 바다의 점진적인 **침식**

유 ¹ violate, infringe 《on》, impinge 《on》
² intrude 《on》, trespass 《on》

1133 국9

infiltrate*
[ínfiltrèit]

자 타 ¹ 잠입하다, 침투시키다 ² (물이) 스며들다

infiltration 명 침입, 침투 **infiltrator** 명 잠입자

- Attempts to **infiltrate** undercover agents into the gang have failed. 비밀 요원을 갱단에 **잠입시키려는** 시도는 실패했다.
- Water can easily **infiltrate** the soil. 물은 흙에 쉽게 **스며들** 수 있다.

유 ¹ invade, penetrate
² permeate, pervade

1134

besiege*
[bisíːdʒ]

타 ¹ 포위하다, 에워싸다 ² 몰려들다, 쇄도하다 ³ 괴롭히다

be(around)+siege(sit)

- opposition forces who **besieged** the parliament building
  의회 건물을 **포위한** 반군들

유 ¹ surround, enclose
² overwhelm, deluge, inundate

1135

ambush*
[æmbuʃ]

명 매복 (공격) 타 매복 기습하다

am(in)+bush(bush, woods) → 덤불이나 숲속(에 숨다)

- Seven members of a patrol were killed in an **ambush**.
  순찰대 일곱 명이 **매복**으로 살해되었다.
- He was **ambushed** by robbers on his way home.
  그는 집으로 가는 길에 강도에 의해 **매복 기습당했다**.

유 타 trap, attack, ensnare

1136

foray*
[fɔ́ːrei]

- 몡 ¹ 급습, 습격 ² (전문 분야 이외로의) 시도, 진출
- 자 타 급습하다, 습격하다

유 몡 ² raid, incursion
자 타 invade

- make a foray 진출하다

forayer 몡 약탈자, 침략자

- the company's first **foray** into the computer market
  컴퓨터 시장으로의 그 회사의 첫 진출
- the place into which they were forbidden to **foray**
  그들이 습격하는 것이 금지된 그 장소

MORE+ 관련어휘

raid	몡 습격, 급습
skirmish	몡 ¹ (우발적인) 소규모 접전 ² 작은 충돌[논쟁] 자 작은 충돌을 벌이다
parry	자 타 (공격을) 받아넘기다, 막다 타 (질문을) 슬쩍 피하다
impregnable	몡 ¹ 난공불락의, 무적의 ² 확고한
foe	몡 적(敵)

1137

detonate*
[détənèit]

자 타 폭발하다, 폭발시키다

국7

유 explode, discharge, go off

detonator 몡 기폭 장치

- The first atomic bomb was **detonated** in 1945.
  최초의 원자 폭탄은 1945년에 폭발되었다.

충돌

회독 ✓Check ☐ ☐ ☐

1138

collide**
[kəláid]

자 ¹ 충돌하다 (with) ² (의견 등이) 상충하다

국9 | 지9 | 경찰 | 법원

유 ¹ crash ((into)) ² conflict, disagree

col(together)+lide(strike)

collision 몡 ¹ 충돌 (사고) ² (의견 등의) 충돌

- Four or five cars **collided** in the fog.
  네다섯 대의 차량이 안개 속에서 충돌했다.

1139

clash**
[klæʃ]

지7

- 몡 ¹ 충돌 ² (의견의) 불일치 ³ (행사 등의) 겹침
- 자 ¹ 충돌하다 ² 의견이 다르다, 언쟁을 벌이다 ³ (행사 등이) 겹치다

유 몡 ¹ argument, confrontation, skirmish

- a **clash** between the two leaders 두 지도자 사이의 (의견) 불일치
- Police and protesters **clashed** yesterday.
  경찰과 시위자들이 어제 충돌했다.

1140

strife***
[straif]

몡 ¹ 갈등, 분쟁 ² 경쟁

국9 | 국7 | 지7 | 경찰 | 국회 | 기상 | 법원 | 사복

유 ¹ conflict, struggle, friction, discord

strive 자 ¹ 노력하다 ² 싸우다, 분투하다

- The increased power of the trade unions intensified industrial **strife**. 노조의 세력이 커지면서 산업 분쟁이 격렬해졌다. [국9]
- They continue to **strive** toward their goals.
  그들은 자신들의 목표를 향해 계속 노력한다.

DAY 23 279

1141

duel*
[djúːəl]

몡 ¹ 결투 ² (둘 사이의) 싸움, 승부 재 결투하다, 싸우다

윤 몡 ² contest, competition

- The baseball game turned into a **duel** between the teams' pitchers. 그 야구 경기는 팀의 투수들 간의 **승부**로 탈바꿈했다.
- Legislators **dueled** over the tax increases. 입법자들은 세금 인상을 놓고 **싸웠다**.

평화, 조화

회독 ✓Check ☐ ☐ ☐

1142

reconcile***
[rékənsàil]

타 ¹ 조화시키다 ² 화해시키다, (불화를) 해결하다
³ (어쩔 수 없이) 받아들이다

윤 ¹ conform, coordinate, harmonize
² mediate, reunite, settle

re(again)+concile(make friendly)
reconciliation 몡 ¹ 조화 ² 화해
reconcilable 혱 ¹ 조화시킬 수 있는 ² 조정할 수 있는

- It is so good to see that they have **reconciled** their differences. 그들이 서로 간의 차이점을 **조화시킨** 것은 보기에 정말 좋다. [국회]

cf. **irreconcilable** 혱 ¹ (의견이) 양립할 수 없는 ² 화해[타협]할 수 없는

1143

forum**
[fɔ́ːrəm]

몡 ¹ 포럼 《전문가가 의견을 제시하고 청중이 토론에 참여하는 집단 토의》
² (고대 로마의) 포럼[광장]

- The town has scheduled a public **forum** to discuss the proposal. 그 시는 제안에 관해 토론하기 위한 공개 **포럼** 일정을 잡았다.

1144

buffer*
[bʌ́fər]

몡 완충제 (역할을 하는 것) 타 ¹ (충격을) 완화하다 ² (~을) 보호하다

윤 타 ¹ absorb, diminish, soften, lessen, cushion

- The U.N. forces will act as a **buffer** between the warring sides. 유엔군은 전쟁 중인 양측 사이에서 **완충제** 역할을 할 것이다.
- The wall **buffers** the noise of the traffic. 그 벽은 차량 소음을 **완화해준다**.

1145

sheriff*
[ʃérif]

몡 보안관 《미국의 민선 치안 담당관》

- The Miami County **Sheriff**'s Office
Miami County **보안관** 사무실 [경찰]

DAY 24

표현, 손상, 기술

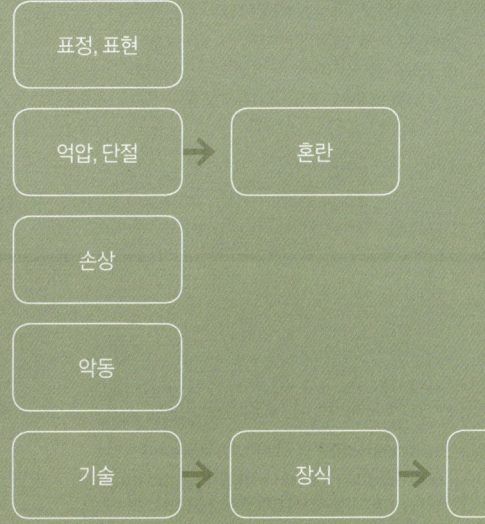

표정, 표현

회독 ✓Check ☐ ☐ ☐

1146
국7 | 지7

countenance*

[káuntənəns]

- 몡 ¹ 얼굴 (표정) ² 지지, 격려 ³ 침착, 냉정
- 타 ¹ 지지하다, 동의하다 ² 묵인하다, 허용하다

유 몡 ¹ appearance, look
타 ¹ consent 《to》 ² allow, acquiesce

- a sad **countenance** 슬픈 얼굴
- The Prime Minister would never **countenance** a referendum on the Constitution. 수상은 헌법에 관한 국민투표에 절대로 **동의하지 않을** 것이다. [국7]

1147

gape*

[geip]

- 자 ¹ (놀라서) 입을 딱 벌리고 바라보다 《at》 ² 벌어져 있다
- 몡 ¹ 갈라진 틈 ² 입을 딱 벌림

- She **gaped** at me in shock. 그녀는 충격에 입을 딱 벌리고 나를 **바라보았다**.

1148
지7

glaze*

[gleiz]

- 자 (눈이) 게슴츠레해지다 《over》 타 ¹ 유리를 끼우다 ² 윤이 나게 하다
- 몡 ¹ 유약 ² 광택(제)

유 타 ² coat, gloss, varnish

- His eyes **glazed** over as the speech droned on. 그 연설이 단조로웠기 때문에 그의 눈은 **게슴츠레해졌다**.

1149
서9 | 국회

sullen*

[sʌ́lən]

- 혱 ¹ 시무룩한, 뚱한 ² (날씨가) 음침한, 침울한

유 ¹ surly, glum, sulky, moody

sull(alone)+en(혱) → 혼자 뾰로통해 있는
sullenness 몡 시무룩함, 뚱함
- He is in a **sullen** mood. 그는 뚱한 기분이다.
- a **sullen** sky 음침한 하늘

MORE+ 관련어휘

grimace	자 얼굴을 찡그리다 몡 찡그린 표정
pout	자타 (입술을) 불룩 내밀다, 뿌루퉁하다
sulk	자 부루퉁하다, 샐쭉하다 몡 부루퉁함
saturnine	혱 ¹ 음침한, 음울한 ² 《점성》 토성의 영향을 받고 태어난
morose	혱 ¹ 시무룩한, 침울한 ² 언짢은, 성미 까다로운

억압, 단절

회독 ✓Check ☐ ☐ ☐

1150
기상

censor**

[sénsər]

- 타 ¹ 검열하다 ² (검열하여) 삭제하다 몡 검열관

유 타 ² delete, cut, expurgate

censorship 몡 검열 **censorial** 혱 ¹ 검열(관)의 ² 비판적인
- The station **censored** her speech before broadcasting it. 방송국은 그녀의 연설을 방송하기 전에 **검열했다**.

1151
서9 | 법원

crackdown*
[krǽkdaun]

명 ¹ (일제) 단속 ² 탄압

유 ¹ clampdown
² repression, suppression

- There has been a federal **crackdown** on smuggling in recent years. 최근 몇 년 동안 밀수에 관해 연방 정부의 **일제 단속**이 있었다.

1152

clog*
[klɑg]

자 타 막다, 막히다 명 ¹ 방해(물) ² 나막신

유 자 타 block, obstruct

cloggy 형 ¹ 찐득찐득 달라붙는 ² 막히기 쉬운
- Too much fatty food makes the arteries **clog** up.
  너무 기름진 음식은 동맥을 **막히게** 한다.

1153

insular*
[ínsələr]

형 ¹ 배타적인, 편협한 ² 섬의, 섬과 관련된

유 ¹ rigid, inflexible, narrow-minded

insularity 명 ¹ 섬나라 근성 ² 편협 ³ 고립
- an **insular** way of thinking 배타적인 사고방식
- A continental climate is different from an **insular** one.
  대륙의 기후는 **섬의** 것(기후)과 다르다.

1154
지9 | 지7 | 경찰

insulate**
[ínsəlèit]

자 타 절연[단열, 방음] 처리를 하다 타 보호하다, 격리하다

유 타 shield, isolate, seclude

insul(island)+ate(통) → 섬(고립된 장소)으로 만들다
insulation 명 ¹ 절연(체) ² 단열(재) ³ 분리, 격리 **insulated** 형 절연 처리가 된
- to **insulate** senators from public opinion
  상원의원을 여론으로부터 **보호하다** [지9]
- Fats act as **insulation** against cold.
  지방은 추위에 대한 **단열재** 역할을 한다. [경찰]

혼란

회독 ✓Check ☐ ☐ ☐

1155
국9 | 국7 | 지9 | 사복

turmoil*
[tə́ːrmɔil]

명 혼란, 소란

유 confusion, upheaval, commotion

- the center of incessant political **turmoil**
  끊임없는 정치적 **혼란**의 중심 [지9]

1156
국7 | 서9 | 서7 | 기상 | 법원

chaos**
[kéiɑs]

명 혼돈, 혼란

유 disorder

chaotic 형 혼란 상태인, 무질서한
- The power outage caused **chaos** throughout the city.
  정전은 도시 전역에 **혼란**을 야기했다.

MORE+ 관련어휘
- pandemonium 명 ¹ 대혼란 ²《P-》지옥
- mayhem 명 ¹ 대혼란, 아수라장 ²《법》신체 상해(죄) ³ (고의적) 손상, 훼손
- disarray 명 혼란, 난잡 타 혼란시키다, 어지럽히다

DAY 24

1157

bewilder*
[biwíldər]

타 어리둥절하게 만들다, 혼란스럽게 하다

지7 | 기상 | 교행 | 사복

유 perplex, puzzle, confound, baffle, befuddle

be(thoroughly)+wilder(길을 잃다) → 완전히 길을 잃게 하다
bewilderment 명 어리둥절함 **bewildering** 형 어리둥절하게 만드는
- His sudden change of mood **bewildered** her.
  그의 갑작스러운 기분 변화는 그녀를 어리둥절하게 만들었다.

1158

dismay*
[disméi]

명 ¹놀람, 당황 ²실망 타 ¹당황하게 하다 ²실망시키다

유 타² dishearten, discourage, disappoint

dismayed 형 당황한, 실망한
- She was **dismayed** at the result. 그녀는 그 결과에 실망했다.

MORE+ 관련어휘 불안, 당황

disconcert	타 불안하게[당황스럽게] 만들다
obfuscate	자 알기 어렵게 만들다
	타 ¹당황하게 하다 ²(마음을) 어둡게 하다
baffle	타 당황하게 만들다, 이해할 수 없게 하다
bemused	형 어리벙벙한, 넋이 나간
flounder	자 허우적거리다, 당황하다
fluster	타 허둥지둥하게 만들다, 혼란스럽게 하다 명 허둥거림

1159

judder*
[dʒʌ́dər]

자 크게 흔들리다, 요동치다

지7

유 shake, vibrate

- My heart is **juddering** in my chest.
  내 가슴속에서 심장이 **요동치고** 있다. [지7]

1160

clutter*
[klʌ́tər]

타 ¹(어수선하게) 채우다, 어지르다 ²(마음을) 혼란스럽게 하다
명 어수선함

국9 | 경찰 | 법원

유 타¹ litter
명 mess, disorder
반 타¹ arrange (정리하다)
명 order (정돈)

- People have **cluttered** the street with ticker tapes and cans.
  사람들은 색종이 테이프와 깡통으로 거리를 **어질렀다**.
- Worry is a complete waste of time and creates so much **clutter** in your mind. 걱정은 완전히 시간 낭비이고 당신의 머릿속에 **어수선함**을 너무 많이 만들어 낸다. [국9]

cf. **uncluttered** 형 어수선하지 않은, 깔끔한

손상

회독 ✓Check ☐ ☐ ☐

1161

impair**
[impέər]

타 ¹손상시키다, 악화시키다 ²약화시키다

국9 | 지7 | 국회 | 법원

유 ¹harm, damage, undermine, worsen
반 improve (개선하다)

im(into)+pair(make worse)
impairment 명 ¹손상 ²(신체적, 정신적) 장애
impaired 형 ¹손상된 ²장애가 있는
- If you're holding on to old hurt, your ability to see the reality of the current situation will be **impaired**. 당신이 과거의 아픔에 매달리고 있다면, 현재 상황의 현실을 볼 당신의 능력은 **약화될** 것이다. [법원]
- hearing-**impaired** people 청각 **장애가 있는** 사람들

1162
blot*
[blɑt]

타 ¹ 더럽히다, (명성 등에) 오점을 남기다 ² 물기를 없애다
명 ¹ 얼룩 ² 오점, 오명

유 타 ¹ tarnish, stain, blacken, sully

- Dark patches of dirt **blotted** the grey dress.
  검은색 흙무더기가 회색 드레스를 **더럽혔다**.
- They wiped out an ink **blot**. 그들은 잉크 **얼룩**을 닦아냈다.

1163
smear*
[smiər]

타 ¹ (문질러서) 더럽히다 ² (기름 등을) 문지르다 ³ 비방하다
명 ¹ 얼룩 ² 중상모략

유 명 ² slander, defamation, calumny, vilification

smeary 형 ¹ 더럽혀진, 얼룩투성이의 ² 끈적거리는, 기름 밴
- The children **smeared** the window with fingerprints.
  아이들이 손자국으로 창문을 **더럽혔다**.
- He was a victim of a **smear** campaign.
  그는 조직적인 **중상모략**의 희생자였다.

1164
friction**
[fríkʃən]

명 ¹ 마찰 ² (사람 사이의) 알력, (의견) 충돌

유 명 ² conflict, disagreement, opposition, discord

frictionize 타 마찰을 일으키다 **frictional** 형 마찰의, 마찰로 일어나는
- It was difficult to reach an agreement because of the **friction** between both sides. 양측 사이의 **의견 충돌** 때문에 합의에 도달하기가 어려웠다.

1165
scathe*
[skéið]

명 위해(危害), 손상 타 ¹ 헐뜯다 ² 해치다, 손상하다

유 타 ² harm, wound, damage, disable, hurt

scathing 형 (비판이) 가차 없는, 통렬한
- A newspaper cartoonist **scathed** the governor with a series of cruel caricatures. 신문 만화가는 일련의 잔혹한 풍자만화로 주지사를 **헐뜯었다**.

1166
excoriate*
[ikskɔ́ːrièit]

타 ¹ (의학) (피부가) 벗겨지게 하다, 찰과상을 입히다
² 혹평하다, 맹비난하다

유 ² criticize, denounce, censure, condemn

ex(out)+cori(skin)+ate(동) → 피부가 떨어져 나오게 하다
excoriation 명 ¹ 찰과상 ² 격렬한 비난
- The candidates have publicly **excoriated** each other throughout the campaign. 후보들은 선거운동 기간 내내 서로를 공개적으로 **맹비난했다**.
- cf. **exfoliate** 타 (피부의 죽은 세포를) 벗겨 내다, 박피하다

1167
blemish*
[blémiʃ]

타 흠집을 내다 명 (피부 등의) 티, 흠

- The incident **blemished** the minister's reputation.
  그 사건은 장관의 평판에 **흠집을 냈다**.
- The cream is supposed to prevent **blemishes** on the skin.
  그 크림은 피부의 **잡티**를 예방하기 위한 것이다.
- cf. **unblemished** 형 흠 하나 없는

1168
scar**
[skɑːr]

명 흉터, 상처 타 흉터를 남기다, 상처를 남기다

- His arm was badly **scarred** after the accident.
  그 사고 후에 그의 팔에 심하게 **흉터**가 남았다.
- *cf.* gash 명 깊은 상처 타 ~에 깊이 베이다

1169
bruise*
[bruːz]

자 타 멍이 생기다, 타박상을 입히다 타 의기소침하게 만들다
명 ¹ 멍, 타박상 ² (과일 등의) 흠

- Her skin **bruises** easily. 그녀의 피부는 쉽게 멍이 생긴다.
- He had a bad purple **bruise** over his eye.
  그는 눈 주위에 심한 자줏빛 **멍**이 들었다.

1170
maim*
[meim]

타 불구로 만들다

⊕ incapacitate

- The bomb killed 16 people and **maimed** several others.
  그 폭탄은 16명을 죽이고 몇몇 다른 사람들을 **불구로** 만들었다.

1171
mutilate*
[mjúːtəlèit]

타 ¹ (신체를) 불구로 만들다, (팔다리를) 절단하다 ² 훼손하다

mutilation 명 ¹ (수족 등의) 절단 ² 훼손, 손상
- Her arm was **mutilated** in a car accident.
  그녀의 팔은 자동차 사고로 **절단되**었다.

악동

1172
mischievous**
[místʃivəs]

형 ¹ 짓궂은, 장난꾸러기의 ² 유해한

⊕ ¹ roguish
² malicious, malign, malevolent

mischief 명 ¹ 장난(기), 나쁜 짓 ² 해악, 피해
mischievousness 명 ¹ 짓궂음 ² 해로움
- a **mischievous** computer program called a "worm"
  'worm'이라고 불리는 **유해한** 컴퓨터 프로그램
- to inflict great **mischief** on the community 사회에 큰 **해악**을 끼치다

1173
naughty*
[nɔ́ːti]

형 ¹ 버릇없는 ² 부적절한, 외설적인

⊕ ¹ disobedient, refractory, wayward

naught(evil)+y(형)
naughtiness 명 ¹ 장난스러움 ² 부적절함 ³ 천함
- a **naughty** child 버릇없는 아이

1174
villain**
[vílən]

[명] 《여성형 villainess》 ¹ 악당, 악인 ² 범죄자

villainous [형] ¹ 악랄한 ² 몹시 불쾌한, 지독한
- comic-book heroes and **villains** 만화책의 영웅들과 **악당들**
- Some people have been tricked by **villains** with false identifications. 몇몇 사람은 가짜 신분증을 가진 **범죄자**에게 속았다.

[유] 경찰
[명] ² criminal, offender, felon, lawbreaker

1175
proclivity*
[prouklívəti]

[명] (좋지 못한) 성향, 기질
- the government's **proclivity** for spending money 정부의 자금 낭비 **성향**

[유] tendency, propensity, disposition

1176
illicit*
[ilísit]

[형] 불법의, 부정한

in(not)+licit(lawful)
illicitness [명] 불법 illicitly [부] 불법으로
- **Illicit** diamond exports are said to be worth over $200 million. **불법** 다이아몬드 수출은 2억 달러의 가치를 넘는다고 한다.

[유] 지역
[유] illegal, unlawful, illegitimate
[반] licit, legal (합법적인)

1177
sham*
[ʃæm]

[명] 가짜, 사기꾼 [형] 가짜의, 허위의 [자][타] ~인 체하다, 시늉하다
- He is a **sham**, totally unqualified for his job as a doctor. 그는 의사로서 자신의 직업에 완전히 자격 없는 **사기꾼**이다.
- The opossum escapes danger by **shamming** dead. 주머니쥐는 죽은 **시늉을 하면서** 위험을 모면한다.

[유] [명] charlatan, fraud
[형] fake
[자][타] pretend, feign

1178
scheme**
[skiːm]

[명] ¹ 계획 ² 책략, 음모 [자][타] 책략을[음모를] 꾸미다

schematic [형] ¹ 개요의 ² 도식화한 schematize [타] 도식화하다
schemer [명] ¹ 계획자 ² 책략가, 음모가
- He felt that someone was **scheming** against him. 그는 누군가가 자신에게 **음모를 꾸미고** 있는 느낌이 들었다.
- a **schematic** diagram of the business model 비즈니스 모델을 **도식화한** 도표

[유] 지7 | 서9 | 교행
[유] plot

1179
stratagem*
[strǽtədʒəm]

[명] 책략, 술수
- The firm is devising cunning sales **stratagems**. 그 회사는 교묘한 판매 **술수**를 구사하고 있다.
  cf. strategy [명] 전략, 계획

[유] plan, scheme, tactic

기술

회독 ✓Check ☐ ☐ ☐

1180 　　　　　　　　　　　　　　　　　　　　　　　　　　　　　국9

dexterity*
[dékstərəti]

[명] ¹ (손이나 머리를 쓰는) 재주 ² 기민함, 민첩함

dextrous / dexterous [형] 손재주가 비상한, 솜씨 좋은
- He has the **dexterity** needed to deal cards quickly.
  그는 재빨리 카드를 다루는 데 필요한 **재주**가 있다.
- Many sports help to enhance one's reactions and **dexterity**.
  많은 스포츠는 반응 능력과 **민첩함**을 향상시키는 데 도움을 준다. [국9]

유 ¹ skill, adroitness, deftness
² alacrity

MORE+ 관련어휘

손재주 관련 직업
wright	[명] (주로 복합어를 이루어) ¹ (목수 등의) 기능인 ² 제조자 ³ 작가
farrier	[명] 편자공 (말의 편자를 만드는 사람)
carpenter	[명] 목수 [자] 목수 일을 하다
mason	[명] 석공, 벽돌공
smith	[명] (주로 복합어를 이루어) 금속 세공인
cf. blacksmith	[명] 대장장이
locksmith	[명] 자물쇠 장수

1181

ambidextrous*
[æmbidékstrəs]

[형] ¹ 양손잡이의 ² 표리부동한, 교활한

ambidexterity [명] ¹ 양손잡이 ² 비범한 손재주
- She is **ambidextrous** and can write with either hand.
  그녀는 **양손잡이**여서 어느 쪽 손으로도 글을 쓸 수 있다.

MORE+ 관련어휘

| sinistral | [형] 왼쪽의, 왼손잡이의 [명] 왼손잡이 |
| dextral | [형] 오른쪽의, 오른손잡이의 [명] 오른손잡이 |

1182 　　　　　　　　　　　　　　　　　　　　　　　　　지7 | 서9

prolific**
[prəlífik]

[형] ¹ (화가, 작가 등이) 다작하는 ² (동식물이) 다산하는 ³ 풍부한

pro(forth)+li(nourish)+fic(형) → 영양분을 주어 나오게 만드는 → 다산
prolificacy [명] ¹ 다작 ² 다산
- one of the most **prolific** writers in English
  영어로 **다작하는** 작가 중 하나 [서9]
- People in their teens possess the most **prolific** of emotions.
  사람들은 십 대일 때 가장 **풍부한** 감정을 가진다.

유 ¹ productive
³ abundant, plentiful, profuse, copious

1183 　　　　　　　　　　　　　　　　　　　국9 | 국7 | 지9 | 지7

crude**
[kru:d]

[형] ¹ 미가공의, 날것의 ² 대충의, 대강의 ³ 버릇없는, 상스러운
[명] 원유

crudity [명] ¹ 조잡함 ² 상스러움   crudeness [명] ¹ 조야함 ² 노골적임
- a **crude** estimate 대강의 견적
- They tell a lot of **crude** jokes. 그들은 **상스러운** 농담을 많이 한다.

유 [형] ¹ natural, raw
² rough
³ rude, vulgar

MORE+ 관련어휘

솜씨
prowess	[명] ¹ (훌륭한) 기량, 솜씨 ² (전장에서의) 용기
maladroit	[형] 솜씨 없는, 요령 없는
flimsy	[형] ¹ 조잡한, 엉성하게 만든 ² 얇은, 얄팍한 ³ 빈약한, 믿기지 않는
	[명] 얇은 종이

장식

회독 ✓Check ☐ ☐ ☐

1184 국9 | 기상

carve** [kɑːrv]
자 타 ¹조각하다 ²고기를 썰다 타 (글씨를) 새기다
유 자 타 ¹sculpt 타 engrave

- He **carved** the sculpture out of marble.
  그는 대리석으로 조각상을 **조각했다**.

MORE+ 관련어휘 새기다
- engrave 타 (나무, 돌, 쇠붙이 등에) 새기다
- emboss 타 돋을새김하다
- (em)blazon 타 (상징, 문구 등을) 선명히 새기다[장식하다]
- etch 타 ¹(유리, 금속 등에) 아로새기다 ²(감정을) 역력히 드러내다

1185 서7

ornate* [ɔːrnéit]
형 ¹화려하게 장식된 ²(문체가) 극도로 수사적인
유 ²flamboyant
반 plain (꾸미지 않은)

- ornateness 명 꾸밈, 화려한 장식
- an **ornate** clock 화려하게 장식된 시계

1186 국7 | 경찰

ornament** [ɔ́ːrnəmənt]
명 ¹장식(품) ²~을 더 좋게 해 주는 사람[것]
타 [ɔ́ːrməment] 장식하다
유 명 ¹decoration, adornment, embellishment

- orna(adorn)+ment(명) → 장식하는 것
- **ornamental** 형 장식용의 **ornamentation** 명 장식
- Christmas **ornaments** 크리스마스 장식품
- a dress **ornamented** with pearls 진주로 장식된 드레스

1187 법원

embellish* [imbéliʃ]
타 ¹장식하다 ²(이야기 등을) 꾸미다, 윤색하다
유 ¹decorate, bedeck ²elaborate

- **embellishment** 명 ¹꾸밈, 장식 ²(이야기 등의) 윤색
- blue silk **embellished** with golden embroidery
  금빛 자수로 **장식된** 파란색 실크

1188 서7

embroider* [imbrɔ́idər]
자 타 ¹수놓다 ²(이야기 등을) 꾸미다, 윤색하다
유 decorate, adorn, ornament, embellish

- **embroidery** 명 ¹자수 (패턴) ²자수 놓기
- She **embroidered** tiny flowers on the baby's scarf.
  그녀는 아기의 스카프에 작은 꽃들을 **수놓았다**.

1189 지7 | 서7 | 국회

refurbish** [riːfɜ́ːrbiʃ]
타 ¹(방 등을) 재단장하다 ²일신하다, 쇄신하다
유 ¹renovate, restore, renew

- re(again)+furbish(polish, repair)
- **refurbishment** 명 ¹재단장, 재정비 ²일신, 쇄신
- to **refurbish** the company image 회사 이미지를 **쇄신하다**
- The hotel is closed for **refurbishment**.
  그 호텔은 **재단장**을 위해 문을 닫았다.

섬유, 인쇄

1190 fabric** [fǽbrik]
지7 | 경찰 | 국회 | 법원
명 ¹ 직물, 천 ² (사회, 건물 등의) 구조
유 ¹ cloth, textile ² structure, framework
- The curtains are made of expensive **fabric**.
  그 커튼은 비싼 **천**으로 만들어진다.

1191 seam* [siːm]
국회
명 ¹ (천 따위의) 솔기 ² (광물질의) 층
타 (두 천 등을) 꿰매다, 이어 붙이다 자 터지다, 갈라지다
유 명 ² layer 타 join, suture
- **seamless** 형 ¹ 솔기가 없는 ² (중간에 끊어짐 없이) 아주 매끄러운 (= smooth)
- He walked around without knowing the side **seams** on his shirt had burst. 그는 셔츠 옆 솔기가 터진 것을 알지 못한 채 돌아다녔다.
- They struck a rich **seam** of iron ore. 그들은 풍부한 철광**층**을 발견했다.

1192 canvas* [kǽnvəs]
명 ¹ 캔버스 천 ((텐트, 돛, 화폭 등을 만드는 데 쓰이는 질긴 천)) ² 유화
유 ¹ cloth, fabric ² oil painting
- She dashed some paint on the **canvas**.
  그녀는 캔버스 천 위에 물감을 칠했다.
- The artist showed me his **canvases**.
  그 화가는 내게 자신의 유화들을 보여주었다.

1193 fray* [frei]
지7
자 타 ¹ (천을) 닳게 하다 ² (신경이) 날카로워지다 명 싸움, 경쟁
유 자 타 ² fret 명 fight, battle
- The cuffs of the shirt have been **frayed**. 셔츠의 소맷부리들이 닳았다.
- As the debate went on, tempers began to **fray**.
  토론이 진행되자 신경이 **날카로워지기** 시작했다.

1194 yarn* [jɑːrn]
명 ¹ 실, 방적사 ² (과장되거나 지어낸) 긴 이야기 자 긴 이야기를 하다
유 ¹ thread ² tale, fable
- The sheep's wool will be spun into **yarn**. 양모는 실로 만들어질 것이다.
- **yarns** about ghosts and goblins 귀신과 도깨비에 관한 긴 이야기들

1195 font* [fɑnt]
명 (인쇄 등에 쓰이는) 서체, 폰트
유 typeface
- to change the **font** of the text 문서의 서체를 변경하다

DAY 25

끌다, 유인, 암시, 경작

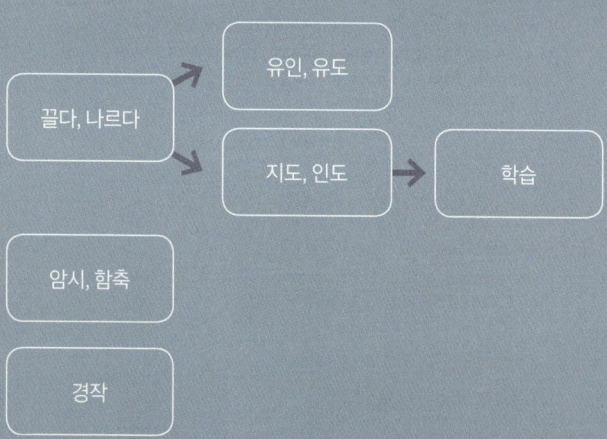

끌다, 나르다

회독 ✓Check ☐ ☐ ☐

1196 | 국9 | 지9 | 서9 | 경찰 | 국회 | 사복

drag***
[dræg]

[자][타] 질질 끌다[끌리다] [명] ¹ 항력(抗力), 저항 ² 방해물

[유][명] ² hindrance, encumbrance, burden

- She **dragged** her suitcase down the path.
  그녀는 자신의 여행 가방을 길을 따라 질질 끌었다.
- A shark's scales help reduce the water's **drag** when it swims.
  상어의 비늘은 상어가 수영할 때 물의 **항력**을 줄이는 것을 돕는다. [국9]

MORE+ 관련어휘 끌다
- pull [타] (특정 방향으로) 잡아당기다, (말이 마차 등을) 끌다
- tow   [타] (자동차, 보트를) 견인[예인]하다 [명] 견인, 예인
- tug   [타] (세게) 끌어당기다, 잡아당기다
- haul [타] (아주 힘들여) 끌어당기다 [명] ¹ 여정, 길 ² 많은 양
- lug   [타] (무거운 것을 힘들게) 끌다, 나르다

1197 | 국9 | 국7 | 지9 | 지7 | 서9 | 서7 | 국회 | 기상 | 법원

derive***
[diráiv]

[타] 끌어내다, 얻다 [자] 나오다, 파생되다 (from)

[유][타] obtain, acquire, extract, attain
[자] originate 《from, in》

de(from)+rive(flow)
- derivative [명] 파생어, 파생물 [형] 모방한, 새롭지 않은
- derivation [명] (단어의) 어원
- The tendency to follow the actions or beliefs of others can occur because individuals **derive** information from others.
  타인의 행동이나 믿음을 따르려는 경향은 개인들이 타인들로부터 정보를 **얻기** 때문에 발생한다. [서7]
- **derivatives** from milk such as yogurt, cheese, and butter
  요거트, 치즈, 버터와 같이 우유에서 나온 **파생물** [지9]

1198 | 국9 | 서9 | 경찰 | 기상

pave*
[peiv]

[타] (도로를) 포장하다, (벽돌 등을) 깔다

[유] cover, surface
- pave the way for A (A를 위한) 길을 터주다, 상황을 조성하다

- pavement [명] ¹ 포장도로 ² 인도, 보도
- to **pave** a street with asphalt 도로를 아스팔트로 **포장하다**
- Browning's writing helped to **pave** the way for major social change in women's lives. Browning의 글은 여성들의 삶에 중대한 사회적 변화를 위한 **길을 터주도록** 도와주었다. [서9]

1199 | 국7 | 기상

detour*
[díːtuər]

[명] 우회로, 둘러 가는 길 [자][타] 우회하다, 둘러 가다 (to)

[유][명] bypass

de(aside)+tour(turn) → 길을 비켜 돌아가다
- There was a terrible traffic jam, and I took a **detour**.
  나는 심각한 교통체증 때문에 **우회로**로 갔다. [기상]

1200 | 지9 | 법원

ramp*
[ræmp]

[명] 경사로, (고속도로) 진입로

[유] slope, incline, gradient

- He learned about my heavy wheelchair, and he began planning how he would build a **ramp** to the front door. 그가 내 무거운 휠체어에 대해 알게 되자, 그는 현관까지 **경사로**를 만들 방법을 구상하기 시작했다. [지9]

MORE+ 관련어휘

길의 종류
- avenue 명《약자 Ave., Av.》 큰 거리, -가(街)
- boulevard 명《약자 Blvd.》 넓은 가로수길, 대로
- thoroughfare 명 (특히 도시의) 주요 도로
- highway 명 고속도로(= freeway)
- acclivity 명 오르막(길)
- declivity 명 내리막(길)

1201
maze**
[meiz]

명 1 미로 2 혼란, 당황

- They measured the time it took for a mouse to find its way through a **maze**. 그들은 생쥐가 **미로**를 나가는 길을 찾기까지 걸린 시간을 측정했다.
- a **maze** of new regulations 새 규칙에 대한 **혼란**

유 1 labyrinth 2 confusion, perplexity
• in a maze 어리둥절하여

유인, 유도

회독 ✓Check ☐ ☐ ☐

1202
entice*
[intáis]

타 유인하다, 유도하다

en(in)+tice(횃불) → 불을 지피다 → 관심을 불러일으키다
enticing 형 유혹적인, 마음을 끄는 **enticement** 명 유인하는 것, 유인책

- To **entice** the most experienced and skilled workers, the company developed a new pay scale. 가장 경험이 많고 숙련된 근로자들을 **유인하기** 위해, 그 회사는 새로운 급여 등급을 개발했다. [서9]

유 tempt, allure, lure, attract

1203
lure**
[luər]

타 꾀어 들이다, 유혹하다 명 1 유혹, 매력 2 미끼

luring 형 유혹하는

- advertisers trying to **lure** a younger audience to their products 자신들의 제품에 어린 시청자들을 **꾀어 들이려는** 광고주들
- the **lure** of an exotic city 이국적인 도시의 **매력**

유 타 entice, tempt, allure, attract
명 2 bait

1204
quaint*
[kweint]

형 진기한, 기묘한, 흥미를 끄는

- The writer talked about the **quaint** customs of the natives. 그 작가는 원주민들의 **진기한** 관습에 관해 이야기했다.

유 unusual, peculiar, eccentric, bizarre

1205
beguile*
[bigáil]

⊕ (마음을) 끌다, 구슬리다

be(make)+guile(속임수) → 속여서 어떤 것을 하게 하다
beguiling ⑧ 묘한 매력이 있는　**beguilement** ⑨ 기만, 속임
- He **beguiled** the audience with his smooth and seductive voice.
  그는 자신의 부드럽고 매혹적인 목소리로 청중의 **마음을 끌었다**.
- one of the most **beguiling** aspects of cyberspace
  사이버 공간의 가장 **묘한 매력이 있는** 측면 중 하나 [지9]

지9

⊕ bewitch, captivate, entice, allure, charm, enchant

1206
beseech*
[bisí:tʃ]

⊕ 간청하다, 애원하다

be(make)+seech(seek) → 구하게 하다, 청하다
beseeching ⑧ (눈빛 등이) 애원하는 듯한
- They earnestly **beseeched** his forgiveness.
  그들은 그가 용서해주기를 간절히 **애원했다**.

서7

⊕ implore, beg, entreat

1207
exhort*
[igzɔ́:rt]

⊕ 권고[훈계]하다, 촉구하다

ex(thoroughly)+hort(encourage) → 철저히 권하다
exhortation ⑨ 권고, 훈계, 촉구　**exhortative** ⑧ 권고하는, 훈계적인
- Doctors **exhort** obese individuals to go on diets.
  의사들은 비만인 사람들에게 다이어트를 하라고 **권고한다**. [서7]

국7 | 서7

⊕ urge, encourage

1208
heed*
[hi:d]

⊕ (경고 등에) 유의하다, 주의를 기울이다

heedful ⑧ 세심한 주의를 기울이는　**heedless** ⑧ 부주의한
heedlessness ⑨ 부주의함, 경솔함
- The danger signs were there, but we didn't **heed** the warning.
  위험 표지판이 그곳에 있었지만 우리는 그 경고에 **주의를 기울이지** 않았다.
- They remain **heedless** of their own safety even after the accident. 그들은 그 사고를 겪은 뒤에도 여전히 자신들의 안전에 **부주의하다**.

국7 | 경찰 | 국회 | 법원 | 사복

⊕ note
- pay[give] heed (to A)
  (A에) 세심한 주의를 기울이다

지도, 인도

회독 ✓Check ☐ ☐ ☐

1209
tutelage*
[tjú:təlidʒ]

⑨ ¹지도, 교육　²후견, 보호

tutel(보살피다)+age(⑨)
- The young actor felt privileged to be under the **tutelage** of an experienced director. 그 젊은 배우는 경험 많은 감독의 **지도**를 받게 되어 영광으로 느꼈다.

⊕ ¹tuition, tutoring
²guardianship
- under A's tutelage
  A의 후원을 받아, A의 감독하에서

1210 discipline***
[dísəplin]

명 ¹ 규율, 훈육, 단련 ² 절제력 ³ 학문 분야
타 ¹ 훈육[단련]하다 ² 징계하다

유 명 ¹ control, regulation
타 train, drill ² penalize

disciplinary 형 ¹ 훈육의 ² 학과목의 ³ 징계의

- Many parents scream and yell as a primary **discipline** strategy, but few regard it as one form of child abuse.
  많은 부모들이 주된 **훈육** 방법으로 소리를 지르고 고함치지만, 그것을 아동 학대의 한 형태로 여기는 이들은 거의 없다. [경찰]
- to take **disciplinary** action 징계 조치를 취하다

MORE+ 관련어휘
inter**disciplinary** 형 학제 간의 (둘 이상의 학문 분야가 관련된)
multi**disciplinary** 형 여러 학문 분야에 걸친, 종합적인

1211 didactic*
[daidǽktik]

형 ¹ 교훈적인 ² 설교하는, 가르치려 드는

유 ¹ educational, moral, enlightening

- Children's books possess a practical, **didactic** purpose.
  아동 도서는 실용적이고 **교훈적인** 목적을 갖고 있다.

1212 archetype*
[á:rkitàip]

명 ¹ 전형(典型), 모범 ² 원형

유 ² prototype

arche(origin, first)+type(type)
archetypal 형 전형적인

- He is the **archetype** of a successful businessman.
  그는 성공한 사업자의 **전형**이다.

1213 paragon*
[pǽrəgàn]

명 귀감, 모범

유 model, exemplar

- The company is a **paragon** of modern manufacturing techniques. 그 회사는 현대 제조 기술의 **귀감**이다.

1214 inculcate*
[inkʌ́lkeit]

타 (사상 등을) 주입하다, 심어 주다

유 indoctrinate, implant, ingrain

in(in)+culc(tread)+ate(통) 《꾹꾹 밟아서 심는다는 의미에서 유래》
inculcation 명 터득시킴, 가르치기

- The teacher **inculcated** in her students the importance of good study habits. 그 교사는 학생들에게 좋은 공부 습관의 중요성을 **심어 주었다**.

1215 instil(l)*
[instíl]

타 (의식 등을) 물들이다, 주입하다, 불어넣다

유 implant, inculcate, ingrain

in(in)+still(a drop) → 안으로 한 방울씩 스며들게 하다

- People are **instilled** by a specific culture, thought system, and language. 사람들은 특정 문화, 사고 체계, 그리고 언어에 의해 **물들어 간다**. [사복]

1216
engross* [ingróus]
[타] (주의, 시간을) 집중시키다, 몰두시키다
engrossing [형] 전념하게 하는 engrossed [형] 몰두한 《in, with》
- She gets completely **engrossed** in her work.
  그녀는 자신의 일에 완전히 **몰두해** 있다.

지9 | [유] preoccupy

1217
enlighten*** [inláitn]
[타] 이해시키다, 깨우치다
en(make)+lighten(밝히다) → 견문에 밝아지게 하다
enlightenment [명] 이해, 깨우침 enlightening [형] 깨우침을 주는
- The lecturer **enlightened** us about the latest astronomical discoveries. 그 강연자는 우리에게 가장 최근의 천문학적 발견들에 대해 **이해시켜주었다**.

국9 | 서9 | 경찰 | 법원 | 교행 | 사복 | [유] illuminate, educate

학습

회독 ✓Check ☐ ☐ ☐

1218
tuition** [tjuːíʃən]
[명] ¹ 수업료, 등록금 ² 수업, 교습
- Students at Macaulay Honors College(MHC) don't stress about the high price of **tuition**. Macaulay Honors 대학의 학생들은 높은 비용의 등록금으로 스트레스를 받지 않는다. [국9]

국9 | 사복 | 교행 | [유] ² instruction, tutoring, tutelage

1219
ingrained* [ingréind]
[형] ¹ 깊이 배어든, 몸에 밴 ² (때가) 찌든
- Worrying becomes such an **ingrained** habit that to avoid it you consciously have to train yourself to do otherwise. 걱정하는 것은 너무나 **몸에 밴** 습관이 되어서 그것을 피하려면 의식적으로 스스로 그러지 않도록 훈련해야 한다. [국9]

국9 | [유] fixed, entrenched, inveterate

1220
erudite* [érjudàit]
[형] 학식 있는, 박식한
erudition [명] 학식, 박식
- The most **erudite** people in medical research attended the conference. 의학 연구 분야에서 가장 **학식 있는** 사람들이 그 회의에 참석했다.

서7 | 국회 | [유] learned, knowledgeable, scholarly

1221
pedagogy* [pédəgòudʒi]
[명] 교육학
ped(child)+agog(lead)+y(명) → 아동을 바른길로 이끄는 것 → 교육
pedagogic(al) [형] 교수법의
- To minimize rote-learning, the policy aims at transforming curriculum and **pedagogy**. 기계적인 학습을 최소화하기 위해, 그 정책은 교과 과정과 **교육학**을 바꾸는 것을 목표로 한다.
cf. pedagogue [명] ¹ 교육자 ² (부정적) 남을 가르치기 좋아하는 사람

MORE + 관련어휘

pedagogy vs. p(a)edology vs. p(a)ediatrics
p(a)edology 몡 ¹아동학, 육아학 ²토양학
(이때 p(a)edo는 child와 foot의 의미를 둘 다 가진다.)
p(a)ediatrics 몡 소아과(학)

1222
syllabus*
[síləbəs]

몡 (pl. syllabi) 강의 요강, 교수요목

- The **syllabus** covers various aspects of physical and organic chemistry. 그 **강의 요강**은 물리 화학과 유기 화학의 다양한 측면들을 다룬다.

1223
rote*
[rout]

국7 | 서9 | 지9 | 경찰

몡 (기계적) 암기

- too many of the rules that lawyers learn by **rote**
변호사들이 **기계적 암기**로 학습하는 너무 많은 규정들 [지9]

1224
intramural*
[ìntrəmjúərəl]

혱 교내의, 대학 내의

intra(within)+mur(a wall)+al(혱) → 담 안에 있는
- an **intramural** basketball competition 교내 농구 시합

반 extramural
(교외의)

1225
dean*
[di:n]

국9 | 경찰

몡 (대학의) 학장, 학생처장

- He was a former **dean** of Harvard Law School.
그는 전(前) Harvard 법대 **학장**이었다.
cf. president 몡 총장 faculty 몡 교수진

1226
sophomore*
[sάfəmɔ̀ːr]

몡 (4년제 대학, 고교의) 2학년생

- She was starting her first day of school as a **sophomore**.
그녀는 **2학년생**으로서의 학기 첫날을 시작하고 있었다.

MORE + 관련어휘

학년
freshman 몡 (대학, 고교의) 신입생
junior   몡 (4년제 대학, 고교의) 3학년생
senior   몡 (대학, 고교의) 마지막 학년[졸업반] 학생

1227
apprentice**
[əpréntis]

경찰

몡 수습생, 견습생 타 수습생으로 삼다

apprenticeship 몡 수습 기간, 수습직
- He worked for two years as an **apprentice** electrician.
그는 **수습** 전기 기술자로서 2년간 일했다.
cf. disciple 몡 제자, 문하생

유 몡 trainee, probationer

1228
dissertation*
[dìsərtéiʃən]

몡 학위 논문

- He had considered writing his doctoral **dissertation** on Kant.
그는 Kant에 대한 박사 **학위 논문**을 쓸 것을 고려했었다.

유 thesis, treatise, disquisition

1229 국회

diploma**
[diplóumə]
명 졸업장, 학위증서

- The young lawyer boastfully hung his college **diploma** on the door to his office. 그 젊은 변호사는 자기 사무실 문에 자신의 대학 **졸업장**을 자랑스럽게 걸어두었다. [국회]

암시, 함축

회독 ✓Check ☐ ☐ ☐

1230

insinuate*
[insínjuèit]
타 ¹ 암시하다, 넌지시 말하다 ² 환심을 사다 ³ 밀어 넣다

in(in)+sinu(curve)+ate(동) → 안으로 굽어 들어가다 → 슬며시 나타내다
insinuation 명 암시, 빗댐

- His avoidance to a dope test was **insinuating** that he won by cheating. 그의 약물[도핑] 검사 회피는 그가 부정행위로 이겼다는 것을 **암시하고** 있었다.

유 ¹ imply, suggest, intimate
² ingratiate

- insinuate oneself into A's favor 교묘하게 A의 환심을 사다

1231 지9 | 국회 | 사복

extrapolate*
[ikstrǽpəlèit]
자 타 추론하다, 추정하다

extrapolation 명 추론, 추정

- It is possible to **extrapolate** future developments from current trends. 현재의 추세로부터 미래의 발전을 **추정하는** 것이 가능하다.

유 forecast, predict, estimate

1232

encapsulate*
[inkǽpsjulèit]
타 ¹ 요약하다, 압축하다 ² 캡슐에 넣다

- She neatly **encapsulated** her conclusion in one sentence. 그녀는 자신의 결론을 한 문장으로 깔끔하게 **요약했다**.

유 ¹ summarize, abridge, condense

1233 지7

excerpt*
[éksə:rpt]
타 발췌하다, 인용하다 (from) 명 발췌, 인용(구)

- The passage was **excerpted** from a famous novel. 그 구절은 한 유명한 소설에서 **인용되었다**.

유 명 extract

1234 서7

gist*
[dʒist]
명 (말, 글 등의) 요지, 골자

- I didn't catch every word between them but heard enough to get the **gist** of the conversation. 나는 그들 사이의 모든 말을 듣지는 못했지만 대화의 **요지**를 이해할 만큼은 충분히 들었다.

유 essence, substance

1235 서9

rubric*
[rú:brik]
명 ¹ (책 등의 장, 절의) 제목, 항목 ² (시험지 등의) 지시문

- Read the **rubric** on the test sheet carefully. 시험지의 **지시문**을 주의 깊게 읽으세요.

유 ¹ title, caption, headline

1236 rudiment* [rúːdəmənt]
국회

명 ¹《pl.》기본, 기초 ²《pl.》조짐, 싹수 ³《생물》퇴화 기관[흔적]

유 ¹ basics, fundamentals

rudimentary 형 ¹ 가장 기본적인 ² 미발달된

- She taught the students the **rudiments** of reading and writing.
  그녀는 학생들에게 독서와 작문의 **기초**를 가르쳤다.
- Some insects have only **rudimentary** wings.
  어떤 곤충들은 **미발달된** 날개만 갖고 있다.

경작

회독 ✓ Check □ □ □

1237 husbandry* [hʌ́zbəndri]

명 (낙농, 양계를 포함한) 농업, 경작

유 farming, agriculture

husband(가장)+ery(명)《농토[가축]를 가진 가장이라는 남편의 어원에서 유래》
- animal **husbandry** 축산 농업
- dairy **husbandry** 낙농업

1238 ranch** [ræntʃ]
서9 | 국회

명 (대규모) 목장

rancher 명 목장 주인 **ranching** 명 목장 운영
- The image of the cowboy on his horse is a familiar one, but in reality, women also participate in **ranch** work. 말을 탄 카우보이의 모습이 친숙한 것이지만, 실제로는 여자들도 **목장** 일에 참여한다. [서9]

1239 plow / plough** [plau]
국9 | 교행 | 사복

자 타 (밭을) 갈다, 경작하다 자 충돌하다, 들이받다 《into》 명 쟁기

유 자 타 cultivate, till
자 run 《into》, bump 《into》, crash 《into》

- a wilderness that was untamed, having no **plowed** fields, fences, or farm houses 경작된 밭, 담, 농가가 없는 미개척된 황무지 [교행]
- A truck **plowed** into my car last month.
  한 트럭이 지난달에 내 차를 **들이받았다**. [사복]

1240 arable* [ǽrəbl]
서9

형 경작 가능한, 곡식을 경작하는

유 farmable, cultivable

ara(plow)+ble(형)
- dwindling **arable** land 점차 줄어드는 **경작 가능한** 땅 [서9]

1241 irrigate* [írəgèit]
법원 | 사복

타 ¹ (~에) 관개하다, 물을 대다 ² (상처 등을) 세척하다

ir(in)+rig(water)+ate(통) → 물을 안으로 가져오다
irrigation 명 관개, 물을 댐
- The water flow was diverted down the rows to **irrigate** crops.
  물의 흐름은 농작물에 **물을 대기** 위해 밭이랑으로 방향이 바뀌었다.
- The surgeon **irrigated** the wound with purified water.
  외과 의사가 상처를 정제수로 **세척했다**.

1242
compost*
[kάmpoust]

명 퇴비 타 퇴비를 만들다[주다]

com(with)+post(put, place) → 함께 놓다 → 모아서 퇴비로 만들다
- People use animal waste, dead plants, and old food to make **compost**. 사람들은 **퇴비**를 만들기 위해 동물의 배설물, 죽은 식물, 그리고 오래된 음식을 사용한다.

유 명 fertilizer
타 muck

1243
manure*
[mənúər]

명 거름, 비료 타 거름을 주다

- We spread **manure** on our land to help fertilize our crops without chemicals. 우리는 화학 약품을 쓰지 않고 농작물에 거름을 주기 위해서 땅에 **비료**를 뿌렸다.

유 타 compost

1244
thresh*
[θreʃ]

타 타작하다, 탈곡하다 자 타 요동치다, 요동치게 하다

- machinery that can reap and **thresh** rice
  벼를 수확하고 **탈곡할** 수 있는 기계
- His desperate movements **threshed** the water.
  그의 절박한 움직임이 물을 **요동치게 했다**.

유 자 타 thrash

1245
fecund*
[fíːkənd]

형 ¹ 비옥한, 다산하는 ² (아이디어가) 풍부한

fecundity 명 ¹ 비옥, 다산 ² 풍부한 상상력
- the most **fecund** land in the world 세계에서 가장 **비옥한** 땅
- a **fecund** imagination **풍부한** 상상력

유 ¹ fertile, fruitful, productive, prolific

1246
barren**
[bǽrən]

서9 | 국회 | 교행

형 ¹ 척박한, 황량한 ² 불임인 ³ 소득[결실] 없는

- Few creatures can thrive on these **barren** mountaintops.
  이 **황량한** 산꼭대기에서 잘 자랄 수 있는 생명체는 거의 없다.
- After 15 **barren** years, the team finally won a trophy.
  결실 없던 15년이 지난 뒤에, 그 팀은 마침내 트로피를 따냈다.

유 unproductive, infertile, unfruitful, sterile
반 fecund, fertile (비옥한)

1247
fallow*
[fǽlou]

지9 | 사복

형 ¹ (논, 밭을) 휴한(休閑)하는, 묵혀 두는 ² 이뤄진 것이 없는

- to make fertile what once lay **fallow**
  한 때 **묵혀 두던** 곳을 비옥하게 만들다 [지9][사복]
- The corporation has gained market share recently, but only after a long **fallow** period. 그 회사는 최근에 시장 점유율을 얻었는데 오랫동안 **이뤄진 것이 없는** 기간이 지난 후였다.

유 ¹ uncultivated, unplowed, untilled, unplanted

DAY 26

기만, 열망, 연회

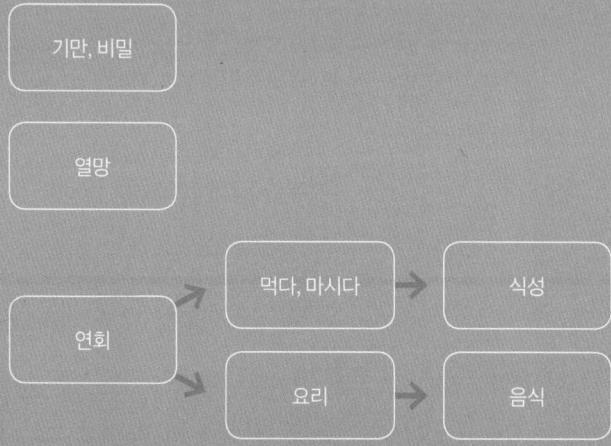

기만, 비밀

회독 ✓Check ☐ ☐ ☐

1248   지7 | 서9 | 국회

hypocrisy*
[hipάkrəsi]

몡 위선

hypo(under)+cris(decide)+y(몡) → 밑에서 다른 결정을 하는 것
hypocrite 몡 위선자   **hypocritical** 혱 위선의, 위선(자)적인
- the **hypocrisies** of mankind 인간의 위선 [서9]

1249

malinger*
[məlíŋgər]

자 꾀병을 부리다

malingerer 몡 꾀병을 앓는 사람
- His boss suspected him of **malingering** because of his frequent absences from work. 그의 상관은 그의 잦은 결근 때문에 꾀병을 부리는 것으로 그를 의심했다.

MORE + 관련어휘   속임수

bait	몡 미끼 타 ¹미끼를 놓다 ²화를 돋우다, 괴롭히다
patsy	몡 잘 속는 사람, 봉(鳳)
cozen	자타 속이다, 기만하다 타 속여서 ~하게 하다 《into》
imposture	몡 (신분의) 사칭(詐稱), 사기(행위)

1250   사복

clandestine*
[klændéstin]

혱 비밀리에 하는, 은밀한

- the spy's **clandestine** operation 스파이의 은밀한 작전

유 covert, surreptitious, furtive

1251   서7

furtive*
[fə́ːrtiv]

혱 ¹은밀한 ²수상쩍은, 엉큼한

furt(thief)+ive(혱) → 도둑 같은 → 몰래 하는
furtiveness 몡 ¹남몰래 하기 ²엉큼함, 교활함
- He cast a **furtive** glance in our direction.
그는 우리 쪽으로 은밀한 눈길을 보냈다.
- a **furtive** manner 수상쩍은 태도

유 ¹stealthy, undercover

열망

회독 ✓Check ☐ ☐ ☐

1252   경찰

avarice*
[ǽvəris]

몡 탐욕

avaricious 혱 탐욕스러운
- The **avarice** of the man has no end. 인간의 탐욕은 끝이 없다.

유 greed, rapacity, cupidity

1253 crave*
[kreiv] 지9 | 서9

자 타 ¹ 갈망하다, 열망하다 《for》 ² 간청하다 《for》

유 ² beg 《of》, solicit 《for》, implore 《for》, entreat 《for》

• crave for A A를 갈망하다

craving 명 갈망, 열망(= urge)
- Like many celebrities, he **craves** attention. 많은 유명 인사들과 마찬가지로 그는 관심을 **갈망한다**.
- the **craving** for salt 소금에 대한 **갈망** [지9]

1254 yearn*
[jəːrn] 국9 | 국7 | 지7 | 경찰 | 기상

자 ¹ 갈망하다, 열망하다 《for》 ² 동경하다, 사모하다 ³ 동정하다

유 ¹ pine 《to》

yearning 명 ¹ 갈망 ² 동경 ³ 그리움
- Even the rich and powerful find themselves **yearning for** something more. 심지어 부유하고 권력이 있는 사람들조차도 더 많은 것을 **갈망하고 있는** 자신을 보게 된다. [국9]

1255 covet*
[kʌ́vit] 지7 | 서9

자 타 (남의 물건을) 탐내다, 갈망하다

유 desire

covetous 형 탐내는, 갈망하는 **covetousness** 명 탐욕스러움
- All his life he has **coveted** success. 평생동안 그는 성공을 **갈망해왔다**.

1256 indulge**
[indʌ́ldʒ] 국7 | 지9 | 기상 | 교행

자 타 마음껏 하다, 탐닉하다 《in》
타 ¹ 충족시키다 ² (아이를) 버릇없이 기르다

유 타 ¹ satisfy, gratify ² spoil, pamper

indulgent 형 ¹ (아이가) 제멋대로 하게 하는 ² 관대한
- At university he wrote a bit and **indulged** in internal college politics. 대학에서 그는 글을 좀 썼고, 대학 내 정치도 **마음껏 했다**. [지9]
- She was able to **indulge** a growing passion for literature. 그녀는 문학을 향해 커지는 열정을 **충족시킬** 수 있었다.

1257 overreach*
[òuvəríːtʃ]

자 타 ¹ (욕심이) 도를 넘다 《oneself》 ² 끝까지 다다르다 ³ 남을 속이다

overreacher 명 ¹ 끝까지 다다르는 사람 ² 남을 속이는 사람
- The company **overreached itself** and ran out of money after one year. 그 회사는 욕심이 **도를 넘었고** 일 년 후에 자금이 바닥났다.

1258 snatch*
[snætʃ] 교행

자 타 잡아채려 하다, 잡아채다
명 ¹ 잡아챔 ² 조각, 단편 ³ 잠시, 한바탕

유 명 ² piece, fragment, extract

- He **snatched** 30 rebounds in one game. 그는 한 경기에서 30개의 리바운드를 **잡아챘다**.
- to overhear a short **snatch** of the conversation 대화의 **단편**을 엿듣다

DAY 26 **303**

1259 grip** [grip]
국7 | 경찰 | 국회 | 법원

자 타 꽉 잡다 타 (흥미 등을) 끌다, 사로잡다
명 ¹ 움켜쥠 ² 이해(력) ³ 지배(력)

유 타 fascinate, enthral, engross

gripper 명 잡는 사람[도구] gripping 형 (이야기 등이) 흥미를 끄는
- The story really **grips** the reader. 그 이야기는 독자를 매우 **사로잡는다**.
- She has a good **grip** on local politics.
그녀는 지역 정치에 관해 **이해력**이 좋다.

1260 clutch** [klʌtʃ]
국9 | 국7 | 지7 | 사복

자 타 (꽉) 움켜잡다 명 ¹ 손아귀, 지배 ² (자동차) 클러치 ³ 위기

유 자 타 seize, catch, snatch

- The child **clutched** her mother's hand firmly.
아이는 자기 엄마의 손을 **꽉 움켜잡았다**.
- someone in the **clutches** of the suffering
고통받는 **위기**에 처한 어떤 사람 [국9]

• clutch at A
A를 와락 움켜쥐려 하다

연회
회독 ✓Check □ □ □

1261 cater* [kéitər]
국7 | 서7 | 경찰 | 기상

자 타 (행사에) 음식을 조달하다
자 ¹ (~의) 요구를 채우다 ² (~에) 오락을 제공하다

유 자 provide for, serve, accommodate

catering 명 케이터링, 요식 조달업 caterer 명 (행사의) 요리 조달자
- The restaurant **caters** for banquets. 그 식당은 연회에 **음식을 조달한다**.
- A school **caters** for children with learning difficulties.
학교는 학습 장애가 있는 아이들의 **요구를 채워준다**.

• cater to[for] A
A에 맞추다

1262 purvey* [pərvéi]

자 타 (특히 식료품을) 공급하다, 조달하다

유 supply, provide

- This company has **purveyed** clothing to the armed forces for generations. 이 회사는 몇 세대에 걸쳐서 군대에 의류를 **공급해 왔다**.

1263 canteen* [kæntíːn]
경찰

명 ¹ 구내식당, 매점 ² (휴대용) 물통

유 ¹ cafeteria

- I stopped for a cup of coffee at a **canteen**.
나는 커피 한 잔을 마시려고 **매점**에 들렀다. [경찰]

1264 feast** [fiːst]
서7

명 ¹ 연회, 잔치 ² (종교적) 축제일 동 맘껏 먹다[즐기다] (on)
타 대접하다

유 명 ¹ banquet
자 consume, indulge, gorge

feaster 명 연회의 손님 festal 형 축제의 ² 유쾌한, 즐거운
- There were hundreds of guests at the royal wedding **feast**.
왕실 결혼식 **연회**에는 수백 명의 내빈이 있었다.

1265
banquet**
[bǽŋkwit]

지9 | 법원 | 사복

명 (공식) 연회 자 연회에 참석하다 타 연회를 베풀다

banqueting 형 연회의, 향연의
- to give a huge **banquet** 성대한 **연회**를 베풀다

1266
luncheon*
[lʌ́ntʃən]

사복

명 오찬, 점심

- a fund-raising **luncheon** 자선 모금 오찬

1267
potluck**
[pɑ́tlʌ̀k]

교행

명 포트럭 (파티) 《여러 사람이 각자 음식을 조금씩 가져와서 나눠 먹는 식사[파티]》

- A **potluck** eases the burden of cooking for large numbers.
  포트럭 파티는 많은 사람을 위해 요리하는 부담을 덜어준다.

MORE+ 관련어휘 기타 식사 종류

repast	명 식사
nash	자타 간식을 먹다 명 간식
morsel	명 ¹ (음식의) 작은 양[조각] ² 맛있는 요리
foodstuff	명 식품, 식량

1268
mill**
[mil]

국9 | 서9 | 국회 | 사복

명 ¹ 방앗간, 제분소 ² (제조) 공장 타 (가루가 되도록) 갈다, 빻다

- Some critics have described the school as a diploma **mill**.
  몇몇 비평가는 학교를 학위 **제조 공장**으로 묘사해왔다.
- Hard wheats are easily **milled** into white flour.
  단단한 밀은 흰 밀가루로 쉽게 **빻아진다**.

cf. watermill 명 물레방앗간   windmill 명 ¹ 풍차 ² 풍력 발전기

유 명 ² plant, factory
타 grind, powder

1269
tavern*
[tǽvərn]

명 ¹ 선술집 ² 여관

- to stop off at a local **tavern** for a drink
  술 한잔을 하려고 동네 **선술집**에 잠시 들르다

유 ¹ bar, pub

먹다, 마시다

회독 ✓Check ☐ ☐ ☐

1270
edible**
[édəbl]

지9 | 교행 | 사복

형 식용의, 먹을 수 있는 명 식품

edibility 명 식용에 알맞음, 먹을 수 있음
- Berries do not become "food" until they are identified as **edible** and taken off the bush. 산딸기류 열매는 **먹을 수 있는** 것으로 확인되고 덤불로부터 채취되어야 비로소 '식량'이 된다. [교행]

유 형 eatable, consumable, comestible
반 형 inedible (먹을 수 없는)

1271 potable* 国9 | 지9
[póutəbl]
⟨형⟩ 음료로 적합한, 마셔도 되는 — drinkable

pot(drink)+able(형)
- **potable** water 마셔도 되는 물

1272 quench* 지9
[kwentʃ]
⟨타⟩ ¹(갈증을) 풀다 ²(불을) 끄다 ³(속력 등을) 억제하다 — ¹relieve, allay, slake ²extinguish, put out, smother

unquenchable ⟨형⟩ 채울[충족시킬] 수 없는
- The lemonade really **quenches** my thirst.
  레모네이드는 정말로 나의 갈증을 풀어준다.
- We thoroughly **quenched** the campfire before we headed to bed. 우리는 잠자리에 들기 전에 모닥불을 완전히 껐다.

1273 partake*
[pɑːrtéik]
⟨자⟩ ¹(제공된 것을) 먹다[마시다] (of) ²성질을 띠다 (of) ⟨타⟩ 참가하다 — ⟨자⟩ ¹consume, eat

- He had **partaken** of too much dinner and was now stuffed.
  그는 저녁을 너무 많이 먹어서 이제 배가 불렀다.
- His words **partake** of regret. 그의 말은 후회의 성질을 띠고 있다.

- partake of A
  ¹A를 먹다
  ²A의 성질을 띠다
- partake in A
  A에 참여하다

1274 imbibe*
[imbáib]
⟨자⟩⟨타⟩ (술 등을) 마시다 ⟨타⟩ (정보 등을) 흡수하다, 동화하다 — ⟨타⟩ acquire, gain, absorb, grasp, assimilate

im(in)+bibe(drink)
imbiber ⟨명⟩ 술꾼
- They **imbibed** too many bottles of beer.
  그들은 맥주를 너무 여러 병 마셨다.
- We read poems by our predecessors to **imbibe** the experience of their lives. 우리는 우리 선조들의 인생 경험을 흡수하기 위해 그들의 시를 읽는다.

1275 drool* 지9
[druːl]
⟨자⟩ ¹침을 흘리다 ²(좋아서) 군침을 흘리다 — ¹dribble

- The dog **drooled** when we put the steak down on the floor.
  그 개는 우리가 바닥에 고기를 놓았을 때 침을 흘렸다.
- Magazines like *Wired* **drooled** over the launch of the new electric car. ⟨Wired⟩와 같은 잡지들은 새로운 전기차의 출시에 군침을 흘렸다. [지9]

1276 spit** 지9
[spit]
⟨자⟩⟨타⟩ (침을) 뱉다, 내뱉다 ⟨명⟩ 침 (뱉기)

- She **spat** abuse at the jury. 그녀는 배심원단에게 욕설을 내뱉었다.

1277 saliva** 서7 | 국회 | 기상
[səláivə]
⟨명⟩ 침, 타액

- The new kinds of DNA testing can identify body fluids, such as blood, sweat, and **saliva**. 새로운 종류의 DNA 검사는 혈액, 땀, 그리고 침과 같은 체액을 식별할 수 있다. [서7]

식성

1278 vegetarian** [vèdʒətɛ́əriən]
명 채식주의자

vegetarianism 명 채식(주의)
- **Vegetarians** insist that meat-eating can affect your brain and even your personality. 채식주의자들은 고기를 먹는 것이 당신의 뇌와 성격에도 영향을 미칠 수 있다고 주장한다. [국회]

MORE+ 관련어휘 채식주의자 종류
- vegan: 엄격한 채식주의자
- lacto-vegetarian: 고기, 생선, 달걀은 먹지 않고 유제품은 먹는 채식주의자
- ovo-vegetarian: 달걀은 먹되 우유는 먹지 않는 채식주의자
- pesco-vegetarian: 고기는 먹지 않지만, 생선, 달걀, 유제품은 먹는 채식주의자
- pollo-vegetarian: 붉은 살코기는 먹지 않지만, 닭고기는 먹는 채식주의자
- flexitarian: 채식주의 식사를 하지만 때에 따라 육류나 생선도 먹는 사람

1279 glutton* [glʌ́tn]
명 ¹대식가 ²열중하는 사람, 힘든 일도 잘 견디는 사람

gluttony 명 폭식, 폭음 gluttonous 형 ¹많이 먹는 ²탐욕스러운 ³열중하는
- **Gluttons** think as much about food as starving men. 대식가들은 굶주린 사람들만큼 음식에 관해 많이 생각한다.

1280 gourmet* [ɡuərméi]
명 미식가, 식도락가 형 미식가를 위한, 고급의
- Food critics have to be **gourmets** in order to write about food in an informed way. 음식 평론가들은 음식에 대한 해박한 글을 쓰기 위해 **미식가**가 되어야 한다.

1281 foodie* [fúːdi]
명 미식가, 식도락가
- The restaurant is very popular among **foodies**. 그 식당은 **식도락가들** 사이에서 매우 인기 있다.

유 gourmet, gastronome, epicure

요리

1282 culinary* [kʌ́lənèri]
형 요리의, 음식의
- One of the city's greatest **culinary** shows is about to begin. 그 도시의 가장 훌륭한 **요리** 쇼 중 하나가 막 시작하려고 한다. [국9]

1283
cuisine**
[kwizíːn]

명 요리(법)

국9 | 사복

- The restaurant serves both Cantonese and Beijing **cuisine**.
  그 식당은 광둥과 베이징의 **요리**를 모두 제공한다. [국9]

1284
entrée*
[ɑ́ːntrei]

명 ¹ 앙트레 《식당이나 만찬에서 나오는 주 요리》 ² 《단체의》 입회 자격

국회

- He ordered a pork tenderloin from the meat and fish **entrée**.
  그는 육류와 생선 **앙트레**에서 돼지고기 안심을 주문했다.
- His family connections have given him **entrée** into the most exclusive clubs in the city. 그의 혈연은 그에게 도시 최고급 클럽의 **입회 자격**을 주었다.

1285
platter*
[plǽtər]

명 ¹ 《서빙용》 큰 접시 ² 《큰 접시에 담긴》 모둠 요리

서9

- a **platter** of cheese and crackers 치즈와 크래커 **모둠 요리**

1286
sift*
[sift]

자타 ¹ 《체로》 거르다 ² 면밀히 조사하다 타 분리하다, 가려내다

유 자타 ¹ filter, screen, sieve

sifter 명 작은 체
- to **sift** the lumps from the sugar 설탕에서 덩어리들을 **체로 거르다**
- The lawyer **sifted** through the hundreds of pages of testimony.
  그 변호사는 수백 페이지의 증언을 처음부터 끝까지 **면밀히 조사했다**.

1287
whisk*
[wisk]

타 ¹ 《달걀 등을》 휘젓다 ² 재빨리 가져가다
명 ¹ 《요리용》 거품기 ² 재빠른 움직임

지9

유 타 ¹ beat, churn, whip

- to **whisk** the eggs with the cream until the mixture thickens
  혼합물이 걸쭉해질 때까지 달걀과 크림을 **휘젓다**

1288
salinity*
[səlínəti]

명 염분, 염도

salin(salt)+ity(명) → 소금의 정도
saline 형 염분이 함유된 명 염분
- The **salinity** in this water is high. 이 물은 **염분** 함량이 높다.

1289
delectable*
[diléktəbl]

형 ¹ 아주 맛있는, 좋은 냄새가 나는 ² 즐거운, 기쁜 ³ 매력이 넘치는

국회

유 ¹ delicious, palatable, scrumptious
² delightful, pleasing

de(away)+lect(entice)+able(형) → 멀리서 유인할 수 있을 만큼 좋아 보이는
delectability 명 즐거움, 유쾌함
- The meals he prepares are always **delectable**.
  그가 준비하는 식사는 언제나 아주 맛있다.
- a **delectable** melody 즐거운 멜로디

1290
luscious[*]
[lʌ́ʃəs]

형 ¹ 감미로운, 달콤한 ² 기분이 좋은 ³ 현란한, 매력적인

lusciousness 명 맛이 좋음
- a **luscious** wine 감미로운 포도주

유 ¹ tasty, flavorful
³ attractive, gorgeous

1291
succulent[*]
[sʌ́kjulənt]

형 ¹ (과일 등이) 즙이 많은 ² (식물) 다육성의 명 다육 식물

succul(suck)+ent(형) → 빨 수 있는 즙이 많은
succulence / **succulency** 명 ¹ 다즙, 다육 ² 다육 식물 ³ 흥미진진함
- a **succulent** steak 육즙이 많은 스테이크
- Cacti are **succulent** plants. 선인장류는 **다육성** 식물이다.

유 형 ¹ juicy

1292
stale[*]
[steil]

경찰

형 ¹ (빵 등이) 오래된 ² 퀴퀴한 ³ 진부한 자 타 상하다, 상하게 하다

staleness 명 ¹ 부패 ² 진부
- The air is **stale** in the basement. 지하실 공기는 **퀴퀴하다**. [경찰]
- Their marriage went **stale**. 그들의 결혼 생활은 **진부해졌다**.

유 ³ hackneyed, banal, trite
반 ¹ fresh(신선한)

1293
greasy[**]
[gríːsi]

지9

형 ¹ 기름투성이의, 기름이 많이 묻은 ² (피부 등이) 지성인

grease 명 ¹ 기름 ² 그리스 (기계의 윤활유) 타 기름을 바르다
- **greasy** French fries 기름투성이의 감자튀김

유 ¹ oily

음식

회독 ✓Check ☐ ☐ ☐

1294
salmon[**]
[sǽmən]

지7 | 법원

명 《어류》 연어

- **Salmon** migrate into the river to spawn.
  연어는 산란하기 위해 강으로 이동한다.

1295
condiment[*]
[kɑ́ndəmənt]

지9

명 조미료, 양념

- Salt and pepper are used as **condiments**.
  소금과 후추는 **조미료**로 사용된다.

유 seasoning, spice, herb, additive

1296
vinegar[**]
[vínigər]

서9

명 식초

- **Vinegar** can be used to make salad dressing.
  식초는 샐러드드레싱을 만들 때 사용되기도 한다.

DAY 26

1297 　　　　　　　　　　　　　　　　　　　　　　　국7 | 기상 | 법원

starch*

[stɑːrtʃ]

몡 ¹ 녹말, 전분 ² 고지식함　탁 (옷에) 풀을 먹이다

starchy 휑 녹말(질)의 ² 격식을 차리는, 고지식한 ³ 풀을 먹인, 빳빳한

- They tried to limit **starch** in their diet.
  그들은 자신들의 식단에서 **전분**을 제한하려고 노력했다.
- The manager is a bit **starchy**. 그 관리인은 조금 **고지식하다**.

1298

vintage*

[víntidʒ]

몡 ¹ (특정 연도, 지역의) 포도주 ² (특정 연도의) –형(型), –년식
휑 ¹ (포도주가) 고급의 ² 고전적인, 전통 있는

유 몡 ² period, era, epoch
휑 ¹ high-quality, prime

- The restaurant has a fine selection of **vintage** wines.
  그 식당은 **고급** 와인의 훌륭한 구색을 갖추고 있다.

1299 　　　　　　　　　　　　　　　　　　　　　　　국9 | 경찰

liquor*

[líkər]

몡 (독한) 술　자탁 술에 취하다[취하게 하다] (up)

유 몡 alcohol, spirits, intoxicant

liquorish 휑 술을 좋아하는
- a **liquor** license 술[주류] 판매 면허
- He got **liquored** up again on Friday. 그는 금요일에 또 술에 취했다.

MORE + 관련어휘　　여러 가지 음식

broth	몡 수프, 죽
maize	몡 옥수수 (= corn)
confection	몡 (케이크 등의) 당과 제품
crust	몡 ¹ (빵) 껍질 ² 딱딱한 표면
combo	몡 콤보 모둠 요리

DAY 27

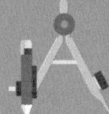

측정, 단위, 유사

- 단위
- 유사한 → 다른
- 단일한 → 구별된
- 균형, 평정
- 마비, 무기력

단위

1300 unfathomable*
[ənfǽðəməbəl]

형 ¹ 잴 수 없는, 헤아릴 수 없는 ² 해결할 수 없는

fathom 타 ¹ 재다, 측정하다 ² 헤아리다, 이해하다 명 패덤 《물의 깊이 측정 단위. 1.83m》
- a swamp of **unfathomable** depth 헤아릴 수 없는 깊이의 늪
- an **unfathomable** mystery 해결할 수 없는 미스터리

유 ¹ immeasurable, inscrutable, incomprehensible
반 ¹ fathomable (헤아릴 수 있는)

1301 gauge**
[geidʒ]

국9 | 경찰 | 법원

명 ¹ 게이지, 측정기 ² (판단의) 척도, 기준
타 ¹ 측정하다, 재다 ² 판단[평가]하다

- Home sales provide a **gauge** of the state of the economy.
주택 판매는 경제 상태의 **척도**를 제공해 준다.
- Unpredictable transportation in Southeast Asia makes it difficult to **gauge** the expected duration of a trip. 동남아시아의 예측하기 힘든 대중교통은 예상되는 여행 기간을 **재기** 어렵게 만든다. [경찰]

유 명 ² measure, indicator, barometer
타 ¹ measure ² assess, evaluate, appraise

1302 metric*
[métrik]

사복

형 명 미터법(의) 《meter, kilogram, liter 등을 사용하는 측정법》

- Most of the world uses the **metric** system of measurement.
대부분의 세계 지역에서는 측정 단위로 **미터법**을 사용한다.

MORE + 관련어휘 '길이, 면적'을 나타내는 단위

feet	명 피트 《12 inch로 약 30.48cm》
yard	명 야드 《3 feet로 91.44cm》
mile	명 마일 《약 1.6km》
acre	명 에이커 《약 4,050m² 크기의 땅》
hectare	명 헥타르 《10,000m² 또는 약 2.5 acres》

1303 carton*
[kάːrtn]

명 ¹ (음료 등을 담는) 곽, 통 ² (낱개 여러 개가 든) 상자, 갑

- She got a **carton** of ice cream out of the freezer.
그녀는 냉동실에서 아이스크림 한 **통**을 꺼냈다.
- a **carton** of cigarettes 담배 한 **갑**

MORE + 관련어휘 '부피'를 나타내는 단위

liter / litre	명 리터 《1,000cc인 부피 단위》
quart	명 쿼트 《약 1.1ℓ 또는 약 1.14ℓ》
gallon	명 갤런 《3.8ℓ 또는 4.5ℓ》
barrel	명 ¹ 배럴 《석유 단위로 120~159ℓ》 ² (대형) 통
ton(ne)	명 톤 《1,000kg》

1304
Celsius**
[sélsiəs]
형 명 섭씨(의)

유 centigrade

- At 4 degrees **Celsius**, water is at its greatest density.
  섭씨 4도에서 물은 밀도가 가장 높다. [기상]
- an overall global temperature increase from 34.7 to 40.1 degrees **Fahrenheit** between 1990 and 2100
  1990년과 2100년 사이에 화씨 34.7도에서 40.1도까지 지구 온도의 전반적인 상승 [기상]

cf. Fahrenheit 형 명 화씨(의)

1305
periphery*
[pərífəri]
명 ¹ 주변, 둘레 ² (신경의) 말초

peri(round about)+pher(carry)+y(명)
peripheral 형 ¹ 주변적인, 지엽적인 ² 말초의

유 ¹ edge, fringe, boundary, perimeter
반 ¹ center, middle (중심)

- Houses have been built on the **periphery** of the factory site.
  주택들이 그 공장 부지의 **주변**에 지어졌다.
- If we focus too much on **peripheral** issues, we will lose sight of the goal. **지엽적인** 문제에 너무 집중하다가는 목표를 잊어버리게 된다.

1306
orbit**
[ɔ́ːrbit]
명 ¹ (천체의) 궤도 ² 범위, 영역   자 타 (~의) 궤도를 돌다

orbital 형 궤도의

유 명 ² sphere

- The Moon **orbits** the Earth. 달은 지구의 **궤도를 돈다**.

1307
caliber / calibre*
[kǽləbər]
명 ¹ (원통의) 직경, (총포의) 구경(口徑) ² 재능, 역량 ³ 품질, 등급

유 ¹ bore, diameter
² quality, ability
³ standard

- a 38-**caliber** pistol 38**구경** 권총
- a writer of her **caliber** **재능** 있는 작가

1308
hemisphere***
[hémisfiər]
명 ¹ 반구(半球) (구(球)의 절반) ² 범위, 영역

hemi(half)+sphere(구(球))
hemispherical 형 반구(체)의

- the left **hemisphere** of the brain 대뇌의 좌측 **반구** [국회]
- In the late 20th century, the northern **hemisphere** experienced its most widespread warmth for 1,200 years.
  20세기 후반에 북**반구**는 1200년에 걸쳐 가장 광범위한 온난화를 겪었다. [국9]

1309
quota*
[kwóutə]
명 ¹ (수출입 등의) 한도량, 배당량 ² 몫, 할당량

- a strict import **quota** on grain 곡물에 대한 엄격한 수입 **한도량**

MORE+ 관련정보
a screen quota system (스크린 쿼터제)
극장이 자국 영화를 연간 일정 기준일 수 이상 상영하도록 강제하는 제도적 장치로, 우리나라는 현행 연간 상영일 수의 5분의 1(73일) 이상 한국 영화를 상영해야 한다.

1310

statistics*** [stətístiks]

명 ¹ (복수 취급) 통계 (자료) ² (단수 취급) 통계학

국7 | 서9 | 경찰 | 국회 | 기상 | 법원 | 교행

stat(stand)+ist(명)+ics(명) → 고정된 자료를 연구
statistical 형 통계적인 **statistician** 명 통계학자
- **Statistics** of homeless population within the United States
  미국 내 노숙자 인구 **통계** [서9]

유사한

회독 ✓Check ☐ ☐ ☐

1311

emulate* [émjulèit]

타 ¹ 모방하다 ² (~와) 경쟁하다, 겨루다

국7 | 서9 | 경찰

유 ¹ imitate, mimic, copy

em(make)+mul(same)+ate(동)
emulation 명 ¹ 모방 ² 경쟁, 겨룸
- The sounds of the Gayageum cannot be **emulated** on any other string instrument. 가야금 소리는 다른 어떤 현악기로도 **모방할** 수 없다. [경찰]
cf. **copycat** 명 모방하는 사람 형 모방한

1312

disguise** [disɡáiz]

타 ¹ 변장[위장]하다 ² 속이다, 숨기다 명 ¹ 변장, 위장 ² 숨김

국7 | 기상 | 법원

유 타 veil, hide, conceal

- **disguise oneself as A**
  A로 변장[위장]하다

dis(off, away)+guise(appearance) → 본래의 겉모습과 멀게 하다
- A rich man **disguised** himself as a beggar.
  한 부유한 남자가 거지로 **변장했다**.
- The failure of the summit may be a blessing in **disguise**.
  정상 회담의 실패는 **위장**한 축복(→ 뜻밖의 좋은 결과)일 수도 있다. [국7]

1313

camouflage** [kǽməflɑ̀ːʒ]

명 위장, 속임수 타 위장하다, 감추다

지7 | 경찰 | 법원

유 명 타 disguise

- The chameleon's **camouflage** is very effective.
  카멜레온의 **위장**은 매우 효과적이다. [경찰]

1314

masquerade* [mæ̀skəréid]

명 ¹ 가장, 변장 ² 가장무도회 자 가장하다, 변장하다 (as)

국7 | 지7

유 명 ¹ disguise, pretense ² masque

- a spy who **masquerades** as a salesman 판매원으로 **변장한** 스파이

1315

feign* [fein]

타 가장하다, ~인 척하다

유 simulate, fake, pretend

- He would often **feign** illness to get out of class.
  그는 종종 수업을 빼먹으려고 아픈 **척하곤 했다**.

다른

회독 ✓Check ☐ ☐ ☐

1316 경찰 | 국회
discrepancy*
[diskrépənsi]

명 차이, 불일치

dis(apart)+crep(crack)+ancy(명) → 틈이 멀어지는 것
- **Discrepancies** in the firm's financial statements led to an investigation. 회사의 재무제표 **불일치**가 조사로 이어졌다.

⊕ inconsistency, difference, disagreement, disparity

1317 국7
quibble*
[kwíbl]

자 (사소한 문제로) 투덜거리다, 트집 잡다 명 불만, 트집

- People ignored the main point of the speech and **quibbled** about its length. 사람들은 그 연설의 요점은 무시하고 길이에 대해 **투덜거렸다**.

1318 지7
dub*
[dʌb]

타 1 별명을 붙이다 2 (다른 언어로) 더빙하다, 재녹음하다

- The actress was **dubbed** "America's sweetheart." 그 여배우는 '미국의 연인'이라는 **별명이 붙었다**.
- The commentary was **dubbed** into twelve languages. 그 실황 방송은 12개 언어로 **더빙되었다**.

⊕ ¹nickname

1319
vicarious*
[vaikɛ́əriəs]

형 (경험이) 대리의, 간접적인

vicar(change)+ious(형) → (다른 것으로) 바꿔 하는 → 대신하는
vicariously 부 대리로, 간접적으로
- a **vicarious** pleasure 대리 만족
- By identifying with the characters in the book, children enjoy **vicarious** experiences without having to run any risk. 책 속의 인물들과 동일시함으로써 아이들은 위험을 무릅쓰지 않고도 **간접적인** 체험을 즐긴다.

⊕ indirect, second-hand, secondary

1320 법원
fungible*
[fʌ́ndʒəbl]

명 《법률》《pl.》대체물 형 (재화가) 대체 가능한

- **fungible** goods or materials 대체 가능 물품

1321
embroil*
[imbrɔ́il]

타 (언쟁 등에) 휘말리게 하다

em(make)+broil(confuse) → 혼란스럽게 만들다
- They were **embroiled** in a complicated lawsuit. 그들은 복잡한 소송에 **휘말렸다**.

⊕ involve, entangle

1322 국7
solstice*
[sálstəs]

명 ¹ 지점(至點)《태양이 적도에서 북 또는 남으로 가장 멀어졌을 때》
  ² 최고점, 전환점

sol(sun)+st(stand)+ice(명)
- summer[winter] **solstice** 하지[동지] [국7]

단일한

회독 ✓Check ☐ ☐ ☐

1323   국7 | 지9 | 국회 | 사복

sheer**
[ʃiər]

형 1 (다른 것이 섞이지 않은) 순수한 2 순전한, 엄청난 3 몹시 가파른 4 (속이) 비치는, 매우 얆은 부 수직으로

유 형 1 utter 3 precipitous 4 diaphanous

- the **sheer** size of the market 시장의 순 규모 [사복]
- The **sheer** numbers of sleep aids give you an idea of how widespread insomnia is today. 엄청난 수의 수면 보조제는 오늘날 불면증이 얼마나 널리 퍼져 있는지에 대해 생각하게 한다. [지9]
- The cliffs rise **sheer** from the beach.
  그 절벽은 해안에서 **수직으로** 솟아 있다.

1324

unalloyed*
[ʌnǽlɔid]

형 1 (금속 등이) 합금이 아닌, 순수한 2 (감정 등이) 진실한, 진정한

유 1 pure, sterling, refined

un(not)+alloy(섞다)+ed(형)

- Tungsten, which is **unalloyed**, is unlikely to cause allergic reactions. 합금이 아닌 텅스텐은 알레르기 반응을 잘 일으키지 않는다.
- **unalloyed** happiness 진정한 행복

1325   지7 | 서9 | 국회

congruent*
[káŋgruənt]

형 1 일치하는, 조화된 2 (수학) 합동의 (크기와 형태가 동일한)

유 1 consistent, reconcilable, congruous 2 identical

com(together)+gru(fall)+ent(형)
congruence 명 1 일치, 조화 2 합동

- His goal is not **congruent** with the goals of the team.
  그의 목표는 팀의 목표와 **일치하지** 않는다.
- **congruent** triangles 합동 삼각형

1326   지7 | 서7 | 국회

array**
[əréi]

명 1 집합, 모음 2 정렬, 배열 3 의상, 치장
타 1 정렬[배열]하다 2 (옷을) 차려입다

유 명 2 arrangement, assemblage 명 3 타 2 attire 타 1 arrange, assemble

- The largest concentration of forces **arrayed** against Iraq is in Kuwait. Iraq에 대항하여 **정렬되어** 있는 가장 많은 병력은 Kuwait에 있다.
- She **arrayed** herself in rich velvets and satins.
  그녀는 화려한 벨벳과 새틴으로 **차려입었다**.

1327

huddle*
[hʌdl]

자 1 (춥거나 무서워서) 모이다 2 (몸을) 웅크리다 명 1 집단 2 (비밀) 회의

유 자 1 crowd, gather 명 2 consultation, discussion
반 자 1 disperse (흩어지게 하다)

- We **huddled** around the campfire.
  우리는 캠프파이어 주변에 옹기종기 모였다.
- The boss is in a **huddle** with the marketing director.
  사장은 마케팅 담당자와 **회의** 중이다.

- **huddle** oneself up (몸을) 웅크리다

1328

comrade*
[kámræd]

명 1 전우 2 동지, 동료

유 companion

- He enjoys spending time with his old army **comrades**.
  그는 옛 군대 **전우들**과 시간을 보내는 것을 즐긴다.

구별된

회독 ✓Check ☐ ☐ ☐

1329

concoct*
[kɑnkákt]

타 ¹ (음료 등을) 섞어 만들다 ² (이야기 등을) 꾸며내다, 조작하다

con(together)+coct(cook)
concoction 명 ¹ 혼합물 ² 꾸며낸 이야기

- She **concocted** a stew from the leftovers.
  그녀는 남은 음식으로 스튜를 **만들었다**.
- The criminal **concocted** an alibi to conceal his crime.
  그 범인은 자신의 범행을 감추려고 알리바이를 **꾸며냈다**.

유 ¹ mix
² make up, devise, fabricate

1330 　　　　　　　　　　　　　　　　　　　　　　　국9 | 경찰 | 기상 | 법원

refine**
[rifáin]

자 타 ¹ 정제하다 ² (세련되게) 다듬다, 개선하다

re(again)+fine(고운, 미세한) → (불순물을 제거하여) 곱게 만들다
refinement 명 ¹ 정제 ² 교양, 품위　**refined** 형 ¹ 정제된 ² 교양 있는, 품위 있는

- Gasoline is **refined** from crude oil. 휘발유는 원유에서 **정제된다**.
- The class is meant to help you **refine** your writing style.
  그 수업은 네가 문체를 **다듬는** 것을 돕기 위한 것이다.

유 ¹ purify, clarify
² improve, polish

1331 　　　　　　　　　　　　　　　　　　　　　　　　　　　　　　　국9

pariah*
[pəráiə]

명 (사회에서) 버림받은[따돌림받는] 사람

- He's a talented player but his angry outbursts have made him a **pariah** in the sport of baseball. 그는 재능 있는 선수지만 그의 분노 폭발은 그를 야구계에서 **따돌림받는 사람**으로 만들었다.

유 outcast

1332 　　　　　　　　　　　　　　　　　　　　　　　　　지9 | 서9 | 법원

ego**
[í:gou, é-]

명 ¹ 《심리》 에고, 자아 ² 자부심, 자존심

- Our "**ego**" or self-conception could be pictured as a leaking balloon. 우리의 자아 개념인 '에고'는 공기가 새고 있는 풍선으로 묘사될 수 있다. [법원]

유 ² self-esteem, self-importance

1333

egoism*
[í:gouìzm, é-]

명 이기주의, 자기중심주의

ego(자아)+ism(명)

- He tends to underestimate people around him because of his arrogance and **egoism**. 그는 자신의 오만과 **이기주의**로 자신의 주변 사람들을 과소평가하는 경향이 있다.

유 egotism
반 altruism
(이타주의)

MORE+ 관련어휘
- egocentrism　명 자기중심성, (유아기의) 자기중심적 사고
- egomania　명 병적인 자기중심 성향

1334

narcissism*
[nɑ́:rsəsìzm]

명 나르시시즘, 자아도취증

narcissistic 형 자기도취적인

- to fall into **narcissism** 자아도취증에 빠지다

MORE+ 관련정보
호수에 비친 자기 모습에 반해 물에 빠져 죽어 자기와 같은 이름의 꽃이 된 Narcissus, 즉 수선화가 된 그리스 신화 속 미소년에서 유래했다.

균형, 평정

회독 ✓Check ☐ ☐ ☐

1335   국7 | 지9 | 서9 | 서7 | 기상

proportion**
[prəpɔ́ːrʃən]

명 ¹ 균형 ² 비율, 비 ³ 부분, 몫 ⁴ (pl.) 크기, 규모

pro(before)+port(part)+ion(명)
proportional / proportionate 형 ¹ 균형 잡힌 ² (~에) 비례하는

- A vast **proportion** of the Indian population is made up of the rural poor. 인도 인구의 막대한 **비율**이 시골 지역의 가난한 사람들로 구성된다. [지9]
- The loudness with which each baby bird screams is **proportional** to how hungry it is. 각각의 새끼 새가 지르는 소리의 크기는 그 새가 얼마나 배가 고픈가에 **비례한다**. [기상]

유 ¹ balance, symmetry ² ratio ³ part, portion

● in proportion to[as, with] A
¹ A와 균형을 이뤄
² A에 비례하여

1336   법원

disproportion**
[dìsprəpɔ́ːrʃən]

명 불균형

dis(not)+proportion(균형)
disproportionate 형 불균형한, 균형이 안 맞는

- South Korea's income gap is alarmingly **disproportionate**. 한국의 소득 격차는 놀라울 정도로 **불균형하다**.

1337   서9 | 기상

poise*
[pɔiz]

명 ¹ 균형, 평형 ² 침착, 평정   타 ¹ (자세를) 취하다, (태세를) 갖추다

- They are not **poised** to strike a decisive blow in the debate over salaries. 그들은 임금과 관련된 논쟁에서 결정타를 가할 **태세를 갖추지** 못하고 있다. [서9]

유 ¹ balance, equilibrium ² composure, equanimity

1338   지9

aplomb*
[əplɑ́m]

명 침착, 평정

- The interviewee answered the questions with **aplomb**. 그 면접자는 질문에 **침착하게** 대답했다.

유 poise, equilibrium, equanimity

1339   서9

brittle*
[brítl]

형 ¹ 불안정한, 덧없는 ² 부러지기[깨지기] 쉬운 ³ (소리가) 날카로운

- When interacting with personal computer, its intelligence seems limited and **brittle**, if it appears intelligent at all. 컴퓨터와 상호작용을 할 때, 컴퓨터의 지능이 어느 정도 뛰어나 보여도, 그 지능은 한정적이며 **불안정해** 보인다. [서9]
- The bones become fragile and **brittle** with age. 뼈는 나이가 들면서 약해지고 **부러지기 쉬워진다**.

유 ¹ unstable, unsteady, precarious ² fragile

1340

fidget*
[fídʒit]

자 ¹ 안절부절못하다 ² (안절부절못하며) ~을 만지작거리다 (with)
명 안절부절못하는 사람

- The audience began to **fidget** and whisper. 청중들은 **안절부절못하며** 속삭이기 시작했다.

● be in a fidget
안절부절못하다

1341
restless* [réstlis] 형 ¹ (지루함 등으로) 침착하지 못한, 들뜬 ² 쉬지 못하는, 잠 못 이루는

- The children were very **restless** with boredom during the concert. 아이들은 연주회 동안 지루함에 잠시도 가만히 있지 않았다.
- a **restless** night 잠 못 이루는 밤

유 ¹ uneasy, restive, fidgety
반 ¹ calm(침착한)

1342
restive* [réstiv] 형 ¹ (지루함 등으로) 침착하지 못한, 들뜬 ² (말 등이) 다루기 힘든

- The crowd were becoming **restive** when the curtain rose. 사람들은 막이 오르자 들뜨기 시작했다.

유 ¹ restless, fidgety, edgy
² unruly
반 ¹ calm(침착한)

1343
jittery* [dʒítəri] 형 초조한, 불안한, 신경과민의

- The latest gloomy economic news has made some investors **jittery**. 최근의 비관적인 경제 소식이 일부 투자자들을 불안하게 만들었다.

유 nervous, anxious

1344
uptight* [ʌptáit] 형 ¹ 초조해하는, 긴장한 ² (태도가) 틀에 박힌, 딱딱한

- I wish you would stop being so **uptight** and get relaxed. 나는 네가 그렇게 초조해하지 않고 긴장을 풀기를 바란다.
- **uptight** conservatives 틀에 박힌 보수주의자들

1345
referee* [rèfəríː] 명 ¹ 심판 ² 중재자 ³ (논문의) 심사 위원
자 타 ¹ 심판을 보다 ² 중재하다 타 (논문을) 심사하다

- to act as a **referee** between the parties involved 관련 당사자들 사이에서 중재자 역할을 하다
- She **refereed** the basketball game. 그녀는 농구 경기의 심판을 보았다.

유 명 ¹ umpire, judge
자 타 ² arbitrate, mediate

마비, 무기력

1346
desensitize / desensitise* [diːsénsətàiz] 타 (고통, 문제 등에) 둔감하게 만들다, 무감각하게 만들다 (to)

desensitization 명 둔감화
- Television **desensitizes** people to the horrors of war. 텔레비전은 사람들이 전쟁의 공포에 둔감하게 만든다.

반 sensitize

1347

paralyze / paralyse**

[pǽrəlàiz]

타 ¹ 마비시키다 ² 무력[무능]하게 하다

¹ disable, numb

paralysis 명 ¹ 마비 ² 무력, 무능
paralytic 형 ¹ 마비시키는, 마비된 ² 무력한
- The accident **paralyzed** him from the neck down.
  그 사고로 그는 목 아래로 **마비되었다**.
- The subway strikes have **paralyzed** the city's transportation system. 지하철 파업으로 도시의 대중교통 시스템이 **마비되었다**.

1348

inertia*

[inə́ːrʃə]

명 ¹ 무력(감), 활발하지 못함 ² 《물리》 관성(慣性)

¹ inactivity

in(not)+ert(skill)+ia(명)
inertial 형 ¹ 활발하지 못한 ² 관성의, 관성에 의한
inert 형 ¹ 움직이지 않는, 비활성의 ² 둔한(= listless)
- **Inertia** is not a place you want to be in your life.
  무력감은 당신이 당신 삶에서 있고 싶어 하는 곳이 아니다. [국회]

1349

lassitude*

[lǽsətjùːd]

명 무기력(감), 권태

- The patient complained of headache, nausea, and **lassitude**.
  그 환자는 두통, 구역질, **무기력감**을 호소했다.

1350

lethargic*

[ləθɑ́ːrdʒik]

형 무기력한, 축 처진

dull, sluggish, inert, torpid, unenergetic

lethargy 명 무기력 (상태)
- Pets with salmonella infections could be **lethargic** and have diarrhea, fever and vomiting. 살모넬라균에 감염된 애완동물은 **축 처지며** 설사, 발열, 그리고 구토가 있을 수 있다.

DAY

28

움직임, 위치

- 움직임, 이동
- 동작 → 가벼운 동작
- 위치, 방향 (위아래) → 위치, 방향 (증감)
- → 위치, 방향 (경감)
- 위치, 방향 (가운데, 반대)

움직임, 이동

회독 ✓Check ☐ ☐ ☐

1351
kinetic*
[kinétik]

(형) 운동의, 운동에 의한

kine(move)+tic(형)
- Almost everything you see moving about has **kinetic** energy.
  당신이 보는 움직이는 거의 모든 것이 **운동** 에너지를 가지고 있다.
- *cf.* autokinetic (형) 자동적인

1352
drift**
[drift]

국9 | 지9 | 경찰 | 법원

(자) ¹ 표류하다, 떠내려가다 ² (서서히) 이동하다 ³ (바람에 날려) 쌓이다
(명) ¹ 표류 ² 이동, 추이 ³ (눈)더미

(유) (자) ¹ float ³ accumulate (명) ² movement, shift ³ pile, heap

- plastic bags **drifting** in the currents 물살에 **떠내려가는** 비닐봉지 [경찰]
- Halloween has **drifted** far from its roots in pagan and Catholic festivals. 핼러윈은 이교도와 가톨릭 축제의 뿌리에서 멀리 **이동해왔다**. [국9]

1353
flutter*
[flʌ́tər]

(자)(타) ¹ 펄럭이다, 나부끼게 하다 ² (날개를) 파닥이다
(명) ¹ 펄럭임 ² 소동, 혼란

(유) (자)(타) flap (명) ² fluster

- The breeze made the curtains **flutter**. 미풍이 커튼을 **펄럭이게** 했다.
- The news of his resignation caused quite a **flutter**. 그의 사임 소식은 상당한 **혼란**을 일으켰다.

1354
penetrate**
[pénətrèit]

국7 | 지9 | 서9 | 국회

(타) ¹ 관통하다, 꿰뚫다 ² (~에) 침투하다, 진입하다 ³ 간파하다, 통찰하다

(유) ¹ pierce, puncture ² infiltrate ³ understand, comprehend

penetration (명) ¹ 관통 ² 침투, 진입 ³ 간파, 통찰(력)
penetrative (형) ¹ 관통하는 ² 침투하는 ³ 예리한, 통찰력이 있는
- The company is trying to **penetrate** the U.S. market.
  그 회사는 미국 시장에 **진입하려고** 애쓰고 있다.
- I could never **penetrate** his thoughts.
  나는 그의 생각을 전혀 **간파할** 수 없었다.

1355
clamp*
[klæmp]

지7

(타) ¹ (죔쇠로) 고정시키다 ² 꽉 잡다 (명) 죔쇠, 죄는 기구

(유) (타) ¹ fasten ² clench, grip

- She **clamped** the two pieces of wood together.
  그녀는 두 개의 나무 조각을 함께 **고정시켰다**.

1356
extirpate*
[ékstərpèit]

(타) 근절하다, 완전히 제거하다

(유) eradicate, eliminate

ex(out)+(s)tirp(root)+ate(동) → 뿌리를 뽑아버리다
extirpation (명) 근절, 제거
- to **extirpate** criminal activity 범죄행위를 **근절하다**

1357
posterior*
[pɑstíəriər]

형 ~뒤의, 뒤쪽에 있는

• the **posterior** part of the brain 뇌의 뒷부분

유 rear, hind
반 anterior (앞쪽인)

1358
expatriate*
[ekspéitrièit]

명 형 국외에 거주하는 (사람)

ex(out of)+patri(native land)+ate(명 형) → 고국[조국] 밖으로 나간

• American **expatriates** living in Paris 파리에 사는 미국인 **국외 이주자들**

서7
유 명 emigrant

1359
exile**
[égzail, éksail]

국7 | 서9 | 서7 | 경찰 | 국회

타 망명시키다, (국외로) 추방하다
명 ¹ 망명, 추방 ² 망명자, 추방된 사람

ex(away)+ile(wander) → 먼 곳에서 배회하게 하다

• The President was **exiled** by military rulers soon after the coup. 대통령은 쿠데타 직후 군부에 의해 **추방되었다**.
• He went into **exile** to avoid capture and execution by the government. 그는 정부의 체포와 처형을 피하기 위해 **망명**길에 올랐다.

유 타 expel, banish
명 ¹ expulsion ² refugee outcast

• exile oneself 망명하다

1360
asylum*
[əsáiləm]

명 ¹ (정치적) 망명 ² (노인, 고아 등의) 보호소, 수용소

asylee 명 망명자

• She applied for **asylum** and was granted refugee status. 그녀는 **망명**을 신청해서 난민 지위를 부여받았다.

동작

회독 ✓Check ☐ ☐ ☐

1361
bustle*
[bʌsl]

서9 | 경찰

자 타 ¹ 바삐 움직이다, 서두르다 ² 붐비다, 북적거리다
명 부산함, 북적거림

bustling 형 부산한, 북적거리는

• He **bustled** around the kitchen getting ready for dinner guests. 그는 저녁 식사 손님들을 위해 준비하느라 부엌에서 **바삐 움직였다**.
• the hustle and **bustle** of city life 바쁘고 **부산한** 도시 생활

1362
dodge*
[dɑdʒ]

국회

자 타 ¹ 재빨리 움직이다, 피하다 ² (의무 등을) 교묘히 피하다
명 책략, 술수

dodger 명 (의무 등을 회피하는) 기피자

• The politician **dodged** the question by changing the subject. 그 정치가는 화제를 전환해서 그 질문을 **교묘히 피했다**.

cf. doggedly 부 완강하게, 끈질기게

유 자 타 ¹ avoid, evade, shun
명 scheme, tactic

DAY 28

1363

scramble*** [skrǽmbl]

자 ¹ (재빨리) 기어오르다 (up) ² 서로 앞다투다, 쟁탈하다
³ (달걀을 휘저어) 스크램블을 만들다 명 ¹ 기어오르기 ² 쟁탈(전)

국9 | 국7 | 지9 | 지7 | 경찰 | 국회 | 사복

유 자 명 ¹ clamber (up)
² jostle (with)
명 ² tussle

- scramble for[over] A A를 차지하려고 앞다투다

- We **scrambled** over the boulders and kept climbing up the mountain. 우리는 바위를 **기어올라** 산을 계속 올라갔다.
- The children **scrambled** for pennies thrown down from the tower. 아이들은 탑에서 떨어진 동전들을 차지하려고 **서로 앞다투었다**.

1364

hover** [hʌ́vər]

자 ¹ (허공을) 맴돌다 ² (근처를) 배회하다, 서성이다 ³ 망설이다, 헤매다

국9 | 서9 | 국회 | 사복

유 ¹ linger, loiter
³ waver

- Waiters **hovered** near our table. 웨이터들이 우리 테이블 근처를 **서성였다**.
- The patient was **hovering** between life and death. 환자는 생사의 기로에서 **헤매고** 있었다.

1365

nestle* [nésl]

자 타 바싹 다가서다, 바싹대다
자 (아늑하게) 자리 잡다, 보일 듯 말듯 있다

기상

- She **nestled** her head against his shoulder. 그녀는 그의 어깨에 머리를 **바싹댔다**.
- Picturesque villages **nestle** in the wooded hills. 아름다운 마을들이 숲이 우거진 언덕에 **자리 잡고 있다**.

1366

dangle* [dǽŋgl]

자 타 매달리다, 매달다 타 (유혹하듯) 흔들어 보이다

경찰

유 자 타 hang

dangly 형 매달린, 흔들흔들하는

- Wires were **dangling** dangerously from the ceiling. 천장에 전선이 위태롭게 **매달려** 있었다.
- She **dangled** a piece of string in front of the cat. 그녀는 고양이 앞에서 끈 하나를 **흔들어 보였다**.

1367

wriggle* [rígl]

자 타 ¹ 꿈틀거리다 ² 꿈틀거리며 나아가다
자 곤경을 헤쳐 나가다 (out of)

경찰

유 자 타 ¹ wiggle, squirm
² avoid

- The young boy has escaped from a detention center in Brooklyn by **wriggling** under an electrified fence. 그 어린 소년은 전기가 통하는 울타리 아래를 **꿈틀거리며** Brooklyn에 있는 유치장에서 탈출했다. [경찰]

MORE+ 기출어휘 동작, 움직임

wiggle	자 타 (씰룩씰룩) 움직이다	명 (씰룩씰룩) 움직임
lurch	자 (갑자기) 기울어지다	명 기울어짐
lanky	형 (긴 팔다리로) 흐느적거리는, 호리호리한	

가벼운 동작

회독 ✓Check ☐ ☐ ☐

1368 서9 | 서7

facetious*
[fəsíʃəs]

형 경박한, 까부는

- You must not think me necessarily foolish because I am **facetious**.
  너는 내가 **경박하다고** 해서 내가 반드시 어리석다고 생각해서는 안 된다. [서9]

유 jocular, flippant, frivolous
반 serious (진지한)

1369 지7

skittish*
[skítiʃ]

형 ¹ 경박한, 까부는 ² (말 등이) 겁 많은, 잘 놀라는 ³ 변덕스러운

- She joined in the drinking and afterwards grew **skittish**.
  그녀는 음주를 함께 했고 그 후 **까불기** 시작했다.
- The little lizards are everywhere, but they are **skittish** and can be difficult to approach.
  작은 도마뱀들은 어디에나 있지만, **잘 놀라기** 때문에 접근하기에 어려울 수 있다.

유 ² restive

1370 서9 | 교행

imprudent*
[imprúːdnt]

형 경솔한, 무분별한

imprudence 명 경솔, 무분별

- She made some **imprudent** investments that she would later regret. 그녀는 나중에 후회할 만한 **경솔한** 투자를 좀 했다.

유 unwise
반 prudent (신중한)

1371

blithe*
[blaið, blaiθ]

형 ¹ (부정적) 태평스러운 ² 쾌활한, 즐거운

blithely 부 ¹ 태평스럽게 ² 쾌활하게, 즐겁게

- He was **blithe** about the risks to his health.
  그는 자신의 건강에 대한 위험성에 대해 **태평했다**.
- Everyone loved her for her **blithe** spirit.
  모두가 그녀의 **쾌활한** 기운을 좋아했다.

유 ¹ heedless
² pleasant, joyful
반 ¹ thoughtful (숙고하는)

1372

smug*
[smʌg]

형 잘난 체하는, 우쭐대는

- She was feeling **smug** after her win.
  그녀는 자신이 이긴 후에 기분이 **우쭐해졌다**.

유 complacent, self-satisfied

위치, 방향(위아래)

회독 ✓Check ☐ ☐ ☐

1373 지7 | 국회

apex*
[éipeks]

명 ¹ 꼭대기, 정점 ² 절정, 극치

- It's not easy to reach the **apex** of anything in life without dedication and perseverance. 헌신과 끈기가 없으면 인생에서 어떤 것이든 **정점**에 도달하는 것은 쉽지 않다.

유 summit, climax

1374
atop*
[ətáp]

전 부 ~의 꼭대기에, 맨 위에

- The house sits **atop** a cliff overlooking the ocean.
  그 집은 바다가 내려다보이는 절벽**의 꼭대기에** 자리 잡고 있다.

1375
acrobat*
[ǽkrəbæt]

명 곡예사

acro(가장 높은)+bat(go) → 가장 높은 곳을 가다 → 높은 줄 위를 걷는 사람
acrobatic 형 곡예의 **acrobatics** 명 곡예

- **Acrobats** swang on ropes across the stage.
  곡예사들은 무대를 넘나들며 밧줄 위에서 그네를 탔다.

1376
predominant**
[pridάmənənt]

국7 | 지9 | 지7 | 사복

형 ¹ 우세한, 지배적인 ² 두드러진, 주된

¹ dominant
² main, chief

pre(before)+domin(master, lord)+ant(형) → 남보다 먼저 주인이 된 → 우위를 차지한
predominance 명 우세, 우위 **predominate** 자 우세하다, 지배적이다
predominantly 부 대개, 대부분

- a **predominant** feature 두드러진 특징
- **Predominantly** Christian, America possesses two main religious forces: Protestantism and Roman Catholicism. **대부분** 기독교인들로 이루어진 미국은 두 개의 주된 종교 세력, 즉 개신교와 천주교가 있다. [지9]

1377
heave*
[hi:v]

자 타 ¹ (무거운 것을) 들어 올리다 ² 울렁이다, 울렁이게 하다 자 토하다

자 타 ¹ lift
자 vomit

- She **heaved** her suitcase onto her bed.
  그녀는 자신의 여행 가방을 침대 위로 들어 올렸다.
- The boat **heaved** up and down with the waves.
  그 배는 파도와 함께 위아래로 울렁였다.

1378
stifle*
[stáifl]

국회 | 사복

타 ¹ (감정 등을) 억제하다, 억누르다 ² 질식시키다

smother
¹ suppress
² suffocate

stifling 형 숨 막히는, 답답한

- I had to **stifle** the desire to yell "Stop!"
  나는 '그만해!'라고 소리치고 싶은 욕구를 **억누를** 수밖에 없었다.
- Despite the room's **stifling** heating system, they resolutely refused to remove their jackets. 회의실의 **답답한** 난방 시스템에도 불구하고, 그들은 재킷을 벗는 것을 단호히 거부했다. [사복]

1379
Occident*
[άksədənt]

명 (the ~) 서양

oc(down)+cid(fall)+ent(명) → (해가) 아래로 떨어지는 곳인 → 서쪽의

- The crew set sail for **the Occident**. 그 선원들은 서양으로 출항했다.
  cf. Orient 명 (the ~) 동양

위치, 방향(증감)

1380
augment*
[ɔːgmént]

타 증가[증대]시키다, 늘리다

aug(increase)+ment(동)
augmentation 명 증가, 증대
augmentative 형 ¹증가하는, 증대성의 ²(접사가) 뜻을 확장하는
• Heavy rains **augmented** the water supply. 폭우가 물 공급을 **증가시켰다**.

유 increase, expand, multiply
반 decrease (감소시키다)

1381
dwindle**
[dwíndl]

자 (점점) 줄어들다, 감소되다

dwindling 형 줄어드는
• **dwindling** arable land and mounting food insecurity
줄어드는 경작지와 커져가는 식량 공급의 불안정 [서9]

유 diminish, decrease, reduce, decline
반 increase (증가하다)

1382
proliferate***
[prəlífərèit]

자 급증하다, (빠르게) 확산되다

pro(forth)+li(grow)+fer(carry)+ate(동) → 더 커지도록 옮겨주다 → 계속 증가하다
proliferation 명 급증, 확산
• the **proliferation** of nuclear arms 핵무기의 **확산** [국9]

유 multiply, increase, augment
반 decrease, dwindle (감소하다)

1383
soar**
[sɔːr]

자 ¹ (하늘로) 치솟다, 날아오르다 ² (물가 등이) 급등[급증]하다

• The eagle spread its wings and **soared** into the air.
독수리는 날개를 펴고 공중으로 **날아올랐다**.
• The euro **soared** to an all-time high of $1.59.
유로화는 사상 최고치인 1.59달러까지 **급등했다**. [국7]

유 ¹ ascend ² (sky)rocket

1384
plummet*
[plʌ́mit]

자 ¹ (수직으로) 떨어지다 ² (물가 등이) 급락하다

• The acrobat **plummeted** into the net. 곡예사가 그물 안으로 **떨어졌다**.
• The population of a village **plummeted** from 2,000 to fewer than 40. 한 마을의 인구가 2,000명에서 40명 이하로 **급락했다**. [법원]

유 plunge
반 ² soar, (sky)rocket, surge(급등하다)

1385
nosedive*
[nóuzdàiv]

명 ¹ (물가 등의) 급락 ² (항공기의) 급강하 자 ¹ 급락하다 ² 급강하하다

• Americans already lost millions of dollars when the stock market took a **nosedive**. 주식 시장이 **폭락**했을 때, 미국인들은 이미 수백만 달러를 잃었다. [지9] [사복]

유 plummet
• take a nosedive 급락[폭락]하다

1386 　　　　　　　　　　　　　　　　　　　　　　　서9 | 경찰 | 법원 | 사복

plunge**
[plʌndʒ]

- 자 ¹ (가격 등이) 급락하다 ² 뛰어들다, 돌진하다　타 던져 넣다, 찌르다
- 명 ¹ 급락 ² 뛰어듦

- The President's approval rating has **plunged** to 20 percent.
  대통령 지지율이 20%대로 급락했다.
- to **plunge** the world into a very dark and cold nuclear winter
  세계를 매우 어둡고 추운 핵의 겨울에 **빠뜨리다** [법원]

유 명 ¹ plummet, nosedive
타 thrust
반 자 ¹ (sky)rocket
(급등하다)
• plunge A into B
A를 B(불쾌한 일 등)에 빠뜨리다

1387 　　　　　　　　　　　　　　　　　　　　　　　　　　　　서9

swoop*
[swu:p]

- 자 ¹ 급강하하다 ² (경찰 등이) 급습하다　명 ¹ 급강하 ² 급습

- A small bird **swooped** down and landed by the girl's hand.
  작은 새 한 마리가 급강하하여 소녀의 손에 착륙했다.
- The police **swooped** in and captured the criminals.
  경찰이 급습하여 범인들을 붙잡았다.

유 자 ¹ dive
자 ² 명 ² raid
• at[in] one fell swoop
일거에, 단번에

위치, 방향(경감)　　　　　　　　　　　　　　　　회독 ✓Check □ □ □

1388 　　　　　　　　　　　　　　　　　　국9 | 서9 | 경찰 | 국회 | 법원

wane*
[wein]

- 자 ¹ 약해지다, 줄어들다 ² (달이) 차츰 작아지다

- Major diseases, like cancer, stroke, and heart disease, are **waning** in wealthy countries. 암, 뇌졸중, 심장병과 같은 주요 질병들이 부유한 국가에서 줄어들고 있다. [국회]
- The moon waxes and then **wanes**. 달은 차오르다가 차츰 작아진다.

유 ¹ decrease, fade
반 ² wax
(달이 차오르다)
• on the wane
줄어드는[시들해지는] 중인

1389 　　　　　　　　　　　　　　　　　　　　　　국9 | 국7 | 지7

cumulative*
[kjú:mjulətiv]

- 형 누적되는, 가중의

cumul(heap)+at(e)(동)+ive(형) → 더미를 쌓은
cumulate 자타 쌓이다, 축적하다　형 쌓아 올린
cumulatively 부 누적되어, 점증적으로

- Emotional problems don't just happen, but are **cumulative**.
  감정적인 문제는 그냥 일어나는 것이 아니라 누적된다. [국7]

유 accumulative

1390

stack*
[stæk]

- 명 ¹ 무더기, 더미 ² 다량, 많음　자타 쌓이다, 쌓다

- There is a **stack** of evidence against her.
  그녀에게 불리한 증거가 무더기로 쌓여 있다.
- He **stacked** the plates in the cupboard. 그는 찬장에 접시를 쌓았다.

유 명 ¹ 자타 heap, pile

1391 　　　　　　　　　　　　　　　국9 | 지9 | 경찰 | 기상 | 국회 | 사복

arouse***
[əráuz]

- 타 ¹ (감정 등을) 자극하다, 불러일으키다 ² (잠에서) 깨우다

arousal 명 각성, 환기

- The report **aroused** a great deal of public interest.
  그 보도는 많은 대중의 관심을 불러일으켰다.
- changes in the **arousal** level 각성 수준의 변화 [경찰]

유 ¹ inspire, cause, induce
² wake

328　공무원 어휘끝 | 테마북

1392

rekindle*
[riːkíndəl]

타 (감정 등을) 다시 불러일으키다

re(back)+kindle(set fire) → 다시 불을 지피다
- to **rekindle** an old romance 오래된 연애 감정을 **다시 불러일으키다**

유 revive, revitalize

1393

allay*
[əléi]

타 ¹ (감정을) 가라앉히다, 진정시키다 ² (고통을) 완화시키다

- The government is anxious to **allay** public fears.
  정부는 대중의 두려움을 **가라앉히려고** 안달이다.
- Some peaches partly **allayed** our hunger.
  복숭아 몇 개가 우리의 배고픔을 어느 정도 **완화시켰다**.

유 ¹ calm
  ² soothe
반 ¹ arouse
  (불러일으키다)

1394

relent**
[rilént]

자 ¹ (기세 등이) 누그러지다, 수그러들다 ² (거부하다가 마침내) 동의하다

re(again, back)+lent(soft) → 다시 부드러워지다
relentless 형 수그러들지 않는, 끈질긴
- The rain did not **relent**, and even seemed to be enhanced at times. 비가 누그러지지 않았고, 때로는 심지어 더 강해지는 것 같았다.
- a **relentless** ambition 끈질긴 야망

1395

mitigate***
[mítəgèit]

타 (고통 등을) 완화[경감]시키다

mitig(mild)+ate(동) → 순해지게[약해지게] 하다
mitigation 명 완화, 경감
- The pain associated with having cancer is somewhat **mitigated** by meditation.
  암에 걸리는 것과 관련된 고통은 명상에 의해 어느 정도 **완화된다**. [경찰]

유 allay, alleviate, reduce, diminish

위치, 방향(가운데, 반대)

1396

hub**
[hʌb]

명 (활동 등의) 중심, 중추(中樞)

- an important maritime **hub** 중요한 해양 **중심지** [서9]

1397

arbitrate*
[ɑ́ːrbətrèit]

자 타 (분쟁 등을) 중재하다

arbitration 명 중재 **arbitrator** 명 중재자
- The council will **arbitrate** among the interest groups.
  의회는 이익 집단들 간의 분쟁을 **중재할** 것이다.

1398
riot** [ráiət] 명 폭동, 소동 자 폭동을 일으키다 유 명 uproar, rampage

riotous 형 ¹폭동을 일으키는 ²떠들썩한 rioter 명 폭도
- Spectators **rioted** after their team lost the football game.
  관중들은 자신들의 팀이 축구 경기에서 진 후 **폭동을 일으켰다**.

cf. mobbish 형 ¹폭도와 같은 ²무질서한

1399
uproar* [ʌ́prɔ̀ːr] 명 ¹소란, 소동 ²논란 유 ¹turmoil ²outcry
- The proposal caused an **uproar**. 그 제안은 소동을 불러일으켰다.
- be in an uproar 야단나다

1400
rabble* [rǽbl] 명 ¹폭도 ²《the ~》일반 대중, 서민 유 ¹mob ²the masses
- a drunken **rabble** 술 취한 폭도
- a speech that appealed to the **rabble** 일반 대중에게 호소한 연설

1401
ambivalent*** [æmbívələnt] 형 상반되는 감정을 가진, 양면 가치의 유 conflicting, contradictory

ambi(both)+val(strong)+ent(형) → 양쪽 방향으로 강한 힘이 작용하는
ambivalence 명 상반되는 감정, 양면 가치
- Americans have **ambivalent** feelings about neighbors.
  미국인들은 이웃에 대해 **양면 가치의** 감정을 지닌다. [지9]

DAY 29

시작, 만들다, 일하다, 이익

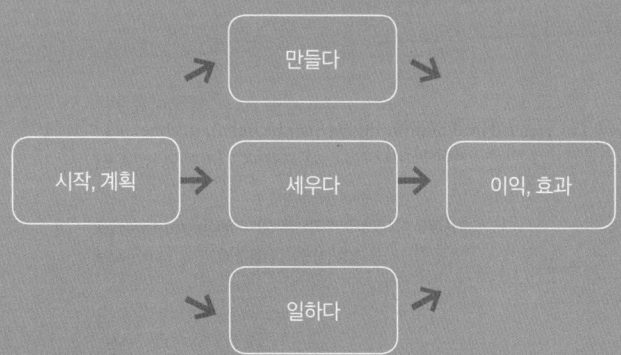

시작, 계획

회독 ✓Check ☐ ☐ ☐

1402

inchoate*
[inkóuət]

[형] ¹ 초기의, 이제 막 시작한 ² 불완전한, 미완성의

- the main symptom of **inchoate** lung cancer
  초기 단계 폐암의 주요 증상

[유] ¹ rudimentary, undeveloped

1403 국회

culminate*
[kʌ́lməneit]

[자] ¹ (~로) 끝이 나다 ² 최고점[정점]에 이르다 ⟪in, with⟫

culmination [명] 최고점, 정점

- She had a long acting career that **culminated** in two Oscar nominations. 그녀는 오스카상 후보에 두 번 올라 **정점에 이른** 긴 연기 경력이 있었다.

[유] ² climax ⟪in, with⟫
[반] ¹ start, begin (시작하다)

1404 경찰

haphazard*
[hæphǽzərd]

[형] 무계획의, 아무렇게나 하는

hap(luck)+hazard(risk)

haphazardly [부] 무계획적으로, 아무렇게나

- Books and papers were scattered **haphazardly** on the desk.
  책과 서류들이 **아무렇게나** 책상 위에 흩어져 있었다.

[유] random

1405

awry*
[ərái]

[형] (계획 등이) 빗나간, 엉망이 된

a(on)+wr(bend)+y(형) → 구부러진 방향 위에 있는

- All my plans for the party had gone **awry**.
  내 파티 계획들은 모두 **빗나갔다**.
- She rushed out, her hair **awry**. 그녀는 머리가 **엉망이 된** 채 급히 나갔다.

[유] amiss, astray

1406 국7

misbegotten*
[misbəgɑ́tən]

[형] ¹ (계획 등이) 잘못된 ² 못생긴, 몰골사나운

- He was sent on a **misbegotten** diplomatic mission that was sure to fail. 그는 실패할 것이 뻔한 **잘못된** 외교적 임무에 파견되었다.
- a **misbegotten** creature with the head and ears of a mule, a camel's body, the legs of a deer and the whinny of a horse
  노새의 머리와 귀, 낙타의 몸, 사슴의 다리, 말의 울음소리를 가진 **못생긴** 생명체 [국7]

[유] ¹ ill-conceived
² contemptible, despicable

1407 경찰

foolproof*
[fúːlprùːf]

[형] (계획 등이) 틀림이 없는, 절대 확실한

fool(바보)+proof(증명) → 바보라도 증명할 수 있는

- There is no **foolproof** way of telling when someone is lying.
  누군가가 거짓말하고 있을 때 알 수 있는 **절대 확실한** 방법은 없다. [경찰]

[유] surefire

1408
infallible*
[infǽləbl]
지9 | 경찰

[형] ¹ 절대 틀리지 않는, 오류가 없는 ² (효능 등이) 확실한

in(not)+fall(deceive)+ible[형] → 속일 수 없어서 실패하지 않는
infallibility [명] ¹ 절대 틀림없음, 과오가 없음 ² 절대 확실
- No man is **infallible** here on earth. 세상에 절대 틀리지 않는 사람은 없다.

[유] ¹ unerring, unfailing, flawless
[반] ¹ fallible (틀리기 쉬운)

1409
implant*
[implǽnt]
국7 | 지7 | 경찰 | 국회

[타] ¹ (사상 등을) 불어넣다 ² (체내에) 주입하다, 이식하다
[명] [ímplænt] (체내에) 이식하는 물질

im(in)+plant(심다) → 몸 안에 심다 → 마음속에 새기도록 하다
implantation [명] 주입, 이식
- She **implanted** a love of reading in her students.
  그녀는 학생들에게 독서의 즐거움을 **불어넣었다**.
- a hearing aid that is surgically **implanted** in the ear
  귀에 외과적으로 **이식된** 보청기

[유] ¹ inculcate, instil
[명] transplant

만들다
회독 ✓Check ☐ ☐ ☐

1410
comprise***
[kəmpráiz]
국7 | 지7 | 서9 | 경찰 | 기상 | 사복

[타] ¹ (부분을) 구성하다, 이루다 ² 포함하다, 차지하다

com(together)+prise(seize) → 함께 잡아 엮다
- The play is **comprised** of three acts. 그 연극은 3막으로 **구성되어** 있다.
- Older people **comprise** a large proportion of those living in poverty. 노인들이 빈곤 계층 인구의 많은 부분을 **차지한다**.

[유] ² include, contain
- be comprised of ~로 구성되다

1411
forge*
[fɔːrdʒ]
국9 | 경찰 | 국회

[타] ¹ 구축하다 ² 위조하다 ³ (금속을) 두드려서 만들다
[자] (서서히) 나아가다 [명] 대장간

forger [명] ¹ 위조범 ² 대장장이   **forgery** [명] 위조(품)
- The two countries have **forged** a strong alliance.
  두 나라는 굳건한 동맹 관계를 **구축해왔다**.
- The signature on the check was **forged**. 수표의 서명이 **위조되었다**.
- The hikers **forged** through the snow. 등산객들은 눈을 헤치고 **나아갔다**.

[유] [타] ¹ build, construct ² fake, counterfeit

1412
fabrication*
[fæbrikéiʃən]
경찰 | 국회

[명] ¹ 제작, 제조 ² 조작, 날조

fabric(직물, 천)+at(e)[동]+ion[명] → 직물을 짜는 것 → 엮어 만들다
fabricate [타] ¹ 제작[제조]하다 ² 조작[날조]하다(= falsify)
fabricated [형] 조작[날조]된, 허구의
- the assembly and **fabrication** of electronic products
  전자제품의 조립과 **제작**
- He has ever seen evidence of journalists **fabricating** stories.
  그는 기자들이 기사를 **조작했다는** 증거를 본 적이 있다.

[유] ¹ manufacture ² invention, concoction, falsification

DAY 29 333

1413
blight* [blait]
[타] 손상시키다, 망쳐놓다 [명] ¹ (불행 따위의) 어두운 그림자 ² 병충해 　서7 | 법원

- Builders **blighted** the land with malls and parking lots.
  건설업자들은 쇼핑몰과 주차장으로 그 땅을 **망쳐놓았다**.
- The death of a young man cast a **blight** over his family.
  한 청년의 죽음이 그의 가족에게 **어두운 그림자**를 드리웠다.

[유] [타] ruin, spoil, mar
- cast[put] a blight over[on] A
  A에 어두운 그림자를 드리우다

1414
mar* [mɑːr]
[타] 손상시키다, 망쳐놓다 　서9

- A severe storm **marred** the crops. 거센 폭풍우가 농작물을 **망쳐놓았다**.

[유] blight, ruin, spoil

1415
revamp* [rivǽmp]
[타] 개조[개선]하다, 수리하다 　지7

- The company has **revamped** the design of its best-selling car.
  그 회사는 가장 잘 팔리는 자동차의 디자인을 **개선했다**.

[유] renovate, redecorate, improve

세우다
회독 ✓Check ☐ ☐ ☐

1416
architect*** [ɑ́ːrkətèkt]
[명] ¹ 건축가 ² 설계자 　국9 | 국7 | 지9 | 지7 | 서9 | 경찰 | 국회 | 기상 | 법원 | 교행

archi(chief)+tect(builder) → 우두머리로 건물을 짓는 사람
architecture [명] ¹ 건축(학), 건축 양식 ² 구조, 구성
architectural [형] 건축(학)의

- **Architects** in large cities designed structures in a way that made living as comfortable as possible.
  대도시의 **건축가**들은 가능한 한 편안하게 사는 방식으로 구조물을 설계했다. [국회]
- The Taj Mahal was designated a UNESCO World Heritage Site in 1983 because of its **architectural** splendor.
  타지마할은 **건축의** 화려함 때문에 1983년 유네스코 세계문화유산으로 지정되었다. [법원]

[유] ¹ designer, planner ² builder

1417
pavilion* [pəvíljən]
[명] ¹ 부속 건물, 별관 ² (공원 등의) 정자 ³ (박람회 등의) 전시관, 대형 천막

- There is a beautiful **pavilion** by a lake inside the palace.
  궁 안 호수에 아름다운 **정자**가 한 채 있다.
- The World's Fair had numerous **pavilions**.
  세계 박람회에는 수많은 **전시관**들이 있었다.

1418
ward** [wɔːrd]
[명] ¹ 병동, 병실 ² (행정 구역상) 구(區) ³ (법률) 피후견인 [타] 피하다, 막다 　국9 | 국7

- She works in the cancer **ward**. 그녀는 암 **병동**에서 일한다.
- People who take vitamin D pills can **ward** off illness.
  비타민 D를 먹는 사람들은 질병을 **피할** 수 있다. [국7]

cf. guardian [명] 후견인

[유] [명] ¹ room, compartment ² district ³ dependant
- ward A off[ward off A]
  A를 피하다[막다]

1419

threshold*
[θréʃhould]

지9 | 경찰 | 사복

몡 ¹ 문지방, 문턱 ² 발단, 시작 ³ 한계점

- An estimated 4.5 million homeowners reached the critical **threshold**. 450만 명으로 추정되는 주택 소유주들이 위기의 **문턱**에 다다랐다. [지9][사복]
- He has a high pain **threshold**. 그는 고통을 느끼는 **한계점**이 높다. (→ 고통을 잘 참는다)

유 ¹ doorstep ² start, outset
- be on[at] the threshold of A 이제 막 A하려고 하다

1420

buttress*
[bʌ́tris]

서9 | 사복

몡 ¹ 지지대, 버팀목 ² 지지(자)
타 ¹ 버팀목을 대다 ² 지지하다, 뒷받침하다

- We **buttressed** the wall as it was showing signs of cracking and collapse. 우리는 벽에 금이 가고 무너질 기미가 보이자 **버팀목을 댔다**.
- A theory is **buttressed** by the results of the experiment. 이론은 실험 결과에 의해 **뒷받침된다**.

유 몡 ¹ prop ² safeguard, defence
타 ² strengthen, reinforce

MORE+ 관련어휘 구조물
pillar	몡 기둥
scaffold	몡 ¹(건축용) 발판, 비계 ² 교수대, 처형대
thatch	몡 ¹ 짚, 억새 ² 초가지붕 ³ 숱 많은 머리털 타 (지붕을) 짚으로 이다
rafter	몡 서까래 (지붕의 뼈대를 이루는 나무)

1421

demolish**
[dimάliʃ]

지7 | 국회

타 ¹ (건물 등을) 철거하다, 부수다 ² (이론 등을) 무너뜨리다, 뒤엎다

de(down)+mol(build)+ish(동)
demolition 몡 ¹ 철거 ² 타파

- The building was **demolished** in the fire. 그 건물은 화재로 완전히 부서졌다.
- the **demolition** of several myths about cancer 암에 관한 몇 가지 미신의 **타파**

유 ¹ destroy
반 ¹ build, construct (짓다)

1422

collapse***
[kəlǽps]

국7 | 지9 | 지7 | 서9 | 서7 | 경찰 | 국회 | 법원 | 교행 | 사복

자 ¹ (건물 등이) 붕괴되다, 무너지다 ² (사람이) 쓰러지다
몡 ¹ 붕괴 ² (건강의) 쇠약

col(강조)+lapse(fall) → 완전히 쓰러지다

- He **collapsed** on stage during the performance and had to be rushed to the hospital. 그는 공연 도중 무대에서 **쓰러져** 병원으로 급히 옮겨져야 했다.
- The recession of Ireland in 2007 was caused by a housing **collapse**. 2007년 아일랜드의 불경기는 주택 공급의 **붕괴**로 인한 것이었다. [경찰]

유 자 ² faint
몡 ¹,² breakdown

1423

rubble**
[rʌ́bl]

경찰

몡 잔해, 돌무더기

- The dynamic glaciers will turn into lifeless **rubble** without their icy core. 움직이는 빙하는 얼음으로 된 중심부가 없어져 죽은 **돌무더기**로 변해 갈 것이다. [경찰]

유 debris, remains, ruins, wreckage

1424

debris *** [dəbríː]

국7 | 지7 | 서7 | 경찰 | 국회 | 기상

명 ¹ 잔해, 파편 ² 쓰레기

- After the earthquake, rescuers began digging through the **debris** in search of survivors. 지진 후, 구조대원들은 생존자를 찾기 위해 **잔해**를 파헤치기 시작했다.
- Plastic bags account for 12 percent of all marine **debris**.
비닐봉지는 모든 해양 **쓰레기**의 12%를 차지한다. [경찰]

MORE + 관련어휘

쓰레기	
junk	명 쓸모없는 물건, 폐물, 쓰레기
waste	명 폐물, 폐품, 폐수
sewage	명 하수, 오물
garbage	명 (주로 음식물) 쓰레기
trash	명 (음식물 쓰레기를 제외한 여러 가지 생활) 쓰레기
rubbish	명 (길거리의) 쓰레기
desuetude	명 폐지 (상태), 폐기, 무용지물

1425

bedrock * [bédràk]

서9 | 기상

명 ¹ (튼튼한) 기반 ² 기반암

유 ¹ core, basis ² substratum

- Feelings of pain or pleasure or some quality in between are the **bedrock** of our minds. 고통이나 즐거움, 혹은 그 사이의 어떤 특성의 느낌은 우리 마음의 **기반**이다. [서9]

1426

quarry * [kwɔ́ːri]

경찰

자 타 채석하다, 캐내다 명 ¹ 채석장 ² 사냥감

유 명 ² prey, victim

- Limestone is **quarried** for use in blast furnaces.
석회석은 용광로에 사용하기 위해 **채석된다**.
- The hunters lost sight of their **quarry** in the forest.
사냥꾼들은 숲 속에서 뒤쫓던 **사냥감**을 놓쳤다.

1427

dilapidated * [dilǽpədèitid]

경찰

형 (건물 등이) 황폐한, 허물어진

유 ramshackle

di(away)+lapid(stone)+ate(통)+(e)d(형) → 돌들을 여기저기 널브러뜨린
dilapidation 명 황폐, 허물어진 것

- We stayed in an old, **dilapidated** hotel.
우리는 오래되고 **허물어진** 호텔에 머물렀다.

1428

slovenly * [slʌ́vənli]

형 ¹ (외모 등이) 단정치 못한 ² 부주의한, 경솔한

유 ¹ scruffy, untidy, messy ² careless

slovenliness 명 단정치 못함, 아무렇게나 함

- She dressed in a **slovenly** manner.
그녀는 **단정치 못한** 옷차림을 하고 있었다.

일하다

회독 ✓Check ☐ ☐ ☐

1429 국9 | 국7 | 지9 | 지7 | 서9 | 서7 | 경찰 | 국회 | 기상 | 법원 | 교행 | 사복

operate***
[ápərèit]

[자][타] ¹(기계 등이) 작동[작용]하다 ²(사업을) 운영하다 [자] 수술하다

oper(work)+ate(동)
operation 명 ¹작동, 작용 ²운영 ³수술   **operational** 형 운영상의
operative 형 ¹운영되는 ²수술의

- Homeless shelters are usually **operated** by a non-profit agency or a municipal agency. 노숙자 쉼터는 보통 비영리 기관이나 시 당국에 의해 운영된다. [서9]
- The first US commercial nuclear power plant started **operation** in Illinois in 1956. 최초의 미국 상업용 원자력 발전소는 1956년 일리노이에서 작동을 시작했다. [지7]

유 [자][타] ¹function ²run
- come into operation ¹작동하기 시작하다 ²실시[시행]되다

1430 지7 | 서9 | 서7 | 국회

toil*
[tɔil]

[자] ¹힘들게 일하다 ²힘겹게 나아가다 [명] 노역, 고역

toilsome 형 몹시 힘든, 고된   **toiler** 명 노동자, 고생하는 사람

- the factory workers who **toiled** in poisonous air from sunrise till sunset 해가 뜰 때부터 질 때까지 유독한 공기 속에서 **힘들게 일했던** 공장 노동자들 [서9]
- They were **toiling** up a steep hill. 그들은 가파른 언덕 위로 **힘겹게 나아가고** 있었다.

유 [자] ¹labor ²struggle
명 travail

1431 국9

travail*
[trəvéil]

명 ¹고생, 고역 ²진통

- They finally succeeded after many months of **travail**. 그들은 수개월간의 **고생** 끝에 마침내 성공했다.

유 ordeal, hardship

1432 지9 | 지7

strenuous**
[strénjuəs]

형 ¹몹시 힘든, 격렬한 ²불굴의, 완강한

strenuousness 명 분투, 맹렬

- Warming up before beginning **strenuous** exercise is a must for every athlete. **격렬한** 운동을 시작하기 전에 준비운동을 하는 것은 모든 운동선수들에게 필수이다.
- The government made **strenuous** efforts to upgrade the quality of the teaching profession. 정부는 교직의 질을 향상시키기 위해 **불굴의** 노력을 기울였다.

유 ¹exhausting ²vigorous

1433 국7 | 기상

arduous*
[áːrdʒuəs]

형 몹시 힘든, 고된

arduously 부 힘들게

- He went through a long and **arduous** training program. 그는 길고 **고된** 훈련 과정을 거쳤다.

유 strenuous, demanding

DAY 29

1434
treadmill* 　　　　명 ¹ 단조롭고 고된 일상　² 트레드밀 (걷기나 달리기용 운동 기구)

[trédmil]
- the **treadmill** of the morning commute to work
  아침 통근의 **단조롭고 고된 일상**
- You could buy an exercise bike or a **treadmill** and use it while you watch TV. 여러분은 운동용 자전거나 **트레드밀**을 사서 TV를 보는 동안 그것을 사용할 수 있다. [지7]

유 ¹ drudgery, rut
반 ¹ entertainment (여흥)
● on a treadmill 단조로운 일을 하는

1435
hectic* 　　　　형 정신없이 바쁜

[héktik]
- She maintains a **hectic** schedule as a journalist and mother.
  그녀는 기자이자 어머니로서 **정신없이 바쁜** 스케줄을 유지하고 있다.

유 frantic, restless

1436
cooperate*** 　　　　자 협력하다, 협동하다

[kouάpərèit]

co(together)+operate(움직이다)
cooperation 명 협력, 협동　**cooperative** 형 협력하는, 협동하는
- Some research reports that girls are more likely to **cooperate** and to talk about caring than boys. 몇몇 연구 보고서에 따르면 소녀들이 소년들보다 더 **협동하고** 보살핌에 관해 이야기 할 가능성이 크다. [지7]

유 collaborate

1437
liaise* 　　　　자 ¹ (~와) 연락을 취하다 《with》　² (사람, 집단을) 이어주다

[liéiz]
liaison 명 연락 (담당자)
- Administrators need to **liaise** often with field staff.
  관리자들은 현장 직원들과 종종 **연락을 취할** 필요가 있다.

1438
consortium* 　　　　명 컨소시엄, 협회

[kənsɔ́ːrʃiəm]
- Major automobile manufacturers are setting up **consortiums** for Internet-enabled procurement of auto-assembly materials.
  주요 자동차 제조업체들이 인터넷이 가능한 자동차 조립 자재 조달을 위한 **협회**를 설립하고 있다.

유 association

이익, 효과

회독 ✓Check ☐ ☐ ☐

1439
lucrative*** 　　　　형 수익성이 좋은, 유리한

[lúːkrətiv]
lucrat(gain)+ive(형) → 얻는 게 많이 있는
lucratively 부 유리하게
- to build a **lucrative** business in Africa and India
  아프리카와 인도에서 **수익성이 좋은** 사업을 구축하다 [사복]

유 profitable
반 unprofitable (이익이 없는)

1440
bonanza* [bənǽnzə]
명 ¹ 노다지, 아주 수지맞는 일 ² 대성공, (뜻밖의) 행운
유 ² windfall
- The film stroke a box-office **bonanza** last month.
  그 영화는 지난달 흥행의 **대성공**을 거두었다.

1441
assess** [əsés]
타 (가치 등을) 평가하다
유 evaluate, judge, gauge, estimate, appraise
assessment 명 평가
- A child's development is evaluated by **assessing** the child's abilities on a range of tasks and behaviors.
  아동 발달은 다양한 과업에 대한 능력과 행동을 **평가함**으로써 측정된다.
- self-**assessment** 자기 평가

1442
reassess** [rìːəsés]
타 재평가하다
유 reappraise, reexamine
re(again)+assess(평가하다)
reassessment 명 재평가
- It is true that memories and past experiences often have to be **reassessed** in the light of new situations.
  기억과 과거 경험이 새로운 상황에 비추어 종종 **재평가되어야** 하는 것은 사실이다.
- to **reassess** a plan 계획을 재검토하다

1443
redound* [ridáund]
자 ¹ (이익 등을) 늘리다, 높이다 (to) ² (결과가) 되돌아오다 (on, upon)
유 ¹ increase 《in》
- The latest diplomatic effort **redounded** our nation's status.
  최근의 외교적 노력이 우리나라의 위상을 **높였다**.
- Ben's tricks will **redound** on him. Ben의 꾀는 그에게 **되돌아올** 것이다.

1444
vitiate* [víʃièit]
타 ¹ (효과를) 떨어뜨리다, 해치다 ² 무효로 하다
viti(결함)+ate(동) → 결함을 갖게 하다
- All intercultural comparisons of intelligence are **vitiated** by the lack of true comparability. 지능에 대한 다른 문화 간의 모든 비교는 진정한 비교의 가능성이 부족하기 때문에 **효과가 떨어진다**.
- A word may **vitiate** a contract. 단어 하나가 계약을 **무효로** 할 수도 있다.

1445
divest* [divést]
타 ¹ (권리 등을) 박탈하다, 빼앗다 ² (옷을) 벗기다
유 ¹ deprive, rob ² strip
di(away)+vest(dress) → 옷을 벗게 하다 → 지위에서 물러나게 하다
- The citizens were **divested** of their right to vote.
  그 시민들은 투표권을 **박탈당했다**.
- He **divested** himself of his coat. 그는 자신의 외투를 **벗었다**.
- **divest** oneself of A A를 벗다, 떨쳐 없애다

1446　기상

dearth*
[dəːrθ]

명 부족, 결핍

- The **dearth** of jobs in Korea forced many people to leave the country. 한국의 일자리 **부족** 때문에 많은 사람들이 나라를 떠나야만 했다.

유 lack, scarcity
반 abundance, surfeit(풍부)

1447　법원

dud*
[dʌd]

형 ¹ 결함이 있는, 못 쓰는 ² 가짜의, 위조의
명 ¹ 실패(한 것) ² 불발탄 ³ 《pl.》옷, 의류

- She was charged with issuing **dud** cheques. 그녀는 **위조** 수표를 발행한 혐의로 기소되었다.
- The firework was a **dud**. 그 폭죽은 **불발탄**이었다.

형 ¹ defective, faulty ² counterfeit
명 ¹ failure

1448　서9 | 경찰

deleterious*
[dèlitíəriəs]

형 해로운, 유해한

deleteri(hurt)+ous(형)
- The chemical is **deleterious** to the environment. 화학제품은 환경에 **유해하다**.

유 harmful, detrimental
반 beneficial (이로운)

1449　지9 | 경찰

baneful*
[béinfəl]

형 유해한, 치명적인

bane(death)+ful(형)
bane 명 파멸(의 원인), 골칫거리 banefulness 명 해로움
- the **baneful** influence of tobacco 담배의 **유해한** 영향 [지9]

유 harmful, injurious, destructive

1450　국9 | 법원

venomous*
[vénəməs]

형 ¹ 독이 있는, 유독한 ² 악의에 찬, 원한을 품은

venom(poison)+ous(형) → 독이 있는
venom 명 ¹ (뱀 등의) 독 ² 악의, 원한
- Sea snakes are some of the most **venomous** creatures on Earth. 바다뱀은 지구상에서 가장 **유독한** 생물들 중 하나이다. [법원]
- She was outraged and replied with a **venomous** glance. 그녀는 분노해서 **악의에 찬** 눈길로 대답했다.

유 ¹ poisonous, toxic, noxious ² vicious, spiteful

DAY 30

연결, 힘, 살피다

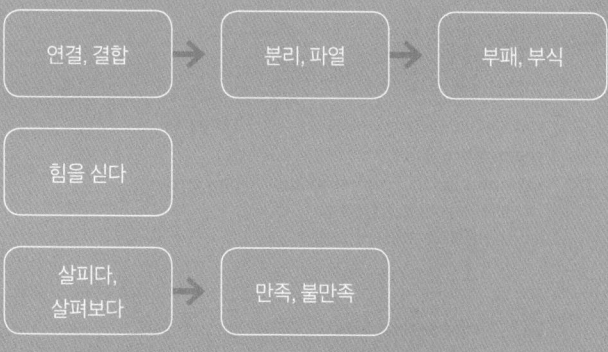

연결, 결합

회독 ✓Check ☐ ☐ ☐

1451
splice*
[splais]

타 (두 끝을) 꼬아 잇다, 이어 붙이다 명 이은[붙인] 부분

- We learned how to weave and **splice** ropes.
  우리는 밧줄을 짜고 **꼬아 잇는** 법을 배웠다.

유 타 interweave, braid

1452
tether*
[téðər]

타 (밧줄 등으로) 묶다 명 ¹ 밧줄, 사슬 ² (인내심 등의) 한계, 범위

- They **tethered** the horses in the shade. 그들은 말들을 그늘에 묶어 두었다.
- She couldn't stop the baby's crying, so she was at the end of her **tether**. 그녀는 아기가 우는 것을 멈출 수가 없어서 인내심이 **한계**에 다다랐다. [사복]

사복

유 타 tie, fasten, bind
명 ¹ rope, chain
- be at the end of one's tether
  인내심[능력]이 한계에 다다르다

MORE + 관련어휘 테더링(tethering)
동물을 기둥이나 말뚝에 '묶어서(tether)' 특정 지역을 벗어나지 못하게 하는 것처럼, 스마트폰의 데이터 이동통신을 다른 주변 기기도 사용할 수 있도록 두 기기를 '묶어주는' 기술을 '테더링(tethering)'이라고 한다.

1453
weld*
[weld]

자 타 용접하다 타 (집단으로) 뭉치게 하다, 결합시키다 명 용접(점)

weldment 명 용접(물) **welder** 명 용접공

- The two metals are **welded** together under heat and pressure.
  두 금속은 열과 압력에 의해 **용접된다**.
- His style of painting **welds** impressionism with surrealism.
  그의 화풍은 인상주의와 초현실주의를 **결합시킨다**.

유 타 fuse, unite, bond

1454
continuum*
[kəntínjuəm]

명 (pl. continua) 연속(체), 연속선상

- a **continuum** of temperatures ranging from the intense cold to the intense heat 혹한부터 폭염에 이르는 기온의 **연속**

유 cline

1455
coalesce*
[kòuəlés]

자 (더 큰 집단으로) 합치다, 연합하다

co(together)+al(grow)+esce(동) → 모아서 더 커지게 하다
coalescence 명 합체, 연합

- The puddles had **coalesced** into shallow streams.
  물웅덩이들이 얕은 개울로 **합쳐졌다**.
- cf. **coalition** 명 ¹ 연합, 합동 ² 연립 정부

유 unite, combine, merge

1456
consolidate*
[kənsálədèit]

자 타 ¹ (회사 등을) 합병[통합]하다 ² (권력 등을) 강화하다

con(together)+solid(단단한)+ate(동) → 모아서 더 견고해지게 하다
consolidation 명 ¹ 합병, 통합 ² 강화

- The three banks **consolidated** and formed a single, large bank.
  3개의 은행이 **합병하여** 하나의 대형 은행을 만들었다.
- The company has **consolidated** its position in the international market. 그 회사는 국제 시장에서 입지를 **강화해왔다**.

기상

유 ¹ combine, unite, merge
² strengthen, reinforce

1457 guild*
[gild] 지7

몡 ¹ 협회, 조합 ² (중세의) 상인 단체, 길드
- the Writers and Producers **Guilds** of America
미국 작가와 제작자 **협회** [지7]

1458 cartel*
[kɑːrtél] 국9

몡 카르텔, 기업 연합 《동종 또는 유사 분야의 기업 간에 결성되는 담합 형태》
- OPEC is an international economic **cartel** established to collaborate in influencing world oil prices. OPEC는 세계 원유가에 영향을 미치는데 협력하기 위해 설립된 국제적인 경제 **기업 연합**이다.
cf. **trust** 몡 트러스트, 기업 합동 《시장 지배를 목적으로 한 독점적 기업 결합》

유 syndicate, confederation

1459 rally**
[rǽli] 지7 | 법원

자타 집결하다, 단결시키다 자 회복되다
몡 ¹ 집회, 대회 ² (서로 공을 계속 쳐 넘기는) 랠리
- to **rally** voters for the election 선거를 위해 유권자들을 **집결하다**
- He floundered for a moment, then **rallied** again.
그는 잠시 허우적거리다가 다시 **회복되었다**.

유 자타 muster, assemble, gather
자 recover

1460 compile**
[kəmpáil] 법원

타 ¹ 편집[편찬]하다 ² (자료 등을) 수집하다
com(together)+pile(쌓다) → 모아서 쌓은 자료를 엮다
compilation 몡 ¹ 편집, 편찬 ² 모음집, 편집본 **compiler** 몡 편집자, 편찬자
- Most of the time journalism cannot possibly offer anything but a fleeting record of events **compiled** in great haste.
대부분의 경우 언론은 몹시 급하게 **편집된** 순간적인 사건의 기록만을 제공할 수 있다. [법원]
- a **compilation** of greatest hits 최고의 히트곡 **모음집**

유 ² gather, collect

분리, 파열

회독 ✓ Check ☐ ☐ ☐

1461 detach**
[ditǽtʃ] 국7 | 지9 | 서9 | 서7 | 기상

타 ¹ 분리하다, 떼어내다 ² (군대 등에) 파견하다
de(apart)+tach(fasten) → 묶여진 것을 떨어뜨리다
detachment 몡 ¹ 분리, 이탈 ² 파견대 ³ 초연함, 공평
detachable 몡 분리할[떼어낼] 수 있는
- to **detach** a ship from a fleet 함대에서 배 한 척을 **파견하다**
- The stereo is equipped with **detachable** speakers.
그 스테레오는 **분리할 수 있는** 스피커가 장착되어 있다.

유 ¹ unfasten, disconnect, separate
반 ¹ attach(붙이다)

• **detach oneself from A**
A에서 이탈하다[떨어지다]

1462 dissociate* [disóuʃièit]
터 분리하다, (~과) 분리하여 생각하다

dis(apart)+soci(join)+ate(통) → 함께한 곳에서 떨어뜨리다
dissociation 명 분리, (인격 등의) 분열
- to learn how to **dissociate** emotion from reason
  감정과 이성을 **분리하는** 법을 배우다
- It's hard to **dissociate** development from the environment.
  발전을 환경과 **분리하여 생각하기는** 어렵다.

유 separate, detach, disconnect
반 associate (연관 짓다)
● dissociate oneself from A
¹ A와의 관계를 끊다
² A와 관련이 없음을 분명히 하다

1463 inseparable* [inséparabl]
서9 | 서7 | 국회

형 불가분의, 분리할 수 없는
명 (pl.) (서로) 떨어질 수 없는 사람[친구]

inseparably 부 분리할 수 없게
- There is an **inseparable** relationship between money and power. 돈과 권력은 **불가분의** 관계에 있다.

유 형 inextricable, indivisible
반 형 separable (분리할 수 있는)

1464 disperse** [dispə́ːrs]
지9 | 지7 | 서9 | 경찰 | 기상

자 타 ¹ 흩어지다, 분산시키다 ² (군중을) 해산하다

dis(away)+sperse(scatter) → 멀리 흩뿌리다
dispersal / dispersion 명 ¹ 분산 ² 해산
- The fog gradually **dispersed** as the day grew warmer.
  날이 점점 따뜻해지면서 안개가 점차 **흩어졌다**.
- Police ordered the crowd to **disperse**.
  경찰은 군중에게 **해산하라고** 명령했다.

유 ¹ dissipate, dissolve
² disband

1465 snap** [snæp]
지9 | 법원

자 타 ¹ 툭하고 부러지다[끊다] ² 덥석[꽉] 물다 ³ (스냅 사진을) 찍다

- The branch **snapped** and fell to the ground.
  가지가 **툭하고 부러져서** 땅에 떨어졌다.
- tourists **snapping** pictures 사진을 **찍는** 관광객들
- cf. **snapshot** 명 스냅 사진, 순간 촬영

유 ¹ break, fracture, splinter
² bite
³ photograph

1466 crumble* [krʌ́mbl]
지7 | 경찰

자 타 부스러지다, 부수다 자 (건물 등이) 무너지다

- Rice flour makes the cake less likely to **crumble**.
  쌀가루가 케이크를 덜 **부스러지게** 한다.
- When governments have **crumbled** and there is internal fighting, a 'lawless' society emerges. 정부가 무너지고 내부 싸움이 있을 때 '무법' 사회가 등장한다. [경찰]

유 자 타 crush, grind
자 disintegrate, collapse

1467 implode* [implóud]

자 ¹ (안쪽으로) 파열되다 ² (조직 등이) 붕괴되다

- A massive star runs out of fuel and **implodes** under its own immense weight. 거대한 별은 연료가 떨어져 그 자체의 엄청난 무게로 인해 **파열된다**.
- The Soviet Union **imploded**, bringing freedom for the peoples of eastern Europe. 소련이 **붕괴되면서** 동유럽 사람들에게 자유를 가져다주었다.

유 ¹ shatter, splinter, fracture

1468
rift*
[rift]

⟨명⟩ ¹ 갈라진 틈, 균열 ² (사람 사이의) 불화

- the **rift** in the rock 바위의 갈라진 틈
- A fight will only widen the **rift**.
  싸움은 불화를 더 크게 만들 뿐이다.

⟨유⟩ breach, division, split

1469
splinter*
[splíntər]

⟨자⟩⟨타⟩ ¹ 깨지다, 쪼개다 ² (조직 등이) 갈라지다, 분열시키다
⟨명⟩ (나무 등의) 조각, 가시

- The impact of the crash **splintered** the glass.
  충돌의 충격이 유리를 깨뜨렸다.
- a political party that has been **splintered** by disagreements
  의견 대립으로 분열된 정당

⟨유⟩ ⟨자⟩⟨타⟩ ¹ shatter ² fracture
⟨명⟩ sliver, fragment

1470
flake*
[fleik]

⟨자⟩⟨타⟩ (얇게) 벗겨지다, 떨어지다 ⟨명⟩ ¹ (얇은) 조각 ² 괴짜

flaky ⟨형⟩ 얇게 벗겨지는, 조각조각의 ² 괴짜인

- The old fence was falling apart, and its paint was **flaking**.
  낡은 울타리가 무너지고 있었고, 페인트가 벗겨지고 있었다.
- soap **flakes** 비누 조각들

cf. hunk ⟨명⟩ (두꺼운) 조각, 덩어리

⟨유⟩ ⟨자⟩⟨타⟩ peel
⟨명⟩ ¹ shred, chip ² weirdo

부패, 부식

회독 ✓Check ☐ ☐ ☐

1471
decay**
[dikéi]

지7 | 서9 | 국회 | 법원

⟨자⟩⟨타⟩ 썩다, 부패시키다 ⟨자⟩ 쇠퇴하다 ⟨명⟩ ¹ 부패, 부식 ² 쇠퇴

de(off)+cay(fall) → 떨어져 내리다 → 타락하다
decadent ⟨형⟩ 타락한, 퇴폐적인 **decadence** ⟨명⟩ 타락, 퇴폐

- When large blooms of algae **decay** offshore, great amounts of **decaying** algal matter often wash ashore. 대규모의 해조 녹조가 연안 앞바다에서 부패할 때, 대량의 부패한 해조류 물질이 해안으로 종종 밀려온다. [법원]
- the Roman Empire **decaying** with **decadence**
  타락으로 인해 쇠퇴한 로마 제국
- the moral **decay** of our society 우리 사회의 도덕적 부패

⟨유⟩ ⟨자⟩⟨타⟩ decompose, rot
⟨자⟩ deteriorate, degenerate

1472
putrid*
[pjú:trid]

⟨형⟩ ¹ 부패한, (썩으면서) 악취가 나는 ² 구역질나는, 불쾌한

- a butcher who sold **putrid** meat 부패한 고기를 파는 정육점 주인
- Sewage and oil has resulted in a **putrid** smell spreading over a wide area. 하수와 기름으로 인해 불쾌한 냄새가 넓은 지역으로 퍼졌다가갔다.

cf. putrescent ⟨형⟩ 부패하는, 썩어가는 putrefaction ⟨명⟩ 부패(물)

⟨유⟩ ¹ foul, decomposing
² disgusting, revolting

1473
venal[*] [víːnl]
형 (돈으로) 매수되는, 부패한
유 corrupt, corruptible

ven(sale)+al(형) → (관직을) 사고 팔 수 있는
venality 명 매수되기 쉬움
- Global poverty is almost always caused by incompetent or **venal** governments. 세계의 빈곤은 거의 언제나 무능하거나 **부패한** 정부들에 의해 발생한다. [기상]

1474
probity[*] [próubəti]
명 정직성, 청렴결백
유 integrity, honesty

prob(good, worthy)+ity(명)
- The defense attorney questioned the **probity** of the witness. 피고 측 변호사가 증인의 **정직성**을 의심했다.

힘을 싣다

회독 ✓Check ☐ ☐ ☐

1475
bolster[*] [bóulstər]
타 (조직 등을) 지지하다, 강화하다 명 (베개 밑에 까는) 덧베개
유 타 strengthen, support, reinforce, shore up

- All across the country, security will be **bolstered** for the imminent elections. 전국에 걸쳐, 곧 있을 선거를 위해 보안이 **강화될** 것이다. [지9]

1476
beho(o)ve[*] [bihóuv]
타 (~하는 것이) 의무이다, 마땅하다

- It **behooves** a good citizen to obey the law. 좋은 시민이라면 법을 지키는 것이 **마땅하다**.

1477
vie[*] [vai]
자 (어떤 것을 얻기 위해) 겨루다, 경쟁하다
유 compete, contend

- Cities **vie** with each other to build more beautiful buildings. 도시들은 더 많은 아름다운 건물들을 짓기 위해 서로 **경쟁한다**.

1478
vehement[*] [víːəmənt]
형 맹렬한, 열렬한
유 passionate, forceful, ardent

vehemence 명 맹렬, 열렬함
- He issued a **vehement** denial of the accusation. 그는 그 비난에 대해 **맹렬한** 부인을 했다.

1479
rigorous*
[rígərəs]

형 ¹ 엄격한 ² 철저한, 정확한 ³ (기후 등이) 혹독한

rigor(bind)+ous(형) → 강하게 묶는
rigor 명 ¹ 철저함, 엄격함 ² 엄밀함, 정밀함 rigorously 부 철저히, 엄격하게
- **rigorous** enforcement of the rules 엄격한 규칙의 시행
- a **rigorous** analysis 철저한 분석

유 ¹ strict, stern ² thorough, meticulous ³ severe, harsh

1480
onerous*
[ánərəs]

형 부담되는, 성가신

oner(load)+ous(형) → 짐이 많은 → 힘들게 하는
- Accounting for VAT can be an **onerous** duty for small traders. 부가가치세를 계산하는 것은 소규모 무역업자들에게 **부담이 될** 수 있다.

유 burdensome, weighty, taxing

1481
ordeal*
[ɔːrdíːəl]

명 시련, 역경

- The player has suffered a **ordeal** of injury. 그 선수는 부상이라는 **시련**을 겪었다.

1482
gruel(l)ing*
[grúːəliŋ]

형 대단히 힘든, 기진맥진하게 하는

gruel(벌하다)+ing(형) → 벌하는 → 고통을 주는
- It was a **gruelling** journey to travel on foot from London to Rome in the Middle Ages. 중세 시대에 런던에서 로마까지 걸어서 이동하는 것은 **대단히 힘든** 여정이었다.

유 arduous, exhausting, demanding

1483
yank*
[jæŋk]

자 타 홱 잡아당기다 명 홱 잡아당김

- Vines **yanked** my hat off and thorns ripped at my sleeves. 덩굴이 내 모자를 **홱 잡아당겼고** 가시에 소매가 뜯겼다. [법원]

유 jerk, pull

1484
lax*
[læks]

형 ¹ 느슨한, 해이한 ² (근육 등이) 이완된

laxity 명 ¹ 느슨함, 해이함 ² 이완
- Copyright laws in Korea are **lax**. 한국의 저작권법은 **느슨하다**. [경찰]
- Muscles have more potential energy when they are stretched than when they are **lax**. 근육은 **이완되어** 있을 때보다 늘려져 있을 때 더 많은 위치 에너지를 가진다.

유 ¹ slack, careless ² relaxed

살피다, 살펴보다

회독 ✓Check ☐ ☐ ☐

1485 　　　　　　　　　　　　　　　　　　　　　　　　국회 | 기상 | 교행

oversee**
[òuvərsíː]

(타) 감독하다, 두루 살피다　　　　　　　　　　　㊠ supervise, superintend

over(above)+see(보다) → 위에서 보다 → 감시하다
overseer (명) 감독관, 감독 기관
- He was hired to **oversee** design and construction of the new facility. 그는 새 시설의 설계와 건설을 **감독**하기 위해 고용되었다.

1486 　　　　　　　　　　　　　　　　　　　　　　　　　　　　　　경찰

surveil*
[sərvéil]

(타) 감시하다, 감독하다　　　　　　　　　　　　　　㊠ supervise

sur(over)+veil(watch)+ance(명) → 샅샅이 지켜보다 → 감시하다
surveillance (명) 감시, 감독
- Police officers are responsible for conducting investigations and **surveillance**. 경찰관들은 조사와 **감시**를 수행하는 것에 대한 책임이 있다. [경찰]

1487 　　　　　　　　　　　　　　　　　　　　　　　　　　　　　　지9

proctor*
[prάktər]

(명) 시험 감독관　(타) (시험을) 감독하다

- The **proctor** led me to an empty seat. 시험 **감독관**은 나를 빈자리로 안내했다. [지9]

1488

solicitous*
[səlísətəs]

(형) 세심히 배려하는, 염려하는　　　　　　　　　　㊠ attentive, concerned

- I appreciated his **solicitous** inquiry about my health. 나는 내 건강에 대해 **염려하는** 그의 질문에 감사했다.

1489 　　　　　　　　　　　　　　　　　　　　　　　서9 | 경찰 | 법원

prudence*
[prúːdns]

(명) ¹신중함, 세심함　²분별 있음, 현명함　³검약, 알뜰함

prudent (형) ¹신중한, 세심한　²분별 있는, 현명한　³검약하는, 알뜰한
- He always exercises **prudence** with his finances. 그는 항상 재정에 있어 **신중함**을 가한다.

㊠ ¹caution　²wisdom　³thrift
㊡ ¹recklessness (무모함)

1490 　　　　　　　　　　　　　　　　　　　　　　　　　　　　　　국회

supercilious*
[sùːpərsíliəs]

(형) 거만한, 오만한

super(above)+cili(eyelid)+ous(형) → 위로 눈썹을 추켜올리는 → 우쭐한
superciliousness (명) 거만함, 오만함　**superciliously** (부) 거만하게, 오만하게
- He thought himself a genius and had a **supercilious** smile. 그는 자신을 천재라고 생각하며 **거만한** 미소를 지었다.

㊠ arrogant, haughty
㊡ humble, modest (겸손한)

1491
pompous * [pámpəs] 서9 | 기상 | 법원

[형] ¹ 거만한, 건방진 ² (말 등이) 과장된

pomposity [명] ¹ 거만함, 건방짐 ² 과장됨, 호언장담
- A **pompous** colonel was sitting at his desk when a private knocked on the door. 거만한 대령이 책상에 앉아 있을 때 이등병이 문을 두드렸다. [법원]

[유] ¹ presumptuous, self-important, supercilious ² bombastic

1492
bluff * [blʌf] 지9 | 법원

[자][타] 허세를 부리다 [명] ¹ 허세 ² 절벽
- She says someone else has made her a higher offer, but I think she's **bluffing**. 그녀는 누군가가 자신에게 더 높은 자리를 제안했다고 하는데, 내 생각엔 그녀가 허세를 부리고 있는 것 같다.

[유] [자][타] pretend, deceive [명] ¹ deception
- **bluff A into doing B** 허세를 부려 A가 B하게 하다

1493
herald * [hérəld] 국7 | 국회

[타] ¹ 예고하다 ² 발표하다, 알리다
[명] ¹ 예고, 전조 ² 보도[전달]자, 전령사
- to **herald** a new age of space exploration 우주 탐험의 새 시대를 예고하다
- The early flowers are the **herald** of coming of spring. 일찍 피는 꽃들은 봄이 오고 있다는 전조이다.

[유] [타] ¹ signal ² proclaim [명] ¹ harbinger, sign

만족, 불만족

회독 ✔Check ☐ ☐ ☐

1494
gloat * [glout]

[자] 흡족해 하다, (남의 불행을) 고소해 하다 ((over))

gloating [형] 흡족해 하는, 고소해 하는
- to **gloat** over others' misfortune 타인의 불행을 고소해 하다

1495
gripe * [graip]

[자] 불평하다, 투덜대다 [명] 불만, 불평
- Many athletes **griped** and complained about the lack of support they receive from sponsorships and the media. 많은 선수들이 후원 업체와 언론으로부터 받는 지원의 부족에 대해 투덜대고 불평했다.

[유] [자] complain, grumble, moan [명] complaint

1496
grumble * [grʌ́mbl]

[자][타] ¹ 불평하다, 투덜대다 ² (천둥 등이) 우르릉거리다
[명] ¹ 불만 사항 ² 우르릉거리는 소리
- Some of the customers have been **grumbling** about poor service. 일부 고객들이 형편없는 서비스에 대해 불평하고 있다.
- Thunder was **grumbling** somewhere in the distance. 천둥이 어딘가 멀리서 우르릉거리고 있었다.

[유] [자][타] ¹ complain, moan, gripe [자][타][명] ² rumble

1497 국7

whine**
[hwain]

짜 ¹ 징징대다, 투덜대다 ² 낑낑[끙끙]거리다
명 ¹ 투덜거림 ² 낑낑[끙끙]거리는 소리

유 짜 ¹ complain, grumble ² groan
명 ¹ complaint

- The workers were **whining** that the office was too hot.
  근로자들은 사무실이 너무 덥다고 **투덜거리고** 있었다.
- A dog was **whining** because it wanted to go out.
  개가 나가고 싶어서 **낑낑거리고** 있었다.

1498

grouchy*
[grautʃi]

형 불평이 많은, 잘 투덜거리는

유 grumpy

grouch 짜 불평을 하다, 투덜대다 명 불평(이 많은 사람)
- My younger brother is always sulky and **grouchy**.
  내 남동생은 항상 토라지고 잘 **투덜거린다**.

1499 지9

unquenchable*
[ʌnkwéntʃəbl]

형 채울[충족시킬] 수 없는

유 insatiable, unsatisfied

- He had an **unquenchable** thirst for knowledge.
  그는 지식에 대한 **채울 수 없는** 갈증이 있었다.
  cf. quench 타 ¹ (갈증을) 풀다 ² (타는 불을) 끄다

1500 지9

tantalize / tantalise*
[tǽntəlàiz]

타 감질나게[애타게] 하다

유 tease, tempt

tantalizing 형 감질나게[애타게] 하는
- She was **tantalized** by the possibility of earning a lot of money quickly. 그녀는 빨리 많은 돈을 벌 수 있다는 기회에 **애가 탔다**.

MEMO

김기훈 공무원 영어 기본서
이기다
이 것 이 기 본 서 다

이기다 기본서
시리즈면
실전 준비 충분합니다!

이기다 문법
1 공시에 출제되는 개념만 수록
2 자동 3회독 구성
   1부 : 출제 개념 학습 ▶ 2부 : 주제별 복습 TEST ▶ 3부 : 실전 문법 모의고사

이기다 독해
1 유형별 맞춤 풀이 SKILL 학습
2 정확성·속도·정답률이 향상되는 독해 개념이론 학습

김기훈 선생님의 모든 저자직강은 공단기(gong.conects.com)에서 수강할 수 있습니다.

김기훈 공무원 영문법
풀리다 시리즈

풀리다 800제
풀리다 그래머 포인트 99

English Grammar

**연계 학습으로
효율적인
문법 정리!**

연계 학습

단계별 문제풀이 ✕ 부족한 개념 채우기

(**1부** 점검) ▶ (**2부** 훈련) ▶ (**3부** 최종 마무리)

| **320개 문제로** | **240개 문제로** | **60회의** |
| **개념의 완성도를 점검하라!** | **실전감각을 끌어올려라!** | **공시를 미리 경험하라!** |

A 양자택일 어법 문제
B 밑줄 친 부분의 어법성 판단
C 빈칸에 알맞은 어구
D 문장 전환

E 문장의 어법성 판단: 주관식
F 문장의 어법성 판단: 4지선다형
G 영작
H 지문의 어법성 판단

I 문법 모의고사 Warming Up
J 문법 모의고사 Real
K 문법 모의고사 Challenging

김기훈 선생님의 모든 저자직강은 공단기(gong.conects.com)에서 수강할 수 있습니다.

공무원

김기훈 공단기 저자직강

RVT7
7회독 암기 훈련 프로그램 무료

어휘끝

김기훈 · 쎄듀 영어교육연구센터

어원북

WORD COMPLETE

326개의 어근으로
2500개의 어휘를 암기하다!

암기량이
신기하게 줄다

공단기

쎄듀

쎄듀 01(공일)은 **공무원 1회 응시 합격**을 목표로 합니다!

펴낸이	김기훈 · 김진희
펴낸곳	쎄듀 01 / 서울시 강남구 논현로 305 (역삼동)
발행일	2019년 8월 31일 초판 1쇄
내용문의	cafe.naver.com/kihoonenglish
구입문의	콘텐츠 마케팅 사업본부
	Tel. 02-6241-2007
	Fax. 02-2058-0209
등록번호	제 2018-000355호
ISBN	979-11-90020-09-1
	979-11-90020-08-4(세트)

First Published Copyright © 2021 by CEDU 01 Inc.
All rights reserved. No part of this publication may be reproduced, stored in a retrieval system, or transmitted in any form or by any means, electronic, mechanical, photocopying, recording, or otherwise, without the prior permission of the copyright owner.
본 교재의 독창적인 내용에 대한 일체의 무단 전재 · 모방은 법률로 금지되어 있습니다. 파본은 교환해 드립니다.

공무원

어휘끝
WORD COMPLETE

어원북

저자

김기훈   성균관대학교 졸업

  現 ㈜쎄듀 대표이사, 대표 저자
       공단기 공무원 영어 강사
       메가스터디, 메가잉글리시(TOEIC, 교양영어), 엠베스트 영어과 대표 강사
       유료 누적 수강생 400만 돌파
       천일문 시리즈 등 정식 출간 영어교재 100종 이상, 누적 판매 부수 1000만 부 돌파

  前 서울특별시 교육청 외국어(영어) 교육 자문위원(2009~2011)
       고려대 교육대학원 영어교육과 초빙 강사
       2018 KOTESOL(대한영어교육학회)에서 세계적 석학 Stephen Krashen 등과 'Focus on Fluency' 주제로 영어교육학 공동 강연
       서울시, 인천시 영어 1급 정교사 교수법 연수 특강 강사
       경희대, 중앙대, 이화여대 등 주요 대학 TOEFL, TOEIC, Vocabulary 특강 강사
       한국경제신문 영어 칼럼니스트
       미국 시사주간지 TIME, 일간지 The Wall Street Journal 대한민국 대표 영어 강사로 인터뷰
       방송 CBS Evening News, 독일 경제지 Kapital 등에 대한민국 대표 영어 강사로 인터뷰
       재능방송 영어 교수법 특강
       tvN 공부의 비법 제1기 최고 시청률 기록
       KBS FM 굿모닝 팝스 DJ
       KBS 추적 60분, 조선일보 사설, 중앙일보 특집기사, Arirang TV News 등 대한민국 유수 언론에 대한민국 1타 강사로 기사 게재

  저서 | 공무원 천일문 시리즈, 공무원 기본서 이기다 시리즈, 공무원 하다, 공무원 해내다, 공수하다, 공무원 풀리다 시리즈,
       공무원 영어 시험빈출 문법 구문 RANK 150, 천일문 시리즈, 어법끝, 어휘끝, 쎄듀 본영어 등

쎄듀 영어교육연구센터
쎄듀 영어교육센터는 영어 컨텐츠에 대한 전문지식과 경험을 바탕으로
최고의 교육 컨텐츠를 만들고자 최선의 노력을 다하는 전문가 집단입니다.

오혜정 센터장 · 조현미 선임연구원 · 김수현 주임연구원
장정문 주임연구원 · 김민아
한예희 선임연구원 · 장혜승 주임연구원 · 구민지 주임연구원
인지영 선임연구원 · 최세림 주임연구원

마케팅	콘텐츠 마케팅 사업본부
영업	문병구
제작	정승호
인디자인 편집	올댓에디팅
디자인	이연수, 윤혜영
삽화	그림숲
영문교열	Adam Miller

암기량이 신기하게 줄다
WORD COMPLETE

Preface

공무원 영어 시험에 출제되는 어휘의 난이도는 너무나 다양하다. 원래 언어 시험은 출제 목표에 따라서 어휘를 포함한 모든 출제 요소들의 난이도를 일정한 범위 내로 엄격히 통제해야 하지만, 공무원 시험은 그렇지 않아 보인다. 심지어 수록 어휘 수가 2, 3만 개가 넘어가는 Advanced Learners 대상의 영영사전에서도 찾을 수 없는 기출 어휘가 있다. 즉, 공시 범위에 해당하는 어휘를 모두 외우겠다는 목표는 애초에 달성이 불가능하다. 이런 상황에서 수험생들은 자신이 선택한 어휘 교재가 다음의 중요한 사항들을 해결해줄 수 있는지에 대한 혜안을 갖고 있어야 한다.

1 어떤 어휘를 학습할 것인가

장기적으로 보자면 가급적 많은 수의 어휘를 암기하는 것이 고득점을 위해 필수적인 것으로 보인다. 하지만, 모든 어휘가 공시에 똑같은 정도의 중요성을 가지고 있는 것은 아니다. **공시 수험생들에게 가장 필요하고 가장 유용한 어휘만을 쏙쏙 뽑아** 빠짐없이 담고 있는 교재여야 한다.

① 기출 어휘
기출 어휘는 재출제 가능성도 있고 공시 경향 파악을 위한 기출 문항 학습을 위해서도 필수적으로 다뤄야 할 가장 유용한 어휘들이다. 본 교재에서는 2007년부터 2019년까지 기출된 모든 필수 어휘(의학 등의 특정한 전문 분야에서도 지나치게 제한된 내용 범위에서 사용되는 전문 용어들이나 학술 용어, 고유명사, 초중등 기초어휘와 익숙한 외래어 등은 배제)를 빠짐없이 수록하였다.

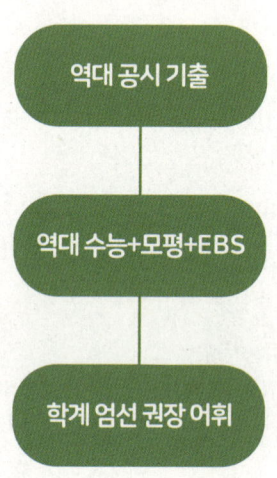

② 역대 수능 및 모의평가+EBS 연계교재 지문의 필수 어휘
공시에 지문이 통째로 문항만 바꿔 재출제되는 비율이 높고, 공시 기출에서는 아직 등장하지 않은 필수 어휘들을 한층 폭넓게 담고 있으므로 학습 가치가 매우 높다.

③ 영어 어휘 학계에서 권장하는 어휘 목록
위의 ①, ②는 이미 기출된 지문과 문항에서 얻어진 어휘들인데, 시험에 출제되는 지문이 이들 자료에만 국한되는 것은 아니므로 좀 더 다양하고 폭넓은 영문 자료를 대상으로 학계에서 엄선한 권장 어휘들을 출제 예상 어휘로 포함시켰다.

이렇게 얻어진 공시 맞춤 어휘 총 5,000개 표제어(독해기본어휘 1,000개, 어원북 2,500개, 테마북 1,500개)에 파생어와 유·반의어를 포함한 추가 단어 6,348개의 어휘가 수록되어 있다.

2 어휘의 어떤 요소를 학습할 것인가

공시는 말하기, 쓰기 능력을 측정하는 것이 아니므로 독해와 어휘 문항을 위한 학습 요소를 정해야 한다.

발음   어휘 암기에 지장을 받지 않을 정도로만 알면 된다. 발음기호나 MP3 듣기 파일을 활용하라.

철자   유사 철자 어휘가 어휘 문항 선택지에 함정으로 등장하므로 주의해야 한다.
어휘를 보고 의미를 혼동하지 않을 정도의 구별력은 필요하다.

뜻   어휘의 제1뜻뿐만 아니라 제2, 3...의 뜻, 그리고 문맥 속에서의 정확한 뜻 파악이 매우 중요하다. 어휘 간의 소소한 의미 차이에도 주의해야 한다. (e.g. guffaw는 '박장대소'를 의미한다는 점에서 smirk(능글맞게 웃다)가 아니라 belly laugh와 의미가 가깝다. [2019년 서울시 9급])
또한, 우리말 뜻을 확실히 이해하면서 암기할 것을 당부한다. irrigate가 '관개하다'라는 것만 알면 뭐 하겠는가. '(작물이 잘 자라도록) 땅에 물을 대다'란 의미임을 이해하지 못하면 모르는 단어인 것이나 마찬가지이다.

예문   단어-뜻을 익혔으면 반드시 문맥 속에서 이를 확인하여 그 뜻을 올바로 이해했는지 점검해야 한다. 다소 긴 예문은 끊어 읽기를 통해 독해력도 향상시킬 수 있다.

유반의어   어휘 문항에 직접적으로 출제되므로 두말할 나위 없이 중요하다. 유반의어를 서로 혼동하지 않도록 주의해야 한다.

3 어떻게 학습할 것인가

이렇게 막강한 어휘력이 필요한 시험을 위해 아무렇게나 나열된 수천 단어를 그냥 열심히 무조건적으로 반복암기하기만 하면 되는 것일까? 가장 효과적이고도 효율적인 방법에 대한 진지한 고민 없이 반복에만 매달리는 것은 그 끝을 알 수 없을뿐더러 그 고난의 과정은 생각하기만 해도 괴로운 일이다. 어원북과 테마북의 어휘들을 본서에서 제시하는 학습법대로 이행하라. 본서에서 제시한 학습법에는 어느 누구도 반론의 여지가 없을 것이다. 어휘는 무조건 암기해야 하는 것이 아니다. 보고 이해하는 것이 먼저다. 본서를 보는 모든 수험생들이 진정한 어휘력을 갖추어 합격의 감격을 누리게 되기를 믿어 의심치 않는다.

2019년 8월 역삼동 쎄듀타워 연구실에서
대표저자 **김기훈**

Composition

I 어원북

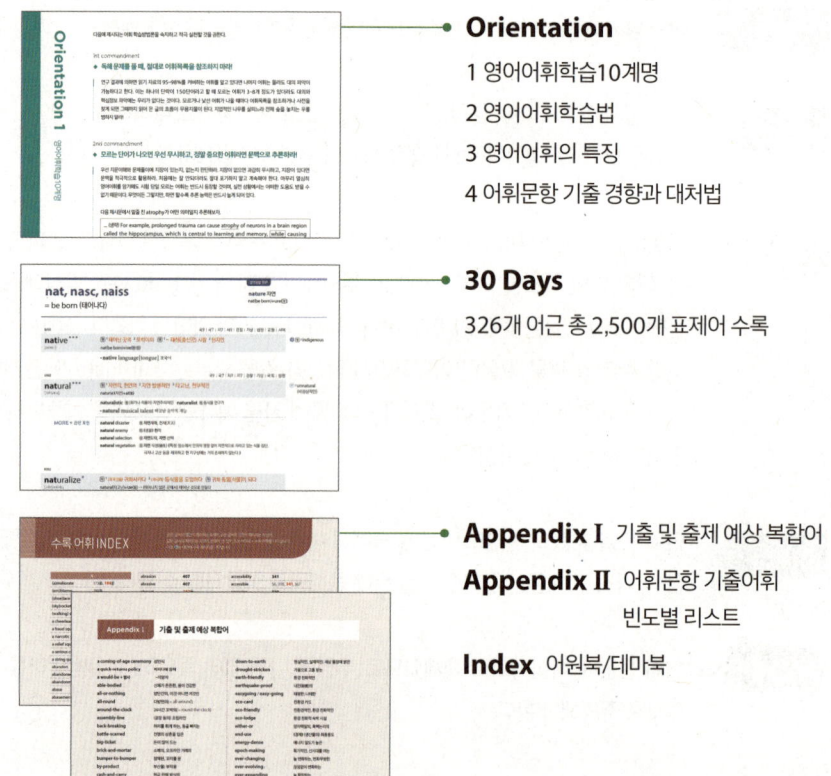

- **Orientation**
  1 영어어휘학습 10계명
  2 영어어휘학습법
  3 영어어휘의 특징
  4 어휘문항 기출 경향과 대처법

- **30 Days**
  326개 어근 총 2,500개 표제어 수록

- **Appendix I** 기출 및 출제 예상 복합어
  Appendix II 어휘문항 기출어휘 빈도별 리스트
  Index 어원북/테마북

II 테마북

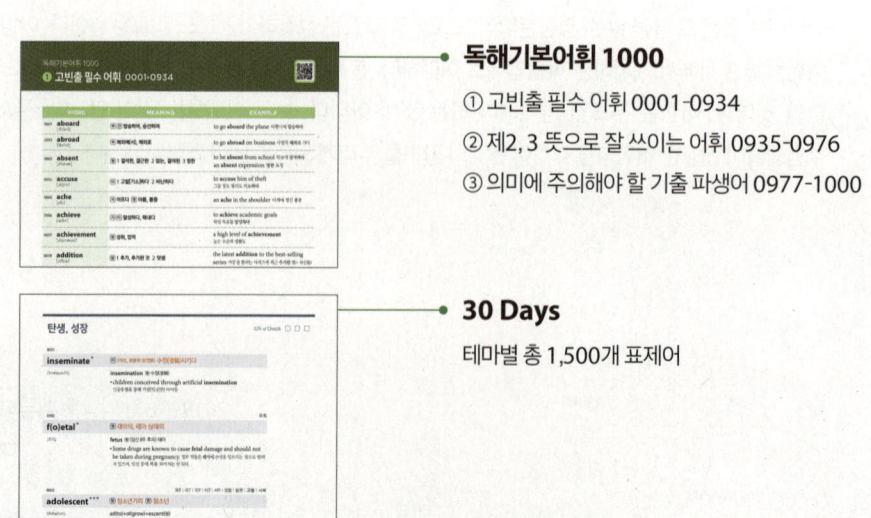

- **독해기본어휘 1000**
  ① 고빈출 필수 어휘 0001-0934
  ② 제2, 3 뜻으로 잘 쓰이는 어휘 0935-0976
  ③ 의미에 주의해야 할 기출 파생어 0977-1000

- **30 Days**
  테마별 총 1,500개 표제어

Ⅲ Day Composition

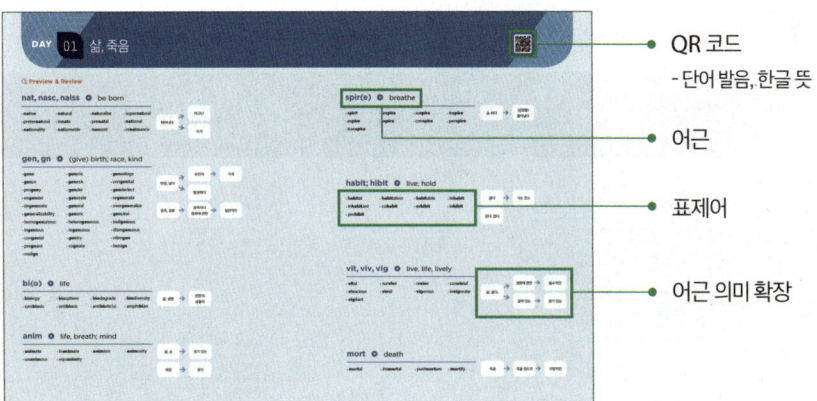

해당 Day에 학습할 모든 표제어와 어근의 의미 확장 과정을 한눈에 볼 수 있도록 구성하였다.

- QR 코드
  - 단어 발음, 한글 뜻
- 어근
- 표제어
- 어근 의미 확장

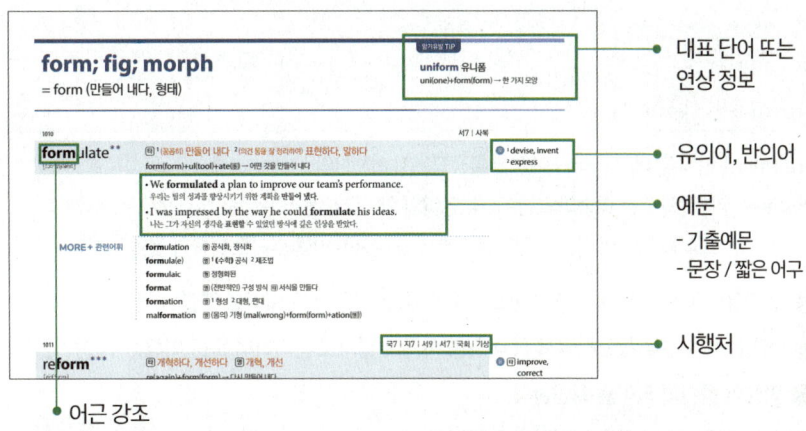

- 대표 단어 또는 연상 정보
- 유의어, 반의어
- 예문
  - 기출예문
  - 문장 / 짧은 어구
- 시행처
- 어근 강조

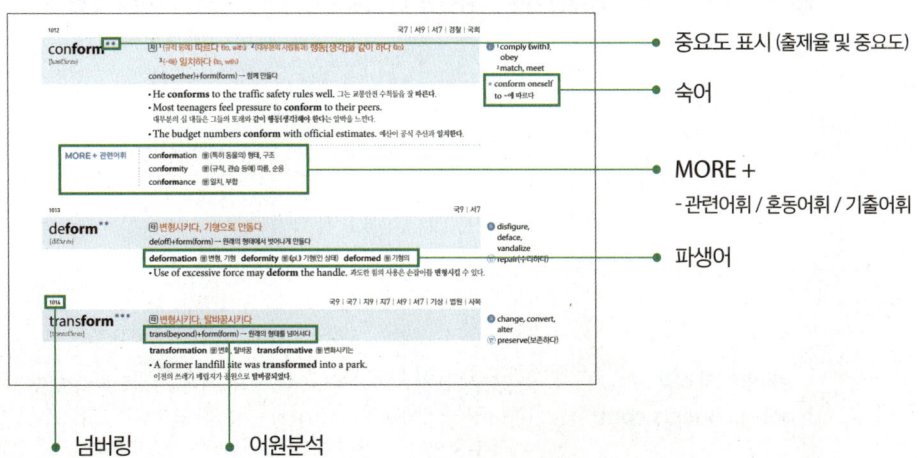

- 중요도 표시 (출제율 및 중요도)
- 숙어
- MORE +
  - 관련어휘 / 혼동어휘 / 기출어휘
- 파생어
- 넘버링
- 어원분석

어원북

Day별 구성으로 평균 83개 표제어 수록

❶ Preview & Review

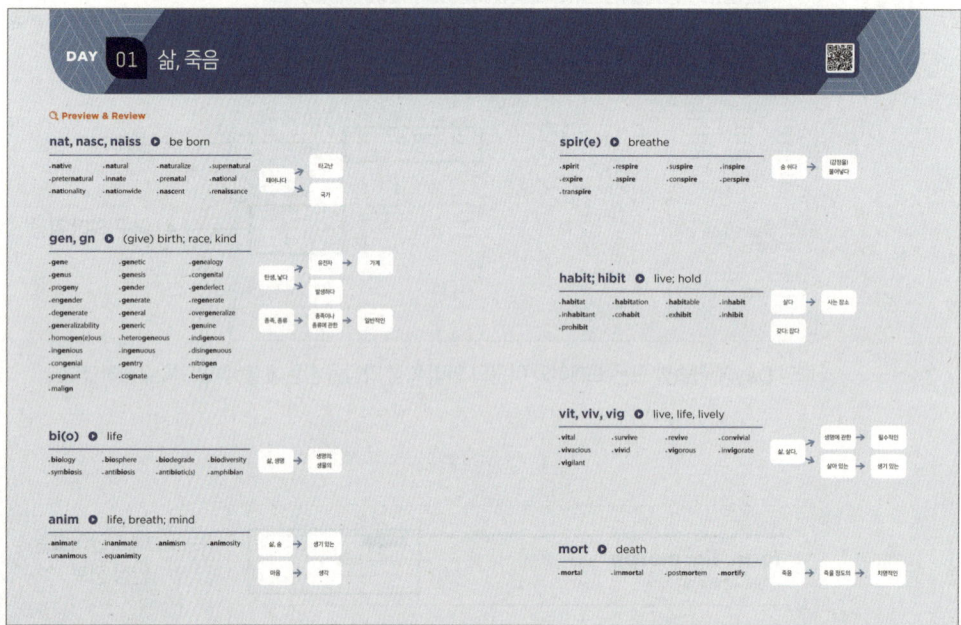

Preview | 먼저 각 어근 의미가 어떻게 확장되는지 이해한다.
Review | 본문의 모든 학습이 끝난 뒤, 각 단어의 의미를 떠올리는 복습 Test용으로 이용한다.
그다음 Day의 학습을 진행하기에 앞서 필요한 만큼 수시로 활용할 것을 권한다.

❷ 암기유발 TIP과 별 세 개짜리 중요 어휘를 통해 어근과 그 의미를 연결 지어 이해한다.
❸ 어원분석 부분을 참고하면서 각 어휘를 어근과 접사로 분리하여 뜻을 이해한 뒤 암기한다.
❹ 파생어 품사와 의미를 확인한다.
❺ 뜻을 적용시켜 예문을 해석하고 확인한다.
❻ 많은 직렬에서 두루 출제된 기출 어휘는 좀 더 집중 학습하여 반드시 기억하도록 한다.

온라인 저자 직강
gong.conects.com

혼자 진행하는 것보다 더 수월하게 학습을 끝까지 마칠 수 있도록 도와준다.
강의 수강으로 단번에 장기기억으로 가는 어휘의 수도 늘릴 수 있다.
어근 중심 학습법을 보다 신속하게 익힐 수 있어 학습효과가 배가된다.

테마북

Day별 구성으로 평균 50개 표제어 수록

① 테마북과 어원북의 각 Day별 소재는 서로 유사하므로, 병행학습하면 관련 어휘를
더 완벽히 학습할 수 있다.
e.g. 어원북 Day01 삶, 죽음 vs. 테마북 Day01 삶, 죽음, 생물

② 각 어휘의 의미와 파생어를 확인하고 예문을 해석하는 순서로 진행한다.

③ 어원북과 마찬가지로 두루 출제되는 기출 어휘는 좀 더 집중 학습하여 반드시 기억하도록 한다.

학습을 도와주는 막강한 부가학습

① **암기북** (별도 판매 정가 8,000원)
어원북과 테마북에 수록된 모든 표제어와 파생어가 수록되어 있으므로 휴대하고 다니면서
간편하게 학습할 수 있다.

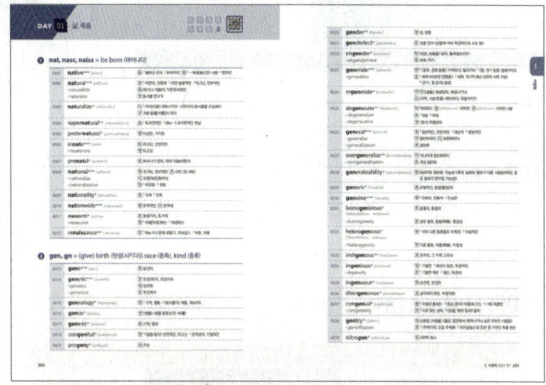

② **MP3**
QR코드를 활용하여 간편하게 청취할 수 있고 발음기호로 익힌 발음을 확인해볼 수 있다.

단어 발음 2회 - 한글 뜻 순서로 되어있다.
책을 보기 힘든 이동 시간이나 책으로만 학습하는 것에 피로감이 들 때 사용하면 좋다.
단어를 들은 즉시 뜻을 떠올리고 뒤이어 나오는 한글 뜻과 맞는지 확인하는 셀프테스트용으로도 활용 가능하다.

How to study

❸ 어휘출제프로그램 (인쇄용 테스트 프로그램)

학습한 목차에 대하여 아래 4가지 유형의 테스트를 원하는 구성으로 인쇄하여 풀어볼 수 있다.
① 단어 보고 뜻 쓰기 / ② 뜻 보고 단어 쓰기 / ③ 예문 빈칸 채우기 / ④ MP3 듣고 단어 쓰기

STEP 1 ▶ 다운로드

'김기훈 Lab' 네이버 카페에서 어휘출제프로그램 다운로드

* 김기훈 Lab cafe.naver.com/kihoonenglish

STEP 2 ▶ 도서등록 & 실행

'공무원 어휘끝'의 등록번호 13자리 입력
어원북: 9791190020091
테마북: 9791196090463

STEP 3 ▶ 테스트 유형 설정

학습목차 / 문제배치 / 문제유형 설정

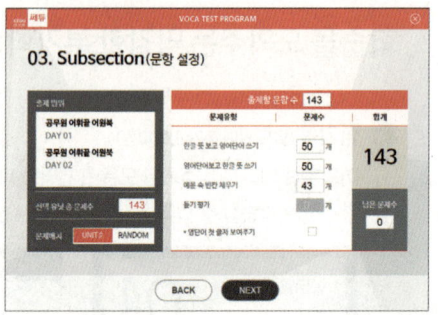

STEP 4 ▶ 인쇄 & 테스트

다단, 여백, 파일 종류를 설정하여 인쇄 가능

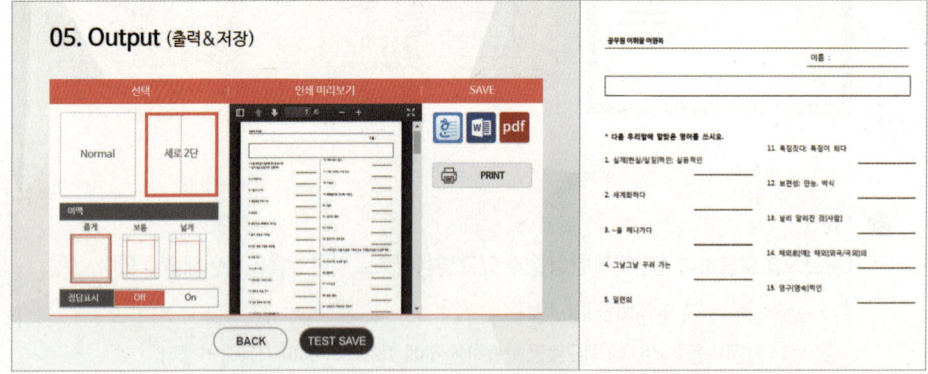

❹ **RVT7 (모바일 WEB용 암기 프로그램)**

자투리 시간에 모바일과 PC(크롬만 지원)를 활용하여 단어를 반복 학습하는 암기 도우미
단어를 1회 학습할 때마다 RED·ORANGE·YELLOW·GREEN·BLUE·DARK BLUE·VIOLET의
무지개 색상 순으로 변하며, 모든 단어의 색상을 VIOLET으로 변화시키는 것이 학습 목표

STEP 1 ▶ 로그인
쎄듀북닷컴 (www.cedubook.com)에
회원 가입 후 로그인

STEP 2 ▶ 도서등록
'공무원 어휘끝'의 등록번호 13자리 입력
어원북: 9791190020091
테마북: 9791196090463

STEP 3 ▶ 7회 반복 테스트
4가지 학습 유형을 이용하여 단어가 1회 노출될 때마다 색상이 변경
- 영단어 카드 학습을 통해서는 3회까지만 색상 변경이 반영
- 스펠링 테스트·카드 게임·미암기 TEST는 횟수 제한 없이 색상 변경

> ● 영단어 카드 학습 : 주어진 영단어를 보고 뜻을 생각해보기
>   암기하지 못한 경우에는 '뜻 확인'을 통해 복기해 보고 뜻을 보고도 기억이 나지 않는 경우 '미암기'로 분류
> ● 스펠링 TEST : 주어진 한글 뜻을 보고 단어의 스펠링을 맞혀보기
>   철자를 모두 맞혀야 하기 때문에 가장 정확한 암기력을 확인할 수 있는 테스트
> ● 카드게임 : 각각 4개의 영단어와 한글 뜻을 랜덤으로 배치하여 짝을 맞추는 게임
>   설정을 통해 '첫 글자 보기', '30% 보이기'로 힌트 설정이 가능
> ● 미암기 테스트 : '영단어 카드 학습'에서 '미암기'로 분류한 단어들만 모아서 효율적으로 학습
>   주어진 단어의 뜻을 4가지 선택지 중에서 맞히는 테스트

어원북

Orientation 1 영어어휘학습 10계명 014
Orientation 2 영어어휘학습법 018
Orientation 3 영어어휘의 특징 031
Orientation 4 어휘문항 기출 경향과 대처법 033

DAY		ROOTS	PAGE
DAY 01	삶, 죽음	nat, nasc, naiss / gen, gn / bi(o) / anim / spir(e) / habit; hibit / viv, vit, vig / mort	038
DAY 02	사람, 가족, 사회	popul, publ; dem / rac; ethn / cracy; arch / civi(l) / soci / dom; eco / pat(e)r; mat(e)r / nomin, nomer; onym / nour, nurs, nurt, nutri / greg	054
DAY 03	법률	mor / norm; reg, reig / ver(i) / just, jud, jur(is); leg / crimin / noc, nox, nic; cide / mend; culp / ban / pen, pun; veng / test	068
DAY 04	자연(현상), 물질	geo / terr / hum / aer(o) / mar; hydr(o); aqua / ar(i)d; flam, flagr / therm / lumin; lust, luc / electr(o); aster, astro; stell / ox(y)	086
DAY 05	존재	ent, est, ess / phan, phen, fan / lic(t), linqu / ma(i)n, mn / mut / var / solv, solu / lax, leas, la(n)g / vac, va(i)n, vas, void; cav / cover, cur; ce(a)l, cul; crypt; tect	102
DAY 06	마음, 생각	ment, min, mon(it) / psych / put / mem(or), mne(s) / cred / fid, fy, fi; feder / sci; gn(o), not / not(e) / vol / sacr, secr, sanct	118
DAY 07	감각	spec(t), specul, spic, spise, spite, spio, scope / vis(e), view, vid, voy / cau / aur; aud / phon, son / quiet, qui(l), quiem / od, ol / tact, tegr, ta(n)g, ti(n)g	134
DAY 08	느낌, 감정	sens, sent / pass, pati; path(o) / dol / phobia; tim / ter(r) / trem, trep / sol / gree, grac, grat / pla(c); sat(is) / am(i), (i)mi; phil(o)	150
DAY 09	말, 글 1	lingu; leg / graph, gram / scrib(e), script / verb / liter / sign; mark, marc / neg	166
DAY 10	말, 글 2	dic(t) / fa(b), fam, fan, fess / log(ue) / locut, loqu; lect / ph(r)as, phe / or / nounce, nunci	180
DAY 11	말, 글 3	voc, vok, vow, vouc / cit / c(h)ant, cent / cla(i)m / mand / ord, ordin / sua(s), suade / spond, spons, spous / jur(e) / dam(n), demn	194
DAY 12	사물 묘사	tric, trig / bar(r) / long / grav, griev / grand / magn(i), mega, maj / macro; micro / max; min(i), minu / val(u), vail / dign, dain	208
DAY 13	모양, 모습	form; fig; morph / line, lign; range / ac, acumin / clin; flex, flect / tor(t) / ple(x); plo, ply, pli / tom; sect; tail; c(h)is / flat	224
DAY 14	숫자, 순서	numer / uni / sol / prim, prem, prin, pri(o), prot(o) / calcul / rat / part / chron, temp(or) / ann(u), enn, en; journ / new, nov	240

DAY 15	신체, 건강	corp(or) / cap(e), capit, cip / fac(e) / front / op(t); ocul / cardi, cou(r), cor(d) / man(u) / ped(e); pedi, fet / san, sal / forc, fort, firm; pow, pot	254
DAY 16	움직임, 동작	cu(m)b / amb(u)l / pas(s) / vag; err / vers, vert, verg, vib, vicis / volv, volu / cur(s), cour(s), co(u)r / sal, sul, saul, sail, sil, xul	270
DAY 17	행동 1	act; ag, ig / pel, puls, peal / sequ, secu, sue, suit / rog / quest, quir, quisit, quer / pet / pa(i)r, pir, per / cel(er)	286
DAY 18	행동 2	flu(x) / lav, lu, lau / merg, mers / tempt; per, pir / prob, prov / us, ut / lud, lus / ple, pli, ply / vict, vinc, vanqu	302
DAY 19	앉다, 서다	sid, sed / stan(d) / sta(t), stant / stab / stit / sist / stin	318
DAY 20	오다, 가다, 길	ven(e), vent / ceed, ced(e), ces(s) / grad, gred, gress / it / vade, wad / voy, vey, vi(a)	334
DAY 21	보내다, 가지고 있다	leg / mit, mis(s) / serv / tain, ten, tin / dur / he(i)r	348
DAY 22	주다, 놓다, 위치	don, dot, dos, dow, dat / pens, pend / tribut / pos, pon, pound / the, thesis / loc / rect, rig / later / bas	362
DAY 23	손행동 1	ject, jac / cast / trud, thrus, trus / point, pu(n)g, punct / (s)tinct, (s)ting, sti(g) / fenc, fend, fens / bat; flict / cuss / arm / plaud, plaus	378
DAY 24	손행동 2	press / clos, clud, clus / fus, found, fut, fund / pend, pen(s) / her, hes / text, tle / tri, trit / rad, ras, raz / turb / art	394
DAY 25	끌다, 나르다	trac(t), treat, trai / doc; duc, du / fer / gest, gist, ger / lat / port	410
DAY 26	취하다, 붙잡다, etc.	cept, ceive, cip / cap(t), cup / prehend, prehens / sum, sumpt / vo(u)r / empl, (e)mpt, eem, om / rap, rav, rep / lect, lig / cur(e)	424
DAY 27	측정하다, 재다	met(e)r, mens / equ(al), egal, equi(t), iqu / par, peer, pire / sembl(e), simil, simul / commun(ic) / ali, all / alter, altru, ulter / nul(li), na, no, ne, n(ih)il	440
DAY 28	움직임, 위치	mov, mob, mot, mom; migr / cre, cru / scend / levi(t), liev, lev / surg, surrect / ori, ort / alt(i), haught, hance; sum(m) / mount / medi, mid; cent(e)r	454
DAY 29	만들다	fac, fec, fea, fi(c), fei / labor / fin / termin / funct / pract, pragma / struct, str	470
DAY 30	연결, 연장, 끊기	bind, band, bond, bund / nect, nex / ly, li, lig / strain, strict, string, stress / join, junct, jug / sert / tend, tent, tens / fract, fra(g) / fring / rupt / crete, cree(t), cern	486

Appendix I 기출 및 출제 예상 복합어   502

Appendix II 어휘 기출 선택지 빈도   508

Index 어원북·테마북   510

Orientation 1 영어어휘학습 10계명

다음에 제시되는 어휘 학습방법론을 숙지하고 적극 실천할 것을 권한다.

1st commandment

◆ **독해 문제를 풀 때, 절대로 어휘목록을 참조하지 마라!**

연구 결과에 의하면 읽기 자료의 95~98%를 커버하는 어휘를 알고 있다면 나머지 어휘는 몰라도 대의 파악이 가능하다고 한다. 이는 하나의 단락이 150단어라고 할 때 모르는 어휘가 3~8개 정도가 있더라도 대의와 핵심정보 파악에는 무리가 없다는 것이다. 모르거나 낯선 어휘가 나올 때마다 어휘목록을 참조하거나 사전을 찾게 되면 그때까지 읽어 온 글의 흐름이 무용지물이 된다. 지엽적인 나무를 살피느라 전체 숲을 놓치는 우를 범하지 말라!

2nd commandment

◆ **모르는 단어가 나오면 우선 무시하고, 정말 중요한 어휘라면 문맥으로 추론하라!**

우선 지문이해와 문제풀이에 지장이 있는지, 없는지 판단하라. 지장이 없으면 과감히 무시하고, 지장이 있다면 문맥을 적극적으로 활용하라. 처음에는 잘 안되더라도 절대 포기하지 말고 계속해야 한다. 아무리 열심히 영어어휘를 암기해도 시험 당일 모르는 어휘는 반드시 등장할 것이며, 실전 상황에서는 어떠한 도움도 받을 수 없기 때문이다. 무엇이든 그렇지만, 하면 할수록 추론 능력은 반드시 늘게 되어 있다.

다음 제시문에서 밑줄 친 atrophy가 어떤 의미일지 추론해보자.

> ... (생략) For example, prolonged trauma can cause atrophy of neurons in a brain region called the hippocampus, which is central to learning and memory, while causing expansion of neurons in the amygdala, a region critical to fear and anxiety.

• 문맥으로 추론하기 : prolonged trauma가 뉴런의 atrophy를 일으킨다는 내용(cause atrophy of neurons in)인데, 뒤이어 비슷한 구조의 어휘로 이루어진 causing expansion of neurons in이 접속사 while로 연결되어 나온다. 이는 atrophy가 expansion과 대조되는 뜻임을 짐작할 수 있게 한다. 실제로 atrophy는 '(혈액 부족으로 인한 신체 부위의) 위축(증)'을 의미한다.

해석 예를 들어, 정신적 외상이 오래 지속되면 학습과 기억의 중심이 되는 hippocampus라 불리는 뇌 부위에서의 신경 위축을 초래할 수 있으며, 반면에 두려움과 불안에 중요한 부위인 amygdala에서는 신경 확장을 초래할 수 있다.

3rd commandment

◆ **우선 필수접사부터 암기, 활용하라!** p.018

당연히 어휘는 암기가 필요하다. 그러나 그 많은 걸 어찌 무턱대고 외울 수 있겠는가? 우선 접두사, 접미사의 암기와 활용을 통해 외워야 할 어휘 수를 최대 5분의 1까지 줄여라! 대개, 어근의 앞에 붙는 접두사는 의미를 바꿔놓고, 뒤에 붙는 접미사는 품사를 바꿔 놓는다. 공시 대비를 위해 꼭 알아야 할 접사는 모두 다 합쳐 150개를 넘지 않는다. 그러나 이것은 수천 개의 어휘를 이해할 수 있게 해주는 막강한 위력을 발휘한다. 다음 기출 어휘들은 외울 단어가 아니라 이해해야 할 단어들이다.

eg. 밑줄 친 부분과 의미가 가장 가까운 것은? [2017 서울시_9급]

> Leadership and strength are <u>inextricably</u> bound together. We look to strong people as leaders because they can protect us from threats to our group.

· inextricably ← in(not)+ex(out of)+tric(obstacle)+abl(e)+y

① inseparably   ② inanimately   ③ ineffectively   ④ inconsiderately

해석 지도력과 힘은 함께 불가분하게 묶여 있다. 우리는 강한 사람들을 지도자로서 기대를 거는데 그들이 우리를 우리 집단에 대한 위협으로부터 보호해 줄 수 있기 때문이다.
① 불가분하게 ② 생명이 없이 ③ 헛되게 ④ 경솔하게

어휘 look to ~에 기대를 걸다, 돌보다, 주의를 기울이다   정답 ①

4th commandment

◆ **다음 단계로는 어근을 외워라!** p.023

공시 대비를 위해서는 필수어휘를 4개 이상 만들어 낼 수 있는 어근 326개가 필요하다. 이것이 접사와 조합되면 어휘 절반 이상이 단숨에 끝난다.

eg. 밑줄 친 부분의 의미와 가장 가까운 것은? [2018 국가직]

> Robert J. Flaherty, a legendary documentary filmmaker, tried to show how <u>indigenous</u> people gathered food.

· indigenous ← in(di)(in)+gen(give birth)+ous(형)

① native   ② ravenous   ③ impoverished   ④ itinerant

해석 전설적인 다큐영화 제작자인 Robert J. Flaherty는 어떻게 토착민들이 식량을 채집했는지를 보여주고자 노력했다.
① 토착의 ② 탐욕스러운 ③ 빈곤한 ④ 떠돌아다니는

어휘 legendary 전설적인, 아주 유명한   정답 ①

5th commandment

◆ **단어장은 '다의어'와 '혼동되기 쉬운 어휘'에 관한 것만 만들어라!**

모든 어휘를 단어장을 만들어 정리하는 것은 시간 대비 매우 비효율적인 방법이다. 그러나 전혀 뜻밖의 새로운 뜻을 지니고 있는 다의어와 혼동되기 쉬운 어휘는 별도의 정리를 통해 틈날 때마다 반복하는 것이 효율적이다.

eg. 다음 밑줄 친 단어의 풀이로 가장 적합한 것을 고르시오. [2010 기상직]

> I intend to move that our committee appoint Peter as chairman, and I hope that you will second my motion.

① propose ② leave ③ immigrate ④ impress

해석 저는 우리 위원회가 피터를 의장으로 임명하도록 제청할 생각인데, 당신께서 제 동의에 찬성해 주시길 바랍니다.
① (안건 등을) 제안하다 ② 떠나다 ③ 이민을 오다 ④ 인상을 주다

어휘 second motion 동의에 찬성하다   정답 ①

6th commandment

◆ **이해 가능한 표현은 암기대상에서 제외시켜라!**

두 개 이상의 단어가 모여 개별적인 의미의 조합으로는 이해가 불가한 '전혀 새로운 의미를 만들어 내는 표현'만 숙어로 간주하고 외워라. 외워야 할 단어도 많은데 조금만 생각해보면 당연히 하나의 뜻일 수밖에 없는 덩어리 표현들도 숙어라고 판단하여 무작정 암기하려 든다면 외워야 할 것이 너무나 많아지고, 더 문제인 것은 다 외울 수도 없다는 것이다.

eg. put up with vs. raise a question

7th commandment

◆ **복합어는 개별 의미의 조합으로 뜻을 만들어 내라!**

글 쓰는 사람이 얼마든 창의적으로 만들어 낼 수 있는 것이라 그냥 이해해주면 끝이다.

eg. (a)round-the-clock / one-size-fits-all / on a first-come-first-served basis

8th commandment

◆ 연어(連語, collocation) 등 말뭉치는 통째로 외워라!

우리말에도 '위험을 무릅쓰다'와 같이 특정 어휘끼리만 호응하는 표현이 있다. 영어도 마찬가지다. 이렇게 끼리끼리 어울리는 말뭉치를 연결하는 말, 즉 연어라 한다. 이것은 한 단어처럼 외워야 한다. 이것은 독해나 청해와 같은 수동적인 이해에는 얼핏 중요하지 않은 듯 보이지만 많이 알면 알수록 독해 속도를 높이는 데 도움이 된다.

eg. place an order / pay a visit / take a deep breath

9th commandment

◆ 좀처럼 외워지지 않는 것은 무작정 반복하지 말고 Mnemonics(기억술)을 활용하라!

시중에 여러 기억술이 소개되고 있지만 가장 효과가 높은 것은 어떤 기억술이냐가 아니라 본인이 직접 만든 것이어야 한다는 것이 학계의 여러 연구 결과가 보여주고 있다. 무작정 반복하는 것보다, 어휘와 의미를 연결시키려는 여러 인지적 활동을 하면 할수록 장기기억으로 빨리 이동시킬 수 있다.

• 외우려는 어휘의 발음과 비슷한 우리말을 찾아, 뜻의 공통된 속성을 찾는다.
e.g. core 명 1. 중심부 2. 핵심 3. (과일의) 속, 심 + (얼굴의) 코 → '코'는 얼굴의 '중심'에 위치
• 외우려는 어휘의 발음과 비슷한 우리말을 찾아, 둘을 결합한 이미지를 머릿속에 떠올린다.
e.g. core 명 1. 중심부 2. 핵심 3. (과일의) 속, 심 + (얼굴의) 코 → 코 위에 과일 심을 얹고 중심을 잡으려는 사람
• 외우려는 어휘의 뜻에 해당하는 주변의 것을 매칭한다.
e.g. stingy 명 인색한 → 주변 인물이나 알고 있는 인물 중, '인색한' 사람을 떠올리며 stingy OOO을 되뇌어본다. (stingy Scroogy (인색한 스크루지 영감))

10th commandment

◆ 독해 학습을 병행하라!

어휘 학습을 진행하면서 본인에게 너무 어렵지 않은 수준의 자료로 독해를 병행하면 학습한 어휘가 자연히 장기기억으로 가는 데 도움을 받을 수 있다. 100단어짜리 읽기 자료라면 모르는 어휘 수가 5개를 넘지 않는 것을 선택하는 것이 좋다. 모르는 어휘는 먼저 문맥으로 추론해야 하는 것도 잊지 말자. 진정한 어휘력이란 무엇인가? 어휘력은 개별적으로 그 뜻을 알고 있느냐 아니냐가 아니라 맥락에 맞게 이해하는 능력이 있느냐를 의미하는 것이다. 이는 반드시 다양한 문맥을 통해 꾸준히 연마해야 길러지는 것임을 강조하는 바이다.

eg. 다음 밑줄 친 단어의 의미와 가장 가까운 것은? [2019경찰1차]

> Defeat at this stage would <u>compromise</u> their chances of reaching the finals of the competition.

• compromise 타협하다; (원칙 등을) 굽히다, 양보하다; ~을 위태롭게 하다
① rate   ② fancy   ③ reduce   ④ squander

해석 이 단계에서 지면 그들의 대회 결승전 진출 가능성이 위태로워질 수 있다.
① 평가하다 ② 원하다 ③ 줄이다 ④ 낭비하다   정답 ③

Orientation 2 영어어휘학습법

1 접사 학습법

strategy 1 어휘의 생성 원리를 이해한다.

> **ir resist ible** 저항할 수 없는; 불가항력적인
> 접두사 + 어근 + 접미사

어근(word stems)은 접사(affixes)와 조합하여 어휘가 된다. 어근은 어휘 의미의 중심이 되는 것이고, 접사가 붙어 의미나 기능(품사)이 변화된다. 어근을 익히면 어휘 의미를 파악하기가 한층 쉬워진다.

strategy 2 필수 접사를 통해 이해할 수 있는 어휘의 폭을 넓힌다.

대부분의 어휘는 접사가 붙어 의미나 기능(즉, 품사)이 변화되므로 필수 접사의 뜻과 기능을 알아두면 이해할 수 있는 어휘의 수가 폭발적으로 늘어난다.

interpret	동 (의미를) 해석하다; 통역하다
interpretation	명 해석, 설명, 이해
interpretative	형 해석상의
misinterpret	동 잘못 해석하다, 왜곡하다
misinterpretation	명 오해, 오역
reinterpret	동 재해석하다, 새롭게 해석하다
reinterpretation	명 재해석

단숨에 어휘력을 늘려주는 필수 접사

Prefix	Meaning	Example		Other forms
a-	not	**amoral**	a+moral(도덕적인) → 도덕 관념이 없는	an-
	away	**avocation**	a+vocation(직업) → 부업	
ab-	off	**abnormal**	ab+normal(정상적인) → 비정상적인	
ad-	toward	**advertise**	ad+vertise((주의를) 돌리다) → 광고하다	a-, ac-, af-, ag-, al-, an-, ap-, as-, at-
ambi-	both ways	**ambiguous**	ambi+guous(몰고 가는) → 애매모호한	
ana-	according to	**analogy**	ana+logy(말, 이야기) → 비유, 유사점	
ante-	before	**antecede**	ante+cede(가다) → (~에) 선행하다	anci-, anti-
anti-	against	**antibacterial**	anti+bacterial(세균의) → 항균의	
apo-	apart	**apology**	apo+logy(말) → 사과, 사죄	
auto-	self	**autograph**	auto+graph(쓰다) → 자필서명	
be-	make	**belittle**	be+little(작은) → 얕보다	
ben(e)-	good	**benevolent**	bene+volent(바라다) → 호의적인	
bi-	two	**biweekly**	bi+weekly(주 단위로) → 격주로	di-
cata-	down	**catastrophe**	cata+strophe(뒤집다) → 재앙	
circum-	around	**circumspect**	circum+spect(보다) → 신중한, 조심성 있는	circ-
co-	together	**cooperation**	co+operation(운영, 활동) → 협동	con-, com-, col-, cor-
con-	강조	**conceal**	con+ceal(숨기다) → 숨기다	col-, com-, cor-,
contra-	against	**contradict**	contra+dict(말하다) → 반박하다; 모순되다	counter-, contro-

de-	under	depress	de+press(누르다)→ 침체시키다	
	off, apart	decode	de+code(암호)→ 암호[부호]를 풀다	
	from	depart	de+part(나누다)→ 출발하다	
	undo	dehydrate	de+hydrate(수화(水化)시키다)→ 건조시키다	
	강조	devastate	de+vastate(황폐화하다)→ 완전히 파괴하다	dis-
di-	aside	diverse	di+verse(방향을 돌리다)→ 다양한	
dia-	across	diameter	dia+meter(측정)→ 지름	
dis-	not	discontinue	dis+continue(계속하다)→ 중단하다	de-
dis-	off, away	dispose	dis+pose(놓다)→ (~을) 없애다 ((of))	dif-
du-	two	duplicate	du+plicate(접어 포개다)→ 복제하다	
dys-	bad	dysfunction	dys+function(기능)→ 기능 장애, 역기능	
en-	make	ensure	en+sure(확실한)→ 보장하다	em-, im-
enter-	between	entertain	enter+tain(잡고 있다)→ 즐겁게 해 주다	
epi-	among	epidemic	epi+demic(사람들)→ 전염병, 유행(병)	
	on, near	epicenter	epi+center(중심)→ (지진의) 진앙	ep-
eu-	well	eulogy	eu+logy(말하다)→ 찬사	
ex-	out	expose	ex+pose(놓다)→ 노출시키다	e-, ec-, ef-
ex-	강조	exaggerate	ex+ag(to)+gerate(나르다)→ 과장하다	ob-
extra-	out	extraordinary	extra+ordinary(평범한)→ 비범한	extro-
for-	against	forbid	for+bid(명령하다)→ 금지하다	
fore-	before	foretell	fore+tell(말하다)→ 예언하다	
hemi-	half	hemisphere	hemi+sphere(구(球))→ 반구	semi-
hyper-	over	hypersensitive	hyper+sensitive(예민한)→ 과민한	
hypo-	under	hypothesis	hypo+thesis(명제, 논문)→ 가설	
in-	not	incurable	in+curable(치료 가능한)→ 불치의	im-, il-, ir-
	in	intake	in+take(취하다)→ 섭취(량)	im-
	강조	incandescent	in+candescent(백열의)→ 백열성의	
infra-	beneath	infrastructure	infra+structure(구조)→ 사회 기반 시설	
inter-	between	international	inter+national(국가의)→ 국제적인	
intra-	within	intranet	intra+net(망)→ 인트라넷((컴퓨터를 연결하는 내부 통신망))	
intro-	within	introduce	intro+duce(이끌다)→ 도입하다	intra-
mal(e)-	bad	malnutrition	mal+nutrition(영양)→ 영양실조	
mis-	bad	misuse	mis+use(사용하다)→ 오용하다	
mono-	one	monotony	mono+tony(소리)→ 단조로움	
multi-	many	multiply	multi+ply(겹[배]의)→ 곱하다, 증가하다	poly-
non-	not	nonsense	non+sense(감각, 일리)→ 터무니없는 생각, 난센스	
ob-	against	object	ob+ject(던지다)→ (~에) 반대하다 ((to))	op-, oc-
	toward	obtrude	ob+trude(던지다)→ 끼어들다	oc-, of-, op-
	in front of	observe	ob+serve(지키다)→ 관찰하다, 지키다	
	강조	obtain	ob+tain(잡고 있다)→ 얻다, 구하다	
omni-	all	omnipotent	omni+potent(강한)→ 전능한	
out-	out	outcome	out+come(오다)→ 결과	ut-
out-	beyond	outlive	out+live(살다)→ ~보다 오래 살다	

Orientation 2 영어어휘학습법

over-	over	**overtake**	over+take(잡다) → 따라잡다	
	too much	**overconfident**	over+confident(자신감 있는) → 자만하는	
para-	beside	**parameter**	para+meter(재다) → (일정한) 한도	**par-**
	defense against	**parasol**	para+sol(태양) → 파라솔	
per-	through	**permit**	per+mit(보내다) → 허락하다	
	away	**perjury**	per+jury(맹세하다) → 위증(죄)	
	강조	**peruse**	per+use(이용하다) → 정독하다	
peri-	around	**peripheral**	peri+pheral(나르다) → 주변적인, 지엽적인	
post-	after	**postscript**	post+script(쓰다) → 추신	
pre-	before	**premature**	pre+mature(성숙한) → 조숙한; 때 이른	
pro-	before	**proposition**	pro+position(놓인 상태) → 제안	**pur-**
	강조	**profound**	pro+found(밑바닥) → 심오한	
re-	back	**repay**	re+pay(지불하다) → 갚다	**retro-**
	again	**renew**	re+new(새로운) → 갱신하다	
	강조	**represent**	re+present(있는) → 대표하다	
sub-	under	**subconscious**	sub+conscious(의식하고 있는) → 잠재의식의	**suf-, sug-, sup-, sus-**
super-	over, above	**supernatural**	super+natural(자연적인) → 초자연적인	**sover-**
sur-	over	**surface**	sur+face(표면) → 표면	
syn-	the same	**synchronize**	syn+chronize(시간) → 동시화하다	**sym-**
tele-	far	**telescope**	tele+scope(보는 기기) → 망원경	
trans-	moving	**transform**	trans+form(형성시키다) → 변형시키다	
	beyond	**transfigure**	trans+figure(형태) → (더 아름답게) 변모시키다	
tri-	three	**triple**	tri+ple(겹[배]의) → 세 배(로 증가하다)	
un-	not	**unbearable**	un+bearable(참을 수 있는) → 참을 수 없는	**um-**
under-	under	**underlying**	under+lying(있는) → 근본적인	
	too little	**underestimate**	under+estimate(평가하다) → 과소평가하다	
ultra-	beyond	**ultrasound**	ultra+sound(소리) → 초음파	
uni-	one	**uniform**	uni+form(형태) → 제복; 획일적인	**sol-, sing-**
with-	back	**withdraw**	with+draw(끌다) → 인출[철수, 철회]하다	

Suffix	Function	Example	
-able	Adjective	**affordable**	afford(~할 여유가 되다)+able → 감당할 수 있는
-acious	Adjective	**pugnacious**	pugn(acity)(호전성)+acious → 호전적인
-(a)cy	Noun: action	**literacy**	liter(ate)(읽고 쓸 줄 아는)+acy → 읽고 쓸 줄 앎
-ade	Noun	**barricade**	barri(er)(장벽)+ade → 바리케이드, 장애물
-age	Noun	**coverage**	cover(덮다, 다루다)+age → 보도, 범위
-al	Noun: action	**approval**	approv(e)(승인하다)+al → 승인
-an	Noun: doer	**artisan**	artis(try)(기교)+an → 장인
-ance	Noun: action	**performance**	perform(행하다)+ance → 수행
-ant	Adjective	**hesitant**	hesit(ate)(주저하다)+ant → 주저하는
-ant	Noun: doer	**consultant**	consult(상담하다)+ant → 상담가
-ar	Adjective	**similar**	simil(ize)(직유를 사용하다)+ar → 유사한
-ar(y)	Adjective	**customary**	custom(관습)+ary → 관습적인
-ary	Noun: doer	**missionary**	mission(선교)+ary → 선교사
-ate	Noun	**doctorate**	doctor(박사)+ate → 박사학위
-ate	Verb	**necessitate**	necessit(y)(필수)+ate → 필수화하다
-ate	Adjective	**passionate**	passion(열정)+ate → 열정적인
-atic	Adjective	**dramatic**	dram(a)(드라마/극)+atic → 극적인
-(a)tion	Noun: action	**consideration**	consider(고려하다)+ation → 고려
-ative	Adjective	**imaginative**	imagin(e)(상상하다)+ative → 상상력이 풍부한
-ce	Noun	**diligence**	diligen(t)(부지런한)+ce → 근면
-c(u)le	Noun	**particle**	parti(나누다)+cle → 입자
-dom	Noun	**freedom**	free(자유로운)+dom → 자유
-ed	Adjective	**armed**	arm(무장하다)+ed → 무장한
-ee	Noun: doer	**employee**	employ(고용하다)+ee → 피고용인
-eer	Noun: doer	**mountaineer**	mountain(산)+eer → 산악인
-en	Verb	**weaken**	weak(약한)+en → 약화시키다
-ence	Noun: action	**preference**	prefer(선호하다)+ence → 선호
-ency	Noun: state	**emergency**	emerg(e)(나오다)+ency → 비상(사태)
-ent	Adjective	**dependent**	depend(의존하다)+ent → 의존적인
-ent	Noun: doer	**respondent**	respond(응답하다)+ent → 응답자
-er	Noun: doer	**manufacturer**	manufactur(e)(제조하다)+er → 제조업자
-er	Verb	**batter**	batt(치다)+er → (계속) 두드리다, 때리다
-ern	Adjective	**northern**	north(북쪽)+ern → 북부의
-esce	Verb	**coalesce**	coal(ition)(연합)+esce → 합치다
-et	Noun	**facet**	fac(e)(얼굴)+et → 양상
-(e)ty	Noun: action	**anxiety**	anxi(ous)(걱정하는)+ety → 걱정
-ful	Adjective	**respectful**	respect(존경하다)+ful → 공손한
-hood	Noun	**adulthood**	adult(성인)+hood → 성인기
-hood	Noun	**neighborhood**	neighbor(이웃)+hood → 이웃
-ible	Adjective	**visible**	vis(보다)+ible → 볼 수 있는
-ial	Adjective	**racial**	rac(e)(인종)+ial → 인종의
-ian	Noun	**mathematician**	mathematic(수학의)+ian → 수학자
-ic	Adjective	**periodic**	period(주기)+ic → 주기적인
-ical	Adjective	**typical**	typ(e)(유형)+ical → 전형적인

Orientation 2

영어어학습법

접미사	품사	예시	분석
-ice	Noun	justice	just(공정한)+ice → 정의
-ics	Noun	economics	econom(y)(경제)+ics → 경제학
-id	Adjective	humid	hum(젖다)+id → 습기 찬
-ify	Verb	classify	class(등급)+ify → 분류하다
-ile	Adjective	tactile	tact(만지다)+ile → 촉각의
-ile	Noun	textile	text(천을 짜다)+ile → 직물, 옷감
-ility	Noun	humility	hum(땅)+ility → 겸손
-ine	Noun	routine	rout(e)(길, 경로)+ine → 일상
-ing	Adjective	promising	promis(e)(~일 것 같다)+ing → 유망한
-ion	Noun: action	inspection	inspect(조사하다)+ion → 조사
-ish	Adjective	yellowish	yellow(노랑)+ish → 노르스름한
-ish	Verb	publish	publ(ic)(대중)+ish → 출판하다
-ism	Noun	professionalism	professional(전문가)+ism → 전문가 기질
-ist	Noun: doer	motorist	motor(자동차)+ist → 운전자
-ite	Adjective	opposite	oppos(e)(반대하다)+ite → 반대의
-ity	Noun: action	security	secur(e)(안전한)+ity → 안전
-ive	Adjective	defective	defect(결함)+ive → 결함이 있는
-ive	Noun: doer	representative	represent(대표하다)+(at)ive → 대표자; 직원
-ize	Verb	penalize	penal(ty)(처벌)+ize → 처벌하다
-less	Adjective	countless	count(세다)+less → 무수한
-like	Adjective	childlike	child(어린이)+like → 어린애 같은; 천진한
-ly	Adverb	quickly	quick(빠른)+ly → 빠르게
-ly	Adjective	costly	cost(비용)+ly → 비싼
-ment	Noun: action	achievement	achieve(성취하다)+ment → 성취
-mony	Noun: state	testimony	testi(목격하다)+mony → 증언, 증거
-ness	Noun: action	illness	ill(아픈)+ness → 질병
-ology	Noun: study	sociology	soci(al)(사회의)+ology → 사회학
-or	Noun: doer	operator	operat(e)(작동하다)+or → 작업자; 기사
-ory	Adjective	satisfactory	satisfact(ion)(만족)+ory → 만족스러운
-ose	Adjective	verbose	verb(al)(말의)+ose → 장황한
-ous	Adjective	various	vary(다양하다)+ous → 다양한
-ry	Noun: action	bravery	brave(용감한)+ry → 용감함
-ship	Noun	membership	member(회원)+ship → 회원자격
-some	Adjective	lonesome	lone(혼자인)+some → 외로운
-some	Noun	twosome	two(둘)+some → 한 쌍, 2인조
-ster	Noun: doer	minister	mini(작은)+ster → 장관; 목사
-th	Noun: action	width	wid(e)(넓은)+th → 폭; 너비
-(t)ory	Noun	lavatory	lava(씻다)+tory → 화장실
-tude	Noun: state	gratitude	grati(기쁘게 하다)+tude → 감사
-(u)al	Adjective	intellectual	intellect(지성)+ual → 지적인
-ure	Noun: action	pressure	press(누르다)+ure → 압력
-ward	Adverb	forward	fore(앞에)+ward → 앞으로
-wise	direction	clockwise	clock(시계)+wise → 시계방향으로
-y	Adjective	healthy	health(건강)+y → 건강한
-y	Noun: action	recovery	recover(회복되다)+y → 회복

2 어근 학습법

strategy 1 어근의 뜻을 중심으로 어휘를 암기한다.

공무원 어휘 시험을 위해서는 아는 어휘를 서너 배 이상 늘려주는 어근을 학습해야 하며 겨우 한두 개 정도의 어휘를 만들어내는 어근까지 학습하는 것은 비효율적이다.

anim = life
animation 명 생기; 만화 영화
animate 동 생기를 불어넣다 형 살아있는, 생물의
inanimate 형 무생물의; 활기 없는
animism 명 애니미즘(만물에 영혼이나 생명이 있다는 믿음)

strategy 2 326개 어근으로 2500개의 단어를 자동 암기한다.

Roots	Meanings	Example	Page
ac, acumin	sharp, point	acute(극심한, 심각한) → acute(sharp)	229
act; ag, ig	do; drive	inactive(활동하지 않는, 활발하지 않은) → in(not)+act(do)+ive(형)	288
aer(o)	air	aerospace(항공우주산업) → aero(air)+space(우주)	091
ali, all	other	alien(다른, 외계의) → ali(other)+en(형)	450
alt(i), haught, hance	high	altitude(고도) → alti(high)+tude(명)	464
alter, altru, ulter	other	alternate(번갈아 하다, 번갈아 나오는) → altern(other)+ate(동)(형)	451
am(i), (i)mi; phil(o)	love	amiable(상냥한) → ami(love)+able(형)	164
amb(u)l	walk	amble(느긋하게 걷다) → amble(walk)	272
anim	life, breath; mind	animate(생기를 불어넣다) → anim(life, breath)+ate(동)	047
ann(u), enn, en; journ	year; day	annal((1년간의) 기록) → ann(year)+al(명) journal(일기) → journ(day)+al(명) → 매일 기록하는 것	251
ar(i)d; flam, flagr	dry; burn	ardent(열렬한, 열정적인) → ard(dry, burn)+ent(형) inflame(불태우다) → in(in)+flame(burn)	094
arm	arm, weapon	armo(u)r(갑옷, 철갑) → arm(무장하다)+or(명)	392
art	skill, craft	artisan(장인(匠人)) → artis(skill)+an(명)	409
aster, astro; stell	star	astrology(점성술) → astro(star)+logy(명)	099
aur; aud	ear; hear	aural(귀의, 청각의) → aur(ear)+al(형) audible(들을 수 있는, 잘 들리는) → aud(hear)+ible(형)	144
ban	forbid	abandon(버리다, 유기하다) → a(at, to)+ban(don)(forbid)	080
bar(r)	bar; prevent	barricade(바리케이드, 장애물) → barric(bar)+ade(명)	210
bas	low	abase((지위 등을) 떨어뜨리다) → a(to)+base(low)	377
bat; flict; cuss	strike, shake	combat(전쟁, 싸움) → com(with)+bat(strike) conflict(갈등) → con(together)+flict(strike) percussion(타격, 충격) → per(through)+cuss(strike)+ion(명)	390
bi(o)	life	biorhythm(생체 리듬) → bio(life)+rhythm(규칙적인 변화)	046
bind, band, bond, bund	bind	bandage(붕대) → band(bind)+age(명)	488
c(h)ant, cent	sing, song	enchant((~에) 마술을 걸다) → en(in)+chant(sing)	199
calcul; rat	reckon, calculate	calculate(계산하다) → calcul(reckon)+ate(동) ratio(비율) → rat(calculate)+io(명)	246

어근	의미	예시	쪽
cap(e), capit, cip	head	capital(수도) → capit(head)+al(형)	257
cap(t), cup	take, seize	capture(포획) → capt(take, seize)+ure(명)	429
cardi, cou(r), cor(d)	heart	cardiac(《의학》 심장(병)의) → cardi(heart)+ac(형)	261
cast	throw	forecast(예보, 예측) → fore(before)+cast(throw)	382
cau	see, observe	precaution(예방 (조치), 조심) → pre(before)+cau(observe)+tion(명)	143
ceed, ced(e), ces(s)	go	proceed((특정 방향으로) 가다, 향하다) → pro(forward)+ceed(go)	338
cel(er)	swift; high	celerity((행동의) 신속함, 민첩함) → celer(swift)+ity(명)	301
cept, ceive, cip	take, seize	accept(받아들이다) → ac(to)+cept(take)	426
chron, temp(or)	time, age	chronicle(연대기) → chron(time)+icle(명)	250
cit	call	resuscitate(소생시키다) → re(again)+sus(under)+cit(call)+ate(동)	198
civi(l)	citizen, people	civilize(문명화하다) → civil(citizen, people)+ize(동)	059
cla(i)m	cry out, shout	exclaim(소리치다) → ex(out)+claim(cry out)	200
clin; flex, flect	bend	incline(기울[이]다) → in(into)+cline(bend) flexible(잘 구부러지는, 유연한) → flex(bend)+ible(형)	230
clos, clud, clus	shut, block up	closure(폐쇄) → clos(shut)+ure(명)	398
commun(ic)	common	communal(공동의) → commun(common)+al(형)	449
corp(or)	body	corporal(신체(의)) → corpor(body)+al(형)(명)	256
cover, cur; ce(a)l, cul; crypt; tect	hide, cover	coverage(보도[방송], 범위) → cover(cover)+age(명) cryptogram(암호) → crypto(hide, cover)+gram(word, letter) detect(발견하다) → de(un, off)+tect(hide, cover)	116
cracy; arch	rule, government; lead, rule	autocracy(독재 정치) → auto(self)+cracy(rule, government) monarchy(군주제) → mon(alone)+arch(lead, rule)+y(명)	058
cre, cru	grow	increase(증가하다) → in(on)+crease(grow)	459
cred	believe, trust	credible(믿을 수 있는) → cred(believe)+ible(형)	124
crete, cree(t), cern	separate, distinguish	discrete(별개의) → dis(off)+crete(separate)	501
crimin	crime	criminal(범죄의, 범죄자) → crimin(crime)+al(형)(명)	077
cu(m)b	lie down	recumbent(누워 있는) → re(back)+cumb(lie down)+ent(형)	272
cur(e)	take care	secure(안전하게 지키다) → se(apart)+cure(take care)	438
cur(s), cour(s), co(u)r	run	current(현재의) → curr(run)+ent(형)	282
dam(n), demn	harm	indemnify(배상하다, 보상하다) → in(not)+demn(harm)+ify(동)	207
dic(t)	tell, say	predict(예측하다) → pre(before)+dict(tell, say)	182
dign, dain	worthy	dignity(위엄, 품위) → dign(worthy)+ity(명)	222
doc; duc, du	teach; lead	doctrine(교리) → doctr(teach)+ine(명) educate(가르치다) → e(out)+duc(lead)+ate(동)	415
dol	grieve, suffer	condole(애도하다, 조의를 표하다) → con(together)+dole(grieve)	157
dom; eco	home, house	domestic(국내의) → domes(home, house)+tic(형) ecology(생태학) → eco(home, house)+logy(명)	061
don, dot, dos, dow, dat	give	donate(기부하다) → don(give)+ate(동)	364
dur	last, hard	durable(내구성이 있는, 오래가는) → dur(last)+able(형)	359
electr(o)	electric	electric(al)(전기의) → electr(electric)+ic(형)	098
empl, (e)mpt, eem, om	take, buy	exemplar(모범, 전형) → ex(out)+empl(take)+ar(명)	434

ent, est, ess	be	essential(필수적인)→essent(be)+ial(형)(명)	104
equ(al), egal, equi(t), iqu	equal	equality(평등)→equal(평등한)+ity(명)	443
fa(b), fam, fan, fess	speak, talk	preface(서문)→pre(before)+face(speak)	184
fac(e)	face	faceless(특징[얼굴] 없는, 정체불명의)→face(face)+less(없는)	258
fac	make, do	manufacture(제조하다)→manu(hand)+fact(make)+ure(명)	472
fea	make, do	feature(특징)→feat(make)+ure(명)	474
fec	make, do	effect(영향을 미치다)→ef(out)+fect(make)	473
fenc, fend, fens	strike, hit	defend(방어하다)→de(off, away)+fend(strike, hit)	388
fer	carry, bear	transfer(이동하다)→trans(across, beyond)+fer(carry)	418
fi(c), fei	make, do	efficient(능률적인)→ef(out)+fici(make)+ent(형)	475
fid, fy, fi; feder	trust, faith; league	confide(믿다, 신뢰하다)→con(강조)+fide(trust) federate((조직 등이) 연합하다)→feder(league)+ate(동)	126
fin	end, limit, border	final(최종의, 결승전)→fin(end)+al(형)(명)	479
flat	blow	inflate((공기나 가스로) 부풀다[부풀리다])→in(into)+flate(blow)	239
flu(x)	flow	fluid(유동체의)→flu(flow)+id(형)	304
forc, fort, firm; pow, pot	strong; powerful	comfort(위안하다)→com(강조)+fort(strong) potent(강력한)→pot(powerful)+ent(형)	267
form; fig; morph	form	reform(개혁하다, 개선하다)→re(again)+form(form) prefigure(예시(豫示)하다)→pre(before)+fig(form)+ure morphology((생물) 형태학)→morph(form)+ology(명)	226
fract, fra(g), fring	break	fracture(골절)→fract(break)+ure(명)	498
front	forehead, face	frontal(정면의, 앞면의)→front(forehead, face)+al(형)	259
funct	perform	function(기능)→funct(perform)+ion(명)	481
fus, found, fut, fund	pour, melt	diffuse(분산된, 널리 퍼진)→dif(apart)+fuse(pour)	400
gen, gn	(give) birth; race, kind	progeny(자손)→pro(forth)+gen(give birth)+y(명)	041
geo; terr	earth	geology(지질학)→geo(earth)+logy(명) terrestrial(지구의)→terrestri(earth)+al(형)	088
gest, gist, ger	carry, bear	digest(소화하다)→di(apart)+gest(carry)	420
grad, gred, gress	go	gradual(점진적인)→gradu(go)+al(형)	342
grand	great, large	grandiose((너무) 거창한, 과장된)→grandi(great, large)+ose(형)	215
graph, gram	write	autograph((~에) 사인을 해주다)→auto(self)+graph(write)	169
grav, griev	heavy	gravity(중력)→grav(heavy)+ity(명)	213
gree, grac, grat	pleasing, favor	gratify(기쁘게 하다, 만족시키다)→grat(pleasing)+ify(동)	160
greg	flock, gather	congregate(모이다)→con(together)+greg(flock, gather)+ate(동)	067
habit; hibit	live; hold	inhabit(거주하다)→in(in)+habit(live) inhibit(억제하다)→in(in)+hibit(hold)	049
he(i)r	heir, inherit	inherit(상속하다)→in(in)+herit(heir, inherit)	360
her, hes	stick	adhere(들러붙다, 부착되다)→ad(to)+here(stick)	404
hum	man; earth	humankind(인류)→human(man)+kind(종류, 유형)	090
it	go, journey	exit(나가다)→ex(out)+it(go)	344
ject, jac	throw	eject(쫓아내다)→e(out)+ject(throw)	380
join, junct, jug	join	adjoin(인접하다)→ad(to)+join(연결하다)	492

어근	의미	예시	쪽
jur(e)	swear	conjure(기원하다, 간청하다) → con(together)+jure(swear)	206
just, jud, jur(is); leg	right, law	unjust(불공평한, 부당한) → un(not)+just(right, law) legislator(입법자) → legis(right, law)+lator(제안자, 제청자)	074
labor	work	collaborate(협력하다) → col(together)+labor(work)+ate(동)	478
lat	bear, carry	translate(번역하다) → trans(across, beyond)+late(bear, carry)	421
later	side	lateral(옆의, 측면의) → later(side)+al(형·명)	376
lav, lu, lau	wash	lavatory(변기, 화장실) → lavat(wash)+ory(명)	305
lax, leas, la(n)g	loose, allow	relax(휴식을 취하다) → re(back)+lax(loose, allow)	112
lect, lig	choose, gather	elect(선출하다) → e(out)+lect(choose)	436
leg	send	delegate(대표(자)) → de(from, away)+legate(send)	350
levi(t), liev, lev	raise, light	elevate(들어올리다) → e(out)+lev(raise)+ate(동)	461
lic(t), linqu	leave	relic(유물, 유적) → re(back)+lic(leave)	106
line, lign; range	line	linear((직)선의, 직선의) → line(line)+ar(pertaining to) derange(흐트러뜨리다, 어지럽히다) → de(opposite)+range(line)	228
lingu; leg	tongue, language; read	lingual(혀의) → lingu(tongue)+al(형) legible((글자가) 읽을[알아볼] 수 있는) → leg(read)+ible(형)	168
liter	letter(s)	literate(읽고 쓸 줄 아는) → liter(letter)+ate(형)	175
loc	place	allocate(할당하다) → al(to)+loc(place)+ate(동)	374
locut, loqu; lect	speak, tell	interlocutor(대담자, 대화 상대) → inter(between)+locut(speak)+or(명) analects(어록(語錄)) → ana(up)+lect(speak)+s(~들)	189
log(ue)	speak, speech, word	dialog(ue)(대화, 문답) → dia(between)+log(ue)(speech)	186
long	long	prolong(연장하다, 늘이다) → pro(forth)+long(long)	212
lud, lus	play	prelude((음악) 서곡, 전주곡) → pre(before)+lude(play)	311
lumin; lust, luc	light	illuminate((~에 불을) 비추다) → il(in)+lumin(light)+ate(동) translucent(반투명한) → trans(through)+luc(light)+ent(형)	096
ly, li, lig	bind	ally(동맹국) → al(to)+ly(bind)	489
ma(i)n, mn	stay	immanent(내재하는) → im(in)+man(stay)+ent(형)	107
macro; micro	large; small	macrocosm(대우주, 총체(많은 더 작은 부분으로 이뤄진 크고 복잡한 구조의 것)) → macro(large)+cosm(world) microscopic(미세한) → micro(small)+scop(look at)+ic(형)	217
magn(i), mega, maj	great, large	magnify(확대하다) → magni(great)+fy(동)	215
man(u)	hand	manual(손으로 하는, 육체노동의) → manu(hand)+al(형)	262
mand	order	command(명령하다) → com(강조)+mand(order)	201
mar; hydr(o); aqua	sea; water	submarine(잠수함) → sub(under)+marine(바다의, 해양의) hydrate(수화(水化)시키다) → hydr(water)+ate(동) aquatic(수생의, 물속에서 사는) → aqua(water)+tic(형)	092
max; min(i), minu	greatest; smallest, small	maxim(격언, 금언) → maxim(greatest) minor(중요치 않은, 경미한) → min(small)+or(형)	218
medi, mid; cent(e)r	mid, middle; center	mediate(중재하다) → medi(middle)+ate(동) centralize(중앙집권화하다) → central(center)+ize(동)	467
mem(or), mne(s)	remember	memorable(기억할 만한, 인상적인) → memor(remember)+able(형)	123
mend; culp	fault; blame	amend((법 등을) 개정하다, 수정하다) → a(out)+mend(fault) exculpate(무죄를 입증하다) → ex(out of)+culp(fault, blame)+ate(동)	079

어근	의미	예시	페이지
ment, min, mon(it)	mind; warn; remind	demented((걱정되어) 미친 듯이 구는, 이성을 잃은) → de(away)+ment(mind)+ed(형)	120
merg, mers	dip	emerge(나오다) → e(out)+merge(dip)	306
met(e)r, mens	measure	diameter(지름) → dia(across)+meter(measure)	442
mit, mis(s)	send	emit((빛, 가스, 냄새 등을) 발산하다, 내뿜다) → e(out)+mit(send)	350
mor	good conduct	moral(도덕상의) → mor(customs, manners, morals)+al(형)(명)	070
mort	death	immortal(죽지 않는) → im(not)+mort(death)+al(형)	052
mount	hill	mountainous(산악의) → mountain(hill)+ous(형)	466
mov, mob, mot, mom; migr	move	mobile(이동하는) → mob(move)+ile(형) migrate(이주하다) → migr(move)+ate(동)	456
mut; var	change	mutable(변할 수 있는, 잘 변하는) → mut(change)+able(형) various(여러 가지의, 다양한) → var(y)(change)+ious(형)	108
nat, nasc, naiss	be born	native(토박이의) → nat(be born)+ive(형)	040
nect, nex	bind	connect(연결하다) → con(with)+nect(bind)	488
neg	deny, not	negate(부인하다) → neg(deny)+ate(동)	179
new, nov	new	renew(재개하다) → re(again)+new(new)	253
noc, nox, nic; cide	harm, death; kill	nocuous(유해한, 유독한) → nocu(harm, death)+ous(형) homicide(살인) → homi(man)+cide(kill)	078
nomin, nomer; onym	name; word, name	nominal(명목상의, 이름뿐인) → nomin(name)+al(형) synonym(동의어, 유의어) → syn(together, same)+onym(word, name)	064
norm; reg, reig	standard, rule; rule	normal(보통의) → norm(standard, rule)+al(형) regular(규칙적인) → regul(rule)+ar(형)(명)	070
not(e)	note, mark	notate(기록하다, 악보에 적다) → not(note, mark)+ate(동)	130
nounce, nunci	shout	announce(발표하다) → an(to)+nounce(shout)	193
nour, nurs, nurt, nutri	raise; feed	nurture(양육(하다)) → nurt(raise)+ure(명)	066
nul(li), na, no, ne, n(ih)il	not, none, nothing	nullify(무효화하다) → nulli(not)+fy(동)	452
numer	number	numeral(숫자) → numer(number)+al(명)	242
od, ol	smell	malodo(u)r(악취, 고약한 냄새) → mal(bad)+odor(smell)	147
op(t); ocul	eye, see	optic(눈의, 시력의) → opt(eye)+ic(형) ocular(눈의, 안구의) → ocul(eye, see)+ar(형)	260
or	speak, mouth	orator(연설가) → ora(speak)+tor(명)	192
ord, ordin	order	disorder(무질서, 혼란) → dis(not)+order(order)	202
ori, ort	arise, rise	orient(동양(의)) → ori(rise)+ent(명)(형)	463
ox(y)	acid	oxygen(산소) → oxy(acid, sharp)+gen(명)	100
par, peer, pire	equal	parity(동등함) → par(equal)+ity(명)	446
pa(i)r, pir, per	make ready, order	prepare(준비하다) → pre(before)+pare(make ready)	300
part	divide, part	partial(부분적인, 불완전한) → part(divide)+ial(형)	248
pas(s)	step, walk, pass	passage(통로) → pass(step)+age(명)	273
pass, pati; path(o)	feeling, suffering, disease	patient(환자) → pati(suffering)+ent(형) sympathy(공감, 찬성) → sym(together)+path(feeling)+y(명) → 함께 느낌	154
pat(e)r; mat(e)r	father; mother	patrilineal(부계(父系)의) → patri(father)+lineal(직계의) matrilineal(모계의) → matri(mother)+lineal(직계의)	063

어근	의미	예시	페이지
ped(e), pedi, fet	foot; fetter	pedestrian(보행자(의)) → pedestr(foot)+ian(명)(형)	264
pel, puls, peal	drive, strike	expel(퇴학시키다) → ex(out)+pel(drive)	291
pen, pun; veng	punish; regret	penalty(처벌, 형벌) → pen(punish)+al(형)+ty(명)	081
pend, pen(s)	hang	suspend(매달다) → sus(under)+pend(hang)	402
pens, pend	pay	expense(지출, 비용) → ex(out)+pense(pay)	365
pet	seek, ask for, rush	perpetual(끊임없이 계속되는, 영원한) → per(through)+pet(seek)+ual(형)	298
ph(r)as, phe	speak, tell	catchphrase(캐치프레이즈, 주의를 끌만 한 문구) → catch(붙잡다)+phrase(speak)	191
phan, phen, fan	show, appear	diaphanous((천이) 아주 얇은, 속이 비치는) → dia(through)+phan(show, appear)+ous(형)	105
phobia; tim	fear	agoraphobia(광장 공포(증)) → agora(open space)+phobia(fear) intimidate(위협하다, 겁을 주다) → in(in)+timid(겁 많은)+ate(동)	157
phon, son	sound	phonic(음성의, 발음의) → phon(sound)+ic(형)	144
pla(c); sat(is)	please; enough	placate(진정시키다, 달래다) → plac(please)+ate(동) satisfy(만족시키다, 충족시키다) → satis(enough)+fy(동)	162
plaud, plaus	clap	applaud(박수를 보내다) → ap(to)+plaud(strike)	393
ple(x); plo, ply, pli	weave, fold	complex(복잡한) → com(together)+plex(weave) employ(고용하다) → em(in)+ploy(fold) duplicate(복사하다) → du(two)+plic(fold)+ate(동)	233
ple, pli, ply	fill	complete(완료하다) → com(강조)+plete(fill)	313
point, pu(n)g, punct	prick	appoint(임명하다, 지명하다) → ap(to)+point(prick)	384
popul, publ; dem	people	popular(인기 있는) → popul(people)+ar(형)	056
port	carry, harbor, gate	import(수입하다) → im(into)+port(carry)	422
pos, pon, pound	put, place	purpose(목적, 의도) → pur(forth)+pose(put, place)	367
pract, pragma	do, practice	practice(실행) → pract(do)+ice(명)	482
prehend, prehens	take, seize	comprehend(이해하다) → com(completely)+prehend(take)	431
press	press	pressing(긴급한) → press(press)+ing(형)	396
prim, prem, prin, pri(o), prot(o)	first, chief	primary(주된, 주요한) → prim(first, chief)+ary(형)(명)	244
prob, prov	test, show	probation(집행 유예) → prob(test)+at(동)(동)+ion(명)	308
psych	mind, soul	psychology(심리) → psych(mind, soul)+ology(study)	121
put	think, consider	dispute(분쟁, 논쟁) → dis(apart)+pute(think, consider)	121
quest, quir, quisit, quer	ask, seek	questionable(의심스러운, 미심쩍은) → quest(ask)+ion(명)+able(형)	296
quiet, qui(l), quiem	quiet	quietude(고요(함), 정적) → quie(quiet)+tude(명)	146
rac; ethn	race; nation	racial(인종의, 민족의) → rac(e)(race)+ial(형) ethnocentrism(자기 민족 중심주의) → ethno(nation)+centrism(명)	057
rad, ras, raz	scrape	abrade(마멸시키다) → ab(off)+rade(scrape)	407
rap, rav, rep	snatch	rapture(황홀(감)) → apt(snatch)+ure(명)	435
rect, rig	direct, straight	misdirect(엉뚱한 방향으로 보내다) → mis(wrongly)+direct(direct)	374
rog	ask	interrogate(심문하다, 추궁하다) → inter(between)+rog(ask)+ate(동)	295

어근	의미	예시	페이지
rupt	break	interrupt(방해하다) → inter(between)+rupt(break)	499
sacr, secr, sanct	holy	sacred(신성한, 성스러운) → sacr(holy)+ed(형)	132
sal, sul, saul, sail, sil, xul	leap	resilience(충격·부상 등에 대한) 회복력 → re(back)+sili(leap)+ence(명)	284
san, sal	healthy	sane(제정신인) → sane(healthy)	265
scend	climb	ascend(오르다) → a(to)+scend(climb)	460
sci; gn(o), not	know	conscious(의식하는) → con(with)+sci(know)+ous(형) recognize(알아보다) → re(again)+co(together)+gn(know)+ize(동)	127
scrib(e), script	write	inscribe((이름 등을) 새기다, 쓰다) → in(in)+scribe(write)	172
sembl(e), simil, simul	one, like	assemble(조립하다) → as(to)+semble(one)	448
sens, sent	feel	sensory(감각의) → sens(feel)+ory(형)	152
sequ, secu, sue, suit	follow	sequel((책, 영화, 연극 등의) 속편) → sequ(follow)+el	293
sert	join, line up	insert(삽입하다) → in(in)+sert(join, line up)	494
serv	serve; keep	servile(굽실거리는) → serv(serve)+ile(형)	354
sid, sed	sit, settle	preside(회의 등을 주재하다, 주도하다) → pre(before)+side(sit)	320
sign; mark, marc	sign, mark	signature((신분확인) 서명) → signat(sign)+ure(명) remark(언급하다) → re(강조)+mark(mark)	176
sist	stand; place	desist(그만두다, 단념하다) → de(off)+sist(stand)	330
soci	companion	social(사회의, 사회적인) → soci(companion)+al(형)	060
sol	comfort	console(위로하다) → con(강조)+sole(comfort)	159
sol	alone	solitary((다른 사람 없이) 혼자 하는) → solit(alone)+ary(형)	243
solv, solu	loosen, free	dissolve(용해되다, 녹다) → dis(apart)+solve(loosen, free)	110
spec(t), specul, spic, spise, spite, spio, scope	look at, see	spectator((특히 스포츠 행사의) 관중) → spect(look at)+ator(명)	136
spir(e)	breathe	respire(호흡하다) → re(again)+spire(breathe)	048
spond, spons, spous	promise	despond(낙심하다, 낙담하다) → de(away)+spond(promise)	205
sta(t), stant	stand	stature((사람의) 키, 위상) → stat(stand)+ure(명)	324
stab	stand firm	establish(설립하다) → e+stab(le)(stand firm)+ish(동)	327
stan(d)	stand	outstand(눈에 띄다, 돌출하다) → out(outside)+stand(stand)	323
stin	stand, be firm	destine(예정해 두다) → de(completely)+stine(stand)	332
(s)tinct, (s)ting, sti(g)	prick, stick	instinct(본능) → in(in)+stinct(prick)	386
stit	set, stand	substitute(대체되다, 대신하다) → sub(under)+stit(stand)+ute(동)	328
strain, strict, string, stress	bind	restrain(억제하다) → re(back)+strain(bind)	490
struct, str	build	structure(구조) → struct(build)+ure(명)	483
sua(s), suade	advise	persuade((~하도록) 설득하다) → per(through)+suade(advise)	204
sum, sumpt	take, seize	resume(재개하다) → re(again)+sume(take)	432
sum(m)	highest	summit(정상) → sum(highest)+met(명)	465
surg, surrect	rise	resurge(소생하다) → re(again)+surge(rise)	462
tact, tegr, ta(n)g, ti(n)g	touch	intact(온전한, 전혀 다치지 않은) → in(not)+tact(touch)	148
tain, ten, tin	hold	maintain(유지하다, 지키다) → main(hand)+tain(hold)	356

Orientation 2
영어어원학습법

어근	뜻	예시	페이지
tempt; per, pir	try, risk	tempt(유혹하다, 부추기다) → tempt(try) imperil(위태롭게 하다, 위험에 빠뜨리다) → im(into)+per(risk)+il	307
tend, tent, tens	stretch	extend(연장하다) → ex(out)+tend(stretch)	494
ter(r)	frighten	terrify(겁주게 하다, 몹시 무섭게 하다) → terr(frighten)+ify(동)	158
termin	end	terminate(종료하다) → termin(end)+ate(동)	480
test	witness	testimony(증거) → testi(witness)+mony(명)	083
text, tle	weave	textile(직물, 옷감) → text(weave)+ile(명)	405
the, thesis	set, put	antithesis(반대되는 것) → anti(against)+thesis(set, put)	373
therm	heat	thermometer(온도계) → thermo(heat)+meter(measure)	096
tom; sect; tail; c(h)is	cut	anatomy(해부(학)) → ana(up)+tom(cut)+y(명) section(부분, 부문) → sect(cut)+ion(명) tailor(재단사) → tail(cut)+or(명) concise(간결한) → con(강조)+cise(cut)	236
tor(t)	twist	torture(고문(과 같은 것)) → tort(twist)+ure(명)	231
trac(t), treat, trai	draw	attract(매혹시키다) → at(to)+tract(draw)	412
trem, trep	tremble	intrepid(용감무쌍한, 두려움을 모르는) → in(not)+trepid(tremble)	159
tri, trit	rub, wear down	detriment(손상, 손해) → de(away)+tri(rub)+ment(명)	406
tribut	give	distribute(분배하다, 나누어 주다) → dis(apart)+tribute(give)	366
tric, trig	obstacle	extricate(구해내다, 탈출시키다) → ex(out of)+tric(obstacle)+ate(동)	210
trud, thrus, trus	thrust, push	intrude(침해하다) → in(in)+trude(thrust, push)	383
turb	agitate	turbulence(격동, 격변) → turbul(agitate)+ence(명)	408
lumin; lust, luc	light	illuminate((~에 불을) 비추다) → il(in)+lumin(light)+ate(동) illustrate(분명히 보여주다) → il(in)+lustr(light)+ate(동)	096
uni	one	unite(연합하다, 통합시키다) → un(i)(one)+ite(동)	242
us, ut	use	abuse(남용하다) → ab(off)+use(use)	309
vac, va(i)n, vas, void; cav	empty; hollow	vacant(사람이 살지 않는, 비어 있는) → vac(empty)+ant(형)	113
vade, wad	go	invade(침입하다, 침략하다) → in(in)+vade(go)	345
vag; err	wander, stray	vagrant(부랑자, 떠돌이) → vagr(wander)+ant(명) erratic(불규칙한, 변덕스러운) → errat(wander)+ic(형)	274
val(u), vail	worth; strong	valuation(가치) 평가, 판단 → valua(worth)+tion(명) valid((공식적으로) 유효한) → val(strong)+id(형)	220
ven(e), vent	come	convene(모이다) → con(together)+vene(come)	336
ver(i)	true	verity(진리) → veri(true)+ty(명)	073
verb	word	verbal(구두(口頭)의, 말(언어)의) → verb(word)+al(형)	174
vers, vert, verg, vib, vicis	turn	averse(싫어하는, 반대하는) → a(off)+verse(turn)	276
vict, vinc, vanqu	conquer	vincible(이길 수 있는) → vinc(conquer)+ible(형)	315
vis(e), view, vid, voy	look at, see	visible((눈에) 보이는, 알아볼 수 있는) → vis(see)+ible(형)	140
vit, viv, vig	life, live, lively	survive(살아남다) → sur(over, beyond)+viv(live)	051
vo(u)r	eat, swallow	devour(게걸스럽게 먹다) → de(down)+vour(eat)	433
voc, vok, vow, vouc	call, voice	advocate(지지하다, 옹호하다) → ad(to)+voc(voice)+ate(동)	196
vol	wish	voluntary(자발적인) → volunt(wish)+ary(형)	131
volv, volu	roll	revolve(축을 중심으로) 돌다, 회전하다) → re(again)+volve(roll)	280
voy, vey, vi(a)	way, road	voyage((긴) 여행) → voy(way, road)+age(명)	346

1 품사 전환

사전에서 찾아보면 알 수 있듯이 웬만한 단어는 두 가지 품사 이상으로 쓰일 정도로 영단어는 품사의 전환이 자유롭다. 문제는 어느 한 품사로 매우 익숙한 단어가 문장에서 다른 품사로 쓰였을 때 언뜻 이해하기 쉽지 않다는 점이다. 특히 명사나 형용사로 알고 있던 단어가 동사 자리에 쓰일 경우에 그럴 가능성이 높으므로 주의해야 한다. 서로간의 의미 변화는 그리 심하지 않으므로 적절히 동사 의미로 바꿔 생각하면 된다.

address	명 주소	동 주소를 쓰다; 연설하다
cage	명 (동물의) 우리	동 우리에 가두다
experience	명 경험	동 경험하다
finance	명 재정	동 자금을 공급하다
function	명 기능	동 작동하다
implement	명 도구	동 실행하다
proctor	명 (시험) 감독관	동 시험을 감독하다
schedule	명 스케줄	동 ~을 예정하다
better	형 더 좋은	동 더 잘하다
complete	형 완전한	동 마치다
empty	형 빈	동 비우다
narrow	형 좁은	동 좁아지다

2 창의적인 복합어

앞서 영어어휘학습 10계명에서도 얘기했듯이, 복합어는 암기보다 이해로 해결하는 것이 좋다. 좀 더 많은 예는 권말에 수록한 Appendix I을 참고하도록 하자.

a quick-returns policy	박리다매 정책
brick-and-mortar	소매의, 오프라인 거래의
cliff-hanger	서스펜스가 연속되는 드라마[영화]; 마지막 순간까지 결과를 알 수 없는 경쟁[시합]
down-to-earth	현실적인, 실제적인; 세상 물정에 밝은
either-or	양자택일의, 흑백논리의
far-sighted	선견지명이 있는
good-for-nothing	아무짝에도 쓸모없는 사람
hands-on	실제의, 직접 해 보는[실천하는]; 손으로 조작하는, 수동의
one-of-a-kind	특별한, 독특한
over-the-counter	약국에서 파는, 처방전 없이 살 수 있는
zero-sum	(게임, 관계 등이) 쌍방 득실(得失)의; 차가 무(無)인

3 형용사+명사ed → 형용사화

동사 뒤에 -ed가 붙어 형용사화되는 경우가 많은데, 형용사+명사ed의 예도 많이 찾아볼 수 있다.

absent-minded	건망증이 심한, 딴 데 정신이 팔린	baby-faced	앳된 얼굴의
bare-footed	맨발인	broad-minded	마음이 넓은
cold-hearted	냉담한, 인정 없는	hot-tempered	욱하는 성미가 있는
narrow-minded	속이 좁은, 편협한	quick-tempered	화를 잘 내는, 걸핏하면 화를 내는
warm-hearted	사람이 마음이 따뜻한		

4 자주 쓰이는 라틴어

영어는 매우 오랜 기간에 걸쳐 막대한 수의 어휘가 다른 언어로부터 유입되었고 지금 현재도 영어 어휘는 끊임없이 팽창하고 있다. 여기서는 독해에서 볼 수 있는 라틴어 어구들에 대해 알아본다.

어구	라틴어 풀이	의미	예
ad hoc		즉석(에서 마련된)	an **ad hoc** meeting 즉석 회의
a.i.	ad interim	중간에[의], 임시로[의]	an **ad interim** report 중간 보고
a.m. (A.M.)	ante meridiem	오전	at 10 **a.m.** 오전 10시에
AD (A.D.)	anno Domini	서기	in (the year) **AD** 55 서기 55년에
c., ca., ca or cca.	circa	《연도와 함께》약, …경	born **circa** 150 BC 기원전 150년경 탄생
cf.	confer	《글에서》비교하시오, 참조하시오	For the more salient remarks on the matter, cf. Vol. I. 그 사안에 대한 더 중요한 언급은 제1권을 **참조하시오**.
de facto		사실상(의), 실질적인[으로]	to hold power **de facto** **실질적인** 권력을 쥐고 있다
e.g.	exempli gratia	예를 들어	popular pets, **e.g.** cats and dogs 인기 있는 애완동물들, **예를 들어** 개와 고양이들
etc.	et cetera	~등	to take some paper, a pen, **etc.** 종이, 펜 **등**을 가지고 가다
i.e.	id est	즉	the basic essentials of life, **i.e.** housing, food and water 기본적인 생활필수품들, **즉** 주택, 식품, 물
p.a.	per annum	1년에, 매년	earning £30,000 **p.a.** **1년에** 3만 파운드를 버는
P.M.	post meridiem	오후	at 3 **p.m.** 오후 3시에
P.S.	post scriptum	《편지》추신; (책 등의) 후기	a brief **postscript** 간략한 **추신**
per capita		1인당	**per capita** income 1인당 소득
per se		그 자체가, 그 자체로는	The drug is not harmful **per se**. 그 약은 **그 자체로는** 해롭지 않다.
Re	in re	~와 관련하여; 회신으로	**Re** your letter of 1 September ~ 9월 1일자 귀하의 편지**와 관련하여**
status quo		현재의 상황, 현상(現狀)	to maintain the **status quo** **현상**을 유지하다
vs. or v.	versus	~대(對)	England **vs.** Brazil 영국 **대** 브라질 Public Health **vs.** Corporate Profits 대중의 건강 **vs.** 기업의 이윤
vice versa		《보통 and ~로; 생략문으로서》거꾸로, 반대로, 역(逆)도 또한 같음	Teachers qualified to teach in England are not accepted in Scotland and **vice versa**. 잉글랜드에서 가르칠 자격이 있는 교사들은 스코틀랜드에서 받아들여지지 않으며, **그 반대도 마찬가지이다**.

공무원 어휘문제는 대개 문맥 안에서 주어지며, 밑줄 친 부분과 의미가 가장 가깝거나(52%) 빈칸에 들어갈 말로 가장 적절한 것(42%)을 고르는 유형이 대부분이다. 한 번 출제된 것이 또다시 등장하는 경우도 있으므로 기출 어휘는 반드시 학습하는 것이 좋다. (☞ Appendix Ⅱ)

밑줄 문제

❶ 문맥파악

개별 어휘의 의미를 알고 있더라도 문맥 내에서의 의미를 정확히 파악하는 것이 필요하다. 밑줄 어휘가 다의어일 가능성도 있고 문맥 내에서 의미하는 것이 개별 어휘의 의미와 다를 수 있기 때문이다.

eg1. 밑줄 친 부분의 의미와 가장 가까운 것은? [2015 사회복지직]

> It is important to find a way to <u>settle</u> the issue before the meeting begins.

① resolve ② resume ③ retrieve ④ revoke

해석 회의가 시작하기 전에 문제를 해결할 방법을 찾는 것이 중요하다.
　　① 해결하다 ② 재개하다 ③ 되찾아오다 ④ 폐지하다
어휘 settle 해결하다; 결정하다; 정착하다; 놓다; 진정되다; 가라앉다　　정답 ①

eg2. 밑줄 친 부분의 의미와 가장 가까운 것은? [2014 기상직]

> He is very witty, but does not play to the gallery: some of his more <u>recondite</u> jokes could bring on climate change.

① flagrant ② sophisticated ③ impertinent ④ subliminal

해석 그는 매우 재치가 있지만, 대중의 인기를 노리지는 않는다. 보다 심오한 그의 농담 중 일부는 분위기의 변화를 가져올 수 있다.
　　① 노골적인, 파렴치한 ② 세련된; 지적인, 수준 높은 ③ 무례한 ④ 알지 못하는 사이 영향을 미치는
어휘 play to the gallery 대중의 인기를 노리다 recondite 심오한, 잘 이해받지 못하는 bring on ~을 야기하다
　　climate 기후; 분위기　　정답 ②

eg3. 밑줄 친 부분과 의미가 가장 가까운 것은? [2018 서울시]

> Man has continued to be disobedient to authorities who tried to <u>muzzle</u> new thoughts and to the authority of long-established opinions which declared a change to be nonsense.

• 인간이 당국의 어떤 노력에 불복종해온 것이므로 당국의 노력은 부정적인 일일 것이다.

① express ② assert ③ suppress ④ spread

해석 인간은 새로운 사상을 억압하려는 당국과 변화는 터무니없다고 단정하는 오래 지속된 의견들의 권위에 계속 불복종 해왔다.
　　① (감정 등을) 나타내다; 속달로 보내다 ② 주장하다, (권리 등을) 확고히 하다 ③ 진압하다, 억제하다 ④ 펼치다, 퍼지다
어휘 disobedient 반항하는, 거역하는 authority (pl.) 당국; 권위(자); 지휘(권), 권한, 인가
　　muzzle (사람들이 의견을 표현하지 못하도록) 입막음시키다, 억압하다　　정답 ③

Orientation 4 어휘문항 기출 경향과 대처법

❷ 선택지를 구성하는 어휘의 특성

정오답 선택지들은 그저 난이도 높은 어휘들로 구성되는 경우도 있지만 많은 경우에 있어서 그 특성을 찾아볼 수 있다. 특히 오답 선택지들은 매력 있게 보이는 형태나 성격을 가지고 있으므로 이를 먼저 이해할 필요가 있다.

1. 동일 접사 어휘로 구성되는 경우가 많다.
밑줄 어휘와 동일한 접사가 있다고 해서 반드시 정답이거나 오답인 것은 아니므로 주의한다.

eg1. 밑줄 친 부분과 의미가 가장 가까운 것을 고르시오. [2017 국가직10_하반기]

> These days, Halloween has drifted far from its roots in pagan and Catholic festivals, and the spirits we appease are no longer those of the dead: needy ghosts have been replaced by costumed children demanding treats.

· 밑줄 어휘 appease와 선택지 ①, ②는 모두 접두사 ad-(to)의 변화형이지만 각 어휘의 의미가 유사하지는 않다.

① assign   ② apprehend   ③ pacify   ④ provoke

해석 요즘, 할로윈은 이교도와 카톨릭 축제에서의 기원으로부터 멀리 이동하였고, 우리가 달래는 영혼들은 더 이상 죽은 자의 것들이 아니다. 궁핍한 귀신들은 복장을 차려입고 대접을 요구하는 아이들에 의해 대체되었다.
① 맡기다 ② 파악하다 ③ 달래다 ④ 화나게 하다

어휘 drift 이동하다, 표류하다   pagan 이교도, 비기독교도   appease 달래다, 요구를 들어주다
needy 어려운, 궁핍한, 곤궁한   정답 ③

특히, 접미사는 대부분 품사를 결정하므로 같은 접미사라고 해서 유의어일 가능성은 크지 않다.

eg2. 다음 밑줄 친 부분의 의미와 가장 가까운 것은? [2017 국회직]

> Some researchers claimed that almost all, if not all, of the fossils had been planted in the pit in modern times and that several of these items had even been fabricated by someone.

· 밑줄 어휘 fabricated와 선택지 ④, ⑤는 모두 접미사 -ate로 끝나지만 각 어휘의 의미가 유사하지는 않다.

① falsified   ② replaced   ③ implanted   ④ duplicated   ⑤ eradicated

해석 일부 연구자들은, 모두는 아닐지라도 거의 모든 화석은 현대에 구덩이에 심어졌고 그것들 중 몇몇은 심지어 누군가에 의해 조작되었다고 주장했다. ① 조작되다 ② 대체되다 ③ 심어지다 ④ 복제되다 ⑤ 근절되다
어휘 fossil 화석   pit 탄광, 채석장, 구덩이   정답 ①

2. 선택지 중에 유의어 관계인 것
정답은 하나이므로, 선택지 중에 서로 유의어 관계인 것은 둘 다 오답일 가능성이 크다.

eg. 밑줄 친 부분과 의미가 가장 가까운 것을 고르시오. [2016 사회복지직]

> When my sister's elbow healed, her fears of never being able to play tennis were assuaged.

· 선택지 ①, ④는 의미가 유사하다.

① heightened   ② soothed   ③ tormented   ④ escalated

해석 우리 언니의 팔꿈치가 나았을 때, 다시는 테니스를 칠 수 없다는 그녀의 두려움은 누그러졌다.
① 고조되었다 ② 누그러졌다 ③ 고통을 받았다 ④ 증가했다   정답 ②

3. 주제나 문맥의 다른 어휘와 연결, 연상되는 것이 오답으로 등장한다.

문맥을 정확히 이해하지 못할 때 본문에 등장한 단어나 그 단어로 쉽게 연상되는 선택지에 이끌리는 심리를 이용하여 선택지를 구성하는 경우가 자주 있으므로 이에 주의해야 한다.

eg. 밑줄 친 부분과 의미가 가장 가까운 것은? [2018 서울시]

> Don't be pompous. You don't want your writing to be too informal and colloquial, but you also don't want to sound like someone you're not — like your professor or boss, for instance, or the Rhodes scholar teaching assistant.

- writing 등의 핵심어를 통해 글의 전반적인 내용이 글 쓸 때 주의 사항인 것을 이해한 상태에서 본문에 나온 informal에 이끌려 ②을 선택하거나 그 반대의 의미로 ②를 선택할 수 있겠다.

① presumptuous ② casual ③ formal ④ genuine

해석 뽐내지 마라. 당신의 글이 너무 일상적이고 대화체이길 당신은 원치 않을 것이지만, 당신이 아닌 누군가처럼 들리기도 당신은 원치 않을 것이다 - 당신의 교수나 사장, 혹은 로즈 장학생 조교와 같은.
① 주제넘은, 건방진 ② 우연한; 무심한; 평상시의 ③ 공식적인, 격식을 차린 ④ 진짜의, 진품의, 진심어린

어휘 pompous (격식을 차리는 말을 쓰며) 젠체하는, 거만한 informal (언어가) 일상적인, 격식에 얽매이지 않는
colloquial (단어나 언어가) 일상적인 대화체의, 구어의   정답 ①

4. 서로 반의 관계인 선택지로 구성되는 경우가 종종 있다.

둘 다 오답일 수도 있지만 어느 하나가 정답인 경우가 훨씬 많다. 이 경우 오답 선택지는 문맥을 반대로 이해했을 경우를 노리고 출제한 것으로 짐작된다. (본문에 있는 부정어 성격의 어휘를 건너뛰고 이해하지 않도록 각별히 주의하자.)

eg. 다음 문장에서 밑줄 친 부분의 의미와 가장 가까운 것은? [2017 경찰1차]

> What he discovered was that, despite their objections to the malicious nature of the advertisements, viewers were nonetheless affected by them in the way advertisers desired.

- 선택지 ①과 정답 ④는 서로 반의 관계이다.

① innocuous ② malleable ③ ambivalent ④ spiteful

해석 그가 발견한 것은, 광고의 악의적인 성격에 대한 그들의 반대에도 불구하고, 시청자들은 그렇기는 하지만 광고주가 바라는 방식으로 광고들에 영향을 받는다는 점이었다.
① 악의 없는 ② 영향을 잘 받는 ③ 반대 감정이 병존하는 ④ 악의적인

어휘 nonetheless 그렇기는 하지만, 그럼에도 불구하고   정답 ④

5. 앞뒤 문맥으로 연상 가능하거나 잘 어울리는 어휘가 선택지로 구성되는 경우 문맥상 잘 어울리지만 밑줄 어휘와는 다른 의미의 선택지에 주의해야 한다.

eg. 밑줄 친 부분의 의미와 가장 가까운 것을 고르시오. [2018 지방직]

> The paramount duty of the physician is to do no harm. Everything else — even healing — must take second place.

- 문맥상 선택지 ③도 썩 잘 어울리지만, 밑줄 어휘와 같은 의미는 아니다.

① chief ② sworn ③ successful ④ mysterious

해석 의사의 가장 중요한 의무는 해를 끼치지 않는 것이어야 한다. 그 밖의 모든 것은 - 치료조차도 - 두 번째로 위치해야 한다. ① 주된, 중요한 ② 맹세나 선서를 한 ③ 성공한, 성공적인 ④ 불가사의한, 이해하기 힘든, 신비한

어휘 physician (내과) 의사   정답 ①

빈칸 문제

문맥이 주어진다는 것과 선택지 특성이 밑줄 어휘 문제와 거의 유사한 경향을 보이는데, 특히 다음의 특성을 가진 문제가 많이 출제된다.

1. 서로 반의 관계인 선택지 중 하나가 정답으로 많이 출제된다.

eg. 빈칸에 들어갈 단어로 가장 적절한 것은? [2018 서울시_3월]

> The company and the union reached a tentative agreement in this year's wage deal as the two sides took the company's _____ operating profits seriously amid unfriendly business environments.

• 선택지 ①과 ③은 서로 반의 관계이다.

① deteriorating   ② enhancing   ③ ameliorating   ④ leveling

해석 회사와 노조는 비우호적인 사업 환경에서 회사의 악화되는 경영상의 이익을 양측에서 모두 심각히 생각하여 올해 임금 협상에서 잠정적인 합의에 도달했다. ① 악화되는 ② 향상시키는 ③ 개선하는 ④ 평평하게 하는, 평등화하는

어휘 operating 경영, 운영상의, 수술의, 조작상의   amid ~가운데에   **정답** ①

2. 바로 앞뒤 단어와 잘 어울리는 어휘로 오답 선택지를 구성하는 경우가 많다.

eg. 빈칸에 들어갈 단어로 가장 적절한 것은? [2018 서울시_3월]

> Mephisto demands a signature and contract. No mere _____ contract will do. As Faust remarks, the devil wants everything in writing.

• 빈칸 뒤의 contract와 선택지들은 서로 잘 어울리지만 문맥상 정답은 하나뿐이다.

① genuine   ② essential   ③ reciprocal   ④ verbal

해석 메피스토는 서명과 계약을 요구한다. 단지 구두계약으로는 충분치 않을 것이다. 파우스트가 언급한 것처럼, 그 악마는 글로써 모든 것을 원한다.
① 진짜의, 진품의 ② 필수적인, 본질적인 ③ 상호 간의 ④ 구두의, 말로 된, 언어의

어휘 do 충분하다, 적절하다   remark 언급하다, 발언하다, 논평하다   **정답** ④

3. 오답 유사 철자에 주의

어휘 학습 시에 유사철자 어휘와 의미를 서로 혼동하지 않도록 반드시 구별하여 알아두어야 한다.

eg. 빈칸에 들어갈 단어로 가장 적절한 것은? [2019 기상직]

> A person in a flotation tank has almost no _____ stimulation. The tank is dark and soundproof, and the person floats in water at body temperature, unable to see or hear and scarcely able to feel anything.

① sensory   ② sensible   ③ sentient   ④ sensitive

해석 부유탱크 속에 있는 사람은 거의 아무런 감각 자극을 느끼지 않는다. 그 탱크는 어둡고 방음이 되며, 체온과 같은 물속에서 사람이 떠있는데, 보거나 듣거나 거의 어떤 것도 느낄 수 없다..
① 감각의 ② 분별 있는, 합리적인 ③ 지각이 있는 ④ 세심한, 감성 있는, 예민한

어휘 flotation tank (사람들이 긴장을 풀기 위해 들어가서 떠 있게 만든 소금물 탱크)   **정답** ①

Sample Scheduler 어원북

6주 완성 1일 약 83개(표제어 기준) | 1주일 약 415개

	/ (月)	/ (火)	/ (水)	/ (木)	/ (金)	/ (土)	/ (日)
Week ①	**Day 01** ☐ Preview ☐ 표제어 ☐ Review ☐ MP3 ☐ RVT7	**Day 02** ☐ Preview ☐ 표제어 ☐ Review ☐ MP3 ☐ RVT7	**Day 03** ☐ Preview ☐ 표제어 ☐ Review ☐ MP3 ☐ RVT7	**Day 04** ☐ Preview ☐ 표제어 ☐ Review ☐ MP3 ☐ RVT7	**Day 05** ☐ Preview ☐ 표제어 ☐ Review ☐ MP3 ☐ RVT7	**Review** ☐ 어휘출제프로그램 ☐ RVT7 - 미암기 테스트	
Week ②	**Day 06** ☐ Preview ☐ 표제어 ☐ Review ☐ MP3 ☐ RVT7	**Day 07** ☐ Preview ☐ 표제어 ☐ Review ☐ MP3 ☐ RVT7	**Day 08** ☐ Preview ☐ 표제어 ☐ Review ☐ MP3 ☐ RVT7	**Day 09** ☐ Preview ☐ 표제어 ☐ Review ☐ MP3 ☐ RVT7	**Day 10** ☐ Preview ☐ 표제어 ☐ Review ☐ MP3 ☐ RVT7	**Review** ☐ 어휘출제프로그램 ☐ RVT7 - 미암기 테스트	
Week ③	**Day 11** ☐ Preview ☐ 표제어 ☐ Review ☐ MP3 ☐ RVT7	**Day 12** ☐ Preview ☐ 표제어 ☐ Review ☐ MP3 ☐ RVT7	**Day 13** ☐ Preview ☐ 표제어 ☐ Review ☐ MP3 ☐ RVT7	**Day 14** ☐ Preview ☐ 표제어 ☐ Review ☐ MP3 ☐ RVT7	**Day 15** ☐ Preview ☐ 표제어 ☐ Review ☐ MP3 ☐ RVT7	**Review** ☐ 어휘출제프로그램 ☐ RVT7 - 미암기 테스트	
Week ④	**Day 16** ☐ Preview ☐ 표제어 ☐ Review ☐ MP3 ☐ RVT7	**Day 17** ☐ Preview ☐ 표제어 ☐ Review ☐ MP3 ☐ RVT7	**Day 18** ☐ Preview ☐ 표제어 ☐ Review ☐ MP3 ☐ RVT7	**Day 19** ☐ Preview ☐ 표제어 ☐ Review ☐ MP3 ☐ RVT7	**Day 20** ☐ Preview ☐ 표제어 ☐ Review ☐ MP3 ☐ RVT7	**Review** ☐ 어휘출제프로그램 ☐ RVT7 - 미암기 테스트	
Week ⑤	**Day 21** ☐ Preview ☐ 표제어 ☐ Review ☐ MP3 ☐ RVT7	**Day 22** ☐ Preview ☐ 표제어 ☐ Review ☐ MP3 ☐ RVT7	**Day 23** ☐ Preview ☐ 표제어 ☐ Review ☐ MP3 ☐ RVT7	**Day 24** ☐ Preview ☐ 표제어 ☐ Review ☐ MP3 ☐ RVT7	**Day 25** ☐ Preview ☐ 표제어 ☐ Review ☐ MP3 ☐ RVT7	**Review** ☐ 어휘출제프로그램 ☐ RVT7 - 미암기 테스트	
Week ⑥	**Day 26** ☐ Preview ☐ 표제어 ☐ Review ☐ MP3 ☐ RVT7	**Day 27** ☐ Preview ☐ 표제어 ☐ Review ☐ MP3 ☐ RVT7	**Day 28** ☐ Preview ☐ 표제어 ☐ Review ☐ MP3 ☐ RVT7	**Day 29** ☐ Preview ☐ 표제어 ☐ Review ☐ MP3 ☐ RVT7	**Day 30** ☐ Preview ☐ 표제어 ☐ Review ☐ MP3 ☐ RVT7	**Review** ☐ 어휘출제프로그램 ☐ RVT7 - 미암기 테스트	

DAY 01 삶, 죽음

🔍 Preview & Review

nat, nasc, naiss ▶ be born

- native
- natural
- naturalize
- supernatural
- preternatural
- innate
- prenatal
- national
- nationality
- nationwide
- nascent
- renaissance

태어나다 → 타고난
태어나다 → 국가

gen, gn ▶ (give) birth; race, kind

- gene
- genetic
- genealogy
- genus
- genesis
- congenital
- progeny
- gender
- genderlect
- engender
- generate
- regenerate
- degenerate
- general
- overgeneralize
- generalizability
- generic
- genuine
- homogen(e)ous
- heterogeneous
- indigenous
- ingenious
- ingenuous
- disingenuous
- congenial
- gentry
- nitrogen
- pregnant
- cognate
- benign
- malign

탄생, 낳다 → 유전자 → 가계
탄생, 낳다 → 발생하다
종족, 종류 → 종족이나 종류에 관한 → 일반적인

bi(o) ▶ life

- biology
- biosphere
- biodegrade
- biodiversity
- symbiosis
- antibiosis
- antibiotic(s)
- amphibian

삶, 생명 → 생명의; 생물의

anim ▶ life, breath; mind

- animate
- inanimate
- animism
- animosity
- unanimous
- equanimity

삶, 숨 → 생기 있는
마음 → 생각

spir(e) ▶ breathe

- **spir**it
- ex**pire**
- tran**spire**
- re**spire**
- a**spire**
- su**spire**
- con**spire**
- in**spire**
- per**spire**

숨 쉬다 → (감정을) 불어넣다

habit; hibit ▶ live; hold

- **habit**at
- in**habit**ant
- pro**hibit**
- **habit**ation
- co**habit**
- **habit**able
- ex**hibit**
- in**habit**
- in**hibit**

살다 → 사는 장소

갖다; 잡다

vit, viv, vig ▶ live, life, lively

- **vit**al
- **viv**acious
- **vig**ilant
- sur**vive**
- **viv**id
- re**vive**
- **vig**orous
- con**viv**ial
- in**vig**orate

삶, 살다, → 생명에 관한 → 필수적인

살아 있는 → 생기 있는

mort ▶ death

- **mort**al
- im**mort**al
- post**mort**em
- **mort**ify

죽음 → 죽을 정도의 → 치명적인

nat, nasc, naiss
= be born (태어나다)

암기유발 TIP
nature 자연
nat(be born)+ure(명)

0001 　　　　　　　　　　　　　　　　　　　　　　　　　　　　국9 | 국7 | 지7 | 서9 | 경찰 | 기상 | 법원 | 교행 | 사복

native***
[néitiv]
- 형 1 태어난 곳의 2 토박이의　명 1 ~ 태생[출신]인 사람 2 현지인
- nat(be born)+ive(형)(명)
- 유 명 2 indigenous
- **native** language[tongue] 모국어

0002 　　　　　　　　　　　　　　　　　　　　　　　　　　　　국9 | 국7 | 지9 | 지7 | 경찰 | 기상 | 국회 | 법원

natural***
[nǽtʃərəl]
- 형 1 자연의, 천연의 2 자연 발생적인 3 타고난, 천부적인
- natur(e)(자연)+al(형)
- 반 2 unnatural (비정상적인)
- **naturalistic** 형 (화가나 작품이) 자연주의적인　**naturalist** 명 동식물 연구가
- **natural** musical talent 타고난 음악적 재능

MORE+ 관련 표현
- **natural** disaster　명 자연재해, 천재(天災)
- **natural** enemy　명 《생물》 천적
- **natural** selection　명 자연도태, 자연 선택
- **natural** vegetation　명 자연 식생(植生) 《특정 장소에서 인위적 영향 없이 자연적으로 자라고 있는 식물 집단. 극지나 고산 등을 제외하고 현 지구상에는 거의 존재하지 않는다.》

0003

naturalize*
[nǽtʃərəlàiz]
- 타 1 (외국인을) 귀화시키다 2 (외국의) 동식물을 도입하다　자 귀화 동물[식물]이 되다
- natural(타고난)+ize(동) → 태어나지 않은 곳에서 태어난 것으로 만들다
- In 1940, Einstein was **naturalized** in the U.S.
  1940년, Einstein(아인슈타인)은 미국으로 귀화했다.

0004 　　　　　　　　　　　　　　　　　　　　　　　　　　　　국9 | 국7 | 지9 | 서7

super**nat**ural**
[sùːpərnǽtʃərəl]
- 형 1 초자연적인 2 《the ~》 초자연적인 현상
- super(above)+natural(자연적인) → 자연적인 것을 넘어서는
- **supernatural** powers 초자연적인 힘 [지9]

0005

preter**nat**ural*
[prìːtərnǽtʃərəl]
- 형 이상한, 기이한
- preter(beyond)+natural(자연적인) → 자연적인 것을 벗어나는
- 유 strange, unusual, exceptional
- She has a **preternatural** ability to charm people. 그녀는 사람을 매혹하는 기이한 능력이 있다.

0006 　　　　　　　　　　　　　　　　　　　　　　　　　　　　국7 | 지9 | 서7 | 경찰 | 기상 | 법원 | 교행

in**nat**e***
[inéit]
- 형 타고난, 선천적인
- in(in)+nate(be born) → 안에 가지고 태어난
- 유 inborn, inherent, congenital, connate, inbred
- **innateness** 명 타고남
- the folk belief that the witch has **innate** supernatural powers not derived from the devil 마녀는 악마에게서 얻은 것이 아닌 타고난 초자연적 힘을 갖고 있다는 민간 신앙 [지9]

0007

pre**nat**al*
[prinéitəl]
- 형 태어나기 전의, 태아기(胎兒期)의
- pre(before)+nat(be born)+al(형)
- **prenatal** care 산전(産前) 건강관리
- **prenatal** culture[education, training] 태교

0008
national*** [nǽʃənəl]
- 형 국가의, 전국적인 명 국민 (한 사람)
- nation(국가)+al(형)

nationalize 타 국영[국유]화하다   nationalization 명 1 국유화 2 귀화
- **national** debt 국가 부채
- **national** income (연간) 국민 소득

cf. privatize 타 민영화하다

MORE+ 관련어휘
- **national**ist 명 1 독립주의자 2 국수주의자
- **national**ism 명 1 민족주의 2 국수주의
- inter**national** 형 국제적인, 국제간의
- multi**national** 형 다국적의
  - *e.g.* **multinational[transnational]** corporation 다국적 기업   **multinational** force 다국적군
- trans**national** 형 《상업》 초국가적인, 다국적의
  - *e.g.* **transnational** body like the EU EU와 같은 초국가적 단체

0009
nationality* [nӕ̀ʃənǽləti]
- 명 1 국적 2 민족
- national(국가의)+ity(명)
- dual **nationality** 이중 국적

유 1 citizenship

0010
nationwide*** [néiʃənwàid]
- 형 전국적인 부 전국에
- nation(국가)+wide(전체적인, 전(全) ~)
- The National Safety Council called for a **nationwide** ban on cell phone use while driving. 미국 국가안전협회는 운전 중 휴대전화 사용에 대해 **전국적인** 금지령을 요구했다. [국회]

0011
nascent* [nǽsnt]
- 형 발생기의, 초기의
- nasc(be born)+ent(형)

re**nasc**ent 형 1 부활[부흥]하는 2 재생하는
- The **nascent** embryo is too small to see. 초기의 태아는 너무 작아서 볼 수 없다.

유 initial, incipient, embryonic

0012
re**naiss**ance** [rénəsɑːns]
- 명 1 《the R-》 문예 부흥기, 르네상스 2 부흥, 부활
- re(again)+naiss(be born)+ance(명)
- renowned **Renaissance** painters like Leonardo da Vinci
  Leonardo da Vinci와 같은 유명한 르네상스 시대 화가들
- The Internet brought about a **renaissance** in communication.
  인터넷은 의사소통의 **부흥**을 가져왔다.

유 2 rebirth, revival

---

gen, gn
= (give) birth (탄생(시키다)); race (종족), kind (종류)

암기유발 TIP
gene 유전자

0013
gene*** [dʒiːn]
- 명 유전자
- a dominant[recessive] **gene** 우성[열성] 유전자

0014
genetic***
[dʒənétik]
국9 | 국7 | 지9 | 지7 | 서7 | 법원 | 사복

형 유전(학)의, 유전자의
gene(race)+tic(형) → 종족을 결정하는

genetics 명 유전학 **geneticist** 명 유전학자
- **genetic** engineering 유전 공학

MORE+ 관련어휘
- **gen**ome 명 게놈 《세포나 생명체의 유전자 총체》
- **gen**otype 명 유전자형
- eu**gen**ics 명 우생학 《유전 법칙을 응용해서 인간 종족의 개선을 연구하는 학문》
  eu(good)+gen(birth)+ics(명)~학(學)
- trans**gen**ic 형 이식 유전자를 가진 명 유전자 이식 식물[동물]
- neuro**gen**etic 형 신경 유전학의

0015
genealogy*
[dʒìːniǽlədʒi]

명 ¹ 가계, 혈통 ²(동식물의) 계통, 계보(학)
genea(give birth)+logy(study) → 탄생에 관한 학문

- Jake is researching **genealogy** with his grandfather's help.
  Jake는 할아버지의 도움을 받아 **혈통**을 조사하고 있다.

0016
genus*
[dʒíːnəs]
지7

명 《생물》(생물 분류상의) 속(屬)

- to arrange plants according to **genus** and species 식물을 속(屬)과 종(種)별로 분류하다

0017
genesis*
[dʒénəsis]

명 기원, 발생
gene(birth)+sis(명)

🔁 origin, beginning

- a book about the **genesis** of the civil rights movement 민권 운동의 **기원**에 관한 책

0018
congenital*
[kəndʒénətl]

형 ¹(질병 등이) 선천적인, 타고난 ² 성격상의, 기질적인
con(with, together)+genit(give birth)+al(형) → 함께 (가지고) 태어나게 한

🔁 ¹ inherited, innate, inherent, inbred, inborn
² natural

- a **congenital** disorder 선천적 장애

0019
progeny*
[prɑ́dʒəni]

명 자손
pro(forth)+gen(give birth)+y(명) → 후에 태어난 사람

- His numerous **progeny** are scattered all over the country.
  그의 많은 **자손**들이 이 나라 방방곡곡에 흩어져 있다.

0020
gender**
[dʒéndər]
국7 | 서7 | 기상 | 사복

명 성, 성별
gen(race, kind)+der → (생물의) 종류를 결정짓는 것

- **gender** role 성 역할

0021
genderlect*
[dʒéndərlèkt]
지7

명 성별 언어 《성별에 따라 특징적으로 쓰는 말》
gender(성별)+lect(speak)

- **Genderlect** is a style or type of speech used by a specific gender.
  성별 언어는 특정 성별에 의해 사용되는 말의 스타일이나 형태이다.

0022
engender＊ [indʒéndər]
팀 (감정, 상황을) 낳다, 불러일으키다
en(in)+gender(give birth)

⊕ cause, produce, create, generate

engenderment 명 초래, 야기

- Although the plot failed, the reaction it **engendered** is significant.
  비록 그 음모는 실패했지만, 그것이 **불러일으킨** 반응은 상당하다.

0023
generate＊＊＊ [dʒénərèit]
국9 | 국7 | 지9 | 서9 | 경찰 | 국회 | 기상 | 법원 | 교행 | 사복

팀 ¹ (결과, 감정 등을) 가져오다, 일으키다 ² (열, 전기 등을) 발생시키다
gener(give birth)+ate(통)

generation 명 ¹ 세대 《비슷한 연령층》 ² 세대, 대《약 30년 단위의 시대 구분》 ³ (전기, 열 등의) 발생
- a **generating** plant 발전소
- **generation** gap 세대 차(이)

0024
regenerate＊ [ridʒénərèit]
자 팀 (생물) 재생되다, 재생시키다   팀 (지역, 시설 등을) 재건하다, 회생시키다
re(again)+generate(발생시키다) → 다시 발생시키다

- Destroyed nerve cells do not **regenerate**. 파괴된 신경 세포는 **재생되지** 않는다.

0025
degenerate＊＊ [didʒénərèit]
국7

자 악화되다 형 [didʒénərət] 타락한 명 [didʒénərət] 타락한 사람
de(off, away from)+gener(race)+ate(통) → 종족에서 떨어져 나오다 → 조상보다 못하다

⊕ 자 deteriorate, worsen
형 corrupt, deteriorated

degeneration 명 ¹ 악화 ² 타락   **degenerative** 형 (병이) 퇴행성의
- As the disease progresses, the patient's health will **degenerate** rapidly.
  병이 진전됨에 따라 그 환자의 건강은 급속히 **악화될** 것이다.
- a morally **degenerate** society 도덕적으로 **타락한** 사회

0026
general＊＊＊ [dʒénərəl]
국9 | 국7 | 지9 | 지7 | 서9 | 서7 | 경찰 | 국회 | 기상 | 법원 | 교행 | 사복

형 ¹ 일반적인, 전반적인 ² 대강의 ³ 종합적인
gener(race, kind)+al(형) → (모든) 종류의

⊕ overall

generalize 자 일반화하다 타 보편화하다   **generalization** 명 일반화
- **general** uses of wool in England in the 17th century
  17세기 영국에서 양모의 **일반적인** 사용 [지7]
- It's impossible to **generalize** about children's books, as they are all different.
  어린이 책은 모두 다르기 때문에 **일반화하는** 것은 불가능하다.

0027
overgeneralize＊＊ [òuvərdʒénərəlaiz]
지9

자 지나치게 일반화하다
over(too much)+generalize(일반화하다)

overgeneralization 명 과잉 일반화
- They tended to **overgeneralize** from their experience.
  그들은 자신들의 경험으로부터 **지나치게 일반화하는** 경향이 있었다.

0028
generalizability＊ [dʒènərəlìzəbíləti]
명 《심리학》 일반화 가능성 《특정 실험의 결과가 다른 사람들한테도 같은 결과가 얻어질 가능성》
generaliz(e)(일반화하다)+ability(할 수 있음) → 일반화할 수 있음

- the **generalizability** of the theory 그 이론의 **일반화 가능성**

0029
generic*
[dʒənérik]

형 포괄적인, 총칭[통칭]의
gener(race)+ic(형) → 같은 종족 전반에 속하는

- Fine Arts is a **generic** term for subjects such as painting, music, and sculpture.
  순수 예술은 그림, 음악, 그리고 조각과 같은 주제를 **통칭하는** 용어이다.

0030
국9 | 국7 | 지7 | 서9 | 서7 | 법원

genuine***
[dʒénjuin]

형 ¹ 진짜의, 진품의 ² 진실한
genu(race, kind)+ine → 종류를 알아봄

유 ¹ authentic
반 ¹ counterfeit
(위조의)

- The jeweler reported that the diamonds were **genuine**.
  보석상은 그 다이아몬드들이 **진품**이라고 말했다.

0031
homo**gen**(e)ous*
[hòumədʒíːniəs, -mádʒənəs]

형 동종의, 동질의
homo(same)+gen(e)(race, kind)+ous(형)

homogeneity 명 같은 종류, 동종(同種), 동질성

- a **homogeneous** population 동족으로 구성된 인구
- We have to strive toward recovering the cultural **homogeneity** of North and South Korea. 우리는 남북한 간의 문화적 **동질성** 회복을 위해 노력해야 한다.

0032
사복

hetero**gen**(e)ous*
[hètərədʒíːniəs, -rádʒənəs]

형 ¹ 여러 다른 종류들로 이뤄진 ² 이질적인
hetero(other, different)+gene(race, kind)+ous(형)

heterogeneity 명 다른 종류, 이종(異種), 이질성

- a large and **heterogeneous** collection 크고 여러 다른 종류들로 이뤄진 수집품
- cultural **heterogeneity** 문화적 이질성

0033
국9 | 국7

indi**gen**ous**
[indídʒənəs]

형 토착의, 그 지역 고유의
indi(in, within)+gen(give birth)+ous(형) → ~안에서 태어난

유 native

- The legendary documentary filmmaker tried to show how **indigenous** people gathered food. 전설적인 다큐멘터리 영화 제작자는 어떻게 **토착**민들이 식량을 채집했는지를 보여주고자 노력했다. [국9]

0034
국9 | 국7 | 지7 | 서7 | 경찰

in**gen**ious*
[indʒíːniəs]

형 ¹ 기발한 ² 재간이 많은, 독창적인
in(in)+geni(give birth)+ous(형) → 타고난 재능

ingenuity 명 ¹ 기발한 재주 ² 재간, 독창성

유 ² clever, adept, creative, inventive
반 trite(독창적이지 못한)

- In the 1920s, there were many **ingenious** machines in the world such as locomotives, assembly lines, telephones, airplanes, and so on.
  1920년대에 세상에는 기관차, 조립 라인, 전화, 비행기 등과 같은 **기발한** 기계들이 많이 있었다. [국7]
- She showed amazing **ingenuity** in finding ways to cut costs.
  그녀는 비용을 절감하는 방법을 찾는 데 놀라운 **독창성**을 보였다.

0035
지7 | 경찰

in**gen**uous*
[indʒénjuəs]

형 순진한, 천진한
in(in)+genu(give birth)+ous(형) → 갓 태어난 것처럼 순진한

유 naive, innocent, guileless, childlike

- My **ingenuous** six-year-old sister still believes there is a Santa Claus.
  순진한 여섯 살짜리 내 여동생은 아직도 산타클로스가 있다고 믿는다.

MORE+ 혼동어휘

indigenous vs. ingenious vs. ingenuous

indigenous: 미국의 토착원주민인 **indi**ans로 연상
ingenious: -genious의 발음이 **genius**(천재)의 발음과 유사한 것으로 연상
ingenuous: **genu**ine(진짜의, 진실의)의 의미와 유사하게 **진짜 속마음**을 솔직하게 드러내는 순진함으로 연상

0036 지7
disingenuous*
[dìsindʒénjuəs]

형 솔직하지 못한, 부정직한

dis(opposite of)+ingenuous(솔직한)

- The politician became **disingenuous** and hid important facts from the voters.
그 정치인은 **부정직해져서** 중요한 사실을 유권자들로부터 숨겼다.

0037
congenial*
[kəndʒíːnjəl]

형 ¹ 마음이 통하는 ² (장소 등이) 마음에 드는 ³ (~에) 적절한

con(with, together)+gen(give birth)+ial(형) → 같이 태어난 → 본성이 같은

유 agreeable, pleasant

congeniality 명 ¹ 서로 맞는 성미 ² (성질, 취미 등의) 일치

- Frank was a very **congenial** colleague. Frank는 마음이 아주 잘 **통하는** 동료였다.
- a **congenial** working environment 마음에 드는 근무 환경

0038
gentry*
[dʒéntri]

명 상류층 (사람들) 《좋은 집안에서 태어나거나 높은 지위인 사람들》

gent(le)(well-born, noble)+ry

gentrification 명 ¹ (주택가의) 고급 주택화 ² 지가상승으로 인한 원 거주민 축출 현상

- The **gentry** traveled in fancy carriages while the poor people walked.
가난한 사람들은 걸어갔지만, **상류층 사람들**은 멋진 마차를 타고 이동했다.

0039 국7 | 지7 | 기상
nitrogen*
[náitrədʒən]

명 《화학》 질소

nitro(질산칼륨)+gen(give birth) → 질산칼륨을 만드는 것

- **Nitrogen** compounds are one of the major air pollutants.
질소 화합물은 주요 대기 오염 물질 중 하나이다.

0040 국7 | 지7 | 경찰 | 법원 | 교행 | 사복
pregnant***
[prégnənt]

형 임신한

pre(before)+gn(be born)+ant(형) → 아직 태어나기 전인

유 expecting

pregnancy 명 임신

- Exposure of **pregnant** women to high levels of lead can cause miscarriage.
임신한 여성이 많은 양의 납에 노출되는 것은 유산을 초래할 수 있다. [법원]

0041
cognate*
[kágneit]

형 ¹ 어원이 같은 ² 관련이 있는, 유사한 명 어원이 같은 말

co(with, together)+gn(be born)+ate(형) → 같이 태어난 → 같은 특징을 가진

유 형 ² kindred

- Spanish and French are **cognate** languages. 스페인어와 프랑스어는 **어원이 같은** 언어이다.
- **cognate** subjects such as physics and chemistry 물리와 화학 같은 **관련 있는** 과목들

0042 국회 | 법원
benign*
[bináin]

형 ¹ 상냥한 ² (종양이) 양성(良性)의, 어떤 병이 낫기 쉬운 상태인

beni(well)+gn(birth) → 좋게 태어난 → 좋은 심성을 가진

유 ¹ benevolent, compassionate, amiable
² harmless
반 ² malignant (악성의)

- a **benign** smile 상냥한 미소

0043 지7
malign*
[məláin]

형 해로운 타 (공개적으로) 비방하다

mali(badly)+gn(born) → 나쁘게 태어난 → 나쁜 심성을 가진

malignant 형 ¹ 악의에 찬 ² (종양이) 악성의

- a **malign** effect 해로운 영향

bi(o)
= life (삶)

암기유발 TIP

biorhythm 바이오 리듬, 생체 리듬
《인간의 행동에 영향을 주는 것으로 여겨지는 체내 작용의 변화 패턴》
bio(life)+rhythm(규칙적인 변화)

0044 국9 | 지9 | 지7 | 서7 | 기상 | 법원 | 사복

biology***
[baiάlədʒi]

몡 생물학
bio(life)+logy(study)

biological 혱 ¹생물학의 ²생물체의 **biologist** 몡 생물학자
- In **biology** class, we studied the human body and how it works.
  생물학 수업에서 우리는 인간의 몸과 그것이 어떻게 작용하는지를 배웠다.

0045 지7 | 서7

biosphere**
[báiousfir]

몡 생물권 《생물이 살 수 있는 지구 표면과 대기권》
bio(life)+sphere(space)

- the **biosphere** of the earth 지구의 생물권

0046

biodegrade*
[bàioudigréid]

자 생분해[자연 분해]되다 《박테리아에 의해 무해 물질로 분해되다》
bio(life)+degrade(분해되다)

biodegradable 혱 생분해성의 《생분해되어 환경에 해가 되지 않는》
- "Plastic foam," commonly referred to as styrofoam, is impossible to recycle and it doesn't **biodegrade**. 보통 스티로폼이라고 불리는 '플라스틱 폼'은 재활용이 불가능하고 **자연 분해되지** 않는다.
- **biodegradable** trash bags 생분해성 쓰레기봉투

0047 국7 | 서9 | 법원 | 교행

biodiversity**
[bàioudaivə́ːrsəti]

몡 (균형 잡힌 환경을 위한) 생물의 다양성 《많은 생물이 멸종되고 있으므로 다양한 종의 보존을 중시하는 개념》
bio(life)+diversity(다양성)

- The **biodiversity** of this lake is high, with several dozen species of fish and birds living in it. 수십 종의 물고기와 새들이 살고 있어서 이 호수의 생물 **다양성**은 높다.

MORE + bio- 합성어
- **bio**accumulate 타 (유독 물질이) 생체 내에 축적되다
- **bio**chemistry 몡 생화학 **bio**chemical 혱 생화학의, 생화학적인
- **bio**physical 혱 생물물리학의, 생물물리학상의
- **bio**mass 몡 (특정 지역 내의 총)생물량
- **bio**metrics 몡 ¹생체 인식 ²생물 측정학 **bio**metric 혱 생물[생체] 측정의
- **bio**fuel 몡 (자연에서 얻는) 바이오 연료, 생물 연료
- **bio**tech(nology) 몡 생명 공학, 인간 공학
- **bio**ethics 몡 생명 윤리(학) 《장기이식, 유전공학 등 생물학 연구에서 파생되는 윤리(문제에 대한 학문)》
- **bio**nic 혱 ¹생체 공학적인 ²초인적인 힘을 가진
- **bio**psy 몡 생체[조직] 검사

0048

symbiosis*
[sìmbióusis]

몡 공생
sym(together)+bio(life)+sis(몡)

symbiotic 공생의, 공생하는 **symbiont** 몡 공생자
- The birds live in **symbiosis** with the cattle, picking insects from their skin to eat. 그 새들은 소와 **공생**하여 그것들의 가죽에 있는 벌레들을 잡아먹는다.
- *cf.* **parasite** 몡 기생 **parasitic** 혱 기생하는

0049
antibiosis*
[æntibaióusis]

명 (생물) 항생 작용
anti(against)+bio(life)+sis(명) → (다른) 생물에 대항하는 활동

- **Antibiosis** occurs when one organism is damaged by another.
  항생 작용은 한 유기체가 다른 유기체에 의해 손상될 때 발생한다.

0050
antibiotic(s)**
[æntibaiátik]

지9 | 서9 | 법원

명 항생제, 항생물질
anti(against)+biotic(생물의) → (다른) 생물에 대항하는 것

- Taking an **antibiotic** will help her fight the bacterial infection.
  항생제를 복용하는 것은 그녀가 세균성 감염에 대항하는 데 도움이 될 것이다.
- cf. antibody 명 항체

0051
amphibian*
[æmfíbiən]

명 양서류 형 ¹ 양서류의 ² 수륙 양용의
amphi(of both kinds)+bi(life)+an(명) → 두 가지 생활을 하는 것

amphibious 형 ¹ 양서류의 ² 수륙 양용의

- Frogs and toads are **amphibians**. 개구리와 두꺼비는 **양서류**이다.
- an **amphibian** plane 수륙 양용 비행기

---

anim
= life (삶), breath (숨, 호흡); mind (마음)

암기유발 TIP
animal 동물
anim(breath)+al(명) → 살아 숨 쉬는 것

0052
animate**
[ǽnəmèit]

지7 | 경찰

타 생기를 불어넣다 형 [ǽnəmət] 생기 있는, 살아 있는
anim(life, breath)+ate(동) → 살아 있게 하다

animation 명 ¹ 생기, 활기 ² 만화 영화, 동영상   **animator** 명 만화 영화 제작자

- The writer's humor **animates** the novel. 작가의 유머가 소설에 **생기를 불어넣는다**.
- The dog lay so still it scarcely seemed **animate**.
  그 개는 너무나 가만히 누워 있어서 거의 **살아 있지** 않은 것 같았다.

0053
inanimate**
[inǽnəmət]

국회

형 ¹ 무생물의 ² 죽은 (것 같은)
in(not)+animate(살아 있는)

반 animate(¹ 생물의 ² 살아 있는)

- In the mid-1600s scientists conducted experiments that proved life cannot start from **inanimate** objects. 1600년대 중반 과학자들은 생명은 **무생물체**에서 비롯될 수는 없음을 증명하는 실험들을 했다. [국회]

0054
animism*
[ǽnəmizəm]

명 애니미즘, 물활론 《우주 만물에 영혼이 있다는 믿음》
anim(life, breath)+ism(명)

- The philosopher argues that he does not support **animism**, because scientifically there is no way to prove it. 그 철학자는 과학적으로 증명할 수 없기 때문에 **애니미즘**을 지지하지 않는다고 주장한다.

0055 경찰 | 국회

animosity*
[ænəmásəti]

몡 반감, 적대감
animos(life, breath)+ity(몡) → 생기 있음 → 대담함, 격렬함 → 강한 (나쁜) 감정

유 hostility, animus

- During the match, the **animosity** between the two wrestlers was obvious.
  시합을 하는 동안, 두 레슬링 선수 사이의 **반감**은 분명했다.

0056 국7 | 서9 | 법원

unanim**ous****
[juːnǽnəməs]

혱 만장일치의, 모두 의견이 같은
un(one)+anim(mind)+ous(혱) → 마음이 하나인

유 uncontested, agreed, solid

unanimity 몡 만장일치

- The judges made a **unanimous** ruling. 판사들은 **만장일치**의 판결을 내렸다.

0057

equanim**ity***
[èkwəníməti]

몡 침착, 평정
equ(even)+anim(mind)+ity(몡) → 평평한[차분한] 마음의 상태

유 composure, equilibrium, coolness, calm, serenity
반 anxiety(불안감)

- to maintain one's **equanimity** **평정**을 유지하다

spir(e)
= breathe (숨 쉬다)

0058 국9 | 국7 | 지9 | 지7 | 서9 | 서7 | 경찰 | 국회 | 법원

spirit***
[spírit]

몡 ¹ 정신, 영혼 ² (pl.) 기분, 마음 ³ 활기
spirit(breath) → 숨 쉬다 《 고대에 '숨'과 '정신'을 동일시한 데서 유래 》

spiritual 혱 정신의, 정신적인 **spiritless** 혱 활기 없는

- Some religions believe that the same **spirit** is reincarnated many times in different bodies. 어떤 종교는 같은 **영혼**이 다른 육체로 여러 번 환생한다고 믿는다.
- The book describes a **spiritual** journey from despair to happiness.
  그 책은 절망에서 행복에 이르는 **정신적** 여정을 그린다.

0059 국7 | 지9 | 서9 | 경찰 | 기상 | 법원

respire***
[rispáiər]

재 호흡하다, 숨 쉬다
re(again)+spire(breathe) → 다시 숨 쉬다 → 숨을 들이쉬고 내쉬다

respiration 몡 호흡 **respiratory** 혱 호흡의, 호흡 기관의

- The doctor checked his heartbeat and **respiration**. 의사는 그의 심박과 **호흡**을 체크했다.

0060

suspire*
[səspáiər]

재 ¹ 한숨짓다 ² 호흡하다 타 탄식하며 말하다
su(from below)+spire(breathe) → 밑바닥에서부터 숨 쉬다 → 깊이 숨 쉬다

suspiration 몡 한숨, 긴 탄식

- She **suspired** sadly. 그녀는 슬프게 **한숨지었다**.

0061 국9 | 지9 | 서9 | 서7 | 경찰 | 국회 | 기상 | 법원 | 사복

inspire***
[inspáiər]

타 ¹ 격려하다, 용기를 북돋우다 ² 영감을 주다
in(into)+spire(breathe) → 숨[용기]을 불어넣다

유 ² arouse

inspiration 몡 영감(을 주는 것) **inspirational** 혱 영감을 주는

- The designer drew **inspiration** from the Statue of Liberty.
  그 디자이너는 자유의 여신상에서 **영감**을 얻었다.

0062
expire** [ikspáiər] 서9 | 서7 | 경찰 | 기상 | 사복

자 ¹ (정해진 기간이) 만료되다, 끝나다 ² 숨을 거두다
ex(out)+(s)pire(breathe) → (마지막) 숨을 내쉬다

유 ¹ quit, terminate, conclude, cease

expiration / **expiry** 명 만료, 만기
- I have to renew my passport because it's due to **expire** soon.
  곧 만기가 될 예정이기 때문에 나는 여권을 갱신해야 한다.
- **expiration**[**expiry**] date ¹ 유효 기간, 만기일 ² (식품의) 유통 기한

0063
aspire** [əspáiər] 국9 | 기상

자 열망하다, 염원하다 《to》
a(to)+spire(breathe) → (~을 향해) 숨[열망]을 불어넣다

aspiration 명 열망, 염원
- No one should **aspire** to profit from the misfortune of others.
  누구도 다른 사람들의 불행으로부터 이익을 얻기를 **열망해서는** 안 된다.

0064
conspire** [kənspáiər] 경찰

자 ¹ 음모를 꾸미다, 공모하다 ² (일이) 안 좋게 돌아가다 《against》
con(with, together)+spire(breathe)

유 ¹ collude, plot

conspiracy 명 음모, 모의
- She admitted **conspiring** with her lover to murder her husband.
  그녀는 자신의 남편을 살해하기로 애인과 **공모한** 것을 인정했다. [경찰]
- Circumstances had **conspired** against them. 상황이 그들에게 **안 좋게 돌아가고** 있었다.

0065
perspire** [pərspáiər] 경찰

자 땀을 흘리다, 땀이 나다
per(through)+spire(breathe) → (땀을 통하여) 호흡하다 → 땀이 나다

유 sweat

perspiration 명 땀 (흘리기) **perspiratory** 형 땀의, 발한(작용)의
- She wiped the **perspiration** from her forehead. 그녀는 이마의 **땀**을 닦았다.

0066
transpire* [trænspáiər] 지7

자 ¹ 알고 보니 ~이다 ² 일어나다, 발생하다   자 타 (식물이) 증산하다, 수분을 발산하다
trans(across, beyond)+spire(breathe)

유 자 ² occur, happen, ensue

transpiration 명 《생물》 증산 《식물체 안의 수분이 수증기가 되어 공기 중으로 나옴》
- It **transpired** that they had met previously. **알고 보니** 그들은 전에 만난 적이 있었다.
- Exactly what **transpired** remains unknown. 정확히 무슨 일이 **일어났는지**는 알려지지 않은 채로 남아있다.

---

habit; hibit
= live (살다); hold (갖다, 잡다)

암기유발 TIP
해비타트(Habitat)
무주택 가정에 자원봉사자들이 무보수로 집을 지어 주는 전 세계적인 공동체 운동

0067
**habitat***** [hǽbitæt] 국9 | 국7 | 지9 | 법원 | 교행 | 사복

명 서식지, 거주지

- The panda's natural **habitat** is the bamboo forest. 판다의 천연 **서식지**는 대나무 숲이다.

0068
habitation** 기상
[hæbitéiʃən]
명 거주(지), 주거
habita(live)+tion(명)
- There was no sign of **habitation** on the island. 그 섬에는 사람의 **거주** 흔적이 전혀 없었다.

0069
habitable*
[hǽbitəbəl]
형 (장소가 사람이) 주거할 수 있는, 거주하기에 적합한
habit(live)+able(형)
- Since the roof fell in, the cottage is not **habitable**.
  지붕이 내려앉아서 그 오두막은 **거주하기에 적합하지** 않다.

0070
in**habit**** 국7 | 지9 | 기상
[inhǽbit]
타 거주하다, 살다, 서식하다
in(in)+habit(live)

⟹ occupy

inhabitable 형 살기에 적합한 **uninhabited** 형 사람이 살지 않는, 무인의
uninhabitable 형 (건물 등이) 사람이 살기에 부적합한
- These birds and animals **inhabit** the tropical forests.
  이 새와 동물들은 열대 우림에 **서식한다**.
- an **uninhabited** island 무인도

0071
in**habit**ant** 지9 | 서9 | 서7 | 기상 | 법원
[inhǽbitənt]
명 ¹주민, 거주자 ²서식 동물
inhabit(거주하다)+ant(명)

⟹ denizen, resident, dweller

- **Inhabitants** of the flooded district were brought to a safe area.
  홍수 지역 **주민들**은 안전한 지역으로 대피되었다.

0072
co**habit*** 법원
[kouhǽbit]
자 ¹동거하다 ²공동 생활하다
co(with, together)+habit(live)

cohabitation 명 동거, 부부 살이
- They **cohabited** in a small apartment in the city. 그들은 도시의 작은 아파트에서 **동거했다**.

0073
ex**hibit**** 국9 | 지7 | 서9 | 국회 | 법원 | 교행 | 사복
[igzíbit]
타 ¹전시하다 ²(감정 등을) 보이다, 드러내다
ex(out)+hibit(hold) → 가지고 있던 것을 밖으로 내보이다

⟹ display ²reveal

exhibition 명 ¹전시(회) ²(감정 등의) 표현, 드러냄
- Animal species that seldom compete for food or shelter rarely **exhibit** aggressive tendencies. 음식이나 보금자리 때문에 좀처럼 경쟁하지 않는 동물 종들은 공격적인 성향을 거의 **드러내지** 않는다.
- to hold an art **exhibition** 미술 **전시회**를 개최하다

0074
in**hibit**** 국7 | 서7 | 경찰 | 국회 | 법원
[inhíbit]
타 ¹억제하다, 저해하다 ²못하게 하다
in(in)+hibit(hold) → 안에 간직하다

• inhibit A from B
A가 B 하는 것을 못하게 하다

inhibition 명 억제 **inhibitory** 형 억제하는, 금지의 **uninhibited** 형 아무 제약을 받지 않는
- Fear can **inhibit** people from expressing their opinions.
  두려움은 사람들이 자신의 의견을 피력하는 것을 **못하게 할** 수 있다.

0075
pro**hibit**** 지7 | 서9 | 경찰 | 국회 | 기상 | 법원
[prouhíbit]
타 ¹(특히 법으로) 금하다, 금지하다 ²~하지 못하게 하다
pro(in front)+hibit(hold) → 앞에서 잡고 있다

⟹ ¹forbid ²prevent, restrain

prohibition 명 ¹금지 ²금지법 **prohibitive** 형 ¹금지하는 ²엄두도 못 낼 정도로 비싼
- Smoking is **prohibited** in most public places. 대부분의 공공장소에서 흡연이 **금지된다**.

vit, viv, vig
= life (삶), live (살다), lively (활기찬)

암기유발 TIP

vitamin 비타민
vit(life)+amine(유기화합 물질)

0076 국7 | 법원 | 사복

vital**
[váitl]

형 1 필수적인 2 생명 유지에 필수적인 3 활력이 넘치는
vit(life)+al(형) → (생명과) 관계되는

vitality 명 활력 **vitalize** 타 1 (~에) 활력을 주다 2 고무하다
- The police play a **vital** role in our society. 경찰은 우리 사회에서 **필수적인** 역할을 한다.
- Exercise keeps her young and **vital**. 운동은 그녀가 젊고 **활력 넘치게** 유지해준다.
- The increase in exports will **vitalize** the national economy.
  수출 증대는 국가 경제에 활력을 불어넣을 것이다.

유 1 pivotal, essential, crucial, indispensable, decisive 3 dynamic
• be vital for ~에 필수적이다

0077 국9 | 국7 | 지9 | 지7 | 서9 | 서7 | 경찰 | 국회 | 기상 | 법원 | 교행

survive***
[sərváiv]

자 살아남다, 생존하다 타 ~보다 더 오래 살다
sur(over, beyond)+vive(live) → (어려운 상황을 넘어) 살아남다

survival 명 1 생존 2 유물 **survivor** 명 생존자, 살아남은 사람
- We cannot **survive** for long without food and water.
  우리는 음식과 물 없이는 오랫동안 **생존하지** 못한다.
- She **survived** her husband by only a few years.
  그녀는 자신의 남편보다 불과 몇 년 더 오래 살았다.

유 타 outlive

0078 국9 | 지7 | 서7 | 국회 | 법원

revive**
[riváiv]

자|타 활기를 되찾다, 회복하다 타 (연극 등을) 재공연하다
re(again)+vive(live) → 다시 살아나게 하다

revival 명 1 회복, 부활 2 재공연
- efforts to **revive** the economy 경제를 회복시키기 위한 노력

유 revivify

0079

convivial*
[kənvíviəl]

형 (분위기 등이) 명랑한, 유쾌한
con(with, together)+viv(live)+ial(형) → 함께 살며 연회를 여는 → 명랑한

- The mood was relaxed and **convivial**. 분위기는 편안하고 **유쾌했다**.

0080

vivacious*
[vivéiʃəs]

형 명랑한, 쾌활한
vivaci(lively)+ous(형)

vivacity 명 명랑, 쾌활
- She was a very **vivacious** woman who had no difficulty meeting people.
  그녀는 사람을 만나는 데 어려움이 없는 매우 **쾌활한** 여성이었다.

유 cheerful, merry, jolly
반 boring(지루한)

0081 서7

vivid**
[vívid]

형 1 (기억 등이) 생생한 2 (색깔 등이) 선명한
viv(lively)+id(형)

vividness 명 1 생생함 2 선명함
- a **vivid** description 생생한 묘사

0082 국7

vigorous**
[vígərəs]

형 1 활발한, 격렬한 2 활기찬, 건강한
vigor(be lively)+ous(형) → 힘의, 에너지의

vigor 명 힘, 활력, 활기
- **vigorous** exercises 격렬한 운동

유 energetic

DAY 01 051

0083 서7

invigorate*
[invígərèit]

팀 기운 나게 하다, 활기를 북돋우다
in(in)+vigor(힘)+ate(동)

- A brisk walk in the cool morning air always **invigorates** me.
  시원한 아침 공기를 쐬며 활기차게 걷는 것이 언제나 나를 **기운나게 한다**.

0084 경찰 | 법원

vigilant*
[vídʒələnt]

형 바짝 경계하는, 조금도 방심하지 않는
vigil(be lively)+ant(형) → 깨어있음

vigilance 명 1 경계, 조심 2 각성 (상태)   **vigil** 명 1 (밤샘) 간호 2 (철야) 기도, 농성

- You have to stay **vigilant** for deer and other animals in the road.
  길 위의 사슴과 다른 동물들에 대비해 **바짝 경계해야** 한다.
- I admire Elvis Presley and always attend the annual candlelight **vigil**.
  나는 Elvis Presley를 존경하고 연례 촛불 **기도** 행사에 항상 참석한다. [경찰]

---

mort
= death (죽음)

암기유발 TIP
Voldemort 볼드모트
《소설〈해리포터〉속 사악한 마법사》
프랑스어 vol(flight)+de(of)+mort(death)
→ 죽음으로부터의 도피

0085 국9 | 국회 | 법원

mortal**
[mɔ́ːrtl]

형 1 언젠가는 반드시 죽는 2 치명적인 3 필사적인   명 사람, 인간
mort(death)+al(형·명)

mortality 명 1 죽음을 피할 수 없음 2 사망자 수, 사망률

- Every living creature is **mortal**. 모든 생명체는 **언젠가는 반드시 죽는다**.
- **Mortality** from lung cancer is still increasing. 폐암으로 인한 **사망자** 수가 아직도 증가하고 있다.

MORE+ 관련어휘
mortuary 명 영안실
mortician 명 장의사

0086 지7

immortal**
[imɔ́ːrtl]

형 1 죽지 않는 2 불후의, 불멸의   명 1 명성이 영원할 인물 2 신, 영생하는 존재
im(not)+mort(death)+al(형·명)

유 형 undying, deathless
2 imperishable, everlasting

immortality 명 불멸   **immortalize** 팀 불멸하게 하다, (문학 작품 등을 통해) 영원성을 부여하다

- **immortal** God 불멸의 신
- Richard III was **immortalized** in William Shakespeare's play based on the same name. Richard 3세는 동명의 William Shakespeare의 희곡에서 **영원성을 얻게** 되었다.

0087

postmortem*
[pòustmɔ́ːrtəm]

명 부검, 검시   형 1 사후의 2 검시의
post(after)+mortem(death)

유 명 autopsy

- A **postmortem** on the body revealed that the victim had been poisoned.
  사체 **부검** 결과 피해자는 독살되었음이 밝혀졌다.

0088 지7

mortify*
[mɔ́ːrtəfài]

팀 굴욕감을 주다, 몹시 당황하게 만들다
mort(death)+ify(동) → 죽을 정도로 (마음을) 상하게 하다

유 humiliate, shame, disgrace, dishonor

mortification 명 굴욕

- She was **mortified** to see her wrinkles in the mirror.
  그녀는 거울에서 자신의 주름을 보고 **몹시 당황했다**.

Hierarchy of Biological Classification

- **species** 명 종(種) 《생물 분류의 기초 단위》
- **genus** 명 《생물》 속(屬) 《생물 분류의 한 단위로서 유전적으로 그리고 계통적으로 서로 밀접한 관계의 그룹》
- **family** 명 과(科) 《고양이과, 개과 등》
- **order** 명 목(目) 《몸의 구조나 형태가 같은 것. 인간은 영장목에 속함》
- **class** 명 강(綱) 《포유류, 조류, 어류 등》
- **phylum** 명 문(門) 《척추동물, 연체동물, 절지동물 등》
- **kingdom** 명 계(界) 《식물계, 동물계, 균계 등》

DAY 02 사람, 가족, 사회

🔍 Preview & Review

popul, publ; dem ▶ people

- **popul**ar
- **popul**ace
- **popul**ate
- **publ**ic
- re**publ**ic
- **publ**ish
- epi**dem**ic
- pan**dem**ic
- en**dem**ic
- **dem**agogue

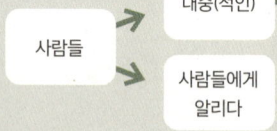

rac; ethn ▶ race; nation

- **rac**ial
- **rac**ism
- **ethn**ic
- **ethn**ocentrism

cracy; arch ▶ rule, government; lead, rule

- demo**cracy**
- auto**cracy**
- bureau**cracy**
- aristo**cracy**
- hier**arch**y
- mon**arch**y
- an**arch**y

civi(l) ▶ citizen, people

- **civil**
- **civil**ize
- **civic**
- **civil**ity

soci ▶ companion

- **soci**ety
- **soci**ology
- **soci**al
- **soci**alize / **soci**alise
- **soci**able
- **soci**alism
- **soci**alite

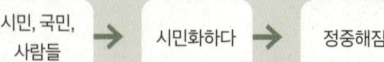

dom; eco ▶ home, house

- **dom**estic
- **dom**esticate
- **dom**ain
- **dom**icile
- **eco**logy
- **eco**system
- **eco**nomy
- **eco**nomic
- **eco**nomical

가정, 주택 → 길들이다
가정, 주택 → 사는 곳, 환경 → 사는 곳을 관리함

pat(e)r; mat(e)r ▶ father; mother

- **pat**ernal
- **pat**rilineal
- **pat**riot
- **pat**ron
- **pat**riarchy
- **mat**ernal
- **mat**rilineal
- **mat**rimony
- **mat**riarchy

아버지 → 보호, 후원하는 사람
어머니

nomin, nomer; onym ▶ name; word, name

- **nomin**al
- **nomin**ate
- de**nomin**ate
- mis**nomer**
- syn**onym**
- ant**onym**
- acr**onym**
- an**onym**ous
- pseud**onym**

이름, 명명하다 → 지명하다
단어

nour, nurs, nurt, nutri ▶ raise; feed

- **nour**ish
- mal**nour**ished
- **nurs**e
- **nurs**ery
- **nurt**ure
- **nutri**tion
- mal**nutri**tion
- **nutri**tious
- **nutri**tive
- **nutri**ent

키우다 → 육성하다
먹이를 주다 → 영양분을 공급하다

greg ▶ flock, gather

- ag**greg**ate
- con**greg**ate
- **greg**arious
- se**greg**ate
- deseg**reg**ate
- e**greg**ious

무리, 모이다 → 사교적인

popul, publ
= people (사람들)

암기유발 TIP
populism 포퓰리즘 《대중의 견해와 바람을 대변한다고 주장하는 정치 형태》
popul(people)+ism(명)

0089 | 국9 | 국7 | 지9 | 지7 | 서9 | 서7 | 경찰 | 국회 | 기상 | 법원 | 교행 | 사복

popular***
[pɑ́:pjələr]

형 ¹ 인기 있는 ² 대중적인 ³ 일반적인
popul(people)+ar(형)

유 ³ prevalent, general
반 ¹ unpopular (인기 없는)

popularity 명 인기 **popularize** 타 대중화하다 **popularization** 명 대중화, 통속화
- **popular** music[culture] 대중음악[문화]
- **popular** belief[misconception] 일반적인 믿음[오해]
- He **popularized** a distinctive American literature built on American themes and language. 그는 미국적 주제와 언어를 바탕으로 한 독특한 미국 문학을 **대중화했다**. [서9]

0090

populace*
[pɑ́:pjələs]

명 《the ~》 대중, 민중

- opposition between the local government and the **populace** 지방 정부와 **민중** 간의 대립

0091 | 국9 | 국7 | 지9 | 지7 | 서9 | 서7 | 경찰 | 국회 | 기상 | 법원 | 교행 | 사복

populate***
[pɑ́:pjəlèit]

타 ¹ ~에 살다, 거주하다 ² ~로 이주시키다
popul(people)+ate(동)

유 ¹ inhabit, dwell in, reside in

population 명 ¹ 인구, (모든) 주민 ² 《생태》 개체군, 개체수 ³ 《통계》 모집단
- The geographical location of Cyprus doesn't explain why it is predominantly **populated** by Greeks. Cyprus(키프로스 공화국)의 지리적 위치는 그리스인이 주로 **거주하는** 이유를 설명해주지 못한다. [국7]
- **population** density 인구 밀도

MORE+ 관련어휘
over**population** 명 인구 과잉
under**population** 명 인구 부족
de**population** 명 인구 감소

0092 | 국9 | 국7 | 지9 | 지7 | 서9 | 서7 | 경찰 | 국회 | 기상 | 법원 | 교행 | 사복

public***
[pʌ́blik]

형 ¹ 일반인의, 대중의 ² 공공의 ³ 공개적인   명 일반 사람들, 대중

유 형 ² shared, common ³ open, accessible
명 populace

publicize 타 알리다, 홍보하다 **publicity** 명 ¹ 언론의 관심 ² 홍보(업)
- His **public** appearances are good **publicity** for the new movie.
  그가 공개 석상에 출현하는 것은 신작 영화를 위한 좋은 **홍보**이다.

0093 | 지9 | 지7 | 서9 | 서7 | 경찰 | 법원 | 사복

republic***
[ripʌ́blik]

명 공화국 《주권이 국민에게 있는 나라》
re(thing, matter)+public(대중의) → 대중의 것 → 주권이 국민에게 있음

republican 명 공화국의 명 ¹ 공화주의자 ² 《R-》 (미국) 공화당원
- Rome survived as a kingdom, a **republic** or an empire until about A.D. 476.
  로마는 서기 476년경까지 왕국, **공화국** 또는 제국으로 살아남았다. [서7]

0094 | 국9 | 국7 | 지9 | 지7 | 서9 | 경찰 | 기상 | 법원 | 사복

publish***
[pʌ́bliʃ]

타 ¹ 출판[발행]하다 ² 게재하다 ³ 발표하다
publ(people)+ish(동) → 사람들이 알게 하다

유 ¹ produce ³ announce, publicize

publication 명 ¹ 출판, 발행 ² 발표
- to **publish** children's books 아동 도서를 **출판하다**

dem
= people (사람들)

0095 epidemic** [èpidémik]
국9 | 국7 | 지7 | 서9

명 전염병, 유행(병)　형 유행성의
epi(among, on)+dem(people)+ic(명/형) → 사람들 사이에 있음, 사람들 사이에 있는

epidemiology 역학, 전염병학

- It is believed the **epidemic** started when the virus spread from small mammals in China. 그 **전염병**은 중국의 작은 포유류에서 바이러스가 퍼졌을 때 시작된 것으로 추정된다. [서9]

유 명 plague
형 contagious, infectious, communicable

0096 pandemic* [pændémik]

명 전 세계적인 유행병　형 (병이) 전국[세계적]으로 유행하는
pan(all)+dem(people)+ic(명/형) → 모든 사람에게 있음, 모든 사람에게 있는

- a **pandemic** disease 세계적으로 유행하는 병

0097 endemic* [endémik]
서9

형 (특정 지역, 집단) 고유의, 고질적인, 풍토적인　명 풍토병, 지방병
en(in)+dem(people)+ic(명/형) → 사람들 속에 있는, 사람들 속에 있음

- Dengue is **endemic** in more than 110 countries. 뎅기열은 110개국 이상에서 **풍토병**이다. [서9]

유 형 native, indigenous, local

0098 demagogue* [déməɡɔ̀ɡ]
국9

명 (부정적) 선동 정치가
dem(people)+agogue(leader) → 사람들을 이끄는 사람

- People called him a dangerous **demagogue**. 사람들은 그를 위험한 **선동 정치가**라고 불렀다.

rac; ethn
= race (인종); nation (국가, 국민)

0099 racial** [réiʃəl]
국9 | 국7 | 서7 | 국회

형 인종의, 민족의
rac(race)+ial(형)

- to attack **racial** prejudice 인종적 편견을 공격하다 [국9]

MORE + 관련어휘
bi**racial** 형 두 인종의
multi**racial** 형 다민족의, 복합 인종의
inter**racial** 형 다른 인종 간의

유 ethnic, tribal

0100 racism** [réisizəm]
지7 | 경찰

명 ¹인종 차별(주의) ²(폭력적인) 인종 차별 행위
rac(race)+ism(명)

racist 명 인종 차별주의자　형 인종 차별주의의
- a protest against **racism** 인종 차별에 대한 항의[시위]

DAY 02　057

0101 국9 | 지9 | 교행 | 사복

ethnic**
[éθnik]

형 ¹ 민족[종족]의 ² 민족 전통적인

유 ¹ racial

ethnically 부 민족[인종](학)적으로 **ethnicity** 명 민족성 **ethnology** 명 민족학
- an **ethnically** mixed Chicago neighborhood (다양한) **민족이** 섞여 사는 시카고 인근 [국9]

0102 서7

ethnocentrism*
[èθnouséntrizm]

명 자기 민족 중심주의
ethno(race, nation)+centrism(명)

ethnocentric 형 자기 민족 중심적인
- Those who support **ethnocentrism** think that their own culture is better than others. 자기 민족 중심주의를 지지하는 사람들은 자신들의 문화가 다른 사람들의 문화보다 더 낫다고 생각한다.

cracy; arch
= rule (체제), government (정부); lead (이끌다), rule (통치, 통치하다)

0103 국7 | 지9 | 지7 | 서9 | 서7 | 경찰 | 국회 | 기상 | 법원 | 사복

democracy***
[dimάkrəsi]

명 ¹ 민주주의 ² 민주 국가 ³ 평등
demo(people)+cracy(rule, government)

democrat 명 ¹ 민주주의자 ² ((D-)) (미국) 민주당원 **democratic** 형 ¹ 민주주의의 ² 평등한
democratize 타 민주화하다
- the principles of **democracy** 민주주의 원칙
- a **democratic** outlook that all people are entitled to equal opportunity and equal respect 모든 사람이 평등한 기회와 동등한 존경을 받을 자격이 있다는 **민주주의적** 관점 [지7]

0104 경찰

autocracy**
[ɔːtάkrəsi]

명 ¹ 독재 정치 ² 독재 국가
auto(self)+cracy(rule, government)

유 dictatorship
¹ despotism, tyranny

autocrat 명 독재자, 전제 군주 **autocratic** 형 독재의
- The Grand Duchy of Tuscany was an **autocracy**. 토스카나 대공국은 독재 국가였다.

0105 지7 | 서9

bureaucracy**
[bjuərάkrəsi]

명 ¹ 관료 (체제) ² 관료 국가 《관료정치는 선출된 사람이 아닌 관료들이 행하는 것으로서 비민주적, 권위주의적 정치를 통틀어 이른다.》
bureau(desk)+cracy(rule, government) → 책상에 앉아 있는 사람이 관리하는 체제[정부]

bureaucrat 명 (정부) 관료 **bureaucratic** 형 ¹ 관료의 ² 관료주의적인
- the power of the state **bureaucracy** 국가 **관료**의 권력

0106 지9 | 지7 | 서9 | 기상 | 법원

aristocracy**
[ærəstάkrəsi]

명 ¹ 귀족 정치(의 나라) ² 귀족 (계층)
aristo(best)+cracy(rule, government) → 최상위층이 관리하는 체제[정부]

유 ² nobility

aristocrat 명 귀족(인 사람) **aristocratic** 형 귀족(적)인
- Noblemen enjoyed the privileges of the **aristocracy**. 귀족들은 **귀족 정치**의 특권을 누렸다.

MORE + 관련어휘

- **pluto**cracy 몡 금권 정치
- **merito**cracy 몡 ¹ 실력[능력]주의 (사회, 국가) ² 《the ~》 엘리트 지배층
- **strato**cracy 몡 군정, 군인 정치
- **techno**cracy 몡 테크노크라시 《과학 기술 분야 전문가들이 많은 권력을 행사하는 정치 및 사회 체제》

0107 국9 | 지9 | 지7 | 국회 | 기상 | 법원

hier**arch**y***
[háiərɑ̀ːrki]

몡 ¹ 계급, 계층 ² (사상, 개념 등의) 체계
hier(high priest)+arch(lead, rule)+y(몡) → 대제사장이 이끄는 것 《고위 성직에 따라 급을 나눈 것》

유 ¹ ranking, pecking order

hierarchical 혱 계급[계층]에 따른 **hierarchically** 뷔 계급 제도로

- the social **hierarchy** 사회적 계급
- The Renaissance kitchen had a definite **hierarchy** of help who worked together to produce the elaborate banquets. 르네상스 시대의 주방은 호화로운 연회를 만들어 내기 위해 함께 일하는 일꾼의 확실한 **체계**를 가지고 있었다. [지9]

0108 지7 | 서9 | 서7

mon**arch**y**
[mάnərki]

몡 ¹ 군주제 ² 군주국 ³ 군주 일가, 왕가
mon(alone)+arch(lead, rule)+y(몡)

monarch 몡 군주

- The name England is derived from the Angles, one of the Germanic tribes which established **monarchies** in lowland Britain in the 5th century. England라는 명칭은 Angles(앵글족)에서 유래한 것인데, 앵글족은 5세기 Britain 저지대에 **군주국**을 세운 게르만 부족 중 하나이다. [서7]
- absolute **monarchy** 전제 군주국

0109 지7 | 기상

an**arch**y**
[ǽnərki]

몡 ¹ 무정부 상태 ² 난장판
an(without)+arch(lead, rule)+y(몡)

유 ¹ lawlessness ² disorder

anarchism 몡 무정부주의 **anarchist** 몡 무정부주의자

- After the revolution, the country fell into chaos because of **anarchy**.
혁명 후에 그 나라는 **무정부 상태** 때문에 혼란에 빠졌다.

---

civi(l)
= citizen (시민, 국민), people (사람들)

암기유발 TIP
civil war 시민전쟁, 내전
civil(citizen, people) war(전쟁)

0110 국7 | 경찰 | 기상 | 법원

civil**
[sívəl]

혱 ¹ 시민(들)의 ² 민간의 ³ 민사상의 ⁴ 정중한

유 ⁴ polite, courteous
반 ⁴ uncivil(정중하지 못한)

civilian 몡 민간인(의)

- **civil** rights and **civil** liberties 시민의 권리와 시민의 자유 [법원]
- **civil** law 민법 *cf.* criminal law 형법
- **civilian** casualties 민간인 사상자

0111 국9 | 지9 | 서9 | 서7 | 경찰 | 국회 | 기상 | 법원 | 교행

civil**ize**
[sívəlàiz]

타 문명화하다, 개화하다
civil(citizen, people)+ize(동) → 시민으로 되게 만들다

유 enlighten

civilized 혱 ¹ 문명화된 ² 교양 있는 **civilization** 몡 문명 (사회)

- Some linguists thought that some "primitive" languages were intermediate between animal languages and **civilized** ones.
일부 언어학자들은 일부 '원시' 언어는 동물 언어와 **문명화된** 언어 사이의 중간이라고 생각했다. [경찰]

0112 civic** [sívik] 국7 | 서9

형 ¹(도)시의 ²시민의

⊕ ¹municipal, communal, public

civics 명 윤리학
- a new **civic** building 새로운 도시 건물
- **civic** duties 시민의 의무

0113 civility* [səvíləti] 서7

명 ¹정중함, 공손함 ²(pl.) 예의상 하는 말
civil(citizen, people)+ity(명) → 시민 같은 특성 → 정중함, 공손함

⊕ ¹courtesy, politeness
(반) ¹incivility (무례, 실례)

- Everyone should be treated with **civility**. 모든 사람은 **정중**하게 대우받아야 한다.

---

soci
= companion (동반자, 동행, 친구)

암기유발 TIP
society 사회
socius(companion) → societe(companion) → society

0114 society*** [səsáiəti] 국9 | 국7 | 지9 | 지7 | 서9 | 서7 | 경찰 | 국회 | 기상 | 법원 | 교행 | 사복

명 ¹(공동체 의미의 일반적인) 사회 ²(특정한) 집단, 국가, 사회 ³협회, 단체

⊕ ²group, community ³association

societal 형 사회의
- middle class **society** 중산층 사회 [서9]

0115 sociology** [sòusiálədʒi] 국9 | 서9 | 경찰 | 교행 | 사복

명 사회학
socio(social)+logy(명)

sociologist 명 사회학자 sociological 형 사회학(상)의
- Crime control is one of the most difficult and controversial subjects in **sociology**. 범죄 통제는 **사회학**에서 가장 어렵고 논란의 여지가 있는 주제 중 하나이다. [경찰]

0116 social*** [sóuʃəl] 국9 | 국7 | 지9 | 지7 | 서9 | 서7 | 경찰 | 국회 | 기상 | 법원 | 교행 | 사복

형 ¹사회의, 사회적인 ²사교상의 ³(동물이) 사회적인, 무리를 이루어 사는
soci(companion)+al(형)

sociality 명 ¹사회성 ²사교(성)
- **social** service 사회 복지 사업
- As people become more comfortable working alone, they may become less **social**. 사람들이 혼자서 일하는 것이 더 편해지면, 그들은 덜 **사회적**으로 될 수 있다. [서9]

MORE+ 관련어휘
prosocial 형 (친)사회적인
antisocial 형 ¹반사회적인 ²비사교적인
asocial 형 ¹반사회적인 ²비사교적인

0117
socialize / socialise*
[sóuʃəlàiz]

자 (사람들과) 사귀다, 어울리다 타 사회화시키다
social(사회적인, 사교상의)+ize(동)

지9 | 기상

socialization 명 사회화
- Try to remember the details of clothes that other people with whom you frequently **socialize** typically wear. 당신이 자주 **어울리는** 다른 사람들이 전형적으로 입는 옷의 세부사항들을 기억해 보라. [지9]
- From infancy, children are **socialized** toward family and communal participation. 유아기부터, 아이들은 가족과 공동 참여로 향하도록 **사회화된다**.

0118
sociable**
[sóuʃəbl]

형 사교적인, 사람들과 어울리기 좋아하는

기상 | 법원

유 gregarious

sociability 명 사교성
- Primates are very **sociable** animals. 영장류는 매우 **사교적인** 동물이다. [법원]
- Good manners, communication skills and **sociability** are qualities that have to be cultivated from childhood. 예의, 의사소통 능력, 그리고 **사교성**은 어린 시절에 길러져야 하는 자질이다.

0119
socialism**
[sóuʃəlizm]

명 사회주의
social(사회적인)+ism(명)

서9

socialist 명 사회주의자
- **Socialism** is a political system of organizing a society in which major industries are owned and controlled by the government. **사회주의**는 주요 산업이 정부에 의해 소유되고 통제되는 사회를 조직하는 정치 체제이다.

0120
socialite*
[sóuʃəlàit]

명 사교계 명사
social(사교적인)+ite(명)

- The **socialite** attracted negative publicity after saying inappropriate statements. 그 **사교계 명사**는 부적절한 말을 한 이후로 부정적인 여론을 이끌었다.

---

dom; eco
= home (가정), house (주택)

암기유발 TIP
dome ¹돔, 반구형 지붕
²반구형 모양의 것
'집, 지붕'을 뜻했던 그리스어 domos에서 유래

0121
domestic**
[dəméstik]

형 ¹국내의 ²가정(용)의, 집안의 ³(동물이) 사육되는, 길들여진
domes(home, house)+tic(형)

국9 | 지9 | 지7 | 서9 | 서7 | 경찰 | 국회 | 기상 | 법원 | 사복

유 ¹national

domesticity 명 가정 (생활) **domestically** 부 ¹가정적으로 ²국내에서
- the **domestic** economy 국내 경제
- the growing problem of **domestic** violence 점점 커지는 **가정 폭력** 문제

DAY 02 061

0122
국9 | 지7 | 국회

domesticate**
[dəméstikèit]

타 (동물을) 길들이다[사육하다]
domestic(길들여진)+ate(동)

🔁 tame

domestication 명 1 사육 2 교화

- The humans who **domesticated** animals were the first to fall victim to newly evolved germs. 동물들을 길들인 인간은 새롭게 진화된 세균의 첫 번째 희생자가 되었다. [국9]

0123
기상

domain**
[douméin]

명 1 영역, 분야, 범위 2 소유지, 영토
domain(house) → 집(주인)에 속한 것

🔁 ¹field, area

- the public **domain** 공공 **분야**, 공유(저작권에 관계없이 누구나 이용 가능한 상태), 공유[국유]지 [기상]

0124

domicile**
[dáməsàil]

명 《법률》 거주지[주소]
domi(house)+cile(살다) → 사는 곳

- You will need to report your change of **domicile** to your insurance company. 당신은 당신의 보험 회사에 **거주지** 변화를 보고해야 합니다.

0125
지9 | 지7 | 서9 | 법원

ecology**
[ikáːlədʒi]

명 1 생태(계) 2 생태학
eco(home, house)+logy(명) → 사는 곳[환경]을 연구하는 학문

ecologist 명 1 생태학자 2 환경 운동가 **ecological** 1 생태계(학)의 2 생태계에 관심을 가진

- the **ecology** of the wetlands 습지 **생태계**
- Malthus was the first thinker to insist that social policy be guided by **ecological** necessity. Malthus는 사회의 정책이 **생태학적** 필요성에 의해 이끌어져야 한다고 주장한 최초의 사상가였다. [지9]

0126
국7 | 지7 | 서9 | 서7 | 경찰 | 법원 | 사복

ecosystem***
[íkousìstəm]

명 생태계
eco(ecology)+system(계(系))

- Some species seem to have a stronger influence than others on their **ecosystem**. 몇몇 종들은 다른 종들보다 **생태계**에 더 강한 영향력을 미치는 것 같다. [경찰]

MORE+ 관련어휘
ecoactivist 명 환경 보호 운동가
ecosphere 명 생물 생존권, 생태권
ecobomb 명 중대한 환경 문제
ecotourism 명 생태 관광
ecocentric 명 환경 중심의
ecovillage 명 생태마을

0127
국9 | 국7 | 지9 | 지7 | 서9 | 서7 | 경찰 | 국회 | 기상 | 법원 | 교행 | 사복

economy***
[ikánəmi]

명 1 경제 2 절약
eco(home, house)+nomy(manage)

economize 재 절약하다, 아끼다
- to **economize** on fuel 연료를 **절약**하다

0128
국9 | 국7 | 지9 | 지7 | 서9 | 서7 | 경찰 | 국회 | 기상 | 법원 | 교행 | 사복

economic***
[ìːkənάmik]

형 1 경제의 2 경제성이 있는

🔁 ²economical

economics 명 1 경제학 2 자본 환경 **economist** 명 경제학자, 경제 전문가
- an **economic** powerhouse in Europe 유럽의 **경제** 강국 [경찰]
- a more **economic** way of doing business 사업을 더 **경제성 있게** 하는 방법

0129 국7 | 지9 | 지7

economical** [ìːkənάmikəl]
[형] ¹ 경제적인 ² 절약하는
econom(y)(경제)+ical(형)

🟢 ¹ efficient, reasonable
² thrifty, prudent
🔴 ¹ uneconomical (비경제적인)
² wasteful (낭비하는)

- With such a diverse variety of **economical** appliances to choose from, it's important to decide what is best. 선택할 **경제적인** 전자제품이 많을 때, 무엇이 최선인지를 결정하는 것이 중요하다. [국7]
- The new models of automobiles coming out these days are very **economical** with fuel. 요즘 나오는 신형 자동차는 연료를 매우 **절약한다**.

pat(e)r; mat(e)r
= father (아버지); mother (어머니)

0130 법원

paternal** [pətə́ːrnl]
[형] ¹ 아버지의, 아버지 같은 ² 부계(父系)의

paternity [명] 부성(父性), 아버지임
- **paternal** involvement in child care 아버지의 육아 참여
- **paternity** leave 아버지의 육아 휴직

0131

patrilineal* [pӕtrəlíniəl]
[형] 부계(父系)의
patri(father)+lineal(직계의)

- In Polynesia, inheritance of land was predominantly **patrilineal**. Polynesia에서 토지 상속은 대개 **부계** 상속이었다.

0132 국7 | 서9 | 기상 | 법원

patriot** [péitriət]
[명] 애국자

🟢 loyalist, nationalist

patriotic [형] 애국적인 **patriotism** [명] 애국심
- Soccer is the man-on-the-street's game in Europe, and those who would normally shun **patriotism** support their national teams to prove they are men in the street themselves. 축구는 유럽에서는 보통 사람들의 게임이며, 보통은 **애국심**을 꺼리곤 하는 사람들이 보통 사람들임을 증명하기 위해 자국팀을 지지한다. [법원]

0133 서7 | 경찰 | 국회

patron** [péitrən]
[명] ¹ 후원자 ² 단골손님, 고객

🟢 ¹ supporter, sponsor
² customer

patronize [동] ¹ (화가, 작가 등에) 후원하다 ² (특정 상점 등을) 애용하다 **patronage** [명] ¹ 후원 ² 애용
- **Patrons** are more likely to order from a smaller number of familiar choices. **단골고객들**은 더 적은 수의 익숙한 선택 사항 중에서 주문할 가능성이 더 높다. [국회]
- The increasing domination of single-person households has implications for restaurant **patronage** patterns. 1인 가구의 점증적인 우세는 식당 **애용** 방식에 영향을 미친다. [경찰]

0134

patriarchy* [péitriàːrki]
[명] 가부장제 (사회, 국가)
patri(father)+arch(lead, rule)+y(명) → 아버지가 통솔함

patriarch [명] ¹ (가정의) 가장 ² 족장 **patriarchal** [형] ¹ 가부장제의 ² 가장[족장]의
- For 20 years, the country was ruled as a **patriarchy**. 20년 동안, 그 국가는 **가부장제**로 통치되었다.

0135
maternal** [mətə́ːrnl]

[형] ¹ 어머니다운, 모성의 ² 산모의 ³ 외가 쪽의
matern(mother)+al(형)

maternity [명] 어머니[임부]인 상태
- **maternal** love 모성애
- **maternity** leave 출산휴가

0136
matrilineal* [mæ̀trilíniəl]

[형] 모계의
matri(mother)+lineal(직계의)

- Orcas form societies along **matrilineal** lines in the wild.
  범고래들은 야생에서 **모계** 계통을 따라 집단을 형성한다.

0137
matrimony* [mǽtrəmòuni]

[명] ¹ 결혼 (생활) ² 기혼(임)
matri(mother)+mony(명) → 어머니인 상태

¹ marriage

- Her grandparents honored their 70 years of **matrimony**.
  그녀의 조부모님은 **결혼** 70주년을 기념했다.

MORE + 혼동어휘
- **patr**imony [명] ¹ 세습 재산 ² (국가, 교회 등의) 유산
- **patr**imonial [형] 조상 전래의, 세습의

0138
matriarchy* [méitriàːrki]

[명] ¹ 모계 (중심) 사회 ² 모계[모권]제
matri(mother)+arch(lead, rule)+y(명) → 어머니가 통솔함

- **matriarch** 여자 가장[우두머리]   **matriarchal** (사회, 제도가) 모계[모권] 중심의
- ancient **matriarchies** 고대 모계 사회

---

nomin, nomer; onym
= name (이름, 명명하다); word (단어), name (이름)

암기유발 TIP
Oscar nominee 오스카상 후보
Oscar(오스카상)
nomin(ate)(지명[추천]하다)+ee(명)

0139
nominal* [nɑ́minl]

[형] ¹ 명목상의, 이름뿐인 ² (돈의 액수가) 아주 얼마 안 되는 ³ 《문법》 명사의
nomin(name)+al(형)

¹ titular
² minimal, trivial, trifling

- His title of vice president had been **nominal** only. 부사장이라는 그의 직함은 오직 **명목상**일 뿐이었다.
- a **nominal** charge of £ 5 per person 1인당 5파운드의 소액 비용

0140
nominate** [nɑ́mənèit]

[타] ¹ 지명[추천]하다 ² 임명하다
nomin(name)+ate(동) → 이름을 부르다 → 지명[추천]하다

¹ recommend
² appoint

- **nomination** [명] ¹ 지명, 추천 ² 임명   **nominee** [명] 지명[추천]된 사람, 후보
- to **nominate** candidates for the next president of the university 대학교의 차기 총장 후보자를 추천하다

- nominate A for[as] B
  A를 B로 지명하다

0141
denominate*
[dinámənèit]

타 1 (특정한 단위를 써서) 액수를 매기다 2 명명하다, (~라고) 이름을 붙이다
de(completely)+nomin(name)+ate(통)

유 2 call, name

denomination 명 (돈의) 액면가
- Oil sales were **denominated** in US dollars. 석유 판매는 미국 달러로 **액수가 매겨졌다**.
- Children in town **denominated** the run-down building as a "haunted house."
마을 아이들은 그 쓰러져가는 건물을 '유령의 집'이라고 **이름을 붙였다**.

0142
misnomer*
[mìsnóumər]

명 부적절한 명칭, 부정확한 단어
mis(wrongly)+nomer(name)

- Dry cleaning is a **misnomer**, since the clothes are cleaned in a fluid.
드라이클리닝은 **부적절한 명칭**인데, 옷이 액체로 세탁되기 때문이다.

0143
synonym**
[sínənìm]

국7 | 경찰 | 국회 | 교행

명 동의어, 유의어
syn(together, same)+onym(word, name)

synonymous 형 동의어[유의어]의
- **Synonyms**, words that have the same basic meaning, do not always have the same emotional meaning. 기본적 의미가 같은 단어인 **동의어**가 감정적 의미까지 항상 같은 것은 아니다. [경찰]

0144
antonym**
[ǽntənìm]

국회

명 반의어
ant(i)(opposite)+onym(word, name)

- The **antonym** of "vicious" is "gentle". 'vicious(공격적인)'의 **반의어**는 'gentle(온화한)'이다.

0145
acronym*
[ǽkrənìm]

서7 | 국회

명 두문자어 《단어의 머리글자로 만든 말》
acr(top)+onym(word, name) → 단어의 가장 앞부분

- LOHAS is an **acronym** for Lifestyles of Health and Sustainability.
LOHAS는 Lifestyles of Health and Sustainability(건강과 지속 가능성 있는 생활양식)의 **두문자어**이다. [국회]

0146
anonymous**
[ənánəməs]

국9 | 기상

형 1 익명인, 익명으로 된 2 특색 없는
an(not, without)+onym(word, name)+ous(형) → 이름이 없는

anonymity 명 1 익명(성)(= namelessness) 2 특색 없음
- an **anonymous** letter of apology for stealing 도둑질에 대한 **익명**의 사과 편지 한 통 [국9]
- to request **anonymity** **익명**을 요구하다

유 1 unknown, unnamed, unidentified, pseudonymous
반 1 onymous (이름을 밝힌)

0147
pseudonym*
[sú:dənìm]

명 (작가의) 필명
pseud(false)+onym(word, name) → 가짜인 이름

pseudonymous 형 1 필명[익명]의 2 필명[익명]을 쓰는
- He wrote under the **pseudonym** "Silchester." 그는 'Silchester'라는 **필명**으로 글을 썼다.

유 pen name, alias, anonym, an assumed name

nour, nurs, nurt, nutri
= raise (키우다); feed (먹이를 주다)

암기유발 TIP
Nutrilife 뉴트리라이프 《회사명》
nutri(feed)+life(삶) → 건강한 삶

0148 지7 | 서9

nourish** [nə́ːriʃ]
타 1 영양분을 공급하다 2 (감정, 생각 등을) 키우다
nour(raise, feed)+ish(동)
유 1 supply
2 encourage, promote, foster

nourishment 명 (영양가 있는) 음식물, 영양(분)
- The body's stream **nourishes** and cleanses, delivering food and oxygen to every cell. 인체의 흐름은 **영양을 공급하고** 정화하여 모든 세포에 음식과 산소를 전달한다. [지7]

0149

malnour**ished* [mælnə́ːriʃt]
형 영양실조의
mal(bad, badly)+nourished(영양분을 공급받는)
- The children were **malnourished** and got sick often. 그 아이들은 **영양실조로** 자주 아팠다.

0150 지7 | 경찰

nurse** [nəːrs]
명 간호사 타 1 간호하다 2 (생각을 오랫동안) 품다
유 타 2 harbo(u)r
- He **nursed** her back to health. 그는 그녀를 **간호해서** 건강을 회복시켰다.
- She **nursed** a desire to move to the city. 그녀는 도시로 이주하겠다는 소망을 **품었다**.

0151 지7

nursery** [nə́ːrsəri]
명 1 놀이방 2 유치원
nurs(raise)+ery(명) → 키우는 장소
유 1 day nursery
2 nursery school
- Thousands of harp seal pups transform the frozen wilderness into a vast **nursery**. 수천 마리의 하프 바다표범 새끼들이 얼어붙은 황야를 광대한 **놀이방**으로 변신시킨다. [지7]

0152 지9 | 지7 | 기상

nurture** [nə́ːrtʃər]
타 1 양육하다 2 육성하다, 기르다 명 양육, 육성
nurt(raise)+ure(명) → 키우는 행위
유 타 foster
명 upbringing, training, education
- to **nurture** young writers 어린 작가들을 **육성하다**

0153 국7 | 지9 | 지7 | 서7 | 국회 | 기상 | 법원

nutrition*** [nuːtríʃən]
명 영양 (처리 과정)
nutri(feed)+tion(명)
유 nourishment

nutritional 형 영양상의 **nutritionist** 명 영양학자, 영양사
- the **nutrition** information on the back of packages 포장 뒷면에 있는 **영양** 정보
- the **nutritional** value of fruits and vegetables 과일과 채소의 **영양가**

0154

malnutri**tion* [mælnjuːtríʃən]
명 영양실조(증)
mal(bad, badly)+nutrition(영양) → 영양(상태)이 나쁨
- to die from **malnutrition** **영양실조로** 죽다

0155 국9 | 지9 | 서9 | 서7 | 국회 | 사복

nutritious*** [nuːtríʃəs]
형 영양분이 많은, 영양가가 높은
nutriti(feed)+ous(형)
유 nourishing

nutritiousness 명 영양분이 많음
- to provide a **nutritious** lunch to all students 모든 학생들에게 **영양가가 높은** 점심을 제공하다 [국9]

0156
nutritive*
[njú:trətiv]
형 ¹영양분이 많은, 영양가가 높은 ²영양의, 영양에 관한
nutrit(feed)+ive(형)

유 ¹nourishing, nutritious

- the high **nutritive** quality of the egg 달걀의 높은 영양가

0157
국7 | 법원
nutrient**
[nú:triənt]
명 영양소, 영양분
nutri(feed, nourish)+ent(명) → 먹이가 되는 것

- a lack of essential **nutrients** 필수 영양소 결핍

---

greg
= flock (무리), gather (모이다)

암기유발 TIP
greg와 발음이 비슷한 group(집단, 모임)으로 연상

0158
지7 | 경찰 | 기상
aggreg**ate***
[ǽgrigèit]
자타 모이다, 모으다   명 [ǽgrigət] 합계, 총액   형 [ǽgrigət] 종합한, 총 ~
ag(to)+greg(flock, gather)+ate(동)(명)(형)

유 명 형 total

- These insects tend to **aggregate** in dark, moist places.
  이 곤충들은 어둡고 습한 곳에 **모이는** 경향이 있다.
- The team with the highest **aggregate** score wins. 가장 높은 **종합** 점수를 가진 팀이 우승한다.

0159
congreg**ate***
[káŋgrigèit]
자 모이다
con(together)+greg(flock, gather)+ate(동)

유 gather, flock, assemble, amass

congregation 명 (예배를 보기 위해 모인) 신도들
- to **congregate** to hear the speech 연설을 듣기 위해 모이다

0160
국9 | 서9
gregarious*
[grigɛ́əriəs]
형 ¹사교적인 ²(동물이) 군생하는, 떼 지어 사는
greg(flock, gather)+ari(형)+ous(형)

유 ¹sociable, companionable ²social
반 solitary(혼자 있기 좋아하는)

- an outgoing and **gregarious** personality 외향적이고 **사교적인** 성격

0161
국7 | 서9 | 기상
segreg**ate****
[ségrigèit]
타 ¹차별하다 ²분리하다
se(apart)+greg(flock, gather)+ate(동) → 모여 있는 것을 나누다

유 ¹discriminate ²separate, detach
반 ²integrate (통합하다)

segregation 명 ¹차별 (정책) ²분리, 구분
- practices that **segregate** blacks and whites 흑인과 백인을 **차별하는** 관행

0162
법원
desegreg**ate***
[di:ségrigèit]
타 인종 차별 정책을 철폐하다
de(opposite)+segregate(차별하다)

desegregation 명 인종 차별 폐지
- President Truman **desegregated** the American armed forces in 1948.
  Truman 대통령은 1948년 미국 군대에서의 **인종 차별 정책을 철폐했다**.

0163
egreg**ious***
[igrí:dʒəs]
형 아주 나쁜, 엄청난
e(out)+greg(flock, gather)+ious(형) → 무리에서 눈에 띄는 → 눈에 띄게 나쁜

유 flagrant

- The article contains a number of **egregious** errors.
  그 기사에는 **엄청난** 오류가 많이 들어 있다.

DAY 03 법률

Preview & Review

mor ▶ good conduct

- **mor**al
- a**mor**al
- **mor**ale
- de**mor**alize / de**mor**alise

norm; reg, reig ▶ standard, rule; rule

- **norm**
- **norm**al
- ab**norm**al
- e**norm**ous
- **reg**ular
- ir**reg**ular
- **reg**ulate
- de**reg**ulate
- **reg**al
- **reg**ent
- **reg**nant
- **reg**ime
- **reig**n
- sove**reig**n

ver(i) ▶ true

- **veri**ty
- **veri**fy
- **ver**acity
- **ver**dict

just, jud, jur(is); leg ▶ right, law

- un**just**
- **just**ice
- in**just**ice
- **just**ify
- **jud**ge
- mis**jud**ge
- **jur**y
- **jud**icial
- **jud**iciary
- pre**jud**ice
- ad**jud**icate
- **juris**diction
- **leg**al
- **leg**islate
- **leg**islator
- **leg**islature
- **leg**itimate
- **leg**itimize / **leg**itimise
- privi**leg**e
- underprivi**leg**ed

crimin ▶ crime

- **crimin**al
- **crimin**ate
- in**crimin**ate
- **crimin**ologist

noc, nox, nic; cide ▶ harm, death; kill

- in**noc**ent
- **noc**uous
- in**noc**uous
- **nox**ious
- ob**nox**ious
- per**nic**ious
- sui**cide**
- homi**cide**
- pesti**cide**

해, 해치다, 죽음 → 해로움 → 불쾌함

죽이다 → 없애다

mend; culp ▶ fault; blame

- **mend**
- a**mend**
- **culp**rit
- **culp**able
- in**culp**ate
- ex**culp**ate

잘못, 나무라다 → (잘못을) 고치다 → 개정하다

비난하다 → 비난받을 만한 → 범인

ban ▶ forbid

- **ban**
- **ban**ish
- a**ban**don
- contra**band**
- **ban**dit

금하다 → 제거하다

pen, pun; veng ▶ punish; regret

- **pen**al
- **pen**alty
- **pen**alize / **pen**alise
- **pen**itent
- **pen**ance
- **pen**itentiary
- re**pent**
- **pun**itive
- im**pun**ity
- a**veng**e
- re**veng**e
- **veng**eance
- **veng**eful

처벌하다 → 복수하다

뉘우치다

test ▶ witness

- **test**ify
- **test**imony
- **test**ament
- at**test**
- pro**test**
- con**test**
- de**test**

증명(하다), 증인 → 증명하는 것[행동] → 증거, 증언

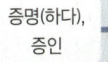

mor
= good conduct (좋은 행동)

0164
moral***　　　　　　　　　　　　　　　국9 | 국7 | 지9 | 지7 | 서9 | 서7 | 경찰 | 국회 | 법원
[mɔ́ːrəl]
- 형 ¹ 도덕상의 ² 도의적인 ³ 도덕적으로 옳은　명 ¹ 교훈 ² (pl.) 도덕, 윤리
- mor(customs, manners, morals)+al(형)(명)
- 유 형 ¹ virtuous ² ethical 　명 ¹ lesson ² ethics
- 반 형 immoral (부도덕한)

morality　명 ¹ 도덕(성) ² (특정 집단의) 도덕률
- a **moral** issue 도덕적 쟁점
- The **moral** of the story is to be satisfied with what you have.
  그 이야기의 **교훈**은 당신이 가진 것에 만족하라는 것이다.

0165
amoral*
[eimɔ́ːrəl]
- 형 도덕관념이 없는
- a(not)+moral(도덕상의)

amorality　명 도덕관념이 없음
- The man was criticized because of his **amoral**, selfish behavior pursuing his own goals. 그 남자는 자신의 목적을 추구하는 데 **도덕관념이 없**고 이기적인 행동 때문에 비난받았다.

0166
morale*
[mərǽl]
- 명 사기, 의욕
- moral(e) (프랑스어 moral을 어원으로 한다. 도입 처음에는 moral의 의미로 쓰였으나, 19세기에 전쟁에서 군인들의 사기를 올려주기 위해 전쟁의 대의명분을 이야기할 때 더 많이 사용됨으로써 '사기'의 의미를 가지게 되었다.)
- 유 confidence
- Some larger corporate companies have developed online monitoring sites to track and gain insight into employees' **morale**.
  몇몇 거대 기업들은 직원들의 **사기**에 관한 이해를 추적하고 얻기 위해 온라인 관찰 사이트들을 개발해왔다.

0167
demoralize / demoralise*
[dimɔ́ːrəlàiz]
- 타 사기를 꺾다
- de(away)+moral(e)(사기, 의욕)+ize(동)
- 유 discourage, dishearten
- They **demoralized** the other team by scoring three goals in a row.
  그들은 연속 세 골을 득점함으로써 상대 팀의 **사기를 꺾었다**.

norm
= standard (기준), rule (규칙)

0168
norm***　　　　　　　　　　　　　　　국9 | 서9 | 경찰 | 국회 | 기상 | 교행
[nɔːrm]
- 명 ¹ 표준, 일반적인 것 ² (pl.) 규범
- 유 ¹ standard, rule ² convention

normative　형 규범적인
- In some cultures, politeness **norms** require that when someone is offered something to eat or drink, it must be refused the first time.
  일부 문화권에서 예의 **규범**은 먹을 것이나 마실 것을 제공받았을 때 처음에는 거절할 것을 요구한다. [서9]
- social **norms** 사회 규범

0169 normal***
[nɔ́ːrməl]

형 ¹ 보통의, 평범한, 정상적인 ² (정신 상태가) 정상인
norm(standard, rule)+al(형)

유 ¹ usual, ordinary, average
² sane

normality 명 정상 상태, 평범함 **normalize** 자타 정상화하다

- Anger is a **normal** and healthy emotion. 분노는 **정상적이고** 건강한 감정이다. [지9]
- The unstable server situation has finally been **normalized** and people can use the website as usual. 불안정한 서버 상황은 마침내 **정상화되었고** 사람들은 평소처럼 웹사이트를 사용할 수 있다.

0170 abnormal**
[æbnɔ́ːrməl]

형 비정상적인
ab(off, away from)+normal(정상적인)

유 unusual, uncommon
반 normal(정상적인)

abnormality 명 기형, 이상

- A food allergy is an **abnormal** response to a food triggered by the immune system. 음식 알레르기는 음식에 대한 **비정상적인** 반응으로서 면역 체계에 의해 촉발된다.
- The news said that no **abnormality** was monitored at nuclear power plants after the earthquake. 뉴스 보도에 의하면 지진 이후에 원자력발전소에서 어떠한 **이상**도 발견되지 않았다.

MORE+ 관련어휘
subnormal 형 ¹ 보통 이하의 ² 저능한
paranormal 형 과학으로 설명할 수 없는, 초자연적인

0171 enormous***
[inɔ́ːrməs]

형 막대한, 거대한, 엄청난
e(x)(out of)+norm(standard, rule)+ous(형) → 기준을 벗어난

유 huge, vast, extensive

enormity 명 ¹ (문제 등이) 엄청남, 막대함 ² 극악무도한 범죄 행위

- *The Diary of Anne Frank* reminds us that the human spirit has **enormous** recovery even in the face of terrifying evil. 〈Anne Frank의 일기〉는 인간 정신이 무시무시한 악에 직면했을 때조차도 **엄청난** 회복력을 가진다는 것을 우리에게 상기시킨다. [서7]

---

reg, reig
= rule (규칙, 다스리다)

암기유발 TIP
region (행정적) 지역, 지방
reg(rule)+ion(명) → 다스리는 상태인 곳

0172 regular***
[régjələr]

형 ¹ 규칙적인 ² 보통의 ³ 일반적인 명 단골손님
regul(rule)+ar(형)(명)

유 형 ¹ systematic, structured
² common, usual
³ typical

regularity 명 ¹ 정기적임 ² (배열 등이) 규칙적임, 규칙성 **regularize** 타 합법화[규칙화]하다

- **regular** checkup 규칙적인[정기] 검진
- The railroad was the first institution to impose **regularity** on society, or to draw attention to the importance of precise timekeeping. 철도는 사회에 **규칙성**을 부과한, 즉 정확한 시간 지키기에 대한 중요성에 관심을 끌게 된 최초의 제도이다. [법원]

0173 irregular**
[irégjələr]

형 ¹ 불규칙한 ² 비정상적인
ir(not)+regular(규칙적인)

유 ¹ uneven
² abnormal

irregularity 명 ¹ 불규칙한 것 ² 변칙, 부정

- Most asteroids are very **irregular** in shape. 대부분의 소행성은 모양이 매우 **불규칙하다**.
- If an **irregular** reaction starts with the pill, a change in the type of pill will be considered. 만약 그 약으로 **비정상적인** 반응이 시작된다면, 약의 종류 교체가 고려될 것이다.

0174
regulate***
[régjuleit]
国9 | 国7 | 지9 | 지7 | 서9 | 서7 | 경찰 | 국회 | 기상 | 법원 | 교행 | 사복
타 ¹ 규제하다, 통제하다 ² (기계를) 조절하다
regul(standard, rule)+ate(통)
¹ supervise, monitor
² control

regulation 명 ¹ 규제, 통제 ² 규정 **regulatory** 형 규제[단속]력을 지닌
- to **regulate** canned food for health reasons 건강상의 이유로 통조림 식품을 **규제하다** [국9]

0175
deregulate*
[di:régjuleit]
타 규제를 철폐하다
de(undo)+regulate(규제하다)
decontrol

deregulation 규제 철폐[완화], 자유화
- Once wholesale prices are **deregulated**, consumer prices will be impacted.
도매가격의 **규제가 철폐되면** 소비자 가격도 영향을 받을 것이다.

0176
regal*
[rí:gəl]
기상
형 ¹ 제왕의 ² 위엄 있는
reg(rule)+al(형)
¹ royal
² majestic

- **regal** powers 왕권

0177
regent*
[rí:dʒənt]
명 섭정 《군주가 직접 통치할 수 없을 때에 군주를 대신하여 나라를 다스림, 또는 그런 사람》
reg(rule)+ent(명)

regency 명 섭정 (기간)
- to act as **regent** 섭정을 하다

0178
regnant*
[régnənt]
형 ¹ 통치하는 ² 우세한, 유력한
regn(rule)+ant(형)
¹ reigning, sovereign

- Mary I, the first English queen **regnant** 영국 최초의 통치 여왕 메리 1세
- the **regnant** theory 우세한 이론

0179
regime**
[reiʒí:m]
지7
명 ¹ 정권 ² 제도, 체제
¹ government
² system

- a military **regime** 군사 정권
- According to the company's new **regime**, all workers must file a weekly report.
회사의 새로운 **제도**에 따르면, 모든 직원들은 주간 보고를 해야만 한다.

0180
reign**
[rein]
지9 | 사복
자 ¹ (국왕이) 통치하다 ² (특정 상황, 분야에서) 군림하다 명 (왕의) 통치 기간
자 ¹ rule, govern
² prevail, predominate

- The king **reigned** in a time of peace and prosperity.
그 왕은 평화와 번영의 시기를 **통치했다**.
- during the **reign** of Nero Nero(네로 황제)의 통치 기간 중에 [지9 | 사복]

0181
sovereign**
[sávərin]
서9 | 서7 | 경찰 | 기상
명 군주, 국왕 형 ¹ (국가가) 자주적인, 독립된 ² (국가 내에서) 최고 권력을 지닌
sove(over)+reign(통치하다, 군림하다) → 위에서 통치하다
형 ¹ autonomous
² supreme, absolute

sovereignty 명 ¹ 통치권, (자)주권 ² (국가의) 자주, 독립
- The Solomon Islands is a **sovereign** country that broke away from Britain.
Solomon Islands는 영국에서 독립한 **자주** 국가이다.
- to exert **sovereignty** 주권을 행사하다

ver(i)
= true (사실의)

암기유발 TIP

VERITAS LUX MEA 진리는 나의 빛
VERITAS(truth) LUX(light) MEA(I)

0182
verity*
[vérəti]

명 진리
veri(true)+ty(명) → 진정함

veritable 형 (강조의 뜻으로 쓰여) 진정한
- Education is a **veritable** instrument in children's character molding which helps them become good citizens. 교육은 어린이들이 훌륭한 시민이 되는 데 도움을 주는 성격 형성의 **진정한** 도구이다.

MORE + 관련표현
MAGNA EST **VERI**TAS ET PRAEVALEBIT. Truth is great and prevalent. (진리는 위대하고 이길 것이다.)
VERITAS NUNQUAM PERIT. Truth never dies. (진리는 죽지 않는다.)
VERITAS ODIUM PARIT. Truth begets hatred. (진리는 증오를 유발한다.)
VINCIT OMNIA **VERI**TAS. Truth conquers all things. (진리는 만물을 정복한다.)
IN VINO **VERI**TAS (술에 진실이 있다. 취중 진담.)

유 truth

0183
verify**
[vérəfai]

타 ¹ (진실인지, 정확한지) 확인하다 ² 입증하다, 확인해 주다
veri(true)+fy(동)

verification 명 ¹ 확인 ² 입증 **verifier** 명 입증자
- The active listener **verifies** completeness by asking questions to avoid remaining potential misunderstandings. 열심히 듣는 사람들은 남아있는 잠재적인 오해를 피하기 위해 질문을 함으로써 (대화의) 온전함을 **확인한다**. [국9]

국9 | 지9 | 경찰

유 ¹ prove
² confirm, attest, validate, prove

0184
veracity*
[vəræsəti]

명 진실성, 정확성, 정직
verac(true)+ity(명) → 사실성

법원

veracious 형 ¹ (사람이) 진실을 말하는, 정직한 ² (진술 등이) 진실한
- The WHO Task Force has no definitive conclusion on the **veracity** about links between mobile phone use and rare tumors. 세계 보건 기구(WHO) 특별조사단은 휴대 전화 사용과 희귀종양 사이의 연결성에 관한 **진실성**에 대한 명확한 결론을 내리고 있지 않다. [법원]

유 truth, accuracy, honesty

0185
verdict**
[və́ːrdikt]

명 ¹ (배심원단의) 평결 ² (숙고 뒤에 내린) 의견
ver(true)+dict(say) → 진실을 말하다

법원

- If the prosecutor fails to prove a charge, a **verdict** of not guilty is rendered. 만약 검사가 혐의를 입증하지 못하면, 무죄 **평결**이 내려진다. [법원]

MORE + 관련표현
verdict vs. sentence
verdict은 배심원들이 내리는 '평결'이고 **sentence**는 판사가 내리는 '판결, 선고, 형벌'이다.
The jury gives the **verdict**. (배심원단은 **평결**을 내린다.)
The judge passed **sentence**. (판사가 **판결**을 내렸다.)

유 ¹ judg(e)ment, adjudication

just, jud, jur(is)
= right (옳은, 권리), law (법)

> 암기유발 TIP
> **just** 공정한, 적절한

0186 서9 | 서7

unjust*
[ʌ́ndʒʌ̀st]

형 불공평한, 부당한
un(not)+just(right, law)

- We shouldn't break a rule unless you think that the rule is **unjust** and wrong.
  규칙이 **불공평하거나** 잘못되었다고 생각하지 않는 한 우리는 규칙을 어기지 말아야 한다.

0187 국7 | 지9 | 지7 | 서9 | 서7 | 경찰 | 국회 | 기상 | 법원

justice***
[dʒʌ́stis]

명 ¹ 정의, 정당성 ² 공평성 ³ 사법, 재판
just(right, law)+ice(명)

유 ¹ justness
  ² equity

- You stand up for values, fair play and **justice** during a controversy.
  당신은 논의 중에 페어플레이와 **공평성[정의]**이라는 가치를 옹호해야 한다.
- a **justice** system 사법 제도

0188 지9 | 법원

injust**ice**
[indʒʌ́stis]

명 불평등, 부당함
in(not)+justice(정당성, 공평성)

반 justice(공평성)

- Social **injustice** is a situation where some unfair practices are being carried out in the society. 사회적 **불평등**은 사회에서 부당한 관행들이 행해지고 있는 상황이다.

0189 지9 | 지7 | 서9 | 서7 | 경찰 | 국회 | 기상 | 교행

justify***
[dʒʌ́stifài]

타 ¹ 옳음[타당함]을 보여주다 ² 정당화하다, 옹호하다
just(right, law)+ify(동)

유 ¹ vindicate
  ² warrant, defend

justification 명 타당한[정당한] 이유 **justified** 형 타당한[정당한] **justifiable** 형 정당한 (이유가 있는)

- Federal employers must be able to **justify** their decision with objective evidence that the candidate is qualified. 연방 고용주들은 그 지원자가 자격을 갖추었다는 객관적인 증거로 그들의 결정이 **옳음을 보여줄** 수 있어야 한다. [기상]
- Nothing **justifies** murdering another human being.
  아무것도 다른 사람을 살인하는 것을 **정당화할** 수 없다.

0190 국9 | 국7 | 지9 | 서9 | 서7 | 경찰 | 기상 | 법원

[dʒʌdʒ]

명 ¹ 판사 ² 심판, 심사위원 ³ 감정가 자|타 ¹ 재판하다 ² 판단하다 ³ 심사하다

유 자|타 ¹ try
  ² deduce

judg(e)ment 명 ¹ 판단(력) ² 판결, 심판 ³ 재판 **judg(e)mental** 형 재판의

- **judging** criteria 판단 기준
- People made inaccurate **judgements** about the cause of disease because there were no proper tools at the time. 사람들은 그 당시에 적절한 도구가 없어서 질병의 원인에 대해 부정확한 **판단**을 했다. [경찰]

MORE + 기출어휘

'재판' 관련 인물
- magistrate 명 치안 판사
- plaintiff   명 원고, 고소인
- defendant   명 피고
- accused   명 피의자, 피고인

0191
misjudge＊ [mìsdʒʌ́dʒ]
타 잘못 판단[계산]하다
mis(badly, wrongly)+judge(판단하다)

- He **misjudged** the distance between him and the chair, as he stumbled over it.
  그는 자신과 의자 사이의 거리를 **잘못 계산해서** 의자에 걸려 넘어졌다.

0192
기상 | 법원

jury＊＊ [dʒúri]
명 1 배심원단 2 (시합의) 심사위원단

- After an hour and a half of deliberation, the **jury** returned with a guilty verdict. 한 시간 반 동안의 숙의 후에 **배심원단**은 유죄 평결을 제출했다.
- Special prizes will be granted to winners selected by an expert **jury**.
  전문 **심사위원단**에 의해 선택된 우승자들에게는 특별한 상이 주어질 것이다.

MORE+ 관련어휘
- **jur**or 명 (한 사람의) 배심원
- **jur**ist 명 법학자, 법률문제 전문가
- **jur**istic 형 1 법학자다운, 법학도의 2 법률상의
- **jud**icious 형 신중한, 판단력 있는

0193
지7 | 경찰 | 법원

judicial＊ [dʒuːdíʃəl]
형 사법의, 재판의
judic(right, law)+ial(형)

- a **judicial** system 사법 제도

0194
국회 | 법원

judiciary＊ [dʒuːdíʃièri]
명 법관[판사]들, 사법부 형 사법의, 법관의
judici(right, law)+ary(명)(형)

- Elections may fill offices in the legislature, sometimes in the executive and **judiciary**. 선거로 입법부와 때로는 행정부와 **사법부**의 공직을 채울 수 있다. [국회]

0195
국9 | 국7 | 지7 | 서7 | 경찰 | 기상

prejud**ice**＊＊＊ [prédʒudis]
명 편견, 선입관 타 편견을 갖게 하다
pre(before)+jud(right, law)+ice(명) → 미리 내린 판단

- The incident that mold was found in the product **prejudiced** consumers against the company. 상품에서 곰팡이가 발견된 사건은 그 회사에 대해 소비자들이 **편견을 갖게 했다**.

0196
ad**jud**icate＊ [ədʒúːdikèit]
자 타 판결을 내리다
ad(to)+judic(right, law)+ate(동)

≒ judge

- The High Court in London will **adjudicate** on the innocence or guilt of the young man. 런던의 고등 법원은 그 젊은 남성의 무죄 혹은 유죄에 관해 **판결을 내릴** 것이다.

0197
국7

jurisdiction＊ [dʒùərisdíkʃən]
명 1 사법[재판]권 2 (경찰의) 관할권[구역]
juris(right, law)+dic(say)+tion(명)

⊙ 1 authority, control, arbitration
2 territory

- The court has **jurisdiction** over most criminal offenses.
  법원은 대부분의 형사 범죄에 대해 **사법권**을 가진다.
- The death penalty is sought and applied more often in some **jurisdictions**.
  일부 **관할 구역**들에서는 사형제도가 더 자주 모색되고 적용되고 있다. [국7]

DAY 03 075

leg
= right (옳은, 권리), law (법)

0198 　　　　　　　　　　　　　　　　　　국9 | 국7 | 지9 | 지7 | 서9 | 서7 | 경찰 | 국회 | 기상 | 법원

legal***
[líːɡəl]

형 ¹ 법률과 관련된, 법적인 ² 법이 허용하는, 합법적인
leg(right, law)+al(형)

반 ² illegal(불법적인)

legalize 타 합법화하다 **legalization** 명 ¹ 법률화 ² 공인, 인가 **legality** 명 합법성, 적법성
- **legal** action 법적 조치, 소송 [국회]
- Britain has **legalized** cloning for research. 영국은 연구를 위한 복제를 **합법화했다**.

0199 　　　　　　　　　　　　　　　　　　국9 | 국7 | 서9 | 경찰 | 국회 | 기상 | 법원 | 교행

legislate***
[lédʒislèit]

자 법률을 제정하다
legis(right, law)+late (legislator(입법자)에서 유래)

유 enact

legislation 명 ¹ 제정법 ² 법률 제정 **legislative** 형 입법(부)의
- The white-tailed deer was one of the first animals to be protected by federal **legislation**. 흰꼬리사슴은 연방**법**으로 보호 받는 최초의 동물들 가운데 하나였다. [국9]
- **legislative** body 입법 기관, 입법부

0200

legislator*
[lédʒislèitər]

명 입법자, 국회[의회]의원
legis(right, law)+lator(제안자, 제청자)

- The law that the court may support and enforce is the same law that the **legislator** has made. 법원이 지지하고 시행하는 그 법은 **국회의원**이 제안한 같은 법이다.

0201 　　　　　　　　　　　　　　　　　　지9 | 국회

legislature*
[lédʒislèitʃər]

명 입법 기관(의 사람들), 입법부
legislat(or)(입법자)+ure(명)

- Public servants in the Senate used to be appointed by the **legislatures** of the states they represented. 상원의 공직자들은 과거에는 그들이 대표하는 주 **입법부**에 의해 임명되었다. [지9]

0202 　　　　　　　　　　　　　　　　　　국9 | 국7 | 경찰

legitimate**
[lidʒítimət]

형 ¹ 합법적인, 적법한 ² 정당한, 타당한
legitim(right, law)+ate(형)

유 lawful, licit
반 ¹ illegitimate (불법의)
  ² unauthorized (승인되지 않은)

legitimacy 명 ¹ 합법성, 정당성 ² 정통(성) **legitimation** 명 합법화, 정당화
- a **legitimate** heir 적법한 상속인
- Most writers earn good money at **legitimate** professions, and carve out time for their writing. 대부분의 작가들은 **정당한** 직업으로 돈을 잘 벌었고 그들의 글쓰기를 위해 시간을 냈다. [국9]

0203 　　　　　　　　　　　　　　　　　　국9 | 서9

legitimize /
legitimise*
[lidʒítəmàiz]

타 ¹ 정당화하다 ² 합법화하다
legitim(right, law)+ize(동)

유 ¹ validate
반 ² outlaw (불법화하다)

- The Forest Service **legitimizes** illegal roads and trails without fully assessing their potential impacts on the forest. 산림청은 숲에 대한 잠재적인 영향을 완전히 평가하지 않고 불법적인 도로와 오솔길을 **합법화한다**.

0204 | 국9 | 국7 | 지7 | 서9 | 경찰 | 기상

privilege***
[prívəlidʒ]

명 특전, 특혜, 특권   타 특전[특혜]을 주다
privi(individual)+lege(right, law) → 개인에게 적용되는 법

privileged 형 1 특전을 가진 2 (~할 기회를 갖게 되어) 영광스러운

• the **privilege** of seeing him on the stage 무대 위에 있는 그를 볼 수 있는 **특권** [국9]

유 명 advantage

0205 | 국9

underprivileged**
[ʌ̀ndərprívəlidʒd]

형 (사회, 경제적으로) 혜택을 못 받는, 불우한, 소외계층의
under(lower)+privileg(e)(특혜를 주다)+ed(형)

• One of the functions of government food service programs is to provide nutritious food to **underprivileged** children. 정부 급식 프로그램의 기능 중 한 가지는 **혜택을 못 받는** 아이들에게 영양가가 높은 음식을 제공하는 것이다. [국9]

유 disadvantaged

---

crimin
= crime (범죄)

> 암기유발 TIP
> **crime** 범죄
> crimen(crime, fault) → crime

0206 | 국9 | 국7 | 서9 | 서7 | 경찰 | 국회 | 기상 | 법원 | 사복

criminal***
[krímɪnl]

형 범죄의, 형사상의   명 범인, 범죄자
crimin(crime)+al(형)

• **criminal** law 형법   *cf.* civil law 민법

유 명 lawbreaker, offender, culprit

MORE + 관련어휘

범죄자
- arsonist 명 방화범   arson 명 방화
- rapist 명 강간범
- looter 명 약탈자   loot 타 훔치다, 약탈하다 명 전리품
- plunderer 명 약탈자
- slayer 명 살해자   slay 타 살해하다, 살인하다

0207

criminate*
[krímɪnèit]

타 1 ~에게 죄를 지우다 2 고발[기소]하다
crimin(crime)+ate(동)

• The authority has gathered sufficient evidence that **criminate** the man in the kidnapping of the victim. 당국은 그 남자를 피해자 납치로 **고발할** 충분한 증거를 모았다.

0208

incriminate*
[inkrímɪnèit]

타 ~를 잘못한[유죄인] 것처럼 보이게 하다, 유죄로 만들다
in(in)+crimin(crime)+ate(동)

• You have the right not to say anything that would **incriminate** you. 당신은 당신을 **유죄로 만드는** 어떤 말도 하지 않을 권리가 있다.

0209 | 경찰

criminologist*
[krìmənάlədʒist]

명 범죄학자
crimin(crime)+ologist(명) → 범죄 전문가

• Modern **criminologists** regard society itself to be largely responsible for the crimes committed against it. 현대의 **범죄학자들**은 사회 자체가 사회에 반하여 행해지는 범죄에 주로 책임이 있다고 여긴다. [경찰]

noc, nox, nic
= harm (해, 해치다), death (죽음)

0210
국7 | 지9 | 서9 | 경찰 | 법원 | 사복

innocent***
[ínəsnt]

형 ¹ 무죄인, 결백한 ² 순결한, 순진한
in(not)+noc(harm, death)+ent(형)

innocence 명 ¹ 결백, 무죄 ² 천진

- One basic form of legal system assumes that a person is viewed as **innocent** of any crime until evidence is presented that proves he or she is guilty.
  법률 체계의 하나의 기본적인 형태는 그 또는 그녀가 죄가 있다는 것을 증명하는 증거가 제시될 때까지는 그 사람을 어떤 범죄로부터도 **결백하게** 보는 것으로 추정하는 것이다. [경찰]
- an **innocent** child 순진한 아이

유 ¹ guiltless
² naive, pure
반 ¹ guilty(유죄인)
² worldly(세속적인)

0211
nocuous*
[nákjuəs]

형 유해한, 유독한
nocu(harm, death)+ous(형)

- **nocuous**[**noxious**] fumes 유독 가스

유 noxious, harmful, poisonous, toxic

0212
경찰

innocuous*
[inákjuəs]

형 ¹ 무해한 ² 악의 없는
in(not)+nocuous(유해한, 유독한)

innocuousness 명 무해, 무독

- He told a few **innocuous** jokes. 그는 **악의 없는** 농담을 약간 했다.

유 harmless
¹ innoxious
반 ¹ malign(해로운)
² malicious, malevolent (악의 있는)

0213
국7

noxious*
[nákʃəs]

형 유독한, 유해한
nox(harm, death)+ious(형)

- the **noxious** cocktail of smog and toxic chemicals
  스모그와 독성 화학물질의 **유독한** 혼합제 [국7]

반 innoxious
(무독[무해]의)

0214
obnoxious*
[əbnákʃəs]

형 불쾌한, 기분 나쁜
ob(to, toward)+noxious(유독한, 유해한) → 유해한 것에 노출된

- Some of his colleagues say that he's loud and **obnoxious**.
  그의 몇몇 동료들은 그가 시끄럽고 아주 **불쾌하다고** 말한다.

유 unpleasant

0215
서9

pernicious*
[pərníʃəs]

형 치명적인, 해로운
per(completely)+nic(harm, death)+ious(형)

- She thinks television has a **pernicious** influence on our children.
  그녀는 텔레비전이 우리의 아이들에게 **해로운** 영향을 준다고 생각한다.

유 harmful, fatal, lethal

cide
= kill (죽이다)

0216 suicide**
[sjúːəsàid]   국9 | 경찰 | 법원

명 자살
sui(self)+cide(kill)

suicidal 형 1 자살을 하고 싶어 하는 2 몹시 위험한
- According to statistics, the **suicide** rate in rural areas is three times higher than in the cities. 통계에 따르면, 시골 지역에서의 **자살**률이 도시에서보다 세 배 더 높다. [경찰]

0217 homicide*
[hάməsàid]

명 살인
homi(man)+cide(kill)

유 murder

homicidal 형 살인의
- The medical examiner ruled the death a **homicide**.
  검시관은 그 죽음을 **살인**으로 결론 내렸다.

MORE + 관련어휘
- feticide 명 낙태, 태아 살해
- infanticide 명 영아 살해 (풍습)
- fratricide 명 1 형제 살해죄, 자매 살해죄 2 동족 살해죄
- genocide 명 집단 학살, 종족 학살
- regicide 명 시해, 국왕 살해

0218 pesticide**
[péstəsàid]   기상 | 법원

명 살충제, 농약
pest(i)(insect)+cide(kill)

- For millennia farmers grew crops without chemical **pesticides**.
  수천 년 동안 농부들은 화학적 **살충제** 없이 농작물을 키웠다. [기상]

MORE + 기출어휘
- insecticide 명 살충제
- herbicide 명 제초제

mend; culp
= fault (잘못, 나무라다); blame (비난하다)

암기유발 TIP
mend 수리하다, 고치다
mend(fault) → (잘못된 것을) 수리하다, 고치다

0219 mend*
[mend]

타 1 수리하다, 고치다 2 (문제 등을) 해결하다 자 회복되다, 낫다

유 타 repair, fix
자 heal, recover

- Quarrels could be **mended** by talking. 말다툼은 대화로 **해결될** 수 있다.
- Her shoulder was **mending**, but it was a slow process.
  그녀의 어깨는 **회복되고** 있었지만, 매우 느린 과정이었다.

0220 　　　　　　　　　　　　　　　　　　　　　　　　　지9 | 경찰 | 국회

amend** 　　　㈀ (법 등을) 개정하다, 수정하다 　　　　　　　　　　　↔ revise
[əménd]　　　　　a(out)+mend(fault) → 잘못이 있는 것을 없애다

amendment 몡 (법 등의) 개정, 수정

- The government will **amend** the rules to ensure that captive elephants in India are looked after well. 정부는 인도에서 사로잡힌 코끼리들이 잘 돌봐지도록 보장하는 원칙을 **개정할** 것이다.
- the Second **Amendment** to the U.S. Constitution 미국 헌법 **수정** 제2조 [경찰]

0221 　　　　　　　　　　　　　　　　　　　　　　　　　국9 | 서9 | 법원

culprit* 　　　㈁ ¹ 범인 　² (문제의) 장본인 　　　　　　　　　　↔ ¹ malefactor
[kʌ́lprit]　　　　cul(p)(fault, blame)+prit(ready) → 죄를 입증할 준비가 된 사람

- The police eventually located the **culprits**. 경찰은 마침내 **범인들의** 위치를 찾아냈다.

0222

culpable* 　　　㈂ 과실이 있는, 비난받을 만한
[kʌ́lpəbl]　　　　culp(fault, blame)+able(㈂)

- **culpable** homicide 과실 치사

0223

inculpate* 　　　㈀ ¹ 죄를 씌우다 　² 비난하다 　　　　　　　　　　↔ ¹ incriminate
[ínkʌlpèit]　　　in(in)+culp(fault, blame)+ate(㈀) → 잘못으로 끌어들이다　　　　² blame, accuse

- The accused is at liberty not to answer a question which may **inculpate** him. 피고는 그에게 **죄를 씌울** 수 있는 질문에 대답하지 않을 자유가 있다.
- People **inculpate** informal settlements for the plastic pollution that ends up on beaches. 사람들은 결국 해변으로 오는 플라스틱 오염 물질들이 임시 거주지 때문이라고 **비난한다**.

0224 　　　　　　　　　　　　　　　　　서9 | 서7 | 경찰 | 기상 | 법원 | 교행

exculpate** 　　　㈀ 무죄를 입증하다
[ékskʌlpèit]　　　ex(out of)+culp(fault, blame)+ate(㈀) → 잘못에서 벗어나게 하다

- The court **exculpated** the man who had been accused of theft after a thorough investigation. 법원은 철저한 조사 후에 절도 혐의를 받았던 남자의 **무죄를 입증했다**.

ban
= forbid (금하다)

0225 　　　　　　　　　　　　　　　　　서9 | 서7 | 경찰 | 기상 | 법원 | 교행

ban** 　　　㈀ (공식적으로) 금하다, 금지하다 　　　　　　　　　　↔ prohibit, bar, outlaw
[bæn]

- Vehicle traffic will be **banned** from the main road during the festival. 축제 동안 주요 도로에서 차량 통행이 **금지될** 것이다.

MORE + 유사어휘 　　**ban, prohibit vs. forbid**
ban, prohibit은 대개 법적으로 금지하는 것을 뜻하고 forbid는 대개 구두로 하지 말라고 명령하는 것을 뜻한다. 그러므로 아래 예문에서 forbid 대신 ban이나 prohibit을 쓰면 어색하다.
My mother has **forbidden** me to bring friends home to play. (엄마가 친구들을 집에 불러 놀지 **말라고 하셨다**.)

0226

banish*
[bǽniʃ]

태 ¹ 제거하다, 사라지게 만들다 ² 추방하다
ban(forbid)+ish(동)

- Electric light and motorways and mobile phones have **banished** the terror of the lonely countryside. 전등과 고속도로 그리고 휴대전화가 외로운 시골의 공포를 **사라지게 했다**. [국회]

유 ¹ dispel
² exile, expel, deport

국회

0227

aban**don*****
[əbǽndən]

태 ¹ 버리다, 유기하다 ² (하다가) 그만두다, 포기하다   명 방종, 자유분방
a(at, to)+ban(don)(forbid) → 금지[통제]되다 → 포기하다

abandoned 형 ¹ 버려진 ² 방종한   **abandonment** 명 ¹ 유기, 버림 ² 포기

- Plans for a new city center were **abandoned** when the new plans were presented. 새로운 계획이 제시되었을 때 새로운 도시 중심부를 위한 계획이 **그만두어졌다[포기되었다]**.
- **abandoned** pets 유기 동물

유 태 ¹ desert, ditch

국9 | 국7 | 지7 | 서9 | 서7 | 경찰 | 국회 | 기상 | 법원 | 사복

0228

contraband*
[kάntrəbænd]

명 밀수품
contra(against)+ban(d)(forbid) → 금하는 것에 맞서는 것

- The customs officer searched the luggage for **contraband**. 세관원은 **밀수품** 때문에 수하물을 살펴보았다.

0229

bandit*
[bǽndit]

명 (길에서 여행객을 노리는) 노상강도
band(forbid)+it(동) → 금하는 것을 하는 사람

- Police warned people against the **bandit** who stole money and jewelry. 경찰은 돈과 보석류를 훔치는 **노상강도**에 관해 사람들에게 경고했다.

---

pen, pun
= punish (처벌하다); regret (뉘우치다)

> 암기유발 TIP
> **penalty** 처벌, 형벌
> penal(처벌의, 형벌의)+ty(명)

0230

penal***
[píːnəl]

형 ¹ 처벌의, 형벌의 ² 형사상의
pen(punish)+al(형)

- the Chinese **penal** system 중국의 **형벌** 제도 [서9]

서9 | 서7

0231

penalty**
[pénəlti]

명 ¹ 처벌, 형벌 ² (축구 등에서) 페널티 킥[골] ³ 불이익
penal(처벌의, 형벌의)+ty(명)

- The company was given a severe **penalty** for the violation of law. 그 회사는 법률 위반으로 엄한 **처벌**을 받았다.
- Lack of privacy is one of the **penalties** that celebrities pay for fame. 사생활이 없는 것은 유명 인사들이 유명세를 치르는 **불이익** 중 하나이다.

유 ¹ punishment
³ disadvantage

국7 | 서9 | 경찰 | 국회 | 법원

0232

penalize /
penalise**
[píːnəlàiz]

태 ¹ 처벌하다 ² 불리하게 하다
penal(처벌의, 형벌의)+ize(동)

- The company was **penalized** for not paying taxes. 그 회사는 세금을 납부하지 않아 **처벌받았다**.

유 ¹ punish

지9

DAY 03 081

0233
penitent*
[pénətənt]

형 뉘우치는, 참회하는
penitent(regret)

유 repentant, apologetic, remorseful, regretful

penitence 명 뉘우침, 참회

- "I'm sorry," she said with a **penitent** smile.
  "미안해."라고 그녀가 **뉘우치는** 미소를 지으며 말했다.

0234
penance*
[pénəns]

명 ¹ 속죄, 참회 ² (하기 싫지만 해야 하는) 괴로운 일, 고행
penance(regret)

- They are doing **penance** for their sins. 그들은 자신들의 죄에 대해 **참회**를 하고 있다.
- Working in the garden was a kind of **penance**. 정원에서 일하는 것은 일종의 **고행**이었다.

0235
penitentiary*
[pènəténʃəri]

명 교도소, 감방
penitent(i)(regret)+ary(명)

- I sentence you to two years and seven months' imprisonment in the **penitentiary**. 당신에게 2년에서 2년 7개월의 **교도소**에서의 수감을 선고합니다.

0236
repent*
[ripént]

자 타 뉘우치다, 회개[후회]하다
re(back)+pent(regret)

유 regret, deplore

repentant 형 뉘우침, 회개[후회]하는 **repentance** 명 뉘우침, 후회

- criminals who have **repented** for their crimes 자신의 죄를 **뉘우친** 범죄자들
- The preacher told us that we would be forgiven for our sins if we **repented**.
  설교자는 우리에게 우리가 **회개하면** 우리의 죄를 용서받을 것이라고 말했다.

0237
punitive*
[pjú:nətiv]

형 ¹ 처벌[징벌]을 위한 ² (세금 등이 지급하기 힘들 정도로) 가혹한
punit(punish)+ive(형)

지9 | 서9 | 국회

- **punitive** measures 처벌 조치, 징계 처분
- a **punitive** tax on cars 자동차에 매기는 **가혹한** 세금

0238
impunity*
[impjú:nəti]

명 처벌을 받지 않음
im(not)+pun(punish)+ity(명)

- For decades, he has broken laws with **impunity** because he had the money to manipulate the system. 수십 년간, 그는 체제를 돈으로 조종할 수 있어서 **처벌을 받지 않고** 법을 어겨 왔다.

veng
= punish (처벌하다)

0239
avenge*
[əvéndʒ]

타 복수하다
a(to)+venge(punish)

지7

유 revenge

avenger 명 복수하는 사람, 원수를 갚는 사람

- He wanted to **avenge** his brother's death. 그는 형의 죽음에 **복수하고** 싶어 했다.

0240
revenge** [rivéndʒ]
- 명 복수, 보복 자타 복수하다, 보복하다
- re(back)+venge(punish)
- **revengeful** 형 복수심에 불타는, 앙심 깊은
- She lived to **revenge** the death of her father.
  그녀는 자신의 아버지의 죽음을 **복수하기** 위해 살았다.

유 명 vengeance

0241
vengeance* [véndʒəns]
- 명 복수, 앙갚음
- venge(punish)+ance(명)
- a desire for **vengeance** 복수를 하려는 욕구

유 revenge
• take vengeance on ~에게 복수하다

0242
vengeful* [véndʒfəl]
- 형 복수심에 불타는, 앙심을 품은
- venge(punish)+ful(형)
- The robbery was committed by a **vengeful** former employee.
  앙심을 품은 이전 직원이 그 강도 사건을 저질렀다.

유 vindictive, spiteful

---

test
= witness (증명(하다), 증인)

암기유발 TIP
tester 시험관, 견본품
test(witness)+er(명)

0243
testify** [téstəfài]
- 자타 1 (법정에서) 증언하다 2 증명하다
- test(witness)+ify(동)
- The first witness to **testify** yesterday spoke from behind a curtain and had his voice disguised. 어제 **증언한** 첫 번째 증인은 커튼 뒤에서 말했고 목소리를 변조했다.
- There are some trends that **testify** to the importance of retirement planning.
  은퇴 계획의 중요성을 **증명하는** 몇몇 추세들이 있다.

유 1 attest 2 prove, confirm

0244
testimony* [téstəmòuni]
- 명 1 증거 2 (법정에서의) 증언
- testi(witness)+mony(명)
- **testimonial** 명 1 추천서 2 (존경, 감사의 표시로 전하는) 기념물
- **testimony** to the failure of government policies 정부 정책 실패의 **증거**
- There were contradictions in her **testimony**. 그녀의 **증언**에는 모순이 있었다.

유 1 proof, evidence, testament

0245
testament* [téstəmənt]
- 명 1 증거 2 유서, 유언(장)
- testa(witness)+ment(명)
- The success of the album, which is only available online, is a **testament** to the strength of the Internet. 오직 온라인으로만 구할 수 있는 앨범의 성공은 인터넷 힘의 **증거**이다.
- grandfather's will and **testament** 할아버지의 유언장

유 1 testimony, evidence, proof

DAY 03

0246 attest*
[ətést]

타 ¹ 증명하다, 입증하다 ² (법정 등에서) 인증하다, 증언하다
at(to)+test(witness)

≒ ¹ prove ² testify

attestation 명 ¹ 증명, 입증 ² 증명서

- Scientific evidence **attested** to the portrait's 17th Century origins.
  과학적 증거가 그 초상화의 17세기 기원을 **증명했다**.
- to **attest** a will 유언장을 인증하다

0247 protest***
[próutest]

명 항의 (운동) 자 타 [prətést] 항의하다, 이의를 제기하다
pro(forth, before)+test(witness) → 앞서서 증명하다

≒ 명 objection

protester 명 시위자 **protestation** 명 주장, 항변

- So vigorously did he **protest** that they reconsidered his case.
  그가 격렬하게 **항의해서** 그들은 그의 사건을 재검토했다. [서9]

0248 contest***
[kántest]

명 ¹ 대회, 시합 ² (주도권, 권력) 다툼 타 [kəntést] ¹ 경쟁을 벌이다 ² 이의를 제기하다
con(with, together)+test(witness) → 다 같이 증명하다

≒ 명 ¹ competition 타 ¹ compete

contestant 명 (대회, 시합 등의) 참가자

- Twelve people are **contesting** eight positions on city council.
  열두 명의 사람들이 시의회의 여덟 개의 일자리를 두고 **경쟁을 벌이고 있다**.

0249 detest**
[ditést]

타 몹시 싫어하다, 혐오하다
de(from, down)+test(witness) → 증명하는 것에서 멀어지다

≒ abhor, loathe

- I absolutely **detested** the idea of staying up late at night.
  나는 밤에 늦게까지 안 자려는 생각을 절대적으로 **몹시 싫어한다**. [국9]

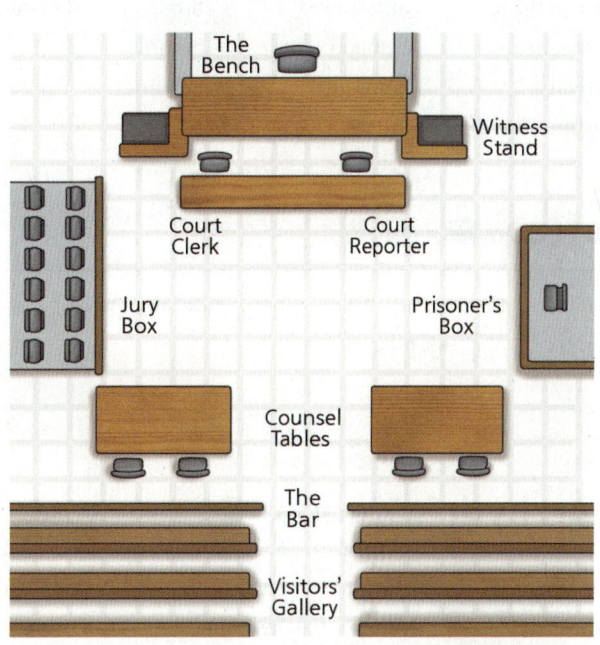

The Court's Layout

the bench	판사석
witness stand	증인석[증언대]
court clerk	법원 서기
court reporter	법원 속기사
jury box	배심원석
prisoner's box	죄수석
counsel tables	(피고측, 원고측) 변호인석
the bar	(법정의 일반석과 경계가 되는) 난간
visitors' gallery	방청석

DAY 04 자연(현상), 물질

Preview & Review

geo; terr ▶ earth

- **geo**logy
- **geo**metry
- **geo**politic(al)
- **geo**thermal
- **geo**physics
- **geo**stationary
- **terr**ain
- **terr**estrial
- extra**terr**estrial
- **terr**itory
- extra**terr**itorial
- sub**terr**anean
- medi**terr**anean

땅, 지면 → 영토

지구

hum ▶ man; earth

- **hum**anity
- **hum**ankind
- **hum**anize / **hum**anise
- **hum**anism
- **hum**ane
- **hum**ble
- **hum**ility
- **hum**iliate
- ex**hum**e
- post**hum**ous

사람, 인류 → 인간 → 인도적

땅 → 낮은 곳 → 겸손, 굴욕감

aer(o) ▶ air

- **aer**ate
- **aer**ial
- **aero**nautic(al)
- **aero**space
- **aero**bic
- **aero**sol

공기, 대기 → 공중의 → 항공

산소 → 가스

mar; hydr(o); aqua ▶ sea; water

- **mar**ine
- **mar**itime
- sub**mar**ine
- **mar**sh
- **hydr**ate
- de**hydr**ate
- **hydr**ant
- carbo**hydr**ate
- **hydro**gen
- **hydro**electric
- **hydro**power
- **aqua**tic
- **aqua**culture

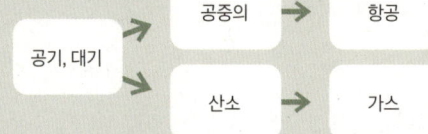

바다 → 물이 많은 곳

물

ar(i)d; flam, flagr ▶ dry; burn

- **ar**id
- **ard**ent
- **ard**o(u)r
- **flam**e
- in**flam**e
- in**flam**mation
- in**flam**matory
- **flam**boyant
- con**flagr**ation
- **flagr**ant

건조한 → 감정적으로 건조한

타오르다, 타다 → 불길 → 열정적 / 염증

therm ▶ heat

- **therm**al
- **therm**ometer
- exo**therm**ic
- hypo**therm**ia
- hyper**therm**ia

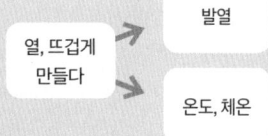

lumin; lust, luc ▶ light

- il**lumin**ate
- **lumin**ous
- **lumin**escent
- **lumin**ary
- **lust**er / **lust**re
- il**lust**rate
- e**luc**idate
- **luc**id
- pel**luc**id
- trans**luc**ent
- **luc**ubrate

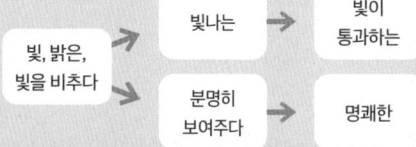

electr(o) ▶ electric

- **electr**ic(al)
- **electr**ify
- **electr**on
- **electr**onics

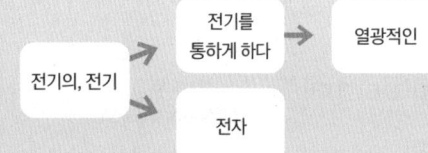

aster, astro; stell ▶ star

- **aster**oid
- **aster**isk
- dis**aster**
- **astro**logy
- **astro**naut
- **astro**nomy
- **astro**physics
- **astro**tourism
- **stell**ar
- inter**stell**ar
- con**stell**ation

ox(y) ▶ acid

- **ox**ygen
- **ox**ide
- **ox**idant
- anti**ox**idant

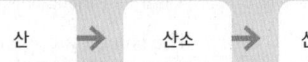

geo
= earth (지구, 땅, 지면)

0250 　　　국9 | 기상

geology**
[dʒiálədʒi]

명 1 지질학 2 (특정 지역의) 지질학적 기원[역사]
geo(earth)+logy(명)

geologist 명 지질학자　**geologic(al)** 지질학(상)의
- **geological** feature 지질학적 특성
cf. geography 명 지리학

0251 　　　지9 | 기상

geometry**
[dʒiámətri]

명 1 기하학 2 기하학적 구조
geo(earth)+metry(명) → 땅을 측정하는 학문

geometric(al) 기하학의, 기하학적인
- the **geometry** of Sydney's opera house
  시드니 오페라 하우스의 **기하학적 구조**

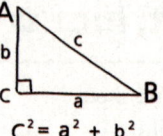

$C^2 = a^2 + b^2$

0252 　　　지7 | 교행

geopolitic(al)*
[dʒiːoupálitik(əl)]

형 지정학의, 지정학적인 《지정학: 지리적 조건에 영향받는 정치, 특히 국제 관계를 연구하는 학문》
geo(earth)+politic(state)+al(형) → 땅이 국가에 영향을 미치는

geopolitics 명 지정학
- **geopolitical** interests of Russia, the U.S. and China in Central Asia
  중앙아시아에서의 러시아, 미국, 중국의 **지정학적** 이해관계

0253 　　　지7

geothermal**
[dʒiːouθə́ːrməl]

형 《지리》 지열의
geo(earth)+thermal(열의)

- **geothermal** technologies 지열을 이용한 기술 [지7]

0254 　　　국9

geophysics*
[dʒiːoufíziks]

명 지구물리학
geo(earth)+physics(물리학)

geophysicist 명 지구물리학자
- **Geophysics** deals with physical movements and forces of the Earth like its climate. **지구물리학**은 기후 같은 지구의 물리적인 움직임과 힘을 다룬다.

0255

geostationary*
[dʒiːoustéiʃənèri]

형 (인공위성이) 지구 정지 궤도상에 있는 《우주의 한곳에 정지하고 있는 것처럼 보이는》
geo(earth)+station(standing)+ary(형) → 지구 (궤도)에 서 있는

- The launch successfully placed the satellite into **geostationary** orbit.
  그 발사는 인공위성을 성공적으로 **지구 정지 궤도상**에 올렸다.

terr
= earth (지구, 땅, 지면)

> **암기유발 TIP**
> **terrace** 테라스
> 《집 내부와 마당을 연결하는 지면에 면한 공간》
> terra(earth) → terrace

0256 지9 | 지7 | 서9

terrain**
[təréin]
명 지형, 지역
🟢 land, territory

- to travel over sandy **terrain** 모래가 많은 **지형**을 여행하다 [지7]

0257 서7 | 법원

terrestrial**
[təréstriəl]
형 ¹지구의 ²《생물》육상에서 자라는, 육지의 ³《방송》지상파의
terrestri(earth)+al(형)
🟢 ¹earthly

- Sea otters are near-sighted largely because aquatic life is much more important to them than **terrestrial** life. 해달은 근시인데, 대부분 수중 생활이 **육지** 생활보다 그들에게 훨씬 더 중요하기 때문이다. [법원]
- **terrestrial** broadcasting stations **지상파** 방송사들 [서7]
- *cf.* celestial 형 하늘의

0258 국9 | 서9

extraterrestrial**
[èkstrətəréstriəl]
명 외계인, 우주인 형 외계의
extra(outside)+terrestrial(지구의)
🟢 alien

- **extraterrestrial** intelligence 외계의 지적 생명체 [서9]

0259 국7 | 지9 | 지7 | 서7 | 경찰 | 기상 | 법원

territory***
[térətɔ̀ːri]
명 ¹(다스리는) 지역, 영토 ²(자기 소유로 여기는) 영역
territ(earth)+ory(명)
🟢 area

territorial 형 ¹영토의 ²(동물 등이) 세력권[텃세권]을 주장[보호]하는
- The birds are busy establishing **territories** and building nests.
  그 새들은 **영역**을 확립하고 둥지를 만드느라 바쁘다.
- **territorial** waters 영해

0260

extraterritorial*
[èkstrətèrətɔ́ːriəl]
형 《법률》치외 법권의
extra(outside)+territorial(영토의) → 영토 밖까지 법이 유효한

extraterritoriality 명 치외 법권
- Foreign embassies have **extraterritorial** rights. 외국 대사관들은 **치외 법권**을 가진다.

0261 서9

subterranean**
[sʌ̀btəréiniən]
형 지하의
sub(under)+terrane(earth)+an(형)
🟢 underground

- Dracula ants prefer to hunt under leaf litter or in **subterranean** tunnels.
  드라큘라 개미들은 낙엽 밑에서 또는 **지하** 굴에서 사냥하는 것을 선호한다. [서9]

0262 국7 | 서9

mediterranean**
[mèditəréiniən]
형 《the M-》 지중해의
medi(middle)+terrane(earth)+an(형) → 남유럽과 북아프리카 중간의 바다의 → 지중해의

- ancient **Mediterranean** civilizations 고대의 **지중해** 문명 [서9]

DAY 04 089

hum
= man (사람, 인류); earth (땅)

> 암기유발 TIP
> **human** 인간(의)
> humanus → human

0263
humanity**
[hju:mǽnəti]

지9 | 지7 | 서7 | 법원

명 ¹ 인류, 인간 ² 인간성 ³ 인도적임, 인간애
human(man)+ity(명)

humanitarian 형 인도주의적인, 인도주의의
- **humanity**'s understanding of love 인류의 사랑에 대한 이해 [지9]
- **humanitarian** aid[supplies, relief] 인도주의적 지원[보급품, 구호] 《식량, 의복, 의약품, 피난처 등》

유 ¹ humankind, mankind, mortals
³ compassion
반 ² inhumanity (비인간성)

0264
humankind**
[hjúːmənkàind]

지7 | 국회 | 교행

명 인류, 인간
human(man)+kind(종류, 유형)

- The cradle of **humankind** was in East Africa, about five million years ago. 인류의 요람은 약 5백만 년 전 동아프리카였다. [지7]

유 humanity, mankind, mortals

0265
humanize / humanise*
[hjúːmənàiz]

타 ¹ 인간답게 만들다 ² 인도적이 되게 하다
human(man)+ize(동)

- In order to make a character exist in a film, you must necessarily personify and **humanize** the character. 영화에 등장인물이 존재하게 하려면, 당신은 그 등장인물을 필수적으로 의인화하고 **인간답게 만들어야** 한다.
- to **humanize** prison conditions 교도소 환경을 인도적이 되게 하다

0266
humanism*
[hjúːmənìzm]

명 인문주의, 인본주의 《인간 존중 사상》
human(man)+ism(명)

humanist 명 인문주의자
- **Humanism** is a system of beliefs that is based on the idea that problems can be solved using reason instead of religion. 인문주의는 문제들이 종교 대신 이성을 사용해 해결될 수 있다는 생각에 기초한 신념 체계이다.

0267
humane*
[hju:méin]

형 인도적인, 인정 있는, 잔혹하지 않은

- the **humane** treatment of animals 동물에 대한 인도적인 대우

유 compassionate
반 inhumane (비인도적인), cruel (잔혹한)

0268
humble***
[hʌ́mbəl]

국9 | 국7 | 지7 | 경찰 | 기상 | 법원

형 ¹ 겸손한 ² (지위, 신분이) 미천한   타 겸손[겸허]하게 만들다
hum(earth)+(a)ble(형) → 땅처럼 낮추는

humbly 부 ¹ 겸손하여 ² 초라하게   **humbleness** 명 ¹ 겸손함 ² 하찮음
- a person who acts very **humble** 매우 겸손하게 행동하는 사람 [지7]
- I am honored and deeply **humbled** to take the oath of office as your governor for the next four years. 저는 앞으로 4년간 여러분의 주지사로서 복무 선서를 하게 되어 영광스럽고 깊이 **겸허해집니다**. [법원]

유 형 ¹ modest, unpretentious, unassuming
² lowly, insignificant

0269
humility**
[hjuːmíləti]
명 겸손
hum(earth)+ility(명) → 땅처럼 낮춘 상태

국9

≒ modesty, humbleness

- He is a man of modesty and **humility**. 그는 점잖고 **겸손한** 사람이다.

0270
humiliate**
[hjuːmílièit]
타 굴욕감을 주다
humili(earth)+ate(동) → 땅을 향해 낮추다

지7 | 기상 | 법원

≒ embarrass, disgrace, shame, mortify, insult

humiliation 명 굴욕, 창피

- Often, teachers will **humiliate** a misbehaving student in front of the entire class. 종종, 교사들은 잘못을 한 학생에게 전체 학급 앞에서 **굴욕감을 주곤** 한다. [법원]

0271
ex**hum**e*
[igzúːm]
타 (시체를) 발굴하다, 파내다
ex(out of)+hume(earth) → 땅에 묻은 것을 밖으로 나오게 하다

지9 | 경찰

≒ excavate, unearth
반 bury(매장하다)

exhumation 명 발굴

- The victim's body will be **exhumed**. 희생자의 시체가 **발굴될** 것이다.

0272
post**hum**ous*
[pástʃəməs]
형 사후(死後)의
post(after)+humous(earth) → 땅에 묻힌 뒤의

≒ after-death, postmortem

- a **posthumous** collection of his articles 그의 글에 대한 **사후** 모음집[유고집]

---

aer(o)
= air (공기, 대기)

암기유발 TIP

aeroplane 비행기, 항공기
aero(air, atmosphere)+plane(비행기)

0273
aerate*
[éəreit]
타 ¹ 공기가 통하게 하다 ² (탄산)가스를 첨가하다
aer(air)+ate(동)

- Earthworms naturally **aerate** the soil and add fertility with their castings. 지렁이들은 자연적으로 흙에 **공기가 통하게 하고** 그들의 배설물로 비옥함을 더한다.

0274
aerial*
[éəriəl]
형 ¹ 항공기에 의한 ² 공중의, 대기의
aer(air)+ial(형)

- an **aerial** attack 공중 습격, 공습

0275
aeronautic(al)*
[ɛ̀ərənɔ́ːtik(əl)]
형 ¹ 항공학의 ² 항공술의
aero(air)+nautical(항해의)

법원

- An **aeronautical** engineer is a scientist that designs and builds aircraft. 항공기사는 항공기를 디자인하고 만드는 과학자이다.

0276

aerospace*
[ɛ́rouspeɪs]

명 항공우주산업
aero(air)+space(우주)

국9 | 지9 | 경찰 | 법원 | 사복

- **aerospace** engineering 항공우주(산업) 공학 [국9]

0277

aerobic**
[eróubik]

형 ¹(생물) 호기성의 《산소를 필요로 하는》, 유산소의 ² 유산소 운동의
aero(air)+bic(life)

지9

반 anaerobic(무산소성의, 무산소 운동의)

- Plants, as other **aerobic** organisms, require oxygen for the efficient production of energy. 다른 **호기성** 생물처럼 식물들은 효율적인 에너지 생산을 위해 산소를 필요로 한다.
- **aerobic** activity 유산소 운동

0278

aerosol*
[ɛ́rəsɑ̀l]

명 에어로졸, 연무제 《밀폐 용기의 액체나 약품을 가스의 압력으로 뿜어 사용하는 방식이나 약품》
aero(air)+sol(ution)(용액)

기상 | 법원

- **Aerosol** particles that are emitted in aviation can indirectly influence climate change. 운항 중에 내뿜어지는 **연무제** 입자들은 기후 변화에 간접적으로 영향을 줄 수 있다. [기상]

---

mar
= sea (바다)

암기유발 TIP

marina 요트, 모터보트 등을 위한 작은 항구

0279

marine**
[mərí:n]

형 ¹ 바다의, 해양의 ² 배의, 해상의   명 해병대 (병사)
mar(sea)+ine(형)

국7 | 경찰 | 기상 | 법원 | 사복

mariner 명 선원, 뱃사람
- **marine** animals 해양 동물들 [법원]
- the **Marine** Corps 해병대

0280

maritime*
[mǽrətàim]

형 ¹ 바다의, 해양의 ² 해안의
mari(sea)+time(형)

서9 | 서7 | 기상

유 ¹ marine

- Orkney was an important **maritime** hub. Orkney는 중요한 **해양** 중심지였다. [서9]

0281

sub**mar**ine*
[sʌ́bməri:n]

명 잠수함   형 바닷속의, 해저의, 해양의
sub(under)+marine(바다의, 해양의)

유 형 undersea

- to detect enemy **submarines** 적의 잠수함을 감지하다
- **submarine** volcano 해저 화산

0282

marsh*
[mɑːrʃ]

명 습지

서7 | 경찰

유 swamp, bog

- Farmers simply saw the **marsh** as unproductive land. 농부들은 그 **습지**를 비생산적인 땅으로 볼 뿐이었다.

hydr(o); aqua
= water (물)

암기유발 TIP

aquarium 수족관
aqua(water)+rium(명) → 물이 있는 장소

0283 서9

hydrate** [háidreit]
(타) 수화(水化)시키다 《물질이 물과 결합하여 수화물을 생성하다》 (명) 수화물(水化物)
hydr(water)+ate(동)(명)

hydration (명) (화학) 수화(작용)
- All ions in solution are **hydrated**, surrounded by water molecules.
  용액 속 모든 이온은 물 분자에 의해 둘러싸여서 **수화된다**.

0284 지9 | 국회

dehydrate** [di:háidreit]
(타) 1 건조시키다 2 탈수 상태가 되게 하다 (자) 탈수 상태가 되다
de(undo, remove)+hydrate(수화시키다)

(타) 1 dry, dry out

dehydration (명) 1 탈수, 건조 2 (의학) 탈수증
- The heat and dryness of the sand **dehydrated** the bodies quickly, creating 'mummies'. 모래의 열과 건조함은 사체들을 빠르게 **건조시켜서** '미라'를 만들었다. [국회]
- When you're **dehydrated**, your skin is one of the first organs to show it.
  당신이 **탈수 상태가 되면**, 당신의 피부가 그것을 보여주는 첫 번째 기관 중 하나이다.

0285

hydrant* [háidrənt]
(명) 소화전
hydr(water)+ant(명)

- Inadequate water pressure from the district's **hydrant** could be putting lives at risk. 그 구역 **소화전**의 불충분한 수압은 목숨을 위험에 처하게 할 수 있다.

0286 국7 | 서7 | 경찰 | 법원

carbohydrate** [kɑ̀:rbouháidreit]
(명) 탄수화물 《탄소, 수소, 산소로 이루어진 유기 화합물》
carbo(탄소)+hydrate(수화시키다)

- Fats are a far more efficient energy source than either **carbohydrates** or proteins. 지방은 **탄수화물**이나 단백질보다 훨씬 더 효율적인 에너지원이다. [경찰]

0287 지9 | 서7 | 기상

hydrogen** [háidrədʒən]
(명) (화학) 수소
hydro(water)+gen(생성) → 물에서 만들어내는 것

hydrogenate (타) (화학) 수소와 화합시키다, 수소로 처리하다
- solar and **hydrogen** energy 태양 및 수소 에너지

0288 법원

hydroelectric* [hàidrəuiléktrik]
(형) 수력 전기의
hydro(water)+electric(전기의)

- **hydroelectric** power generation[plant] 수력 발전소 [법원]
  cf. thermoelectric power plant 화력 발전소

DAY 04 093

0289
hydropower*
[háidrəpàuər]

명 수력 전기(력)

hydro(electric)(수력 전기의)+power(전력)

- Neither **hydropower** nor today's alternative energy sources are capable of meeting our supply needs. 수력 전기와 오늘날의 대체 에너지원들은 모두 우리의 공급 요구를 충족시키지 못한다.

0290
aquatic**
[əkwǽtik]

국7 | 법원

형 ¹수생의, 물속에서 사는 ²물과 관련된, 수상의

aqua(water)+tic(형)

- **aquatic** plants 수생 식물
- **aquatic** sports 수상 스포츠

0291
aquaculture*
[ǽkwəkʌ̀ltʃər]

명 ¹수산 양식 ²수경(水耕) 재배 (생장에 필요한 양분을 녹인 배양액만으로 식물을 기르는 일)

aqua(water)+culture(재배, 양식)

- shrimp **aquaculture** 새우 수산 양식
- Through **aquaculture**, you can regulate harvests because you can control the growing conditions. 수경 재배를 통해, 당신은 성장 조건을 통제할 수 있어서 수확 시기를 조절할 수 있다.

MORE+ 관련어휘
- **aqua**farm 명 양어장
- **aque**duct 명 수로(水路)
- **Aqua**rius 명 ¹물병자리 (황도 십이궁의 열한째 자리) ²물병자리 태생인 사람

---

ar(i)d; flam, flagr
= dry (건조한); burn (타오르다, 타다)

0292
arid*
[ǽrid]

형 ¹(땅이나 기후가) 매우 건조한 ²무미건조한, 새로운 게 없는

유 ¹dry, parched ²dull, monotonous

- an **arid** wasteland 매우 건조한 황무지
- a dull and **arid** textbook 따분하고 무미건조한 교과서

0293
ardent*
[ɑ́ːrdənt]

서9

형 열렬한, 열정적인

ard(dry, burn)+ent(형) → 열정, 바람 등으로 불타오르는

유 zealous, passionate, enthusiastic, eager

- **ardent** supporters 열렬한 지지자들

0294
ardo(u)r*
[ɑ́ːrdər]

지7

명 열정, 정열

ard(dry, burn)+or(명) → 불타오르는 상태

유 passion

- He carried out the task with **ardor**. 그는 열정적으로 그 일을 완수했다.

0295
flame^**
[fleim]
명 불길, 불꽃 자 타오르다
유 명 fire, blaze 자 burn, flare

flammable 형 불에 잘 타는, 가연[인화]성의

- As the **flames** approached him, he covered his mouth with a wet handkerchief.
  불길이 그에게 다가오자, 그는 젖은 손수건으로 자신의 입을 가렸다. [법원]

0296
inflame^*
[infléim]
타 ¹불태우다 ²격분시키다 ³(상황을) 악화시키다
in(in)+flame(타오르다)
유 ²enrage, infuriate ³worsen, aggravate
반 ²calm(가라앉히다)

inflamed 형 ¹흥분된 ²염증이 생긴

- High taxes **inflamed** public feelings. 높은 세금은 대중의 기분을 **격분시켰다**.

0297
inflammation^*
[ìnfləméiʃən]
명 (신체 부위의) 염증
inflam(e)m(불태우다)+ation(명) → 불태우는 듯한 것

- The steroid cream helps to reduce the **inflammation** caused by the infection.
  스테로이드 크림은 감염으로 인한 **염증**을 가라앉히는 데 도움이 된다.

0298
inflammatory^*
[inflǽmətɔ̀ːri]
형 ¹선동적인 ²(의학) 염증의
inflam(e)m(불태우다)+atory(형) → 불태우는 것 같은
유 ¹inciting

inflammable 형 격양된

- **inflammatory** remarks 선동적인 발언
- **inflammatory** diseases 염증성 질환

0299
flamboyant^*
[flæmbɔ́iənt]
형 ¹(사람이) 대담한, 이색적인 ²(색상이) 화려한, 현란한
flambo(y)(타오르다)+ant(형) → 타는 듯이 화려한
유 ¹ostentatious, confident, buoyant ²colorful, brilliant

flamboyance 명 화려함, 현란함

- He is one of football's most **flamboyant** characters.
  그는 축구계에서 가장 **대담한[이색적인]** 인물 중 한 명이다.
- **flamboyant** clothes 화려한 옷

0300
conflagration^*
[kɑ̀nfləgréiʃən]
명 큰불, 대화재
con(강조)+flagr(burn)+ation(명)
유 fire, blaze, flames

- That fire could become a **conflagration** because of the dry weather.
  건조한 날씨 때문에 그 불은 **대화재**가 될 수도 있었다.

0301
flagrant^*
[fléigrənt]
형 ¹극악한 ²노골적인, 명백한
flagr(burn)+ant(형) → (나쁜 감정으로) 불타오르는
유 ²blatant

- a **flagrant** criminal 극악한 범죄자
- **flagrant** violations of human rights 명백한 인권 침해

therm
= heat (열, 뜨겁게 만들다)

암기유발 TIP
thermometer 온도계, 체온계
thermo(heat)+meter(measure)

0302 경찰

thermal**
[θə́ːrməl]

형 ¹열(熱)의 ²(옷이) 보온성이 좋은
therm(heat)+al(형)

- **thermal** conductivity 열전도성
- **thermal** underwear 보온성이 좋은 속옷

MORE + 관련어휘
ecto**therm** 명 변온 동물, 냉혈 동물 (a cold-blooded animal)
endo**therm** 명 온혈 동물, 항온 동물 (a warm-blooded animal, homeotherm)

0303 지7 | 법원

ther**mo**meter**
[θərmámitər]

명 ¹온도계 ²체온계
thermo(heat)+meter(measure)

- Check your oven temperature with an oven **thermometer**.
  오븐 온도계로 오븐 온도를 체크해라.

cf. thermostat 명 온도 조절 장치

0304

exo**therm**ic*
[èksouθə́ːrmik]

형 (화학 반응이) 발열성의
exo(out)+therm(al)(열의)+ic(형)

- In fireworks, the chemical compounds react with each other in an **exothermic** reaction. 불꽃놀이에서, 화학적 혼합물이 서로 **발열** 반응을 통해 화학 반응을 일으킨다.

0305

hypo**therm**ia*
[hàipəθə́ːrmiə]

명 저체온증
hypo(under)+therm(heat)+ia(명)

- She fell into the cold water and nearly died from **hypothermia**.
  그녀는 찬물에 빠져 **저체온증**으로 죽을 뻔했다.

0306

hyper**therm**ia*
[hàipərθə́ːrmiə]

명 ¹이상 고열, 고체온 ²발열 요법
hyper(over)+therm(heat)+ia(명)

- Those who put in long hours outside in the heat should take precautions against **hyperthermia**. 더운 바깥에서 오랜 시간 있는 사람들은 **이상 고열**에 주의해야 한다.

---

lumin; lust, luc
= light (빛, 밝은, 빛을 비추다)

암기유발 TIP
일루미네이션[불빛] 축제
illumination (불)빛, 조명
il(in)+lumina(light)+tion(명)

0307 기상 | 법원

il**lumin**ate**
[ilúːmineit]

타 ¹(~에 불을) 비추다 ²(이해하기 쉽게) 밝히다, 분명히 하다
il(in)+lumin(light)+ate(동)

유 ¹brighten, flash
²interpret, clarify
반 ²obscure(모호하게 하다)

illumination 명 ¹(불)빛, 조명 ²이해, 깨달음

- When the lightning flashed, it **illuminated** the sky and the whole area.
  번개가 번쩍였을 때, 그것은 하늘과 전 지역에 **불을 비췄다**.

0308
luminous* [lúːmənəs] 기상
형 ¹야광의 ²빛을 발하는
lumin(light)+ous(형)
유의어: ²illuminated, shining, radiant, glowing

luminosity 명 ¹발광(성) ²발광물[체]
· the **luminous** dial on a watch 손목시계의 **야광** 눈금판

0309
luminescent* [lùːmənésnt]
형 발광성의, 빛나는
lumin(light)+escent(형)
· a **luminescent** insect 발광 곤충

0310
luminary* [lúːminèri]
명 (특수 분야의) 전문가, 권위자
lumin(light)+ary(명) → 빛이 나는 사람
유의어: expert, master
· **luminaries** of the art world 예술계의 권위자들

0311
luster / **lust**re* [lʎstər]
명 ¹윤기, 광택 ²(특별함을 더해 주는) 빛
유의어: ¹sheen, gloss

lustrous 형 윤기가 흐르는
· He polished the silverware for hours trying to restore its **luster**.
그는 은그릇의 **광택**을 회복하려고 몇 시간 동안 닦았다.

0312
il**lust**rate*** [íləstrèit] 지9 | 지7 | 서9 | 경찰 | 국회 | 법원 | 교행 | 사복
타 ¹(실례 등을 이용하여) 분명히 보여주다 ²(책 등에) 삽화를 넣다 ³실증하다
il(in)+lustr(light)+ate(동) → 안으로 빛을 비추다
유의어: ¹explain, clarify, exemplify ³demonstrate

illustration 명 ¹실례(實例) ²삽화, 도해 **illustrative** 형 실례가 되는, 분명히 보여주는
· The most famous idiom to **illustrate** an enormous psychological impact on our reasoning is to say that a glass is "half full" instead of "half empty."
우리의 사유에 엄청난 심리적 영향을 **분명히 보여주는** 가장 유명한 관용구는 컵이 '절반에 비었다'고 말하는 대신 '절반이 차 있다'고 말하는 것이다. [법원]
cf. illustrious 형 저명한

0313
e**luc**idate* [ilúːsideit] 국회
자 타 설명하다
e(x)(out)+lucid(light)+ate(동) → (문제가 있는) 밖에 빛을 비추다
유의어: explain, spell out, expound, expatiate

elucidation 명 설명, 해명 **elucidative** 형 설명적인, 해명적인
· The biography **elucidates** his artistic identity and development.
그 전기는 그의 예술적 정체성과 발전을 **설명한다**.

0314
lucid* [lúːsid]
형 ¹명쾌한 ²의식이 또렷한
luc(light)+id(형)
유의어: ¹perspicuous, transparent, clear

lucidly 부 명쾌하게
· **lucid** explanation 명쾌한 설명

0315
pe**luc**id* [pəlúːsid] 서7 | 기상
형 (티 하나 없이) 깨끗한, 투명한
pel(through)+luc(light)+id(형) → 빛이 통과하는
유의어: transparent
반의어: opaque(불투명한)
· **pellucid** water 투명한 물

DAY 04 097

0316

translucent* [trænslúːsnt]

[형] 반투명한
trans(through)+luc(light)+ent([형]) → 빛이 통과하여 들어오는

• The window is **translucent**, so only the silhouette of a person can be seen from outside. 그 창문은 **반투명해서** 밖에서는 오직 사람의 실루엣만이 보인다.

0317

lucubrate* [lúːkjubrèit]

[자] 밤늦게까지 열심히 공부하다[일하다]
lucubrate(light) → 빛을 밝혀 일하다

• She has been **lucubrating** these days because a graduation essay due date is coming. 그녀는 졸업 논문 마감 일자가 다가오고 있어서 요즘 **밤늦게까지 열심히 공부해오고** 있다.

electr(o)

= electric (전기의, 전기)

암기유발 TIP
electricity 전기, 전력
electric(전기의)+ity([명])

0318 국9 | 지9 | 지7 | 서9 | 서7 | 경찰 | 국회 | 기상 | 법원 | 사복

electric(al)*** [iléktrik(əl)]

[형] 1 전기의 2 전기를 이용하는 3 열광하는, 열광시키는
electr(electric)+ic([형])

[유] 3 tense, exciting

electricity [명] 전기, 전력
• **electric(al)** cooker **전기**밥솥[냄비]

0319 경찰

electrify** [iléktrifai]

[타] 1 전기를 통하게 하다, 전력을 공급하다 2 열광시키다
electri(c)(전기의)+fy([동])

[유] 2 excite

electrification [명] 전화(電化)
• Many of the rural areas still aren't **electrified**.
많은 시골 지역은 아직도 **전력이 공급되지** 않는다.
• When he hit a golden goal, the audience was **electrified**.
그가 골든 골을 넣었을 때, 관중들은 **열광했다**.

0320 국9 | 국7 | 서9 | 법원

electron* [iléktran]

[명] ((물리)) 전자
electr(ic)(전기의)+on([명])

electronic [형] 1 전자의, 전자 활동에 의한 2 전자 장비와 관련된 **electronically** [부] 전자(공학)적으로, 컴퓨터로
• **electronic** media **전자** 미디어 ((전자, 통신 기술을 응용한 정보 전달 매체의 총칭))

0321 국회 | 사복

electronics* [ilèktrániks]

[명] 1 전자 공학 2 전자 기술 3 전자 장치
electron(ic)(전자의, 전자 활동에 의한)+ics([명])

• Some workers are not familiar with computers and **electronics**.
몇몇 근로자들은 컴퓨터와 **전자 장치**에 익숙하지 않다.

MORE+ 관련어휘

electrode	[명] 전극 ((전기가 드나드는 곳, 양극과 음극))
electromagnetic	[형] ((물리)) 전자기의
electrocution	[명] 감전사(感電死)
electrocardiogram	[명] ((의학)) 심전도

aster, astro; stell
= star (별)

> **암기유발 TIP**
> 아이돌 보이그룹인 '아스트로(astro)'의 그룹명은 스페인어로 '별'을 의미. 대중에게 빛나는 별이 되고 싶다는 의미를 담고 있다고 한다.

0322 지9

asteroid** [ǽstərɔ̀id]
명 소행성 《화성과 목성 사이의 궤도에서 태양 둘레를 공전하는 작은 행성으로서, 무수히 많은 수가 존재함》
aster(star)+oid(명)

- The world of the dinosaurs may have ended with a bang, as volcanoes erupted or an **asteroid** crashed. 공룡 세계는 화산이 폭발하거나 **소행성**이 충돌하면서 폭발로 끝나버렸을지 모른다. [지9]

0323

asterisk* [ǽstərìsk]
명 별표 (*) 타 별표를 하다

- She **asterisked** the things that were seen important.
그녀는 중요해 보이는 것들에 **별표를 했다**.

0324 국9 | 서9 | 서7 | 경찰 | 기상 | 법원 | 교행

disaster** [dizǽstər]
명 ¹ 참사, 재난, 재앙 ² 엄청난 불행
dis(ill)+aster(star) → 불길한 별

유 ¹ catastrophe
² adversity

disastrous 형 처참한, 형편없는

- UN scientists call the emptying of the Aral Sea the greatest environmental **disaster** of the 20th century. UN 과학자들은 Aral Sea(아랄 해)가 사라지는 것을 20세기의 가장 큰 환경적 **재앙**이라고 한다. [서7]

0325

astrology* [əstrάlədʒi]
명 점성술, 점성학
astro(star)+logy(명)

astrologer 명 점성술사, 점성가

- **Astrology** is the study of how the positions of the stars and movements of the planets have an influence on events. **점성학**은 별의 위치와 행성의 움직임이 사건에 어떻게 영향을 주는지에 관한 학문이다.

0326 국9 | 지7 | 경찰 | 국회

astronaut** [ǽstrənɔ̀ːt]
명 우주 비행사
astro(star)+naut(명)

유 cosmonaut, space pilot

astronautics 명 우주 항행학

- The harsh environment of space poses a special challenge to the health of **astronauts**. 우주의 혹독한 환경은 **우주 비행사**들의 건강에 특수한 문제를 제기한다.

0327 국9 | 지9 | 서9 | 경찰 | 국회 | 기상 | 법원 | 사복

astronomy** [əstrάnəmi]
명 천문학
astro(star)+nomy(명)

astronomer 명 천문학자 **astronomical** 형 ¹ 천문학의 ² (가격 등이) 천문학적인, 어마어마한

- **Astronomers** today are convinced that people living thousands of years ago were studying the movement of the sky. 오늘날 **천문학자**들은 수천 년 전에 살았던 사람들이 하늘의 움직임을 연구하고 있었다고 확신한다. [지9]

0328
astrophysics*
[ǽstrəufíziks]
명 천체물리학
astro(star)+physics(물리학)

- **Astrophysics** is the scientific study of the properties and structures of objects in outer space. 천체물리학은 우주 공간에 있는 물체의 특성과 구조에 관한 과학적 연구이다.

0329 서9
astrotourism*
[ǽstrəutúərizm]
명 천문관광
astro(star)+tourism(관광)

- **Astrotourism** is a small but growing industry centering on stargazing in the world's darkest places. 천문관광은 세계의 가장 어두운 장소에서 별을 관찰하는 것에 중점을 두는 작지만 성장하는 산업이다. [서9]

0330 국9
stellar*
[stélər]
형 ¹별의 ²뛰어난
stell(star)+ar(형)

- **stellar** structure and evolution 별의 구조와 진화

0331
inter**stell**ar*
[ìntərstélər]
형 별과 별 사이의, 성간의
inter(between)+stellar(별의)

- He has written articles about **interstellar** travel. 그는 성간[우주] 여행에 대한 글을 썼다.

0332 기상
con**stell**ation*
[kànstəléiʃən]
명 ¹별자리, 성좌 ²(유사한 것들끼리 모인) 무리
con(with, together)+stella(별의)+tion(명) → 별이 모인 것

- Most of the **constellations** we know have been given names, for example Orion, the Hunter and the Great Bear. 우리가 알고 있는 대부분의 **별자리들**은 이름이 붙여지는데, 예를 들면 오리온자리와 큰곰자리가 있다.

---

ox(y)
= acid (산)

> 암기유발 TIP
> **Oxyclean** 옥시클린 (세제명), 산소의 표백효과
> oxy(acid, sharp)+clean(clear, pure)

0333 국9 | 지9 | 지7 | 서7 | 기상 | 법원
oxygen***
[ɑ́ksidʒən]
명 산소
oxy(acid)+gen(명) → 산을 만들어 내는 것

oxygenate 타 산소를 공급하다

- If you stop breathing, there is no **oxygen** getting to the brain and the cells begin to die. 만약 당신이 숨 쉬는 것을 멈춘다면, 뇌에 공급되는 **산소**가 없어서 세포들이 죽기 시작한다.
- Yoga gets the entire body system moving, as well as **oxygenating** the blood. 요가는 혈액에 **산소를 공급할** 뿐 아니라 모든 신체 체계가 움직이게 한다.

0334

oxide*
[ɑ́ksaid]

명 (화학) 산화물
ox(ygen)(산소)+ide(acid)

oxidize 자타 산화시키다, 녹슬게 하다
- nitrogen **oxide** 산화질소, 질소산화물
- Iron **oxidizes** to form rust. 철은 산화하여 녹을 만든다.

MORE+ 기출어휘
di**ox**ide 명 (화학) 이산화물
mon**ox**ide 명 (화학) 일산화물

0335

oxidant*
[ɑ́ksidənt]

명 (화학) 산화제
oxid(e)(산화물)+ant(명)

- An **oxidant** has the ability to oxidize other materials.
  산화제는 다른 물질들을 산화시키는 능력을 가진다.

0336   지9 | 사복

antioxidant*
[æntiɑ́ksidənt]

명 ¹ (생물) 산화 방지제, 노화 방지제 ² (화학) (식품의) 방부제   유 ² preservative
anti(against)+oxidant(산화제)

- the **antioxidant** compounds that give us health benefits
  우리에게 건강상 이익을 주는 노화 방지 화합물들 [사복]

Aries MAR.21-APR.20 | Taurus APR.21-MAY.20 | Gemini MAY.21-JUN.21 | Cancer JUN.22-JUL.22
Leo JUL.23-AUG.22 | Virgo AUG.23-SEP.22 | Libra SEP.23-OCT.22 | Scorpio OCT.23-NOV.22
Sagittarius NOV.23-DEC.21 | Capricorn DEC.22-JAN.20 | Aquarius JAN.21-FEB.19 | Pisces FEB.20-MAR.20

12 Signs of Zodiac

Aries 백양, Taurus 황소, Gemini 쌍둥이, Cancer 큰 게,
Leo 사자, Virgo 처녀, Libra 천칭(天秤), Scorpio 전갈,
Sagittarius 궁수, Capricorn 염소, Aquarius 물병, Pisces 물고기

DAY 05 존재

🔍 Preview & Review

ent, est, ess ▶ be

- presént
- omnipresént
- represént
- representative
- misrepresént
- entity
- interest
- uninterested
- disinterest
- essential
- quintessential

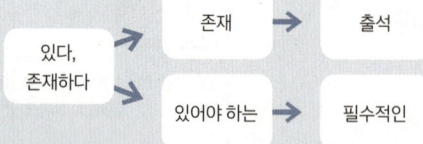

phan, phen, fan ▶ show, appear

- phantom
- diaphanous
- phenomenon
- fantasy
- fancy

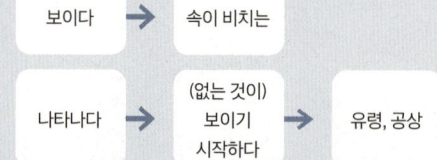

lic(t), linqu ▶ leave

- relic
- derelict
- relinquish
- delinquent

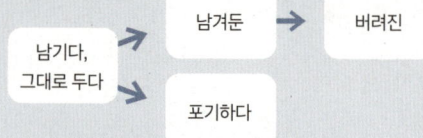

ma(i)n, mn ▶ stay

- remains
- remainder
- remnant
- immanent
- permanent
- mansion

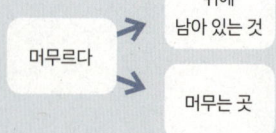

mut; var ▶ change

- mutate
- mutant
- mutable
- immutable
- transmute
- permute
- commute
- telecommute
- mutual
- vary
- various
- variant
- variable
- invariable
- variegate

solv, solu ▶ loosen, free

- **solv**e
- **solu**tion
- dis**solv**e
- **solu**ble
- irre**solu**ble
- **solv**ent
- in**solv**ent
- re**solv**e
- re**solu**tion
- re**solu**te
- ab**solv**e
- ab**solu**te

느슨하게 하다, 풀다, 풀어 주다 → 해결하다 → 다짐하다, 단호한
→ 녹(이)다

lax, leas, la(n)g ▶ loose, allow

- re**lax**
- re**leas**e
- **leas**e
- **leas**h
- un**leas**h
- **lag**
- **lang**uish

풀다, 허용하다 → 느슨한
→ (집을 사용하도록) 내주다

vac, va(i)n, vas, void; cav
▶ empty; hollow

- **vac**ant
- **vac**ate
- e**vac**uate
- **vac**uum
- **van**ish
- e**van**escent
- **vain**
- **van**ity
- de**vas**tate
- **void**
- a**void**
- de**void**
- **cav**e
- **cav**ity
- ex**cav**ate
- con**cav**e

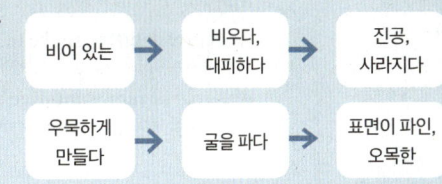

cover, cur; ce(a)l, cul; crypt; tect
▶ hide, cover

- **cover**
- **cover**age
- **cur**few
- con**ceal**
- **cel**l
- oc**cul**t
- **crypt**ic
- **crypt**ogram
- de**tect**
- pro**tect**

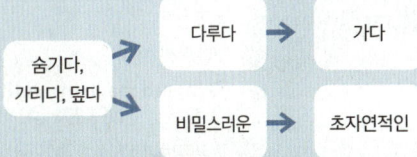

ent, est, ess
= be (있다, 존재하다)

암기유발 TIP
present 있는, 출석한
pre(before)+ent(be) → 앞에 있는

0337 | 국9 | 국7 | 지9 | 지7 | 서9 | 서7 | 경찰 | 국회 | 기상 | 법원 | 교행 | 사복

present*** [préz∂nt]
[형] ¹ 있는, 출석한 ² 현재의 [명] ¹ 선물 ² 현재 [타] [prizént] ¹ 주다 ² 제시하다
pre(before)+ent(be) → 앞에 있는, 손에 잡을 수 있는

⊕ [형] ¹ existing ² current
[명] ² today
[타] ¹ give ² submit
⊖ [형] ¹ absent (없는, 결석한)

presence [명] 있음, 존재(함) **presently** [부] ¹ 곧 ² 지금
- to **present** the medals to the winners 우승자들에게 메달을 **주다**
- the **presence** of bacteria which can be harmful 해로울지도 모르는 박테리아의 **존재**
- sources of energy that we are **presently** using 우리가 **지금** 사용하고 있는 에너지원들 [경찰]

0338 | 서9

omnipresent* [ámn∂prèz∂nt]
[형] 어디에나 존재하는
omni(all, every)+present(있는)

⊕ essential, ubiquitous

- The problem is **omnipresent** and unavoidable. 문제는 **어디에나 존재하고** 피할 수 없다.

0339 | 국9 | 국7 | 지9 | 지7 | 서9 | 경찰 | 국회 | 기상 | 법원 | 사복

represent*** [rèprizént]
[타] ¹ 대표하다 ² 대변하다 ³ 나타내다
re(강조)+present(제시하다)

⊕ ² act for ³ express, mean

representation [명] ¹ 대표자를 내세움 ² 묘사
- The man **represented** himself at trial. 그는 재판에서 그 자신을 **대변했다**.
- A color may **represent** good feelings in one culture but bad feelings in another. 한 색이 어떤 문화에서는 좋은 감정을 **나타낼** 수도 있지만, 다른 문화에서는 나쁜 감정을 나타낼 수도 있다. [경찰]

0340 | 지9 | 지7 | 서9 | 경찰 | 국회 | 기상 | 법원

represent**ative*** [rèprizént∂tiv]
[명] ¹ 대표(자) ² (R-) 하원 의원 [형] ¹ 대표하는 ² 전형적인
represent(대표하다)+ative(형)

⊕ [명] ¹ delegate [형] ² typical
⊖ [형] ¹ unrepresentative (대표적인 것이 못 되는)

- A **representative** spoke in favor of the proposed water rate hike. 한 **대표자**가 수도 요금 인상안에 찬성하는 발언을 했다. [지9]
- the role of **representative** character which shows a defiant teenager 반항적인 십 대를 보여주는 **전형적인** 캐릭터 역할

0341 | 국7

misrepresent** [mísrèprizént]
[타] (정보 등을) 잘못 전하다
mis(badly, wrongly)+represent(나타내다)

⊕ misreport

misrepresentation [명] 와전, 그릇된 설명
- The government accused the media of **misrepresenting** the minister's views. 정부는 그 매체가 장관의 견해를 **잘못 전하고** 있다고 비난했다.

0342 | 지7 | 서9 | 서7 | 경찰 | 법원

entity* [ént∂ti]
[명] 독립체
ent(be)+ity(명)

- "A brand is a living **entity**," says a former Disney executive. "브랜드는 살아있는 **독립체**이다."라고 Disney의 전 임원은 말한다. [지7]

cf. **nonentity** [명] 별 볼 일 없는 사람

0343
interest*** [íntərèst]
- 명 ¹ 관심, 흥미 ² (금융) 이자 ³ 이익
- 타 ~의 관심을 끌다, (~에) 관심을 보이다
- inter(between)+est(be) → 중간에 있음 → 중요한 것
- **interested** 형 ¹ 관심 있어 하는 ² 이해관계가 있는   **interesting** 형 재미있는, 흥미로운
- the public **interest** 공공의 이익 [기상]

유의어: 명 ¹ attentiveness, attraction   ³ profit, benefit   타 attract

국9 | 국7 | 지9 | 지7 | 서9 | 서7 | 경찰 | 국회 | 기상 | 법원 | 교행 | 사복

0344
uninterested** [ʌ̀nɪ́ntərəstɪd]
- 형 흥미 없는, 무관심한
- un(not)+interested(관심 있어 하는)
- **uninteresting** 형 흥미롭지 못한, 재미없는
- She is **uninterested** in politics. 그녀는 정치에 **무관심하다**.

지7 | 서9 | 법원

0345
disinterest** [dɪsɪ́ntərəst]
- 명 ¹ 무관심 (in) ² 사심이 없음
- dis(opposite of)+interest(관심, 흥미)
- **disinterested** 형 ¹ 무관심한 ² 사심이 없는, 객관적인, 공평한
- **disinterest** in money 돈에 대한 **무관심**
- **disinterested** advice 객관적인 조언

유의어: ¹ indifference   ² impartiality, objectivity

서7

0346
essential*** [ɪsénʃəl]
- 형 ¹ 필수적인 ² 근본적인
- 명 ¹ 필수적인 것 ² 핵심 사항
- essent(be)+ial(형)(명) → 있어야 하는, 있어야 하는 것
- **essence** 명 ¹ 본질 ² (식물 등에서 추출한) 에센스, 진액   **essentially** 부 근본적으로
- Fiber is an **essential** ingredient of our diet. 식이섬유는 우리 식단에서 **필수적인** 성분이다.
- the **essentials** for success 성공에 **필수적인 것**

유의어: 형 ¹ crucial, indispensable, requisite   ² basic, fundamental   명 ¹ necessity

국9 | 지9 | 지7 | 서9 | 서7 | 경찰 | 국회 | 기상 | 법원 | 교행 | 사복

0347
quintessential* [kwɪ̀ntəsénʃəl]
- 형 ¹ 전형적인 ² 정수의, 본질적인
- quint(fifth)+essence(필수적인 것)+ial ⟪고대에는 물질의 근원인 4원소(물, 불, 공기, 흙) 이외에 우주에 제5원소가 존재하며 이를 가장 완전한 원소라고 생각했다.⟫
- **quintessence** 명 ¹ (무엇의 완벽한) 전형 ² 정수, 진수
- A hamburger and French fries became the **quintessential** American meal in the 1950s. 햄버거와 프렌치프라이는 1950년대에 **전형적인** 미국 식사가 되었다. [국9]
- The melody is the **quintessential** part of music. 멜로디는 음악의 **본질적인** 부분이다.

유의어: ¹ typical, representative, classic

국9 | 서9

phan, phen, fan
= show (보이다), appear (나타나다)

암기유발 TIP
The Phantom of the Opera
오페라의 유령
phainein(make appear) → phantom

0348
phantom* [fǽntəm]
- 명 ¹ 유령 ² 환영(幻影), 환상
- 형 ¹ 유령 같은 ² 상상의
- He tried to clear the **phantoms** from his head and grasp reality.
  그는 머리에서 **환영**을 떨쳐내고 현실을 붙잡으려고 노력했다.

유의어: 명 ¹ ghost   ² delusion   형 ² illusory

0349
diaphan**ous*** [daiǽfənəs]
(형) (천이) 아주 얇은, 속이 비치는
dia(through)+phan(show, appear)+ous(형) → (천을) 통해 보이는
국회
- **diaphanous** materials 속이 비치는 소재 [국회]

⊕ fine, sheer, see-through

0350
phenomenon*** [finámənàn]
(명) ¹ 현상 ² 경이로운 사람[것]
phenomenon(show, appear) → 보이거나 나타나는 것
국9 | 지9 | 지7 | 서9 | 서7 | 국회 | 기상 | 사복

⊕ ² phenom, wonder

phenomenal (형) 경이적인, 경탄스러운
- natural **phenomenon** 자연 현상
- **phenomenal** success 경이적인 성공

0351
fantasy*** [fǽntəsi]
(명) ¹ 공상, 상상 ² 공상[상상]의 산물
fantas(show, appear)+y(명) → (실제로는 없는 것이) 보이는 상태
국7 | 지9 | 지7 | 서9 | 서7 | 경찰 | 국회 | 법원

⊕ ¹ fancy, imagination

fantastic (형) ¹ 환상적인 ² 엄청난, 굉장한 ³ 기상천외한, 기이한
- to spend time with **fantasies** to avoid harsh reality
  혹독한 현실을 피하려고 **공상**으로 시간을 보내다

0352
fancy** [fǽnsi]
(명) 공상 (타) 원하다, ~하고 싶다 (형) ¹ 장식이 많은, 화려한 ² 값비싼, 고급의
국7 | 지9 | 지7 | 서9

⊕ fantasy
(타) want, desire
(형) ¹ decorative ² luxurious

fanciful (형) ¹ 공상의, 상상의 ² 상상 속에나 나오는 것 같은
- I **fancy** a move back down to Dublin. 나는 Dublin으로 다시 이사하기를 **원한다**.
- If I had had enough money, I would have bought a **fancy** yacht.
  내가 돈이 충분했다면, 고급 요트를 샀을 텐데. [국7]

lic(t), linqu
= leave (남기다, 그대로 두다)

0353
re**lic*** [rélik]
(명) 유물, 유적
re(back)+lic(leave) → 뒤에 남겨진 것
지9

⊕ antiquity, artifact, legacy

- a crude stone ax and other **relics** of the Neanderthals
  Neanderthal(네안데르탈)인의 투박한 돌도끼와 다른 **유물들**

0354
dere**lict*** [dérəlikt]
(형) (대지 등이) 버려진, 유기된 (명) 부랑자
de(entirely)+re(back)+lict(leave) → 뒤에 완전히 남겨진

⊕ abandoned, deserted
(명) vagrant

dereliction (명) ¹ (대지, 건물 등의) 포기, 퇴락 ² (직무) 유기, 태만
- In the middle of town is a **derelict** building that used to be the school.
  시의 한가운데에는 한때 학교였던 **버려진** 건물이 있다.

0355

relinquish＊ 　　기상
[rilíŋkwiʃ]

타 (마지못해) 포기하다, 내주다
re(back)+linqu(leave)+ish(동) → 뒤에 그대로 두다

renounce, abdicate, abandon

- The prince was persuaded to **relinquish** his claim to the throne.
  왕자는 설득되어 왕위에 대한 자신의 권리를 **포기했다**.

0356　　서9 | 서7 | 경찰 | 국회

delinquent＊
[dilíŋkwənt]

형 ¹ (청소년이) 비행의, 범죄 성향을 보이는 ² 《금융》 연체된 명 (미성년) 범죄자
de(away)+linqu(leave)+ent(형) → (해야 할 일을 하지 않고) 남겨둔

¹ negligent
² overdue, unpaid

delinquency 명 (청소년의) 비행, 범죄
- some teenagers' **delinquent** behavior 몇몇 십 대들의 **범죄 성향적** 행위
- Ryan helped school students pay off their **delinquent** school lunch accounts.
  Ryan은 학생들이 그들의 **연체된** 학교 급식비를 다 갚도록 도왔다. [서9]

---

ma(i)n, mn
= stay (머무르다)

암기유발 TIP

remain ¹ 계속 ~이다 ² 남다
re(back)+main(stay, flow) → 뒤에 머무르다

0357　　서9 | 서7 | 경찰 | 교행

remains＊＊
[riméinz]

명 ¹ (먹거나 사용하고) 남은 것, 나머지 ² 유적 ³ (죽은 사람, 동물의) 유해
re(back)+main(stay)

¹ leftovers (남은 음식)
² relic

- significant archaeological **remains** 중요한 고고학적 유적
- They study the **remains** of long-extinct animals.
  그들은 오래전에 멸종된 동물들의 **유해**를 연구한다. [서9]

0358

remainder＊
[riméindər]

명 ¹ 나머지 ² (책의) 재고품

¹ the rest

- He spent the **remainder** of his police career behind a desk.
  그는 경찰 경력의 **나머지**를 책상에서 보냈다.

0359　　교행

remnant＊
[rémnənt]

명 남은 부분, 나머지
re(back)+mn(stay)+ant(명) → 뒤에 남아 있는 것

remainder

- Burning cinders showered down from the **remnants** of the roof.
  불타고 있는 재들이 지붕의 **남은 부분**에서 쏟아져 내렸다.

0360

immanent＊
[ímənənt]

형 내재하는
im(in)+man(stay)+ent(형) → 안에 머무르고 있는

inherent, intrinsic, innate

- The protection of liberties is **immanent** in constitutional arrangements.
  자유의 보호는 헌법 제도에 **내재하고** 있다.

0361
permanent*** [pə́ːrmənənt]
형 영구[영속]적인
per(through)+man(stay)+ent(형) → 줄곧 머물러 있는

🔵 lasting, constant, enduring
🔴 temporary (일시적인)

permanently 閉 영구히, (영구) 불변으로   permanence / permanency 몡 영구성, 영속성
- Intense sunlight causes **permanent** changes in the skin.
  강한 햇빛은 피부에 **영구적인** 변화를 준다.

0362
mansion** [mǽnʃən]
명 대저택
man(stay)+sion(명) → 머무는 곳

- Old maps show that there were once some impressive 17th century **mansions**.
  옛 지도는 한 때 17세기의 멋진 **대저택들**이 있었음을 보여준다.

---

mut
= change (바꾸다, 변하다)

암기유발 TIP
Mutalisk 뮤탈리스크 《게임 속 생명체 이름, 다른 생명체로 변태(變態)함》
Mut(change)+alisk

0363
mutate** [mjúːteit]
자 ¹ 돌연변이가 되다 ² 변형되다   타 돌연변이를 만들다
mut(change)+ate(동)

mutation 몡 ¹ 《생물》 돌연변이 (과정) ² (형태, 구조상의) 변화
- to **mutate** into new forms 새로운 형태로 **변형되다**
- genetic **mutations** 유전적 돌연변이 [법원]

0364
mutant* [mjúːtənt]
형 돌연변이의   명 돌연변이체, 변종
mut(change)+ant(형)(명)

- **mutant** fish 돌연변이 물고기

0365
mutable* [mjúːtəbl]
형 변할 수 있는, 잘 변하는
mut(change)+able(형)

🔵 changeable, variable, alterable

- In this novel, the main characters are **mutable** with the environment.
  이 소설에서 주인공은 환경에 따라 잘 **변한다**.

0366
immutable* [imjúːtəbl]
형 변경할 수 없는, 불변의
im(not)+mut(change)+able(형)

🔵 unchangeable, unchanging, invariable, unalterable

- One of the **immutable** laws of television is that low ratings inevitably lead to cancellation. 텔레비전의 **불변의** 법칙 중 하나는 낮은 시청률이 필연적으로 (프로그램) 취소로 이어진다는 것이다. [지7]

0367
transmute＊ [trænsmjúːt]
자 타 바꾸다, 변화시키다
trans(across)+mute(change)
≒ transform, alter
- Her art **transmutes** trash into a thing of beauty.
  그녀의 예술은 쓰레기를 아름다운 것으로 **바꾼다**.

0368
permute＊ [pərmjúːt]
타 변경하다, (순서를) 바꾸다
per(thoroughly)+mute(change)

permutation 명 순열, 치환
- Her stories begin realistically enough, then are **permuted** into terrifying fairy tales. 그녀의 이야기는 충분히 현실성 있게 시작해서 무서운 동화로 **변경된다**.

0369
commute＊＊ [kəmjúːt]
서7 | 기상 | 법원
자 통근하다 타 1 (법률) 감형하다 2 (지불 방식을) 대체하다 명 통근 (거리)
com(강조, altogether)+mute(change) → 위치를 바꾸다
≒ 타 1 reduce, lessen 2 exchange

commuter 명 통근자
- A death sentence was **commuted** to life in prison. 사형 선고는 종신형으로 **감형되었다**.
- The bridge would make their **commute** quicker and safer.
  그 다리가 그들의 **통근**을 더 빠르고 더 안전하게 만들 것이다. [법원]

cf. **commutation** 명 1 감형 2 지불 방식 교체

0370
telecommute＊＊ [tèlikəmjúːt]
경찰
자 (컴퓨터로) 재택근무하다
tele(far)+commute(통근하다) → 멀리 떨어진 곳에서 통근하다

telecommuting 명 재택근무
- One of advantages in **telecommuting** is less traffic.
  재택근무의 장점들 중 하나는 교통 체증이 줄어드는 것이다. [경찰]

0371
mutual＊＊＊ [mjúːtʃuəl]
국9 | 국7 | 지9 | 지7 | 서9 | 서7 | 경찰 | 국회 | 기상 | 법원 | 교행
형 1 상호 간의, 서로의 2 공동[공통]의
mut(change)+ual(형) → (상대와) 바꾸는 → (상대와) 주고받는
≒ 1 reciprocal 2 shared, common

- **mutual** respect[understanding, agreement] 상호 존중[이해, 동의]

---

var
= change (바꾸다, 변하다)

암기유발 TIP
vary 1 서로[각기] 다르다
2 변화를 주다

0372
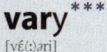＊＊＊ [vɛ́(ː)əri]
국9 | 국7 | 지9 | 지7 | 서9 | 서7 | 경찰 | 국회 | 법원 | 교행 | 사복
자 1 서로[각기] 다르다 2 달라지다 타 변화를 주다, 다양하게 하다
≒ 자 1 differ 2 change, alter

variation 명 1 변화, 차이 2 변형 **varied** 형 다양한 **varying** 형 (연속적으로) 바뀌는
- Symptoms of the disease can **vary** widely, including pain behind the eyes and in the joints, nausea, and rash. 그 병의 증상들은 눈 뒤 통증, 관절 통증, 메스꺼움 그리고 발진을 포함해서 매우 **다를** 수 있다. [서9]

0373 　　　　　　　　　　　　　　　　국9 | 국7 | 지9 | 지7 | 서9 | 서7 | 경찰 | 국회 | 기상 | 법원 | 교행 | 사복

various*** 　　　　형 여러 가지의, 다양한 　　　　　　　　　　　　　　유 multiple,
[vέəriəs] 　　　　　　var(y)(서로 다르다)+ious(형) 　　　　　　　　　　　different,
　　　　　　　　　　　　　　　　　　　　　　　　　　　　　　　　　　varied
　　　　　　　　variety 명 ¹ 여러 가지, 각양각색 ² 다양성 ³ 품종, 종류

　　　　　　　　· Maps were created for a **variety** of purposes and took a **variety** of forms.
　　　　　　　　　지도는 **여러 가지** 목적으로 만들어졌고 **여러 가지** 형태를 가졌다. [법원]

0374

variant* 　　　　명 변종, 이형 　형 ¹ 다른 ² 가지각색의 　　　　　　　　반 형 ¹ invariant,
[vέəriənt] 　　　　　var(y)(달라지다)+iant(명) 　　　　　　　　　　　　　　 invariable
　　　　　　　　　　　　　　　　　　　　　　　　　　　　　　　　　　　(변함없는)
　　　　　　　　variance 명 변화[변동](량)

　　　　　　　　· distinct **variants** of malaria 말라리아의 뚜렷한 **변종들**

0375 　　　　　　　　　　　　　　　　　　　　　국9 | 국7 | 서9 | 법원 | 교행 | 사복

variable*** 　　　　형 변동이 심한 명 변수 　　　　　　　　　　　　　　유 형 changeable,
[vέəriəbl] 　　　　　var(y)(달라지다)+iable(형) 　　　　　　　　　　　　　　varying
　　　　　　　　　　　　　　　　　　　　　　　　　　　　　　　　　　　반 형 constant
　　　　　　　　variability 명 가변성, 변동성 　　　　　　　　　　　　　　　(¹ 불변의,
　　　　　　　　　　　　　　　　　　　　　　　　　　　　　　　　　　　² (수학) 상수)
　　　　　　　　· Winds will be **variable**. 바람은 **변동이 심할** 것이다.
　　　　　　　　· There are too many **variables** involved to predict the result of the experiment.
　　　　　　　　　그 실험 결과를 예측하기에는 관련된 너무 많은 **변수들**이 있다.

0376

in**var**iable* 　　　　형 변함없는, 변치 않는 　　　　　　　　　　　　　　유 invariant,
[invέəriəbl] 　　　　in(not)+variable(변동이 심한) 　　　　　　　　　　　　unchanging

　　　　　　　　invariably 부 변함[예외]없이, 언제나

　　　　　　　　· I can easily find where he is now because his daily plan is almost **invariable**.
　　　　　　　　　그의 하루 계획은 거의 **변함없기** 때문에 나는 그가 지금 어디에 있는지 쉽게 찾을 수 있다.

0377 　　　　　　　　　　　　　　　　　　　　　　　　　　　　　　　　　　지9

variegate* 　　　　타 ¹ (여러 색깔로) 물들이다, 얼룩덜룩하게 하다 ² 변화를 주다
[vέəriəgèit] 　　　　var(y)(달라지다)+iegate(do, perform)

　　　　　　　　variegated 형 ¹ 얼룩덜룩한 ² 다양한 종류로 이뤄진

　　　　　　　　· The designer **variegated** the fabric to make irregular patterns.
　　　　　　　　　디자이너는 불규칙한 패턴을 만들기 위해 천을 **물들였다**.
　　　　　　　　· to have a **variegated** take on the world 세계에 대한 **다양한** 견해를 갖다 [지9]

　　　　　　　　　　　　　　　　　　　　　　　　　　　　　　암기유발 TIP

solv, solu 　　　　　　　　　　　　　　　　　　solve ¹ 해결하다
　　　　　　　　　　　　　　　　　　　　　　　　　² (문제 등을) 풀다
= loosen (느슨하게 하다, 풀다), free (풀어 주다)

0378 　　　　　　　　　　　　　　국9 | 국7 | 지9 | 지7 | 서9 | 서7 | 경찰 | 국회 | 기상 | 법원 | 사복

solve*** 　　　　타 ¹ 해결하다 ² (문제 등을) 풀다 　　　　　　　　　　유 ¹ resolve, crack,
[sɑlv] 　　　　　　　　　　　　　　　　　　　　　　　　　　　　　　iron out

　　　　　　　　· Occasionally, someone has a simple idea that **solves** a huge problem.
　　　　　　　　　때로 누군가 큰 문제를 **해결할** 단순한 아이디어가 있다.

0379
solution*** [səljúːʃən]

국9 | 국7 | 지9 | 지7 | 서9 | 서7 | 경찰 | 국회 | 기상 | 법원 | 교행 | 사복

명 ¹해결책 ²해답 ³용액 ⁴용해
solu(loosen, free)+tion(명)

- the best **solution** for the patient's condition 환자 상태를 위한 최상의 **해결책**
- a **solution** of baking soda and water 베이킹소다를 물에 녹인 **용액**

0380
dissol**v**e** [dizάlv]

국7 | 지9 | 기상 | 법원

자 ¹용해되다, 녹다 ²사라지다 타 ¹용해시키다, 녹이다 ²(결혼, 합의 등을) 끝내다
dis(apart)+solve(loosen, free) → (분자들이) 느슨하게 해서 떨어뜨리다

dissolution 명 ¹파경 ²해산 ³소멸

- Poison gas can **dissolve** slowly in water and pollute vast areas.
  유독 가스는 물에 천천히 **용해되어서** 광대한 지역을 오염시킬 수 있다.
- the **dissolution** of the National Assembly 국회의 **해산**

유 자 ²disappear, vanish
타 ²disperse, break up

0381
soluble* [sάljəbl]

경찰

형 ¹용해성이 있는, (액체에) 녹는 ²(문제가) 해결 가능한
solu(loosen, free)+(a)ble(형)

- water **soluble** vitamin 수용성 비타민
- Not all problems are **soluble**. 모든 문제가 **해결 가능한** 것은 아니다.

반 insoluble
(¹용해되지 않는
²해결할 수 없는)

0382
irresoluble* [ìrizάljubl]

기상

형 해결할 수 없는, 설명할 수 없는
ir(not)+re(강조)+soluble(해결 가능한)

- an **irresoluble** question 해결할 수 없는 문제

0383
solvent* [sάlvənt]

기상

명 용제, 용매 《물질을 녹이는 액체》 형 ¹용해되는, 녹이는 ²갚을 능력이 있는
solv(loosen, free)+ent(명)(형) → (분자들이) 느슨한 상태, (분자들이) 느슨하게 되는

- Water is significant for sustaining life, being a good **solvent**.
  물은 (다른 물질들을 녹이는) 좋은 **용매**로서 생명을 유지하는 데 중요하다. [기상]
- We've been financially **solvent** for the last 5 years.
  우리는 지난 5년간 재정적으로 **갚을 능력이 있어** 왔다.

유 명 형 ¹dissolvent

0384
insolvent* [insάlvənt]

국9 | 법원

형 파산한, 지불 불능인
in(not)+solvent(갚을 능력이 있는)

insolvency 명 지불 불능, 파산 (상태)

- the risk of becoming **insolvent** 파산에 처할 위험 [국9]

유 bankrupt, indebted, broke

0385
resolve** [rizάlv]

국9 | 지9 | 경찰 | 법원 | 사복

타 ¹해결하다 ²다짐[결심]하다 ³《화학》분해하다 명 결심, 결의
re(강조)+solve(loosen, free)

- His parents **resolved** to let him decide his future.
  부모님은 그가 자신의 미래를 결정하게 하기로 **다짐했다**.

유 타 ¹settle, solve
²determine, decide
명 determination

0386
resolution**
[rèzəlúːʃən]

몡 ¹해결 ²다짐, 결심 ³결의안 ⁴해상도
re(강조)+solu(loosen, free)+tion(몡)

법원

⁴ definition

- conflict **resolution** 갈등 해결 [법원]
- New Year's **resolutions** 새해 다짐

0387
resolute**
[rézəlùːt]

혱 단호한, 확고한
resolute 《resolve, resolution의 '다짐[결심](하다)'에서 유래》

지9 | 경찰 | 사복

determined, resolved
irresolute(우유부단한, 결단력이 없는)

resolutely 문 단호히, 결연히

- He has remained **resolute** in his opposition to the bill.
  그는 여전히 그 법안에 **단호히** 반대하고 있다.

0388
absolve*
[əbzálv]

타 ¹(~에 대해) 무죄임을 선언하다 ²(죄를) 용서하다
ab(off)+solve(loosen, free) → 풀어주다 → (책임, 죄에서) 자유롭게 하다

² forgive, pardon

absolution 몡 면죄 선언, 용서

- The report **absolves** the pilot from any blame for the crash.
  그 보고서는 조종사가 추락에 대해 **무죄임을 선언한다**.
- He asked the priest to **absolve** his sins. 그는 사제에게 자신의 죄를 **용서해** 달라고 요청했다.

0389
absolute***
[ǽbsəlùːt]

국9 | 국7 | 지9 | 서9 | 경찰 | 국회 | 기상 | 법원 | 교행 | 사복

혱 ¹완전한, 완벽한 ²절대적인 몡 절대적인 것
ab(off)+solute(loosen, free) → 풀려난 → (다른 것으로부터) 제약[구속] 받지 않는

¹ complete, perfect

absolutely 문 ¹전적으로, 틀림없이 ²전혀 ³극도로

- When it comes to speaking Spanish, I'm an **absolute** beginner.
  스페인어로 말하는 것에 관한 한, 나는 **완전** 초보이다.

lax, leas, la(n)g
= loose (풀다), allow (허용하다)

0390
relax***
[rilǽks]

국9 | 국7 | 지9 | 지7 | 서9 | 서7 | 국회 | 기상 | 법원 | 사복

자 ¹휴식을 취하다 ²안심하다 ³긴장이 풀리다
re(back)+lax(loose)

¹ rest ³ loosen

relaxed 혱 느긋한, 여유 있는 **relaxing** 혱 느긋하게 해주는, 편한

- The boy finally **relaxed** when he saw his father at the end of the road.
  그 소년은 길 끝에 아버지가 있는 것을 보고 마침내 **안심했다**.
- to share ideas in a **relaxing** atmosphere **편한** 분위기에서 아이디어를 공유하다

0391
release***
[rilíːs]

국9 | 지9 | 지7 | 서9 | 경찰 | 국회 | 기상 | 법원 | 교행 | 사복

타 ¹풀어 주다 ²(감정을) 발산하다 ³공개하다 몡 ¹석방 ²공개 ³(가스 등의) 유출, 방출
re(back)+lease(loose)

타 ¹ free, discharge ³ launch
몡 ¹ liberation ³ emission

- Physical exercise is a good way to **release** stress.
  신체 운동은 스트레스를 **풀어 주는** 좋은 방법이다.
- Their recent album **release** has been delayed. 그들의 최신 앨범 **공개**는 연기되었다.

0392
lease**
[liːs]

태 임대[임차]하다 명 임대차 계약
lease(loose, allow) → (집을 사용하도록) 내주다

유 태 rent

서7 | 국회 | 사복

- The building can be **leased** to either one tenant or several tenants.
  그 건물은 한 명의 세입자 혹은 여러 명의 세입자에게 **임대될** 수 있다.

0393
leash*
[liːʃ]

명 (개 등을 매어 두는) 줄, 가죽끈 태 (개를) 줄에 매어 두다
leash(loose) → 느슨하게 매어두는 줄

유 명 lead, rope
태 tie up, fasten

- Dogs must be kept on a **leash** while in the park.
  개는 공원에 있는 동안 줄에 매어 두어야 한다.

0394
unleash*
[ənliːʃ]

태 ¹ ~을 풀어놓다 ² 촉발시키다, 불러일으키다
un(reverse)+leash(줄에 매어 두다)

유 ¹ release, free, loose

국7 | 서7

- In Kansas, summer was apt to **unleash** droughts and hot winds that withered the crops. Kansas주의 여름은 농작물을 시들게 하는 가뭄과 뜨거운 바람을 **불러일으키는** 경향이 있었다. [서7]

0395
lag*
[læg]

자 뒤처지다, 뒤떨어지다 《behind》 태 (단열재로) 싸다 명 시간 차이[간격]

유 자 fall 《behind》
태 insulate

국9 | 경찰

- I've **lagged** behind in all my classes and I don't know if I can ever catch up.
  나는 모든 수업에 **뒤처져서** 내가 따라잡을 수 있을지 모르겠어. [국9]
- All pipes should be **lagged** to prevent freezing.
  어는 것을 막기 위해 모든 배관을 **(단열재로) 싸야** 한다.

0396
languish*
[læŋgwiʃ]

자 ¹ (강요로) 머물다 ² (불쾌한 일을) 겪다 ³ 약화되다, 시들해지다
langu(loose, allow)+ish(동)

유 ² suffer ³ weaken

languid 형 ¹ (움직임이) 힘없는 ² 나른한 **languor** 명 나른함

- She **languished** in obscurity for many years until her novel made her famous.
  그녀는 자신의 소설이 그녀를 유명하게 만들어줄 때까지 오랜 시간 무명 속에 **머물렀다**.
- Plants will **languish** in sandy, dry soil. 식물들은 모래로 뒤덮인 마른 흙에서는 **시들해질** 것이다.

---

vac, va(i)n, vas, void; cav
= empty (비어 있는); hollow (빈, 움푹 꺼진, 우묵하게 만들다)

암기유발 TIP
vacation ¹ 방학 ² 휴가
vacare(empty) → vacation

0397
vacant**
[véikənt]

형 ¹ 사람이 살지 않는, 비어 있는 ² (일자리가) 비어 있는
vac(empty)+ant(형)

유 empty, hollow, void, unoccupied
반 occupied (사용 중인)

지9

vacancy 명 ¹ 빈방 ² 결원, 공석

- The seat was left **vacant** when the secretary resigned.
  비서가 사임했을 때 그 자리는 **비어 있었다**.

0398 vacate* [véikeit]
지9 | 국회

타 ¹(건물 등을) 비우다 ²(일자리를) 떠나다
vac(empty)+ate(동)

윤 leave
반 occupy(차지하다)

- You are required to **vacate** the property premises by September 20, 2015.
당신은 그 건물과 땅을 2015년 9월 20일까지 **비워야** 합니다. [국회]

0399 evacuate** [ivǽkjuèit]
국7 | 서9 | 서7 | 법원 | 사복

타 대피시키다, (위험한 장소를) 떠나다
e(x)(out)+vacu(empty)+ate(동) → 밖으로 빼내 비우도록 하다

윤 leave, vacate

evacuation 명 대피, 피난

- There is no reason to **evacuate** people from their homes because the fumes from waste disposal site are not harmful. 폐기물 처리장에서 나온 연기는 해롭지 않기 때문에 집에서 사람들을 **대피시켜야 할** 이유가 없다. [서9]

cf. **evacuee** 명 (전쟁) 피난민

0400 vacuum** [vǽkjuəm]
국7 | 기상 | 법원

명 ¹진공 ²공백 자/타 진공청소기로 청소하다

vacuous 형 멍청한, 얼빠진
- **vacuum** cleaner 진공청소기 [기상]

0401 vanish** [vǽniʃ]
국9 | 지9 | 지7 | 서7 | 법원

자 사라지다
van(empty)+ish(동)

윤 disappear, fade, evanesce
반 appear(나타나다)

- She **vanished** completely without leaving one single trace.
그녀는 단 하나의 흔적도 남기지 않은 채 완전히 **사라졌다**.

0402 evanescent* [èvənésnt]
서7

형 사라지는, 덧없는
e(x)(out)+vanesc(vanish)+ent(형)

윤 vanishing, fading, disappearing

- Talk is **evanescent** but writing leaves footprints. 말은 사라지지만 글은 종적을 남긴다.

0403 vain** [vein]
국회 | 기상 | 법원

형 ¹헛된, 소용없는 ²자만심이 강한, 허영심이 많은
vain(empty)

윤 ¹unsuccessful, futile, useless ²narcissistic, arrogant
- in vain 헛되이

- She closed her eyes tightly in a **vain** attempt to hold back the tears.
그녀는 눈물을 참으려고 두 눈을 질끈 감았지만 **헛된** 시도였다.
- A person may be proud without being **vain**.
어떤 사람은 **자만심이 강하지** 않아도 자부심이 있을 수 있다. [법원]

0404 vanity** [vǽnəti]
경찰 | 법원

명 ¹헛됨, 무의미 ²자만심, 허영심
van(empty)+ity(명)

- **Vanity** and pride are different things, though the words are often used synonymously. 자만심과 자부심은 동의어로 쓰이는 경우가 흔하지만 다른 것들이다. [법원]

0405
devastate** [dévəstèit]
국7 | 서9 | 기상
타 ¹(완전히) 파괴하다 ²엄청난 충격을 주다
de(completely)+vast(empty)+ate(동)
유 ¹destroy, ruin, demolish ²overwhelm

devastation 명 대대적인 파괴[손상]
- Residents' lives were **devastated** by the hurricane.
  주민들의 삶은 그 허리케인에 의해 완전히 **파괴되었다**. [국7]
- She was **devastated** by the breakup of her marriage.
  그녀는 파혼으로 **엄청난 충격을 받았다**.

0406
void* [vɔid]
지7 | 국회
명 ¹빈 공간 ²공허감   형 ¹무효인 ²텅 빈
void(empty)

- It will be difficult to fill the **void** left by his departure.
  그가 떠나서 남겨진 **빈 공간**을 채우기란 어려울 것이다.

0407
avoid** [əvɔ́id]
국9 | 국7 | 지9 | 지7 | 서9 | 서7 | 경찰 | 국회 | 기상 | 법원 | 교행 | 사복
타 ¹방지하다 ²(회)피하다
a(out)+void(empty)

avoidance 명 ¹방지 ²회피
- We went early to **avoid** the crowds. 우리는 사람들이 붐빌 때를 **피하기** 위해 일찍 출발했다.

0408
devoid* [divɔ́id]
지7
형 ~이 전혀 없는 (of)
de(out, away)+void(empty)

- He is **devoid** of any ambition. 그는 야망이 전혀 없다.

0409
cave*** [keiv]
국7 | 지9 | 서9 | 경찰 | 국회 | 기상 | 사복
명 동굴   타 (~에) 굴을 파다   자타 움푹 들어가다[들어가게 하다] (in)
유 명 cavern

caver 명 동굴 탐험가
- The weight of the snow **caved** in the roof. 눈의 무게가 지붕을 **움푹 들어가게 했다**.

0410
cavity** [kǽvəti]
서9
명 ¹(물체 속의) 구멍 ²충치 (구멍)
cav(hollow)+ity(명)
유 ¹space, hollow, hole

- microorganisms thought to cause **cavities** **충치**를 야기한다고 생각되는 미생물들 [서9]

0411
excavate* [ékskəvèit]
지9 | 국회
타 ¹(구멍 등을) 파다 ²발굴하다
ex(out)+cav(hollow)+ate(동) → 밖으로 파내서 우묵하게 만들다
유 ¹dig ²exhume, unearth, dig up

excavation 명 ¹발굴 ²발굴지   **excavator** 명 ¹굴착기 ²발굴자
- Cane rats are good diggers and **excavate** shallow burrows as shelters.
  들쥐들은 훌륭한 땅 파는 동물로 주거지로 얕은 굴을 **판다**.
- Archaeologists are **excavating** a Bronze Age settlement.
  고고학자들은 청동기 시대의 정착지를 **발굴하고** 있다.

DAY 05 115

0412
concave* [kankéiv]
형 (윤곽이나 표면이) 오목한
con(강조)+cave(hollow)

- **concave**[convex] lens 오목[볼록] 렌즈
- *cf.* convex 형 볼록한

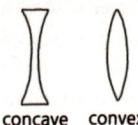
concave convex

---

cover, cur; ce(a)l, cul; crypt; tect
= hide (숨기다), cover (가리다, 덮다)

암기유발 TIP
discover 발견하다
dis(opposite of)+cover(hide, cover)

0413
cover* [kʌ́vər]
국9 | 국7 | 서9 | 서7 | 경찰 | 국회 | 기상 | 법원 | 교행 | 사복

타 ¹ 가리다, 덮다 ² 다루다, 포함시키다 ³ 가다, 이동하다 ⁴ 취재[보도]하다

유 ¹ obscure
coat, spread
반 ¹ reveal(드러내다)

covered 형 ~이 덮인 **covering** 명 ¹ ~을 덮는 막 ² 덮개
- The book **covers** all of the important legal details, from jury selection to available punishment. 그 책은 배심원 선정부터 유효한 처벌까지 모든 중요한 법적 세부 사항들을 **다룬다**.
- The hikers **covered** long distances every day. 도보 여행자들은 매일 먼 거리를 **이동했다**.

0414
coverage ** [kʌ́vəridʒ]
지9 | 서7

명 ¹ 보도, 방송 ² (책 등에 포함된 정보의) 범위 ³ 보급(률)
cover(보도하다, 다루다)+age(명)

- media **coverage** 언론 보도

0415
curfew* [kə́ːrfjuː]

명 ¹ 통행금지령 ² 통금 시간
cur(cover)+few(fire) → 불을 덮다 《중세 시대 때 화재 예방을 위해 저녁 일정 시간에 불을 껐는지 단속했던 것에서 유래》

- **Curfew** is a regulation that requires people to be indoors between specified hours, typically at night. **통행금지령**은 특히 밤에 특정한 시간 사이에 사람들이 실내에 있도록 하는 규정이다.

0416
conceal* [kənsíːl]
지7 | 서9 | 국회 | 기상 | 법원 | 사복

타 감추다, 숨기다
con(강조)+ceal(hide)

유 hide, secrete
반 reveal(드러내다)

concealment 명 숨김, 은폐
- Some celebrities show the world a mask, often an impressive one, but take care to **conceal** their real selves. 몇몇 유명인들은 종종 인상적인 가면을 세상에 보여주지만, 자신의 진정한 모습은 **감추려고** 주의한다. [서9]
- the deliberate **concealment** 고의적 은폐 [국회]

0417
cell* [sel]
국9 | 국7 | 지9 | 지7 | 서9 | 서7 | 경찰 | 국회 | 기상 | 법원

명 ¹ 감방 ² 수도실, 암자 ³ 세포 ⁴ 전지(電池)
cell(hide)

cellar 명 지하 저장고 **cellular** 형 ¹ 세포의 ² 무선 전화의
- a prison[jail] **cell** 교도소 감방
- **cellular** components of the brain 두뇌 세포의 구성요소들 [경찰]

0418
occult* [əkʌ́lt]
형 초자연적인, 주술[비술]적인 명 ¹주술 ²초자연적 현상
oc(over)+cult(hide) → 가려진 → 비밀스러운

≒ 형 supernatural
 명 ¹ witchcraft

국7

- Vatican City's official newspaper said that Harry Potter, who promotes witchcraft and **occult**, was the wrong kind of hero.
  Vatican City의 공식 신문은 Harry Potter가 마술과 **주술**을 고취시키는 잘못된 유형의 영웅이라고 말했다. [국7]
- **occult** movie[film] 오컬트 영화 《초자연적 사건이나 악령, 악마, 귀신 등을 주 소재로 함》

0419
cryptic* [kríptik]
형 수수께끼 같은, 아리송한
crypt(hide, cover)+ic(형)

≒ mysterious, obscure

법원

cryptically 부 수수께끼같이, 아리송하게
- a **cryptic** message which cannot be understood 이해할 수 없는 **수수께끼** 같은 메시지

0420
cryptogram* [kríptəgræm]
명 암호(문)
crypto(hide, cover)+gram(word, letter)

- A **cryptogram** is a message which is written in code. 암호문은 암호로 적힌 메시지이다.

0421
detect* [ditékt]
타 (알아내기 쉽지 않은 것을) 발견하다, 알아내다
de(un, off)+tect(hide, cover) → 덮인 것을 벗기다

≒ discover, uncover, find

국9 | 국7 | 지9 | 지7 | 서9 | 경찰 | 국회 | 기상 | 교행

- The computer program called a "worm" passed around misleading information that made it harder to **detect**. 'worm'이라는 컴퓨터 프로그램은 **발견하기** 어렵게 만드는 잘못된 정보를 돌렸다. [국7]

MORE + 관련어휘
- de**tect**ive 명 ¹ 형사, 수사관 ² 탐정
- de**tect**or 명 탐지기
- de**tect**ion 명 발견, 탐지
- de**tect**able 형 발견할 수 있는
- un**detect**ed 형 아무에게도 들키지[발견되지] 않는

0422
protect* [prətékt]
자 타 보호하다
pro(before)+tect(hide, cover) → 앞에서 숨겨주다, 덮어주다

≒ save, shield, defend

국9 | 국7 | 지9 | 지7 | 서9 | 서7 | 경찰 | 국회 | 기상 | 법원 | 사복

protection 명 보호 **protective** 형 ¹ 보호하는 ² 방어적인 **protectionism** 명 《경제》 보호무역주의
- **protective** gear 보호 장비 [법원]

DAY 06 마음, 생각

🔍 Preview & Review

ment, min, mon(it) ▶ mind; warn; remind

- de**ment**ed
- de**ment**ia
- re**min**iscent
- **mon**itor
- pre**monit**ion
- sum**mon**
- **mon**ument

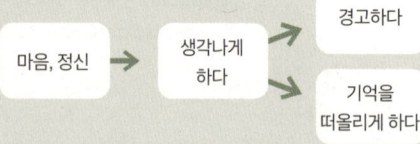

psych ▶ mind, soul

- **psych**e
- **psych**ic
- **psych**ology
- **psych**iatry

정신, 마음

put ▶ think, consider

- **put**ative
- im**put**e
- com**put**e
- re**put**ation
- dis**put**e
- undis**put**ed
- indis**put**able

mem(or), mne(s) ▶ remember

- **memor**ize / **memor**ise
- **memor**able
- **memor**ial
- im**memor**ial
- com**memor**ate
- re**mem**brance
- a**mnes**ia
- a**mnes**ty
- **mne**monic

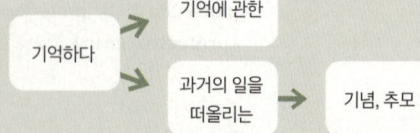

cred ▶ believe, trust

- **cred**ible
- **cred**o
- **cred**it
- dis**cred**it
- **cred**ence
- **cred**ulous
- in**cred**ulous
- **cred**ential
- ac**cred**it

fid, fy, fi; feder ▶ trust, faith; league

- con**fid**e
- con**fid**ent
- con**fid**ential
- dif**fid**ent
- **fid**elity
- per**fid**y
- de**fy**
- **fi**ancé
- **feder**ate
- **feder**al
- con**feder**ate

신뢰 → 확신하는
신뢰 → 신뢰를 기반으로 한 → 연합, 연방

sci; gn(o), not ▶ know

- con**sci**ous
- un**sci**ous
- omni**sci**ent
- pre**sci**ent
- con**sci**ence
- un**sci**onable
- i**gno**re
- reco**gn**ize
- dia**gno**sis
- preco**gn**ition
- co**gn**itive
- co**gn**izant
- inco**gn**ito
- a**gno**stic
- pro**gno**stic
- **not**ion
- **not**ify
- un**not**iced
- **not**orious

알다 → 의식하다, 알아차리다 → 알게 하다
알다 → 옳고 그름을 구분하다 → 양심, 도덕심

not(e) ▶ note, mark

- **not**ate
- an**not**ate
- **not**able
- **note**worthy
- **note**d
- con**note**
- de**note**

기록하다 → 기록할 만한, 주목할 만한 → 유명한
→ 의미하다

vol ▶ wish

- **vol**untary
- in**vol**untary
- **vol**ition
- bene**vol**ent
- male**vol**ent

바라다 → 자신의 의지로 하다

sacr, secr, sanct ▶ holy

- **sacr**ed
- con**secr**ate
- de**secr**ate
- ex**ecr**ate
- **sanct**ity
- **sanct**imony
- **sanct**ion
- **sanct**uary

신성한 → 성스럽게 만들다
→ 신성한 곳

ment, min, mon(it)
= mind (마음, 정신); warn (경고하다); remind (상기하다)

암기유발 TIP
mental 멘탈, 정신의
ment(mind)+al(형)

0423
demented[*]
[diméntid]
(형) ¹ (걱정되어) 미친 듯이 구는, 이성을 잃은 ² 정신 이상인
de(away)+ment(mind)+ed(형)
유 insane, lunatic
- She was nearly **demented** with worry when her son didn't come home.
  그녀는 아들이 집에 오지 않자 걱정으로 거의 **이성을 잃었다**.

0424
dementia[*]
[diménʃə]
(명) 《의학》 치매
de(away)+ment(mind)+ia(명)
지9 | 서9 | 서7 | 기상
- Speaking two languages can shield against **dementia** in old age.
  두 가지 언어를 말하는 것은 노년기에 **치매**로부터 보호해 줄 수 있다. [서9]

0425
reminiscent^{**}
[rèmənísnt]
(형) ¹ 추억에 잠긴 듯한 ² 연상시키는
re(again)+minisc(mind)+ent(형)
국9
reminisce (자) 추억에 잠기다 **reminiscence** (명) 추억담, 회상담
- Her painting style is **reminiscent** of Picasso's. 그녀의 화풍은 Picasso의 화풍을 **연상시킨다**.

0426
monitor^{***}
[mánitər]
(명) ¹ 모니터 ² 감시 장치 (타) (긴 기간을 두고) 추적 관찰하다
monit(warn)+or(명)
국9 | 국7 | 지9 | 지7 | 서7 | 경찰 | 국회 | 기상 | 법원
유 (타) observe, surveil
- The fund must be more carefully **monitored** to ensure they are used effectively. 자금이 효율적으로 사용되는지 확인하기 위해 주의 깊게 **추적 관찰되어야** 한다. [국회]

0427
premonition[*]
[prìːməníʃən]
(명) (특히 불길한) 예감, 징조
pre(before)+monit(warn)+ion(명)
지7
유 foreboding, omen, warning, portent
premonitory (형) 예고의, 미리 경고하는
- She had a **premonition** that she would die in a plane crash.
  그녀는 비행기 사고로 죽을 것 같은 **예감**이 들었다.

0428
summon^{**}
[sʌ́mən]
(타) ¹ 호출하다, 부르다 ² (법원으로) 소환하다 ³ 회의를 소집하다
sum(under)+mon(warn)
기상
summons (명) ¹ 호출 ² 소환장
- Without explanation, the managing editor **summoned** me to his office.
  설명도 없이 편집장은 나를 자기 사무실로 **호출했다**.

0429
monument^{**}
[mɑ́ːnjumənt]
(명) ¹ (건물, 동상 등의) 기념물 ² 기념비적인[역사적인] 건축물
monu(remind)+ment(명)
국7 | 지9 | 사복
유 memorial
monumental (형) ¹ 기념비적인, 역사적인 ² 엄청난, 대단한
- These stones are the prehistoric **monument** called Stonehenge.
  이 돌들은 Stonehenge로 불리는 선사시대의 **기념물**이다.
- There was a **monumental** traffic jam on the freeway.
  고속도로에 **엄청난** 교통체증이 있었다.

psych
= mind, soul (마음, 정신)

암기유발 TIP
psychopath 사이코패스
psycho(mind)+path(suffering)
→ 정신이 병든 사람

0430 　　　　　　　　　　　　　　　　　　　　　　　　　　　　　　　국9

psyche*
[sáiki]

명 마음, 정신, 심령

soul, spirit

- Mental illness essentially occurs within the **psyche** or mind.
정신 질환은 근본적으로 **정신**, 즉 마음속에서 일어난다. [국9]

0431

psychic*
[sáikik]

형 심령의, 초자연적인　명 심령술사, 초능력자
psych(mind, soul)+ic(형명)

형 supernatural, mystic, occult

- **psychic** powers 초자연적인 힘, 초능력

0432 　　　　　　　　　　　　　　　　　국9 | 국7 | 지9 | 지7 | 서9 | 서7 | 경찰 | 국회 | 기상 | 법원 | 사복

psychology***
[saikάlədʒi]

명 ¹심리 ²심리학
psycho(mind, soul)+logy(study)

psychological 형 ¹정신[심리]의 ²심리학적인　**psychologist** 심리학자
- The **psychology** of the adolescent is complex. 청소년의 **심리**는 복잡하다.
- Secondhand smoking harms the physical and **psychological** development of young children. 간접흡연은 유아의 신체적, **심리적** 발달에 해롭다.

0433 　　　　　　　　　　　　　　　　　　　　　　　　　　　　　　　지9 | 국회

psychiatry*
[saikáiətri]

명 정신 의학
psych(mind, soul)+iatry(healing, care)

psychiatrist 명 정신과 의사　**psychiatric** 형 정신 의학의, 정신과의
- Freud was the founder of modern **psychiatry**.
Freud(프로이트)는 현대 **정신 의학**의 창시자였다.
- a **psychiatric** disorder 정신과 질환

MORE+ 관련어휘
psychotherapy　명 정신[심리] 요법, 정신 치료
psychoanalysis　명 정신 분석
psychomotor　형 정신 운동(성)의 《대뇌 활동 또는 정신활동의 운동효과에 관한 것》
psychopathology　명 ¹정신 병리학 《정신 장애를 연구하는 정신의학의 한 분야》 ²정신병

---

put
= think, consider (생각하다)

암기유발 TIP
computer 컴퓨터
com(together)+put(think)+er(명)

0434

putative*
[pjúːtətiv]

형 (~으로) 추정되는, 추정상의
put(think)+ative(형)

presumed

- his **putative** father 그의 아버지로 **추정되**는 사람

0435
impute* [impjúːt]
㉠ (불명예 등을) ~에게 돌리다, ~의 탓으로 하다
im(into)+pute(think)

유 attribute, ascribe

imputation ⓝ ~에게 돌림, 전가
- The police **impute** the accident to the bus driver's carelessness.
  경찰은 그 사고를 버스 기사의 부주의 **탓으로 돌린다**.

0436
국9 | 국7 | 사복

compute* [kəmpjúːt]
㉠ 계산하다, 산출하다
com(with, together)+pute(think)

유 calculate, reckon

computation ⓝ 계산
- The scientists **computed** the distance of Mars from the Earth.
  과학자들은 지구와 화성 간의 거리를 **산출했다**.

0437
국9 | 지9 | 지7 | 서9 | 서7 | 경찰 | 국회 | 기상 | 사복

reputation*** [rèpjutéiʃən]
ⓝ 평판, 명성
re(repeatedly)+put(think)+ation(ⓝ) → 여러 번 (사람들이) 생각[판단]하여 말함

유 dignity, fame, prestige

repute ⓝ 평판, 명성
- a great **reputation** as a writer 작가로서의 훌륭한 **명성**

0438
국9 | 지9 | 서9 | 기상 | 법원

dispute** [dispjúːt]
ⓝ 분쟁, 논쟁 ㉠ 1 논쟁하다 2 반박하다, 이의를 제기하다
dis(apart)+pute(think, consider) → 각자 생각이 동떨어지다

유 ⓝ debate, controversy, argument, contention

disputation ⓝ 논쟁
- a legal **dispute** 법적 분쟁
- The two people **disputed** each other's claims in court.
  두 사람은 법정에서 서로의 주장을 **반박했다**.

0439
undisputed* [ʌ̀ndispjúːtid]
ⓐ 1 반박의 여지가 없는 2 모두가 인정하는
un(not)+dispute(반박하다)+ed(ⓐ)

- **undisputed** evidence 반박의 여지가 없는 증거
- Mike Tyson is the former **undisputed** heavyweight champion in boxing.
  Mike Tyson은 모두가 인정하는 복싱 헤비급 전(前) 챔피언이다.

0440
indisputable* [ìndispjúːtəbl]
ⓐ 반론의 여지가 없는, 부인할 수 없는
in(not)+dispute(반박하다)+able(ⓐ)

유 incontestable
반 questionable
(의심스러운)

indisputability ⓝ 명백함
- The Earth is round; this is an **indisputable** fact.
  지구는 둥글다. 이는 **반론의 여지가 없는** 사실이다.

mem(or), mne(s)

= remember (기억하다)

암기유발 TIP

영화 〈메멘토〉(Memento, 2000)

《기억이 10분 이상 지속되지 않는 단기 기억상실증 환자의 이야기》

0441 국9 | 법원

memorize / memorise** [mémərὰiz]

[타] 암기하다, 기억하다

memory(기억)+ize[동]

memorization [명] 암기, 기억

• Learners of English have to **memorize** that an old person can be referred to as "a senior citizen." 영어 학습자들은 노인이 '어르신(senior citizen)'으로 불릴 수 있다는 것을 **기억해야** 한다. [법원]

0442 국7 | 서9 | 국회

memorable** [mémərəbl]

[형] 기억할 만한, 인상적인

memor(remember)+able[형]

[유] indelible, unforgettable

• He recalled **memorable** moments in his life. 그는 인생에서 **인상적인** 순간들을 기억해냈다.

0443 지7

memorial** [məmɔ́:riəl]

[명] 기념비(적인 것)

memor(remember)+ial[명]

memorialize [타] (기념비 등을 만들어) 기념[추모]하다

• a war **memorial** 전쟁 **기념비**

• They plan to carve a stone to **memorialize** the tsunami victims. 그들은 쓰나미 피해자들을 **추모하기** 위해 돌을 조각할 계획이다.

0444

immemorial* [iməmɔ́:riəl]

[형] 먼 옛날의, 사람의 기억[기록]에 없는

im(not)+memor(remember)+ial[형] → 기억이 나지 않을 만큼 오래된

• People have been creating art since time **immemorial**. 사람들은 **먼 옛날부터** 예술품을 창조해왔다.

0445

commemorate* [kəmémərèit]

[타] (특별한 행위 등으로) 기념하다

com(강조)+memor(remember)+ate[동]

[유] memorialize

commemoration [명] 기념(행사) **commemorative** [형] 기념하는

• A concert was held to **commemorate** the opening of the civic center. 시민 회관 개관을 **기념하기** 위해 콘서트가 열렸다.

0446 법원

remembrance** [rimémbrəns]

[명] 추모, 추억

remember(기억하다)+ance[명]

• This is a piece the composer wrote in **remembrance** of his father. 이것은 작곡가가 자신의 아버지를 **추모**하며 쓴 곡이다.

MORE+ 관련어휘

- **memento** [명] (사람이나 장소를 기억하기 위한) **기념품** (= souvenir)
- **memo(randum)** [명] 1 **메모** 2 제안서, 보고서
- **memoir** [명] (유명인의) **회고록**

0447
amnesia*
[æmníːʒə]

명 기억 상실(증)
a(not)+mnes(remember)+ia(명) → 기억하지 못하는 병

amnesi(a)c 형 기억 상실의, 건망증의

- The accident victim has **amnesia** and can't remember her name.
  그 사고 피해자는 **기억 상실증**에 걸려 자신의 이름을 기억하지 못한다.

MORE+ 혼동어휘 — amnesia vs. an(a)emia
기억 '상실'의 시옷에 해당하는 발음이 an(a)emia(명 빈혈)에는 없는 것으로 구별해본다.

0448
amnesty*
[ǽmnəsti]

명 ¹《법》사면 (죄를 용서하여 형벌을 면제함) ² (범행 등의) 자진 신고 기간
a(not)+mnes(remember)+ty(명) → 기억에서 (죄를) 지우다

유 ¹ pardon

- Illegal immigrants who came into the country before 1982 were granted **amnesty**. 1982년 이전에 그 나라에 들어온 불법 이민자들은 **사면**을 받았다.

0449
mnemonic*
[niːmάnik]

국회

명 ¹ 기억술 ² (기억을 돕는) 연상 기호
mnemon(remember)+ic(명)

- **Mnemonics** could help your children to remember important facts, tricky spellings and grammar rules. **기억술**은 아이들이 중요한 사실, 헷갈리는 철자, 문법 규칙을 기억하는 것을 도와줄 수 있다.

---

cred
= believe, trust (믿다, 신뢰하다)

암기유발 TIP
incredible 믿기 힘든, 놀라운
in(not)+cred(believe)+ible(형)

0450
credible**
[krédəbl]

법원

형 믿을 수 있는, 신뢰할 수 있는
cred(believe)+ible(형)

credibility 명 신뢰성

유 dependable, reliable
반 incredible (믿을 수 없는)

- a **credible** witness 믿을 수 있는 목격자
- The scandal damaged her **credibility** as an honest politician.
  그 스캔들은 정직한 정치인으로서의 그녀의 **신뢰성**을 손상시켰다.

0451
credo*
[kríːdou]

명 신조(信條)

- Our company's **credo** is "Quality Products." 우리 회사의 **신조**는 '양질의 제품'이다.

0452 국9 | 국7 | 지9 | 서9 | 경찰 | 국회 | 기상 | 법원

credit***
[krédit]

[명] 1 신용(도) 2 신용 거래 3 (계좌) 잔고 4 칭찬, 인정 [타] 1 믿다 2 (~의 공으로) 돌리다

creditable [형] 칭찬할 만한, 훌륭한

- The invention of a new AI robot is **credited** to the company.
  새로운 인공지능 로봇을 발명한 **공은** 그 회사에 **있는 것으로 여겨진다.**
- They turned out a quite **creditable** performance. 그들은 상당히 **훌륭한** 공연을 선보였다.

0453 국9 | 법원

discredit**
[diskrédit]

[타] 1 신용[존경심]을 떨어뜨리다 2 신빙성을 없애다 [명] 불명예
dis(not)+credit(믿다)

[유] [타] 1 distrust [명] disrepute, disgrace

discreditable [형] 1 신임할 수 없는 2 불명예스러운

- Most of the research claiming that firstborns are radically different from other children has been **discredited.** 첫째 아이가 근본적으로 다른 아이들과는 다르다고 주장하는 대부분의 연구들은 **신빙성이 없어지고** 있다. [국9]

0454

credence*
[kríːdəns]

[명] 1 신빙성 2 (사실이라는) 믿음, 신임
cred(believe)+ence(명)

- The theory is gaining **credence** among scientists.
  그 이론은 과학자들 사이에서 **신빙성**을 얻고 있다.

0455

credulous*
[krédʒələs]

[형] 잘 믿는, 잘 속는
credul(believe)+ous(형)

[유] naive, unsuspecting, gullible

credulity [명] 쉽게 잘 믿음

- She was gentle, simple, and **credulous.** 그녀는 온순하고 단순하며 **잘 속는** 사람이었다.

0456

incredulous*
[inkrédʒuləs]

[형] 믿지 않는, 의심 많은
in(not)+credulous(잘 믿는)

[유] skeptical, suspicious, doubtful
[반] convinced, confident (확신하는)

incredulity [명] 쉽사리 믿지 않음, 불신

- She listened to his explanation with an **incredulous** look.
  그녀는 **믿지 않는** 표정으로 그의 이야기를 들었다.

0457

credential*
[krədénʃəl]

[명] ((pl.)) 자격(증) [타] 자격증을 수여하다
cred(believe)+ent(형)+ial(명) → 믿을 만하다는 증명서

- The doctor showed us her **credentials.** 그 의사는 우리에게 자신의 **자격증**을 보여주었다.
- She has been **credentialed** to teach math. 그녀는 수학 교사 **자격을 갖고** 있다.

0458 국7 | 기상

accredit*
[əkrédit]

[타] 1 ~가 한 것으로 여기다 ((to, with)) 2 ~를 (~에) 파견하다 ((to, at)) 3 승인[인가]하다
ac(to)+credit(신뢰) → ~을 신뢰하다

[유] 1 attribute

- accredit A to B = accredit B with A A를 B가 한 것으로 여기다

accredited [형] 1 승인받은 2 공인된

- Many people **accredit** Alexander Graham Bell with the invention of the telephone. 많은 사람들이 전화기의 발명을 Alexander Graham Bell**이 한 것으로 여긴다.**
- Only **accredited** journalists were allowed entry. **승인받은** 기자들만 입장이 허용되었다.

fid, fy, fi; feder
= trust, faith (신뢰); league (연합, 연방)

0459 경찰

confide*
[kənfáid]

타 ¹ 믿다, 신뢰하다 ² (비밀을) 털어놓다
con(강조)+fid(trust) → 믿다 → 비밀을 나누다

- He **confided** his doubts to me. 그는 자신이 가지고 있는 의혹을 내게 **털어놓았다**.

0460 국9 | 지9 | 지7 | 서9 | 서7 | 기상 | 법원 | 사복

confident***
[kánfidənt]

형 ¹ 자신감 있는 ² (전적으로) 확신하는
con(강조)+fid(trust)+ent(형)

confidence 명 ¹ 자신감 ² 신뢰 ³ 확신

- To succeed in business, you must be **confident**.
  사업에서 성공하기 위해서는 **자신감[확신]이 있어야** 한다.

0461 지7

confidential**
[kànfidénʃəl]

형 ¹ 비밀의, 기밀의 ² 은밀한 ³ 신뢰를 받는
confidence(신뢰)+ial(형) → 신뢰해야 하는

유 ¹,² secret, private

confidentiality 명 비밀(을 지켜야 하는 상황)

- **confidential** corporation information 기밀 기업 정보 [지7]

0462 서9

diffident*
[dífidənt]

형 (자신감이 부족하여) 조심스러운, 수줍은
dif(away)+fid(trust)+ent(형)

유 reserved
반 confident
(자신 있는)

diffidence 명 소심함, 수줍음

- Tom was humble and **diffident** about his own success.
  Tom은 자신의 성공에 대해서 겸손하고 **수줍어했다**.

0463

fidelity*
[fidéləti]

명 ¹ 충실함, 충성 ² 정확도, 충실도
fidel(trust)+ity(명)

유 ¹ faithfulness
² precision
반 ¹ infidelity(부정)

- No one can doubt his **fidelity** to his country. 누구도 국가에 대한 그의 **충성**을 의심할 수 없다.

0464

perfidy*
[pə́ːrfədi]

명 불신, 배신
per(through)+fid(trust)+y(명) → 신뢰가 끝남

- History has many examples of **perfidy** and deceit.
  역사는 많은 **배신**과 속임수의 사례를 갖고 있다.

0465 국9 | 국7 | 지7 | 서7 | 경찰 | 국회

defy***
[difái]

타 ¹ 반항하다, 거역하다 ² (설명 등이) 불가능하다 ³ 견뎌내다
de(away)+fy(faith) → 믿음을 저버리다

유 ¹ resist, oppose, confront, rebel, disobey
반 ¹ surrender
(항복하다)

defiance 명 반항, 저항 **defiant** 형 반항하는, 저항하는(= rebellious, disobedient)

- She **defied** her parents and dropped out of school.
  그녀는 부모에게 **반항하여** 학교를 중퇴했다.
- to **defy** description 형언할 수 없다

0466
fiancé＊ [fiːɑːnséi]
명 약혼자
fi(faith)+ance(명)

fiancée 명 약혼녀
- My **fiancé** and I were childhood sweethearts. 내 **약혼자**와 나는 어린 시절 연인이었다.

0467
federate＊ [fédərèit]
자 (조직 등이) 연합하다, 연방을 이루다
feder(league)+ate(동) → (신뢰를 바탕으로) 모이다

federation 명 1 연합체 2 연방 국가
- The independent provinces were **federated** to form a nation.
  그 자치주(州)들이 **연합하여** 한 국가를 이루었다.

0468
국9 | 국7 | 지7 | 서9 | 국회 | 기상 | 법원 | 교행

federal＊＊＊ [fédərəl]
형 1 연방제의 2 연방 정부의
feder(league)+al(형)

federalize 타 연방화하다   federacy 명 연합, 동맹
- according to the **Federal** Law **연방**법에 따라 [서9]

0469
confederate＊ [kənfédərət]
명 1 공범, 공모자 2 동맹[연합]국   형 동맹의, 연합한   자 [kənfédərèit] 동맹하다
con(with, together)+federate(연합하다)

유 명 1 accomplice
반 자 split(분열되다)

confederation 명 연합, 동맹   confederacy 명 연합, 동맹
- The young woman was his **confederate**. 그 젊은 여자는 그의 **공범**이었다.

---

sci
= know (알다)

암기유발 TIP
science 과학
sci(know)+ence(명) → 지식, 배움

0470
국9 | 국7 | 지9 | 지7 | 서9 | 경찰 | 법원 | 교행 | 사복

conscious＊＊＊ [kɑ́nʃəs]
형 1 의식하는, 자각하는 2 의식이 있는
con(with)+sci(know)+ous(형)

consciousness 명 의식, 자각
- He is very **conscious** of his appearance. 그는 자신의 외모를 매우 **의식한다**.
- The boxer regained **consciousness** after a minute. 그 권투 선수는 1분 후 **의식을** 되찾았다.

0471
경찰 | 교행

unconscious＊＊ [ʌnkɑ́nʃəs]
형 1 의식하지[깨닫지] 못하는 2 의식을 잃은 3 무의식적인
un(not)+conscious(의식하는)

유 1 unaware, oblivious
1 2 insensible

- She is **unconscious** of her mistake. 그녀는 자신의 실수를 **깨닫지 못한다**.
- The boy is **unconscious** after falling down the stairs.
  소년은 계단에서 떨어진 후 **의식을 잃은** 상태이다.

MORE+ 관련어휘
- self-**conscious** 형 남의 시선을 **의식**하는, 자**의식**이 강한 명 자의식
- semi**conscious** 형 **의식**이 반쯤 있는
- the un**conscious** 명 무의식
- sub**conscious** 형 잠재**의식**적인 명 잠재의식

0472
omniscient*
[ɑmnísiənt]

형 전지적인, 모든 것을 다 아는
omni(all)+sci(know)+ent(형)

유 all-knowing, all-wise

omniscience 명 1 전지 2 박식
- God is **omniscient**. 신은 전지전능하다.

0473
prescient*
[préʃiənt]

형 예지력이 있는
pre(before)+sci(know)+ent(형)

유 prophetic

prescience 명 예지, 통찰
- She was **prescient** about the outcome of the elections.
  그녀는 선거 결과에 대해 **예지력이** 있었다.

0474
conscience**
[kάnʃəns]

서9 | 서7 | 경찰 | 국회 | 교행

명 양심, 도덕심
con(with)+sci(know)+ence(명)

conscientious 형 1 양심적인 2 성실한 **conscientiousness** 명 성실성
- Her **conscience** was bothering her, so she finally told the truth.
  양심이 그녀를 괴롭히고 있었고, 그래서 결국 그녀는 사실을 말했다.
- She has always been a very **conscientious** worker. 그녀는 항상 매우 **성실한** 일꾼이었다.

0475
unconscionable*
[ʌnkάnʃənəbəl]

형 1 비양심적인, 부도덕한 2 과도한, 터무니없는
un(not)+con(with)+scion(know)+able(형)

유 1 unethical

- The **unconscionable** conduct of her son distressed her.
  아들의 **부도덕한** 행동 때문에 그녀는 괴로웠다.
- Nurses are facing **unconscionable** hours of work because of nursing shortage.
  간호 인력의 부족으로 간호사들은 **과도한** 업무 시간에 직면해 있다.

---

gn(o)
= know (알다)

암기유발 TIP

0476
ignore***
[ignɔ́ːr]

국9 | 국7 | 지9 | 서9 | 서7 | 경찰 | 국회 | 법원 | 사복

타 1 무시하다 2 (사람을) 못 본 척하다
i(not)+gnore(know)

유 1 disregard, neglect

ignorance 명 무지, 무식 **ignorant** 형 무지한, 무식한
- If we continue to **ignore** these problems they will only get worse.
  우리가 이 문제들을 계속 **무시한다면** 악화되기만 할 것이다.
- She was **ignorant** about the dangers of the drug. 그녀는 그 약의 위험성에 대해 **무지했다**.

0477
recognize***
[rékəgnàiz]

국9 | 국7 | 지9 | 지7 | 서9 | 서7 | 경찰 | 국회 | 기상 | 법원 | 교행 | 사복

타 1 알아보다, 인지하다 2 인정[인식]하다
re(again)+co(together)+gn(know)+ize(동) → (전에 본 것을) 다시 알다

유 2 acknowledge

recognition 명 1 알아봄, 인지 2 인정, 인식
- Artists do not create merely for their own satisfaction, but want their works
  recognized by others. 예술가들은 단지 자신들의 만족을 위해 창작하는 것이 아니라, 자신들의 작품이 타
  인에 의해 **인정받기를** 바란다. [국회]

0478
diagnosis**
[dàiəgnóusis]
지9 | 서7 | 국회

명 진단
dia(apart)+gno(know)+sis(명) → 다른 것과 구분하여 알아내다

diagnose 자타 ¹ (병을) 진단하다 ² (원인을) 밝혀내다 **diagnostic** 형 진단(상)의
- to present patients with a **diagnosis** 환자에게 **진단**을 내리다 [서7]
- Doctors usually **diagnose** the disease after studying the symptoms.
  의사들은 보통 증상들을 살펴본 후에 질병에 대한 **진단을 내린다**.

0479
precognition*
[prì:kɑgníʃən]

명 (꿈이나 갑작스러운 느낌에 의한) 예지, 예견
pre(before)+co(together)+gn(know)+ition(명) → 전에 미리 인지하다

- She insists that she has the ability of **precognition**. She says she can sense the future. 그녀는 자신에게 **예지** 능력이 있다고 주장한다. 그녀는 미래를 감지할 수 있다고 말한다.

유 foreknowledge

0480
cognitive**
[kɑ́gnətiv]
지9 | 서9 | 경찰 | 국회

형 인식의, 인지의
co(together)+gn(know)+itive(형)

- The accident damaged her **cognitive** functions. 그 사고는 그녀의 **인지** 기능에 손상을 가했다.

유 intellectual, psychological, intellective, perceptible

0481
cognizant*
[kɑ́gnəzənt]
사복

형 인식하고 있는, 인지하고 있는
co(together)+gniz(know)+ant(형)

- He is **cognizant** of his duties as a father. 그는 아빠로서의 자신의 의무를 **인지하고 있다**.

0482
incognito*
[inkɑgní:tou]

형 가명의, 익명의 부 가명으로, 익명으로, 자기 신분을 숨기고
in(not)+co(together)+gnito(know) → (정체를) 알지 못하는

- The prince often travels abroad **incognito**. 그 왕자는 종종 **신분을 숨기고** 해외여행을 한다.

유 형 anonymous
부 anonymously

0483
agnostic*
[ægnɑ́:stik]
국회

명 불가지론자 형 불가지론(자)의
a(not)+gnos(know)+tic(형)

agnosticism 명 불가지론
- As an **agnostic**, I do not believe in angels. **불가지론자**로서, 나는 천사를 믿지 않는다.

MORE+ 관련정보
agnosticism 불가지론
'인간이 신의 본체를 알 수 없다'는 중세 신학사상에서 비롯된 것으로, 근세 철학에서는 인간이 유한한 존재로서 그 지력(知力)도 한계가 있어 사물의 본질을 경험으로 알 수 없다는 주장을 뜻한다.

0484
prognostic***
[prɑgnɑ́stik]
서9

형 ¹ 예지하는, 전조가 되는 ² 《의학》 예후의
pro(before)+gnos(know)+tic(형)

prognosticate 자타 예지하다, 예측하다 **prognosticator** 명 예언자, 점쟁이
- a **prognostic** weather chart 예상 기상도
- Some indicators are used to **prognosticate** the future direction of the economy. 앞으로의 경제 방향을 **예측**하기 위해 몇몇 지표들이 이용된다.

not
= know (알다)

0485
notion ***
[nóuʃən]

명 관념, 개념, 생각
not(known)+ion(명)

국9 | 국7 | 지9 | 서9 | 경찰 | 국회 | 기상 | 법원 | 사복

notional 형 관념[추상]적인, 개념상의

- The **notion** is fairly common that there is a fundamental conflict between science and religion. 과학과 종교 사이에 근본적인 갈등이 있다는 **개념**은 상당히 흔하다. [국회]

0486
notify ***
[nóutifài]

타 (공식적으로) 알리다, 신고하다, 통보하다
not(known)+ify(동)

국9 | 지9 | 지7 | 서9 | 서7 | 경찰 | 국회 | 기상 | 법원 | 교행

유 inform

notice 명 1 통지 2 알아챔 타 1 주의하다 2 알아채다 **notification** 명 알림, 통지

- Ohio Law requires offenders to **notify** the Miami County Sheriff's Office when they move. Ohio주(州)의 법은 범죄자들에게 그들이 이주할 때 Miami County 보안관 사무실에 **알리도록** 요구한다. [경찰]

0487
un**not**iced **
[ʌnnóutist]

형 눈에 띄지 않는, 간과되는
un(not)+notice(알아채다)+ed(형)

국7 | 법원

- The lab test helps identify problems that might otherwise go **unnoticed**. 그 실험실 테스트는 그렇지[테스트하지] 않으면 **간과할지도** 모를 문제들을 발견하는 데 도움을 준다. [국7]

0488
notorious **
[noutɔ́:riəs]

형 악명 높은
notor(known)+ious(형)

서9 | 경찰

유 infamous, disreputable

- The **notorious** rapist was finally captured and confined to jail. 그 **악명 높은** 강간범은 마침내 체포되어 수감되었다. [경찰]

---

not(e)
= note, mark (기록하다, 나타내다)

암기유발 TIP

note (기억을 돕기 위해 기록한) 메모, 쪽지, 노트

0489
notate *
[nóuteit]

타 기록하다, 악보에 적다
not(note, mark)+ate(동)

경찰

notation 명 (특히 음악, 수학 등에서) 표기법, 기호

- The recorded music can be **notated** and played back. 녹음된 음악은 **악보에 기록되고** 재생될 수 있다.

0490
an**not**ate *
[ǽnəteit]

타 주석을 달다
an(to)+not(note)+ate(동) → ~에 표시하다 → 덧붙여 적다

- The professor **annotated** the report with her comments and suggestions. 교수는 보고서에 자신의 논평과 제안으로 **주석을 달았다**.

0491
notable** [nóutəbl] 서9 | 경찰

형 1 주목할 만한, 눈에 띄는 2 중요한   명 유명 인물
not(mark, note)+able(형) → 기록할 만한

유 형 prominent
반 형 1 obscure (무명의)

notability 명 1 주목할 만한 가치 2 유명함, 명성

- When the employees were asked why they loved working for their companies, it was **notable** that they didn't mention pay. 직원들이 그들의 회사에서 일하는 것을 좋아하는 이유를 질문받았을 때, 그들이 급여를 언급하지 않았다는 것은 **주목할 만했다**. [서9]

0492
noteworthy* [nóutwə̀ːrði] 국9

형 주목할 만한
note(주목하다)+worthy(~을 받을 만한)

- a **noteworthy** achievement 주목할 만한 성취

0493
noted* [nóutid]

형 유명한, 잘 알려진
note(주목하다)+ed(형)

유 famed, renowned
• be noted for ~로 유명하다

- Norway is **noted** for its glacial lakes and the aurora. Norway는 빙하호와 오로라로 **유명하다**.

0494
connote* [kənóut] 지9 | 경찰 | 법원

타 (단어가 어떤 의미를) 함축하다
con(with, together)+note(mark, note) → 다른 뜻을 함께 담다

유 imply

connotation 명 함축(된 의미)   **connotative** 형 함축성 있는, 암시하는

- For him, the word "family" **connotes** love and comfort. 그에게 '가족'이라는 단어는 사랑과 안락함을 **함축한다**.

0495
denote* [dinóut] 서7 | 법원

타 1 조짐을 보여주다 2 의미하다, 나타내다
de(강조)+note(mark, note)

denotation 명 1 지시 2 명시적 의미

- A very high temperature often **denotes** a serious illness. 심한 고열은 흔히 중병의 **조짐을 보여준다**.

---

vol
= wish (바라다)

암기유발 TIP
volunteer 자원봉사자
volunt(will)+eer(명) → 자신의 의지로 하는 사람

0496
voluntary** [váləntèri] 국9 | 국7 | 서9 | 서7 | 법원

형 1 자발적인 2 자원봉사로 하는
volunt(wish)+ary(형) → 바라서 하는

유 1 spontaneous, willing

volunteerism 명 자유 지원제

- Euthanasia generally refers to mercy killing, the **voluntary** ending of the life of someone who is terminally ill. Euthanasia는 일반적으로 안락사, 즉 불치병에 걸린 사람의 삶을 **자진하여** 끝내는 것을 말한다. [국9]

0497
involuntary** [inváləntèri] 국9

형 1 자기도 모르게 하는, 무의식의 2 원치 않는
in(not)+voluntary(자발적인)

유 unintentional, inadvertent

involuntarily 부 1 모르는 사이에 2 본의 아니게

- Breathing and circulation are **involuntary** processes. 호흡과 혈액 순환은 **무의식적인** 과정이다.

0498
volition*
[voulíʃən]

명 의지(력), 결단(력)
vol(wish)+ition(명)

volitional 형 의지의, 의지에 관한
• He left the company of his own **volition**. 그는 자신의 **자유 의지**로 회사를 떠났다.

0499
지9 | 국회

bene**vol**ent*
[bənévələnt]

형 자애로운, 인정 많은
bene(well)+vol(wish)+ent(형)

유 benign, beneficent, compassionate, generous
반 malicious (악의적인)

benevolence 명 ¹ 자비심 ² 선행
• a gift from a **benevolent** donor 인정 많은 기부자로부터의 선물

0500

male**vol**ent*
[məlévələnt]

형 악의 있는, 악의적인
male(badly)+vol(wish)+ent(형)

유 malicious, vicious, spiteful, malignant

malevolence 명 악의, 증오
• Her reputation has been hurt by **malevolent** gossip. 그녀의 평판은 **악의적인** 소문에 의해 손상되었다.

MORE+ 관련어휘 악의적인, 어리석은, etc.

scurrilous	형 악의적인, 천박한
astute	형 약삭빠른, 영악한
sardonic	형 가소롭다는 듯한, 냉소적인
belie	타 ¹ 거짓[허위]임을 보여주다 ² 착각하게 만들다
mendacity	명 허위, 거짓된 행동
fatuity	명 ¹ 어리석음, 우둔 ² 어리석은 짓
inane	형 ¹ 어리석은 ² 무의미한
eerie	형 괴상한, 으스스한
jaundiced	형 ¹ (특히 과거의 경험 때문에) ~을 좋지 않게 보는 ² 황달에 걸린

sacr, secr, sanct
= holy (신성한, 성스러운)

암기유발 TIP
sacrifice 제물, 희생물
sacri(holy)+fice(make, do)
→ 성스러운 것이 되게 함

0501
교행

sacred**
[séikrid]

형 ¹ 신성한, 성스러운 ² 종교적인
sacr(holy)+ed(형)

유 holy

• The sun was a **sacred** symbol for the Egyptians. 이집트인들에게 태양은 **신성한** 상징이었다.

MORE+ 관련어휘 종교

Christian	형 기독교의 Christianity 명 기독교
logos	명 ¹ 이성(理性), 로고스 ² 하느님의 말씀
polytheistic	형 ¹ 다신교의, 다신론의 ² 다신교를 믿는
orthodox	형 전통적인, 정통의
heterodox	형 이교의
pagan	명 이교도, 토속 신앙인
temple	명 ¹ 신전, 사원, 절 ² 《해부》 관자놀이
convent	명 수녀원
parish	명 ¹ (교회, 성당의) 교구 ² 교구 주민들 parochial 형 ¹ 교구의 ² 편협한
karma	명 ¹ (불교, 힌두교에서) 카르마, 업보 ² 업보를 쌓는 일
canonic(al)	형 ¹ (성경이) 정본에 속하는 ² (문학 작품이) 고전으로 여겨지는
confraternity	명 (특히 종교적 목적이나 봉사를 위한) 단체

0502
consecrate[kάnsikrèit]

⊕ ¹ 신성하게 하다 ² (종교적 목적으로) 바치다, 봉헌하다
con(with, together)+secr(holy)+ate(동)

consecration 몡 신성화, 정화
- the **consecrated** water 성수(聖水)

0503
desecrate[désikrèit]

⊕ (신성한 것을) 훼손하다
de(opposite)+secr(holy)+ate(동)

desecration 몡 신성모독
- The invading army **desecrated** this holy place when they camped here.
  침략군이 이곳에 주둔해서 성지를 **훼손했다**.

0504
execrate[éksəkrèit] 서7

⊕ ¹ 몹시 싫어하다 ² 비난하다 ³ 저주하다
ex(out)+secr(holy)+ate(동) → 성스러움을 없애다

¹ despise, detest, loathe

execratory 혱 저주의
- I **execrate** any policy that interferes with the rights and freedoms of others.
  나는 타인의 권리와 자유를 방해하는 어떠한 정책도 **몹시 싫어한다**.

0505
sanctity[sǽŋktəti] 국9

몡 존엄성, 신성함
sanct(holy)+ity(명)

- the **sanctity** of marriage 결혼의 신성함

0506
sanctimony[sǽŋktəmòuni]

몡 《부정적》 독실한 체함, 신성한 체함
sancti(holy)+mony(명)

sanctimonious 혱 독실한 체하는
- I never trusted his **sanctimony**, and I guess I wasn't alone.
  난 그가 **독실한 체하는** 것을 절대 믿지 않았고, 나 혼자만 그런 것은 아닌 것 같다.

0507
sanction[sǽŋkʃən] 국9 | 국7 | 서7

몡 ¹ 제재 ² 허가, 승인 ⊕ 허가하다, 승인하다
sanct(holy)+ion(명) → (교회에서 내린) 신성한 결정

⊕ ratify, approve

- He said stronger financial **sanctions** are necessary to prevent the spread of weapons of mass destruction and nuclear terrorism.
  그는 대량살상무기와 핵 테러의 확산을 막기 위해 더 강력한 금융**제재**가 필요하다고 말했다. [국7]

0508
sanctuary[sǽŋktʃueri] 지9

몡 ¹ (야생 동물 등의) 보호구역 ² 피난처 ³ 성역(聖域)
sanctu(holy)+ary(명) → (중세에 법률의 힘이 미치지 못했던) 성스러운 장소 (교회 등)

¹ reserve
² shelter, refuge

- the Humpback Whale Marine **Sanctuary** 혹등고래 해양 **보호구역** [지9]

DAY 07 감각

Preview & Review

spec(t), specul, spic, spise, spite, spio, scope ▶ look at, see

- **spect**acle
- in**spect**
- circum**spect**
- **spect**er
- **spec**ific
- incon**spic**uous
- re**spite**
- **spect**ator
- intro**spect**ive
- re**spect**
- **spect**rum
- **spec**imen
- au**spic**ious
- e**spio**nage
- pro**spect**
- su**spect**
- disre**spect**
- ex**pect**ant
- **spec**ulate
- de**spic**able
- **scope**
- per**spect**ive
- retro**spect**
- irre**spect**ive
- **spec**ify
- con**spic**uous
- de**spise**

보다 → 볼거리 → 전망, 경치
보다 → 관점, 시각
보다 → 생각하다

vis(e), view, vid, voy
▶ look at, see

- **vis**ual
- **vis**ta
- pro**vis**ion
- re**vise**
- e**vid**ent
- **vis**ible
- **vis**age
- pro**vis**ional
- tele**vise**
- pro**vid**ent
- **vis**ion
- en**vis**age
- pro**vis**o
- impro**vise**
- pro**vid**ence
- en**vis**ion
- pre**vis**ion
- super**vise**
- pur**view**
- clair**voy**ant

보다 → 시각, 보(이)는 → 시력, 눈에 띄는
보다 → 상상하다

cau ▶ see, observe

- **cau**tious
- in**cau**tious
- over**cau**tious
- pre**cau**tion

보다 → 조심하는

aur; aud ▶ ear; hear

- **aur**al
- **aud**itorium
- **aud**itory
- **aud**ible
- **aud**iovisual

귀, 듣다 → 귀의, 청각의
귀, 듣다 → 듣는 곳

phon, son ▶ sound

- **phon**ic
- **phon**etic
- **phon**eme
- eu**phon**y
- caco**phon**y
- **son**ic
- uni**son**
- dis**son**ant
- re**son**ate
- con**son**ant

소리 → 음성, 발음

quiet, qui(l), quiem ▶ quiet

- **quiet**ude
- in**quiet**ude
- dis**quiet**
- ac**qui**esce
- **qui**escent
- tran**quil**
- re**quiem**

조용한 → 소리나 움직임이 없는 → 평온한
→ 말을 하지 않는

od, ol ▶ smell

- **od**o(u)r
- mal**od**o(u)r
- **ol**factory
- red**ol**ent

냄새 → 악취
→ 후각의

tact, tegr, ta(n)g, ti(n)g ▶ touch

- **tact**ile
- in**tact**
- **tact**
- **tact**ic
- in**tegr**ity
- in**tegr**al
- in**tegr**ate
- dis**integr**ate
- **tang**ible
- in**tang**ible
- con**tag**ious
- con**tig**uous
- con**ting**ent

접촉, 닿다 → 촉각, 촉감
→ 만지다

spect
= look at, see (보다)

암기유발 TIP
spectacle 스펙터클 《연극이나 영화의 웅장하고 화려한 볼거리가 있는 장면》

0509 국9 | 지7 | 기상 | 교행

spectacle**
[spéktəkl]

명 1 (굉장한) 구경거리 2 장관 3 (pl.) 안경
specta(look at)+cle(명)

spectacular 형 1 장관을 이루는, 화려한 2 극적인

- The carnival parade was a magnificent **spectacle**. 그 카니발 행렬은 굉장한 **구경거리**였다.
- The Louvre's Website offers **spectacular** 360-degree panoramas of artworks.
  Louvre(루브르) 박물관의 웹사이트는 예술 작품들의 **화려한** 360도 파노라마 영상을 제공한다. [국9]

0510 국7

spectator**
[spékteitər]

명 (특히 스포츠 행사의) 관중
spect(look at)+ator(명) → 보는 사람

- The **spectators** lining the road cheered the racers on.
  길에 늘어선 **관중들**은 경주 참가자들을 응원했다.

MORE+ 관련표현 어떤 일이 일어나는 것을 '보는 사람'
- audience 명 청중, 관중 《연극, 음악회, 강연》, 시청자, 독자, 관객 《TV, 책, 영화 등》
- viewer   명 (TV) 시청자, 보는 사람
- onlooker 명 구경꾼(= bystander)
- passer-by 명 행인 《사고 등이 일어날 때 지나던 사람》
- observer 명 보는 사람, 목격자, 관찰자, 참관인
- eyewitness 명 (특히 범행이나 사고의) 목격자
- witness   명 (특히 범행이나 사고의) 목격자, 《법정에서 진술하는》 증인

0511 국9 | 지9 | 서9 | 경찰 | 국회

prospect**
[práspekt]

명 1 가망, 가능성 2 예상 3 (pl.) (성공할) 전망
pro(forward)+spect(look at)

유 1 likelihood

prospective 형 1 장래의, 유망한 2 곧 있을, 예비의

- The **prospects** for employment in the technology sector are especially good right now. 기술 분야에서의 고용 **가능성**은 지금 현재 특히 높다.
- Universities are promoting themselves much more widely in order to attract **prospective** students.
  대학들은 **예비** 학생들을 끌어모으기 위해 훨씬 더 폭넓게 스스로를 홍보하고 있다. [경찰]

0512 국9 | 국7 | 지7 | 서7 | 경찰 | 국회 | 법원 | 교행

perspective***
[pərspéktiv]

명 1 관점, 시각 《on》 2 전망, 경치 3 원근법
per(through)+spect(look at)+ive(명) → (전체를) 관통하여 봄

유 1 viewpoint
  2 outlook

- in[out of] perspective
  원근법에 맞는[맞지 않는]

- The old man has a surprisingly modern **perspective** on life.
  그 노인은 삶에 대해 놀랍도록 현대적인 **관점**을 갖고 있다.
- The figures in the foreground are out of **perspective**.
  앞부분의 인물들이 **원근법**에 맞지 않는다.

0513 국7 | 서9 | 서7 | 경찰 | 법원

inspect**
[inspékt]

타 점검하다, 검사하다
in(into)+spect(look at) → 안을 들여다보다

유 investigate, examine

inspection 명 1 점검, 검사 2 사찰 **inspector** 명 조사관, 감독관

- After the storm, they went outside to **inspect** the damage.
  폭풍이 지나간 후, 그들은 피해를 **점검하기** 위해 밖으로 나갔다.

0514
introspect**ive***
[ìntrəspéktiv]

형 1 자기 반성의 2 내성적인
intro(inward)+spect(look at)+ive(형) → 내 내면을 들여다보는

introspect 자 자기 반성[성찰]하다
- She is **introspective** and enjoys being alone. 그녀는 **내성적**이고 혼자 있는 것을 좋아한다.

유 2 introverted
반 2 extroverted, outgoing(외향적인)

0515
suspect***
[səspékt]

국9 | 지9 | 지7 | 서9 | 경찰 | 국회 | 법원

타 1 (~이 맞다고) 의심하다 2 (믿지 못하고) 수상히 여기다   명 [sʌ́spekt] 용의자
형 [sʌ́spekt] 의심스러운
sus(under)+spect(look at) → 의심하며 아래에서 올려다보다

suspicion 명 혐의, 의심 suspicious 형 의심스러운
- She **suspected** that he might be lying. 그녀는 그가 거짓말하고 있을지도 모른다고 **의심했다**.
- He seemed very kind, but she **suspected** his motives.
  그는 친절한 듯했지만, 그녀는 그의 동기를 **수상쩍어했다**.
- He has been arrested on **suspicion** of murder. 그는 살인 **혐의**로 체포되었다.

MORE+ 관련어휘

suspect vs. doubt
suspect: (특히 부정적이거나 바람직하지 않은 일) ~이 맞다고 생각하다
doubt: (확실한 증거가 없기 때문에) ~이 아니라고 생각하다
e.g. She began to doubt[=question] everything he said.
(그녀는 그가 말한 모든 것이 사실이 아니라고 의심하기 시작했다.)

0516
retrospect*
[rétrəspèkt]

국9 | 국회

명 회상, 회고   자타 회상에 잠기다, 회고하다
retro(back)+spect(look at)

retrospective 형 1 회상[회고]하는 2 (새 법률이) 소급 적용되는   명 회고전
- a **retrospective** (exhibition) of Van Gogh Van Gogh 회고전

- in retrospect 돌이켜보면

0517
circumspect*
[sə́ːrkəmspèkt]

형 신중한, 조심성 있는
circum(around)+spect(look at) → 발을 내딛기 전에 이곳저곳을 둘러보는

circumspection 명 신중(한 행동)
- He was **circumspect** in discussing his political actions.
  그는 자신의 정치적 행동에 관해 토론하는 데 있어 **신중했다**.

유 wary, watchful, considerate, attentive
반 negligent (부주의한)

0518
respect***
[rispékt]

국9 | 국7 | 지9 | 지7 | 서9 | 서7 | 경찰 | 국회 | 기상 | 법원 | 교행 | 사복

명 1 존경(심) 2 존중 3 (측)면, 사항   타 1 존경하다 2 존중하다 3 (법률 등을) 준수하다
re(back)+spect(look at) → 되돌아 봄 → 자꾸 바라봄

- The moon is different from the earth in many **respects**.
  달은 지구와 많은 **면**에서 다르다. [서9]
- Be **respectful** of the other person and his or her viewpoint.
  다른 사람과 그들의 의견을 **존중하라**. [법원]
- The Newberry Library and the Brookfield Zoo won a $10,000 award **respectively**. Newberry 도서관과 Brookfield 동물원은 **각각** 만 달러의 상금을 받았다. [국9]

유 타 1 think highly of
- with respect to A A에 관하여

MORE+ 관련어휘

respect의 파생어 의미
respective 형 각각의
respectively 부 각각, 각자
respectable 형 존경할 만한
respectful 형 공손한

0519
disrespect**
[dìsrispékt]

몡 무례, 결례
dis(not)+respect(존경)

지9 | 서9

disrespectful 휑 무례한, 실례되는
- **disrespect** for the dead 고인들에 대한 **무례**

0520
irrespective*
[ìrispéktiv]

휑 ~에 관계없이, ~을 무시하고 (of)
ir(not)+respect(존경)+ive(휑)

지7 | 경찰

🔄 regardless

- The public expects that police powers are used professionally and with integrity, **irrespective** of who is being dealt with. 대중은 경찰 권력이 누구를 상대하고 있느냐**에 관계없이**, 전문적이며 진실성 있게 사용되기를 기대한다. [경찰]

0521
specter*
[spéktər]

몡 1 유령 2 불안, 무서운 것
spect(look at)+er(몡) → 보이는 것

서9

- the **specter** of a possible plague 발생 가능한 전염병에 대한 **불안**

0522
spectrum**
[spéktrəm]

몡 (pl. spectra) 1 (빛의) 스펙트럼 2 범위, 영역
spec(look at)+trum(instrument) → 빛을 도구로 본 것

지7 | 법원

- a wide[broad] **spectrum** of feedback 폭넓은 **영역**의 피드백

0523
ex**pect**ant*
[ikspéktənt]

휑 1 (좋은 일을) 기대하는 2 출산을 앞둔
ex(out)+(s)pect(look at)+ant(휑) → 밖을 내다보며 기대하는

지9 | 서9 | 법원 | 사복

expectancy 몡 (좋은 일에 대한) 기대 **expect** 티 기대하다
- An **expectant** crowd waited for her arrival. 기대하고 있는 군중이 그녀의 도착을 기다렸다.
- life **expectancy** 기대 수명

spec, specul, spic, spise, spite, spio, scope
= look at, see (보다)

0524
specify**
[spésifai]

티 (구체적으로) 명시하다
spec(look at)+ify(통) → 보이게 하다

국9 | 지7 | 경찰 | 법원

🔄 state, stipulate

specification 몡 1 상술, 열거 2 (pl.) 설명서
- All warrants have a **specified** expiry date. 모든 보증서는 **명시된** 만기일이 있다.
- manufacturing **specifications** 제조 설명서

0525
specific***
[spəsífik]

휑 1 구체적인, 명확한 2 특정한 3 특유의
speci(look at)+fic(휑) → 보이도록 명확하게 한

국9 | 국7 | 지9 | 지7 | 서9 | 서7 | 경찰 | 국회 | 기상 | 법원 | 교행 | 사복

🔄 1 precise 2 particular 3 individual
🔁 1 vague(모호한)

- **specific** instructions on how to care for the wound 상처를 관리하는 방법에 대한 **구체적인** 설명
- a **specific** purpose 특정한 목적

0526
specimen** [spésəmən]
명 1 견본, 샘플 2 (동물 등의) 표본
speci(look at)+men(명)
- a blood **specimen** 혈액 샘플

유 sample

0527
speculate** [spékjuleit]
자|타 추측하다, 짐작하다 자 투기하다 (in, on)
specul(look at)+ate(동) → (정신적으로) 바라보다
speculation 명 1 추측, 짐작 2 투기
- She could only **speculate** about the reasons for her friend's resignation.
  그녀는 자신의 친구가 사직한 이유를 **추측할** 수만 있었다.
- to **speculate** on oil shares 석유 관련 주식에 **투기를** 하다

유 자|타 presume, assume
자 gamble ((on, at)), risk, venture

0528
conspic**uous** [kənspíkjuəs]
형 눈에 잘 띄는, 이목을 끄는
con(강조)+spicu(look at)+ous(형) → 잘 보이는
- The notice must be displayed in a **conspicuous** place.
  그 공고문은 눈에 잘 띄는 곳에 게시되어야 한다.

유 noticeable, salient, prominent

0529
inconspic**uous**** [ìnkənspíkjuəs]
형 눈에 잘 안 띄는, 이목을 끌지 않는
in(not)+conspicuous(눈에 잘 띄는)
- Lily Briscoe became more **inconspicuous** than ever, in her little grey dress.
  Lily Briscoe는 그녀의 작은 회색 드레스를 입고 어느 때보다 더 눈에 잘 안 띄게 되었다. [국회]

유 ordinary, plain
반 high-profile(세간의 이목을 끄는)

0530
auspic**ious*** [ɔːspíʃəs]
형 길조의, 상서로운
au(bird)+spic(look at)+ious(형) → 새[길조]를 본
- Because it is so rare, the Year of the Golden Pig is believed to be an **auspicious** year. 황금 돼지의 해는 매우 드물기 때문에 **상서로운** 해로 여겨진다.

유 promising
반 inauspicious (상서롭지 못한)

0531
despic**able*** [dispíkəbl]
형 비열한, 야비한
de(down)+spic(look at)+able(형) → 경멸당할 만한
- The burglars' attack was heartless, cowardly and **despicable**.
  그 강도의 공격은 비정하고 비겁하며 **비열했다**. [서7]

유 wretched, contemptible, abject, vile

0532
despise** [dispáiz]
타 경멸하다, 멸시하다
de(down)+spise(look at)
- Although the soldier knew his comrades would **despise** him, he fled the battle scene to save his own life. 그 병사는 전우들이 자신을 **경멸할** 것을 알면서도 자신의 목숨을 구하기 위해 전장에서 달아났다.

유 abhor, detest

0533
respite* [réspit]
명 1 (불쾌한 일의) 일시 중단, 한숨 돌리기 2 휴식 3 (힘든 일의) 유예, 연기
re(back)+spite(look at) → 뒤를 돌아봄 → 멈춤
- a **respite** from the pressures of the job 일의 압박감으로부터 **한숨 돌리기**

유 3 reprieve
- put A in respite A를 유예[연기]하다

0534

espionage* [éspiənɑ̀ːʒ]
몡 스파이[간첩] 행위
e+spion(look at)+age(몡)

유 spying

- Although police investigators worked hard, it was difficult to clamp down on industrial **espionage**.
  경찰 조사관들이 열심히 일했음에도, 산업 **스파이 행위**를 단속하는 것은 어려웠다. [지7]

0535

scope** [skoup]
타 샅샅이 살피다 몡 ¹범위, 영역 ²여지, 기회

유 몡 ¹range ²potential

- This study has a broader **scope** than previous studies.
  이번 연구는 이전 연구들보다 더 **범위**가 넓다.
- He wishes to afford **scope** for the interests and pleasures of people.
  그는 사람들의 관심과 즐거움을 펼칠 **기회**를 제공하고 싶어 한다. [국9]

MORE+ 관련어휘
-scope (관찰하는 기계)
telescope 몡 (천체) 망원경
endoscope 몡 내시경
microscope 몡 현미경
periscope 몡 잠망경
cf. horoscope 몡 별점; 점성술(= astrology)

---

vis(e), view, vid, voy
= look at, see (보다)

암기유발 TIP
video 비디오
video(look, see) → 보다

0536

visual* [víʒuəl]
형 ¹시각의, (눈으로) 보는 ²눈에 보이는
vis(see)+ual(형) → 눈으로 보는

visualize 타 마음속에 그려보다, 상상하다
- **visual** effects 시각 효과
- Great coaches encourage athletes to **visualize** the actual race or contest ahead of time. 훌륭한 코치들은 운동선수들에게 실제 경주나 대회를 사전에 **마음속에 그려보도록** 장려한다. [경찰]

0537

visible* [vízəbl]
형 (눈에) 보이는, 알아볼 수 있는
vis(see)+ible(형)

visibility 몡 눈에 보임, 눈에 보이는 정도
- a **visible** change 눈에 보이는 변화

반 invisible(보이지 않는)
● be visible from ~에서 보이다

0538

vision* [víʒn]
몡 ¹시력, 눈 ²시야 ³예지력, 선견지명
vis(see)+ion(몡)

visionary 형 예지력[선견지명] 있는
- **Vision** loss is considered a disability only if it is not correctable.
  시력 손실은 교정 불가능한 경우에만 장애로 간주된다. [지7]
- She is known as a **visionary** leader. 그녀는 **예지력 있는** 리더로 알려져 있다.

0539
envision* [invíʒən]
타 (바라는 일을) 마음속에 그리다, 상상하다
en(make)+vision(예지력) → 예지한 것을 만들다

유 visualize

- They **envision** an equal society, free of poverty and disease.
  그들은 가난과 질병이 없는 동등한 사회를 **상상한다**.

0540
vista* [vístə]
명 1 경치, 풍경 2 전망, 앞날

유 1 panorama
2 prospect

- an unbroken **vista** 탁 트인 풍경
- Computers have opened up new **vistas** for scientific research.
  컴퓨터는 과학 연구를 위한 새로운 **전망**을 열어주었다.

0541
visage* [vízidʒ]
명 1 얼굴 2 외관, 양상
vis(see)+age(명) → 보이는 것

- Her **visage** is marked by worry and care. 그녀의 **얼굴**에는 걱정과 근심이 나타나 있다.

0542
envisage* [invízidʒ]
타 (미래의 일을) 예상하다, 상상하다
en(in)+visage(얼굴) → 얼굴을 들여다보다

- I **envisage** a day when proper health care will be available to everyone.
  나는 적절한 의료 서비스가 모든 사람에게 제공될 수 있는 날을 **상상한다**.

0543
prevision* [privíʒən]
명 예견, 선견(先見)
pre(before)+vis(look)+ion(명) → 미리 봄

유 foresight

- Bill Gates had many **previsions** about how the Internet would change the world, and most of his predictions were scarily accurate. Bill Gates는 인터넷이 어떻게 세상을 바꿀 것인가에 대해 많은 **예견**을 했고, 그의 예측 대부분은 무서울 정도로 정확했다.

0544
provision** [prəvíʒən]
명 1 준비, 대비 2 제공, 공급 3 (pl.) 식량 4 (법률) 규정, 조항
pro(ahead)+vis(look)+ion(명) → 미리 보고 준비하기 → 준비해서 주기

서7

- He made **provisions** to donate part of his fortune to charity after he died.
  그는 자신이 사망한 후에 재산의 일부를 자선단체에 기부할 **준비**를 해두었다.
- public service program **provision** 공공 서비스 프로그램 **제공** [서7]
- to bring enough **provisions** to last the entire trip 여행 내내 먹어도 충분할 **식량**을 가져가다
- the **provisions** of the contract 계약서 **규정**

0545
provisional* [prəvíʒənl]
형 1 임시의, 일시적인 2 (확정적이 아니라) 잠정적인
provision(제공)+al(형) → 현재를 위해 제공된

지7 | 서7 | 경찰

유 1 temporary,
tentative,
transitory,
transient

- Any physical theory is always **provisional**, in the sense that it is only a hypothesis. 어떤 물리적 이론도 가설일 뿐이라는 점에서 항상 **잠정적**이다. [서7]

0546
proviso* [prəváizou]
명 (합의를 위한) 조건, 단서
pro(ahead)+viso(see) → 미리 봐야 할 것

유 provision
- with the proviso
  단서를 달고

- He accepted the job with one **proviso**: he would work alone.
  그는 한 가지 **조건**으로 일을 받아들였는데, 그것은 그가 혼자 일하는 것이다.

0547 supervise** [súːpərvàiz]
국7 | 지9 | 서9 | 경찰

㈀ 감독하다, 관리하다
super(over, above)+vise(see) → 위에서 (내려다)보다 → 감독하다

≒ superintend, oversee

supervision ⓝ 감독, 관리(= surveillance)   **supervisor** ⓝ 감독관, 관리자
- The kitchen was **supervised** by the head cook.
  주방은 수석 주방장에 의해 **관리되었다**. [지9]

0548 revise*** [riváiz]
국9 | 서9 | 서7 | 경찰 | 기상 | 법원 | 교행 | 사복

㈀ ¹ 변경하다, 수정하다 ² (책 등을) 개정하다
re(again)+vise(see)

revision ⓝ ¹ 수정 (사항) ² 개정(판)
- We had to **revise** our plans because of the hurricane.
  우리는 허리케인 때문에 계획을 **변경해야** 했다.
- The first draft can be made more effective with additional thought and some **revision**. 초고는 생각을 첨가하고 약간의 **수정**을 하면 더 효과적으로 만들어질 수 있다. [경찰]

0549 televise* [téləvàiz]
교행

㈀ 텔레비전으로 방송하다
tele(far)+vise(see) → 먼 곳에서 볼 수 있게 하다

- The President's speech will be **televised** at 6:00 p.m.
  대통령의 연설은 오후 6시에 **텔레비전으로 방송될** 것이다.

0550 improvise** [ímprəvàiz]
국9 | 지9 | 지7 | 기상

㈀ (연주, 연설 등을) 즉흥적으로 하다, 즉석에서 만들다
im(not)+pro(before)+vise(see) → 미리 보지 않고 하다

≒ extemporize, ad lib

improvisation ⓝ ¹ 즉석에서 하기 ² 즉석에서 한 것 (즉흥시, 즉석 연주 등)
- Modern jazz players like to take a theme and **improvise** around it.
  모던 재즈 연주자들은 테마를 가지고 **즉흥적으로 연주하는** 것을 좋아한다.

0551 purview* [pə́ːrvjuː]

ⓝ (활동 등의) 범위, 권한
pur(ahead)+view(see) → 내다볼 수 있는 범위

- The police officer's **purview** is limited to the city in which he works.
  경찰관의 **권한**은 그가 일하는 도시로 제한된다.

MORE + 관련어휘
-view
overview ⓝ 개요, 개관
preview   ⓝ 시사회, 예고편 ㈀ (시사, 시연 따위를) 보이다
review   ㈀ⓝ ¹ 재검토(하다) ² 복습(하다) ³ 논평(하다)

0552 evident*** [évədənt]
국9 | 국7 | 지9 | 지7 | 서9 | 서7 | 경찰 | 국회 | 기상 | 법원 | 교행 | 사복

ⓐ 명백한, 눈에 띄는
e(out)+vid(see)+ent(ⓐ)

≒ obvious, apparent

evidence ⓝ 증거   **evidential** ⓐ 증거가 되는
- **evidence** that will help to reveal the truth 진실을 밝히는 데 도움이 되는 **증거** [서9]

0553 provident* [prɑ́vədənt]

ⓐ (특히 돈을 저축하면서) 장래를 준비하는, 앞날에 대비하는
pro(ahead)+vid(see)+ent(ⓐ)

↔ improvident (앞날을 생각하지 않는, 돈을 되는 대로 쓰는)

- My financier told me that I needed to be more **provident** when it came to my spending. 나의 재정 담당자는 내 지출에 관한 한 내가 더 **앞날에 대비해야** 한다고 말했다.

0554
providence* 명 (신의) 섭리 — 교행
[právədəns]
pro(ahead)+vid(see)+ence(명)
providential 형 천우신조의, 운 좋은
- to trust in divine **providence** 신의 섭리를 믿다

⊜ fate

0555
clairvoyant* 형 예지력이 있는, 투시력이 있는 명 예지력 있는 사람
[klɛərvɔ́iənt]
clair(clear)+voy(see)+ant(형)(명) → 미래를 분명하게 보는
- The psychic's **clairvoyant** abilities allowed her to see into the future.
  그 심령술사의 **예지** 능력은 그녀가 미래를 볼 수 있게 해주었다.

---

cau
= see, observe (보다, 관찰하다)

암기유발 TIP
caution 조심
cau(see)+tion(명)
→ (미리) 살피는 것

0556
cautious** 형 조심스러운, 신중한 — 서9
[kɔ́ːʃəs]
cau(see)+tious(형)
cautiousness 명 조심성
- a **cautious** driver 조심스러운 운전자

⊜ careful, circumspect

0557
incautious* 형 부주의한, 경솔한
[inkɔ́ːʃəs]
in(not)+cautious(조심스러운)
- Their **incautious** behavior is going to get them into trouble someday.
  그들의 **경솔한** 행동이 언젠가 그들을 곤란에 처하게 할 것이다.

⊜ reckless, thoughtless, unscrupulous, inattentive

0558
overcautious* 형 지나치게 조심하는 — 법원
[òuvərkɔ́ːʃəs]
over(above)+cautious(조심스러운)
- While the internet is becoming an increasingly safer place to shop, it is still not the place for the **overcautious** buyers. 인터넷은 점점 더 쇼핑하기에 안전한 장소가 되고 있지만, **지나치게 조심하는** 구매자들에게는 아직 그런 장소가 아니다.

0559
precaution** 명 예방 (조치), 경계, 조심 — 법원 | 교행
[prikɔ́ːʃən]
pre(before)+cau(observe)+tion(명)
- safety **precautions** 안전 예방 조치
- the need for **precautions** for the use of mobile phones
  휴대 전화 사용에 대한 **경계**의 필요성 [법원]

⊜ protection, provision, prevention, insurance, measures

DAY 07

aur; aud
= ear (귀); hear (듣다)

암기유발 TIP
audio 오디오, 녹음의
audio(hear) → 듣다

0560
aural*
[ɔ́ːrəl]
형 귀의, 청각의
aur(ear)+al(형)

- After swimming for several hours, the athlete's **aural** condition worsened.
  몇 시간 동안 수영을 한 후에, 그 선수의 **귀의** 상태는 악화되었다.

0561
auditory**
[ɔ́ːditɔ̀ːri]
형 귀의, 청각의
audi(hear)+tory(형)

- **auditory** difficulties 청각 장애

0562 국9 | 법원
audible**
[ɔ́ːdəbl]
형 들을 수 있는, 잘 들리는
aud(hear)+ible(형) → 들을 수 있는

audibility 명 들을 수 있음
- Some ultrasound is **audible** to dogs. 어떤 초음파는 개들에게 잘 들린다.

유 hearable, discernible, perceptible
반 inaudible(들을 수 없는)

0563
audiovisual*
[ɔ̀ːdiouvíʒuəl]
형 시청각의
audio(청각의)+visual(시각의)

- The school will buy new **audiovisual** equipment. 학교는 새로운 **시청각** 장비를 살 것이다.

0564
auditorium*
[ɔ̀ːditɔ́ːriəm]
명 (pl. auditoriums 또는 auditoria) ¹ 강당, 대강의실 ² 객석
audi(hear)+torium(명) → (음악, 강의 등을) 듣는 장소

- The assembly of students took place in the **auditorium**. 학생총회가 **강당**에서 열렸다.

---

phon
= sound (소리)

암기유발 TIP
symphony 심포니, 교향곡
sym(together)+phon(sound)+y(명)
→ 함께 내는 소리

0565
phonic*
[fɑ́ːnik]
형 음성의, 발음의
phon(sound)+ic(형)

phonics 명 파닉스 《발음 중심 어학 교수법》
- This language education program focuses on **phonic** skills, spelling, vocabulary and comprehension. 이 언어 교육 프로그램은 **발음** 기술, 철자법, 어휘와 이해력 연습에 집중한다.

0566
phonetic*
[fənétik]

형 《언어》 음성(학)의, 발음에 따른
phonet(sound, voice)+ic(형)

phonetics 명 음성학
- This dictionary uses the International **Phonetic** Alphabet.
이 사전은 국제 **음성** 기호를 사용한다.

0567
phoneme*
[fóuni:m]

명 음소 (음절을 이루는 최소 단위)
phone(sound, voice)+me(명)

phonemic 형 음소의
- Reading is much more complex than simply mastering **phonemic** awareness and alphabet recognition. 읽기는 단순히 **음소의** 인식과 알파벳 인지 능력을 완전히 익히는 것보다 훨씬 더 복잡하다. [국9]

MORE+ 관련어휘
- xylo**phon**e 명 실로폰
- mega**phon**e 명 확성기
- micro**phon**e 명 마이크

0568
eu**phon**y*
[jú:fəni]

명 ¹듣기 좋은 음조[어조] ²《언어》 음운 변화
eu(good)+phon(sound, voice)+y(명)

euphonious 형 듣기 좋은
- The **euphony** of the reader's voice tempted me to fall asleep.
책 읽는 사람의 **듣기 좋은 음조**는 내가 잠에 빠져들게 했다.

0569
caco**phon**y*
[kəkάfəni]

명 불협화음, 소음
caco(bad, ill)+phon(sound, voice)+y(명)

반 euphony(듣기 좋은 음조)

- The **cacophony** in the crowded classroom drowned out the principal's announcement. 혼잡한 교실에서의 **소음**이 교장의 연설을 들리지 않게 했다.

---

son
= sound (소리)

암기유발 TIP
두문자어(acronym)인 radar(**ra**dio **d**etecting **a**nd **r**anging)처럼, 수중 음파탐지기는 sonar(**so**und **na**vigation **r**anging)라 한다.

0570
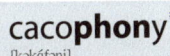
sonic*
[sάnik]

형 소리의, 음속의
son(sound)+ic(형)

- **sonic** waves 음파

MORE+ 관련어휘
- super**son**ic 형 초음속의 《소리의 속도보다 더 빠른 속도》
- sub**son**ic 형 음속보다 느린
- ultra**son**ic 형 초음파의 《인간이 들을 수 없는 한계 주파수 이상의 음파》
- infra**son**ic 형 초저주파의 《인간이 들을 수 없는 한계 주파수 이하의 음파》

0571
unison* [júːnəsn] 　경찰
명 1 (음악) 동음(同音) 2 조화, 화합 형 동음의
uni(one)+son(sound)
- They overcame the difficulties by working in **unison**.
  그들은 **화합**해 일하여 어려움을 이겨냈다.

0572
dissonant* [dísənənt] 　법원
형 1 불협화음의, 귀에 거슬리는 2 (의견 등이) 서로 일치하지 않는
dis(apart)+son(sound)+ant(형)
반 1 harmonious (조화로운)

dissonance 명 1 불협화음 2 (의견) 충돌, 불화
- The two men's duet was **dissonant**. 두 남자의 이중창은 **불협화음**을 이루고 있었다.

0573
resonate* [rézəneit] 　국회
자 (소리가) 울려 퍼지다
re(back, again)+son(sound)+ate(동)
유 resound

resonant 형 1 깊이 울리는 2 공감을 불러일으키는 **resonance** 명 1 울림 2 공감하게 하는 힘
- The siren **resonated** throughout the city. 사이렌 소리가 도시 전역에 **울려 퍼졌다**.

0574
consonant* [káːnsənənt] 　법원
형 ~과 일치하는 (with) 명 자음 (글자)
con(together)+son(sound)+ant(형)(명)
유 형 coincident, congruous

consonance 명 1 일치, 조화 2 화음
- The findings are **consonant** with other research. 연구 결과는 다른 조사와 **일치한다**.
cf. vowel 명 모음 (글자)

---

quiet, qui(l), quiem
= quiet (조용한, 고요)

0575
quietude* [kwáiətuːd]
명 고요(함), 정적
quie(quiet)+tude(명)
유 calm
- The **quietude** of the early morning was broken by the occasional chirping of birds. 새벽의 **고요함**은 이따금 새들이 지저귀는 소리로 깨졌다.

0576
inquietude* [inkwáiətuːd]
명 불안, 동요, 근심
in(not)+quietude(고요)
- the anxiety and **inquietude** penetrating current society
  현대 사회를 관통하는 불안과 **동요**

0577
disquiet* [diskwáiət]
명 불안, 동요 타 불안하게 하다
dis(apart)+quiet(고요)
유 명 unease 타 perturb, agitate
- public **disquiet** about animal testing 동물 실험에 대한 공공의 **불안**

0578
acquiesce*
[æ̀kwiés]
ac(to)+qui(quiet)+esce(통)

㈜ 묵인하다, (마지못해) 따르다 (in)

지7 | 국회

🔵 permit
🔴 forbid(금하다)

acquiescent 휑 묵인하는
- Steve seemed to **acquiesce** in the decision. Steve는 그 결정을 **마지못해 따르는** 것 같았다.

0579
quiescent*
[kwiésnt]
qui(quiet)+escent(휑)

휑 ¹ 조용한, 잠잠한 ² (의학) (병 등이) 진행이 중단된

🔵 ²dormant, inactive

- Now that school has started, my neighborhood is pretty **quiescent** during the day. 학교 수업이 시작되어서 우리 동네는 낮 동안 매우 **조용하다**.

0580
tranquil*
[trǽŋkwil]
tran(beyond)+quil(quiet)

휑 고요한, 평온한

🔵 peaceful, restful, calm, serene

tranquility 명 고요함, 평온
- In summer, the normally calm, **tranquil** streets fill with crowds of tourists. 여름이면, 평소에는 고요하고 **평온한** 거리가 관광객들로 가득 찬다.

0581
requiem*
[rékwiəm]
re(강조)+quiem(quiet) → 완전히 조용하게 잠듦

명 ¹ 추모 예배 ² 레퀴엠, 진혼곡

서9

- A military band performed a **requiem** for the fallen soldiers. 군악대는 전사한 군인들을 위해 **진혼곡**을 연주했다.

od, ol
= smell (냄새)

암기유발 TIP
deodorant 데오드란트, 냄새 제거제
de(away)+odor(smell)+ant(명)

0582
odo(u)r**
[óudər]

명 냄새, 악취

국9 | 서9 | 경찰 | 국회 | 법원

🔵 smell, scent, aroma

odo(u)rous 휑 냄새가 나는   **odo(u)rless** 휑 냄새가 없는
- the **odor** of rotting fruit 썩은 과일 **냄새**

0583
malodo(u)r*
[mælóudər]
mal(bad)+odor(smell)

명 악취, 고약한 냄새

malodo(u)rous 휑 악취가 나는, (냄새가) 고약한
- The **malodorous** odor reminds me of rotten eggs. 그 **고약한** 냄새는 내게 썩은 달걀을 생각나게 한다.

0584
olfactory*
[ɑlfǽktəri]
ol(smell)+fac(make)+tory(휑)

휑 후각의

- **olfactory** nerves 후각 신경

0585
redolent[rédələnt]

형 ¹ (~의) 냄새가 많이 나는 ² (~을) 생각나게 하는
red(강조)+ol(smell)+ent(형)

- My grandmother's house always seemed to be **redolent** with the aroma of baking bread. 나의 할머니의 집은 늘 빵 굽는 **냄새가 많이 나는** 것 같았다.

---

tact, tegr, ta(n)g, ti(n)g
= touch (접촉)

암기유발 TIP

contact lens 콘택트렌즈
con(together)+tact(touch) lens
→ 눈에 접촉하는 렌즈

0586
tactile* [tǽktl]

형 ¹ 촉각의, 촉감의 ² 촉각을 이용한
tact(touch)+ile(형)

- **tactile** stimuli 촉각을 이용한 자극

0587
intact** [intǽkt]   국9 | 경찰 | 국회

형 온전한, 전혀 다치지 않은
in(not)+tact(touch) → 전혀 손대지 않은

⊕ complete, undamaged

- The church was almost in ruins but its tower remained **intact**.
교회는 거의 폐허가 되었지만 탑은 **온전한** 상태로 남아 있었다.

0588
tact** [tækt]   법원 | 교행

명 요령, 눈치
tact(touch) → 만지다 → 만져서 알다

tactful 형 요령 있는, 눈치 있는 **tactless** 형 요령 없는, 눈치 없는

- It was **tactful** of her not to criticize me in front of my boss.
그녀가 나의 상사 앞에서 나를 비난하지 않는 것은 **눈치 있는** 행동이었다.

0589
tactic** [tǽktik]   지9 | 서9 | 법원

명 (pl.) ¹ 전략, 작전 ² 전술
tact(touch)+ic(명) → (손으로) 정연하게 나열한 것 → 나열하는 기술

⊕ ¹ plan, method, strategy, scheme

tactical 형 ¹ 전략적인 ² 전술의 **tactician** 명 전략가

- effective **tactics** for solving crimes 범죄 해결을 위한 효과적인 **전략**

0590
integrity*** [intégrəti]   국9 | 지9 | 지7 | 서9 | 서7 | 경찰 | 국회 | 기상

명 ¹ (나뉘지 않고) 완전한 상태, 온전함 ² 진실성
in(not)+tegr(touch)+ity(명) → 손대지 않은 상태

- I have never had reason to doubt her complete **integrity**.
나는 그녀의 완전한 **진실성**을 의심할 이유가 전혀 없었다. [지9]

0591
integral** [íntigrəl]   지9 | 서9 | 서7 | 법원

형 ¹ 필수적인, 없어서는 안 될 ² 포함된, 내장된 ³ 완전한
in(not)+tegr(touch)+al(형) → 손 대지 않아 완전한

⊕ ¹ essential

• be integral to A
A에 필수적이다

- Mythology was an **integral** part of Egyptian culture for much of its time span.
신화는 (이집트 문화가 존재한) 많은 기간 동안 이집트 문화의 **필수적인** 부분이었다. [지9]

- a house with full gas central heating and **integral** garage
가스 중앙난방과 차고가 **포함된** 집

0592
integrate★★★ [íntəgrèit] 国7 | 지7 | 서9 | 서7 | 경찰 | 법원

자타 결합[통합]하다, 합치다
in(not)+tegr(touch)+ate(동) → 건들지 않은 상태가 되게 하다 → 온전한 상태가 되게 하다

integration 명 통합 **integrative** 형 통합하는, 완전하게 하는

- That car's design successfully **integrates** art and technology.
저 차의 디자인은 예술과 기술을 성공적으로 **결합한다**.

유 unify
반 segregate (분리하다)

● integrate (A) into[with] B (A를 B와 통합하다)

0593
disintegrate★ [disíntigrèit] 기상 | 사복

자타 ¹분해되다, 산산조각이 나다 ²붕괴하다, 와해시키다
dis(opposite)+integrate(합치다)

disintegration 명 ¹분해 ²붕괴

- The bomb caused the truck to **disintegrate** into thousands of tiny pieces.
그 폭탄은 트럭이 수천 개의 작은 조각으로 **산산조각이 나게** 했다.

유 ¹decompose, dissolve, dismantle

0594
tangible★ [tǽndʒəbl] 지7 | 서7 | 법원

형 ¹유형(有形)의, 실체가 있는 ²명백한, 확실한
tang(touch)+ible(형) → 만질 수 있는 → 형태가 있는

tangibility 명 ¹만져서 알 수 있음 ²명백함, 확실함

- Unlike many people today, I prefer a **tangible** book made out of paper over an electronic reading tool. 오늘날 많은 사람들과 달리, 나는 전자 독서 도구보다 종이로 만든 **유형의** 책을 선호한다.
- There is no **tangible** evidence to support her claim.
그녀의 주장을 뒷받침할 **확실한** 증거가 없다.

유 ¹concrete, substantial ²palpable

0595
intangible★ [intǽndʒəbl] 법원

형 ¹무형(無形)의, 실체가 없는 ²손으로 만질 수 없는 ³막연한
in(not)+tangible(유형의)

intangibility 명 ¹손으로 만질 수 없음 ²막연하여 파악할 수 없음

- **intangible** cultural heritage 무형문화재

유 ¹formless, immaterial, incorporeal, amorphous

0596
contagious★ [kəntéidʒəs]

형 (접촉을 통해) 전염되는, 전염성의
con(together)+tag(touch)+ious(형) → 서로 닿는

contagion 명 전염, 감염

- **Contagious** germs can be removed by washing your hands.
전염성이 있는 세균들은 손을 씻음으로써 제거될 수 있다.

유 infectious, communicable, susceptible, transmissible

0597
contiguous★ [kəntígjuəs] 교행

형 인접한, 근접한
con(with, together)+tig(touch)+uous(형)

contiguity 명 인접, 접근

- She's visited each of the 48 **contiguous** states in the U.S., but she hasn't been to Alaska or Hawaii yet. 그녀는 미국에서 48개의 **인접한** 각각의 주(州)를 방문했지만, Alaska나 Hawaii는 아직 가본 적이 없다.

유 adjacent, adjoining

● be contiguous to[with] ~와 인접해 있다

0598
contingent★ [kəntíndʒənt] 국9 | 국7 | 지7 | 서9

형 (~의) 여하에 달린 명 대표단, 파견대
con(with, together)+ting(touch)+ent(형)(명) → ~와 접촉하여 발생하는

contingency 명 만일의 사태

- According to my supervisor, the job promotion is **contingent** upon my ability to pass the management exam. 내 상사에 따르면, 승진은 경영 시험에 합격하는 나의 능력에 **달려** 있다.

유 형 dependent, conditional
명 batch, detachment

DAY 08 느낌, 감정

Preview & Review

sens, sent ▶ feel

- sense
- sensible
- sensitive
- sentient
- assent
- resent
- sensory
- insensible
- hypersensitive
- sentiment
- consent
- multisensory
- sensation
- sensibility
- presentiment
- dissent

느끼다 → 감지하다 → 감각, 지각
느끼다 → 기분, 감정, 정서 → 감성

pass, pati; path(o) ▶ feeling, suffering, disease

- passion
- passive
- compatible
- antipathy
- pathogen
- compassion
- impassive
- incompatible
- apathy
- pathological
- dispassionate
- patient
- sympathy
- pathetic
- impassioned
- impatient
- empathy
- pathos

느낌 → 강한 감정 → 열정, 연민
고통 → 병

dol ▶ grieve, suffer

- dole
- dolo(u)r
- condole
- indolence

몹시 슬퍼하다 → 한탄, 애도
고통받다

phobia; tim ▶ fear

- phobia
- intimidate
- timid
- timorous

공포 → 겁 → 소심

ter(r) ▶ frighten

- terrible
- terrific
- terrify
- deter

겁먹게 하다 → 무서운 → 단념하다
→ 놀랄 만한

trem, trep ▶ tremble

- **trem**ble
- **trem**or
- **trem**endous
- **trep**idation
- in**trep**id

떨다 → 몸이 떨릴 정도의 → 무서운 / 엄청난

sol ▶ comfort

- **sol**ace
- con**sole**
- incon**sol**able
- discon**sol**ate
- **sol**atium

위안을 주다 → 위로 → 위로해 주는 것

gree, grac, grat ▶ pleasing, favor

- a**gree**
- a**gree**able
- disa**gree**
- disa**gree**able
- **grac**e
- dis**grac**e
- **grat**ify
- **grat**eful
- **grat**itude
- in**grat**itude
- in**grat**iate
- **grat**uity
- **grat**is
- **grat**uitous

기쁘게 하는 → 감사하는
호의 → 호의를 베푸는 → 무료의

pla(c); sat(is) ▶ please; enough

- **plac**ate
- im**plac**able
- com**plac**ent
- com**pla**isant
- **plac**id
- **satis**fy
- dis**satis**fy
- **sat**iable
- in**sat**iable / in**sat**iate
- **sat**urate

기쁘게 하다 → 슬픔, 고통을 가라앉히다
충분한 → 충분히 채우다 → 만족시키다

am(i), (i)mi; phil(o) ▶ love

- **ami**ty
- **ami**able
- **ami**cable
- en**amo**(u)red
- **am**enity
- **am**ateur
- in**imi**cal
- en**mi**ty
- **phil**osophy
- **phil**anthropy
- **phil**harmonic

사랑하다 → 사이좋은 / 편하고 좋은

sens, sent
= feel (느끼다)

암기유발 TIP

sensor 센서, 감지기
sens(feel)+or(명)

0599 국9 | 국7 | 지9 | 지7 | 서9 | 서7 | 경찰 | 국회 | 기상 | 법원 | 교행 | 사복

sense* **
[sens]
(타) 감지하다 (명) ¹ 감각 ² 분별력 ³ 의미, 뜻

(유) (타) discern, perceive
(반) (명) ³ nonsense (뜻이 통하지 않는 말)
• make sense 의미가 통하다

senseless (형) ¹ 의식을 잃은 ² 무분별한 ³ 무의미한

MORE+ 기출표현
- **sense** of pride — (명) 자부심
- **sense** of humor — (명) 유머 감각
- **sense** of identity — (명) 정체성
- **sense** of perspective — (명) 균형감
- sixth **sense** — (명) 육감, 직감(= intuition)
- five **senses**: sight, hearing, taste, smell, touch

0600 지9 | 법원

sensory**
[sénsəri]
(형) 감각의
sens(feel)+ory(형)

• Among the **sensory** elements, using a scent is a relatively recent marketing strategy adopted by many retailers. 감각 요소들 중에서, 냄새를 사용하는 것은 많은 소매업자들에 의해 채택된 상대적으로 최근의 마케팅 전략이다. [법원]

0601 국9

multisensory**
[mÀltisénsəri]
(형) 여러 감각이 관여하는
multi(many)+sensory(감각의)

• Online art exhibitions may become ever more **multisensory** by drawing on virtual reality technology. 온라인 미술 전시는 가상현실 기술을 이용하여 훨씬 더 많은 **여러 감각이 관여하는** 것이 될지도 모른다. [국9]

0602 국9 | 지9 | 서9 | 경찰 | 기상 | 법원

sensible***
[sénsəbl]
(형) 분별력 있는, 현명한
sens(feel)+ible(형) → 분별력을 발휘할 수 있는

(유) reasonable, rational, wise

• He remains **sensible** and realistic about life. 그는 삶에 대해 **분별력** 있고 현실적이다. [지9]

MORE+ 관련어휘
- **sensual** — (형) 감각적인, 관능적인 e.g. **sensual** pleasure 육체적 쾌락
- **sensuous** — (형) 감각적인, 심미적인(= aesthetic) e.g. **sensuous** description 감각적 표현

0603

insensible*
[insénsəbl]
(형) ¹ 무감각한 ² 의식하지 못하는, 인사불성의
in(not)+sensible(분별 있는)

(유) ¹ numb ² senseless, unconscious
• grow insensible to ~에 무감각해지다

insensibility (명) ¹ 둔감, 무관심 ² 무의식 (상태), 인사불성
• **insensible** to pain 고통에 무감각한

0604 국9 | 지9 | 서7 | 법원 | 교행 | 사복

sensation***
[senséiʃən]
(명) ¹ 감각 ² 기분, 느낌 ³ 센세이션, 돌풍
sens(feel)+ation(명)

(유) ³ novelty

sensational (형) ¹ 선풍적인 ² 선정적인 **sensationalism** (명) 선정주의

• **Sensation** and perception play two complementary but different roles in how we interpret our world. **감각**과 지각은 우리가 세상을 해석하는 방법에 있어서 두 가지의 보완적인 그러나 서로 다른 역할을 수행한다. [사복]

• A newly released movie created a great **sensation**. 새로 개봉한 영화 한 편이 큰 **돌풍**을 일으켰다.

0605
sensitive***
[sénsitiv]

[형] ¹ 예민한, 민감한 ² 섬세한, 세심한
sens(feel)+itive(형) → 잘 느끼는 경향이 있는

sensitivity [명] ¹ 예민함, 민감함 ² 섬세함, 세심함

- According to a recent study, the youngest children in class are more **sensitive** to stress at school than their older classmates. 최근 한 연구에 따르면, 학급에서 가장 나이 어린 아이들이 나이가 더 든 급우들보다 학교에서 스트레스에 더 **민감하다**. [법원]

유 ¹ susceptible, keen ² delicate

0606
hypersensitive*
[háipərsénsətiv]

[형] 과민한, 과민증의
hyper(over)+sensitive(예민한)

- Some people are **hypersensitive** to bee stings. 어떤 사람들은 벌침에 **과민증**이 있다. [국9]

0607
sensibility**
[sènsəbíləti]

[명] (특히 예술적) 감수성, 감성
sens(feel)+ible(형)+ity(명) → 잘 느껴서 받아들일 수 있는(-ible) 성질(-ty)

- The study of literature leads to a growth of intelligence and **sensibility**. 문학 공부를 하면 지능과 **감수성**이 길러진다.

MORE+ 혼동어휘 sense vs. sensibility
Jane Austen(1775~1817)의 소설 Sense and Sensibility에서는 sense(이성), 즉 매사를 분별력 있게 잘 판단하는 언니 엘리너와, sensibility(감성)에 매번 휘둘리는 동생 매리언이 주인공으로 등장한다.

0608
sentient*
[sénʃənt]

[형] 감각[지각]력이 있는
senti(feel)+ent(형)

insentient [형] 지각이 없는

- Man is a **sentient** being. 인간은 **감각력이 있는** 존재이다.

0609
sentiment*
[séntimənt]

[명] ¹ 감정 ² 정서 ³ 감상
senti(feel)+ment(명)

sentimental [형] ¹ 감정적인 ² 정서적인 ³ 감상적인

- to appeal to public **sentiment** 대중의 **감정**[여론]에 호소하다

0610
presentiment*
[prizéntimənt]

[명] (불길한) 예감
pre(before)+senti(feel)+ment(명)

- I had a **presentiment** of disaster. 나는 재난이 일어날 것 같은 **예감**이 들었다.

유 premonition, foreboding

0611
assent**
[əsént]

[자] 동의하다, 찬성하다 《to》 [명] 동의, 찬성
as(to)+sent(feel) → 같은 쪽으로 느끼다

- to lead the meeting towards unanimous **assent** 회의를 만장일치의 **동의**로 이끌다 [법원]

유 [자] agree 《to》, concur 《with》

0612
consent***
[kənsént]

[자] 승낙하다, 합의하다 《to》 [명] 승낙, 합의
con(with)+sent(feel) → 함께 같은 느낌을 갖다

consensus [명] 합의, 의견 일치

- All governments, even the most dictatorial, have some **consent** of the governed. 모든 정부는, 심지어 제일 독재적인 정부라도, 국민들로부터 어느 정도의 **합의**를 얻는다. [국7]

유 [명] agreement, assent, concurrence, accord

0613 dissent**
[disént]
자 이의를 제기하다, 반대하다 (from) 명 이의, 반대
dis(differently)+sent(feel) → 다르게 느끼다

dissension 명 불화 dissentient 명동 다수 의견에 반대하는 (사람)

- Several scientists **dissented** from the authorities' decision.
몇몇 과학자들이 당국의 결정에 **반대했다**.

유 명 objection, protest

법원

0614 resent**
[rizént]
타 (~에) 분개하다, 분하게 여기다
re(강조)+sent(feel) → 심하게 느끼다

resentment 명 분개, 분함 resentful 형 분개하는, 분해하는

- I **resented** the rumor about my family. 나는 내 가족에 대한 소문에 **분개했다**.

지9 | 서7 | 경찰 | 법원

pass, pati
= feeling (느낌), suffering (고통)

0615 passion***
[pǽʃən]
명 1 열정, 정열 2 격노, 울화
pass(suffer)+ion(명)

passionate 형 열정적인, 정열적인

- to speak with **passion** 열정적으로 말하다

유 1 enthusiasm, fervo(u)r, ardo(u)r
2 rage, fury

지7 | 서9 | 서7 | 경찰 | 국회 | 법원 | 사복

0616 compassion**
[kəmpǽʃən]
명 동정(심), 연민
com(together)+passion(격노) → (다른 사람과) 함께 격노하는 것

compassionate 형 동정하는, 연민 어린

- to feel **compassion** for victims of war 전쟁 희생자에 대해 **동정심**을 갖다

유 pity, sympathy
반 apathy, mercilessness (무정함)

국7 | 서7 | 법원

0617 dispassionate*
[dispǽʃənət]
형 감정에 좌우되지 않는, 공정한
dis(opposite)+passion(격노)+ate(형)

- Journalists aim to be **dispassionate** observers.
기자는 **감정에 좌우되지 않는** 관찰자가 되는 것을 목표로 한다.

유 impartial, objective
반 emotional (감정적인)

0618 impassioned*
[impǽʃənd]
형 열정적인, 열띤, 간절한
im(in)+passion(열정)

- The lawyer made an **impassioned** argument in her client's defense.
변호사는 의뢰인의 변호를 위해 **열띤** 주장을 했다.

유 passionate, fervent, ardent

0619 passive***
[pǽsiv]
형 수동적인, 소극적인
pass(suffer)+ive(형) → 고통받는 채로 있는

- to take a **passive** attitude **수동적인** 태도를 취하다

반 active (능동적인)

국9 | 국7 | 지9 | 서7 | 경찰 | 국회 | 법원

0620
impass**ive**＊ [impǽsiv]

⟨형⟩ 무표정한, 아무런 감정이 없는
im(not)+pass(suffer)+ive(형) → 고통받지 않는

- The defendant remained **impassive** as the judge announced the guilty verdict.
  판사가 유죄 평결을 선언할 때 피고는 **무표정한** 채로 있었다.

0621
국9 | 국7 | 지9 | 지7 | 서9 | 서7 | 경찰 | 법원

patient＊＊＊ [péiʃənt]

⟨명⟩ 환자 ⟨형⟩ 인내심[참을성] 있는
pati(suffer)+ent(형)

유 ⟨형⟩ forbearing, tolerant

patience ⟨명⟩ 인내심, 참을성

- It's not easy to be **patient** when stuck in a traffic jam.
  교통체증에 갇혔을 때 **인내심** 있기란 쉽지 않다.

MORE+ 관련어휘
in**patient** ⟨명⟩ 입원 환자
out**patient** ⟨명⟩ 외래 환자

0622
국9 | 국7 | 서9 | 법원

impati**ent**＊＊ [impéiʃənt]

⟨형⟩ 조급한, 안달하는
im(not)+patient(인내심 있는)

반 intolerant

impatience ⟨명⟩ 조급함, 안달

- All were **impatient** to get back home. 모두가 집으로 돌아가려고 **안달했다**.

0623
국9 | 국7 | 지9 | 지7

compati**ble**＊＊ [kəmpǽtəbl]

⟨형⟩ ¹양립[화합]할 수 있는, 잘 맞는 ²(컴퓨터 등이) 호환 가능한
com(together)+pati(suffer)+ble(형) → 함께 견딜 수 있는

유 ¹reconcilable

compatibility ⟨명⟩ ¹양립[화합] 가능성 ²호환성

- They met in college, found they were **compatible**, and began to date.
  그들은 대학 다닐 때 만났고 서로 **잘 맞는다는** 걸 알고는 데이트를 시작했다. [국9]

0624
지7

incom**pati**ble＊＊ [inkəmpǽtəbl]

⟨형⟩ ¹양립[화합]할 수 없는 ²호환할 수 없는
in(not)+compatible(양립할 수 있는, 호환 가능한)

유 ¹irreconcilable

incompatibility ⟨명⟩ ¹양립[화합]할 수 없음 ²호환성이 없음

- This printer is **incompatible** with some computers.
  이 프린터는 어떤 컴퓨터와는 **호환이 안 된다**.

---

path(o)
= feeling (느낌), suffering (고통), disease (병)

암기유발 TIP
telepathy 텔레파시
tele(far)+path(feel)+y(명)

0625
국9 | 국7 | 지9 | 서7 | 경찰 | 기상 | 교행

sympath**y**＊＊＊ [símpəθi]

⟨명⟩ ¹공감, 찬성 ²동정(심), 연민
sym(together)+path(feel)+y(명) → 함께 느낌

유 ²pity, commiseration, compassion

sympathetic ⟨형⟩ ¹공감하는 ²동정하는 **sympathize** ⟨자⟩ ¹공감하다 《with》 ²동정하다

- I'm afraid that he may take our hospitality as cheap **sympathy**.
  나는 그가 우리의 환대를 값싼 **동정**으로 여길지 몰라서 걱정된다. [기상]

0626
empath**y****
[émpəθi]
명 감정 이입, 공감
em(in)+path(feel)+y(명) → 감정을 받아들임

국9 | 기상

empathetic / empathic 형 감정 이입의 **empathize** 자 감정 이입하다, 공감하다 《with》
- ability to **empathize** 공감 능력 [기상]

0627
anti**path**y**
[æntípəθi]
명 (강한) 반감, 혐오
anti(against)+path(feel)+y(명)

지7

⊕ dislike, aversion, animosity, loathing

- The interview revealed strong **antipathy** toward Congress.
  그 인터뷰는 의회에 대한 강한 **반감**을 드러냈다.

0628
a**path**y*
[ǽpəθi]
명 무관심, 냉담
a(without)+path(feel)+y(명)

⊕ indifference, unconcern

apathetic 형 무관심한, 냉담한(= cavalier)
- The campaign failed because of public **apathy**.
  그 캠페인은 대중의 **무관심** 때문에 실패했다.

0629
pathetic**
[pəθétik]
형 ¹애처로운, 불쌍한 ²한심한, 형편없는
pathe(feel)+tic(형)

국9

⊕ pitiful, miserable, woeful, wretched

pathetically 부 애처롭게
- a **pathetic** old man 불쌍한 노인
- He cried **pathetically**. 그는 애처롭게 울었다. [국9]

0630
pathos*
[péiθɑs]
명 (연극 등에서) 연민을 자아내는 힘, 비애

- There's a **pathos** in his performance. 그의 공연에는 **연민을 자아내는 힘**이 있다.

0631
pathogen*
[pǽθədʒən]
명 병원균(病原菌), 병원체
patho(suffer)+gen(produce) → 고통을 발생시키는 것

법원

pathogenic 형 병원(성)의, 발병시키는
- the spread of deadly **pathogens** by insects 해충에 의한 치명적인 **병원균**의 확산

0632
pathological*
[pæ̀θəlɑ́dʒikəl]
형 ¹병리학의, 병의 ²병적인, 비정상의
patho(suffer)+log(study)+ical(형)

지7 | 서7

⊕ morbid

pathology 명 병리학 **pathologist** 명 병리학자
- a **pathological** liar 병적인 거짓말쟁이

dol
= grieve (몹시 슬퍼하다), suffer (고통받다)

암기유발 TIP
doll(인형)이 슬퍼하는(grieve) 아이를 달래주는 것으로 연상

0633

dole *
[doul]

명 ¹ 슬픔, 비탄 ² 《the ~》 실업수당 자 한탄하다

• be on the dole
실업수당을 받다

doleful 형 슬픈, 애절한
• Many people were out of work and on the **dole**. 많은 사람들이 실직해서 **실업수당**을 받았다.

0634

dolo(u)r *
[dóulər]

명 비탄, 슬픔

유 sadness, sorrow

dolorous 형 비탄하는, 슬픈
• My dog's death filled my heart with **dolor**. 기르던 개가 죽어서 내 마음은 슬픔으로 가득 찼다.

0635

con**dol**e *
[kəndóul]

자 애도하다, 조의를 표하다   [경찰]
con(together)+dole(한탄하다)

condolence 명 애도, 조의
• I offer my deepest **condolence**. 깊은 **애도**를 표합니다. [경찰]

0636

in**dol**ence *
[índələns]

명 나태, 게으름   [서9]
in(not)+dol(suffer)+ence(명) → 고통받지 않음 → 벗어나려 애쓰지 않음

유 laziness, idleness
반 industry, diligence (부지런함)

indolent 형 나태한, 게으른
• Some argue that smartphones encourage **indolence**.
어떤 사람들은 스마트폰이 **게으름**을 조장한다고 주장한다.

---

phobia; tim
= fear (공포)

암기유발 TIP
Phobos 포보스
《그리스 신화에 나오는 공포의 신》

0637

phobia **
[fóubiə]

명 공포(증), 혐오(증)   [지7 | 서9 | 경찰]

phobic 명 형 공포증[혐오증]이 있는 (사람)
• **phobia** of death 죽음에 대한 공포 [서9]

MORE+ 관련어휘

acro**phobia** 명 고소 **공포(증)** (acro(top)+phobia(fear))
agora**phobia** 명 광장 **공포(증)** (agora(open space)+phobia(fear))
anthro**phobia** 명 대인 **공포(증)** (anthro(man)+phobia(fear))
aqua**phobia** 명 물 **공포(증)** (aqua(water)+phobia(fear))
claustro**phobia** 명 폐소[밀실] **공포(증)** (claustro(close)+phobia(fear))
hydro**phobia** 명 광견병, 공수병 (hydro(water)+phobia(fear))
mono**phobia** 명 고독 **공포(증)** (mono(one, single)+phobia(fear))
xeno**phobia** 명 외국인 **공포(증)** (xeno(foreign)+phobia(fear))

0638 intimidate*
[intímideit] 서9 | 경찰 | 법원

타 위협하다, 겁을 주다
in(in)+timid(겁 많은)+ate(동)

intimidation 명 위협   intimidatory 형 위협적인
- The laborers were **intimidated** into accepting pay cuts.
  근로자들은 임금 삭감을 받아들이라고 **위협받았다**.

유 threaten, frighten, terrify, menace, browbeat

0639 timid**
[tímid] 국9 | 국7 | 지9 | 지7 | 경찰

형 소심한, 겁 많은
tim(fear)+id(형)

timidity 명 소심함
- Though critics speak of him sometimes as "manly" or "courageous," he is actually **timid**. 비평가들이 그가 '남자답다'거나 '용기 있다'고 말할 때도 있지만, 그는 사실 **겁이 많다**. [국7]

유 shy, bashful, coy
반 bold(대담한)

0640 timorous*
[tímərəs]

형 소심한, 겁 많은
timor(fear)+ous(형)

- a shy and **timorous** teenage girl 부끄럼을 잘 타고 **겁이 많은** 한 십 대 소녀

유 timid

---

ter(r)
= frighten (겁먹게 하다)

암기유발 TIP
terror 테러, 공포
terr(frighten)+or(명)

0641 terrible***
[térəbl] 국9 | 국7 | 지9 | 지7 | 서9 | 경찰 | 국회 | 기상 | 법원 | 교행 | 사복

형 끔찍한, 심한
terr(frighten)+ible(형)

terror 명 ¹극심한 공포, 공포의 대상 ²테러 (행위)
- a **terrible** crime 끔찍한 범죄

유 dreadful, horrible, fearful, awful

0642 terrific**
[tərífik] 법원

형 ¹아주 좋은, 멋진 ²(양, 정도 등이) 엄청난
terr(frighten)+ific(형) (원래는 '무서운'을 의미했으나 뜻이 점차 약화되어 '놀라운 → 멋진'의 의미가 됨)
- a **terrific** party 멋진 파티

유 ¹amazing ²tremendous

0643 terrify**
[térəfài] 국7 | 서7 | 경찰 | 법원

타 겁먹게 하다, 몹시 무섭게 하다
terr(frighten)+ify(동)

terrifying 형 겁나게 하는, 무섭게 하는   terrified 형 겁이 난, 무서워하는
- Many people are **terrified** of bats. 많은 사람들이 박쥐를 **몹시 무서워한다**. [국7]

유 frighten, scare, terrorize

0644 deter***
[ditə́ːr] 국7 | 지9 | 지7 | 서9 | 경찰 | 법원 | 교행 | 사복

타 단념시키다, 제지하다, 막다
de(away)+ter(frighten) → 놀라게 해서 멀리하게 하다

deterrence 명 제지   deterrent 형·명 제지하는 (것)
- The police patrolled the subway station to **deter** crime.
  경찰은 범죄를 **막기** 위해 지하철역을 순찰했다. [경찰]

유 dissuade, prevent, discourage
반 encourage (장려하다)

trem, trep
= tremble (떨다)

암기유발 TIP
트램펄린(trampoline)에서 발을 구르면 바닥이 몹시 떨리는 것에서 연상

0645 　　　　　　　　　　　　　　　　　　　　　　　지7 | 경찰 | 기상

tremble**
[trémbl]
　자 떨다, 떨리다　명 떨림, 전율
　유 shake, shiver, quake, shudder

- The flutist's two hands were **trembling**. 플루트 연주자의 두 손은 **떨리고** 있었다. [경찰]

0646 　　　　　　　　　　　　　　　　　　　　　　　법원

tremor*
[trémər]
　명 ¹ 떨림　² 약한 지진
trem(tremble)+or(명)
　반 steadiness (안정됨)

tremulous 형 떠는, 떨리는

- to reply with a **tremor** in his voice **떨리는** 목소리로 대답하다 [법원]
- Small **tremors** are still being felt several days after the earthquake.
지진이 발생한 지 며칠이 지나도 여전히 **약한 지진**이 감지되고 있다.

0647 　　　　　　　　　　　　　　　　　국9 | 국7 | 지9 | 서9 | 서7 | 국회 | 법원 | 사복

tremendous***
[triméndəs]
　형 ¹ (양, 크기가) 엄청난　² 멋진, 대단한
tremend(tremble)+ous(형) → 몸이 떨릴 정도의
　유 ¹ formidable, huge, enormous, immense, colossal

tremendously 부 엄청나게

- The world has made **tremendous** advances in fields ranging from biology to information technology.
세계는 생물학부터 정보 기술에 이르는 분야들까지 **엄청난** 발전을 이루어 왔다. [지9]

0648

trepidation*
[trèpidéiʃən]
　명 공포, 두려움
trepid(tremble)+ation(명)

- the world's **trepidation** with the bird influenza virus
조류 독감 바이러스에 대한 전 세계적인 **공포**

0649 　　　　　　　　　　　　　　　　　　　　　　　국회

in**trep**id*
[intrépid]
　형 용감무쌍한, 두려움을 모르는
in(not)+trepid(tremble) → 떨지 않는
　유 fearless, daring, courageous, audacious

intrepidity 명 용맹, 대담

- an **intrepid** explorer **용감무쌍한** 탐험가

---

sol
= comfort (위안을 주다)

암기유발 TIP
솔솔(sol, sol) 부는 바람은 마음의 위안을 준다는 것으로 연상

0650

solace*
[sάləs]
　명 위안(을 주는 것)　타 위안을 주다
　유 명 comfort, consolation, relief

- Some people seek **solace** in religion. 어떤 사람들은 종교에서 **위안**을 찾는다.

DAY 08　159

0651 국9 | 경찰

console**
[kənsóul]

태 위로하다, 위안을 주다
con(강조)+sole(comfort)

consolation 명 위로, 위안(을 주는 것) consolatory 형 위로하는

- When a child feels that he has been punished wrongly, it is difficult to **console** him. 아이가 자신이 잘못 처벌받아왔다고 느낄 때, 아이를 **위로하는** 것은 어렵다. [국9]

유 comfort, solace, appease, soothe, placate

0652

inconsolable*
[ìnkənsóuləbl]

형 슬픔을 가눌 수 없는
in(not)+consol(e)(위로하다)+able(형) → 위로할 수 없는

- The old gentleman was **inconsolable** after the loss of his wife.
그 노신사는 아내와 사별한 후 슬픔을 가눌 수 없었다.

0653

disconsolate*
[diskɑ́nsələt]

형 낙담한, 몹시 슬픈
dis(away)+consol(e)(위로하다)+ate(형)

- I tried not to get too **disconsolate** by failure. 나는 실패에 너무 **낙담하지** 않으려고 노력했다.

유 depressed, dejected

0654

solatium*
[souléiʃiəm]

명 《pl. solatia》 위자료, 배상금

- A suitable **solatium** in the form of an apology was offered to the injured.
적절한 **위자료**가 사죄의 형태로 부상자들에게 제안되었다.

---

gree, grac, grat
= pleasing (기쁘게 하는), favor (호의)

암기유발 TIP
Gracias! 그라시아스!
어근 grat(pleasing)에서 발전한 '감사합니다'란 뜻의 스페인어

0655 국7 | 지9 | 지7 | 서9 | 서7 | 경찰 | 국회 | 법원 | 교행 | 사복

agree***
[əgríː]

자 ¹ 동의하다 《to》 ² 일치하다 《with》
a(to)+gree(pleasing)

agreement 명 ¹ 동의, 합의 ² 일치, 조화

- The observations **agree** with the predictions we made earlier.
관찰된 것들은 우리가 앞서 했던 예측과 **일치한다**.

0656 교행

agreeable**
[əgríːəbl]

형 ¹ 선뜻 동의하는 ² 기분 좋은, 쾌적한 ³ 알맞은, 적당한
agree(동의하다)+able(형)

- the **agreeable** climate 쾌적한 기후

유 ¹ willing
² pleasant, pleasing
³ suitable

0657 국7 | 지9 | 지7 | 경찰 | 국회 | 법원

disagree***
[dìsəgríː]

자 ¹ 반대하다 ² 일치하지 않다 《with》
dis(opposite)+agree(동의하다)

disagreement 명 ¹ 의견 차이 ² 불일치, 부조화

- The results **disagreed** with the cases reported so far.
결과는 지금까지 보고된 사례들과 일치하지 않았다.

0658
disagreeable* [dìsəgríːəbl] 형 ¹불쾌한 ²무뚝뚝한
dis(opposite)+agreeable(기분 좋은)
- the **disagreeable** odor of the garbage 불쾌한 쓰레기 냄새

유 ¹unpleasant, displeasing ²unfriendly

0659
국7 | 지7 | 경찰
grace** [greis] 명 ¹친절, 호의 ²품위 ³(신의) 은총 타 (아름답게) 빛내다

유 명 ¹courtesy, favo(u)r, kindness ²elegance

graceful 형 품위 있는 **gracious** 형 ¹정중한, 상냥한 ²품위 있는
- The clerk answered to the questions with **grace** and politeness.
  그 점원은 질문들에 **친절**하고 정중하게 대답했다.
- never to lose dignity and **grace** 위엄과 **품위**를 절대 잃지 않다

0660
국7 | 지7 | 기상
disgrace** [disgréis] 명 불명예, 수치 타 (명예를) 더럽히다
dis(opposite)+grace(품위, 빛내다)

유 disrepute, discredit, shame, dishono(u)r

disgraceful 형 불명예스러운, 수치스러운
- The administration was **disgraced** by the scandal. 행정부는 그 스캔들로 **명예가 더럽혀졌다**.
- some **disgraceful** incidents 몇 가지 **불명예스러운** 사건들 [국7]

0661
법원
gratify** [grǽtifài] 타 기쁘게 하다, 만족시키다
grat(pleasing)+ify(동)

유 please, gruntle, satisfy, content
반 disgruntle (기분 상하게 하다)

gratification 명 기쁨, 만족
- I was **gratified** by my report which appeared in the recent issue of a famous journal. 나는 한 유명 저널의 최신 호에 게재된 내 보고서에 **만족했다**. [법원]

0662
지9 | 서9 | 서7
grateful** [gréitfəl] 형 감사하는, 고맙게 여기는
grate(pleasing)+ful(형)

유 thankful, appreciative
반 ungrateful (감사할 줄 모르는)

gratefulness 명 감사, 고맙게 여김
- I was so **grateful** for your hospitality. 나는 당신의 환대에 매우 **감사했습니다**.

0663
지7 | 서7
gratitude** [grǽtitjùːd] 명 감사, 고마움
grati(pleasing)+tude(명)

유 appreciation

- to express **gratitude** for the parents 부모에게 **감사**를 표하다 [지7]

0664
ingratitude* [ingrǽtitjùːd] 명 배은망덕, 은혜를 모름
in(not)+gratitude(감사)

유 ungratefulness

- The man repaid my help only with **ingratitude**.
  그 남자는 내 도움에 오직 **배은망덕**으로 보답했다.

0665 ingratiate*
[ɪnɡréɪʃièɪt]

타 환심을 사다, 마음에 들게 하다
in(in)+grati(favor)+ate(동)

유 flatter
- ingratiate oneself (with A) (A의) 환심을 사다[비위를 맞추다]

ingratiation 명 아부, 아첨

- Those candidates who had managed to **ingratiate** themselves were very likely to be offered a position.
용케 **환심을 살** 수 있었던 지원자들은 일자리를 제의받을 가능성이 매우 높았다. [국9]

0666 gratuity*
[ɡrətjúːəti]

명 ¹ 팁, 사례금 ² (특히 제대 시의) 퇴직금
gratuit(favor)+y(명) → (서비스에 대해) 호의로 주는 것

유 ¹ tip, gift

- Under no circumstances is any officer to receive a **gratuity**.
어떤 경우에도 공무원은 **사례금**을 받아서는 안 된다.

0667 gratis*
[ɡrǽtɪs]

형 무료의 부 무료로

- The sample is sent **gratis** on application. 견본은 신청하면 **무료로** 보내진다.

0668 gratuitous*
[ɡrətjúːətəs]

형 ¹ 무료의 ² 불필요한, 이유 없는
gratuit(favor)+ous(형) → 호의를 베푸는

유 ¹ free, complimentary
² unnecessary, superfluous

- **gratuitous** service 무료 봉사
- The film was criticized for its **gratuitous** violence.
그 영화는 **불필요한** 폭력성으로 비난을 받았다.

---

pla(c)
= please (기쁘게 하다)

암기유발 TIP

Placebo Effect 플라시보 효과
《가짜 약을 복용하여 실제로 호전되는 것》
placebo 타 달래다

0669 placate*
[pléɪkeɪt]

타 진정시키다, 달래다
plac(please)+ate(동)

유 mollify, appease, pacify, soothe

- Outraged minority groups will not be **placated** by promises of future improvements. 격분한 소수 집단들은 앞으로 개선하겠다는 약속으로는 **진정되지** 않을 것이다.

0670 implacable*
[ɪmplǽkəbl]

형 완강한, 달래기 어려운
im(not)+plac(please)+able(형)

- the **implacable** opposition of employers 고용주들의 **완강한** 반대

0671 complacent*
[kəmpléɪsənt]

형 (부정적) (자신의 우월성에) 만족해하는, 회심의
com(강조)+plac(please)+ent(형)

유 self-satisfied, conceited, content(ed), smug

complacency 명 (현실에의) 안주, 자기만족

- The winner's **complacent** smile annoyed some of the members of the audience.
우승자의 **회심의** 미소는 일부 청중을 언짢게 했다. [국9]

0672
complaisant＊
[kəmpléizənt]

형 고분고분한, 남의 말을 잘 따르는
com(강조)+plais(please)+ant(형)

⊕ compliant, submissive, docile, obedient

complaisance 명 고분고분함

- The man was too **complaisant** to say "No" to others.
  그는 너무 **고분고분해서** 다른 사람들에게 '아니오'라고 말할 수 없었다.

MORE + 혼동어휘 **complacent vs. complaisant**
이 두 단어는 발음도 같은 homophones(동음이의어)이다. complacent는 **자기 자신에게 만족하여** 현실에 안주한다는 부정적 의미이고 complaisant는 **남을 기쁘게 하기 위해** 불평 없이 선뜻 남의 말을 잘 받아들인다는 의미이다. complacent의 'c'는 conceited(자만하는)와 연결되고 complaisant의 's'는 submissive(순종적인, 고분고분한)와 연결하여 연상해보자.

0673
placid＊
[plǽsid]

형 ¹(쉽게 짜증 내지 않고) 차분한, 얌전한 ²잔잔한
plac(please)+id(형)

⊕ peaceful, tranquil, serene, calm, quiet

- She was a very **placid** and calm child. 그녀는 매우 **차분하고** 조용한 아이였다.
- the **placid** surface of the lake 호수의 **잔잔한** 수면

---

sat(is)
= enough (충분한)

0674
satisfy＊＊＊
[sǽtisfài]

국9 | 지9 | 지7 | 서9 | 서7 | 경찰 | 국회 | 기상 | 법원 | 사복

타 ¹만족시키다, 충족시키다 ²납득시키다, 확신하게 하다
satis(enough)+fy(통) → 충분함을 느끼게 하다

satisfaction 명 만족(감), 충족 **satisfactory** 형 만족스러운, 충분한

- There is not enough wood in industrialized countries to **satisfy** demand.
  산업화된 국가들에는 수요를 **충족시킬** 만한 충분한 목재가 없다. [서9]

0675
dissatisfy＊＊
[dissǽtisfài]

국9 | 경찰

타 불만을 느끼게 하다, 불평하게 하다
dis(opposite)+satisfy(만족시키다)

dissatisfaction 명 불만, 불평 **dissatisfactory** 형 불만족스러운

- to leave both parties feeling **dissatisfied** with each other
  양쪽이 서로에게 **불만을 느끼게** 내버려 두다 [경찰]

0676
satiable＊
[séiʃəbl]

형 만족시킬 수 있는
sati(enough)+able(형)

satiate 타 ¹충족시키다 ²싫증이 나게 하다 《with》 **satiety** 명 포만(감)

- As she read the book, her curiosity was **satiated**.
  그 책을 읽으면서 그녀의 호기심은 **충족되었다**.

DAY 08 163

0677
insatiable / insatiate*
[inséiʃəbl / inséiʃiət]

형 만족할 줄 모르는, 욕심 많은
in(not)+satiable(만족시킬 수 있는)

지9

유 unquenchable, greedy, avaricious, voracious

insatiability 명 만족할 줄 모름, 탐욕
- **insatiable** desire for knowledge 지식에 대한 만족할 줄 모르는 욕구

0678
saturate*
[sǽtʃərèit]

타 1 흠뻑 적시다 2 포화 상태로 만들다
satur(enough)+ate(동)

국9 | 기상

• saturate A with B
B로 A를 포화 상태로 만들다

saturated 형 1 흠뻑 젖은 2 포화 상태의 3 (색상이) 강렬한   **saturation** 명 포화 (상태)
- to **saturate** the sponge with water 스펀지를 물로 흠뻑 적시다
- (un)**saturated** fat (불)포화 지방

---

am(i), (i)mi; phil(o)
= love (사랑하다)

암기유발 TIP
amor fati 아모르 파티
(운명을 사랑하라 -니체-)
amor(love)+fati(fate)

0679
amity*
[ǽməti]

명 우호, 친선
ami(love)+ty(명)

- a treaty of peace and **amity** 평화 우호 조약

0680
amiable*
[éimiəbl]

형 상냥한, 온화한
ami(love)+able(형)

국회

유 agreeable, friendly

amiability 명 상냥함, 온화함
- He is **amiable** and gets along with everyone. 그는 상냥해서 모두와 잘 지낸다.

0681
amicable*
[ǽmikəbl]

형 (태도 등이) 우호적인, 원만한
amic(love)+able(형)

유 friendly, hospitable, favo(u)rable
반 hostile(적대적인)

amicability 명 우호, 친선
- The dispute reached an **amicable** agreement. 그 분쟁은 원만한 합의에 도달했다.

MORE+ 혼동어휘 amiable vs. amicable

amiable은 사람이 friendly한 것이고 amicable은 관계 등이 friendly해서 불화나 다툼이 없는 것을 의미한다.
amiable의 ami를 사람 이름인 Amy와 연결시켜 기억해보자. Amy is amiable. (Amy는 사랑스럽다.)

0682
enamo(u)red*
[inǽmərd]

형 (~에) 매료된, 반한
en(in)+amo(u)r(love)+ed(형)

유 charmed, fascinated, captivated

- I became completely **enamored** of the beautiful island.
나는 그 아름다운 섬에 완전히 매료됐다.

0683 amenity*
[əménəti] 국9

명 ((pl.)) (생활) 편의 시설
amen(love)+ity(명) → 사랑이 듬뿍 담긴 것

- The Soleil department store outlet in Shanghai would seem to have all the **amenities** necessary to succeed in modern Chinese retail.
  상하이의 Soleil 백화점 아울렛은 현대 중국의 소매사업에서 성공하기 위해 필요한 **편의 시설**을 모두 갖춘 것처럼 보일 것이다. [국9]

유 facility, comfort, convenience

0684 amateur**
[ǽmətər] 서7 | 기상

명 아마추어, 비전문가 **형** 아마추어의, 취미로 하는
amateur(lover) → 무언가를 사랑해서 하는 사람

- an **amateur** championship 아마추어 선수권대회

반 professional
(전문가(의), 프로(의))

0685 inimical*
[inímikəl]

형 ¹ 적대적인 ² (~에) 해로운, 불리한 (to)
in(not)+imic(love)+al(형)

- forces **inimical** to democracy 민주주의에 **해로운** 세력

유 ¹ antagonistic

0686 enmity*
[énməti]

명 원한, 증오, 적대감
en(not)+mi(love)+ty(명)

- a world free from **enmity** between nations and races 국가와 인종 간 **증오**가 없는 세상

유 hostility, antagonism

0687 philosophy**
[filásəfi] 국9 | 국7 | 지9 | 지7 | 서9 | 국회 | 기상 | 법원 | 교행

명 철학
philo(love)+sophy(knowledge) → 지식에 대한 사랑[추구]

philosopher 명 철학자   **philosophical** 형 ¹ 철학적인 ² 침착한, 냉정한

- The player was quite **philosophical** about losing the game.
  그 선수는 경기에서 진 것에 꽤 **침착했다**.

0688 philanthropy*
[filǽnθrəpi] 국7 | 지7

명 자선 (사업), 박애(주의)
phil(love)+anthropy(mankind)

philanthropic 형 박애주의의   **philanthropist** 명 박애주의자

- to donate all the property to **philanthropy** 전 재산을 **자선 사업**에 기부하다

유 benevolence, humanitarianism

0689 philharmonic*
[filhɑːrmɑ́nik]

형 ¹ 음악 애호의 ² 교향악단의
phil(love)+harmonic(화음의)

- **philharmonic** orchestra 교향악단 오케스트라

DAY 09 말, 글 1

Preview & Review

lingu; leg ▶ tongue, language; read

- lingual
- linguistic
- bilingual
- legible
- illegible
- legend

언어, 혀 → 말
읽다 → 글

graph, gram ▶ write

- graphic
- photography
- autograph
- paragraph
- telegraph
- telegram
- holograph
- hologram
- homograph
- biography
- autobiography
- geography
- calligraphy
- typography
- bibliography
- stenography
- cartography
- demographic
- topographic
- choreographer
- grammatical
- diagram
- pictogram / pictograph
- epigram

글씨를 쓰다 → 써서 전하다 → 도표, 전보, 기록
글씨를 쓰다 → 글씨, 문자, 글

scrib(e), script ▶ write

- scribe
- describe
- indescribable
- inscribe
- transcribe
- circumscribe
- prescribe
- subscribe
- proscribe
- ascribe
- scribble
- manuscript
- postscript
- scripture
- conscript

글씨를 쓰다 → 묘사하다 설명하다
글씨를 쓰다 → 기입하다

verb ▶ word

- **verb**al
- non**verb**al
- pre**verb**al
- pro**verb**
- **verb**atim
- **verb**ose

말, 글자 → 언어

말, 글자 → 속담

liter ▶ letter(s)

- **liter**al
- **liter**ate
- il**liter**ate
- **liter**ature
- pre**liter**ate
- trans**liter**ate
- ob**liter**ate

글자 → 읽고 쓰다 → 글, 기록

sign; mark, marc ▶ sign, mark

- **sign**al
- **sign**age
- **sign**ature
- under**sign**ed
- **sign**post
- **sign**ify
- **sign**ificant
- in**sign**ificant
- de**sign**
- de**sign**ate
- as**sign**
- re**sign**
- con**sign**
- re**mark**
- re**mark**able
- de**marc**ation

표시하다 → 표시로 알리다 → 의미하다, 디자인하다

표시하다 → 표시로 정하다 → 표지판, 지정하다

neg ▶ deny, not

- **neg**ate
- ab**neg**ation
- **neg**ative
- **neg**otiate
- non**neg**otiable
- re**neg**otiate
- re**neg**ade

거부하다, 아닌 → 받아들이지 않는

lingu; leg
= tongue (혀), language (언어); read (읽다)

암기유발 TIP
language 언어
langu(tongue)+age(명)

0690
lingual＊ [líŋgwəl]
형 1 혀의 2 (글자가 아닌) 말의, 언어의
lingu(tongue)+al(형)

- **lingual** inflammation 혀의 염증
- **lingual** studies 언어 연구

MORE + 관련어휘
lingua franca (국제(공용)어, (만국) 공통어)
English is used as a **lingua franca** among many airline pilots.
(영어는 많은 비행기 조종사들 사이에 **국제공용어**로 쓰인다.)

0691   국9 | 지9 | 서9 | 서7 | 경찰 | 국회 | 기상 | 법원
linguistic＊＊＊ [liŋgwístik]
형 언어(학)의, 언어적인
lingu(tongue)+ist(명)+ic(형)

linguistics 명 언어학   **linguist** 명 언어학자
- There is enormous **linguistic** diversity among human populations.
  사람들 사이에 어마어마한 **언어적** 다양성이 존재한다. [서7]

0692   지9 | 서9 | 서7 | 법원 | 교행
bilingual＊＊ [bàilíŋgwəl]
형 2개 국어를 할 줄 아는   명 이중 언어 사용자
bi(two)+lingual(언어의)

bilingualism 명 2개 국어 상용
- Being **bilingual** makes you smarter. 2개 국어를 할 줄 아는 것은 당신을 더 똑똑하게 한다. [서9]

MORE + 기출어휘
monolingual 형 하나의 언어를 할 줄 아는 명 단일 언어 사용자
trilingual 3개의 국어를 할 줄 아는 명 3개 국어 사용자
multilingual 형 여러 언어를 할 줄 아는 명 다중 언어 사용

0693
legible＊ [lédʒəbl]
형 (글자가) 읽을[알아볼] 수 있는, 판독이 가능한
leg(read)+ible(형)

유 readable, decipherable

legibility 명 가독성, 읽기 쉬움
- The names and dates on the gravestones were no longer **legible**.
  묘비의 이름과 날짜는 더 이상 **알아볼 수 없었다**.

0694   국7 | 서7
illegible＊ [ilédʒəbl]
형 읽기 어려운, 판독이 불가능한
il(not)+leg(read)+ible(형)

유 unreadable, indecipherable

illegibility 명 읽기 어려움, 판독 불가능함
- **illegible** handwriting 읽기 어려운 손글씨

0695   국9 | 지9 | 지7
legend＊＊ [lédʒənd]
명 1 전설, 전설적인 인물 2 (지도 등의) 범례, 기호 설명
legend(read) → 읽히는 것 → 이야기

legendary 형 전설적인, 아주 유명한
- Greek myths and **legends** 그리스 신화와 전설
- Refer to the **legend** to know the meanings of each symbol.
  각 기호의 의미를 알려면 **범례**를 참조하라.

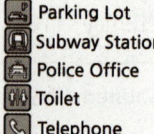
Parking Lot
Subway Station
Police Office
Toilet
Telephone

graph, gram
= write (글씨를 쓰다)

암기유발 TIP
program 프로그램, 계획(하다)
pro(forth)+gram(write) → 써서 내놓다

0696

graphic**
[grǽfik]

형 ¹ 그래프의, 도표의 ² 생생한, 상세한 명 그래프, 도표
graph(write)+ic(형)

유 형 ² vivid, detailed

지7 | 경찰 | 국회 | 법원

graph 명 그래프, 도표 **graphical** 형 그래프[도표]로 된

- to describe in **graphic** detail 생생하고 상세하게 묘사하다

0697

photography***
[fətάgrəfi]

명 사진 촬영(술)
photo(light)+graph(write)+y(명) → 빛으로 기록하기

국9 | 국7 | 지9 | 지7 | 서9 | 법원

photograph 자타 (~의) 사진을 찍다 명 사진 **photographic** 형 ¹ 사진(술)의 ² 사진 같은, 생생한

0698

autograph*
[ɔ́ːtəgrӕf]

타 (~에) 사인을 해주다 명 (유명인의) 사인
auto(self)+graph(write) → 자신을 나타내는 것을 쓰다

유 명 signature

autography 명 자필 서명 **autographical** 형 자필의, 친필의

- A number of youngsters rushed to a famous singer for his **autograph**.
  많은 청소년들이 한 유명 가수에게 그의 **사인**을 받기 위해 달려갔다.

0699

paragraph**
[pǽrəgrӕf]

명 단락, 문단
para(beside)+graph(write) → 나란히 쓰여 있는 것

지9

- the second **paragraph** from the bottom 밑에서부터 두 번째 **단락**

0700

telegraph*
[téləgrӕf]

자타 전보를 치다 타 (의향을) 드러내다, 알리다 명 전보
tele(far)+graph(write) → 먼 곳에 써 보내다

telegraphic 형 ¹ 전보의 ² 간결한

- A tiny movement of her arm **telegraphed** her intention to strike.
  그녀의 팔의 아주 작은 움직임이 타격하려는 의도를 **드러냈다**.
- News came from the outside world by **telegraph** in the past.
  과거에는 소식이 **전보**를 통해 외부 세계로부터 왔다.

0701

telegram*
[téləgrӕm]

명 전보, 전문(電文)
tele(far)+gram(write)

- The Korean president sent a congratulatory **telegram** to the players after the final game. 한국의 대통령은 결승전 후, 선수들에게 축하의 **전문**을 보냈다.

DAY 09 169

0702

holograph*
[hάləgræf]

명 자필 (문서)
holo(whole)+graph(write) → 전체를 직접 쓴

- a **holograph** letter 자필 편지

0703

hologram*
[hάləgræm]

명 홀로그램 《레이저 광선을 비추어 나타나는 입체상》
holo(whole, 3차원의)+gram(write) → 입체 형상

- A **hologram** is a three-dimensional image of an object.
  홀로그램은 물체의 3차원 이미지이다.

0704

homograph*
[hάməgræf]

명 동형[동철]이의어 《철자는 같으나 뜻은 다른 낱말》
homo(same)+graph(write)

MORE+ 관련어휘

homonyms vs. homographs vs. homophones
homonyms(동철동음이의어): 철자와 발음이 같고 뜻 다름
 e.g. well(잘, 제대로; 우물), bat(박쥐; 방망이; 공을 치다), fair(공정한; 박람회)
cf. heteronyms(동철이음이의어): 철자 같은데 발음과 뜻이 다름
 e.g. tear [tɛər] 동 찢다 tear [tiər] 명 눈물
homographs(동철이의어): 철자 같은데 발음과 뜻이 다름
 e.g. a windy [wíndi] day (바람 부는 날) vs. a windy [wáindi] road (꼬불꼬불한 길)
  a lead [lɛd] pipe (납으로 만든 파이프) vs. a lead [liːd] singer ((밴드, 그룹의) 리드 보컬)
homophones(동음이의어): 발음은 같은데 철자가 다름
 e.g. horse(말) hoarse(목 쉰) / meet(만나다) meat(고기) / tail(꼬리) tale(이야기) /
  discrete(별개의) discreet(신중한)

0705 지7 | 경찰

biography**
[baiάgrəfi]

명 (인물의) 전기, 일대기
bio(life)+graph(write)+y(명)

biographical 형 전기(체)의 **biographer** 명 전기 작가
- This book deals with the writer's life and political **biography**.
  이 책은 저자의 삶과 정치적 **일대기**를 다룬다.

0706 경찰

autobiography**
[ɔ̀ːtəbaiάgrəfi]

명 자서전
auto(self)+bio(life)+graph(write)+y(명)

유 memoir

autobiographical 형 자서전의, 자전적인
- a vivid description of the childhood in an **autobiography**
  자서전 속 어린 시절의 생생한 묘사

0707 국9 | 국7 | 지9 | 지7 | 서9 | 서7 | 경찰 | 기상

geography***
[dʒiάgrəfi]

명 ¹ 지리학 ² (한 지역의) 지리[지형] ³ (사회적) 지형도
geo(earth)+graph(write)+y(명)

geographic(al) 형 지리학의, 지리적인 **geographer** 명 지리학자
- Usually taxi drivers know the local **geography** well.
  보통 택시 운전사들은 지역의 **지리**를 잘 안다.
- the **geography** of poverty 빈곤의 **지형도**

0708

calligraphy*
[kəlígrəfi]

명 캘리그래피, 서예 《특수한 펜이나 붓으로 글씨를 아름답게 꾸미는 기술》
calli(beauty)+graph(write)+y(명)

0709
typography* [taɪpɑ́grəfi] 명 활판 인쇄(술)
typo(활자)+graph(write)+y(명)

typographical 형 인쇄상의, 인쇄술의
- The world's first **typography** was invented in ancient Korea.
  세계 최초의 **활판 인쇄술**은 고대 한국에서 발명되었다.

0710
bibliography* [bìbliɑ́grəfi] 명 ¹참고문헌 (목록) ²서지학 (도서를 연구하는 학문)
biblio(book)+graph(write)+y(명)

- There is a short **bibliography** in the back of the book. 책 뒤에 짧은 **참고문헌 목록**이 있다.

0711
stenography* [stənɑ́grəfi] 명 속기(술)   ≒ shorthand
steno(narrow)+graph(write)+y(명) → 세밀하게(narrow) 받아 적는 것

stenograph 타 속기하다   **stenographer** 명 속기사
- The speed and accuracy of **stenography** make it suited to capturing the fast and unpredictable output of live broadcasts. 속기술의 빠른 속도와 정확성은 생방송에서 일어나는 빠르고 예측 불가능한 일을 기록하는 것을 적합하게 한다.

0712
cartography* [kɑːrtɑ́grəfi] 명 지도 제작(법)
carto(paper, map)+graph(write)+y(명)

cartograph 명 지도   **cartographic** 형 지도 제작(상)의
- The effect of computer mapping techniques on traditional **cartography** has already been considerable. 전통적인 **지도 제작법**에 미치는 컴퓨터 지도 제작 기술의 효과는 이미 상당하다.

0713
demographic* [dèməgrǽfik] 형 인구 통계학의, 인구 통계학적
demo(people)+graph(write)+ic(형)

demographics 명 (pl.) 인구 통계 (자료)   **demography** 명 인구 통계학, 인구 변동
demographer 명 인구 통계학자
- **Demographic** trends show that there are rising numbers of old people.
  인구 통계학적 추세는 노령 인구수가 증가하고 있음을 보여준다.

0714
topographic* [tùpəgrǽfik] 형 지형(학)의
topo(place)+graph(write)+ic(형)

topography 명 지형(학)
- **topographic** features such as valleys, mountains, and reservoirs
  계곡, 산, 저수지와 같은 **지형학적** 특징들

0715
choreographer* [kɔ̀(ː)riɑ́grəfər] 명 안무가
choreo(dance)+graph(write)+er(명)

choreography 명 안무   **choreographic** 형 안무의
- The **choreographer** created a new style of dance.
  그 **안무가**는 새로운 스타일의 춤을 창작했다.

0716
grammatical**
[grəmǽtikəl]

형 문법(상)의, 문법에 맞는
grammat(write)+ical(형)

grammar 명 문법 grammarian 명 문법학자

• Even the best writers make **grammatical** and typographical errors.
최고의 작가들조차도 **문법상**의 오류와 인쇄상의 오류를 낸다. [법원]

경찰 | 법원 | 교행

0717
dia**gram****
[dáiəgræm]

명 (주로 선으로 구성된) 도해, 도표
dia(across)+gram(write) → 가로질러 이어 쓴 선

• The teacher drew a **diagram** showing how the blood flows through the heart.
선생님은 피가 심장을 어떻게 흐르는지를 보여주는 **도해**를 그렸다.

지9

0718
picto**gram** /
picto**graph***
[píktəgræm / píktəgræf]

명 상형 문자, 그림문자
picto(picture)+gram(write)

• The Chinese language made extensive use of **pictograms**. 중국어는 **상형 문자**를 광범위하게 사용한다.

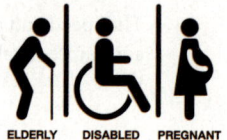

0719
epi**gram***
[épigræm]

명 경구(警句), 짧은 풍자시
epi(on)+gram(write) 《원래는 비석이나 기념물에 쓰인 짧은 시를 뜻했다.》

epigrammatic 형 경구의, 풍자적인

• "Heaven helps those who help themselves" is a famous **epigram**.
'하늘은 스스로 돕는 자를 돕는다'라는 유명한 **경구**이다.

🔄 proverb, saying, maxim, adage, axiom

---

scrib(e), script
= write (글씨를 쓰다)

암기유발 TIP
script 문자, 대본

0720
scribe*
[skraib]

명 (특히 인쇄술 발명 이전의) 필사가, 서기

• Initially, the horizontal form of papyrus scrolls was more common, so a **scribe** would typically refrain from writing a single line across the entire length.
처음에는 수평 방식의 파피루스 두루마리가 더 흔하였으므로, **필사가**는 전체 길이를 가로질러 한 줄로 쓰는 것을 보통 피하곤 했다. [서9]

서9

0721
de**scribe*****
[diskráib]

타 묘사하다, 서술하다
de(down)+scribe(write) → 아래로 써 내려가다

description 명 묘사, 서술 descriptive 형 묘사[서술]하는, 설명적인

• Feedback, particularly the negative kind, should be **descriptive** rather than judgmental. 피드백은, 특히 부정적인 종류라면, 비판적이기보다는 **설명적**이어야 한다. [국9]

국9 | 국7 | 지9 | 지7 | 서9 | 서7 | 경찰 | 국회 | 기상 | 법원 | 교행 | 사복

🔄 depict

0722
indescribable＊
[ìndiskráibəbl]
형 형언할 수 없는, 말로 다 할 수 없는
in(not)+describ(e)(묘사하다)+able(형)
- to feel **indescribable** pain 형언할 수 없는 고통을 느끼다

유 inexpressible

0723
inscribe＊
[inskráib]
타 (이름 등을) 새기다, 쓰다
in(in)+scribe(write) → 안을 파서 쓰다

inscription 명 새겨진 글, 비문
- The names of the war dead are **inscribed** in the monument.
  전사자들의 이름이 위령비에 **새겨져** 있다.

유 engrave, carve

0724
지7 | 서9 | 서7
transcribe＊＊
[trænskráib]
타 (글로) 기록하다, (다른 형태로) 바꿔[옮겨] 쓰다
trans(across)+scribe(write) → 다른 쪽으로 옮겨 쓰다

transcription 명 필사, 사본
- the computers' ability to **transcribe** human speech accurately
  인간의 말을 정확하게 **옮겨 쓸** 수 있는 컴퓨터의 능력 [서9]

유 transliterate

0725
지9 | 서9
circumscribe＊
[sə́ːrkəmskràib]
타 ¹(~의) 둘레에 선을 긋다 ²(권리 등을) 제한하다
circum(around)+scribe(write)

circumscription 명 제한, 한계
- to **circumscribe** a city on a map 지도 위 도시 둘레에 선을 긋다
- In the United States, people draw boundaries around individuals and **circumscribe** their "space." 미국에서 사람들은 각자의 주위에 경계선을 긋고 그들의 '공간'을 **제한한다**. [지9]

유 ¹encircle
²restrict, limit, restrain, confine, conscribe

0726
국9 | 지9 | 지7 | 법원
prescribe＊＊
[priskráib]
자 타 ¹규정하다 ²(약을) 처방하다
pre(before)+scribe(write) → 미리 써서 정해주다

prescription 명 ¹규정 ²처방전 **prescriptive** 형 지시하는, 권위적인
- all the conditions **prescribed** by law 법에 의해 **규정된** 모든 조항들
- Patients should take medication as **prescribed** by their doctors.
  환자들은 의사가 **처방해준** 대로 약을 복용해야 한다. [지7]

유 ¹stipulate, dictate

0727
국9 | 국회
subscribe＊＊
[səbskráib]
자 구독하다, (유료 채널 등에) 가입하다 (to) 타 기부하다
sub(under)+scribe(write) → 계약서 등의 밑에 이름을 쓰다

subscription 명 ¹구독(료), 가입 ²기부금 **subscriber** 명 ¹구독자, 가입자 ²기부자
- to **subscribe** to a newspaper 신문을 **구독하다**
- I **subscribed** 500 dollars to the charity. 나는 자선 사업에 500달러를 **기부했다**.

유 타 donate

0728
지7 | 서9
proscribe＊
[prouskráib]
타 (공식적으로) 금지하다
pro(in front of)+scribe(write) → 써서 사람들 앞에 알리다
- The use of cell phones in school is **proscribed** in class.
  수업 중에는 휴대전화 사용이 **금지된다**.

유 prohibit, ban, forbid, outlaw

0729

ascribe*
[əskráib]

타 ¹ (원인 등을) ~에 돌리다 《to》 ² (책 등을) ~의 것으로 여기다
ad(to)+scribe(write) → ~쪽으로 이유를 쓰다

지9

유 ¹ attribute, refer, impute

● ascribe A to B
A를 B의 탓[덕]으로 돌리다

ascription 명 귀속, 기인(起因), 탓으로 함
- to **ascribe** the failure to bad luck 실패를 불운 탓으로 돌리다
- This play is usually **ascribed** to Shakespeare.
이 작품은 보통 Shakespeare의 것으로 여겨진다.

0730

scribble**
[skríbl]

자 타 휘갈겨 쓰다, 낙서를 하다 명 휘갈겨 쓴 글씨

법원

유 scrawl

- Take out a notepad and **scribble** down whatever it is you want to have, do or be. 메모장을 꺼내서 가지고 싶고, 하고 싶거나, 되고 싶은 것이 무엇이든지 **휘갈겨 써라**. [법원]

0731

manu**script****
[mǽnjuəskript]

명 ¹ 필사본(筆寫本), 손으로 쓴 것 ² (책 등의) 원고
manu(hand)+script(write)

국9 | 지7 | 서9

- A **manuscript** is a unique and unreproducible object.
필사본은 독특하고 복제가 불가능한 물건이다. [국9]

0732

post**script***
[póustskript]

명 ¹ (편지 등의) 추신 《약자 P.S.》 ² (책 등의) 후기
post(after)+script(write)

- I added a **postscript** to the letter, "Leaving tomorrow."
나는 편지에 '내일 떠남'이라는 **추신**을 덧붙였다.

0733

scripture*
[skríptʃər]

명 《the S-》 성서, (pl.) 경전
script(write)+ure(명)

유 bible

- a quote from **scripture** 성서에서 인용한 구절

0734

con**script***
[kənskrípt]

타 징집하다, 징용하다 명 [kánskript] 징집병
con(together)+script(write) → (명단에) 한꺼번에 같이 기록하다

유 타 recruit, enlist, call up

conscription 명 징병(제)
- **conscription** exemption 징병[병역] 면제

---

verb
= word (말, 글자)

암기유발 TIP

verb 동사(動詞)
《모양이나 실체가 없어서 순전히 말로만 표현되는 품사》

0735

verbal***
[vɔ́ːrbəl]

형 구두(口頭)의, 말[언어]의
verb(word)+al(형)

국9 | 지9 | 서9 | 경찰 | 국회 | 교행

유 oral, spoken

verbalize 타 말로 표현하다
- To sign is to use the hands in a conscious, "**verbal**" manner to express the same range of meaning as would be achieved by speech. 수화를 하는 것은 말을 통해 이루어지는 의미와 같은 범주의 것을 표현하기 위해 의식적이고 '**언어적인**' 방식으로 손을 이용하는 것이다. [지9]

0736
nonverbal**
[nɑnvə́ːrbəl]

국9 | 지9 | 경찰 | 기상 | 법원

휑 비언어적인
non(not)+verbal(언어의)

- Speakers communicate their feelings and emotions through vocal sounds and **nonverbal** signals. 화자는 그들의 느낌과 감정을 목소리와 **비언어적인** 신호를 통해 전달한다. [국9]

0737
preverbal*
[priːvə́ːrbəl]

휑 (어린아이가) 말을 하기 전의
pre(before)+verbal(말의)

- **preverbal** infants 말을 하기 전의 유아들

0738
proverb**
[prάvəːrb]

국7 | 교행 | 사복

똉 속담, 격언
pro(forth)+verb(word) → 사람들 앞에 놓인 말 → 널리 알려진 말

⊕ saying, adage, maxim, epigram

proverbial 휑 ¹속담의 ²유명한, 소문난

- You have probably heard the **proverb** that "Blood is thicker than water." 여러분은 아마 '피는 물보다 진하다'라는 **속담**을 들어본 적이 있을 것이다. [국7]

0739
verbatim*
[vərbéitim]

휑 뷘 말 그대로의, 글자 그대로
verb(word)+atim(뷘)

⊕ 뷘 word for word

- The court reporter recorded a **verbatim** account of the trial. 법정 속기사는 재판의 내용을 **말한 그대로** 기록했다.

0740
verbose*
[vəːrbóus]

국7

휑 (말, 글이) 장황한
verb(word)+ose(~이 많은)

⊕ loquacious, prolix, wordy

verbosity 똉 장황함

- Much academic language is obscure and **verbose**. 많은 학문적 언어가 모호하고 **장황하다**.

---

liter
= letter(s) (글자)

암기유발 TIP

letter 글자, 문자, 편지

0741
literal***
[lítərəl]

국9 | 국7 | 지9 | 서7 | 국회 | 기상 | 법원

휑 ¹글자 그대로의 ²직역의
liter(letter)+al(휑)

literally 뷘 ¹글자 그대로 ²그야말로

- Active listeners take in objective information by listening to the **literal** words that are spoken. 적극적으로 듣는 사람들은 언급되는 **글자 그대로의** 말을 들음으로써 객관적 정보를 받아들인다. [국9]
- **literal** translation 직역 *cf.* free translation 의역

0742
literate**
[lítərət]

국9 | 지9 | 서7 | 법원

휑 ¹읽고 쓸 줄 아는 ²박식한, 교양 있는
liter(letter)+ate(휑)

literacy 똉 읽고 쓸 줄 아는 능력

- The Babylonians were the first **literate** civilization. 바빌로니아인들은 최초의 **읽고 쓸 줄 아는** 문명인들이었다. [서7]

0743
illitera**te***
[ilítərət]

형 ¹ 글을 읽고 쓸 줄 모르는, 문맹의 ²(특정 분야에 대해) 잘 모르는
il(not)+literate(읽고 쓸 줄 아는)

유 ²ignorant, uneducated

illiteracy 명 읽고 쓰지 못함, 문맹
- Before the creation of Hangul, most people were **illiterate**.
  한글 창제 이전에는 대부분의 민중들이 **문맹**이었다.
- I'm **illiterate** when it comes to computers. 나는 컴퓨터와 관련해서는 잘 모른다.

0744
litera**ture*****
[lítərətʃər]

국9 | 국7 | 지9 | 지7 | 서9 | 서7 | 경찰 | 기상 | 교행

명 ¹ 문학 (작품) ²(특정 분야의) 문헌, 인쇄물
literat(letter)+ure(명)

literary 형 문학의, 문학적인
- great works of **literature** 위대한 **문학** 작품들
- the **literature** on immigration policy 이민 정책에 관한 **문헌**

0745
pre**litera**te*
[prìːlítərit]

형 문헌 이전의, 원시의
pre(before)+literate(읽고 쓸 줄 아는)

- A **preliterate** society did not have a written language. **원시** 사회는 문자 언어가 없었다.

0746
trans**litera**te*
[trænslítərèit, trænz-]

타 (다른 나라 문자로) 바꾸어 쓰다
trans(across)+liter(letter)+ate(동) → 다른 쪽으로 가로질러 쓰다

유 transcribe

- On the road signs, the Greek place names have been **transliterated** into the Roman alphabet. 도로 표지판에서 그리스어 지명은 로마자로 **바꾸어 쓰였다**.

0747
ob**litera**te*
[əblítərèit]

국7 | 지7 | 서7 | 기상

타 완전히 없애다, 지우다
ob(against)+liter(letter)+ate(동) → 기록되는 것을 막다

유 efface, delete, wipe out

obliteration 명 말소, 소멸
- Tornadoes **obliterate** everything in their path.
  토네이도는 그것이 지나는 경로에 있는 모든 것을 완전히 **없앤다**.

sign; mark, marc
= sign, mark (표시하다)

암기유발 TIP
sign 기호, 신호, 징후, 표지판

0748
signal***
[sígnəl]

국9 | 국7 | 지9 | 서9 | 서7 | 기상 | 법원 | 사복

명 (동작, 소리 등의) 신호 자타 신호를 보내다 타 시사하다, 암시하다
sign(sign)+al(명)

유 명자타 sign
타 indicate

- Breaking eye contact is a good way of **signaling** to the other person that you are ready to end the conversation. 눈 맞춤을 끝내는 것은 다른 사람에게 당신이 대화를 끝낼 준비가 되었다는 **신호를 보내는** 한 가지 좋은 방법이다. [법원]
- The new tax **signaled** that the government was serious about the environment.
  새로운 조세는 정부가 환경에 대해 심각하게 여긴다는 것을 **시사했다**.

0749
signage*
[sáinidʒ]

명 신호 (체계)
sign(sign)+age(명)

- The city planned to improve **signage** for motorists and pedestrians.
도시는 운전자와 보행자를 위해 **신호 체계**를 개선하기로 계획했다.

0750
signature**
[sígnətʃər]

서9 | 국회

명 ¹서명 ²특징
signat(sign)+ure(명)

- The contract requires **signatures** from both parties. 계약서에는 양측의 **서명**이 필요하다.

0751
under**sign**ed*
[ʌndərsàind]

명 《the ~》 서명인(들)
under(under)+sign(sign)+ed(명) → 아래에 (이름을) 쓴 사람들 《보통 서명을 문서의 하단에 하므로》

- the **undersigned** who strongly object to the closure of the hospital
병원 폐쇄에 강력히 반대하는 **서명인들**

0752
signpost*
[sáinpòust]

명 표지판, 이정표 타 ¹표지판을 세우다 ²(주장의) 방향을 제시하다
sign(mark)+post(기둥)

- a **signpost** pointing to the airport 공항 방향을 가리키는 **표지판**
- His success **signposts** the way for others.
그의 성공은 다른 사람들에게 (성공의) **방향을 제시한다**.

0753
signify*
[sígnəfài]

서9

타 의미하다, 나타내다 자 중요하다
sign(sign)+ify(동)

유 타 indicate, mean, imply, denote
자 matter

signification 명 의미, 뜻

- The borderlands **signify** a long history of one sovereignty.
그 접경지대는 하나의 주권을 가진 오랜 역사를 **나타낸다**. [서9]

0754
significant***
[signífikənt]

국9 | 국7 | 지9 | 지7 | 서9 | 서7 | 경찰 | 국회 | 기상 | 법원 | 교행 | 사복

형 ¹중요한, 중대한 ²(양이나 정도가) 상당한
signifi(중요하다)+ant(형)

유 ¹important, notable, noteworthy, remarkable
²considerable

significance 명 ¹의미 ²중요성, 중대성

- a **significant** event in the history 역사상 **중요한** 사건
- Individuals will take **significant** measures to avoid the huge expense of having a car stolen — parking in safe places, locking the car, using an antitheft device, etc. 개인은 안전한 장소에 주차하거나, 차를 잠그거나, 도난 방지 장치를 사용하는 등 차를 도난당하는 엄청난 비용을 피하고자 **상당한** 조치를 할 것이다. [교행]

0755
in**sign**ificant**
[ìnsignífikənt]

법원

형 사소한, 하찮은
in(not)+significant(중요한)

유 unimportant, trivial, worthless

insignificance 명 사소한 것, 하찮음

- Don't be obsessed with **insignificant** details. 사소한 세부사항에 집착하지 마라.

0756
de**sign*****
[dizáin]

국9 | 국7 | 지9 | 지7 | 서9 | 서7 | 경찰 | 국회 | 기상 | 법원 | 교행

타 ¹디자인하다, 설계하다 ²(특정한 목적을 위해) 고안하다 명 도안, 설계
de(out)+sign(mark) → (가장자리에) 선을 그어 표시하다(mark out)

유 타 ²devise

- A flight simulator is **designed** to practice the conditions of an actual flight.
비행모의 장치는 실제 비행 상황을 연습하기 위해 **고안된다**.

0757 국9 | 지7 | 서7 | 법원

designate** [dézigneit]

[타] ¹ 지정하다, 명시하다 ² (직책에) 지명하다 [형] [dézignət] 지명된

de(out)+sign(mark)+ate([동]) → 밖으로 표시하다 → 분명히 알리다

[유] [타] ² appoint, nominate

designation [명] ¹ 지정, 명시 ² 지명 ³ 명칭, 직함

- Certain schools are **designated** "science-centered schools."
  특정 학교들이 '과학 중점 학교'로 **지정된다**.
- the interview with an ambassador **designate** 대사 **지명**자와의 인터뷰

0758 국9 | 지9 | 지7 | 서7 | 경찰 | 국회 | 법원 | 교행

assign*** [əsáin]

[타] ¹ (일 등을) 맡기다, 부여하다 ² (사람을) 배치하다 ³ 양도하다

ad(to)+sign(sign) → 향할 곳을 표시하다

[유] ¹ grant, allocate, allot ³ make over

assignment [명] ¹ 임무, 과제 ² 배치 ³ 양도

- to **assign** work to each man 각자에게 일을 **부여하다**
- Josh hasn't begun working on today's **assignment** yet.
  Josh는 오늘의 **과제**를 아직 시작하지 못했다. [국회]

0759 국9 | 경찰 | 사복

resign** [rizáin]

[자] [타] 사직하다, 사임하다

re(opposite)+sign(sign) → 계약서에 사인하는 것의 반대

• resign oneself to A (체념하여) A를 받아들이다

resignation [명] ¹ 사직, 사임 ² 체념 **resigned** [형] 체념한

- He **resigned** from his job as principal of the school. 그는 교장의 직위에서 **사임했다**.
- When the envelope came, I opened it with calm **resignation**.
  봉투가 도착했을 때, 나는 차분히 **체념**한 체 그것을 열었다. [경찰]

0760

consign* [kənsáin]

[타] ¹ 위탁하다, 맡기다 ² (상품 등을) 부치다 ³ (어떤 용도를 위해) 따로 두다

con(together)+sign(sign) → 함께 사인하여 승인하다

[유] ¹ deposit, entrust ² deliver ³ reserve

consignment [명] 탁송(물), 배송(물)

- The goods have been **consigned** to you by air.
  그 상품들은 항공편으로 당신에게 **부쳐졌습니다**.
- old clothes that have been **consigned** to the attic 다락에 **따로 두었던** 헌 옷가지들

0761 서9 | 서7 | 경찰 | 국회 | 법원 | 사복

remark*** [rimɑ́ːrk]

[자] [타] 언급하다, 발언하다 [명] 언급, 발언

re(강조)+mark(mark) → 정말 표시 나게 하다 → 의견을 표현하다

[유] comment, mention

- The speaker **remarked** on the issue of crisis management.
  연설가는 위기관리 문제에 대해 **언급했다**.

0762 지9 | 지7 | 서9 | 서7 | 경찰 | 법원 | 교행

remarkable*** [rimɑ́ːrkəbl]

[형] 놀랄 만한, 주목할 만한

remark(언급하다)+able([형]) → 언급할 만한

[유] extraordinary, amazing, astonishing, astounding

remarkably [부] 현저히, 매우

- Each autumn harp seals begin a **remarkable** journey that carries them over three thousand miles. 매해 가을에 하프바다표범은 3천 마일이 넘게 이동하는 **놀랄 만한** 여정을 시작한다. [지7]

0763 기상

demarcation* [dìːmɑːrkéiʃən]

[명] 경계(선), 구분

de(away)+marc(mark)+ation([명]) → 서로 떨어뜨리는 표시

[유] boundary, border, borderline, bound

demarcate [타] (~의) 경계를 정하다

- Officials from the North announced that no North Korean boats would cross the **demarcation** line. 북한의 관계자들은 어떠한 북한 어선도 **경계**선을 넘지 않을 거라고 발표했다. [기상]

neg
= deny (거부하다), not (아닌)

암기유발 TIP
값을 네고(nego)하다
nego ← negotiate
neg(not)+oti(leisure)+ate(동)

0764
negate*
[nigéit]
(타) ¹ 부인하다, 부정하다 ² 무효화하다, 효력이 없게 만들다
neg(deny)+ate(동)

(유) ¹ deny
² invalidate, nullify

negation (명) 부인, 부정
- The man **negated** the accusations of bribery. 그 남자는 뇌물 수수 혐의를 **부인했다**.
- Alcohol **negates** the effects of the drug. 술은 약의 **효력이 없게 만든다**.

0765
ab**neg**ation*
[æbnəɡéiʃən]
(명) 자제, 거부, 포기
ab(away)+neg(deny)+ation(명) → 멀리하도록 거부함

- Her **abnegation** of the leadership position left everyone in shock.
그녀의 대표직 **포기**는 모두를 충격에 빠뜨렸다.

0766 국9 | 국7 | 지9 | 지7 | 서9 | 서7 | 경찰 | 국회 | 법원 | 교행 | 사복
negative***
[néɡətiv]
(형) ¹ 부정적인, 나쁜 ² 부정하는 ³ (의학, 화학) 음성(陰性)의
neg(deny)+ative(형)

(반) positive(¹ 긍정적인 ² 긍정하는 ³ 양성의)

negativity (명) ¹ 부정적임 ² 소극적임 **negativism** (명) 소극주의
- Stress can have a **negative** impact on one's mental, as well as physiological, functioning. 스트레스는 생리학적 기능에 있어서 뿐만 아니라 누군가의 정신적 기능에 있어서도 **부정적인** 영향을 가질 수 있다. [사복]
- Drug and alcohol tests came back **negative**. 약물과 알코올 검사는 **음성으로** 나왔다.

0767 국7 | 지9 | 사복
negotiate**
[niɡóuʃièit]
(자)(타) 협상하다, 교섭하다 (타) (장애 등을) 극복하다, 넘다
neg(not)+oti(leisure)+ate(동) → 여유가 있지 않은 → 팽팽하게 당기다

(유) (타) overcome

negotiation (명) 협상, 교섭 **negotiable** (형) 협상의 여지가 있는, 절충 가능한 **negotiator** (명) 교섭자
- to **negotiate** a pay raise 임금 인상을 **협상하다**
- The driver carefully **negotiated** the winding road.
그 운전사는 구불구불한 도로를 조심스럽게 **넘었다**.

0768
non**neg**otiable*
[nànniɡóuʃiəbl]
(형) ¹ 협상[교섭]할 수 없는 ² (상업) 유통[양도] 불가능한
non(not)+negotiable(협상의 여지가 있는)

- The terms of a contract are **nonnegotiable**. 그 계약 조건은 **협상할 수 없다**.

0769
re**neg**otiate*
[rìːniɡóuʃièit]
(자)(타) 재교섭하다, (계약 등을) 재조정하다
re(again)+negotiate(교섭하다)

renegotiation (명) 재교섭, 재조정
- The U.S. government has demanded that the Korea-U.S. FTA be **renegotiated**.
미국 정부는 한미 FTA가 **재교섭 되어야** 한다고 요구해왔다.

0770
re**neg**ade*
[rénigèid]
(명) 변절자, 배신자
re(강조)+neg(deny)+ade(명) → (믿던 것을) 거부한 자

(유) traitor, betrayer

- an agent who later turns out to be a **renegade** 나중에 **배신자**로 밝혀진 한 첩보원

DAY 09 179

DAY 10 말, 글 2

🔍 Preview & Review

dic(t) ▶ tell, say

- diction
- dictum
- predict
- unpredictable
- contradict
- benediction
- malediction
- valediction
- dictate
- dictator
- indict
- interdict
- predicate
- predicament
- dedicate
- abdicate
- vindicate
- syndicate

말하다 → 말로 시키다 → 명령하다

fa(b), fam, fan, fess ▶ speak, talk

- fable
- affable
- preface
- ineffable
- fame
- infamous
- defame
- infamy
- infant
- infantry
- confess
- profess
- profession
- nonprofessional

말하다, 이야기하다 → (이름이) 말해지다 → 명성, 평판

log(ue) ▶ speak, speech, word

- log
- dialog(ue)
- monolog(ue)
- prologue
- epilogue
- catalog(ue)
- logo
- logic
- illogical
- logistic(al)
- eulogy
- apology
- apologist
- analogy

말하다, 말 → 기록 / 논리

locut, loqu; lect ▶ speak, tell

- **locut**ion
- e**loqu**ent
- col**loqu**y
- ob**loqu**y
- dia**lect**ic(s)
- circum**locut**ion
- inter**locut**or
- col**loqu**ial
- grandi**loqu**ent
- ana**lect**s
- e**locut**ion
- **loqu**acious
- soli**loqu**y
- dia**lect**

말하다 → 말 → 말투 / 구어

ph(r)as, phe ▶ speak, tell

- **phras**e
- a**phas**ia
- para**phras**e
- pro**phe**cy
- re**phras**e
- eu**phe**mism
- peri**phras**is

말하다 → 말로 표현된 것 → 구, 구절, 표현 / 표현법

or ▶ speak, mouth

- **or**al
- ex**or**cize / ex**or**cise
- **or**ator
- per**or**ation
- inex**or**able
- **or**acle
- ad**or**e

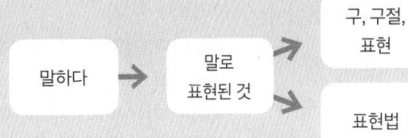

말하다, 입 → 연설하다

nounce, nunci ▶ shout

- an**nounce**
- de**nounce**
- unan**nounce**d
- e**nunci**ate
- pro**nounce**
- re**nounce**

외치다 → 널리 알리다 → 선언하다

dic(t)
= tell, say (말하다)

암기유발 TIP
dictionary 사전
dict(say)+ion(명)+ary(명)

0771
diction*
[díkʃən]
명 ¹ 발음, 말씨, 어투 ² (문학 작품의) 용어[어휘] 선택
dict(say)+ion(명)

유 ¹ pronunciation, enunciation, elocution, locution

· The actor's **diction** was very poor. 그 배우의 **발음**은 매우 좋지 않았다.

0772
dictum*
[díktəm]
명 《pl. dicta 또는 dictums》 격언, 금언

유 saying, maxim, adage, aphorism

· the old **dictum** "might is right" '힘이 정의다'라는 격언

0773
pre**dict*****
[pridíkt]
국9 | 국7 | 지9 | 지7 | 서9 | 서7 | 기상 | 법원
타 예측하다, 예견하다
pre(before)+dict(say)

유 anticipate, forecast, foretell, foresee, prophesy

prediction 명 예측, 예견 **predictive** 형 예측의, 전조가 되는 《of》 **predictor** 명 예측 변수
· When forecasters **predict** hurricanes, we can prepare in advance.
 일기 예보가가 허리케인을 **예측하면**, 우리는 미리 대비할 수 있다. [서7]

0774
un**predict**able**
[ʌ̀npridíktəbl]
국7 | 지9 | 지7 | 경찰
형 예측할 수 없는
un(not)+predict(예측하다)+able(형)

유 unforeseeable

unpredictability 명 예측 불가능
· **Unpredictable** public transportation in Southeast Asia makes it difficult for those who are traveling in the area. **예측할 수 없는** 동남아시아의 대중교통은 그 지역을 여행하는 사람들을 힘들게 한다. [경찰]

0775
contra**dict*****
[kɑ̀ntrədíkt]
국9 | 지9 | 지7 | 서7 | 경찰 | 국회 | 사복
타 ¹ 반박하다, 부정하다 ² 모순되다
contra(against)+dict(say)

유 ¹ deny, refute, rebut, dispute

contradiction 명 ¹ 반박, 부정 ² 모순 **contradictory** 형 모순되는
· The opponent **contradicted** everything I said. 상대편은 내가 말한 모든 것을 **반박했다**.
· conclusions that **contradict** initial intuition 초기 직관과는 **모순되는** 결론 [지9]

0776
bene**dict**ion*
[bènədíkʃən]
명 ¹ 축복 ² 축복의 기도, (식사 전후의) 감사 기도
bene(well)+dict(say)+ion(명)

유 ¹ blessing, mercy

· The Pope outstretched his hands in **benediction**.
 교황은 **축복의 기도**를 하기 위해 손을 뻗었다.

0777
male**dict**ion*
[mæ̀lədíkʃən]
명 저주, 악담
male(badly)+dict(say)+ion(명)

유 curse, imprecation, execration

maledict 타 저주하다, 악담을 퍼붓다 형 저주받은
· He left, muttering **maledictions** against people. 그는 사람들에게 **악담**을 중얼대며 떠났다.

0778
valediction*
[væ̀lədíkʃən]
명 고별(사)
vale(작별)+dict(say)+ion(명)

farewell

valedictory 형 고별의 **valedictorian** 명 졸업생 대표
- The professor ended his course with the **valediction**, "I will pray for you."
  교수는 자신의 강의를 '여러분을 위해 기도하겠습니다.'라는 **고별사**로 끝냈다.

0779
dictate**
[díkteit]
자타 ¹받아쓰게 하다 ²지시[명령]하다 ³좌우하다 명 명령, 지시
dict(say)+ate(동) → 말한 대로 하게 하다

유 자타 ²prescribe ³determine

dictation 명 구술(口述), 받아쓰기 (시험)
- He **dictated** a letter to his secretary. 그는 자신의 비서에게 편지 한 통을 **받아쓰게 했다**.
- In both cinema and architecture, economic constraints have always **dictated** the shape of the work produced. 영화와 건축에 있어서 경제적 제약은 제작되는 작품의 형태를 항상 **좌우해왔다**. [교행]

0780
dictator**
[díkteitər]
명 독재자
dictat(e)(명령하다)+or(명)

autocrat, monocrat

dictatorial 형 독재자의, 독재적인 **dictatorship** 명 독재 정권[국가]
- The **dictator** rules his country with fear and repression.
  그 **독재자**는 공포와 탄압으로 나라를 다스린다.

0781
in**dict***
[indáit]
타 《법률》기소하다 《검사가 특정 형사 사건에 대하여 법원에 정식 재판을 요구하는 것을 뜻함》
in(in)+dict(say) → (법정) 안으로 오라고 말하다

sue, accuse, charge

indictment 명 기소(장)
- A grand jury is expected to **indict** him for murder.
  대배심[기소 배심]은 그를 살인죄로 **기소할** 것으로 예상된다.

0782
inter**dict***
[íntərdikt]
타 금지[저지]하다 명 (법원의) 금지 명령
inter(between)+dict(say) → 사이에서 말하다 → 진행을 가로막다

유 타 prohibit, proscribe
- interdict A from B
  A가 B하는 것을 금지하다

interdiction 명 금지, 저지
- The **interdict** prohibits officials from organizing or taking part in demonstrations. 그 **금지 명령**은 공무원들이 시위를 조직하거나 시위에 참여하는 것을 금지한다.

0783
pre**dic**ate*
[prédəkèit]
타 ¹단언하다, 단정하다 ²(~에) 입각하다, 근거를 두다 《on, upon》
pre(before)+dic(say)+ate(동) → 사람들 앞에서 말하다

유 타 ¹affirm, assert ²base, build, ground

predication 명 단언, 단정
- Most religions **predicate** life after death. 대개의 종교는 내세가 있다고 **단정한다**.
- This theory is **predicated** on faulty assumptions. 이 이론은 잘못된 가정에 **근거를** 두고 있다.

0784
pre**dic**ament*
[pridíkəmənt]
명 ¹《논리》범주 ²곤경, 궁지
predicat(e)(단정하다)+ment(명) → 단정한 것 → 범위(category) → 어려운 상황

- to escape the **predicament** of financial meltdown 금융 붕괴의 **궁지**를 벗어나다 [국7]

0785
dedic**ate****
[dédikèit]

지9 | 서7 | 경찰 | 기상 | 법원

타 ¹ 헌정하다 ² 전념하다, 헌신하다 (to)
de(away)+dic(say)+ate(통) → 일부를 떼어 바치겠다고 말하다

¹ inscribe
² devote, commit

dedication 명 ¹ 헌정(식) ² 전념, 헌신   **dedicated** 형 ¹ 전념하는, 헌신하는 ² ~ 전용의
- This book is **dedicated** to the curatorial staff of the British Museum.
  이 책은 영국 박물관의 큐레이터 직원에게 **헌정된** 것이다. [서7]
- This road is served by **dedicated** cycle routes. 이 길은 자전거 **전용** 도로로 이용된다.

0786
abdic**ate***
[ǽbdikèit]

국회

자|타 퇴위[하야]하다, 물러나다
ab(away)+dic(say)+ate(통) → (자리에서) 멀어지도록 말하다

resign, renounce

abdication 명 퇴위[하야], 사직   **abdicator** 명 퇴위자
- The king was forced to **abdicate** his throne. 그 왕은 왕위에서 **물러날** 것을 강요당했다.

0787
vindic**ate***
[víndikèit]

기상

타 ¹ (~의) 정당성을 입증하다 ² 무죄를 입증하다, 혐의를 벗기다
vin(vis)(power)+dic(say)+ate(통) → 힘을 쓰며 말하다 → 주장[요구]하다

¹ justify, verify, demonstrate
² exonerate, exculpate

- Several tests have **vindicated** Einstein's theory.
  몇 가지 실험이 Einstein(아인슈타인) 이론의 **정당성을 입증했다**.
- New evidence emerged, **vindicating** the suspect completely.
  새로운 증거가 나타나며 용의자의 **혐의를** 완전히 **벗겨주었다**.

0788
syndic**ate***
[síndikət]

명 기업 조합, 연합체   타 [síndəkèit] (기사 등을) 배급하다, 팔다
syn(together)+dic(say)+ate(통) → 함께 하기로 선언하다

- a **syndicate** of 150 banks 150개 은행의 **연합체**
- This weekly column is **syndicated** in 200 newspapers throughout North America. 이 주간 칼럼은 북미 전역의 200개 신문에 **배급된다**.

---

fa(b), fam, fan, fess
= speak (말하다), talk (이야기하다)

암기유발 TIP
professor 교수
pro(forth)+fess(speak)+or(명)

0789
fable**
[féibl]

법원

명 ¹ 우화(寓話) ² 꾸며낸 이야기

¹ parable, apologue, allegory

fabulous 형 ¹ 우화에 나오는 ² 엄청난, 굉장한
- This film is a **fable** based on the director's imagination.
  이 영화는 감독의 상상력에 기초한 **꾸며낸 이야기**이다.
- I was convinced that I had done something **fabulous**.
  나는 내가 **엄청난** 일을 했다고 확신했다. [법원]

0790
aff**ab**le*
[ǽfəbl]

형 상냥한, 사근사근한
af(to)+fa(speak)+ble(형) → ~에게 가서 말하다 → 다가가기 쉬운

friendly, amiable, genial, agreeable

- relaxed and **affable** manner 여유 있고 **상냥한** 태도

0791
preface∗∗
[préfis]

⊙ 서문 ⊙ (말, 글 등을) (~으로) 시작하다
pre(before)+face(speak)

유 foreword

경찰

prefatory ⊙ 서문의
- to introduce a subject with a short **preface** 짧은 서문과 함께 주제를 도입하다

0792
ineffable∗
[inéfəbl]

⊙ 형언할 수 없는
in(not)+e(out)+fa(speak)+ble(⊙)

유 inexpressible, indescribable, unutterable

- the **ineffable** beauty of sunrise 형언할 수 없는 해돋이의 아름다움

0793
fame∗∗
[feim]

⊙ 명성, 평판

유 renown, celebrity, reputation, repute

서9 | 경찰 | 기상

famous ⊙ 유명한, 잘 알려진
- Winning an Olympic medal has brought her **fame** and fortune.
  올림픽 메달을 딴 것은 그녀에게 명성과 부를 가져다주었다.

0794
infamous∗∗
[ínfəməs]

⊙ 악명 높은
in(opposite of)+famous(유명한) → 좋지 않은 쪽으로 유명한

유 notorious, heinous, disreputable

서9 | 경찰 | 국회

- He is **infamous** for his murderous and hateful personality.
  그는 잔인하고 증오에 찬 인격으로 악명이 높다. [국회]

0795
defame∗
[diféim]

⊙ 헐뜯다, 명예를 훼손하다
de(down)+fame(speak) → 낮추어 말하다

유 libel, slander, malign, smear

defamation ⊙ 비방, 명예훼손   **defamatory** ⊙ 명예를 훼손하는
- He claimed that the article **defamed** his family.
  그는 그 기사가 자신의 가족들의 명예를 훼손한다고 주장했다.

0796
infamy∗
[ínfəmi]

⊙ 악명, 오명
in(not)+fam(speak)+y(⊙) → 말할 게 없는 → 평판이 안 좋음

유 notoriety

- social disgrace and **infamy** 사회적 불명예와 오명

0797
infant∗∗∗
[ínfənt]

⊙ 유아, 젖먹이, 아기
in(not)+fant(speak)

지9 | 지7 | 서9 | 경찰 | 국회 | 법원 | 교행 | 사복

infancy ⊙ 유아기   **infantile** ⊙ ¹유아의 ²유치한, 어린애 같은
- the information acquired and lessons learned during **infancy** and childhood
  유아기와 어린 시절 동안 습득된 정보와 학습된 교훈들 [지9]
- He behaved in an **infantile** manner. 그는 유치한 방식으로 행동했다. [경찰]

0798
infantry∗
[ínfəntri]

⊙ 《집합적》 보병들, 보병대
infant(유아)+ry(⊙) 《기병이 상대적으로 어리고 미숙련된 보병을 낮춰 보고 부른 데서 유래》

유 foot soldiers

- The **infantry** moved forward behind tanks. 보병들은 탱크 뒤를 따라 앞으로 전진했다.

DAY 10 **185**

0799

confess**
[kənfés]

국9 | 지9 | 서7 | 법원

타 ¹ 고백하다 ² (잘못을) 자백하다, 인정하다
con(together)+fess(speak) → 모두 다 말하다

² admit, acknowledge

confession 명 ¹ 고백 ² 자백, 인정 **confessor** 명 《종교》 고해 신부
- The murder suspect **confessed** his guilt. 살인 용의자가 자신의 죄를 **자백했다**.

0800

profess**
[prəfés]

지7

타 ¹ 공언하다, 고백하다 ² (사실이 아닌 것을) 주장하다
pro(forth)+fess(speak) → 앞에서 말하다

¹ declare, proclaim
² claim, assert, insist

professed 형 ¹ 공공연한 ² 자칭 ~
- She still **professes** her innocence. 그녀는 여전히 자신의 결백을 **주장한다**.
- For all **professed** consumer interest, the average home buyer knows little about green building. **공공연한** 소비자의 관심에도 불구하고, 일반 주택 구매자는 친환경 건물에 대해 아는 것이 거의 없다. [지7]

0801

profession***
[prəféʃən]

국9 | 국7 | 지9 | 서7 | 경찰 | 국회 | 기상 | 법원 | 사복

명 ¹ 공언, 고백 ² 직업, 전문직
profess(공언하다)+ion(명)

¹ declaration, proclamation, avowal
² career, occupation

professional 형 직업의, 전문적인 **unprofessional** 형 전문적이지 않은 **professionalism** 명 전문성
- Most **professions** in the medical field require years of training.
 의료 분야에서 대부분의 **직업**은 수년간의 훈련이 필요하다.
- a **professional** degree such as medicine or law 의학 또는 법학과 같은 **전문적인** 학위 [지7]

0802

nonprofessional**
[nÀnprəféʃənl]

지9

형 비직업적인, 본업이 아닌
non(not)+professional(전문적인)

- Many great independent films are made by unskilled and **nonprofessional** directors. 많은 훌륭한 독립영화들이 숙련되지 않은 **비직업적인** 감독들에 의해 제작된다.

---

log(ue)
= speak (말하다), speech, word (말)

암기유발 TIP
blog 블로그
web(웹)+log(speech → 일지, 기록)

0803

log**
[lɔːg]

지9 | 법원

명 ¹ 일지, 기록 ² 통나무 타 ¹ 일지에 기록하다 ² 벌목하다
log(speech)

- to keep a detailed **log** of my activities 내 활동을 상세히 **기록**하다
- illegal **logging** in the rainforests 열대우림에서의 불법적인 **벌목** [법원]

0804

dialog(ue)**
[dáiəlɔ(ː)g]

국7 | 서7 | 경찰 | 기상 | 법원

명 대화, 문답
dia(between)+log(ue)(speech)

conversation, discourse

- The author's novels have more descriptions than **dialog**.
 그 작가의 소설들에는 **대화**보다 묘사가 더 많다.

0805
monolog(ue)* [mánəlɔ̀ːg]
명 독백, 1인극
mono(alone)+log(ue)(speech)

▸ soliloquy

- The play starts off with an actor reciting a **monologue**.
  그 연극은 배우가 **독백**을 나열하는 것으로 시작한다.

0806
prolog(ue)* [próulɔːg]
명 (연극 등의) 도입부, 서막
pro(ahead)+logue(speech)

- Sharp decline in stock prices became the **prologue** to the collapse of the economy. 주가 폭락은 경제 붕괴의 **서막**이 되었다.

0807
epilog(ue)* [épilɔːg]
명 (연극 등의) 끝맺는 말
epi(in addition)+logue(speech) → 덧붙이는 말

- The meaning of the book's title is revealed in the **epilogue**.
  그 책 제목의 의미는 **끝맺는 말**에서 드러난다.

0808
catalog(ue)** [kǽtəlɔːg]
명 (상품 등의) 카탈로그, 목록 타 (~의) 목록을 만들다
cata(completely)+log(ue)(speech)

교행

▸ inventory, directory, brochure

- Archaeological finds are cleaned, identified, and **cataloged** in the field before being packed for transport to the laboratory. 고고학적 발견물은 연구실로 이송을 위해 포장되기 전에 현장에서 세척되고, 감식되고, **목록으로 만들어진다**. [교행]

0809
logo** [lóugou]
명 로고, 표어
logo(word)

서9 | 법원

- to design a new company **logo** 새로운 회사 **로고**를 디자인하다
- *cf.* logogram 명 어표(語標) ((dollar를 $로 표시하는 식으로 단어를 기호로 표현하는 것))

0810
logic** [ládʒik]
명 논리(학), 타당성
log(word)+ic(명)

국9 | 국7 | 지9 | 서9 | 경찰 | 법원 | 교행 | 사복

logical 논리적인, 타당한 **logically** 부 논리적으로

- In a debate, it is important to defeat your opponent with your arguments and **logic**. 토론에서 당신의 주장과 **논리**를 가지고 상대방을 이기는 것이 중요하다.

0811
illogical* [iládʒikəl]
형 비논리적인, 터무니없는
il(not)+logical(논리적인)

경찰 | 기상

illogicality 명 불합리(한 일), 부조리

- David is a very persuasive speaker, but when you examine his arguments, most of them are **illogical**. David는 매우 설득력 있는 연설가이지만, 그의 주장을 살펴보면 그것의 대부분이 **비논리적이다**. [기상]

0812
logistic(al)*
[loudʒístik(əl)]

지9 | 국회

형 ¹기호 논리학의 ²물류에 관한, 군수[병참]의
logis(논리학)+tic(al)(형)

logistics 명 ¹(복잡한 작업의) 실행 계획 ²물류 수송, 군수[병참]

- Most of the **logistical** work is done on the computer.
  물류에 관한 대부분의 업무는 컴퓨터로 이루어진다.

0813
eulogy*
[júːlədʒi]

국7 | 경찰

명 ¹찬사(하는 글) ²(고인에 대한) 추도 연설
eu(well)+log(speak)+y(명)

eulogize 타 찬사를 보내다 **eulogistic** 형 찬사의

- to pronounce a **eulogy** on the dead 고인에 대하여 찬사를 보내다

MORE+ 접사 eu- | eu-(good, well)가 만드는 단어들
- **eu**genics 명 우생학
- **eu**phemism 명 완곡어법 (☞ p. 191)
- **eu**phoria 명 행복감, 희열
- **eu**thanasia 명 안락사
- **eu**phony 명 듣기 좋은 음조 (반 cacophony 불협화음)
- **eu**stress 명 《신조어》 긍정적 결과를 가져오는 스트레스 (반 distress 부정적 스트레스)

0814
apo**log**y***
[əpɑ́lədʒi]

국9 | 국7 | 지9 | 서7 | 경찰 | 국회 | 법원

명 사과, 사죄
apo(away)+log(speak)+y(명) → 잘못이 멀어지도록 말하다 → 자신을 옹호하다

apologize 자 사과하다 **apologetic** 형 사과하는 **apologetically** 부 변명으로

- to accept an **apology** 사과를 받아들이다

0815
apo**log**ist*
[əpɑ́lədʒist]

지7

명 (특히 정치 체제나 종교 사상의) 옹호자
apo(away)+log(speak)+ist(명) → 자신(의 종교)을 옹호하는 사람

- The author regards political **apologists**' defense of slavery as hypocritical.
  저자는 노예제도에 대한 정치적 옹호자들의 변명이 위선적이라고 여긴다. [지7]

0816
ana**log**y***
[ənǽlədʒi]

국7 | 지9 | 서9 | 서7 | 경찰 | 법원 | 교행 | 사복

명 ¹비유, 유사점 ²유추
ana(according to)+log(speak)+y(명) → ~에 따라서 말함

analogous 형 유사한

- The lecturer drew an **analogy** between the human brain and a computer.
  그 강연자는 인간의 뇌를 컴퓨터에 비유했다.

• draw[make] an analogy between A and B
A를 B에 비유하다

MORE+ 혼동어휘 | analogy(비유) vs. metaphor(은유) vs. simile(직유)
이 셋은 서로 다른 두 가지를 비교(comparison)하여 말한다는 공통점이 있다.
metaphor와 simile은 '비유적 표현(figure of speech)'으로서 analogy의 일종으로 보아도 무방하다.
- **analogy**: 보통, 무언가를 명확히 설명하기 위해 둘 간의 유사성을 지적하는 것이다.
- **metaphor**: 직접적으로 'A는 B이다'라고 표현한다. Time **is** gold.
- **simile**: 'A는 B와 같다'는 식으로 'like, as' 등의 말로 표현한다. The heart is **like** a pump.

locut, loqu; lect
= speak, tell (말하다)

암기유발 TIP
lecture 강의(하다), 설교(하다)
lect(speak)+ure(명)

0817
locution*
[loukjúːʃən]
명 말투, 말씨
locut(speak)+ion(명)
- We were taught to avoid slang **locutions** when speaking.
  우리는 말할 때 속어적인 **말투**를 피하도록 배웠다.

≒ diction

0818
circum**locut**ion*
[sə̀ːrkəmloukjúːʃən]
명 우회적인 표현, 에둘러 말하기
circum(around)+locut(speak)+ion(명) → 돌려 말하기
- The usual way of coping with taboo words and notions is to develop euphemisms and **circumlocutions**.
  금기 단어와 개념에 대처하는 가장 일상적인 방법은 완곡한 표현이나 **우회적인 표현**을 개발해 내는 것이다. [국9]

국9
≒ euphemism

0819
e**locut**ion*
[èləkjúːʃən]
명 웅변술, 발성법
e(out)+locut(speak)+ion(명) → 밖으로 소리를 분명하게 내는 것
- I took **elocution** lessons to be good at speech. 나는 연설을 잘하려고 **웅변술** 수업을 들었다.

≒ oratory, enunciation

0820
e**loqu**ent*
[éləkwənt]
형 웅변[연설]을 잘하는, 언변이 좋은
e(out)+loqu(speak)+ent(형)
eloquence 명 웅변, 연설 eloquently 부 유창하게
- **Eloquent** though she was, she could not persuade people.
  그녀는 **언변이 좋았지만**, 사람들을 설득할 수 없었다.

지9 | 서9 | 법원

0821
inter**locut**or*
[ìntərlάkjutər]
명 대담자, 대화 상대
inter(between)+locut(speak)+or(명)
- The communication in the spoken text is a two-way process in which the **interlocutors** are necessarily engaged in some kind of personal interaction.
  구어체에서의 의사소통은 **대담자들**이 어떤 종류의 개인적 상호작용에 반드시 참여하게 되는 쌍방향 과정이다. [국7]

국7

0822
loquacious*
[loukwéiʃəs]
형 수다스러운, 말이 많은
loquac(speak)+ious(형) → 말로 가득 찬(ious)
loquacity 명 수다, 말이 많음
- He is particularly **loquacious** on the topic he knows well.
  그는 자신이 잘 아는 주제에 대해서 유난히 **말이 많다**.

지9
≒ talkative, chatty

0823
col**loqu**y*
[kάləkwi]
명 대화, 담화
col(together)+loqu(y)(speak)
- to attend a **colloquy** on economic globalization 경제 세계화에 대한 **담화**에 참석하다

≒ conversation, talk, discourse

DAY 10 **189**

0824
colloquial*
[kəlóukwiəl]
형 구어(체)의
colloqu(y)(대화)+ial(형)

지7 | 서9 | 기상

informal, conversational, spoken

colloquially 분 구어체로   **colloquialism** 명 구어적 표현[어구]
- **colloquial** and everyday language 구어체의 일상적인 언어

0825
soliloquy*
[səlíləkwi]
명 (연극의) 독백
soli(alone)+locu(speak)+y(명)

monolog(ue)

soliloquize 재 독백하다, 혼잣말하다
- Hamlet's **soliloquy** starts "To be, or not to be, that is the question."
  Hamlet의 독백은 '죽느냐 사느냐, 그것이 문제로다.'로 시작한다.

0826
obloquy*
[ábləkwi]
명 악평, 비방, 오명
ob(against)+loqu(speak)+y(명)

vilification, condemnation, slander

- to endure contempt and **obloquy** 경멸과 악평을 견디다

0827
grandiloquent*
[grændíləkwənt]
형 (말투, 행동이) 거창한, 과장된
grandi(great)+loqu(speak)+ent(형)

pompous, magniloquent

grandiloquence 명 호언장담
- Her speech was full of **grandiloquent** language, but it had no new ideas.
  그녀의 연설은 **거창한** 말로 가득했지만, 새로운 생각은 없었다.

0828
dialect**
[dáiəlèkt]
명 사투리
dia(between)+lect(speak) → (지역 간에) 사용하는 말

국9 | 지9 | 지7 | 서7

dialectal 형 사투리의
- Some remain intensely proud of their original accent and **dialect** words.
  몇몇 사람들은 그들이 원래 가진 말씨와 **사투리** 단어를 여전히 아주 자랑스러워한다. [국9]

0829
dialect**ic(s)*
[dàiəléktik(s)]
명 《철학》 변증법 《문답에 의해 진리에 도달하는 방법》
dia(between)+lect(speak) → 상호 간의 대화가 오가는 방식

dialectic(al) 명 형 변증법(적인)

0830
analects*
[ǽnəlèkts]
명 어록(語錄)
ana(up)+lect(speak)+s(~들) → 쌓아 올린 말

- the **Analects** of Confucius 논어(論語) 《공자의 어록》

ph(r)as, phe
= speak, tell (말하다)

암기유발 TIP
catchphrase 캐치프레이즈
《주의를 끌 만한 문구》
catch(붙잡다)+phrase(구절)

0831 | 국9 | 지9 | 지7 | 서7 | 경찰 | 기상 | 법원

phrase***
[freiz]
몡 ¹구(句), 구절 ²표현 타 (특정한 말로) 표현하다

phrasal 혱 구(句)의, 구로 된 **phrasing** 몡 표현, 어법
- words and **phrases** 단어와 **구절** [지7]
- The speaker abandoned pompous **phrases** and instead used simple and direct language. 그 연설자는 화려한 **표현**을 버리고 대신 단순하고 직접적인 말을 사용했다. [기상]

0832

paraphrase*
[pǽrəfrèiz]
타 (이해하기 쉽게) 다른 말로 바꾸어 표현하다 몡 의역
pare(beside)+phrase(표현하다) → 가까운 말로 표현하다

- He **paraphrased** the quote. 그는 그 인용구를 **다른 말로 바꾸어 표현했다**.

유 타 reword, restate

0833 | 교행

rephrase*
[rifréiz]
타 고쳐[바꾸어] 말하다
re(again)+phrase(표현하다)

- **Rephrase** your statement so that it is clear. 너의 말을 명확하도록 **고쳐 말하라**.

0834

periphrasis*
[pərífrəsis]
몡 완곡어법, 우회적 표현법
peri(around)+phras(e)(표현하다)+sis(몡)

periphrastic 혱 완곡한, 우회적인
- to use a vague **periphrasis** 애매한 **완곡어법**을 사용하다

유 circumlocution, euphemism

0835

[əféiʒə]
몡 실어증, 언어 상실증
a(without)+phas(speak)+ia(몡)

- People with **aphasia** have severe disabilities with expressing and comprehending language. **실어증**을 앓고 있는 사람들은 언어를 표현하고 이해하는 데 심각한 장애를 가지고 있다.

0836 | 서7

prophecy**
[práfəsi]
몡 (특히 종교적인) 예언(력)
pro(ahead)+phe(speak)+cy(몡)

prophetic 혱 예언의, 예언적인 **prophet** 몡 예언자
- The **prophecies** of the author have all come true. 그 작가의 **예언들**은 모두 실현되었다.

유 prediction, forecast, prognostication

0837 | 국9 | 법원

euphemism*
[júːfəmìzm]
몡 완곡어법, 완곡한 표현
eu(good)+phem(speak)+ism(몡) → (불쾌하지 않도록) 좋게 말하는 것

euphemistic 혱 완곡어법의, 완곡한
- "Pass away" is a **euphemism** for "die." 'pass away(사망하다)'는 'die(죽다)'의 **완곡한 표현**이다.
cf. oxymoron 몡 《수사학》 모순어법 《의미상 서로 양립할 수 없는 말을 함께 사용하는 수사법》

유 circumlocution

DAY 10

or
= speak (말하다), mouth (입)

암기유발 TIP
Oral-B 오랄비
구강(oral) 관리 제품 브랜드로 연상

0838 국9 | 국7 | 지9 | 국회

oral*
[ɔ́ːrəl]

형 ¹ 입의, 구강의 ² 구두(口頭)의, 구술의
or(mouth)+al(형)

- to reach an **oral** agreement 구두 합의에 이르다
- **oral** test 구술시험

유 ² spoken, verbal, unwritten

0839 서7

orator*
[ɔ́ːrətər]

명 연설가, 웅변가
ora(speak)+tor(명)

oratorical 형 연설의, 웅변의 **oratory** 명 ¹ 웅변술 ² 기도실, (작은) 예배당
- Winston Churchill was an inspirational statesman, writer, **orator** and leader.
  Winston Churchill은 영감을 주는 정치가, 작가, **연설가**이며 지도자였다. [서7]

0840

per**or**ation*
[pèrəréiʃən]

명 ¹ (연설의) 마무리 부분 ² 장황한 연설
per(through)+ora(speak)+tion(명) → (연설) 전체를 지나고 하는 말

- The orator again invoked the theme in a **peroration**.
  그 연설가는 **마무리 부분**에서 또다시 주제를 언급했다.

0841 서7

oracle*
[ɔ́ːrəkl]

명 신탁(神託), 예언자
ora(speak)+cle(명)

oracular 형 ¹ 신탁과 같은, 엄숙한 ² 수수께끼 같은, 애매한
- The ancient people built temples for God and offered sacrifices to receive **oracles**. 고대 사람들은 신을 위해 신전을 짓고 **신탁**을 받기 위해 제물을 바쳤다.

0842

ex**or**cize /
ex**or**cise*
[éksɔːrsàiz]

타 ¹ (귀신을) 내쫓다 ² (나쁜 생각 등을) 몰아내다, 떨쳐버리다
ex(out)+orc(speak)+ize(동)

유 drive out, cast out, expel

exorcism 명 귀신 쫓기 (의식), 구마(驅魔) **exorcist** 명 퇴마사, 무당
- The movie is about a priest who tries to **exorcise** demons from a young girl.
  그 영화는 한 어린 소녀로부터 악령들을 **내쫓으려는** 한 신부의 이야기이다.
- to **exorcize** unhappy memories from mind 마음속에서 불행한 기억들을 **떨쳐버리다**

0843 국7 | 서7

inex**or**able*
[inéksərəbl]

형 멈출 수 없는, 거침없는
in(not)+ex(out)+or(speak)+able(형) → 끝내라고 (out) 말할 수 없는

유 relentless, unstoppable, inevitable

- Aging is an **inexorable** process. 노화는 **멈출 수 없는** 과정이다.

0844 국9 | 지7

ad**ore****
[ədɔ́ːr]

타 매우 좋아하다, 사랑하다
ad(to)+ore(speak) → (마음에 둔) 쪽으로 말하다

반 hate, loathe, detest(혐오하다)

adorable 형 사랑스러운 **adoration** 명 흠모, 숭배
- Children **adore** sweets. 아이들은 단 것을 **매우 좋아한다**. [국9]
- playful and **adorable** children 쾌활하고 **사랑스러운** 아이들

nounce, nunci
= shout (외치다)

암기유발 TIP
announcer 아나운서
an(to)+nounce(shout)+er(명)

0845 국9 | 지9 | 지7 | 서9 | 경찰 | 국회 | 기상 | 법원 | 교행

announce***
[ənáuns]
(타) ¹ 발표하다, 알리다 ² 선언하다
an(to)+nounce(shout)

announcement (명) 공고, 발표 announcer (명) 아나운서, 방송 진행자

- There was a press release **announcing** the Prime Minister's resignation.
  국무총리의 사임을 **발표한** 보도 자료가 있었다.

(유) ¹ publicize
² declare

0846 지7

unannounced*
[ʌ̀nənáunst]
(형) 예고 없는, 미리 알리지 않은
un(not)+announc(e)(알리다)+ed(형)

- The health authority made **unannounced** visits to the restaurants in the city for sanitary inspection. 보건 당국은 위생 점검을 위해 도시의 음식점들에 **예고 없는** 방문을 실시했다.

0847 국9 | 지7 | 법원 | 사복

pronounce**
[prənáuns]
(타) ¹ (공개적으로) 선언하다 ² 발음하다
pro(forth)+nounce(shout) → 앞에서 외치다

pronouncement (명) 공표, 선언 pronunciation (명) 발음 pronounced (형) 뚜렷한, 두드러진

- The auto industry that many were ready to **pronounce** dead has revived by downsizing. 많은 사람들에 의해 이미 끝났다고 **선언되기** 직전이었던 자동차 회사들은 규모를 줄임으로써 활기를 되찾았다. [지7]
- There is a **pronounced** pattern in the way an audience goes from silence to full volume of applause. 관중들이 침묵에서 최대 음량의 박수로 나아가는 방식에 있어서 **두드러진** 패턴이 있다는 것을 발견하게 될 것이다. [법원]

(유) ¹ announce, proclaim, declare
² enunciate, articulate

0848 지7

renounce*
[rináuns]
(타) (공식적으로) 포기하다, 단념하다
re(back)+nounce(shout) → 뒤로 외치다 → 물러나다

renouncement (명) 포기, 단념 renunciation (명) ¹ 포기 (선언) ² 금욕

- He **renounced** his old way of life. 그는 자신의 오래된 생활 방식을 **포기했다**.

(유) give up, relinquish, abjure, waive

0849 서7 | 경찰

denounce*
[dináuns]
(타) ¹ 맹렬히 비난하다 ² 고발하다
de(down)+nounce(shout) → (가치를) 낮추어 외치다

denunciation (명) ¹ 맹렬한 비난 ² 고발

- The newspaper publicly **denounced** the government's handling of the crisis.
  신문은 정부의 위기관리를 공개적으로 **맹렬히 비난했다**.
- She fled the country after being **denounced** as a spy.
  그녀는 간첩으로 **고발당한** 후 그 나라에서 달아났다.

(유) ¹ condemn, criticize, censure, reproach
² charge, accuse

0850

enunciate*
[inʌ́nsièit]
(타) ¹ 또렷이 발음하다 ² (생각 등을) 명확히 밝히다
e(out)+nunci(shout)+ate(동)

enunciation (명) ¹ 발음 (방법) ² 명확한 진술

- She **enunciated** each word slowly and carefully. 그녀는 각 단어를 천천히 그리고 조심스럽게 **또렷이 발음했다**.
- a written document **enunciating** the new policy 새 정책을 **명확히 밝힌** 서면

(유) ¹ pronounce, articulate
² express

DAY 10 193

DAY 11 말, 글 3

🔍 Preview & Review

voc, vok, vow, vouc ▶ call, voice

- vocal
- vocation
- evoke
- vow
- vouch
- vocabulary
- avocation
- provoke
- avow
- avouch
- advocate
- convoke
- revoke
- disavow
- voucher
- vociferous
- invoke
- irrevocable
- vowel

부르다, 외치다, 말하다, 목소리 → 불러내다 → 감정 등을 불러일으키다

→ 소리 내다 → 공언하다

cit ▶ call

- cite
- recite
- incite
- resuscitate

부르다, 외치다, 말하다 → 불러내다 → 감정을 불러일으키다

c(h)ant, cent ▶ sing, song

- chant
- recant
- enchant
- accentuate
- disenchantment

노래하다, 노래 → 노래하여 꾀다

cla(i)m ▶ cry out, shout

- claim
- reclaim
- counterclaim
- claimant
- proclaim
- clamo(u)r
- disclaim
- declaim
- exclaim
- acclaim

소리 지르다, 외치다 → 강하게 주장하다 → 요구하다, 선언하다

mand ▶ order

- command
- mandatory
- demand
- reprimand
- countermand
- mandate

명령하다 → 요구하다 → 강제하다

ord, ordin ▶ order

- **ord**er
- **ordin**ary
- unco**ordin**ated
- **ordin**al
- dis**ord**er
- extra**ordin**ary
- super**ordin**ate
- in**ordin**ate
- **ord**ain
- co**ordin**ate
- sub**ordin**ate

명령하다 → 질서[순서]가 있는

sua(s), suade ▶ advise

- per**suade**
- dis**suade**
- **suas**ive
- **sua**ve

충고하다 → 설득하다

spond, spons, spous ▶ promise

- re**spond**
- corre**spond**ent
- irre**spons**ible
- e**spous**e
- unre**spons**ive
- de**spond**
- **spons**or
- corre**spond**
- re**spons**ible
- **spous**e

약속하다 → 책임 / 후원하다

jur(e) ▶ swear

- per**jury**
- con**jure**
- ad**jure**
- ab**jure**

맹세하다 → 바라다

dam(n), demn ▶ harm

- **damn**
- con**demn**
- **dam**age
- in**demn**ify

해를 끼치다, 피해 → 해로운 말을 하다 → 저주하다, 비난하다

voc, vok, vow, vouc
= call (부르다, 외치다, 말하다), voice (목소리)

암기유발 TIP

voice 목소리

0851 　　　　　　　　　　　　　　　　　　　　　　　　　　　국9 | 서7 | 경찰

vocal**
[vóukəl]

형 1 목소리의, 음성[발성]의 2 (의견을) 강경하게 밝히는   명 《음악》 보컬 (부분)
voc(voice)+al(형)

유 형 1 oral, spoken
2 outspoken, vociferous

vocalize 타 1 소리를 내다 2 (말로) 표현하다   **vocalization** 명 발성(법)   **vocalist** 명 보컬리스트, 가수
- the **vocal** organs 발성 기관
- He has been very **vocal** in his displeasure over the new rule.
  그는 새로운 규칙에 대한 불만을 아주 강경하게 밝혀 왔다.

0852 　　　　　　　　　　　　　　　　　　　　　　　　　　　지7 | 서7 | 경찰

vocabulary**
[voukǽbjəlèri]

명 어휘, 용어
vocabul(call)+ary(명)

유 lexis

- A basic **vocabulary** of 2,000 words, the core **vocabulary**, plays an important role in English. 2000개의 기본 어휘, 즉 핵심 어휘는 영어에서 중요한 역할을 한다. [경찰]

0853 　　　　　　　　　　　　　　　　　　　　　지9 | 지7 | 서7 | 국회 | 기상 | 법원

advocate***
[ǽdvəkèit]

타 지지하다, 옹호하다   명 [ǽdvəkət] 1 지지자, 옹호자 2 변호사
ad(to)+voc(voice)+ate(동) → ~쪽으로 목소리를 내다

유 타 support, uphold
반 타 oppose (반대하다)

advocacy 명 1 지지, 옹호 2 변호
- I do not **advocate** the use of violence under any circumstances.
  나는 어떠한 경우에서라도 폭력의 사용을 지지하지 않는다.

MORE+ 관련어휘

'변호사'의 여러 명칭
lawyer: 변호사를 포함하여 법적으로 조언을 하는 사람을 일컫는 가장 일반적인 말로서 영국에서는 solicitor라고도 한다.
attorney: 의뢰인에게 사건을 수임받아 활동하는 법정 대리인을 뜻한다. 영국에서는 barrister, 특히 스코틀랜드에서는 advocate이라고 한다.
counsel: 법정에서 판사는 변호인(단)을 counsel이라고 칭한다.

0854 　　　　　　　　　　　　　　　　　　　　　　　　　　　　　　서7

vociferous*
[vousífərəs]

형 (의견 등을) 소리 높여 외치는
voci(voice)+fer(carry)+ous(형)

- She was **vociferous** in her opinion to persuade the audience.
  그녀는 청중들을 설득하기 위해 자신의 의견을 소리 높여 외쳤다.

0855 　　　　　　　　　　　　　　　　　　　　　　　　　　　　　　지9

vocation**
[voukéiʃən]

명 1 소명 (의식), 사명감 2 천직, 직업
voc(call)+ation(명) → (신의) 부르심

유 calling

vocational 형 직업(상)의
- The actress has a strong sense of **vocation** for helping people in need.
  그 여배우는 어려운 사람들을 돕는 데에 강한 소명 의식이 있다.
- In the past, it was possible for workers with skills learned in **vocational** schools to get a high-paying job. 과거에는 직업학교에서 배운 기술을 가진 근로자들이 높은 보수의 직업을 얻는 것이 가능했다. [지9]

MORE+ 관련어휘

'일'과 '직업'
job: 정기적인 보수를 받는다는 의미에서의 일(자리)
vocation: 원래 종교적 의미의 '소명'으로서 평생을 바쳐 해야 할 사명과 같은 뜻이었는데 최근에는 그리 전문적 지식이 많이 필요하지 않은 수준의 직업을 뜻한다.
profession: 특히 많은 교육이 필요한 전문적인 직업, 즉 의료직, 법률직, 교직 등을 말한다.
occupation: job 또는 profession을 의미한다.
career: 한 개인의 생애에서 직업발달과 그 과정을 가리키는 포괄적 용어로서 '직업경력, 진로'의 의미

0856
avocation＊ [ævəkéiʃən]
몡 부업, 취미 삼아 하는 일
a(away)+vocation(직업)

- He's a professional musician, but his **avocation** is photography.
  그는 전문적인 음악가이지만 **부업**이 사진 촬영이다.

0857
convoke＊ [kənvóuk]
타 (회의 등을) 소집하다
con(together)+voke(call) → 모두 불러 모으다

convocation 몡 소집, 집회
- to **convoke** an assembly 의회를 소집하다

유 convene, summon
반 dismiss(해산시키다)

0858
invoke＊＊ [invóuk]
타 ¹ (신에게) 빌다, 기원하다 ² (느낌 등을) 불러일으키다 ³ (근거로) 들다, 언급하다
in(in)+voke(call) → (신을) 마음속으로 부르다

법원

- The car chase scene in the movie **invokes** a thrill in audience.
  그 영화의 자동차 추격 장면은 관객들에게 스릴을 **불러일으킨다**.
- She **invoked** several eminent scholars to back up her argument.
  그녀는 자신의 주장을 뒷받침하기 위해 몇몇 저명한 학자들을 **언급했다**.

유 ¹ call on
³ cite, refer to, adduce

0859
evoke＊＊ [ivóuk]
타 (기억 등을) 환기시키다, 일깨우다
e(out)+voke(call) → (기억을) 밖으로 불러내다

국9 | 국7 | 서9 | 국회 | 법원

evocative 혭 (~을) 떠올리게 하는 ⟨of⟩   **evocation** 몡 (기억 등의) 환기
- Modern art focuses on the way the elements in the work of art interact and what feelings these elements **evoke**. 현대 예술은 예술 작품의 요소들이 상호작용하는 방식과 이런 요소들이 어떤 감정들을 **일깨우는지**에 초점을 맞춘다. [국7]

유 arouse, invoke, induce

0860
provoke＊＊ [prəvóuk]
타 ¹ (감정 등을) 유발하다 ² 도발하다, 화나게 하다
pro(forth)+voke(call) → (감정을) 앞으로 불러일으키다

국9 | 지9 | 사복

provocation 몡 도발, 화나게 하는 것   **provocative** 혭 도발하는, 화나게 하는
- Government plans to close the harbor **provoked** a storm of protest.
  항구 폐쇄에 대한 정부의 계획이 격렬한 항의를 **유발했다**. [사복]

유 ¹ arouse, evoke
² irritate, vex

0861
revoke＊ [rivóuk]
타 폐지하다, 취소[철회]하다
re(back)+voke(call) → (이전으로) 돌아가라고 말하다

경찰 | 사복

revocation 몡 폐지, 취소
- The driving licence can be **revoked** because of drunk driving.
  운전면허는 음주운전으로 인해 **취소될** 수 있다.

유 repeal, annul, nullify, cancel

0862
irrevocable＊ [irévəkəbl]
혭 번복할 수 없는, 돌이킬 수 없는
ir(not)+re(back)+voc(call)+able(혭)

- an **irrevocable** decision 번복할 수 없는 결정

0863
vow＊＊ [vau]
자 타 맹세하다, 서약하다 몡 맹세, 서약

국7 | 지7

- I made a **vow** that I won't lie again. 나는 다시는 거짓말하지 않겠다고 **맹세했다**.

유 pledge, promise, swear
• make[take] a vow 맹세하다

0864

avow* [əváu]

[타] ¹ 공언하다, 맹세하다 ² 고백하다, 자백하다
a(to)+vow(맹세) → ~에게 진실임을 맹세하다

[유] ¹ vow, pledge

avowal [명] ¹ 공언 ² 고백, 자백

- She **avowed** her innocence. 그녀는 자신의 결백을 **공언했다**.

0865

disavow* [dìsəváu]

[타] (책임 등을) 부인하다, 부정하다
dis(opposite)+avow(공언하다)

[유] deny, disclaim

disavowal [명] 부인, 부정

- You now seem to be trying to **disavow** your earlier statements.
너는 지금 전에 네가 했던 발언들을 **부인하려고** 하는 것처럼 보인다.

0866 경찰

vowel** [váuəl]

[명] 모음 (글자)

- Each language has a different **vowel** system. 각 언어는 서로 다른 **모음** 체계를 가진다.
cf. consonant [명] 자음 (글자)

0867

vouch* [váutʃ]

[자][타] 보증[보장]하다, 단언하다 《for》

- I can **vouch** for the truth of this story. 나는 이 이야기가 사실임을 **보증할** 수 있다.

0868

avouch* [əváutʃ]

[자] 보증하다 《for》 [타] (진실임을) 인정하다, 시인하다
ad(to)+vouch(보증하다)

[유] [자] vouch
[타] affirm, assert

- to **avouch** for the quality 품질을 **보증하다**
- I **avouch** myself as a coward. 나는 내가 겁쟁이임을 **인정한다**.

• avouch oneself as[to be] ~임을 인정하다

0869 지7

voucher** [váutʃər]

[명] 상품 교환권, 쿠폰
vouch(보증하다)+er(명) → (지불을) 보장하는 것

[유] coupon, token

- a **voucher** for a free meal 무료 식사 **쿠폰**

cit
= call (부르다, 외치다, 말하다)

암기유발 TIP
excite 흥분시키다
ex(out)+cite(call)

0870 국7 | 지7 | 서7 | 경찰 | 법원

cite** [sait]

[타] ¹ (이유나 예로) 들다, 언급하다 ² 인용하다 ³ 소환하다 ⁴ 표창하다

[유] ¹ adduce, mention
² quote
³ summon

citation [명] ¹ 인용(구) ² 《법률》 소환장 ³ 표창장

- The article **cites** several experts on the subject.
그 기사는 그 주제에 대한 여러 전문가들을 **언급한다**.
- Police and detectives issue **citations** or give warnings.
경찰과 형사들은 **소환장**을 발부하거나 경고를 준다. [경찰]

0871 서9

recite** [risáit]

[타] 1 암송하다, 낭독하다 2 죽 말하다, 나열하다
re(again)+cite(언급하다) → (배운 것을) 다시 말하다

recitation [명] 암송, 낭독 **recital** [명] 1 장황한 설명 2 리사이틀, 독주회

• He **recited** the poem with great feeling. 그는 감정을 크게 실어서 그 시를 **낭독했다**.

0872 서9

incite* [insáit]

[타] 선동하다, 고무시키다
in(in)+cite(call) → 안에서 움직이도록 말하다 → 감정을 일으켜 ~하게 하다

[유] provoke, instigate

incitement [명] 선동, 고무

• He **incited** the students to riot. 그는 학생들이 폭동을 일으키도록 **선동했다**.

0873

resuscitate* [risʌ́sətèit]

[타] 1 소생시키다, 의식을 회복시키다 2 부흥[부활]시키다
re(again)+sus(under)+cit(call)+ate([동]) → 다시 밑에서 (의식을) 불러오다

[유] revive, resurrect, restore, revitalize

resuscitation [명] 1 소생(술) 2 부흥, 부활

• efforts to **resuscitate** the economy 경제를 **부흥시키려는** 노력들
• cardiopulmonary **resuscitation** 심폐**소생술**

c(h)ant, cent
= sing (노래하다), song (노래)

암기유발 TIP
cantata 칸타타
《악기 반주가 동반되는 성악곡》

0874

chant* [tʃænt]

[명] 1 성가(聖歌) 2 (연이어 외치는) 구호 [자][타] 1 (성가를) 부르다 2 일제히 외치다

[유] [명] 1 hymn

• Many members of the church **chanted** and prayed.
교회의 많은 신도들이 **성가를 부르고** 기도했다.
• The audience **chanted** "Encore! Encore!" until the singer came back on stage.
관객들은 그 가수가 무대 위로 돌아올 때까지 '앙코르! 앙코르!'라고 **일제히 외쳤다**.

0875 국9 | 지9

enchant** [intʃǽnt]

[타] 1 (~에) 마술을 걸다 2 매혹하다, 황홀하게 하다
en(in)+chant(부르다) → 안에 걸려들도록 노래 부르다

[유] 1 bewitch 2 fascinate, charm, captivate

enchantment [명] 1 마법(에 걸린 상태) 2 매혹, 매력

• a wizard who **enchanted** a prince 왕자에게 **마술을 건** 마법사
• The fascinating melody **enchanted** the boatmen.
매혹적인 노랫소리가 뱃사공들을 **황홀케 했다**.

0876 국9

disenchantment* [dìsentʃǽntmənt]

[명] 각성, 환멸
dis(away)+enchantment(마법에 걸린 상태) → 마법에서 깨어남

[유] disillusionment

• growing **disenchantment** with the political system 정치 제도에 대해 커지는 **환멸**

0877

recant* [rikǽnt]

[자][타] (공식적으로 신념 등을) 버리다, 철회하다
re(back)+cant(sing) → 다시 노래하다 → 처음 생각을 바꾸다

[유] withdraw, revoke

recantation [명] 취소, 철회

• He **recanted** his remark yesterday, but it was irrevocable.
그는 어제 자신의 발언을 **철회했지만** 돌이킬 수 없었다.

0878 서7 | 법원

accentuate** [æksénʧuèit]

[타] 강조하다, 두드러지게 하다
ac(to)+centu(sing)+ate([동]) → ~에게 노래하여 눈에 띄게 하다

[유] emphasize, highlight, stress

accentuation [명] 강조, 역설

• The bright light tends to **accentuate** wrinkles. 밝은 불빛이 주름을 **두드러지게 하는 경향이 있다.**

cla(i)m

= cry out, shout (소리 지르다, 외치다)

0879 국9 | 국7 | 지9 | 지7 | 서9 | 서7 | 경찰 | 국회 | 법원 | 교행 | 사복

claim*** [kleim]

[타] 1 (사실이라고) 주장하다 2 (자신의 것이라고) 요구하다 3 (보상금 등을) 청구하다 4 (관심을) 끌다 5 (~의 목숨을) 앗아 가다 [명] 1 주장 2 (재산 등에 대한) 권리 3 청구

[유] [타] 1 insist, assert 4 attract

• He **claims** to have been robbed yesterday. 그는 어제 도둑질을 당했다고 **주장한다.** [경찰]
• She **claimed** the wallet I handed in yesterday.
그녀는 내가 어제 건넨 지갑이 **자기 것이라고 요구했다.**
• The back of the form tells you how to **claim** your refund.
양식 뒷면에 환불 **청구**법이 있다.
• A research **claimed** public attention. 한 연구가 대중의 관심을 **끌었다.**
• The car accident **claimed** three lives. 그 차 사고는 세 명의 목숨을 **앗아 갔다.**

0880 법원

claimant* [kléimənt]

[명] (권리의) 요구자, 청구인
claim(요구하다)+ant([명])

• The compensation will be split between 140 **claimants.**
보상금은 140명의 **청구인**들에게 나누어질 것이다.

0881

disclaim* [diskléim]

[타] (책임, 권리 등을) 포기하다, 부인하다
dis(opposite)+claim(요구하다)

disclaimer [명] 포기, 부인 (성명)

• to **disclaim** responsibility for an accident 사고의 책임을 **부인하다**

0882

exclaim* [ikskléim]

[자] 소리치다, 외치다
ex(out)+claim(cry out)

exclamation [명] 《문법》 감탄사 **exclamatory** [형] 감탄조의, 감탄을 나타내는

• "Here he comes!" someone **exclaimed.** '그가 온다!'라고 누군가 **소리쳤다.**

0883 국9 | 국7 | 서7

reclaim* [rikléim]

[타] 1 (잃은 것을) 되찾다 2 개간하다, 매립하다 3 재생 이용하다
re(back)+claim(요구하다)

[유] 1 regain, recapture 3 reuse, recycle

reclamation [명] 개간, 매립

• She **reclaimed** the title of world champion this year.
그녀는 올해 세계 챔피언 타이틀을 **되찾았다.**
• to **reclaim** wetland for farming 농사를 짓기 위해 습지를 **개간하다**
• **reclaimed** water **재생 이용된** 물, 하수 처리수 [국9]

0884
proclaim* [proukléim]
[타] ¹ 선언[선포]하다, 공표하다 ² 분명히 나타내다
pro(forth)+claim(cry out) → 사람들 앞에서 외치다

지9 | 서9 | 사복

㋐ declare, announce

proclamation [명] 선언(서), 선포
- Thomas Edison **proclaimed** in 1922 that the motion picture would replace textbooks in schools.
  Thomas Edison은 학교에서 영화가 교과서를 대체할 것이라고 1922년에 **공표했다**. [서9]

0885
declaim* [dikléim]
[자][타] 열변을 토하다, 힘 있게 낭독하다
de(강조)+claim(cry out)

지7 | 서7

declamation [명] 열변, 연설(문)
- The minister **declaimed** the opening speech. 장관은 개회사를 **힘 있게 낭독했다**.

0886
acclaim** [əkléim]
[타] 환호하다, 찬사를 보내다 [명] 찬사, 호평
ac(toward)+claim(cry out) → ~을 향하여 소리 지르다

서7 | 기상

㋐ praise, compliment, applaud, laud

acclamation [명] ¹ 환호, 찬사 ² (음성이나 박수에 의한) 구두 투표
- He was widely **acclaimed** as a violinist. 그는 바이올린 연주자로서 널리 **찬사를 받았다**. [서7]

0887
counterclaim* [káuntərklèim]
[자][타] 맞고소하다 [명] [káuntərklèim] 맞고소
counter(against)+claim(cry out)

- to make a **counterclaim** for damages 피해에 대해 **맞고소를** 하다

0888
clamo(u)r* [klǽmər]
[명] ¹ 떠들썩함 ² (요구 등의) 외침 [자] ¹ (큰 소리로) 떠들어대다 ² 강력히 요구하다 《for》
clam(cry out)+or(명)

국7 | 경찰

㋐ [명] ¹ noise, uproar
[자] ¹ shout, roar

clamorous [형] 떠들썩한, 시끄러운
- He **clamored** for attention if he did not get his way.
  그는 자기 마음대로 되지 않으면 주의를 끌기 위해 **큰 소리로 떠들어댔다**. [경찰]

---

mand
= order (명령하다)

암기유발 TIP
command 명령[지휘]하다
com(강조)+mand(order)

0889
command** [kəmǽnd]
[타] ¹ 명령[지휘]하다 ² (경치 등이) 내려다보이다
[명] ¹ 명령, 지휘 ² (전문적) 기술, (언어) 구사 능력
com(강조)+mand(order)

지9 | 지7 | 경찰 | 국회 | 법원

㋐ [타] ¹ order, direct, instruct
- take a command of ~을 지휘하다

commander [명] 지휘관, 사령관 **commanding** [형] ¹ 지휘하는 ² 위엄 있는 ³ 전망이 좋은
- a house that **commands** a beautiful river 아름다운 강이 **내려다보이는** 집 한 채
- The **commander** of this ship ought to **command** the ship's course.
  이 배의 **지휘관**은 배의 경로를 **명령해야** 한다. [지9]

0890
demand*** [dimǽnd]
태 요구[요청]하다 명 ¹요구, 요청 ²수요 ³(pl.) 부담(되는 일)
de(강조)+mand(order)

demanding 형 ¹(일이) 힘든, 고된 ²(사람이) 까다로운, 요구가 많은
undemanding 형 ¹힘들지 않은 ²까다롭지 않은

- mismatch between the supply and **demand** 수요와 공급의 부조화
- Many Americans fill their free time with intellectually or physically **demanding** hobbies or volunteer work. 많은 미국인들은 그들의 자유 시간을 지적으로 또는 신체적으로 **힘든** 취미나 자원봉사 활동으로 채운다. [경찰]

유 on demand 요구[요청]이 있을 때마다
• in demand 수요가 많은

0891
countermand* [kàuntərmǽnd]
태 (명령을) 철회하다, 취소하다 명 [káuntərmænd] 철회 (명령), 취소
counter(against)+mand(order)

- An order to blow up the bridge were **countermanded**. 다리를 폭파하라는 명령은 **철회되었다**.

유 revoke, cancel

0892
mandate** [mǽndeit]
태 ¹권한을 주다 ²명령하다 명 ¹권한 ²지시, 명령 ³통치[재임] 기간
mand(ate)(entrust) 《권한 등을 손에 넘겨주다라는 어원에서 유래》

mandated 형 ¹(법에 의해) 규정된 ²위임 통치되는

- the **mandates** to encourage dialogue and cooperation between nations 국가 간의 대화와 협력을 장려하는 **지시** [국7]

유 ¹commission ²command, order, directive, instruction

0893
mandatory** [mǽndətɔ̀ːri]
형 의무적인, 강제적인
mandat(e)(명령하다)+ory(형)

- In Israel **mandatory** military service is required for both sexes. 이스라엘에서는 **의무적인** 군 복무가 남녀 모두에게 요구된다. [국회]

유 compulsory, obligatory

0894
reprimand* [réprəmænd]
태 질책하다 명 질책
《라틴어 reprimanda (잘못을 억누르다)가 mander (명령하다)의 영향을 받아 만들어짐》

- He received a severe **reprimand** for his rude behaviour. 그는 자신의 무례한 행동으로 심한 **질책**을 받았다.

유 rebuke, reproach

ord, ordin
= order (명령하다, 질서[순서])

암기유발 TIP
fashion coordinator 패션 코디네이터
co(together)+ordin(배열하다)+at(e)(동)+or(명)

0895
order*** [ɔ́ːrdər]
태 ¹명령[지시]하다 ²주문하다 ³정돈[배열]하다 명 ¹명령, 지시 ²주문 ³질서, 순서

orderly 형 정돈된, 질서정연한 **reorder** 태 ¹재주문하다 ²순서를 바꾸다

- Had they followed my **order**, they would not have been punished. 그들은 내 **명령**을 따랐더라면 처벌받지 않았을 것이다. [국9]
- To get your meaning across, you not only have to choose the right words but put them in the right **order**. 전달하려는 의미를 이해시키기 위해서 올바른 단어를 선택해야 할 뿐만 아니라 그것들을 올바른 **순서**로 두어야 한다. [사복]

유 태 ¹command, mandate, dictate ³arrange
• out of order ¹정리가 안 된 ²고장 난

0896
disord**er*****
[disɔ́ːrdər]

국9 | 지9 | 서9 | 서7 | 경찰 | 기상 | 법원

명 ¹ 무질서, 혼란 ² (심신의) 장애, 이상
dis(not)+order(질서)

유 ¹ disarray, confusion, chaos, mess
² dysfunction, disability

- The basic mission for which the police exist is to reduce crime and **disorder**.
  경찰이 존재하는 이유가 되는 기본적인 임무는 범죄와 **무질서**를 줄이는 것이다. [경찰]
- the development of eating **disorders** 섭식 **장애**의 발병 [서9]

0897
ordain*
[ɔːrdéin]

서9 | 사복

타 ¹ 운명 짓다, 정하다 ² (성직자로) 임명하다
ordain(순서) → (신에 의해) 순서가 마련된

- Manifest Destiny, the belief that America's progress was divinely **ordained**
  미국의 진보는 신의 힘으로 **정해진** 것이라는 신념인 명백한 사명설 [서9][사복]

0898
ordin**ary*****
[ɔ́ːrdənèri]

국9 | 국7 | 지9 | 서9 | 경찰 | 국회 | 기상 | 교행 | 사복

형 보통의, 평범한
ordin(순서)+ary(형) → 여느 때의 순서대로

유 usual, normal, common, average

- In Australia, donating is not a special but an **ordinary** act.
  호주에서 기부하는 것은 특별하지 않은 **평범한** 행동이다. [기상]

0899
extra**ord**in**ary****
[ikstrɔ́ːrdənèri]

지7 | 서9 | 경찰 | 국회 | 사복

형 비범한, 기이한, 대단한
extra(outside)+ordinary(평범한)

유 unusual, uncommon, exceptional, remarkable

- Some cats seem to have **extraordinary** memories for finding places.
  어떤 고양이들은 장소를 찾는 일에 **비상한** 기억력을 가진 것처럼 보인다. [경찰]

0900
co**ord**in**ate****
[kouɔ́ːrdənət]

지9 | 서9 | 기상

타 조정하다, 조직화하다   자 잘 어울리다 《with》
co(together)+ordin(배열하다)+ate(통)

coordination 명 ¹ 조정, 조직화 ² 조화   **coordinator** 명 조정자   **coordinative** 형 ¹ 조정된 ² 동등[대등]한

유 타 organize, arrange, systematize
자 harmonize 《with》

- Government officials visited the earthquake zone to **coordinate** the relief effort. 정부 관료들이 구호 활동을 **조직화하기** 위해 지진 현장을 방문했다.
- This color **coordinates** with your outfit. 이 색깔은 네 옷과 **잘 어울린다**.

0901
unco**ord**in**ated***
[ʌ̀nkouɔ́ːrdənèitid]

형 ¹ 조직적이 아닌 ² (움직임이) 매끄럽지 않은, 둔한
un(not)+coordinat(e)(조직화하다)+ed(형)

유 ¹ disorganized
² clumsy

- Government action has been **uncoordinated**. 정부의 조치는 **조직적이지 않았다**.
- I'm too **uncoordinated** to be a great dancer.
  나는 움직임이 너무 **둔해서** 훌륭한 무용수가 될 수 없다.

0902
super**ord**in**ate***
[sjùːpərɔ́ːrdənit]

국회

형 상위의   명 《언어》 상위어 《특정한 단어들의 의미를 포괄하는 말》
super(over)+ordin(순서)+ate(형)(명)

유 형 superior

- "Pet" is a **superordinate** of "dog" and "cat". '애완동물'은 '개'와 '고양이'의 **상위어**이다.

0903

subordinate** 　　　　　　　　　　　　　　　　　　　국7 | 지9 | 경찰 | 국회
[səbɔ́ːrdənət]

- 형 ¹하위의 ²부수[부차]적인　명 부하, 하급자
- 타 [səbɔ́ːrdənèit] 경시하다, (~보다) 아래에 두다 《to》
- sub(below)+ordin(순서)+ate(형)(명)(동)

유 형 ¹inferior　²secondary
반 형 ²principal(주된)

subordination 명 복종, 종속

- These aims were **subordinate** to the main aims of the mission.
  이 목표들은 그 임무의 주요 목표에 **부차적이었다**.
- The company is guilty of **subordinating** safety to profit.
  그 회사는 안전을 이익보다 **아래에 둔** 과실이 있다.

0904

ordinal*
[ɔ́ːrdənl]

- 형 명 《첫째, 둘째 등과 같은》 서수(의)
- ordin(순서)+al(형)(명)

- **ordinal** numbers 서수
- cf. cardinal 형 명 기수(의)

0905

inordinate*
[inɔ́ːrdənət]

- 형 과도한, 지나친
- in(not)+ordin(질서)+ate(형) → 질서가 없는 → 무절제한

유 excessive

- It took an **inordinate** amount of time to finish the work.
  그 일을 끝내는 데 **과도한** 양의 시간이 걸렸다.

---

sua(s), suade
= advise (충고하다)

암기유발 TIP
sweet을 의미하는 어근 swad-에서 유래
→ 달콤한[좋은] 것을 말하다[추천하다] → 충고하다

0906

persuade*** 　　　　　　　　　　　　　　국9 | 국7 | 지9 | 지7 | 서9 | 국회 | 기상 | 법원
[pərswéid]

- 타 (~하도록) 설득하다, 설득하여 ~하게 하다
- per(through)+suade(advise)

유 convince, induce

persuasion 명 설득　**persuasive** 형 설득력 있는

- Bill was so stubborn that no one could **persuade** him.
  Bill은 고집이 너무 세서 아무도 그를 설득할 수 없었다. [지9]
- Nobody could **persuade** her to change her mind.
  누구도 그녀를 **설득해서** 마음을 바꾸게 할 수 없었다.

0907

dissuade** 　　　　　　　　　　　　　　　　　　　　　　　　　　　　　　기상
[diswéid]

- 타 (설득하여) 단념시키다, 만류하다
- dis(away)+suade(advise) → 멀리하도록 충고하다

유 deter, discourage

dissuasion 명 단념시킴, 만류

- He wanted to participate in the experiment: but he was ultimately **dissuaded** on account of his health. 그는 실험에 참여하고 싶었지만, 건강 때문에 결국 **단념하게** 되었다. [기상]

0908

suasive* 　　　　　　　　　　　　　　　　　　　　　　　　　　　　　　　　사복
[swéisiv]

- 형 설득하는, 타이르는
- suas(advise)+ive(형)

suasion 명 설득, 권고

- **suasive** power 설득력

0909
suave* [swaːv]
형 상냥한, 온화한
suave(sweet)

- He's known for his soft and **suave** voice and gentle manner.
그는 부드럽고 **상냥한** 목소리와 점잖은 태도로 잘 알려져 있다.

---

spond, spons, spous
= promise (약속하다)

암기유발 TIP
respond 응답하다
re(back)+spond(promise)

0910
respond* [rispánd]
국9 | 국7 | 지9 | 지7 | 서9 | 서7 | 경찰 | 기상 | 법원 | 교행 | 사복

자 ¹ 응답하다 ² 반응하다, 대응하다
re(back)+spond(promise) → 다시 약속하다

response 명 ¹ 응답 ² 반응, 대응 **respondent** 명 응답자
responsive 형 ¹ 즉각 반응하는 ² 관심을 보이는, 호응하는

- hormones that help your body **respond** to physical and mental stress
당신의 몸이 신체적, 정신적 스트레스에 **대응하도록** 돕는 호르몬 [교행]
- It is not the strongest of the species, nor the most intelligent, but the one most **responsive** to change that survives to the end. 끝까지 생존하는 생물은 가장 강한 생물도, 가장 지적인 생물도 아니고, 변화에 가장 **즉각적으로 반응하는** 생물이다. [국9]

0911
unresponsive* [ʌnrispánsiv]
형 ¹ 묵묵부답의 ² (자극에) 무반응의
un(not)+responsive(즉각 반응하는)

- The mayor has been **unresponsive** to the concerns of the community.
그 시장은 지역사회의 우려에 **묵묵부답**이었다.

0912
correspond* [kɔ̀ːrəspánd]
국9 | 국7 | 지7 | 서7 | 교행 | 사복

자 ¹ (~과) 부합[일치]하다 (to, with) ² (~에) 상응[해당]하다 (to) ³ 편지를 주고받다
cor(together)+respond(대응하다, 응답하다)

≡ ¹ agree 《with》, accord 《with》

correspondence 명 ¹ 일치 ² 상응 ³ 서신 (왕래) **correspondingly** 부 (~에) 상응하여

- His words do not **correspond** with his actions.
그가 하는 말은 그가 하는 행동과 **일치하지** 않는다.
- The broad lines on the map **correspond** to roads. 지도상의 굵은 선은 도로에 **해당한다**.
- He **corresponded** with leading European scholars.
그는 유럽의 주요 학자들과 **편지를 주고받았다**.

0913
correspondent** [kɔ̀ːrəspándənt]
기상

명 특파원, 통신원
cor(together)+respond(대응하다, 응답하다)+ent(명)

- a foreign **correspondent** for FOX News Channel FOX 뉴스 채널의 해외 **특파원**

0914
despond* [dispánd]
국7 | 국회

자 낙심하다, 낙담하다 명 낙심, 낙담
de(away)+spond(promise) → 약속한 것에서 멀어지다

despondency / **despondence** 명 낙담, 의기소침 **despondent** 형 낙담한

- We must not **despond** even though we live in trying times.
우리는 힘든 시기에 살고 있지만 **낙담해서는** 안 된다.

0915
responsible*** [rispánsəbl]
국9 | 국7 | 지9 | 지7 | 서9 | 서7 | 경찰 | 국회 | 법원 | 사복

형 ¹ 책임이 있는, 책임지고 있는 《for》 ² 원인이 되는 《for》
re(back)+spons(promise)+ible(형) → 약속을 되갚는

responsibility 명 책임(감)

- Parents are **responsible** for providing the right environment for their children to grow and learn in. 부모는 그들의 자녀가 성장하고 학습하는 데 알맞은 환경을 제공할 **책임이 있다**. [국9]

0916
irresponsible** [ìrispánsəbl]
지7 | 서9 | 국회 | 기상

형 책임이 없는, 무책임한
ir(not)+responsible(책임이 있는)

irresponsibility 명 무책임함

- to show an **irresponsible** attitude 무책임한 태도를 보이다

0917
sponsor*** [spánsər]
국9 | 국7 | 지9 | 서7 | 경찰 | 국회 | 법원

명 후원자, 후원 업체 타 ¹ 후원하다 ² 주관[주최]하다
spons(promise)+or(명) → (지원을) 약속한 사람

유 ¹ support, finance

sponsorship 명 후원, 협찬

- The company has been an official **sponsor** of the Olympics since 1968. 그 회사는 1968년 이후로 줄곧 올림픽 공식 **후원 업체**이다.

0918
spouse** [spaus, spauz]
지9 | 지7 | 서7 | 국회

명 배우자
spouse(promise) → 엄숙히 약속한 사람

- Family members are defined as the **spouse** and children under 18 in principal. 가족 구성원은 원칙적으로 **배우자**와 18세 미만의 자녀들로 정의된다.

0919
espouse* [ispáuz]

타 옹호하다, 지지하다
e+spouse(배우자) 《원래 '결혼하다'를 의미했으나 지금은 그 뜻으로 쓰이지 않는다.》

유 support, advocate

espousal 명 옹호, 지지

- The new theory has been **espoused** by many leading physicists. 그 새로운 이론은 많은 선도적인 물리학자들에 의해 **옹호되었다**.

---

jur(e)
= swear (맹세하다)

암기유발 TIP
just 정확한
어근 의미: law(법)
→ 옳고 그름을 맹세하다(swear)

0920
perjury* [pə́ːrdʒəri]
서9

명 《법률》 위증(죄)
per(away)+jur(swear)+y(명) → (진실을 말하기로) 맹세한 것과 먼

perjure 타 위증하다 (oneself)

- He was found guilty of **perjury**. 그는 **위증**으로 유죄 판결을 받았다.

0921
conjure* [kándʒər]

타 기원하다, 간청하다 자 타 마술을 부리다
con(together)+jure(swear) → 함께 모아 맹세하다 → 두 손 모아 빌다

유 타 implore
- conjure A from[out of] B (마술처럼) B에서 A를 만들어 내다

- The magician **conjured** a dove out of a hat. 그 마술사는 모자에서 비둘기 한 마리를 **만들어 냈다**.

0922
adjure*
[ədʒúər]

[타] 요구하다, 명하다
ad(to)+jure(swear) → ~에게 (…할 것을) 맹세시키다

- He **adjured** his followers to remain faithful to the cause.
  그는 추종자들에게 대의를 위하여 충절을 유지할 것을 **명했다**.

0923
abjure*
[æbdʒúər]

[타] (신념 등을) 포기하다, 버리다
ab(away)+jure(swear) → 멀리하기로 맹세하다

abjuration [명] 포기 (선언)

- He **abjured** his religion. 그는 자신의 종교를 **포기했다**.

유 renounce, recant, give up

dam(n), demn
= harm (해를 끼치다, 피해)

암기유발 TIP
damage 피해
dam(harm)+age[명]

0924
damn*
[dæm]

[타] ¹ 저주하다 ² 혹평하다 [형][부] 《속어》 빌어먹을, 젠장

damnable [형] 지독한, 지긋지긋한 **damnation** [명] 지옥에 떨어짐

- The film was **damned** by all the critics for violent scenes.
  그 영화는 폭력적인 장면들로 인해 모든 평론가들의 **혹평**을 받았다.

유 [타] ¹ curse
² excoriate

0925
condemn**
[kəndém]

서9 | 경찰 | 법원

[타] ¹ 비난하다 ² 선고를 내리다 ³ 《부정적》 운명 짓다
con(강조)+demn(harm)

condemnation [명] 비난, 규탄

- The player was **condemned** for his ungentlemanly behavior during the match.
  그 선수는 경기 도중 그의 비신사적인 행동으로 인해 **비난받았다**.
- He was **condemned** to spend the rest of his life in the wheelchair.
  그는 여생을 휠체어에 앉아 보낼 **운명이었다**.

유 ¹ blame
² convict, sentence
³ doom

0926
damage***
[dǽmidʒ]

국9 | 국7 | 지7 | 서9 | 서7 | 경찰 | 기상 | 법원 | 사복

[타] 손상시키다, 피해를 입히다 [명] ¹ 손상, 피해 ² 《pl.》 손해배상금
dam(harm)+age[명]

damaged [형] 손해[피해]를 입은

- to cause a great deal of **damage** or confusion 막대한 **피해**와 혼란을 야기하다 [서9]

유 [타][명] ¹ harm, ruin
[명] ¹ havoc

0927
indemn**ify*
[indémnəfài]

[타] 배상하다, 보상하다
in(not)+demn(harm)+ify[동] → 피해가 없도록 만들다

- The company promised to **indemnify** us for our losses.
  그 회사는 우리에게 손실분을 **배상하겠다**고 약속했다.

유 reimburse, compensate

DAY 12 사물 묘사

🔍 Preview & Review

tric, trig ▶ obstacle

- in**tric**ate
- ex**tric**ate
- inex**tric**able
- in**trig**ue

장애(물) → 뒤얽힌 → 어려운
장애(물) → 속이다 → 모의하다

bar(r) ▶ bar; prevent

- **barr**el
- **barr**ister
- **barr**icade
- **barr**ier
- **barr**age
- em**barr**ass
- **barr**ing
- em**bar**go
- de**bar**

막대기 → 막대기로 만든 것 → 막아주는 것
막대기 → 장애물 → 가로막다

long ▶ long

- ob**long**
- e**long**ate
- pro**long**
- **long**ways
- **long**winded
- **long**standing
- **long**evity
- **long**itude
- **long**ing

긴 → 길게 늘어진 → 지루한
오랜 → 장수

grav, griev ▶ heavy

- **grav**e
- **grav**ity
- **grav**itate
- ag**grav**ate
- **griev**e
- **griev**ance
- ag**griev**ed

무거운 → 엄숙한, 심각한 → 슬픈, 불만, 분개
무거운 → 가라앉다

grand ▶ great, large

- **grand**
- **grand**eur
- **grand**iose
- ag**grand**ize

큰 → 규모가 큰 → 거대한, 웅장한
큰 → 정도가 큰 → 지나친, 부풀려진

magn(i), mega, maj ▶ great, large

- **magn**ify
- **magn**ificent
- **magn**itude
- **magn**iloquent
- **magn**ate
- **magn**animous
- **mega**lomania
- **maj**esty

큰 → 확대하다 → 지나친, 부풀려진

→ 훌륭한, 장엄한

넓은 → 마음이 넓은

macro; micro ▶ large; small

- **macro**cosm
- **micro**cosm
- **macro**scopic
- **micro**scopic

큰 → 육안으로 볼 수 있는

작은 → 육안으로 볼 수 없는

max; min(i), minu ▶ greatest; smallest, small

- **max**imize / **max**imise
- **min**imize / **min**imise
- **max**imum
- **min**imum
- **max**im
- **min**or
- **min**ce
- di**min**ish
- di**min**uendo
- **mini**stry
- **mini**ster
- **min**ute
- **minu**scule

가장 큰 → 최고의 → 위대한

(가장) 작은 → 최소[최저]의 → 사소한; 정밀한

val(u), vail ▶ worth; strong

- **valu**ation
- e**valu**ate
- re-e**valu**ate
- over**value**
- under**value**
- re**value** / re**valu**ate
- de**value** / de**valu**ate
- **valu**able
- in**valu**able
- **val**id
- in**val**id
- **val**idate
- in**val**idate
- **val**iant
- con**val**esce
- a**vail**
- a**vail**able
- pre**vail**
- counter**vail**

가치 → 평가하다

→ 가치 있는 → 소중한, 귀중한

강한 → 유효한 → 입증하다

→ 용감한 → 이기다

dign, dain ▶ worthy

- **dign**ity
- **dign**itary
- in**dign**ity
- in**dign**ant
- dis**dain**

가치 있는 → 위엄, 품위 → 높은 사람

적절한

tric, trig
= obstacle (장애(물))

0928 　국9 | 국7
intricate**
[íntrikət]
형 복잡한, 난해한, 뒤얽힌
in(in)+tric(obstacle)+ate(형) → 안에 장애물이 있는
intricacy 명 ((pl.)) 복잡한 사항[내용], 복잡함
- an **intricate** carpets pattern 복잡한 카펫 무늬
- an **intricate** problem 난제

유 complicated, complex, tangled

0929 　기상
extricate*
[ékstrikèit]
타 구해내다, 탈출시키다
ex(out of)+tric(obstacle)+ate(동) → 장애물 밖으로 꺼내다
extrication 명 구출, 탈출　**extricable** 형 ¹ 구출할 수 있는 ² 분리할 수 있는
- He desperately tried to **extricate** himself from the crisis.
  그는 위기로부터 자신을 **탈출시키려** 필사적으로 노력했다. [기상]

유 salvage, liberate, disentangle

0930
inextricable*
[inékstrikəbl]
형 ¹ 구해낼 수 없는, 탈출할 수 없는 ² 불가분의, 떼려야 뗄 수 없는
in(not)+extric(ate)(탈출시키다)+able(형)
inextricably 부 뗄 수 없게, 불가분하게(= inseparably)
- an **inextricable** maze 탈출할 수 없는 미로
- the **inextricable** connection between language and culture
  언어와 문화 사이의 불가분의 관계

0931 　경찰
intrigue*
[intríːg]
자 모의하다, 음모를 꾸미다 ((against))　타 강한 흥미를 불러일으키다　명 [íntriːg] 모의, 음모
in(in)+trigue(obstacle) → 장애물 안으로 걸려들게 하다 → 속이다
intriguing 형 아주 흥미로운　**intrigued** 형 아주 흥미로워하는
- Your idea **intrigues** me. 당신의 아이디어는 매우 흥미롭군요.
- to reveal the political **intrigue** 정치적 음모를 밝히다

유 자 plot, conspire
　타 interest, fascinate
　명 conspiracy

bar(r)
= bar (막대(기)); prevent (막다)

> 암기유발 TIP
> **bar**
> 막대(기) → 막대기 모양의 것
> → 술집의 긴 카운터 → 술집
> → 장애[차단]물 → 금지하다

0932 　서7
barrel*
[bǽrəl]
명 ¹ (크고 둥근) 통 ² 배럴 ((석유 등의 단위))　자 질주하다
barr(bar)+el(명) → 막대로 만든 것 → 구르는 통처럼 쏜살같다
- Modern technology has given us the ability to know when fierce storms are **barreling** toward the coastline. 현대 기술은 사나운 폭풍들이 언제 해안선 방향으로 **질주할지** 알 수 있는 능력을 우리에게 주었다. [서7]

0933
barrister* [bǽrəstər]
명 (법원에서 변론하는) 법정 변호사, 법률 대리인
barri(bar)+ster(명) 《막대로 만들어진 난간이 있는 곳, 즉 법정에 서는 사람》

- The **barrister** needed enough evidence to win the case.
법정 변호사는 승소하기 위해 충분한 증거가 필요했다.

사복

0934
barricade* [bǽrikèid]
명 바리케이드, 장애물 타 바리케이드를 치다, 장애물로 가로막다
barric(bar)+ade(명)

- Police erected **barricades** to keep the crowds from approaching the crime scene. 경찰은 군중들이 범죄 현장에 접근하는 것을 막기 위해 **바리케이드**를 세웠다.

유 타 blockade, obstruct

• barricade oneself in[inside] ~에[안에] 방어벽을 치고 들어앉다

0935
barrier* [bǽriər]
명 장벽, 장애물
barr(prevent)+ier(명)

국7 | 지9 | 지7 | 서9 | 경찰 | 기상 | 사복

- Some travelers adapt themselves so successfully to foreign customs and habits that they feel no **barriers** to cultural differences. 몇몇 여행객들은 다른 나라의 관습과 습관들에 아주 성공적으로 적응해서 문화 차이의 **장벽**을 전혀 느끼지 않는다. [서9]

유 obstacle, obstruction, hindrance

0936
barrage* [bərάːʒ]
명 ¹ 일제 엄호 사격 ² (질문 등의) 세례, 집중 공세 ³ [bǽːridʒ] 댐, 보
barr(prevent)+age(명) → 막아주는 것

- Players began to shower the referee with an angry **barrage** of verbal abuse.
선수들이 심판에게 분노에 찬 욕설 **세례**를 퍼붓기 시작했다. [국회]

국회

0937
embarrass* [imbǽrəs]
타 당황스럽게 만들다, 난처하게 하다
em(into)+barrass(prevent) → 안으로 들어오지 못하게 막다 → 방해하다

embarrassment 명 당황, 난처하게 하는 것 **embarrassing** 형 당황케 하는 **embarrassed** 형 당황한

- He felt **embarrassed** at being the center of attention.
그는 관심의 중심이 되자 **당황했다**. [경찰]

국9 | 국7 | 지9 | 지7 | 서9 | 경찰 | 국회 | 법원 | 교행

유 shame, demean

0938
barring* [bάːriŋ]
전 ¹ ~이 없다면, ~이 일어나지 않는다면 ² ~을 제외하고는
barr(prevent)+ing

- She's going to win the election **barring** a miracle.
이변이 **없다면** 그녀가 선거에 당선될 것이다.
- No one, **barring** the magician himself, knows how the trick is done.
마술사 자신을 **제외하고는** 어느 누구도 마술이 어떻게 이뤄지는지를 모른다.

유 ¹ if not for
² except for, other than, apart from

0939

embargo*
[imbɑ́ːrgou]

- 타 ¹ 금수(禁輸) 조치하다, (통상을) 금지하다 ² 출항[입항] 금지를 명하다
- 명 ¹ 금수 조치, 통상 금지(령) ² 출항[입항] 금지

em(in)+bargo(prevent)

- to **embargo** publications in the name of security 보안상의 명목으로 발표를 금지하다
- The government has put an **embargo** on arms shipments.
  정부는 무기 선적에 대한 **출항 금지**를 내렸다.

• put[place, impose] an embargo 금수 조치를 내리다
• lift an embargo 금수 조치를 해제하다

0940

de**bar***
[dibɑ́ːr]

타 (공식적으로) 금지하다, 제외시키다

de(강조)+bar(prevent)

- She was **debarred** from receiving the scholarship when her criminal record came to light. 그녀는 자신의 범죄 기록이 드러났을 때 장학금을 수여받는 것에서 **제외되었다**.

long
= long (긴, 오랜)

0941

ob**long***
[ɑ́bləːŋ]

형 길쭉한, 늘어난   형명 직사각형(의)

ob(강조)+long(long) → 한쪽이 유독 긴

- The plant has narrow, **oblong** leaves.
  그 식물은 가늘고 **길쭉한** 잎사귀들이 있다.
- to paint some squares, straight lines, and **oblongs**
  정사각형, 직선, **직사각형** 몇 개를 그리다

유 명 rectangle

0942

e**long**ate*
[ilɔ́ːŋgeit]

자 타 길어지다, 길게 늘이다

e(out)+long(long)+ate(동)

elongation 명 길게 늘어남, 연장   **elongated** 형 길쭉한

- exercises that can **elongate** leg muscles 다리 근육을 길게 늘일 수 있는 운동들

유 lengthen, extend
반 shorten(줄이다)

0943

pro**long**∗∗
[prəlɔ́ːŋ]

타 연장하다, 늘리다

pro(forth)+long(long)

prolonged 형 오래 계속되는, 장기적인   **prolongation** 명 연장

- The scientists hope their discovery of a gene will **prolong** the harvests of crops in regions that are susceptible to flooding. 과학자들은 자신들이 발견한 한 유전자가 홍수 취약 지역에서의 농작물 수확량을 늘릴 것으로 희망한다. [국9]
- to suffer too much from a **prolonged** period of stunted growth
  장기적인 성장 저하로 과도하게 고통을 겪다 [서9]

유 lengthen, extend, continue
반 shorten(줄이다)

0944

longways*
[lɔ́ːŋweiz]

부 (무엇의 가장 긴 쪽으로) 길이대로, 길게

- a red pepper sliced **longways** 길이대로 자른 빨간 고추

유 lengthways

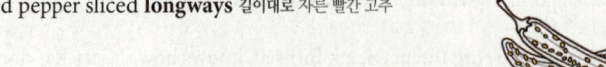

0945
longwinded* [lɔ́ːŋwíndid]
휑 (말, 글이) 길고 지루한, 장황한
long(long)+wind(호흡)+ed(휑) → 호흡이 긴
- a tedious and **longwinded** explanation 지루하고 **장황한** 설명

🔄 lengthy, tedious, prolix

0946
longstanding* [lɔ́ːŋstǽndiŋ]
휑 오래된, 다년간의
- Pollution is a **longstanding** problem not just in Korea, but in the world. 공해는 한국에서만 아니라, 전 세계의 **오래된** 문제이다.

0947
longevity** [lɑndʒévəti]
똉 ¹장수(長壽) ²수명
long(long)+ev(age)+ity(똉)
- His **longevity** was remarkable considering he had been so sick when he was a child. 그가 어렸을 때 매우 아팠던 것을 생각하면 그의 **장수**는 놀라웠다.

국7 | 지9 | 서7

0948
longitude* [lɑ́ndʒətjùːd]
똉 경도
longi(long)+tude(똉) → 세로로 길게 늘어선 것

longitudinal 휑 ¹경도의 ²세로(방향)의, 종적인
- The island is at **longitude** 21 degrees east. 그 섬은 **경도**상으로 동경 21도에 있다.

MORE + 관련어휘
- latitude 똉 위도
- equator 똉 적도
- altitude 똉 (해발) 고도
- meridian 똉 자오선 《두 극을 지나 적도와 수직으로 만나는 반원》

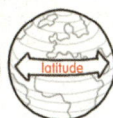

0949
longing** [lɔ́(ː)ŋiŋ]
똉 갈망, 열망 휑 갈망[열망]하는
long(long)+ing(똉) → 오랫동안 바라옴

longingly 閈 갈망[열망]하여
- The **longing** to know ourselves and to know our fellow man is the mainspring of all psychology. 우리 스스로를 알고자 하는 그리고 우리의 동료를 알고자 하는 **갈망**은 모든 심리학의 주요 동기이다. [국회]

서9 | 국회

---

grav, griev
= heavy (무거운)

암기유발 TIP
gray 회색
무겁고(heavy) 어두운 색이라는 데서 연상

0950
grave** [greiv]
휑 ¹엄숙한, 근엄한 ²심각한, 중대한 똉 무덤
- He beheld the figure of a man, in **grave** and decent attire. 그는 **근엄하고** 품위 있는 복장을 한 남성의 모습을 보았다. [법원]
- His carelessness could have **grave** consequences. 그의 부주의함이 **심각한** 결과를 가져올 수 있다.
- to be buried in a **grave** **무덤**에 묻히다

서9 | 서7 | 경찰 | 법원

🔄 휑 ¹solemn ²serious, significant
똉 tomb

0951
gravity** [grǽvəti] 국9 | 서9 | 서7 | 국회 | 기상

명 ¹ 중력, (지구) 인력(引力) ² 심각성, 중대성
grav(heavy)+ity(명) → 무거워서 아래로 떨어짐

- **gravity**-free(= zero-gravity, weightlessness) 무중력 (상태) [국회]
- to understand the **gravity** of the situation 사태의 심각성을 이해하다

0952
gravitate** [grǽvəteit] 지9 | 법원

자 ¹ (중력 등에) 끌리다 《to, toward》 ² 가라앉다 ≒ ² sink
gravit(y)(중력)+ate(동)

gravitation 명 중력, 만유인력   gravitational 형 중력의

- Customers **gravitate** to the products that best reflect their social status.
  고객들은 자신의 사회적 지위를 가장 잘 반영하는 제품에 **끌린다**.
- **gravitational** force 중력, 인력(引力)

0953
ag**grav**ate** [ǽgrəveit] 국9 | 서9 | 서7 | 경찰 | 법원

타 ¹ 악화시키다 ² 짜증 나게 하다 ≒ ¹ worsen, exacerbate ² irritate
ag(to)+grav(heavy)+ate(동) → 안 좋은 것에 무게를 더하다

aggravation 명 ¹ 악화 ² 짜증 남   aggravated 형 (죄 등이) 가중된, 더욱 무거운

- Military action would only **aggravate** the tension between the two countries.
  군사 행동은 양국 사이의 긴장 상태를 **악화시킬** 뿐이다.
- I was **aggravated** by the noise and the traffic jam. 나는 소음과 교통 혼잡 때문에 **짜증이 났다**.

0954
grieve** [gri:v] 지9 | 지7

자 (특히 누군가의 죽음으로) 비통해하다 《for, over》   타 몹시 슬프게 하다 ≒ mourn, lament
griev(e)(heavy) → 마음이 무겁다

grief 명 비통, 큰 슬픔   grievous 형 ¹ 통탄할 ² 극심한

- Millions of people are **grieving** over the great artist's death.
  수백만 명의 사람들이 그 위대한 예술가의 죽음에 **비통해하고** 있다.

0955
grievance* [gríːvəns] 서7

명 불만 (사항), 고충 ≒ complaint
griev(heavy)+ance(명) → 마음이 무거움

- The manager agreed to hold talks for addressing **grievances** of staff.
  관리자는 직원들의 **불만들**을 해소하기 위한 회의를 여는 데에 찬성했다.

0956
ag**griev**ed* [əgríːvd]

형 ¹ 분개한, 억울해하는 ² (법률) 피해를 입은, 권리를 침해당한 ≒ ¹ resentful, indignant ² wronged
ag(to)+griev(heavy)+ed(형) → 감정에 무게가 더해진 ↔ ¹ pleased(기쁜)

- The villagers felt deeply **aggrieved** by the closing of the railway station.
  마을 사람들은 기차역의 폐쇄에 크게 **분개했다**.
- the **aggrieved** party 피해 당사자

grand
= great, large (큰)

grand piano 그랜드 피아노
grand(great, large)+piano

0957
grand**
[grænd]
- 형 1 웅장한, 장대한 2 원대한, 야심 찬 3 위엄 있는   명 (pl.) 1,000달러[파운드]
- The palace was spacious and **grand**. 그 궁전은 넓고 웅장했다.
- a **grand** plan 원대한 계획

유 형 1 magnificent, majestic, splendid 2 ambitious
- on a grand scale 엄청난 규모로[규모의]

0958
grandeur*
[grǽndʒər]
- 명 1 장엄함 2 위엄, 위풍
- grand(great, large)+eur(명)
- a landscape of breathtaking **grandeur** 숨이 멎을 듯한 경관의 **장엄함**

유 1 splendo(u)r, magnificence

0959
grandiose*
[grǽndiòus]
- 형 《부정적》 (너무) 거창한, 과장된
- grandi(great, large)+ose(형)
- Some people fail probably because their resolutions are too **grandiose** or broad to fulfill. 어떤 사람들은 아마도 그들의 결심이 너무 **거창하거나** 광범위해서 달성할 수 없기 때문에 실패한다.

유 overambitious

0960
ag**grand**ize*
[əgrǽndaiz]
- 타 1 (세력 등을) 확대하다, 강화하다 2 과장하다
- ag(to)+grand(great, large)+ize(동) → 커지도록 만들다
- **aggrandizement** 명 지위 확대, 권력 강화
- The king sought to **aggrandize** himself. 국왕은 세력의 강화를 꾀했다.

유 1 enlarge, strengthen, enhance 2 exaggerate

magn(i), mega, maj
= great (큰), large (넓은)

megaphone 확성기
mega(great)+phone(voice)

0961
magnify**
[mǽgnəfài]
- 타 1 확대하다 2 과장하다
- magni(great)+fy(동)
- **magnification** 명 1 확대 2 확대율, 배율   **magnifier** 명 확대경, 돋보기
- bacteria **magnified** to 1,000 times their actual size 실제 크기의 1,000배로 **확대된** 박테리아
- They have **magnified** the importance of their achievements. 그들은 자신들의 업적의 중요성을 **과장해왔다**.

유 1 enlarge, amplify 2 exaggerate
반 1 minify(축소하다)

0962
magnificent** 형 훌륭한, 장엄한 | 경찰 | 국회 | 기상 | 법원
[mæɡnífəsənt]
magni(great)+fic(make)+ent(형)
splendid, majestic

magnificence 명 훌륭함, 장엄
- a **magnificent** five-century-old palace 장엄한 5백 년 된 궁전 [국회]

MORE + 관련어휘
- hefty 형 1 장대한, 크고 무거운 2 (타격 등이) 강한, 거센
- capacious 형 1 (용량이) 큰, 많이 들어가는 2 (공간이) 널찍한
- prodigious 형 엄청난, 굉장한, 놀랄 만한

0963
magnitude** 명 1 (엄청난) 규모, 중요도 2 (별의) 등급 3 진도(震度), 지진 규모 | 기상
[mǽɡnətjùːd]
magni(great)+tude(명)
1 immensity, enormity

- We measure the brightness of the stars as seen with the naked eye on a scale called the **magnitude** scale. 우리는 별의 밝기를 **등급**이라고 불리는 척도로 육안으로 보이는 대로 측정한다. [기상]
- It was a powerful earthquake with a **magnitude** of around 6.0 on the Richter scale. 그것은 리히터 등급 약 6.0 **진도**의 강진이었다. [기상]

0964
magniloquent* 형 호언장담하는, 과장된
[mæɡníləkwənt]
magni(great)+loqu(speak)+ent(형) → 크게 떠벌려 말하는
grandiloquent, grandiose, pompous, bombastic

magniloquence 명 호언장담, 과장된 말[문체]
- My professor uses his **magniloquent** gestures to keep the class engaged. 나의 교수님은 수업에 몰두하게 하려고 **과장된** 몸짓을 사용하신다.

0965
magnate** 명 (재계의) 거물, ~왕 | 서9
[mǽɡneit]
magn(great)+ate(명) → 많이 있는[가진] 사람
mogul

- steel **magnate** Andrew Carnegie 철강**왕** Andrew Carnegie(앤드루 카네기) [서9]

MORE + 관련어휘
- doyen 명 원로, 고참자, 제1인자
- highbrow 명 식자층의, 교양 있는, 학자티를 내는
- laureate 명 (뛰어난 업적으로 상을 받은) 수상자 형 1 저명한 2 월계수로 된
- mogul 명 거물, 실력자
- prodigy 명 영재, 신동
- veteran 명 1 (어떤 분야의) 베테랑, 전문가 2 참전 용사

0966
magnanimous* 형 (특히 적에게) 너그러운, 관대한
[mæɡnǽnəməs]
magn(large)+anim(soul)+ous(형) → 마음이 넓은
generous

magnanimity 명 관대함
- The team was **magnanimous** in defeat and celebrated its opponent. 그 팀은 패배에 **관대했고** 상대 팀을 축하했다.

0967
megalomania* 명 과대망상(증)
[mèɡəlouméiniə]
megalo(great)+mania(madness) → 크게 확대해서 보는 광기

megalomaniac 명 과대망상증 환자

MORE + mega-
- **mega**trend 명 주류, 대세
- **mega**city 명 메가시티 《인구 1,000만 명 이상의 도시》
- **mega**lopolis 명 (몇 개의 위성 도시를 포함하는) 거대 도시(권)
- **mega**byte 명 메가바이트 《컴퓨터 기억 용량 단위. 약 100만 바이트》

0968

majesty**
[mǽdʒəsti]

경찰

명 ¹ 장엄함, 위엄 ² 《보통 one's ~》 폐하
majes(great)+ty(명)

¹ grandeur, splendo(u)r, magnificence
² sovereign

majestic 형 장엄한, 위풍당당한

• The photograph captures the **majesty** of the sunset. 사진은 일몰의 **장엄함**을 포착했다.
• We were invited to tea with Her **Majesty** the Queen.
우리는 여왕 **폐하**와의 다과회에 초대받았다.

---

macro; micro
= large (큰); small (작은)

암기유발 TIP

microchip 마이크로칩
전자 회로를 싣고 있는 작은 실리콘 조각
micro(small)+chip(작은 조각)

0969

macrocosm*
[mǽkrəkàzm]

명 대우주, 총체 《더 작고 많은 부분으로 이뤄진 크고 복잡한 구조의 것》
macro(large)+cosm(world)

• Some sociologists view society as a **macrocosm**.
어떤 사회학자들은 사회를 하나의 **대우주**로 본다.

0970

microcosm*
[máikrəkàzm]

명 소우주, (더 큰 것의) 축소판 《대우주의 모든 특성을 가지고 있는 작은 것》
micro(small)+cosm(world)

• Malaysia is often called a **microcosm** of modern Southeast Asia.
말레이시아는 종종 현대 동남아시아의 **축소판**으로 불린다.

MORE+ 관련어휘

macroeconomics	명 거시 경제학 《국민 총생산, 소득, 저축, 소비 등의 통계량으로 경제를 분석하는 학문》
microeconomics	명 미시 경제학 《소비자, 기업이 시장에서 가격을 형성하는 과정을 밝히는 학문》
macronutrient	명 다량 영양소, 다량 원소 《탄소, 수소, 산소, 질소 등 식물 생장에 크게 요구되는 원소》
micronutrient	명 미량 영양소, 미량 원소 《비타민, 철분 등 중요하면서도 극소량으로 충족되는 영양소》
macroclimate	명 대(大)기후 《대륙, 국가 등의 광역 기후》
microclimate	명 미(微)기후 《좁은 특정 지역의 기후》
macroorganism	명 육안으로 보이는 생물
microorganism	명 미생물 《현미경으로 봐야만 보이는 생물》

0971

macroscopic*
[mæ̀krəskápik]

형 ¹ 육안으로 보이는 ² 거시적인
macro(large)+scop(look at)+ic(형)

• Some fossil that represents a **macroscopic** organism is about 2.1 billion years old. **육안으로 보이는** 유기체의 표본이 되는 몇몇 화석들은 약 21억 년이 된 것이다.

0972

경찰 | 교행

microscopic*
[màikrəskápik]

형 ¹ 현미경으로 봐야만 보이는, 미세한 ² 현미경을 이용한
micro(small)+scop(look at)+ic(형)

microscopy 명 현미경 관찰[검사] **microscope** 명 현미경

• Plankton are **microscopic** marine plants that drift on the surface of the sea.
플랑크톤은 **미세한** 해양 식물로 바다 표면에 표류한다.

MORE+ micro-

microbe	명 미생물(= microorganism)
microwave	명 ¹ 극초단파 《파장 1m 이하의 전파》 ² 전자레인지
microplastic	명 미세 플라스틱 조각
microsecond	명 마이크로초, 100만분의 1초

DAY 12 217

max; min(i), minu
= greatest (가장 큰); smallest (가장 작은), small (작은)

암기유발 TIP
miniature 미니어처, 축소 모형
miniat(small)+ure(명)

0973 국7 | 지7 | 서9

maximize / **max**imise** [mǽksəmàiz]
[타] ¹ 극대화하다 ² 최대한 활용하다
maxim(greatest)+ize(동) → 가장 크게 만들다

maximization 명 극대화
- The software developer works to **maximize** user-friendliness.
  그 소프트웨어 개발자는 사용자 친화성을 극대화하기 위해 일한다. [지7]
- I rearranged the furniture to **maximize** the space in my small room.
  나는 내 작은 방의 공간을 최대한 활용하기 위해 가구를 재배치했다.

0974 국9 | 국7 | 서9 | 서7 | 경찰 | 국회 | 기상

minimize / **min**imise*** [mínəmàiz]
[타] ¹ 최소화하다 ² 축소하다
minim(smallest)+ize(동)

minimization 명 최소화
- The company hired some foreign specialists to maximize profits and **minimize** losses.
  회사는 이윤을 극대화하고 손실을 최소화하기 위해서 몇몇 해외 전문가들을 고용했다. [서9]

0975 지9 | 지7 | 서9

maximum** [mǽksəməm]
[형][명] (크기, 빠르기 등이) 최고(의), 최대(의)

유 utmost

maximal 형 최고조의, 최대한의
- Schools are selecting educational apps carefully for **maximum** learning benefits. 학교들은 최대의 학습 혜택을 위해 교육용 앱을 신중하게 선택하고 있다. [지7]

0976 국9 | 국7 | 지7 | 경찰 | 법원

minimum** [mínəməm]
[형][명] 최저(의), 최소한(의)

minimal 형 최저의, 최소한의   **minimalism** 명 《예술》 미니멀리즘 《최소한의 요소로 최대 효과를 올리려는 주의》
- **minimum** wage 최저 임금
- **minimum** cost of living 최저 생활비

0977

maxim* [mǽksim]
명 격언, 금언
maxim(greatest) → 가장 위대한 (말)

유 saying, adage, aphorism, proverb

- My mother's favorite **maxim** was "After a storm comes a calm."
  우리 어머니가 가장 좋아하시는 격언은 '폭풍 뒤에 고요가 온다.'였다.

0978 지9 | 지7 | 서7 | 경찰 | 국회 | 기상 | 법원 | 교행

minor*** [máinər]
형 ¹ 중요치 않은, 경미한 ² 《음악》 단조의 명 ¹ 부전공 ² 《법률》 미성년자
min(small)+or → 더 작은

유 형 ¹ trivial
반 major 형 ¹ 중요한
     명 ¹ 전공

minority 명 ¹ 소수 ² 미성년 형 소수의
- **minor** crimes 경범죄 [경찰]
- She majored in chemistry with a **minor** in biology.
  그녀는 부전공을 생물학으로 하여 화학을 전공했다.
- families with children who are still **minors** 아직 미성년자인 자녀를 둔 가정들

0979
mince* [mins]
타 ¹ (고기를 기계로) 잘게 갈다, 다지다 ² 종종걸음으로 걷다
min(small)+ce(동)
mincer 명 고기 가는 기계
- **minced** meat 잘게 다진 고기

유 ¹ grind

0980
국9 | 지7 | 서7 | 국회 | 기상 | 법원 | 사복
diminish* [dimíniʃ]
자 타 줄어들다, 줄이다 타 폄하하다
di(강조)+min(small)+ish(동)
diminution 명 감소(량), 축소 **undiminished** 형 줄어들지[약화되지] 않은
- Relationship tension naturally **diminishes** over time as we get to know the person. 관계의 긴장 상태는 우리가 그 사람을 알게 됨에 따라 시간에 걸쳐서 자연히 **줄어든다**. [국회]

유 자 타 decrease, decline, reduce
타 belittle, depreciate

0981
diminuendo* [dimìnjuéndou]
형 부 《음악》 점점 약해지는[약하게]
di(강조)+minuendo(small)
- the **diminuendo** chorus before the climax
  절정에 달하기 전 **점점 약해지는** 화음

유 decrescendo
반 crescendo (점점 세지는[세게])

0982
서9 | 경찰
ministry** [mínistri]
명 ¹ (정부의 각) 부처 ² (the ~) 목사, 성직자 ³ (목사, 성직자의) 직책, 임기
minist(small)+ry(명) → 작게 나누어진 장소[일]
- He decided to go into the **ministry**. 그는 **성직자**가 되기로 결심했다.

유 ² the cloth

MORE+ 기출어휘
the **Ministry** for Foreign Affairs and Trade 명 외교통상부
the **Ministry** of Education 명 교육부(= the Department of Education)
the **Ministry** of Health and Welfare 명 보건복지부
the **Ministry** of Trade, Industry and Energy 명 산업통상자원부

0983
국9 | 국7 | 지9 | 경찰 | 국회 | 사복
minister* [mínistər]
명 ¹ 장관 ² 목사, 성직자 자 돕다, 보살피다 《to》
mini(small)+ster(명) → 작은 (일을 하는) 사람 → 하인 → (누군가를 위해) 일하는 사람
ministerial 형 ¹ 정부 측의 ² 목사의, 성직자의
- The **minister** insisted that a bridge be constructed over the river to solve the traffic problem. **장관**은 교통문제를 해결하기 위해 강 위에 다리를 건설해야 한다고 주장했다. [국9]
- She devoted herself to **ministering** to the poor and sick.
  그녀는 가난하고 아픈 사람들을 **보살피**는 데 헌신했다.

유 명 ² clergyman, priest

0984
국9 | 국7 | 지9 | 지7 | 서9 | 서7 | 경찰 | 국회 | 법원 | 교행 | 사복
minute* [mainjúːt]
형 ¹ 미세한 ² 철저한, 상세한 명 [mínit] ¹ (시간 단위의) 분(分) ² (pl.) 회의록
minutely 부 ¹ 자세하게 ² 1분마다
- **minute** particles 미세한 입자들
- to remember everything in **minute** details 상세한 세부사항까지 모두 다 기억하다

유 형 ¹ tiny ² exhaustive

0985
minuscule* [mínəskjùːl]
형 ¹ 극소의, 아주 작은[적은] ² 소문자의
minus(smaller)+cule(small)
- The risk of air radiation to public health is **minuscule**.
  대기 중 방사선이 대중의 건강에 미치는 위험은 **아주 적다**.

반 ² uppercase, majuscule (대문자의)

val(u), vail
= worth (가치); strong (강한)

암기유발 TIP
value ¹ 가치; 중요성
² (pl.) 가치관

0986 지9

valuation**
[væljuéiʃən]

명 ¹ (가치) 평가, 판단　² (평가된) 가치(액)
valu(worth)+ation(명)

• Everyone puts a high **valuation** on her diligence. 모두가 그녀의 근면함을 높이 **평가**한다.

• put a high[low] valuation on ~을 높이[낮게] 평가하다

0987 국9 | 국7 | 지9 | 지7 | 서7 | 경찰 | 기상 | 법원 | 교행

evalu**ate***
[ivǽljuèit]

타 (가치, 품질 등을) 평가하다, 감정하다
e(out)+valu(worth)+ate(동) → 밖으로 가치를 드러나게 하다

evaluation 명 평가　**evaluative** 평가하는

• Meaningful **evaluations** are based on comparing yourself with people of similar backgrounds, abilities, and circumstances. 유의미한 **평가**는 당신과 비슷한 배경, 능력, 환경을 가진 사람과의 비교를 근간으로 한다. [경찰]

유 rate, assess, estimate

0988

re-evalu**ate***
[rì:ivǽljuèit]

타 재평가하다, 다시 고려하다
re(again)+evaluate(평가하다)

re-evaluation 명 재평가

• Many people argue that by **re-evaluating** safety procedures we can ensure disastrous accidents never happen again. 많은 사람들이 안전 절차를 **재평가함**으로써 참사가 다시는 절대 일어나지 않도록 보증할 수 있다고 주장한다.

0989

overvalu**e***
[òuvərvǽlju]

타 과대평가하다, 지나치게 가치를 두다
over(too much)+value(가치를 매기다)

• His abilities have been **overvalued**, compared to what they really are. 그의 능력은 실제와 비교했을 때, **과대평가되어** 왔다.

0990

undervalu**e***
[ʌ̀ndərvǽlju]

타 과소평가하다, 경시하다
under(under)+value(가치를 매기다)

• We must never **undervalue** freedom. 우리는 자유를 **경시해서는** 안 된다.

유 underrate, underestimate

0991

revalu**e** /
revalu**ate***
[rì:vǽlju / rì:vǽljuèit]

타 ¹ 재평가하다 《주로 가치를 더 높게 매김》　² (화폐 가치를) 평가 절상하다
re(again)+value(가치를 매기다)+ate(동)

revaluation 명 ¹ 재평가　² 평가 절상

• Three of the nations are expected to **revalue** their currencies soon. 세 국가는 그들의 통화(通貨)를 곧 **평가 절상할** 것으로 예측된다.

0992 사복

devalu**e** /
devalu**ate****
[di:vǽlju / di:vǽljuèit]

타 ¹ (~의) 가치를 낮춰 보다, 평가 절하하다　² (화폐 가치를) 평가 절하하다
de(down)+value(가치를 매기다)+ate(동)

devaluation 명 ¹ 가치[신분]의 저하　² 평가 절하

• Domestic labor is often ignored and **devalued**. 가사 노동은 흔히 무시되고 **평가 절하된다**.

유 belittle, depreciate, undervalue, underrate, underestimate

0993
valuable*** [vǽljuəbəl]
형 1 소중한, 귀중한 2 값비싼 명 (pl.) 귀중품
valu(e)(가치를 매기다)+able(할 수 있는)

국9 | 지9 | 지7 | 경찰 | 법원 | 교행

반 형 1 valueless, worthless (가치 없는)

valuableness 명 값비쌈, 귀중함
- Money and power cannot replace **valuable** things in our life.
  돈과 권력은 인생에서 **소중한** 것들을 대신할 수 없다. [국9]
- a **valuable** antique 값비싼 골동품

0994
invalu**able**** [invǽljuəbəl]
형 매우 귀중한, 매우 유용한
in(not)+valu(e)(가치를 매기다)+able(할 수 있는) → 가치를 매길 수 없을 정도인

경찰

유 priceless, precious

- The Internet is an **invaluable** resource of information for people.
  인터넷은 사람들에게 **매우 유용한** 정보의 원천이다.

0995
valid*** [vǽlid]
형 1 (공식적으로) 유효한 2 (논리적으로) 타당한
val(strong)+id(형) → 힘을 가지고 있는 → 효력 있는

국9 | 국7 | 지9 | 경찰 | 국회 | 법원

유 1 legitimate 2 reasonable, rational, logical

• **valid** for ~ 동안 유효한

validity 명 1 유효함 2 타당성 **validness** 명 1 유효함 2 근거가 확실함
- A **valid** identification card is required to use the athletic and entertainment facilities. 운동 및 오락시설을 이용하기 위해서는 **유효한** 신분증이 요구된다. [국9]
- a **valid** question to raise 제기하기에 **타당한** 의문

0996
inval**id**** [invǽlid]
형 1 (공식적으로) 효력 없는 2 (논리적으로) 타당하지 않은 명 [ínvəlid] 병자, 환자
in(not)+valid(유효한)

지9 | 서7 | 경찰

유 형 1 void, null 2 unreasonable, irrational, illogical

invalidity 명 무효 **invalidness** 명 타당하지 않음
- an **invalid** argument 타당하지 않은 주장
- Her husband was an **invalid** and couldn't come to the door to open it.
  그녀의 남편은 **환자**라서 문을 열기 위해 올 수 없었다.

0997
vali**date**** [vǽlidèit]
타 1 (정당함을) 입증하다 2 인증하다 3 승인[인정]하다
valid(유효한)+ate(동)

국회 | 기상 | 법원

유 1 demonstrate 2 certify 3 ratify, endorse

validation 명 확인
- Abundant evidence has arisen to help further **validate** the theory.
  풍부한 증거가 그 이론을 더욱 깊이 **입증하는** 것을 도왔다. [국회]
- to be **validated** by a government authority 정부기관으로부터 **인증받다**

0998
inval**i**date* [invǽlədèit]
타 1 (주장 등이) 틀렸음을 입증하다 2 (계약 등을) 무효화하다
in(not)+valid(유효한)+ate(동)

유 1 disprove, refute 2 void, nullify, annul, negate

invalidation 명 무효로 함
- This study **invalidates** the earlier research. 이 연구는 이전 연구가 **틀렸음을 입증한다**.
- to **invalidate** a contract 계약을 **무효화하다**

0999
valiant* [vǽljənt]
형 용맹한, 용감한
vali(strong)+ant(형) → 마음이 강한

유 courageous, brave

- a **valiant** soldier 용맹한 군인

1000
conval**esce***
[kànvəlés]

자 (아픈 뒤에) 요양하다, 회복기를 보내다
con(강조)+val(strong)+esce(동) → 강해지다

↔ recuperate, recover

convalescent 형 요양[회복]의 **convalescence** 명 요양[회복] (기간)

- He spent two months **convalescing** at home after his surgery.
  그는 수술을 받은 후에 두 달을 집에서 **요양하는 데** 보냈다.

1001
a**vail****
[əvéil]

자타 (~에) 도움이 되다, 유용하다
a(to)+vail(worth)

교행

↔ help, aid, assist
• to little[no] avail 별로[아무] 소용이 없다

- Our best efforts **availed** us nothing. 우리의 최선의 노력은 우리에게 아무 **도움이 되지** 않았다.

1002
a**vail**able***
[əvéiləbl]

국9 | 국7 | 지9 | 지7 | 서9 | 서7 | 경찰 | 국회 | 기상 | 법원 | 교행 | 사복

형 ¹(사물이) 구할[이용할] 수 있는 ²(사람이) 시간[여유]이 있는
avail(유용하다)+able(형)

↔ unavailable(이용할[만날] 수 없는)

- In Korea, Korean and foreign television programs are easily **available** online.
  한국에서, 한국과 외국의 텔레비전 프로그램은 온라인에서 쉽게 **이용할 수 있다**. [경찰]

1003
pre**vail*****
[privéil]

국7 | 지9 | 서9 | 서7 | 경찰 | 기상 | 법원

자 ¹승리하다, 이기다 ²만연하다, 팽배하다
pre(before)+vail(strong) → (다른 것보다) 앞선 힘을 가지고 있다

↔ ¹triumph

prevalent 형 만연한, 널리 퍼져 있는 **prevalence** 명 널리 퍼짐, 유행

- Truth will always **prevail** over lies. 진실이 언제나 거짓을 **이긴다**.
- The Health authorities today warned that influenza is now highly **prevalent** all over the country. 보건당국은 현재 독감이 전 지역에 매우 **널리 퍼져 있다고** 오늘 경고했다. [기상]

1004
counter**vail***
[káuntərvéil]

자 (똑같은 힘으로) 대항하다 《against》 타 상쇄하다, 무효로 만들다
counter(against)+vail(strong) → ~에 맞서는 힘을 가지고 있다

↔ 자 counteract
타 neutralize, offset

- The financial benefits will not **countervail** the harm already caused.
  금전적 이익이 이미 야기된 피해를 **상쇄하지** 못할 것이다.

dign, dain
= worthy (가치 있는)

1005
dignity**
[dígnəti]

국9 | 서9 | 경찰 | 법원 | 사복

명 ¹위엄, 품위 ²존엄성 ³자존감
dign(worthy)+ity(명)

↔ ¹majesty, nobility
²sanctity
³self-esteem, self-respect

dignify 타 위엄[품위] 있어 보이게 하다 **dignified** 형 위엄[품위] 있는

- The player showed **dignity** in defeat. 그 선수는 패배에도 **품위**를 보였다.
- human **dignity** 인간의 존엄성

1006
dignitary*
[dígnitèri]
명 고위 인사[관리]
dignit(worthy)+ary(명)

- The president shook hands with the **dignitaries** attending the reception.
대통령은 연회에 참석한 **고위 인사**들과 악수했다.

1007
indignity*
[indígnəti]
명 모욕, 수모
in(not)+dign(worthy)+ity(명)

유 humiliation

- He suffered the **indignity** of being forced to leave the courtroom.
그는 법정을 강제로 나가게 되는 **수모**를 겪었다.

1008
indignant**
[indígnənt]
형 (부당함에) 분개한, 성난
in(not)+dign(worthy, proper)+ant(형) → 어떤 것이 적절하지 않아서 화가 난

유 aggrieved, resentful, upset, offended

indignation 명 분개, 분함
- The man was **indignant** at being the object of suspicion.
그 남자는 혐의 대상이 된 것에 **분개했다**.

1009
disdain*
[disdéin]
타 업신여기다, 무시하다   명 업신여김, 무시
dis(not)+dain(worthy)

유 타 scorn, despise
명 contempt

disdainful 형 업신여기는, 무시하는
- Big companies often **disdain** what they think of as the low-end market, because they make a lot less money on each sale than they do selling high-end goods. 대기업들은 자신들이 저가 시장이라고 여기는 것을 종종 **무시하는데**, 왜냐하면 값이 비싼 상품을 판매하는 것보다 판매 한 건 당 훨씬 더 적은 돈을 벌기 때문이다. [사복]

DAY 13 모양, 모습

Preview & Review

form; fig; morph ▶ form

- **form**ulate
- re**form**
- con**form**
- de**form**
- trans**form**
- **fig**ment
- con**fig**ure
- pre**fig**ure
- trans**fig**ure
- **morph**ology
- meta**morph**ose
- a**morph**ous

만들어 내다 → 만들어낸 것 → 허구

형태

line, lign; range ▶ line

- **line**ar
- **line**al
- de**line**ate
- a**lign**
- ar**range**
- rear**range**
- de**range**

선 → (직)선의 → 직계의
→ 정렬시키다 → 정리하다

ac, acumin ▶ sharp, point

- **ac**ute
- **ac**rid
- **ac**me
- **ac**rimony
- **ac**umen
- **acumin**ate

날카로운 → 예민한
→ 통찰력
뾰족한 끝 → 절정

clin; flex, flect ▶ bend

- in**clin**e
- de**clin**e
- re**clin**e
- **clin**ch
- **flex**ible
- re**flex**
- re**flect**
- de**flect**
- in**flect**

구부리다 → 잘 구부러지는 → 유연한, 융통성 있는

tor(t) ▶ twist

- **tor**ch
- **tor**ment
- **tor**ture
- **tor**tuous
- con**tort**
- dis**tort**
- re**tort**
- ex**tort**

비틀다 → 비틀어진 것 → 구불구불한
비틀다 → 괴롭히는 것 → 고통, 고문

ple(x); plo, ply, pli ▶ weave, fold

- com**plex**
- per**plex**
- em**ploy**
- de**ploy**
- di**plo**macy
- ex**plo**it
- ap**ply**
- ap**pli**cation
- im**ply**
- multi**ply**
- com**pli**cate
- du**pli**cate
- ex**pli**cate
- im**pli**cate
- sup**pli**cate
- re**pli**ca
- re**pli**cate
- ex**pli**cit
- accom**pli**ce

엮다, 접다 → 복잡한

tom; sect; tail; c(h)is ▶ cut

- dia**tom**ic
- dicho**tom**ize
- ana**tom**y
- epi**tom**e
- **sect**
- **sect**ion
- **sect**or
- inter**sect**
- **tail**or
- de**tail**
- re**tail**
- cur**tail**
- pre**cise**
- con**cise**
- de**cis**ive
- in**cise**
- in**cis**ive
- pre**cis**
- **chis**el

자르다 → 잘라진 것
자르다 → 간결한, 예리한

flat ▶ blow

- in**flat**e
- de**flat**e
- re**flat**ion
- af**flat**us

불다 → 부풀다, 부풀리다
불다 → 떠오르는 것 → 영감

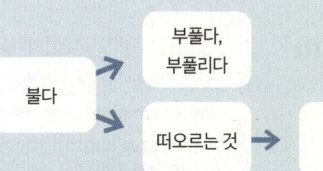

form; fig; morph
= form (만들어 내다, 형태)

암기유발 TIP
uniform 유니폼
uni(one)+form(form) → 한 가지 모양

1010 서7 | 사복

formulate** [fɔ́ːrmjəlèit]
[타] 1 (꼼꼼히) 만들어 내다 2 (의견 등을 잘 정리하여) 표현하다, 말하다
form(form)+ul(tool)+ate([동]) → 어떤 것을 만들어 내다

[유] 1 devise, invent 2 express

• We **formulated** a plan to improve our team's performance.
우리는 팀의 성과를 향상시키기 위한 계획을 **만들어 냈다**.
• I was impressed by the way he could **formulate** his ideas.
나는 그가 자신의 생각을 **표현할** 수 있었던 방식에 깊은 인상을 받았다.

MORE+ 관련어휘
formulation [명] 공식화, 정식화
formula(e) [명] 1 《수학》 공식 2 제조법
formulaic [형] 정형화된
format [명] (전반적인) 구성 방식 [타] 서식을 만들다
formation [명] 1 형성 2 대형, 편대
mal**form**ation [명] (몸의) 기형 (mal(wrong)+form(form)+ation([명]))

1011 국7 | 지7 | 서9 | 서7 | 국회 | 기상

re**form***** [riːfɔ́ːrm]
[타] 개혁하다, 개선하다 [명] 개혁, 개선
re(again)+form(form) → 다시 만들어 내다

[유] [타] improve, correct [명] improvement

reformation [명] 개혁, 개선 reformist [형] 개혁적인, 개혁을 원하는
• The healthcare system must be completely **reformed**.
의료 시스템은 완전히 **개혁되어**야 한다.
• political **reform** 정치 **개혁**

1012 국7 | 서9 | 서7 | 경찰 | 국회

con**form**** [kənfɔ́ːrm]
[자] 1 (규칙 등에) 따르다 《to, with》 2 (대부분의 사람들과) 행동[생각]을 같이 하다 《to》 3 (~에) 일치하다 《to, with》
con(together)+form(form) → 함께 만들다

[유] 1 comply 《with》, obey 2 match, meet
• conform oneself to ~에 따르다

• He **conforms** to the traffic safety rules well. 그는 교통안전 수칙들을 잘 **따른다**.
• Most teenagers feel pressure to **conform** to their peers.
대부분의 십 대들은 그들의 또래와 **같이 행동[생각]해야 한다**는 압박을 느낀다.
• The budget numbers **conform** with official estimates. 예산이 공식 추산과 **일치한다**.

MORE+ 관련어휘
con**form**ation [명] (특히 동물의) 형태, 구조
con**form**ity [명] (규칙, 관습 등에) 따름, 순응
con**form**ance [명] 일치, 부합

1013 국9 | 서7

de**form**** [difɔ́ːrm]
[타] 변형시키다, 기형으로 만들다
de(off)+form(form) → 원래의 형태에서 벗어나게 만들다

[유] disfigure, deface, vandalize
[반] repair(수리하다)

deformation [명] 변형, 기형 deformity [명] 《pl.》 기형(인 상태) deformed [형] 기형의
• Use of excessive force may **deform** the handle. 과도한 힘의 사용은 손잡이를 **변형시킬** 수 있다.

1014 국9 | 국7 | 지9 | 지7 | 서9 | 서7 | 기상 | 법원 | 사복

trans**form***** [trænsfɔ́ːrm]
[타] 변형시키다, 탈바꿈시키다
trans(beyond)+form(form) → 원래의 형태를 넘어서다

[유] change, convert, alter
[반] preserve(보존하다)

transformation [명] 변화, 탈바꿈 transformative [형] 변화시키는
• A former landfill site was **transformed** into a park.
이전의 쓰레기 매립지가 공원으로 **탈바꿈되었다**.

1015
figment* [fígmənt]
명 꾸며낸 것, 허구
fig(form)+ment(명) → 어떤 형태를 만들어 낸 것
유 invention, fiction, fabrication

- a **figment** of one's imagination 상상력이 **꾸며낸 것**, 상상의 산물

1016
configure* [kənfígjər]
타 ¹(틀에 맞추어) 형성하다, 배열[배치]하다 ²《컴퓨터》 환경을 설정하다
con(together)+fig(form)+ure → 형태가 같도록 만들어 내다
유 ¹construct, build, compose

configuration 명 ¹배열[배치] 형태 ²《컴퓨터》 환경 설정

- Three of the aircraft will be **configured** as VIP transports.
  세 대의 항공기가 VIP 운송 수단들로서 **배치될** 것이다.
- Most research has suggested that marital satisfaction follows the U-shaped **configuration**. 대부분의 연구가 결혼 만족도는 U자 **형태**를 따른다고 시사한다. [지7]

1017
prefigure* [prifígjər]
타 예시(豫示)하다
pre(before)+fig(form)+ure → 미리 만들다
유 foreshadow, foretell, presage

- His style of painting **prefigured** the development of modern art.
  그의 화풍은 현대 미술의 발전을 **예시했다**.

1018
transfigure* [trænsfígjər]
타 (더 아름답게) 변모시키다
trans(beyond)+fig(form)+ure → 원래의 형태를 넘어서다
유 transform, alter, reshape

- the joy and delight that **transfigured** her face 그녀의 얼굴을 **변모시킨** 기쁨과 즐거움

1019
morphology* [mɔːrfάlədʒi]
명 ¹《생물》 형태학 ²《언어》 형태론, 어형론
morph(form)+ology(명) → 형태를 연구하는 학문

morphologist 명 형태학자　**morphological** 형 형태학의

- There are differences in **morphology** between the two reptiles.
  두 파충류 사이에는 **형태학**적인 차이점들이 있다. [지9][사복]

1020
metamorphose* [mètəmɔ́ːrfouz]
자타 (오랜 기간에 걸쳐) 변하다, 변화시키다
meta(change)+morph(form)+ose
유 transform, alter, transmute
반 preserve(보존하다)

metamorphosis 명 《pl.》 변형, 탈바꿈

- A caterpillar is **metamorphosed** into a butterfly. 애벌레는 나비로 **변한다**.

1021
amorphous* [əmɔ́ːrfəs]
형 무정형의, 확실한 형태가 없는
a(without)+morph(form)+ous(형)
유 indeterminate, formless, shapeless
반 definite(뚜렷한)

amorphousness 명 무정형, 특성 없음

- It is an **amorphous** mass of cells. 이것은 **무정형**의 세포 덩어리이다.

line, lign; range
= line (선)

1022 경찰 | 교행

linear*
[líniər]

형 ¹(직)선의 ²길이의
line(line)+ar(pertaining to) → 선의

유 ¹straight

linearly 부 선형적으로, 직선으로
- The passage of energy in a **linear** or one-way direction through an ecosystem is known as energy flow. 생태계를 통해 **직선형** 또는 한 방향으로 흐르는 에너지의 통로는 에너지 흐름이라고 알려져 있다. [경찰]
- **linear** measurements 길이 측정

1023

lineal*
[líniəl]

형 직계의 《혈연이 친자 관계인》
line(line)+al(형) → 어떤 한 종류의 선에 속하는

유 immediate

lineally 부 직계로
- a **lineal** descendant 직계 후손
- a **lineal** ascendant 직계 존속

cf. collateral 형 방계의 《같은 시조(始祖)에서 갈라져 나온 친족. 형제자매 등》

1024

delineate*
[dilínieit]

타 (상세하게) 그리다, 기술하다, 설명하다
de(completely)+line(line)+ate(통) → 선을 완전하게 그리다

유 portray, illustrate, depict

delineation 명 ¹묘사 ²설계 ³서술, 기술
- The document **delineates** your rights and your obligations. 그 서류는 당신의 권리와 의무를 **기술하고** 있다.

1025 경찰

align**
[əláin]

자 타 배열되다, 정렬하다 타 조정하다, 조절하다
a(to)+lign(line) → 같은 선 위에 놓다

유 자 타 straighten
- align oneself with ~와 제휴[동조]하다

alignment 명 ¹배열, 정렬 ²제휴, 협력 **realign** 타 ¹(위치 등을) 조정하다 ²재편성하다
- The storekeeper carefully **aligned** the cans on the shelf. 점원은 캔을 선반에 조심스럽게 **정렬했다**.
- The car's wheels were **realigned**. 그 차의 바퀴들은 **조정되었다**.
- The company has **realigned** several departments. 그 회사는 여러 부서를 **재편성했다**.

1026 국9 | 지7 | 서9 | 서7 | 경찰 | 국회 | 법원 | 교행

arrange**
[əréindʒ]

자 타 마련하다, 처리하다 타 정리하다, 배열하다
ar(to)+range(line) → 선을 나란히 그려 놓다

유 자 타 organize, fix
타 sort, array
반 타 disturb (흩뜨리다)

arrangement 명 ¹마련, 준비 ²배열, 배치
- She **arranged** ample space to sit down. 그녀는 앉기에 충분한 공간을 **마련했다**.
- The books are **arranged** alphabetically by author. 책들은 저자 이름 알파벳순으로 **정리되어** 있다.

1027 국7 | 기상

rearrange**
[riːəréindʒ]

타 ¹ 재배열하다, 재배치하다 ² (행사 시간 등을) 재조정하다
re(again)+ar(to)+range(line)

rearrangement 명 재배열, 재정리

- When he returned, he found that she had **rearranged** all her furniture.
  그가 돌아왔을 때, 그는 그녀가 그녀의 가구를 모두 **재배치한** 것을 알았다.

유 ¹ reorganize, convert
² reschedule

1028

derange*
[diréindʒ]

타 ¹ 흐트러뜨리다, 어지럽히다 ² 미치게 하다
de(opposite)+range(line) → 선을 정반대로 하다

deranged 형 (정신병으로) 정상이 아닌, 미친

- The storage room had been **deranged** by the earthquake.
  창고는 지진에 의해 **어지럽혀졌다**.

유 ¹ disturb
반 ¹ arrange(정돈하다)
² calm(안정시키다)

---

ac, acumin
= sharp (날카로운), point (뾰족한 끝)

암기유발 TIP
acid (맛이) 신
ac(sharp)+id(형) → 날카로운 → 맛이 시큼한

1029 국9 | 국7 | 지7 | 서9 | 서7 | 기상

acute***
[əkjúːt]

형 ¹ 극심한, 심각한 ² (질병이) 급성의 ³ (감각이) 예민한
acute(sharp) → 날카로운

acutely 부 ¹ 강렬히, 절실히 ² 몹시   **acuity** 명 명민함, 예리함

- The food problem is so **acute** in Africa. 아프리카에서는 식량 문제가 매우 **심각하다**.
- many **acute** and chronic diseases 많은 **급성** 및 만성 질환 [국7]

유 ¹ severe
³ susceptible, keen
반 ² chronic(만성의)

1030

acrid*
[ǽkrid]

형 (냄새나 맛이) 매캐한, 콕 쏘는 듯한, 쓴
acr(sharp)+id(형) → 날카로운 것으로 찌르는 듯한

acridity 명 매움, 쓴

- **acrid** smoke from the fire 화재에서 발생한 **매캐한** 연기

유 bitter, pungent, trenchant

1031 지7 | 국회

acme*
[ǽkmi]

명 절정, 정점
ac(point)+me(명) → 뾰족한 끝에 있는 것

- He reached the **acme** of perfection as a vocalist. 그는 성악가로서 완벽의 **정점**에 도달했다.

유 climax, peak
반 bottom(밑바닥)

1032

acrimony*
[ǽkrəmòuni]

명 악다구니, 악감정
acri(sharp)+mony(명) → 감정이 날카로운 것

acrimonious 형 폭언이 오가는, 험악한

- There has been **acrimony** between the two men ever since the quarrel.
  다툰 이후로 줄곧 두 사람 사이에는 **악감정**이 있어 왔다.

유 harshness, animosity, antipathy
반 goodwill(호의)

DAY 13 229

1033
acumen* [əkjúːmən]
명 통찰력, 총명
acu(sharp)+men(think) → 판단력이 날카로운 것
- She lacked the political **acumen** for the post of chairperson.
  차기 의장직을 수행하기에 그녀는 정치적 **통찰력**이 결여되었다.

유 wisdom, insight, shrewdness
반 ignorance(무지)

1034
acuminate* [əkjúːmənit]
형 (잎 등이) 뾰족한, 날카로운 자 뾰족해지다 타 [əkjúːmənèit] 뾰족하게[날카롭게] 하다
acumin(point)+ate(동) → 뾰족한 끝이 있게 만드는
- The pitcher mouth is oblique and **acuminate** towards the lid.
  물주전자 입구는 뚜껑 쪽으로 비스듬하고 **뾰족하다**.

유 형 pointed, sharp
자 타 sharpen, taper

---

clin; flex, flect
= bend (구부리다)

암기유발 TIP
recliner 리클라이너
《등받이가 뒤로 젖혀지는 안락의자》
re(back)+clin(bend)+er(명)

1035
incline** [inkláin]
국9 | 국7 | 지7 | 경찰 | 국회
자 타 1 기울다, 기울이다 2 (마음) 내키다, 내키게 하다 명 경사(면)
in(into)+cline(bend) → ~쪽으로 구부리다
inclination 명 1 성향 2 (~하는) 경향 3 경사(도) **inclined** 형 1 하고 싶은, 내키는 2 ~하는 경향이 있는 3 경사진
- Good listeners are **inclined** to accept or tolerate rather than to judge and criticize. 잘 경청하는 사람들은 판단하고 비판하기보다는 수용하고 참는 **경향이 있다**. [국9]

유 자 타 tilt 2 persuade, induce
명 slope

1036
decline*** [dikláin]
국9 | 국7 | 지9 | 지7 | 서7 | 경찰 | 국회 | 기상 | 법원 | 교행 | 사복
자 줄어들다, 감소하다 자 타 거절하다 명 감소, 하락
de(down from)+cline(bend) → 아래로 구부러지다
declination 명 1 사퇴, 사절 2 기욺, 경사
- She **declined** the offer by indirection. 그녀는 그 제의를 에둘러서 **거절했다**.
- They are concerned about a **decline** in sales. 그들은 매출 **감소**에 대해 우려한다.

유 자 fall, lower
자 타 refuse
명 downturn
반 자 타 accept(받아들이다)
명 rise(상승)
• fall into a decline
  쇠퇴하다

1037
recline* [rikláin]
자 비스듬히 기대다, 눕다
re(back)+cline(bend) → 뒤로 구부리다
reclination 명 기댐, 의지 **reclinable** 형 기댈 수 있는, 의지할 수 있는
- She was **reclining** on the sofa, watching TV.
  그녀는 TV를 보면서 소파에 비스듬히 **기대고** 있었다.

유 lean, lie, rest
반 stand(서 있다)

1038
clinch* [klintʃ]
타 매듭짓다, 결말을 내다 자 (권투나 주먹다짐 중에 서로) 끌어안다 명 끌어안은 것
clinch(bend) → 끝을 구부리다 → 완결 짓다
clinchingly 껴안듯이
- Her boss congratulated her on **clinching** the deal.
  그녀의 사장은 그 거래를 **매듭지은** 것에 대해 그녀를 축하해 주었다.
- The referee told the boxers to break their **clinch**.
  그 심판은 권투 선수들에게 서로 **끌어안은 것**을 풀라고 말했다.

유 타 settle, conclude
반 타 delay(미루다)

1039 　　　　　　　　　　　　　　　　　국9 | 국7 | 지9 | 지7 | 서9 | 서7 | 경찰 | 국회 | 기상 | 법원 | 교행

flexible*** [fléksəbl]
- 형 ¹ 잘 구부러지는, 유연한 ² 융통성[신축성] 있는
- flex(bend)+ible(형)
- 유 ¹ pliable, supple ² adaptable
- 반 rigid(뻣뻣한)

flexibility 명 ¹ 구부리기 쉬움, 유연성 ² 융통성　**inflexible** 형 ¹ 잘 구부러지지 않는 ² 융통성 없는

- The middle part of the spiderweb is **flexible** so that when an insect flies into it, it will stretch rather than break.
  거미줄의 중간 부분은 곤충이 거미줄로 날아들 때 부서지기보다는 늘어나도록 **유연하다**. [국7]
- We need to be more **flexible** in our approach.
  우리는 접근 방식에서 좀 더 **융통성이 있을** 필요가 있다.

1040 　　　　　　　　　　　　　　　　　　　　　　　　　　　　　경찰

reflex* [ríːfleks]
- 명 반사 작용[운동]
- re(back)+flex(bend)

reflexness 명 반사적임, 반동적임　**reflexible** 형 (빛, 열 등이) 반사될 수 있는, 반사성의

- A man's behavior is but a **reflex** of his character.
  사람의 행동은 그 성품의 **반사 작용**에 불과하다.

1041 　　　　　　　　　　　　　　　국9 | 국7 | 지9 | 지7 | 서9 | 서7 | 경찰 | 국회 | 법원 | 사복

reflect*** [riflékt]
- 타 ¹ (빛 등을) 반사하다 ² (물 위에 상을) 비추다 ³ (태도 등을) 반영하다　자 심사숙고하다 《on》
- re(back)+flect(bend) → 빛을 구부려서 다시 돌려보내다
- 유 타 mirror
- 반 타 ¹ absorb(흡수하다)
- • reflect on oneself 반성하다

reflection 명 ¹ 반사 ² 상, 모습 ³ 반영 ⁴ 심사숙고　**reflective** 형 ¹ 반사하는 ² 반영하는 ³ 심사숙고하는

- A prism **reflects** all the colors of a rainbow on the wall.
  프리즘은 무지개의 일곱 색을 벽에 **반사한다**.
- Fashion styles **reflect** the movement of the age very quickly.
  패션 양식들은 시대의 동향을 매우 빠르게 **반영한다**.
- She was in a very **reflective** mood. 그녀는 매우 **심사숙고하는** 기색이었다.

1042 　　　　　　　　　　　　　　　　　　　　　　　　　　　　　법원

deflect** [diflékt]
- 자 타 방향을 바꾸다[바꾸게 하다]　타 ¹ 피하다 ² 막다
- de(away)+flect(bend) → 구부러서 벗어나게 하다
- 유 자 타 bend, divert
- 타 avert, avoid

deflection 명 굴절, 꺾임

- The ball **deflected** off the goalie's body into the goal.
  공이 골키퍼의 몸에 맞고 **방향이 바뀌면서** 골문 안으로 들어갔다.

1043

inflect* [inflékt]
- 자 《문법》 굴절하다 《어형, 어미 변화를 하다》　타 구부리다
- in(in)+flect(bend) → 안쪽으로 구부리다
- 유 타 bend, deflect
- 반 타 straighten (똑바르게 펴다)

inflection 명 ¹ 굴절 ² 억양, 어조

- Most nouns in English **inflect** for plural use by adding "-s" or "-es."
  영어에서 대부분의 명사는 '-s'또는 '-es'를 붙임으로써 복수형의 사용을 위해 **굴절한다**.

---

tor(t)
= twist (비틀다)

암기유발 TIP

tornado 토네이도 (회오리바람)
tor(twist)+nado

1044 　　　　　　　　　　　　　　　　　　　　　　　　　서7 | 법원

torch** [tɔːrtʃ]
- 명 ¹ 횃불 ² 손전등　타 방화하다
- torch(twist) → 비틀어진 것

torchlike 형 횃불 같은

- The Statue of Liberty holds a **torch** in her right hand and a tablet in her left. 자유의 여신상은 오른손에 **횃불**을, 왼손에는 서책을 들고 있다.

DAY 13　231

1045
torment** [tɔ́ːrment]
명 고통, 고민거리 타 [tɔːrmént] 괴롭히다, 고통을 안겨 주다
tor(twist)+ment(명) → 몸[마음]을 비트는 것

tormenting 형 고통스러운
- She is **tormented** by a guilty conscience. 그녀는 양심의 가책으로 **괴로워한다**.

유 명 suffering, misery
타 torture

서7 | 사복

1046
torture** [tɔ́ːrtʃər]
명 고문(과 같은 것) 타 고문하다, 지독히 괴롭히다
tort(twist)+ure(명) → 몸을 비트는 것

tortured 형 지독히 고통스러운
- They **tortured** him almost to death. 그들은 그를 거의 죽기 직전까지 **고문했다**.

유 명 abuse, persecution
타 torment
반 명 bliss(행복)
타 comfort(편하게 하다)

서9

1047
tortuous* [tɔ́ːrtʃuəs]
형 ¹길고 복잡한, 우여곡절의 ²(도로 등이) 구불구불한
tortu(twist)+ous(형) → 비틀어진

tortuousness 명 구불구불함
- The book begins with a **tortuous** introduction. 그 책은 **길고 복잡한** 서론으로 시작한다.
- The only road access is a **tortuous** mountain route.
  유일한 접근 도로는 **구불구불한** 산길뿐이다.

유 ¹convoluted ²winding
반 ¹straightforward (복잡하지 않은)

1048
contort* [kəntɔ́ːrt]
자 타 뒤틀리다, 뒤틀다
con(강조)+tort(twist) → 심하게 비틀다

contortion 명 뒤틀림, 뒤틂 **contortive** 형 비틀어진, 비틀어지게 하는
- Her face was **contorted** with rage. 그녀의 얼굴은 분노로 **뒤틀렸다**.

유 deform, twist
반 straighten (똑바르게 하다)

1049
distort*** [distɔ́ːrt]
타 ¹(모양, 소리 등을) 비틀다 ²왜곡하다
dis(completely)+tort(twist) → 완전히 비틀다

distorted 형 ¹비뚤어진 ²왜곡된 **distortion** 명 ¹찌그러뜨림 ²왜곡, 곡해
- The historian sometimes **distorted** the facts. 그 역사가는 때로는 사실들을 **왜곡했다**.
- The use of questions can uncover **distortions** and clarify misunderstandings.
  질문들의 사용으로 **왜곡들**을 폭로하고 오해들을 해명할 수 있다. [국9]

유 ¹contort, disfigure
²skew, misrepresent
반 ¹straighten (똑바르게 하다)

국9 | 서9 | 서7 | 경찰 | 국회 | 기상 | 사복

1050
retort* [ritɔ́ːrt]
자 타 쏘아붙이다, 응수[대꾸]하다 명 응수, 대꾸
re(back)+tort(twist) → 남의 말을 비틀어 되받아치다

retortion 명 ¹보복 ²비틀기
- She **retorted** angrily that it wasn't true. 그녀는 그것이 사실이 아니라고 화가 나서 **쏘아붙였다**.

1051
extort* [ikstɔ́ːrt]
타 강탈하다, 갈취하다
ex(out)+tort(twist) → 몸을 비틀어 내놓게 하다

extortion 명 강탈, 강요 **extortionate** 형 (가격 등이) 터무니없이 높은 **extortive** 형 강탈하는, 강요하는
- He had been **extorting** money from her for years.
  그는 수년간 그녀로부터 돈을 **갈취해** 오고 있었다.
- the **extortion** of an excessive price 부당한 가격에 대한 **강요**

유 deprive
• extort A from B
  A를 B에게서 갈취하다

ple(x); plo, ply, pli
= weave (엮다); fold (접다)

암기유발 TIP
simple 단순한
sim(one)+ple(fold)

1052
국9 | 국7 | 지9 | 지7 | 서9 | 서7 | 경찰 | 국회 | 기상 | 법원 | 교행 | 사복

complex***
[kəmpléks]

형 복잡한 명 [kάmpleks] ¹복합 건물, (건물) 단지 ²콤플렉스, 강박 관념
com(together)+plex(weave) → 함께 엮어져서 복잡한

유 형 complicated, involved
명 ²obsession
반 형 simple(간단한)
명 ²balance(평정)

complexity 복잡성, 복잡함
- The human body is like a **complex** machine. 인간의 몸은 **복잡한** 기계와 같다.
- They live in a large apartment **complex**. 그들은 큰 아파트 **단지**에 산다.
- *cf.* complexion 명 ¹안색 ²양상

MORE+ 관련어휘
- du**plex** 명 ¹두 세대용 건물 ²복층 구조 (du(two)+plex(fold))
- tri**plex** 명 ¹세 배의 것 ²3층 아파트 형 ¹세 배의 ²3인용의 (tri(three)+plex(fold))
- multi**plex** 명 복합 상영관, 멀티플렉스 (multi(many)+plex(fold))
- multi**ple** 형 ¹많은 ²다양한 명 《수학》 배수 (multi(many)+ple(fold))
- tri**ple** 형 ¹세 개의 ²세 배의 자타 세 배가 되다, 세 배로 만들다 (tri(three)+ple(fold))
- quadru**ple** 형 ¹네 부분의 ²네 배의 자타 네 배가 되다, 네 배로 만들다 (quadru(four)+ple(fold))

1053
지9

perplex**
[pərpléks]

타 당혹하게 하다
per(through)+plex(weave) → 서로 관통하게끔 엮어 당황시키다

유 astonish, astound, puzzle

perplexed 형 당혹한[당혹스러운] **perplexity** 명 당혹감
- It was not her refusal but her rudeness that **perplexed** him.
  그를 **당혹하게 한** 것은 그녀의 거절이 아니라 그녀의 무례함이었다. [지9]

1054
국9 | 국7 | 지9 | 지7 | 서9 | 서7 | 경찰 | 국회 | 기상 | 법원 | 교행 | 사복

employ***
[implɔ́i]

타 ¹고용하다 ²(기술 등을) 이용하다, 쓰다
em(in)+ploy(fold) → 안에 들어오도록 접다

유 ¹hire, recruit
²use, apply
반 ¹fire, discharge (해고하다)

employment 명 ¹직장, 고용 ²이용 **employer** 명 고용주 **employee** 명 직원
- The company **employs** thousands of people. 그 기업은 수천 명의 직원들을 **고용한다**.
- Two methods can be **employed** when solving this problem.
  이 문제를 푸는 데 두 가지 방법이 쓰일 수 있다.

1055
국7 | 서9 | 경찰

deploy**
[diplɔ́i]

타 ¹(군대, 무기를) 배치하다 ²효율적으로 사용하다
de(apart)+ploy(fold) → 접힌 것을 펼치다

유 ¹position, arrange
²use, utilize

deployment 명 배치, 전개
- Civilian-led "political missions" are **deployed** to the field with mandates to encourage dialogue and cooperation.
  민간이 이끄는 '정치 사절단'은 대화와 협력을 장려하려는 지시를 받고 현장에 **배치된다**. [국7]
- to **deploy** resources 자원을 **효율적으로 사용하다**

1056
국7 | 경찰 | 사복

diplomacy**
[diplóuməsi]

명 ¹외교(술) ²사교 능력
di(two)+plom(fold)+acy(명) → 두 가지를 함께 접어 포개는 것

유 ¹statecraft
²tact, skill
반 ²tactlessness (재치 없음)

diplomat 명 외교관 **diplomatic** 형 ¹외교의 ²외교적 수완이 있는
- She was praised for her **diplomacy**. 그녀는 그녀의 **외교술**로 칭송 받았다.
- the **diplomatic** mission of the U.S. Government in Afghanistan
  아프가니스탄에서의 미국 정부의 **외교** 임무 [경찰]

1057 exploit*** [ikspl´ɔit]
국7 | 지7 | 서9 | 서7 | 경찰 | 국회 | 교행

타 ¹ 이용하다, 착취하다 ² 개발하다   명 [ékspl ɔit] 《pl.》 위업, 공적
ex(out)+plo(fold)+it → 접힌 것을 밖으로 펼치다

유 타 ¹ abuse, utilize
명 deed

exploitation 명 ¹ 착취 ² (토지, 석유 등의) 개발   **exploitative** 형 착취하는

- Crackers sometimes **exploit** a company's security codes and then figure out its computer systems illegally. 크래커(불법 활동을 하는 해커)들은 때때로 회사의 보안 코드들을 **이용하여** 컴퓨터 시스템들을 불법적으로 알아낸다. [경찰]
- We must **exploit** the resources of the oceans. 우리는 해양 자원을 **개발해야** 한다.

1058 apply*** [əplái]
국9 | 국7 | 지9 | 지7 | 서9 | 경찰 | 국회 | 기상 | 법원 | 교행 | 사복

자 타 ¹ 신청하다, 지원하다 ² 적용되다, 해당되다   타 ¹ (연고 등을) 바르다 ² 전념하다
ap(to)+ply(fold) → 원하는 방향에 맞게 접다

유 타 ¹ spread
² devote

misapply 타 오용하다, 악용하다   **reapply** 자 재신청하다   타 ¹ (다른 상황에) 다시 적용하다 ² (연고 등을) 덧바르다

- The position you **applied** for has been filled. 귀하가 **지원하신** 직위는 채워졌습니다. [서9]
- The rule **applies** to parents as well as children. 그 규칙은 아이들뿐만 아니라 부모들에게도 **적용된다**.
- He has been accused of **misapplying** public funds. 그는 공공 기금을 **오용한** 혐의로 기소되었다.

1059 application*** [æplikéiʃən]
국9 | 국7 | 지7 | 서7 | 경찰 | 기상 | 사복

명 ¹ 신청(서), 지원(서) ² 적용, 응용 ³ (연고 등을) 바르기
ap(to)+plic(fold)+at(e)(동)+ion(명) → 원하는 방향에 맞게 접은 것

유 ¹ petition, request

applicant 명 지원자   **applicable** 형 적용[해당]되는   **inapplicable** 형 적용할 수 없는

- I regret to inform you that your loan **application** has not been approved. 귀하의 대출 **신청서**가 승인되지 않았음을 알려 드리게 되어 유감입니다. [국9]
- to fill out an **application** 지원서를 작성하다
- The **application** of this criterion is not as straightforward as it might appear. 이 기준의 **적용**은 보이는 것처럼 간단하지 않다. [서7]

cf. appliance 명 (가정용) 기기

1060 imply*** [implái]
국9 | 국7 | 지7 | 서7 | 경찰 | 국회 | 법원

타 암시[시사]하다, 넌지시 비치다
im(in)+ply(fold) → 안으로 접어 넣다

유 suggest, hint, insinuate

implicit 형 ¹ 암시된, 내포된 ² 절대적인, 무조건적인   **implied** 형 암시적인, 함축된
implication 명 ¹ 암시, 함축 ² 영향, 결과

- Democracy **implies** equal opportunities. 민주주의는 평등한 기회를 **시사한다**. [지7]
- She disliked the **implied** criticism in his voice. 그녀는 그의 목소리에 내포된 **암시적인** 비난을 싫어했다.

1061 multiply** [mʌ́ltəplài]
국7 | 국회 | 법원

자 타 ¹ 곱하다 ² 크게 증가하다[증가시키다]
multi(many)+ply(fold) → 여러 번을 접다

유 ² increase, extend, proliferate
반 ² decrease (감소하다)

multiplication 명 ¹ 곱셈 ² 증식   **multiplicity** 명 ¹ 다수 ² 다양성   **multiplier** 명 곱하는 수

- **Multiply** 2 and 6 together and you get 12. 2와 6을 함께 **곱하면** 12가 된다.
- The effect of the printing press was to **multiply** the output and cut the costs of books. 인쇄기의 효과는 책의 출력은 **크게 증가시키고** 비용은 줄이는 것이었다. [국회]

1062
complicate*** [kɑ́mpləkèit] ⓣ 복잡하게 만들다
com(together)+plic(fold)+ate(통) → 함께 접어서 겹쳐 놓다

complicated 휑 복잡한 **complicatedly** 튀 복잡하게 **complication** 명 1 문제점 2 합병증

- Some new regulations just **complicate** matters further.
  어떤 새로운 규정들은 문제를 더욱 **복잡하게 만든다**.
- to **complicate** the issue 문제를 복잡하게 만들다

≒ convolute, confuse, muddle
↔ simplify(간단하게 하다)

1063
duplicate** [djúːpləkèit] ⓣ 1 복사하다 2 (불필요한 것을) 다시 하다 휑 [djúːplikət] 사본의 명 [djúːplikət] 사본
du(two)+plic(fold)+ate(통) → 두 개가 되게 접다

duplication 명 1 복사(품), 복제(품) 2 이중, 중복, 2배 **duplicity** 이중성, 표리부동

- The amoeba has **duplicated** its chromosomes.
  아메바는 자신의 염색체들을 **복제했다**. [기상]
- There's no point in **duplicating** work already done.
  이미 한 일을 **다시 하는** 것은 의미가 없다.

≒ ⓣ 1 copy, reproduce
명 replica

1064
explicate* [ékspləkèit] ⓣ (문학 작품 등을) 설명하다, 해석하다
ex(out)+plic(fold)+ate(통) → 접힌 것을 밖으로 보이다

explicable 설명되는 **inexplicable** 휑 설명할[이해할] 수 없는 **explication** 명 설명, 해설

- I showed him line by line how the poem should be **explicated**.
  나는 그 시가 어떻게 **해석되어야** 하는지를 그에게 한 줄씩 보여주었다.
- Romance has seemed as **inexplicable** as the beauty of a rainbow.
  로맨스는 무지개의 아름다움만큼이나 **설명할 수 없는** 것처럼 보였다. [지9]

≒ explain, interpret, expound

1065
implicate* [ímpləkèit] ⓣ 1 (범죄 등에) 연루되었음을 보여주다 2 원인임을 보여주다
im(in)+plic(fold)+ate(통) → 접어서 안에 넣다

implication 명 1 연루 2 영향, 결과 3 함축, 암시 **implicational** 명 1 연루의 2 함축의

- She tried to avoid saying anything that would **implicate** her further.
  그녀는 자신이 더 깊이 **연루되었음을 보여주는** 말을 무엇이든 피하려고 했다.
- Viruses are known to be **implicated** in the development of some cancers.
  바이러스는 일부 암 발생의 **원인임을 보여주는** 것으로 알려져 있다.

≒ 1 incriminate, involve
↔ 1 dissociate(떼어 놓다)
• be implicated in (범죄에) 연루되다, 책임이 있다

1066
supplicate* [sʌ́pləkèit] 자ⓣ 탄원하다, 간청하다
sup(under)+plic(fold)+ate(통) → 몸을 아래쪽으로 접다

- The traitors **supplicated** the king to spare their lives.
  반역자들은 자신들의 목숨을 살려줄 것을 왕에게 **간청했다**.

≒ plead

1067
replica* [répləkə] 명 복제품, 모형
re(again)+plica(fold) → 접어서 다시 만든 것

replicable 휑 1 복제 가능한 2 반복 가능한

- The weapon used in the raid was a **replica**. 그 습격 때 사용된 무기는 **복제품**이었다.

≒ clone, reproduction
↔ original(원형)

1068
replicate* [répləkèit] ⓣ 모사하다, 복제하다
re(again)+plic(fold)+ate(통) → 접어서 다시 만든다

replicative 복제하는, 증식하는 **replication** 명 모사, 복제

- These results have been **replicated** numerous times.
  이러한 결과들은 수차례 **복제되었다**. [지9]
- DNA **replication** DNA 복제

≒ duplicate, copy, reproduce

1069 　　　　　　　　　　　　　　　　　　　　　　　　　　　　국9 | 지7 | 서9 | 경찰 | 법원 | 사복

explicit***
[iksplísit]

형 ¹ 명백한, 분명한 ² 솔직한, 노골적인
ex(out)+plic(fold)+it → 접힌 것을 밖으로 보이는

explicitness 명 ¹ 명백함 ² 솔직함 **explicitly** 명쾌하게

- **explicit** information, such as names, faces, words and dates
  이름, 얼굴, 단어 및 날짜와 같은 **명백한** 정보 [서9]
- She made some very **explicit** references to his personal life.
  그녀는 그의 사생활에 대해 매우 **솔직한** 말을 좀 했다.

유 ¹ obvious, overt ² frank
반 ¹ vague(모호한) ² indirect(에둘러 하는)

1070 　　　　　　　　　　　　　　　　　　　　　　　　　　　　　　　　　경찰 | 국회

accomplice*
[əkámplis]

명 공범(자)
ac+com(together)+pli(fold)+ce → 함께 접혀 있는 것

- Police have arrested the jewel thief, but are still looking for his **accomplice**.
  경찰은 그 보석 절도범을 체포했지만 여전히 그의 **공범**을 찾는 중이다. [경찰]

유 confederate
반 antagonist(적수)

---

tom; sect; tail; c(h)is
= cut (자르다)

> 암기유발 TIP
> **atom** 원자 《더 이상 쪼갤 수 없는 최소 입자》
> a(not)+tom(cut)

1071

diatomic*
[dàiətámik]

형 (두 개의 원자로 이루어진) 이원자의
dia(through)+tom(cut)+ic(형) → 관통하여 둘로 자른

- If there are two atoms in the molecule, it is a **diatomic** molecule.
  한 분자 안에 두 개의 원자가 있으면 그것은 **이원자의** 분자이다.

1072 　　　　　　　　　　　　　　　　　　　　　　　　　　　　　　　　　　국9 | 국회

dichotomize*
[daikátəmàiz]

자 타 둘로 나뉘다[나누다], 분기하다[분기시키다]
dicho(two)+tom(cut)+ize(동) → 둘로 자르다

dichotomous 형 ¹ 양분된 ² (가지, 잎맥이) 두 갈래로 갈라진 **dichotomy** 명 양분, 이분

- a **dichotomous** question 양분된 질문(양자택일의 질문)
- The central **dichotomy** in life is whether you're positive or negative about the issues that interest or concern you. 인생에서 주요한 **이분(법)**은 당신에게 흥미를 주거나 영향을 미치는 사안들에 대해서 당신이 긍정적인지 부정적인지 여부이다. [국9]

유 isolate, segregate, split
반 combine(결합시키다)

1073 　　　　　　　　　　　　　　　　　　　　　　　　　　　　　　　　　국회 | 법원

anatomy*
[ənǽtəmi]

명 ¹ 해부(학) ² (사태 등의) 분석
ana(up)+tom(cut)+y(명) → 조각조각 자르는 것(cut up)

anatomize 타 ¹ 해부하다 ² 분석하다 **anatomic** 형 해부의, 해부(학)상의

- The professor's lecture on **anatomy** was great. 그 교수의 **해부학** 강의는 훌륭했다.
- an **anatomy** of the current recession 현재의 경기 침체에 대한 **분석**

유 ¹ dissection ² analysis

1074 　　　　　　　　　　　　　　　　　　　　　　　　　　　　　　　　　　　　지7

epitome*
[ipítəmi]

명 완벽한 (본)보기, 전형
epi(into)+tome(cut) → 잘 자른 단면

epitomic 형 줄거리의, 발췌의 **epitomize** 타 완벽한 보기이다, 전형적으로 보여주다

- He is the **epitome** of a modern young man. 그는 현대 청년의 **전형**이다.
- The movies seem to **epitomize** the 1950s. 그 영화들은 1950년대를 **전형적으로 보여주는** 것 같다.

유 essence, quintessence
• in epitome 전형으로서

1075
sect*
[sekt]

명 종파(宗派)

sect(cut) → 한 종에서 잘려 나온 부류

sectarian 형 종파의

- Hinduism of today consists of many different groups or **sects**.
  오늘날의 힌두교는 많은 다양한 집단과 **종파**로 구성된다.

1076
section***
[sékʃən]

명 ¹ 부분, 부문 ² (책의) 절(節), (신문의) 난(欄) 타 절개하다, 절단하다

sect(cut)+ion → 자른 단면

sectional 형 ¹ 부분적인 ² 단면(도)의

- That **section** of the road is still closed. 도로의 그 **부분**은 아직 폐쇄되어 있다.
- the sports **section** of the newspaper 그 신문의 스포츠란

• section A off (더 큰 지역에서) A를 분할하다

1077
sector***
[séktər]

명 ¹ 부문, 분야 ² 《기하》 부채꼴

sect(cut)+or(명)

sectoral 형 부채꼴의

- Tourism is a key **sector** in the country's economy. 관광은 그 나라 경제의 핵심 **분야**이다.
- A **sector** is a pie-shaped part of a circle. **부채꼴**은 원형에서 파이 형태의 부분이다.

유 ¹ part, division

1078
intersect**
[ìntərsékt]

자 (선, 도로 등이) 교차하다, 만나다 타 가로지르다

inter(between)+sect(cut) → 둘이 가로질러 사이가 잘리다

intersection 명 ¹ 교차로, 교차 지점 ² 가로지름

- The roads **intersect** near the bridge. 도로들이 다리 근처에서 **교차한다**.
- The new subway system stops at all major **intersections**.
  새로운 지하철 시스템은 모든 주요 **교차로**에서 정차한다. [경찰]

MORE+ 관련어휘
- dis**sect** 타 ¹ 나누다 ² 해부하다, 절개하다 ³ 분석하다, 비평하다
- bi**sect** 타 양분하다, 2등분하다
- tri**sect** 타 3등분하다

유 자 converge, join
타 traverse, cross

1079
tailor**
[téilər]

명 재단사 타 (특정한 목적에) 맞추다, 조정하다

tail(cut)+or(명) → 옷감을 자르는 사람

tailor-made 형 ¹ 안성맞춤의 ² (양복점에서) 맞춘

- The **tailor** measured out the cloth. **재단사**는 천을 재어서 나누었다.
- Their services are **tailored** to clients' needs. 그들의 서비스는 고객의 요구에 **맞춰져 있다**.

유 명 dressmaker, couturier
타 adapt, adjust

1080
detail***
[díːteil]

명 ¹ 세부 사항 ² (pl.) 정보 타 [ditéil] 상세히 알리다, 열거하다

de(entirely)+tail(cut) → 완전하게 쪼개어 자른 것

detailed 형 상세한

- The brochure **details** all the hotels in the area and their facilities.
  그 안내 책자는 그 지역에 있는 모든 호텔과 시설을 **열거하고** 있다.

유 타 recount, recite, enumerate

• in detail 상세하게

1081 retail** [ríːteɪl]

국9 | 지7 | 국회 | 법원 | 사복

몡 소매 타 소매하다
re(back)+tail(cut) → 자른 것을 다시 또 자르는 것

retailer 몡 1 소매상, 소매업자 2 소매업

- In April, the average **retail** price for a lime hit 56 cents.
  4월에 라임의 평균 **소매**가는 56센트에 달했다. [국9]
- food manufacturers and **retailers** 식품 제조 업체 및 **소매** 업체 [국회]

cf. wholesale 혱 도매의, 도매로 몡 도매

• at retail 소매로

1082 curtail* [kəːrtéɪl]

국회

타 축소시키다, 단축시키다
cur(cut)+tail(cut) → 자른 것을 또 잘라 줄이다

curtailment 몡 삭감, 단축

- School activities are being **curtailed** due to a lack of funds.
  학교 활동들이 자금 부족 때문에 **축소되고** 있다.

유 decrease, diminish
반 expand(확대하다)

1083 precise*** [prɪsáɪs]

국9 | 국7 | 지9 | 서7 | 경찰 | 기상 | 법원 | 교행

혱 1 정확한, 정밀한 2 꼼꼼한
pre(before)+cise(cut) → 미리 확인하고 짧게 자르는

precision 몡 1 정확(성) 2 신중함   **precisely** 튀 1 바로, 정확히 2 신중하게

- We need to get some more **precise** information. 우리는 좀 더 **정확한** 정보가 필요하다.
- a skilled and **precise** worker 숙련되고 **꼼꼼한** 근로자

유 1 exact
  2 meticulous
반 1 inaccurate(부정확한)

1084 concise* [kənsáɪs]

혱 간결한, (책이) 축약된
con(강조)+cise(cut) → 매우 잘 잘라서 깔끔한

conciseness 몡 간결, 간명

- The essay is written in a **concise** style. 그 수필은 **간결한** 문체로 쓰여 있다.
- a **concise** dictionary 축약본 사전

유 laconic, succinct
반 lengthy(장황한)

1085 decisive*** [dɪsáɪsɪv]

국9 | 국7 | 지9 | 지7 | 서9 | 서7 | 경찰 | 기상 | 법원 | 교행 | 사복

혱 1 결정적인 2 결단력 있는
de(off)+cis(cut)+ive(혱) → 버릴 것을 잘 자른

decision 몡 1 결정, 판단 2 결단력   **decisively** 튀 1 결정적으로 2 단호히

- Germs played **decisive** roles in the European conquests of Native Americans.
  세균은 유럽인의 미국 원주민들 정복에서 **결정적인** 역할을 했다. [국9]

유 1 crucial
  2 determined
반 indecisive(결정적이 아닌)

1086 incise* [ɪnsáɪz]

타 1 (글자, 무늬 등을) 새기다 2 (의학) 절개하다
in(into)+cise(cut) → 안쪽으로 자르다

incision 몡 (수술 중의) 절개

- The design is **incised** into the clay. 점토에 디자인이 **새겨졌다**.

유 1 engrave, carve, etch

1087 incisive* [ɪnsáɪsɪv]

혱 1 (사물 인식 능력이) 예리한, 날카로운 2 기민한
in(into)+cis(cut)+ive(혱) → 안쪽으로 자르듯이 파고드는

- The critic made **incisive** comments about the new novel.
  그 비평가는 새 소설에 대해 **날카로운** 평을 했다.

유 1 sharp
  2 penetrating
반 1 mild(온순한)
  2 weak(둔한)

1088
precis* [préisi]
명 요약
pre(before)+cis(cut) → 긴 내용을 미리 짧게 자른 것

유 abridgment, abstract
반 expansion(부연)
• make a precis of ~을 요약하다

• Everybody wants her to make a **precis** of what the professor taught during the class. 모든 사람이 교수가 강의 중에 가르친 것을 그녀가 **요약**하기를 원한다. [기상]

1089
chisel* [tʃízəl]
명 끌, 조각칼 자타 (끌로) 새기다[깎다] 타 속이다
chis(cut)+el(tool) → 자르는 도구

유 자타 carve, inscribe
• chisel in on ~에 끼어들다, 간섭하다

• He equipped himself with a hammer, a **chisel**, and a screwdriver.
그는 망치와 **끌**, 그리고 드라이버를 챙겼다.

---

flat
= blow (불다)

암기유발 TIP
inflation 인플레이션 《통화량 증가로 화폐 가치가 하락하고 물가가 오르는 현상》
in(into)+flat(blow)+ion(명)

1090
inflate** [infléit]
자타 ¹ (공기나 가스로) 부풀다, 부풀리다 ² (가격이) 오르다, 올리다 타 과장하다
in(into)+flate(blow) → 바람이 안으로 들어오다

유 자타 ¹ swell, bloat ² expand 타 exaggerate
반 자타 ² diminish (감소하다)

inflation 명 ¹ 부풀리기 ² 인플레이션 《물가 상승, 통화 팽창》 **disinflation** 명 디스인플레이션 《인플레이션 완화》
inflated 형 ¹ 부풀린, 과장된 ² (특히 물가가) 폭등한

• The numbers attending the rally were **inflated** by the press.
집회에 참석한 사람들의 수는 언론에 의해 **과장되었다**.
• a high[low] rate of **inflation** 높은[낮은] **물가 상승율**

1091
deflate** [difléit]
자타 (타이어 등이) 공기가 빠지다, 공기를 빼다 타 ¹ 기를 꺾다 ² (물가를) 끌어내리다
de(off)+flate(blow) → 바람이 밖으로 나가다

유 자타 flatten, shrink
타 ¹ disconcert
반 타 encourage (고무하다)

deflation 명 ¹ 공기를 뺌 ² 디플레이션 《물가 하락, 통화 수축》 **deflated** 형 기분이 상한, 기가 꺾인

• The balloon **deflated** and went flat. 풍선은 공기가 **빠져서** 납작해졌다.
• Governments responded to profits squeeze and loss of competitiveness by **deflation** and income policies. 정부는 **디플레이션**과 소득 정책에 따른 이익 압박과 경쟁력 상실에 대응했다.

1092
reflation* [rifléiʃən]
명 통화 재팽창, 리플레이션
re(again)+flat(blow)+ion(명) → 다시 부푸는 것

• Signs of global **reflation** are definitely in the air.
전 세계적인 **통화 재팽창**의 조짐이 분명히 감돈다.
cf. **stagflation** 명 스태그플레이션 《경기 불황 중에도 물가는 계속 오르는 현상》

1093
afflatus* [əfléitəs]
명 (시인, 예언자 등의) 영감
af(to)+flat(blow)+us → 바람이 불듯이 생각이 떠오르는 것

유 inspiration

• The dancer was struck with **afflatus** and moved like she was gifted with skills from the gods. 그 무용수는 **영감**에 사로잡혔고 신들로부터 재능을 선물 받은 것처럼 몸을 움직였다.

DAY 14 숫자, 순서

🔍 Preview & Review

numer ▶ number
- **numer**al
- **numer**ical
- in**numer**able
- e**numer**ate

숫자 → 열거하다

uni ▶ one
- **uni**t
- **uni**te
- dis**uni**ty
- **uni**fy
- **uni**on
- re**uni**te
- re**uni**on

하나의 → 하나로 만들다 → 다시 만나다

sol ▶ alone
- **sol**e
- **sol**itary
- **sol**itude
- de**sol**ate

혼자 → 고독 → 황량한

prim, prem, prin, pri(o), prot(o)
▶ first, chief

- **prim**e
- **prim**ary
- **prim**acy
- **prim**er
- **prim**al
- **prim**(a)eval
- **prim**ordial
- **prim**itive
- **prim**ogeniture
- **prim**ate
- **prem**iere
- **prin**cipal
- **prin**ciple
- **pri**stine
- **pri**or
- **prio**ritize / **prio**ritise
- **proto**col
- **proto**type
- **prot**agonist

첫 번째의 → 앞선, 먼저의 → 우선이 되는

최고의 → 가장 높은 자리에 있는 존재

calcul; rat ▶ reckon, calculate
- **calcul**ate
- in**calcul**able
- **rat**e
- **rat**ing
- under**rat**e
- **rat**io
- **rat**ify
- **rat**ion
- **rat**ional
- ir**rat**ional
- **rat**ionalize / **rat**ionalise
- **rat**ionale

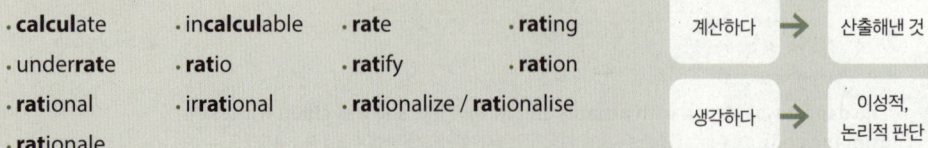

part ▶ divide, part

- **part**ial
- im**part**ial
- **part**icle
- **part**ition
- tri**part**ite
- de**part**ment
- com**part**
- im**part**
- **part**isan
- de**part**
- **part**ing

나누다 → 부분(적인) → 조각, 칸막이, 부서, 당파

떼어놓다 → 두고 떠나다 → 이별

chron, temp(or) ▶ time, age

- **chron**ic
- **chron**icle
- **chron**ology
- ana**chron**ism
- syn**chron**ize / syn**chron**ise
- **tempor**al
- **tempor**ary
- con**tempor**ary
- ex**tempor**e

시간 → 시간을 끄는

시간 → 일시적인

시간 → 시간순의

ann(u), enn, en; journ ▶ year; day

- **ann**al
- **ann**iversary
- **ann**uity
- **annu**al
- bi**annu**al
- bi**enn**ial
- per**enn**ial
- mill**enn**ial
- quincent**en**ary
- **journ**al
- **journ**ey
- ad**journ**
- so**journ**

해, 년 → 1년 → 1년에 한 번

→ 2년 이상의 해 → 2년 이상의 해마다 한 번

날, 하루 → 매일

new, nov ▶ new

- re**new**
- **nov**elty
- **nov**ice
- in**nov**ate
- re**nov**ate

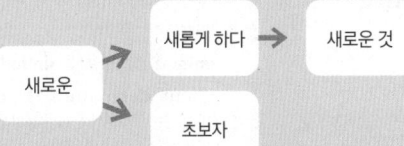

새로운 → 새롭게 하다 → 새로운 것

→ 초보자

numer
= number (숫자)

암기유발 TIP
numerous 많은
numer(number)+ous(형)

1094 기상
numeral** [njúːmərəl]
명 숫자
numer(number)+al(형)

- The Arab **numerals** were originally from Indian **numerals**.
  아라비아 **숫자**는 원래 인도 **숫자**에서 나온 것이다.

1095 기상
numerical** [njuːmérikəl]
형 수(數)의, 숫자로 나타낸
numer(number)+ical(형)

- She arranged the cards in **numerical** order. 그녀는 카드를 **숫자** 순서대로 놓았다.

1096
in**numer**able* [injúːmərəbl]
형 셀 수 없이 많은, 무수한
in(not)+numer(number)+able(형)

유 countless, numerous
반 numerable (셀 수 있는)

- There are **innumerable** errors in the book. 그 책에는 **셀 수 없이 많은** 오류가 있다.

1097
e**numer**ate* [injúːməreit]
타 열거하다, (하나하나) 늘어놓다
e(out)+numer(number)+ate(동) → 수를 하나씩 세듯이, 하나씩 말하다

유 list

enumeration 명 ¹ 열거 ² 목록
- He went on to **enumerate** the reasons why. 그는 계속해서 이유들을 **열거했다**.

---

uni
= one (하나)

암기유발 TIP
unique 유일무이한, 독특한
un(i)(one)+ique(형)

1098 국9 | 지9 | 지7 | 서9 | 서7 | 경찰 | 기상 | 법원 | 교행 | 사복
unit*** [júːnit]
명 ¹ 구성단위 ² (상품의) 한 개[단위] ³ 부대, 단체

unitary 형 ¹ 단일의, 하나의 ² 통합된, 일원화된
- The basic **unit** of society is the family. 사회의 기본 **구성단위**는 가족이다.
- a **unitary** state 단일 정부 국가

1099 국9 | 국7 | 지9 | 지7 | 서9 | 서7 | 경찰 | 국회 | 기상 | 법원 | 교행 | 사복
unite*** [juːnáit]
자 타 연합하다, 통합시키다
un(i)(one)+ite(동)

유 join, combine

unity 명 통합, 통일(성) **united** 형 ¹ (국가들이) 연합한 ² (사람들이) 단결한
- In modern times, the **unity** the old world enjoyed is lacking.
  현대에는 구세계가 누렸던 **통일성**이 결여되어 있다. [서9]
- efforts to build a **united** Europe **연합한** 유럽을 만들기 위한 노력

1100
disunity＊
[dɪsjúːnəti]
명 1 (사람 사이의) 분열 2 불일치
dis(opposite)+unity(통합)
반 unity(단결, 통합)

- They are concerned about **disunity** within the party.
  그들은 당내 **분열**에 대해 염려하고 있다.

1101
국7 | 지9 | 서7
unify＊＊
[júːnəfài]
타 통합하다, 통일하다
uni(one)+fy(동)
유 integrate, incorporate, unite

unification 명 통일   **reunification** 명 (분단국가의) 통일

- The government hoped to centralize and **unify** the nation.
  정부는 국가를 중앙집권화하여 **통합하기**를 원했다.
- to wish for the **reunification** of North and South Korea 남북통일을 염원하다

1102
국9 | 국7 | 지9 | 지7 | 서9 | 경찰 | 법원 | 교행 | 사복
union＊＊＊
[júːnjən]
명 1 통합 2 연방, 연합 3 노조, 노동 조합
uni(one)+on(명) → 하나로 합쳐진 것

- a **union** member 노조원

1103
reunite＊
[rìːjuːnáit]
자 타 1 재회[재결합]하다 2 (분리된 지역 등을) 재통합하다
re(again)+unite(연합하다)

- He tries to **reunite** lost dogs with their families.
  그는 길 잃은 개들을 가족들과 **재회하도록** 노력한다.

1104
경찰
reunion＊＊
[rìːjúːnjən]
명 1 동창회, 모임 2 재회, 재결합
re(again)+union(연합)

- a high school **reunion** 고등학교 동창회 [경찰]
- He dreamed of a **reunion** with his son. 그는 아들과의 **재회**를 꿈꿨다.

---

sol
= alone (혼자)

암기유발 TIP
solo 솔로의, 단독의
soloist 독주자, 단독 공연자
solo(alone)+ist(~을 하는 사람)

1105
국9 | 국회
sole＊＊
[soul]
형 1 유일한 2 혼자의, 단독의   명 1 발바닥 2 (신발 등의) 바닥, 밑창

- the **sole** survivor of the plane crash 비행기 추락 사고의 유일한 생존자
- shoes with slippery **soles** 바닥이 미끄러운 구두

1106
국9 | 서9 | 서7 | 경찰 | 기상
solitary＊＊
[sάlitèri]
형 1 혼자의, 혼자만의 2 혼자서 잘 지내는 3 홀로 있는, 외딴
solit(alone)+ary(형)
유 1 alone 3 single

- The majority of spider species are completely **solitary** creatures.
  거미 종(種)의 대다수는 완전히 **홀로 생활하는** 생물이다. [기상]

  cf. **lonely** 형 외로운, 쓸쓸한

1107 solitude** [sάlitjùːd]
soli(alone)+tude(명)

몡 (즐거운) 고독

윤 privacy

- She longed for a few hours of freedom and **solitude**.
  그녀는 두세 시간의 자유와 고독을 열망했다.

1108 desolate** [désəlɪt]

형 ¹ 황량한, 적막한 ² 외로운, 쓸쓸한 타 [désəlèit] 외롭게 만들다
de(강조)+sol(alone)+ate(형,동)

윤 형 ¹ barren, bleak, deserted ² dismal, gloomy

desolation 몡 ¹ 황량함, 적막함 ² 고독감

- He walked along the **desolate** desert by himself. 그는 혼자서 황량한 사막을 따라 걸었다.

---

prim, prem, prin, pri(o), prot(o)
= first (첫 번째의), chief (최고의)

암기유발 TIP
prima donna 프리마돈나
《오페라의 주역 여가수》
prima(first)+donna(lady)

1109 prime*** [praim]

형 ¹ 주된, 주요한 ² (품질이) 최고의 명 전성기 타 (정보를 주어) 대비시키다

윤 형 chief
- in one's prime
  ~의 전성기에

- **prime** minister 수상, 국무총리
- She was **primed** for the questions at the press conference.
  그녀는 기자회견에서 질문을 받을 대비가 되어 있었다.

1110 primary*** [práiməri]

형 ¹ 주된, 주요한 ² 기본적인 ³ 최초의 명 (미국의) 예비 선거
prim(first, chief)+ary(형)

윤 형 ¹,² prime ¹ principal

primarily 부 주로, 우선

- Solar power will become our **primary** energy source.
  태양 에너지는 우리의 주요 에너지원이 될 것이다. [경찰]

1111 primacy* [práiməsi]

명 ¹ 최고, 으뜸 ² (~보다) 탁월함 (over)
prim(first, chief)+acy(명)

- England had achieved a position of **primacy** in Europe in terms of its economic efficiency before 1760. 1760년 이전에 영국은 경제적 효율 측면에서 유럽에서 최고 위치를 달성했었다.

1112 primer* [prímər]

명 ¹ 기본 지침서, 입문서 ² [práimər] (밑칠용) 페인트
prim(first)+er(명) → 가장 먼저 봐야 하는 것

- a Latin **primer** 라틴어 입문서

1113 primal* [práiməl]

형 ¹ 태고의, 원시의 ² (감정 등이) 원초적인, 근본적인
prim(first)+al(형)

윤 ¹ prim(a)eval

- the **primal** hunter-gatherer 원시 수렵인
- **primal** instincts[urges] 원초적 본능[충동]

1114 prim(a)eval* [pràimí:vəl]
형 태고의, 원시의
prim(first)+eval(age)
- Some Indian communities still live as all our **primeval** ancestors once lived.
인도의 몇몇 공동체는 우리의 모든 **원시** 조상들이 한때 살았던 대로 여전히 산다. [국7]

≒ primal

1115 primordial* [praimɔ́ːrdiəl]
형 태고의, 원시 시대부터의
prim(first)+ord(begin)+ial(형)
- Many **primordial** customs still remain in modern Nigeria.
현대 Nigeria에는 **원시 시대부터의** 관습들 다수가 여전히 남아 있다.

≒ prehistoric, ancient, primeval, earliest

1116 primitive*** [prímətiv]
형 ¹ 원시 사회의, 초기의 ² 원시적인
prim(first)+itive(형)
- **Primitive** people believed that evil spirits made diseases.
원시 사회 사람들은 악한 영혼들이 질병을 일으킨다고 믿었다.

≒ ¹ primeval, primordial ² unsophisticated

1117 primogeniture* [pràimoudʒénitʃər]
명 맏아들, 장자의 신분
primo(first)+genit(birth)+ure(명) → 첫 번째로 태어난 아이
- He was more powerful than his elder brothers in the family, though he was not the **primogeniture**. 그는 **맏아들**이 아님에도 불구하고 집안에서 형들보다 더 영향력이 있었다.

1118 primate* [práimèit]
명 ¹ 영장류 (동물) 《뇌가 크고 손발이 발달된 영장목의 동물》 ² (P-) 대주교
prim(first, chief)+ate(명)
- Most of the characteristics of the early **primates** are studied from fossils of their teeth and skulls.
초기 **영장류**들의 특징 대부분은 그들의 치아와 두개골의 화석들로부터 연구된다. [교행]
- the **Primate** of England and Wales England와 Wales의 **대주교**

1119 premiere* [primiər]
명 (영화 등의) 개봉, 초연 **자** 개봉하다, 초연하다
- The movie will have its **premiere** next week. 그 영화는 다음 주에 **개봉**할 것이다.
cf. premier **명** 수상, 국무총리 **형** 최고의

1120 principal** [prínsəpəl]
형 주요한, 주된 **명** ¹ 교장, 학장 ² (금융) 원금
prin(first)+cip(take)+al(형/명) → 가장 먼저 가져야 하는
- The **principal** cause of business failure is lack of capital.
사업 실패의 **주요** 원인은 자본의 부족이다.
- Our monthly mortgage payment covers the interest on our loan as well as some of the **principal**. 우리의 월 담보 대출금은 **원금** 일부뿐만 아니라 이자도 포함한다.

≒ **형** cardinal, foremost, primary

1121 principle*** [prínsəpl]
명 원칙, 원리
prin(first)+cip(take)+le(명) → 가장 먼저 가져야 할 생각
- a fundamental **principle** 근본 **원칙** [경찰]

1122
pristine*
[prístiːn]

형 ¹ 원래[자연] 그대로의 ² 오염되지 않은 ³ 아주 깨끗한
pri(first)+st(stand)+ine(형) → 처음 상태 그대로의

유 ¹ primitive, unspoiled ³ immaculate

- a **pristine** forest 자연 그대로의 숲
- Her office is always **pristine**. 그녀의 사무실은 항상 아주 깨끗하다.

1123
prior***
[práiər]

지9 | 지7 | 서7 | 경찰 | 국회 | 기상 | 법원 | 교행

형 ¹ 사전의, 이전의 ² ~보다 우선하는
prior(first) → 처음의 → 앞서 나오는 → 더 중요한

유 ¹ previous, preceding

• prior to A
  A에 앞서

priority 명 ¹ 우선, 우선권 ² 우선 사항

- So much of reading depends on our **prior** knowledge.
  읽기의 상당 부분은 우리의 **사전** 지식에 달려 있다. [기상]
- Pedestrians should be given **priority** over vehicles.
  차보다 보행자가 **우선권**을 가져야 한다.

1124
prioritize / **prio**ritise**
[praiɔ́ːrətàiz]

국9 | 지7 | 교행

타 우선순위를 매기다
prior(~보다 우선하는)+it(y)(명)+ize(동)

prioritization 명 우선순위를 매김

- He **prioritizes** his work list every morning. 그는 매일 아침 작업 목록에 **우선순위를 매긴다**.

1125
protocol*
[próutəkɔ̀(ː)l]

지9

명 ¹ (조약의) 원안, 초안 ² 외교 의례, 의전
proto(first)+col(glue) → (풀로 붙인) 문서의 첫 페이지 → 조약의 초안

유 ² formalities

- a breach of **protocol** 외교 의례 위반

1126
prototype*
[próutətàip]

명 ¹ 원형(原型) ² 견본, 시제품
proto(first)+type(형태)

- The company spent more than a million dollars to make the **prototype** of this car. 그 회사는 이 차의 **원형**을 만들기 위해 100만 달러 이상을 소비했다.

1127
protagonist*
[prətǽɡənist]

명 ¹ 주인공 ² (사상, 운동 등의) 주창자(主唱者), 지도자
prot(first)+agon(drive, move)+ist(명) → 가장 먼저 움직이는 사람

- key **protagonists** of the revolution 혁명의 핵심 지도자들

calcul; rat
= reckon (계산하다; 생각하다), calculate (계산하다)

암기유발 TIP
rate 비율, 요금
rate(reckon) → 계산하다 → 계산된 것

1128
calculate**
[kǽlkjəlèit]

국9 | 지9 | 기상 | 법원 | 교행

타 ¹ 계산하다, 산출하다 ² 추정하다, 추산하다
calcul(reckon)+ate(동)

calculation 명 ¹ 계산, 산출 ² 추정, 추산   **calculable** 형 계산할 수 있는

- Each company will **calculate** the cost of entering the market.
  각 회사는 시장 진입에 대한 비용을 **계산할** 것이다.

1129
incalculable* [inkǽlkjuləbl]
형 헤아릴 수 없이 많은, 막대한
in(not)+calculable(계산할 수 있는)

- The hurricane did **incalculable** damage to the coastal area.
  그 허리케인은 해안 지역에 **막대한** 피해를 입혔다.

1130
rate** [reit]   국9 | 국7 | 지9 | 지7 | 서9 | 서7 | 경찰 | 국회 | 기상 | 법원 | 교행 | 사복
명 ¹속도 ²비율, -율 ³요금, -료 자타 ¹평가하다 ²등급을 매기다
rate(calculate) → 계산된 가치, 가격

유 명 ¹pace ²proportion ³charge, fare 자타 ¹assess
● at any rate ¹어쨌든 ²적어도

- At the **rate** we're moving, it will be morning before we arrive.
  우리가 이동하고 있는 **속도**로는 도착하기 전에 아침이 될 것이다.
- The adult smoking **rate** is gradually dropping. 성인 흡연율이 점차 낮아지고 있다. [서9|경찰]
- The hotel's **rates** start at $65/night. 그 호텔의 **요금**은 1박에 65달러부터 시작한다.
- Oil of Lavender is **rated** the most popular product for toning and firming skin on the face. 라벤더 오일은 얼굴 피부를 부드럽고 탱탱하게 하는 가장 인기 있는 제품으로 **평가된다**. [지9]

1131
rating** [réitiŋ]   국7 | 지7 | 서7 | 교행
명 ¹순위, 평가 ²(pl.) 시청률, 청취율
rat(e)(등급을 매기다)+ing(명)

- The products of our company have the highest **rating**. 우리 회사의 제품 **순위**가 가장 높다.
- One of the immutable laws of television is that low **ratings** inevitably lead to cancellation. 텔레비전의 불변의 법칙 중 하나는 낮은 **시청률**은 필연적으로 폐지로 이어진다는 것이다. [지7]

1132
underrate* [ʌ̀ndərréit]
타 과소평가하다
under(under)+rate(평가하다)

유 underestimate
반 overestimate, overrate(과대평가하다)

- We **underrated** his ability as a singer. 우리는 가수로서의 그의 능력을 **과소평가했다**.

1133
ratio** [réiʃou]   국9 | 국7 | 서9 | 법원
명 비율, 비(比)
rat(calculate)+io(명)

- The executives should calculate their debt-to-income **ratios**.
  경영진들은 소득 대비 부채 **비율**을 계산해야 한다. [국9]

1134
ratify* [rǽtəfài]   지9 | 서9
타 (조약, 협정을) 비준하다, 승인하다
rat(reckon)+ify(동) → 생각하여 결정하다

유 confirm, sanction, approve, authorize, endorse

ratification 명 비준, 승인
- to **ratify** a contract 계약을 **승인하다**

1135
ration* [rǽʃən]
명 ¹(pl.) (배급해주는) 식량 ²배급량 타 (양이 부족하여) 제한적으로 공급하다
rat(calculate)+ion(명) → 계산해서 나누어주는 것

- The soldiers were given their **rations** for the day. 병사들은 그날의 **배급량**을 받았다.
- Food was **rationed** during the war. 전쟁 중에는 식량이 **제한적으로 공급되었다**.

1136
rational** [rǽʃənl]   국9 | 지9 | 지7 | 서9 | 경찰 | 법원 | 교행
형 이성적인, 합리적인
rat(reckon)+ion(명)+al(형)

유 sensible, logical

rationalism 명 합리주의   **rationality** 명 ¹합리성 ²합리적인 행동
- It is the mark of a **rational** person to support her beliefs with adequate proof.
  적절한 증거로 자신의 믿음을 뒷받침하는 것이 **이성적인** 사람의 특징이다. [경찰]

1137 irrational** [ɪræʃənəl]
국9 | 지7 | 서7

형 비이성적인, 비논리적인
ir(not)+rational(합리적인)

irrationality 명 1 이성이 없음 2 불합리

- He was condemned for his **irrational** behavior in the match.
  그는 경기 중에 했던 **비이성적인** 행동으로 비난받았다.

1138 rationalize / rationalise** [ræʃənəlàɪz]
국9

타 합리화하다
rational(합리적인)+ize(동)

rationalization 명 합리화

- Despite criticisms, world leaders were trying to **rationalize** their failure.
  비판들에도 불구하고 세계 정상들은 자신들의 실패를 **합리화하려고** 했다.

1139 rationale* [ræ̀ʃənǽl]
국7 | 기상

명 이유, 근거
rational(이성적인)+e → 이성에 기반하는 것

- The justice minister explained the **rationale** behind revised laws.
  법무부 장관은 개정된 법률의 **근거를** 설명했다.

part
= divide (나누다), part (떼어놓다, 헤어지다)

> 암기유발 TIP
> **partition** 파티션
> parti(divide)+tion(명) → 구역을 나누는 것

1140 partial*** [pɑ́ːrʃəl]
국9 | 국7 | 서9 | 서7 | 기상 | 사복

형 1 부분적인, 불완전한 2 편파적인 3 (~을) 특히 좋아하는 (to)
part(divide)+ial(형)

partiality 명 1 부분적인 것 2 편파, 편애 **partially** 부 부분적으로

- This will only provide a **partial** solution to the problem.
  이것은 그 문제에 대한 **부분적인** 해결책을 제공할 뿐이다.

유 2 biased, prejudiced
3 keen

• be partial to A
A를 아주 좋아하다

1141 impartial** [ɪmpɑ́ːrʃəl]
서7 | 경찰

형 공정한
im(not)+partial(편파적인)

impartiality 명 공명정대함

- an **impartial** judge 공정한 재판관
- The same **impartiality** should be used by police officers.
  똑같은 **공명정대함**이 경찰에 의해 발휘되어야 한다. [경찰]

유 fair, just, unbiased

1142 particle*** [pɑ́ːrtɪkl]
국7 | 지7 | 서9 | 서7 | 기상 | 법원 | 사복

명 1 (아주 작은) 입자, 조각 2 《물리》 미립자
parti(divide)+cle(명) → 나눠진 것

particulate 형 미립자의, 미립자로 된

- The more dust **particles** in the air, the more colorful the sunrise or sunset.
  공기 중 먼지 **입자가** 많을수록, 일출이나 일몰 색이 더 다채롭다. [법원]

1143 partition*
[pɑːrtíʃən]   국7

명 ¹ 칸막이 ² (국가의) 분할   타 분할하다, 나누다
parti(divide)+tion(명)

- The room is **partitioned** into a living room and a dining room.
  그 방은 거실과 식당으로 **나뉘어** 있다.

1144 tripartite*
[traipɑ́ːrtait]   경찰

형 (제도 등이) 3부로 된, 3자(者)로 이루어진
tri(three)+part(divide)+ite(형)

- The United States has a **tripartite** government, with power divided equally among the branches. 미국은 **3자로 이루어진** 정부를 갖고 있는데, 각 부처들 사이에 권력이 동등하게 분배되어 있다. [경찰]

1145 department***
[dipɑ́ːrtmənt]   국9 | 국7 | 지9 | 지7 | 서9 | 경찰 | 국회 | 기상 | 법원 | 교행 | 사복

명 (조직의) 부서, 학과
de(from)+part(divide)+ment(명)

- the sales **department** 판매부서 [지7]

1146 compart*
[kəmpɑ́ːrt]   서9

타 구획을 나누다, 칸막이하다
com(강조)+part(divide)

compartment 명 ¹ (기차 안의 칸막이가 된) 객실 ² (물건 보관용) 칸

- She reserved a first-class **compartment** with a bed.
  그녀는 침대가 딸린 일등석 **객실**을 예약했다.

1147 impart**
[impɑ́ːrt]   국회

타 ¹ (정보 등을) 전(달)하다 ² (특성을) 주다, 부여하다
im(into)+part(divide) → (내가 아는 것을) 남에게 나누어주다

유 ¹ convey, inculcate ² lend

- Education focuses on **imparting** knowledge. 교육은 지식을 **전달하는** 데 중점을 둔다.

1148 partisan*
[pɑ́ːrtizən]

형 편파적인, 당파적인   명 신봉자, 열렬한 지지자
part(divide)+isan(형)

유 형 one-sided 명 follower

- Most newspapers are politically **partisan**. 대부분의 신문은 정치적으로 **편파적**이다.

1149 depart**
[dipɑ́ːrt]   국7 | 지7 | 경찰

자 타 ¹ 출발하다, 떠나다 ² (직장을) 그만두다
de(from)+part(part)

반 ² arrive(도착하다)

- depart from A
  A에서 떠나다, 벗어나다

departure 명 출발, 떠남

- The plane will be **departing** at 01:30 a.m. 비행기는 오전 1시 30분에 **출발할** 것이다. [경찰]

1150 parting*
[pɑ́ːrtiŋ]   교행

형 명 이별(의), 작별(의)
part(part)+ing(형)(명)

- the moment of **parting** 이별의 순간

chron, temp(or)
= time (시간), age (나이)

암기유발 TIP
tempo [1] 박자, 템포 [2] 속도

1151 국9 | 국7 | 기상 | 법원

chronic**
[kránik]

형 (병이) 만성의
chron(time)+ic(형) → 시간을 끄는

반 acute(급성의)

chronically 부 만성적으로, 질질 시간을 끌어
- Insomnia can be classified as **chronic**. 불면증은 만성적인 것으로 분류될 수 있다. [국9]

1152 서9

chronicle**
[kránikl]

명 연대기 타 연대순으로 기록하다
chron(time)+icle(명)

유 명 annals

chronicler 명 [1] 연대기 저자 [2] (사건의) 기록자
- a **chronicle** of the American Civil War 미국 남북전쟁의 연대기
- The book **chronicles** the events that led to World War II.
  그 책은 제2차 세계대전으로 이끈 사건들을 **연대순으로 기록하고 있다**.

1153

chronology*
[krənálədʒi]

명 [1] 연대순 [2] 연대기, 연대표
chrono(time)+logy(study)

유 annals

chronological 형 연대순의, 발생 순서대로 된
- In this exhibition hall, you can view the historic events of Korea in **chronological** order. 이 전시관에서, 당신은 한국의 역사적 사건을 **연대순으로** 볼 수 있다.

1154

anachronism*
[ənǽkrənìzəm]

명 [1] 시대착오적인 것 [2] 연대[날짜]의 오기 《책 등에서 시대를 잘못 기술하는 것》
ana(against, back)+chron(time)+ism(명) → 시간을 거스르는 것

- It is almost an **anachronism** to use a typewriter these days.
  요즘 타자기를 쓰는 것은 거의 **시대착오적인 것**이다.

1155

**synchronize /
synchronise***
[síŋkrənàiz]

자·타 동시에 발생하다, 동시에 움직이게 하다
syn(together)+chron(time)+ize(동)

유 coincide

- The attack was **synchronized** with a bombing in the capital.
  공격은 수도에 대한 폭격과 **동시에** 발생하였다.

1156

temporal*
[témpərəl]

형 [1] 시간의 [2] 현세적인, 속세의
tempor(time)+al(형)

유 [2] worldly, subcelestial, secular

temporality 명 [1] 일시적인 것 [2] 세속적 소유물
- Although the spiritual leader of millions of people, the Pope has no **temporal** power. 교황은 비록 수백만 명 사람들의 정신적 지도자이긴 하지만 **현세적인** 권력은 전혀 없다.
- *cf.* spatial 형 공간의

1157
temporary***
[témpərèri]
형 일시적인, 임시의
tempor(time)+ary(형)

⊕ transitory
⊖ permanent (영구적인)

temporarily 부 일시적으로, 임시로
- a **temporary** job 임시직
- The store is **temporarily** closed for renovations.
  그 상점은 보수를 위해 **일시적으로** 문을 닫았다.

1158
contemporary***
[kəntémpərèri]
형 1 동시대의 2 당대의, 현대의 3 같은 나이의 명 동시대 사람
con(together)+tempor(time, age)+ary(형)

- This book is based on **contemporary** accounts of the war.
  이 책은 그 전쟁에 대한 **동시대의** 기록을 바탕으로 한 것이다.
- **contemporary** art 현대 미술

1159
extempore*
[ikstémpəri]
형 즉흥적인 부 즉흥적으로, 즉석에서
ex(out of)+tempore(time) → 준비할 시간이 없는

⊕ 형 impromptu

- an **extempore** speech 즉흥 연설

---

ann(u), enn, en; journ
= year (해, 년); day (하루, 날)

암기유발 TIP
millennium 밀레니엄, 천년
mill(1,000)+enn(year)+ium(명)

1160
annal*
[ǽnl]
명 1 (1년간의) 기록 2 (pl.) 연대기 3 (pl.) 연보
ann(year)+al(명)

⊕ 2 chronicle, chronology

- Napoleon's deeds went down in the **annals** of French history.
  나폴레옹의 업적은 프랑스 역사의 **연대기**에 기록되었다.

1161
anniversary**
[ænəvə́ːrsəri]
명 (해마다 돌아오는) 기념일
anni(year)+vers(turn)+ary(명)

- a wedding **anniversary** 결혼기념일

1162
annuity*
[ənjúːəti]
명 연금 (보험)
annu(year)+ity(명)

- The old couple live on an **annuity**. 그 노부부는 **연금**으로 생활한다.

1163
annual***
[ǽnjuəl]
형 1 매년의, 연례의 2 연간의, 한 해의 명 1 연감, 연보 2 일년생 식물
annu(year)+al(형)(명)

annually 부 매년
- an **annual** conference[festival] 연례 회의[축제]

1164
biannual* [baiǽnjuəl]
형 연 2회의, 반년마다의
bi(two)+annu(year)+al(형)
- to have a routine **biannual** examination 연 2회의 정기 검진을 받다

1165
biennial* [baiéniəl]
형 2년에 한 번씩의 **명** ¹ 2년마다 일어나는 일 ² 2년생 식물
bi(two)+enn(year)+ial(형)
- the **biennial** Summer Universiade 2년에 한 번씩 열리는 하계 유니버시아드

MORE + 관련어휘
- tri**enn**ial **형** 3년마다 한 번씩 있는 **명** 3년마다의 행사 (tri(three)+enn(year)+ial(형))
- dec**enn**ial **형** 10년마다의 **명** 10년마다의 행사 (dec(ten)+enn(year)+ial(형))
- cent**enn**ial **형** 100년째의, 100년마다의 **명** 100주년 (기념일) (cent(one hundred)+enn(year)+ial(형))
- bicent**enn**ial **형** 200년째의, 200년마다의 **명** 200주년 (기념일) (bi(two)+centennial(100년마다의))

1166
perennial* [pəréniəl]
형 ¹ 영원히 지속되는[반복되는] ² (식물이) 다년생의 **명** 다년생 식물
per(through)+enn(year)+ial(형)

유 **형** ¹ constant, incessant, persistent

perenniality **명** ¹ 영속성 ² 다년간 계속됨
- Lack of resources has been a **perennial** problem. 자원 부족은 영원히 지속되는 문제이다.

1167
millennial* [miléniəl]
형 천 년간의
mill(thousand)+enn(year)+ial(형)

millennium **명** ((pl. millennia)) ¹ 천 년 ² ((the ~)) 새 천 년이 시작되는 시기
- the beginning of a new **millennium** 새 천 년의 시작

1168
quincentenary* [kwinsenténəri]
명 500주년
quin(five)+centenary(100주년)

유 quincentennial

- Preparations were made for the 'Quincentenary Jubilee.'
'500주년 기념제'를 위한 준비가 이루어졌다. [서9]

1169
국9 | 국7 | 지9 | 지7 | 서7 | 경찰 | 국회 | 기상 | 법원 | 사복

journal* [dʒə́ːrnəl]
명 ¹ 일기 ² (특정 주제를 다루는) 신문, 잡지, 학술지
journ(day)+al(명) → 매일 기록하는 것

journalist **명** 기자 **journalism** **명** 언론, 저널리즘
- a medical **journal** 의학 잡지
- She studied **journalism** in college and now she is a reporter.
그녀는 대학에서 저널리즘을 전공했고, 현재 기자이다.

1170
국7 | 지9 | 지7 | 경찰 | 기상

journey ** [dʒə́ːrni]
명 (특히 멀리 가는) 여행, 여정
journ(day)+ey(명) → 하루 동안의 이동

유 voyage, tour

- It is important to enjoy the **journey**, not just arriving at the destination.
목적지에 도착하는 것뿐 아니라 여정을 즐기는 것이 중요하다. [지9]

1171
adjourn* [ədʒə́ːrn]
자|타 (재판 등을) 중단하다, 연기하다
ad(to)+journ(day) → 다시 만나기로 정한 날까지 쉬다

adjournment **명** 중단, 연기
- His trial was **adjourned** until May. 그의 재판은 5월까지 연기되었다.

1172
sojourn* [sóudʒəːrn] 명 체류 자 체류하다, 묵다
so(under)+journ(day) → 하루 정도 짧게 머물다

- Our family enjoyed a two-week **sojourn** in New York.
  우리 가족은 뉴욕에서 2주 동안의 **체류**를 즐겼다.

new, nov
= new (새로운)

암기유발 TIP
novel 소설
nov(new)+el(명) → 새로운 것

1173
renew*** [rinjúː] 타 ¹ 재개하다 ² (계약 등을) 갱신하다, 연장하다 ³ 거듭 강조하다
re(again)+new(새로운)

renewable 형 ¹ (에너지 등이) 재생 가능한 ² 연장 가능한 **renewal** 명 ¹ 재개 ² 연장, 갱신

- We hope to **renew** negotiations soon. 우리는 곧 협상을 **재개하기**를 원한다.
- To protect the environment, customers select products made from **renewable** resources, such as wood and wool. 환경을 보호하기 위해서, 소비자들은 나무와 모직과 같이 **재생 가능한** 재료로 만든 제품들을 선택한다. [지9]

¹ reaffirm, resume
² revalidate, update
³ reiterate, repeat

1174
novelty* [návəlti] 명 새로움, 참신함, 신기함
novel(새로운)+ty(명)

- The **novelty** of video games has worn off for some kids.
  비디오 게임의 **신기함**은 일부 아이들에게는 사라져 버렸다.

1175
novice** [návis] 명 초보자, 풋내기
nov(new)+ice(명)

- It is more difficult for a confirmed smoker to give up the habit than for a **novice**, but it can be done. 골초가 습관을 그만두는 것이 **초보자**보다는 더 어렵지만, 이뤄질 수는 있다. [지9][사복]

beginner, neophyte, apprentice, tyro, greenhorn

1176
innovate*** [ínəvèit] 자 타 ¹ 혁신하다 ² 획기적으로 하다
in(into)+nov(new)+ate(동)

innovation 명 혁신, 쇄신 **innovative** 형 획기적인

- Increased competition means producers must **innovate** and improve constantly. 경쟁의 증가는 생산자들이 지속적으로 **혁신하고** 개선되어야 한다는 것을 의미한다.
- **Innovative** ideas are crucial for industrial success.
  획기적인 아이디어는 산업의 성공에 결정적이다. [서7]

1177
renovate** [rénəvèit] 타 개조하다, 보수하다
re(again)+nov(new)+ate(동)

renovation 명 개조, 보수

- The employees and volunteers work together to build new homes and **renovate** old ones. 직원들과 자원봉사자들은 새집을 짓고 낡은 집을 **보수하기** 위해 함께 일한다. [법원]
- building **renovation** 건물 개조 [경찰]

restore, repair, renew, overhaul, refit

DAY 15 신체, 건강

Preview & Review

corp(or) ▶ body

- corporal
- corporeal
- corpse
- corpulent
- corporate
- incorporate

몸, 신체 → 사체
→ 조직, 단체

cap(e), capit, cip ▶ head

- cape
- capsize
- capital
- capitalize / capitalise
- capitalism
- capitulate
- recapitulate
- capita
- precipitate
- precipitous

머리 → 맨 윗부분 → 제목, 항목
→ 중요한[큰] 것 → 수도, 자산, 대문자

fac(e) ▶ face

- facial
- faceless
- surface
- facade
- facet
- multifaceted
- efface

얼굴, 표면, 면 → 특징

front ▶ forehead, face

- frontal
- frontage
- forefront
- frontier
- confront
- affront

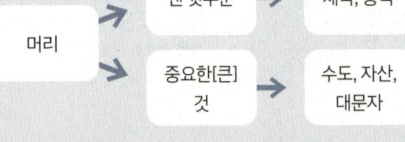

이마, 얼굴, 향하다 [마주보다] → 앞 → 정면
→ 마주하는 것 → 국경, 경계

op(t); ocul ▶ eye, see

- optic
- autopsy
- synopsis
- ocular
- inoculate

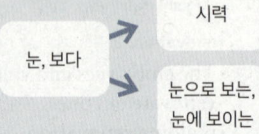

눈, 보다 → 시력
→ 눈으로 보는, 눈에 보이는

cardi, cou(r), cor(d) ▶ heart

- **cardi**ac
- ac**cord**
- **cord**ial
- en**cour**age
- ac**cord**ing to
- dis**cour**age
- con**cord**
- **cor**e
- dis**cord**

심장 → 중심부, 핵심
→ 용기, 마음

man(u) ▶ hand

- **man**ual
- **man**ipulate
- **man**ifest
- **man**age
- **man**euver / **man**oeuvre
- **man**ifesto
- mis**man**agement
- **man**acle

손 → 손을 쓰다 → 조작하다
→ 손으로 하는 것과 같이 정교한 → 묘책

ped(e), pedi; fet ▶ foot, fetter

- **ped**al
- ex**ped**iency / ex**ped**ience
- **fet**ter
- **ped**estrian
- **fet**ch
- im**ped**e
- ex**ped**ition
- ex**ped**ite
- **ped**igree

발; 족쇄 → 방해, 어려움
→ 발자국과 비슷한 것

san, sal ▶ healthy

- **san**e
- **san**itize
- in**san**e
- **sal**ute
- **san**ify
- **sal**ubrious
- **san**itary
- **sal**utary

건강한 → (정신이) 건강한
→ 건강에 좋은 → 위생, 살균

forc, fort, firm; pow, pot ▶ strong; powerful

- en**force**
- **fort**(ress)
- **firm**
- em**pow**er
- **pot**ential
- rein**force**
- **fort**ify
- af**firm**
- disem**pow**er
- omni**pot**ent
- com**fort**
- **fort**e
- con**firm**
- **pot**ent
- dis**comfort**
- **fort**itude
- in**firm**
- im**pot**ent

튼튼한; 강력한 → 단단한, 딱딱한 → 단호한
→ 강한 것 → 요새, 강점

corp(or)
= body (몸, 신체)

1178 　　　　　　　　　　　　　　　　　　　　　　　　　　　　　　서9 | 서7

corporal* 　　　　형 ¹ 신체의, 육체의 ² 개인적인 명 상등병
[kɔ́ːrpərəl]　　corpor(body)+al(형)(명)
　　　　　　　　　유 형 ¹ bodily, physical
- **corporal** punishment 체벌 [서9][서7]

1179

corporeal* 　　형 ¹ 신체의, 육체의 ² 물질적인 ³ (법) 유형의
[kɔːrpɔ́ːriəl]　　corpore(body)+al(형)
　　　　　　　　　반 ¹ spiritual(정신의) ³ incorporeal (무형의)
- **corporeal** needs 신체적 욕구
- **corporeal**[tangible] property 유형 재산 《건물, 차, 장비 등》
  cf. incorporeal[intangible] property 무형 재산 《지적재산권》

1180 　　　　　　　　　　　　　　　　　　　　　　　　　　　　　　지7 | 경찰

corpse** 　　명 시체, 사체
[kɔːrps]
- The **corpse** burned in the fire was barely recognizable.
  불에 타버린 그 **시체**는 거의 알아볼 수가 없었다.
  cf. corps 명 ¹ 군단 ² (특수 임무를 띤) 부대, 단체

1181 　　　　　　　　　　　　　　　　　　　　　　　　　　　　　　기상

corpulent* 　　형 뚱뚱한
[kɔ́ːrpjələnt]　　corp(body)+ulent(full of) → 몸이 풍부한
　　　　　　　　　유 fat, obese, overweight
corpulence / corpulency 명 비만, 비대
- Overeating made Jake **corpulent**. 과식 때문에 Jake는 **뚱뚱해졌다**.

1182 　　　　　　　　　　　　　　　　　　국9 | 국7 | 지9 | 지7 | 서9 | 서7 | 경찰 | 법원 | 교행

corporate*** 　　형 ¹ 기업의, 법인의 ² 공동의
[kɔ́ːrpərət]　　corpor(body)+ate(형) → 하나의 몸으로 된 《여러 사람이 어떤 목적을 가지고 하나의 독립체가 된 것》
corporation 명 《약자 Corp.》 (큰 규모의) 기업, 법인
- We faced a critical crossroad in our **corporate** development.
  우리는 **기업의** 발전에 있어서 중요한 기로에 직면했다.
- **corporate** responsibility 공동 책임

1183 　　　　　　　　　　　　　　　　　　　　　　　　　　　　　　국9 | 지7

incorpor**ate** 　　타 ¹ (일부로) 포함하다 ² (법인체를) 설립하다
[inkɔ́ːrpərèit]　　in(into)+corpor(body)+ate(동) → 하나의 몸 안에 넣다
　　　　　　　　　· incorporate A into B
　　　　　　　　　 A를 B에 포함하다, 통합하다
incorporated 형 ¹ 《약자 Inc.》 (회사가) 법인 조직의, 주식회사의 ² 합병한, 편입된
- This design **incorporates** the best features of our earlier models.
  이 디자인은 우리의 이전 모델들의 최고의 기능을 **포함한다**.
- ABC **incorporated** was established in 1992. ABC 주식회사는 1992년에 설립됐다.

cap(e), capit, cip
= head (머리, 맨 윗부분)

암기유발 TIP
captain 캡틴, 선장
capta(head)+in(명) → 앞장서는 사람

1184 국회
cape**
[keip]
명 ¹《지명에서》곶, 갑 ²망토
cape(head) 《머리처럼 툭 튀어나온 장소, 물건》
- The **cape** pushes out into the sea. 갑이 바다로 돌출해 있다.

1185
capsize*
[kǽpsaiz]
자 타 (배가) 뒤집히다, (배를) 뒤집다
cap(head)+size(sink) → 머리부터 가라앉다
⊙ overturn
- The ship **capsized** in rough waters. 그 배는 거친 물결에 **뒤집혔다**.

1186 국9 | 국7 | 지9 | 서7 | 경찰 | 국회 | 법원
capital***
[kǽpitəl]
명 ¹수도 ²자본금, 자산 ³대문자 형 ¹대문자의 ²사형의
capit(head)+al(명)
- a **capital** value 자본 가치
- a **capital** crime 사형죄
cf. lower[upper] case 소[대]문자

1187 국9 | 국7
capitalize /
capitalise*
[kǽpitəlàiz]
타 ¹대문자로 시작하다 ²(~에) 자본을 공급하다 자 타 이용하다 (on)
capital(대문자)+ize(동)
- They're seeking investors to **capitalize** the business.
그들은 사업에 **자본을 공급할** 투자자들을 찾고 있다.
- The opposition party is politically **capitalizing** on the president's slip of the tongue. 야당은 대통령의 사소한 말실수를 정치적으로 **이용하고** 있다.

1188 국7 | 서9 | 국회 | 법원
capitalism**
[kǽpitəlìzəm]
명 자본주의
capital(자본)+ism(명)
capitalist 명 자본주의자
- **Capitalism** has set down roots in Chinese soil. **자본주의**가 중국 땅에 뿌리를 내렸다. [국회]

1189 국회 | 기상
capitulate*
[kəpítʃulèit]
자 ¹(오랫동안 거부하던 것에) 굴복하다 (to) ²항복하다
capitul(head)+ate(동) 《항복 조건의 조항(head)을 작성한 데서 유래》
⊙ surrender
¹yield (to),
give in (to)
- The company **capitulated** to the labor union to avoid a strike.
그 회사는 파업을 피하기 위해 노동조합에 **굴복했다**.

1190
re**cap**itulate*
[rì:kəpítʃulèit]
자 타 (이미 한 말을) 요약하다, 요점을 되풀이하다
re(again)+capitul(head)+ate(동) → (요점을 담은) 제목(head)으로 다시 말하다
⊙ recap,
summarize
recapitulation 명 요약, 요점의 되풀이
- To ensure my students understand the instructions, I **recapitulate** them more than once. 학생들이 설명을 확실히 이해할 수 있도록, 나는 설명의 **요점**을 몇 번이고 **되풀이한다**.

1191 capita* [kǽpitə] 국9
명 《caput의 복수》 머리
capit(head)+a(명)
- a rise in per **capita** income 1인당 소득의 증가

1192 pre**cip**itate* [prisípitèit] 지9 | 국회
타 ¹ 촉진하다 ² 던져 떨어뜨리다 ³ (어떤 상태에) 빠뜨리다
pre(before, forth)+cipit(head)+ate(동) → 머리부터 (빨리) 떨어지게 하다
precipitation 명 ¹ 촉진 ² 낙하 ³ 강수(량)
- The passing of the gun control bill may **precipitate** a rapid increase in illegal gun sales. 총기 규제 법안의 통과는 불법적인 총 판매의 급격한 증가를 **촉진할** 수도 있다.

¹ trigger, accelerate
² hurl

1193 pre**cip**itous* [prisípitəs]
형 ¹ 급작스러운, 급격한 ² 가파른, 급경사의
pre(before, forth)+cipit(head)+ous(형) → 머리부터 (빨리) 떨어지는 → 곤두박질치는
- The stock market's **precipitous** drop frightened foreign investors. 주식시장의 **급격한** 하락은 외국인 투자자들을 놀라게 했다.
- a **precipitous** slope 가파른 비탈

¹ abrupt, overhasty
² steep, sheer

fac(e)
= face (얼굴, 표면, 면)

1194 fac**ial***** [féiʃəl] 국9 | 지9 | 지7 | 서9 | 경찰 | 국회
형 얼굴의 명 얼굴 마사지
fac(e)(얼굴)+ial(형)(명)
- a **facial** expression 얼굴 표정 [국회]

1195 face**less*** [féisləs] 서9
형 ¹ 특징[얼굴] 없는, 정체불명의 ² 익명의
face(얼굴)+less(없는)
- **Faceless** communication, online or in text messages, can lead to misunderstandings. 온라인 또는 문자 메시지 같은 **익명의** 대화는 오해로 이어질 수 있다.

1196 sur**face***** [sə́ːrfis] 국9 | 국7 | 지9 | 지7 | 서9 | 경찰 | 기상 | 법원 | 교행
명 표면, 외관 자 ¹ 수면으로 올라오다 ² 드러나다 ³ 잠이 깨다
sur(above)+face(표면)
- 70 percent of the Earth's **surface** is water. 지구 **표면**의 70퍼센트는 물이다. [경찰]
- The whale **surfaced** and then dove back down. 그 고래는 **수면으로 올라왔다가** 다시 물속으로 들어갔다.

1197 fac**ade*** [fəsάːd] 법원
명 ¹ (건물의) 정면 ² (실제와는 다른) 표면, 허울
fac(face)+ade(명)
- The **facade** of the building is made of glass. 건물의 **정면**은 유리로 되어 있다.
- They hid the troubles of their marriage behind a **facade** of family togetherness. 그들은 결혼생활의 문제를 가족의 단란함이라는 **허울** 뒤로 감추었다.

1198
facet*
[fǽsit]

명 측면, 양상

fac(face)+et(명)

⊜ side, aspect, phase

faceted 형 작은[깎은] 면이 있는 ² 《복합어》-면체의
- The caste system shapes nearly every **facet** of Indian life.
  카스트 제도가 인도인의 삶의 거의 모든 **양상**을 결정한다.

1199
multi**fac**eted*
[mʌ̀ltifǽsitid]

형 ¹ (보석 등이) 다면체의 ² 다면적인

지7

multi(many)+facet(측면)+ed(형) → 많은 측면을 가지고 있는
- a complex and **multifaceted** problem 복잡하고 **다면적인** 문제

1200
ef**face***
[iféis]

타 지우다, 없애다

서9 | 경찰

ef(out)+face(표면)

⊜ erase

- David decided to **efface** some lines from his manuscript.
  David는 자신의 원고에서 몇 줄을 **지우기**로 결심했다. [서9]

MORE+ 관련어휘
de**face** 타 외관을 더럽히다, 훼손하다 (de(away from)+face(표면))
re**face** 타 ¹ (건물의) 겉을 새로 단장하다 ² 옷의 단을 새로 달다 (re(again)+face(표면))

---

front
= forehead (이마), face (얼굴, 향하다[마주보다])

1201
frontal*
[frʌ́ntl]

형 정면의, 앞면의

front(face, forehead)+al(형)
- a **frontal** attack 정면 공격

1202
frontage*
[frʌ́ntidʒ]

명 (건물의) 정면, 앞면

front(face)+age(명)
- the **frontage** of the new building 새로 지은 건물의 **정면**

1203
fore**front***
[fɔ́rfrʌ̀nt]

명 ¹ 선두, 맨 앞 ² 가장 중요한 위치

fore(앞)+front(앞)
- The organization is at the **forefront** of the campaign to fight global warming.
  이 조직은 지구 온난화와 싸우는 캠페인의 **선두**에 있다.

1204
frontier**
[frʌntíər]

명 ¹ 국경[경계] (지역) ² 변방 (지대) 《중심지에서 멀리 떨어진 가장자리 지역》 ³ (지식 등의) 한계

국9 | 국7 | 서7

front(face)+ier(명) 《미국의 서부 개척 시절, 개척지와 미개척지의 경계선에서 유래. 미개척지로 향하는 지역이라는 의미》
- to cross the **frontier** 국경을 넘다
- the success of science in extending the **frontiers** of knowledge
  지식의 **한계**를 확장하는 데 있어서 과학의 성공

MORE+ 관련어휘
border 명 국경선, 국경 지역 e.g. the **border** between Mexico and the US
boundary 명 ¹ (지도상의) 경계(선) ² (벽, 울타리 등의 물리적) 경계 e.g. the **boundary** of the national park

1205

confront***
[kənfrʌ́nt]

타 (문제 등에) 직면하다, 맞서다
con(together)+front(face) → ~와 같이 마주 보다

confrontation 명 대치, 대립 **confrontational** 형 대립을 일삼는

- Any species will rapidly become extinct when **confronted** with a sudden change in environment. 어떤 종이든 자연의 갑작스러운 변화에 **직면하면** 빠르게 멸종될 것이다. [국7]
- the balance between consensus and **confrontation** 합의와 **대립** 사이의 균형 [서9]

1206

affront*
[əfrʌ́nt]

타 모욕하다, (마음에) 상처를 주다   명 모욕, 상처
af(to)+front(face) → 얼굴을 때리다

- He was **affronted** by her rude behavior. 그는 그녀의 무례한 행위로 **모욕당했다**.

op(t); ocul
= eye (눈), see (보다)

1207

optic**
[áptik]

형 눈의, 시력의
opt(eye)+ic(형)

≒ visual, ocular

optical 형 ¹ 시각적인 ² 광학의   **optics** 명 광학

- the **optic** nerve 시신경 [국9]

MORE + 관련어휘

optician 명 ¹ 안경사 ² 안경원
optometry 명 시력 측정(법) (opto(eye)+metry(measure))
my**op**ia 명 ¹ 근시 ² 근시안적(임)   my**op**ic 형 ¹ 근시인 ² 근시안적인
hypermetr**op**ia / hyper**op**ia 명 원시
presby**op**ia 명 노안

1208

autopsy*
[ɔ́ːtɑpsi]

명 (사체) 부검
auto(self)+ops(eye, see)+y(명) → (죽음의 원인을) 눈으로 직접 봄

- The **autopsy** revealed that the man died of food poison. **부검** 결과는 그 남자가 식중독으로 사망했음을 밝혔다.

1209

synopsis*
[sinɑ́psis]

명 《pl. synopses 또는 synopsises》 (글, 희곡 등의) 개요, 줄거리
syn(together)+op(eye, see)+sis(명) → 전체를 한꺼번에 봄

≒ summary

- The **synopsis** of the two hundred-page government report was only five pages in length. 2백 페이지짜리 정부 보고서의 **개요**는 분량이 다섯 페이지밖에 되지 않았다.

1210

ocular*
[ákjələr]

형 ¹ 눈의, 안구의 ² 시각상의, 눈으로 볼 수 있는
ocul(eye, see)+ar(형)

- **ocular** surgery 눈 수술

MORE + 관련어휘

oculist 명 안과의사
bin**ocul**ar 형 두 눈으로 보는 (bin(two)+ocular(눈의))
bin**ocul**ars 명 쌍안경
mon**ocle** 명 단안경 (mon(one)+ocle(eye, see)) 《렌즈가 하나뿐인 안경》

1211

inoculate＊
[inάkjulèit]
타 접종하다, 예방 주사를 놓다
in(in)+ocul(eye, see)+ate(동) 《병충해를 예방하기 위해 식물의 눈[싹]을 다른 식물에 접목한 데서 유래》

inoculation 명 1 (예방) 접종 2 접붙임, 접목
- All the children have been **inoculated** against smallpox.
  모든 아이들은 천연두 예방 주사를 맞았다.

윤 vaccinate, immunize

---

cardi, cou(r), cor(d)
= heart (심장, 마음)

암기유발 TIP
courage 용기
cour(heart)+age(명)

1212

cardiac＊
[kάːrdiæk]
형 《의학》 심장(병)의
cardi(heart)+ac(형)

- a **cardiac** disease 심장병

MORE + 관련어휘
cardiologist 명 심장병 전문의 (cardio(heart)+log(y)(study)+ist(명))
cardiopulmonary 《의학》 심폐의, 심장과 폐의 (cardio(heart)+pulmonary(폐의))
cardiovascular 《의학》 심혈관의 (cardio(heart)+vascular(혈관의))
  e.g. a **cardiovascular** disease 심혈관 질환 [국7]

1213

encourage＊＊＊
[inkə́ːridʒ]
타 1 격려하다, 용기를 북돋우다 2 부추기다, 장려하다
en(make, put in)+courage(용기)

국9 | 국7 | 지9 | 지7 | 서9 | 서7 | 경찰 | 국회 | 기상 | 법원 | 교행 | 사복

윤 1 inspire
  2 persuade

encouraged 형 격려받은, 고무된 **encouragement** 명 격려, 장려
- The film will **encourage** young people to vote.
  이 영화는 젊은 사람들이 투표를 하도록 **장려할** 것이다.
- Our early success made us hopeful and **encouraged**.
  우리의 이른 성공은 우리를 희망차고 **고무되도록** 했다.

1214

discourage＊＊＊
[diskə́ːridʒ]
타 1 낙담시키다, 좌절시키다 2 막다, 단념시키다
dis(away)+courage(용기) → 용기를 빼앗다

국7 | 지9 | 서9 | 서7 | 경찰 | 국회

윤 1 demoralize
  2 dissuade

discouragement 명 1 낙담, 좌절 2 방지
- We were **discouraged** by their lack of enthusiasm. 우리는 그들의 열정 부족에 **낙담했다**.
- educational and social programs to **discourage** young people from being involved in criminal activities
  청년들이 범죄 활동에 연루되는 것을 **막는** 교육적, 사회적 프로그램들 [경찰]

1215

core＊＊
[kɔːr]
명 1 (사물의) 중심부 2 핵심 형 핵심적인, 가장 중요한

국9 | 경찰

- the earth's **core** 지구의 중심부 [국9]
- A basic vocabulary of 2,000 words, the **core** vocabulary, plays an important role in English. 2,000개의 기본 어휘, 즉 **핵심** 어휘가 영어에서 중요한 역할을 한다. [경찰]

1216
accord*** [əkɔ́ːrd]

명 (공식적인) 합의 자 부합하다 《with》 타 (권한 등을) 부여하다
ac(to)+cord(heart) → ~로 마음을 모으다

• in accordance with ~에 따라

accordance 명 일치, 조화 **accordingly** 부 1 부응해서, 그에 맞춰 2 그런 이유로, 그래서

- His interpretation of the data did not **accord** with the facts.
  자료에 대한 그의 분석은 사실과 **부합하지** 않는다.
- Our society **accords** the family great importance.
  우리 사회는 가족에 대단한 중요성을 **부여한다**.
- Freelancers should realize that they won't have a steady source of income and plan their spending **accordingly**. 프리랜서들은 그들이 고정된 수입원을 갖지 못할 것을 깨달아야 하고 **그에 맞춰** 지출을 계획해야 한다. [경찰]

1217
according to*** [əkɔ́ːrdiŋ]

전 ~에 따라서, ~에 의하면

- **according to** the rules 규칙에 **따라서**

1218
concord* [kάŋkɔːrd]

명 1 화합, 조화 2 (의견 등의) 일치
con(together)+cord(heart)

1 harmony
2 agreement

concordant 형 1 화합하는 2 일치하는 **concordance** 명 유사, 일치

- After days of deliberation, the jury finally reached **concord**.
  며칠 동안의 숙고 후에, 배심원단은 마침내 **합의**에 이르렀다.
- All three tests show **concordant** results. 세 번의 실험은 모두 **일치하는** 결과를 보인다.

1219
discord** [dískɔːrd]

명 1 불화, 다툼 2 (음악) 불협화음
dis(apart)+cord(heart) → 마음이 떨어져 있음

dissonance
1 disharmony, friction, quarrel
2 cacophony

discordant 형 1 조화를 이루지 못하는 2 불협화음의

- marital **discord** 부부 **불화**

1220
cordial** [kɔ́ːrdʒəl]

형 화기애애한, 다정한
cord(heart)+ial(형) → 마음으로 대하는

cordially 부 다정하게, 진심으로 **cordiality** 명 진심

- The talks were conducted in a **cordial** atmosphere.
  그 회담은 **화기애애한** 분위기에서 진행되었다.
- You are **cordially** invited to attend the wedding of our daughter on May 14.
  귀하께서 5월 14일 저희 딸의 결혼식에 참석해주실 것을 **진심어린 마음으로** 초대합니다.

man(u)
= hand (손)

암기유발 TIP
manicure 매니큐어, 손 관리
mani(hand)+cure(care for)

1221
manual** [mǽnjuəl]

형 1 손으로 하는, 육체노동의 2 수동의 명 설명서
manu(hand)+al(형)(명)

manually 부 손으로, 수동으로
- a **manual** worker 육체노동자

1222

manage***
[mǽnidʒ]

국9 | 국7 | 지9 | 지7 | 서9 | 서7 | 경찰 | 국회 | 기상 | 법원 | 교행 | 사복

재타 ¹ 관리하다, 경영하다 ² (간신히) 해내다

● manage to-v
간신히 v하다

management 명 ¹ 관리, 경영 ² 관리 능력 **manager** 명 ¹ 관리자, 경영자 ² (스포츠팀의) 감독
managerial 형 관리의, 경영의

- Companies must **manage** their brands carefully.
회사는 자신들의 브랜드를 신중하게 **관리해야** 한다. [지7]
- She never studies but always **manages** to pass her tests.
그녀는 절대 공부를 하지 않지만 항상 시험에 간신히 **통과한다**.

1223

mismanagement**
[mismǽnidʒmənt]

기상

명 잘못된 관리[경영]

mis(bad, wrong)+management(관리)

- The company's financial problems are due to its **mismanagement** in general.
그 회사의 재정 문제는 대체로 **잘못된 경영** 때문이다.

1224

manipulate***
[mənípjulèit]

국9 | 지9 | 지7 | 서9 | 서7 | 국회 | 기상 | 교행

타 ¹ (기계 등을) 조작하다, 다루다 ² (여론 등을 교묘하게) 조종하다
mani(hand)+pul(fill)+ate(동) → 손으로 조종하다

≒ ¹ maneuver, operate
² exploit

manipulation 명 ¹ 조작 ² 조종 **manipulative** 형 (교묘하고 부정직하게) 조종하는
manipulatory 형 손으로 다루는

- software designed to store and **manipulate** data
자료를 저장하고 **다루기** 위해 고안된 소프트웨어
- He realized that he had been **manipulated** by the people he trusted most.
그는 자신이 가장 믿었던 사람들로부터 **조종당해왔다는** 것을 깨달았다.

1225

maneuver / manoeuvre*
[mənúːvər]

지7 | 법원

명 ¹ 동작 ² 묘책 ³ (pl.) 군사 훈련 재타 ¹ (교묘하게) 이동시키다 ² 계책을 부리다
man(hand)+euver(work, operate) → 손을 쓰다 → 책략을 쓰다

≒ 명 ² intrigue, tactic
재타 ¹ handle
² scheme, manipulate

- With a quick **maneuver**, she avoided an accident. 재빠른 **동작**으로, 그녀는 사고를 피했다.
- During the holiday sales, it is often impossible to **maneuver** your shopping cart through the crowded store aisles. 명절 세일 기간에는 혼잡한 매장 통로 사이로 쇼핑카트를 **이동시키는** 것이 종종 불가능하다.

1226

manifest**
[mǽnifèst]

국9 | 지7 | 서9 | 서7 | 국회

형 분명한 타 (감정 등을) 분명히 나타내다 명 화물 목록, 승객 명단
mani(hand)+fest(seize) → 손에 잡힐 수 있는

manifestation 명 ¹ 징표, 표명 ² (유령, 영혼의) 나타남

- a **manifest** error of judgment 분명한 판단 오류
- The workers chose to **manifest** their dissatisfaction in a series of strikes.
노동자들은 일련의 파업으로 자신들의 불만을 **분명히 나타내기로** 결정했다.
- Warm temperatures and budding flowers are **manifestations** of spring.
따뜻한 날씨와 봉오리가 올라온 꽃은 봄의 **징표**이다.

1227

manifesto*
[mæ̀nifέstou]

명 (pl. manifestos 또는 manifestoes) 성명서, 선언문
manifest(분명한)+o(명) → 생각을 분명하게 드러낸 문서

≒ statement

- a political party's **manifesto** 정당의 **성명서**

1228
manacle*
[mǽnəkl]

명 수갑, 족쇄 타 수갑을 채우다
mana(hand)+cle(명) → 손에 차는 작은 물건

유 명 handcuffs, shackles

- Police **manacle** criminals so they cannot escape.
  경찰은 범인이 달아나지 못하도록 **수갑을 채운다**.

ped(e), pedi; fet
= foot (발), fetter (족쇄)

암기유발 TIP
pedicure 발톱 관리, 발 치료
pedi(foot)+cure(care for)

1229
pedal**
[pédl]

명 페달 자타 ¹페달을 밟다 ²(자전거를) 타고 가다
ped(foot)+al(명)

기상

- As the children **pedal** their tricycles down the street, their parents must watch out for cars. 아이들이 길에서 세발자전거를 **타고 갈** 때, 부모들은 차를 경계해야 한다.

1230
pedestrian**
[pədéstriən]

명 보행자 형 ¹보행자의 ²상상력이 없는, 재미없는
pedestr(foot)+ian(명/형)

지9 | 경찰

- The truck went out of control and came close to running over a **pedestrian**.
  그 트럭은 통제 불능이 되어 하마터면 **보행자**를 칠 뻔했다. [경찰]
- A large number of people fell asleep during the **pedestrian** play.
  많은 사람들이 그 **재미없는** 연극 공연 도중에 잠이 들었다.

MORE+ 관련어휘
- bi**ped** 명 두발짐승 (bi(two)+ped(foot))
- quadru**ped** 명 네발짐승 (quadru(four)+ped(foot))
- centi**pede** 명 지네 (centi(hundred)+pede(foot))
- hexa**pod** 명 ¹다리가 여섯 개인 동물 ²곤충 (hexa(six)+pod(foot))
- tri**pod** 명 삼각대 (tri(three)+pod(foot))

1231
im**pede****
[impíːd]

타 지연시키다, 방해하다
im(in)+pede(foot) → 발을 안으로 집어넣다

국9 | 지9 | 지7 | 국회 | 법원

유 hamper, hinder, obstruct, retard

impediment 명 ¹방해, 장애물 ²(신체) 장애
- Successful people find a method in which many commitments don't **impede** each other. 성공한 사람들은 많은 책무들이 서로를 **방해하지** 않는 방법을 찾아낸다. [지9]

1232
ex**ped**ite*
[ékspədàit]

타 더 신속히 처리하다
ex(out)+ped(fetter)+ite(동) → 족쇄에서 벗어나다 → 장애물 없이 처리하다

서9 | 국회 | 법원

유 facilitate

expeditious 형 신속한
- They've asked the judge to **expedite** the lawsuits.
  그들은 판사에게 소송을 **더 신속히 처리해달라고** 요청해왔다.
- an **expeditious** answer to an inquiry 문의에 대한 **신속한** 대답

1233

ex*pedi*ency / ex*pedi*ence[*]
[ikspíːdiənsi, -diəns]

명 편의, 방편
ex(out)+pedi(fetter)+ency(명) → 더 신속히 처리하는 방법

- As a matter of **expediency**, we will not be taking on any new staff this year.
편의상, 우리는 올해 새 직원을 고용하지 않을 것이다.

1234

ex*pedi*tion[**]
[èkspədíʃən]

명 ¹탐험, 원정 ²탐험대
ex(out)+ped(fetter)+tion(명) → 족쇄에서 벗어남 → 중요한 임무를 할 수 있음

유 ¹exploration, journey, voyage, tour

- to head an **expedition** 원정을 이끌다

1235

pedi*gree[*]
[pédigri:]

명 ¹(동물의) 혈통 ²(사람의) 가문   형 (동물이) 혈통 있는
pedi(foot)+gree(crane(학)) 《계보 모양이 새의 발자국 모양과 비슷한 데서 유래》

- In order to sell their cows for premium prices, breeders must have proof of their herd's **pedigree**.
높은 가격으로 소를 팔기 위해서, 사육자는 소들의 **혈통**에 대한 증거를 가지고 있어야 한다.

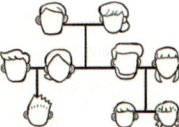

1236

fetter[*]
[fétər]

타 ¹족쇄를 채우다 ²(자유를) 구속하다, 속박하다   명 《pl.》 족쇄 ²구속, 속박
fet(foot)+er(명) → 발에 묶은 것

유 shackle
명 ²chain

unfettered 형 제한받지 않는, 규제가 없는

- restrictions that **fetter** creativity 창의력을 **속박하는** 규제
- an **unfettered** free market **규제가 없는** 자유 시장

1237

fetch[*]
[fetʃ]

타 ¹가지고 오다, 데려오다 ²(특정 가격에) 팔리다
fetch(foot) → 발 → 걷다 → 가져오다

- As his master threw the stick, the dog ran to **fetch** it.
주인이 막대기를 던지자, 개가 달려가 그것을 **가지고 왔다**.
- The painting is expected to **fetch** at least $20 million.
그 그림은 최소 2천만 달러에 **팔릴** 것으로 예상된다.

san, sal
= healthy (건강한)

1238

sane[*]
[sein]

형 ¹제정신인 ²분별 있는
sane(healthy) → (정신이) 건강한

- No **sane** person could do something so horrible.
제정신인 사람은 그렇게 끔찍한 일을 할 수 없다.
- Leaving was the only **sane** option she had.
떠나는 것이 그녀가 가진 유일한 **분별 있는** 선택권이었다.

1239
insane*
[inséin]
형 ¹ 제정신이 아닌, 미친 ² (the ~) 정신이상자들
in(not)+sane(healthy) → (정신이) 건강하지 않은

• Paul must be **insane**, spending all that money on a boat.
모든 돈을 보트에 쓰다니 Paul은 **제정신이 아닌** 게 틀림없다.

1240   경찰
sanify*
[sǽnifài]
타 위생적으로 하다, 위생시설을 갖추다
san(healthy)+ify(동) → 건강하게 하다

• After purchasing the house, we had it refurbished and **sanified** completely.
그 집을 구입한 후에, 설비를 다시 하고 **위생시설을** 완전히 **갖추도록** 했다.

1241
sanitary*   🔄 hygienic
[sǽnətèri]
형 위생의, 위생적인, 깨끗한
sanit(healthy)+ary(형)

sanitate 타 위생적으로 하다, ~에 위생 설비를 하다 **sanitation** 명 위생 시설[관리]
• The nurse made sure that everything in the room was **sanitary** so that the baby wouldn't get sick. 간호사는 아기가 아프지 않도록 방 안의 모든 것이 **위생적**인지 확인했다.
• Most epidemics are caused by lack of proper **sanitation**.
대부분의 전염병은 적절한 **위생 시설** 부족으로 발생한다.

1242   국회
sanitize*   🔄 disinfect
[sǽnitàiz]
타 ¹ 살균하다 ² (부정적) 건전하게 보이도록 하다
sanit(healthy)+ize(동) → 건강하게 하다 → 위생 처리하다

• The housekeeping staff **sanitized** the bathroom. 객실 관리 직원은 욕실을 **살균했다**.

1243   경찰
salute**
[səlúːt]
자 타 ¹ 경례를 하다 ² 경의를 표하다 명 ¹ 거수경례 ² 인사, 절
sal(ute)(healthy) → 건강을 빌다

salutation 명 인사(말)
• to **salute** the flag 국기에 대해 **경례하다**

1244
salubrious*
[səlúːbriəs]
형 (장소, 음식 등이) 몸에 좋은, 건강에 좋은
salubri(healthy)+ous(형)

• Vegetables are **salubrious** foods which provide essential nutrients.
채소는 필수 영양소를 제공하는 **몸에 좋은** 음식이다.

1245
salutary*
[sǽljutèri]
형 (흔히 불쾌해 보이지만) 유익한, 효과가 좋은
salut(healthy)+ary(형) → 건강에 좋은

• a **salutary** lesson[experience] **유익한** 교훈[경험]

forc, fort, firm
= strong (튼튼한); powerful (강력한)

암기유발 TIP
force 힘

1246 서9 | 서7 | 경찰 | 교행

enforce**
[infɔ́ːrs]

타 ¹ (법을) 집행하다, 시행하다 ² 강요하다
en(make)+force(힘) → 힘을 가하다

enforcement 명 (법률의) 집행, 시행

- It's the job of the police to **enforce** the law. 법을 **집행하는** 것이 경찰이 할 일이다.
- Solving crimes is one of the most important jobs of law **enforcement**.
  범죄 해결은 법 **집행**의 가장 중요한 책무 중 하나이다. [서7]

유 impose
¹ apply
² force, compel

1247 국9 | 국7 | 지7 | 지9 | 서9 | 서7 | 경찰 | 기상 | 법원 | 교행

reinforce***
[rìːinfɔ́ːrs]

타 ¹ (감정, 생각 등을) 강화하다 ² (구조 등을) 보강하다
re(again)+inforce(enforce)

reinforcement 명 ¹ (감정, 생각 등의) 강화 ² (군대, 경찰 등의) 증강 병력[요원]

- Understanding grammar rules can help **reinforce** fluency and accuracy.
  문법 규칙을 이해하는 것은 유창성과 정확성을 **강화하는** 데 도움이 될 수 있다.

유 bolster, strengthen, fortify

MORE + 어휘이해

reinforcement(강화)
심리학에서 인간의 특정 행동을 증가시키는 것을 의미한다. 반대로 특정 행동을 감소시키는 것은 처벌이다.

positive reinforcement 《심리》 긍정적 **강화**
증가시키려는 특정 행동을 보이면 음식, 칭찬 등을 제공하여 그 행동을 증가시키는 것.

negative reinforcement 《심리》 부정적 **강화**
증가시키려는 특정 행동을 보이면 싫어하는 자극을 제거하여 그 행동을 증가시키는 것.

1248 국9 | 국7 | 지9 | 지7 | 서9 | 경찰 | 국회 | 기상 | 교행

comfort***
[kʌ́mfərt]

명 ¹ 안락, 편안 ² 위안, 위로 타 위안하다, 위로하다
com(강조)+fort(strong) → 기운 나게 하다

comfortable 형 편(안)한, 쾌적한

- I wanted to **comfort** him over his terrible loss.
  나는 그가 입은 막대한 손해를 **위로해** 주고 싶었다.
- a **comfortable** sofa 편안한 소파

1249 지7 | 경찰 | 국회

discomfort**
[diskʌ́mfərt]

명 (신체적, 심리적인) 불편 타 (마음을) 불편하게 하다
dis(opposite of)+comfort(안락, 위안하다)

- After her knee injury, the soccer player always felt a slight **discomfort** in the area when she walked. 무릎을 다친 후로, 그 축구선수는 걸을 때 항상 그 부위에 약간의 **불편함**을 느꼈다.

1250 지9 | 기상

fort(ress)**
[fɔ́ːrt(ris)]

명 요새, 보루
fort(ress)(strong) → 강한 → 강한 곳

- a mountaintop **fortress** 산꼭대기의 **요새**

DAY 15 267

1251
fortify**
[fɔ́ːrtəfài]

[타] ¹ (높은 성벽으로) 요새화하다 ² 기운[용기]을 돋우다 ³ (음식에 영양소를) 강화하다
fort(요새)+ify(들)

fortification [명] ¹ 요새화, 무장 ² 방어 시설

- to **fortify** a city against attack 공격에 대비하여 도시를 **요새화하다**
- to be **fortified** by a hearty meal 든든한 식사로 **기운이 돋다**

유 ³ strengthen, consolidate, intensify, solidify, reinforce

1252
forte*
[fɔːrt]

[명] 강점, 특기 [부] [fɔ́ːrtei] 《음악》 포르테로, 세게

- Her **forte** as a singer is that she has a comparatively good voice.
가수로서 그녀의 **강점**은 비교적 좋은 목소리를 갖고 있다는 것이다.

1253
fortitude*
[fɔ́ːrtətùːd]

[명] 불굴의 용기
forti(strong)+tude(성질, 상태) → 강한 성질 → 용기

- She endured her illness with great **fortitude**. 그녀는 큰 **불굴의 용기**로 자신의 병을 견뎌냈다.

유 courage, tenacity, bravery, grit, gut

1254
firm***
[fəːrm]

[형] ¹ 딱딱한, 단단한 ² 단호한, 확고한 [명] 회사 [타] 단단하게 하다

firmness [명] ¹ 딱딱함, 단단함 ² 단호함, 확고부동

- Tom made so **firm** a decision that it was no good trying to persuade him.
Tom은 너무 **확고한** 결정을 해서 그를 설득하려 시도하는 게 소용이 없었다. [국7]

1255
affirm***
[əfə́ːrm]

[자][타] 단언[확언]하다
af(to)+firm(단단하게 되다) → 주저하지 않고 말하다

affirmative [형] 긍정의 [명] 긍정(의 말) **affirmation** [명] ¹ 확인, 단언 ² 확인(된 것) **reaffirm** [타] 재차 확인하다

- We cannot **affirm** that this painting is genuine. 우리는 이 그림이 진품이라고 **단언할** 수 없다.
- They are expecting an **affirmative** answer. 그들은 **긍정적인** 답변을 기대하고 있다.

1256
confirm***
[kənfə́ːrm]

[타] ¹ (증거를 들어) 사실임을 확인해 주다 ² (무엇에 대한 느낌이나 믿음을) 더 확실히 갖게 하다
con(강조)+firm(strong)

confirmation [명] 확인 《무엇이 사실이거나 확정되었음을 보여줌》 **reconfirm** [타] 재확인하다

- The scientists found evidence that would **confirm** the Big Bang Theory.
과학자들은 빅뱅 이론이 **사실임을 확인해 줄** 증거를 발견했다.

유 ¹ verify

1257
infirm*
[infə́ːrm]

[형] ¹ 병약한 ² 《the ~》 병약자
in(not)+firm(strong) → 강하지 않은

infirmity [명] (장기적인) 질환 **infirmary** [명] ¹ 병원 ² 의무실

- He was too **infirm** to hold a steady job. 그는 너무 **병약해서** 안정된 직장을 가질 수가 없었다.
- the **infirmities** of old age 노령에 의한 **질환**

pow, pot
= strong (튼튼한); powerful (강력한)

암기유발 TIP: **power** 힘

1258 지9 | 경찰

empower**
[impáuər]
(타) ¹ 권한을 주다 ² 자율권을 주다
em(make)+power(권한)

empowerment (명) 권한 부여

- During the trial, the judge will **empower** the jury to make a judgment on the case. 재판 기간 동안, 판사는 배심원에게 사건에 대한 판결을 내릴 **권한을 줄** 것이다.

㊙ ¹ authorize

1259

disempower*
[dìsempáuər]
(타) (~으로부터) 권한을 빼앗다
dis(opposite of)+empower(권한을 주다)

- Empowering women doesn't mean **disempowering** men.
여성에게 권한을 부여하는 것이 남성에게서 권한을 **빼앗는** 것을 의미하지는 않는다.

1260

potent*
[póutnt]
(형) ¹ (심신에 미치는 영향이) 강력한 ² (힘이) 센
pot(powerful)+ent(형)

potency (명) (심신에 영향을 미치는) 힘, (약 등의) 효능

- **potent** medicine 효능이 강한 약

㊙ powerful, mighty, dominant, strong, vigorous

1261

impotent*
[ímpətənt]
(형) 무력한
im(not, opposite of)+potent(강력한)

impotence (명) 무력, 무기력

- When my husband was diagnosed with cancer, I felt **impotent** because I could not help him with his pain.
남편이 암 진단을 받았을 때, 나는 그의 고통에 대해 도움을 줄 수 없어 **무력하게** 느꼈다.

㊙ powerless

1262 국9 | 국7 | 지9 | 지7 | 서9 | 서7 | 경찰 | 국회 | 기상 | 법원 | 사복

potential***
[pəténʃəl]
(형) 가능성이 있는, 잠재적인 (명) ¹ 가능성 ² 잠재력
potent(강력한)+ial(형) → 강력해질 수 있는

potentiality (명) 잠재력

- Critics say the factory poses a **potential** threat to the environment.
비평가들은 공장이 환경에 **잠재적인** 위험을 가한다고 말한다.
- Wet roads increase the **potential** for an accident. 젖은 도로는 사고 **가능성**을 높인다.

1263 지7 | 서9 | 경찰

omnipotent**
[amnípətənt]
(형) 전능한
omni(all)+potent(강력한) → 모든 영역에서 강력한

omnipotence (명) 전능, 무한한 힘

- an **omnipotent** God 전능한 하느님

DAY 16 움직임, 동작

🔍 Preview & Review

cu(m)b ▶ lie down

- re**cumb**ent
- in**cumb**ent
- suc**cumb**
- in**cub**ate
- **cub**icle

누워 있다 → 자리를 차지하다
누워 있다 → 방

amb(u)l ▶ walk

- **amb**le
- r**amb**le
- per**ambul**ate
- pre**amb**le

걷다 → 거닐다 → 횡설수설하다

pas(s) ▶ step, walk, pass

- **pass**age
- **pass**able
- com**pass**
- sur**pass**
- encom**pass**
- tres**pass**
- im**pass**e
- **pas**time

움직이다 → 걷다 → 지나가다

vag; err ▶ wander, stray

- **vag**rant
- **vag**ue
- **vag**ary
- extra**vag**ant
- **err**atic
- **err**oneous
- un**err**ing
- ab**err**ant

돌아다니다 → 확실하지 않다
제 위치를 벗어나다 → 정신이 나가 있는 → 잘못된

vers, vert, verg, vib, vicis ▶ turn

- a**vers**e
- ad**vers**e
- ad**vers**ary
- contro**vers**y
- con**vers**e
- di**vers**e
- di**vers**ify
- ob**vers**e
- re**vers**e
- trans**vers**e
- tra**vers**e
- **vers**atile
- **vers**ed
- a**vert**
- con**vert**
- di**vert**
- in**vert**
- per**vert**
- re**vert**
- sub**vert**
- extro**vert**
- intro**vert**
- ad**vert**ise
- inad**vert**ent
- **vert**ical
- **vert**igo
- con**verg**e
- di**verg**e
- **vib**ration
- **vib**rant
- **vicis**situde

방향을 돌리다 → 역방향으로 서 있다 → 반대

돌기 → 다양한

돌기 → 흔들리다

volv, volu ▶ roll

- e**volv**e
- re**volv**e
- de**volv**e
- in**volv**e
- con**volv**e
- con**volu**te
- **volu**ble
- re**volu**tion

구르다, 굴리다 → 변화하다 → 진화하다

감다 → 돌다, 회전하다

cur(s), cour(s), co(u)r ▶ run

- **cur**rent
- **cur**rency
- con**cur**
- con**cur**rent
- oc**cur**
- in**cur**
- re**cur**
- **curs**ory
- ex**curs**ion
- in**curs**ion
- pre**curs**or
- extra**cur**ricular
- re**cours**e
- dis**cours**e
- **cour**ier
- **cor**ridor

달리다 → 현재 통용되는 (것)

달리다 → 발생[존재]하다 → 초래하다

sal, sul, saul, sail, sil, xul ▶ leap

- **sal**ient
- in**sul**t
- de**sul**tory
- as**saul**t
- as**sail**ant
- re**sil**ience
- ex**ul**t

뛰어오르다 → 두드러진

뛰어오르다 → 종잡을 수 없는

cu(m)b
= lie down (누워 있다)

1264
recumbent[*]
[rikʌ́mbənt]

형 누워 있는, 드러누운
re(back)+cumb(lie down)+ent(형)

- a **recumbent** posture 드러누운 자세

유 prone, supine
반 erect(똑바로 선)

1265
incumbent[*]
[inkʌ́mbənt]

서7

명 재임자   형 ¹재임 중인, 현직의 ²해야 하는 《on》
in(in)+cumb(lie down)+ent(명)(형) → 안에 자리를 차지하고 누워 있는 (사람)

- the **incumbent**[former] president 현직[전직] 대통령
- Just like an old tree must fall for the sapling to find the sun, **incumbent** companies must step back so others can rise. 묘목이 햇빛을 찾도록 늙은 나무가 쓰러져야 하는 것처럼, **현재의** 기업들은 다른 기업들이 일어날 수 있도록 뒤로 물러나야 한다. [서7]

유 형 ² compulsory, forced, imperative
반 형 ² optional (선택적인)

1266
succumb[*]
[səkʌ́m]

지7 | 서9

자 굴복하다, 무릎을 꿇다
suc(under)+cumb(lie down)

- The home language may **succumb** completely to the language of the invaders. 모국어는 침략자들의 언어에 완전히 **굴복할** 수도 있다. [서9]

유 surrender, yield, submit
반 resist(저항하다)

1267
incubate[**]
[ínkjubèit]

지9

자 타 (알을) 품다   자 (질병이) 잠복하다   타 (세균을) 배양하다
in(on)+cub(lie down)+ate(동) → 알 위에 누워 있다

incubation 명 ¹알 품기 ²배양 **incubator** 명 ¹인큐베이터 ²부화 장치, 부화기
- The eggs need to **incubate** for two weeks. 그 알들은 2주간 **품어야** 한다.

유 자 타 brood, hatch
타 cultivate, foster
반 타 inhibit (억제하다)

1268
cubicle[*]
[kjúːbikl]

서9

명 (칸막이 해 만든) 좁은 방
cubi(lie down)+cle(small) → 누워 있을 수 있는 작은 공간

- The employees walked to their **cubicles**. 직원들은 각자의 **사무실 자리**로 걸어갔다.
- a changing **cubicle** 탈의실

유 cell, compartment

amb(u)l
= walk (걷다)

암기유발 TIP

ambulance 구급차
ambul(walk)+ance(명)

1269
amble[*]
[ǽmbl]

국9 | 기상

자 느긋하게 걷다
amble(walk)

- The old people **ambled** along the street. 노인들이 길을 따라 **느긋하게 걸었다**.

1270

ramble* [ræmbl]
자 ¹거닐다 ²횡설수설하다 《on》 ³(식물이) 뻗어 나가다
ramble(walk) → 걷다

- He **rambled** here and there in the woods. 그는 숲속을 이리저리 거닐었다.
- to **ramble** on a story 이야기를 횡설수설하다

유 ¹drift, float ²maunder 《on》
• on the ramble 산책하는

1271

perambulate* [pəræmbjulèit]
자타 순회하다, 거닐다
per(through)+ambul(walk)+ate(동) → 통과하며 걷다

perambulator 명 (바퀴 하나에 기다란 손잡이가 달린) 거리 측정계
- We **perambulated** in the village for a while. 우리는 한동안 마을을 거닐었다.

유 cross, travel, cover

MORE+ 관련어휘 걷다

loiter	자	어슬렁어슬렁 걷다, 빈둥거리다
lumber	자	(육중한 덩치로) 느릿느릿 걷다
plod	자타	(지쳐서) 터벅터벅 걷다 (= trudge)
pound	자타	쿵쾅거리며 걷다 (= stomp)
promenade	자	(바닷가, 공원 등을) 거닐다
roam	자타	(이리저리) 돌아다니다 (= wander)
scuff	자타	발을 질질 끌며 걷다
stride	자	성큼성큼 걷다
stroll	자	거닐다, 산책하다 (= saunter)
strut	자	뽐내며 걷다 명 ¹뽐내며 걷기 ²(건물을 보강하는) 지주, 버팀목
tramp	자타	¹터벅터벅 걷다 ²도보로 여행하다
	명	¹터벅거리는 발소리 ²도보 여행 ³부랑자, 떠돌이
trudge	자타	터덜터덜 걷다 명 ¹터덜터덜 걸음 ²힘든 도보 여행

1272

preamble* [príːæmbl]
명 (책의) 서문, (법 등의) 전문(前文), (말의) 서두
pre(before)+amble(walk) → 앞쪽을 걷는 것

- the **preamble** to the American Constitution 미국 헌법의 전문

유 foreword, preface, preliminary
반 epilogue (끝 맺음말)
• without preamble 단도직입적으로

---

pas(s)
= step (발을 움직이다), walk (걷다), pass (지나가다)

암기유발 TIP
passport 여권
pass(step)+port(port)

1273

passage*** [pǽsidʒ]
명 ¹통로 ²단락, 구절 ³(시간의) 흐름
pass(step)+age(명) → 발걸음을 떼어 움직일 수 있는 장소

passageway 명 복도, 통로 **passenger** 명 승객 **passer** 명 통행인, 나그네
- one of its most famous **passages** 가장 유명한 구절 중 하나 [서9]

유 ¹approach, avenue ²excerpt

1274

passable* [pǽsəbl]
형 ¹(도로가) 통행할 수 있는 ²그런대로 괜찮은, 무난한
pass(step)+able(형) → 발걸음을 떼어 움직일 수 있는

- He speaks **passable** French. 그는 그런대로 괜찮은 프랑스어를 한다.

유 ²satisfactory, acceptable
반 ¹impassable (통행할 수 없는) ²insufficient (불충분한)

1275
compass** [kʌ́mpəs] 서9 | 국회 | 교행

명 ¹나침반 ²(pl.) (제도용) 컴퍼스 ³범위
com(together)+pass(a step) → 함께 움직일 걸음 폭을 재는 것

유 ³range, area, reach

- beyond the **compass** of imagination 상상력의 **범위**를 넘어서

1276
surpass** [sərpǽs] 국9 | 국7 | 경찰

타 능가하다, 뛰어넘다
sur(beyond)+pass(step) → 한계를 넘어서 발걸음을 떼어 움직이다

유 excel, outperform, outdo, outstrip

unsurpassed 형 누구에게도 뒤지지 않는, 타의 추종을 불허하는
- Her talents far **surpass** her mother's. 그녀의 재능은 어머니를 훨씬 **뛰어넘는다**.
- **unsurpassed** authority 제일인자

1277
encompass** [inkʌ́mpəs] 국7 | 국회

타 ¹둘러싸다, 에워싸다 ²포함하다, 아우르다
en(make)+com(together)+pass(a step)

유 ¹surround ²include, contain, embrace

encompassment 명 에워싸기, 포위
- The figures **encompass** administration costs. 그 수치는 운영비를 **포함한다**.

1278
trespass** [tréspəs] 지7 | 서7

자 무단 침입하다 명 무단 침입
tres(over)+pass(pass) → 넘어서 지나가다

유 자 invade 명 intrusion
반 명 observance (준수)

trespasser 명 무단 침입자
- No **trespassing**. 무단 침입 금지

1279
impasse* [ímpæs]

명 교착 상태
im(not)+passe(pass) → 지나갈 수 없는 것

유 deadlock, dilemma
- at an impasse 교착 상태에 빠진

- to break[end] the **impasse** 교착 상태를 끝내다

1280
pastime** [pǽstàim] 국회 | 기상

명 취미
pas(pass)+time(시간) → 시간이 (기분 좋게) 지나가게 하다

유 interest, hobby
반 drudgery(힘들고 단조로운 일)

- the favorite **pastime** of many teenagers 많은 청소년이 가장 좋아하는 **취미**

---

vag
= wander (돌아다니다)

암기유발 TIP
vagabond 배가본드(방랑자)
vaga(wander)+bond

1281
vagrant* [véigrənt] 국7

명 부랑자, 떠돌이
vagr(wander)+ant(명) → 이리저리 돌아다니는 사람

유 itinerant

- We provide shelter, meals, and clothing for **vagrants**.
  우리는 **부랑자**들에게 쉼터, 음식, 그리고 의류를 제공한다.

1282
vague**
[veig]
형 ¹ 희미한 ² 애매모호한
vag(wander)+ue(형) → 이리저리 돌아다니는 → 확실하지 않은

국7 | 국회

⊜ ¹ indistinct
² ambiguous
⊝ ¹ distinct(뚜렷한)
² clear(명백함)

vagueness 명 막연함, 분명치 않음
- a **vague** shape 희미한 형체
- a **vague** description 애매모호한 설명

1283
vagary*
[vəgɛ́əri, véigəri]
명 《pl.》 ¹ 예측할 수 없는 변화 ² 변덕, 엉뚱한 짓
vag(wander)+ary(명) → 여기저기 돌아다니기

⊜ ² whim, caprice

- the **vagaries** of the weather 날씨의 예측 불가한 변화

1284
extravagant***
[ikstrǽvəgənt]
형 ¹ 낭비하는, 사치스러운 ² (연설 등이) 화려한, 과장된
extra(outside)+vag(wander)+ant(형) → (적정 한도를) 벗어나서 돌아다니는

지9 | 서9 | 서7 | 경찰 | 국회 | 법원 | 사복

⊜ ¹ wasteful, lavish
² excessive
⊝ ¹ economical
(절약하는)
² moderate
(절제 있는)

extravagance 명 ¹ 낭비(벽), 사치(품) ² 화려함
- The house was so **extravagant** that it even had an artificial lake.
  그 집은 너무 **사치스러워서** 심지어 인공 호수까지 있었다. [지9]
- to speak and write in an **extravagant** way 과장된 방식으로 말하고 글을 쓰다

암기유발 TIP

err
= wander (돌아다니다), stray (제 위치[길]를 벗어나다)

error 잘못, 실수

1285
erratic*
[irǽtik]
형 불규칙한, 변덕스러운
errat(wander)+ic(형) → 이리저리 돌아다니는

교행

⊜ irregular,
variable,
unpredictable
⊝ regular(일정한)

- a continent plagued by **erratic** rainfall 변덕스러운 강우에 시달리는 대륙 [교행]

1286
erroneous*
[iróuniəs]
형 잘못된, 틀린
errone(stray)+ous(형) → 제 위치를 벗어난

서9 | 서7 | 국회

⊜ incorrect, false,
inaccurate
⊝ correct(옳은)

err 자 실수를 범하다 **errant** 형 (행동이) 잘못된
- **erroneous** assumption 잘못된 추정 [서9]

• have an erroneous
idea of ~을 오해하다

1287
unerring*
[ʌ̀nɛ́riŋ]
형 틀림없는, 항상 정확한
un(not)+err(stray)+ing(형) → 제 위치를 벗어나지 않은

국9

⊜ faultless,
accurate
⊝ fallible(틀릴 수
있는)

- She is **unerring** in her judgment. 그녀는 자신의 판단에 있어 항상 정확하다.

•unerring in ~에
있어서 언제나 정확한

1288
aberrant＊ [ǽbərənt]
᠍ 도리를 벗어난, 일탈적인
ab(off, away from)+err(stray)+ant(᠍) → 제 위치를 벗어나서 멀어진

aberration ᠍ 일탈, 일탈적인 행동[일]
- **aberrant** behavior 일탈적인 행동
- The decline in the company's sales last month was just a temporary **aberration**. 지난달 회사의 판매 부진은 그저 일시적인 **일탈**이었다.

㈜ deviant, unusual, abnormal
(반) normal(정상적인)

---

vers
= turn (방향을 돌리다, 돌기)

암기유발 TIP
version (어떤 것의) -판(版), 형태
vers(turn)+ion(᠍)

1289 | 국9 | 지9 | 서9
averse＊ [əvə́ːrs]
᠍ 싫어하는, 반대하는 《to》
a(off)+verse(turn) → 방향을 돌려버리는

aversive ᠍ 혐오의 aversion ᠍ 아주 싫어함, 혐오감
- Many people are risk-**averse** because they consider the negative consequences of failure to outweigh the reward of success. 많은 사람들이 위험을 **싫어하는**데 이는 실패의 부정적 결과가 성공의 보상보다 더 크다고 여기기 때문이다. [서9]

㈜ antipathetic, allergic
(반) keen(좋아하는)

1290 | 국9 | 지9 | 지7 | 경찰 | 국회 | 법원
adverse＊＊＊ [ǽdvəːrs]
᠍ ¹부정적인, 반대의, 역의 ²불리한
ad(to)+verse(turn) → 방향을 반대로 돌리는

adversity ᠍ 역경
- an **adverse** effect on a person 사람에 대한 **역효과**
- She tried to show her courage in **adversity**. 그녀는 **역경** 속에서도 용기를 보이려고 애썼다.

㈜ ¹negative, opposing
(반) ²favorable(유리한)

1291 | 국7 | 지9 | 법원
adversary＊＊ [ǽdvərsèri]
᠍ 상대방, 적수
ad(to)+vers(turn)+ary(᠍) → 자신과 반대 방향으로 서 있는 사람

adversarial ᠍ 서로 대립 관계에 있는, 적대적인
- Even his **adversaries** had to admire his game. 그의 **적수**들조차도 그의 경기를 감탄하며 바라봐야 했다. [국7]

㈜ opponent, enemy, foe
(반) ally(동맹자)

1292 | 국9 | 국7 | 지9 | 지7 | 서7 | 경찰 | 국회 | 기상 | 법원 | 사복
controversy＊＊＊ [kάntrəvə̀ːrsi]
᠍ 논란
contro(against)+vers(turn)+y(᠍) → 반대하기 위해 방향을 돎

controvert ᠍ 반박하다 controversial ᠍ 논란이 많은 controvertible ᠍ 논쟁의 여지가 있는
- It would be hard to find any subject more **controversial** than human cloning. 인간 복제보다 더 **논란이 많은** 주제를 찾기는 어려울 것이다. [서7]

㈜ argument, debate
(반) consensus(합의)
- beyond controversy 논쟁의 여지가 없이

1293 | 국7 | 지9 | 지7 | 서9 | 서7 | 경찰 | 국회 | 기상 | 법원 | 교행 | 사복
converse＊＊＊ [kənvə́ːrs]
㈜ 대화를 나누다 ᠍ [kάnvəːrs] (어떤 사실이나 진술의) 정반대[역]
con(together)+verse(turn) → 함께 방향을 돌리다

conversation ᠍ 대화 conversational ᠍ 대화의 ²구어의 conversely ᠍ 정반대로, 역으로
- **Conversely**, players who experienced pain used smaller muscles in their forearms more. **정반대로**, 통증을 경험한 연주자들은 그들의 팔뚝에 있는 작은 근육들을 좀 더 사용했다. [경찰]

㈜ ㈜ chat, discourse
᠍ counter, opposite

1294
diverse*** [daivə́ːrs] 국7 | 지9 | 서7 | 경찰 | 국회 | 법원 | 교행

[형] 다양한
di(aside)+verse(turn) → 원래 방향에서 벗어나서 방향을 제각각 돌리는

diversity [명] 다양성
- **Diversity** is an asset to be valued rather than a problem to be solved.
  다양성은 해결되어야 할 문제라기보다는 가치 있게 여겨질 자산이다. [국회]

[유] various, varied, assorted
[반] identical(동일한)

1295
diversify** [daivə́ːrsəfai] 지9 | 지7 | 서9 | 국회 | 교행

[자][타] 다양화하다, 다양해지다
di(aside)+vers(turn)+ify(동)

diversification [명] 다양화, 다양성 diversified [형] 변화가 많은, 여러 가지의
- to **diversify** the services 서비스를 **다양화하다**

[유] vary, change, transform

1296
obverse* [ábvəːrs] 지7

[명] 1 (~의) 반대되는 것 2 (동전, 메달의) 앞면
ob(toward)+verse(turn) → 방향을 반대쪽으로 돌리는 것

- The problem is that the **obverse** is also true. 문제는 **반대되는 것** 또한 진실이라는 것이다.

[유] 1 antipode, antithesis, contrary
- on the obverse 표면에

1297
reverse*** [rivə́ːrs] 국9 | 국7 | 서9 | 경찰 | 기상 | 법원 | 사복

[타] (정반대로) 뒤바꾸다 [명] 1 반대 2 뒷면 3 좌절, 실패 [형] 1 반대의 2 뒷면의
re(back)+verse(turn) → 방향을 뒤로 돌리다

reversal [명] 1 뒤바꿈, 반전 2 좌절 reversible [형] 1 (원상태로) 되돌릴 수 있는 2 양면을 다 이용할 수 있는
- The image was **reversed** and upside down. 그 이미지는 **뒤바뀌어서** 아래위가 거꾸로였다.

[유] [타] switch
[명][형] 1 opposite 2 rear
[명] 3 failure
- in reverse (순서, 진로 등을) 반대로, 거꾸로

1298
transverse* [trænsvə́ːrs] 국7

[형] 가로지르는, 가로 놓인
trans(across)+verse(turn) → 방향을 맞은편으로 돌리는

transverseness [명] 가로지름, 횡단함
- a **transverse** section 횡단면

[유] horizontal

1299
traverse* [trǽvəːrs] 국9 | 지9 | 지7

[타] 가로지르다, 횡단하다 [명] 횡단 (지역)
tra(across)+verse(turn) → 방향을 맞은편으로 돌리다

traversal [명] 가로지름
- They chose to spend their vacations **traversing** slippery glaciers.
  그들은 그들의 휴가를 미끄러운 빙하를 **횡단하면서** 보내는 것으로 선택했다. [지9]

[유] [타] cross, peregrinate

1300
versatile** [və́ːrsətl] 국7 | 지9 | 국회 | 기상 | 법원

[형] 1 (사람이) 다재다능한 2 다용도의, 다목적의
vers(turn)+at(to)+ile(ability) → 능력을 여러 방향으로 돌릴 수 있는

versatility [명] 다재다능함
- Kohlrabi is delicious, **versatile** and good for you.
  콜라비는 아주 맛있고, **다용도로 쓸 수 있으며**, 당신에게 좋다. [지9]

[유] 1 multifaceted, adaptable 2 adjustable
[반] 2 limited(한정된)

1301

versed* [vəːrst]
형 (~에) 정통한, 조예가 깊은
vers(turn)+ed(형) → 돌리는 → 어떤 쪽으로만 관심을 향하는

- She is well **versed** in many styles of jazz. 그녀는 많은 스타일의 재즈에 매우 **정통하다**.

유 knowledgeable, experienced
반 ignorant(무지한)

- be versed in ~에 조예가 깊다

vert
= turn (방향을 돌리다, 돌기)

1302 서9 | 법원

avert* [əvə́ːrt]
타 ¹방지하다, 피하다 ²눈[얼굴]을 돌리다, 외면하다
a(off)+vert(turn) → 방향을 다른 데로 돌리다

- A faint odor of ammonia or vinegar makes one-week-old infants **avert** their heads. 암모니아 또는 식초의 희미한 냄새는 생후 일주일 된 유아가 **고개를 돌리게** 만든다. [서9]

유 ¹evade, avoid

1303 국7 | 지9 | 지7 | 경찰 | 법원 | 교행 | 사복

convert* [kənvə́ːrt]
자타 ¹전환되다[시키다] ²개조되다[하다] 명 [kάnvəːrt] 개종자
con(with)+vert(turn) → (생각, 방향 등을) 돌려서 방향을 바꾸다

conversion 명 ¹전환, 개조 ²개종 **convertible** 형 전환 가능한 명 오픈카
- to **convert** a shed into a study 창고를 서재로 **개조하다**

유 자타 ¹adapt, remodel
명 proselyte
반 자타 ¹keep(유지하다)

- make a convert of ~을 개종시키다

1304 경찰

divert* [divə́ːrt]
타 ¹방향을 바꾸게 하다 ²(생각, 관심을) 다른 데로 돌리다
di(aside)+vert(turn) → 방향을 다른 데로 돌리다

diversion 명 ¹방향 전환 ²주의를 딴 데로 돌리게 하는 것 ³오락
- I would often **divert** all energy to the new opportunity. 나는 내 모든 에너지를 종종 새로운 기회 쪽으로 **돌리곤** 했다. [경찰]

유 ¹redirect, switch
²distract, sidetrack

- divert oneself in ~으로 기분 전환을 하다

1305 국9 | 지9 | 서7

invert** [invə́ːrt]
타 (아래위를) 뒤집다, (순서를) 도치시키다
in(into)+vert(turn) → 위에서 아래로 방향을 돌려 바꾸다

inversion 명 도치, 전도 **inverse** 형 반대의 **inversely** 부 거꾸로, 반대로
- A camera **inverts** the image it receives. 카메라는 그것이 받아들이는 이미지를 **뒤집는다**.

유 reverse, overturn

1306 국7

pervert* [pərvə́ːrt]
타 ¹왜곡하다 ²(사람을) 비뚤어지게 하다
per(away)+vert(turn) → 정상적인 방향을 벗어나다

perversion 명 왜곡(한 것) **perverse** 형 비뚤어진 **pervertible** 형 곡해할 수 있는
- to **pervert** the truth 진실을 **왜곡하다**

유 ¹distort, twist
²corrupt, deprave

1307 지9 | 기상

revert** [rivə́ːrt]
자 (본래 상태로) 되돌아가다 (to)
re(back)+vert(turn) → 다시 방향을 돌리다

reversion 명 ¹회귀, 복귀 ²(재산의) 반환
- When the lease ends, the property **reverts** to the owner. 임대차 계약이 끝나면, 그 부동산은 소유주에게 **되돌아간다**.

유 return ((to)), regress ((to))
반 progress(앞으로 나아가다)

1308
subvert[*]
[səbvə́ːrt]

자 타 (체제를) 전복시키다 타 (믿음을) 뒤엎으려 하다
sub(under)+vert(turn) → 아래쪽을 향하도록 방향을 돌리다

subversion 명 전복, 파괴 **subversive** 형 체제 전복적인
- He was sentenced to 20 years for plotting to **subvert** the government.
그는 정부를 **전복시키려는** 음모로 20년형을 선고 받았다.

유 자 타 overthrow, topple
타 overturn

1309
extrovert^{**}
[ékstrəvə̀ːrt]

서9 | 기상 | 교행

명 외향적인 사람
extro(outside)+vert(turn) → 몸을 늘 바깥쪽으로 돌리고 있는 사람

extroverted 형 외향적인
- **Extroverts** tend to attain leadership in public domains.
외향적인 사람들은 공공 영역에서 리더십을 얻는 경향이 있다. [기상]

1310
introvert^{**}
[íntrəvə̀ːrt]

국회 | 기상 | 법원

명 내향적인 사람
intro(within)+vert(turn) → 몸을 늘 안쪽으로 돌리고 있는 사람

introverted 형 내향적인
- **Introverts** tend to attain leadership in theoretical and aesthetic fields.
내향적인 사람들은 이론 및 미적 분야에서 리더십을 얻는 경향이 있다. [기상]

1311
advertise^{***}
[ǽdvərtàiz]

국9 | 국7 | 지9 | 지7 | 서9 | 서7 | 경찰 | 국회 | 기상 | 법원 | 교행 | 사복

자 타 광고하다
ad(toward)+vert(turn)+ise(동) → 주의를 ~쪽으로 돌리다 → 주목하게 하다

advertisement 명 광고 **advertiser** 명 광고주 **advertising** 명 1 광고(하기) 2 광고업
- to **advertise** the new product extensively 신상품을 대대적으로 **광고하다**

유 publicize, promote, announce

1312
inadvertent[*]
[ìnædvə́ːrtnt]

법원

형 1 고의가 아닌 2 부주의한
in(not)+ad(toward)+vert(turn)+ent(형) → (목적을 가지고) 방향을 돌린 것이 아닌

inadvertently 부 무심코, 우연히 **inadvertence / inadvertency** 명 1 실수, 잘못 2 부주의
- **inadvertent** exposure to chemicals 화학 물질에의 **부주의한** 노출

유 1 unintentional, accidental
2 reckless
반 2 advertent (주의 깊은)

1313
vertical^{**}
[və́ːrtikəl]

서9 | 법원

형 수직의, 세로의
vert(turn)+ical(형) → 방향이 위로 향하는

vertex 명 (기하) 꼭짓점 **vertically** 부 수직으로, 수직적으로
- horizontal and **vertical** lines 가로줄과 **세로줄**

유 perpendicular, straight, plumb
반 horizontal(수평의)

1314
vertigo[*]
[və́ːrtigòu]

명 (높은 곳에서 느끼는) 어지러움, 현기증
vert(turn)+igo(명) → 방향이 빙빙 돎

vertiginous 형 어지러운, 아찔한
- Heights give me **vertigo**. 나는 높은 곳에 가면 **현기증**이 난다.

유 disequilibrium, giddiness

verg, vib, vicis
= turn (방향을 돌리다, 돌기)

1315 법원 | 교행

converge** [kənvə́ːrdʒ]
[자] 1 (도로 등이) 만나다 2 모여들다, 집중되다 3 (의견 등이) 한데 모아지다
con(together)+verge(turn) → 방향을 함께 돌려 만나다

[유] 1 intersect, join 2 gather, congregate

convergence [명] 집중(성) **convergent** [형] 한 점에 모이는, 점차 집합하는

• Our opinions seldom **converged.** 우리의 의견은 좀처럼 **한데 모아지지** 않았다.

1316 지9 | 서9 | 경찰 | 법원 | 교행 | 사복

diverge*** [daivə́ːrdʒ]
[자] 1 (방향이) 갈라지다, 나뉘다 2 (예상 등에서) 벗어나다, 일탈하다
di(apart)+verge(turn) → 방향이 따로 떨어지다

[유] 2 digress, stray

divergence [명] 1 분기 2 일탈 **divergent** [형] 1 갈라지는 2 (의견 등이) 다른

• Because opinions **diverge**, they need access to a wide range of viewpoints.
의견들이 **나뉘기** 때문에, 그들은 광범위한 견해들에 접근할 필요가 있다. [서9]

1317 국9 | 지7 | 서9 | 국회

vibration** [vaibréiʃən]
[명] 떨림, 진동
vibra(turn)+tion([명]) → 돌기 → 흔들림

[유] tremble, oscillation, pulse [반] stillness(정적)

vibrate [자][타] 흔들리다, 진동하다 **vibrational** [형] 진동의, 진동하는

• A molecule that shakes or **vibrates** more has more heat energy.
더 많이 흔들리거나 **진동하는** 분자는 더 많은 열에너지를 갖는다. [서9]

1318 서9

vibrant** [váibrənt]
[형] 1 활기찬, 생기가 넘치는 2 (색채가) 강렬한, 선명한
vibra(turn)+ant([형]) → 도는 → 마구 움직이는

[유] 1 energetic, dynamic 2 vivid [반] 1 lifeless(활기 없는)

• thousands of **vibrant**, sparkling stars **강렬하고**, 반짝거리는 수천 개의 별들 [서9]

1319

vicissitude* [visísətjùːd]
[명] 우여곡절
vicissi(turn)+tude([명]) → 방향이 전환되는 것 → 변화

[유] adversity, affliction [반] stagnation(침체)

• the **vicissitudes** of life 인생의 **우여곡절**
cf. vortex [명] (물, 공기 등의) 소용돌이

volv, volu
= roll (구르다, 굴리다, 감다)

암기유발 TIP
Volvo 볼보 《자동차 이름》
volvo(roll)

1320 국9 | 국7 | 지9 | 지7 | 서9 | 서7 | 국회 | 기상 | 법원 | 교행

evolve*** [iválv]
[자][타] 1 《생물》 진화하다[시키다] 2 (점진적으로) 발달하다[시키다]
e(out)+volve(roll) → 굴러서 밖으로 나가다

[유] 1 advance, progress 2 develop

evolution [명] 1 진화 2 발전 **evolutionary** [형] 1 진화의 2 점진적인

• In 200 million years, animals **evolved** and changed.
2억 년 동안 동물들은 **진화했고** 변화했다.

1321
revolve**
[riválv]
국9 | 서9 | 법원

자 (축을 중심으로) 돌다, 회전하다
re(again)+volve(roll) → 계속 구르다

revolver 명 리볼버, 회전식 연발 권총 **revolving** 형 회전하는
- The lives of many people **revolve** around farming.
많은 사람들의 삶은 농사를 중심으로 **돈다**. [국9]

유 circle, orbit, rotate

1322
devolve*
[diválv]

자 (재산 등이) 이전되다, 양도되다 ⟨to, on⟩ 타 (권리, 의무 등을) 양도하다, 맡기다
de(down)+volve(roll) → 아래로 구르다

devolution 명 이전, 권력 이양
- Upon his death, the estate **devolved** to a distant cousin.
그가 죽자마자, 재산은 먼 사촌에게 **양도되었다**.

유 타 delegate

1323
involve***
[inválv]
국9 | 국7 | 지9 | 지7 | 서9 | 서7 | 경찰 | 국회 | 기상 | 법원 | 교행 | 사복

타 1 포함하다, 수반하다 2 (사건 등에) 연루시키다, 관련시키다
in(in)+volve(roll) → 안으로 감다

involvement 명 1 관련, 개입 2 몰두, 열중 **involved** 형 관련된, 연루된
- Conservation **involves** protecting existing natural habitats.
보존은 기존의 자연 서식지를 보호하는 것을 **포함한다**. [사복]
- Forty-six vehicles were **involved** in the accident. 46대의 차량이 사고에 **관련되었다**.

유 1 entail, imply 2 concern
반 2 exclude(제외하다)

● be involved in
~에 휘말리다, 연루되다

1324
convolve*
[kənválv]
국7

자 타 (나선형으로) 감기다, 휘감다
con(together)+volve(roll) → 함께 둥글게 굴리다

- According to this product, the smoke will **convolve** with the steam, neutralizing the smell. 이 제품에 따르면, 연기가 증기와 **휘감겨** 냄새를 중화할 것이다.

유 coil, entwine
반 untwist(꼬인 것을 풀다)

1325
convolute*
[kánvəlù:t]
국7 | 지9

자 타 1 감아 넣다, 둘둘 말다 2 뒤얽히다
con(together)+volute(roll) → 함께 감아 놓다

convolution 명 (pl.) 1 대단히 복잡한 상황[것] 2 (나선형의) 구불구불한 것, 주름
- The relationship was **convoluted** from the moment they connected on social media. 관계는 그들이 소셜 미디어에 연결된 순간부터 **뒤얽혔다**.

유 1 coil 2 intertwine
반 1 untwist(꼬인 것을 풀다)

● convolute the truth 진실을 왜곡하다

1326
voluble*
[válju əbl]

형 열변을 토하는, 입담 좋은
volu(roll)+ble(형) → (허가) 잘 굴러가는

volubility 명 유창, 수다 **volubleness** 명 수다스러움
- the **voluble** spokesperson 입담 좋은 대변인

유 articulate, fluent
반 wordless(말이 없는)

1327
revolution***
[rèvəlú:ʃən]
국9 | 국7 | 지9 | 지7 | 서9 | 서7 | 경찰 | 국회 | 기상 | 교행 | 사복

명 1 혁명 2 (행성의) 공전
re(again)+volu(roll)+tion(명) → 계속 굴리는 행동

revolutionary 형 혁명의 **revolutionize** 타 대변혁을 일으키다
- The printing press certainly initiated an "information **revolution**" on par with the Internet today. 인쇄기는 오늘날 인터넷과 마찬가지로 '정보 **혁명**'을 확실히 일으켰다. [국회]

cur(s), cour(s), co(u)r
= run (달리다)

암기유발 TIP
curriculum 커리큘럼
curri(run)+culum(몡)
말이 달리는 경로 → 배움의 경로

1328
current***
[kə́ːrənt]

국7 | 지9 | 지7 | 서9 | 서7 | 경찰 | 국회 | 기상 | 법원 | 교행 | 사복

몡¹ 현재의, 지금의 ² 통용되는 몡¹ 해류, 기류, 전류 ² 경향, 추세
curr(run)+ent(몡) → 현재 달리고 있는

- We have to cope with the **current** financial difficulties.
  우리는 **현재의** 재정적인 곤경들에 대처해야 한다.
- The sea has its **currents**, as do the river and the lake.
  강과 호수가 그러하듯이 바다에는 **해류**가 있다. [서9]

유 ¹ present, contemporary
² prevalent
반 ¹ out-of-date (구식의)
² unconventional (관습에 얽매이지 않는)

1329
currency***
[kə́ːrənsi]

국9 | 국7 | 지9 | 지7 | 법원 | 사복

몡¹ 통화(량), 유통화폐 ² 통용
curr(run)+ency(몡) → 현재 통용되고 있는 것

- A **currency**'s value usually reflects the strength of a country's economy.
  통화의 가치는 대개 한 국가의 경제력을 반영한다. [지7]

유 ¹ money, coinage
² acceptance, popularity

1330
concur*
[kənkə́ːr]

몡 동의하다, 의견 일치를 보다
con(together)+cur(run) → 함께 달리다

concurrence 몡 동의, 의견 일치
- to **concur** with holding another meeting 다시 회의를 열기로 **동의하다**

유 assent
반 dissent(반대하다)

1331
concurrent*
[kənkə́ːrənt]

국9 | 국회

몡 공존하는, 동시에 발생하는
con(together)+curr(run)+ent(몡) → 함께 손을 잡고 달리는

concurrently 문 동시에, 함께
- the number of **concurrent** users 동시 이용자 수

유 consistent, parallel
반 asynchronous (동시에 발생하지 않는)

1332
occur***
[əkə́ːr]

국9 | 국7 | 지9 | 지7 | 서9 | 서7 | 경찰 | 국회 | 기상 | 법원 | 교행

몡¹ 일어나다, 발생하다 ² 존재하다, 발견되다
oc(toward)+cur(run) → ~쪽으로 달리다

occurrence 몡¹ 발생하는 것 ² 발생, 존재 **occurrent** 몡 현재 일어나고 있는
- The program shows how natural disasters **occur**.
  그 프로그램은 자연 재해가 어떻게 **일어나는**지를 보여준다.

유 ¹ happen, crop up, take place
² exist, appear

1333
incur*
[inkə́ːr]

국9 | 국7 | 지9

동 (좋지 못한 상황을) 초래하다
in(upon)+cur(run) → 달리다 마주하다

incurrence 몡 초래
- to **incur** blame for international censure 국제적인 비난을 **초래하다**

유 provoke, generate

1334
recur** [rikə́ːr]
⟨자⟩ ¹ 되풀이되다, 재발하다 ² 회상되다
re(back)+cur(run) → 뒤돌아서 달리다

recurring ⟨형⟩ 되풀이하여 발생하는 recurrent ⟨형⟩ 재발되는(= repeated) recurrence ⟨명⟩ 재발
- Old memories unexpectedly **recurred** to her mind. 옛 추억들이 문득 그녀에게 **회상되었다**.

유 ¹ repeat, reiterate

1335
cursory* [kə́ːrsəri]
⟨형⟩ 《부정적》 대충 하는, 피상적인
curs(run)+ory(형) → 달리면서 성급히 일을 하는

cursoriness ⟨명⟩ 서두름, 피상적임
- She had a **cursory** look through the book. 그녀는 그 책을 **대충** 훑어봤다.
cf. cursive ⟨형⟩ (필체가) 필기체인

유 shallow, superficial
반 deliberate(신중한)

1336
excursion* [ikskə́ːrʒən]
⟨명⟩ (보통 단체로 짧게 하는) 여행
ex(out)+curs(run)+ion(명) → 밖에 나가 달리는 것

- school **excursion**[trip] 수학여행

유 trip, tour, journey

1337
incursion* [inkə́ːrʒn]
⟨명⟩ ¹ 급습 ² 갑작스러운 등장
in(in)+curs(run)+ion(명) → 안으로 달려오는 것

incursive ⟨형⟩ 침입하는, 침략적인
- to halt the rebel **incursion** 반란군의 **급습**을 저지하다

유 ¹ aggression, attack
반 ¹ retreat(후퇴)
• make an incursion into ~에 침입하다

1338
precursor* [prikə́ːrsər]
⟨명⟩ ¹ 선도자, 선구자 ² 전조, 조짐
pre(before)+curs(run)+or(명) → 앞에서 달리는 사람

- a **precursor** of modern jazz 현대 재즈의 **선도자**

유 ¹ forerunner, harbinger

1339
extracurricular* [èkstrəkəríkjulər]
⟨형⟩ 과외의, 정식 학과 이외의
extra(out of)+curri(run)+cul(명)+ar(형) → 현재 달리고(운영되고) 있는 과정에서 벗어난

- various **extracurricular** activities 다양한 **과외** 활동

반 curricular (교과 과정의)

1340
recourse* [ríːkɔːrs]
⟨명⟩ ¹ 의지, 의뢰 ² 의지하는 것[사람]
re(back)+course(run) → 뛰어 돌아오다

- We hope a settlement can be reached without **recourse** to legal action.
우리는 소송에 **의지**하지 않고 합의에 도달할 수 있기를 바란다.

유 resort, resource

1341
discourse** [dískɔːrs]
⟨명⟩ 담론, 담화 ⟨자⟩ [diskɔ́ːrs] 이야기하다
dis(apart)+course(run) → 서로 간에 거리를 두고 달리는 것

- public **discourse** 공개적 **담론** [국회]

유 ⟨명⟩ conversation, talk
⟨자⟩ orate, speak

1342
courier*
[kɔ́ːriər]

명 ¹ 배달원, 택배 회사 ² 관광 안내원
cour(run)+ier(명) → 달리는(배달하는) 직업을 가진 사람

· The **couriers** carry everything, from documents and food to clothes.
배달원들은 서류, 음식에서부터 옷까지 모든 것을 배달한다.

유 ¹ carrier
² guide, escort

1343 국9
corridor*
[kɔ́ːridər]

명 복도
corr(run)+id(명)+or(명) → 달리거나 지나다니기 위한 곳

· They rebuilt the insides of their homes, putting in **corridors**.
그들은 집안 내부를 재건하며, 복도를 마련했다. [국9]

유 hall, aisle

---

sal, sul, saul, sail, sil, xul
= leap (뛰어오르다)

암기유발 TIP
salmon 연어
salmon(leaper) → 뛰어오르는 것

1344 지9 | 교행
salient*
[séiliənt]

형 가장 중요한, 가장 두드러진
sali(leap)+ent(형) → 껑충 뛰어오르는

salience 명 ¹ 중요점 ² 돌출, 돋기

· the most **salient** and useful information 가장 중요하고 유용한 정보 [지9]

유 noticeable, conspicuous, outstanding
반 insignificant
(하찮은)

1345 경찰 | 기상
insult**
[insʌ́lt]

타 모욕하다 명 [ínsʌlt] 모욕(적인 말, 행동)
in(on)+sult(leap) → 상대방에게 뛰어오르듯이 날뛰다

insulting 형 모욕적인

· He was fired for **insulting** a customer. 그는 고객을 모욕해서 해고당했다.

유 타 malign, affront
명 jibe
반 타 praise
(칭찬하다)

1346 서7
desultory*
[désəltɔ̀ːri]

형 두서없는, 종잡을 수 없는
de(down)+sult(leap)+ory(형) → 아래로 뛰어내리는

· After three years of **desultory** wandering, the old man came to Andalusia.
3년간의 종잡을 수 없는 방랑 후에, 그 노인은 Andalusia에 왔다. [서7]

유 unmethodical, random, rambling
반 steady(안정된)

1347 서9 | 국회
assault*
[əsɔ́ːlt]

타 폭행하다 명 ¹ 폭행(죄) ² 공격
as(to)+sault(leap) → 뛰어오르듯이 상대방을 치다

assaulter 명 폭행자, 공격자   **assaultable** 형 공격할 수 있는

· He **assaulted** her and caused her serious injuries.
그는 그녀를 폭행했고 그녀에게 중상을 입혔다.

유 타 strike, attack
명 ² raid
반 타 retreat
(물러서다)

1348

assailant*
[əséilənt]

⑮ 폭행범, 가해자

as(to)+sail(leap)+ant(쥉) → 사람을 향해 뛰어오르는[덤비는] 사람

⊕ assaulter, attacker

assail ⓣ 공격을 가하다

- I was able to defend myself from the **assailant**.
  나는 **폭행범**으로부터 내 자신을 방어할 수 있었다. [경찰]

1349

resilience*
[riziljəns]

⑮ ¹(충격, 부상 등에 대한) 회복력 ²탄력

re(back)+sili(leap)+ence(쥉) → 다시 뛰어오르는 것

⊕ ²elasticity
⊖ ²stiffness(뻣뻣함)

resilient ⓐ ¹회복력 있는 ²탄력 있는

- With a well-diversified production structure, German and Japanese producers are now more **resilient** to shocks. 다각화가 잘 되어 있는 생산 구조로 인해, 독일과 일본 생산자들은 이제 충격에 더 **탄력적**이다. [지9]

1350

exult*
[igzʌ́lt]

ⓘ 크게 기뻐하다, 의기양양하다

e(out)+xult(leap) → 밖으로 뛰어오르다

⊕ delight, rejoice
⊖ grieve(슬퍼하다)

exultant ⓐ 크게 기뻐하는 **exultation** ⑮ 크게 기뻐함

- They **exulted** when their country won the war.
  그들은 자국이 전쟁에서 이겼을 때 **크게 기뻐했다**.

DAY 17 행동 1

🔍 **Preview & Review**

act; ag, ig ▶ do; drive

- active
- inactive
- activate
- actual
- enact
- react
- reaction
- counteract
- interact
- proactive
- radioactive
- retroactive
- transaction
- agent
- agenda
- agile
- agitate
- navigate
- ambiguous
- exigency
- litigious
- prodigal

하다 → 활동하다 → 적극적인, 실제의
추진시키다, 몰다 → 무언가를 작동시키다 → 반응하다

pel, puls, peal ▶ drive, strike

- expel
- dispel
- impel
- repel
- repulse
- propel
- compel
- compelling
- compulsion
- pulse
- impulse
- appeal
- repeal

추진시키다, 몰다 → 강요하다
세게 치다 → 지속적으로 치는 것 → 맥박

sequ, secu, sue, suit ▶ follow

- sequel
- sequence
- subsequent
- consequence
- consequential
- obsequious
- consecutive
- persecute
- prosecution
- sue
- suit
- suitable
- ensue
- pursue

따라오다 → 따라오는 것 → 결과
뒤를 잇다 → 이어지다 → 순서

rog ▶ ask

- interrogate
- arrogant
- abrogate
- surrogate
- prerogative
- derogatory

요구하다 → 오만한
묻다 → 조사하다

quest, quir, quisit, quer
▶ ask, seek

- **quest**ionnaire
- in**quir**e
- re**quir**e
- ac**quir**e
- **quer**y
- **quest**ionable
- in**quir**y / en**quir**y
- re**quisit**e
- ac**quisit**ion
- re**quest**
- in**quisit**ive
- prere**quisit**e
- ex**quisit**e

묻다, 요청하다 → 조사하다

구하다 → 습득하다, 얻다

pet ▶ seek, ask for, rush

- ap**pet**ite
- per**pet**uate
- com**pet**ent
- **pet**ition
- incom**pet**ent
- re**pet**ition
- per**pet**ual
- centri**pet**al

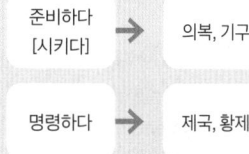

pa(i)r, pir, per ▶ make ready, order

- pre**par**e
- re**pair**
- ap**par**el
- em**pir**e
- ap**par**atus
- em**per**or
- se**par**ate
- im**per**ial

준비하다 [시키다] → 의복, 기구

명령하다 → 제국, 황제

cel(er) ▶ swift; high

- ac**celer**ate
- de**celer**ate
- **celer**ity
- ex**cel**

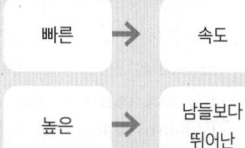

act
= do (하다)

암기유발 TIP
action 액션, 행동, 동작
act(do)+ion(명)

1351　　　　　　　　　　　　　　　　　　　　　국7 | 지9 | 지7 | 서9 | 경찰 | 국회 | 기상 | 법원 | 교행 | 사복

active*** 　　　형 ¹ 활동적인, 활발한　² 적극적인
[ǽktiv]　　　act(do)+ive(형) → 어떤 행위를 하고 있는

유의어: ¹ energetic, dynamic, lively
반의어: ² passive(수동적인)

activity 명 활동　activist 명 (정치, 사회 관련) 운동가
- the **active** support and participation of the students 학생들의 **적극적인** 지지와 참여
- animal rights **activists** 동물 보호 운동가들

1352　　　　　　　　　　　　　　　　　　　　　　　　　　　　국7 | 서9

inactive** 　　　형 ¹ 활동하지 않는, 활발하지 않은　² 사용되지 않는
[inǽktiv]　　　in(not)+act(do)+ive(형) → 어떤 행위를 하지 않는

유의어: ¹ inert, stagnant, sluggish

inactivity 명 활발하지 않음, 무기력　inaction 명 활동 부족
- an **inactive** volcano 휴화산　*cf.* active volcano 활화산
- an **inactive** account 휴면 계좌

1353　　　　　　　　　　　　　　　　　　　　　　　국9 | 국7 | 법원 | 교행

activate** 　　　타 작동시키다, 활성화시키다
[ǽktəvèit]　　　activ(do)+ate(동) → 어떤 행위를 하게 하다

유의어: start, move, wake
반의어: stop(멈추다)

activation 명 활성화　reactivate 타 재가동하다, 부활시키다
- The smoke **activated** the sprinkler system. 연기가 스프링클러 시스템을 **작동시켰다**.
- measures to **reactivate** the economy 경제를 **부활시키려는** 조치들

1354　　　　　　　　　　　　　　　　　국7 | 지9 | 지7 | 서7 | 경찰 | 국회 | 기상 | 법원 | 교행

actual*** 　　　형 실제의, 사실상의
[ǽktʃuəl]　　　actu(do)+al(형) → 어떤 행위를 하고 있는

유의어: real, concrete, tangible
반의어: hypothetical (가상의)

actuality 명 실제, 실재　actionable 형 소송을 초래할 수 있는
- The **actual** interview usually lasts only a half hour or so.
 실제 면접은 대개 30분 정도만 걸린다.

1355　　　　　　　　　　　　　　　　　　　　　　　국7 | 경찰 | 법원

enact** 　　　타 ¹ (법을) 제정하다　² 상연하다, 연기하다
[inǽkt]　　　en(make)+act(do) → 하게 만들다

유의어: ¹ establish, legislate　² perform
반의어: ¹ abrogate, repeal(폐지하다)

enactment 명 법률 제정, 입법
- The health care law was **enacted** in 2015 by Congress.
 의료법이 의회에 의해 2015년에 **제정되었다**. [경찰]
- The drama was **enacted** by the local theater group. 그 연극은 지역 극단이 **상연했다**.

1356　　　　　　　　　　　　　　　　　　　국7 | 지7 | 서7 | 경찰 | 국회 | 법원 | 사복

react*** 　　　자 ¹ 반응하다　² 화학 반응을 일으키다
[riǽkt]　　　re(back)+act(do) → 어떤 행위를 되받아 행하다

유의어: ¹ respond, act, proceed, behave

reactive 형 ¹ 반응을 보이는　² 화학 반응을 하는　reactor 명 원자로
- to **react** angrily to the news 뉴스에 화를 내며 **반응하다**
- Calcium **reacts** with sulphur in the atmosphere.
 칼슘은 대기 중에서 황과 **화학 반응을 일으킨다**.

1357
reaction***
[riǽkʃən]

명 ¹반응 ²반작용
re(again)+act(do)+ion(명) → 어떤 행위에 받아치듯 행동하는 것

reactionary 형 반동의, 반작용의
- Action is inevitably followed by **reaction**. 작용은 필연적으로 **반작용**이 따르게 한다.

≒ ¹response, answer ²backlash, counteraction

1358
counteract**
[kàuntərǽkt]

타 (악영향에) 대응하다
counter(against)+act(do) → 맞서 행하다

counteraction 명 ¹중화 작용 ²반작용, 반동
- measures to **counteract** traffic congestion 교통 혼잡에 **대응하는** 조치

≒ oppose, offset, confront, resist

1359
interact***
[íntərækt]

자 ¹소통하다, 교류하다 ²상호 작용을 하다
inter(between)+act(do) → 상호 간에 행하다

interaction 명 상호 작용 **interactivity** 명 《컴퓨터》 쌍방향 참여, 대화식 이용
- **Interacting** with other people is an important part of life.
  다른 사람들과 **소통하는** 것은 삶에서 중요한 부분이다.
- the **interaction** between mother and baby 엄마와 아기 사이의 **상호 작용**

≒ ¹join, connect, engage

1360
proactive*
[pròuǽktiv]

형 상황을 앞서서 주도하는, 사전 대책을 강구하는
pro(forward)+act(do)+ive(형) → 앞으로 행동하는

- In order to survive the competition we should be **proactive** not reactive.
  경쟁에 살아남기 위해 우리는 대응만 할 것이 아니라 **상황을 앞서서 주도해야** 한다.

≒ farseeing, farsighted, forehanded

1361
radioactive**
[rèidiouǽktiv]

형 방사성의, 방사능을 가진
radio(beam)+act(do)+ive(형) → 빛줄기가 움직이는

radioactivity 명 방사성, 방사능
- **radioactive** material[waste] **방사성[방사능]** 물질[폐기물]

1362
retroactive*
[rètrouǽktiv]

형 《법률》 소급하는 (과거에까지 거슬러 올라가서 미치게 하는)
retro(back)+act(do)+ive(형) → 뒤쪽을 향해 행하는

- The legislation is **retroactive** to 1st June. 그 법률은 6월 1일로 (효력이) **소급된다**.

≒ retrospective

1363
transaction**
[trænsǽkʃən]

명 거래, 매매
trans(across)+act(do)+ion(명) → 넘나들며 행하는 것

transact 자타 거래하다 **transactional** 형 거래의, 업무적인
- The bank charges a fixed rate for each **transaction**.
  그 은행은 **거래**마다 고정 금리를 청구한다.

≒ deal, negotiation, business

ag, ig
= drive (추진시키다, 몰다)

1364 국9 | 국7 | 지9 | 지7 | 서9 | 서7 | 경찰 | 국회 | 기상 | 법원

agent***
[éidʒənt]

명 ¹ 대리인, 중개인 ² 첩보원 ³ 중요한 작용을 하는 사람[것], 동인(動因)
ag(drive)+ent(명) → 일을 대신 추진하는 사람

유 ¹ representative, negotiator

agency 명 대리점, 대행사
- an insurance[real estate, travel] **agent** 보험[부동산] **중개인**, 여행사 직원
- a secret **agent** 비밀 **첩보원**
- Universities often view themselves as **agents** of social change.
  대학은 스스로를 사회 변화의 **동인**으로 간주한다.

1365 국7 | 지7 | 서9

agenda**
[ədʒéndə]

명 의제, 안건
ag(drive)+enda → 추진시켜야 하는 일

유 program, plan
- draw up an agenda 안건을 작성하다

agendaless 형 의제가 없는, 무계획한
- The first thing on the **agenda** is our poor sales results.
  첫 번째 **의제**는 우리의 부진한 판매 실적이다.

1366 지9

agile*
[ǽdʒəl]

형 ¹ (움직임이) 날렵한, 민첩한 ² (생각이) 빠른, 영리한
ag(drive)+ile(ability) → 일을 빠르게 추진시키는 능력이 있는

유 ¹ astute, nimble
² clever, bright
반 ¹ sluggish(느린)

agility 명 민첩함, 명민함
- He is an excellent soccer player with **agile** legs. 그는 **날렵한** 다리를 가진 훌륭한 축구 선수이다.
- She has an **agile** brain. 그녀는 두뇌 회전이 **빠르다**.

1367 지9 | 서9 | 법원

agitate**
[ǽdʒitèit]

자 주장하다, 요구하다 (for) 타 ¹ (액체를) 휘젓다 ² 불안하게 만들다
agit(drive)+ate(동) → 움직이게 몰다 → 일을 추진시키도록 하다

유 (타) ¹ stir ² disturb
반 (타) ² calm(진정시키다)
- agitate oneself 초조해하다

agitation 명 ¹ 시위 ² 휘저어 섞음 ³ 불안 **agitated** 형 불안해하는
- to **agitate** for the repeal of a tax 세금 폐지를 **주장하다**
- A microwave works mainly by **agitating** the molecules of water within the food. 전자레인지는 주로 음식 내에 있는 물 분자를 **휘저어서** 작동한다. [서9]

1368 국9 | 국7 | 서9 | 서7 | 경찰 | 기상 | 법원 | 교행

navigate***
[nǽvəgèit]

타 ¹ (지도 등을 보며) 길을 찾다 ² 항해하다
nav(ship)+ig(drive)+ate(동) → 배를 몰고 가다

유 ² sail, steer
- navigate by the stars 별을 보며 방향을 읽다

navigation 명 항해 **navigator** 명 조종사, 항해사 **navigational** 형 항해의
- They learned to **navigate** by looking up at the stars.
  그들은 별을 쳐다보며 **항해하는** 것을 배웠다. [법원]

1369 국7 | 지7 | 서7 | 경찰 | 국회 | 기상 | 법원

ambiguous***
[æmbígjuəs]

형 애매모호한
amb(both ways)+igu(drive)+ous(형) → 두 방향으로 몰고 가는

유 uncertain, unclear, obscure
반 certain(확실한)

ambiguity 명 애매모호함
- The directions he gave were so **ambiguous** that we disagreed on which way to turn.
  그가 내린 지시들은 너무 **애매모호해서** 우리는 어떤 방향으로 향해야 할지에 대해 의견이 일치하지 않았다. [국회]

1370 법원 | 사복

exigency* [éksədʒənsi]

[명] 긴급 사태
ex(out)+ig(drive)+ency([명]) → 밖으로 몰아내야[없애야] 할 상황

exigent [형] 1 위급한, 급박한 2 자꾸 요구하는 ((of))

- Economic **exigency** obliged the government to act.
  경제적 **긴급 사태**는 정부가 행동하도록 했다.

[유] crisis, emergency
[반] peace(평온함)

1371 국7 | 서9 | 법원

litigious* [litídʒəs]

[형] 소송을 일삼는
lit(lawsuit)+igi(drive)+ous([형]) → 소송을 추진시키는

litigant [명] 소송 당사자 **litigation** [명] 소송, 고소 **litigate** [자][타] 소송하다, 고소하다

- a **litigious** society **소송을 일삼는** 사회
- an attempt to make **litigation** quicker **소송**을 더 빠르게 하기 위한 시도 [법원]

1372 서9

prodigal* [prádigəl]

[형] 낭비하는, 사치스러운
prod(forth)+ig(drive)+al([형]) → 앞으로 막 몰고 나가는

prodigality [명] 1 방탕, 낭비 2 아낌없음, 헤픔

- His wealthy circumstance allowed him to lead a **prodigal** existence for much of his life. 그의 부유한 환경은 그로 하여금 삶의 대부분을 **사치스러운** 생활을 하도록 했다. [서9]

[유] extravagant, sumptuous, wasteful
[반] economical, thrifty(절약하는)

pel, puls, peal

= drive (추진시키다, 몰다), strike (세게 치다)

암기유발 TIP
propeller 프로펠러
pro(forward)+pell(drive)+er([명])
→ 앞으로 추진하는 것

1373 국7 | 서9 | 국회 | 기상

expel** [ikspél]

[타] 1 퇴학시키다 2 추방하다 3 (공기 등을) 배출하다
ex(out)+pel(drive) → 밖으로 몰다

expulsion [명] 1 퇴학, 추방 2 배출, 분출 **expellant** [형] 내쫓는 힘이 있는

- He was **expelled** from the school. 그는 학교에서 **퇴학당했다**.
- The **expulsion** of dust from the volcano was visible from miles away.
  화산에서 재가 **분출**되는 것은 수마일 떨어진 곳에서도 볼 수 있었다.

[유] 2 banish, exile, deport
3 spew, belch

1374 법원

dispel** [dispél]

[타] (생각 등을) 떨쳐 버리다, 없애다
dis(away)+pel(drive) → 머릿속의 생각을 몰아서 없애다

- The president is attempting to **dispel** the notion that he has neglected the economy. 대통령은 자신이 경제에 소홀했다는 생각을 **없애기** 위해 노력 중이다.

[유] dismiss, eliminate, disperse
[반] assemble(모으다)

1375 국7 | 서9

impel** [impél]

[타] 몰아대다, 재촉하다
im(into)+pel(drive) → 어떤 방향으로 집중하여 몰다

impelling [형] 몰아대는, 재촉하는

- The global media scrutiny **impelled** the government to address the country's air pollution problem.
  세계 언론의 세밀한 조사는 정부가 국가의 대기오염 문제를 다루도록 **재촉했다**. [서9]

[유] oblige, enforce, stimulate

1376
repel**
[ripél]

(타) ¹ 격퇴하다, 물리치다 ² 혐오감을 느끼게 하다 ³ (자석 등이) 밀어내다
re(back)+pel(drive) → 뒤쪽으로 몰다

지7 | 경찰 | 사복

(유) ² disgust, sicken
(반) ¹ submit(굴복하다)
     ² delight(즐겁게 하다)

repellent (형) ¹ 역겨운 ² (특히 물이) 스며들지 않게 하는 (명) 방충제, 방수제   **repellence** (명) 반발성

- Their superior forces **repelled** the invasion. 그들의 뛰어난 군사력이 침략을 **물리쳤다**.
- a fabric that **repels** water 물을 밀어내는[흡수하지 않는] 직물

1377
repulse*
[ripʌ́ls]

(타) ¹ 물리치다 ² 혐오감을 주다 ³ 거부하다
re(back)+pulse(drive) → 뒤로 몰아서 내쫓다

(유) ¹ repel, parry
     ³ reject, rebuff

repulsion (명) 역겨움, 혐오   **repulsive** (형) 역겨운, 혐오스러운

- The troops **repulsed** the attack. 그 군대는 공격을 **물리쳤다**.
- He was **repulsed** by the movie's violence. 그는 그 영화의 폭력성에 **혐오감**이 들었다.

1378
propel**
[prəpél]

(타) 추진하다, 나아가게 하다
pro(forward)+pel(drive) → 앞쪽으로 몰다

국9 | 지7 | 지9 | 법원

(유) drive, launch, spur, prompt

propellent (형) 추진시키는   **propulsion** (명) 추진(력)

- Inventions have **propelled** society forward. 발명은 사회를 앞으로 **나아가게 했다**. [국9]
- The ship sailed by wind **propulsion**. 그 배는 바람의 **추진력**으로 항해했다.

1379
compel**
[kəmpél]

(자)(타) 강요하다, 강제하다
com(together)+pel(drive) → 함께 모아서 몰다

국9 | 서9 | 경찰

(유) impel, force, railroad, coerce

- They **compelled** him to talk with threats. 그들은 그를 협박해서 이야기하도록 **강요했다**.

1380
compelling**
[kəmpéliŋ]

(형) ¹ 설득력 있는, 강력한 ² (흥미로워서) 눈을 뗄 수 없는
com(together)+pell(drive)+ing(형) → 함께 추진시키려고 하는

국9 | 국7 | 서9 | 국회 | 교행

(유) ¹ convincing, powerful
     ² fascinating, irresistible
(반) ² boring(지루한)

- a **compelling** reason to remove canned soup and juice from your dining table
  캔으로 된 수프나 주스를 당신의 식탁에서 없애야 할 **설득력 있는** 근거 [국9]
- His latest book makes **compelling** reading.
  그의 최신 저서는 눈을 뗄 수 없는 독서를 하게 만든다.

1381
compulsion***
[kəmpʌ́lʃən]

(명) ¹ 강요, 강제 ² 충동
com(together)+puls(drive)+ion(명) → 함께 모아서 몰아가는 것

국9 | 서9 | 서7 | 경찰 | 국회 | 교행

(유) ¹ order, demand
- under compulsion
  강요를 받아

compulsory (형) 강제적인, 의무적인(= mandatory)   **compulsive** (형) ¹ 강박적인 ² 상습적인

- A promise made under **compulsion** is not binding. **강요**로 한 약속은 의무적이지 않다.
- the **compulsion** to smoke or eat too much 흡연이나 과식하려는 **충동**

1382
pulse**
[pʌls]

(명) ¹ 맥박 ² 리듬, 고동 (자) 맥박 치다, 고동치다
pulse(strike) → 강하게 치는 것

서7 | 경찰 | 기상

(유) (명) beat
    (자) throb, buzz
- take one's pulse
  ~의 맥을 짚어보다

pulsation (명) 맥박, 박동

- They measure changes in **pulse**. 그들은 **맥박**의 변화를 측정했다. [경찰]

1383
impulse***
[ímpʌls]

명 ¹충동 ²충격, 자극
im(into)+pulse(drive) → 안쪽으로 모는 힘

impulsion 명 ¹충동 ²이유 **impulsive** 형 충동적인(= impetuous)

- She continued walking, despite her **impulse** to run.
  그녀는 뛰고 싶은 **충동**에도 불구하고 걷는 것을 계속했다.

국9 | 국7 | 서9 | 경찰 | 법원 | 교행 | 사복

유 ¹ urge, drive
² impetus, stimulus

• give an impulse to ~을 촉진하다

1384
appeal***
[əpíːl]

자 ¹항소하다 ²관심을 끌다 ³호소하다 명 ¹항소 ²매력 ³호소
ap(to)+peal(drive) → 목표로 하는 방향으로 몰다

- He was found guilty but **appealed** the decision to a higher court.
  그는 유죄 판결을 받았지만, 상급 법원에 **항소했다**.
- The company is **appealing** to everyone to save on electricity.
  회사는 모두에게 절전할 것을 **호소하고** 있다.

국9 | 국7 | 지9 | 지7 | 서9 | 경찰 | 국회 | 법원

유 자 ¹³ plead
명 ¹³ plea, request
² attraction

1385
repeal*
[ripíːl]

타 (법률을) 폐지하다
re(back)+peal(drive) → 뒤쪽으로 몰고 가다

repealable 형 취소[철폐]할 수 있는

- The legislation was **repealed** five months after being implemented.
  그 법률은 시행된 후 5달 만에 **폐지되었다**.

경찰 | 국회

유 abolish, revoke, annul
반 legislate, enact
(법을 제정하다)

---

sequ, secu, sue, suit
= follow (따라오다, 뒤를 잇다)

암기유발 TIP
second 세컨드(두 번째)
second(follow)

1386
sequel*
[síːkwəl]

명 (영화 등의) 속편
sequ(follow)+el(명)

sequent 형 다음에 오는, 결과로서 생기는 **sequential** 형 순차적인

- The new film is a **sequel** to the very successful comedy.
  새 영화는 매우 성공적인 코미디의 **속편**이다.

서9

유 follow-up, continuation

1387
sequence***
[síːkwəns]

명 ¹(영화 등의) 장면 ²순서, 차례
sequ(follow)+ence(명)

- exciting action **sequences** 흥미진진한 액션 **장면**
- The report detailed the **sequence** of events that led to the oil spill.
  그 기사는 기름 유출로 이어진 사건의 **순서**를 상세하게 묘사했다.

국9 | 국7 | 서7 | 경찰 | 국회 | 사복

유 ² order, arrangement

1388
subsequent**
[sʌ́bsikwənt]

형 차후의, 그다음의
sub(closely)+sequ(follow)+ent(형) → 가까이 따라오는

subsequence 명 다음, 이어서 일어남 **subsequently** 부 그 뒤에, 나중에

- The earthquake and the **subsequent** aftershocks frightened citizens.
  지진과 **차후의** 여진은 시민들을 두렵게 했다. [경찰]

경찰 | 국회 | 법원 | 교행

유 ensuing, following, consequential, succeeding

1389 국9 | 국7 | 지9 | 지7 | 서9 | 서7 | 경찰 | 국회 | 기상 | 법원 | 교행 | 사복

consequence***
[kάnsəkwèns]
몡 결과
con(together)+sequ(follow)+ence(몡) → 함께 따라오는 것

consequent 혱 ~의 결과로 일어나는 **consequently** 튀 결과적으로
- Rash judgment led to an irrevocable **consequence**.
  섣부른 판단이 돌이킬 수 없는 **결과**를 초래했다.

⊕ result, outcome
• in consequence (of A) (A의) 결과로

1390 지7 | 국회

consequential**
[kànsəkwénʃəl]
혱 ¹ ~의 결과로 일어나는, ~에 따른 ² 중대한
con(together)+sequ(follow)+ent(몡)+ial(혱) → 함께 따라오는

inconsequential 혱 중요하지 않은, 하찮은
- redundancy and the **consequential** loss of earnings 정리해고와 그에 따른 소득 감소

⊕ ¹ resultant
⊖ ² trivial, insignificant (사소한)

1391 서9 | 국회

obsequious*
[əbsíːkwiəs]
혱 아부하는
ob(after)+sequi(follow)+ous(혱) → 뒤를 졸졸 따라가는

obsequiousness 몡 아부함, 아첨함
- an **obsequious** smile 아부하는 미소

⊕ flattering, fawning
• pay obsequious court to A A에게 비굴하게 아첨하다

1392 국9 | 국회

consecutive**
[kənsékjətiv]
혱 연이은
con(together)+secut(follow)+ive(혱)

consecutiveness 몡 ¹ 연속(성) ² 일관성 **consecution** 몡 ¹ 연속 ² 일관성
- It had rained for four **consecutive** days. 나흘 연속으로 비가 내렸다.

⊕ successive, sequential
• in consecutive order 순차적으로

1393 지7 | 기상

persecute*
[pə́ːrsəkjùːt]
타 ¹ 박해하다 ² 못살게 굴다
per(through)+secute(follow) → 처음부터 끝까지 따라다니다

persecution 몡 박해, 괴롭힘 **persecutor** 몡 박해자 **persecutive** 혱 박해하는, 괴롭히는
- For centuries, the Christian church has **persecuted** pagans.
  수백 년간, 기독교 교회는 이교도들을 **박해해** 왔다.

⊕ ¹ abuse, oppress, torture
² harass, intimidate

1394 국7 | 지7 | 경찰 | 법원

prosecution*
[pràsəkjúːʃən]
몡 ¹ 기소, 고발 ² (the ~) 기소자 측, 검찰 측
pro(forward)+secut(follow)+ion(몡) → 따라가서 고발함

prosecute 자타 기소하다, 고발하다 **prosecutor** 몡 검찰관
- The car owner brought **prosecution** for damages. 차주는 파손에 대해 **고발**을 했다.
- At trial, **the prosecution** called a number of witnesses to give evidence.
  재판에서, **검찰 측**은 증거를 제시하기 위해 다수의 증인을 불렀다.

⊕ ¹ accusation, indictment, incrimination

1395 경찰 | 교행

sue**
[suː]
타 ¹ 고소하다, 소송을 제기하다 ² 청구하다
sue(follow)

suer 몡 고소인, 탄원인
- He decides to **sue** him in court. 그는 그를 법정에 **고소하기로** 결심한다. [교행]

⊕ charge
¹ prosecute, litigate

1396

suit*** [suːt]

국9 | 국7 | 서9 | 경찰 | 법원 | 교행 | 사복

명 ¹ 소송 ² 정장 타 ¹ 편리하다, 괜찮다 ² 어울리다
suit(follow) → 잘못을 한 다음에 따라오는 것

유 ¹ lawsuit, case
타 ² become, match

suited 형 적합한, 적당한, 어울리는
- She won her **suit** for damage. 그녀는 손해 배상 **소송**에서 이겼다.
- This carpet does not **suit** the color of the wallpaper.
  이 카펫은 벽지의 색과 **어울리지** 않는다.

cf. suite 명 ¹ (가구, 용품) 세트 ² 스위트룸 《호텔 등에서 욕실이 딸린 침실, 거실 등이 하나로 붙어 있는 방》

1397

suitable** [sjúːtəbl]

국9 | 경찰 | 국회 | 법원

형 적합한, 적절한, 알맞은
suit(follow)+able(형) → 따라올 만한

유 appropriate, fitting
반 unsuitable (적합하지 않은)

suitability 명 적합, 적당, 어울림
- She rifled through the dictionary for **suitable** words.
  그녀는 **적절한** 어휘들을 위해 사전을 샅샅이 뒤졌다.

• be suitable for ~
  에 적합하다

1398

en**sue*** [insúː]

경찰 | 국회

자 (어떤 일, 결과가) 뒤따르다
en(upon)+sue(follow)

유 result, follow
반 precede(앞서다)

ensuing 형 뒤이은
- As a result of heavy rain, bad flooding **ensued**. 폭우의 결과로 큰 홍수가 **뒤따랐다**.

1399

pur**sue***** [pərsúː]

국9 | 국7 | 지7 | 서9 | 경찰 | 국회 | 기상 | 법원 | 교행

타 ¹ 추구하다 ² 뒤쫓다
per(forward)+sue(follow)

유 ¹ desire
  ² follow, track
반 ² flee(달아나다)

pursuit 명 ¹ 추구 ² 뒤쫓음
- We will **pursue** our happiness for the rest of our lives. 우리는 평생 행복을 **추구할** 것이다.
- Helsinki has quietly continued its **pursuit** of excellence in design, contemporary arts and urban planning. Helsinki는 디자인, 현대 예술, 그리고 도시 계획에서 우수성의 **추구**를 차분하게 지속해 왔다. [국회]

---

rog
= ask (요구하다, 묻다)

암기유발 TIP

rogue 로그(악당)
rogue(ask)

1400

inter**rog**ate** [intérəgèit]

지7 | 경찰 | 국회

타 심문하다, 추궁하다
inter(between)+rog(ask)+ate(동) → 둘 사이에서 묻다

유 question, ask, probe

interrogation 명 질문, 심문, 의문
- You have the right to remain silent while you are being **interrogated**.
  당신은 **심문을 받는** 동안에 묵비권을 행사할 수 있다. [경찰]

1401

ar**rog**ant*** [ǽrəgənt]

국9 | 국7 | 서9 | 경찰 | 기상 | 교행 | 사복

형 오만한
ar(to)+rog(ask)+ant(형) → 건방지게도 감히 요구하는

유 conceited, pompous, pretentious
반 humble(겸손한)

arrogance 명 오만
- He is a rude and **arrogant** young man. 그는 무례하고 **오만한** 젊은이다.

1402
abrogate* [ǽbrəgèit]
타 (법령 등을) 폐지하다, 철폐하다
ab(off)+rog(ask)+ate(동) → 멀리 치워버릴 것을 요구하다

유 repeal, revoke, annul

abrogation 명 폐기
- In our country, child labor was **abrogated** fifty years ago.
  우리나라에서 아동 노동은 50년 전에 **폐지되었다**. [경찰]

1403
surrogate* [sʌ́rəgət]
형 대리의, 대용의 명 [sǽrəgèit] 대리인
sur(in the place of)+rog(ask)+ate(동) → 대신할 것을 요구하는

유 형 vicarious, substitutional
명 proxy, agent

surrogation 명 대리자 임명
- **surrogate** mother 대리모
- Some of the newest laws authorize people to appoint a **surrogate** who can make medical decisions for them when necessary. 최신 법률 중 일부는 사람들이 필요로 할 때 그들을 위해 의료상의 결정을 할 수 있는 **대리인**을 임명할 권한을 부여하는 것이다. [지9]

1404
prerogative* [prirɑ́gətiv]
명 특권, 특혜
pre(before)+rog(ask)+ative(명) → 미리 요구할 수 있는

유 privilege, authority
● exercise one's prerogative 특권을 행사하다

- Education was the **prerogative** of the elite. 교육은 엘리트의 **특권**이었다.

1405
derogatory* [dirɑ́gətɔ̀ːri]
형 경멸적인, 비판적인
de(away)+rog(ask)+at(e)(동)+ory → 멀리 갈 것을 요구하는

유 pejorative, insulting, contemptuous, degrading
반 complimentary (칭찬의)

derogate 타 폄하다, (평판을) 떨어뜨리다
- She used some **derogatory** language to the employee.
  그녀는 고용인에게 어떤 **경멸적인** 말을 했다.
- His bad behavior **derogates** from his reputation. 그의 악행은 그의 평판을 **떨어뜨린다**.

---

quest, quir, quisit, quer
= ask (묻다, 요청하다), seek (구하다)

암기유발 TIP
question ¹ 질문, 문제 ² 질문하다
quest(ask)+ion(명) → 묻는 것

1406
questionnaire** [kwèstʃənɛ́ər]
명 설문지
question(질문)+naire(명) → 질문 리스트

유 survey

- the drafting of **questionnaires** 설문지 초안 작성 [지9]

1407
questionable** [kwéstʃənəbl]
형 의심스러운, 미심쩍은
quest(ask)+ion(명)+able(형) → 물어볼 만한

유 suspect, suspicious, dubious
반 indisputable (명백한)

questionably 분 의심스럽게, 수상하게
- The research is **questionable** because the sample used was very small.
  그 연구는 사용된 표본이 매우 적었기 때문에 **미심쩍다**.

1408
request***
[rikwést]
명 요청, 요구 타 요청하다, 신청하다
re(repeatedly)+quest(ask)

- Her **request** for a larger office was met with disapproval.
  더 큰 사무실에 대한 그녀의 **요구**는 반대에 부딪혔다.

MORE + 관련어휘
- solicit 자타 간청하다, 요청하다
- appease 타 1 달래다, 진정시키다 2 (상대의) 요구에 응하다

유의어: demand, desire, appeal, petition
- upon request 요청하는 즉시

1409
inquire**
[inkwáiər]
타 ~에게 묻다 자 1 묻다 2 조사하다 (into)
in(into)+quire(ask)

inquirer 명 1 문의자 2 조사원, 탐구자

- The police **inquired** into the motive for the crime. 경찰은 범행 동기를 **조사했다**.

유의어: 자 2 investigate

1410
inquiry / enquiry**
[inkwáiəri, ínkwəri]
명 1 조사, 수사 2 문의(사항)
in(into)+quir(ask)+y(명)

inquiring 형 1 탐구적인 2 물어보는 듯한

- The **inquiry** took more than three hours. 그 **조사**는 3시간 넘게 걸렸다.
- **enquiries** about what food is served on their flights
  비행 중에 어떤 음식이 제공되는지에 대한 **문의들**

유의어: 1 research, investigation, survey, interrogation
- an inquiry on ~에 대한 조사/연구

1411
inquisitive*
[inkwízətiv]
형 1 호기심이 많은 2 꼬치꼬치 캐묻는
in(into)+quisit(ask)+ive(형)

- **inquisitive** students 호기심이 많은 학생들
- **inquisitive** reporters 꼬치꼬치 캐묻는 기자들

유의어: 1 curious, intrigued 2 questioning, prying, inquiring

1412
require***
[rikwáiər]
타 필요하다, 요구하다
re(repeatedly)+quire(ask)

required 형 (학과가) 필수(必修)의 **requirement** 명 1 필요(한 것) 2 필수조건, 요건

- He couldn't find the **required** textbooks for history class.
  그는 역사 수업의 **필수** 교재들을 찾을 수 없었다.

1413
requisite**
[rékwəzit]
형 필수의, 필요한 명 필수품, 필요조건
re(repeatedly)+quisite(seek) → 구하도록 반복해서 요청되는

requisition 명 요청, 신청, 요구

- He has the **requisite** skills for the job. 그는 그 일에 대한 **필수** 기술을 가지고 있다.
- She believed privacy to be a **requisite** for a peaceful life.
  그녀는 사생활 보호가 평화로운 삶의 **필요조건**이라고 믿었다.

유의어: 형 necessary, indispensable 명 essential
- be requisite to ~에 필요하다

1414
prerequisite**
[pri:rékwəzit]
형 전제 조건이 되는 명 전제 조건
pre(before)+requisite(필수의)

- Superior ability in the use of language is a **prerequisite** to become successful problem solvers. 언어를 사용하는 탁월한 능력은 성공적인 문제 해결사들이 되기 위한 **전제 조건**이다.

유의어: 형 vital, compulsory 명 requirement
- prerequisite to ~에 반드시 선행되어야 할

1415
acquire***
[əkwáiər]
国9 | 国7 | 지9 | 지7 | 경찰 | 국회 | 기상 | 법원 | 교행
㉱ 습득하다, 얻다
ac(to)+quire(seek)
유 obtain, earn

acquirement ⓝ 습득, 습득한 것　**acquired** ⓐ 획득한
- Children **acquire** a foreign language rapidly. 아이들은 외국어를 빠르게 **습득한다**.

1416
acquisition**
[ækwizíʃən]
지9 | 서7 | 법원 | 교행 | 사복
ⓝ ¹ 습득(물)　² 구입한 것
ac(to)+quisit(seek)+ion(ⓝ)
유 ¹ acquirement ² purchase

acquisitive ⓐ 소유욕[물욕]이 많은
- The language which he speaks is not an individual inheritance, but a social **acquisition** from the group in which he grows up. 그가 말하는 언어는 개인적인 유산이 아니라 그가 성장하는 집단으로부터 나오는 사회적 **습득물**이다. [지9][사복]

1417
exquisite**
[ikskwízit, ékskwizit]
지9 | 기상
ⓐ ¹ 매우 아름다운, 정교한　² 강렬한　³ 예리한
ex(out)+quisite(seek) → 외국에서 구해 온
유 ¹ elegant, elaborate ² intense ³ acute

exquisiteness ⓝ ¹ 정교함　² 예민함
- Her singing voice is truly **exquisite**. 그녀의 노랫소리는 참으로 **매우 아름답다**.
- **exquisite** pain 강렬한 통증

1418
query*
[kwíəri]
ⓝ 문의, 의문　㉱ 문의하다, 의문을 제기하다
quer(ask)+y(ⓝ)
유 ⓝ question ㉱ inquire

- to raise a **query** 의문을 제기하다
- The manager **queried** the figures. 그 관리자가 수치를 **문의했다**.

• put a query to
~에게 의문을 제기하다

---

pet
= seek (구하다), ask for (요구하다), rush (돌진하다)

암기유발 TIP
appetizer 애피타이저
《식전에 먹는 식욕을 촉진시키는 음식》
ap(to)+pet(seek)+ize(ⓥ)+(e)r(ⓝ)

1419
appetite**
[æpətàit]
국9 | 지9 | 서9 | 경찰
ⓝ ¹ 식욕　² 욕구
ap(to)+pet(seek)+ite(ⓝ) → 원해서 구하고자 하는 것
유 ² desire, craving, longing
반 ² aversion (아주 싫어함)

- to have a good **appetite** 식욕이 좋다
- The closing of theaters in Roman times had not taken away people's **appetite** for comedy, tricks and tunes. 로마 시대의 극장 폐쇄는 사람들의 희극, 마술 그리고 음악에 대한 **욕구**를 없애지는 못했다. [서9]

1420
competent***
[kάmpitənt]
국9 | 국7 | 지9 | 지7 | 서9 | 경찰 | 국회 | 기상 | 교행 | 사복
ⓐ ¹ 유능한　² (수준이) 만족할 만한
com(together)+pet(seek)+ent(ⓐ) → 함께 추구하는
유 ¹ skilled, capable

competence ⓝ 능력
- The **competent** woman received credit with a promotion. 그 유능한 여성은 승진의 영예를 얻었다.
- a high level of **competence** in French 높은 수준의 프랑스어 **능력**

• be competent for ~에 적임이다

1421 국9 | 경찰 | 기상

incompetent** 〈형〉 무능한 〈명〉 무능력자   〈유〉 〈형〉 incapable, inexpert
[inkάmpətənt]   in(not)+competent(유능한) → 유능하지 않은

　incompetence 〈명〉 무능함, 기술 부족
　• **Incompetent** and corrupt officials end up misusing or stealing money.
　　무능하고 타락한 공무원들은 결국 돈을 악용하거나 빼돌리고 만다. [경찰]

1422 국7 | 경찰 | 기상

perpetual** 〈형〉 끊임없이 계속되는, 영원한   〈유〉 constant, endless
[pərpétʃuəl]   per(through)+petu(seek)+al(형) → 줄곧 구하고 있는

　perpetuity 〈명〉 영속, 영존, 불멸
　• Many people live in **perpetual** fear of losing their jobs.
　　많은 사람들이 **끊임없이 계속되는** 실직의 공포 속에서 산다.

1423 지7 | 서9 | 경찰 | 국회 | 기상

perpetuate*** 〈타〉 영구화하다, 영속시키다   〈유〉 preserve, maintain
[pərpétʃuèit]   per(through)+petu(seek)+ate(동) → 줄곧 구하고 있다   〈반〉 end(끝내다)

　perpetuation 〈명〉 영구화, 영구 보존
　• Standards of beauty are being **perpetuated** by the media.
　　미(美)에 대한 기준은 미디어에 의해 **영속되고** 있다.

1424 서9 | 사복

petition** 〈명〉 청원(서), 탄원(서) 〈자〉〈타〉 청원하다, 탄원하다   〈유〉〈명〉 request, appeal
[pətíʃən]   pet(ask for)+ition(명) → 어떤 것을 요구하는 것   〈자〉〈타〉 plead, beseech

　petitionary 〈형〉 청원의, 탄원의   • on petition
　• the legislative **petition** from the citizens 시민들로부터의 입법 **청원** [서9]   청원에 의해

1425 국9 | 지9 | 서7 | 기상 | 법원 | 교행

repetition*** 〈명〉 반복, 되풀이   〈유〉 recurrence, repeating, echo
[rèpətíʃən]   re(again)+pet(ask for)+ition(명) → 다시 요구하는 것

　repeatable 〈형〉 반복할 수 있는 repeated 〈형〉 되풀이되는(= recurrent)
　• the **repetition** of a simple sentence pattern 단순한 문장 패턴의 **반복** [지9]

1426

centripetal* 〈형〉 ¹구심(求心)(성)의 ²중앙 집권적인, 통합하는   〈반〉 centrifugal
[sentrípətl]   centri(center)+pet(rush)+al(형) → 가운데로 돌진하는   (원심성의)

　centripetally 〈부〉 구심적으로, 구심력에 의해
　• **Centripetal** force is an inward force directing an object towards the center of
　　its circular path. 구심력은 원형 경로의 중심 쪽으로 향하는 물체를 끌어당기는 내부의 힘이다.
　• **centripetal** factors that hold the parts together 부분적인 것들을 단결시키는 **통합** 요소들

DAY 17　299

pa(i)r, pir, per
= make ready (준비하다[시키다]), order (명령하다)

> **암기유발 TIP**
> **parachute** 패러슈트(낙하산)
> para(make ready)+chute(fall)

1427 국9 | 국7 | 지9 | 지7 | 서9 | 서7 | 경찰 | 국회 | 기상 | 법원 | 교행 | 사복

pre**par**e*** [pripέər]
(타) ¹ 준비하다[시키다] ² 조제하다 (자)(타) 대비하다
pre(before)+pare(make ready)

(유) (타) ¹ arrange

preparation (명) 준비, 대비 **preparatory** (형) 준비[대비]를 위한 **unprepared** (형) 준비가 안 된

- She said there is not enough time to **prepare** for the meeting.
  그녀는 회의를 **준비할** 충분한 시간이 없다고 말했다.
- remedies **prepared** from herbal extracts 약초 추출물들로 **조제된** 치료제들

1428

ap**par**el* [əpǽrəl]
(명) ¹ (공식 행사 때 입는) 의복, 복장 ² (판매) 의류
ap(to)+parel(make ready) → 준비하기 위해 입는 것

(유) ¹ costume, robe
² clothing

- This store is famous for woman's **apparel**. 이 가게는 여성 **의류**로 유명하다.

MORE + 관련어휘 의복, 패션
- lining (명) ¹ (무엇의 안에 대는) 안감 ² (인체 부위의) 내벽
- kerchief (명) (목이나 머리에 두르는) 스카프, 네커치프
- barret (명) (베레모 비슷한) 납작한 모자
- coxcomb (명) 멋쟁이, 맵시꾼
- chic (형) 멋진, 세련된
- dowdy (형) 볼품없는, 촌스러운
- unflattering (형) ¹ (옷 등이) 어울리지 않는 ² 아첨하지 않는

1429 지9 | 국회

ap**par**atus* [ǽpərǽtəs]
(명) ¹ 기구, 장치 ² (정당, 정부의) 기구 ³ (신체) 기관
ap(to)+para(make ready)+tus(명)

(유) ¹ equipment, gear
² organization, structure, system

- An alternative **apparatus** might replace the cell phone soon.
  대체 가능한 **장치**가 곧 휴대 전화를 대체할지도 모른다. [지9]
- the power of the state **apparatus** 국가 **기구**의 권력

1430 국9 | 국7 | 지9 | 지7 | 경찰 | 국회 | 기상 | 법원 | 사복

se**par**ate*** [sépərət]
(형) ¹ 분리된 ² 별개의 (자)(타) [sépəreit] ¹ 분리되다[하다] ² 헤어지다, 헤어지게 하다
se(apart)+par(make ready)+ate(형)(동) → 나누어 준비하다

(유) (형) unconnected
(자)(타) detach, part
(반) (형) consecutive (연이은)
(자)(타) combine (결합시키다)

separation (명) ¹ 분리 ² 헤어짐 **separately** (부) 각기, 별도로

- It is impossible to **separate** belief from emotion.
  신념을 감정으로부터 **분리하는** 것은 불가능하다.

1431 국7 | 지9 | 지7 | 서7 | 경찰 | 기상 | 교행 | 사복

re**pair***** [ripέər]
(타) ¹ 수리하다 ² 바로잡다 (명) 수리, 보수
re(again)+pair(make ready) → 다시 준비시키다

(유) (타) ¹ mend, fix
² rectify, redress
(반) (타) ¹ damage (훼손하다)

reparable (형) ¹ 수선할 수 있는 ² 보상할 수 있는 **reparative** (형) ¹ 수선의 ² 회복의 ³ 배상의
reparation (명) ¹ 배상금 ² 배상, 보상

- We **repaired** the machine as good as new. 우리는 그 기계를 새것처럼 **수리했다**.

1432 국7 | 지9 | 서9 | 서7 | 법원

em**pir**e** [émpaiər]
(명) 제국 《하나의 정부나 통치자가 다스리는 여러 나라》
em(in)+pire(order) → 명령하는 통치자가 다스리는 나라

(유) kingdom, realm

- The small states were absorbed into the **empire**. 그 작은 나라들은 그 **제국**에 병합되었다.

1433
국9 | 지9 | 지7 | 서9 | 사복

emperor**
[émpərər]
명 황제
em(in)+per(order)+or(명) → 내부에서 명령(통치)하는 사람

유 king, sovereign, ruler

- The palace guard dethroned the **emperor**. 궁정 근위병이 **황제**를 폐위시켰다.
- *cf.* empress 명 황후, 여제

1434
국7 | 지9 | 지7 | 서9 | 서7 | 법원

imperial***
[impíəriəl]
형 ¹제국의 ²황제의
im(in)+peri(order)+al(형)

유 royal, sovereign

imperious 형 고압적인 **imperative** 형 ¹위엄 있는 ²반드시 해야 하는

- The **imperial** army marched into the woods. 그 **제국**의 군대는 숲 쪽으로 진군했다.
- an **imperative** duty 반드시 해야 하는 의무

---

cel(er)
= swift (빠른); high (높은)

암기유발 TIP
accelerator 액셀러레이터
《자동차의 가속 장치》
ac(to)+celer(swift)+at(e)(동)+or(명)

1435
국9 | 지9 | 지7 | 서9 | 경찰 | 법원 | 교행

accelerate***
[əksélərèit]
자타 **가속화하다, 속도를 높이다**
ac(to)+celer(swift)+ate(동)

유 quicken, advance, hasten
반 delay (늦추다)

acceleration 명 가속(도)

- One way to **accelerate** the flow of new ideas is to be put in difficult situations where you're likely to fail. 새로운 아이디어들의 흐름을 **가속화하는** 한 가지 방법은 실패할 것 같은 어려운 상황들에 놓이는 것이다.
- *cf.* velocity 명 속도

1436

decelerate*
[di:sélərèit]
자타 **감속하다, 속도를 줄이다**
de(down)+celer(swift)+ate(동)

deceleration 명 감속(도)

- The car **decelerated** at the sight of the police car. 그 차는 경찰차를 보고 속도를 줄였다.

1437

celerity*
[səlérəti]
명 (행동의) **신속함, 민첩함**
celer(swift)+ity(명) → 행동의 빠름

- with startling **celerity** and agility 놀라운 **신속함**과 민첩성으로

MORE+ 관련어휘
sluggish 형 ¹느릿느릿 움직이는 ²부진한
tardily 부 ¹느리게, 완만하게 ²지각으로

1438
국9 | 국7 | 지9 | 경찰 | 국회 | 법원 | 사복

excel***
[iksél]
자타 **탁월하다, (~보다) 뛰어나다**
ex(out)+cel(high)

유 surpass, outdo, outshine

excellent 형 탁월한, 훌륭한 **excellence** 명 탁월함, 뛰어남

- For some individuals, stress motivates and challenges them to **excel**. 몇몇 개인들에게 스트레스는 동기를 부여하고 그들이 **뛰어나도록** 도전 의식을 북돋운다. [사복]

DAY 18 행동 2

🔍 **Preview & Review**

flu(x) ▶ flow

- **flu**id
- **flu**ent
- **flu**ctuate
- **flu**sh
- af**flu**ent
- super**flu**ous
- in**flu**ence
- in**flu**enza
- **flu**x
- in**flu**x

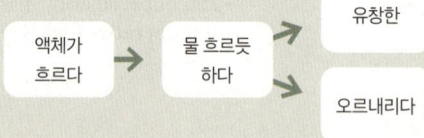

lav, lu, lau ▶ wash

- **lav**atory
- **lav**ish
- **lav**a
- de**lu**ge
- di**lu**te
- **lau**ndry

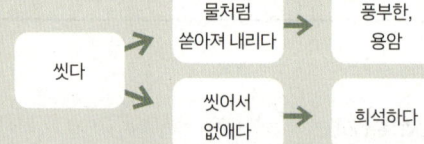

merg, mers ▶ dip

- **merg**e
- e**merg**e
- e**merg**ency
- sub**merg**e
- im**mers**ion

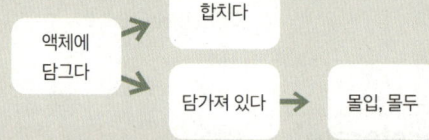

tempt; per, pir ▶ try, risk

- **tempt**
- at**tempt**
- ex**per**iment
- ex**per**iential
- inex**per**ienced
- em**pir**ical
- **per**il
- im**per**il
- **pir**ate

시도하다 → 경험하다
위태롭게 하다 → 위험

prob, prov ▶ test, show

- **prob**e
- **prob**able
- **prob**ation
- ap**prov**e
- disap**prov**e
- dis**prov**e
- re**prov**e

시험하다 → 살피다
보여주다 → 의견을 보여주다

us, ut ▶ use

- **us**age
- **us**urp
- per**use**
- **ut**ensil
- **us**ed
- ab**use**
- re**use**
- **us**able
- mi**use**
- **ut**ilize / **ut**ilise
- **use**ful
- over**use**
- **ut**ility

이용하다 → 사용하다, 사용하기 위한 것

lud, lus ▶ play

- **lud**icrous
- pre**lude**
- disil**lus**ion
- de**lude**
- inter**lude**
- e**lus**ive
- col**lude**
- post**lude**
- al**lude**
- il**lus**ion

장난을 치다, 속이다 → 판단력이 흐려지다

연주하다 → 연주

ple, pli, ply ▶ fill

- com**ple**te
- sup**ple**ment
- re**ple**nish
- com**pli**ment
- incom**ple**te
- im**ple**ment
- **ple**thora
- com**ply**
- re**ple**te
- com**ple**ment
- **ple**nary
- sup**ply**
- de**ple**te
- **ple**ntiful
- accom**pli**sh

채우다 → 완전한, 충분한, 풍부한

vict, vinc, vanqu ▶ conquer

- **vinc**ible
- con**vince**
- **vanqu**ish
- in**vinc**ible
- e**vict**
- **vict**im
- e**vinc**e
- con**vict**
- pro**vince**

정복하다 → 이기다 → 확신시키다

flu(x)
= flow (액체가 흐르다)

1439
fluid**
[flúːid]
지9 | 서7 | 국회 | 법원 | 교행

[형] ¹유동체의 ²유동적인 [명] 유동체 《액체와 기체. 흐르는 성질이 있고 변형이 쉬운 물체[물질]》
flu(flow)+id(형)

fluidity [명] 유동성 **fluidly** [부] 유동적으로
- The **fluid** in the inner ears senses motion and the direction of motion.
  귀 내부에 있는 **유동체**는 움직임과 움직임의 방향을 감지한다. [지9]

1440
fluent**
[flúːənt]
국9 | 지9 | 국회

[형] ¹유창한, 능숙한 ²능수능란한
flu(flow)+ent(형) → 말이 흐르듯이 술술 나오는

fluency [명] 유창성, 능숙도 **fluently** [부] 유창하게, 능숙하게
- He speaks English **fluently** as if he were an American.
  그는 마치 자신이 미국인인 것처럼 영어를 **유창하게** 말한다. [지9]

[유] ¹eloquent
- be fluent in ~에 유창하다

1441
fluctuate**
[flʌ́ktʃuèit]
국9 | 지9 | 경찰 | 기상 | 사복

[자] 변동[등락]을 거듭하다
fluctu(flow)+ate(동) → 흐르듯이 오르내리다

fluctuation [명] 변동, 오르내림
- **fluctuations** in the stock market 주식 시장의 **변동** [국9]

[유] vary, shift, swing
[반] stay(~인 채로 있다)

1442
flush*
[flʌʃ]
국9 | 서9

[자][타] ¹(변기의) 물을 내리다 ²얼굴이 붉어지다 [명] ¹물을 내림 ²홍조
flu(flow)+sh
- She **flushed** with annoyance, but said nothing.
  그녀는 불쾌감 때문에 얼굴이 **붉어졌지만** 아무 말도 하지 않았다.

[유] [자][타] ²blush
[반] [명] ²paleness (창백함)

1443
af**flu**ent***
[ǽfluənt]
국9 | 국7 | 지7 | 국회 | 기상 | 법원

[형] 부유한
af(to)+flu(flow)+ent(형) → 물이 풍부하게 흐르는 → 풍족한

affluence [명] 풍족함, 부(富)
- His father was **affluent** enough to support his education.
  그의 아버지는 그의 교육을 충분히 지원할 수 있을 만큼 **부유했다**. [국9]

[유] wealthy, prosperous

1444
super**flu**ous*
[supə́ːrfluəs]
지7 | 국회

[형] 필요치 않은, 불필요한
super(over)+flu(flow)+ous(형) → 흘러넘치는 → 너무 많은

superfluity [명] 여분, 과잉
- a modern building with no **superfluous** decoration **불필요한** 장식이 없는 현대식 건물

[유] unnecessary, needless
[반] reasonable(합당한)

1445
in**flu**ence***
[ínfluəns]
국9 | 국7 | 지9 | 지7 | 서9 | 서7 | 경찰 | 국회 | 기상 | 법원 | 교행 | 사복

[명] 영향(력) [타] 영향을 미치다
in(in)+flu(flow)+ence(명) → 안으로 흐르게 하는 것

influential [형] 영향력이 있는 **uninfluential** [형] 영향력이 없는
- A number of social factors **influence** life expectancy.
  몇 가지 사회적 요소들이 기대 수명에 **영향을 미친다**.
- a large and **influential** Jewish community 크고 **영향력이 있는** 유대인 공동체 [지9]

[유] [명] impact, authority, power
[타] affect
- under the influence of ~의 영향 아래

1446 | influenza**
[ìnfluénzə] 기상 | 법원

명 (줄임말 flu) 유행성 감기, 독감
in(in)+flu(flow)+enza

- The Health authorities today warned that **influenza** is now highly prevalent all over the country.
  보건 당국은 오늘, **유행성 감기**가 이제 전국적으로 매우 널리 퍼져 있다고 경고했다. [기상]

1447 | flux*
[flʌks] 서9

명 ¹끊임없는 변화 ²유동, 흐름
flux(flow)

유 ¹inconstancy ²flow
반 ¹stagnation(정체)

- Einstein's equations predicted a universe in **flux**.
  Einstein(아인슈타인)의 방정식들은 우주가 **끊임없이 변화**한다고 예측했다. [서9]

1448 | influx*
[ínflʌks]

명 (많은 사람이) 밀어닥침, 유입
in(into)+flux(flow) → 안쪽으로 흘러 들어오는 것

유 inflow, inrush
반 retreat(퇴거)

- a large **influx** of tourists in the summer 여름철 관광객들의 대규모 **유입**

lav, lu, lau
= wash (씻다)

1449 | lavatory*
[lǽvətɔ̀ːri]

명 변기, 화장실
lava(wash)+tory(명)

유 toilet, bathroom

lave 타 씻다, 물에 담그다
- There's a bathroom and a **lavatory** upstairs. 위층에 욕실과 **화장실**이 한 개씩 있다.

1450 | lavish**
[lǽviʃ] 지9 | 서9 | 국회 | 사복

형 ¹풍성한, 호화로운 ²아주 후한 ³낭비하는 타 ¹아주 후하게 주다 (on) ²낭비하다 (on)
lav(wash)+ish(형) → (무엇이) 쏟아져 내리는 《원래 '폭우'를 의미》

유 형 ¹opulent ²generous ³prodigal
반 ¹stingy(인색한)
• lavish A on [upon] B
B에게 A를 많이 주다

lavishness 명 ¹풍부함 ²낭비 **lavishly** 부 함부로
- After the fire, Nero built a **lavish** house in the center of the city.
  그 화재 후, Nero 황제는 도시 중앙에 **호화로운** 집을 지었다. [지9] [사복]

1451 | lava**
[láːvə] 국7 | 지9

명 용암
lav(wash)+a(명) → 물처럼 밀려오는[휩쓸고 가는] 것

- Currently, the volcanic activity is just **lava** coming down.
  현재, 그 화산 활동으로 **용암**이 막 흘러내리고 있다. [국7]

1452 | deluge*
[déljuːdʒ] 경찰 | 기상

타 ¹물에 잠기게 하다 ²쇄도하다 명 ¹폭우 ²쇄도
de(away)+luge(wash) → 씻기듯이 물이 밀려오다

유 타 inundate, swamp
¹submerge, drench

- She was **deluged** with letters. 그녀에게 편지들이 **쇄도했다**.
- About a dozen homes were damaged in the **deluge**. 약 십여 채의 집들이 **폭우**에 손상되었다.

DAY 18 305

1453 　서9

dilute* [dilúːt]
- 타 ¹ 희석하다 ² 약화시키다 형 희석된
- di(apart)+lute(wash) → 씻어서 없어지게 하다
- 유 타 weaken, attenuate
- 반 타 ¹ condense (응축하다) ² intensify (세게 하다)

dilution 명 희석 dilutive 형 묽게 하는, 강도를 약하게 하는

- The paint can be **diluted** with water to make a lighter shade.
  그 페인트는 더 옅은 색조를 만들기 위해 물로 **희석될** 수 있다.
- The hiring of the new CEO **diluted** the power of the company's president.
  신임 CEO의 채용은 회장의 권력을 **약화시켰다**.

1454 　지9 | 지7

laundry** [lɔ́ːndri]
- 명 세탁(물)
- laundr(wash)+y(명)
- 유 washing
- do the laundry 세탁을 하다

launder 타 ¹ 세탁하다 ² (부정한 돈을) 세탁하다

- Every house has lots of **laundry** hanging out to dry.
  집집마다 많은 **세탁물**을 밖에 널어 건조시킨다.

---

merg, mers
= dip (액체에 담그다)

1455 　서9 | 국회

merge* [məːrdʒ]
- 자 타 합병하다, 합치다 《with, into》
- merge(dip) → 여러 가지를 함께 담그다
- 유 combine, blend
- 반 separate (분리하다)
- merge with ~와 합병되다

merger 명 (조직체, 사업체의) 합병(= amalgamation)

- The U.S. consumer's focus on personal health is **merging** with a growing interest in global health.
  개인 건강에 대한 미국 소비자의 초점은 지구의 건강에 대한 늘어나는 관심과 **합쳐지고** 있다. 〈국회〉

1456 　국9 | 국7 | 지9 | 지7 | 서9 | 서7 | 경찰 | 국회 | 기상 | 법원 | 교행 | 사복

emerge** [imə́ːrdʒ]
- 자 ¹ 나오다 ² 드러나다, 알려지다
- e(out)+merge(dip) → 담겨져 있던 것이 밖으로 나오다
- 유 appear, surface
- 반 ¹ vanish (사라지다)
- emerge from one's shell 마음을 터놓다

emergence 명 출현, 발생 emergent 형 신생의 emerging 형 최근 생겨난

- She finally **emerged** from her room at noon. 그녀는 정오에 마침내 자신의 방에서 **나왔다**.
- No new evidence **emerged** during the investigation.
  조사 중에 새로운 증거는 아무것도 **드러나지** 않았다.

1457 　국7 | 지7 | 서9 | 서7 | 경찰 | 법원

emergency** [imə́ːrdʒənsi]
- 명 비상(사태)
- e(out)+merg(dip)+ency(명) → 담겨 있어 몰랐던 것이 밖으로 나오다 → 예상치 못한 사태
- 유 crisis, danger
- 반 calmness (평온)

- This door should only be used in an **emergency**. 이 문은 **비상시**에만 사용되어야 한다.

1458 　국9

submerge** [səbmə́ːrdʒ]
- 자 타 물속에 넣다[잠기다] 타 (생각 등을) 깊이 감추다
- sub(under)+merge(dip) → 아래로 담그다
- 유 자 타 immerse, swamp

submerged 형 ¹ 수몰[침수]된, 수중의 ² 감추어진, 미지의

- The fields have **submerged** by floodwater. 그 들판들은 홍수로 물속에 잠겼다.

MORE + 관련어휘
- gush　명 (액체가 많은 양이) 솟구침, 분출 자 (액체가) 솟구치다
- infiltrate　자 타 (특히 액체나 가스가) 스며들다
- osmosis　명 ¹ 삼투 (현상) ² 서서히 터득함
- percolate　자 ¹ (액체, 기체 등이) 스며들다 ² (사람들 사이로) 스며들다, 퍼지다
- pervious　형 ¹ 투과성의, 통과시키는 《to》 ² (도리 등을) 받아들이는 《to》
- slosh　자 타 ¹ 철벅거리다 ² 튀기다　sloshy 눈이 녹기 시작한

1459

immer**s**ion* [imə́ːrʒən]
명 1 담금 2 몰입, 몰두
im(into)+mers(dip)+ion(명) → 안에 담금

유 2 intentness, involvement

immerse 타 1 담그다 2 몰두하다

- **Immersion** in a warm bath has a soothing effect.
  따뜻한 목욕물에 (몸을) **담그는 것**은 이완 효과가 있다.
- She had **immersed** herself in writing short stories.
  그녀는 단편 소설들을 쓰는 데 **몰두했다**.

---

tempt; per, pir
= try (시도하다), risk (위태롭게 하다)

1460

tempt** [tempt]
타 1 유혹하다, 부추기다 2 설득하다
tempt(try) → 한번 시도를 해 보다

유 1 attract, entice
반 2 discourage
(낙담시키다)

temptation 명 1 유혹 2 유혹하는 것 **tempting** 형 솔깃한, 마음이 드는

- She stood adamant to any **temptation**. 그녀는 어떤 **유혹**에도 단호한 입장을 취했다.
- When work is abundant, it's **tempting** to spend freely on luxuries.
  일이 많을 때 사치품들에 아낌없이 돈을 쓰고 **싶은 마음이 든다**. [경찰]

1461

attempt*** [ətémpt]
자타 시도하다, 애써 해 보다 명 시도
a(to)+tempt(try)

유 endeavor, try
자타 struggle, strive

attempted 형 (범행 등이) 미수에 그친

- She **attempted** to build her own house. 그녀는 자신의 집을 지으려고 **시도했다**.
- Three factories were closed in an **attempt** to cut costs.
  공장 세 곳이 경비를 감축하기 위한 **시도**로 문을 닫았다.
- **attempted** murder[robbery] [강도] 미수

1462

exper**i**ment*** [ikspérəmənt]
명 1 (과학적인) 실험 2 (새 아이디어 등의) 실험[시험] 자 [ekspérimènt] 1 실험하다 2 시험 삼아 해 보다
ex(out of)+peri(try)+ment(명)

유 명 test, trial
자 1 investigate
2 try

experimentation 명 실험

- She wanted to **experiment** more with different textures in her paintings.
  그녀는 자신의 그림들에 다른 질감들로 더 많이 **실험하기**를 원했다.

1463

exper**i**ential*** [ikspìəriénʃəl]
형 경험에 의한, 경험상의
ex(out of)+peri(try)+ent(형)+ial(형)

반 theoretical
(이론적인)

experience 명 경험 **experienced** 형 경험이 있는, 능숙한

- **experiential** learning methods **경험에 의한** 학습 방법들
- She's very **experienced** in looking after animals. 그녀는 동물들을 보살피는 데 매우 **능숙하다**.

1464

inex**per**ienced** [ìnikspíəriənst]
형 경험이 부족한, 미숙한
in(not)+experience(경험)+ed(형)

유 inexpert, green
반 experienced
(능숙한)

inexperience 명 경험 부족, 미숙

- This mountain is ideal for **inexperienced** climbers.
  이 산은 **경험이 부족한** 등반가들에게 이상적이다.

1465 empirical* [impírikəl] 국7 | 서9 | 기상

형 경험에 의거한, 실증적인
em(in)+piri(try)+cal(형) → 안에서 실제로 시도를 해 본

empiricism 명 경험주의, 실증주의
- **empirical** evidence 실증적인 증거
- Rationalism has long been the rival of **empiricism**. 합리주의는 **경험주의**의 오랜 경쟁자였다. [서9]

🟢 practical, actual, experiential
🔴 hypothetical (가설의)

1466 peril* [pérəl] 서7 | 국회

명 1 위험 2 (pl.) 위험성, 유해함
per(risk)+il → 위태롭게 하는 것

perilous 형 아주 위험한
- a warning about the **perils** of drug abuse 약물 남용의 **위험성**에 대한 경고

🟢 danger, risk, hazard
🔴 safety(안전)

• at one's peril 위험을 각오하고

1467 imperil* [impérəl] 서9

타 위태롭게 하다, 위험에 빠뜨리다
im(into)+per(risk)+il → 위태롭게 만들다

- The toxic fumes **imperiled** the lives of the trapped miners. 유독가스는 갇힌 광부들의 생명을 **위태롭게 했**다.

🟢 endanger, jeopardize
🔴 aid(돕다)

1468 pirate** [páiərət] 경찰

명 1 해적 2 저작권 침해자 타 저작권을 침해하다, 불법 복제하다
pir(risk)+ate(명)(동) → 위태롭게 만드는 사람

piracy 명 1 해적 행위 2 저작권 침해, 불법 복제
- software **pirates** 소프트웨어 저작권 침해자들
- A person might never rob a bank, but he or she may download **pirated** media. 어떤 사람이 은행을 터는 일은 결코 없을지도 모르지만 **불법 복제된** 매체를 다운로드할 수는 있다. [경찰]

🟢 명 2 plagiarist
타 copy, plagiarize

---

prob, prov
= test (시험하다), show (보여주다)

암기유발 TIP
prove 증명하다
prove(show)

1469 probe** [proub] 지9 | 서7 | 국회 | 기상

자 타 1 캐묻다, 조사하다 2 (특히 길고 가느다란 기구로) 살피다, 탐사하다
명 1 조사 2 무인 우주 탐사선
probe(test) → 무엇인가를 시험하다

- a police **probe** into the financial affairs of the company 그 회사의 재정 문제들에 대한 경찰 **조사**
- The Philae space **probe** has gathered data. Philae(필라에) 무인 우주 **탐사선**이 데이터를 수집했다. [국회]

🟢 자 타 1 investigate, examine 2 explore
명 1 examination

• probe a secret 비밀을 캐다

1470 probable*** [prábəbl] 국9 · 국7 | 지9 | 지7 | 서9 | 경찰 | 국회 | 기상 | 법원 | 교행 | 사복

형 있음직한, 충분히 가능한 명 우승할 것 같은 후보
prob(test)+able(형) → 시험해 볼 수 있는

probability 명 1 개연성 2 개연성 있는 일[것] probably 부 아마
- **probable** cause 있음직한 이유 [경찰]
- There seemed to be a high **probability** of success. 성공할 **개연성**이 매우 높아 보였다.

🟢 형 possible, plausible
🔴 형 improbable (있음직하지 않은)

1471
probation* [proubéiʃən]
서7 | 경찰
명 ¹집행 유예 ²수습 (기간)
prob(test)+at(명동)+ion(명) → 일정 기간 시험해 보는 것
유 ²trial, apprenticeship

- **Probation** means suspending the sentence of a person convicted of a criminal offense. 집행 유예는 범죄 행위에 대해 유죄가 입증된 사람의 선고를 연기하는 것을 의미한다. [경찰]

1472
approve*** [əprúːv]
국9 | 국7 | 서9 | 경찰 | 국회 | 경찰 | 교행
자 찬성하다 (of) 타 (공식적으로) 승인하다, 인가하다
ap(to)+prove(test) → 시험한 것을 찬성[승인]하다

approval 명 ¹찬성 ²승인   approved 형 인가된, 입증된   approving 형 찬성하는

- He seemed to **approve** of my choice. 그는 내 선택에 찬성하는 것 같았다.
- The committee unanimously **approved** the plan.
  그 위원회는 그 계획을 만장일치로 승인했다.

유 자 agree (with), consent (to)
타 pass, permit, authorize
반 veto(거부하다)

1473
disapprove** [dìsəprúːv]
국7 | 지9 | 사복
자 찬성하지 않다, 못마땅하게 여기다 (of)
dis(not)+approve(찬성하다)

disapproval 명 불찬성, 반감   disapproving 형 탐탁찮아[못마땅해] 하는

- She strongly **disapproved** of the changes that had been made.
  그녀는 이루어진 변화들에 대해 대단히 못마땅하게 여겼다.

유 object (to), condemn, deplore
• to one's disapproval 불만스럽게도

1474
disprove** [dìsprúːv]
경찰
타 틀렸음을 증명하다, 반박하다
dis(opposite)+prove(show) → 반대임을 보여주다

disproof 명 ¹반박 ²반증 물건

- The existence of God is a question of faith, and therefore impossible to prove or **disprove**. 신의 존재는 믿음의 문제이므로, 증명하거나 반박할 수 없다.

유 refute, contravene, rebut
반 prove(입증하다)

1475
reprove* [riprúːv]
자 타 나무라다, 꾸짖다
re(opposite)+prove(증명하다) → (훌륭하다고) 증명하지 않다 → 칭찬하지 않다

reproof 명 책망, 나무람

- I **reproved** him for his carelessness. 나는 그의 부주의함 때문에 그를 나무랐다.

유 rebuke, scold, reprimand
반 compliment (칭찬하다)

---

us, ut
= use (이용하다)

암기유발 TIP
user 유저(이용자)
us(use)+er(명)

1476
usage** [júːsidʒ]
국9 | 국7 | 서7 | 경찰 | 기상
명 ¹(단어의) 용법, 어법 ²사용(량)
us(use)+age(명)

use 타 쓰다, 사용하다

- current English **usage** 현대 영어 어법
- Car **usage** is predicted to increase. 자동차 사용량이 증가할 것으로 예측된다.

유 ²utilization
• come into usage 쓰이게 되다

1477 used** [juːst]
형 중고의
us(use)+ed(형)

유 second-hand, cast-off
반 brand-new(신품의)

unused 형 (현재) 쓰지 않는, 한 번도 사용되지 않은
- That store sells new and **used** books. 저 상점은 새 책과 **중고** 책들을 판매한다.
- If you leave the tools **unused** for too long, they will rust.
연장들을 너무 오랫동안 **쓰지 않은** 채로 두면 그것들은 녹슬 것이다.

1478 usable* [júːzəbl]
형 사용 가능한, 쓸 수 있는
us(use)+able(형)

유 accessible

- to convert waste chemicals into **usable** energy
폐 화학 물질들을 **사용 가능한** 에너지로 전환하다

1479 useful*** [júːsfəl]
형 유용한, 쓸모 있는
use(use)+ful(형)

유 helpful, beneficial, practical
반 useless(쓸모없는)

usefulness 명 유용성, 사용 가능성
- The **usefulness** of surveillance cameras is under discussion.
감시 카메라의 **유용성**은 논란이 많다. [경찰]

1480 usurp* [juːsə́ːrp]
타 (왕좌 등을) 빼앗다, 찬탈하다
usu(use)+rp(seize) → 이용하기 위해 움켜잡다

유 seize, overthrow, deprive

usurpation 명 1 찬탈 2 강탈, 탈취
- to attempt to **usurp** the throne 왕좌를 **빼앗으려** 시도하다

1481 abuse*** [əbjúːz]
타 1 남용하다 2 학대하다 명 [əbjúːs] 1 남용 2 학대
ab(away from)+use(use) → (적절한) 사용에서 멀어지다

유 타 명 1 misuse
타 2 hurt, batter
명 1 misapplication 2 maltreatment

abusive 형 1 남용하는 2 학대하는
- She has been consistently **abusing** her power since she became a mayor.
그녀는 시장이 된 이래로 자신의 권력을 꾸준히 **남용해** 오고 있다.
- Stressful events early in a person's life, such as neglect or **abuse**, can have psychological impacts into adulthood. 방치나 **학대**와 같은 개인의 초년기에 스트레스를 주는 상황들은 성인기에 심리적 영향을 미칠 수 있다. [국9]

1482 misuse** [mìsjúːz]
타 1 오용하다 2 학대하다 명 [misjúːs] 오용, 남용
mis(wrongly)+use(use) → 잘못된 방법으로 이용하다

유 abuse
명 misapplication

misusage 명 1 오용 2 학대
- By monitoring foreign aid expenditure, we can prevent its **misuse**.
대외 원조 지출을 감시함으로써 우리는 그것의 **오용**을 방지할 수 있다. [경찰]

1483 overuse** [òuvərjúːz]
타 지나치게 쓰다, 남용하다
over(above)+use(use) → 필요 이상으로 이용하다

유 exaggerate, overdo

- to **overuse** natural resources 천연자원을 **남용하다**

1484
peruse* [pərúːz] — 📝 정독하다
per(completely)+use(use) → 완전히 이용하다
→ examine, scrutinize

perusal 📝 정독, 통독
- He opened a newspaper and began to **peruse** the personal ads.
  그는 신문을 펼치고 개인 광고들을 **정독하기** 시작했다.

1485
reuse*** [riːjúːz] — 📝 재사용하다
re(again)+use(use)
→ recycle, reprocess

reusable 📝 재사용할 수 있는
- **reusable** plastic bottles 재사용할 수 있는 플라스틱 병들

1486
utilize / utilise** [júːtəlàiz] — 📝 이용하다, 활용하다
util(use)+ize(동)
→ use, employ

utilization 📝 이용, 활용
- The scales of a shark are **utilized** to lessen drag in water.
  상어의 비늘들은 물속에서의 저항을 줄이기 위해서 **이용된다**. [국9]

1487
utility** [juːtíləti] — 📝 ¹ (수도, 전기 등의) 공익사업, 공공시설 ² 유용성 📝 다용도의
util(use)+ity(명)
→ ² usefulness, practicality
- of no utility 소용없는, 무익한

utilitarian 📝 ¹ 실용적인 ² 《철학》 공리주의의 《최대 다수의 최대 행복을 추구하는 행동이 올바르다는 사상》
- to pay his rent and **utility** fees 월세와 공과금[**공공시설** 요금]을 지불하다 [사복]
- In Europe, wood was used as a basic material to build houses and **utilitarian** structures. 유럽에서 나무는 집들과 **실용적인** 구조물들을 짓기 위한 기초적인 재료로써 사용되었다.

1488
utensil* [juːténsəl] — 📝 (가정용) 기구, 도구
ut(use)+en(able)+sil(명)
→ apparatus, gadget

- kitchen **utensils** 주방 도구들
- Participants in the class must supply their own writing **utensils**. 수업 참가자들은 반드시 자신들의 필기**도구들**을 가져와야 한다.

---

lud, lus
= play (장난을 치다, 속이다, 연주하다)

1489
ludicrous* [lúːdəkrəs] — 📝 터무니없는
ludicr(play)+ous(형) → 장난을 치고 있는
→ ridiculous, absurd
↔ sensible (분별 있는)

ludicrously 📝 터무니없이
- It's a beautiful dress, but it's **ludicrously** expensive.
  그것은 아름다운 옷이지만 **터무니없이** 비싸다.
- to a ludicrous excess 어리석게도 도를 넘어서

DAY 18 311

1490
delude** [dilúːd]
타 속이다, 착각하게 하다
de(down)+lude(play) → 장난을 쳐서 남을 낮추다(속이다)

delusion 명 1 착각, 오해 2 망상   **delusive** 형 기만적인, 현혹하는
- I was angry with him for trying to **delude** me. 나를 속이려고 해서 나는 그에게 화가 났다.

유 deceive, cheat, fool
• be under a delusion 망상에 시달리다

1491
collude* [kəlúːd]
자 공모하다, 결탁하다
col(together)+lude(play) → 함께 장난을 치다

collusion 명 공모, 결탁   **collusive** 형 공모의, 결탁한
- Several people had **colluded** in the murder. 몇몇 사람들이 그 살인을 공모했었다.

유 connive, conspire

1492
allude* [əlúːd]
자 암시하다, 넌지시 말하다 (to)
al(to)+lude(play) → 상대방에게 장난치듯이 말하다

allusion 명 암시   **allusive** 형 암시적인
- She **alluded** to her first marriage. 그녀는 자신의 첫 번째 결혼에 대해 넌지시 말했다.
- His poetry is full of obscure literary **allusions**. 그의 시는 모호한 문학적 암시로 가득 차 있다.

유 imply, suggest, insinuate

1493
prelude* [préljuːd]
명 1 (음악) 서곡, 전주곡 2 서막, 서두
pre(before)+lude(play) → 앞서 연주하는 것

prelusive 형 1 서곡의, 서막의 (to) 2 선구[전조]가 되는
- The changes are seen as a **prelude** to wide-ranging reforms. 그 변화들은 광범위한 개혁들의 서막으로 보여진다.

유 1 overture 2 beginning, preliminary
반 2 conclusion(결말)

1494
interlude [íntərluːd]
명 1 (사건과 사건의) 사이, 중간 2 (연극, 영화의) 막간 3 막간을 채우는 곡[극]
inter(between)+lude(play) → 사이에 연주하는 것

- Apart from a brief **interlude** of peace, the war lasted ten years. 중간의 짧은 평화를 제외하고 그 전쟁은 10년 동안 지속되었다.
- a musical **interlude** 간주곡

유 1 interval 2 intermission

1495
postlude* [póustljuːd]
명 1 맺음말 2 (문학 작품 등의) 완결 부분
post(after)+lude(play) → 나중에 연주하는 것

- the **postlude** to the book 책의 완결 부분

유 1 epilogue
반 1 prologue, introduction (머리말)

1496
illusion** [ilúːʒən]
명 1 환상, 환각 2 오해, 착각
il(in)+lus(play)+ion(명) → 마음속의 장난

illusive 형 착각인, 환상에 불과한   **illusory** 형 환상에 불과한
- to distinguish between **illusion** and reality 환상과 현실을 구별하다
- First impressions can often prove **illusory**. 첫인상은 환상에 불과한 것이 종종 드러난다.

유 1 fantasy, hallucination 2 misconception
반 2 reality(진실)

1497
disillusion* [dìsilúːʒən]
타 환상을 깨뜨리다, 환멸을 느끼게 하다
dis(not)+illusion(환상)

disillusionment 명 환멸
- She became **disillusioned** with city life and returned to her hometown. 그녀는 도시 생활에 환멸을 느끼고 고향으로 돌아갔다.

유 disabuse, disenchant, enlighten

1498
elusive* [ilúːsiv]
형 찾기 힘든, 규정하기 힘든
e(away)+lus(play)+ive(형) → 장난을 치듯이 빠져나가는
elude 타 1 피하다, 빠져나가다 2 이룰[이해할] 수가 없다
- The most **elusive** element of all appears to be francium.
  모든 것들 중에서 가장 **찾기 힘든** 원소는 프랑슘인 것 같다. [지9]

ple, pli, ply
= fill (채우다)

1499
complete* [kəmplíːt]
타 1 완료하다 2 (서식을) 기입하다, 작성하다 형 1 완벽한 2 완전한
com(강조)+plete(fill) → 완전히 채우다
completion 명 완료, 완성 **completeness** 명 완성도, 완결도 **completely** 부 완전히, 전적으로
유 타 finish, conclude
유 형 1 faultless 2 utter, whole
- The project should be **completed** within a year. 그 프로젝트는 1년 이내에 **완료되어야** 한다.
- We were in **complete** agreement. 우리는 **완벽한** 의견 일치를 보았다.

1500
incomplete [ìnkəmplíːt]
형 불완전한, 미완성의
in(not)+com(강조)+plete(fill)
incompleteness 명 불완전함, 미완성
유 unfinished, partial
- Spoken language contains many **incomplete** sentences.
  구어는 **불완전한** 문장들을 많이 포함한다.

1501
replete* [riplíːt]
형 가득한, 충분한
re(again)+plete(fill) → 다시 채워서 가득한
유 sufficient, abundant
반 lacking (부족한)
- The country's history is **replete** with stories of people who became successful by working hard. 그 나라의 역사는 열심히 일해서 성공한 사람들의 이야기들로 **가득하다**.

1502
deplete* [diplíːt]
타 대폭 감소시키다, 고갈시키다
de(off)+plete(fill) → 채운 것을 빼다
depletion 명 고갈, 소모
유 reduce, drain, lessen
반 increase, augment (늘리다)
- **depletion** of the ozone layer 오존층 고갈

1503
supplement* [sʌ́pləmənt]
명 1 보충(물) 2 (책의) 부록 3 추가 요금
타 [sʌ́pləmènt] 보충하다, 추가하다
sup(up from below)+ple(fill)+ment(명) → 아래에서부터 채우는 것
유 명 1 addition 2 appendix
타 reinforce
supplemental / supplementary 형 보충의, 추가의
supplementation 명 보충함
- dietary[vitamin] **supplements** 식이[비타민] 보충제[보조제]
- White-tailed deer are happy to **supplement** their regular diets with fruits and vegetables from gardens. 흰꼬리사슴은 뜰에서 나는 과일들과 채소들로 기꺼이 그들의 주식을 **보충한다**. [국9]

cf. **suppleness** 명 나긋나긋함, 유연(성)(= plasticity)

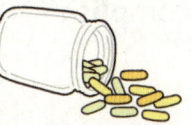

1504
implement ∗∗
[ímpləmənt]

명 도구, 기구　타 [ímpləmènt] 시행[이행]하다
im(into)+ple(fill)+ment(명) → 잘 채울 수 있게 하는 것

국9 | 국7 | 경찰

유 명 tool, instrument
타 perform, execute

implementation 명 시행, 이행
- He suggested that the new policy be **implemented** for all workers. 그는 새로운 정책이 모든 노동자들을 위해 **시행되어야** 한다고 제안했다. [국7]

1505
complement ∗∗
[kámpləmənt]

명 1 보완물　2 (문법) 보어　타 [kámpləmènt] 보완하다, 덧붙이다
com(강조)+ple(fill)+ment(명) → 채워서 완전하게 하는 것

국9 | 지9 | 지7 | 국회 | 사복

유 명 1 accompaniment, adjunct
타 enhance, supplement

complementary 형 상호 보완적인
- The team needs players who **complement** each other. 그 팀에는 서로를 **보완하는** 선수들이 필요하다.

1506
plentiful ∗∗
[pléntifəl]

형 풍부한
plen(fill)+ty(명)+ful(형)

국9 | 지9 | 서9 | 법원

유 abundant, prolific, ample
반 scarce(부족한)

plenty 명 형 풍부한 양(의) (of)　**plenitude** 명 풍부함
- Her book is a **plentiful** source of inspiration. 그녀의 책은 **풍부한** 영감의 원천이다.

1507
replenish ∗
[riplénij]

타 다시 채우다, 보충하다
re(again)+plen(fill)+ish(동)

지7 | 사복

유 refill, restore, restock
반 deplete(소모시키다)

replenishment 명 보충, 보급
- Such large numbers are necessary since blood reserves are perishable and constantly need to be **replenished**. 혈액 보유분은 상하기 쉽고 계속 **보충되어야** 하기 때문에 그렇게 많은 양이 필수적이다. [사복]

1508
plethora ∗
[pléθərə]

명 과다, 과잉
ple(fill)+thora → 가득 채워서 넘치는 것

유 deluge, glut, overabundance
반 lack(결핍)

plethoric 형 과다한, 다혈증[질]의
- a **plethora** of information 정보의 과잉

1509
plenary ∗
[plí:nəri]

형 1 총회의, 전원 출석의　2 제한 없는, 무조건적인　명 (pl.) 총회
plen(fill)+ary(형) → 전원이 자리를 채운

- The new committee holds its first **plenary** session this week. 새 위원회는 이번 주에 첫 **총회**를 개최한다.

1510
accomplish ∗∗∗
[əkámpliʃ]

타 완수하다, 성취하다, 해내다
ac(to)+com(강조)+pl(fill)+ish(동) → 능력을 완전히 채우고자 하다

국9 | 국7 | 지9 | 지7 | 서9 | 경찰 | 기상 | 법원

유 complete, achieve
반 fail(실패하다)

• accomplish by force 힘으로 달성하다

accomplished 형 기량이 뛰어난　**accomplishment** 명 1 완수　2 업적　3 기량
- She has **accomplished** her aims in life. 그녀는 자신의 인생 목표들을 **성취했다**.

1511
compliment**
[kɑ́mpləmənt]

지9 | 지7 | 서7 | 법원

명 칭찬(의 말), 찬사 타 [kɑ́mpləmènt] 칭찬하다
com(강조)+pli(fill)+ment(명) → 기분을 완전히 채워 주는 것

유 명 praise, eulogy
타 extol
반 명 criticism(비판)
타 criticize(비평하다)

complimentary 형 ¹ 칭찬하는 ² 무료의

- I gave a presentation on drug abuse in my psychology class, and the professor paid me a **compliment**. 나는 심리학 수업에서 약물 남용에 대해 발표를 했고 교수님이 **찬사**를 보내주셨다. [지9]
- **complimentary** tickets for the show 그 쇼의 **무료** 티켓들

1512
comply**
[kəmplái]

국9 | 경찰 | 국회

자 (법 등을) 준수하다, 따르다 《with》
com(강조)+ply(fill) → (해야 할 것을) 완전히 채우다 → 준수하다

유 obey, observe, follow
반 defy(무시하다)

● comply with one's request
~의 요구에 응하다

compliance 명 준수, 따름 **compliant** 형 준수하는, 따르는

- We must **comply** with the terms of the covenant. 우리는 그 계약 조건을 **따라야만** 한다.

1513
supply***
[səplái]

국9 | 지9 | 지7 | 서9 | 서7 | 경찰 | 국회 | 기상 | 법원 | 교행 | 사복

타 공급하다, 제공하다 명 ¹ 공급(량) ² (pl.) 보급품, 물자
sup(up from below)+ply(fill) → 아래에서부터 위로 채우다

유 타 provide, furnish
명 ² reserve, necessities

● supply A with B
A에게 B를 공급하다

- Foreign governments **supplied** arms to the rebels.
외국 정부들이 그 반군들에게 무기들을 **공급했다**.
- **Supplies** of food are almost exhausted. 식량 **보급품**이 거의 고갈되었다.

---

vict, vinc, vanqu
= conquer (정복하다)

암기유발 TIP
victory 승리
vict(conquer)+ory(명) → 정복한 것

1514
vincible*
[vínsəbl]

형 ¹ 이길 수 있는 ² 극복[억제]할 만한
vinc(conquer)+ible(형)

- Are the computer systems of our financial institutions **vincible** to cyber attacks? 우리 금융 기관의 컴퓨터 시스템은 사이버 공격을 **이겨낼 수 있나요**?

1515
invincible*
[invínsəbl]

서7 | 경찰 | 기상

형 천하무적의, 아무도 꺾을 수 없는
in(not)+vinc(conquer)+ible(형) → 정복할 수 없는

유 unconquerable, impregnable
반 vincible(정복할 수 있는)

- an **invincible** army 천하무적의 군대

1516
victim***
[víktim]

국9 | 국7 | 지9 | 서9 | 경찰 | 국회 | 법원

명 ¹ 피해자, 희생자 ² 제물
vict(conquer)+im → 정복당한 사람

유 ¹ casualty
² sacrifice
반 ¹ survivor(생존자)

● fall victim to A
A의 희생자가 되다

victimize 타 희생시키다, 부당하게 괴롭히다, 속이다

- The criminal attacked his **victim** with a baseball bat.
그 범인은 **피해자**를 야구 방망이로 공격했다.
- an innocent person **victimized** with faked bills 위조지폐에 속은 무고한 사람 [경찰]

1517 convict**
[kənvíkt]

국7 | 지7 | 서9 | 서7 | 경찰

타 유죄를 선고하다 명 [kánvikt] 재소자
con(강조)+vict(conquer) → 범인을 완전히 정복하다

conviction 명 1 유죄 선고 2 신념, 의견
- a person **convicted** of a criminal offense 범죄 행위에 대해 **유죄가 선고된** 사람 [경찰]

유 condemn
명 prisoner, inmate
반 acquit(무죄를 선고하다)

1518 convince***
[kənvíns]

국9 | 국7 | 지9 | 지7 | 서9 | 서7 | 경찰 | 국회 | 기상 | 법원 | 교행

타 납득[확신]시키다, 설득하다
con(강조)+vince(conquer) → 말로 상대방을 완전히 정복하다

convinced 형 확신하는 **convincing** 형 확신한, 설득력 있는 **convincingly** 부 납득이 가도록
- You'll need to **convince** them of your enthusiasm for the job.
  당신은 그 일에 대한 당신의 열의를 그들에게 **납득시킬** 필요가 있을 것이다.
- **convincing** evidence 설득력 있는 증거

유 assure, persuade
반 dissuade(단념시키다)
• convince oneself of ~을 확신하다

1519 evict*
[ivíkt]

국회

타 (주택이나 땅에서) 쫓아내다, 퇴거시키다
e(out)+vict(conquer) → 정복하여 밖으로 내보내다

eviction 명 퇴거, 축출
- They had been **evicted** for non-payment of rent. 그들은 집세 미납으로 쫓겨났다.

유 expel, eject
반 admit(들어가게 하다)

1520 evince*
[ivíns]

타 (감정을) 분명히 밝히다, 피력하다
e(out)+vince(conquer) → 정복한 것을 밖으로 내보이다

- She **evinced** a strong desire to be reconciled with her family.
  그녀는 자신의 가족과 화해하고 싶은 강한 희망을 **피력했다**.

유 attest, declare
반 conceal(숨기다)

1521 province**
[právins]

국7 | 지7 | 경찰 | 법원

명 1 《행정 단위》 주(州), 도(道) 2 (pl. the ~) (수도 외의) 지방 3 (특정 관심) 분야
pro(before)+vince(conquer) → 전에 정복한 지역[지식]

provincial 형 주(州)의, 도(道)의
- He comes from Jeju **province**, as you can tell from his accent.
  말투에서 알 수 있듯이 그는 제주도 출신이다. [지7]
- Teaching need not be the **province** of a special group of people nor need it be looked upon as a technical skill. 교직은 특별한 그룹에 속한 사람들의 **분야**가 아니어야 하고 기교로 간주되어서도 안 된다. [국7]

1522 vanquish*
[væŋkwiʃ]

국9

타 완파하다, 극복하다
vanqu(conquer)+ish(동)

- The positive effect of one loving relative, mentor or friend can **vanquish** the negative effects of the bad things that happen. 사랑하는 한 명의 친척, 조언자, 또는 친구의 긍정적 영향은 발생하는 나쁜 일들의 부정적인 영향들을 **극복할** 수 있다. [국9]

유 beat, defeat
반 lose(지다)

행정구역 명칭

1. **미국의 주(州, State)**: 미국과 같이 연방제 국가에서는 준 국가로서의 위치와 권리가 있다. 미국의 행정구역은 50개의 주가 있으며, 주는 다시 군(주에 따라 **County, Parish, Borough**)으로 나누어지고, 군은 시(**City**), 시는 읍(**Town**), 읍은 리(**Village**)로 나누어지는 것이 보통이다.

```
              ┌ County
    State  ─  ┤  Parish   ─ City ─ Town ─ Village
              └ Borough
```

2. **캐나다의 주(州, province)**: 캐나다는 10개의 주와 아직 공식 주가 아닌 3개의 주 (**territory**)가 있다.

3. **우리나라의 도(道, -do/province)**
   우리나라의 광역 자치 단체에 속하는 '도(-do)'를 province라 칭할 수 있다.

DAY 19 앉다, 서다

🔍 Preview & Review

sid, sed ▶ sit, settle

- preside
- president
- subsidiary
- sediment
- presidency
- residue
- subsidy
- supersede
- dissident
- subside
- assiduous
- sedate
- reside
- insidious
- sedentary

앉다 → 자리 잡은 → 정착하다, 살다
가라앉다 → 남아있는

stan(d) ▶ stand

- standard
- outstanding
- substance
- substandard
- withstand
- substantial
- misunderstand
- stance
- substantiate
- outstand
- circumstance

서다, 서 있다 → 단단히 고정된
→ 입장, 상황

sta(t), stant ▶ stand

- status
- understate
- stationary
- obstacle
- instantaneous
- state
- statesman
- statue
- stasis
- extant
- statement
- stature
- statute
- constant
- overstate
- static
- apostate
- instant

서다, 서 있다 → 상황, 상태
→ 고정적인, 정지된

stab ▶ stand firm

- establish
- stabilize / stabilise
- reestablish
- stable
- destabilize / destabilise

굳건히 서 있다 → 세우다
→ 안정된

stit ▶ set, stand

- constitute
- constitution
- institute
- institutionalize / institutionalise
- restitution
- substitute
- superstition
- destitute

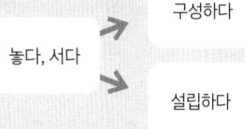

놓다, 서다 → 구성하다
→ 설립하다

sist ▶ stand; place

- assist
- consist
- consistent
- inconsistent
- insist
- persist
- desist
- resist
- irresistible
- subsist
- exist
- preexist
- coexist

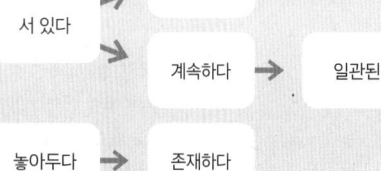

서 있다 → 돕다
→ 계속하다 → 일관된
놓아두다 → 존재하다

stin ▶ stand, be firm

- destine
- destination
- destiny
- predestine
- obstinate

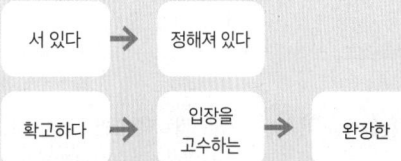

서 있다 → 정해져 있다
확고하다 → 입장을 고수하는 → 완강한

sid
= sit (앉다, 자리 잡다), settle (가라앉다)

암기유발 TIP
president 대통령
pre(before)+sid(sit)+ent(명)
→ (사람들) 앞에 앉은 사람

1523 지9 | 지7 | 교행 | 사복

preside* 자 (회의 등을) 주재하다, 주도하다 《at, over》
[prizáid] pre(before)+side(sit) → (사람들) 앞에 앉다

유 chair, direct, officiate 《at》

presidential 형 1 대통령의 2 주재하는
- The prime minister **presided** over an emergency cabinet meeting.
  총리가 긴급 내각 회의를 **주재했다**.

1524 지9 | 법원

presidency* 명 1 대통령[회장]직 2 대통령[회장] 임기
[prézədənsi] presiden(t)(대통령)+cy(명)

- candidates for the **presidency** 대통령직 후보자들
- She worked in the White House throughout the Obama **presidency**.
  그녀는 Obama **대통령 임기** 동안 백악관에서 일했다.

1525 지9 | 서9

dissident* 명 반체제 인사, 반대자
[dísidənt] dis(apart)+sid(sit)+ent(명) → 떨어져 앉은 사람

유 protester, rebel, dissenter
반 conformist (순응주의자)

dissidence 명 1 반체제 2 (의견, 성격 등의) 차이
- a political **dissident** 정치적 반체제 인사

1526 국7 | 지7 | 경찰 | 기상 | 법원

reside** 자 거주하다, 살다 《in》
[rizáid] re(back)+side(sit) → 다시 돌아와 앉다[자리 잡다]

유 live 《in》, dwell 《in》, inhabit, settle 《in》

residence 명 거주(지) **residential** 형 거주하기 좋은, 주택지의, 주거의
- He **resides** in St. Louis. 그는 St. Louis에 **산다**.
- **residential** area 주거 지역

MORE+ 관련어휘 여러 가지 주거 형태
casa	명 (美 남서부의) 집, 가옥
condominium	명 (한국의) 아파트
mansion	명 대저택
villa	명 1 시골 저택 2 별장
bungalow	명 단층집
cottage	명 (시골에 있는) 작은 집
hut	명 오두막, 막사
a detached house	명 단독 주택 (다른 집들과 떨어져 있음)
a semi-detached house	명 한쪽 벽면이 옆집과 붙어있는 집

1527 국9 | 국7 | 지9 | 지7 | 서9 | 경찰 | 기상 | 법원 | 사복

resident** 명 1 거주자, 주민 2 레지던트, 수련의 형 거주하는
[rézədənt] resid(e)(거주하다)+ent(명)(형)

유 명 1 inhabitant, dweller, local

- She is a **resident** of New York. 그녀는 New York **주민**이다.
- the city's **resident** voters 그 도시에 **거주하는** 유권자들

1528

residue[rézədjùː] 명 ¹잔여물 ²(법률) 잔여 유산(遺産)

유의어: ¹remnant, remains, leftovers, rest

residual 형 남은, 잔여[잔류]의

- Look for all-natural, non-toxic products that break down without leaving harmful **residues** in the environment.
환경에 해로운 **잔여물**을 남기지 않고 분해되는 100% 천연의 무독성 제품을 찾아라. [지9]
- She's still dealing with the **residual** effects of the accident.
그녀는 여전히 그 사고의 **잔류** 영향(후유증)을 겪고 있다.

1529

subside[səbsáid] 자 ¹가라앉다, 진정되다 ²(불어났던 물이) 빠지다 ³(땅이) 내려앉다

sub(under)+side(settle)

유의어: ¹let up, abate ³collapse, sink
반의어: ¹intensify (심해지다)

- With the development of western medicine in the nineteenth century, the popularity of herbal medicine **subsided**.
19세기 서양 의술의 발전으로, 약초에 대한 인기는 **가라앉았다**. [기상]
- The road will remain closed until the water **subsides**.
물이 **빠질** 때까지 그 도로는 계속 폐쇄될 것이다.

1530

insidious[insídiəs] 형 ¹(병이) 잠행성의, 서서히 퍼지는 ²교활한

in(in)+sidi(sit)+ous(형) → 안에 자리잡고 있는

유의어: ¹covert, surreptitious, stealthy, clandestine ²sly, cunning

insidiousness 명 교활함, 음흉함

- Most people with this **insidious** disease have no idea that they are infected.
이 **잠행성** 질환을 가진 대부분의 사람들은 자신들이 감염된 것을 모른다.
- You'd better be careful of her **insidious** nature.
당신은 그녀의 **교활한** 천성을 조심하는 것이 좋을 것이다.

MORE + 관련어휘 교활, 경솔

- cunning 형 교활한 명 ¹교활함 ²간계
- sly 형 ¹교활한, 음흉한 ²은밀한, 비밀의 ³(비밀을) 다 알고 있다는 듯한
- frivolity 명 ¹천박, 경박 ²경솔한 언동
- frivolous 형 ¹경솔한 ²시시한, 하찮은

1531

subsidiary[səbsídièri] 형 ¹부수적인 ²자회사의 명 자회사 (자본 관계에 의해 다른 기업의 지배를 받는 회사)

sub(under)+sid(sit)+ary(형) → 아래에 앉아 있는

유의어: 형 ¹secondary, subordinate, auxiliary, ancillary

- a **subsidiary** issue 부수적인 문제
- As a result of the reorganization, Pegasus Satellite will become a direct **subsidiary** of the new holding company. 개편의 결과로, Pegasus Satellite는 새로운 지주회사의 직속 **자회사**가 될 것이다.

1532

subsidy[sʌ́bsədi] 명 (정부의) 보조금

sub(under)+sid(sit)+y(명) → 아래에서 자리 잡도록 해주는 것

유의어: financial aid, help, support, grant, assistance

subsidize 타 보조금을 주다

- Government **subsidies** and demands for new airplanes vastly improved techniques for their design and construction. 정부 **보조금**과 새로운 항공기에 대한 수요는 항공기의 설계와 구조를 엄청나게 향상시켰다. [지9][사복]

1533

assiduous＊ [əsídʒuəs]
형 근면 성실한, 부지런한
as(to)+sidu(sit)+ous(형) → 꾸준히 앉아있는

유 diligent, industrious, sedulous, operose

assiduity 명 근면, 부지런함
- I was not an **assiduous** student. 나는 근면 성실한 학생이 아니었다.

---

sed
= sit (앉다, 자리 잡다), settle (가라앉다)

암기유발 TIP

sedan (17-18세기의) 의자식 가마 → 세단
《지붕이 있고 운전석을 칸막이하지 않은 4~6인승 승용차》
sedere(sit) → sella(seat) → sedan

1534

sedentary＊＊ [sédntèri]
형 ¹주로 앉아서 지내는 ²한곳에 머물러 사는, 정주(定住)성의
sed(sit)+ent(형)+ary(형)

유 ²inactive, static, immobile, stationary
반 ²migratory (이동성의)

sedentariness 명 앉아 있음, 앉아 일함
- In our civilization at present, many of us have **sedentary** or semi-**sedentary** occupations. 현재 우리 문명에 있어서 우리 중 많은 사람들은 주로 앉아서 일하는 직업이나 반 정도는 앉아서 일하는 직업을 가지고 있다.
- **sedentary** birds 정주성 조류, 텃새

MORE+ 관련어휘 자세에 관한 어휘
- ensconce 타 ¹안락하게 자리를 잡다 ²감추다, 숨기다
- crouch 자 ¹몸을 쭈그리다, 쭈그리고 앉다 ²굽실거리다 명 웅크림
- flop 자 ¹털썩 주저앉다, 드러눕다 ²변절하다 ³실패하다 명 실패작
- sprawl 자 ¹큰 대자로 눕다 ²제멋대로 퍼져 나가다 명 불규칙하게 퍼짐
- straddle 자타 ¹다리를 벌리고 앉다[서다] ²기회를 엿보다 명 두 다리로 버티기
- stoop 자 ¹웅크리다, 구부리다 ²자세가 구부하다
  명 ¹구부정한 자세 ²현관 입구의 계단
- upright 형 ¹똑바른, 꼿꼿한 ²(사람이) 곧은, 강직한 명 직립 (상태)

1535

sediment＊ [sédəmənt]
명 ¹침전물, 앙금 ²퇴적물
sedi(settle)+ment(명) → 가라앉는 것

유 ¹dregs, lees, residue, grounds
²deposit, silt

sedimentary 형 《지리》 퇴적물의, 퇴적 작용으로 생긴
- Miners would separate gold from worthless minerals using a pan; gold would settle to the bottom of the pan, and other **sediments** would be removed. 광부들은 냄비를 사용해 금을 쓸모없는 광물들과 분리하여, 금은 냄비 바닥에 가라앉고, 다른 **침전물들**은 제거되곤 했다. [경찰]
- deep sea **sediment** 심해 퇴적물

1536

supersede＊ [sùːpərsíːd]
타 대신하다, 대체하다
super(over)+sede(sit) → 자리를 넘겨받아 앉다

유 replace, supplant, substitute 《for》

- supersede A with[by] B
A를 B로 대체하다

supersedence 명 대체 **superseder** 명 대체하는 사람
- Gas-burning stoves have been **superseded** by electric stoves.
가스난로는 전기난로로 **대체되었다**.

1537

sedate*
[sidéit]

형 차분한, 조용한 타 (~에게) 진정제를 주다
sed(sit)+ate(형/동) → 가만히 앉아있도록 하는

sedation 명 1 진정제 투여 2 진정(된 상태)   sedative 명 진정제

- He remained **sedate** under pressure. 그는 압박감 속에서도 여전히 **차분**했다.
- Last night she was under heavy **sedation**. 어젯밤 그녀는 강한 **진정제를 맞은 상태**였다.

유 형 calm, tranquil, placid, composed
타 tranquillize

---

stan(d)
= stand (서다, 서 있다)

암기유발 TIP
newsstand 신문 가판대
news(뉴스)+stand(stand)
→ 길가에 서 있는 신문 판매대

1538

standard***
[stǽndərd]

명 1 수준, 기준 2 (pl.) (도덕) 규범 3 표준 단위   형 1 일반적인 2 표준의
stand(서다)+(h)ard(firmly) → 단단히 서 있다 → 단단히 세워진 것

standardize 타 표준화하다

- **standard** time 표준 시간
- to measure and **standardize** children's accomplishments
  아동의 성취를 측정하고 **표준화하다** [지9]

유 명 1 level, criterion 2 norm
형 1 normal, usual

1539

substandard**
[sʌbstǽndərd]

형 수준 이하의, 열악한
sub(under)+standard(표준의) → 표준에 못 미치는

- Living conditions, such as **substandard** housing, have a major impact on health. **열악한** 주택과 같은 생활 여건들은 건강에 중대한 영향을 미친다.

유 inferior, inadequate, imperfect, defective

1540

misunderstand**
[mìsəndərstǽnd]

자/타 오해하다
mis(wrongly)+understand(이해하다)

misunderstander 명 오해하는 사람

- She expressed herself in clear terms that no one could **misunderstand**.
  그녀는 아무도 **오해**할 수 없도록 분명한 용어로 자신을 표현했다.

유 misconstrue, misinterpret, misapprehend
반 grasp(완전히 이해하다)

1541

outstand*
[àutstǽnd]

자 1 눈에 띄다, 돌출하다 2 출항하다   타 저항하다, 반대하다
out(outside)+stand(서다) → 바깥쪽에 서다

- He **outstood** high officials in the land, so they conspired against him.
  그가 그 나라의 고위 관직자들에 **반대해서** 그들은 그에 대해 음모를 꾸몄다.
- *cf.* **stand out** 눈에 띄다, 두드러지다

유 타 resist, disagree 《with》, oppose

1542

outstanding***
[àutstǽndiŋ]

형 1 뛰어난 2 두드러진 3 (보수, 문제 등이) 미지불된, 미해결된
outstand(눈에 띄다)+ing(형)

outstandingly 부 1 뛰어나게 2 두드러지게   outstandingness 명 1 우수함 2 미결임

- Nepal is a country of **outstanding** natural beauty. Nepal은 **뛰어난** 자연미를 가진 나라이다.
- an **outstanding** payment 미지불금

유 1 excellent, remarkable, magnificent
3 undone, unpaid, unsettled

1543
withstand** [wiðstǽnd]
타 견뎌 내다, 이겨 내다
with(against)+stand(서다) → ~에 대항하여 서다
서9 | 국회

유 resist, endure, tolerate, put up with
반 give in to (~에 굴복하다)

- to His revolutionary hypothesis has **withstood** the test of time.
그의 혁신인 가설은 세월의 시험을 견뎌 왔다. [서9]

1544
stance** [stæns]
명 1 (공개적인) 입장, 태도 2 (서 있는) 자세
stan(stand)+ce(명)
국7 | 지7 | 서9 | 법원

유 1 attitude, position, standpoint, perspective
2 posture

- to take a different **stance** 다른 입장을 취하다 [지7]

1545
circumstance*** [sə́ːrkəmstæns]
명 1 환경, 상황, 정황 2 (pl.) (재정) 형편, 사정
circum(around)+stan(stand)+ce(명) → 주변에 서 있는 것
국9 | 국7 | 지9 | 지7 | 서9 | 서7 | 경찰 | 국회 | 기상 | 법원 | 교행 | 사복

유 situation, conditions, state of affairs

circumstantial 형 《법률》 정황적인

- The issues should be judged on the **circumstances** at the time.
문제들은 그 당시의 상황에 의거하여 판단되어야 한다.
- **circumstantial** evidence 정황 증거

1546
substance*** [sʌ́bstəns]
명 1 물질 2 (금지) 약물 3 본질, 핵심
sub(under)+stan(stand)+ce(명) → 아래[근본]에 서 있는 것
국9 | 지9 | 서9 | 경찰 | 기상 | 법원

유 1 material, matter
3 essence, core

- Almost all **substances** expand when heated and contract when cooled.
거의 모든 물질은 가열될 때 팽창하고 냉각될 때 수축한다. [기상]
- **substance** abuse treatment 약물 남용 치료 [서9]
- The book lacks **substance**. 그 책은 핵심이 없다.

1547
substantial** [səbstǽnʃəl]
형 1 (양 등이) 상당한 2 튼튼한, 견고한
sub(under)+stant(stand)+ial(형) → 본질[핵심]적인
국9 | 국7 | 서9 | 경찰 | 기상

유 1 considerable, significant, sizable
2 sturdy, solid, durable

- Economists are debating whether donating **substantial** amounts of money to poorer nations is helpful in the long run. 경제학자들은 상당한 액수의 돈을 더 가난한 나라에 기부하는 것이 장기적으로 보아 도움이 되는지 논쟁하고 있다. [경찰]
- Only the buildings that were constructed of more **substantial** materials survived the earthquake. 더 튼튼한 자재로 건설된 건물들만이 그 지진에서 살아남았다.

1548
substantiate* [səbstǽnʃièit]
타 입증하다
sub(under)+stanti(stand)+ate(동) → 본질[핵심]을 제공하다
서9

유 prove, justify, vindicate, validate, corroborate

- No evidence has been found to **substantiate** the story.
그 이야기를 입증할 아무 증거도 발견되지 않았다.

sta(t), stant
= stand (서다, 서 있다)

암기유발 TIP
distant 먼, 떨어져 있는
dis(apart, off)+stare(stand) → 떨어져 서 있는

1549
status*** [stéitəs]
명 1 (법적) 신분, 자격 2 지위 3 상황
국9 | 국7 | 지9 | 지7 | 서9 | 서7 | 기상 | 법원 | 교행 | 사복

유 1,2 position, standing, rank, grade

- a high social **status** 높은 사회적 지위
- **status** quo 현재 상황

1550

국9 | 국7 | 지9 | 지7 | 서9 | 서7 | 경찰 | 국회 | 기상 | 법원 | 교행 | 사복

state***
[steit]

명 ¹상태 ²국가 ³주(州) 타 ¹말하다 ²(문서에) 명시하다

유 명 ¹condition, circumstances
타 ¹express, declare, announce, utter

- The museum restored the exhibits to their original **state**.
  박물관은 그 전시물들을 원래 **상태**로 복원했다.
- **state** university 주립 대학
- A member of Parliament clearly **states** that he believes in the rehabilitation of offenders. 어떤 국회의원은 범죄자들의 갱생에 대해 믿는다고 분명하게 **말한다**.

1551

국9 | 국7 | 서9 | 경찰 | 법원

statement**
[stéitmənt]

명 ¹성명(서), 진술(서) ²입출금 명세서

state(말하다)+ment(명)

유 ¹declaration, announcement, account, report

- The police required a full **statement** from the only witness.
  경찰은 유일한 목격자로부터 자세한 **진술**을 요구했다.
- bank **statement** (은행 계좌의) 입출금 명세서

1552

overstate*
[òuvərstéit]

타 (실제보다 더 중요한 것처럼) 과장하다

over(over)+state(말하다)

유 exaggerate

overstatement 명 과장한 말, 허풍

- He is **overstating** the gravity of the problem. 그는 그 문제의 심각성을 **과장하고** 있다.

1553

understate*
[ʌ̀ndərstéit]

타 (실제보다) 축소해서 말하다, 낮추어 말하다

under(below)+state(말하다)

유 de-emphasize, trivialize, diminish
반 overstate (과장하다)

understatement 명 절제된 표현

- The press have **understated** the extent of the problem.
  그 신문은 문제의 정도를 축소 **보도했다**.

1554

지9 | 지7 | 서7 | 경찰

statesman**
[stéitsmən]

명 (경험 많고 존경받는) 정치가

states(국가)+man(man) → 국가를 위해 일하는 사람

유 senior politician, political leader

- a respected elder **statesman** 존경받는 원로 정치가

1555

기상

stature*
[stǽtʃər]

명 ¹(사람의) 키 ²지명도, 위상

stat(stand)+ure(명) → 서 있는 높이

유 ¹height ²reputation, prestige, authority

- middle **stature** 중간키
- the first American poet of international **stature** 국제적 **위상**을 지닌 최초의 미국 시인 [기상]

1556

서9 | 경찰

static**
[stǽtik]

형 ¹고정적인 ²정지된, 변화가 없는 명 ¹(수신기의) 잡음 ²정전기

stat(stand)+ic(형)

유 형 ¹steady, fixed, constant, uniform
반 형 ²dynamic (역동적인)

- The state of the art in computer technology is anything but **static**.
  컴퓨터의 최첨단 기술은 결코 **변화가 없는** 것이 아니다. [서9]
- **static** on the radio 라디오에서 나오는 **잡음**

1557

stationary *** [stéiʃənèri]
형 1 정지한 2 변하지 않는
stat(stand)+ion(명)+ary(형)

국7 | 지9 | 서7 | 경찰 | 기상 | 법원

유 1 immobile, parked, halted 2 constant, consistent, steady, stable
반 mobile(1 이동하는 2 변하기 쉬운)

station 명 1 역, 정거장 2 방송국 동 (군인을) 주둔시키다
- The stars appear **stationary** because they are so far away.
  별들은 너무 멀리 떨어져 있기 때문에 **정지해 있는** 것처럼 보인다.
- a **stationary** population 변하지 않는 인구
- *cf.* stationery 명 문구류

MORE + 혼동어휘
stationary (정지한) vs. stationery (문구류)
station**ary**: 차들이 정지하는 주차는 **park**의 ar로 연상
station**ery**: 대표적인 문구류인 **paper**의 er로 연상

1558

statue *** [stǽtʃuː]
명 조각상
statue(stand) → (움직이지 않고) 서 있는 것

지9 | 경찰 | 국회 | 기상 | 법원 | 사복

statuary 명 조각상들
- She stopped and stood like a **statue**. 그녀는 **조각상**처럼 멈춰 서 있었다.
- **Statue** of Liberty 자유의 여신상

1559

statute * [stǽtʃuːt]
명 1 법규, 법안 2 규정, 학칙
statute(stand) → (확고하게) 서 있는 것

국회 | 사복

유 1 law, bill, enactment 2 regulation, rule

statutory 형 법에 명시된, 법으로 정한
- The state legislature passed the **statute** by an overwhelming margin.
  주(州)의회는 압도적인 득표 차로 **법안**을 통과시켰다.
- college **statutes** 대학 학칙

1560

apostate * [əpǽsteit]
명 변절자, 배교자 형 변절한, 배교의
apo(off)+state(stand) → 멀리 벗어나 서 있는

유 명 dissenter, nonconformist, deserter
반 명 follower(추종자)

apostatical 형 변절한, 배교의
- Those who didn't accept were considered **apostates**.
  받아들이지 않는 이들은 **변절자**로 여겨졌다.
- an **apostate** Roman Catholic **변절한** 로마 가톨릭 신자

1561

obstacle *** [ɑ́bstəkl]
명 장애(물)
ob(against)+sta(stand)+cle(명) → (앞을) 가로막고 서 있는 것

국9 | 국7 | 지9 | 지7 | 서9 | 국회 | 사복

유 hindrance, impediment, obstruction, barrier

- Many people have faced great **obstacles** in their lives but have found ways to overcome them. 많은 사람들은 그들의 삶에서 큰 **장애**에 직면하지만 그것들을 극복하는 방법들을 찾아내 왔다. [국9]

1562

stasis * [stéisis]
명 정체(停滯), 정지 상태
sta(stand)+sis(명)

지7

유 inactivity, inertness

- The country is in economic **stasis**. 그 나라는 경제 **정체** 속에 있다.

1563
constant* [kάnstənt]
- 형 ¹ 끊임없는 ² 변함없는 명 《수학》 상수(常數)
- con(강조)+stant(stand) → 완전하게 서 있는
- 유 형 ¹ continual, continuous, persistent ² consistent, steady

constantly 튀 끊임없이 **constancy** 명 ¹ 불변성 ² 지조, 절개
- the cosmological **constant** 우주 상수 《진공의 에너지 밀도를 나타내는 기본 물리 상수》 [서9]
- The world is **constantly** changing. 세상은 끊임없이 변하고 있다.
- cf. variable 명 변수

1564
instant ** [ínstənt]
- 형 ¹ 즉각적인 ² (식품이) 인스턴트의 명 순간, 찰나
- in(in)+stant(stand) → 가까이 서 있다
- 유 형 ¹ immediate, prompt, impromptu

instantly 튀 즉시
- The Internet provides **instant** access to an enormous amount of information. 인터넷은 엄청난 양의 정보로의 즉각적인 접근을 제공한다.
- **instant** coffee 인스턴트 커피

1565
instantaneous ** [ìnstəntéiniəs]
- 형 즉각적인
- instant(즉각적인)+aneous(형)
- 유 immediate, prompt, swift

instantaneousness 명 ¹ 순간 ² 즉석 ³ 동시
- an **instantaneous** response 즉각적인 반응

1566
extant * [ékstənt, ekstǽnt]
- 형 현존하는, 잔존하는
- ex(out)+(s)tant(stand) → 밖으로 돌출하여 서 있는 → 눈으로 볼 수 있는, 존재하는
- 유 existent, surviving, remaining

- one of the oldest buildings still **extant** 아직 현존하는 가장 오래된 건물 중 하나

stab
= stand firm (굳건히 서 있다)

1567
establish* [istǽbliʃ]
- 타 ¹ 설립하다, 세우다 ² (관계를) 수립하다 ³ 확립하다 ⁴ (사실을) 입증하다
- e+stabl(e)(안정된)+ish(동)
- 유 ¹ set up, found, institute ⁴ prove, verify, demonstrate

establishment 명 ¹ 기관 ² 설립 ³ (사회) 지배층
- Air quality guidelines were **established** to protect public health. 공중 보건을 지키기 위해 대기 질에 대한 지침이 세워졌다.
- to **establish** one's innocence 누군가의 결백을 입증하다

1568
reestablish ** [rìːistǽbliʃ]
- 타 ¹ 재건하다 ² 복구[회복]하다
- re(again)+establish(설립하다)
- 유 ¹ rebuild, remake, reassemble ² restore, retrieve, reinstate

- The city is trying to **reestablish** itself as a tourist destination. 그 도시는 관광지로 재건하려고 노력하고 있다.
- She is working hard to **reestablish** her political influence. 그녀는 자신의 정치적 영향력을 회복하기 위해 열심히 일하고 있다.

1569
stable*** [stéibl]
〔형〕 ¹ 안정된, 안정적인 ² 차분한 〔명〕 마구간

국9 | 국7 | 지7 | 국회 | 기상 | 법원 | 사복

〔유〕〔형〕 ¹ secure, sound, solid
〔반〕〔형〕 ¹ unstable (불안정한)

stability 〔명〕 안정(성)   instability 〔명〕 불안정(성)

- Children need to be raised in a **stable** environment.
  아이들은 **안정적인** 환경에서 키워야 한다.
- The resources found in new areas will be critical to ensuring global energy **stability**. 새로운 지역에서 발견된 자원은 세계 에너지 **안정성**을 보장하는 데 매우 중요할 것이다.

1570
stabilize / **stab**ilise*** [stéibəlàiz]
〔자〕〔타〕 안정되다, 안정시키다
stab(le)(안정된)+ilize(동)

지9

〔유〕 secure, strengthen, reinforce, fortify, enhance

stabilization 〔명〕 안정(화)

- Socially and politically, poor relief was a means of **stabilizing** the existing social order. 사회적으로 그리고 정치적으로 빈민 구제는 현존하는 사회 질서를 **안정시키는** 수단이었다.

1571
destabilize / **destab**ilise** [di:stéibəlàiz]
〔타〕 (국가 등을) 불안정하게 만들다
de(not)+stabilize(안정시키다)

서9

〔유〕 jeopardize, disrupt, imperil, subvert, sabotage

destabilization 〔명〕 불안정성

- The accused were charged with conspiracy to **destabilize** the government.
  피고들은 정부를 **불안정하게 하려고** 음모하여 기소되었다.

stit
= set (놓다), stand (서다)

암기유발 TIP
institute 기관, 협회, 도입하다
in(in)+stit(stand)+ute(동) → 안에 세우다

1572
constitute*** [kánstət∫ùːt]
〔타〕 ¹ 구성하다 ² (~이) 되다, 여겨지다 ³ 설립하다
con(강조)+stit(set)+ute(동) → 완전히 놓다

국9 | 국7 | 지9 | 서9 | 경찰 | 법원 | 교행 | 사복

〔유〕 ¹ comprise, compose, make up
² represent, embody, be equivalent to

constituent 〔형〕 구성하는 〔명〕 구성 성분

- Globally, pedestrians **constitute** 22% of all road traffic fatalities.
  전세계적으로, 보행자는 모든 도로 교통사고 사망자의 22%를 **구성한다**. [지9]
- The invasion **constitutes** a clear violation of our sovereignty.
  그 침략은 우리 주권에 대한 명백한 침해가 **된다**.

1573
constitution*** [kànstət∫úːʃən]
〔명〕 ¹ 구성, 설립 ² 헌법 ³ 체질
constitut(e)(구성하다)+ion(명)

국7 | 지7 | 서7 | 경찰 | 국회 | 사복

〔유〕 ¹ structure, form, construction
³ state of health

constituency 〔명〕 ¹ 선거구 ² 유권자들   constitutional 〔형〕 ¹ 헌법의 ² 체질의

- The right to free speech is guaranteed by the **Constitution**.
  언론 자유의 권리는 **헌법**에 의해 보장된다.
- He has a robust **constitution**. 그는 튼튼한 **체질**이다.
- **constitutional** assembly 헌법 제정 회의

1574
institute*** [ínstətjùːt] 國9 | 國7 | 지9 | 지7 | 서9 | 서7 | 국회 | 법원 | 교행 | 사복

몡 기관, 협회 타 (제도 등을) 도입하다
in(in)+stit(stand)+ute(동) → 안에 세우다

institution 몡 ¹기관 ²보호 시설 ³제도, 관습 **institutional** 혱 ¹기관의 ²보호 시설의 **institutor** 몡 설립자

- They have **instituted** new policies to increase public safety.
  그들은 공공안전을 증진하기 위해 새로운 정책을 **도입했다**.
- an **institutional** investor 《경제》 기관 투자자

유 몡 organization, establishment
타 set up, found, launch, initiate

1575
institutionalize / institutionalise* [ìnstətjúːʃənəlàiz]

타 ¹제도화하다 ²보호 시설로 보내다
institution(제도)+al(형)+ize(동)

- This task of **institutionalizing** the peace process on the Korean Peninsula will take time. 한반도 평화 협상 절차를 **제도화하는** 이 과업은 시간이 걸릴 것이다.
- She was **institutionalized** for seven years. 그녀는 7년 동안 보호 시설에 입원해있었다.

유 ²hospitalize, confine

1576
restitution* [rèstətjúːʃən]

몡 ¹(분실물 등의) 반환 ²《법률》 배상
re(again)+stit(stand)+ut(e)(동)+ion(명) → 다시 세우기

restitutory 혱 ¹반환의 ²배상의 **restitutive** 혱 ¹반환의 ²배상하는, 보상하는

- The country demanded the **restitution** of its lost lands.
  그 나라는 잃어버린 땅의 **반환**을 요구했다.
- He was ordered to make **restitution** to the victim. 그는 피해자에게 **배상**하도록 명령받았다.

유 ¹return, restoration
²compensation, recompense, indemnity, reimbursement

1577
substitute** [sʌ́bstətjùːt] 지9 | 서9 | 경찰 | 국회

자타 대체되다, 대신하다 《for, with》 몡 ¹대리인 ²대용품
sub(under)+stit(stand)+ute(동) → 다른 장소에 두다

substitutive 혱 대용이 되는 **substitution** 몡 ¹대리(인), 대용 ²대체 선수

- Many consumers are extremely limited in their ability to **substitute** between fuels. 많은 소비자들은 연료 중에서 **대체할** 능력이 극히 제한되어 있다. [경찰]
- Vegans eat **substitutes** for meat, fish and poultry.
  비건(엄격한 채식주의자)은 고기, 생선 그리고 가금류 **대용품**을 먹는다. [지9]

유 자타 replace, switch, exchange
몡 ¹surrogate, deputy

- substitute A for B
= substitute B with A
A를 B로 대체하다

1578
superstition** [sùːpərstíʃən] 國7 | 서7 | 경찰 | 법원

몡 ¹미신 ²주술
super(above)+stit(stand)+ion(명) → (인간 세상) 너머의 존재

superstitious 혱 ¹미신을 믿는, 미신적인 ²주술적인

- In modern America, where **superstitions** are seen as the beliefs of a weak mind, 44 percent of the people surveyed still admitted they were **superstitious**. 현대 미국에서는 **미신**을 마음이 약한 사람의 믿음으로 보는데, 조사 대상자의 44%는 자신이 **미신을 믿는다**고 여전히 인정했다. [서7]

유 ¹myth

1579
destitute* [déstətjùːt] 서9 | 서7 | 경찰 | 국회

혱 ¹궁핍한 ²《the ~》 극빈자들 ³~이 없는 《of》
de(away)+stit(stand)+ute(형) → 떨어져 서 있는

destitution 몡 ¹빈곤 ²결핍 (상태)

- Born into a family of **destitute** laborers, Carnegie received little schooling.
  빈곤한 노동자 가정에서 태어난 Carnegie(카네기)는 학교 교육을 거의 받지 못했다. [서9]
- We were **destitute** of the necessaries of life. 우리는 생활필수품이 **없었다**.

유 ¹poor, impoverished, indigent, penurious, deprived
³devoid 《of》, lacking 《in》

sist
= stand (서 있다); place (놓아두다)

1580 국9 | 국7 | 지9 | 지7 | 서9 | 경찰 | 기상 | 법원

assist*** [əsíst]

㉧ 돕다, 도움이 되다
as(to)+sist(stand) → 가까이 서 있다 → 시중들다

assistance ㉰ 도움, 원조 assistant ㉰ 조수, 보조원

- As the people in the area learn of his plight, they offer **assistance** in various ways. 그 지역 사람들이 그의 곤경을 알게 되면 그들은 다양한 방법으로 **도움**을 제공한다.
- **assistant** director 조감독

㊌ help, aid, support, serve
㊙ hinder(방해하다)

1581 국7 | 지9 | 지7 | 서9 | 서7 | 기상 | 교행 | 사복

consist*** [kənsíst]

㉤ ¹이루어져 있다 《of》 ²있다, 존재하다 《in》 ³일치하다 《with》
con(with, together)+sist(place)

- Lunch was in a typical Cuban restaurant and **consisted** of fruit, rice and chicken. 점심은 전형적인 쿠바 식당에서였고 (식사는) 과일, 밥 그리고 닭고기로 **이루어져 있었다**.
- Happiness **consists** in being satisfied with what you have.
  행복은 가진 것에 만족하는 것에 **있다**.

㊌ ¹be composed (of), be made up (of)
²exist (in), lie (in), reside (in)

1582 국9 | 국7 | 지7 | 서9 | 서7 | 경찰 | 기상 | 법원 | 사복

consist**ent***** [kənsístənt]

㉱ ¹일관된, 한결같은 ²거듭되는 ³일치하는
con(together)+sist(stand)+ent(㉱) → 다 같이 위치하는

consistency ㉰ ¹일관성 ²(용액의) 농도 consistence ㉰ 농도, 밀도

- a **consistent** policy 일관된 정책
- It's important to show some **consistency** in your work.
  당신의 일에서 어느 정도 **일관성**을 보여주는 것이 중요하다.

㊌ ¹steady, stable, constant
³compatible, congruous, accordant

• be consistent with ~와 일치하다

1583 국7 | 기상 | 법원

insist**ent**** [ìnkənsístənt]

㉱ ¹일관성 없는 ²(내용이) 모순되는, (규범 등에) 부합하지 않는
in(not)+consistent(일관된)

inconsistency ㉰ 불일치, 모순

- Customers have been complaining about the **inconsistent** service they have received. 고객들은 자신들이 받아온 **일관성 없는** 서비스에 대해 불평해 왔다.
- **inconsistent** statement 모순된 진술

㊌ ¹erratic, capricious, fickle
²incompatible, conflicting, contradictory
㊙ coherent(일관성 있는)

1584 국9 | 국7 | 지9 | 지7 | 서7 | 경찰 | 국회 | 법원 | 사복

insist*** [insíst]

㉧ ¹고집하다, 우기다 ²(사실이라고) 주장하다
in(upon)+sist(take a stand) → 주장 위에 서 있다

insistent ㉱ ¹고집하는, 집요한 ²계속되는 insistence ㉰ ¹고집 ²주장 ³강조

- Both men **insist** that they are innocent. 두 남자 모두 자신들이 결백하다고 **주장한다**.
- The craving for salt is more **insistent** than the desire for food itself.
  소금에 대한 욕구가 음식 자체에 대한 욕구보다 더 **집요하다**. [지9]

㊌ ¹demand, urge, exhort
²maintain, assert, claim

1585 국9 | 국7 | 지9 | 지7 | 서9 | 경찰 | 국회 | 법원 | 교행 | 사복

persist*** [pərsíst]

㉤ ¹(끈질기게) 계속하다 ²지속되다
per(thoroughly)+sist(stand still) → 내내 가만히 서 있다

persistent ㉱ ¹끈질긴, 집요한 ²끊임없이 지속되는 persistence ㉰ ¹고집 ²지속됨

- New research shows that psychological impacts of stress may **persist** in children and even grandchildren. 새로운 연구는 스트레스의 정신적 영향이 자녀와 심지어는 손주에게까지 **지속될** 수 있다는 것을 보여준다. [국9]
- the **persistent** appeal of paper instead of e-books 전자책 대신 **지속되는** 종이의 매력 [지9]

㊌ persevere, continue, last, carry on, remain, linger

• persist in 고집하다

1586
desist*
[dizíst, -síst]

㈀ 그만두다, 단념하다 《from》
de(off)+sist(stand) → 그만 서 있다

desistance ⓝ 중지, 단념

- The soldiers have been ordered to **desist** from firing their guns.
  병사들은 총을 쏘는 것을 **그만두라는** 명령을 받았다.

㈀ abstain, refrain, hold back, forbear

1587
resist***
[rizíst]

국9 | 국7 | 지9 | 지7 | 서9 | 경찰 | 국회 | 기상 | 법원 | 사복

㈀ ¹ 저항하다, 반대하다 ² 참다, 견디다
re(against)+sist(stand)

resistance ⓝ 저항(력)   **resistant** ⓐ ¹ 저항력 있는 ² 잘 견디는

- He was able to **resist** the urge to tell her his secret.
  그는 그녀에게 자신의 비밀을 말할 충동을 **참을** 수 있었다.
- water **resistance** 내수성(耐水性) (물에 잘 견디는 성질)

㈀ ¹ oppose, combat, defy, stand up to ² withstand
㈁ accept(순응하다)

1588
irresistible*
[ìrizístəbl]

ⓐ ¹ 저항할 수 없는 ² 거부할 수 없는, 유혹적인
ir(not)+resist(저항하다)+ible(ⓐ)

irresistibility / irresistibleness ⓝ ¹ 저항할 수 없음 ² 매력적임

- The force of the waves was **irresistible**. 파도의 힘은 **저항할 수 없었다**.
- the **irresistible** aroma of fresh bread 신선한 빵의 **유혹적인** 냄새

㈀ ¹ overwhelming, compelling ² tempting, enticing, alluring, seductive

1589
subsist*
[səbsíst]

국7 | 지9 | 경찰 | 교행 | 사복

㈀ ¹ (~으로) 근근이 살아가다, 연명하다 《on》 ² 존속되다, 유효하다
sub(under)+sist(stand) → 아래에 굳건히 서 있다 → 스스로를 부양하다

subsistence ⓝ 최저 생활, 생존   **subsistent** ⓐ ¹ 존재하는 ² 타고난

- the rural poor who **subsist** on a diet that meets only about 80 percent of their nutritional requirements 그들의 영양상 필요조건의 대략 80%만을 충족시키는 식단으로 근근이 살아가는 시골의 가난한 사람들 [지9][사복]
- *Foraging* is a **subsistence** strategy based on gathering plants that grow wild in the environment and hunting available animals. '수렵 채집'은 환경에서 야생으로 자라는 식물을 채집하는 것과 얻을 수 있는 동물들을 사냥하는 것에 바탕을 둔 **생존** 전략이다. [교행]

㈀ ¹ manage, survive 《on》, linger 《on》 ² continue, remain, stand

1590
exist***
[igzíst]

국9 | 국7 | 지9 | 지7 | 서9 | 서7 | 경찰 | 국회 | 기상 | 법원 | 사복

㈀ ¹ 존재하다 ² (힘들게 근근이) 살아가다
ex(forth)+(s)ist(stand) → 밖으로 나와 서 있다 → 존재하다

existence ⓝ ¹ 존재 ² 생계   **existent** ⓐ 존재하는 ⓝ 《철학》 실존하는 것

- She believes that ghosts really do **exist**. 그녀는 유령이 정말 **존재한다고** 믿는다.
- the **existence** of God 신의 **존재**

㈀ ¹ live ² survive, subsist
• in existence 현존하는

1591
preexist*
[prì:igzíst]

㈀㈁ 이전에[이전부터] 존재하다
pre(before)+exist(존재하다)

preexisting ⓐ 기존의

- The insurance does not cover **preexisting** medical conditions.
  그 보험은 **기존** 질병은 보상하지 않는다.

DAY 19 331

1592 coexist**
[kòuigzíst]

자 공존하다, 동시에 존재하다 《with》
co(together)+exist(존재하다)

coexistence 명 공존 coexistent 형 공존하는

- The principles of representative democracy and the principles of free-market economics were able to **coexist**.
  대의 민주주의 원칙과 자유 시장 경제 원칙은 **공존할** 수 있었다. [서9]
- peaceful **coexistence** 평화 공존 정책

stin
= stand (서다), be firm (확고하다)

1593 destine*
[déstin]

타 ¹ 예정해 두다 ² (운명으로) 정해지다
de(completely)+stine(stand) → 완전히 서 있다 → 정해져 있다

¹ plan, design, aim, intend, devise

- As an actor, director and teacher, he was **destined** to influence and inspire the many who worked with him. 배우, 연출가, 교사로서 그는 그와 함께 일하는 많은 사람들에게 영향을 주고 영감을 줄 **운명이었다**. [국9]

1594 destination**
[dèstənéiʃən]

명 목적지, 도착지
destin(e)(예정하다)+ation(명)

- Experienced travel agents of yesterday are being rapidly replaced by new ones who have less firsthand knowledge of **destinations**. 어제의 숙련된 여행사 직원들은 **목적지**에 대한 직접적인 지식이 더 없는 새로운 사람들로 빠르게 대체되고 있다. [지9]

1595 destiny**
[déstəni]

명 운명
destin(e)(정해지다)+y(명)

- Despite what you might think, luck isn't a matter of fate or **destiny**.
  네가 어떻게 생각할지 모르지만, 행운은 숙명 즉 **운명**의 문제가 아니다. [법원]

1596 predestine*
[pridéstin]

타 (신이 사람을) 운명 짓다
pre(before)+destine(정해지다)

preordain, foreordain, predetermine

- From a very young age, he was **predestined** to be a scientist.
  아주 어린 나이부터 그는 과학자가 될 **운명이었다**.

1597 obstinate*
[ábstənət]

형 완강한, 고집 센
ob(by)+stin(stand, be firm)+ate(형) → 마음이 확고한

stubborn, persistent, tenacious, inflexible

obstinateness 완고함, 완강함
- to be as **obstinate** as a mule 노새만큼 고집이 세다

Common Superstitions

1. **Friday the 13th: Bad luck**
   예수님이 금요일에 돌아가시고 최후의 만찬의 마지막 손님이 유다였기 때문이다.

2. **Itchy Palm: Good Luck**
   손바닥이 가려우면 돈이 굴러들어온다고 생각하였기 때문에 긁지 않았다고 한다.

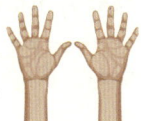

3. **Walking Under a Ladder: Bad Luck**
   몇몇 신화에서는 펴진 사다리의 모양이 삼각형이고 이는 곧 '삶'을 의미한다. 삼각형을 통과해 걷는 것은 그 안에 사는 악령을 일깨우는 것이라 믿었다.

4. **Breaking a Mirror: Bad Luck**
   거울을 깨뜨리면 7년간 불운이 온다는 믿음이 있으며, 불운을 끝내려면 그 깨진 거울을 달빛이 비추는 데서 파묻어야 한다.

5. **Finding a Horseshoe: Good Luck**
   많은 문화권에서 말발굽, 특히 오픈된 부분이 발견자를 향하고 있으면 행운이 온다고 믿는다.

6. **Opening an Umbrella Inside: Bad Luck**
   햇빛을 가려주는 우산에는 마법의 힘이 있어서, 햇빛이 없는 실내에서 우산을 펴면 태양의 신의 심기를 거스른다고 생각하였다.

7. **Knocking Twice on Wood: Reverse Bad Luck**
   나무에 신들이 살고 있다고 믿어서 신에게 도움을 청하려면 나무를 두드리곤 했다. 요청한 도움이 이루어지면 똑같은 나무를 두드려서 감사를 표했다.

8. **Tossing Spilled Salt Over Your Shoulder: Good Luck**
   소금은 동서고금을 막론하고 매우 귀한 것이어서, 소금을 뿌리는 것은 악의 기운을 정화시켜준다고 믿었다.

9. **Black Cats: Bad Luck**
   중세에는 마녀가 데리고 다니는 검은 고양이가 7년 후에 마녀나 악마로 변한다고 믿었다.

10. **Saying "God Bless You": Good Luck**
    재채기를 한 사람에게 해주는 말. 옛날 로마인들은 재채기를 하면 영혼이 빠져나가 버린다고 믿어서 영혼이 안전하게 돌아올 수 있도록 이 말을 외쳤다고 한다.

DAY 20 오다, 가다, 길

🔍 Preview & Review

ven(e), vent ▶ come

- con**vene**
- **ven**ue
- con**ven**ience
- co**ven**ant
- in**vent**ory
- con**vent**ion
- inter**vene**
- a**ven**ue
- incon**ven**ience
- ad**vent**
- pre**vent**
- con**vent**ional
- contra**vene**
- re**ven**ue
- pro**ven**ance
- in**vent**
- circum**vent**
- **vent**ure

오다 → 길 → 장소
오다 → 모이다; 나타나다

ceed, ced(e), ces(s) ▶ go

- pro**ceed**
- ex**ceed**ingly
- unpre**ced**ented
- **cede**
- inter**cede**
- ac**cess**
- in**cess**ant
- ne**cess**itate
- suc**ceed**
- ac**cede**
- ante**ced**ent
- con**cede**
- an**ces**tor
- ac**cess**ible
- ac**cess**ory / ac**cess**ary
- ex**ceed**
- pre**cede**
- retro**cede**
- re**cede**
- prede**cess**or
- re**cess**
- ne**cess**ary

가다 → 먼저 가다 → 앞서 경험한
가다 → 따라가다 → 뒤를 잇다

grad, gred, gress ▶ go

- **grad**e
- de**grad**e
- pro**gress**
- retro**gress**
- **grad**ation
- retro**grad**e
- con**gress**
- trans**gress**
- **grad**ient
- **grad**ual
- di**gress**
- ag**gress**ive
- centi**grad**e
- in**gred**ient
- re**gress**

가다 → 단계 → 점진적인
가다 → 진행하다; 퇴보하다

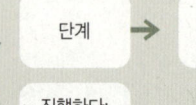

it ▶ go, journey

- ex**it**
- trans**it**
- in**it**iate
- **it**inerary
- **it**inerant
- circu**it**
- amb**it**
- amb**it**ious

가다 → 시작하다
가다 → 순회하다

vade, wad ▶ go

- in**vade**
- per**vade**
- e**vade**
- **wad**e
- **wad**dle

가다 → 들어가다
가다 → 스며들다

voy, vey, vi(a) ▶ way, road

- **voy**age
- en**voy**
- con**voy**
- con**vey**
- **vi**a
- de**vi**ous
- de**vi**ation / de**vi**ance
- imper**vi**ous
- ob**vi**ate
- tri**vi**al

길 → 길을 가다
길 → 길을 가는 사람들

ven(e)
= come (오다)

암기유발 TIP

Veni, Vidi, Vici!
왔노라, 보았노라, 이겼노라!
(율리우스 카이사르가 B.C. 47년 원로원에 보낸 승전보의 첫 문장이라 한다.)
(= I **came**, I saw, and I conquered!)

1598 국9

convene**
[kənvíːn]

자타 (회의 등이) 소집되다, 소집하다
con(together)+vene(come) → 함께 오다

convener 명 의장, 주최자

- A panel of experts was **convened** to study safety issues.
  전문가 위원회가 안전 문제를 논의하기 위해 **소집되었다**.

유 gather, assemble, convoke, congregate

1599 국9 | 서9 | 서7 | 경찰 | 교행

intervene**
[ìntərvíːn]

자 ¹끼어들다, 가로막다 ²개입하다, 중재하다
inter(between)+vene(come)

intervention 명 개입, 중재 **nonintervention** 명 불개입, (내정) 불간섭

- The police had to **intervene** when protesters blocked traffic.
  경찰은 시위자들이 교통을 방해했을 때 **개입해야** 했다.
- the UN policy of **nonintervention** in the domestic affairs of independent nations 독립국에 대한 UN의 내정 **불간섭** 정책 [서9]

유 ¹interrupt
²mediate, intercede, arbitrate

1600

contravene*
[kɑ̀ntrəvíːn]

타 (법 등을) 위반하다
contra(against)+vene(come)

contravention 명 위반

- The company **contravened** safety regulations. 그 회사는 안전 규정을 **위반했다**.

유 infringe, break, violate, breach

1601

venue*
[vénjuː]

명 (회담 등의) 장소, 개최지
venue(come) → 와야 할 곳

- The hotel is often used as a conference **venue**. 그 호텔은 가끔 회의 **장소**로 사용된다.

1602 지9 | 지7 | 법원

avenue**
[ǽvənùː]

명 ¹《약자: Ave., Av.》 큰 거리, -가(街) ²방안, (나아갈) 길
a(to)+venue(come)

- New York's 5th **Avenue** connects the north and south of Manhattan.
  New York의 5번가는 Manhattan의 북부와 남부를 잇는다.

MORE+ 관련어휘
road 명 《약자: Rd.》 (차가 다니게 건설한) 도로, 길
street 명 《약자: St.》 거리, 도로, -가(街) (대개 도시를 동서로 가로지른다. avenue는 남북으로 가로지르므로 서로 직각으로 교차한다.)
lane 명 《약자: Ln.》 좁은 도로 (빌딩 사이로 난 길 또는 시골길)
boulevard 명 《약자: Blvd.》 큰 길, 대로 (대개 중앙분리대가 있는 넓은 도로)

1603 지9 | 교행

revenue**
[révənùː]

명 수익, 세입
re(back)+venue(come) → (정부에) 돌아오는 것

- a new source of **revenue** 새로운 수입원 [지9]

유 income, profits, earnings
반 expenditure(지출)

1604 국9 | 지9 | 지7 | 서9 | 경찰 | 법원 | 사복

convenience***
[kənvíːniəns]

[명] 1 편의, 편리 2 편의시설
con(together)+veni(come)+ence([명]) → 함께 오는 것 → 잘 맞는 것

convenient [형] 편리한

- **convenience** store 편의점
- The new subway system makes the city **convenient** for tourists.
  새로운 지하철 시스템은 그 도시를 관광객들에게 **편리하도록** 만든다. [경찰]

1605 서9 | 경찰

inconvenience**
[inkənvíːniəns]

[명] 1 불편 2 귀찮은 것[사람] [타] 불편하게 하다
in(not)+convenience(편의)

[유] trouble, bother

inconvenient [형] 불편한, 곤란한

- We apologize for any **inconvenience.** 어떤 **불편**이라도 있으시다면 사과드립니다. [경찰]

1606

provenance*
[práːvənəns]

[명] 기원, 출처, 유래
pro(forth)+ven(come)+ance([명]) → 앞으로 나옴 → 생겨남

[유] origin

- a painting of doubtful **provenance** **출처**가 불분명한 그림

1607

covenant*
[kʌ́vənənt]

[명] 약속, 계약 [타] 약속하다, 계약하다
co(together)+ven(come)+ant([명]) → 함께 오다 → 마음이 맞다 → 동의하다

[유] promise, contract [명] agreement

- He has set out the terms of his **covenant.** 그는 자신의 **계약** 조건들을 제시했다.

vent
= come (오다)

암기유발 TIP
event 사건, 행사
e(out)+vent(come)
→ (밖으로 나와) 발생하는 일

1608 지9 | 서7 | 기상 | 법원

advent**
[ǽdvent]

[명] 도래, 출현
ad(to)+vent(come) → ~로 오다 → 나타나다

[유] emergence, appearance, occurrence, dawning

- the **advent** of new technologies 신기술의 **도래** [지9]

1609 국9 | 국7 | 지9 | 서9 | 서7 | 경찰 | 국회 | 기상 | 법원 | 교행 | 사복

invent***
[invént]

[타] 1 발명하다, 개발하다 2 날조하다, 지어내다
in(in)+vent(come) → (무언가를 세상에[머릿속에]) 들여오다

[유] 1 create, originate 2 make up, fabricate

invention [명] 발명(품) **inventive** [형] 창의적인, 독창적인 **reinvent** [타] 개혁하다

- Each year chefs **invent** more and more exotic dishes.
  매년 요리사들은 더욱더 이국적인 요리를 **개발한다.** [지9]
- He **invented** stories about his childhood. 그는 자신의 어린 시절에 대한 이야기를 **지어냈다.**

1610 국9 | 경찰 | 교행

inventory**
[ínvəntɔːri]

[명] 1 물품 목록 2 재고(품)
in(in)+vent(come)+ory([명]) → 들여놓은 것들 → 안에 있는 것들

[유] 1 list, catalogue 2 stock

- They made an **inventory** of the museum's collection.
  그들은 박물관의 소장품 **목록**을 만들었다.

1611
prevent ***
[privént]

［타］ ¹ 막다, 방해하다 《from》 ² 예방하다
pre(before)+vent(come) → (무슨 일에) 앞서 오다

국9 | 국7 | 지9 | 서9 | 서7 | 경찰 | 국회 | 기상 | 법원 | 사복

유 ¹ hamper, inhibit, thwart

prevention ［명］예방, 방지 **preventive / preventative** ［형］예방을 위한
- The right food can **prevent** your brain from aging.
  적절한 음식은 당신의 뇌가 노화하는 것을 **예방할** 수 있다. [국9]

1612
circumvent *
[sə̀ːrkəmvént]

［타］ ¹ 우회하다 ² (어려움이나 법 등을) 피하다
circum(around)+vent(come) → 빙 돌아서 오다

서9

유 ¹ bypass
² avoid, avert, evade, elude

circumvention ［명］¹ 우회 ² 모면, 계략으로 속임
- They found the way to **circumvent** the law. 그들은 그 법을 **피할** 방법을 찾아냈다.

1613
convention **
[kənvénʃən]

［명］ ¹ (대규모) 회의 ² 관습, 관례 ³ 조약, 협약
con(together)+vent(come)+ion(명) → 함께 와서 모임

지9 | 지7 | 국회

유 ¹ assembly, conference
² custom
³ treaty, pact

- School is just as important for teaching children social **conventions** as for teaching math. 학교는 수학을 가르치는 것만큼 사회적 **관습**을 가르치는 것이 중요하다.

1614
conventional ***
[kənvénʃənl]

［형］ ¹ 《부정적》 관습적인, 틀에 박힌 ² 전통적인, 종래의
convention(관습)+al(형)

국7 | 지7 | 서7 | 경찰 | 국회 | 기상 | 교행

유 ² traditional, customary, conservative
반 ¹ unconventional (관습에 얽매이지 않는)

- a **conventional** idea[wisdom] 통념 [지7]
- a **conventional** marriage 전통 혼례

1615
venture **
[véntʃər]

［명］벤처 (사업), 모험 ［자］(미지의 또는 위험한 곳에) 가다
vent(come)+ure(명) → 다가오는 일 → 아직 해보지 않은 일

국7 | 지7 | 서9

유 ［명］undertaking, enterprise, risk

venturesome ［형］모험적인, 대담한
- His most recent business **venture** ended in bankruptcy.
  그의 가장 최근의 **벤처** 사업은 파산으로 끝났다.
- We **ventured** out into the woods. 우리는 숲속으로 갔다.

---

ceed, ced(e), ces(s)
= go (가다)

암기유발 TIP
success 성공
suc(next to, after)+cess(go)
→ (목표를) 뒤따라감 → 성공

1616
proceed ***
[prəsíːd]

［자］ ¹ (특정 방향으로) 가다, 향하다 ² 계속되다, 진행하다
pro(forward)+ceed(go)

국9 | 국7 | 지9 | 지7 | 서9 | 서7 | 경찰 | 국회 | 기상 | 법원 | 교행 | 사복

유 ² continue, progress

process ［명］과정, 절차 ［타］ ¹ (식품 등을) 가공하다 ² (문서 등을) 처리하다 **reprocess** ［타］재처리하다
- The project is **proceeding** well. 그 프로젝트는 잘 **진행되고** 있다.
- **processed** food 가공 식품 [지7]
- the costs of **reprocessing** radioactive waste 방사성 폐기물을 **재처리하는** 비용

MORE + 혼동어휘
- pro**ceed**s ［명］(물건 판매, 행사 등으로 하여 받는) 돈, 수익금
- pro**ceed**ings ［명］¹ 소송 절차 ² 행사 ³ 회의록, 공식 기록
- pro**cess**ion ［명］행진, 행렬
- pro**ced**ure ［명］절차, 방법 ² 수술 (= surgery, operation)
- pro**cess**or ［명］가공 처리용 기계, 가공[처리]하는 사람

1617
succeed*** [səksíːd]
국9 | 국7 | 지9 | 지7 | 서9 | 서7 | 경찰 | 국회 | 기상 | 법원 | 교행 | 사복

㊌ ¹ 성공하다 ² 물려받다 ㊍ 뒤를 잇다
suc(next to, after)+ceed(go) → 뒤따라가다

㊀ ¹ triumph
² inherit

success ⑨ 성공
- It is important to teach children that if at first you don't **succeed**, try again harder. 아이들에게 처음에 **성공하지** 못하면 다시 더 열심히 해보라고 가르치는 것이 중요하다. [법원]

cf. **succession** ⑨ ¹ 연속 ² 승계 **successor** ⑨ 후임자, 계승자

MORE + 혼동어휘
successful vs. successive
suc**cess**ful ⑱ 성공적인
suc**cess**ive ⑱ 연속적인 (= consecutive)

1618
exceed*** [iksíːd]
국9 | 지9 | 지7 | 서9 | 서7 | 경찰 | 국회 | 기상 | 법원 | 교행 | 사복

㊍ (수, 한도 등을) 넘다, 초과하다
ex(out)+ceed(go)

㊀ surpass, transcend

excess ⑨ ¹ 과잉, 초과(량) ² (보험 청구액의) 본인 부담분 ⑱ 초과한 **excessive** ⑱ 지나친, 과도한
- New hiring in public companies generally does not **exceed** 3 percent of total employment. 공공 기업들의 신규 채용은 일반적으로 전체 고용의 3%를 **초과하지 않는다**. [서9]

1619
exceedingly* [iksíːdiŋli]

㊎ 극도로, 대단히
ex(out)+ceed(go)+ing(⑱)+ly(㊎)

㊀ exceptionally

- The crime rate of the city is **exceedingly** high. 그 도시의 범죄율은 **대단히** 높다.

1620
accede* [æksíːd]
지9

㊌ ¹ (요청 등에) 응하다 ⟨to⟩ ² (왕위에) 오르다 ⟨to⟩
ac(to)+cede(go) → (생각이) ~로 가다 → 동의하다

㊃ ¹ deny(거부하다)
² abdicate (퇴위하다)

accession ⑨ ¹ 가입, 가맹 ² 취임, 즉위
- He finally **acceded** to our pleas for more time to complete the project. 그는 프로젝트를 완료하는 데 더 많은 시간을 달라는 우리의 간청에 마침내 **응했다**.
- to **accede** to the throne 왕위에 오르다

1621
precede** [prisíːd]
지9 | 경찰 | 법원

㊍ 선행하다, (~보다) 먼저 일어나다
pre(before)+cede(go)

㊀ antedate
㊃ follow, succeed (뒤를 잇다)

precedence ⑨ 우선(함)
- A quiet spell usually **precedes** a storm. 폭풍우 **전에는** 한동안의 고요함이 **먼저 일어난다**. [지9]

cf. **precedent** ⑨ 선례, 판례

1622
unprecedented** [ʌnprésidentid]
국9 | 지7 | 서7 | 국회 | 법원

⑱ 전례 없는
un(not)+precedented(전례가 있는)

- Newton made **unprecedented** contributions to mathematics and mechanical physics. Newton은 수학과 기계 물리학에 **전례 없는** 기여를 했다. [국9]

1623
antecedent** [æntisíːdnt]
경찰

⑨ ¹ 선행 사건 ² (pl.) 조상, 선조 ⑱ 선행된, 이전의
ante(before)+ced(go)+ent(⑱)(⑨)

㊀ ⑨ ² ancestor, forefather, forebear
㊃ ⑨ ² posterity(후세), descendant (자손)

- The book dealt with the historical **antecedents** of the Civil War. 그 책은 미국 남북 전쟁의 역사적인 **선행 사건들**을 다루었다.

1624
retrocede*
[rètrəsíːd]

자 되돌아가다 타 반환하다

retro(backward)+cede(go)

- The French emperor **retroceded** Venetia to Italy in 1859.
  프랑스 황제는 1859년에 Venetia(베네치아)를 이탈리아에 **반환하였다**.

1625
cede*
[siːd]

서7

타 (마지못해) 양도하다, 이양하다

cede(go)

cession 명 (특히 국가 간 영토) 양도, 이양
- Russia **ceded** Alaska to the U.S. in 1867. 러시아는 1867년에 알래스카를 미국에 **양도했다**.

1626
concede*
[kənsíːd]

지7 | 경찰 | 사복

자 타 1 (마지못해) 인정하다 2 내주다, 허락하다

con(강조)+cede(go)

유 1 admit, confess
2 surrender, yield, relinquish

concession 명 1 인정 2 양보, 양해 3 할인, 감면
- The government has **conceded** that the new tax policy has been a disaster.
  정부는 새로운 조세 정책이 재앙이라는 것을 **인정했다**.
- He is not willing to **concede** any of his authority.
  그는 자신의 어떠한 권한도 **내주려** 하지 않는다.

1627
recede***
[risíːd]

국7 | 지9 | 지7 | 경찰 | 기상 | 법원

자 1 멀어지다 2 약해지다, 희미해지다

re(back)+cede(go) → 뒤로 가다, 물러나다

유 1 withdraw, retreat
2 ebb, abate

recession 명 1 물러남, 후퇴 2 불황, 불경기 **recessive** 형 《생물》 열성의
- The sound of her footsteps **receded** into the distance.
  그녀의 발소리는 저 멀리 **멀어져 갔다**. [지7]

1628
intercede*
[ìntərsíːd]

지7

자 중재하다, 탄원하다

inter(between)+cede(go) → 사이에 끼어들다 → 개입해서 조정하다

유 mediate, intervene, arbitrate

intercession 명 중재, 조정
- Their argument probably would have become violent if I hadn't **interceded**.
  내가 **중재하지** 않았더라면 그들의 언쟁은 아마 폭력적으로 변했을 것이다.

1629
ancestor***
[ǽnsestər]

국9 | 국7 | 지9 | 지7 | 경찰 | 국회 | 기상 | 법원 | 사복

명 조상, 선조

an(before)+cest(go)+or(명) → 먼저 살다간 사람

유 antecedents, forefather, forebear
반 posterity(후세), descendant(자손)

ancestral 형 1 조상의 2 원형이 되는 **ancestry** 명 가계, 혈통
- **Ancestor** worship was a common custom throughout all of Asia.
  조상 숭배는 아시아 전역에서 공통된 관습이었다.

1630
predecessor**
[prédəsèsər]

국7 | 지9

명 1 전임자 2 이전의 것

pre(before)+de(away)+cess(go)+or(명) → 전에 자리에서 물러나 가버린 사람

반 1 successor(후임자)

- The task which confronts him is not different from that which faced his **predecessor**. 그가 직면한 임무는 그의 **전임자**가 직면했던 것과 다르지 않다. [국7]

1631
access***
[ǽkses]

타 접근하다, 들어가다   명 접근(권), 입장
ac(to)+cess(go)

국9 | 국7 | 지9 | 지7 | 서9 | 서7 | 경찰 | 국회 | 기상 | 법원

유 명 admission, entry

- You'll need a password to **access** the database.
  당신은 그 데이터베이스에 **접근하기** 위해 비밀번호가 필요할 것이다.

1632
accessible***
[əksésəbl]

형 1 접근 가능한 2 이해하기 쉬운 3 (사람이) 다가가기 쉬운, 편한
access(접근하다)+ible(형)

국9 | 국7 | 지9 | 경찰 | 국회 | 사복

유 1 reachable 3 approachable
반 inaccessible(접근하기 어려운)
• accessible to ~에 접근이 쉬운

accessibility 명 접근성

- Pictures are a more **accessible** medium of communication than specialists' language. 사진은 전문가들의 언어보다 더 **이해하기 쉬운** 의사소통 수단이다. [국회]

1633
recess**
[ríːses]

명 1 (재판, 의회 등의) 휴회 2 (학교의) 쉬는 시간 3 구석진 곳   자타 휴회를 하다
re(back)+cess(go) → 돌아가다, 물러나다

법원

유 명 2 break

- lunch **recess** (학교) 점심시간 [법원]

1634
incessant*
[insésnt]

형 끊임없는, 쉴 새 없는
in(not)+cess(go)+ant → 가지 않고 계속하는

국7 | 지9 | 경찰

유 unceasing, ceaseless, continual, constant

- The **incessant** noise from outside began to bother me.
  밖에서 들려오는 **끊임없는** 소음이 나를 성가시게 하기 시작했다. [국7]

1635
accessory / accessary**
[æksésəri]

명 1 《pl.》 액세서리, 부대 용품 2 (범행의) 방조자   형 보조적인
ac(to)+cess(go)+ary(형) → ~로 다가감 → 증가된 부수적인 것

경찰 | 법원

유 명 2 accomplice
형 supplementary

- Consumers spent $15 billion on dog food, toys, **accessories**, and funeral arrangements. 소비자들은 개의 먹이, 장난감, **액세서리** 및 장례식에 150억 달러를 썼다. [법원]
- He was charged with being an **accessory** to murder. 그는 살인 **방조** 혐의로 기소되었다.

1636
necessary***
[nésəseri]

형 1 필요한 2 필연적인, 불가피한
ne(not)+cess(go)+ary(형) → 가버릴 수 없는 → 없어서는 안 될, 피할 수 없는

국9 | 국7 | 지9 | 지7 | 서9 | 서7 | 경찰 | 국회 | 기상 | 법원 | 교행 | 사복

유 1 required, indispensable
2 inevitable, unavoidable

necessarily 부 어쩔 수 없이, 필연적으로

- Occasionally, it is **necessary** to tell a white lie to your friend.
  때때로 친구에게 선의의 거짓말을 하는 것이 **필요하다**. [지7]
- a **necessary** consequence 불가피한 결과

1637
necessitate*
[nəsésətèit]

타 (~을) 필요하게 만들다
necessit(y)(필요)+ate(동)

지9 | 서9 | 기상 | 법원

necessity 명 1 필요(성) 2 필수품 3 불가피한 일   **necessitous** 형 궁핍한, 가난한

- Business was growing, which **necessitated** the hiring of additional employees.
  사업이 성장하고 있었고, 그것은 추가적인 직원 고용을 **필요하게 만들었다**.

grad, gred, gress
= go (가다)

암기유발 TIP

upgrade 업그레이드, 개선하다
up(위로)+grad(go)+e(어미)
→ 위로 가다 → 품질을 높이다

1638

grade***
[greid]

국9 | 지7 | 서9 | 경찰 | 국회 | 기상

명 ¹ 등급, 지위 ² 성적, 학점 ³ 학년 ⁴ 정도

graded 형 단계적인, 정도 차가 있는 **grader** 명 ~학년생

- Your **grades** have consistently been A's and B's in my class.
  당신의 **성적**은 내 수업에서 계속 A와 B였습니다. [경찰]

1639

gradation*
[grədéiʃən]

명 ¹ 단계적 차이[변화] ² (저울 등의) 눈금
grad(go)+ation(명)

- subtle **gradations** of color 색깔의 미묘한 단계적 차이
- the **gradations** on a ruler 자의 눈금들

1640

gradient*
[gréidiənt]

명 (도로 등의) 경사도
gradi(go)+ent(명)

- a steep **gradient** 가파른 경사도

1641

centi**grad**e*
[séntigrèid]

사복

형 섭씨의 명 섭씨온도
centi(hundred)+grade(go) → 0~100℃ 사이를 오가는

유 Celsius

- The thermometer stands at thirty degrees **centigrade**.
  온도계가 **섭씨** 30도를 나타내고 있다.

1642

de**grad**e**
[digréid]

국7 | 서7 | 법원 | 교행

타 ¹ (질적으로) 저하시키다 ² 비하하다
de(down)+grade(go)

유 ² demean, disgrace, humiliate

degradation 명 ¹ 저하, 약화 ² 비하, 수모

- The moral wisdom of the Black community is extremely useful in defying oppressive rules or standards that **degrade** Blacks.
  흑인 사회의 도덕적 지혜는 흑인들을 **비하하는** 억압적인 규칙이나 기준에 저항하는 데 매우 유용하다. [국7]

1643

retro**grad**e*
[rétrəgrèid]

형 (시대 등에) 역행하는
retro(backward)+grade(go)

유 retrogressive
반 progressive(진보적인)

- The strategy is a **retrograde** step. 그 전략은 시대에 역행하는 조치이다.

1644

gradual***
[grǽdʒuəl]

국9 | 국7 | 지9 | 서9 | 경찰 | 법원 | 교행 | 사복

형 점진적인, 서서히 일어나는
gradu(go)+al(형)

유 progressive

gradually 부 점진적으로, 점차

- That the adult smoking rate is **gradually** dropping is not good news for big tobacco companies. 성인 흡연율이 **점차** 떨어지는 것은 대형 담배 회사들에게 희소식이 아니다. [경찰]

1645
ingredient** [ingrí:diənt]
명 1 (요리의) 재료, 성분 2 구성 요소
in(in)+gredi(go)+ent(명) → 안에 들어간 것

지9 | 기상 | 법원 | 사복

유 2 component, element

- Black pepper was cultivated in India as a simple **ingredient** for cooking.
  후추는 인도에서 간단한 요리 **재료**로서 재배되었다. [법원]

1646
progress*** [prágres]
타 진행하다, 나아가다 명 [prágres] 진전, 진보
pro(forward)+gress(go)

국9 | 국7 | 지9 | 지7 | 서9 | 서7 | 경찰 | 국회 | 기상 | 법원 | 사복

유 타 proceed, advance
명 development
반 명 regression (퇴보)

progressive 형 1 점진적인 2 진보적인   **progression** 명 1 진전, 진행 2 연속
- **Progress** is gradually being made in the fight against cancer.
  암과의 싸움에서 점차 **진전**이 이루어지고 있다. [지9]

1647
congress** [káŋgrəs]
명 1 (대표자, 위원) 회의 2 《C-》 의회, 국회
con(together)+gress(go) → 함께 가서 논의하는 것

국7 | 지7 | 경찰

유 1 assembly, conference, convention
2 parliament, council

congressional 형 의회의
- Write a letter to your representative in **Congress** to end animal testing now.
  동물 실험을 중단하기 위해 지금부터 **의회** 대표자에게 편지를 써라. [경찰]

1648
digress* [daigrés]
자 (이야기가) 주제에서 벗어나다
di(apart)+gress(go) → 점점 떨어져서 가다

서7 | 경찰 | 국회

유 deviate, divert, stray, diverge

digressive 형 주제에서 벗어난, 지엽적인   **digression** 명 주제에서 벗어남, 여담
- I have **digressed** a little from my original plan. 나는 내 원래 계획에서 약간 **벗어났다**.

1649
regress* [rigrés]
자 퇴행하다, 퇴보하다
re(back)+gress(go)

반 progress(진보하다)

regression 명 퇴행, 퇴보   **regressive** 형 퇴행[퇴보, 역행]하는
- The patient is **regressing** to a childlike state. 그 환자는 어린아이와 같은 상태로 **퇴행**하고 있다.

1650
retrogress* [rètrəgrés]
자 1 되돌아가다, 후퇴하다 2 퇴보하다, 쇠퇴하다
retro(backward)+gress(go)

retrogression 명 1 후퇴 2 퇴화   **retrogressive** 형 (과거로) 퇴보[후퇴]하는
- The quality of research at the university lab has begun to **retrogress** since the massive budget cuts went into effect. 막대한 예산 삭감이 시행된 이후로 대학 연구실에서의 연구의 질이 **퇴보하기** 시작했다.

1651
transgress* [trænsgrés]
타 (도덕적, 법적 한계를) 넘어서다, 어기다
trans(across, beyond)+gress(go)

유 defy

- There are legal consequences for companies that **transgress** the rules.
  규정을 어기는 회사들에게는 법적인 결과가 따른다.

1652 | 지9 | 지7 | 서9 | 경찰 | 법원 | 교행

aggressive***
[əgrésiv]

형 ¹ 공격적인 ² 적극적인
ag(to)+gress(go)+ive(형) → ~을 향해 (싸우러) 가는

aggress 타 공격하다 aggressiveness 명 공격적임

• When people are unable to control the way they express anger, they become **aggressive** or violent.
사람들은 분노를 표출하는 방식을 제어할 수 없을 때, **공격적**이거나 폭력적이 된다. [법원]

cf. aggression 명 ¹ 공격, 침략 ² 공격성

유 ¹ pushy, hostile, offensive, destructive, antagonistic

---

it
= go (가다), journey (여행하다)

암기유발 TIP
Brexit 브렉시트
《영국의 유럽 연합 탈퇴를 이르는 말》
Britain(영국)+exit(퇴장, 탈퇴)
ex(out)+it(go) → 밖으로 나감

1653 | 사복

exit**
[égzit]

자 타 ¹ 나가다 ² 종료하다   명 ¹ 퇴장, 나감 ² 출구
ex(out)+it(go)

• Use the emergency **exit** in case of fire. 화재 시에는 비상 **출구**를 이용하라.

유 자 타 ² terminate
명 ² way out
반 명 ² entrance (입구)

1654 | 지9 | 서9 | 법원

transit**
[trǽnsit]

명 ¹ 수송 ² 통과, 환승 ³ 교통 체계
trans(across, beyond)+it(go) → 가로질러 감 → 물건이나 사람을 다른 쪽으로 이동시킴

transition 명 (다른 상태로의) 이행, 변화 transitional 형 과도기의

• in **transit** 수송 중인
• **transitional** phase 과도기

유 ¹ transport, conveyance
² transfer

1655 | 국9 | 지9 | 서9 | 서7 | 경찰 | 국회 | 기상 | 법원 | 사복

initiate***
[iníʃièit]

타 시작하다, 개시하다
in(in)+iti(go)+ate(동) → 안에 들어가 본격적으로 시작하다

initial 형 처음의, 초기의 명 머리글자 initiative 명 ¹ 진취성, 결단력 ² 주도(권) ³ 계획

• to **initiate** a new business 새로운 사업을 **시작하다**
• successful policing **initiatives** and strong gun laws
성공적인 치안 유지 **계획**과 강력한 총기 법안들 [경찰]

유 launch, begin, embark on

1656 | 지9 | 법원

itinerary**
[aitínərèri]

명 여행 일정표
it(iner)(go, journey)+ary(명)

• Below are the details of your **itinerary**. 귀하의 세부 **여행 일정**은 아래와 같습니다.

유 schedule, program(me)

1657 | 국9

itinerant*
[aitínərənt]

형 (일자리를 찾아) 떠돌아다니는, 순회하는 명 떠돌아다니는 사람
it(iner)(go, journey)+ant(형)(명)

• **itinerant** workers 순회 노동자들

1658
circuit**
[sə́ːrkit]

법원

몡 ¹ 순환(로) ² (전기) 회로 ³ 《스포츠》 연맹전
circu(round)+it(go) → 빙빙 돌다

circuitous 휑 (노선, 여정 등이) 빙 돌아가는

- It takes a year for the Earth to make one **circuit** around the sun.
지구가 태양 주위를 한 바퀴 **순환**하는 데 1년이 걸린다.

1659
ambit*
[ǽmbit]

몡 (영향이 미치는) 영역, 범위
amb(around)+it(go) → 원을 그리며 도는 부분, 둘레

윢 scope, extent, range

- An attorney must operate within the **ambit** of the law when preparing a defense for his client. 변호사는 변호인을 위해 변호를 준비할 때 법률의 **범위** 내에서 운용해야 한다.

1660
ambitious**
[æmbíʃəs]

국7 | 지9 | 법원 | 사복

휑 ¹ (사람이) 야심 있는 ² (일이) 야심적인, 어마어마한
amb(around)+it(go)+ious(휑) → 돌아다니며 투표해달라고 부탁하는 → 선거에서 이기길 바라는

윢 ¹ aspiring, eager, pioneering

ambition 몡 야망, 포부
- He had the **ambition** to be a great statesman. 그는 위대한 정치인이 되겠다는 **야망**이 있었다.

---

vade, wad
= go (가다)

> **암기유발 TIP**
> **Vade in pace.** 편히 가시오.
> 《작별 인사로 쓰이는 라틴어 문장》
> = Go in peace.

1661
invade***
[invéid]

국9 | 국7 | 서9 | 서7 | 경찰 | 국회 | 기상 | 법원 | 사복

타 ¹ 침입하다, 침략하다 ² (사생활 등을) 침해하다
in(in)+vade(go)

윢 ¹ raid
² intrude on, violate

invasion 몡 ¹ 침입, 침략 ² 침해 **invader** 몡 침략군[국]
invasive 휑 ¹ (질병이) 급속히 퍼지는 ² 외과적인, 몸에 칼을 대는
- an **invasion** of privacy 사생활 **침해** [국회]

1662
pervade**
[pərvéid]

지9 | 지7 | 서9 | 경찰 | 기상

타 만연하다, (구석구석) 스며들다
per(through)+vade(go) → 관통해서 가다 → 모든 곳에 영향을 미치다

윢 permeate

pervasion / pervasiveness 몡 충만, 침투 **pervasive** 휑 만연하는, 스며드는
- The movie is a reflection of the violence that **pervades** our culture.
그 영화는 우리 문화에 **만연하는** 폭력성을 반영한 것이다.
- Marine litter is one of the most **pervasive** and solvable pollution problems.
해양 쓰레기는 가장 **만연해** 있고 해결 가능한 오염 문제 중 하나이다. [경찰]

1663
evade**
[ivéid]

지7 | 서9 | 경찰

타 ¹ 피하다, 모면하다 ² (생각 등이) 떠오르지 않다
e(away)+vade(go) → 맞서지 않고 멀리 가버리다

윢 ¹ avert, avoid, shun, escape, elude

evasion 몡 ¹ 회피, 모면 ² 얼버무리기 **evasive** 휑 얼버무리는
- Avoiding eye contact may appear that you are **evading** or trying to hide something. 시선 마주치는 것을 피하는 것은 당신이 무언가를 **회피하거나** 숨기려고 한다는 것을 나타낼 수 있다. [경찰]

1664
wade[*]
[weid]
자 타 (특히 물, 진흙 속을 힘겹게) 헤치며 걷다

- Rescuers had to **wade** across a river to reach them.
  구조대원들은 그들에게 닿기 위해 강물을 **헤치며 걸어야** 했다.

1665
waddle[*]
[wάːdl]
자 뒤뚱뒤뚱 걷다
wadd(go)+le(동)

- A fat goose **waddled** across the yard. 뚱뚱한 거위 한 마리가 마당을 가로질러 **뒤뚱뒤뚱 걸었다**.

---

voy, vey, vi(a)
= way, road (길)

암기유발 TIP
Bon voyage. 즐거운 여행 되세요.
《여행을 떠나는 사람에게 하는 프랑스 인사말.
bon은 좋은(good)이라는 의미의 프랑스어.》
voy(way, road)+age(명) → 길을 나서는 것
→ 여정, 여행

1666
국9 | 국7 | 지7 | 법원 | 교행

voyage[**]
[vɔ́iidʒ]
명 (긴) 여행, 항해
voy(way, road)+age(명)

- The **voyage** from England to India used to take six months.
  영국에서 인도로의 **항해**는 6개월이 걸렸었다.

유 journey, trip, expedition

1667
국7

en**voy**[**]
[énvɔi]
명 사절단, 특사
en(on)+voy(way, road) → 길 위로 보냄 → 특별한 임무를 띠고 길을 가는 사람

- United Nations **envoys** are dispatched to areas of tension around the world.
  UN **사절단**은 전 세계의 긴장 상태에 있는 지역들에 파견된다. [국7]

유 emissary, ambassador, delegate

1668

con**voy**[*]
[kʌ́nvɔi]
명 (차량의) 호송대, 수송대
con(together)+voy(way, road) → 보호 목적으로 함께 길을 가주는 것

- The President always travels in a **convoy**. 대통령은 항상 **호송대**를 타고 이동한다.

1669
국7 | 지9 | 경찰 | 국회 | 법원

con**vey**[**]
[kənvéi]
타 ¹(생각, 감정 등을) 전달하다 ²실어 나르다
con(together)+vey(way, road) → 짐을 모두 가지고 길을 가다

- A good photograph can often **convey** far more than words.
  가끔은 좋은 사진 한 장이 말보다 훨씬 더 많은 것을 **전달할** 수 있다.

유 ¹communicate, impart ²transport

1670
국9 | 지9 | 서9 | 경찰 | 법원 | 사복 | 기상

via[***]
[váiə]
전 ¹(~을) 경유하여 ²(~을) 매개로, 통해서
via(way, road) → 길을 거쳐

- Digital maps can be instantly distributed and shared **via** the Internet.
  전자 지도는 인터넷을 **통해** 즉시 배포되고 공유될 수 있다. [기상]

1671
devious [díːviəs]
형 ¹ (직선도로가 아닌) 많이 둘러 가는 ² 기만적인, 정직하지 못한
de(off)+vi(way, road)+ous(형) → 주요 도로에서 벗어난, 도를 넘은

유 ² deceitful, underhand, dishonest

- a **devious** route 멀리 돌아가는 길, 우회로
- The company was accused of using **devious** ways to get the contract.
  그 회사는 계약을 체결하는 데 **기만적인** 방법들을 사용한 혐의로 기소되었다.

1672
국9 | 지7 | 경찰
deviation / deviance [dìːviéiʃən / díːviəns]
명 일탈, 탈선
de(off)+via(way, road)+tion(명) → 정해진 길에서 벗어남

유 departure

deviate 자 (일상, 예상 등을) 벗어나다 **deviant** 형 (상식에서) 벗어난, 일탈적인 명 상식에서 벗어난 사람

- Having juice instead of coffee was a **deviation** from his usual routine.
  커피 대신 주스를 마시는 것은 그의 일상으로부터의 **일탈**이었다.
- **deviant** behavior 일탈적인 행동

1673
지9 | 기상 | 법원
trivial [tríviəl]
형 하찮은, 사소한
tri(three)+vi(way, road)+al(형) → 세 길이 만나는 교차로처럼 아주 흔한 → 중요치 않은

유 insignificant, petty, trifling, unimportant

trivialize 타 하찮아 보이게 만들다 **trivia** 명 ¹ 하찮은[사소한] 것들 ² 《퀴즈》 일반상식

- You have failed because of everyday **trivial** matters.
  너는 일상적인 **사소한** 문제들 때문에 실패했다. [지9]

1674
impervious [impə́ːrviəs]
형 ¹ (~에) 영향받지 않는 ² (액체 등을) 통과시키지 않는
im(not)+per(through)+vi(way, road)+ous(형) → 길을 통과할 수 없는

반 ¹ susceptible (민감한)
² permeable (침투할 수 있는)

- **impervious** to criticism 비판에 영향받지 않는
- The material for this coat is supposed to be **impervious** to rain.
  이 코트의 재질은 비를 **통과시키지 않도록** 되어 있다.

1675
obviate [ábvièit]
타 (문제 등을) 제거하다, 배제하다
ob(against)+vi(way, road)+ate(동) → 길을 막는 것을 없애다

유 remove, eliminate, forestall, preclude

- The new treatment **obviates** many of the risks associated with surgery.
  그 새로운 치료법은 수술과 관련된 많은 위험 요소를 **제거한다**.

DAY 21 보내다, 가지고 있다

🔍 Preview & Review

leg ▶ send

- **leg**acy
- de**leg**ate
- re**leg**ate
- al**leg**e

보내다 → 남긴 것 → 유산
보내다 → 파견하다 → 대표, 위임하다

mit, mis(s) ▶ send

- e**mit**
- sub**mit**
- trans**mit**
- com**mit**
- com**miss**ion
- com**mit**tee
- ad**mit**
- per**mit**
- o**mit**
- re**mit**
- inter**mit**tent
- pro**mise**
- pro**mis**ing
- compro**mise**
- sur**mise**
- pre**mise**
- dis**miss**
- de**mise**
- **miss**ing
- **miss**ion
- **miss**ionary
- e**miss**ary
- inter**miss**ion

보내다 → 제출[전송, 송금, 약속]하다
보내다 → 보낸 사람 → 선교사, 특사
보내다 → 인정하다 → 허락하다

serv ▶ serve; keep

- **serv**e
- **serv**iceable
- **serv**ile
- sub**serv**ient
- de**serv**e
- pre**serv**e
- con**serv**e
- con**serv**ative
- con**serv**atory
- ob**serv**e
- ob**serv**ation
- ob**serv**ance
- ob**serv**atory
- re**serv**e
- re**serv**ed
- re**serv**oir

섬기다 → 제공하다, 도움이 되다
지키다 → 보호하다 → 보수적인
지키다 → 보관하다 → 남겨두다

tain, ten, tin ▶ hold

- con**tain**
- ob**tain**
- abs**tain**
- de**tain**
- de**ten**tion
- main**tain**
- re**tain**
- re**ten**tion
- sus**tain**
- sus**tain**able
- per**tain**
- per**tin**ent
- imper**tin**ent
- per**tin**acious
- enter**tain**
- **ten**acity
- **ten**acious
- **ten**able
- **ten**ure
- **ten**ant
- discon**tin**ue

잡고 있다, 잡고 가다 → 가지다, 얻다
잡고 있다, 잡고 가다 → 유지하다 → 지속하다

dur ▶ last, hard

- **dur**able
- **dur**ation
- en**dur**e
- ob**dur**ate

계속되다, 견디다 → 오래가다 → 지속
단단한 → 흔들림 없는 → 고집 센

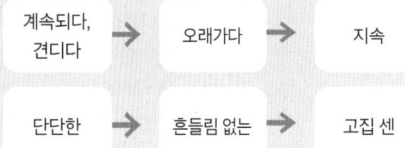

he(i)r ▶ heir, inherit

- **heir**
- in**her**it
- in**her**itance
- **heir**loom
- **her**itage
- **her**edity

상속인, 상속하다 → 상속받은 것 → 유산, 가보, 유전

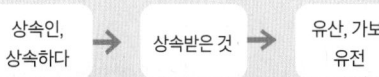

leg
= send (보내다)

1676 국9 | 서9 | 사복
legacy**
[légəsi]

명 1 (죽은 사람이 남긴) 유산 2 (과거의) 유산
leg(send)+acy(명)

유 inheritance
1 bequest
2 heritage

- My grandmother left me a **legacy** of a million dollars.
  할머니께서 나에게 백만 달러의 **유산**을 남겨주셨다.
- The war left a **legacy** of pain and suffering. 전쟁은 고통과 괴로움이라는 **유산**을 남겼다.

1677 지7 | 서9 | 경찰 | 법원 | 사복
de**leg**ate**
[déligət]

명 대표(자) 자타 [déligeit] 1 위임하다 2 (대표로) 파견하다
de(from, away)+leg(send)+ate(명)(동) → 다른 곳에 보내다

유 명 representative, envoy
자타 assign
1 entrust

delegation 명 1 대표단 2 위임   **delegable** 형 (직권 등이) 위임할 수 있는

- He's been chosen as a **delegate** to the convention.
  그는 그 회의에 참석하는 **대표자**로 발탁되었다.
- Why don't you **delegate** each person with a task?
  각자에게 업무를 **위임하는** 게 어때? [지7]

1678
re**leg**ate*
[rélәgèit]

타 격하시키다, 강등시키다 (to)
re(back)+leg(send)+ate(동) → 도로 보내다 → 낮은 자리로 보내다

유 demote, downgrade
반 upgrade, promote(승진시키다)

- He has been **relegated** to a more junior position in the company.
  그는 회사에서 더 하위직으로 **강등되었다**.

1679 지7 | 서9 | 서7 | 경찰 | 법원
al**leg**e*
[әléʤ]

타 혐의를 제기하다, 주장하다
a(to)+llege(send) → 증거를 보내다

유 claim, assert, declare, state

allegation 명 혐의, 주장

- The witnesses feel inhibited about making an **allegation** against an abuser.
  그 목격자들은 학대를 한 사람에 대해 **혐의**를 제기하는 것을 꺼려한다. [경찰]

mit, mis(s)
= send (보내다)

암기유발 TIP
missile 미사일
miss(send)+ile(명) → (쏘아서) 보내진 무기

1680 국9 | 국7 | 지9 | 지7 | 서9 | 경찰 | 국회 | 기상 | 법원
emit***
[imít]

타 (빛, 가스, 냄새 등을) 발산하다, 내뿜다
e(out)+mit(send) → 밖으로 내보내다

유 give off, release, discharge

emission 명 1 발산, 배출 2 배출물, 배기가스

- Carbon **emissions** are a result of burning fossil fuels such as gas or coal.
  탄소 **배출**은 가스나 석탄과 같은 화석연료 연소의 결과물이다. [지7]

1681
submit***
[səbmít]

타 ¹ 제출하다 ² 말하다, 진술하다 자 굴복하다 ((to))
sub(under)+mit(send) → 아래로 보내다 → 자신을 상대보다 아래에 두다

submission 명 ¹ 제출 ² 굴복, 항복 submissive 형 순종적인

- **Submit** your application no later than January 31.
  늦어도 1월 31일까지 지원서를 **제출해라**.
- I **submit** that his guilt has not been proven.
  저는 그의 죄가 아직 증명되지 않았다고 **말씀드립니다**.
- We will not **submit** to you without a fight.
  우리는 싸우지도 않고 너에게 **굴복하지는** 않을 것이다.

유 타 ¹ tender
자 succumb to, give in, yield to, surrender to

국9 | 국7 | 서7 | 경찰 | 법원 | 교행

1682
transmit**
[trænsmít]

타 ¹ 전송[송신]하다 ² 전염[전파]시키다 ³ (열, 전기 등을) 전도하다
trans(across)+mit(send)

transmission 명 ¹ 전송 ² 전염, 전파 transmitter 명 ¹ 전송기, 송신기 ² 전달자 ((of))

- The information is **transmitted** to the central computer.
  그 정보는 중앙 컴퓨터로 **전송된다**.
- to isolate patients with active smallpox in order to break the chain of human **transmission** 사람 간의 **전염**의 연쇄를 끊기 위해 활성 천연두에 걸린 환자를 격리하다 [경찰]

유 ² transfer, pass[hand] on

국9 | 지7 | 서7 | 경찰 | 법원

1683
commit***
[kəmít]

타 ¹ (범죄 등을) 저지르다 ² 약속하다 ³ (병원, 교도소에) 수용[수감]하다 자 전념[헌신]하다
com(together)+mit(send) → 함께 보내다 → 함께 계획을 실행하다

commitment 명 ¹ 약속 ² 전념, 헌신 ³ 의무, 책임

- As a police officer, your job is to arrest those who **commit** crime.
  경찰관으로서 당신의 일은 범죄를 **저지른** 사람들을 체포하는 것이다. [경찰]
- We should think carefully before **committing** ourselves to taking out the loan.
  우리는 융자금을 받기로 **약속하기** 전에 신중하게 생각해야 한다.
- The judge **committed** the men to prison for contempt of court.
  판사는 법정 모독으로 그를 **수감하라고** 명했다.
- My boyfriend just can't seem to **commit**! 내 남자친구는 (내게만) **전념할** 수 없는 것 같아!

유 타 ¹ perpetrate ² pledge
자 devote
● commit A to memory A를 암기하다

국7 | 지9 | 지7 | 서9 | 서7 | 경찰 | 국회 | 법원 | 사복

1684
commission**
[kəmíʃən]

명 ¹ 위원회 ² 수수료
com(together)+miss(send)+ion(명) → 함께 보냄 → 함께 계획을 실행함

- A **commission** was appointed to investigate allegations of police violence.
  경찰의 폭력 혐의를 조사하기 위해 **위원회**가 임명되었다.
- She gets a **commission** for each car she sells. 그녀는 판매하는 차마다 **수수료**를 받는다.

지9 | 지7 | 서9 | 서7 | 경찰

1685
committee**
[kəmíti]

명 위원회
commit(t)(전념하다)+ee(명)

- The **committee** was responsible for finding a leader with a clear vision.
  그 **위원회**는 확실한 비전을 갖고 있는 지도자를 찾아야 할 책임이 있었다. [지9]

지9 | 지7 | 서9 | 기상

1686
admit***
[ædmít]

자 타 ¹ 인정하다, 시인하다 ² 허락하다, 받아들이다
ad(to)+mit(send) → ~로 들여보내주다

admission 명 ¹ 인정, 시인 ² 입장, 입학 admittance 명 입장, 들어감

- She **admitted** that she had made a mistake. 그녀는 자신이 실수했다는 것을 **인정했다**.
- **admission** fee 입장료

유 ¹ confess, acknowledge ² allow, accept
반 ¹ deny (부인하다)

국9 | 국7 | 지7 | 서9 | 서7 | 경찰 | 기상 | 법원 | 사복

1687
permit*** [pərmít]
국9 | 국7 | 지9 | 지7 | 서7 | 경찰 | 국회 | 기상 | 법원 | 교행

자타 허용하다, 허락하다   명 [pə́ːrmit] 허가증
per(through)+mit(send) → ~을 통해 보내다 → 지나갈 수 있도록 허락하다

permission 명 허락, 허가   **permissible** 형 허용되는   **permissive** 형 관대한

- Women were not **permitted** to participate in theater productions in ancient Greece. 고대 그리스에서는 여성들이 연극 제작에 참여하는 것이 **허락되지** 않았다. [기상]
- parking **permit** 주차 허가증

유 자타 sanction, license 명 authorization
반 자타 forbid, prohibit (금지하다)

1688
omit** [oumít]
국7 | 경찰

타 생략하다, 빠뜨리다
o(강조)+mit(send) → 완전히 보내버리다

omission 명 ¹ 생략 ² 누락(된 것)

- Important details had been **omitted** from the article.
그 기사에서 중요한 세부사항들이 **생략되어** 있었다.

유 leave[take] out, exclude, eliminate

1689
remit* [rimít]
국7 | 지7 | 서9

타 ¹ 송금하다 ² (벌금 등을) 면제해 주다   명 [ríːmit] (담당) 소관
re(back)+mit(send) → (벌하지 않고) 되돌려 보내다

remittance 명 송금(액)   **remission** 명 ¹ 감면, 면제 ² (병의) 차도

- Many immigrants regularly **remit** money to their families.
많은 이민자들이 자신의 가족들에게 정기적으로 돈을 **송금한다**.
- Such decisions are outside the **remit** of this committee.
그러한 결정은 이 위원회의 **소관** 밖이다.

유 타 ¹ transmit, transfer ² pardon

1690
intermittent* [intərmítnt]

형 간헐적인, 간간이 일어나는
inter(between)+mitt(send)+ent(형) → 사이사이에 보내는

- **intermittent** rain 간간이 내리는 비

유 sporadic, occasional, fitful

1691
promise*** [prámis]
국9 | 국7 | 지9 | 지7 | 서9 | 서7 | 경찰 | 국회 | 법원 | 사복

자타 ¹ 약속하다 ² ~일 것 같다   명 ¹ 약속 ² (성공할) 가능성, 징조
pro(before)+mise(send) → 미리 보내서 약속을 잡다

- His teacher had written that he showed great **promise**.
그의 선생님은 그가 대단한 **가능성**을 보여준다고 적었다.

유 자타 ¹ pledge, vow, swear 명 ² potential

1692
promising** [prámisiŋ]
기상 | 법원

형 ¹ 유망한, 촉망되는 ² 조짐이 좋은
promise(~일 것 같다)+ing(형)

- a highly **promising** young artist 매우 유망한 젊은 예술가

1693
compromise*** [kámprəmàiz]
국9 | 국7 | 지9 | 지7 | 서9 | 법원 | 교행

자 타협하다, 절충하다   타 위태롭게 하다   명 타협, 절충(안)
com(together)+promise(약속하다)

uncompromising 형 타협하지 않는, 단호한

- They are unwilling to **compromise** with each other on this issue.
그들은 이 이슈에 대해 서로 기꺼이 **타협하려** 하지 않는다.
- The debt burden **compromises** decisions students make in college.
빚의 부담은 학생들이 대학에서 내리게 되는 결정들을 **위태롭게 한다**. [국9]
- Mr. Rickey came up with a **compromise**. Rickey 씨는 **절충안**을 생각해 냈다. [지9]
- The government is noted for its **uncompromising** drugs policy.
그 정부는 **타협하지 않는** 마약 정책으로 유명하다.

유 타 jeopardize, weaken 명 concession

1694
surmise* [sərmáiz]
기상
[타] 추측[짐작]하다 [명] 추측, 짐작
sur(over, above)+mise(send) → 생각을 머리 위로 보내어 짐작하다

≒ conjecture, guess

- He **surmised** that something must be wrong. 그는 무언가 잘못된 게 틀림없다고 **추측했다**.

1695
premise* [prémis]
국9 | 국7 | 서7 | 국회 | 법원
[명] ¹ (주장의) 전제 ² (pl.) 구내, 부지 《건물이 딸린 토지》
pre(before)+mise(send) → 미리 보내놓은 것 → 주장하기 전에 내세워놓는 것

≒ ¹ proposition, assumption, hypothesis

- Because we keep questioning everything, especially our own **premises**, we are always ready to improve our knowledge. 우리가 모든 것을, 특히 우리 자신의 **전제**를 끊임없이 질문하기 때문에, 우리는 항상 우리의 지식을 향상시킬 준비가 되어있다. [법원]
- the property **premises** 건물 부지 [국회]

1696
dismiss** [dismís]
지9 | 서9 | 서7 | 법원
[타] ¹ 해고하다 ² (집회 등을) 해산시키다 ³ 묵살하다, 무시하다
dis(away)+miss(send) → 멀리 보내버리다

≒ ¹ discharge, fire ³ disregard

dismissal [명] ¹ 해고 ² 묵살, 일축 ³ (재판 등의) 기각

- The government of Kuwait **dismissed** the parliament after a dispute over the handling of the financial crisis. 쿠웨이트 정부는 재정 위기의 처리에 관한 논쟁 후에 의회를 **해산시켰다**. [법원]
- unfair **dismissal** 부당 해고

1697
demise* [dimáiz]
국7 | 서9
[명] ¹ 종말 ² 사망, 죽음
de(away)+mise(send) → 멀리 보내는 것

≒ ¹ termination, downfall ² passing, decease

- She had no property at the time of her **demise**. 그녀는 **사망** 당시에 재산이 없었다.

1698
missing** [mísiŋ]
지7 | 서7 | 경찰 | 국회 | 교행
[형] 없어진, 실종된
miss(놓치다)+ing(형)

- The police have called off the search for the **missing** child. 경찰은 **실종된** 아동을 찾기 위한 수색 작업을 중단했다.

1699
mission** [míʃən]
서9 | 국9 | 국7 | 경찰 | 국회 | 교행
[명] ¹ 임무 ² 전도, 포교 ³ (스스로 느끼는) 사명, 천직
miss(send)+ion(명)

≒ ¹ assignment, task, duty ³ vocation

- The accident led NASA to stop all space shuttle **missions** for nearly three years. 그 사고는 NASA가 거의 3년간 모든 우주 왕복선 **임무**를 중단하도록 만들었다. [국9]

1700
missionary* [míʃənèri]
국회 | 기상
[명] 선교사 [형] 전도의
mission(전도)+ary(명/형)

≒ [명] preacher

- My parents are **missionaries** and have traveled the world since before I was born. 나의 부모님은 **선교사**이시고, 내가 태어나기 전부터 세계를 여행하셨다.

DAY 21 353

1701
emissary＊
[éməsèri]

명 사절, 특사

e(out)+miss(send)+ary(명)

• He flew to China as the personal **emissary** of the President.
그는 대통령의 개인 **특사** 자격으로 중국으로 날아갔다.

유 envoy, ambassador, diplomat, delegate

1702
intermission＊
[ìntərmíʃən]

명 (연극 등의) 중간 휴식 시간

inter(between)+miss(send)+ion(명) → 중간에 보내서 쉬게 함

intermit 자타 중단하다, 일시 중지하다

• After the **intermission**, the curtain parted and the band appeared.
중간 휴식 시간 후에, 커튼이 열리고 밴드가 등장했다.

유 interval, break, recess

---

serv
= serve (섬기다); keep (지키다)

암기유발 TIP
server 웨이터, 서버
serv(serve)+er(명) → 서빙하는 사람

1703
serve＊＊＊
[sə́ːrv]

국9 | 국7 | 지9 | 지7 | 서9 | 서7 | 경찰 | 국회 | 기상 | 법원 | 교행 | 사복

자 타 ¹ (음식을) 제공하다 ² (특정 용도로) 쓰일 수 있다 ³ 일하다, 복무하다 타 도움이 되다

service 명 ¹ (공공) 사업 ² 근무, 봉사 ³ 정비 타 ¹ 제공하다 ² (차량을) 정비하다

• The spare room **serves** as an office. 남는 방은 사무실로 쓰일 수 있다.
• Senators **serve** six-year terms. 상원의원은 6년의 임기 동안 **일한다**. [지9]
• His ability to get on with people **served** him well in setting up his own business. 사람들과 잘 어울리는 그의 능력은 그가 자기 사업체를 세우는 데 **도움이 되었다**.

유 타 aid, assist

1704
serviceable＊＊
[sə́ːrvisəbl]

국7 | 서9

형 쓸 만한

service(도움이 되다)+able(형)

• The shoes are slightly worn, but still **serviceable**. 그 신발은 조금 낡았지만 여전히 **쓸 만하다**.

1705
servile＊
[sə́ːrvil]

서9 | 서7

형 굽실거리는, 비굴한

serv(serve)+ile(형)

• He immediately adopted a **servile** attitude. 그는 즉시 **굽실거리는** 태도를 취했다.

유 obsequious, fawning

1706
subservient＊
[səbsə́ːrviənt]

국7 | 서9

형 ¹ (~에) 복종하는 ² (~보다) 부차적인, 덜 중요한

sub(under)+servi(serve)+ent(형)

• Don was entirely **subservient** to his father. Don은 자신의 아버지에게 완전히 **복종했다**.
• His other interests were **subservient** to his passion for art.
그의 다른 관심사들은 미술에 대한 열정보다 **덜 중요했다**.

유 ¹ submissive, servile
² subordinate, subsidiary, peripheral

1707 deserve**
[dizə́ːrv]

국7 | 지9 | 경찰 | 법원

자 타 (마땅히) ~을 받을 만하다, ~할 자격이 있다
de(강조)+serve(섬기다) → 잘 섬기다 → 그럴 만큼 가치가 있는

유 merit, earn

deserved 그럴만한 가치가 있는, 응당한   **undeserving** ~을 가질[받을] 자격이 없는

- Customers **deserve** friendly service every time they walk into our store.
  손님들은 우리 가게에 들어올 때마다 친절한 서비스를 **받을 자격이 있다**. [국7]
- a **deserved** promotion for a hard worker 열심히 일한 근로자를 위한 **응당한** 승진
- He is **undeserving** of such praise. 그는 그런 칭찬을 **받을 자격이 없다**.

1708 preserve***
[prizə́ːrv]

지9 | 서7 | 경찰 | 국회 | 법원 | 사복

타 보호하다, 보존하다   명 전유물
pre(before)+serve(keep) → 미리 지키다

유 타 conserve, protect, maintain

preservation 보호, 보존   **preservative** 명 방부제

- They are fighting to **preserve** their rights as citizens.
  그들은 시민으로서 자신들의 권리를 **보호하기** 위해 싸우고 있다.
- Sport used to be a male **preserve**. 스포츠는 남자들의 **전유물**이었다.

1709 conserve**
[kənsə́ːrv]

국7 | 지9 | 지7 | 법원 | 사복

타 ¹보호하다, 보존하다 ²아껴 쓰다
con(강조)+serve(keep)

유 ¹protect, preserve, maintain

conservation 명 ¹보호, 보존 ²(보호를 위한) 관리

- to **conserve** wildlife 야생동물을 **보호하다**
- With so little rain, everyone had to **conserve** water.
  비가 거의 오지 않아서, 모두가 물을 **아껴 써야** 했다.
- energy **conservation** measures 에너지 **보존** 수단

1710 conservative***
[kənsə́ːrvətiv]

국9 | 국7 | 지9 | 지7 | 서7 | 경찰 | 국회 | 사복

형 보수적인   명 보수주의자
con(강조)+serv(keep)+ative(형) → (변화 대신) 기존의 것을 지키려 하는

유 형 traditional, conventional, orthodox

conservationist 명 (환경) 보호론자   **conservatism** 명 보수성, 보수주의

- She's more **conservative** now than she was in college.
  그녀는 대학에 다닐 때보다 지금 더 **보수적이다**.
- animal **conservationists** 동물 보호론자들 [경찰]

cf. radical 명 급진주의자

1711 conservatory*
[kənsə́ːrvətɔ̀ːri]

국9

명 ¹온실 《햇볕을 쬐거나 화초를 기르려고 유리로 집 한편에 지은 것》 ²음악[예술] 학교
conservat(ion)(보호)+ory(~을 위한 곳)

유 ¹greenhouse

- a **conservatory** which has various kinds of plants
  다양한 식물이 있는 **온실**
- She studied the violin at a **conservatory**.
  그녀는 **음악 학교**에서 바이올린을 전공했다.

1712 observe***
[əbzə́ːrv]

국9 | 국7 | 지9 | 지7 | 서9 | 서7 | 경찰 | 국회 | 기상 | 법원 | 사복

자 타 ¹목격하다 ²관찰하다 ³(의견을) 말하다 ⁴(법 등을) 지키다
ob(in front of, before)+serve(keep) → 앞장서서 지키다, 주의를 기울이다

유 ¹notice
²monitor
³comment, state
⁴comply

- A marine biologist is someone who studies, **observes**, or protects marine organisms. 해양 생물학자는 해양 생물체를 공부하고 **관찰하거나** 보호하는 사람이다. [법원]
- The proper procedures must be strictly **observed**. 적절한 절차가 엄격하게 **지켜져야** 한다.

1713
observation* [àbzərvéiʃən]
국7 | 지9 | 지7 | 서9 | 서7 | 경찰 | 국회 | 법원 | 사복

명 ¹ 관찰 ² 의견
observ(e)(관찰하다, 말하다)+ation(명)

유 ¹ monitoring, examination
² remark, statement

observational 형 관찰(상)의

- great inventions that start from careful **observations**
  주의 깊은 **관찰**로부터 시작된 위대한 발명 [지9]

1714
observance ** [əbzə́ːrvəns]
경찰

명 ¹ (법 등의) 준수 ² 축하, 기념 ³ (종교) 의식
observ(e)(지키다)+ance(명)

유 ³ rite, ritual

- strict **observance** of the law 엄격한 법 준수

1715
observatory ** [əbzə́ːrvətɔ̀ːri]
경찰

명 관측소, 천문대
observat(ion)(관찰)+ory(~을 위한 곳)

- The **observatory** is located on a mountaintop. 그 관측소는 산꼭대기에 위치해 있다.

1716
reserve* [rizə́ːrv]
국9 | 국7 | 지9 | 지7 | 서9 | 서7 | 경찰 | 기상 | 교행 | 사복

타 ¹ 예약하다 ² 따로 남겨 두다 ³ (권한을) 갖다 명 ¹ 비축(물) ² (동식물) 보호구역
re(back)+serve(keep) → 뒤에 보관해놓다

유 타 ³ retain
명 ¹ stock
² sanctuary

• in reserve
예비로 마련해 둔

reservation 명 ¹ 예약 ² 의구심, 거리낌

- The bill **reserves** more than a 3-percent share for young job applicants in hiring quotas. 그 법안은 고용 할당제를 시행하여 젊은 구직자에게 3% 이상의 몫을 **따로 남겨 둔다**. [서9]
- a marine **reserve** in Tanzania Tanzania의 해양 **보호구역** [지9]

1717
reserved ** [rizə́ːrvd]
국9 | 지9

형 ¹ 내성적인, 속마음을 드러내지 않는 ² 남겨 둔, 예비의
reserve(따로 남겨 두다)+d(형)

유 ¹ reticent, restrained, taciturn
² retained

- If you are someone who is **reserved**, you tend to keep your feelings hidden.
  만약 당신이 **내성적인** 사람이라면, 당신은 자신의 감정을 숨겨두는 경향이 있다. [지9]

1718
reservoir ** [rézərvwàːr]
기상 | 교행

명 ¹ 저수지 ² 저장(소) ³ (지식 등의) 축적, 보고(寶庫)
re(back)+serv(keep)+oir(명)

- The soil becomes a sponge, a **reservoir** which sucks up water and then releases it slowly. 토양은 스펀지, 즉 물을 빨아들이다가 천천히 방출하는 **저장소**가 된다. [기상]
- a **reservoir** of information 정보의 보고

---

tain, ten, tin
= hold (잡고 있다, 잡고 가다)

암기유발 TIP

tennis 테니스
ten(hold)+nis(어미) 《중세 프랑스에서 손바닥으로 공을 치며 놀던 것에서 유래》

1719
contain* [kəntéin]
국9 | 국7 | 지9 | 서9 | 서7 | 경찰 | 국회 | 기상 | 법원 | 교행 | 사복

타 ¹ (~을) 함유하다 ² 방지하다, 억제하다
con(together)+tain(hold)

유 ¹ include, comprise
² restrain, suppress, curb

container 명 ¹ 그릇, 용기 ² (화물 수송용) 컨테이너

- Tea **contains** substances that wake us up and make us feel good.
  차는 정신이 들게 하고 기분을 좋게 만드는 물질을 **함유하고** 있다.
- to **contain** an epidemic 유행병을 **방지하다**
- an airtight **container** 밀폐 용기

1720
obtain***
[əbtéin]

타 얻다, 구하다
ob(강조)+tain(hold)

gain, acquire, secure, procure

unobtainable 형 얻을 수 없는

- The first edition of this book is now almost impossible to **obtain**.
  이 책의 초판은 지금 **구하기**가 거의 불가능하다.
- His website was still running, but his telephone number was **unobtainable**.
  그의 웹사이트는 여전히 운영되고 있었지만, 그의 전화번호는 **얻을 수 없었다**.

1721
abstain*
[əbstéin, æb-]

자 1 삼가다, 자제하다 《from》 2 (투표에서) 기권하다
abs(away from)+tain(hold) → 잡고 있는 것에서 멀어지다

1 refrain 《from》, desist 《from》, forbear 《from》

abstinent / abstentious 형 금욕적인, 자제하는 **abstention** 명 1 자제 2 기권

- to **abstain** from alcohol 음주를 **삼가다**
- Three members of the committee voted in favor, five against and two **abstained**. 위원회의 세 위원이 찬성, 다섯 명이 반대, 두 명이 **기권했다**.

1722
detain**
[ditéin]

타 1 구금하다, 억류하다 2 (가지 못하게) 붙들다, 지체하게 하다
de(from, away)+tain(hold) → 따로 떼어내어 잡아두다

1 imprison, confine
2 delay

detainee 명 억류자

- The man was **detained** for questioning. 그 남자는 **구금되어** 심문을 받았다.

1723
detention**
[diténʃən]

명 1 구금, 구류 2 (벌로서 학생을) 방과 후 남게 하기
de(from, away)+ten(hold)+tion(명) → 따로 떼어내어 잡아두기

- There is no prison in Vatican City, with the exception of a few **detention** cells to hold criminals before trial. 바티칸 시국(市國)에는 재판 전에 범죄자들을 억류할 몇 개의 **유치장**을 제외하고는 교도소가 없다. [서9]

1724
maintain***
[meintéin]

타 1 유지하다, 지키다 2 (건물, 기계 등을) 유지[관리]하다 3 (사실임을) 주장하다 4 (가족 등을) 부양하다
main(hand)+tain(hold) → 손으로 계속 잡고 있다

1 sustain
3 insist, assert, declare

maintenance 명 유지, 관리

- During the summer session, the library will **maintain** regular hours during the weekdays. 여름 학기 동안 도서관은 주중에 정상 근무 시간을 **유지할** 것이다. [국9]
- It was obvious that the house had been poorly **maintained**.
  그 집이 **관리**가 잘 **안되었다**는 것은 명백했다.
- She **maintained** her innocence throughout the trial.
  그녀는 재판 내내 자신의 결백을 **주장했다**.
- the late monthly **maintenance** fee 연체된 월 **관리비** [서9]

1725
retain***
[ritéin]

타 유지하다, 보유하다, 간직하다
re(back)+tain(hold) → 뒤에서 쥐고 있다

continue, maintain, reserve, keep

retentive 형 잘 잊지 않는

- He always **retained** the utmost admiration for the thinker.
  그는 항상 그 사상가에 대한 최고의 존경심을 **간직했다**. [서9]

1726 retention*
[riténʃən]

명 ¹ 유지, 보유 ² 기억(력)
re(back)+ten(hold)+tion(명)

국9

- The **retention** of old technology has slowed the company's growth.
  오래된 기술의 **보유**는 그 회사의 성장을 더디게 했다.

1727 sustain***
[səstéin]

타 ¹ 지탱하다, 뒷받침하다 ² 지속시키다 ³ (피해를) 입다
sus(from below)+tain(hold) → 밑에서 잡아주다

국9 | 국7 | 지9 | 지7 | 서7 | 기상 | 법원

유 ¹ uphold, bear
² continue, preserve
³ undergo, suffer

sustenance 명 ¹ 자양물 《생명을 건강하게 유지해 주는 것》 ² 지속, 유지

- Hope **sustained** us during that difficult time. 그 어려웠던 시기에 희망이 우리를 **지탱했다**.
- He **sustained** serious injuries in the accident. 그는 사고로 심각한 상처를 **입었다**.

1728 sustainable**
[səstéinəbl]

형 ¹ (환경 파괴 없이) 지속 가능한 ² 오랫동안 지속할 수 있는
sustain(지속시키다)+able(형)

국9 | 국7 | 지9 | 지7 | 국회

반 unsustainable
(지속 불가능한)

- **sustainable** agriculture system (환경 파괴 없이) **지속 가능한** 농업 시스템 [국7]
- **sustainable** economic growth 오랫동안 지속할 수 있는 경제 성장

1729 pertain*
[pərtéin]

자 ¹ 적합하다, 어울리다 ² (~에) 속하다 ³ 관련 있다 (to)
per(through)+tain(hold) → 처음부터 끝까지 잡고 있다

유 ² belong to
³ concern

- books **pertaining** to the country's history 그 나라의 역사와 **관련 있는** 책들

1730 pertinent*
[pə́ːrtənənt]

형 (특정한 상황에) 적절한, 관련 있는 (to)
per(through)+tin(hold)+ent(형)

국7 | 국회

유 relevant, appropriate, germane, suitable

- She asked me a lot of very **pertinent** questions. 그녀는 내게 매우 **적절한** 질문들을 많이 했다.

1731 impertinent*
[impə́ːrtənənt]

형 무례한, 버릇없는
im(not)+pertinent(적절한)

국회 | 기상

유 impolite, rude, insolent, ill-mannered

- The boy asked an **impertinent** question. 그 남자아이는 **무례한** 질문을 했다.

1732 pertinacious*
[pə̀ːrtənéiʃəs]

형 끈질긴, 완강한
per(very)+tenacious(집요한)

유 determined, tenacious, persistent

- a **pertinacious** salesman 끈질긴 판매원

1733 entertain***
[èntərtéin]

자 타 ¹ 즐겁게 해 주다 ² 접대하다 타 ³ (생각 등을) 품다
enter(among, between)+tain(hold) → 사람들을 붙잡고 그 사이에서 즐거움을 주다

국9 | 국7 | 지9 | 서9 | 서7 | 국회 | 법원

유 ¹ amuse, please

entertainment 명 ¹ 오락(물) ² 접대 **entertaining** 형 재미있는, 즐거움을 주는 **entertainer** 명 연예인

- The children sang and danced to **entertain** the crowd.
  아이들은 군중을 **즐겁게 해** 주려고 노래하며 춤을 췄다.

1734
tenacity*
[tənǽsəti]

명 고집, 끈기

tanac(hold)+ity(명)

- Those who graduate have **tenacity** since they won't quit when confronted by tough obstacles. 졸업하는 사람들은 힘든 장애물에 직면할 때 그만두지 않기 때문에 **끈기**가 있다. [국회]

국회

유 persistence, pertinacity, determination

1735
tenacious*
[tənéiʃəs]

형 ¹ 집요한, 완강한 ² (예상보다 더) 오래 지속되는

tenaci(ty)(고집, 끈기)+ous(형)

- As a reporter, David is more **tenacious** than other people. 기자로서 David는 다른 사람들보다 더 **집요하다**.

지7 | 경찰 | 기상

유 ¹ persistent, pertinacious, determined

1736
tenable*
[ténəbl]

형 ¹ 쉽게 방어[옹호]될 수 있는 ² (특정 기간 동안) 유지되는

ten(hold)+able(형)

- Such an old idea is no longer **tenable**. 그런 낡은 생각은 더 이상 **쉽게 옹호될 수** 없다.
- The scholarship will be **tenable** for three years. 장학금은 3년간 **유지될** 것이다.

유 ¹ defensible, defendable
반 untenable
(¹ 방어될 수 없는
² 유지될 수 없는)

1737
tenure*
[ténjər]

명 ¹ 재임 (기간) ² 종신 재직권 ³ (주택, 토지의) 거주권

ten(hold)+ure(명)

- During his **tenure** as dean, he had a great influence on the students. 학장으로서의 **재임** 동안, 그는 학생들에게 큰 영향을 미쳤다.

경찰 | 교행

유 ¹ incumbency
³ occupancy, residence

1738
tenant**
[ténənt]

명 ¹ 세입자 ² 거주자   타 세 들어 살다

ten(hold)+ant(명) → 집의 소유권[임대권]을 갖다

- Apartment rents for **tenants** will continue to rise. **세입자**의 집세는 계속 오를 것이다.
- **Tenants** had to make too high mortgage payments for the building. **거주자**들은 그 건물을 사기 위해 매우 높은 담보 대출금을 지불해야 했다. [서7]

서7 | 국회

유 (명) occupant, resident

1739
discontinue**
[dìskəntínju]

타 중단하다

dis(not)+continue(계속하다)

- Why was work on Mount Rushmore finally **discontinued**? 왜 Rushmore 산에서의 작업이 결국 **중단되었나요**? [국회]

국회

유 terminate, cease, drop

---

dur
= last (계속되다, 견디다), hard (단단한)

암기유발 TIP

Duracell 듀라셀
(건전지 이름)
dura(last)+cell(전지)
→ 오래가는 건전지

1740
durable**
[djúərəbl]

형 내구성이 있는, 오래가는

dur(last)+able(형)

durability 명 내구성

- **durable** goods 내구 소비재 (자동차, 텔레비전 등과 같이 한 번 사면 비교적 오래 쓰는 물품)

국9 | 지7 | 경찰 | 국회 | 기상 | 사복

유 lasting, resistant
반 delicate, fragile(부서지기 쉬운)

1741
duration** [djuréiʃən]
국9 | 지9 | 경찰 | 법원

명 1 지속 2 (지속되는) 기간
dur(last)+ation(명)

- We all had to stay indoors for the **duration** of the storm.
  우리는 모두 폭풍이 **지속되는 기간** 동안 실내에 머물러 있어야 했다.

1742
endure** [indjúər]
국7 | 지9 | 서9 | 경찰 | 기상

자[타] 1 인내하다, 참다 2 지속되다, 오래가다
en(make)+dure(hard)

🔁 1 bear

endurable 형 참을 수 있는, 견딜 수 있는 endurance 명 인내, 참을성
- to **endure** the pain 고통을 참다
- My journey was long but **endurable**. 나의 여정은 길었지만 **견딜 수 있었다**.

1743
obdur**ate*** [ábdjurit]
서7

형 고집 센, 완고한
ob(against)+dur(hard)+ate(형) → ~에 대항해 강경한

🔁 stubborn, persistent, determined, rigid

obduracy 명 고집, 완고함
- He is known for his **obdurate** determination. 그는 **완고한** 결단력으로 유명하다.

---

he(i)r
= heir (상속인, 계승자), inherit (상속하다)

암기유발 TIP
cultural heritage 문화유산
herit(heir, inherit)+age(명) → 물려받은 것

1744
heir** [ɛər]
서9

명 1 상속인 2 계승자

🔁 successor, inheritor

heirless 형 상속인이 없는
- The king left no **heirs** when he died. 그 왕이 죽었을 때, **계승자**가 없었다.

1745
inher**it** [inhérit]
국9 | 지9 | 서7 | 기상 | 교행

자[타] 상속하다 [타] (유전적으로) 물려받다
in(in)+herit(heir, inherit)

🔁 accede, succeed

inheritor 명 1 상속인 2 (사상 등의) 후계자
- The property was **inherited** equally among the heirs.
  재산은 상속인들에게 똑같이 **상속되었다**.
- Some couples decided not to have children after discovering their children might **inherit** the gene for a fatal disorder. 몇몇 부부들은 그들의 자녀가 치명적인 장애 유전자를 **물려받을지도** 모른다는 것을 알게 된 후에 아이를 갖지 않기로 했다.

1746
inher**itance**** [inhérətəns]
국9 | 지9 | 사복

명 1 상속받은 재산 2 유산, 유전
inherit(상속하다)+ance(명)

🔁 legacy

- an **inheritance** tax 상속세
- the **inheritance** of a gift for music 음악적 재능의 유전

1747
heirloom* [ɛ́ərlùːm]
몡 (집안의) 가보
heir(heir, inherit)+loom(tool) → 물려받은 것

- The clock is a family **heirloom**. 그 시계는 집안의 가보다.

1748
국9 | 국7 | 지9 | 지7 | 법원

heritage** [héritidʒ]
몡 (국가, 사회의) 유산, 전통
herit(heir, inherit)+age(몡)

- The library has helped African-Americans trace their family **heritage**.
  그 도서관은 아프리카계 미국인들이 자기 가문의 유산[전통]을 찾는 데 도움을 제공해 왔다. [국9]

MORE + 관련어휘

heritage	몡 (국가, 사회의) 유산 《후세대에 물려주고 보존해야 할 문화, 물건, 전통, 자연 등》
	e.g. UNESCO world **heritage** 유네스코 세계 유산
legacy	몡 ¹ (죽은 사람이 유언으로 남긴) 유산 《주로 돈》 ² (과거의 특히 좋지 않은) 유산
	e.g. a **legacy** of $5,000 5천 달러의 유산 a **legacy** of pollution 공해라는 유산
inheritance	몡 ¹ 상속받은 재산, 유산 ² (과거, 선대로부터의) 유산, 유전(되는 것)
	e.g. to spend all her **inheritance** 상속받은 재산을 다 써 버리다
	our cultural **inheritance** 우리의 문화유산 genetic **inheritance** 유전되는 것
patrimony	몡 ¹ (아버지 사망 시 받는) 세습 재산 ² (국가, 교회 등의) 유산
bequest	몡 ¹ (법적으로 주는) 유산, 유증 (재산)
	e.g. He left a **bequest** to each of his grandchildren. 그는 손주 각각에게 유산을 남겼다.

1749
국9 | 지9 | 서7 | 경찰 | 법원 | 교행

heredity** [hərédəti]
몡 유전(적 특징)
hered(heir)+ity(몡)

≒ genetics, inheritance

hereditary 혱 ¹ (질병이) 유전적인 ² 세습되는

- the relative influence of **heredity** and environment 유전과 환경의 상대적인 영향

DAY 22 주다, 놓다, 위치

🔍 Preview & Review

don, dot, dos, dow, dat ▶ give

- donate
- condone
- pardon
- antidote
- anecdote
- dose
- dosage
- endow
- dowry
- predate
- antedate
- postdate

주다 → 기부하다
주다 → (~을) 부여하다

pens, pend ▶ pay

- pension
- expense
- compensate
- recompense
- expend

지불하다 → 보상하다
지불하다 → (돈, 시간 등을) 들이다

tribut ▶ give

- tribute
- distribute
- contribute
- attribute
- retribution

주다 → 바치는 것 → 헌사, 찬사, 공물
주다 → 탓[덕]으로 보다
주다 → 기부하다
주다 → 응징, 징벌

pos, pon, pound ▶ put, place

- repose
- repository
- dispose
- disposable
- indisposed
- predispose
- depose
- deposit
- deposition
- depository
- impose
- imposing
- superimpose
- compose
- composite
- decompose
- purpose
- repurpose
- apposite
- expose
- oppose
- interpose
- juxtapose
- pose
- posture
- positive
- propose
- proposition
- suppose
- presuppose
- posit
- transpose
- component
- postpone
- exponent
- proponent
- compound
- impound
- propound
- expound

놓다 → 보관하다 → 보관소
놓다 → 배치하다

the, thesis ▶ set, put

- **the**matic
- **the**sis
- anti**thesis**
- syn**thesis**
- photosyn**thesis**
- hypo**thesis**

놓다 → 놓인 것 → 테마, 주제

loc ▶ place

- **loc**ate
- al**loc**ate
- dis**loc**ate
- re**loc**ate

장소에 놓다 → 위치를 찾아내다
장소에 놓다 → 위치시키다

rect, rig ▶ direct, straight

- redi**rect**
- misdi**rect**
- multidi**rect**ional
- e**rect**
- **rect**angle
- **rect**ify
- **rect**itude
- cor**rig**ible
- **rig**htful
- forth**rig**ht
- out**rig**ht

지시하다

똑바른, 솔직한 → 바로잡다 → 정직, 적법, 정당

later ▶ side

- **later**al
- uni**later**al
- bi**later**al
- multi**later**al
- col**later**al

측면, 쪽[측]

bas ▶ low

- **bas**eline
- **bas**eless
- a**bas**e
- de**bas**e
- **bas**in

낮은 → 가장 낮은 곳 → 기초, 기준
낮은 → 낮추다 → (가치, 지위 등을) 떨어뜨리다

don, dot, dos, dow, dat
= give (주다)

암기유발 TIP
data 데이터, 자료
dat(give)+a(어미) → 주어진 것

1750 　　　　　　　　　　　　　　　　　　　　　　　　　지9 | 경찰 | 국회 | 사복

donate**
[dóuneit]

[타] ¹기부하다 ²헌혈하다, (장기를) 기증하다
don(give)+ate(동)

donation [명] 기부, 기증 **donor** [명] 기부자, 기증자

- Approximately 2,000 people need to **donate** blood every day to maintain the blood center's supplies. 혈액 센터의 공급량을 유지하기 위해서 약 2,000명의 사람이 매일 **헌혈해야** 한다. [사복]

유 ¹contribute, endow

1751 　　　　　　　　　　　　　　　　　　　　　　　　　서7

condone*
[kəndóun]

[타] (행위를) 용납하다
con(강조)+done(give)

condonation [명] 용서, 묵과

- I cannot **condone** the use of violence under any circumstances. 나는 어떤 상황에서든 폭력을 쓰는 것을 **용납할** 수 없다.

유 overlook, excuse, forgive

1752 　　　　　　　　　　　　　　　　　　　　　　　　　서7 | 경찰 | 기상

pardon**
[pɑ́ːrdn]

[타] ¹용서하다 ²(죄인을) 사면하다 [명] ¹용서 ²사면
par(through)+don(give) → 완전히 마음을 주다

- The woman sued the police for failing to protect her, but the court **pardoned** them. 그 여자는 자신을 지켜주지 못한 것에 대해 경찰을 고소했지만, 법원은 그들을 **사면해주었다**. [경찰]

유 [타] ¹condone ²acquit, absolve
반 [타] ¹condemn (비난하다)

1753

antidote*
[ǽntidòut]

[명] ¹해독제 ²해결책
anti(against)+dote(give) → 대항할 것을 주는 것

antidotal [형] 해독의 (효과가 있는)

- We need the **antidote** for the snake's venom. 우리는 그 뱀독의 **해독제**가 필요하다.

유 ¹remedy, counterpoison, detoxicant ²solution

1754 　　　　　　　　　　　　　　　　　　　　　　　　　국회 | 교행

anecdote*
[ǽnikdòut]

[명] ¹일화 ²개인적인 진술
an(not)+ec(out)+dote(give) → 밖으로 주지 않은 이야기 → 알려지지 않은 이야기

anecdotal [형] 일화적인, 입증되지 않은

- Joe kept us entertained with **anecdotes** about his friends. Joe는 자신의 친구들에 관한 **일화**로 우리를 계속 즐겁게 해주었다.

유 ¹story, tale

1755 　　　　　　　　　　　　　　　　　　　　　　　　　경찰 | 기상

dose**
[dous]

[명] (약의 1회분) 복용량, 투여량 [타] (약을) 투여하다

- If you are in pain, increase the **dose** of painkillers. 고통스러우면 진통제의 **복용량**을 늘려라.

1756 　　　　　　　　　　　　　　　　　　　　　　　　　서7

dosage**
[dóusidʒ]

[명] (약의) 정량, 복용량
dos(e)(복용량)+age(명)

- When we take more than the recommended **dosage** of medicine, we rarely expect negative consequences. 우리는 약의 권장된 **정량**보다 더 많이 투약할 때 부정적인 결과를 거의 예상하지 못한다. [서7]

1757
endow** [indáu]

(타) 1 (기관에) 기부하다 2 (재능 등을) 부여하다
en(in)+dow(give)

endowment (명) 1 기부(금) 2 재능, 자질

- He was richly **endowed** by nature with a fine voice and genuine talent. 그는 선천적으로 우아한 목소리와 천재적 재능을 풍부하게 **부여받았다**. [국9]

(유) 1 donate, contribute

국9

1758
dowry* [dáuəri]

(명) (신부 또는 신랑의) 지참금
dow(give)+ry(명)

- The amount of the **dowry** is determined through negotiations between the families of the engaged. **지참금**의 액수는 약혼한 두 집안의 협의를 통해 결정된다.

1759
predate* [pridéit]

(타) ~보다 먼저 발생하다[형성되다]
pre(before)+date(날짜) 《로마 시대 때 편지 끝맺음에 '언제 이 편지를 (전달자에게) 줌'이라는 의미로 given, 즉 datum 뒤에 날짜를 썼는데 datum의 의미가 전이되어 '날짜'가 됨》

- Many scientists had believed that shark gills were an ancient system that **predated** modern fish. 많은 과학자들은 상어 아가미가 현대의 물고기**보다 먼저 형성된** 아주 오래된 기관계라고 믿었다. [국7]

(유) antedate
(반) postdate(~보다 뒤에 발생하다)

국7

1760
antedate* [ǽntidèit]

(타) 1 (실제보다) 날짜를 앞당기다 2 ~보다 앞서 일어나다 (명) [ǽntidéit] 앞선 날짜
ante(before)+date(날짜)

- a civilization that **antedated** the Roman Empire 로마 제국**보다 앞서 일어난** 문명화

(유) (타) 2 predate

1761
postdate* [poustdéit]

(타) 1 (실제보다) 날짜를 늦추다 2 ~보다 뒤에 일어나다
post(after)+date(날짜)

- If you **postdate** a check, it will not become effective until that time. 수표에 **실제보다 날짜를 늦추어** 적게 되면, 그 날짜까지 효력이 발생하지 않을 것이다.

(반) antedate(날짜를 앞당기다)

---

pens, pend
= pay (지불하다)

암기유발 TIP
spend 돈을 쓰다, 소비하다

1762
pension** [pénʃən]

(명) 연금, 생활 보조금
pens(pay)+ion(명) → 매년 돈을 지불하는 것

pensionary (형) 연금을 받는, 연금의 (명) (pl.) 1 연금 수령자 2 고용인

- The teacher lived on his **pension** after his retirement. 그 교사는 퇴직한 후에 그의 **연금**으로 생활했다.

(유) annuity, allowance
- draw one's pension 연금을 타다

국7

1763
expense*** [ikspéns]

(명) 1 지출, 비용 2 비용이 드는 일
ex(out)+pense(pay) → 외부로 돈을 지불하는 것

expensive (형) 비싼, 돈이 많이 드는 **inexpensive** (형) 비싸지 않은

- She always travels first class regardless of **expense**. 그녀는 **비용**에 상관없이 항상 일등석을 타고 여행한다.

국9 | 국7 | 지9 | 지7 | 서9 | 경찰 | 국회 | 법원 | 교행 | 사복

(유) 1 cost, charge, expenditure
- meet one's expense 수지를 맞추다

1764 　　　　　　　　　　　　　　　　　　　　　　　　　　　　국7 | 지9 | 지7 | 국회 | 기상

compens**ate**** [kάmpənsèit]
타 ¹ 보상하다 (for), 보상금을 주다 ² 상쇄하다 (for)
com(together)+pens(pay)+ate(동) → 같은 가치의 것을 지불하다

- ¹ recompense, reimburse
- ² indemnify (for)
- compensate oneself in ~으로 보충하다

compensating 형 보상하는　**compensatory** 형 보상의, 보수의　**compensation** 명 보상(금)

- She tried to cover up the accident by **compensating** the victims.
  그녀는 피해자들에게 **보상금**을 주고 사건을 덮으려고 했다.
- Travel agencies use modern technology to **compensate** for the inexperience of many agents. 여행사들은 많은 직원들의 미숙함을 **상쇄하기** 위해 현대 기술을 이용한다. [지9]

1765

recompens**e*** [rékəmpèns]
타 보상하다, 배상하다　명 보상, 배상
re(again)+com(together)+pense(pay)

- 명 compensation, reward
- 반 명 penalty(처벌)
- in recompense for ~의 보답으로

- The company still needs to **recompense** the work that the contractor finished last month. 그 회사는 하청업자가 지난달에 끝낸 일을 여전히 **보상할** 필요가 있다.
- a **recompense** for service 수고에 대한 **보상**

1766 　　　　　　　　　　　　　　　　　　　　지9 | 서7 | 경찰 | 기상 | 법원 | 교행

expend*** [ikspénd]
타 (많은 돈, 시간, 에너지를) 쏟다, 들이다
ex(out)+pend(pay)

- 반 accumulate (축적하다)
- expend much trouble on ~에 많은 노력을 쏟다

expenditure 명 ¹ 지출, 비용 ² 소비, 소모

- Human beings aren't designed to **expend** energy continuously.
  인간은 에너지를 지속적으로 **쏟도록** 설계되지 않았다. [서7]
- They were concerned with keeping **expenditures** down.
  그들은 **지출**을 줄이는 데 관심이 있었다.

tribut
= give (주다)

1767 　　　　　　　　　　　　　　　　　　　　　　　　　　　　　　　　　　국회

tribute** [tríbjuːt]
명 ¹ 헌사, 찬사 (to) ² ~의 영향력을 입증하는 것 ³ 공물 (과거 속국이 종주국에 바치던 것)

- ¹ praise, acclaim, eulogy
- pay a tribute to ~에게 헌사(찬사)를 바치다

- The concert was a **tribute** to the musician. 그 콘서트는 그 음악가에 대한 **헌사**였다.
- The country was forced to pay **tribute**. 그 나라는 **공물**을 바칠 것을 강요당했다.

1768 　　　　　　　　　　　　　　　　　　　국9 | 국7 | 지9 | 서7 | 경찰 | 기상 | 법원 | 사복

distribut**e**** [distríbjuː(ə)t]
타 ¹ 분배하다, 나누어 주다 ² (상품을) 유통시키다
dis(apart)+tribute(give) → 따로[각자에게] 나누어 주다

- ¹ share, allocate
- ² circulate, convey

distribution 명 ¹ 분배 ² (상품) 유통　**distributive** 형 (상품) 유통의　**distributor** 명 유통 업자[회사]

- Before the lecture began, the speaker **distributed** photocopies of his paper to the audience. 강의를 시작하기 전에 강연자는 자신의 자료 복사본을 청중에게 **나누어 주었다**. [지9]

1769 　　　　　　　　　　　　　　　　　　국9 | 국7 | 지9 | 지7 | 서9 | 경찰 | 국회 | 기상 | 법원 | 교행 | 사복

contribut**e**** [kəntríbjuːt]
자[타] ¹ 기부하다 ² 기여하다 ³ (글을) 기고하다　자 (~의) 한 원인이 되다
con(together)+tribute(give) → 함께 내다 → 보탬이 되다

contribution 명 ¹ 기부(금) ² 기여 ³ 기고문 ⁴ 원인 제공　**contributory** 형 ¹ 기여하는 ² 원인이 되는

- **contribution** of the printing press to the information revolution
  정보 혁명에 대한 인쇄기의 **기여** [국회]

1770
attribute***
[ətríbjuːt]

국7 | 지9 | 지7 | 서7 | 경찰 | 법원

타 (~의) 탓[덕]으로 보다 《to》 명 [ǽtrəbjuːt] 속성, 자질
at(to)+tribute(give) → (원인을) ~에게 주다 → 책임을 지우다

타 ascribe 《to》
명 qualification

• attribute[ascribe, refer] A to B
A를 B의 탓으로 돌리다

attribution 명 귀속 **attributable** 형 ~가 원인인

• He **attributed** the firm's success to the efforts of the staff.
그는 회사의 성공을 직원들의 노력 **덕으로 보았다**.
• cultural **attributes** 문화적 속성 [서7]

1771
retribution*
[rètrəbjúːʃən]

명 (강력한) 응징, 징벌
re(back)+tribut(give)+ion(명) → (당한 것을) 돌려줌

retributive / retributory 형 인과응보의, 보복의

• Many people were afraid to speak out because of fear of **retribution**.
많은 사람이 **응징**에 대한 두려움 때문에 공개적으로 말하기를 겁냈다.

---

pos, pon, pound
= put, place (놓다)

암기유발 TIP

position 위치
posi(put, place)+tion(명) → 놓음 → 놓아둔 곳

1772
repose*
[ripóuz]

국9 | 서9

자 ¹ (사물이 특정한 장소에) 보관되다 ² 휴식을 취하다 명 휴식, 수면
re(back, away)+pose(put, place) → 제자리에 놓여 있다

• Even the rare moments of **repose** were filled with plans.
휴식을 취하는 드문 순간까지도 계획으로 가득 차 있었다.

1773
repository*
[ripázətɔ̀ːri]

명 (대량) 보관소, (지식 등의) 보고(寶庫)
re(back, away)+posit(put, place)+ory(명)

• a nuclear waste **repository** 핵폐기물 보관소

1774
dispose**
[dispóuz]

경찰 | 법원 | 사복

타 ¹ 배치하다 ² (~에게) ~의 경향을 갖게 하다 자 ¹ 없애다 《of》 ² 처리[해결]하다 《of》
dis(apart)+pose(put, place) → 떨어뜨려 놓다

타 ¹ arrange, array

disposition 명 ¹ 배치, 배열 ² 기질, 성격 **disposal** 명 처리, 처분

• He **disposed** his attendants in a circle. 그는 수행원들을 둥글게 **배치했다**.
• personalities that **dispose** them to be uncooperative
그들이 비협조적인 **경향을 갖게 하는** 성격
• Unless batteries are **disposed** of in a responsible way, they are detrimental to the environment and humans. 배터리를 책임지고 **없애지** 않는다면, 그것들은 환경과 인간에게 해롭다. [사복]

1775
disposable**
[dispóuzəbl]

서7 | 법원

형 ¹ 일회용의 ² (금융) 이용 가능한, 가처분의
dis(apart)+pos(put, place)+able(형)

¹ throwaway, expendable
² available, accessible

• a **disposable** product 일회용품 [법원]
• **disposable** income 가처분 소득 《소득에서 세금 빼고 개인 의사에 따라 마음대로 쓸 수 있는 실소득》 [서7]

1776 | 경찰
indisposed* [ìndispóuzd]
형 ¹몸이 안 좋은 ²~할 수 없는 ³(~하는 것이) 내키지 않는
in(not)+dispos(e)(배치하다)+ed(형) → (잘) 배치되지 않은 → 질서 없는 → 건강하지 않은
유 ¹unwell

indispose 타 ¹병이 나게 하다 ²불가능하게 하다 ³~할 마음을 잃게 하다
- When your assistant is **indisposed**, I could fill in for a while.
  당신의 조수가 **몸이 안 좋을** 때, 내가 잠시 대신해줄 수 있다.

1777 | 서7 | 법원
predispose* [prìdispóuz]
타 ¹~하는 성향을 갖게 하다, ~하게 만들다 《to》 ²(병에) 잘 걸리게 하다 《to》
pre(before)+dispose(배치하다) → 미리 배치하다

predisposition 명 ¹성향 《to》 ²(병에 걸리기 쉬운) 소질, 소인 《to》
- Past experiences have **predisposed** her to distrust people.
  과거의 경험들은 그녀가 사람들을 불신**하게 만들었다**.
- a gene that **predisposes** some people to lung cancer
  어떤 사람들을 폐암에 **잘 걸리게 하는** 유전자

1778 | 서7
depose* [dipóuz]
타 퇴위시키다, 물러나게 하다
de(down)+pose(put, place) → 내려놓다 → 내려오게 하다
유 overthrow, dismiss

- They are plotting to **depose** the king. 그들은 왕을 **퇴위시키려고** 음모를 꾸미고 있다.

1779 | 기상
deposit** [dipázit]
타 ¹예금하다, 맡기다 ²침전시키다 명 ¹예금 ²보증금 ³침전물
de(away)+posit(put, place) → 멀리 두다
유 타 ¹lodge
명 ³sediment

- Billions of dollars are **deposited** in banks every day. 매일 수십억 달러가 은행에 **예금된다**.

1780 | 기상
deposition* [dèpəzíʃən]
명 ¹침전(물) ²퇴위(시킴), 파면 ³(법률) 증언 녹취록
deposit(침전시키다)+ion(명)
유 ¹sediment, deposit
²dethronement

- continued **deposition** of sediments 퇴적물의 지속적인 **침전** [기상]
- the **deposition** of the king 왕의 **퇴위**
- His attorneys took **depositions** from the witnesses.
  그의 변호사들은 목격자들로부터 **증언 녹취록**을 받았다.

1781
depository* [dipázətɔ̀ːri]
명 보관소, 보고(寶庫)
deposit(맡기다)+ory(명)

- a **depository** of learning 학문의 **보고**(寶庫)

1782 | 지7 | 서9 | 서7 | 경찰 | 법원
impose** [impóuz]
타 ¹(~에게) (의무 등을) 부과하다 《on》 ²(~에게) (의견 등을) 강요하다 《on》
im(into, in)+pose(put, place)

imposition 명 ¹(법률 등의) 시행, 도입 ²폐, 부담
- to **impose** a fine of $100 on each of the defendants
  피고들에게 각각 100달러의 벌금을 **부과하다**
- It is one thing to believe that the system of democracy is the best, and quite another to **impose** it on other countries. 민주주의 제도가 최고라고 믿는 것과 그것을 다른 나라에 **강요하는** 것은 상당히 별개의 것이다. [서9]

1783
imposing* [impóuziŋ]
형 인상적인, 눈길을 끄는
im(into, in)+pose(put, place)+ing(형) → (눈길을) 두는
- a grand and **imposing** mansion 웅장하고 눈길을 끄는 저택

서7 | 경찰 | 법원
윤 impressive, striking, majestic
반 unimposing (눈에 띄지 않는)

1784
superimpose* [sùːpərəmpóuz]
타 ¹(이미지를 결합하여 보도록) 겹쳐 놓다 ²(어떤 요소를) 덧붙이다
super(above, over)+impose(부과하다) → ~의 위에 얹다
- He **superimposed** text on the drawing. 그는 그림 위에 글자를 **겹쳐 놓았다**.

윤 ¹overlap, stack

1785
compose*** [kəmpóuz]
타 ¹구성하다 ²작곡하다, 작성하다 ³(표현 등을) 가다듬다
com(together)+pose(put, place) → 함께 놓다 → 모아서 만들다

국9 | 국7 | 지9 | 지7 | 서9 | 서7 | 경찰 | 기상 | 법원 | 사복
윤 ¹constitute, comprise

composition 명 ¹구성 (요소) ²작곡, 작성 ³작품   composer 작곡가   composure (마음의) 평정, 침착
- Feelings are **composed** of pain and pleasure. 감정은 고통과 즐거움으로 **구성된다**. [서9]
- At music school, I studied piano and **composition**.
  음악 학교에서 나는 피아노와 **작곡**을 공부했다.

1786
composite* [kəmpázit]
형 합성의 명 합성물
com(together)+posite(put, place)
- a **composite** photograph 합성 사진

국회

1787
decompose* [dìːkəmpóuz]
자 분해되다 타 부패시키다
de(not)+com(together)+pose(put, place) → 모아서 만든 것을 분리하다

국회
윤 타 decay, rot

decomposition 명 ¹분해 ²부패
- Environment-friendly plastic bags are safe to use since they **decompose** more readily in the soil. 친환경적인 비닐봉지는 흙에서 더 쉽게 **분해되기** 때문에 사용하기에 해가 없다. [국회]

1788
purpose*** [pə́ːrpəs]
명 목적, 의도 타 ~할 작정이다, 의도하다
pur(forth)+pose(put, place) → 앞에 놓고 목표로 삼는 것

국9 | 국7 | 지9 | 지7 | 서9 | 경찰 | 국회 | 기상 | 법원 | 교행
윤 명 aim, object, intention, goal
• on purpose 고의로 (= intentionally, deliberately)

purposely 부 고의로, 일부러
- Maps were created for a variety of **purposes**. 지도는 다양한 **목적**으로 만들어졌다. [법원]
- God has allowed suffering, even **purposed** it. 신은 고통을 묵인하고 심지어 그것을 **의도한다**.

MORE+ 혼동어휘
purposeful 형 목적의식이 있는, 결단력 있는
purposive   형 목적이 분명한
multipurpose 형 다목적의, 다용도의

1789
repurpose* [riːpə́ːrpəs]
타 다른 용도에 맞게 만들다[고치다]
re(again)+purpose(의도하다)

국9
- **Repurposing** an old space requires a lot of creativity.
  오래된 공간을 **다른 용도에 맞게 만드는 것**은 많은 창의력을 필요로 한다. [국9]

1790
apposite*
[ǽpəzit]

형 아주 적절한

ap(to)+posite(put, place) → ~쪽에 놓다 → 딱 들어맞는

- an **apposite** quotation 아주 적절한 인용

1791
expose***
[ikspóuz]

국9 | 국7 | 지9 | 지7 | 서9 | 국회 | 기상 | 법원 | 교행 | 사복

타 ¹ 노출하다, 드러내다 ² 폭로하다

ex(out)+pose(put, place) → 밖으로 내놓다

유 reveal, unveil, uncover
반 hide(감추다)

exposure 명 ¹ 노출 ² 폭로

- Vitamin D is made in the body when the skin is **exposed** to sunlight.
  비타민D는 피부가 햇빛에 **노출될** 때 몸속에 생성된다. [국7][지9]

cf. exposition 명 ¹ (상세한) 설명 ² 전시회, 박람회

1792
oppose***
[əpóuz]

국9 | 국7 | 지7 | 서9 | 서7 | 경찰 | 국회 | 법원 | 교행

타 ¹ 반대하다 ² (시합에서) 겨루다

op(against)+pose(put, place) → 반대로 놓다

유 ¹ object ((to)), disagree ((with))
² combat

- a group that **opposes** the death penalty 사형 제도를 **반대하는** 집단
- an **opposing** team **겨루는**[상대] 팀

MORE+ 관련어휘
op**pon**ent 명 ¹ (대화 등의) 상대 ² 반대자
op**pos**ite 형 ¹ 정반대의 ² 맞은편의 명 반대의 것 부 건너편에
op**pos**ition 명 ¹ 반대, 항의 ² 상대측, 경쟁사 ³ ((the O-)) 야당

1793
interpose*
[ìntərpóuz]

자타 (대화 중에 발언을) 덧붙이다, 끼어들다   타 (두 사람, 물건 사이에) 두다, 넣다

inter(between)+pose(put, place)

- **interpose** oneself
  끼어들다[간섭하다]

- He tried to **interpose** himself between the people who were fighting.
  그는 싸우고 있는 사람들 사이에 **끼어들려** 애썼다.

1794
juxtapose*
[dʒʌ́kstəpòuz]

지7 | 사복

타 (대조, 비교를 위해) 병치하다, 나란히 놓다

juxta(곁에, 가까이)+pose(put, place)

juxtaposition 명 병렬, 병치

- black-and-white photos **juxtaposed** with color images
  컬러 이미지와 **나란히 놓인** 흑백 사진들

1795
pose***
[pouz]

국9 | 국7 | 지7 | 경찰 | 기상 | 법원

자 ¹ 포즈를 취하다 ² ~인 체하다   타 (문제 등을) 제기하다   명 자세

pose(put, place)

- The disease **posed** a serious threat to people in more than thirty nations.
  그 질병은 30개국 이상의 사람들에게 심각한 위험을 **제기했다**. [경찰]

1796
posture**
[pástʃər]

국9 | 경찰 | 국회

명 자세, 태도   자 가식적으로 행동하다

post(put, place)+ure(명)

유 명 attitude, bearing, stance, pose

postural 형 자세의

- Your interviewer will form impressions about you from your **posture**.
  면접관들은 당신의 **태도**를 통해 당신에 대한 인상을 갖게 될 것이다. [경찰]

1797
positive *** [pázətiv]
국9 | 국7 | 지9 | 지7 | 서9 | 서7 | 경찰 | 국회 | 법원 | 교행 | 사복

형 ¹ 긍정적인 ² 확실한, 확신하는 ³ 양성(반응)의
posit(put, place)+ive(형) → 확실히 자리를 잡은

positivity 명 ¹ 긍정 ² 확실성
- Unfortunately, our brain is more affected by negative than **positive** information. 불행히도, 우리의 뇌는 **긍정적인** 정보보다 부정적인 정보에 더 많이 영향을 받는다. [교행]
- Are you **positive** that there's been no mistake? 너는 실수가 없었다고 **확신하니**?
- to test **positive** for drugs 약물에 **양성 반응**을 보이다

유 ² certain, convinced, confident, definite
반 negative (¹ 부정적인 ³ 음성(반응)의)

1798
propose* [prəpóuz]
국9 | 국7 | 지9 | 지7 | 서9 | 서7 | 경찰 | 국회 | 기상 | 법원 | 사복

자|타 ¹ 제안하다 ² (~하려고) 작정하다 ³ 청혼하다
pro(forth)+pose(put, place) → 앞에 내놓다 → 제시하다

proposal 명 ¹ 제안 ² 청혼
- He **proposed** creating a space where musicians would be able to practice for free. 그는 음악가들이 무료로 연습할 수 있는 공간을 만들자고 **제안했다**. [서7]

유 ¹ move, suggest ² intend, mean

1799
proposition* [pràpəzíʃən]
국9 | 서9

명 ¹ 제안 ² (처리해야 할) 문제 ³ 명제 《참, 거짓의 판단을 위해 검토해볼 수 있는 진술》
pro(before)+posit(put)+ion(명) → 앞에 놓인 것

propositional 형 제의의, 명제의
- the **proposition** that computers will seriously compete with human intelligence 컴퓨터가 인간 지능과 심각하게 경쟁하게 될 것이라는 **명제** [서9]

유 ¹ suggestion, proposal ² matter, task ³ argument

1800
suppose* [səpóuz]
국7 | 지9 | 지7 | 서9 | 서7 | 경찰 | 국회 | 기상 | 법원 | 교행 | 사복

자|타 ¹ 추정하다, 추측하다 ² 가정하다
sup(under)+pose(put, place) → 아래에 기본으로 두다

supposition 명 추정 **supposedly** 부 추정컨대, 아마
- The renovations will cost much more than we originally **supposed**. 개조 비용은 우리가 원래 **추정했던** 것보다 훨씬 더 많이 들 것이다.

유 ¹ conjecture ² assume, presume
- be supposed to ~하기로 되어 있다

1801
presuppose* [prìːsəpóuz]
지7 | 서7

타 ¹ 예상하다, 추정하다 ² ~을 전제로 하다
pre(before)+suppose(가정하다) → 미리 가정해보다

presupposition 명 ¹ 예상, 추정 ² 전제 (조건)
- Democracy **presupposes** government by consent. 민주주의는 동의에 의한 통치를 **전제로 한다**. [지7]

유 ¹ presume, assume

1802
posit* [pázit]
경찰 | 법원

타 (~을) 사실로 가정하다, 단정하다
posit(put, place)

- Most religions **posit** the existence of life after death. 대부분의 종교는 사후 세계의 존재를 **사실로 가정한다**.

유 postulate

1803
transpose* [trænspóuz]

타 ¹ (순서를) 뒤바꾸다 ² (다른 장소로) 바꾸다, 이동시키다
trans(across)+pose(put, place) → 건너편에 놓다 → 서로 바꾸어 놓다

transposition 명 치환, 바꾸어 놓음
- Children often **transpose** letters when trying to spell unfamiliar words. 아이들은 헷갈리는 단어 철자를 쓸 때 종종 글자 순서를 **뒤바꾼다**.

1804
component*** [kəmpóunənt] 국9 | 국7 | 지9 | 지7 | 서9 | 경찰 | 법원 | 사복

명 (구성) 요소, 부품
com(together)+pon(put, place)+ent(명) → 함께 놓인 것들

유 element, constituent

- trade, information, and capital — the three **components** of the global economy 무역, 정보, 그리고 자본, 즉 세계 경제의 세 가지 **요소** [국9]

1805
postpone** [poustpóun] 지9 | 지7 | 경찰

타 연기하다, 미루다
post(after)+pone(put, place) → 뒤에 놓다

유 put off, delay, suspend
반 advance(앞당기다)

postponement 명 연기
- Staff members are being asked to **postpone** any vacations until the entire project has been completed. 직원들은 전체 프로젝트가 완료될 때까지 어떤 휴가도 **연기하도록** 요청받고 있다. [경찰]

1806
exponent* [ikspóunənt] 국9 | 서9

명 ¹ (사상 등의) 주창자, 대표자 ² 예능인 ³ (수학) 지수
ex(out)+pon(put, place)+ent(명) → 밖에 두는 사람 → 생각을 널리 알리려는 사람

유 ¹ supporter, advocator, proponent

exponential 형 ¹ (증가율이) 기하급수적인 ² (수학) 지수의, 지수로 나타낸
- a leading **exponent** of free trade 자유 무역의 선도적인 **대표자**
- the opportunity to see the greatest **exponents** of theater art 무대 예술의 가장 위대한 **예능인**들을 만날 기회 [국9]
- an **exponential** growth 기하급수적인 성장 [국9]

$8^3 = 8 \times 8 \times 8$ (exponent)

1807
proponent** [prəpóunənt] 서7

명 지지자
pro(forward)+pone(put, place)+ent(명) → 앞에 내놓는 사람

유 advocate

- the **proponents** of the orthodox view 정통적 관점의 **지지자**들 [서7]

1808
compound** [kámpaund] 지7 | 서7 | 경찰 | 기상 | 사복

명 ¹ 혼합물, 화합물 ² (건물의) 구내 형 합성의 타 [kəmpáund] ¹ 혼합하다 ² 악화시키다
com(together)+pound(put, place) → 함께 놓다 → 섞다, 합하다

유 명 ¹ composite, combination
타 ¹ combine, synthesize

- Water is a **compound** of hydrogen and oxygen. 물은 수소와 산소의 **화합물**이다.
- duty and housing on secure **compounds** 안전한 **구내**에서의 임무와 거주 [경찰]

1809
impound* [impáund]

타 ¹ (경찰 등이) 압수하다, 몰수하다 ² (길 잃은 동물을) 가둬두다
im(into)+pound(put, place) → 안으로 넣어두다

유 ¹ confiscate

- The police **impounded** his car because it was illegally parked. 경찰은 그의 차가 불법 주차되었기 때문에 그것을 **압수했다**.

1810
propound* [prəpáund]

타 (학설 등을) 제기하다, 제의하다
pro(before)+pound(put, place) → 생각을 사람들 앞에 내놓다

유 propose, put forward

- She's written several popular books **propounding** her theories. 그녀는 자신의 이론들을 **제기하는** 여러 권의 인기 있는 책을 썼다.

1811
expound* [ikspáund] 지7

자 타 자세히 설명하다
ex(forth)+pound(put, place) → 앞에 내놓다

유 elucidate, delineate

- The article **expounds** the virtues of a healthy diet. 그 기사는 건강한 식단의 장점을 **자세히 설명한다**.

the, thesis
= set, put (놓다)

암기유발 TIP
theme 테마, 주제
the(set, put)+me(어미) → 놓인 것 → 문제, 과제

1812
thematic*
[θimǽtik]

형 주제의, 주제와 관련된
them(e)(주제)+atic(형)

- The book is organized into nine **thematic** chapters.
  그 책은 9개 **주제**의 챕터로 구성되어 있다.

1813
thesis*
[θíːsis]

명 ¹학위 논문 ²논지
the(set, put)+sis(명) → (의견을) 놓은 것

- a master's **thesis** on the effects of global warming
  지구 온난화의 영향에 대한 석사 **학위 논문**
- New evidence supports his **thesis**. 새로운 증거가 그의 **논지**를 뒷받침해준다.

윤 ¹dissertation, treatise

1814
antithesis*
[æntíθəsis]

명 ¹반대(되는 것) ²대조, 대립
anti(against)+thesis(set, put)

- Love is the **antithesis** of selfishness. 사랑은 이기심의 **반대**이다.

1815
synthesis*
[sínθəsis]

[경찰]

명 ¹(화학, 언어) 합성 ²종합, 통합
syn(together)+thesis(set, put) → 함께 놓음 → 합침, 섞음

synthesize 타 ¹합성하다 ²종합하다   **synthetic** 형 합성한, 인조의

- All of the data from the different labs and investigators comes together and is **synthesized** into the case report. 여러 실험실과 조사관들로부터 온 모든 자료가 하나로 합쳐져 사건 보고서로 **종합된다**. [경찰]
- a **synthetic** fertilizer 합성 비료

윤 ¹combination ²union, integration

MORE+ 관련어휘
dialectics 변증법
thesis(正) — antithesis(反) — synthesis(合)

1816
photosynthesis*
[fòutəsínθəsis]

[경찰]

명 (생물) 광합성
photo(light)+synthesis(합성)

photosynthetic 형 (생물) 광합성의, 광합성에 의한

- Some of the radiant energy is trapped by plants during the process of **photosynthesis**. 복사 에너지의 일부는 **광합성** 과정 동안 식물에 의해 갇히게 된다. [경찰]

1817
hypothesis**
[haipάθəsis]

서9 | 서7 | 국회 | 사복

명 ¹가설 ²추정, 추측
hypo(under)+thesis(set, put) → 아래에 놓고 생각함

hypothesize 자타 가설을 세우다, 제기하다   **hypothetical** 형 가설의, 가상적인

- The revolutionary **hypothesis** has withstood the test of time, despite numerous attempts to find flaws. 그 혁명적인 **가설**은 결함을 찾으려는 수많은 시도에도 불구하고 검증의 세월을 버텨왔다. [서9]

윤 ¹theory ²assumption, presumption

loc
= place (장소에 놓다)

암기유발 TIP
local 지역의, 현지의
loc(place)+al(형) → 사는 장소와 관련된

1818 국9 | 국7 | 지7 | 서9 | 서7 | 경찰 | 국회 | 기상 | 법원 | 사복

locate***
[lóukeit]

(타) ¹ ~의 정확한 위치를 찾아내다 ² (특정 위치에) 두다, 설치[배치]하다
loc(place)+ate(동)

location (명) 장소, 위치

• Unless GPS equipment is installed in your car, their place is very difficult to **locate**. 당신의 차에 GPS 장치가 설치되어 있지 않으면 그것들의 **위치를 찾아내기**가 매우 어렵다. [경찰]
• to **locate** qualified instructors across the nation
전국적으로 자격이 있는 교사들을 **배치하다** [국9]

유 be located in
~에 위치하다

1819 지9 | 지7 | 서9 | 기상

allocate**
[ǽləkèit]

(타) 할당하다
al(to)+loc(place)+ate(동) → (각자의 일을) 위치시키다

allocation (명) 할당(량)

• Mr. Stuart carefully **allocated** equal amounts of his property to each of his children. Stuart 씨는 자신의 자녀들에게 각각 동일한 양의 재산을 신중히 **할당했다**. [기상]

유 assign, distribute

1820 사복

dislocate*
[dísloukèit]

(타) ¹ (뼈를) 탈구시키다 ² (시스템 등을) 혼란에 빠뜨리다
dis(away)+loc(place)+ate(동) → 떨어뜨려 놓다

dislocation (명) ¹ 탈구 ² 혼란

• I **dislocated** my shoulder playing football. 나는 축구를 하다가 어깨를 **탈구시켰다**.
• economies **dislocated** by war 전쟁으로 혼란에 빠진 경제

1821 국9 | 지7

relocate*
[rilóukeit]

(자)(타) 이전하다, 이동시키다
re(back, again)+locate(두다) → 다시 옮기다

relocation (명) 이전, 이동, 재배치

• The researchers regularly **relocated** the mice to new cages over the course of seven weeks. 연구자들은 7주가 넘는 기간 동안 정기적으로 쥐들을 새로운 우리로 **이동시켰다**. [국9]

---

rect, rig
= direct (지시하다), straight (똑바른, 솔직한)

암기유발 TIP
direct ¹ 직접적인 ² 지시하다
di(apart)+rect(straight) → (따로 떨어져 중간에 개입되는 것 없이) 직접적인 → 지시하다

1822

redirect*
[rìdərékt]

(타) (다른 주소, 방향으로) 다시 보내다, 전송하다
re(back)+direct(지시하다) → (다른 곳으로 가도록) 다시 지시하다

redirection (명) 방향 수정

• The flight was **redirected** to New York. 그 비행기는 New York으로 **다시 보내졌다**.

유 alter, avert, change, switch

1823
misdirect* [mìsdirékt]
ⓣ ¹ 엉뚱한 방향으로 보내다 ² 잘못 이용하다
mis(wrongly)+direct(지시하다) → (다른 곳으로 가도록) 잘못 지시하다

misdirection ⓝ ¹ 그릇된 방향 ² 잘못된 지시

- They had **misdirected** all her letters. 그들은 그녀의 모든 편지들을 엉뚱한 방향으로 보냈다.

유의어: ¹ misguide, mislead ² misuse

1824
multidirectional* [mʌ̀ltidirékʃənəl]
ⓐ 다방면인, 다각적인
multi(many)+di(apart)+rect(straight)+ion(ⓝ)+al(ⓐ)

- a **multidirectional** campaign 다각적인 캠페인

법원

1825
erect* [irékt]
ⓐ 똑바로 선 ⓣ ¹ 세우다 ² 건립하다
e(up)+rect(straight) → 똑바로 서 있는

erection ⓝ ¹ 직립 ² 건립

- She kept her upper body **erect**. 그녀는 상체를 똑바로 선 채로 있었다.
- We **erected** a monument to commemorate the founder. 우리는 창립자를 기념하기 위해 기념비를 세웠다.

유의어: ⓐ upright
반의어: ⓐ bent(구부러진)
ⓣ ² demolish (파괴하다)

1826
rectangle* [réktæŋgl]
ⓝ 직사각형
rect(straight)+angle(angle) → 똑바른 각

rectangular ⓐ 직사각형의

- The school playground was a large **rectangle**. 학교 운동장은 큰 직사각형이었다.
- She sliced bean curd into **rectangular** blocks. 그녀는 두부를 직사각형의 덩어리로 잘랐다.

1827
rectify* [réktəfài]
ⓣ (잘못된 것을) 바로잡다
rect(straight)+ify(ⓥ) → 틀린 것을 똑바르게 만들다

rectification ⓝ 개정, 교정 **rectifiable** ⓐ 개정[교정]할 수 있는

- President Roosevelt openly blamed the greed of many Americans for the Depression and acted to **rectify** the problem. Roosevelt 대통령은 대공황 동안의 많은 미국인들의 탐욕을 공개적으로 비난했고, 문제를 **바로잡기** 위해 행동했다. [법원]

유의어: correct, amend, fix, revise
반의어: ruin(망쳐놓다)

법원

1828
rectitude* [réktitjùːd]
ⓝ 정직, 청렴
rect(straight)+itude(ⓝ) → 한 치의 흐트러짐도 없이 똑바른 것

- Most of them led lives of moral **rectitude**. 그들 대부분이 도덕적인 청렴 생활을 했다.

유의어: decency, honest, integrity
반의어: corruption(부패)

1829
corrigible* [kɔ́ːridʒəbl]
ⓐ 교정할 수 있는, 개정할 여지가 있는
cor(강조)+rig(straight)+ible(ⓐ) → 매우 똑바르게 만들 수 있는

corrigendum ⓝ 《pl.》 (특히 인쇄된 책에서) 정정되어야 할 부분

- The judge believed there was hope for the **corrigible** criminal. 판사는 **교정할 수 있는** 범죄자에 대한 희망이 있다고 믿었다.

유의어: rectifiable
반의어: incorrigible (교정할 수 없는)

1830
rightful* [ráitfəl]
형 적법한, 정당한
right(straight)+ful(형) → 일을 똑바르게 하는
• The stolen paintings have now been restored to their **rightful** owners.
도난당한 그림들은 **적법한** 소유자들에게 반환되었다.

유 legal, proper, correct
반 illegal(비합법적인)

서7

MORE + 관련어휘
righteous 형 (도덕적으로) 옳은
rightmost 형 극우의
rightness 명 올바름, 적절

1831
forthright* [fɔ́ːrθràit]
형 솔직 담백한
forth(forward)+right(straight) → 솔직한 방향으로
forthrightness 명 단도직입, 솔직성
• a **forthright** politician 솔직 담백한 정치가

유 candid, honest, direct
반 dishonest (정직하지 못한)

사복

1832
outright* [áutràit]
형 ¹노골적인 ²완전한 부 ¹노골적으로 ²완전히
out(out)+right(straight) → 밖으로 솔직하게 드러내는
• She had failed to win an **outright** victory. 그녀는 **완전한** 승리를 거두는 데 실패했다.
• He told them **outright** that they had to leave. 그는 그들에게 그들이 떠나야만 한다고 **노골적으로** 말했다.

유 형 ¹frank, explicit
부 ¹openly ²absolutely

지7

---

later
= side (측면, 쪽[측])

암기유발 TIP
equilateral (도형) 등변의

1833
lateral* [lǽtərəl]
형 옆의, 측면의 명 (음성) 측음
later(side)+al(형/명)
lateralize 타 (기능을) 뇌의 한쪽이 지배하다 lateralization 명 (의학) 편측화, 좌우 기능 분화
• a **lateral** view of the human body 인체의 측면도
• **Lateralization** is a developmental process during which the two sides of the brain become specialized for different functions.
편측화는 뇌의 양면이 다른 기능에 특화되는 발달 과정이다. [경찰]

유 형 sideways

국7 | 경찰

1834
unilateral* [jùːnəlǽtərəl]
형 일방적인, 단독의
uni(one)+lateral(측면의)
• **unilateral** nuclear disarmament 일방적 핵무기 감축

1835
bilateral* [bailǽtərəl]
형 ¹쌍방의 ²(의학) (두 부분으로 구성된 신체 기관) 양쪽의, 좌우의
bi(two)+lateral(측면의)
• a **bilateral** treaty 쌍방의 조약
• the **bilateral** symmetry of the body 신체의 좌우 대칭

유 ¹mutual, reciprocal

1836
multilateral* [mʌltilǽtərəl]
형 1 다자간의 2 다각적인
multi(many)+lateral(측면의)

국7 | 법원

- **multilateral** negotiations 다자간 협상

1837
collateral* [kəlǽtərəl]
형 1 평행한 2 부수적인, 이차적인 명 《금융》 담보물
col(together)+lateral(측면의) → 옆으로 나란히 있는 (것)

서9

유 형 2 incidental, secondary

- She put her house up as **collateral** for the bank loan.
  그녀는 은행 대출의 **담보물**로 집을 내놓았다.

---

bas
= low (낮은)

암기유발 TIP
bass 베이스, 가장 낮은 음

1838
baseline* [béislàin]
명 1 (야구, 테니스의) 베이스라인 2 (비교의) 기준선, 기준점
base(기초)+line(선)

지9

- a **baseline** measurement for comparison 비교를 위한 **기준점**

1839
baseless* [béislis]
형 근거 없는
base(기초)+less(형)

유 groundless, unfounded

- The article is full of **baseless** facts with no specified source.
  그 기사는 구체적인 출처가 없는 **근거 없는** 사실들로 가득 차 있다.

1840
abase* [əbéis]
타 (지위 등을) 떨어뜨리다, 깎아내리다
a(to)+base(low)

유 humiliate

abasement 명 실추, 굴욕

- **abase** oneself
  자신을 깎아내리다, 비하하다

- politicians **abasing** themselves before wealthy businessmen
  부유한 사업가들 앞에서 자신을 **깎아내리는** 정치인들

1841
debase* [dibéis]
타 (가치 등을) 떨어뜨리다
de(down)+base(기초)

유 degrade, devalue, demean

- Some argue that money has **debased** football.
  어떤 사람들은 돈이 축구의 가치를 **떨어뜨렸다**고 주장한다.

1842
basin* [béisn]
명 1 세면기, 대야 2 (큰 강의) 유역 3 분지 《해발 고도가 더 높은 지형으로 둘러싸인 평지》

- a **basin** of water 물 한 대야
- the Amazon **Basin** Amazon 유역

DAY 23 손행동 1

🔍 Preview & Review

ject, jac ▶ throw

- eject
- object
- reject
- conjecture
- project
- objective
- dejected
- ejaculate
- inject
- subject
- abject
- adjacent
- interject
- subjective
- trajectory

던지다 → 밀어붙이는
던지다 → 떨어뜨리는

cast ▶ throw

- cast
- outcast
- broadcast
- forecast
- overcast

던지다 → 내뿜다, 발산하다
던지다 → 점치다 → 생각하다, 전망하다

trud, thrus, trus ▶ thrust, push

- intrude
- thrust
- extrude
- abstruse
- protrude
- obtrude

밀치다 → 강요, 압박 → 다툼, 갈등
밀치다 → 중심에서 멀어진

point, pu(n)g, punct ▶ prick

- appoint
- impugn
- punctuate
- disappoint
- repugnant
- punctual
- pungent
- pugnacious
- acupuncture
- expunge
- puncture
- compunction

찌르다 → 겨냥하다
찌르다 → 성가신, 불쾌한

(s)tinct, (s)ting, sti(g) ▶ prick, stick

- in**stinct**
- di**stinct**
- di**stinct**ive
- di**sting**uish
- di**sting**uished
- indi**sting**uishable
- ex**tinct**
- **sting**
- ex**ting**uish
- in**stig**ate
- **stig**ma
- **sti**mulate
- **sti**mulus
- **sti**mulant

찌르다 → 밀다, 누르다 → 떨어뜨리다, 없애다
→ 선동하는, 조장하는

fenc, fend, fens ▶ strike, hit

- **fenc**e
- **fend**
- de**fend**
- de**fend**ant
- of**fend**
- of**fens**e / of**fenc**e
- counterof**fens**ive

치다, 때리다 → 공격적인 → 상처 입히다

bat; flict; cuss ▶ strike, shake

- **bat**ter
- com**bat**
- em**bat**tled
- **bat**tlefield
- **bat**talion
- de**bat**e
- con**flict**
- af**flict**
- in**flict**
- con**cuss**
- per**cuss**ion
- reper**cuss**ion

치다, 흔들다 → 충격을 주다 → 무너뜨리다

arm ▶ arm, weapon

- **arm**ed
- **arm**o(u)r
- re**arm**
- dis**arm**
- al**arm**

무장하다 → 무기, 전쟁

plaud, plaus ▶ clap

- ap**plaud**
- ap**plaus**e
- **plaud**it
- **plaus**ible

손뼉을 치다 → 동의를 나타내는
→ 칭찬하는

ject, jac
= throw (던지다)

1843

eject*
[idʒékt]

[타] ¹ 쫓아내다 ² 튀어나오게 하다
e(out)+ject(throw)

ejection [명] ¹ 방출, 분출 ² 《법》 (토지, 가옥에서의) 퇴거

- The machine automatically **ejected** the CD. 그 기계는 자동으로 CD를 튀어나오게 했다.

[유] ¹ expel, oust, cast out, banish, throw out

1844 국9 | 국7 | 지9 | 지7 | 서9 | 경찰 | 국회 | 기상 | 법원 | 사복

project***
[prάdʒekt]

[명] ¹ 계획, 기획 ² 과제   [타] [prədʒékt] ¹ 계획하다 ² 예상하다 ³ (영상 등을) 비추다
[자] [prədʒékt] 돌출되다
pro(forward)+ject(throw) → 앞에 던져진 것

projection [명] ¹ 예상 ² 투사, 투영 ³ 돌출(부)   **projector** [명] 영사기

- a **project** to build a new power station 새 발전소를 세우기 위한 **계획**
- It is **projected** that the population will rise by one million by next year.
  내년까지 인구가 백만 명까지 증가할 것이 **예상되었다**.

[유] [명] ¹ scheme
[타] ² forecast, expect
[자] protrude

1845 국9

inject**
[indʒékt]

[타] ¹ 주사[주입]하다 ² 도입하다 ³ (자금을) 투입하다
in(in)+ject(throw)

injection [명] ¹ 주사, 주입 ² 자금 투입   **injector** [명] 주사기

- Several investors have **injected** money into the project.
  몇몇 투자자들은 그 프로젝트에 자금을 투입했다.
- the **injections** of the venom 그 독의 주입 [국9]

[유] ¹ inoculate, administer, feed
² introduce, infuse

1846

interject*
[intərdʒékt]

[자][타] 말참견하다
inter(between)+ject(throw) → 사이에 (말을) 던져 넣다

- She listened to us, **interjecting** remarks every so often.
  그녀는 때때로 **말참견하면서** 우리 이야기를 들었다.

[유] interrupt, intervene, interpose

1847 국9 | 국7 | 지9 | 지7 | 서9 | 서7 | 경찰 | 국회 | 기상 | 교행 | 사복

object***
[άbdʒikt]

[명] ¹ 물건 ² 목표 ³ (연구 등의) 대상   [자] [əbdʒékt] ¹ 반대하다 (to) ² (~라고) 항의하다
ob(against)+ject(throw) → ~에 반대하여 던지다

objection [명] 이의, 반대

- candles, vases, and other household **objects** 초, 화병, 그 외 가정에서 쓰는 물건들
- The decision was made with the **object** of cutting costs.
  비용 절감을 **목표**로 그 결정이 내려졌다.
- the **objects** of satire 풍자의 **대상** [지7]
- Many people **object** to the amount of violence on television.
  많은 사람들이 텔레비전에서의 폭력성의 양에 **반대한다**.

[유] [명] ² purpose, aim
[자] ¹ oppose
² protest

- with the object of ~을 목적으로

1848 국9 | 국7 | 서9 | 서7 | 경찰 | 국회 | 기상 | 법원 | 교행 | 사복

objective***
[əbdʒéktiv]

[명] 목적   [형] ¹ 객관적인 ² 실재하는
object(목표, 대상)+ive(명)(형)

objectivity [명] 객관성, 객관적임

- the ultimate **objective** of a successful marketing strategy
  성공적인 마케팅 전략의 궁극적인 **목적** [교행]
- Historians try to be **objective** and impartial.
  역사학자들은 **객관적**이고 공정하기 위해 노력한다.

[유] [형] ¹ impartial, unbiased, disinterested

1849
subject*** [sʌ́bdʒikt]
국9 | 국7 | 지9 | 지7 | 서9 | 서7 | 경찰 | 국회 | 법원 | 교행 | 사복

몡 ¹주제 ²과목 ³피험자 ⁴국민, 신하   휑 ¹~될[당할] 수 있는 《to》
²~에 달려 있는, ~을 받아야 하는 《to》   타 [səbdʒékt] 지배하에 두다
sub(under)+ject(throw)

㈜ ¹susceptible, prone

subjection 몡 ¹정복 ²복종 ³종속
- Each **subject** was asked to fill out a questionnaire. 각 **피험자**는 설문지 작성을 요청받았다.
- Clothing purchases over $200 are **subject** to tax.
  200달러를 초과한 의류 구매는 세금이 부과**될 수 있다**.
- The sale of the property is **subject** to approval by the city council.
  그 부동산의 매매는 시 위원회의 승인을 **받아야 한다**.

1850
subjective*** [səbdʒéktiv]
국9 | 지9 | 서7 | 경찰 | 기상 | 교행

휑 주관적인
subject(주제)+ive(휑)

㈜ personal, individual, emotional
㈇ objective (객관적인)

subjectivity 몡 주관성, 주관적임
- Personal taste in clothing is very **subjective**. 옷에 관한 개인적 취향은 매우 **주관적**이다.

1851
reject*** [ridʒékt]
국7 | 지9 | 지7 | 서9 | 경찰 | 법원

타 거부하다, 거절하다
re(back)+ject(throw)

㈜ refuse, decline
㈇ approve (찬성하다)

rejection 몡 거부, 거절
- 54 percent of French voters **rejected** the European Union's new constitution.
  프랑스 유권자의 54퍼센트는 유럽 연합의 새로운 헌법을 **거부했다**.

1852
dejected* [didʒéktid]
서9 | 서7 | 경찰 | 국회

휑 낙담한, 실의에 빠진
de(down)+ject(throw)+ed(휑) → 기분이 바닥으로 내쳐진

㈜ downcast, dispirited, crestfallen, depressed

dejection 몡 낙담, 실의
- They sat in silence, looking tired and **dejected**.
  그들은 피곤하고 **낙담한** 표정으로 조용히 앉아있었다.
- Depression refers to a state of **dejection**, loneliness, and hopelessness.
  우울증은 **실의**, 고독 그리고 절망의 상태를 가리킨다.

1853
abject* [ǽbdʒekt]
지9

휑 ¹극도의 ²극도로 비참한 ³비굴한
ab(away from)+ject(throw) → 멀리 내동댕이쳐진

㈜ ¹complete ²miserable, wretched, deplorable ³servile, obsequious

abjection 몡 ¹비참한 상태 ²비굴, 비열
- **abject** poverty 극빈(극도의 가난) [지9]
- an **abject** apology 비굴한 변명

1854
trajectory* [trədʒéktəri]
지7

몡 탄도, 궤도
tra(across)+ject(throw)+ory(몡) → 저 너머로 멀리 던지는 것

㈜ course, orbit

- The missile's **trajectory** was preset. 미사일의 **탄도**는 미리 설정되었다.

1855
conjecture* [kəndʒéktʃər]
[명] 추측 [자][타] 추측하다
con(together)+ject(throw)+ure([명]) → (사실들을) 함께 던지다
[유] guess

conjectural [형] 추측의
• Some have **conjectured** that the distant planet could sustain life.
일부는 멀리 떨어진 행성에서 생명이 살 수 있을 것이라고 **추측해왔다.**

1856
ejaculate* [idʒǽkjulèit]
[타] (갑자기) 외치다
e(out)+jacul(throw)+ate([동]) → 밖으로 (말을) 던지다
[유] exclaim

ejaculation [명] 외침, 고함
• "That will do!" he **ejaculated.** "그거면 충분해요!"라고 그가 **외쳤다.**

1857 서7
adjacent** [ədʒéisnt]
[형] (~에) 가까운, 인접한 (to)
ad(to)+jac(throw)+ent([형]) → 던지면 닿을 만큼 가까운
[유] adjoining, neighbo(u)ring
[반] remote(동떨어진)

adjacency [명] 인접, 이웃
• We booked a meeting room in a hotel **adjacent** to the convention site.
우리는 컨벤션 장소에서 **가까운** 호텔에 있는 회의실을 예약했다.

cast
= throw (던지다)

암기유발 TIP
newcast 뉴스 보도
news(뉴스)+cast(던지다)

1858 국7 | 지7 | 서9 | 기상 | 교행
cast** [kæst]
[타] ¹(의문, 시선 등을) 던지다, 보내다 ²(그림자 등을) 드리우다 ³배역을 정하다
[명] ¹출연자들 ²깁스, 석고 붕대
[유] [타] ¹toss, pitch ²shed

• The detective **cast** doubt on his death. 형사는 그의 죽음에 의문을 **던졌다.**
• The moon **cast** a pale light over the cottages. 달은 그 오두막 너머로 창백한 빛을 **드리웠다.**

MORE+ 관련어휘
chuck [타] ¹(아무렇게나) 던지다 ²그만두다, 중지하다 ³(애인을) 떠나다
fling [타] ¹내던지다 ²(몸을) 던지다, 내밀다 [자] 자리를 박차고 떠나다
hurl [타] ¹세게 던지다 ²(욕설을) 퍼붓다

1859 국9 | 서7
broadcast** [brɔ́:dkæ̀st]
[타] ¹방송하다 ²널리 알리다 [명] 방송
broad(넓은)+cast(throw) → 넓게 던지다 → 광범위하게 퍼뜨리다

broadcaster [명] 방송인, 방송 진행자 **broadcasting** [명] 방송업[계]
• The 1936 Games were the first to be **broadcast** on television.
1936년 올림픽은 텔레비전으로 **방송된** 최초의 대회였다. [서7]

1860 국7 | 서7 | 기상
forecast** [fɔ́:rkæ̀st]
[명] 예보, 예측 [타] 예보하다, 예측하다
fore(before)+cast(throw) → 미리 던지다
[유] [명] prediction [타] predict, anticipate, foretell

forecaster [명] 기상 통보관, 예측 전문가
• As a consequence of the fluctuating weather, **forecasts** have to be updated daily. 변덕스러운 날씨의 영향으로 **예보**는 매일 업데이트되어야 한다.

1861 서9

overcast＊ 〔óuvərkæst〕

형 구름이 뒤덮인, 흐린
over(above)+cast(throw) → 위로 던져 빛을 가리다

유 cloudy

- **overcast** skies 구름이 뒤덮인 하늘 [서9]

1862

outcast＊ 〔áutkæst〕

명 형 버림받은 (사람)
out(outside)+cast(throw) → 밖으로 던져진 상태

유 명 pariah, reject
반 명 insider(내부자)

- She felt like a social **outcast**. 그녀는 사회적으로 **버림받은 사람**처럼 느껴졌다.

---

trud, thrus, trus
= thrust (밀치다), push(밀다)

암기유발 TIP
thrust ¹ 밀치다 ² 찌르다
treud(push, press) → thrust

1863 지7 | 서9 | 경찰

intrude＊＊ 〔intrúːd〕

자 ¹ 침해하다 ² 방해하다
in(in)+trude(thrust, push)

유 ¹ trespass, invade ² disturb, interrupt
반 ¹ withdraw(물러나다)

intrusion 명 ¹ 침범 ² (무단) 침입   **intrusive** 형 ¹ 침입의 ² 거슬리는   **intruder** 명 불법 침입자, 불청객
- Surveillance cameras are **intruding** upon people's privacy.
  감시 카메라는 사람들의 사생활을 **침해하고** 있다. [경찰]
- an **intrusive** question 거슬리는 질문

1864

extrude＊ 〔ikstrúːd〕

타 (좁은 구멍을 통해 힘으로) 밀어내다
ex(out)+trude(thrust, push)

반 suck(빨아들이다)

extrusion 명 밀어냄, 분출   **extrusive** 형 밀어내는, 내미는
- Lava was being **extruded** from the volcano. 용암이 화산에서 **밀려 나오고** 있었다.

1865 국7

protrude＊ 〔proutrúːd〕

자 돌출되다, 튀어나오다
pro(forward)+trude(thrust, push)

유 project, extend

protrusion 명 돌출(부)   **protrusive** 형 ¹ 튀어나온 ² 주제넘게 나서는
- His lower jaw **protrudes** slightly. 그의 아래턱이 약간 **튀어나와** 있다.

1866

obtrude＊ 〔əbtrúːd〕

자 타 (원하지 않는데 의식 속으로) 끼어들다, 끼어들게 하다
ob(toward)+trude(thrust, push)

obtrusive 형 (보기 싫게) 눈에 띄는[두드러지는]
- He was confident at first, but then doubts began to **obtrude**.
  그는 처음에 자신만만했지만, 그 후에 의심이 **끼어들기** 시작했다.
- The soldiers were in civilian clothes, to make their presence less **obtrusive**.
  그 군인들은 자신들의 존재를 **눈에 덜 띄게** 하려고 민간인 복장을 했다.

1867

thrust*
[θrʌst]

㊂㊌ ¹ (거칠게) 밀다, 밀치다 ² (~로) 찌르다, 찔러 넣다

- She **thrust** him aside and walked past him. 그녀는 그를 **밀치고** 지나쳐 걸어갔다.
- The man **thrust** his hands into his pockets. 그 남자는 호주머니에 손을 **찔러 넣었다**.

MORE + 관련어휘
- jostle ㊂㊌ ¹ (난폭하게) 밀다, 밀치다 ² 겨루다, 다투다
- shove ㊂㊌ (거칠게) 밀치다 ㊌ 아무렇게나 놓다 ㊍ 힘껏 밀침

1868

abst**ruse***
[æbstrúːs]

㊍ 난해한
abs(away from)+truse(thrust, push) → (이해에서) 멀리 밀어진

abstruseness ㊍ 난해함, 심오함 **abstrusely** ㊎ 난해하게, 심오하게
- an **abstruse** concept[idea] 난해한 개념[아이디어]

㊒ recondite, obscure

---

point, pu(n)g, punct
= prick (찌르다)

암기유발 TIP
punch (구멍을 뚫는) 펀치

1869

ap**point*****
[əpɔ́int]

㊌ ¹ 임명하다, 지명하다 ² (시간 등을) 정하다
ap(to)+point(prick) → 향하여 가리키다

국9 | 지9 | 서9 | 경찰 | 국회 | 기상 | 법원

appointment ㊍ ¹ 임명, 지명 ² (업무) 약속 ³ 직위, 직책   **reappoint** ㊌ 재임명하다
- The President **appointed** him as Secretary of Education.
  대통령은 그를 교육부 장관에 **임명했다**.
- to cancel an **appointment** 약속을 취소하다

㊒ ¹ nominate, designate
² determine, set

1870

dis**appoint*****
[dìsəpɔ́int]

㊌ ¹ 실망시키다 ² (계획을) 좌절시키다 ㊂ 실망을 주다
dis(reverse)+appoint(정하다)

국9 | 지9 | 경찰 | 법원 | 교행 | 사복

disappointment ㊍ ¹ 실망, 낙심 ² 실망스러운 사람[것]
- The team **disappointed** its fans. 그 팀은 팬들을 실망시켰다.
- The novel **disappoints** by being predictable and overly long.
  그 소설은 예측이 되고 지나치게 길어서 실망을 준다.

㊒ ㊌ ¹ dismay, thwart, frustrate

1871

pungent*
[pʌ́ndʒənt]

㊍ ¹ (맛, 냄새가) 톡 쏘는 ² 신랄한, 날카로운
pung(prick)+ent(㊍) → (코를) 찌르는 듯한

pungency ㊍ ¹ 얼얼함, 매움 ² 신랄함
- a **pungent** odor 톡 쏘는 냄새
- a **pungent** critique 신랄한 비평

㊒ ¹ sour, acid, poignant
² caustic, trenchant, acerbic

1872
expunge*
[ikspʌ́ndʒ]

㉧ (정보 등을) 삭제하다, 지우다
ex(out)+punge(prick) → 찔러서 밖으로 빼내다

㉦ erase, remove, delete

expunction ㉥ 삭제, 말소
- I wanted to **expunge** the memory of the embarrassing moment from my mind. 나는 그 당황스러운 순간의 기억을 마음속에서 **지우고** 싶었다.

1873
impugn*
[impjúːn]

㉧ 의문을 제기하다
im(in)+pugn(prick)

㉦ question, challenge, dispute

impugnment ㉥ 비난, 공격
- She **impugned** the reliability of the last election. 그녀는 지난 선거의 신뢰도에 대해 **의문을 제기했다**.

1874
repugnant*
[ripʌ́gnənt]

㉧ (대단히) 불쾌한, 혐오스러운
re(back)+pugn(prick)+ant(㉧) → 뒤에서 기분 나쁘게 찌르는

서7

㉦ abhorrent, repulsive, repellent

repugnance ㉥ (강한) 반감, 혐오감
- People find human cloning either totally fantastic or totally **repugnant**. 사람들은 인간 복제가 정말 환상적이거나 정말 **혐오스럽다**는 것을 알게 된다. [서7]

1875
pugnacious*
[pʌgnéiʃəs]

㉧ 싸우기 좋아하는, 호전적인
pugn(prick)+acious(㉧)

㉦ bellicose, hostile, aggressive, antagonistic, contentious

pugnacity ㉥ 호전적임
- There's one **pugnacious** member on the committee who won't agree to anything. 위원회에 어떤 것에도 동의하지 않는 **호전적인** 사람이 한 명 있다.

1876
puncture*
[pʌ́ŋktʃər]

㉥ (뾰족한 것에 찔린) 구멍   ㉧ ¹구멍을 내다   ²(자신감 등이) 없어지게 만들다   ㉨ 구멍이 나다
punct(prick)+ure(㉥)

㉦ ㉥ hole
㉧ ¹pierce, prick

- A nail **punctured** the tire. 못이 타이어에 **구멍을 냈다**.
- Their criticism **punctured** his self-esteem. 그들의 비난은 그의 자존감을 **없어지게 만들었다**.

1877
punctuate**
[pʌ́ŋktʃuèit]

㉧ ¹(문장에) 구두점을 찍다   ²(말을) 중단시키다, 간간이 끼어들다
punctu(prick)+ate(㉧)

지7 | 기상 | 법원

㉦ ²interrupt, break

punctuation ㉥ 구두점
- an improperly **punctuated** sentence 구두점이 잘못 찍힌 문장
- The steady pounding of her heart **punctuated** the silence. 그녀의 규칙적인 심장 뛰는 소리가 정적 중간에 **간간이 끼어들었다**.

1878 국9 | 지9 | 국회 | 사복

punctual** [pʌ́ŋktʃuəl]

[형] 시간을 엄수하는

punct(prick)+ual([형]) → (시간을) 콕 찌르는

[유] prompt, timely

punctuality [명] 1 시간 엄수 2 정확함, 꼼꼼함 **punctually** [부] 정각에

- Being **punctual** is the virtue everyone has to have. 시간을 엄수하는 것은 모든 사람이 갖추어야 할 미덕이다. [사복]
- He lacked **punctuality**. 그는 꼼꼼함이 부족했다.

1879 지7 | 법원

acupuncture** [ǽkjupʌŋktʃər]

[명] 침술 (요법)

acu(sharp)+puncture(구멍을 내다)

acupunctural [형] 침(針)(요법)에 의한 **acupuncturist** [명] 침술사

- The Chinese healing art of **acupuncture** is one that can be dated back at least two thousand years. 중국의 치료 기술인 침술은 적어도 역사가 2천 년은 거슬러 올라갈 수 있는 요법이다.

1880

compunction* [kəmpʌ́ŋkʃən]

[명] 죄책감, 거리낌

com(강조)+punct(prick)+ion([명]) → (마음이) 찔림

[유] guilt, remorse

compunctious [형] 양심에 가책되는, 후회하는

- He feels no **compunction** about his crimes. 그는 자신의 범죄에 어떠한 죄책감도 느끼지 않는다.

(s)tinct, (s)ting, sti(g)

= prick (찌르다), stick (찌르다)

암기유발 TIP

stick 1 나뭇가지, 막대 2 찌르다

sticca(rod, twig) → stick

1881 국9 | 국7 | 국회 | 법원

instinct** [ínstiŋkt]

[명] 1 본능 2 타고난 재능 3 직감

in(in)+stinct(prick) → 마음속 내재한 것을 찌르는

[유] 2 talent, gift 3 intuition, impulse

instinctive [형] 본능적인

- the homing **instinct** 귀소 본능
- You have to learn to trust your **instincts**. 당신은 직감을 믿는 것을 배워야 한다.

1882 국7 | 지9 | 서9 | 서7 | 경찰 | 국회 | 기상 | 법원 | 교행

distinct*** [distíŋkt]

[형] 1 뚜렷한, 분명한 2 별개의

di(apart)+(s)tinct(prick) → 따로 구분해서 찌르는

[유] 1 clear, definite, sharp 2 discrete
[반] 1 indistinct(뚜렷하지 않은), obscure, vague(모호한)

distinction [명] 1 차이, 대조 2 뛰어남 3 특별함

- He speaks with a **distinct** Southern accent. 그는 뚜렷한 남부 억양으로 말한다.
- The gallery is divided into five **distinct** spaces. 그 미술관은 다섯 곳의 별개 공간으로 나누어진다.

1883 지9 | 서9 | 서7 | 경찰 | 국회 | 법원 | 교행

distinctive*** [distíŋktiv]

[형] 독특한, 특유의

distinct(뚜렷한)+ive([형])

[유] characteristic, peculiar, unique
[반] ordinary(평범한)

- **distinctive** features of various professions 다양한 직업의 독특한 특징들 [지9]

1884

distinguish*** [distíŋgwiʃ]
国9 | 지9 | 지7 | 서9 | 서7 | 경찰 | 국회 | 기상 | 법원 | 사복

团 ¹ 구별하다 ² 식별하다, 알아보다
di(apart)+(s)tingu(prick)+ish(동) → 찍어서 떨어뜨려 놓다

⊜ differentiate, discriminate, discern

distinguishable 휑 구별할 수 있는

- It was too dark to **distinguish** anything more than their vague shapes.
  너무 어두워서 어렴풋한 형체 외에는 어느 것도 **알아볼** 수 없었다.

1885

distinguished** [distíŋgwiʃt]
지9 | 지7 | 서7 | 경찰 | 국회

휑 ¹ 뚜렷한 ² 유명한, 성공한 ³ 기품 있는, 위엄 있는
distinguish(구별하다)+ed(휑)

⊜ ² eminent, renowned, prominent

- a **distinguished** scholar 유명한 학자
- a **distinguished**-looking professor 기품 있어 보이는 교수

1886

indistinguishable** [ìndistíŋgwiʃəbl]
경찰 | 국회

휑 ¹ 분명하지 않은 ² 구분이 안 되는, 분간할 수 없는
in(not)+distinguish(구별하다)+able(휑)

⊜ ¹ incomprehensible, indistinct
² identical

- His words were **indistinguishable**. 그의 말은 분명하지 않았다.
- Seen from a distance, the chameleon is **indistinguishable** from its environment. 멀리서 보면 카멜레온은 주변 환경으로부터 **분간할 수가 없다**. [경찰]

1887

extinct*** [ikstíŋkt]
国9 | 国7 | 지9 | 서9 | 경찰 | 법원 | 교행

휑 ¹ (생물이) 멸종된 ² (사람, 직종 등이) 더는 존재하지 않는
ex(out)+tinct(prick) → 찔러서 밖으로 빼다 → 없어진

⊜ vanished, defunct
⊝ living, existent(존재하는)

extinction 몡 멸종, 소멸 **extinctive** 휑 소멸적인

- **extinct** species 멸종된 종
- Fossil evidence shows that mass **extinctions** have occurred many times throughout the history of life on Earth. 화석 증거는 대규모 **멸종**이 지구 생물의 역사에 걸쳐 여러 번 일어나 왔다는 것을 보여준다.

1888

sting** [stiŋ]
국9 | 서9 | 법원

团 ¹ (곤충이나 식물이) 쏘다, 찌르다 ² 화나게 하다

⊜ ¹ prick, puncture
² upset, distress

- I got **stung** by a bee. 나는 벌에 **쏘였다**.
- His words **stung** her. 그의 말은 그녀를 **화나게 했다**.

MORE+ 관련어휘
- poke 짜团 ¹ (손가락 등으로) 쿡 찌르다 ² 쑥 내밀다 团 들추다, 조사하다
- prod 짜团 (손가락 등으로) 쿡 찌르다 团 ¹ 자극하다 ² 재촉하다
- impale 团 (뾰족한 것으로) 찌르다, 꿰뚫다 ² 고정하다
- jab 짜团 ¹ (뾰족한 것으로) 찌르다 ² (권투에서) 잽을 넣다

1889

extinguish** [ikstíŋgwiʃ]
지9 | 서9

团 ¹ (불을) 끄다 ² 끝내다, 없애다
ex(out)+(s)tingu(prick)+ish(동) → 찔러서 밖으로 밀어내다

⊜ ¹ put out
² terminate, obliterate, expunge

extinguisher 몡 소화기

- He **extinguished** his cigarette in the ashtray. 그는 재떨이에 담배를 **껐다**.
- When we destroy ecosystems and **extinguish** species, we degrade the greatest heritage this planet has to offer. 우리가 생태계를 파괴하고 생물의 종들을 **없앨** 때, 우리는 지구가 주는 가장 위대한 유산을 퇴화시키는 것이다.

DAY 23

1890
instigate[*]
[ínstəgèit]

태 ¹ 선동하다, 부추기다 ² 실시하게 하다
in(in)+stig(prick)+ate(동) → ~하도록 안을 찌르다

instigation 명 선동, 부추김 **instigator** 명 선동자
- to **instigate** a riot 폭동을 부추기다
- The government has **instigated** an investigation into the cause of the accident.
  정부가 사고 원인에 대한 조사를 실시하게 했다.

기상

유 ¹ incite, encourage
² initiate
반 ¹ dissuade (만류하다)
² halt(멈추다)

1891
stigma[*]
[stígmə]

명 오명, 낙인
stigma(stick) → 찔러서 새겨져 지울 수 없는 것

stigmatize 태 오명을 씌우다, 낙인찍다
- the social **stigma** of alcoholism 알코올 중독의 사회적 오명
- the practice of **stigmatizing** unwed mothers 미혼모에게 **낙인**을 **찍**는 관행 [국7]

국9 | 국7 | 지9 | 법원

유 disgrace, shame, stain

1892
stimulate[***]
[stímjulèit]

태 ¹ 자극하다, 흥분시키다 ² 흥미를 불러일으키다
stimul(prick)+ate(동)

stimulation 명 ¹ 자극, 흥분 ² 고무, 격려
- A raise in employee wages might **stimulate** production.
  직원 임금 인상은 생산을 **자극할** 수도 있다.
- A teacher presented ideas that **stimulated** his students' interests.
  교사는 학생들의 **흥미를 불러일으킬** 방안을 제시했다.

국9 | 국7 | 지9 | 지7 | 서7 | 국회 | 법원 | 교행 | 사복

유 arouse, encourage
반 discourage(¹ 막다 ² 의욕을 꺾다)

1893
stimulus[*]
[stímjələs]

명 (pl. stimuli) 자극(제), 고무, 격려

- The pay raise was a **stimulus** for production. 임금 인상은 생산의 **자극제**였다.

국7 | 지9 | 교행

유 inspiration, encouragement, impulse

1894
stimulant[*]
[stímjulənt]

명 ¹ 흥분제 ² 자극이 되는 일
stimul(prick)+ant(명) → ~하도록 찔러대는 것

- Rapid penetration into the cells of the body is the reason that caffeine is such a wonderful **stimulant**. 신체 세포로의 빠른 침투가 카페인이 그렇게 놀라운 **흥분제**인 이유이다. [지9]

지9

유 ¹ stimulus
² incentive
반 ² deterrent (제지하는 것)

---

fenc, fend, fens
= strike (치다), hit (때리다)

암기유발 TIP
fencing 펜싱
fenc(strike, hit)+ing(명)

1895
fence[***]
[fens]

명 ¹ 울타리 ² 장애물 태 울타리를 치다
fence(strike) → 물리치다 → 보호하다 → 보호해 주는 것

- We put up a **fence** around our yard. 우리는 마당 주변에 **울타리**를 쳤다.

국9 | 지9 | 서9 | 경찰 | 법원 | 교행

유 명 barrier
태 enclose

1896
fend* [fénd]
자 1 저항하다 2 부양하다 《for》 **타** (타격 등을) 받아넘기다, 피하다 《off》
fend(strike, hit) → (공격을) 맞받아치다

유 **타** parry, evade
• fend for oneself 자립하다

- The kittens have been **fending** for themselves since they lost their parents.
  새끼 고양이들은 부모를 잃어버린 이후로 스스로를 **부양해**오고 있다.
- how to **fend** off a shark 상어를 **피하는** 방법 [기상]

1897
defend*** [difénd]
자타 방어하다, 수비하다 **타** 옹호하다, 변호하다
de(off, away)+fend(strike, hit) → 공격을 물리치려 저항하다

유 **자타** protect, guard
타 justify, support
반 attack(공격하다)

defense / defence 명 1 방어, 수비 《against》 2 《법》 변호 **defensive** 형 1 방어의 2 방어적인 (태도를 보이는)
defender 명 1 수비 선수 2 옹호자

- We have every right to **defend** ourselves from those who would hurt us.
  우리는 우리를 해하려는 사람들로부터 우리 자신을 **방어할** 권리가 있다.
- He is a lawyer who specializes in **defending** political prisoners.
  그는 정치범들을 **변호하는** 것을 전문으로 하는 변호사이다.
- a **defence** mechanism **방어** 기제 (스트레스 및 불안의 위험에서 자신을 보호하기 위해 취하는 적응 행위)
- His friends are raising money for his **defense**.
  그의 친구들이 그의 **변호**를 위해 돈을 모금하고 있다.

1898
defendant** [diféndənt]
명 《민사, 형사 재판》 피고
defend(방어하다)+ant(명) → 재판에서 방어하는 사람

- The jury believed that the **defendant** was guilty. 배심원들은 **피고가** 유죄라고 생각했다.
- *cf.* plaintiff 명 《민사 재판》 원고, 고소인   the accused 명 《형사 재판》 피고

1899
offend** [əfénd]
자 1 범죄를 저지르다 2 (도덕 등에) 어긋나다 **타** 1 기분 상하게 하다 2 불쾌하게 여겨지다
of(against)+fend(strike)

유 **타** distress, upset, insult, hurt

offender 명 범죄자

- Raising the severity of sentences will deter criminals from **offending**.
  형벌의 엄중성을 높이는 것은 범죄자들이 **범죄를 저지르는** 것을 막을 것이다.
- Sarah would be **offended** if I didn't go to her party.
  Sarah는 내가 파티에 가지 않으면 **기분이 상할** 것이다. [지9]

1900
offense / offence*** [əféns]
명 1 위법 행위, 위반 2 화나게 하는 행위, 모욕 3 공격
of(against)+fense(strike, hit)

유 1 misdemeano(u)r 2 annoyance, resentment, indignation

offensive 형 1 모욕적인, 불쾌한 2 (냄새 등이) 역겨운 3 공격의

- a traffic **offense** 교통 위반 [서9]
- I have taken **offence** to the statement, and I ask for it to be apologized for.
  나는 그 발표에 **화가 났고** 그것에 대해 사과를 요구한다.
- a simultaneous air/land **offensive** operation 공중과 육상 동시 **공격** 작전

1901
counteroffensive* [káuntərəfénsiv]
명 역공, 반격
counter(against)+offens(e)(모욕)+ive(명) → 모욕감을 준 것에 대항하다

유 counterattack

- They mounted a **counteroffensive** against the enemy.
  그들은 적들에 대항해 **역공**을 시작했다.

bat; flict; cuss
= strike (치다), shake (흔들다)

암기유발 TIP
battle 전투
batt(beat, strike)+le(명)

1902
batter** [bǽtər] 국9 | 지7 | 기상

자 타 (계속) 두드리다, 때리다   명 ¹ (튀김, 팬케이크용) 반죽 ² (야구에서) 타자
batt(strike)+er(동)(명)

유 자 타 beat, hit, strike

- The rain **battered** against the windows. 비가 창문을 두드렸다.
- a thin pancake **batter** 묽은 팬케이크 반죽

MORE+ 관련어휘
- bash 타 ¹ 세게 때리다, 강타하다 ² 맹비난하다   명 세게 때림, 강타
- smack 자 타 ¹ 찰싹 때리다 ² 입맛을 다시다   명 찰싹 때리기
- swipe 자 타 ¹ 후려치다 ² 훔치다 ² (카드를) 긋다   명 ¹ 비판, 비난 ² 후려치기

1903
combat** [kámbæt] 서9 | 지9 | 경찰 | 사복

명 전쟁, 싸움   타 [kəmbǽt] ¹ 전투를 벌이다 ² (악화를) 방지하다
com(with)+bat(strike)

유 명 battle, warfare
타 ¹ oppose, withstand

combative 형 전투적인, 금방이라도 싸울 듯한   **combatant** 명 전투원, 전투 부대
- unarmed **combat** 비무장 전투

1904
embat**tled* [imbǽtld]

형 ¹ (군대 등이) 교전 중인, 포위당한 ² 궁지에 몰린
em(in)+battle(전투)+ed(형)

- an **embattled** city 교전 중인 도시
- The **embattled** president had to resign. 궁지에 몰린 대통령은 사임해야 했다.

1905
battlefield** [bǽtlfi:ld] 지9

명 ¹ 싸움터, 전쟁터 ² 논쟁거리
battle(전쟁)+field(plain)

유 ¹ battleground

- death on the **battlefield** 전쟁터에서의 죽음
- ideological **battlefield** 이념적인 논쟁거리

1906
battalion* [bətǽljən]

명 ¹ (군대의) 대대(大隊) ² (특정 목적의) 부대
bat(strike)+tal(형)+ion(명) → 싸우는 무리

유 ² force, crowd, army

- The corporations always have a **battalion** of lawyers to defend themselves.
  기업에는 스스로를 변호하기 위한 변호사 **부대**가 항상 있다.

1907
debate*** [dibéit]
국9 | 국7 | 지9 | 지7 | 서9 | 서7 | 경찰 | 국회 | 교행

명 토론, 논쟁 자타 ¹토론하다, 논쟁하다 ²숙고하다
de(down, completely)+bate(strike) → (말로) 완전히 때려눕히다

= 명 discussion, dispute
자타 ¹discuss ²consider, ponder

debatable 형 논쟁의 여지가 있는(= controversial) **debatement** 명 토론, 논쟁
- The candidates participated in several **debates** before the election was held.
  후보자들은 선거가 열리기 전에 여러 **토론**에 참여했다.
- I am still **debating** whether to attend the wedding or not.
  나는 그 결혼식에 참석할지를 아직 **숙고하고** 있다.

1908
conflict*** [kánflikt]
국9 | 국7 | 지9 | 지7 | 서9 | 서7 | 경찰 | 국회 | 법원 | 교행

명 갈등, 충돌 자 [kənflíkt] (의견 등이) 상충하다, 충돌하다 《with》
con(together)+flict(strike) → 의견이 같이 부딪치다

= 명 dispute, quarrel, squabble
자 contradict, collide 《with》

confliction 명 싸움, 충돌 **conflictive** 형 ¹대립하는 ²전투의
- a **conflict** of interest 이해(관계)의 **충돌** [서7]
- Their research **conflicts** with what other scientists have found.
  그들의 연구는 다른 과학자들이 발견한 것과 **상충한다**.

1909
afflict** [əflíkt]
지9 | 법원

타 괴롭히다, 피해를 입히다
af(to)+flict(strike) → 때리다

= trouble, harass, torment

affliction 명 고통(의 원인) **afflictive** 형 고통을 주는, 괴롭히는
- Many of the ship's passengers were **afflicted** with seasickness.
  그 배의 승객 중 많은 사람들이 뱃멀미로 **괴로워했다**. [법원]

1910
inflict** [inflíkt]
법원

타 (괴로움 등을) 가하다
in(in)+flict(strike) → 때리다

= impose
• inflict A on A를 귀찮게 하다

infliction 명 ¹(고통을) 가함 ²형벌, 고통 **inflictive** 형 ¹가하는, 보태는 ²형벌의, 고통의
- The strikes **inflicted** serious damage on the economy.
  그 파업들은 경제에 심각한 피해를 **주었다**.
- **inflictions** from God 천벌

1911
concuss* [kənkás]

타 ¹(~에) 충격을 주다, (~을) 세게 흔들다 ²(뇌진탕을) 일으키게 하다
con(together)+cuss(shake)

- Medical staff concluded he was **concussed** but there was no lasting brain damage. 의료진은 그가 **뇌진탕이 일어났지만** 지속되는 뇌 손상은 없었다고 결론지었다.

1912
percussion* [pərkáʃən]
법원

명 ¹타격, 충격 ²타악기
per(through)+cuss(strike)+ion(명) → 매개물을 통해 세게 치는 것

= ¹crash, bang, smash

- He plays **percussion** for the band. 그는 밴드에서 **타악기를** 연주한다.

1913
repercussion* [rìːpərkáʃən]
서9 | 국회 | 법원

명 《부정적》 영향, 반향
re(back)+percussion(타격) → 반격을 당하여 오는 것

= impact, influence, consequence, result

repercussive 형 반사하는
- We did not consider the possible **repercussions** of our actions.
  우리는 우리 행동에 따른 가능한 **영향을** 생각하지 못했다.

arm
= arm, weapon (무장하다, 무기)

암기유발 TIP
army 군대, 육군
arm(무기)+y(명)

1914 서7

armed**
[a:rmd]

형 무장한, 무기를 소지한
arm(무장하다)+ed(형)

• **armed** forces 무력, 군대

반 unarmed(무장하지 않은)

1915 국7

armo(u)r**
[á:rmər]

명 갑옷, 철갑 타 (~에게) 갑옷을 입히다, 장갑하다
arm(무장하다)+or(명) → 무장시켜주는 것

armo(u)red 갑옷을 입은, 장갑한 **unarmo(u)red** 갑옷을 입지 않은, 비장갑의
• Knights wore their **armor** and came forth to battle. 기사들은 **갑옷**을 입고 전투에 나갔다.
• **armored** vehicles and artillery 장갑차와 대포 [국7]

MORE + 관련어휘
armo(u)ry 명 1 무기고 2 무기 ((arm(weapon)+o(u)ry(place))
armament 명 (대형) 무기, 군비 《전쟁을 수행하기 위하여 갖춘 군사 시설이나 장비》

1916 경찰

rearm*
[ri:á:rm]

자 타 재무장하다, 재군비시키다
re(again)+arm(무장하다)

rearmament 명 재무장, 재군비
• to **rearm** the military with newer weapons 보다 신형의 무기로 군대를 **재무장하다**
• Japan's **rearmament** on the excuse of keeping the peace in Asia
  아시아의 평화를 유지한다는 명목의 일본의 **재무장** [경찰]

1917 국7

disarm*
[disá:rm]

자 타 1 무장 해제하다, 군비를 축소하다 2 마음을 누그러뜨리다
dis(opposite)+arm(무장하다)

disarmament 명 무장 해제, 군비 축소
• Captured soldiers were **disarmed** and put into camps.
  포로로 잡힌 군인들은 **무장 해제되어** 수용소에 갔다.
• The speaker's frankness **disarmed** the angry mob.
  연설자의 솔직함이 분노에 찬 군중의 **마음을 누그러뜨렸다**.

1918 국7 | 서7 | 경찰 | 국회 | 기상 | 법원 | 사복

alarm***
[əlá:rm]

명 1 경보(음), 경보기 2 불안, 공포 타 1 경보장치를 달다 2 불안하게 만들다
a(to)+l(the)+arm(weapon) 《무기를 들고 전투 준비를 하라는 뜻에서 "경고"의 의미로 사용》

alarmed 형 1 경보장치가 달린 2 불안하는, 깜짝 놀란 **alarming** 형 놀라운
• The **alarm** went off when the burglar tried to open the door.
  강도가 문을 열려고 할 때 **경보기**가 울렸다. [국7]
• School officials were **alarmed** by the number of children with the disease.
  학교 관계자들은 질병에 걸린 아이들의 수에 **불안해했다**.

유 타 2 frighten, scare, panic, startle

---

392 공무원 어휘끝 | 어원북

plaud, plaus
= clap (손뼉을 치다)

> 암기유발 TIP
> **applaud** 박수를 보내다
> ap(to)+plaud(clap)

1919

applaud** [əplɔ́ːd] 지9 | 서9

자 타 박수를 보내다   타 갈채를 보내다, 성원하다
ap(to)+plaud(clap) → ~을 향해 박수치다

applaudable 형 1 성원할 수 있는 2 칭찬할 만한

- Everyone **applauded** the graduates as they entered the auditorium.
졸업생들이 강당으로 들어서자 모두가 그들에게 **박수를 보냈다**.

유 clap, cheer, acclaim

1920

applause** [əplɔ́ːz] 법원 | 교행

명 박수 (갈채)
ap(to)+plause(clap) → 박수를 보내는 것

- The audience gave the performers a big round of **applause**.
관객들은 연기자들에게 큰 **박수**를 보냈다.

유 ovation
• a round of applause
한 차례의 박수 (갈채)

1921

plaudit* [plɔ́ːdit]

명 《pl.》 1 박수 (갈채) 2 칭찬, 찬사

- The book received the **plaudits** of the critics. 그 책은 비평가의 **찬사**를 받았다.

유 1 applause
2 praise, commendation

1922

plausible* [plɔ́ːzəbl]

형 1 그럴듯한, 타당한 듯 보이는 2 (남을 속일 때) 그럴듯하게 구는
plaus(clap)+ible(형) → 박수칠 만하게 보이는

plausibility 명 1 그럴듯함, 타당성 2 말주변이 있음
- a **plausible** excuse 그럴듯한 변명

유 1 credible, probable, likely
반 implausible (그럴듯하지 않은)

MORE + 혼동어휘

plausible vs. **feasible**(실현 가능한)
짝을 이뤄 잘 등장하는 단어의 공통 철자로 암기해보자.
plausible ex**pla**nation[story, excuse, pretext] 그럴듯한 설명[이야기, 변명, 핑계]
feasible id**ea**[solution, suggestion] 실현 가능한 아이디어[해결안, 제안]

DAY 24 손행동 2

🔍 **Preview & Review**

press ▶ press

- press
- pressing
- compress
- oppress
- suppress
- repress
- depress
- impress
- impression
- express
- expression

누르다 → 압박을 받다 → 긴급한, 억압하다, 우울하게 만들다

clos, clud, clus ▶ shut, block up

- closure
- disclose
- enclose
- conclude
- include
- inclusive
- exclude
- exclusive
- occlude
- preclude
- seclude
- recluse

닫다, 차단하다 → 막다
닫다, 차단하다 → 은둔하다

fus, found, fut, fund ▶ pour, melt

- fuse
- defuse
- diffuse
- suffuse
- infuse
- transfuse
- effusion
- profuse
- refuse
- confuse
- confound
- futile
- refund

쏟다, 붓다 → 넓게 퍼지다
녹이다 → 서로 다른 것을 합하다 → 융합

pend, pen(s) ▶ hang

- suspend
- suspension
- append
- depend on
- dependent
- independent
- interdependent
- pending
- impend
- pendulum
- perpendicular
- penchant
- propensity

매달다, 매달리다 → 의지하다
매달다, 매달리다 → 미정의

her, hes ▶ stick

- adhere
- cohere
- incoherence
- cohesion
- inherent
- hesitate

붙이다 → 밀착하다 → 일관적인
붙이다 → 밀착하다 → 화합, 결합
붙이다 → 움직이지 않고 붙어 있다 → 망설이다

text, tle ▶ weave

- **text**ile
- **text**ure
- **text**
- con**text**
- pre**text**
- sub**tle**

천을 짜다 → 짜인 → 직물, 글

tri, trit ▶ rub, wear down

- de**tri**ment
- **trit**e
- at**trit**ion
- con**trit**e

문지르다 → 닳아 없어지게 하다 → 해를 입히다 / 진부한, 소모

rad, ras, raz ▶ scrape

- ab**rad**e
- **ras**h
- e**ras**e
- **ras**cal
- **raz**e / **ras**e

긁다 → 마모시키다 → 없애다, 파괴하다

turb ▶ agitate

- **turb**ulence
- **turb**id
- dis**turb**
- per**turb**
- imper**turb**ability

휘젓다 → 혼란을 일으키다

art ▶ skill, craft

- **art**isan
- **art**work
- **art**ful
- **art**ificial
- **art**ifice
- **art**ifact / **art**efact

기술, 기교 → 기술, 기교가 있는 (것) → 창조적인 기술

press
= press (누르다)

암기유발 TIP
espresso 에스프레소
《강한 압력으로 추출한 이탈리아식 커피》

1923
press*** [pres]　　　　　　　국9 | 국7 | 지9 | 지7 | 서9 | 서7 | 경찰 | 국회 | 기상 | 법원 | 교행 | 사복

명 ¹ 언론 ² 인쇄 ³ 다림질　자타 누르다　타 ¹ 압박을 가하다 ² 강조하다 ³ 다림질하다

유 자타 compress
　타 impel, coerce

pressure 명 ¹ 압박, 압력 ² 기압
- a **press** release 언론 공식 발표, 보도 자료
- After the scandal, the CEO was **pressed** into resigning.
  추문 이후에 그 CEO는 사퇴하도록 **압박받았다**.
- atmospheric **pressure** 기압

1924
pressing* [présiŋ]

형 ¹ 긴급한 ² 거절하기 힘든
press(누르다)+ing(형) → 압박을 계속 받는

유 ¹ urgent, critical

- **pressing** issues at hand 당면한 긴급 사안
- a **pressing** invitation 거절하기 힘든 초대

1925
compress** [kəmprés]　　　　　　　지7 | 서7

자 압축되다　타 ¹ 압축하다 ² 요약하다　명 [kάmpres] 압박 붕대
com(together)+press(누르다)

유 자 condense, compact
　타 ² abridge, shorten, summarize

compression 명 ¹ 압축(된 것) ² 요약　**compressed** 형 ¹ 압축된 ² 간결한
- This type of rock consists of small pieces of rock **compressed** together by the force of impact. 이러한 형태의 암석은 충격의 힘으로 함께 **압축된** 작은 암석 조각들로 구성된다. [지7]
- The author **compressed** 80 years of history into 15 pages.
  그 저자는 80년의 역사를 15페이지로 **요약했다**.

1926
oppress** [əprés]　　　　　　　국7 | 지9 | 서9 | 경찰

타 ¹ 탄압하다, 억압하다 ² 우울하게 만들다
op(against)+press(누르다) → (봉기에) 대항해서 억누르다

유 ¹ subdue, subjugate
　² depress, discourage

oppression 명 ¹ 억압 ² 우울, 의기소침 ³ 고난
- The country has long been **oppressed** by a ruthless dictator.
  그 나라는 무자비한 독재자에 의해 오래 **탄압받아** 왔다.
- He was **oppressed** by a sense of failure. 그는 실패감에 **우울해졌다**.

1927
suppress** [səprés]　　　　　　　국9 | 서9 | 경찰

타 ¹ 진압[억압]하다 ² 은폐하다 ³ 참다, 억제하다
sup(under)+press(누르다)

유 ¹ subdue, quash
　² censor, muzzle
　³ inhibit, restrain

suppression 명 ¹ 진압 ² 은폐 ³ 억제
- An ossified political process has **suppressed** new ideas and made the country resistant to change. 경직화된 정치적 과정이 새로운 생각들을 **억압해** 왔고, 나라를 변화에 저항하도록 만들었다. [서9]
- to **suppress** vital evidence 중요한 증거를 **은폐하다**
- He struggled to **suppress** his feelings of jealousy. 그는 자신의 질투심을 **참으려** 애썼다.

1928
repress** [riːprés]
티 ¹ 탄압하다, 진압하다 ² (감정을) 참다
re(back)+press(누르다)

repression 명 탄압, 진압 **repressive** 형 ¹ 억압적인 ² (감정, 욕구를) 억누르는
- The dictator **repressed** political disagreement. 독재자는 정치적 의견 차이를 **탄압했다**.
- He **repressed** a laugh. 그는 웃음을 **참았다**.

유 ¹ put down, suppress ² control, curb
반 release(놓아주다)

1929
depress*** [diprés]
티 ¹ 우울하게 만들다 ² (물가 등을) 떨어뜨리다 ³ (거래 등을) 부진하게 만들다
de(down)+press(누르다)

depression 명 ¹ 우울증 ² 불황 **depressed** 형 ¹ 우울한 ² (산업이) 침체된 **depressing** 형 우울하게 만드는
- This medicine may **depress** your appetite. 이 약은 당신의 식욕을 **떨어뜨릴** 수 있다.
- Insomnia can be caused by severe **depression**. 불면증은 심각한 **우울증**으로부터 야기될 수 있다. [국9]
- the Great **Depression** 대공황《1930년대의 세계 경기침체》 [국9]
- a **depressed** economy 침체된 경제

유 ¹ sadden, distress ² devalue, depreciate

1930
impress*** [imprés]
티 ¹ 감동을 주다, 깊은 인상을 주다 ² (중요성을) 이해시키다
im(in)+press(누르다) → 눌러서 안에 자국을 남기다

impressive 형 인상적인, 감명 깊은 **impressed** 형 감명받은
- What really **impressed** me was their enthusiasm. 정말로 내게 깊은 **인상을 준** 것은 그들의 열정이었다.
- The speaker tried to **impress** the dangers of drugs on the children. 강연자는 아동에게 사용하는 약물의 위험성을 **이해시키려고** 노력했다.

유 ¹ influence, affect, inspire, move

1931
impression*** [impréʃən]
명 ¹ 인상, 느낌 ² 감명, 감동 ³ 인물화, 상상도
impress(깊은 인상을 주다)+ion(명)

impressionable 형 쉽게 외부의 영향을 받는
- First **impressions** are important but can be misleading. **첫인상**은 중요하지만 오해의 소지가 있다.
- The police released an artist's **impression** of the burglar. 경찰은 화가가 그린 강도의 **인물화**를 공개했다.

- under the impression that ~라고 믿는

1932
express*** [iksprés]
티 ¹ 표현하다, 나타내다 ² 속달로 보내다 형 ¹ 급행의 ² 속달의 명 급행
ex(out)+press(누르다)

expressive 형 ¹ (생각 등을) 나타내는 ² 표현[표정]이 풍부한
- It isn't wrong to **express** anger when someone treats you unfairly. 누군가 당신을 부당하게 대할 때 화를 **표현하는** 것은 잘못된 것이 아니다. [법원]
- an **express** train 급행열차

유 티 ¹ state, convey 형 rapid, prior

1933
expression*** [ikspréʃən]
명 ¹ 표현 ² 표정
express(표현하다)+ion(명)

- an **expression** of affection 애정의 **표현**
- Judging from her **expression**, I think the gift was a complete surprise. 그녀의 **표정**으로 보건대 그 선물은 정말 뜻밖의 것이었던 것 같다.

유 ¹ statement, utterance, phrase ² look, countenance

clos, clud, clus
= shut (닫다), block up (차단하다)

암기유발 TIP
close 닫다
clausus(block up) → clore(shut) → close

1934 　　　　　　　　　　　　　　　　　　　　　　법원
closure**
[klóuʒər]

명 ¹ (일시적인) 폐쇄 ² 종료
clos(shut)+ure(명)

- road **closures** 도로 폐쇄
- business **closures** 영업 종료, 폐업

1935 　　　　　　　　　　　　　　　　　　　국9 | 기상
disclose**
[disklóuz]

타 ¹ 폭로하다, 밝히다 ² (안 보이던 것을) 드러내다
dis(opposite of)+close(shut)

유 let on, reveal, uncover, expose, divulge
반 conceal(숨기다)

disclosure 명 ¹ 폭로 ² 밝혀진 사실

- The identity of the victim has not yet been **disclosed**.
  피해자의 신분은 아직 **밝혀지지** 않았다.
- startling **disclosures** about the actor's private life
  그 배우의 사생활에 관해 **밝혀진** 놀라운 **사실**

1936 　　　　　　　　　　　　　　　　　　　국9 | 서9
enclose**
[inklóuz]

타 ¹ (울타리 등으로) 둘러싸다 ² (편지 등에) 동봉하다
en(in)+close(shut)

유 ¹ surround, encompass, encircle, envelop

enclosure 명 ¹ 울타리를 두름 ² (편지에) 동봉된 것

- The entire estate was **enclosed** with walls. 그 사유지 전체는 벽으로 **둘러싸여** 있었다.
- I **enclosed** my résumé and three letters of reference.
  나는 이력서와 추천서를 세 부 **동봉했다**.

1937 　　　　　　　　국9 | 지9 | 지7 | 서9 | 서7 | 경찰 | 국회 | 법원 | 사복
conclude***
[kənklúːd]

자타 ¹ 결론을 내리다 ² 끝내다, 마치다 ³ (조약 등을) 체결하다
con(together)+clude(shut)

유 자타 ² finalize, complete
타 settle
반 자타 ² commence (시작하다)

conclusion 명 ¹ 결론, 판단 ² 결말 **conclusive** 형 결정적인, 확실한

- Their effort to **conclude** an agreement was a success.
  협정을 **체결하려는** 그들의 노력은 성공적이었다.
- Scientists haven't yet reached a **conclusion** on the causes of the illness.
  과학자들은 그 질환의 원인에 대한 **판단**을 아직 내리지 못했다.
- **conclusive** evidence 결정적인 증거

1938 　　　　　　국9 | 국7 | 지9 | 지7 | 서9 | 서7 | 경찰 | 국회 | 기상 | 법원 | 교행 | 사복
include***
[inklúːd]

타 (~을) 포함하다
in(in)+clude(shut)

유 incorporate, comprise, encompass, embrace, involve

inclusion 명 포함(된 것) **including** 전 ~을 포함하여

- The price of dinner **includes** dessert. 저녁 식사의 가격은 디저트를 **포함한다**.
- Everyone, **including** me, liked the book better than the movie.
  나를 **포함해서** 모든 사람이 그 영화보다는 책을 더 좋아했다.

1939
inclusive**
[inklúːsiv]
형 1 (가격에) ~을 포함하여 (of) 2 폭넓은, 포괄적인
in(in)+clus(shut)+ive(형)

유 2 comprehensive, overall, general

- The rent is **inclusive** of water and heating. 집세에는 수도료와 난방비가 **포함되어** 있다.
- an expert with an **inclusive** knowledge of computer programming
  컴퓨터 프로그래밍에 관한 **폭넓은** 지식을 겸비한 전문가

1940
exclude**
[iksklúːd]
타 1 제외하다, 배제하다 2 거부하다, 차단하다
ex(out)+clude(shut)

exclusion 명 1 배제(되는 것) 2 정학 처분 **excluding** 전 ~을 제외하고

유 1 rule out, eliminate, omit
2 reject, ban

- The store is open all week, **excluding** Sundays.
  그 가게는 일요일을 **제외하고** 일주일 내내 연다.
- Until 1920, women were **excluded** from the right to vote in the U.S.
  1920년까지 미국에서 여성은 투표할 권리로부터 **배제되었다**.

1941
exclusive***
[iksklúːsiv]
형 1 독점적인 2 배타적인, 특권층의 3 고급의 4 ~을 제외하고 (of)
ex(out)+clus(shut)+ive(형) → 밖에서 들어오지 못하게 닫아버린

exclusively 부 독점적으로, 오로지 **exclusivity** 명 (특권층만이 누릴 수 있는) 고급스러움

유 1 sole, undivided
2 incompatible, irreconcilable
3 select

- The department store seems to have all the amenities necessary to succeed in modern Chinese retail: luxury brands and an **exclusive** location. 그 백화점은 고급 브랜드와 **독점적인** 위치 등 현대식 중국 소매점에서 성공하기 위해 필요한 모든 편의를 갖춘 것으로 보인다. [국9]
- Her group of friends are so **exclusive** that they reject everyone who isn't just like them. 그녀의 친구들 무리가 너무 **배타적이어서** 자신들과 똑같지 않은 사람들을 거부한다. [지9]
- The cost is $120 **exclusive** of delivery charges. 비용은 배송비를 **제외하고** 120달러이다.

1942
occlude*
[əklúːd]
타 (구멍 등을) 막다, 메우다
oc(against)+clude(shut)

occludent 형 가리는, 막는

유 obstruct, block, hamper

- Thick make-up can **occlude** the pores. 두꺼운 화장은 모공을 **막을** 수 있다.

1943
preclude*
[priklúːd]
타 못하게 하다, 불가능하게 하다, 가로막다
pre(before)+clude(shut) → 못하도록 앞서 닫아버리다

preclusion 명 1 제외 2 방해, 저지 **preclusive** 형 1 제외하는 2 방지하는

유 prevent, prohibit, hinder, impede

- an injury that **precluded** the possibility of an athletic career
  장래의 운동 경력을 **가로막는** 부상
- An age should not act as a **preclusion** for being employed at a company.
  기업에 고용되는 데 나이가 **방해**로 작용해서는 안 된다.

1944
seclude*
[siklúːd]
타 은둔하다, 고립시키다
se(apart)+clude(shut) → 따로 떨어져 닫아버리다

seclusion 명 1 격리 2 호젓함 **secluded** 형 한적한, 외딴 **seclusive** 형 은둔적인

유 isolate, segregate, alienate

- The monks **secluded** themselves from the society.
  승려들은 사회로부터 자신들을 **고립시켰다**.
- a **secluded** beach 한적한 해변

1945
recluse* [rékluːs]
명 은둔자
re(강조)+cluse(block up) → 세상을 완전히 차단하고 사는 사람

유 loner, solitary

reclusion 명 1 은둔, 출가 2 고독 **reclusive** 형 1 세상을 버린 2 쓸쓸한, 적막한
- My neighbor is a **recluse** — I only see him about once a year.
  내 이웃은 **은둔자**이다. 나는 그를 일 년에 한 번 정도만 본다.

---

fus, found, fut, fund
= pour (쏟다, 붓다), melt (녹이다)

암기유발 TIP
fusion 1 융합, 결합 2 퓨전 음악[음식]
fus(e)(pour, melt)+ion(명) → 다른 것들을 하나로 합치는 것

1946
국9 | 서7 | 국회 | 법원

fuse** [fjuːz]
자 타 1 융합되다, 결합시키다 2 (~을) 녹이다 명 1 전기 퓨즈 2 (폭약의) 도화선, 뇌관

유 자 타 1 combine, blend, merge, mingle

fusion 명 1 융합, 결합 2 퓨전 음악[음식]
- Particles are **fused** to form a new compound.
  분자들은 새로운 화합물을 만들기 위해 **융합된다**.

1947
국7 | 지7

defuse* [diːfjúːz]
타 1 진정시키다 2 (폭탄의) 뇌관을 제거하다
de(away)+fuse(뇌관)

1 alleviate, allay, soothe, mollify
2 deactivate, disarm

defuser 명 1 위기를 해소하는 사람 2 뇌관을 제거하는 사람[것]
- an attempt to **defuse** conflicts 갈등을 **진정시키려는** 시도 [지7]
- to **defuse** a bomb 폭탄의 **뇌관을 제거하다**

1948
경찰 | 법원

diffuse** [difjúːz]
형 1 분산된, 널리 퍼진 2 산만한, 장황한 자 타 [difjúːz] 분산[확산]되다[시키다]
dif(apart)+fuse(pour) → 여러 방향으로 쏟아져 퍼지다

유 자 타 spread, scatter, disperse
반 concentrate((한 곳에) 집중시키다)

diffusion 명 1 발산 2 보급 3 산만
- a more **diffuse** style in his first novels 그의 첫 소설의 더 **장황한** 문체 [경찰]
- Technology today is **diffusing** faster than ever. 오늘날 기술은 어느 때보다 빨리 **확산되고** 있다.

1949
서7

suffuse* [səfjúːz]
타 (색깔, 빛, 감정이) 퍼지다, 번지다
suf(under)+fuse(pour)

유 permeate

suffusion 명 1 뒤덮음, 충만 2 (얼굴 등이) 확 달아오름
- She was **suffused** with an overwhelming feeling of liberation as her horse broke into a gallop. 그녀의 말이 질주할 때 압도적인 해방감이 **번졌다**.

1950
국7

infuse** [infjúːz]
타 1 (정맥에) 주입하다 2 (특성을) 스미게 하다 자 타 (찻잎 등을[이]) 우리다, 우러나다
in(in)+fuse(pour, melt)

유 instill

infusion 명 1 주입 2 투입 3 우려낸 체약물
- The novel is **infused** with humor, irony, and grief.
  그 소설은 유머와 아이러니, 그리고 슬픔이 **스며있다**.
- The company has received an **infusion** of funds. 그 회사는 자금 **투입**을 받았다.

1951
transfuse*
[trænsfjúːz] 사복

⊕ ¹수혈하다 ²주입하다 ³(사상 등을) 불어넣다
trans(across)+fuse(pour) → 한쪽에서 다른 쪽으로 옮겨 붓다

transfusion ⊛ ¹수혈 ²(추가 자금의) 투입

- The hospital staff **transfuses** more than 8,000 units of blood annually.
  그 병원 의료진은 해마다 8천 유닛 이상의 혈액을 **수혈한다**.

≈ ²,³ infuse, inject
  instill
  ³ impart

1952
effusion*
[ifjúːʒən]

⊛ ¹유출(물) ²(감정의) 토로
ef(out)+fus(e)(pour)+ion(명)

effusive ⊛ (감정 표현이) 야단스러운, 과장된

- a massive **effusion** of poisonous gas 유독 가스의 대량 **유출**

≈ ¹ outflow, emission
  ² outburst, outpouring, gush

1953
profuse*
[prəfjúːs] 국9 | 서9 | 사복

⊛ 많은, 다량의, 충분한
pro(forth)+fuse(pour) → 앞으로 넘쳐 쏟아지다

profusion ⊛ 다량, 풍성함

- He offered **profuse** apologies for being late. 그는 늦은 것에 대해 **충분한** 사과를 했다.

≈ abundant, plentiful, copious

1954
refuse***
[rifjúːz] 국7 | 지9 | 지7 | 서9 | 서7 | 국회 | 기상 | 법원 | 교행

⊕ 거절하다, 거부하다
re(back)+fuse(pour) → 다시 붓다 → 돌려주다

refusal ⊛ 거절, 거부

- She worried about his stubborn **refusal** to eat. 그녀는 그의 완고한 식사 **거부**에 대해 걱정했다.

≈ decline, reject, turn down, withhold

1955
confuse***
[kənfjúːz] 국9 | 국7 | 지9 | 지7 | 서9 | 서7 | 경찰 | 국회 | 기상 | 법원 | 사복

⊕ ¹혼란시키다 ²혼동하다
con(together)+fuse(pour) → 여러 가지가 함께 쏟아져 혼동되다

confusion ⊛ ¹혼란, 혼동 ²당혹 **confused** ⊛ 혼란스러워하는 **confusing** ⊛ 혼란스러운

- Some people **confuse** money with happiness. 일부 사람들은 돈과 행복을 **혼동한다**.

≈ ¹ complicate
  ² mix up

1956
confound*
[kɑnfáund] 서9

⊕ ¹당혹하게 만들다 ²(~이) 틀렸음을 입증하다 ³(적을) 물리치다
con(together)+found(pour) → 여러 감정이 쏟아지다

- She **confounded** her critics by winning the race.
  그녀는 경주에서 이김으로써 비판하는 사람들을 **당혹하게 만들었다**.
- The price rise in the housing market **confounded** expectations.
  주택 시장에서 가격 상승은 예상이 **틀렸음을 입증했다**.

≈ ¹ bewilder, baffle, astound, perplex
  ² invalidate, negate, contradict

1957
futile**
[fjúːtl] 국9 | 서9 | 국회

⊛ 헛된, 소용없는
fut(pour)+ile(형) → (깨진 항아리에) 물 붓기인

futility ⊛ ¹무용, 헛됨 ²헛된 노력

- The campaign to eliminate pollution will prove **futile** unless it has the understanding and full cooperation of the public.
  대중의 이해와 전적인 협조가 없다면 오염을 제거하는 캠페인은 **소용없다고** 판명 날 것이다. [국9]
- the **futility** of war 전쟁의 **무용**(無用)

≈ useless, vain, pointless

MORE + 관련어휘
futile vs. fertile(비옥한)
fu**tile**: '**퓨**우~'하고 한숨짓다 (노력이 헛되어서)
fer**tile**: '**퍼**'나르다 (땅이 비옥하라고 비료를)

1958

refund**
[ri(ː)fʌnd]

몡 환불(금) 타 [rifʌnd] 환불하다
re(back)+fund(pour)

유 몡 reimbursement

- Tourists wishing to claim their tax **refunds** must obtain tax forms from the store. 세금 **환불**을 청구길 원하는 여행객들은 세금 (환급) 서류를 상점에서 받아야 한다.

pend, pen(s)
= hang (매달다, 매달리다)

암기유발 TIP
pendant 펜던트
《목걸이 줄에 걸게 되어 있는 보석》
pend(hang)+ant(몡)

1959

suspend**
[səspénd]

타 ¹ 매달다 ² (일시) 중단하다, 보류하다 ³ 정직[정학]시키다
sus(under)+pend(hang) → 매달아 두다 → 중지하다

유 ¹ hang, attach, sling
² adjourn, interrupt, postpone, defer

suspended 몡 집행 유예의   **suspender** 몡 《pl.》 (바지의) 멜빵
- Sesta has **suspended** a new car project.
  Sesta는 새로운 자동차 기획을 **보류했다**. [지9]
- The principal **suspended** the student from school for fighting.
  그 교장은 싸운 학생을 학교에서 **정학시켰다**.

1960

suspension**
[səspénʃən]

몡 ¹ 정직, 정학 ² 보류
suspen(d)(중단하다)+sion(몡)

유 ¹ exclusion, removal
² postponement, deferral, deferment

suspense 긴장감, 서스펜스
- He's under **suspension** for breaking the rules. 그는 규칙을 위반한 것으로 **정직** 중이다.
- a **suspension** of peace talks 평화 회담의 **보류**

1961

append**
[əpénd]

타 (글에) 덧붙이다, 첨부하다
ap(to)+pend(hang)

유 attach, affix, adjoin

appendage 몡 부속물   **appendix** 몡 ¹ 부속, 부록 ² 맹장
- Relevant extracts are **appended** to the article for easy reference.
  참고가 쉽도록 관련된 발췌가 논문에 **덧붙여진다**.
- a system which makes man its **appendix** 사람을 그것(체계)의 **부속**으로 만드는 체계 [지9]

1962

depend on***
[dipénd]

자 ¹ 의존[의지]하다 ² 신뢰하다 ³ (~에) 달려 있다, 좌우되다
de(down)+pend(hang)

유 ¹ count on, rely on, lean on

dependence 몡 ¹ 의존, 의지 ² 중독, 의존성
- He no longer **depends** on his parents for money.
  그는 더 이상 그의 부모님에게 돈을 **의존하지** 않는다.
- The program's success **depends** on the amount of support from local residents. 그 프로그램의 성공은 지역 주민들로부터의 지원에 **달려있다**.

1963

dependent***
[dipéndənt]

형 ¹ 의지하는 ² (약물 등에) 의존적인 ³ ~에 달려 있는
depend(의존하다)+ent(형)

국7 | 지7 | 서7 | 경찰 | 국회 | 기상 | 법원

유 ¹,² reliant
³ conditional on, contingent on

- The region's economy is heavily **dependent** on tourism.
  그 지역의 경제는 관광산업에 크게 **의지한다**.
- An organization's success over the long term is **dependent** on ethical leadership. 장기적인 조직의 성공은 윤리적인 지도력**에 달려 있다**.

1964

independent***
[ìndipéndənt]

형 ¹ 독립된, 독자적인 ² 자립적인
in(not)+depend(의존하다)+ent(형)

국9 | 국7 | 지9 | 지7 | 서9 | 서7 | 경찰 | 국회 | 기상 | 법원 | 교행 | 사복

independence 명 독립, 자립

- Giving children a choice can help them to be more **independent** and confident. 아동에게 선택 기회를 주는 것은 그들이 더 **자립적이고** 자신감 있도록 도울 수 있다.
- **Independence** Day (미국의) 독립 기념일

1965

interdependent**
[ìntərdipéndənt]

형 상호의존적인
inter(between)+depend(의존하다)+ent(형)

지7

유 harmonizing, complementing, reciprocal

interdependence 명 상호의존

- Ecosystems are **interdependent** networks of plants and animals.
  생태계는 식물과 동물의 **상호의존적인** 네트워크다.

1966

pending*
[péndiŋ]

형 ¹ 미정의, 미(해)결된 ² 임박한   전 (어떤 일이) 있을 때까지
pend(hang)+ing(형) → 매달려 있는

국7 | 지7

유 형 ¹ unresolved, unsettled, outstanding

- Results of those studies are still **pending**. 그 연구들의 결과는 여전히 **미정이다**. [지7]
- Sales of a drug have been stopped, **pending** further research.
  추가적인 연구가 **있을 때까지**, 약물의 판매는 중단되었다.

1967

impend**
[impénd]

자 ¹ 금방이라도 일어나려 하다 ² (위험 등이) 임박하다, 절박하다
im(onto)+pend(hang) → 머리 위에 매달려 있다

경찰

impending 형 《보통 부정적》 곧 닥칠, 임박한

- A crisis of huge proportions **impends** in the area. 그 지역에 엄청난 규모의 위기가 **임박하다**.
- Headlines in the press constantly warn of **impending** asteroid collisions.
  언론사 주요 뉴스들은 계속 **임박한** 소행성 충돌을 경고한다.

1968

pendulum*
[péndʒuləm]

명 ¹ (시계의) 추 ² 진자 ³ 동향
pendul(hang)+um(명)

유 ³ tendency, trend, flow

pendulous 형 축 늘어져 대롱거리는 **pendulate** 자 진자[추]처럼 흔들리다

- the swing of a **pendulum** 진자의 진폭
- The fashion **pendulum** swung from silver jewelry to gold.
  패션 **동향**은 은 장신구에서 금 장신구로 움직였다.

1969
perpendicular*
[pə̀ːrpəndíkjulər]

형 직각의, 수직적인 명 수직(선)
per(through)+pend(hang)+icu(명)+lar(형) → (선에) 통과하여 매달린 수직의

perpendicularity 명 수직, 직립
- a **perpendicular** cliff 수직 절벽

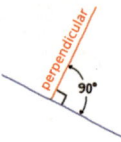

1970
penchant*
[péntʃənt]

명 선호, 기호
pench(hang)+ant(명) → 좋아서 매달리는 것

→ preference, tendency, inclination, fondness

- Her **penchant** for mathematics helped her to become an engineer.
  수학에 대한 그녀의 **선호**는 그녀가 엔지니어가 되는 데 도움이 되었다.

1971
propensity*
[prəpénsəti]

명 (특정한 행동을 하는) 경향, 성향
pro(forward)+pens(hang)+ity(명) → 선호하는 쪽으로 매달리는 특성

→ tendency, inclination, predisposition

- She has a **propensity** to assume the worst. 그녀는 최악을 가정하는 **경향**이 있다.

her, hes
= stick (붙이다)

1972
adhere**
[ædhíər]
국7｜법원

자 1 들러붙다, 부착되다 ⟪to⟫ 2 고수하다, 충실히 지키다 ⟪to⟫
ad(to)+here(stick) → ~에 달라붙다

→ stick ⟪to⟫, cling ⟪to⟫, attach, bond

adherence 명 고수, 집착   adhesive 명 접착제 형 들러붙는
- We must strictly **adhere** to the terms of the contract.
  우리는 계약 조건을 엄격하게 **고수해야** 한다.
- self-**adhesive** tape 접착테이프

1973
cohere**
[kouhíər]
지9｜경찰

자 1 (생각 등이) 일관성이 있다, 논리 정연하다 2 밀착하다, 결합하다
co(together)+here(stick) → 비슷해서 서로 달라붙다

coherence 명 일관성   coherent 형 일관성 있는, 논리[조리] 정연한
- His view **coheres** with his former actions. 그의 견해는 그의 이전의 행동들과 **일관성이 있다**.
- a **coherent** argument 논리 정연한 주장

1974
incoherence*
[ìnkouhíərəns]

명 1 논리가 맞지 않음 2 모순된 생각[말]
in(not)+coherence(일관성)

→ 2 inconsistency, contradiction

incoherent 형 (흔히 감정이 북받쳐) 앞뒤가 안 맞는 말을 하는
- difficult questions that expose the **incoherence** of their policy
  그들의 정책이 **논리가 맞지 않음**을 드러내는 곤란한 질문들

1975
cohesion**
[kouhíːʒən]
몡 화합, 결합
co(together)+hes(stick)+ion(몡)

지9 | 국회

🔄 unity, solidarity, bond

cohesive 혱 화합하는, 결합하는
- social **cohesion** 사회적 화합 [지9]
- Sport has been a **cohesive** force in international relations.
  스포츠는 국제 관계에서 **화합하는** 힘이 되어 왔다.

1976
inherent**
[inhíərənt]
혱 내재하는, 타고난
in(in)+her(stick)+ent(혱) → 태어날 때부터 안에 붙어 있는

지9 | 지7 | 경찰 | 기상

🔄 intrinsic, innate, immanent, inborn, ingrained

inherently 혱 선천적으로, 본질적으로 **inherence** 몡 고유, 타고남
- the uncertainty **inherent** in predicting the future 미래를 예측함에 **내재한** 불확실성 [경찰]
- His theories are **inherently** flawed. 그의 이론은 **본질적으로** 결함이 있다.

1977
hesitate**
[hézətèit]
자 망설이다, 주저하다
hesit(stick)+ate(통) → 결단을 내리지 못하고 붙어있다

국9 | 국7 | 지9 | 경찰 | 기상

🔄 pause, delay

hesitation 몡 ¹ 주저, 망설임 ² (말) 더듬기 **hesitant** 혱 주저하는, 망설이는
- Researchers discovered that men are almost twice as likely as women to pause or **hesitate** when talking. 연구원들은 남자가 말할 때 여자보다 거의 두 배 정도 멈추거나 **망설이기** 쉽다는 것을 발견했다.

text, tle
= weave (천을 짜다)

암기유발 TIP
text message 문자 메시지

1978
textile**
[tékstail]
몡 ¹ 직물, 옷감 ² (pl.) 섬유 산업
text(weave)+ile(몡)

지7 | 서9 | 사복

🔄 ¹ fabric

- the **textile** mills 직물 공장 [사복]

1979
texture*
[tékstʃər]
몡 ¹ 질감, 감촉 ² (음악 등의) 조화, 어우러짐
text(weave)+ure(몡)

- the smooth **texture** of silk 비단의 부드러운 **감촉**

1980
text**
[tekst]
몡 ¹ 원문, 본문 ² 글, 문서 타 (~에게) 문자 메시지를 보내다
text(weave) → 짜 넣은 것

국9 | 법원

textual 혱 원문의, 본문의
- A good critic will refer back to the **text** often. 좋은 비평가는 **원문**을 자주 참조할 것이다.
- He didn't call or **text** me all day. 그는 하루 종일 나에게 전화나 **문자 메시지를 보내지** 않았다.

1981
context***
[kántekst]
몡 문맥, 전후 관계
con(together)+text(weave) → 앞뒤로 함께 짜 맞춘 것

국7 | 지9 | 지7 | 서9 | 서7 | 국회 | 법원 | 사복

contextual 혱 문맥상의, 전후 관계의
- Children can benefit from learning how to use **context** clues and guessing meanings from the **context**. 어린이들은 **문맥**의 단서를 사용하는 방법을 배우고 **문맥**으로부터 의미를 추측하는 것에서 득을 볼 수 있다. [사복]

1982 국7

pretext*
[príːtekst]

명 구실, 핑계
pre(before)+text(weave) → 말하기 전에 미리 짜 놓은 것

유 excuse

- A slight fall in profits gave the management a **pretext** to dismiss some staff.
  약간의 이익 감소는 경영진에게 몇몇 직원을 해고할 **구실**을 주었다.

1983 국9 | 지9 | 지7 | 서7 | 경찰 | 국회 | 기상 | 법원

subtle***
[sʌ́tl]

형 1 미묘한, 알아채기 힘든 2 (방법이) 교묘한, 영리한
sub(under)+tle(weave) → 아래에 안 보이게 짜 넣은

유 2 ingenious, clever

subtlety 명 1 미묘함 2 (pl.) 중요한 세부 요소들

- special nervous systems capable of recognizing **subtle** expressions
  미묘한 표정을 인식할 수 있는 특별한 신경 체계 [지7]

tri, trit

= rub (문지르다), wear down (마모시키다)

1984 국9 | 서7 | 사복

detriment*
[détrəmənt]

명 손상, 손해
de(away)+tri(rub)+ment(명) → 마모시키는 것

유 harm, damage
- to the detriment of 결국 ~을 해치며

detrimental 형 해로운

- He is engrossed in his work to the **detriment** of his personal life.
  그는 자신의 개인 생활을 **해치며** 일에 몰두해있다.
- Watching too much TV is **detrimental** to a child's intellectual and social development. TV를 너무 많이 시청하는 것은 아동의 지적 그리고 사회적 발달에 **해롭다**.

1985

trite*
[trait]

형 (발언 등이) 진부한

triteness 명 1 진부함 2 닳아빠짐

- a **trite** expression 진부한 표현

1986

attrition*
[ətríʃən]

명 1 (반복 공격 등으로 적을 약화시키는) 소모 2 (수 등의) 감소, 축소
at(to)+trit(rub)+ion(명)

- **Attrition** is high among social workers because of the difficult work and poor pay. 고된 업무와 박봉으로 사회 노동자들 사이에 소모가 높다.
- a war of **attrition** 소모전

1987

contrite*
[kəntráit]

형 깊이 뉘우치는, 회한에 찬
con(together)+trite(rub) → (잘못을 하여) 정신적으로 마모된 → 잘못을 비는

유 remorseful, repentant, regretful, apologetic

contrition 명 (죄를) 뉘우침

- a **contrite** apology 깊이 뉘우치는 사죄

rad, ras, raz
= scrape (긁다)

암기유발 TIP
razor ¹면도칼 ²면도칼로 밀다
radere(scrape, shave) → razor

1988

abrade*
[əbréid]

타 ¹마멸시키다 ²찰과상을 입히다
ab(off)+rade(scrape) → 떨어질 때까지 긁어대다

abrasion 명 ¹마모, 마멸 ²찰과상 **abrasive** 형 ¹연마재의 ²(태도가) 거친
- skin **abraded** by shaving 면도로 **찰과상을 입은** 피부
- The waves had an **abrasive** action on the rocks. 파도는 바위에 **연마재의** 작용을 했다.

1989 국7 | 서9

rash**
[ræʃ]

명 ¹발진 ²많음, 빈발 형 경솔한, 성급한
rash(scrape) → 긁게 되는 것

rashness 명 경솔, 무모 **rashly** 부 성급하게, 무분별하게
- The baby has a skin **rash**. 그 아기는 피부 **발진**이 있다.
- a **rash** of strikes by health service workers **빈발**하는 보건 서비스 노동자의 파업
- a **rash** statement **성급한** 발언

유 ²spate
형 reckless, impetuous, precipitate

1990 국9 | 지9 | 서9 | 경찰

erase**
[iréis]

타 (완전히) 지우다, 없애다
e(out)+rase(scrape)

erasable 형 지울 수 있는 **erasure** 명 삭제, 말소
- Clean facilities and friendly staff at Disneyland go far to **erase** negative experiences. 디즈니랜드의 깨끗한 시설과 친절한 직원들은 부정적인 경험을 **지우는** 데 큰 역할을 한다. [국9]

유 efface, remove, obliterate, eradicate, abolish

1991

rascal*
[ræskl]

명 악동, 악당
rasc(scrape)+al(명)

rascally 형 ¹무뢰한의, 악당의 ²야비한, 교활한 ³천한
- a lovable **rascal** 사랑스러운 **악동**

1992

raze / rase*
[reiz]

타 (건물 등을) 완전히 파괴하다, 부수다

razor 명 면도칼 타 면도칼로 밀다
- The old factory was **razed** to make room for a parking lot. 오래된 공장이 주차장을 위한 공간을 만들기 위해 **부서졌다**.

유 destroy, demolish

DAY 24 **407**

turb
= agitate (휘젓다, 뒤흔들다)

> 암기유발 TIP
> **turbine** 터빈 《압력으로 회전하는 기관》

1993 지9 | 서9 | 사복

turbulence**
[tə́ːrbjuləns]

명 ¹ 격동, 격변 ² (물, 공기의) 난류
turbul(agitate)+ence(명)

유 ¹ turmoil, upheaval, unrest

turbulent 형 ¹ 격동의, 격변의 ² (물, 공기가) 난류의, 요동을 치는
- political **turbulence** 정치적 격동
- The **turbulence** shook the jet like an earthquake high in the air.
  그 **난류**는 높은 상공에서 비행기를 지진과 같이 흔들었다.

1994

turbid*
[tə́ːrbid]

형 (액체가) 탁한, 흐린

유 unclear, murky, muddy, thick

turbidity 명 ¹ 혼탁, 흐림 ² 혼란 (상태)
- **turbid** water 탁한 물

1995 지9 | 지7 | 서9 | 서7 | 경찰 | 법원 | 사복

disturb***
[distə́ːrb]

타 ¹ 방해하다 ² 불안하게 만들다 ³ 건드리다, 흩뜨리다
dis(completely)+turb(agitate)

유 ¹ interrupt, disrupt ³ disarrange, muddle, disorder

disturbance 명 ¹ 방해 ² 소란 ³ (심리적) 장애
- The noise **disturbed** my concentration. 그 소음은 나의 집중을 **방해했다**.
- The police ordered that nothing be **disturbed** in the room.
  경찰은 방에 있는 아무것도 **건드리지** 말 것을 명령했다.

1996

perturb*
[pərtə́ːrb]

타 동요하게 하다, 불안하게 하다
per(through)+turb(agitate) → 계속 휘젓다

유 upset, unsettle, disturb, concern

perturbation 명 (심리적) 동요
- The strange sound outside **perturbed** me enough to keep me awake that night. 밖에서 나는 이상한 소리는 그날 밤 내가 자지 못할 만큼 **불안하게 했다**.

1997

imperturbability*
[ìmpərtə̀ːrbəbíləti]

명 침착, 냉정
im(not)+perturb(동요하게 하다)+ability(명)

유 calmness, composedness, sedateness

imperturbable 형 차분한
- Although he seems outwardly **imperturbable**, he can get very angry at times.
  그는 겉으로 **차분해** 보이지만 때때로 매우 화낼 수 있다.

art
= skill (기술), craft (기교)

암기유발 TIP
artist 화가, 예술가
art(craft)+ist(몡)

1998

artisan*
[ɑ́ːrtizən]

몡 장인(匠人)
artis(skill)+an(몡)

☞ craftsman

- street markets where local **artisans** display handwoven textiles, painted ceramics, and leather goods 지역 **장인**들이 손으로 짠 옷감, 채색된 도자기 그리고 가죽 상품을 진열한 거리 시장

1999 국9 | 지7 | 서9 | 법원

artwork**
[ɑ́ːrtwəːrk]

몡 ¹미술품 ²도판, 삽화
art(craft)+work(작품)

☞ ¹fine art
²painting, drawing

- The museum recently recovered two stolen **artworks**.
그 박물관은 최근에 도난당한 **미술품** 두 점을 되찾았다.

2000

artful*
[ɑ́ːrtfəl]

혬 ¹기교 있는, 솜씨 있는 ²교묘한, 교활한
art(craft)+ful(혬)

☞ ²crafty, cunning, wily, scheming, sneaky

- an **artful** negotiator 솜씨 있는 협상가
- an **artful** politician who deceived everyone 모두를 속였던 **교활한** 정치가

2001 국9 | 국7 | 지9 | 지7 | 서9 | 서7 | 기상 | 법원 | 사복

artificial***
[ɑ̀ːrtəfíʃəl]

혬 ¹인공의, 인위적인 ²거짓된, 꾸민
arti(skill, craft)+fic(make)+ial(혬)

☞ ¹synthetic
²insincere, false, contrived

artificiality 몡 ¹인공(적임), 인위(적임) ²인공물
- Saccharin, the oldest **artificial** sweetener, was accidentally discovered in 1879.
가장 오래된 **인공** 감미료인 사카린은 1879년에 우연히 발견되었다. [지7]

2002

artifice*
[ɑ́ːrtəfis]

몡 책략, 계략
arti(skill, craft)+fice(make)

☞ trickery

- He doesn't mind any **artifices** for the benefit of business.
그는 사업상의 이익을 위해서 어떠한 **계략**도 마다하지 않는다.

2003 교행

artifact / **art**efact**
[ɑ́ːrtəfækt]

몡 (역사적) 인공물, 유물
arti(skill)+fact(make)

- Archaeological finds come in many forms — as **artifacts**, food remains, houses, human skeletons, and so on.
고고학적 발견은 **유물**, 음식물 잔해, 집, 인간의 뼈 등의 여러 형태로 나타난다. [교행]

DAY 25 끌다, 나르다

🔍 Preview & Review

trac(t), treat, trai ▶ draw

- **tract**ion
- con**tract**
- pro**tract**ed
- **track**
- mis**treat**
- **trai**t
- at**tract**
- de**tract**
- sub**tract**
- **trace**
- re**treat**
- por**trai**t
- ex**tract**
- dis**tract**
- re**tract**
- re**trace**
- en**treat**
- ab**stract**
- in**tract**able
- **tract**
- **treat**
- **trai**l

끌다 → 추적하다
끌다 → 끌고 가다 → 다루다, 처리하다

doc; duc, du ▶ teach; lead

- **doc**trine
- intro**duce**
- con**duce**
- se**duce**
- ab**duct**
- sub**du**e
- in**doc**trinate
- pro**duce**
- de**duce**
- con**duct**
- de**duct**
- **doc**ile
- repro**duce**
- in**duce**
- miscon**duct**
- counterpro**duc**tive
- e**duc**ate
- re**duce**
- ad**duce**
- **duct**ile

가르치다; 이끌다 → 이끄는 것
가르치다; 이끌다 → 늘이다, 끌고 가다

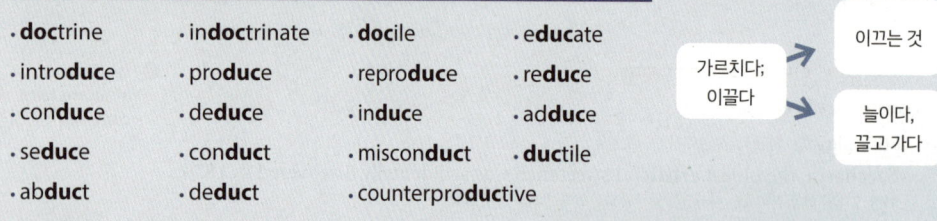

fer ▶ carry, bear

- trans**fer**
- suf**fer**
- prof**fer**
- **fer**tile
- de**fer**
- con**fer**
- dif**fer**entiate
- **fer**tilize
- in**fer**
- of**fer**
- indif**fer**ent
- circum**fer**ence
- re**fer**
- counterof**fer**
- pre**fer**
- re**fer**endum

나르다 → 옮기다
나르다 → 생각을 나르다 → 추론하다

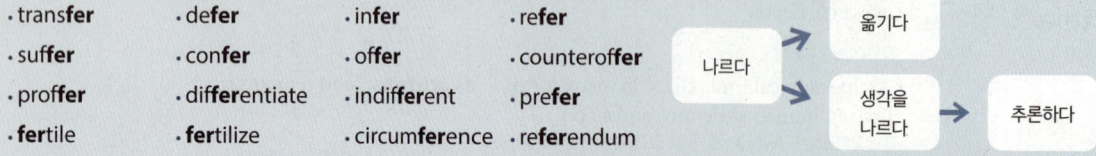

gest, gist, ger ▶ carry, bear

- sug**gest**
- in**gest**
- di**gest**
- con**gest**ion
- re**gist**er
- exag**ger**ate
- belli**ger**ent

나르다 → 생각을 나르다 → 제안하다
→ 먹다, 소화하다

lat ▶ bear, carry

- re**lat**e
- re**lat**ive
- corre**lat**e
- interre**lat**e
- trans**lat**e

나르다 → 연관시키다

port ▶ carry, harbor, gate

- **port**
- **port**al
- **port**er
- **port**able
- im**port**
- ex**port**
- trans**port**
- de**port**
- sup**port**
- op**port**une

나르다 → 이동시키다 → 수입[수출]하다

항구; 문

trac(t), treat, trai
= draw (끌다)

암기유발 TIP
tractor 트랙터, 견인차
tract(draw)+or(명) → 끌고 가는 것

2004 기상

traction*
[trǽkʃən]
명 ¹견인, 끌기 ²(부러진 뼈를) 끌어 붙임 ³(바퀴의) 정지 마찰력
tract(draw)+ion(명)

- These tires get good **traction** on wet roads. 이 타이어는 젖은 도로 위에서 **정지 마찰력**이 크다.

2005 국9 | 국7 | 지9 | 지7 | 서9 | 경찰 | 국회 | 기상 | 법원 | 사복

attract***
[ətrǽkt]
타 ¹끌어들이다 ²매혹시키다 ³(반응을) 불러일으키다
at(to)+tract(draw) → 어떤 쪽으로 끌어당기다 → 관심을 끌다

attraction 명 ¹매력 ²명소   **attractive** 형 매력적인

- Tourists are **attracted** by the city's endless sandy beaches.
관광객들은 그 도시의 끝없는 모래사장에 **매혹된다**.

유 ² allure, charm, tempt

2006 국9 | 법원

extract**
[ikstrǽkt]
타 ¹추출하다, 발췌하다 ²얻어내다   명 [ékstrækt] 추출물, 발췌
ex(out)+tract(draw) → 밖으로 끌어내다 → 뽑아내다

extraction 명 ¹추출, 발췌 ²혈통, 계통

- oil **extracted** from sunflower seeds 해바라기 씨에서 **추출된** 기름
- We finally **extracted** a confession from him. 우리는 마침내 그로부터 자백을 **얻어냈다**.

유 ² elicit, obtain, derive
명 excerpt

2007 국9 | 국7 | 지9 | 서9 | 법원 | 사복

abstract***
[ǽbstrækt]
타 ¹추출하다 ²요약하다   형 [æbstrǽkt] 추상적인   명 [ǽbstrækt] ¹개요 ²추상화
abs(away)+tract(draw) → 끌어내다

abstraction 명 ¹추출 ²관념, 추상적 개념

- Modern art focuses the inner world of **abstract** thoughts and feelings.
현대 예술은 **추상적** 사고와 감정의 내면세계에 초점을 맞춘다. [국7]
- You must submit an **abstract** before presenting your paper.
당신의 논문을 발표하기 전에 **개요**를 먼저 제출해야 합니다.

유 타 ¹ extract
명 ¹ summary, outline

2008 서9 | 서7 | 경찰 | 국회 | 기상 | 법원 | 교행

contract***
[kəntrǽkt]
타 ¹계약하다 ²(병에) 걸리다   자 수축되다   명 [kάntrækt] 계약(서)
con(together)+tract(draw) → 함께 끌다

contractor 명 계약자   **contraction** 명 ¹수축 ²(산모의) 진통

- The dengue virus is **contracted** through contact with mosquitoes.
뎅기열 바이러스는 모기와의 접촉을 통해 **걸린다**. [서9]
- Almost all substances expand when heated and **contract** when cooled.
거의 대부분의 물질이 뜨거워지면 팽창하고 식으면 **수축된다**. [기상]
- People are required to sign checks, wills, and **contracts**.
사람들은 수표, 유언장, **계약서**에 사인해야 한다. [국회]

유 constrict
명 covenant
반 자 expand
(팽창하다)

2009

detract*
[ditrǽkt]
자 타 (가치 등이) 손상되다, 떨어뜨리다 《from》
de(down)+tract(draw) → 끌어내리다

detractor 명 가치를 폄하하는 사람

- Numerous typos in the text **detract** the reader's attention from the novel's intricate plot. 본문의 수많은 오타가 소설의 복잡한 줄거리로부터 독자의 주의를 **떨어뜨린다**.

2010
distract** [distrækt] 국9 | 지9 | 국회 | 법원 | 사복

타 주의를 딴 데로 돌리다[쏠리게 하다]
dis(apart)+tract(draw) → 멀리 떨어뜨려 놓다 → (정신을) 분산시키다

유 divert

distraction 명 1 집중을 방해하는 것 2 오락, 기분 전환

- He was too **distracted** by a text message to know that he was going over the speed limit. 그는 문자 메시지에 **주의가 쏠려서** 제한 속도보다 빠르게 달리고 있다는 것을 몰랐다. [국9]

2011
intractable* [intræktəbl] 국회

형 1 (문제 등이) 다루기 힘든 2 고집 센, 완고한
in(not)+tract(draw)+able(형) → 잘 끌리지 않는

유 1 unmanageable, unruly 2 stubborn
반 1 tractable(다루기 쉬운)

- Even rich nations often have **intractable** poverty. 심지어 부유한 나라들도 종종 **다루기 힘든** 가난을 겪는다.

2012
protracted* [proutræktid]

형 (예상보다) 오래 계속된
pro(forward)+tract(draw)+ed(형) → (계속) 앞으로 끌어 당겨진

유 prolonged, extended

protract 타 연장하다 **protractor** 명 1 (시간을) 오래 끄는 사람[것] 2 각도기

- a **protracted** war 오래 계속된 전쟁

2013
subtract* [səbtrækt]

타 (수, 양을) 빼다
sub(under)+tract(draw) → 아래로 끌어내다

반 add(더하다)

subtraction 명 1 삭감, 공제 2 뺄셈

- How much will our profit be if we **subtract** the labor costs? 인건비를 **빼면** 우리 수익이 얼마나 될까?

MORE+ 관련어휘
addition 명 덧셈
multiplication 명 곱셈
division 명 나눗셈

2014
retract** [ritrækt] 국7

타 (말을) 철회하다   자 타 움츠리다, 오므려 넣다
re(back)+tract(draw) → (나온 것을) 도로 끌어당기다

유 타 withdraw, revoke, recant, countermand

retraction 명 1 철회 2 오므리기 **retractable** 형 (몸통 속으로) 집어넣을[오므릴] 수 있는

- The CEO **retracted** his remarks and apologized to those concerned. 그 CEO는 자신의 발언을 **철회하고** 관련자들에게 사과했다.

2015
tract* [trækt]

명 1 (넓은) 지대 2 (생물) 관(管), 계(系)
tract(draw) → (땅을) 끌어서 늘리다

유 1 region, stretch, area

- vast **tracts** of woodland 광활한 삼림 지대
- the digestive **tract** 소화관

2016
track** [træk] 국7 | 지9 | 지7 | 경찰 | 기상 | 법원 | 사복

명 1 (발)자국 2 길, 선로 3 (음악) 한 곡   타 추적하다, (~의 뒤를) 쫓다

유 타 trace, chase, trail

- Devices that monitor and **track** your health are becoming more popular. 건강을 관찰하고 **추적하는** 장치가 더욱 인기를 얻고 있다. [지9]

2017
trace** [treis] 국9 | 국7 | 지9 | 서7 | 경찰 | 기상 | 법원 | 교행

타 1 추적하다, 찾아내다 2 (선을) 긋다   명 1 자취, 흔적 2 극소량

유 타 1 track, discover
명 1 mark, vestige, trail

traceable 형 추적할 수 있는 **tracing** 명 투사 《투명한 종이 밑에 놓고 베끼는 것》

- The desperate efforts to **trace** the signals came as new details emerged about the missing plane. 실종된 비행기에 관한 새로운 사실이 나타나면서, 신호를 **추적하려는** 필사적인 노력이 이루어지고 있다. [서7]

2018

retrace∗∗
[riːtréis]

㉠ ¹ (길을) 되짚어가다 ² (행적을) 추적하다
re(again)+trace(추적하다)

- The hikers **retraced** the path back to the cabin.
  등산객들은 오두막으로 돌아가는 길을 **되짚어갔다**.

서7

2019

treat∗∗∗
[triːt]

㉠ ¹ 다루다, 대우하다 ² 치료하다 ³ (문제 등) 처리하다
treat(draw) → 끌다 → ~을 끌고 가다

treatment ㊅ ¹ 대우 ² 치료 ³ 처리 **treatable** ㊊ 치료 가능한

- He didn't **treat** his workers well. 그는 자신의 동료들을 잘 **대우하지** 않았다. [사복]

국9 | 국7 | 지9 | 지7 | 서9 | 서7 | 경찰 | 국회 | 기상 | 법원 | 교행 | 사복

㊀ ¹ handle
² heal, cure, nurse

2020

mistreat∗∗
[mistríːt]

㉠ 학대하다, 혹사하다
mis(badly)+treat(다루다)

mistreatment ㊅ 학대, 혹사

- to **mistreat** an animal 동물을 **학대하다**

지7 | 법원

㊀ ill-treat, maltreat, abuse, harm

2021

retreat∗∗∗
[ritríːt]

㉣ ¹ 후퇴하다, 철수하다 ² 멀어져 가다 ㊅ ¹ 후퇴, 철수 ² 도피
re(back)+treat(draw) → 뒤로 끌다

- The Himalayan glaciers are rapidly **retreating** because of climate change.
  히말라야산맥의 빙하가 기후 변화 때문에 급속히 **멀어져[사라져]** 가고 있다. [경찰]

국7 | 지7 | 서7 | 경찰 | 국회 | 사복

㊀ ㉣ ¹ withdraw
² recede
㊅ ² escape
㊁ ㉣ ¹ advance (진격하다)

2022

entreat∗
[intríːt]

㉠ 간청하다, 애원하다
en(make)+treat(draw) → (마음을) 끌어내도록 하다

entreaty ㊅ 간청, 애원 **entreatingly** ㊎ 간절히, 애원하다시피

- He **entreated** his boss for another chance.
  그는 자신의 상사에게 한 번 더 기회를 달라고 **간청했다**.

㊀ beg, implore

2023

trail∗∗
[treil]

㉣㉠ ¹ 끌리다, 끌다 ² (경기 등에서) 뒤처지다 ³ 뒤쫓다 ㊅ ¹ 자국 ² 오솔길

- The dog's leash was **trailing** along the ground. 개의 목줄이 땅을 따라 **끌리고** 있었다.
- The candidate is **trailing** in the polls as the election approaches.
  그 후보자는 선거가 다가올수록 여론 조사에서 **뒤처지고** 있다.
- Do not use the **trail** to the right. 오른쪽 **오솔길**을 가지 마시오.

지7 | 국회 | 법원

㊀ ㉣㉠ ¹ drag, haul
² lag
³ track, chase

2024

trait∗∗
[treit]

㊅ (성격상의) 특성, 특징
trait(draw) → 끌어서 꺼낸 것

- He likes to observe people and finds pleasure in their individual **traits**.
  그는 사람들을 관찰하는 것을 좋아하고 그들 개개인의 **특성**에서 즐거움을 찾는다. [국9]

국9 | 지9 | 서9 | 경찰 | 국회

㊀ characteristic, attribute, feature

2025

portrait∗∗
[pɔ́ːrtrit]

㊅ ¹ 초상화 ² (상세한) 묘사
por(forth)+trait(draw) → 끌어서[그려서] 내보이다

portray ㉠ (그림, 글로) 그리다, 묘사하다 **portrayal** ㊅ (그림, 연극, 책 등에서의) 묘사

- She's commissioned an artist to paint a **portrait** of her.
  그녀는 자신의 **초상화**를 그려달라고 화가에게 의뢰했다.

국9 | 지7 | 서9 | 서7 | 국회

㊀ ² depiction, description

doc; duc, du
= teach (가르치다); lead (이끌다)

2026
doctrine** [dάktrin]
명 ¹ (종교상) 교리 ² 정책
doctr(teach)+ine(명) → 가르치는 것

doctrinal 형 ¹ (종교상) 교리의 ² 정책의   doctrinaire 형 《부정적》 교조적인
- the Christian **doctrine** of resurrection 그리스도의 부활에 대한 기독교 **교리**

유 ¹ creed, dogma
² principle

2027
in**doc**trinate* [indάktrənèit]
타 (사상 등을) 주입하다, 세뇌하다
in(in)+doctrin(e)(교리)+ate(동) → 교리를 머릿속에 넣다

indoctrination 명 주입, 세뇌
- Some politically active teachers were accused of trying to **indoctrinate** the students. 정치적으로 활동적인 일부 교사들은 학생들을 **세뇌하려** 했다는 비난을 받았다.

유 brainwash

2028
docile* [dάsəl]
형 유순한, 고분고분한
doc(teach)+ile(형) → 쉽게 가르칠 수 있는

docility 명 유순함, 고분고분함
- It's going to be tough finding a dog as **docile** as Sue. Sue만큼 **유순한** 개를 찾기는 힘들 것이다.

유 submissive, compliant
반 aggressive (공격적인)

2029
e**duc**ate*** [édʒukèit]
타 교육하다, 가르치다
e(out)+duc(lead)+ate(동) → (능력을) 밖으로 이끌다

education 명 교육   educational 형 교육의, 교육적인
educated 형 ¹ 많이 배운, 학식[교양] 있는 ² ~에서 교육을 받은
- **Educated** Egyptians believed that a knowledge of myth was an essential weapon to survive the dangers of life and the afterlife. **교육받은** 이집트인들은 신화에 대한 지식이 현세와 사후세계의 위험에서 살아남기 위해 꼭 필요한 무기라고 믿었다. [지9]

유 teach, school, train

2030
intro**duc**e*** [ìntrədjúːs]
타 ¹ 도입하다 ² 소개하다
intro(inward)+duce(lead) → 안으로 이끌다

introduction 명 ¹ 도입, 전래 ² 소개   introductive / introductory 형 ¹ 서론의 ² 입문자들을 위한
- In the 1950s, a bilingual educational system was **introduced** in Singapore. 1950년대에 2개 국어 교육 제도가 싱가포르에 **도입되었다**. [서7]

2031
pro**duc**e*** [prədjúːs]
타 ¹ 생산하다 ² (새끼를) 낳다 ³ 야기하다, 초래하다   명 [prάdjuːs] ¹ 생산품 ² 농산물
pro(forward)+duce(lead) → 앞으로 이끌다

- If consumers buy **produce** which is not in season, it is likely to have been grown in artificial conditions. 만약 소비자들이 제철이 아닌 **농산물**을 구입한다면, 그것은 인공적인 환경에서 자랐을 가능성이 있다. [국7]

유 타 ¹ manufacture
² bear, breed
³ cause
명 ² crop

MORE+ 관련어휘
product 명 ¹ 생산물, 제품 ² 산물, 결과물
production 명 ¹ 생산 ² 생산량 ³ 제작
productive 형 ¹ 생산하는 ² 생산적인, 결실 있는 ³ ~을 야기하는
productivity 명 생산성
producer 명 ¹ 생산자 ² 제작자

2032
reproduce*** [ríːprədjúːs] 국9 | 국7 | 지9 | 경찰 | 국회 | 기상 | 교행

타 ¹ 복제하다 ² 재현하다 ³ 번식하다
re(again)+produce(생산하다)

⟶ ¹ replicate, duplicate ³ breed, procreate, spawn

reproduction 명 ¹ 복제(품) ² 생식, 번식   **reproductive** 형 생식의, 번식의
- We were unable to **reproduce** the results of the original experiment.
  우리는 처음의 실험 결과를 **재현하지** 못했다.
- Should we ban art **reproductions**? 우리는 예술품 **복제**를 금지해야 하는가? [국9]
- **reproductive** function 생식 기능 [교행]

2033
reduce*** [ridjúːs] 국9 | 국7 | 지9 | 지7 | 서9 | 서7 | 경찰 | 국회 | 기상 | 법원 | 교행

타 ¹ 줄이다, 축소하다 ² (가격을) 낮추다
re(back)+duce(lead) → 뒤로 이끌다

⟶ lessen, diminish, decrease, lower

reduction 명 ¹ 감소, 축소 ² 할인
- Modern communication technology has **reduced** the need for face-to-face meetings. 현대 통신 기술은 면대면 회의의 필요성을 **줄였다**. [기상]

2034
conduce* [kəndjúːs] 지9 | 경찰 | 국회

자 (좋은 결과로) 이끌다, 도움이 되다 《to》
con(together)+duce(lead) → 함께 잘 이끌다 → 서로 도움이 되다

⟶ contribute 《to》, lead 《to》

conducive 형 ~에 도움이 되는, 좋은 《to》
- the belief that technological progress **conduces** to human happiness
  기술적 진보가 인간의 행복에 **도움이 된다는** 믿음
- The focus on export-driven growth is **conducive** to German and Japanese producers. 수출 주도 성장은 독일과 일본의 생산자들**에게 도움이 된다**. [지9]

2035
deduce** [didjúːs] 서7 | 경찰 | 법원

타 추론[연역]하다
de(down)+duce(lead) → 밑으로 이끌다 → 근본 원리를 끌어내다

⟶ infer

deductive 형 연역적인   **deduction** 명 ¹ 추론, 연역 ² 공제(액)
- The police have **deduced** that he must have left his apartment yesterday evening. 경찰은 그가 어제 저녁에 자신의 아파트를 떠난 것이 틀림없다고 **추론했다**.

2036
induce** [indjúːs] 국9 | 지9 | 서7 | 국회 | 법원

타 ¹ 유도하다, 설득하다 ² 유발하다, 초래하다
in(into)+duce(lead) → ~쪽으로 이끌다

⟶ ¹ persuade, entice, convince ² cause, generate

inducement 명 유인책   **induction** 명 ¹ 유도 분만 ² 귀납법   **inductive** 형 ¹ (전기) 유도의 ² 귀납적인
- Long artificial days — and artificially short nights — **induce** early breeding in a wide range of birds. 인공적으로 길어진 낮과 인공적으로 짧아진 밤은 다양한 새들에게서 이른 번식을 **유도한다**. [법원]

2037
adduce* [ədjúːs] 서9

타 (증거 등을) 제시하다
ad(to)+duce(lead) → ~로 이끌어 오다 → (증거를) 가져오다

⟶ present, cite

- Her lawyer **adduced** evidence in court which proved her innocence.
  그녀의 변호사는 법정에서 그녀의 결백을 증명할 증거를 **제시했다**.

2038
seduce* [sidjúːs] 서9

타 유혹하다, 꾀다
se(aside)+duce(lead) → 멀리 떨어진 곳으로 이끌다

⟶ tempt, lure, entice, beguile

seduction 명 유혹   **seductive** 형 유혹적인
- **Seduced** by the prospect of bigger profits, the company expanded too rapidly.
  더 큰 수익 전망에 **유혹당해서**, 그 회사는 너무 빠르게 확장했다.

2039
conduct*** [kəndʌ́kt]
国9 | 国7 | 지9 | 지7 | 서9 | 서7 | 경찰 | 국회 | 기상 | 법원 | 교행

[타] ¹ 인도하다 ² 지휘하다 ³ 수행하다 ⁴ (열, 전기를) 전도하다 [명] [kándʌkt] 수행
con(together)+duct(lead) → (여럿을) 함께 이끌다

유 [타] ¹ guide, usher ² direct ⁴ transmit

conductor [명] ¹ 안내원 ² 지휘자 ³ 전도체 **conduction** [명] 전도 **conductive** [형] 전도성의
- to **conduct** an orchestra 오케스트라를 **지휘하다**
- Natural scientists can usually **conduct** controlled experiments where "all other things" are in fact held constant. 자연 과학자들은 대개 '다른 모든 것들'이 실제로 유지되는 환경에서 통제된 실험을 **수행한다**. [교행]
- to **conduct** electricity 전기를 **전도하다** [지7]

2040
misconduct* [miskándəkt]
경찰

[명] ¹ 위법 행위, 직권 남용 ² 부실[부당] 경영
mis(bad, wrong)+conduct(수행)

유 ¹ wrongdoing, malpractice ² mismanagement

- to investigate **misconduct** **위법 행위**를 조사하다 [경찰]

2041
ductile* [dʌ́ktəl]
[형] (금속이) 연성인, 잡아 늘일 수 있는
duct(lead)+ile(형) → 이끌 수 있는 → 잡아끌 수 있는

- **Ductile** metals such as copper and aluminium can be pressed or pulled into different shapes. 구리나 알루미늄과 같은 **연성** 금속은 다른 모양으로 눌러지거나 잡아 늘여질 수 있다.

2042
abduct* [æbdʌ́kt]
경찰

[타] 유괴하다, 납치하다
ab(away)+duct(lead) → 멀리 끌고 가다

유 kidnap

abduction [명] 유괴, 납치
- The millionaire who disappeared may have been **abducted**. 사라진 그 백만장자는 **납치당했을지도** 모른다.

2043
deduct* [didʌ́kt]
서7

[타] 공제하다, 빼다
de(down)+duct(lead) → 밑으로 끌어내다

유 subtract

deductible [형] 공제할 수 있는
- **deduction** of tax 세금 **공제**

2044
counterproductive* [kàuntərprədʌ́ktiv]
国9 | 법원

[형] 역효과를 낳는
counter(against)+productive(생산적인)

- Telling people they're stupid, incompetent, or the like is almost always **counterproductive**. 사람들에게 멍청하거나 무능하다든가 하는 식으로 말하는 것은 거의 항상 **역효과를 낳는다**. [国9]

2045
subdue** [səbdjúː]
경찰

[타] ¹ 진압하다 ² (감정을) 억누르다
sub(under)+due(lead) → 아래로 이끌어 가라앉히다

유 suppress

- The soldiers managed to **subdue** the angry crowd. 군인들은 성난 군중을 겨우 **진압했다**.

DAY 25 417

fer
= carry, bear (나르다)

암기유발 TIP
Lucifer 악마, 사탄
luci(light)+fer(carry, bear) → 빛을 나르는 자
《원래는 빛을 내는 천사였으나 신에게 반역한 죄로 사탄이 됨》

2046 국9 | 국7 | 지9 | 지7 | 서9 | 기상 | 법원

transfer* **
[trǽnsfə:r]
자타 1 이동하다 2 환승하다 명 [trǽnsfər] 1 이동 2 환승
trans(across, beyond)+fer(carry)

유 자타 1 relocate
타 2 transport

transferable 형 이동[양도] 가능한 **transference** 명 이동 (과정), 양도
- Mr. Harrison received notice from his company that he had to **transfer** to the branch office in Brussels. Harrison 씨는 회사로부터 그가 Brussels(브뤼셀) 지사로 **이동해야** 한다는 공지를 받았다. [지7]
- The passengers were **transferred** to another plane. 승객들은 다른 비행기로 **환승했다**.

2047

defer*
[difə́:r]
타 연기하다, 미루다   자 1 경의를 표하다 ⟪to⟫ 2 (의견에) 따르다 ⟪to⟫
de(away)+fer(carry) → 멀리 옮겨놓다 → 늦추다

유 타 postpone, put off, suspend, adjourn, delay

deference 명 경의(를 표하는 행동)
- They **deferred** the decision until February. 그들은 결정을 2월까지 **미뤘다**.
- I will **defer** to Mr. Walters on this point. 나는 이 점에 대해서는 Walters 씨를 **따를 것이다**.

2048 국9 | 서9 | 서7 | 경찰 | 법원

infer **
[infə́:r]
타 추론하다, 추측하다
in(in)+fer(carry) → 머릿속으로 생각을 나르다

유 deduce

inference 명 추론(한 것)
- Some cannot read between the lines, **infer** meaning, or detect an author's bias. 어떤 사람들은 행간을 읽어내지 못하고, 의미를 **추론하지** 못하거나 작가의 편견을 알아차리지 못한다. [국9]

2049 국9 | 국7 | 지9 | 지7 | 서9 | 서7 | 경찰 | 국회 | 법원 | 교행 | 사복

refer* **
[rifə́:r]
자 1 참고하다 ⟪to⟫ 2 (원인을) ~에 돌리다 ⟪to⟫ 3 언급하다 ⟪to⟫ 타 맡기다 ⟪to⟫
re(back)+fer(carry, bear) → 다시 나르다

유 자 2 attribute ⟪to⟫, ascribe ⟪to⟫
- be referred to as ~ 로 불리다
- refer A to B A를 B에게 보내다 [참조하게 하다]

reference 명 1 참고 (문헌) 2 언급 3 추천서 **referral** 명 (전문적 도움을 받을 곳으로) 보냄, 위탁
- Please **refer** to our website for more information. 더 많은 정보는 저희 웹사이트를 **참고해** 주세요.
- She **referred** to the subject several times during her speech. 그녀는 연설하는 동안 그 주제를 여러 번 **언급했다**.
- I am writing in response to your request for a **reference** for Mrs. Ferrer. 저는 Ferrer(페레르) 씨에 대한 귀하의 추천서 요청에 답변을 쓰고 있습니다. [지9]

2050 국9 | 국7 | 지9 | 지7 | 서9 | 서7 | 경찰 | 국회 | 기상 | 법원 | 사복

suffer* **
[sʌ́fər]
자타 1 고통받다, 시달리다 ⟪from⟫ 2 (안 좋은 일을) 겪다, 당하다
suf(under)+fer(carry, bear) → 아래에서 힘들게 나르다

유 undergo

suffering 명 고통, 괴로움 **sufferer** 명 고통받는 사람, 환자
- to **suffer** from motion sickness 멀미로 **고통받다** [국9]
- to **suffer** a defeat 패배를 **당하다**

2051
confer***
[kənfə́ːr]

자 상의하다 《with》　타 (학위 등을) 수여하다

con(together)+fer(carry) → (사람을) 모두 데려다 놓다 → 함께 의논하다

conference 명 회의, 회담　**conferment** 명 수여

- He asked for some time to **confer** with his lawyers.
  그는 변호사들과 **상의하기** 위해 시간을 좀 달라고 요청했다.
- to **confer** an honorary doctorate 명예박사 학위를 **수여하다**

유 자 discuss 《with》, discourse 《with》
타 grand, accord, bestow

2052
offer***
[ɔ́(ː)fər]

타 ¹ 제안하다　² 제공하다　명 제안, 제의

of(to)+fer(carry) → ~에게 가져다주다

offering 명 ¹ 제공된 것, 내놓은 것　² (신에게 바치는) 제물

- Due to his aggressive remarks, I resolved to turn down the **offer**.
  그의 공격적인 발언 때문에, 나는 그 **제안**을 거절하겠다고 결심했다. [경찰]

유 타 ¹ propose, suggest　² provide, furnish
명 proposition

2053
counteroffer*
[kàuntərɔ́(ː)fər]

명 《상업》 수정 제안 《애초에 제시한 가격과 다른 가격을 다시 제시하는 것》

counter(against)+offer(제안)

- He turned down the deal and came back with a **counteroffer** asking for more money. 그는 그 거래를 거절하고 더 많은 돈을 요구하며 **수정 제안**을 가지고 돌아왔다.

유 counterproposal

2054
proffer*
[práfər]

타 ¹ 내밀다, 권하다　² (충고 등을) 해 주다

pro(forth)+(o)ffer(제안하다) → 내밀어 제안하다

- She **proffered** a glass of wine. 그녀는 와인 한 잔을 **권했**다.

2055
differentiate**
[dìfərénʃièit]

자타 구별하다　타 구분 짓다

dif(apart)+fer(carry)+enti(명)+ate(동) → 따로 옮겨 두다

differentiation 명 차별 (대우)　**undifferentiated** 형 획일적인, 구분되지 않는

- Policy makers need to **differentiate** between condominiums and single-family housing. 정책 입안자들은 아파트와 단독 주택을 **구별해야** 할 필요가 있다. [서7]

유 discriminate, distinguish, separate

- differentiate oneself from ~와 차별화하다

2056
indifferent**
[indífərənt]

형 ¹ 무관심한　² 그저 그런, 평범한

in(not)+different(다른) → 다르지 않은 → 평범한, 개의치 않는

indifference 명 무관심, 무심(함)

- Empty praise expresses **indifference** to the child's feelings and thoughts.
  공허한 칭찬은 아이의 감정과 생각에 대한 **무관심**을 나타낸다. [서7]

유 ¹ uninterested, disinterested, unconcerned
² mediocre

2057
prefer***
[prifə́ːr]

타 선호하다, ~을 더 좋아하다

pre(before)+fer(carry) → (좋아하는 것을 골라) 먼저 나르다

preference 명 선호　**preferable** 형 선호되는, 더 좋은　**preferential** 형 특혜를 주는

- A small town seems to be **preferable** to a big city for raising children.
  아이들을 키우기에 작은 마을이 큰 도시보다 **더 좋은** 것 같다. [지9]

유 favor

- prefer A to B B보다 A를 선호하다

2058
fertile*** [fə́ːrtl]
형 ¹ 비옥한, 기름진 ² 생식 능력이 있는
fert(carry, bear)+ile(형) → 운반할 수 있는 → 생산할 수 있는

국9 | 국7 | 지9 | 서9 | 경찰 | 국회 | 기상 | 법원 | 교행

반 barren
(¹ 척박한 ² 불임인)

fertility 명 ¹ 비옥함 ² 생식 능력   **infertile** 형 ¹ (땅이) 불모의, 메마른 ² 생식 능력이 없는, 불임의
- In order to turn the deserts into **fertile** and productive land, engineers built a long canal. 사막을 **비옥하고** 생산적인 땅으로 변화시키기 위해, 엔지니어들은 긴 운하를 건설했다.
- an **infertile** couple 불임 부부

2059
fertilize*** [fə́ːrtəlàiz]
타 ¹ (토지에) 비료를 주다 ² 《생물》 수정(受精)시키다
fertil(e)(비옥한)+ize(동)

국7 | 지9 | 서9 | 경찰 | 법원 | 사복

fertilizer 명 비료   **fertilization** 명 ¹ (토지를) 비옥하게 함 ² 수정, 수태
- He **fertilizes** the lawn every year. 그는 매년 잔디에 **비료를 준다**.
- a **fertilized** egg 수정란

2060
circumference* [sərkʌ́mfərəns]
명 원주, (구의) 둘레
circum(around)+fer(carry)+ence(명) → 빙 둘러 나름 → 원의 둘레선

지7

- The circle measures 22 inches in **circumference**. 그 원은 둘레가 22인치이다.

2061
referendum* [rèfəréndəm]
명 국민 투표, 총선거
《19세기 스위스에서 투표를 헌법으로 정한 것에서 유래. 문제를 사람들에게 맡기는(refer) 수단》

국7 | 사복

유 plebiscite, poll

- On June 23, 2016, a historic **referendum** took place in the United Kingdom. The **referendum** question was: Should the United Kingdom remain a member of the European Union or leave the European Union? 2016년 6월 23일에 영국에서 역사적인 **국민 투표**가 실시되었다. **국민 투표**의 주제는 '영국은 EU(유럽 연합)의 멤버로 남아야 하는가, 아니면 EU를 탈퇴해야 하는가?'였다. [사복]

---

gest, gist, ger
= carry, bear (나르다)

암기유발 TIP
Reader's Digest 리더스 다이제스트
《미국의 월간지. 읽을거리를 짧게 요약해 제공한다.》
di(apart)+gest(carry) → 각 내용을 따로 옮겨 놓은 요약문

2062
suggest*** [səgdʒést]
타 ¹ 제안하다 ² 시사하다, 암시하다
sug(under)+gest(carry) → 아래에서 나르다 → 의견을 제시하다

국9 | 국7 | 지9 | 지7 | 서9 | 서7 | 경찰 | 국회 | 기상 | 법원 | 사복

유 ¹ propose, recommend
² indicate, imply, intimate

suggestion 명 ¹ 제안 ² 시사, 암시   **suggestive** 형 (~을) 연상시키는
- New research **suggests** cherries may be the answer to a good night's sleep. 새로운 연구는 체리가 충분한 숙면을 취하는 데 해답이 될 수도 있다는 것을 **시사한다**.

2063
ingest* [indʒést]
타 섭취하다, 삼키다, 먹다
in(into)+gest(carry)

국9 | 사복

ingestion 명 섭취
- the effect of caffeine **ingestion** 카페인 **섭취**의 효과

2064
digest** [dáidʒest, di-]
- 태¹ 소화하다 ² (완전히) 이해하다 명 [dáidʒest] 요약(문)
- di(apart)+gest(carry) → (음식물을 작게 나누어) 각각 운반하다
- digestive 형 소화의 digestion 명 소화(력) indigestion 명 소화불량
- It took a while to **digest** the theory. 그 이론을 완전히 이해하는 데 시간이 다소 걸렸다.
- the **digestive** system 소화기 계통 [경찰]

유 ² assimilate, grasp
명 abstract, summary

지9 | 서9 | 경찰 | 국회 | 법원

2065
congestion** [kəndʒéstʃən]
- 명 ¹ (교통 등의) 혼잡 ² (충혈 등에 의한) 막힘
- con(together)+gest(carry)+ion(명) → 모두 한꺼번에 운반함
- congest 태 ¹ 혼잡하게 하다 ² 충혈되게 하다 congested 형 ¹ 혼잡한 ² 충혈된, 막힌
- traffic **congestion** 교통 혼잡 [서9]
- a **congested** nose 코 막힘

유 ¹ jam, crowding
² clogging

서9

2066
register*** [rédʒistər]
- 태 ¹ (이름을) 등록[기재]하다 ² (의견 등을) 나타내다   명 ¹ 기록부 ² (목소리의) 음역
- re(back)+gister(carry, bear) → 뒤에 운반해놓다 → 기록해놓다
- registration 명 등록, 신고 registry 명 등기소, 등록소
- The university should make it easier for students to **register** for classes.
  대학은 학생들이 수업에 **등록하는** 것을 좀 더 쉽게 할 수 있도록 해줘야 한다. [국7]
- **registration** fee 등록비

유 태 ¹ enroll

국9 | 국7 | 지9 | 지7 | 경찰 | 법원

2067
exaggerate*** [iɡzǽdʒərèit]
- 자 태 과장하다
- ex(강조)+ag(to)+ger(carry)+ate(통) → 아주 많이 나르다 → 지나치다
- exaggeration 명 과장 exaggerated 형 과장된, 지나친
- He tends to **exaggerate** when talking about his accomplishments.
  그는 자신이 성취한 것들에 대해 이야기할 때 **과장하는** 경향이 있다.

유 magnify, overstate

국9 | 국7 | 지9 | 서9 | 경찰 | 국회 | 기상 | 법원

2068
belligerent* [bəlídʒərənt]
- 형 ¹ 적대적인 ² (국가가) 전쟁 중인   명 교전국
- belli(war)+ger(bear, carry)+ent(형)
- He was so **belligerent** that I gave up trying to explain.
  그가 너무 **적대적이어서** 나는 설명하려 애쓰던 것을 포기했다.
- **belligerent** nations 전쟁 중인 국가들

유 형 ¹ hostile, aggressive
반 형 ¹ amicable (우호적인)

---

lat
= bear, carry (나르다)

암기유발 TIP
Public Relations(= PR)
¹ 홍보 활동 ² 기업과 대중의 관계
re(back, again)+lat(bear, carry)+ion(명)+s
→ 다시 연결해 나르는 것 → 서로 연관됨 → 관계

2069
relate*** [riléit]
- 태 ¹ 관련시키다 ² (~에 대하여) 이야기하다, 들려주다
- re(back, again)+late(bear, carry) → 일어난 일을 다시 (연결되게) 나르다
- relation 명 ¹ 관계, 관련성 ² 친척 relationship 명 관계, 관련성
- Since earliest times the lives of humans and animals have been closely **related**.
  태초부터 인간과 동물의 삶은 밀접하게 **관련되어** 왔다. [교행]
- Philip began to **relate** the horrors of his childhood.
  Philip은 자신의 어린 시절에 무서웠던 경험들을 **들려주기** 시작했다.
- interpersonal **relationship** 대인 관계 [법원]

유 ² narrate, describe, recount

국9 | 국7 | 지9 | 지7 | 서9 | 서7 | 경찰 | 국회 | 기상 | 법원 | 교행 | 사복

2070

relative***
[rélətiv]

형 ¹ 상대적인, 비교적인 ² (~과) 관련된   명 ¹ 친척 ² 동족
relate(관련짓다)+ive → 관련지어 비교해보는

유 형 ¹ comparative
명 ¹ relation

relatively 🖎 비교적   **relativism** 명 상대주의   **relativity** 명 상대성
- Online sales are **relatively** easy to track. 온라인 판매는 **비교적** 추적하기 쉽다.
- theory of **relativity** 상대성 이론 [서9]

2071

correlate**
[kɔ́:rəlèit]

자 (밀접한) 연관성이 있다   타 상관관계를 보여주다
cor(together)+relate(관련짓다) → 서로 관련이 있다

correlation 명 연관성, 상관관계   **correlational** 명 상호 관계의
- Levels of income **correlated** very strongly with reading habits.
  소득 수준은 독서 습관과 아주 **밀접한 연관성이 있다**. [지7]

2072

interrelate**
[ìntərriléit]

자 타 밀접한 연관을 갖다[갖게 하다]
inter(between)+relate(관련짓다)

interrelationship 명 연관성
- Linguists have found that language **interrelates** closely with culture.
  언어학자들은 언어가 문화와 **밀접한 연관을 가진** 것을 발견했다.

2073

translate**
[trænsléit]

자 타 번역하다, 통역하다
trans(across, beyond)+late(bear, carry) → 이쪽에서 저쪽으로 (형태를 바꿔서) 나르다

유 render, interpret

translation 명 번역, 통역   **translator** 명 번역가, 통역사
- The Bible has been **translated** into more than 100 languages.
  성경은 100개 이상의 언어로 **번역되었다**.

---

port
= carry (나르다), harbor (항구), gate (문)

암기유발 TIP
airport 공항
air(aircraft)+port(harbor)

2074

port**
[pɔːrt]

명 항구 (도시)
port(harbor)

유 harbor, seaport

- a **port** on the island of Hawaii 하와이 섬의 **항구** [경찰]

2075

portal*
[pɔ́ːrtl]

명 ¹ 정문, 입구 ² (컴퓨터) 포털 사이트
port(gate)+al(명)

- We entered the **portal** of the cathedral. 우리는 대성당의 **정문**으로 입장했다.

2076

porter*
[pɔ́ːrtər]

명 ¹ (호텔 등의) 짐꾼 ² 수위, 문지기
port(carry)+er(명)

유 ¹ carrier
² janitor, concierge

- There aren't any **porters**, so we'll have to find a trolley for the luggage.
  짐꾼이 아무도 없어서 우리는 수화물 카트를 찾아야 할 것이다.

2077
portable**
[pɔ́ːrtəbl]

형 휴대가 쉬운, 휴대용의 명 휴대용 기기
port(carry)+able(형)

국7 | 서9

유 형 movable, mobile

portability 명 휴대 가능성
- **Portable** devices such as the tablet PC are becoming increasingly popular. 태블릿 PC와 같은 **휴대용** 기기가 점점 더 인기를 얻고 있다.

2078
import***
[impɔ́ːrt]

타 수입하다 명 [ímpɔːrt] 수입(품)
im(into)+port(carry)

국9 | 국7 | 지9 | 지7 | 서7 | 법원

importation 명 수입 **importer** 명 수입업자, 수입국
- Britain caused hardship in the Indian cloth industry by putting a 30 percent **import** tax on Indian cloth. 영국이 인도산 섬유에 30%의 **수입**세를 부과함으로써 인도의 섬유 산업에 어려움을 야기했다. [법원]

2079
export***
[ekspɔ́ːrt, ik-]

타 수출하다 명 [ékspɔːrt] 수출(품)
ex(out)+port(carry)

국7 | 지9 | 경찰 | 국회 | 법원 | 교행

exportation 명 수출 **exporter** 명 수출업자, 수출국
- Korean car **exports** to China have been continuously decreasing since last year. 중국으로의 한국 자동차 **수출**이 작년부터 계속 감소해오고 있다. [국회]

2080
transport***
[trænspɔ́ːrt]

타 수송하다, 이동시키다 명 [trǽnspɔːrt] 수송 (수단)
trans(across, beyond)+port(carry)

국7 | 지9 | 서9 | 서7 | 경찰 | 기상 | 법원 | 교행 | 사복

유 타 convey, transfer
명 conveyance, vehicle

transportation 명 수송 **transporter** 명 수송 차량 **transportable** 명 수송 가능한
- The new subway **transports** people quickly from all parts of the city to the downtown center of the city. 새로운 지하철은 사람들을 도시 전역에서 시내 중심부로 빠르게 **수송**한다. [경찰]

2081
deport*
[dipɔ́ːrt]

타 ¹(불법 체류자 등을) 국외로 추방하다 ² 처신하다, 행동하다 (oneself)
de(off, away)+port(carry) → (다시 못 오게) 멀리 나르다

국9 | 지9 | 지7

유 ¹ expel, exile, oust, banish

deportation 명 강제 추방 **deportment** 명 몸가짐, 행실
- Two foreign journalists who reported the protests were **deported**. 시위를 보도한 두 명의 외국 기자들이 **국외로 추방되었다**.

2082
support***
[səpɔ́ːrt]

타 지지하다, 후원하다 명 지지, 후원
sup(under)+port(carry) → 아래에서부터 운반하다 → 힘을 실어주다

국9 | 국7 | 지9 | 지7 | 서9 | 서7 | 경찰 | 국회 | 기상 | 법원 | 교행 | 사복

유 타 aid, assist, sustain
명 encouragement

supporter 명 지지자, 후원자 **supporting** 형 ¹(영화에서) 조연의 ² 뒷받침하는
supportive 형 지원하는, 도와주는
- The prime minister was thoroughly dismayed by the lack of public **support** for his new project. 총리는 자신의 새 프로젝트에 대한 대중의 **지지**가 부족한 것에 대단히 실망했다. [경찰]

2083
opportune***
[ὰpərtjúːn]

형 (행동 등이) 시의적절한
op(to)+portune(harbor) → 알맞은 때에 항구 쪽으로 바람이 부는

국9 | 국7 | 지9 | 지7 | 서9 | 서7 | 경찰 | 국회 | 사복

반 inopportune (시기가 안 좋은)

opportunity 명 기회 **opportunism** 명 기회주의
- This seems to be an **opportune** moment for reviving our development plan. 지금이 우리의 개발 계획을 되살리기 위한 **시의적절한** 순간인 것 같다.
- land of liberty and **opportunity** 자유와 **기회**의 땅 [서7]

DAY 26 취하다, 붙잡다, etc.

🔍 Preview & Review

cept, ceive, cip ▶ take, seize

- ac**cept**
- ex**cept**
- con**cept**
- miscon**cept**ion
- con**ceive**
- precon**ceive**
- per**ceive**
- per**cept**ion
- imper**cept**ible
- misper**ceive**
- re**ceive**
- sus**cept**ible
- de**ceive**
- inter**cept**
- pre**cept**
- contra**cept**ion
- anti**cip**ate
- parti**cip**ate
- eman**cip**ate

잡다, 붙잡다 → 받아들이다
잡다, 붙잡다 → 파악하다 → 인식, 지각

cap(t), cup ▶ take, seize

- **capt**ure
- **capt**ive
- re**capt**ure
- **capt**ivate
- **capt**ious
- **cap**able
- **cap**acity
- in**cap**acitate
- **capt**ion
- oc**cup**y
- oc**cup**ation
- preoc**cup**y
- re**cup**erate

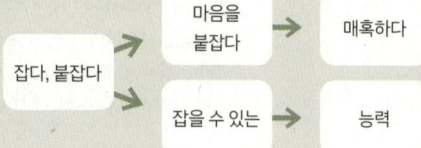

잡다, 붙잡다 → 마음을 붙잡다 → 매혹하다
잡다, 붙잡다 → 잡을 수 있는 → 능력

prehend, prehens ▶ take, seize

- ap**prehend**
- misap**prehend**
- com**prehend**
- com**prehens**ive
- re**prehend**

잡다, 붙잡다 → 포착하다 → 이해하다
잡다, 붙잡다 → 포괄하는

sum, sumpt ▶ take, seize

- as**sum**e
- pre**sum**e
- pre**sumpt**ion
- re**sum**e
- con**sum**e

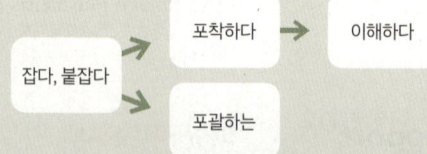

잡다, 붙잡다 → 생각을 품다 → 추정하다
잡다, 붙잡다 → 소모, 소비, 섭취

vo(u)r ▶ eat, swallow

- de**vour**
- **vor**acious
- omni**vor**e
- carni**vor**e

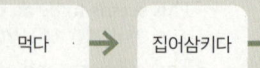

먹다 → 집어삼키다 → 탐욕적인

empl, (e)mpt, eem, om
▶ take, buy

- ex**empl**ar
- ex**empl**ify
- ex**empt**
- pre**empt**
- per**empt**ory
- pr**ompt**
- impr**ompt**u
- red**eem**
- irred**eem**able
- rans**om**

잡다 → 소유한, 획득한
사다 → 지불하고 얻다

rap, rav, rep
▶ snatch

- **rap**ture
- en**rap**ture
- **rap**acious
- **rav**age
- sur**rep**titious

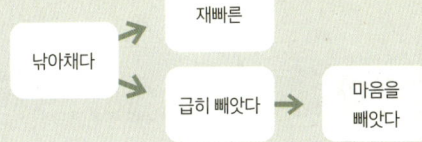

lect, lig
▶ choose, gather

- e**lect**
- e**lect**ion
- se**lect**
- se**lect**ion
- pre**select**
- neg**lect**
- neg**lig**ible
- neg**lig**ent
- inte**llect**
- inte**llig**ent
- predi**lect**ion
- ec**lect**ic
- e**lig**ible

선택하다, 모으다 → 선호하는 것을 뽑다 → 분간하는, 판별하는

cur(e)
▶ take care

- **cure**
- ac**cur**ate
- pro**cure**
- se**cure**
- inse**cure**
- sine**cure**

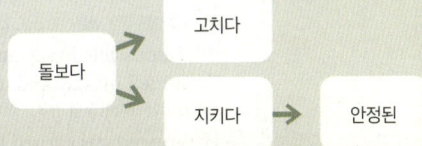

cept, ceive, cip

= take (잡다), seize (붙잡다)

암기유발 TIP

accept 받아들이다

2084 국9 | 국7 | 지9 | 지7 | 서9 | 서7 | 경찰 | 국회 | 기상 | 법원 | 사복

accept* [əksépt]

[자][타] 받아들이다 [타] 1 수락하다 2 인정하다

ac(to)+cept(take)

[유] receive, admit
[반] refuse, reject (거절하다)

acceptance [명] 1 수락 2 동의, 승인 **acceptable** [형] 받아들일 수 있는

- The store doesn't **accept** credit cards. 그 가게는 신용카드를 **받지** 않는다.
- charges involving the **acceptance** of bribes 뇌물 **수락**에 관련된 혐의

2085 국9 | 국7 | 지9 | 지7 | 서9 | 서7 | 경찰 | 국회 | 기상 | 법원 | 교행 | 사복

except* [iksépt]

[전] 제외하고는, 외에는 (for) [접] ~이라는 것 외에는 [타] 제외하다

ex(out)+cept(take) → 잡아서 밖으로 보내다

[유] [전] excluding, besides
[타] exclude, disregard, omit

exception [명] 예외 **exceptional** / **exceptive** [형] 예외적인

- **Except** for that one typo, there were no mistakes. 그 하나의 오자 **외에는** 오류가 없었다.
- There is no rule but has **exceptions**. **예외** 없는 규칙은 없다. [서9] [경찰]

2086 국9 | 국7 | 지9 | 지7 | 서9 | 서7 | 경찰 | 국회 | 기상 | 법원 | 교행

concept* [kánsept]

[명] 개념

con(강조)+cept(take, seize)

[유] idea, notion, abstraction

conception [명] 1 개념 2 (계획 등의) 구상 3 이해 **conceptual** [형] 개념의 **conceptualize** [타] 개념화하다

- from simple **concepts** to more complex ones 단순한 **개념**에서 좀 더 복잡한 개념까지 [국7]
- We **conceptualize** boundaries around an individual as privacy.
  우리는 개인 주변의 경계를 사생활로 **개념화한다**. [지9]

2087 지9 | 지7 | 국회 | 교행

misconception** [miskənsépʃən]

[명] 오해

mis(wrong)+conception(이해)

[유] misapprehension, misunderstanding, illusion, fallacy

- It is a **misconception** to assume that individuals who are legally blind have no sight. 법정 시각장애를 가진 개개인이 시력이 전혀 없다고 가정하는 것은 **오해**이다. [지7]

2088 국9 | 국7 | 지7 | 서9 | 서7

conceive** [kənsíːv]

[자][타] 1 상상하다, 생각하다 2 임신하다

con(강조)+ceive(take) → (생각을) 잡다[품다]

[유] 1 imagine, visualize, envision

conceit [명] 1 생각, 상상 2 자만심 **conceivable** [형] 상상할 수 있는

- It is impossible to say how the idea first entered my brain; but once **conceived**, it haunted me day and night. 애초에 그 아이디어가 어떻게 내 머릿속에 들어왔는지 말하기는 불가능하지만 일단 **생각이 들면** 밤낮으로 계속 떠올랐다. [지7]
- His **conceit** has earned him many enemies. 그의 **자만심**은 그에게 많은 적을 얻게 했다.

2089
preconceive＊ [priːkənsíːv]
태 미리 생각하다, 예상하다
pre(before)+conceive(생각하다)

유 anticipate, forecast

preconceived 형 (생각 등이) 사전에 형성된 **preconception** 명 ¹ 예상 ² 선입견, 편견
• I didn't have any **preconceived** ideas about what the job would be like when I first started. 내가 처음 (그 일을) 시작했을 때 나는 그 일이 어떨지에 대해 아무런 선입견[사전에 형성된 생각]이 없었다.

2090
국7 | 지9 | 지7 | 서7 | 경찰 | 국회 | 법원 | 교행

perceive＊＊＊ [pərsíːv]
태 ¹ 감지하다, 인지하다 ² (~으로) 여기다
per(thoroughly)+ceive(take) → 완전히 파악하다

유 ¹ discern, recognize ² regard, consider, deem

perceived 형 인지된, 지각된
• The detective **perceived** a change in the suspect's attitude.
형사는 용의자의 태도에서 변화를 **감지했다**.

2091
국9 | 국7 | 지9 | 지7 | 서7 | 경찰 | 국회 | 기상 | 법원 | 교행 | 사복

perception＊＊＊ [pərsépʃən]
명 ¹ 지각, 자각 ² 통찰력 ³ 인식
per(thoroughly)+cept(take)+ion(명)

유 ¹ awareness, sense ² insight ³ appreciation, recognition

perceptual 형 지각(력)의 **perceptible** 형 감지할 수 있는 **perceptive** 형 ¹ 지각의 ² 통찰력 있는
• spatial **perception** 공간 지각
• There is not much historical change in our **perception** of the fairies.
요정에 대한 우리의 **인식**은 역사적인 변화가 그리 많지 않다. [국회]

2092
서9 | 교행

imperceptible＊ [ìmpərséptəbl]
형 (너무 작아서) 감지할 수 없는
im(not)+per(thoroughly)+cept(take)+ible(형)

반 noticeable, detectable (감지할 수 있는)

imperceptibly 부 ¹ 알아차릴 수 없게 ² 미세하게
• Such a small increment has probably been **imperceptible**.
그러한 소폭의 증가는 대개 **감지할 수 없었을** 것이다. [서9]

2093
misperceive＊ [mìspərsíːv]
태 오인하다, 오해하다
mis(wrongly)+perceive(인지하다)

misperception 명 오인, 오해
• Many parents **misperceive** what kids can do at particular developmental stages. 많은 부모들은 아이들이 특정 발달 단계에서 할 수 있는 것을 **오인한다**.

2094
국9 | 국7 | 지9 | 지7 | 서9 | 서7 | 경찰 | 국회 | 기상 | 법원 | 교행 | 사복

receive＊＊＊ [risíːv]
태 ¹ 받다, 받아들이다 ² 환영하다, 접대하다 ³ 청취[수신]하다
re(back)+ceive(take)

반 ¹ give(주다)

receptive 형 수용적인
• He is more **receptive** to new ideas than any other man.
그는 다른 어떤 사람들보다 새로운 생각들을 더 잘 **받아들인다**. [서7]

MORE+ 관련어휘
- **rec**eiver 명 ¹ 수취인 ² (방송) 수신기
- **rec**ipient 명 수취인, 받는 사람
- **rec**eption 명 ¹ 수령, 수신 ² 리셉션, 환영회 ³ (전화 등의) 수신 상태
- **rec**eptionist 명 (호텔, 사무실 등의) 접수 담당자
- **rec**eptor 명 《생물》 (인체의) 수용[감각]기
- **rec**eipt 명 ¹ 영수증 ² 수령, 인수

2095

susceptible*** [səséptəbl]
국9 | 지9 | 지7 | 경찰 | 국회 | 법원
형 1 민감한, 영향받기 쉬운 2 (~을) 허용하는, (~이) 가능한
sus(under)+cept(take)+ible(형) → 아래에서 잡아 위를 떠받치는

1 vulnerable, prone, subject
• be susceptible to ~에 취약하다

susceptibility 명 1 민감성 2 (상처받기 쉬운) 감정
- regions that are **susceptible** to flooding 홍수에 **영향받기 쉬운**(취약한) 지역들 [국9]
- a theory **susceptible** to proof 증명이 **가능한** 이론

2096

deceive*** [disíːv]
국9 | 국7 | 지9 | 지7 | 서9 | 경찰 | 법원 | 사복
타 1 기만하다, 속이다 2 현혹하다
de(from)+ceive(take) → ~로부터 취하다

1 cozen, delude, mislead, cheat, swindle
2 seduce, beguile

deceit / deception 명 속임수, 사기, 기만 **deceitful / deceptive** 형 기만적인
- Remember that appearances can **deceive** us — just because something looks good doesn't mean it is good. 겉모습은 우리를 **현혹할** 수 있다는 것을 기억해야 한다. 무언가가 좋아 보인다고 해서 그것이 좋다는 것을 의미하지는 않기 때문이다.

2097

intercept* [íntərsépt]
타 (중간에) 가로막다, 가로채다
inter(between)+cept(take, seize)

block, interrupt, obstruct

interception 명 1 가로챔 2 차단, 방해 3 (통신의) 도청
- The police **intercepted** him as he was walking out of the building. 그가 건물에서 걸어 나갈 때 경찰이 그를 **가로막았다**.
- the possibility of **interception** by spies 스파이에 의한 **도청**의 가능성

2098

precept* [príːsept]
경찰
명 1 (행동) 수칙, 규칙 2 교훈, 가르침
pre(before)+cept(take) → 미리 알아두어야 할 것

1 principle, rule, doctrine

- Practice[Example] is better than **precept**. 실천이 **교훈**보다 낫다. [경찰]
- school **precept** 교훈

2099

contraception* [kàntrəsépʃən]
지9
명 피임
contra(against)+cept(take)+ion(명)

birth control

- safe and reliable **contraception** 안전하고 믿을 수 있는 **피임** [지9]

2100

anticipate** [æntísəpèit]
국9 | 지9 | 지7 | 경찰 | 기상
타 1 예상하다, 예측하다 2 고대하다
anti(before)+cip(take)+ate(동) → 미리 파악하다 《여기서 anti-는 ante-(before)의 변화형》

1 predict, forecast, foresee

anticipation 명 1 예상, 예측 2 고대 **anticipatory** 형 예상하고 앞질러 하는
- The more we try to **anticipate** the problems, the better we can control them. 우리가 문제들을 더 많이 **예측하려고** 할수록 우리는 그것들을 더 잘 통제할 수 있다. [국9]
- He eagerly **anticipated** her arrival. 그는 그녀의 도착을 간절히 **고대했다**.

2101 국9 | 국7 | 지9 | 지7 | 서9 | 서7 | 경찰 | 기상 | 법원 | 교행 | 사복

participate*** 　[pɑːrtísəpèit]
타 참가하다, 참여하다 《in》
parti(part, piece)+cip(take)+ate(통) → 일부분을 가지다

반 refrain 《from》 (삼가다)

participation 명 참가, 참여   participant 명 참가자   participatory 형 참여의, 참가의
- He never **participated** in sports. 그는 스포츠에는 **참여하지 않는다**.
- the **participants** in the walking program 걷기 프로그램의 **참가자들** [지9]

2102

emancipate* 　[imǽnsəpèit]
타 (제약에서) 해방시키다
e(out)+man(hand)+cip(take)+ate(통) → 손에 쥐고 있던 것을 풀어주다

유 liberate, discharge

emancipation 명 ¹ 해방 《of》 ² 이탈
- to **emancipate** the slaves 노예를 **해방하다**

---

cap(t), cup
= take (잡다), seize (붙잡다)

암기유발 TIP
캡처(capture)
편집이나 저장을 위해 화면에 나타난 일부 정보를 포착하여 따로 떼어 놓는 것

2103 국7 | 지7 | 서7 | 경찰 | 국회 | 기상 | 법원

capture*** 　[kǽptʃər]
타 ¹ 포로로 잡다 ² 포착[획득]하다 ³ (마음을) 사로잡다   명 ¹ 포획 ² 구금
capt(take, seize)+ure(명)

유 타 ¹ seize, apprehend ³ attract
명 ² imprisonment

- to **capture** 80 percent of the vote 80퍼센트의 표를 **획득하다**
- The story **captured** our imaginations. 그 이야기는 우리의 상상력을 **사로잡았다**.

2104 지9 | 경찰 | 국회 | 기상

captive** 　[kǽptiv]
형 사로잡힌, 억류된   명 포로
capt(take, seize)+ive(형)(명)

유 형 confined, detained
명 hostage

captivity 명 감금, 억류
- For fourteen hours the women were held **captive**.
  그 여성들은 14시간 동안 **억류되어** 있었다. [경찰]

2105

recapture* 　[riːkǽptʃər]
타 ¹ 탈환하다 ² 다시 붙잡다, 되찾다   명 탈환
re(again)+capture(잡다)

유 타 reclaim, regain

recapturable 형 ¹ 되찾을 수 있는 ² 상기[재현]할 수 있는
- to **recapture** the capital city 수도를 **탈환하다**

2106 지7

captivate** 　[kǽptəvèit]
타 매혹하다, ~의 마음을 사로잡다
captive(사로잡힌)+ate(통) 《'체포하다'의 의미로는 더 이상 쓰이지 않는다.》

유 fascinate, enchant, enthrall, allure

captivation 명 매혹, 매력
- I was **captivated** by her smile. 나는 그녀의 미소에 **매혹되었다**.

2107
captious* [kǽpʃəs]
형 ¹ (사소한 잘못을) 트집 잡는, 까다로운 ² 심술궂은
capt(take)+ious(형) → (꼬투리) 잡기 좋아하는
- **captious** critics 까다로운 비평가들

유 ¹ particular, quibbling, critical ² mean

2108
국7 | 지7 | 서9 | 서7 | 경찰 | 국회 | 법원 | 교행
capable* [kéipəbl]
형 ¹ (~할) 능력이 있는 《of》 ² 유능한
cap(take)+able(형)
capability 명 능력, 역량
- I am **capable** of taking care of myself. 나는 나 자신을 돌볼 **능력이 있다**.
- She is one of the most **capable** and versatile actresses in Hollywood.
  그녀는 Hollywood에서 가장 **유능하고** 다재다능한 여배우 중 하나이다.

유 ² competent, efficient, proficient, apt
반 incapable(무능한)

2109
국9 | 국7 | 서9 | 서7 | 경찰 | 국회 | 법원 | 교행 | 사복
capacity* [kəpǽsəti]
명 ¹ 능력 ² 용량, (최대) 수용력 ³ 지위, 역할
cap(take)+acity(명)
capacious 형 널찍한, 큼직한
- his inexhaustible **capacity** for work 그의 일에 대한 지칠 줄 모르는 **능력** [국9]
- The restaurant has a large seating **capacity**. 그 식당은 많은 좌석 **수용력**을 갖는다.
- The van is **capacious** enough to hold eight passengers.
  그 밴은 승객 8명을 태울 만큼 충분히 **널찍하다**.

유 ¹ capability, competence ² volume, extent ³ role

2110
incapacitate* [ìnkəpǽsiteit]
타 (질병 등이) 무능력하게 하다
in(not)+capacit(y)(능력)+ate(동)
incapacitated 형 무능력하게 된
- He was **incapacitated** by the pain. 그는 고통에 **무능력해졌다**.

유 disable, debilitate, indispose

2111
caption* [kǽpʃən]
명 ¹ 캡션 (사진, 삽화 등에 붙인 설명) ² (영화의) 자막 타 캡션을 쓰다
cap(take)+tion(명) → (내용을) 파악할 수 있게 하는 것
- to read the **caption** for the names of the people in the picture
  사진 속의 인물들 이름을 (알기) 위해 **캡션**을 읽다

유 명 ² subtitle

2112
국7 | 지7 | 서9 | 서7 | 기상 | 사복
occupy* [ákjupài]
타 ¹ 차지하다 ² (건물을) 사용하다 ³ 점거하다
oc(over)+cup(take, seize)+y(동)
occupied 형 ¹ 사용 중인 ² 바쁜 ³ 점령된 **occupant** 명 사용자, 입주자
- Two long windows **occupied** almost the whole of the wall.
  두 개의 기다란 창문은 거의 벽 전체를 **차지했다**.
- This chair is **occupied**. 이 의자는 사용 중이다.

유 ² inhabit, dwell, reside ³ take over, invade
반 ² vacate((집 등을) 비우다)

2113
국7 | 경찰 | 기상 | 교행
occupation* [àkjupéiʃən]
명 ¹ 직업 ² 사용, 거주 ³ 점령
occup(y)(차지하다)+ation(명)
occupational 형 직업의, 직업과 관련된 **occupancy** 명 (건물 등의) 사용
- He is thinking about changing **occupations** and becoming a police officer.
  그는 **직업**을 바꿔 경찰관이 되는 것에 관해 생각 중이다.
- the Roman **occupation** of Britain 로마의 영국 **점령**

유 ¹ profession ² residence, tenancy ³ invasion, conquest

2114 국9 | 지9

preoccupy**
[priːɑ́kjupài]

[타] 머릿속을 장악하다, 뇌리를 떠나지 않다
pre(before)+occupy(차지하다)

preoccupation [명] 1 (생각에) 사로잡힘, 집착 2 심취, 몰두

• She was **preoccupied** with work at that moment.
그녀는 그 순간에 일이 **머릿속을 장악하고** 있었다. [지9]

[유] absorb, dominate, obsess
• be preoccupied with ~에 몰두하다[집착하다]

2115

recuperate*
[rikjúːpərèit]

[자] (건강을) 회복하다 [타] (돈을) 되찾다, 만회하다
re(back)+cuper(take)+ate([동])

recuperation [명] 회복, 만회 **recuperative** [형] 회복을 돕는, 기운을 되찾게 하는

• to **recuperate** after the operation 수술 후에 **회복하다**
• to **recuperate** the losses 손실을 **만회하다**

[유] recover [타] restore
[반] [자] deteriorate, worsen (악화되다)

prehend, prehens
= take (잡다), seize (붙잡다)

암기유발 TIP
prehension 포착, 이해, 터득
pre(before)+hens(seize)+ion([명])
→ 머릿속에서 먼저 잡아채는 것

2116 국9 | 지9 | 지7 | 경찰 | 국회 | 법원 | 교행 | 사복

apprehend***
[æ̀prihénd]

[타] 1 체포하다 2 이해[파악]하다 3 걱정하다, 불안해하다
ap(to)+prehend(take)

apprehension [명] 1 체포 2 이해 3 걱정, 불안 **apprehensive** [형] 걱정하는, 불안한

• Police and detectives pursue and **apprehend** individuals who break the law.
경찰과 형사들은 법을 어긴 사람들을 추적하고 **체포한다**. [경찰]
• She has **apprehensions** about the surgery for breast cancer.
그녀는 유방암 수술에 **불안**(감)을 가지고 있다.

[유] 1 arrest, capture, detain

2117

misapprehend*
[mìsæprihénd]

[타] 오해하다, 잘못 생각하다
mis(wrongly)+apprehend(파악하다)

• The judge **misapprehended** the evidence and misapplied legal principles.
그 판사는 증거를 **오해해서** 법리들을 잘못 적용했다.

2118 국9 | 국7 | 지9 | 지7 | 국회 | 기상 | 법원

comprehend***
[kɑ̀mprihénd]

[자][타] 1 이해하다 2 포함하다, 함축[의미]하다
com(completely)+prehend(take)

comprehension [명] 이해력 **comprehensible** [형] 이해할 수 있는 **incomprehensible** [형] 이해할 수 없는

• People tend to **comprehend** less of what they read on a screen.
사람들은 화면으로 읽은 것을 덜 **이해하는** 경향이 있다. [지9]
• reading **comprehension** 독**해력** [지9]

[유] 1 grasp, perceive

2119 국7 | 지9 | 서9 | 서7 | 경찰 | 기상 | 법원

comprehensive***
[kɑ̀mprihénsiv]

[형] 1 포괄적인, 종합적인 2 이해력이 있는
com(completely)+prehens(take)+ive([형])

• The **comprehensive** examination takes only about half an hour.
종합 검사는 30분밖에 안 걸린다. [지9]

[반] incomprehensive (1 포괄적이지 않은 2 이해가 더딘)

2120
reprehend* [rèprihénd]
㉠ 꾸짖다, 비난하다
re(back)+prehend(take, seize) → 뒤에서 붙들어 저지하다

criticize, blame, reproach, reprimand

reprehension ⓝ 질책, 비난 **reprehensible** ⓐ 비난받을 만한

- That religion **reprehends** murder in any form, contending that the taking of life is never justified. 그 종파는 어떤 형태의 살인도 **비난하며**, 생명을 빼앗는 것은 결코 정당화되지 않는다고 주장한다.

sum, sumpt
= take (잡다), seize (붙잡다)

암기유발 TIP

résumé 이력서
re(again)+sume(take) → 일을 잡기 위한 경력 요약문

2121
assume*** [əsúːm]
㉠ ¹추정하다 ²(책임을) 맡다 ³(양상을) 띠다 ⁴~인 척하다, 가장하다
as(to)+sume(take)

¹suppose, surmise
⁴simulate, feign

assumption ⓝ ¹추정, 가정 ²(책임의) 인수 **assuming** ⓒ 가령 ~라면, ~라고 가정하고

- In ancient times they may have **assumed** that the brighter star is a bigger star. 고대에는, 그들이 더 밝은 별이 더 큰 별이라고 **추정했을지도** 모른다. [기상]
- He is ready to **assume** control of the organization. 그는 그 조직의 지휘를 **맡을** 준비가 되어 있다.
- The incident began to **assume** a serious aspect. 그 사건은 심각한 양상을 **띠기** 시작했다. [사복]
- He **assumed** an air of innocence. 그는 결백한 **척했다**.

2122
presume** [prizúːm]
㉠㉠ (사실로) 추정하다, 간주하다 ㉠ 주제넘게 굴다
pre(before)+sume(take) → 앞서 (생각을) 품다

㉠㉠ assume, expect, infer

presumably ⓒ 아마, 짐작건대

- Two of the journalists went missing and are **presumed** dead. 기자 2명이 행방불명되었고 사망한 것으로 **추정된다**.
- **Presumably** novel and exotic stimuli require more thought and consideration than familiar ones. **짐작건대** 신선하거나 색다른 자극은 친숙한 것보다 더 많은 생각과 숙고를 요구한다. [지9]

2123
presumption** [prizʌ́mpʃən]
ⓝ ¹추정(되는 것) ²주제넘음, 건방짐
pre(before)+sumpt(take)+ion

¹assumption
²audacity, arrogance

presumptuous ⓐ 주제넘은, 건방진(= pompous)

- **presumption** of innocence 《법률》 무죄 **추정** (유죄가 증명되기 전까지는 무죄라는 원칙)
- a **presumptuous** question 주제넘은 질문

2124
resume** [rizúːm]
㉠㉠ 재개하다, 다시 시작하다
re(again)+sume(take)

restart, recommence

resumption ⓝ 재개 **resumable** ⓐ 되찾을[회복될, 재개할] 수 있는

- The meeting was **resumed** at around 5 P.M. 회의가 어제 오후 5시경 **재개되었다**.
- The **resumption** of peace talks is expected soon. 평화 회담의 **재개**가 곧 예상된다.

2125 　　　　　　　　　　　　　　　　　　　　　　　　　　국9 | 국7 | 지7 | 서9 | 서7 | 경찰 | 국회 | 기상

consume***　　[타] ¹ (연료 등을) 소모[소비]하다　² (음식을) 섭취하다　　　　ⓢ ¹ exhaust, expend
[kənsúːm]　　　con(강조)+sume(take)　　　　　　　　　　　　　　　　　　² ingest, swallow

　　　　　　　consumption [명] ¹ 소모(량), 소비량 ² 섭취　**consumable** [형] 소비재의, 소모품의
　　　　　　　• time-**consuming** tasks 시간을 소모하는 업무
　　　　　　　• Food poisoning is caused by **consuming** food that is contaminated with
　　　　　　　　bacteria and parasites. 식중독은 박테리아와 기생충에 감염된 음식을 **섭취함**으로써 야기된다.
　　　　　　　• gas and oil **consumption** 가스와 기름 소비

---

vo(u)r
= eat (먹다), swallow (삼키다)

2126　　　　　　　　　　　　　　　　　　　　　　　　　　　　　　　　　　서7 | 경찰

devour**　　[타] ¹ 게걸스레 먹다　² 탐독하다
[diváuər]　　　de(down)+vour(eat)

　　　　　　　• Plagues of grasshoppers **devoured** entire cultivated fields.
　　　　　　　　메뚜기 떼가 온 경작지를 게걸스럽게 먹어 치웠다. [서7]

MORE+ 관련어휘　　gnaw　　[자][타] ¹ 갉아먹다, 물어뜯다 ² 괴롭히다 ³ 침식하다
　　　　　　　　gobble　[자][타] 게걸스럽게 먹다
　　　　　　　　gulp　　 [자][타] 꿀꺽 삼키다[마시다] [타] (눈물 등을) 삼키다 [명] 꿀꺽 한 입
　　　　　　　　munch　 [자][타] 아삭아삭[우적우적] 먹다

2127

voracious*　　[형] ¹ (음식에 대해) 게걸스러운　² (새로운 정보를) 열렬히 탐하는
[vəréiʃəs]　　　voraci(eat)+ous(형)

　　　　　　　• He has a **voracious** appetite. 그는 **게걸스러운** 식욕을 갖고 있다.
　　　　　　　• a **voracious** reader 열렬한 독서가

2128　　　　　　　　　　　　　　　　　　　　　　　　　　　　　　　　　　지7

omnivore*　　[명] 잡식 동물
[ámnivɔ̀ːr]　　　omni(all)+vore(eat) → 모든 종류를 먹다

　　　　　　　omnivorous [형] ¹ 잡식성의 ² (특정 분야에) 두루 관심을 두는
　　　　　　　• **omnivorous** animals 잡식성의 동물들

2129　　　　　　　　　　　　　　　　　　　　　　　　　　　　　　　　　　국7 | 지7

carnivore*　　[명] 육식 동물　　　　　　　　　　　　　　　　　　　　　ⓢ predator
[káːrnivɔ̀ːr]　　 carni(meat)+vore(eat) → 고기를 먹다

　　　　　　　carnivorous [형] ¹ (동물이) 육식성인 ² (식물이) 식충성인
　　　　　　　• In most cases, a **carnivore** has sharp teeth which are used for biting into raw
　　　　　　　　meat. 대부분의 경우, **육식 동물**은 날고기를 잘라먹는 데 쓰이는 날카로운 이빨을 가지고 있다.

MORE+ 관련어휘　　herbi**vore**　　　[명] 초식 동물 (herbi(plant)+vore(eat))
　　　　　　　　insecti**vore**　　[명] 식충 동물 (insecti(곤충)+vore(eat))

DAY 26　433

empl, (e)mpt, eem, om
= take (잡다), buy (사다)

암기유발 TIP
example 예, 본보기
ex(out)+(a)mple(take) → 밖으로 꺼내 보여 주는 것

2130 · 서9 | 서7 | 국회 | 기상
exempl**ar***
[igzémplər]
명 ¹모범 ²전형
ex(out)+empl(take)+ar(명) → 잡아서 밖으로 내보이는 것

exemplary 형 ¹모범적인 ²본보기를 보이기 위한
· an **exemplar** of medieval architecture 중세 건축물의 **전형**

유 ¹paragon, model ²prototype, archetype

2131 · 국회 | 기상
exempl**ify***
[igzémplifái]
타 ¹예를 들다 ²전형적인 예가 되다
ex(out)+empl(take)+ify(동) → 잡아서 밖으로 내보이다

· One of his well-known stories, "A Day's Wait," **exemplifies** Hemingway's style.
그의 잘 알려진 소설 중 하나인 〈A Day's Wait〉는 Hemingway 문체의 **전형적인 예가 된다**. [기상]

유 ¹illustrate, demonstrate, instance ²typify, epitomize

2132 · 기상
exempt*
[igzémpt]
형 (~이) 면제되는 타 면제하다
ex(out)+empt(take) → 잡아서 밖으로 내보내다[없애다]

exemption 명 ¹면제 ²(세금) 공제(액)
· Internationally, fuel used for aviation is tax **exempt**.
국제적으로, 항공에 사용되는 연료는 세금이 **면제된다**. [기상]
· He was **exempted** from military service because of his heart condition.
그는 심장 질환으로 인해 군 복무를 **면제받았다**.

유 형 immune 타 excuse, spare 반 형 liable(책임 있는)

2133
preempt*
[priémpt]
타 ¹미리 획득하다 ²회피하다
pre(before)+empt(take) → 미리 취하다

preemptive 형 ¹선매권의 ²선제의, 예방의 ³우선권이 있는
· He released a statement designed to **preempt** criticism.
그는 비판을 **회피할** 계획의 성명을 발표했다.
· a **preemptive** strike by the enemy 적의 선제공격

유 ²forestall, prevent

2134
perempt**ory***
[pərémptəri]
형 위압적인, 독단적인
per(away entirely)+empt(take)+ory(형) → 완전히 잡은[취한]

· a **peremptory** attitude 독단적인 태도

유 imperious, imperative

2135 · 국7 | 지7 | 기상 | 법원
prompt**
[prampt]
타 ¹촉발하다 ²(말을 하도록) 유도하다 형 ¹즉각적인 ²시간을 엄수하는 부 (~시) 정각에
pro(forward)+mpt(take) → 앞으로 가져오다

promptness 명 신속, 재빠름 **prompter** 명 프롬프터《대사를 알려주는 사람[장치]》
prompting 명 (~하도록) 설득[유도]
· Many of the emotional moments people remember on a given day are actually **prompted** by smell. 사람들이 어떤 특정한 날에 기억하는 감정적 순간 중 다수는 사실 냄새에 의해 **촉발된다**. [법원]
· the **prompt** action of the doctor 의사의 **즉각적인** 조치

유 타 ¹provoke ²elicit 형 ¹immediate ²punctual 부 precisely

2136 impromptu* [imprάmptjuː]
국회 | 법원

형 즉흥적으로 한, 즉석에서 한
im(upon)+prompt(u)(즉각적인)

- He made an **impromptu** address to the crowds. 그는 군중들에게 즉석연설을 했다. [국회]

유 unprepared, improvised, spontaneous, extempore

2137 redeem* [ridíːm]
국9 | 서9

타 ¹(결함을) 보완[상쇄]하다, 만회하다 ²구(원)하다 ³(상품권 등을) 현금[상품]으로 교환하다
red(back)+eem(take) → 도로 취하다

redemption 명 ¹구원 ²(금융) 상환(相換)

- A difficult year for the company was **redeemed** by one very successful deal.
  그 회사의 어려운 한 해가 아주 성공적인 거래 하나로 **만회되었다**.
- You have 90 days to **redeem** your winning lottery ticket.
  당신은 90일 안에 당첨된 복권을 **현금으로 교환할** 수 있다.

유 ¹compensate, recoup ³exchange, barter

2138 irredeemable* [ìridíːməbl]
서7

형 (너무 나빠서) 바로잡을 수 없는, 구제할 길 없는
ir(not)+redeem(보완하다)+able(형)

- Without intervention, the country could fall into **irredeemable** chaos.
  개입이 없다면 그 나라는 **구제할 길 없는** 혼란에 빠질 수 있을 것이다.

2139 ransom* [rǽnsəm]
기상

명 (납치된 사람의) 몸값 타 몸값을 지불하다
rans(back)+om(take, buy) → 값을 지불하고 다시 얻다

- The kidnappers demanded a **ransom** of one million dollars.
  납치범들은 1백만 달러의 **몸값**을 요구했다.

- hold A to ransom A를 잡고 몸값을 요구하다
- a king's ransom 막대한 금액

---

rap, rav, rep
= snatch (낚아채다)

암기유발 TIP

rapid 빠른, 신속한
rap(snatch) → rapere(hurry away) → rapidus(hasty) → rapid

2140 rapture* [rǽptʃər]
서9

명 황홀(감)
rapt(snatch)+ure(명) → 마음을 채어가듯 사로잡는 것

rapt 형 완전히 몰입한, 넋이 빠진

- The dweller in northern countries goes into **raptures** over the fresh green leaves of the trees in spring. 북쪽 나라에 사는 사람은 봄에 나무의 신선한 초록 잎들에 **황홀감**에 빠진다. [서9]

유 delight
- be in raptures 황홀해하다

2141 enrapture* [inrǽptʃər]

타 황홀하게 만들다, 도취시키다
en(make)+rapture(황홀감)

enraptured 형 황홀한, 도취된

- Her melodious voice **enraptured** the audience.
  그녀의 감미로운 목소리가 관객들을 **도취시켰다**.

유 enchant, captivate, enthrall

2142
rapacious* [rəpéiʃəs]
⟨형⟩ 탐욕스러운
rap(snatch)+acious(형) → 남의 것을 가져가는

rapacity ⟨명⟩ 1 탐욕 2 강탈
- a **rapacious** landowner 탐욕스러운 지주

grasping, greedy, avaricious, acquisitive, covetous

2143
ravage* [rǽvidʒ]
⟨타⟩ 황폐하게 만들다, 파괴하다

ravagement ⟨명⟩ 파괴, 황폐 **ravager** ⟨명⟩ 파괴자, 약탈자
- Hurricane Andrew **ravaged** Louisiana and Florida in 1992.
  허리케인 Andrew는 1992년에 Louisiana 주와 Florida 주를 **황폐하게 만들었다**.

ruin, destroy, devastate, wreck, demolish

2144
sur**rep**titious* [sə̀rəptíʃəs]   사복
⟨형⟩ 은밀한, 몰래 하는
sur(under)+repti(snatch)+tious(형) → 밑에서 (몰래) 낚아채는

surreptitiousness ⟨명⟩ 비밀, 은밀
- The audio of the **surreptitious** recording clearly indicates that the participants did not want to be recorded. 몰래 녹음된 음성은 참가자들이 녹음되기를 원하지 않았음을 분명하게 보여준다. [사복]

clandestine, secret, stealthy

lect, lig
= choose (선택하다), gather (모으다, 챙기다)

암기유발 TIP
collect 모으다, 수집하다
col(together)+lect(gather) → 함께 모으다

2145
elect*** [ilékt]   국7 | 지9 | 지7 | 서9 | 서7 | 경찰 | 기상
⟨타⟩ 선출하다 ⟨형⟩ (취임 전) 당선된
e(out)+lect(choose)

elective ⟨형⟩ 1 선거로 선출된 2 선거권이 있는 3 선택할 수 있는 ⟨명⟩ 선택 과목
- He was unanimously **elected** to the position of the board chairman.
  그는 만장일치로 이사회 의장직에 **선출되었다**.
- the governor **elect** 당선된 주지사
- **elective** course 선택(할 수 있는) 과목

⟨타⟩ vote
⟨형⟩ designate, chosen

2146
elect**ion*** [ilékʃən]   지9 | 지7 | 서9 | 서7 | 경찰 | 국회 | 기상 | 교행 | 사복
⟨명⟩ 선거, 당선
elect(선출하다)+ion(명)

electoral ⟨형⟩ 선거의 **electorate** ⟨명⟩ (전체) 유권자
- **election** day 선거일
- an **electoral** district 선거구

ballot, vote, poll, referendum

2147
se**lect**** [silékt]   지9 | 지7 | 서9 | 경찰 | 법원
⟨타⟩ 선택하다, 선발하다 ⟨형⟩ 1 엄선된 2 고급의
se(apart)+lect(gather) → 모은 것에서 따로 떨어트려 놓다

selective ⟨형⟩ 1 선택적인 2 조심해서 고르는, 까다로운
- The school will only **select** 12 applicants for enrollment.
  그 학교는 12명의 지원자들만 입학을 위해 **선발할** 것이다.
- the **selective** attention theories
  선택적 주의 이론《다양한 정보 중 현재 자신에게 필요한 특정한 정보만 선택한다는 이론》 [경찰]

⟨유⟩ ⟨형⟩ 2 superior
⟨반⟩ ⟨형⟩ 1 ordinary (평범한)
  2 inferior (하급의)

2148 selection***
[silékʃən]

국7 | 지9 | 지7 | 서7 | 경찰 | 기상 | 법원 | 사복

명 ¹ 선발(된 것)[사람] ² 선택 가능한 것들(의 집합)
select(선택하다)+ion(명)

- natural **selection**
  자연 **선택** 《환경에 적합하고 우수한 생물만이 살아남고, 열등한 생물들은 도태된다는 주장》 [지7][서7][법원]
- The restaurant offers a wide **selection** of beverages.
  그 식당은 다양하게 **선택 가능한** 음료를 제공한다.

2149 preselect*
[prìːsilékt]

타 미리 정하다[선택하다]
pre(before)+select(선택하다)

preselection 명 사전 선택
- Four American swimmers were **preselected** for the Olympics.
  올림픽 대회에 나갈 미국인 수영 선수 4명이 **미리 정해졌다**.

2150 neglect***
[niglékt]

국9 | 국7 | 지9 | 지7 | 서9 | 서7 | 경찰 | 법원 | 교행

타 ¹ 방치하다, 무시하다 ² (해야 할 일을) 하지 않다 명 ¹ 방치 ² 소홀
neg(not)+lect(choose)

neglectful 태만한, 소홀한 **neglected** 형 방치된, 도외시된
- The building has been **neglected** for years. 그 건물은 몇 년 동안 **방치되어** 왔다.
- **neglectful** parents (아이에게) 소홀한 부모

유 타 ¹ abandon ² omit
명 carelessness, heedlessness, slackness

2151 negligible*
[néglidʒəbl]

국9 | 국7 | 서9 | 지7 | 국회

형 무시해도 될 정도의
neglig(neglect)+ible(형) → 방치할 수 있는

- The price difference was **negligible**. 가격 차이는 **무시해도 될 정도**였다.

2152 negligent*
[néglidʒənt]

서9

형 ¹ 태만한 ² 느긋한
neglig(neglect)+ent(형) → 습관적인 방치, 소홀

negligence 명 ¹ 부주의, 태만 ² 과실
- **negligent** or inconsiderate driving **태만하고**[부주의하고] 배려심 없는 운전 [서9]
- Medical **negligence** may be the cause of death. 의료 **과실**은 사망 원인이 될 수 있다.

유 ¹ remiss, inattentive, unmindful

2153 intellect***
[íntəlèkt]

국9 | 국7 | 지9 | 지7 | 서9 | 서7 | 국회 | 법원

명 ¹ 지적 능력 ² 지적 능력이 뛰어난 사람
intel(between)+lect(choose) → 사이에서 골라낼 수 있음

intellectual 형 ¹ 지능의, 지적인 ² 교육을 많이 받은
- activities to develop a baby's **intellect** 아기의 **지적 능력**을 발달시키는 활동들

유 ² academic, scholar, sage

2154 intelligent***
[intélidʒənt]

국9 | 국7 | 서9 | 서7 | 경찰 | 국회 | 기상 | 법원 | 교행 | 사복

형 ¹ 총명한, 똑똑한 ² 지능이 있는
intel(between)+lig(choose)+ent(형) → 사이에서 골라낼 수 있는

intelligence 명 ¹ 지능 ² 기밀, 정보 **intelligible** 형 (쉽게) 이해할 수 있는
- **intelligence** quotient 지능 지수(IQ)

유 ¹ brainy, sharp, canny, astute

2155

predilection*
[prèdəlékʃən]

형 (~을) 매우 좋아함, 편애
pre(before)+di(two)+lect(choose)+ion(명) → 둘 중에 먼저 선택하는 것

- to have a **predilection** for sweets 단것을 매우 좋아하다

유 fondness, partiality

• have a predilection for ~을 편애하다

2156

eclectic*
[ikléktik]

형 다방면에 걸친
ec(out)+lect(choose)+ic(형) → 범위에서 벗어나 선택하는

- She has **eclectic** taste in music. 그녀는 **다방면에 걸친** 음악 취향을 가지고 있다.

유 extensive, comprehensive, diverse

2157   법원 | 사복

eligible**
[élidʒəbl]

형 1 적임의, 적격의 2 (조건이 맞아서) ~을 할 수 있는
e(out)+lig(choose)+ible(형) → 적절하여 골라내질 수 있는

eligibility 명 적임, 적격
- **eligible** voters 적격 투표자(유권자)들 [사복]
- mothers and children who were **eligible** for evacuation
피난할 수 있는 어머니와 아이들 [법원]

유 1 entitled, suitable, qualified
반 1 ineligible (자격이 없는)

• be eligible for[to] ~할 자격이 있다

cur(e)
= take care (돌보다)

암기유발 TIP

curator 큐레이터
curat(take care)+or(명) → 박물관을 돌보는 사람

2158   국9 | 국7 | 지9 | 서9 | 서7 | 경찰 | 기상 | 법원 | 교행

cure***
[kjuər]

타 1 (사람을) 낫게 하다 《of》 2 (병을) 치유하다 3 (문제를) 해결하다   명 1 치유(약) 2 해결

- to **cure** him of a rare disease 희귀병으로부터 그를 **낫게 하다**
- a **cure** for diabetes 당뇨병 치유(약)

2159   국9 | 국7 | 지7 | 서9 | 경찰 | 국회 | 기상 | 법원

accurate***
[ǽkjərət]

형 정확한
ac(to)+cur(take care)+ate(형) → 신경 쓴

accuracy 명 정확성
- to need **accurate**, timely, unbiased information
정확하고 시의적절하고, 편파적이지 않은 정보를 필요로 하다 [서9]
- the **accuracy** of this information 이 정보의 **정확성** [경찰]

유 precise, exact

2160   지9 | 사복

procure*
[prəukjúər]

타 입수하다, 어렵게 구하다
pro(in behalf of)+cure(take care)

- At that time, it was so difficult for construction companies to **procure** raw materials. 그 당시에 건설 회사들이 원자재를 **입수하는** 일은 매우 어려웠다. [사복]

유 obtain

2161 　국9 | 국7 | 지9 | 지7 | 서9 | 서7 | 경찰 | 국회 | 기상 | 법원 | 사복

secure***
[sikjúər]

[타] ¹ 안전하게 지키다 ² 획득하다 ³ 고정하다　[형] 안전한, 안정된
se(without)+cure(take care) → 돌봄[걱정할] 필요 없게 하다

security [명] ¹ 보안, 안보 ² (미래를 위한) 보장 ³ 안도감
- Police **secured** the building. 경찰이 그 건물을 안전하게 지켰다.
- national **security** 국가 안보

2162 　국9 | 서9 | 국회 | 법원

insecure**
[ìnsikjúər]

[형] ¹ 불안정한, 안전하지 못한 ² 자신이 없는
in(not)+secure(안전한)

insecurity [명] ¹ 불안, 불안정한 것 ² 자신이 없음
- With the downturn in the market, their jobs have become very **insecure**.
시장이 침체되자 그들의 일자리는 매우 **불안정**해졌다.
- Energy comes from a psychological balance, a lack of conflicts and **insecurities**. 활기는 갈등과 **불안**이 없는 심리적 균형에서 나온다. [국회]

2163

sinecure*
[sínikjùər]

[명] 한직 《일이 한가한 직위나 직무》
sine(without)+cure(take care) → 신경 쓸 일이 없는 직무

- We all thought of the job as a **sinecure**. 우리 모두가 그 일을 **한직**이라고 생각했다.

DAY 27 측정하다, 재다

Preview & Review

met(e)r, mens ▶ measure

- **meter**
- dia**meter**
- peri**meter**
- para**meter**
- sym**metry**
- asym**metry**
- di**mens**ion
- com**mens**urate
- com**mens**urable
- im**mens**e

측정, 재다 → 잰 것 / 치수, 크기

equ(al), egal, equi(t), iqu ▶ equal

- **equal**ity
- **equal**ize / **equal**ise
- **egal**itarian
- **equ**ate
- ad**equ**ate
- in**adequ**ate
- **equ**ator
- **equ**inox
- **equi**ty
- in**equi**ty
- **equit**able
- in**equit**able
- **equi**valent
- **equi**lateral
- **equi**librate
- **equi**librium
- **equi**vocal
- in**iqu**ity

같은 → 평등한 → 공평, 공정 / (마음의) 평정

par, peer, pire ▶ equal

- **par**ity
- dis**par**ity
- dis**par**ate
- dis**par**age
- com**par**e
- com**par**ative
- com**par**able
- incom**par**able
- **peer**
- **peer**less
- com**peer**
- um**pire**

같은 → 동등한 / 견주다

sembl(e), simil, simul ▶ one, like

- en**sembl**e
- as**sembl**e
- dis**sembl**e
- **sembl**ance
- **simil**ar
- dis**simil**ar
- **simil**e
- **simul**ate
- dis**simul**ate
- as**simil**ate
- **simul**taneous

하나의 → 모으다, 모이다
비슷한 → 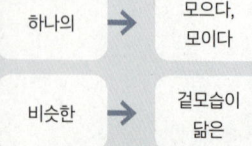 겉모습이 닮은

commun(ic) ▶ common

- **communic**ate
- **communic**ative
- tele**communic**ate
- **communic**able
- **commun**al
- **commun**ity
- **commun**ism

공동의, 공통의 → 함께 나누다 → 전달하다 / 공동체

ali, all ▶ other

- **ali**as
- **ali**en
- **ali**enate
- **ali**enable
- in**ali**enable
- par**all**el
- unpar**all**eled

다른 → 멀리하다 / 다른 이에게 넘기다

alter, altru, ulter ▶ other

- **alter**
- **alter**nate
- **alter**native
- **alter**cation
- **altru**ism
- ad**ulter**ate

다른 → 다른 것으로 바꾸다 → 번갈아 나오다 / 다른 것과 섞다

nul(li), na, no, ne, n(ih)il ▶ not, none, nothing

- **nul**lify
- an**nul**
- **na**ught / **no**ught
- **ne**utral
- **ne**utralize / **ne**utralise
- **nil**
- **nihil**ism
- an**nihil**ate

않는, 아무(것)도 없음 → 없던 걸로 하다 / 이도 저도 아닌 → 중립적인

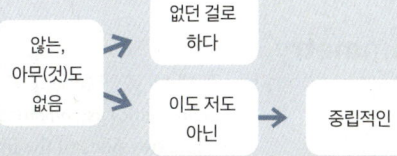

met(e)r, mens
= measure (측정, 재다)

암기유발 TIP

centimeter 센티미터
centi(hundred)+meter(measure)
→ 1cm (1m의 100분의 1)

2164
meter**
[míːtər]

서7 | 경찰 | 기상 | 법원 | 사복

명 1 《합성어로 쓰여》 계량기 2 《길이 단위》 미터

- gas[water, electricity] **meter** 가스[수도, 전기] 계량기

MORE+ 관련어휘
- baro**meter** 명 1 기압계 2 (동향 등을 보여주는) 지표, 척도 (baro(weight)+meter(measure))
- speedo**meter** 명 (자동차 등의) 속도계 (speedo(speed)+meter(measure))
- thermo**meter** 명 1 온도계 2 체온계 (thermo(hot)+meter(measure))
- alti**meter** 명 (항공기의) 고도계 (alti(high)+meter(measure))
- chrono**meter** 명 정밀시계 (chrono(time)+meter(measure))
- parking **meter** 명 주차 요금 징수기

2165
diameter**
[daiǽmitər]

서9 | 기상 | 법원

명 1 지름, 직경 2 (렌즈의) 배율
dia(across)+meter(measure) → 가로질러서 잰 것

- The moon's **diameter** differs by no more than 1% in any direction.
  달의 **지름**은 어느 방향에서도 단지 1%밖에 차이가 나지 않는다. [서9]
- a lens magnifying 1,000 **diameters** 1,000배율 확대 렌즈

MORE+ 관련어휘
- radius 명 반지름
- circumference 명 원둘레

2166
perimeter*
[pərímitər]

명 1 (구역의) 주위, 주변 2 《수학》 둘레
peri(around)+meter(measure)

유 1 boundary, edge, border, limit

- We could walk the entire **perimeter** of the mountain in less than an hour.
  우리는 한 시간 내에 산 **주변** 전체를 걸을 수 있을 것이다.

2167
parameter*
[pərǽmitər]

명 (일정한) 한도
para(beside)+meter(measure) → 측정할 때 옆에 두는 것

유 limit, restriction

- to set the **parameters** 한도를 정하다

2168
symmetry*
[símətri]

명 1 (좌우의) 대칭 2 균형
sym(together)+metr(measure)+y(명) → 기준이 같게 측정이 됨

symmetric / symmetrical 형 1 대칭적인 2 균형 잡힌
- the political **symmetry** between the two debaters 두 토론자 사이의 정치적 **균형**

2169
asymmetry*
[eisímətri]

지7 | 경찰 | 기상

명 1 비대칭 2 불균형
a(not)+symmetry(대칭)

asymmetric / asymmetrical 형 1 비대칭의 2 불균형적인
- The two sides of the brain become **asymmetric** in that each side controls different abilities. 뇌의 두 측면은 각 측면이 다른 능력을 통제한다는 점에서 **비대칭**이 된다. [경찰]

2170 dimension**
[diménʃən, dai-]

⌘ ¹치수, 크기 ²(상황의) 규모, 범위 ³《물리》차원
di(off)+mens(measure)+ion(명) → 측정해서 나눈 것

지9 | 경찰 | 교행

⊕ ¹,² size, extent

dimensional 혱 ~차원의
- We may be much better at recalling the typical size, **dimensions** or colour of coins than the direction of the head or the text on the coin. 우리는 동전의 앞면 방향 또는 문구보다는 전형적 크기, **치수** 또는 색깔을 기억해내는 것을 훨씬 더 잘할 것이다. [지9]
- Doing voluntary work has added a whole new **dimension** to my life. 자원봉사 하는 것은 내 삶에 완전히 새로운 **차원**을 더했다.

MORE + 관련어휘
- one-**dimension**al 혱 1차원의
- two-**dimension**al 혱 2차원의, 평면적인
- three-**dimension**al 혱 3차원의, 입체의 (= tridimensional)
- four-**dimension**al 혱 4차원의
- multi**dimension**al 혱 다차원의

2171 com**mens**urate*
[kəménsərət]

혱 상응하는, 어울리는
com(together)+mensur(measure)+ate(혱) → 측정해보니 함께 할 수 있는

⊕ proportionate, equivalent, equal
⊖ incommensurate (어울리지 않는)

- His new position came with a **commensurate** level of responsibility. 그의 새로운 직책에는 **상응하는** 수준의 책임감이 따라왔다.

2172 com**mens**urable*
[kəménsərəbl]

혱 ¹상응[비례]하는 ²같은 단위로 잴 수 있는
com(together)+mensur(measure)+able(혱)

- The salary given is **commensurable** to the educational qualifications and working experience of the candidate. 정해진 급여는 지원자의 교육적 자격 요건과 근무 경력에 상응한다.

2173 im**mens**e**
[iméns]

혱 막대한, 거대한
im(not)+mense(measure) → 잴 수 없을 정도인

서9 | 법원 | 기상

⊕ huge, massive, vast, enormous
⊖ tiny(작은)

immensity 명 막대한 것, 거대함
- Tom inherited an **immense** fortune. Tom은 **막대한** 재산을 물려받았다.

---

equ(al), egal, equi(t), iqu
= equal (같은)

암기유발 TIP
equal ¹같은, 동일한 ²동등[평등]한

2174 **equal**ity**
[ikwάləti]

명 평등, 균등
equal(평등한)+ity(명)

지9 | 지7 | 경찰 | 국회

⊕ fairness, justness
⊖ inequality(불평등)

- racial[gender] **equality** 인종적[양성] 평등

2175 **equal**ize / **equal**ise**
[íkwəlàiz]

타 평등하게 하다, 균등하게 하다
equal(평등한)+ize(동)

기상 | 법원

equalizer 명 ¹평등하게 하는 사람[것] ²동점골
- to **equalize** the distribution of resources 자원의 분배를 **균등하게 하다**

2176

egalitarian*
[igælətɛ́əriən]

지9 | 국회

명 평등주의자 형 평등주의의
egalit(y)(equality)+arian(형)

· Even the most **egalitarian** utopia must eventually revert to conflict and competition for scarce resources. 가장 **평등주의적인** 유토피아조차도 희소 자원을 위한 갈등과 경쟁으로 결국 되돌아가야만 한다. [지9]

유 equalitarian

2177

equate***
[ikwéit]

국9 | 국7 | 지9 | 서9 | 서7 | 경찰 | 법원

타 동일시하다, 같게 하다 《with》
equ(equal)+ate(동)

equation 명 1 동일시 2《수학》등식, 방정식

· Some people seem to **equate** honesty with weakness.
어떤 사람들은 정직과 약함을 **동일시하는** 것처럼 보인다.

유 identify
· equate A with B
  A와 B를 동일시하다

2178

ad**equ**ate***
[ǽdikwət]

국9 | 국7 | 지9 | 지7 | 경찰 | 기상 | 법원

형 충분한, 적절한
ad(to)+equ(equal)+ate(형) → (요구되는 것과) 같게 한

adequacy 명 충분함, 적절함

· Be sure to allow **adequate** time for the paint to dry.
페인트가 마를 때까지 **충분한** 시간을 주세요.

유 sufficient, enough, ample
반 insufficient (불충분한)

2179

inad**equ**ate***
[inǽdikwət]

국9 | 지9 | 서7 | 경찰 | 국회 | 법원 | 사복

형 불충분한, 부적절한
in(not)+adequate(충분한)

inadequacy 명 불충분함, 부적절함

· Poverty, poor living conditions, and **inadequate** education are all causes of crime. 가난, 빈곤한 생활환경, 그리고 **불충분한** 교육이 모두 범죄의 원인이 된다. [경찰]

유 insufficient, deficient, poor, scant
반 sufficient(충분한)

2180

equator**
[ikwéitər]

서9

명 《the ~》(지구의) 적도
equ(equal)+ator(명) → (지구의 양극에서) 같은 거리에 있는 것

equatorial 형 적도의

· The moon becomes bulged at the **equator**. 달은 **적도**에서 불룩해진다. [서9]

2181

equinox*
[íkwənɑ̀ks, ékwənɑ̀ks]

명 춘분, 추분 《일 년 중 낮과 밤의 길이가 같은 날》
equi(equal)+nox(night)

equinoctial 형 춘분의, 추분의

· An **equinox** is a day when day and night are the same length.
춘분[추분]은 낮과 밤이 같은 길이인 날이다.

2182

equity*
[ékwəti]

명 1 공평, 공정(함) 2 주식 3 《금융》(자산의) 순수 가치, 자기 자본
equi(equal)+ty(명)

· I want a society where justice and **equity** prevail.
나는 정의와 **공정함**이 승리하는 사회를 원한다.

· They've been slowly paying off their mortgage and building up **equity** in their house. 그들은 담보 대출금을 서서히 갚아 왔고 그들의 주택의 **순수 가치**를 쌓아올리고 있었다.

유 ¹fairness, justice

2183
inequity*
[inékwəti]
형 불공평, 불공정
in(not)+equity(공평)

- She has been a leader in the fight against racial **inequity**.
그녀는 인종 간의 **불공평**에 대항하는 투쟁에서 지도자였다.

유 unfairness, injustice, unjustness

2184
equitable*
[ékwətəbl]
형 공평한, 공정한
equit(equal)+able(형)

- the **equitable** distribution of resources 공평한 자원 분배

유 reasonable, impartial

2185
inequitable*
[inékwətəbl]
형 불공평한, 불공정한
in(not)+equitable(공평한)

- They protested the **inequitable** treatment of employees.
그들은 고용인에 대한 **불공평한** 대우에 항의했다.

유 discriminatory, biased

2186
equivalent**
[ikwívələnt]
형 (가치 등이) 동등한 명 (~에) 상응하는 것
equi(equal)+val(value)+ent(형)

equivalence 명 동등함
- A mile is **equivalent** to about 1.6 kilometers. 1마일은 약 1.6킬로미터와 **동등하다**.
- ten dollars or its **equivalent** in books 10달러 또는 그 금액에 **상응하는** 책

유 parallel
명 counterpart
반 명 different, dissimilar(다른)

2187
equilateral*
[ìːkwəlǽtərəl]
형 명 등변(의) 《다각형에서 각 변의 길이가 같은》
equi(equal)+later(side)+al(형)(명)

- an **equilateral**[regular] triangle 정삼각형

2188
equilibrate*
[ikwíləbrèit]
자 타 평형을 유지하다, 균형을 유지하게 하다
equi(equal)+libr(balance)+ate(동)

- In a global labor market, pay levels will **equilibrate**.
세계 노동 시장에서 임금 수준은 **균형을 유지할** 것이다.

2189
equilibrium**
[ìːkwilíbriəm]
명 [1] (pl. equilibria) 평형, 균형 [2] (마음의) 평정
equi(equal)+libr(balance)+ium(명)

- Supply and demand were in **equilibrium**. 수요와 공급이 **균형**을 이루었다.
- It took me several minutes to recover my **equilibrium**.
내가 **평정**을 되찾기까지 몇 분이 걸렸다.

유 [1] symmetry, equipoise
[2] equanimity
반 [1] imbalance (불균형)

2190
equivocal*
[ikwívəkəl]
형 애매한, 불분명한
equi(equal)+voc(call)+al(형) → 같은 말인데 다르게 들리는

- He responded to reporters' questions with **equivocal** answers.
그는 기자들의 질문에 **애매한** 답변으로 응답했다.

유 ambiguous, indefinite
반 unequivocal, definite, straightforward (분명한)

2191

iniquity*
[iníkwəti]

명 1 부당성 2 부정[불법]행위

in(not)+iqu(equal)+ity(명) → 방법이 공평하지 않은 것

유 2 misconduct

iniquitous 형 1 부당한 2 부정의, 불법의

- the aftereffects of the **iniquity** of slavery 노예제도의 **부당성**으로 인한 후유증

---

par, peer, pire
= equal (같은)

암기유발 TIP

pair 한 쌍, 켤레
par(equal) → 같은 것이 두 개인

2192 | 국9 | 국회

parity*
[pǽrəti]

명 동등함

par(equal)+ity(명)

par 명 1 동등 2 기준량, 표준

- She feels Australian wines have a long way to go in reaching **parity** with French wines. 그녀는 호주산 와인이 프랑스산과 **동등**하려면 아직 멀었다고 느낀다.
- The printing press certainly initiated an 'information revolution' on **par** with the Internet today. 인쇄기는 분명히 오늘날의 인터넷**과 동등한** '정보 혁명'을 시작하게 했다. [국회]

유 equality, equivalence, uniformity

- be on (a) par with A
A와 동등하다, 똑같다

2193 | 국9

disparity*
[dispǽrəti]

명 차이, 불일치

dis(not)+parity(동등함)

- That **disparities** between rich and poor are still too great is undeniable. 부자와 가난한 사람들 간의 **차이**가 여전히 매우 크다는 것은 부인할 수 없다. [국9]

유 difference, inequality, discord
반 similarity(유사성)

2194 | 지9 | 지7

disparate*
[díspərət]

형 이질적인, 다른

dis(apart)+par(equal)+ate(형)

- The two cultures were so utterly **disparate** that she found it hard to adapt from one to the other. 두 문화는 너무나도 완전히 **이질적이어서** 그녀는 한 쪽에서 다른 쪽으로 적응하는 것이 어렵다는 것을 알게 되었다. [지9]

유 dissimilar, diverse, different
반 homogeneous (동질의)

2195 | 서9 | 서7

disparage*
[dispǽridʒ]

타 폄하하다, 비하하다

dis(apart)+parage(equal) → 같은 가치에서 떨어뜨리다

- The tax cut is widely **disparaged** by senators from both parties as a budget gimmick. 세금 삭감은 양당의 상원 의원들에 의해 예산 술책으로 크게 **폄하되고** 있다. [서7]

유 belittle, vilify, depreciate

2196 | 국9 | 국7 | 지9 | 지7 | 서9 | 서7 | 경찰 | 국회 | 기상 | 법원 | 교행 | 사복

compare***
[kəmpέər]

타 1 비교하다 《with, to》 2 비유하다 《to》 자 (~에) 필적하다, 견주다 《with, to》

com(together)+pare(equal) → 함께 같은 것을 확인하다

comparison 명 1 비교 2 비유

- The poet **compared** his sweetheart to a beautiful rose. 그 시인은 자신의 연인을 아름다운 장미에 **비유했다**.
- Spraining an ankle hurts but doesn't **compare** to breaking a leg. 발목을 삐는 것은 아프지만 다리가 부러지는 것에 **견주지** 못한다.

- compare A with[to] B
A와 B를 비교하다
- compare A to B
A를 B에 비유하다

2197
comparative [kəmpǽrətiv]
형 1 비교의 2 상대적인, 비교적인
com(together)+par(equal)+ative(형)

유 2 relative, qualified

comparatively 부 비교적
- The assessment of the intelligence of any subjects is essentially a **comparative** affair. 어떤 피실험자든 지능 평가는 본질적으로 **상대적인** 일이다. [국회]
- a **comparatively** modest corporate tax rate of 12.5%
  12.5%라는 **비교적** 높지 않은 법인세율 [경찰]

2198
comparable [kámpərəbl]
형 비교할 만한, 비슷한
compar(e)(비교하다)+able(형)

유 similar, close, approximate, equivalent

comparability 명 비교 가능성
- **comparable** speed and data usage offerings of both internet providers
  두 인터넷 공급자들의 **비슷한** 속도와 데이터 사용 제공량 [기상]

2199
incomparable [inkámpərəbl]
형 비교할 수 없는, 비길 데 없는
in(not)+comparable(비교할 만한)

유 unique, unparalleled, matchless, peerless

- the **incomparable** beauty of Venice Venice의 **비길 데 없는** 아름다움

2200
peer [piər]
명 또래   자 유심히 보다, 응시하다

유 자 scrutinize

- **peer** pressure 또래 집단으로부터 받는 사회적 압력
- She **peered** into the dark closet looking for her missing shoe.
  그녀는 자신의 잃어버린 신발을 찾으려고 어두운 옷장 안을 **유심히 보았다**.

2201
peerless [píərlis]
형 비길 데 없는, 유례없는
peer(equal)+less(형)

유 unique, unsurpassed, incomparable

- As an athlete he is **peerless**. 운동선수로서 그는 **비길 데가 없다**.

2202
compeer [kəmpíər]
명 (지위 등이) 동등한 사람, 동료
com(together)+peer(equal)

유 peer, comrade

- He was better versed in his profession than his **compeers**.
  그는 **동료들**보다 자기 직업에 더 정통했다.

2203
umpire [ʌ́mpaiər]
명 (경기의) 심판   자타 심판을 보다
um(not)+pire(equal) → 같은 경기를 하는 둘 중 어느 누구도 아닌 → 중재하는

유 referee

- the **umpire**'s adverse calls 심판의 불리한 판정
- Jason **umpired** the World Cup final. Jason은 월드컵 결승전에서 **심판을 보았다**.

sembl(e), simil, simul
= one (하나의), like (비슷한)

암기유발 TIP
resemble 닮다, 비슷하다
re(강조)+semble(like)

2204 국회
ensemble*
[ɑːnsάːmbl]

명 ¹합주단, 무용단, 앙상블 ²(예술 작품 등의) 전체적 조화
en(강조)+semble(one) → 마치 하나가 된 것처럼 어우러져 연주함

- We went to listen to a jazz **ensemble**. 우리는 재즈 앙상블을 들으러 갔다.

2205 국9 | 국7 | 지9 | 지7 | 서9 | 경찰 | 국회 | 기상 | 법원 | 사복
assemble***
[əsémbl]

자타 모이다, 집합시키다 타 조립하다
as(to)+semble(one)

assemblage 명 집합(체), 모임 **assembly** 명 ¹집회 ²조립 ³의회, 입법 기관

- A group of scientists was **assembled** to study the problem.
  과학자 집단이 그 문제를 연구하기 위해 **모였다**.
- **assembly** line (대량 생산의) **조립** 라인 [국9]

유 타 construct
반 자타 disperse
(흩어지다, 해산시키다)

2206 지7
dissemble*
[disémbl]

자타 (진짜 감정, 의도를) 숨기다, ~인 척하다
dis(away)+semble(like)

dissemblance 명 ¹거짓, 위장 ²상이함 **dissembler** 명 위선자

- He sometimes has to **dissemble** in order to prevail on crucial issues.
  그는 가끔 중요한 문제에서 승리를 거두기 위해 감정을 **숨겨야** 한다.

유 dissimulate, pretend, feign

2207 법원
semblance*
[sémbləns]

명 외관, (겉)모습
sembl(like)+ance(명)

- Her life finally returned to some **semblance** of normality.
  그녀의 삶이 마침내 정상 비슷한 **모습**으로 돌아갔다.

유 appearance

2208 국9 | 국7 | 지9 | 지7 | 서9 | 서7 | 경찰 | 국회 | 기상 | 법원 | 교행 | 사복
similar***
[símələr]

형 유사한, 닮은
simil(like)+ar(형)

similarity 명 유사(성) **similitude** 명 유사함

- Today, brands have a **similar** function as a guarantee of quality.
  오늘날 브랜드는 품질 보증과 **유사한** 기능을 가지고 있다. [법원]

유 alike
- be similar to A
  A와 비슷하다

2209 법원
dissimilar**
[dissímələr]

형 다른, 닮지 않은
dis(not)+similar(유사한)

dissimilarity 명 다름, 차이점

- I could see no **dissimilarity** between the twins. 나는 쌍둥이 간의 **차이점**을 알 수 없었다.

유 different, divergent

2210
simile*
[síməli]

명 직유 (A와 B가 같다고 설명하는 표현)

- "She's as fierce as a tiger" is a **simile**. '그녀는 호랑이처럼 사납다'는 **직유**이다.

2211 국9 | 지9 | 교행

simulate** [símjulèit]
[타] 가장하다, ~인 척하다
simul(like)+ate([동])
[유] feign, pretend, imitate

simulation [명] 흉내
- It was impossible to force a smile, to **simulate** pleasure.
즐거운 **척하기** 위해 억지웃음을 짓는 것은 불가능했다.

2212 지7

dissimulate* [disímjulèit]
[자] [타] (감정을) 감추다, 위장하다
dis(강조)+simulate(가장하다)
[유] disguise, dissemble

dissimulation [명] 위장
- They did not try to **dissimulate** their grief. 그들은 자신들의 슬픔을 **감추려고** 하지 않았다.

2213 서9 | 경찰 | 국회

assimilate** [əsíməlèit]
[자] (사회의 일원으로) 동화되다 [타] (사상 등을) 이해하다, 흡수하다
as(to)+simil(like)+ate([동])
[유] [자] adapt [타] absorb, digest

assimilation [명] 1 동화 2 이해, 흡수
- The older generation had more trouble **assimilating**.
구세대는 **동화되는** 것에 더 많은 곤란을 겪는다.
- Students are regularly using the Internet to gather and **assimilate** information for use in research assignments. 학생들은 연구 과제에 사용할 정보를 수집하고 **이해하기** 위해 정기적으로 인터넷을 사용하고 있다.

2214 국9 | 국7 | 서9 | 서7 | 경찰 | 법원

simultaneous*** [sàiməltéiniəs]
[형] 동시에 일어나는, 동시의
simul(one)+taneous([형])
[유] concurrent

simultaneously [부] 동시에, 일제히
- The polygraph records several different responses of the body **simultaneously** as the individual is questioned. 거짓말 탐지기는 개인이 질문을 받는 **동시에** 몸의 여러 다른 반응들을 기록한다. [경찰]

commun(ic)

= common (공동의, 공통의)

암기유발 TIP
community 커뮤니티
commun(common)+ity([명])
→ 공동의 목적을 가진 사람들이 모인 곳

2215 국9 | 국7 | 지9 | 지7 | 서9 | 서7 | 경찰 | 국회 | 기상 | 법원 | 교행 | 사복

communicate*** [kəmjú:nəkèit]
[자] [타] 1 (정보 등을) 전달하다 2 의사소통을 하다
communic(common)+ate([동])
[유] 1 convey, impart

communication [명] 1 연락, 통신 2 의사소통 **communicator** [명] (자기) 의사를 전달하는 사람
- nonverbal **communication** 비언어적 **의사소통** ((말을 사용하지 않고 표정, 몸짓, 손짓 따위를 이용하여 메시지를 전달하는 방법))
- a skilled **communicator** 능숙하게 **자기 의사를 전달하는 사람** [법원]

2216 국9

communicative** [kəmjú:nəkèitiv]
[형] 1 말하기 좋아하는 2 의사소통의
communicat(e)(의사소통을 하다)+ive([형])
[유] 1 talkative, conversational, chatty

uncommunicative [형] ((부정적)) 말이 별로 없는
- He wasn't very **communicative**. 그는 **말하기를** 아주 **좋아하지는** 않았다.
- a quiet, **uncommunicative** person 조용하고 **말이 별로 없는** 사람

2217
telecommunicate＊
[tèləkəmjúːnəkèit]
자 타 (데이터를) 원격 통신으로 전달하다, 전송하다
국7 | 지7 | 서7 | 국회 | 사복
tele(far)+communicate(전달하다)

telecommunication 명 《pl.》 (전기) 통신
- The **telecommunications** company Verizon spends more than $ 1.7 billion annually to promote its brand. Verizon 통신사는 자사의 브랜드를 홍보하기 위해 매년 17억 달러 이상을 지출한다.

2218
communicable＊
[kəmjúːnəkəbl]
형 전염성의
communic(common)+able(형)
≒ contagious, infectious

- a **communicable** disease 전염병

2219
communal＊
[kəmjúːnəl]
형 1 공동의 2 공동체의
commun(common)+al(형)
서9 | 서7 | 경찰 | 기상
≒ 1 shared
↔ 1 private(개인의)

communally 부 1 공동적으로 2 집단적으로
- In some societies women have access to **communal** land while they are excluded from private holdings. 몇몇 사회에서 여성들은 개인 소유로부터 제외된 반면 **공동의** 토지에만 접근할 수 있다. [경찰]

2220
community＊＊＊
[kəmjúːnəti]
명 1 (특정 지역의) 주민, 지역 사회 2 (인종 등이 같은) 공동체
commun(common)+ity(명)
국9 | 국7 | 지9 | 지7 | 서9 | 서7 | 경찰 | 국회 | 법원 | 교행 | 사복

- Unlike reptiles, primates were very sociable animals, creating a large **community**. 파충류와 달리, 영장류는 매우 사교적인 동물이었으며 커다란 **공동체**를 형성했다. [법원]

2221
communism＊
[kάmjunìzm]
명 공산주의
commun(common)+ism(명)
국7 | 지9 | 지7 | 국회

communist 명 공산주의자
- Ukraine was part of the Soviet Union until the collapse of **communism**. 우크라이나는 **공산주의**가 붕괴되기 전까지 소비에트 연방의 일부였다.

---

ali, all
= other (다른)

암기유발 TIP
alibi 알리바이
alius(다른) → alibi(다른 곳에)
→ 범행 장소와 다른 곳에 있었다는 증명

2222
alias＊
[éiliəs]
명 별명, 가명 부 일명 ~이라 불리는
서9 | 경찰
≒ 명 nickname, pseudonym

- Monsieur Madeleine was an **alias** for Jean Valjean. Monsieur Madeleine(마들렌 씨)이 Jean Valjean(장발장)의 **가명**이었다. [경찰]

2223
alien** [éiljən]
형 ¹ (성질이) 다른, 이질적인 《to》 ² 외국의 ³ 외계의 명 ¹ 외국인 ² 외계인
ali(other)+en(형)

유 형 ¹ unfamiliar ² foreign
명 ² extraterrestrial

- Some people claim there is a lot of evidence for **alien** life.
어떤 사람들은 **외계** 생명체의 증거가 많이 있다고 주장한다. [서9]

2224
alienate** [éiljənèit]
타 소외시키다, 멀리하다
alien(다른)+ate(통)

유 estrange
- be alienated from A
A와 소원해지다, A로부터 멀어지다

alienation 명 소외, 멀리함
- The present E.U. system is relatively **alienated** from the ordinary European people. 현재의 EU 체제는 평범한 유럽 사람들로부터 상대적으로 **멀어져 있다**. [서9]

2225
alienable* [éiljənəbl]
형 양도할 수 있는 《소유권을 다른 사람에게 넘길 수 있는》
alien(다른)+able(형)

- to make land freely **alienable** 토지를 자유롭게 양도할 수 있도록 하다
- **alienable** intellectual property 양도할 수 있는 지적 재산권

2226
inalienable* [inéiljənəbl]
형 양도할 수 없는
in(not)+alienable(양도할 수 있는)

- **inalienable** rights 양도할 수 없는 권리

2227
parallel** [pǽrəlèl]
형 ¹ 평행하는, 나란한 ² 유사한 명 유사점 타 《~와》 유사하다
par(beside)+allel(other) → 서로 나란히 가는 → 서로 견주는

유 형 ² similar, analogous, comparable

parallelism 명 ¹ 평행 ² 유사성
- The word "Paralympic" now is a combination of "**parallel**" and "Olympic."
'장애인 올림픽'이라는 단어는 지금은 '**나란한**'과 '올림픽'의 조합이다. [경찰]

2228
unparalleled* [ʌnpǽrəlèld]
형 비할 데 없는, 견줄 데 없는
un(not)+parallel(나란한)+ed(형)

유 incomparable

- The book has enjoyed a success **unparalleled** in recent publishing history.
그 책은 최근의 출판 역사에서 **견줄 데 없는** 성공을 누려 왔다.

alter, altru, ulter
= other (다른)

암기유발 TIP
《키보드》 Alt key
《alternate key의 약어》
alter(the other) → 다른 키와 같이 눌러져 특수한 기능을 하는 키

2229
alter*** [ɔ́ːltər]
자 타 변경하다, 바꾸다

유 change, modify

alteration 명 변경 **unalterable** 형 불변의, 바꿀 수 없는
- Alcohol can **alter** a person's mood. 술은 사람의 기분을 **바꿀** 수 있다.
- The constitution was **unalterable** without the king's consent.
그 헌법은 왕의 승낙 없이는 **바꿀 수 없었다**.

2230

alternate***
[ɔ́ːltərnèit]

국9 | 지9 | 서7 | 경찰 | 국회 | 교행

[자][타] 번갈아 (나오게) 하다 [형] [ɔ́ːltərnət] 번갈아 나오는
altern(other)+ate(동)(형)

alternation [명] 번갈아 나옴, 교대 **alternately** [부] 번갈아, 교대로

- You **alternate** between verbal and performance subtests.
  당신은 언어적 하위검사와 수행 하위검사를 **번갈아** 하게 된다. [국9]

2231

alternative***
[ɔːltə́ːrnətiv]

국9 | 국7 | 지9 | 지7 | 서9 | 서7 | 경찰 | 국회 | 법원 | 사복

[형][명] 대체(의), 대안(의)
altern(other)+at(e)(동)+ive(형)(명)

유 substitute
유 option

alternatively [부] 대신에

- Among the growing number of **alternative** work styles is flextime.
  점차 늘어나는 **대체** 근무 양식들 중 하나는 근무시간 자유선택제이다. [서9]
- **alternative** energy 대체 에너지

2232

altercation*
[ɔ̀ːltərkéiʃən]

국회 | 기상

[명] 언쟁, 논쟁
alterc(other)+at(e)(동)+ion(명) → 의견이 다름

유 argument, quarrel

- The **altercation** between the two women attracted the attention of passers-by.
  두 여성의 **언쟁**은 행인들의 주의를 끌었다. [국회]

2233

altruism*
[ǽltruːizm]

국9 | 국7 | 국회 | 기상

[명] 이타주의
altru(other)+ism(명)

유 generosity, selflessness
반 egoism(이기주의)

altruist [명] 이타주의자 **altruistic** [형] 이타적인

- In one final act of **altruism**, he donated almost all of his money to the hospital.
  한 가지 마지막 **이타주의** 행위로, 그는 자신의 거의 모든 돈을 병원에 기부했다.

2234

adulterate*
[ədʌ́ltərèit]

[타] 불순물을 섞다
ad(to)+ulter(other)+ate(동)

유 contaminate, spoil, taint

unadulterated [형] 1 섞인 것이 없는, 순수한 2 완전한, 전적인

- The company is accused of **adulterating** its products with cheap additives.
  그 회사는 상품에 값싼 첨가물을 타서 **불순물을 섞은** 것으로 비난받았다.
- **unadulterated** whole-milk yogurt (섞인 것이 없는) 순수 우유 요구르트

---

nul(li), na, no, ne, n(ih)il
= not (않는), none, nothing (아무(것)도 없음)

암기유발 TIP

never 결코, 절대로
ne(not)+ever

2235

nullify*
[nʌ́ləfài]

서7 | 경찰 | 국회

[타] (합의 등을) 무효화하다
nulli(not)+fy(동)

유 invalidate

nullification [명] 무효, 취소 **nullity** [명] 무효(가 된 것)

- to **nullify** all requirements and commitments 모든 요구와 약속을 **무효로 하다** [서7]

2236
annul* [ənʌ́l]
타 (법적으로) 무효로 하다
an(to)+nul(not)

유 nullify, invalidate

annulment 명 1 무효 선언 2 취소
- Our marriage was **annulled** last year. 우리의 결혼은 작년에 **무효가 되었다**.

2237
naught / **no**ught* [nɔːt]
명 1 (수학) 0, 영 2 무(無)
na(not)+ught(thing)

유 nothing, nil

- all for **naught**[nothing] 무익하게, 헛되이
- to come to **naught**[nothing] 무효로 끝나다, 헛되이 끝나다

2238
neutral** [njúːtrəl]
형 1 중간의, 중성의 2 중립적인 명 (기어 위치의) 중립
neutr(not)+al(형) → 이도 저도 아닌

유 형 2 impartial, unbiased

neutrality 명 중립
- a **neutral** nation[state] 중립국
- The country remained **neutral** in the war. 그 나라는 전쟁에서 **중립**을 유지했다.

2239
neutralize / **ne**utralise** [njúːtrəlàiz]
타 1 중립화하다 2 (화학) 중화하다 3 무효[무력]화하다
neutral(중립적인)+ize(통)

유 3 counteract, offset, counterbalance

- They managed to **neutralize** the other team's defenses.
그들은 상대 팀의 방어를 간신히 **무력화했다**.

2240
nil* [nil]
명 1 (경기에서) 0점 2 무(無)

유 2 nothing, naught

- to draw **nil** to **nil** 0 대 0으로 비기다
- Visibility is **nil**. 시계(視界) 제로 《시야가 가려져 보이지 않게 된 경우 혹은 한 치 앞도 보이지 않는 상황》

2241
nihilism* [náihəlìzm]
명 《철학》 허무주의
nihil(nothing)+ism(명)

nihilist 명 허무주의자 **nihilistic** 형 허무주의적인
- a **nihilistic** vision of the world 세상에 대한 **허무주의적인** 시각

2242
an**nihil**ate* [ənáiəlèit]
타 1 전멸시키다 2 완패시키다
an(to)+nihil(nothing)+ate(통)

유 1 destroy, exterminate

annihilation 명 전멸
- Bombs **annihilated** the city. 폭탄은 그 도시를 **전멸시켰다**.

DAY 28 움직임, 위치

🔍 Preview & Review

mov, mob, mot, mom; migr ▶ move

- im**mov**able
- re**mov**e
- **mob**ile
- im**mob**ile
- de**mob**ilize / de**mob**ilise
- **mob**
- com**mot**ion
- pro**mot**e
- de**mot**e
- re**mot**e
- e**mot**ion
- une**mot**ional
- **mot**ive
- **mot**ivate
- loco**mot**ive
- **mom**entum
- **migr**ate
- **migr**atory
- e**migr**ate
- im**migr**ate
- é**migr**é

cre, cru ▶ grow

- in**cre**ase
- in**cre**ment
- de**cre**ase
- de**cre**ment
- ac**cre**tion
- **cre**scent
- **cre**scendo
- ac**cru**e
- re**cru**it

자라다 → 증가하다

scend ▶ climb

- a**scend**
- a**scend**ant
- de**scend**
- de**scend**ant
- tran**scend**
- conde**scend**

오르다

levi(t), liev, lev ▶ raise, light

- e**lev**ate
- **levit**ate
- al**levi**ate
- re**liev**e
- **lev**er
- **lev**y
- **lev**ity

올리다; 돈을 모으다 → 세금을 부과하다

가벼운 → 경솔, 경박

surg, surrect ▶ rise

- **surg**e
- in**surg**ency
- re**surg**e
- re**surrect**

ori, ort ▶ arise, rise

- **ori**gin
- **ori**ginality
- **ori**ginate
- ab**ori**gine
- **ori**ent
- dis**ori**ent
- ab**ort**ion

생기다 → 기원, 유래 → 독창성
→ 원주민

(떠)오르다 → 해가 떠오르다, 동쪽 → 일정한 방향을 맞추다

alt(i), haught, hance; sum(m) ▶ high; highest

- **alt**itude
- **alt**ar
- ex**alt**
- **haught**y
- en**hance**
- **summ**it
- **sum**
- **summ**ary
- **summ**ation
- con**summ**ate

높은 → 고도, 높은 곳 → 제단
→ 거만한

가장 높은 → 모두 합한 것 → 합계, 요약

mount ▶ hill

- **mount**ainous
- **mount**aineer
- **mount**
- dis**mount**
- sur**mount**
- insur**mount**able
- para**mount**
- a**mount**
- tanta**mount**

언덕 → 산
→ 오르다 → 높은 곳에 다다르다

medi, mid; cent(e)r ▶ mid, middle; center

- **medi**um
- **medi**ate
- inter**medi**ate
- **medi**ocre
- **medi**(a)eval
- a**mid** / a**mid**st
- **centr**alize / **centr**alise
- de**centr**alize / de**centr**alise
- **centr**alism
- **centr**ist
- con**centr**ate
- con**centr**ic
- **centr**ifugal
- ec**centr**ic
- epi**cent**er

중간의, 중앙의

중심

mov, mob, mot, mom; migr
= move (움직이다)

2243 국7

im*mov*able* [imúːvəbl]
형 1 움직이지 않는, 고정된 2 (의견 등이) 확고한
im(not)+mov(움직이다)+able(형)

유 1 fixed
2 steadfast, determined, firm

- an **immovable** object 움직이지 않는 물체 [국7]
- He has remained **immovable** in his opposition to the proposed law.
  그는 제안된 법에 계속 **확고하게** 반대해왔다.

2244 국9 | 국7 | 지9 | 지7 | 서9 | 경찰 | 국회 | 기상 | 법원 | 사복

re*move** [rimúːv]
타 1 (어떤 곳에서) 치우다, 내보내다 2 제거하다, 없애다
re(away)+move(움직이다) → 다른 데로 움직이게 하다

removal 명 1 이동 2 제거   removable 형 1 이동할 수 있는 2 제거할 수 있는

- The **removal** of custom barriers will enable producers to cut production costs.
  관세 장벽의 **제거**는 생산자가 생산 비용을 절감할 수 있게 할 것이다. [경찰]

2245 국9 | 국7 | 지9 | 서9 | 경찰 | 국회 | 기상 | 법원 | 사복

mob*ile** [móubəl]
형 이동하는, 이동성[기동성] 있는   명 모빌 (줄에 매달아 움직이게 만든 공예품)
mob(move)+ile(형)

mobility 명 이동(성), 기동성   mobilize 자타 (사람 등을) 동원하다

- a person who has a **mobility** impairment and uses a wheelchair
  이동성 장애가 있어 휠체어를 사용하는 사람 [법원]

유 형 movable
반 형 motionless, stationary (움직이지 않는)

2246 국9

im*mob*ile** [imóubəl]
형 1 움직일 수 없는 2 정지한
im(not)+mobile(이동하는)

immobility 명 부동성, 고정   immobilize 타 움직이지 않게 하다, 고정시키다

- The tranquilizer made the animal **immobile**.
  신경 안정제는 그 동물을 **움직일 수 없게** 만들었다.

유 1 immovable
2 motionless, stationary

2247

de*mob*ilize / de*mob*ilise* [diːmóubəlàiz]
타 (군대를) 해산하다, 제대시키다
de(opposite)+mobilize(동원하다)

유 disband

- Both leaders agreed to **demobilize** their armies and sign the peace treaty.
  두 지도자 모두 군대를 **해산하고** 평화협정에 서명하기로 합의했다.

2248 경찰 | 국회

mob* [mab]
명 1 폭도 2 떼, 무리   자 (떼 지어) 몰려들다
mob(move) → (무질서하게) 움직이는 사람들

유 명 2 crowd, pack
자 besiege

- an angry **mob** 성난 폭도
- On our walk, we were passed by a **mob** of bicycle riders.
  우리는 걷다가 자전거 타는 **무리**에게 추월당했다.

2249

commotion*
[kəmóuʃən]

명 ¹동요 ²소란, 소동

com(together)+motion(움직임) → (사람들이) 함께 움직임

유 agitation
²disturbance, turmoil, riot

commove 타 동요시키다

- There was a terrible **commotion** outside. 밖에서 엄청난 소란이 있었다.

2250

promote***
[prəmóut]

[국9 | 국7 | 지9 | 지7 | 서9 | 서7 | 경찰 | 국회 | 법원 | 교행 | 사복]

타 ¹촉진하다, 장려하다 ²홍보하다 ³승진[진급]시키다

pro(forward)+mote(move) → 앞으로 움직이다

유 ¹encourage
²advertise
³advance

promotion 명 ¹촉진, 장려 ²홍보 ³승진, 진급 **promotional** 형 홍보[판촉]의

- The marketing department is busy **promoting** the new line of men's clothes for fall. 마케팅 부서는 새로운 가을 남성복 제품을 **홍보하느라** 바쁘다.
- She got **promoted** last week. 그녀는 지난주에 **승진했다**. [지7]
- **promotion** of potato consumption 감자 소비의 **촉진** [국회]

2251

demote*
[dimóut]

타 강등시키다, (지위 등을) 떨어뜨리다

de(down)+mote(move)

유 downgrade, relegate

demotion 명 강등

- The army major was **demoted** to captain. 육군 소령은 대위로 **강등되었다**.

2252

remote***
[rimóut]

[국9 | 지9 | 지7 | 서9 | 국회 | 기상 | 법원 | 사복]

형 ¹외딴, 먼 ²(태도가) 쌀쌀한, 냉담한

re(away)+mote(move)

유 ¹faraway, distant, isolated
²aloof

remotely 부 ¹멀리, 외따로 ²아주 약간

- What children in **remote** parts lack is access to good teachers and exposure to good-quality content. **외딴** 지역의 어린이들이 부족한 것은 좋은 교사들에 대한 접근 수단과 양질의 콘텐츠에 대한 노출이다. [국9]

2253

emotion***
[imóuʃən]

[국9 | 국7 | 지9 | 지7 | 서9 | 서7 | 경찰 | 국회 | 기상 | 법원 | 교행 | 사복]

명 (희로애락의) 감정, 정서

e(out)+motion(움직임) → 사람을 밖으로 움직이는 것 → (흥분의) 감정

emotional 형 ¹감정의 ²감정적인

- People exercise their bodies daily, yet they neglect to exercise their feelings and **emotions**. 사람들은 매일 신체 단련을 하지만, 기분과 **감정**을 단련하는 것은 게을리한다. [국7]

2254

unemotional**
[ʌ̀nimóuʃənl]

기상

형 감정적이 아닌, 침착한

un(not)+emotional(감정적인)

유 reserved, emotionless
반 emotional (감정적인)

- Hemingway's heroes appear to be strong and **unemotional**, but they are also sensitive. Hemingway의 주인공들은 강인하고 **침착한** 것으로 보이지만 또한 예민하다. [기상]

2255

motive**
[móutiv]

[국9 | 지7 | 경찰 | 법원]

명 동기, 이유 형 원동력이 되는, 움직이게 하는

mot(move)+ive(형)

유 명 reason, motivation

- a **motive** for associating with others 다른 사람들과 어울리는 **동기** [경찰]

2256
motivate**
[móutəvèit]

国9 | 国7 | 지9 | 지7 | 서9 | 경찰 | 국회 | 법원 | 교행 | 사복

타 동기를 부여하다
motiv(e)(동기)+ate(통)

유 inspire, encourage
반 demotivate (의욕을 꺾다)

motivation 명 1 동기 부여 2 자극(= impetus)

- For some individuals, stress **motivates** and challenges them to excel.
어떤 사람들에게는 스트레스가 그들이 남을 뛰어넘도록 **동기를 부여하거나** 도전하게 한다. [사복]

2257
locomotive*
[lòukəmóutiv]

国7 | 지9 | 법원

형 이동의, 운동의 명 기관차
loco(place)+motive(움직이게 하는) → 이곳저곳으로 움직이게 하는

locomotion 명 이동, 운동

- In 1814, Stephenson made his first **locomotive**, 'Blucher.'
1814년에, Stephenson(스티븐슨)은 그의 첫 **기관차**인 'Blucher'를 만들었다. [지9]

2258
momentum*
[mouméntəm]

国7

명 1 탄력, 가속도 2 《물리》운동량

- The movement against foreign rule picked up **momentum**.
외국의 통치에 반대하는 운동이 **탄력**을 받았다. [국7]

2259
migrate***
[máigreit]

国7 | 지7 | 서9 | 서7 | 경찰 | 법원 | 사복

자 이동하다, 이주하다
migr(move)+ate(통)

유 relocate, resettle

migration 명 이동, 이주   **migrant** 명 이주자

- The basking shark has a worldwide distribution and characteristically **migrates** with the seasons. 돌묵상어는 전 세계적으로 분포해 있고 계절에 따라 **이동하는** 것이 특징이다. [경찰]

2260
migratory*
[máigrətɔ̀ːri]

경찰

형 이동하는, 이주하는
migrat(e)(이동하다)+ory(형)

유 migrant
반 sedentary(한 곳에 머물러 사는)

- a study of the **migratory** birds **이주하는** 새들[철새들]에 관한 연구 [경찰]

2261
emigrate**
[émigrèit]

지9 | 지7 | 서9

자 이민을 가다, 이주하다
e(out)+migrate(이동하다)

유 migrate, relocate

emigration 명 이민, 이주   **emigrant** 명 이민자, 이주자

- In 1983, Arnold Schwarzenegger became a U.S. citizen, 14 years after **emigrating** from Austria. 1983년, Arnold Schwarzenegger(아널드 슈워제네거)는 오스트리아에서 **이주한** 지 14년 만에 미국 시민이 되었다.

2262
immigrate**
[íməgrèit]

지9 | 지7 | 서9 | 서7 | 국회 | 기상

자 이민을 오다, 이주해 오다
im(into)+migrate(이동하다)

유 migrate, relocate, resettle

immigration 명 이민, 이주   **immigrant** 명 이민자, 이주자

- a French **immigrant** who had settled in New York
New York에 정착했던 프랑스 **이민자** [서9]

2263 émigré*
[émigrèi]

명 (정치적) 망명자

유 exile

- **emigre** European artists 유럽 망명 예술가들 [지7]

---

cre, cru
= grow (자라다)

2264 increase***
[inkríːs]

자타 증가하다, 증가시키다   명 [ínkriːs] 증가, 인상
in(on)+crease(grow)

유 자타 grow, multiply, augment
명 growth, rise

increasingly 분 점점, 더욱더
- to **increase** awareness of social issues 사회 문제에 대한 인식을 증가시키다

2265 increment*
[ínkrəmənt]

명 증가(량)
in(on)+cre(grow)+ment(명)

유 increase, augmentation
반 reduction(감소)

incremental 형 증가의
- Employees receive an annual **increment** of three percent.
  직원들은 3퍼센트의 연봉 **증가**분을 받는다.

2266 decrease***
[dikríːs]

자타 감소하다, 감소시키다   명 [díːkriːs] 감소, 하락
de(down)+crease(grow)

유 자타 lessen, abate, reduce, diminish
반 increase(증가하다)

- A new study reports that the cleaner air has been accompanied by a significant **decrease** in childhood lung problems. 새로운 연구는 깨끗한 공기가 아동기 폐 질환의 현저한 **감소**를 동반해 온다고 보고한다. [국7]

2267 decrement*
[dékrəmənt]

명 감소(량)
de(down)+cre(grow)+ment(명)

- Relaxation produces a **decrement** in sympathetic nervous activity.
  휴식은 교감 신경 활동의 **감소**를 낳는다.

2268 accretion*
[əkríːʃən]

명 ¹첨가(물), 증가(물) ²(부착에 의한) 증대
ac(to)+cre(grow)+tion(명) → 자라서 쌓여가는 것

유 ¹addition

- rocks formed by the slow **accretion** of limestone 석회암의 느린 **증대**로 형성된 암석

2269
crescent*
[krésnt]

명 초승달 (모양)
crescent(grow) → 점점 더 자라나는[커지는] 달

• The **crescent** is often used as a symbol of Islam.
초승달은 종종 이슬람의 상징으로 사용된다.

2270
crescendo*
[kriʃéndou]

명 1 《음악》 크레셴도 《악보에서, 점점 세게 연주하라는 말》
2 (소리 등의) 최고조

• The excitement reaches its **crescendo** when she comes on stage.
그녀가 무대에 오르면 흥분이 **최고조**에 달한다.

2271
ac**crue***
[əkrúː]

경찰

자 타 (금전 등이) 누적되다, 축적하다
ac(to)+crue(grow)

• any interest and dividends that have **accrued** 누적된 이자와 배당금

유 accumulate, collect, gather

2272
re**cru**it**
[rikrúːt]

국9 | 국7 | 서9 | 경찰 | 교행

자 타 모집하다, 채용하다   명 신병, 신입사원
re(again)+cruit(grow) → 빈자리를 채워 다시 자라게 하다

recruitment 명 신규 모집, 채용

• The company so far has eighty employees, most of them **recruited** from the long-term unemployed. 그 회사는 여태까지 80명의 직원이 있으며, 그들 대부분은 오랜 기간 실직 상태에 있다가 **채용된** 사람들이다. [국9]

유 자 타 gather, assemble, hire

scend
= climb (오르다)

2273
a**scend****
[əsénd]

지9 | 서7 | 법원

자 타 오르다, 올라가다   자 승격하다, 승진하다
a(to)+scend(climb)

ascent 명 1 상승, 올라감 2 오르막(길) 3 승격, 승진   **ascension** 명 1 상승 2 즉위

• In today's publishing world, picture books have **ascended** to a true art form.
오늘날 출판계에서 그림책들은 진정한 예술 형식으로 **승격**했다. [지9]

• The plane made a steep **ascent** to 30,000 feet. 그 비행기는 3만 피트까지 급**상승**했다.

유 자 타 climb, mount

2274
a**scend**ant*
[əséndənt]

국회

명 1 우월, 우세 2 선조, 조상   형 상승하는, 떠오르는
ascend(오르다)+ant(명)(형)

ascendancy 명 영향력을 행사할 수 있는 지위[위치]

• The euro was launched as a symbol of a new **ascendant** Europe.
유로화는 새롭게 **떠오르는** 유럽의 상징으로서 발행되었다.

2275
descend ** [disénd]
자|타 내리다, 내려가다
de(down)+scend(climb)

유의어: fall, drop, plunge
반의어: ascend(올라가다)

descent 명 1 하강, 내려감 2 내리막(길) 3 혈통
- The airplane will **descend** to a lower altitude soon.
  비행기가 곧 더 낮은 고도로 **내려갈** 것이다.

2276
descendant ** [diséndənt]
명 자손, 후손
descend(내려가다)+ant(명)

유의어: successor, posterity
반의어: forefather, ancestor(조상)

- Native-born Alaskans include both native peoples and the **descendants** of the early settlers. 본토 알래스카 사람들은 원주민들과 초기 정착민들의 **후손들**을 모두 포함한다. [사복]

2277
transcend ** [trænsénd]
타 초월하다, 능가하다
trans(beyond)+scend(climb)

유의어: surpass, excel, outdo, outstrip

transcendent 형 1 초월적인 2 탁월한 **transcendence** 명 초월, 탁월
- music that **transcends** cultural boundaries 문화적 경계를 **초월한** 음악

2278
condescend * [kàndəsénd]
자 1 (자기 격에 떨어지지만) ~한다는 듯이 굴다, 황송하게도 ~하여 주시다 2 잘난 체하다 (to)
con(강조, together)+descend(내리다) → 자신을 낮춰서 함께 ~하다 (자신이 더 잘났으므로, 하면 체면이 깎인다고 생각하면서 하는 행동을 뜻함)

유의어: 1 deign

condescending 형 잘난 체하는, 거들먹거리는
- We had to wait almost an hour before he **condescended** to see us.
  우리는 **황송하옵게도** 그가 우리를 만나러 **와주실** 때까지 거의 한 시간을 기다려야 했다.
- When giving a talk, be careful not to **condescend** to your audience.
  강연을 할 때는 청중들에게 **잘난 체하지** 않도록 주의하라.

---

levi(t), liev, lev
= raise (올리다; 돈을 모으다), light (가벼운)

암기유발 TIP
elevator 엘리베이터, 승강기
e(out)+lev(raise)+ator(명)

2279
elevate *** [éləvèit]
타 1 (들어)올리다 2 승진시키다
e(out)+lev(raise)+ate(동)

유의어: 1 raise 2 promote
반의어: 2 demote(강등시키다)

elevated 형 1 (지면보다) 높은 2 (지위가) 높은 **elevation** 명 1 고도 2 승진
- the **elevated** central plateau that covers half of Ethiopia's surface area
  Ethiopia(에티오피아) 표면적의 절반을 차지하는 **높은** 중앙 고원 [교행]

2280
levitate * [lévitèit]
자|타 (공중에) 뜨다, 뜨게 하다
levit(raise)+ate(동)

유의어: float

levitation 명 공중 부양
- The magician claimed he could **levitate** a car.
  그 마술사는 차를 **공중에 뜨게** 할 수 있다고 주장했다.

2281
alleviate ***
[əlíːvièit]

타 (고통 등을) 완화하다, 경감하다
al(to)+levi(light)+ate(동)

alleviative 형 완화하는, 경감하는 **alleviation** 명 완화, 경감
- Meditation can help **alleviate** some of the discomforts of cancer.
  명상은 암의 가벼운 통증 중 일부를 **완화하는** 것을 도울 수 있다. [경찰]

유 reduce, relieve, ease
반 aggravate(악화시키다)

2282
relieve ***
[rilíːv]

타 (고통 등을) 완화하다, 덜어주다
re(강조)+lieve(light)

relieved 형 안도하는, 다행으로 여기는 **relief** 명 1 완화 2 안도 3 구호(품)
- medications to **relieve** the side effects of treatment 치료의 부작용을 **완화하는** 약
- Both candidates promised tax **relief** for middle-class families.
  두 후보 모두 중산층 가정의 세금 **경감** 공약을 내놨습니다.

유 alleviate, mitigate, allay, soothe
반 intensify(강화시키다)

2283
lever **
[lévər]

명 1 《기계》 레버, 지렛대 2 (목적 달성의) 수단   자타 (지렛대로) 움직이다
lev(raise)+er(명) → 들어 올리는 것

leverage 명 1 지렛대의 작용[힘] 2 영향력
- They used their money as a **lever** to gain political power.
  그들은 자신들의 돈을 정권을 얻기 위한 **수단**으로 사용했다.

2284
levy *
[lévi]

명 (세금의) 추가 부담금   타 (세금 등을) 부과하다, 징수하다
lev(raise)+y(명) → 돈을 모으는 것

- to **levy** a tax on imports 수입품에 세금을 **부과하다**

유 타 impose, charge, tax

2285
levity *
[lévəti]

명 경솔, 경박
lev(light)+ity(명) → 행동이 가벼움

- to treat a serious subject with **levity** 중대한 문제를 **경솔**하게 처리하다

유 frivolity

---

surg, surrect
= rise (오르다)

암기유발 TIP
surfing 서핑, 파도타기
surg(e)(rise) → surf(파도)

2286
surge **
[səːrdʒ]

자 1 (물가 등이) 급등[급증]하다 2 밀려들다   명 1 급등, 급증 2 밀려듦

- Housing prices have **surged** in recent months. 최근 몇 달 사이 집값이 급등했다.

유 자 1 escalate, boost
2 gush, rush

2287 insurgency*
[ɪnsɚ́rdʒənsi] 국회
명 폭동, 반란
in(against)+surg(rise)+ency(명) → 맞서서 일어남
유 rebellion
- A communist group is waging a 21-year **insurgency** against the national government. 한 공산주의 단체가 국가 정부에 대항하여 21년 동안 **반란**을 일으키고 있다.

2288 resurge*
[rɪsɚ́rdʒ] 서9
자 소생하다, 부활하다
re(again)+surge(급등하다) → 죽었다가 다시 급등하다
resurgence 명 소생, 부활(= comeback)
- The new Nazism is **resurging** in some places in Germany.
새로운 나치주의가 독일의 일부 지역에서 **부활**하고 있다.

2289 resurrect*
[rèzərékt] 지7 | 경찰
타 부활시키다
re(again)+surrect(rise)
유 revive
resurrection 명 부활
- the birth of Jesus and his bodily **resurrection** 예수의 탄생과 그의 육체 **부활** [지7]

ori, ort
= arise (생기다), rise ((떠)오르다)

암기유발 TIP
original 오리지널, 원형
origin(기원)+al(형)

2290 origin***
[ɔ́ːrədʒɪn] 국9 | 국7 | 지9 | 지7 | 서9 | 서7 | 경찰 | 국회 | 기상 | 법원 | 교행 | 사복
명 ¹기원, 유래 ²태생, 혈통
original 형 ¹최초의 ²독창적인 명 원형 **originally** 부 원래, 본래
유 ¹genesis, root, derivation ²descent
- Modern banking has its **origins** in ancient England.
현대의 은행업은 고대 영국에 그 **기원**을 둔다. [서9]
- an **original**, one-of-a-kind product 독창적이고 독특한 제품 [법원]

2291 originality**
[ərìdʒənǽləti] 지9 | 국회
명 ¹독창성 ²원형임
original(독창적인)+ity(명)
- Critics have praised the movie's startling **originality**.
비평가들은 그 영화의 놀랄만한 **독창성**을 칭찬했다.

2292 originate***
[ərídʒənèɪt] 국9 | 지9 | 지7 | 서9 | 서7 | 국회 | 법원 | 교행 | 사복
자 유래하다, 시작되다 타 고안하다, 생각해 내다
origin(기원)+ate(동)
유 자 arise, derive 타 devise, contrive
origination 명 발생, 시작 **originative** 형 독창적인, 기발한 **originator** 명 창시자, 창작자
- How did humanity **originate**? 인류는 어떻게 **시작되었는가**? [지9]

2293

aborigine**
[æbərídʒəni:]
명 1 원주민, 토착민 2 《A-》 오스트레일리아 원주민
ab(from)+origine(rise, beginning) 《라틴 어구 ab origine (from the beginning)에서 유래》

유 1 native

aboriginal 형 명 1 원주민(의), 토착(의) 2 《A-》 오스트레일리아 원주민(의)
- **Aboriginal** children from Cape York can accurately point to any compass direction as early as age 5. Cape York 출신인 **원주민** 어린이들은 5살만 되면 어떠한 나침판 방향도 정확하게 가리킬 수 있다. [국회]

2294

orient***
[ɔ́:riənt]
명 《the O-》 동양 타 (특정 목적에) 맞추다, 지향하게 하다
ori(rise)+ent(명) → 해가 떠오르는 곳 → 동쪽을 향하다

• orient oneself (to A)
(A에) 적응하다, 익숙해지다

oriental 형 동양의, 동양적인   **orientation** 명 1 방향, 지향 2 오리엔테이션, 예비 교육
- Jobs that were traditionally male-**oriented** have had major inroads by women. 전통적으로 남성 **지향적인** 직업들이 여성에 의해 대거 침투되고 있다. [경찰]
- **Oriental** musical modes influenced composers like Mozart and Debussy. **동양의** 음악 양식은 Mozart(모차르트)나 Debussy(드뷔시)와 같은 작곡가들에게 영향을 주었다. [사복]

cf. the Occident 서양

2295

disorient*
[disɔ́:riènt]
타 1 방향 감각을 잃게 하다 2 혼란시키다
dis(not)+orient(일정한 방향으로 하다)

유 2 confuse

disorientation 명 1 방향 감각 상실 2 혼란
- Thick fog can **disorient** even an experienced hiker. 짙은 안개는 노련한 도보 여행자마저 **방향 감각을 잃게 만들** 수 있다.

2296

abortion*
[əbɔ́:rʃən]
명 유산, 낙태
ab(away)+ort(arise)+tion(명) → 발생한 것을 없앰

abort 자타 1 유산[낙태]하다 2 중단하다, 중단시키다   **abortive** 형 1 유산의 2 실패의
- Legal access to **abortion** has resulted in a sharp reduction of unwanted births. **낙태**에 대한 합법적 접근은 원치 않는 출산의 급격한 감소를 가져왔다. [지9]
- The flight crew **aborted** the take-off. 비행 승무원들이 이륙을 **중단시켰다**.
- **abortive** coup 실패한 쿠데타

alt(i), haught, hance
= high (높은)

암기유발 TIP
alto 알토 파트
《남성 최고 음역》

2297

altitude**
[æltətjù:d]
명 1 《해발》 고도 2 고지, 높은 곳
alti(high)+tude(명)

유 height

- high **altitude** sites 높은 **고도** 지역 [경찰]

2298 altar*
[5:ltər]

명 (교회 등의) 제단
alt(high)+ar(명)

- We have sacrificed so much on the **altar** of being successful. 우리는 성공이라는 **제단**에 너무 많은 제물을 바쳐 왔다. [국9]

국9

2299 ex**alt***
[igzɔ́:lt]

타 ¹ 승진시키다 ² 칭찬하다, 칭송하다
ex(up)+alt(high)

exalted 형 ¹ (지위 등이) 높은, 고위층의 ² 너무나 기쁜

- The poem was written to **exalt** the Roman empire.
그 시는 로마 제국을 **찬양하기** 위해 쓰였다.

국7 | 기상

유 ¹ promote, elevate
² extol, glorify, praise

2300 **haught**y*
[hɔ́:ti]

형 거만한, 오만한
haught(high)+y(형)

haughtiness 명 거만함, 오만

- **haughty** aristocrats 오만한 귀족들

서7

유 proud, vain, arrogant, conceited

2301 en**hance*****
[inhǽns]

타 (가치를) 향상시키다, 높이다
en(make)+hance(high)

enhanced 형 향상된, 높아진   enhancement 명 ¹ 상승 ² 향상

- Foreign language learners can **enhance** their reading ability by paying attention to the context while skipping unknown words and phrases.
외국어 학습자는 모르는 단어와 구절은 건너뛰고 문맥에 집중함으로써 읽기 능력을 **향상할** 수 있다. [지7]

국9 | 국7 | 지9 | 지7 | 서9 | 서7 | 경찰 | 국회 | 기상 | 법원 | 교행

유 increase, improve
반 diminish (깎아내리다)

sum(m)
= highest (가장 높은)

2302 **sum**mit**
[sʌ́mit]

명 ¹ 꼭대기, 정상 ² 정상 회담
sum(highest)+mit(명)

- They reached the **summit**, but as they started the climb down, an electric storm struck the mountain. 그들은 **정상**에 도달했지만, 산을 내려가기 시작하자 뇌우가 산을 강타했다. [법원]
- a **summit** of EU leaders 유럽 연합 지도자들의 **정상 회담**

국9 | 서7 | 법원

유 ¹ top, peak, apex

2303 **sum*****
[sʌm]

명 ¹ 합계, 총계 ² 금액, 액수
sum(highest) → 가장 높은 것 → 모두 합한 것 → 전체

- We donated a small **sum** of money to the charity.
우리는 그 자선단체에 작은 **액수**의 돈을 기부했다.

지9 | 지7 | 경찰 | 국회 | 법원 | 사복

2304 국7 | 지9 | 국회 | 기상

summary** [sʌ́məri]
명 요약, 개요 형 간략한
summ(highest)+ary(명)(형) → 가장 높은 것 → 주요한 것

유 명 precis, outline
• in summary 요약하면

summarize 타 요약하다, 간략하게 말하다

- They gave a **summary** of their progress in building the bridge.
  그들은 교량 건설의 경과를 **요약**해주었다.
- In any speech the opening statement frames and **summarizes** the main ideas of the body of the speech itself. 어떤 연설에서든지 개회 성명은 연설 자체의 주요 아이디어들을 정리하고 **요약한다**.

2305

summation* [səméiʃən]
명 ¹합계 ²요약
summ(highest)+ation(명)

summate 타 더하다, 합계하다

- A **summation** can be found at the end of the report. **요약**은 보고서 끝에 나와 있다.

2306 국7

consummate* [kʌ́nsəmət]
형 (기교가) 완벽한, 능숙한
con(together)+summate(더하다) → (기교를) 모두 더하다

유 perfect, expert, proficient

consummatory 형 ¹완전한 ²완성하는 **consummation** 명 마무리, 완성

- He plays the piano with **consummate** skill. 그는 **완벽한** 솜씨로 피아노를 친다.

---

mount
= hill (언덕)

암기유발 TIP
mountain (아주 높은) 산

2307 국7 | 서7

mountainous* [máuntənəs]
형 ¹산악의 ²엄청나게 큰
mountain(산)+ous(형)

유 ²huge, enormous, gigantic

- Nepal is a mostly **mountainous** region made up of many small villages.
  네팔은 대부분 작은 마을들로 이루어진 **산악** 지역이다.

2308

mountaineer* [màuntəníər]
명 등산가, 등산객
mountain(산)+eer(명)

- For advanced **mountaineers**, there is the challenge of ice climbing.
  상급 **등산가**들에게는 빙벽 등반이라는 도전이 있다.

2309 서9 | 서7 | 국회 | 교행

mount** [maunt]
자 타 오르다, 올라가다 타 (캠페인 등을) 시작하다 명 산 (약자 Mt.)

유 자 타 ascend, climb
타 organize, arrange

mounting 형 (걱정될 정도로) 증가하는

- He **mounted** the platform and addressed the crowd.
  그는 연단에 **올라가** 군중을 향해 연설을 했다.
- dwindling arable land and **mounting** food insecurity
  줄어드는 경작지와 **증가하는** 식량 불안정 [서9]

2310
dismount*
[dismáunt]
⟨자⟩⟨타⟩ 내리다, 내리게 하다
dis(from)+mount(오르다)
⟨유⟩ alight

- The gymnast **dismounted** from the parallel bars. 체조 선수가 평행봉에서 **내렸다**.

2311
surmount**
[sərmáunt]
경찰
⟨타⟩ ¹ 극복하다 ² (~의) 위에 얹히다
sur(beyond)+mount(오르다) → 올라 넘어서다
⟨유⟩ ¹ overcome

- None of the problems are so bad that we can't **surmount** them.
그 문제들 중 어느 것도 우리가 **극복**할 수 없을 만큼 나쁜 것은 없다.
- The tomb was **surmounted** by a sculptured angel.
그 무덤의 **위에** 조각한 천사가 **얹혀** 있었다.

2312
insurmountable*
[ìnsərmáuntəbl]
⟨형⟩ 극복[대처]할 수 없는
in(not)+surmount(극복하다)+able(형)
⟨유⟩ insuperable

- They were faced with several **insurmountable** obstacles.
그들은 **극복할 수 없는** 여러 가지 장애물에 직면했다.

2313
paramount*
[pǽrəmàunt]
국7 | 지9
⟨형⟩ 최고의, 무엇보다 중요한
par(by)+a(to)+mount(hill) → 언덕으로 향하는
⟨유⟩ supreme, chief

paramountcy ⟨명⟩ ¹ 최고권 ² 우월함
- The **paramount** duty of the physician is to do no harm.
의사의 **무엇보다 중요한** 의무는 해를 끼치지 않는 것이다. [지9]

2314
amount***
[əmáunt]
국9 | 국7 | 지9 | 지7 | 서9 | 서7 | 경찰 | 국회 | 기상 | 법원 | 사복
⟨명⟩ ¹ 총계, 총액 ² 액수, 양   ⟨자⟩ (총계가) ~에 이르다 《to》
a(to)+mount(오르다)

- They invest a huge **amount** of money every year on advertising and marketing. 그들은 광고와 마케팅에 매년 막대한 **양**의 돈을 투자한다. [지7]
- The bill **amounted** to 100 dollars. 계산서는 총계가 100달러**에 이르렀다**.

2315
tantamount*
[tǽntəmàunt]
⟨형⟩ (가치 등이) 동등한, 같은 《to》
tanta(as much)+mount(오르다) → ~만큼 올라간
⟨유⟩ equivalent

- They see any criticism of the President as **tantamount** to treason.
그들은 대통령에 대한 어떤 비난도 반역과 **동등하다**고 생각한다.

---

medi, mid; cent(e)r
= mid, middle (중간의, 중앙의); center (중심)

암기유발 TIP
mass media 매스미디어, 대중 매체

2316
medium***
[míːdiəm]
지9 | 지7 | 서9 | 서7 | 경찰 | 국회 | 법원 | 교행
⟨형⟩ 중간의 ⟨명⟩ 매체, 수단
⟨유⟩ ⟨형⟩ average
⟨명⟩ means

median ⟨형⟩ 중간의, 중앙의, 중위의 ⟨명⟩ (수학) 중앙값 **medial** ⟨형⟩ 중간의, 중앙의
- a more accessible **medium** of communication 보다 접근하기 쉬운 통신 **수단** [국회]
- the **median** house-price relative to **median** income 중위 소득 대비 중위 주택 가격 [서7]

2317
mediate*** [míːdièit]
(자)(타) 중재하다, 조정하다 (형) [míːdiət] 1 중간에 위치한 2 간접적인
medi(middle)+ate(동)
국9 | 국7 | 지9 | 서9 | 경찰 | 국회 | 기상 | 법원
(유)(자)(타) arbitrate

mediation (명) 중재, 조정 **mediator** (명) 중재자, 조정관
- She is attempting to **mediate** a settlement between the company and the striking workers. 그녀는 회사와 파업 노동자들 사이의 합의를 **중재하려고** 시도하고 있다.

2318
intermediate** [ìntərmíːdiət]
(형) 중간의, 중급의 (명) 중급자
inter(between)+mediate(중재하다)
경찰

intermediary (형)(명) 중재자(의), 중개인(의)
- Some linguists thought that some "primitive" languages were **intermediate** between animal languages and civilized ones. 일부 언어학자들은 일부 '원시' 언어가 동물 언어와 문명 언어 사이의 **중간**이라고 생각했다. [경찰]

2319
mediocre* [mìːdióukər]
(형) 보통의, 평범한
medi(middle)+ocre(mountain) → 중간 높이의 산인
국9 | 지9 | 서9 | 서7
(유) ordinary, common
(반) exceptional (특별한)

mediocrity (명) 1 보통, 평범 2 평범한 사람
- Persons with **mediocre** talents have often achieved excellent results through their industry. **평범한** 재능을 가진 사람이 근면성을 통해 종종 뛰어난 결과를 달성해 왔다. [지9]

2320
medi(a)eval** [mìːdiíːvəl, mèd-]
(형) 중세의
medi(a)(middle)+eval(age)
국9 | 서9 | 기상

medievalist (명) 중세 연구가
- political status of **medieval** kings 중세 왕들의 정치적 지위 [기상]

2321
amid / amidst* [əmíd / əmídst]
(전) 1 ~의 한 가운데에 2 ~으로 에워싸인
a(in)+mid(middle)
서9 | 경찰 | 법원

- **amid** unfriendly business environments 비우호적인 사업 환경의 **한 가운데에** [서9]

2322
centralize / centralise** [séntrəlàiz]
(타) 중앙집권화하다, 중심에 모으다
central(중앙의)+ize(동)
국9

- a highly **centralized** country 고도로 **중앙집권화된** 국가

2323
decentralize / decentralise* [dìːséntrəlàiz]
(타) (권력 등을) 분권화하다
de(away)+centralize(중앙집권화하다)
서7

- Public administration is rapidly being **decentralized**. 공공 행정은 급속히 **분권화되고** 있다. [서7]

2324

centralism* [séntrəlizm]
명 중앙집권주의, 중앙집권제도
centr(center)+al(형)+ism(명)

- The Communist Party of China (CPC) exercises control over its members through the principle of "democratic **centralism**." 중국 공산당은 '민주 집중제(공산 국가의 민주적 **중앙집권제도**)'라는 원칙을 통해 구성원들에게 통제력을 행사한다. [국회]

2325

centrist* [séntrist]
명 중도주의자, 중도파
centr(center)+ist(명)

- In American politics, many **centrists**, liberal Republicans, and conservative Democrats are considered "swing voters." 미국 정치에서 많은 **중도파**, 진보적인 공화당 지지자, 보수적인 민주당 지지자들이 '부동층'으로 여겨진다. [서7]

2326

con**centr**ate*** [kánsəntrèit]
자타 집중하다, 집중시키다 《on》 명 농축물, 농축액
con(together)+centr(center)+ate(동)

유 자타 focus 《on》
명 essence, extract

concentration 명 1 (정신) 집중 2 농도 concentrated 형 1 집중적인 2 농축된

- The secret of successful people is usually that they are able to **concentrate** totally on one thing. 성공한 사람들의 비밀은 대개 한 가지 일에 완전히 **집중할** 수 있다는 것이다. [지9]
- a frozen orange juice **concentrate** 냉동 오렌지 주스 **농축액**

2327

con**centr**ic* [kənséntrik]
형 《기하》 동심(원)의, 중심이 같은
con(together)+centr(center)+ic(형)

- **concentric** circles 동심원

2328

centrifugal* [sentrífjugəl]
형 원심(성)의
centri(center)+fug(flee)+al(형)

- **centrifugal** power 원심력
cf. centripetal power 구심력

2329

ec**centr**ic* [ikséntrik]
형 괴짜인, 별난 명 괴짜
ec(out)+centr(center)+ic(형) → 중심에서 벗어난

유 형 bizarre, peculiar
명 oddity
반 형 ordinary (평범한)

- His gregarious and **eccentric** personality is the perfect mix for a good television program. 사교적이고 **괴짜인** 그의 성격은 좋은 텔레비전 프로그램을 위한 완벽한 조합이다.

2330

epi**center*** [épəsèntər]
명 (지진의) 진앙, 진원지
epi(on)+center(중심)

- The geographic point directly above the focus is called the earthquake **epicenter**. 진원 바로 위의 지리적 지점을 지진의 **진앙**이라고 한다.

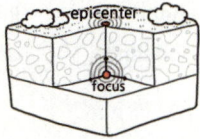

DAY 29 만들다

🔍 Preview & Review

fac, fec, fea, fi(c), fei ▶ make, do

- manu**fac**ture
- **fac**tor
- male**fac**tor
- ef**fec**tive
- de**fec**t
- **fea**sible
- **fic**titious
- suf**fic**ient
- male**fic**ent
- counter**fei**t
- **fac**ility
- **fac**titious
- **fac**simile
- per**fec**t
- **fea**t
- ef**fic**ient
- of**fic**ial
- pro**fic**ient
- ed**ifi**ce
- sur**fei**t
- **fac**ilitate
- **fac**tion
- af**fec**t
- in**fec**t
- de**fea**t
- de**fic**ient
- of**fic**ious
- super**fic**ial
- pro**fi**t
- for**fei**t
- **fac**ulty
- bene**fac**tor
- ef**fec**t
- disin**fec**tant
- **fea**ture
- de**fic**it
- suf**fic**e
- bene**fic**ent
- bene**fi**t

만들다 → 결과물을 만들다
행하다 → 영향력을 끼치다

labor ▶ work

- **labo**(u)r
- **labor**ious
- e**labor**ate
- col**labor**ate

일하다 → 애쓰다, 노력하다

fin ▶ end, limit, border

- **fin**al
- de**fin**e
- **fin**ite
- inde**fin**ite
- in**fin**ite
- de**fin**itive
- con**fin**e
- af**fin**ity

끝내다, 제한하다, 경계 → 끝을 맺다

termin ▶ end

- **termin**al
- de**termin**e
- **termin**ate
- inde**termin**ate
- ex**termin**ate
- prede**termin**e

끝내다 → 끝을 정하다 → 결정을 내리다

funct ▶ perform

- **funct**ion
- mal**funct**ion
- per**funct**ory
- **funct**ionless
- dys**funct**ion
- multi**funct**ional
- de**funct**

수행하다 → 맡은 역할을 하다

pract, pragma ▶ do, practice

- **pract**ice / **pract**ise
- **pract**itioner
- mal**pract**ice
- **pragma**tic
- **pract**ical

행하다, 실행하다 → 실제로 해보다 → 경험이 쌓이다

struct, str ▶ build

- **struct**ure
- con**struct**ive
- in**struct**
- indu**str**y
- infra**struct**ure
- recon**struct**
- in**struct**ion
- indu**str**ialize / indu**str**ialise
- con**struct**
- de**struct**
- ob**struct**

세우다 → 건물을 짓다 / 지식을 쌓다

fac
= make (만들다), do (행하다)

암기유발 TIP
fact 팩트, 사실

2331 　　　　　　　　　　　　　　　　　　　국7 | 지9 | 지7 | 경찰 | 국회 | 기상 | 법원 | 교행

manufacture***
[mæ̀njufǽktʃər]
타 제조하다, 생산하다　명 ¹ 제조, 생산 ²(pl.) 제품
manu(hand)+fact(make)+ure(명) → 손으로 만드는 것

유 타 make, produce
명 ¹ production

manufacturing 명 제조(업)　**manufacturer** 명 제조(업)자, 생산 회사
- When the supply of a **manufactured** product exceeds the demand, the **manufacturer** cuts back on output. **제조된** 제품의 공급이 수요를 초과하면 **제조자**는 생산량을 줄인다. [경찰]

2332 　　　　　　　　　　　　　　　　　　　　　　국9 | 국7 | 지9 | 서7 | 경찰 | 기상

facility***
[fəsíləti]
명 ¹ 용이함, 쉬움 ²(pl.) (편의) 시설 ³(타고난) 재능, 능력
facil(e)(쉬운)+ity(명)

유 ² provision, amenity
³ aptitude

facile 형 용이한, 손쉬운
- to equip with more advanced **facilities** 더 발전된 **시설**을 갖추다 [국7]
- He had a great **facility** for writing. 그는 글을 쓸 수 있는 훌륭한 **능력**을 가지고 있었다.

2333 　　　　　　　　　　　　　　　　　　　　　　　국9 | 지9 | 서9 | 국회

facilitate**
[fəsílətèit]
타 용이하게 하다, 가능하게 하다
facilit(y)(용이함)+ate(동)

유 enable

facilitator 명 조력자
- behaviors that **facilitate** success, such as regular attendance, sufficient preparation, and studying 성공을 **가능하게 하는** 규칙적인 참석, 충분한 준비, 그리고 연구와 같은 행동 [국회]

2334 　　　　　　　　　　　　　　　　　　　　　　지9 | 경찰 | 국회 | 법원 | 사복

faculty**
[fǽkəlti]
명 ¹(타고난) 재능, 능력 ² 학부 ³(대학의) 교수진, 교직원
facul(do)+ty(명)

유 ¹ capability
² department

- She has a **faculty** for making friends. 그녀는 친구를 사귀는 **재능**이 있다.
- The college newspaper prints only the news that is of interest to the students and **faculty**. 그 대학신문은 학생들과 **교직원**에게 흥미 있는 뉴스만 발행한다. [지9][사복]

2335 　　　　　　　　　　　　　　　국9 | 국7 | 지9 | 지7 | 서9 | 서7 | 경찰 | 기상 | 법원 | 교행 | 사복

factor***
[fǽktər]
명 요인, 요소
fact(do)+or(명)

유 element

- a key **factor** in the rapid expansion in food production
식량 생산의 급속한 확대의 핵심 **요소** [기상]

2336 　　　　　　　　　　　　　　　　　　　　　　　　　　　　지7

factitious*
[fæktíʃəs]
형 인위적인, 꾸며낸
fact(make)+itious(형) → 진짜처럼 보이도록 만든

유 artificial
반 genuine(진실한)

- Munchausen syndrome, one of the **factitious** disorders, is faking or lying about one's health. **인위적** 장애 중 하나인 뮌하우젠 증후군은 건강 상태를 속이거나 거짓말하는 것이다.

2337

faction*
[fǽkʃən]
명 파벌 (싸움)
fac(make)+tion(명) → 집단에 의해 만들어진 것

유 clique

factionalism 명 파벌주의
- The warring **factions** are nearing agreement on a peace plan.
분쟁 중인 **파벌들**은 평화안에 대해 거의 합의에 다다랐다.

2338
bene<u>fac</u>tor*
[bénəfæ̀ktər]

명 후원자, 은인
bene(well)+fact(do)+or(명)

benefaction 명 기부금, 후원금
- the help of a rich **benefactor** 부유한 후원자의 도움

유 patron, supporter

2339
male<u>fac</u>tor*
[mǽləfæ̀ktər]

명 범인, 악인
male(badly)+fact(do)+or(명)

- to determine the identity of the **malefactor** 범인의 신원을 밝히다 [국9]

유 criminal, culprit

2340
facsimile*
[fæksíməli]

명 ¹복제, 복사 ²팩스
fac(make)+simile(same)

- a **facsimile** of the world's first computer 세계 최초의 컴퓨터 복제품

유 ¹copy

---

fec
= make (만들다), do (행하다)

2341
affect***
[əfékt]

국9 | 국7 | 지9 | 지7 | 서9 | 서7 | 경찰 | 국회 | 기상 | 법원 | 교행 | 사복

타 ¹영향을 미치다 ²(질병이) ~에 발생하다 ³가장하다, ~인 척하다
af(to)+fect(make)

affectation 명 가장, ~인 척함
- The digital and high-tech world may negatively **affect** our social skills and ability to empathize. 디지털화되고 고도화된 기술 세계는 우리의 사교 능력과 공감 능력에 부정적으로 **영향을 미칠** 것이다. [기상]
- The disease **affects** many different organs of the body. 그 병은 신체의 많은 다양한 기관**에 발생한다**.
- She **affected** a look of disinterest. 그녀는 무관심한 **척했다**.
- the **affection** of the family 가족의 애정 [기상]

cf. affection 명 ¹《pl.》 애정 ²애착, 보살핌

유 ¹influence ²break out ³pretend

2342
effect***
[ifékt]

국9 | 국7 | 지9 | 지7 | 서9 | 서7 | 경찰 | 국회 | 기상 | 법원 | 교행 | 사복

명 ¹결과, 영향 ²효과 ³《pl.》 소지품 타 (어떤 결과를) 가져오다
ef(out)+fect(make)

- The limitations placed on woman should incite women to rise up and **effect** a change in their circumstances. 여성들에게 놓인 제약들이 여성들로 하여금 봉기하여 그들의 환경에 변화를 **가져오도록** 자극할 것이다. [서9]

유 명 ¹result, impact
- put A into effect A를 시행[발효]하다

MORE+ 혼동어휘

affect vs. effect

affect는 동사로 쓰여 to influence(~에게 영향을 주다)를 의미하며, effect는 주로 명사로 쓰여 a result(결과)를 의미한다. effect가 동사로 쓰이는 경우는 드문 편이다.

The snow will **affect** the flow of traffic.

the **effect** of the snow on traffic

2343
effective*** [iféktiv]

형 ¹ 효과적인 ² 실질적인, 사실상의 ³ (법률이) 시행되는
effect(효과)+ive(형)

유 ¹ successful ² practical, virtual ³ operative
반 ¹ ineffective (효과 없는)

effectiveness 명 유효(성), 효과(성)
- to run an **effective** campaign 효과적인 캠페인을 실행하다 [교행]
- The regulation will be **effective** from January. 그 규정은 1월부터 **시행될** 것이다.
cf. **effectual** 형 유효한, 효과적인

2344
perfect*** [pə́ːrfikt]

형 완전한, 완벽한
per(강조)+fect(make)

반 imperfect(불완전한)

perfection 명 완전, 완벽 **perfectionist** 명 완벽주의자 형 완벽주의적인
- Aloe is the **perfect** house plant because it requires little water and hardly any care. 알로에는 물이 거의 필요 없고 돌볼 필요도 없기 때문에 **완벽한** 실내용 화초다.

2345
infect*** [infékt]

타 ¹ 감염[전염]시키다 ² 오염시키다
in(in)+fect(make) → 몸 안에 병균을 만들다

유 ² contaminate

infectious / infective 형 전염되는, 전염성의 **infection** 명 ¹ 감염 ² 전염병
- **infectious** diseases like smallpox, measles, and flu 천연두, 홍역, 독감 같은 **전염**병들 [국9]
- Nearly half of the world's population is at risk of **infection**. 세계 인구의 거의 절반이 **감염** 위험에 놓여 있다. [서9]

2346
disinfectant* [dìsinféktənt]

명 소독제, 살균제
dis(away)+infect(감염시키다)+ant(명) → 감염시키는 것을 멀리 없애다

유 bactericide, germicide, antiseptic

disinfection 명 소독, 살균
- Most medicines are chemicals of some kind, as are most **disinfectants**, household cleaning agents and plastics. 대부분의 약들은 **소독제**, 가정용 세정제, 플라스틱과 같이 어떤 종류의 화학물질이다.
- methods of water **disinfection** 수질 소독 방법

2347
defect** [dífekt]

명 결점, 결함 자 [difékt] (국가 등을) 떠나다, 망명하다, 변절하다
de(away)+fect(do) → 바른 행위에서 벗어난 것

유 명 fault, imperfection, flaw
자 desert, abandon

defective 형 결점[결함]이 있는 **defector** 명 망명자
- **defects** in people's ability to form relationships 사람들의 관계 형성 능력에서의 **결함** [지9]
- He **defected** to the communist side in the 1970s. 그는 1970년대에 공산주의로 **변절했다**.

fea
= make (만들다), do (행하다)

2348
feat** [fiːt]

명 ¹ 위업, 업적 ² (뛰어난) 솜씨, 재주

유 ¹ achievement, accomplishment

- The 3D printer is a considerable **feat** of engineering. 3D 프린터는 공학의 중요한 **업적**이다.
- a performer known for her astonishing acrobatic **feats** 놀랄 만한 곡예 **솜씨**로 알려진 곡예사

2349
defeat★★★ [difíːt]
(타) ¹ (상대를) 패배시키다, 이기다 ² 좌절시키다 (명) 패배
de(not)+feat(do) → 한 것을 되돌리다

국9 | 지9 | 경찰 | 국회 | 법원 | 사복

유 ¹ beat, conquer ² thwart
명 loss

defeatist (형)(명) 패배주의자(의)

- Within four years of the Pearl Harbor attacks the Japanese empire lay in ruins, utterly **defeated**. 진주만 공격 이후 4년 내에 일본 제국은 완전히 **패배한** 채 폐허가 되어 있었다. [지9]
- We should not be **defeatists**. 우리는 **패배주의자**가 되지 말아야 한다. [국회]

2350
feature★★★ [fíːtʃər]
(명) ¹ 특징 ² 얼굴 생김새, 용모 ³ 특집 (기사[방송]) (타) 특징으로 삼다
feat(make)+ure(명)

국9 | 국7 | 지9 | 지7 | 서9 | 서7 | 경찰 | 국회 | 기상 | 법원

유 ¹ characteristic, attribute

- This camera has several **features** that make it easy to use.
  이 카메라는 사용을 쉽게 하는 다양한 **특징**을 가졌다.
- skin color, hair, or other such **features** 피부색, 머리카락, 또는 다른 그러한 **용모** [국7]
- The paper ran a special **feature** on education. 그 신문은 교육 **특집 기사**를 실었다.

2351
feasible★ [fíːzəbl]
(형) 실현 가능한
feas(do)+ible(형)

지9 | 서7

유 practicable, likely, probable
반 unfeasible (실행할 수 없는)

feasibility (명) 실현 가능성
- a **feasible** idea 실현 가능한 아이디어

---

fi(c), fei
= make (만들다), do (행하다)

암기유발 TIP

fiction ¹ 소설 ² 허구
fic(make)+tion(명)

2352
efficient★★★ [ifíʃənt]
(형) ¹ 능률[효율]적인 ² 유능한
ef(out)+fici(make)+ent(형) → 만드는 것이 밖으로 바로 나오는

국9 | 지9 | 지7 | 서9 | 서7 | 경찰 | 국회 | 기상 | 법원 | 사복

유 ¹ productive ² competent
반 inefficient (비효율적인)

efficiency (명) ¹ 능률, 효율(성) ² 유능

- Fats provide the body's best means of storing energy, a far more **efficient** energy source than either carbohydrates or proteins. 지방은 탄수화물이나 단백질보다 훨씬 더 **효율적인** 에너지원으로 몸이 에너지를 저장하는 가장 좋은 방법을 제공한다. [경찰]

2353
deficient★★ [difíʃənt]
(형) ¹ 부족한, 결핍된 ² 불완전한, 결함이 있는
de(down, away)+fici(make)+ent(형) → 만든 것이 낮은[벗어난]

국7 | 지9 | 서7 | 국회 | 사복

유 ¹ lacking, insufficient ² defective, flawed

deficiency (명) ¹ 결핍(증) ² 결함

- Northern and western parts of the state are **deficient** in forest.
  그 나라의 북부와 서부는 숲이 **부족하다**. [국회]
- Delinquency results from structural inequalities and **deficient** parenting styles. 청소년 범죄는 구조적 불평등과 **불완전한** 양육 방식에서 비롯된다. [서7]

DAY 29

2354 deficit*
[défəsit]
de(down, away)+ficit(make)

형 (경제) 적자, 부족액

지7 | 서7 | 경찰 | 법원

유 shortfall, deficiency, shortage
반 surplus(흑자)

- The financial blueprint projects a **deficit** of over $4.7 billion.
그 재정상의 청사진은 47억 달러 이상의 **적자**를 예상한다. [경찰]

2355 fictitious*
[fiktíʃəs]
ficti(make)+tious(형)

형 허구의, 가짜의

지7

- Macondo is a **fictitious** village in which the boundary between reality and fantasy is blurred. Macondo는 현실과 환상 사이의 경계가 모호한 **허구의** 마을이다. [지7]

2356 official***
[əfíʃəl]
of(work)+fic(do)+ial(형)

형 공식적인, 정식의 명 공무원

국9 | 국7 | 지9 | 지7 | 서9 | 서7 | 경찰 | 국회 | 기상 | 법원

유 형 authorized
명 officer
반 형 unofficial
(비공식적인)

officially 부 공식적으로, 정식으로

- Donated money often ended up being used ineffectively or stolen by corrupt **officials**. 기부된 돈은 종종 비효율적으로 쓰이거나 부패한 **공무원**들에 의해 몰래 가져가지게 되었다. [국회]

2357 officious*
[əfíʃəs]
of(work)+fic(do)+ious(형) → 일을 필요 이상으로 하는

형 ¹참견[간섭]하기 좋아하는, 주제넘게 나서는 ²비공식의

서9

유 ¹meddlesome, self-important, interfering

- An **officious** person nowadays means a busy uninvited meddler in matters which do not belong to him/her. **참견하기 좋아하는** 사람이란 오늘날 자신에게 속하지 않는 문제들에 대해 분주히 주제넘게 간섭하는 사람을 뜻한다. [서9]
- an **officious** talk 비공식 회담

2358 suffice**
[səfáis]
suf(under)+fice(make) → 아래에 많이 만들어져 있다

자 충분하다

국7 | 서9 | 법원

- He believed his pension would **suffice** for his life after retirement.
그는 자신의 연금이 은퇴 후 자신의 생활에 **충분하다**고 믿었다. [국7]

2359 sufficient**
[səfíʃənt]
suf(under)+fici(make)+ent(형)

형 충분한

국7 | 지9 | 지7 | 국회 | 법원

유 enough, adequate
반 insufficient, inadequate
(불충분한)

sufficiency 명 충분(한 양)

- He has **sufficient** evidence to prove his claims.
그는 자신의 주장을 증명할 **충분한** 증거를 가지고 있다.

2360 proficient**
[prəfíʃənt]
pro(forward)+fici(do)+ent(형) → 남들보다 앞서 행하는

형 능숙한

지9 | 국회 | 법원

유 skilled, skilful, expert
반 incompetent
(무능한)

proficiency 명 능숙함

- **Proficient** readers accomplish many tasks: making predictions, inferring information, visualizing a scene, and generating questions.
능숙한 독자들은 많은 일을 해내는데, 예측을 하고, 정보를 추론하며, 장면을 상상하고, 질문을 생성한다. [법원]

2361
superficial***
[sùːpərfíʃəl]

형 1 피상적인, 표면적인 2 《부정적》 가벼운, 깊이 없는
super(over)+fici(make)+al(형) → 만들어진 것 겉 부분의

superficiality 명 피상적임, 표면적임
- The building suffered only **superficial** damage. 그 건물은 **표면적인** 피해만 보았다.

유 1 exterior, external, outer
2 shallow
반 2 thoughtful (사려 깊은)

2362
beneficent*
[bənéfəsənt]

형 선을 베푸는, 도움을 주는
bene(well)+fic(do)+ent(형)

beneficence 명 선행, 자선 **beneficiary** 명 1 수혜자 2 (유산) 수령인
- a humane and **beneficent** policy 인도적이고 **선을 베푸는** 정책
- The rich were the main **beneficiaries** of the tax cuts.
그 세금 감면의 주요 **수혜자**는 부자들이었다.

유 charitable, merciful, generous

2363
maleficent*
[məléfəsənt]

형 해로운, 나쁜 짓을 하는
male(badly)+fic(do)+ent(형)

- They denied any **maleficent** intent. 그들은 어떠한 **해로운** 의도도 부인했다.

반 beneficent (도움을 주는)

2364
edifice*
[édəfis]

명 1 건물, 건축물 2 (사상의) 체계
edi(building)+fice(make)

- a magnificent **edifice** with a domed ceiling 둥근 지붕이 있는 웅장한 **건물**
- the political and constitutional **edifice** 정치와 헌법의 **체계** [서7]

유 1 building, structure

2365
profit***
[práfit]

명 이익, 수익 자타 이익을 얻다, 이익을 주다
pro(forward)+fit(make) → 앞으로 만들어내는 것

profitable 형 수익성이 있는, 이득이 되는 **profitless** 형 무익한, 이익이 없는
- to maximize **profits** and minimize losses **이익**을 극대화하고 손실을 최소화하다 [서9]
- France was more interested in the **profitable** fur trade than in colonization.
프랑스는 식민지화보다는 **수익성이 있는** 모피 무역에 더 관심이 있었다. [교행]

반 명 loss(손실)
- make a profit
~으로 이익을 얻다, 돈을 벌다

2366
benefit***
[bénəfit]

명 이익, 이득 자타 이익을 얻다, 이익을 주다
bene(well)+fit(do)

beneficial 형 유익한, 이로운
- to solve the problem for our mutual **benefit** 우리의 상호 **이익**을 위해 문제를 해결하다 [법원]

유 명 advantage
자타 profit

2367
counterfeit*
[káuntərfit]

형 위조의, 가짜의 타 위조하다 명 위조품, 가짜
counter(against)+feit(make) → 진품에 맞서서 만들다

- A lot of **counterfeit** money is estimated to get into circulation each year.
많은 **위조지폐**가 매년 유통되는 것으로 추정된다. [경찰]

유 fake, forged
반 authentic (진품의)

2368 서9

surfeit*
[sə́ːrfit]

® 과도, 과다
sur(over)+feit(do) → 지나치게 많이 하다

≒ excess

- A **surfeit** of rock dust blocked their vision and irritated their throats.
  과다한 돌가루가 그들의 시야를 가렸고 목구멍을 자극했다.

2369 경찰

forfeit*
[fɔ́ːrfit]

⊕ 몰수당하다, 박탈당하다 ® ¹ 몰수품 ² 벌금 ® 몰수된, 박탈당한
for(beyond)+feit(do) → 법에서 벗어난 일을 하다

≒ ® ² fine, penalty

- If a team does not show up with enough players, they **forfeit** the game.
  만약 한 팀이 충분한 선수들을 데리고 나타나지 않으면, 그들은 경기를 **박탈당한다**.
- A conviction is necessary before a **forfeit** can be imposed.
  벌금이 부과되기 전에 유죄 판결이 필요하다.

---

labor
= work (일하다)

암기유발 TIP
laboratory 실험실
labor(work)+atory(®)

2370 국9 | 국7 | 지9 | 지7 | 서9 | 서7 | 경찰 | 법원 | 교행 | 사복

labo(u)r***
[léibər]

® ¹ (육체적인) 노동(자) ² 분만, 진통 ⊕ (열심히) 일하다, 노력하다

≒ ® ² childbirth, contraction

labo(u)rer ® 노동자
- **labor** force 노동력, 노동 인구
- The couvade is a ceremony in which the husband acts as if he is suffering from **labor** pains at the same time that his wife actually gives birth.
  couvade(쿠바드)는 남편이 아내가 실제로 출산하는 것과 동시에 자신도 **진통**을 겪는 것처럼 행동하는 의식이다. [법원]

MORE + 기출어휘 '노동' 관련 어휘
- chore   ® ¹ (일상의) 잡일 ² 하기 싫은 일
- drudgery   ® 단조롭고 고된 일
- sweatshop ® 노동 착취 공장 《저임금으로 장시간 노동시킴》

2371 지7

laborious*
[ləbɔ́ːriəs]

® 힘든, 고된
labor(노동)+ious(®)

≒ arduous

- Before the invention of printing, multiple copies of a manuscript had to be made by hand, a **laborious** task that could take many years.
  인쇄가 발명되기 전에는 다수의 사본을 손으로 써야 했는데, 그것은 수년이 걸릴 수 있는 **고된** 작업이었다. [지7]

2372 국9 | 국7 | 지9 | 지7 | 서7 | 기상 | 법원 | 교행

elaborate***
[ilǽbərət]

® ¹ 정교한, 복잡한 ² 공들인 ⊕ [ilǽbərèit] 상세히 설명하다 ⊕ [ilǽbərèit] 정교하게 만들다
e(강조)+labor(work)+ate(®)(⊕) → 온 힘을 다해 작업한

≒ ® ¹ complicated, detailed, intricate

elaboration ® ¹ 정교 ² 공들임 ³ 상세한 설명 **elaborative** ® ¹ 정교한 ² 공들인
- to change the outside of the building to look more sophisticated and **elaborate**
  건물 외부를 더욱 세련되고 **정교하게** 보이게 바꾸다 [기상]
- The authorities are refusing to **elaborate** on details of the claims.
  당국은 그 주장들의 세부사항에 대해 **상세히 설명하기**를 거부하고 있다.

2373

collaborate**
[kəlǽbərèit]

지9 | 서7 | 기상 | 법원 | 교행

㈜ 협력하다, 공동으로 작업하다
col(together)+labor(work)+ate(동)

⊕ cooperate

collaboration 명 협력, 공동 작업 **collaborative** 형 협력적인, 공동 작업의

- Leadership becomes a process of **collaboration** that occurs between leaders and followers. 리더십은 리더와 팔로워들 사이에서 일어나는 **협력**의 과정이 된다. [교행]

---

fin
= end (끝내다), limit (제한하다), border (경계)

암기유발 TIP
finale 피날레, 대단원

2374

final***
[fáinəl]

국9 | 국7 | 지9 | 지7 | 서9 | 서7 | 경찰 | 국회 | 기상 | 법원 | 사복

형 최종의, 마지막의   명 ¹ 결승전 ² 기말시험
fin(end)+al(형)

⊕ 형 last

finally 부 ¹ 마침내 ² 마지막으로   **finalize** 타 완결하다, 마무리 짓다   **finalist** 명 최종 후보, 결승전 출전자

- Until we heard the **final** result, we were all on edge.
  최종 결과를 듣기 전까지 우리는 모두 초조했다. [기상]
- the 2018 World Cup **Finals** 2018년 월드컵 **결승전**

cf. semifinal 명 형 《스포츠》 준결승(의)

2375

finite*
[fáinait]

서7 | 법원

형 한정된, 유한한
fin(end)+ite(형)

⊕ limited, restricted, definable

- Like time, energy is **finite**; but unlike time, it is renewable.
  시간과 마찬가지로 에너지도 **유한하다**. 그러나 시간과 달리, 에너지는 재생할 수 있다. [서7]

2376

infinite**
[ínfənət]

서9 | 경찰 | 법원 | 교행

형 무한한, 한계가 없는
in(not)+finite(유한한)

⊕ boundless, unlimited, limitless
⊖ limited(제한된)

infinitely 부 무한히   **infinity** 명 무한함

- Her co-workers admired her seemingly **infinite** energy.
  그녀의 동료들은 그녀의 **무한해** 보이는 에너지에 감탄했다. [경찰]

2377

confine**
[kənfáin]

국7 | 지9 | 경찰 | 국회

타 ¹ 한정[제한]하다 ² 가두다, 감금하다   명 (pl.) 한계, 범위
con(강조)+fine(limit)

⊕ 타 ¹ restrict, limit ² enclose, imprison

confinement 명 ¹ 한정, 제한 ² 감금

- We must **confine** ourselves to the agenda we've agreed on for this meeting.
  우리는 이 회의를 위해 우리가 합의한 안건에 **한정해야** 한다.
- The notorious rapist was finally captured and **confined** to jail.
  그 악명 높은 강간범은 마침내 붙잡혀 감옥에 **갇혔다**. [경찰]

2378 국9 | 국7 | 지9 | 지7 | 서9 | 서7 | 경찰 | 기상 | 법원 | 교행

define***
[difáin]

[타] 1 규정하다, 분명히 밝히다 2 (뜻을) 정의하다
de(강조)+fine(limit)

[유] 1 determine, establish

definite [형] 1 명확한, 확실한 2 확신하는 **definition** [명] 1 한정 2 정의 **redefine** [타] 재정의하다

- a **definite** answer **명확한** 대답
- The **definition** of success for many people is one of acquiring wealth and a high material standard of living. 많은 사람들에게 성공의 **정의**는 부와 삶의 높은 물질적 수준을 얻은 사실이다. [지9]
- to **redefine** the role of father 아버지의 역할을 **재정의하다** [국9]

2379 국9 | 지9 | 국회

indefinite**
[indéfənit]

[형] 1 불명확한, 분명하지 않은 2 무기한의, 한계가 없는
in(not)+definite(명확한)

[유] 1 imprecise, vague, unclear 2 unlimited

indefinitely [부] 1 불명확하게 2 무기한으로

- Gray is an ambiguous, **indefinite** color. 회색은 애매모호하고 **분명하지 않은** 색이다. [국회]
- The **indefinite** detention has affected his mental health. **무기한** 구금이 그의 정신 건강에 영향을 주었다.

2380 법원 | 사복

definitive**
[difínətiv]

[형] 최종적인, 확정적인
defin(e)(규정하다)+itive([형])

[유] conclusive, final, ultimate

definitively [부] 결정적으로, 명확하게

- a **definitive** answer **확정적인** 대답

2381

affinity*
[əfínəti]

[명] 1 (밀접한) 관련성, 유사성 2 친밀감
af(to)+fin(border)+ity([명]) → 경계 지역으로 감

[유] 1 similarity 2 empathy, rapport

- a close **affinity** between Italian and Spanish 이탈리아어와 스페인어의 밀접한 **관련성**
- They felt a close **affinity** for each other. 그들은 서로에게 깊은 **친밀감**을 느꼈다.

termin
= end (끝내다)

암기유발 TIP
terminator
터미네이터, 종결자
termin(end)+ator([명])

2382 지9 | 지7

terminal**
[tə́ːrmənl]

[형] 1 (질병 등이) 말기의, 불치의 2 종말의, 끝의 [명] 1 종점, 종착역 2 공항 터미널
termin(end)+al([형][명])

[유] [형] 1 incurable, fatal

- Alzheimer's disease is a progressive and **terminal** illness. 알츠하이머병은 진행성이고 **불치**병이다.
- a **terminal** station **종착**역

2383 지9 | 경찰 | 기상

terminate**
[tə́ːrmənèit]

[자][타] 종료하다, 끝내다
termin(end)+ate([동])

[유] cease, abort

termination [명] 종료, 끝

- Euthanasia is the **termination** of a very sick person's life in order to relieve them of their suffering. 안락사는 고통을 덜어주기 위해 매우 아픈 사람의 삶을 **끝내는 것**이다. [기상]

2384
extermin**ate***
[ikstə́ːrmənèit]

㉠ 몰살시키다, 전멸시키다
ex(강조)+terminate(끝내다)

extermination ⓝ 몰살, 전멸

- The invaders nearly **exterminated** the native people.
  침략자들은 원주민들을 거의 **몰살시켰다**.

⊕ eradicate, eliminate, annihilate, extinguish

2385
국9 | 국7 | 지9 | 지7 | 서9 | 서7 | 경찰 | 국회 | 기상 | 법원 | 교행

de**termine*****
[ditə́ːrmin]

㉠ ¹밝히다, 알아내다 ²결심[결정]하다
de(off)+termine(end) → 끝이나 경계를 정하다

determined ⓐ ¹결심한 ²단호한 determinant ⓝ 결정 요인

- Animals' genes **determine** their behavior. 동물의 유전자가 그들의 행동을 **결정한다**. [경찰]
- She was making a **determined** effort to give up smoking.
  그녀는 금연을 위해 **단호한** 노력을 하고 있었다.
- Level of education is often a **determinant** of income.
  교육 수준은 보통 수입의 **결정 요인**이다.

⊕ ¹specify, establish ²resolve, decide

2386
지7

inde**termin**ate*
[indité́ːrmənət]

ⓐ 불명확한, 불확실한
in(not)+determin(e)(밝히다)+ate(ⓐ)

- an **indeterminate** number of people **불확실한** 인원수

⊕ indefinite
⊖ determinate (명확한)

2387
지7

prede**termin**e*
[priːditə́ːrmin]

㉠ 미리 결정하다, 예정하다
pre(before)+determine(결정하다)

predetermined ⓐ 결정된, 예정된

- Patients were faced with **predetermined** service cut-off dates.
  환자들은 **예정된** 서비스 중단 날짜에 직면했다. [지7]

funct
= perform (수행하다)

2388
국9 | 국7 | 지9 | 지7 | 서9 | 서7 | 경찰 | 국회 | 기상 | 법원 | 교행 | 사복

function***
[fʌ́ŋkʃən]

ⓝ ¹기능 ²행사, 의식 ⓥ (제대로) 기능하다, 작용하다
funct(perform)+ion(ⓝ)

functional ⓐ ¹기능의 ²실용적인 functionality ⓝ 기능성

- The **function** of our dreams is still a mystery. 꿈의 **기능**은 여전히 미스터리다. [기상]
- The building's design is not only **functional** but also beautiful.
  그 건물 디자인은 **실용적일** 뿐만 아니라 아름답기도 하다.

2389
법원

functionless**
[fʌ́ŋkʃənlis]

ⓐ 기능이 없는
function(기능)+less(ⓐ)

- Evolutionary biologists now classify wisdom teeth as vestigial organs, or body parts that have become **functionless**. 진화생물학자들은 이제 사랑니를 퇴화된 기관이나, **기능이 없게** 된 신체 부위로 분류한다. [법원]

2390 multifunctional** [mʌltifʌ́ŋkʃənəl]
형 다기능적인
multi(many)+functional(기능의)

- The new architecture will make spaces intentionally **multifunctional**.
새로운 건축은 공간을 의도적으로 **다기능적이게** 만들 것이다. [서9]

2391 malfunction** [mælfʌ́ŋkʃən]
자 (제대로) 기능하지 않다 명 기능 불량, 오작동
mal(bad)+function(기능)

- **malfunctions** in the machinery 기계 장치에서의 **기능 불량** [교행]

2392 dysfunction* [disfʌ́ŋkʃən]
명 1 《의학》 기능 장애 2 (사회적인) 역기능
dys(bad)+function(기능)

- the prevention and successful management of cardiovascular **dysfunctions**
심혈관 **기능 장애**의 예방과 성공적인 관리

2393 defunct* [difʌ́ŋkt]
형 현존하지 않는, 사용되지 않는, 존재하지 않는
de(off)+funct(perform) → 작동이 멈춘

유 disused
반 extant(현존하는)

- His father worked for 29 years for a now **defunct** men's clothing chain.
그의 아버지는 지금은 **존재하지 않는** 남성복 체인점에서 29년간 일하셨다.

2394 perfunctory* [pərfʌ́ktəri]
형 (부정적) 형식적인, 의무적인
per(강조)+funct(perform)+ory(형) → 관심 없이 철저히 작동만 하는

- a **perfunctory** smile[nod] **형식적인** 미소[끄덕임]

pract, pragma
= do (행하다), practice (실행하다)

2395 practice / practise*** [prǽktis]
명 1 실행 2 관습, 관행 3 연습 4 (의사 등의) 개업   타 1 실행하다 2 연습하다
pract(do)+ice(명)

유 명 1 application
2 custom

unpracticed 형 1 실용되지 않은 2 미숙한, 경험이 부족한

- The "ten-thousand-hour rule" states that expertise requires at least ten thousand hours of **practice**. '일만 시간의 법칙'은 전문 지식에 적어도 만 시간의 **연습**이 필요하다고 말한다. [지9]

2396
malpractice＊ [mǽlpræktis]
명 ¹(법률) 위법 행위 ² 의료 과실[사고]
mal(bad)+practice(실행)

- They are accused of medical **malpractice**. 그들은 **의료 과실**로 기소되어 있다. [서9]

2397
practical＊＊＊ [prǽktikəl]
형 ¹ 현실적인, 실제적인 ² 실용적인 ³ 노련한, 경험이 풍부한
practic(e)(실행)+al(형)

[국7｜지9｜지7｜서9｜경찰｜국회｜법원｜사복]

practicable 형 실현 가능한, 현실적인 **practicality** 명 현실성, 실용성

- Speaking two languages has obvious **practical** benefits in an increasingly globalized world. 두 개의 언어를 말하는 것은 점차 국제화된 세계에서 명백한 **현실적인** 이점을 가지고 있다. [서9]

유 ¹ realistic ² sensible ³ empirical
반 impractical (비현실적인)

2398
practitioner＊ [præktíʃənər]
명 개업 의사[변호사]
practi(practice)+tion(명)+er(명)

[국7｜경찰]

- Many doctors are general **practitioners**, but the tendency is toward specialization in medicine. 많은 의사들이 일반 **개업 의사들**이지만, 의학은 전문화되는 추세이다. [경찰]

2399
pragmatic＊ [prægmǽtik]
형 실용적인
pragma(do)+tic(형) → 현실적으로 실행하는

[국7]

pragmatism 명 실용주의

- In business, the **pragmatic** approach to problems is often more successful than the idealistic one. 사업에서 문제에 대한 **실용적인** 접근은 종종 이상주의적인 접근보다 더 성공적이다.

유 practical, utilitarian

---

struct, str
= build (세우다)

암기유발 TIP
instrument 기구, 악기
in(on)+stru(build)+ment(명)

2400
structure＊＊＊ [strʌ́ktʃər]
명 ¹ 구조, 구성 ² 건축물 타 조직하다, 구조화하다
struct(build)+ure(명)

[국9｜국7｜지9｜지7｜서9｜서7｜경찰｜국회｜기상｜법원｜교행｜사복]

structural 형 구조(상)의, 구조적인 **restructure** 타 (조직 등을) 재구성하다, 개혁하다

- She **structured** the essay chronologically. 그녀는 그 수필을 연대순으로 **구조화했다**.
- The company has **restructured** its marketing department and strengthened its sales force. 그 회사는 마케팅 부서를 **재구성하고** 영업 인력을 강화했다.

유 명 ¹ construction ² building
타 arrange, organize

2401
infrastructure＊＊ [ínfrəstrʌ̀ktʃər]
명 사회 기반 시설 (교통, 통신, 전력, 건물 등 사회가 기능할 수 있도록 하는 기본 시설)
infra(beneath)+structure(구조) → 아래에서 기반이 되는 구조물

[경찰｜국회]

- to create **infrastructure** such as roads, schools, and hospitals
도로와 학교, 병원들과 같은 **사회 기반 시설**을 만들다 [경찰]

2402
construct ***
[kənstrʌ́kt]
국9 | 국7 | 지9 | 지7 | 서9 | 서7 | 경찰 | 국회 | 기상 | 법원 | 교행 | 사복

태 1 건설하다 2 (이론 등을) 구성하다
con(together)+struct(build)

유 1 build, erect
2 formulate
반 1 demolish (철거하다)

construction 명 1 건설 2 건물 3 구조 **deconstruct** 태 (텍스트를) 해체하다, 분석하다

- to **construct** a theory 이론을 구성하다
- the aerodynamics of flying and the **construction** of wings
  비행의 공기역학과 날개의 **구조** [서9]
- to **deconstruct** a literary passage 문단을 분석하다

2403
constructive **
[kənstrʌ́ktiv]
서7 | 경찰 | 국회 | 법원

형 건설적인
construct(건설하다)+ive(형)

반 destructive (파괴적인)

- They should feel free to criticize one another in a **constructive** manner.
  그들은 **건설적인** 태도로 마음 놓고 서로 비평해야 한다. [국회]

2404
reconstruct **
[rìːkənstrʌ́kt]
서9 | 경찰 | 법원 | 사복

태 1 복원하다, 재건하다 2 (사건을) 재구성하다, 재현하다
re(again)+construct(건설하다, 구성하다)

유 1 rebuild, restore
2 recreate

reconstruction 명 복원, 재건

- Archeological evidence and inferences from later Indian life allows us to **reconstruct** something of its culture. 후기 인도 생활에서 온 고고학적 증거와 추론은 우리에게 그 문화의 어떤 것을 **복원할** 수 있게 해준다. [서9]

2405
destruct ***
[distrʌ́kt]
국7 | 지7 | 서9 | 기상 | 법원 | 교행

형 파괴용의 명 (미사일 등의) 파괴 자태 파괴되다, 파괴하다
de(down)+struct(build) → 쌓은 것을 주저앉게 만들다

destruction 명 파괴 **destructive** 형 파괴적인

- biodiversity loss and **destruction** of farmland 생물다양성 손실과 경작지 **파괴** [국7]
- the **destructive** nature of poverty 빈곤의 **파괴적인** 성질 [기상]

2406
instruct ***
[instrʌ́kt]
국9 | 국7 | 지9 | 서7 | 국회 | 법원

태 1 지시하다, 명령하다 2 가르치다
in(on)+struct(build) → 쌓아 올린 지식을 전해주다

유 1 order, command, direct
2 teach

instructor 명 교사, 지도자

- Her secretary was **instructed** to cancel all her engagements.
  그녀의 비서는 그녀의 모든 약속을 취소하도록 **지시받았다**.
- Many doctors are **instructing** their patients on the importance of exercise.
  많은 의사들이 환자들에게 운동의 중요성에 대해 **가르치고** 있다.

2407
instruction ***
[instrʌ́kʃən]
국9 | 지9 | 지7 | 경찰 | 법원 | 사복

명 1 교육 2 지시(사항), 지침
instruct(지시하다)+ion(명)

유 2 directions, guide

instructional 형 교육용의

- The Survival Guide gives basic step-by-step **instructions** for dealing with various types of emergencies. 생존 가이드는 다양한 유형의 비상사태에 대처하기 위한 기본적인 단계별 **지침**을 제공한다. [지7]

cf. **instructive** 형 교육적인, 유익한

2408

obstruct✱✱
[əbstrʌ́kt]

⊕ 방해하다, (가로)막다
ob(against)+struct(build)

서9 | 국회 | 법원

🔄 block, hinder, occlude

obstruction 몡 방해, 장애물   **obstructive** 몡 방해하는, 가로막는

- Heart attacks occur when the coronary arteries that supply blood to the heart muscle become **obstructed**.
  심장 근육에 혈액을 공급하는 관상동맥이 **막히게** 될 때 심장마비가 일어난다. [법원]

2409

industry✱✱✱
[índəstri]

몡 ¹ 산업, 공업 ² 근면, 부지런함
indu(in)+stry(build)

국9 | 국7 | 지9 | 지7 | 서9 | 서7 | 경찰 | 국회 | 기상 | 법원 | 교행 | 사복

🔄 ² diligence

industrial 몡 산업의, 공업의   **industrious** 몡 근면한, 부지런한

- The game **industry** must adapt to changing conditions in the marketplace.
  게임 **산업**은 시장의 변화하는 환경에 적응해야만 한다. [경찰]
- an **industrial** accident 산업 재해
- an **industrious** worker 근면한 근로자

MORE+ 관련어휘

preindustrial 몡 산업화 이전의, 산업혁명 전의
postindustrial 몡 탈공업화된 《1950년대 이후 중화학공업에서 지식 정보 산업 중심으로 전환된 선진 공업국의 상황》
agro-industrial 몡 농업 및 공업의, 농업 관련 산업의

2410

industrialize / industrialise✱✱
[indʌ́striəlàiz]

⊕⊕ 산업[공업]화되다, 산업[공업]화하다
industrial(산업의)+ize(⊕)

서9 | 경찰

industrialized 몡 산업화된

- to **industrialize** the agricultural regions 농업 지역을 **산업화하다**
- In **industrialized** countries, people are using more and more wood for paper.
  산업화된 국가에서 사람들은 종이를 위해 점점 더 많은 나무를 사용하고 있다. [서9]

DAY 30 연결, 연장, 끊기

🔍 Preview & Review

bind, band, bond, bund ▶ bind

- **bind**
- **band**age
- dis**band**
- **bond**
- **bund**le

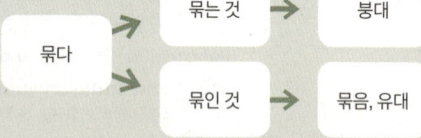

묶다 → 묶는 것 → 붕대
묶다 → 묶인 것 → 묶음, 유대

nect, nex ▶ bind

- con**nect**
- discon**nect**
- intercon**nect**
- an**nex**
- **nex**us

묶다 → 연결하다 → 연계성

ly, li, lig ▶ bind

- re**ly**
- al**ly**
- **li**able
- ob**lig**e
- ob**lig**ate
- re**lig**ion

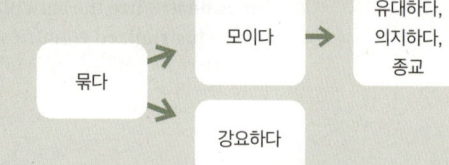

묶다 → 모이다 → 유대하다, 의지하다, 종교
묶다 → 강요하다

strain, strict, string, stress ▶ bind

- **strain**
- re**strain**
- con**strain**
- **strict**
- con**strict**
- di**strict**
- re**strict**
- **string**ent
- di**stress**

묶다 → 압박, 부담 → 고통
묶다 → 억제하다, 수축하다 → 엄격한

join, junct, jug ▶ join

- **join**t
- ad**join**
- con**join**
- dis**join**
- re**join**
- sub**join**
- en**join**
- ad**junct**
- **junct**ion
- con**junct**ion
- **junct**ure
- con**jug**al
- sub**jug**ate

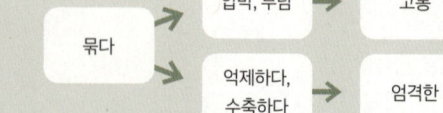

연결하다 → 결합하다

sert ▶ join, line up

- as**sert**
- de**sert**
- ex**ert**
- in**sert**

연결하다, 줄 세우다

tend, tent, tens ▶ stretch

- **tend**
- **tend**er
- ex**tend**
- dis**tend**
- at**tend**
- at**tent**ion
- inat**tent**ion
- in**tend**
- in**tent**ion
- superin**tend**
- por**tend**
- pre**tend**
- pre**tense**
- pre**tens**ion
- con**tend**
- con**tent**
- os**tent**ation
- **tens**e
- in**tens**e
- in**tens**ive
- in**tens**ify
- hyper**tens**ion
- **tens**ile
- os**tens**ible

늘이다 → 마음을 ~로 뻗다 → 주의를 기울이다, 의도하다

당기다 → 팽팽하게 당겨진 → 긴장된

fract, fra(g), fring ▶ break

- **fract**ure
- **fract**ion
- in**fract**
- re**fract**
- re**fract**ory
- dif**fract**
- **frag**ment
- **frag**ile
- **fra**il
- in**fring**e
- re**frain**

깨뜨리다 → 부수다, 부서진 것 → 골절, 부분, 파편

→ 약한

rupt ▶ break

- **rupt**ure
- cor**rupt**
- dis**rupt**
- inter**rupt**
- e**rupt**
- ab**rupt**
- bank**rupt**

깨뜨리다 → 파열시키다

crete, cree(t), cern ▶ separate, distinguish

- dis**crete**
- ex**crete**
- se**crete**
- dis**creet**
- de**cree**
- dis**cern**

분리하다, 분별하다

bind, band, bond, bund
= bind (묶다)

암기유발 TIP
band ¹악단 ²무리 ³띠, 끈

2411

bind** [baind]
지9 | 지7 | 서9 | 교행
타 ¹묶다, 매다 ²결속시키다

유 ¹tie ²unite

- Leadership and strength are inextricably **bound** together.
지도력과 힘은 불가분하게 서로 **결속되어있다**. [서9]

2412

bandage* [bǽndidʒ]
명 붕대 타 붕대를 감다
band(bind)+age(명)

- Apply an antibiotic ointment and cover the wound with an adhesive **bandage** or gauze. 항생제 연고를 바르고 상처를 **붕대**나 거즈로 덮으시오.

2413

disband* [disbǽnd]
자 타 (조직 등이) 해산하다, 해산시키다
dis(apart)+band(bind) → 묶어 놓은 것을 떨어뜨리다

disbandment 명 해산

유 disperse, dismiss
반 assemble (집합시키다)

- The members of the organization have decided to **disband**.
그 조직원들은 **해산하기로** 결정했다.

2414

bond** [bɑnd]
국7 | 서9 | 경찰 | 법원 | 사복
명 ¹유대, 결속 ²채권 자 유대감을 형성하다 타 접착시키다

- Volunteers are rewarded with a keen sense of accomplishment and strong **bonds** of friendship. 봉사자들은 강렬한 성취감과 우정의 단단한 **유대**로 보상받는다. [법원]

2415

bundle** [bʌ́ndl]
지7
명 묶음, 꾸러미, 보따리
bund(bind)+le(명)

유 bunch

- a **bundle** of clothes 옷 한 보따리

---

nect, nex
= bind (묶다)

2416

connect*** [kənékt]
국9 | 국7 | 지9 | 지7 | 서9 | 서7 | 경찰 | 국회 | 기상 | 법원 | 교행 | 사복
자 타 ¹연결되다, 연결하다 ²접속하다 ³~과 관련이 있다
con(with)+nect(bind)

connection 명 ¹연결, 결합 ²관계, 관련(성) **connectivity** 명 연결(성)

유 ¹attach, join, link ³associate, relate

- Cyberspace offers the ability to **connect** with others in foreign countries while also providing anonymity. 사이버 공간은 익명성을 제공하는 동시에 외국의 다른 사람들과 **연결될** 수 있는 능력을 제공한다. [지9]
- Globalization refers to increasing global **connectivity**.
세계화는 전 세계적인 **연결성**을 증가시키는 것을 말한다. [지7]

2417
disconnect**
[dìskənékt]

타 ¹ 연결을 끊다 ² 분리하다
dis(apart)+connect(연결하다)

disconnection 명 단절, 분리

- The hose and faucet had been **disconnected**. 호스와 수도꼭지가 **분리되어** 있었다.

유 ¹ detach, disengage
 ² separate
반 connect(¹ 연결하다 ² 잇다)

2418
interconnect*
[ìntərkənékt]

자타 (비슷한 것끼리) 서로 연결하다, 관련되다
inter(between)+connect(연결하다)

- The new building **interconnects** with the old one. 신관은 구관과 **서로 연결된다**.
- The causes are many and may **interconnect**. 원인은 다양하고 **서로 관련될**지도 모른다.

2419
annex*
[ənéks, æneks]

타 ¹ 부가하다, 첨가하다 ² (특히 무력으로) 합병하다   명 [æneks] ¹ 부속 건물, 별관 ² 부록
an(to)+nex(bind)

annexation 명 ¹ 부가, 첨가 ² 합병

- Cyprus was occupied and administered by the British from 1878, and formally **annexed** by them at the beginning of World War I. 키프로스는 1878년 영국에 점령되어 통치를 받았고 제1차 세계대전 초에 영국에 정식으로 **합병되었다**. [국7]
- an **annex** to the library 도서관의 **별관**
- an **annex** to the document 문서의 **부록**

유 타 ¹ add, append, attach
 ² merge, amalgamate

2420
nexus*
[néksəs]

명 ¹ 연계(성), 관계(성) ² 《문법》 주어 술어 관계[표현]

- the **nexus** between drugs, guns, and crime 마약, 총, 그리고 범죄와의 **연계성**

---

ly, li, lig
= bind (묶다)

암기유발 TIP

league 리그, 연맹 《우승을 가리기 위하여 경기를 벌이는 스포츠 팀의 집단》

2421
rely***
[rilái]

자 의지[의존]하다, 신뢰하다 《on, upon》
re(강조)+ly(bind) → 함께 모이다 → 유대하다 → 믿다

reliant 형 의지[의존]하는, 신뢰하는   **reliance** 명 의존, 신뢰   **reliable** 형 신뢰할 수 있는

- All relationships **rely** on an ability to create and maintain social ties. 모든 관계는 사회적 유대를 만들고 유지하는 능력에 **의존한다**. [지9]
- society's increasing **reliance** on technology 기술에 대한 사회의 증대되는 **의존**

유 depend 《on》, count 《on》
반 distrust(불신하다)

2422
ally**
[əlái]

명 동맹국, 협력자 타 [ǽlai] 동맹시키다
al(to)+ly(bind) → ~에 함께 묶임

alliance 명 동맹, 연합

- The Philippines and Thailand are military **allies** of the U.S. in Southeast Asia. 필리핀과 태국은 동남아시아에서 미국의 군사적 **동맹국**이다.
- international economic **alliances** 국제적 경제 **동맹** [국회]

- ally oneself to[with] A
 A와 동맹하다

2423
liable**
[láiəbl]

서9 | 서7 | 경찰 | 국회 | 법원

형 ¹ 법적 책임이 있는 《for》 ² ~의 영향을 받기 쉬운 《to》
li(bind)+able(형) → (법적으로) 묶여 있는

liability 명 법적 책임

- He is **liable** for his wife's debts. 그는 아내의 빚에 **법적 책임이 있다**.
- Her condition makes her **liable** to illness. 그녀의 상태는 그녀가 병에 **걸리기 쉽게** 만든다.

유 ¹ responsible 《for》
² likely 《to》, inclined 《to》, prone 《to》

• be liable to-v
v하기 쉬운, v할 것 같은

2424
oblige***
[əbláidʒ]

국9 | 국7 | 지7 | 서9 | 서7 | 경찰 | 국회

타 의무적으로[부득이] ~하게 하다 자|타 돕다, 베풀다
ob(to)+lige(bind) → ~에 묶어두다

obligation 명 의무 **obligatory** 형 의무적인

- The new bill **obliges** the public sector to reserve more than a 3-percent share for job applicants aged between 15 and 29. 그 새로운 법안은 공공분야로 하여금 15~29세 구직자들을 위해 3퍼센트가 넘는 비율을 **의무적으로 남겨두도록 한다**. [서9]
- They asked for food and he **obliged** with soup and sandwiches. 그들은 음식을 요청하여 그는 수프와 샌드위치를 **베풀었다**.

유 타 require, compel

• be obliged to-v
v해야만 하다

2425
obligate*
[ábləgèit]

국7

타 강요하다, 의무를 지우다 형 [ábləgət] 불가피한, 필수의
oblig(e)(의무적으로 하게 하다)+ate(동)(형)

- Going to the movies and feeding the ducks at a pond are leisure activities because we are not **obligated** to do these things. 영화 관람이나 연못에서 오리 먹이 주기는 우리가 하도록 **강요된** 것이 아니기 때문에 여가 활동이다. [국회]

유 타 burden, impel, force, oblige

• be obligated to-v
v해야만 하다

2426
religion***
[rilídʒən]

국9 | 국7 | 지9 | 지7 | 서9 | 경찰 | 국회 | 기상 | 법원 | 교행 | 사복

명 종교
re(again)+lig(bind)+ion(명) → (신과 인간의) 반복적인 유대

religious 형 ¹ 종교의 ² 독실한

- a fundamental conflict between science and **religion**
과학과 **종교** 사이의 근본적인 갈등 [국회]

---

strain, strict, string, stress
= bind (묶다)

암기유발 TIP
stress 스트레스, 압박

2427
strain**
[strein]

국9 | 서7 | 국회 | 법원

명 ¹ 압박(감), 부담 ² 염좌 ³ (동식물 등의) 종류, 품종 자 ¹ 세게 잡아당기다 ² 안간힘을 쓰다
타 (근육 등을) 혹사하다

strained 형 긴장한, 긴장된

- heavy **strains** and worries 과중한 **부담**과 걱정 [서7]
- a hardier rice **strain** 더 강인한 벼 **품종** [국9]
- Too much computer work **strains** the eyes. 너무 많은 컴퓨터 작업은 눈을 **혹사시킨다**.

유 명 ¹ pressure
자 ¹ pull, tug
² struggle
타 overwork

2428
restrain***
[ristréin]

국9 | 지7 | 서9 | 서7 | 경찰 | 국회

타 ¹ (감정 등을) 억제하다, 억누르다 ² (힘으로) 제지하다 《from》
re(back)+strain(bind) → 못 가도록 뒤로 묶어두다

restraint 명 ¹ 억제, 자제 ² 제지

- He could not **restrain** the dog from attacking. 그는 그 개가 공격하는 것을 **제지할** 수 없었다.
- Mammals and birds have self-**restraint** and consideration for other individuals. 포유류와 조류는 **자제력**과 다른 개체에 대한 배려가 있다. [국9]

유 ¹ control
² prevent 《from》, hinder 《from》

2429

constrain*** [kənstréin]
서9 | 서7 | 경찰 | 국회 | 법원 | 교행

타 ¹ 강요하다, ~하게 만들다 ² 제한하다
con(강조)+strain(bind) → 강제로 묶다

유 ² restrict, limit, curb, confine

constraint 명 ¹ 강제 ² 제한

- She should have kept quiet, but felt **constrained** to answer.
  그녀는 잠자코 있어야 했지만 대답을 **해야 할** 것 같은 기분이 들었다.
- the **constraints** on spreading opinions and information 의견과 정보 확산의 **제한** [서7]

2430

strict*** [strikt]
국9 | 국7 | 지9 | 지7 | 서9 | 서7 | 경찰 | 국회 | 기상 | 법원 | 사복

형 엄격한, 엄한

유 stern, severe, harsh

strictly 부 ¹ 엄격하게, 엄하게 ² 절대적으로

- The company has a very **strict** dress code.
  그 회사는 아주 **엄격한** 복장 규정을 가지고 있다. [국회]

2431

constrict* [kənstríkt]
경찰

자타 수축하다, 수축시키다 타 제한하다, 제약하다
con(강조)+strict(bind)

유 자타 contract 타 impede, restrict
반 자타 expand, dilate(확장하다)

constriction 명 ¹ 수축 ² 제한, 제약

- Pain is caused because the blood vessels **constrict** from the cold.
  혈관이 추위로 인해 **수축하기** 때문에 통증이 생긴다. [경찰]

2432

district** [dístrikt]
지9 | 지7 | 서9 | 경찰

명 지역, 구역, 지구
dis(apart)+strict(bind) → 묶어서 나눈 것

유 neighbo(u)rhood, area, region

- Police agencies are usually organized into geographic **districts**, with uniformed officers assigned to patrol a specific area.
  경찰서는 보통 특정 지역을 순찰하도록 제복 차림의 경찰관들이 배치되어 있는 지리적 **구역**으로 조직된다. [경찰]

2433

restrict*** [ristríkt]
지9 | 지7 | 서9 | 경찰 | 국회 | 기상 | 법원

타 ¹ 제한하다, 한정하다 ² 금지하다
re(back)+strict(bind)

유 ¹ limit ² impede

restriction 명 제한, 한정 **restrictive** 형 제한적인

- She was told to **restrict** the amount of salt she uses.
  그녀는 그녀가 사용하는 소금의 양을 **제한하라고** 들었다.
- Countries have taken more **restrictive** measures, including taxation and pictorial health warnings, against cigarette products.
  여러 국가들은 담배 제품에 대해 과세와 그림을 이용한 건강 경고를 포함해 더 **제한적인** 조치를 취해 왔다. [서9]

2434

stringent* [stríndʒənt]
서7

형 ¹ (규정 등이) 엄격한, 엄중한 ² (재정적으로) 긴박한, 절박한
string(bind)+ent(형) → 꽉 묶어 팽팽한

유 ¹ strict, rigorous, rigid, stern
반 ¹ lax(느슨한)

stringently 부 엄격하게, 엄중하게

- **stringent** anti-noise regulations 엄격한 소음 방지 규정

2435

distress*** [distrés]
국9 | 국7 | 지9 | 서9 | 경찰 | 국회 | 법원 | 교행 | 사복

명 ¹ 고통, 괴로움 ² 곤경, 곤궁 ³ 조난 타 괴롭히다, 고통스럽게 하다
di(apart)+stress(bind) → 묶인 것을 세게 당겨 떨어뜨리다

유 명 ¹ agony, anguish, misery ² need, hardship

- She's chosen to devote her life to helping those in **distress**.
  그녀는 **곤경**에 처한 사람들을 돕는 데 일생을 바치기로 선택했다.
- the ship's **distress** signal[call] 배의 조난 신호[호출]

join, junct, jug
= join (연결하다)

2436

joint**
[dʒɔint]

형 공동의, 합동의   명 ¹관절 ²연결 부위

국7 | 지9 | 서9 | 국회 | 기상

유 형 common, shared, communal

jointly 부 공동으로
- We did almost all the work on our **joint** projects together.
  우리는 **공동** 프로젝트에서 거의 모든 것을 함께 작업했다. [지9]
- ankle **joints** 발목 관절 [기상]

2437

adjoin*
[ədʒɔ́in]

자 타 인접하다, 붙어 있다
ad(to)+join(연결하다)

유 border on

adjoining 형 인접한
- Her office **adjoins** the library. 그녀의 사무실은 도서관에 **인접해 있다**.

2438

conjoin*
[kəndʒɔ́in]

자 타 결합하다, 결합시키다
con(together)+join(연결하다)

법원

- **conjoined** twins 결합 쌍둥이 《기형적으로 몸의 일부가 붙어서 태어난 쌍둥이》 [법원]

2439

disjoin*
[disdʒɔ́in]

타 분리시키다, 떼어놓다
dis(apart)+join(연결하다)

- The policeman **disjoined** him from the crowd. 경찰은 그를 군중으로부터 **분리시켰다**.

2440

rejoin*
[riːdʒɔ́in]

타 ¹재가입하다, 재결합하다   ²복귀하다
re(again)+join(연결하다)

- The soldiers were returning from leave to **rejoin** their unit.
  그 병사들은 그들의 부대로 **복귀하기** 위해 휴가에서 돌아오고 있었다.

2441

subjoin*
[səbdʒɔ́in]

타 추가하다, 덧붙이다
sub(under)+join(연결하다)

- to **subjoin** a postscript to a letter 편지에 추신을 **덧붙이다**

2442

enjoin*
[indʒɔ́in]

타 ¹명령하다, 요구하다   ²(법률) 금하다
en(in)+join(연결하다) → 내용 안에 연결하다

서7

유 ¹command, require ²prohibit, ban, bar

- The court **enjoined** the debtors to pay. 법원은 채무자들에게 지불을 **명령했다**.

2443 adjunct*
[ǽdʒʌŋkt]

명 1 《문법》 부사류 2 부속물 3 보조자, 조수

ad(to)+junct(join) → 물건이나 사람 옆에 연결시킴

adjunction 명 1 부속 2 첨가   **adjunctive** 형 부속의

- In "They arrived on Sunday", "on Sunday" is an **adjunct**.
  'They arrived on Sunday'에서 'on Sunday'는 **부사류**이다.
- The memory expansion cards are useful **adjuncts** to the computer.
  메모리 확장 카드는 컴퓨터에 유용한 **부속물**이다.

2444 junction*
[dʒʌ́ŋkʃən]

명 1 접합, 결합 2 교차로, 교차점 3 《강의》 합류점

junct(join)+ion(명)

유 3 confluence

- The **junction** of two round shapes produces a triangular space. 두 원형의 **접합**은 공간을 만들어낸다.
- a railroad **junction** 철도 교차점
- This river has a swift current at the **junction** of the two rivers. 이 강은 두 강의 **합류점**에서 물살이 거세다.

2445 conjunction*
[kəndʒʌ́ŋkʃən]

명 1 결합, 연결 2 《문법》 접속사

con(together)+junction(결합)

• in conjunction with A
A와 함께

conjunct 형 결합한, 연결한   명 결합한 것

- an unfortunate **conjunction** of events 불행한 사건들의 **결합**

2446 juncture*
[dʒʌ́ŋktʃər]

명 (중대한) 시점, 시기

junct(join)+ure(명)

유 point, period

- Negotiations between the countries reached a critical **juncture**.
  그 나라들 간의 협상은 중대한 **시점**에 이르렀다.

2447 conjugal*
[kándʒugəl]

형 부부의, 혼인의

con(together)+jug(join)+al(형) → 서로가 연결되어 함께하는

유 marital, matrimonial

- The prisoner is allowed **conjugal** visits from his wife.
  그 죄수는 아내와의 **부부** 면회를 허락받았다.

2448 subjugate*
[sʌ́bdʒugèit]

타 정복하다, 복종시키다

sub(under)+jug(join)+ate(동) → 밑으로 들어오도록 하다

유 conquer, dominate
반 liberate
(해방시키다)

- The emperor's armies **subjugated** the surrounding lands.
  황제의 군대는 주변 땅을 **정복했다**.

sert
= join (연결하다), line up (줄 세우다)

2449 　　　　　　　　　　　　　　　　　　　　국7 | 지9 | 지7 | 서9 | 경찰 | 국회 | 기상 | 법원

assert***
[əsə́ːrt]

타 (강하게) 주장하다, 단언하다
as(to)+sert(join, line up) → 의견을 줄지어 내놓다

유 profess, affirm, argue, maintain

assertion 명 1 주장 2 (권리 등의) 행사　**assertive** 형 확신에 찬, 적극적인

- Someone **asserts** that China will soon overtake the United States as the dominant country in the world. 누군가는 중국이 세계의 우위를 차지하는 국가로서 곧 미국을 따라잡을 것이라고 **주장한다**. [경찰]

2450 　　　　　　　　　　　　　　　　　　　　국7 | 지7 | 서9 | 서7 | 경찰 | 국회 | 교행 | 사복

desert***
[dizə́ːrt]

타 버리다, 떠나다　명 [dézərt] 사막
de(undo)+sert(join, line up) → 연결한 것을 풀다

유 타 discard, abandon, forsake, leave

deserted 형 1 (장소가) 사람이 없는 2 버림받은　**desertion** 명 탈영, 이탈

- More than 500 ships were **deserted** by the sailors.
  500척이 넘는 배들이 선원들에 의해 **버려졌다**. [사복]
- **desertification** throughout the world 세계 전역에 걸친 **사막화**
  cf. desertification 명 사막화

2451 　　　　　　　　　　　　　　　　　　　　　　　　　　　　국9 | 지9 | 경찰

exert**
[igzə́ːrt]

타 1 (권력 등을) 행사하다 2 있는 힘껏 노력하다 (~ oneself)
ex(out)+(s)ert(join, line up)

유 1 wield, exercise, apply
2 strive, struggle

exertion 명 1 (권력 등의) 행사 2 노력, 분투

- Local identity **exerts** a strong influence on how dialects evolve.
  지역의 정체성이 사투리의 발달 방식에 강한 영향력을 **행사한다**. [국9]

2452 　　　　　　　　　　　　　　　　　　　　　　　　　　　　　　　　　　　서7

insert**
[insə́ːrt]

타 (다른 것 속에) 삽입하다, 끼워 넣다　명 [ínsəːrt] 부속품
in(in)+sert(join, line up)

유 타 slot, fit
반 타 extract(꺼내다)

insertion 명 1 삽입, 끼워 넣기 2 (글 등에 덧붙이는) 삽입(물)

- A virus initiates the process of replicating itself by **inserting** its genetic code into the cells. 바이러스는 자신의 유전 암호를 세포에 **삽입함**으로써 자가 복제 과정을 시작한다. [서7]

tend, tent, tens
= stretch (늘이다, 당기다)

　　　　　　　　　　　　　　　　　　　　　　　　　　　　　암기유발 TIP
detente 데탕트, (국가 간의) 긴장 완화
de(away)+tente(stretch) → 팽팽한 긴장상태에서 벗어남

2453 　　　　　　　　　　　국9 | 국7 | 지9 | 지7 | 서9 | 서7 | 경찰 | 국회 | 기상 | 법원 | 교행 | 사복

tend***
[tend]

자 1 (길이) 향하다 2 경향이 있다 (to)　타 돌보다, 보살피다

유 자 2 incline (to)

tendency 명 경향, 추세 (= trend)

- He **tends** to exaggerate. 그는 과장하는 **경향이 있다**.
- to **tend** the sick with care 병자를 주의 깊게 돌보다
- Conscientious people have a **tendency** to organize their lives well.
  성실한 사람들은 삶을 잘 체계화하는 **경향**이 있다. [서9]

2454
tender*
[téndər]

형 1 상냥한, 다정한 2 (음식이) 연한 타 제출하다, 제공하다
tend(stretch)+er(동)

유 형 1 affectionate
타 offer, submit

tenderness 명 1 상냥함, 다정함 2 민감함
- He gave her a **tender** look. 그는 그녀에게 **다정한** 눈빛을 보냈다.
- I **tendered** my resignation today. 나는 오늘 사직서를 **제출했다**.

2455
extend***
[iksténd]

자 타 연장하다, 확대하다
ex(out)+tend(stretch)

유 expand, enlarge
반 diminish, reduce(줄이다)

extension 명 연장, 확대 **extensive** 형 광범위한, 대규모의 **extent** 명 정도, 규모
- The benefits of exercise **extend** far beyond physical health improvement.
  운동의 이점은 신체적 건강 증진을 훨씬 넘어서까지 **확대된다**. [지9]
- We can learn the language with **extensive** exposure.
  우리는 **대규모의** (언어) 노출로 언어를 배울 수 있다. [지9]

2456
distend*
[disténd]

자 타 팽창하다, 팽창시키다
dis(apart)+tend(stretch) → 멀리 내뻗다

유 swell, bloat
반 shrink(줄어들다)

- The carbon dioxide in soft drinks can **distend** your stomach.
  청량음료 속의 이산화탄소가 당신의 위장을 **팽창시킬** 수 있다.

2457
attend***
[əténd]

자 타 1 참석하다 2 간호하다, 돌보다 타 ~에 다니다 자 주의를 기울이다 《to》
at(to)+tend(stretch) → 마음이나 힘을 뻗다 → 신경 쓰다

attendant 명 1 참석자 2 종업원 형 수반되는 **attendance** 명 참석 **unattended** 형 방치된
- She is **attended** by a 24-hour nursing staff. 그녀는 24시간 간호진이 **돌보고** 있다.
- He'll be **attending** the university in the fall. 그는 가을에 대학을 **다닐** 것이다.
- an **unattended** vehicle **방치된** 차량

2458
attention***
[əténʃən]

명 1 주의, 주목 2 관심 3 보살핌, 돌봄
at(to)+ten(stretch)+tion(명)

유 1 observation
2 awareness
3 care, treatment

• pay attention to A
A에 주의를 기울이다

attentive 형 주의 깊은, 세심한 **attentiveness** 명 1 조심성 2 정중함
- **attention** to the pursuit of world peace 세계 평화 추구에 대한 많은 **관심** [지7]

2459
inattention*
[inətténʃən]

명 부주의, 방심
in(not)+attention(주의)

유 heedlessness, carelessness, negligence

inattentive 형 부주의한
- Many traffic accidents are the result of driver **inattention**.
  많은 교통사고는 운전자의 **부주의**로 인한 결과이다.

2460
intend***
[inténd]

자 타 의도하다, 작정하다
in(toward)+tend(stretch)

유 plan, mean

intent 명 의도, 목적 형 열심인, 몰두하는 《on》 **unintended** 형 고의가 아닌
- Food production refers to any human action **intended** to convert resources in the environment into food.
  식품 생산은 환경 자원을 음식으로 전환하려고 **의도한** 모든 인간 활동을 지칭한다. [교행]
- They were **intent** on their work. 그들은 자신들의 일에 **열심이다**.
- an **unintended** violation of someone's idea
  다른 누군가의 아이디어에 대한 **고의가 아닌** 침해 [국9]

2461 intention *** [inténʃən]
지7 | 서9 | 경찰 | 법원 | 교행

명 의도, 목적
in(toward)+tent(stretch)+ion(명)

유 intent, purpose

intentional 형 의도적인 **unintentional** 형 고의가 아닌

- She announced her **intention** to run for governor.
  그녀는 주지사 선거에 출마할 **의도**를 밝혔다.

2462 superintend * [sù:pərinténd]

타 감독하다, 관리하다
super(above)+intend(의도하다)

유 supervise

superintendence 명 감독, 관리

- A licensed contractor will **superintend** the work. 허가받은 업자들이 그 일을 **감독할** 것이다.

2463 portend * [pɔrténd]
서7

타 (~의) 전조가 되다, 예고하다
por(forward)+tend(stretch) → 앞으로 일어날 일을 펼쳐보다

유 foreshadow

portent 명 전조, 징후 **portentous** 형 전조[징후]가 되는

- The distant thunder **portended** a storm. 멀리서 들린 천둥소리는 폭풍의 **전조**였다.

2464 pretend ** [priténd]
국9 | 지9 | 서9 | 경찰 | 기상

자타 ~인 척하다, 가장하다
pre(before)+tend(stretch) → 앞에 펼쳐 꾸미다

유 feign, sham, simulate, pose

- She closed her eyes and **pretended** to be asleep. 그녀는 눈을 감고 잠든 **척했다**.

2465 pretense ** [priténs, priténs]
국9 | 국7

명 ¹ 구실, 핑계 ² 겉치레, 가식
pre(before)+tense(stretch)

pretentious 형 가식적인 **unpretentious** 형 가식 없는

- A man stopped her on the **pretense** of asking directions.
  한 남자가 길을 물으려는 **핑계**로 그녀를 멈춰 세웠다.

2466 pretension * [priténʃən]

명 ¹ 허세, 가식 ² 요구, 주장
preten(d)(가장하다)+sion(명)

- The movie has no artistic **pretensions**. 그 영화는 예술적인 **허세**가 없다.

2467 contend ** [kənténd]
국7 | 지9

자 다투다, 겨루다 《with》 타 (강력히) 주장하다
con(with)+tend(stretch) → 서로 팽팽하게 당기다

유 자 compete 《with》, contest 《with》
타 assert, dispute

contender 명 도전자, 경쟁자 **contention** 명 ¹ 논쟁 ² 주장, 견해 **contentious** 형 논쟁을 초래하는

- I **contend** that your per-hour worth should be among the top-of-mind numbers that are important to you. 나는 당신의 시간당 가치가 당신에게 중요한 최우선 순위 중에 있어야 한다고 **주장한다**. [지9]

2468 content *** [kάntent]
국9 | 국7 | 지9 | 지7 | 법원 | 교행

명 ¹ 《pl.》 내용(물) ² 함유량, 함량 ³ 만족 형 [kəntént] 만족하는 타 [kəntént] 만족시키다
con(together)+tent(stretch) → 당겨서 모두 포함한 (것)

유 타 please, satisfy
반 명 discontent (불만(스러운 것))

contentment 명 만족(감), 자족(감) **contented** 형 만족하는

- The **content** of TV commercials is less important than visual images.
  TV 광고의 **내용**은 시각적 이미지보다 덜 중요하다. [지7]
- She is **content** to live quietly by herself. 그녀는 홀로 조용히 살 수 있어서 **만족스럽다**.

2469 　국7 | 국회

ostentation* 　명 (재산 등의) 과시, 허세
[àstentéiʃən] 　os(toward)+tent(stretch)+ation(명) → 겉으로만 늘어놓는 것

유 pretense
반 modesty(겸손)

　ostentatious 형 과시하는　ostentatiously 부 과시적으로(= boastfully)
　• The young lawyer **ostentatiously** hung his college diploma on the door to his office. 그 젊은 변호사는 사무실 문에 대학 졸업장을 **과시적으로** 걸었다. [국회]

2470 　국7 | 지9 | 지7 | 경찰 | 국회 | 기상 | 법원

tense* 　형 긴장된　자타 (근육 등이) 긴장하다, 긴장시키다
[tens]

유 형 taut
　자타 tighten
반 형 loose(풀린)
　자타 relax
　　(긴장을 풀다)

　tension 명 긴장, 팽팽함
　• to create a **tense** atmosphere **긴장된** 분위기를 조성하다 [국7]

2471 　국9 | 국7 | 지9 | 국회 | 기상 | 법원

intense* 　형 강렬한, 격렬한
[inténs] 　in(toward)+tense(stretch)

유 passionate

　intensely 부 ¹ 강렬하게, 격하게 ² 열심히　intensity 명 ¹ 강렬함 ² (빛 등의) 강도
　• Religion can set high ethical standards and can provide **intense** motivations for ethical behavior. 종교는 높은 윤리적 기준을 세울 수 있고 윤리적 행동에 대한 **강렬한** 동기를 제공할 수 있다. [국회]

2472 　지9 | 경찰 | 사복

intensive 　형 ¹ 강한, 격렬한　² 집중적인, 철저한
[inténsiv] 　intens(e)(강렬한)+ive(형)

유 ² thorough

　• four long weeks of **intensive** practice 긴 4주간의 **집중적인** 연습 [경찰]

2473 　국9 | 지9 | 경찰

intensify 　자타 (정도가) 강화하다, 강화시키다
[inténsəfài] 　intens(e)(강렬한)+ify(동)

유 escalate, strengthen
반 lessen, abate (줄이다)

　• The increased power of the trade unions **intensified** industrial strife. 노조의 증가된 힘이 산업 분쟁을 **강화시켰다**. [국9]

2474 　서7

hypertension 　명 《의학》 고혈압(증)
[hàipərténʃən] 　hyper(over)+tension(긴장)

　hypertensive 형 고혈압의
　• People with excess body fat have a greater risk for such illnesses as diabetes and **hypertension**. 체지방이 과도한 사람은 당뇨병, **고혈압**과 같은 질병에 걸릴 위험이 더 크다.

2475 　지7

tensile* 　형 ¹ 인장의, 장력(張力)의 《당기거나 당겨지는 힘》 ² 늘어뜨릴 수 있는
[ténsəl] 　tens(stretch)+ile(형)

유 ² pliable, elastic, extensible, malleable

　• the **tensile** strength of steel cable 강철 케이블의 **인장** 강도

DAY 30　497

2476
ostensible* [ɑsténsəbl]
⑧ 표면적인
os(in view of)+tens(stretch)+ible(⑧) → 당겨서 겉을 보는

◉ apparent, seeming, specious

- The **ostensible** purpose of the article is to encourage young adults to vote.
  그 기사의 **표면적** 목적은 청년들이 투표하도록 장려하는 것이다.

fract, fra(g), fring
= break (깨뜨리다)

2477
fracture* [frǽktʃər]
사복
⑨ ¹ 골절 (부위) ² 균열 ㉺ ㉫ 부수다, 부서지다
fract(break)+ure(⑨)

◉ break, split, crack

- a wrist **fracture** 손목 골절
- Their happiness was **fractured** by an unforeseen tragedy.
  그들의 행복은 예상치 못한 비극으로 **부서졌다**.

2478
fraction** [frǽkʃən]
지7 | 법원
⑨ ¹ 부분, 일부 ² ⁽수학⁾ 분수
fract(break)+ion(⑨)

fractional ⑧ ¹ 아주 적은 ² 분수의

- Kennedy's winning margin was a **fraction** of one percent of the total vote.
  Kennedy의 당선 득표 차는 총 투표수의 **일부**인 1%였다. [지7]

2479
infract* [infrǽkt]
㉫ 위반하다, 어기다
in(in)+fract(break) → 내부 규칙을 깨뜨리다

infraction ⑨ 위반

- They are sticklers for rules and report you to the authorities if you **infract** them. 그들은 규칙에 엄격하여 당신이 규칙을 **어기면** 관련 기관에 신고한다.

2480
refract* [rifrǽkt]
경찰 | 법원
㉫ (빛을) 굴절시키다
re(back)+fract(break)

refraction ⑨ 굴절, 균열 **refractive** ⑧ 굴절하는

- The light rays from the sun are **refracted** by the atmosphere.
  태양으로부터 나온 광선은 대기에 의해 **굴절된다**. [법원]

2481
refractory* [rifrǽktəri]
서7
⑧ ¹ 다루기 힘든, 고집 센 ² ⁽의학⁾ 난치의
re(back)+fract(break)+ory(⑧) → 원래의 나쁜 상태로 되돌아가는

◉ ¹ obstinate, stubborn

- a **refractory** child 다루기 힘든[고집 센] 아이

2482

diffract*
[difrǽkt]
타 (빛 등을) 분산[회절]시키다
dif(apart)+fract(break)

diffraction 명 회절
- Light is **diffracted** when it passes through a prism. 빛은 프리즘을 통과할 때 **분산된다**.

2483

국9 | 국7

fragment**
[frǽgmənt]
명 파편, 조각   자타 (산산이) 부서지다, 부수다
frag(break)+ment(명)

유 shatter, fracture, 자타 disintegrate

- **fragments** of ceramic pottery 도자기 조각들

2484

국7 | 국회 | 사복

fragile**
[frǽdʒəl]
형 ¹부서지기 쉬운 ²허약한
frag(break)+ile(형)

유 delicate, weak
반 sound, strong (강한)

fragility 명 부서지기 쉬움, 연약함
- Since this is **fragile**, be careful lest you should break it.
  이것은 **부서지기 쉬우니** 깨뜨리지 않도록 조심해라. [국7]

2485

서7

frail**
[freil]
형 ¹(허)약한 ²노쇠한
fra(break)+il(형)

유 ¹infirm, feeble, fragile

frailty 명 ¹(허)약함 ²노쇠함
- a **frail** old man 허약한 노인

2486

서9 | 서7 | 경찰

infringe**
[infríndʒ]
자타 ¹위반하다 ²(권리를) 침해하다
in(in)+fringe(break)

유 타 ¹contravene, breach, violate
²encroach, invade

infringement 명 ¹위반 ²침해
- The court ruled that he had **infringed** the company's patent.
  법원은 그가 회사의 특허를 **침해했다고** 판결했다.

2487

지9 | 지7 | 서9 | 서7 | 경찰 | 기상

refrain***
[rifréin]
자 삼가다, 자제하다 《from》 명 ¹불평 ²후렴
re(back)+frain(break) → 깨뜨리는 것을 철회하다

유 자 abstain 《from》, forbear, stop, quit

- Please **refrain** from smoking in the restaurant. 식당 안에서 흡연을 **자제해주세요**. [경찰]
- Most people will be familiar with the **refrain** of the song.
  대부분의 사람들이 그 노래의 **후렴**에 익숙할 것이다.

rupt
= break (깨뜨리다)

2488

서9

rupture*
[rʌ́ptʃər]
자타 파열하다, 파열시키다 타 단절시키다 명 ¹파열 ²단절
rupt(break)+ure(명)

유 자타 burst
타 sever

- A **rupture** in the pipeline resulted in major water damage.
  배수관 **파열**이 대규모의 수해를 일으켰다.

DAY 30 499

2489
지7 | 서9 | 경찰 | 국회 | 기상

corrupt***
[kərʌ́pt]

형 부패한, 타락한   타 부패시키다, 타락시키다
cor(강조)+rupt(break) → 완전히 부서진

유 형 unscrupulous
타 deprave

corruption 명 부패, 타락

- When people starve to death, it is almost always caused by incompetent or **corrupt** governments. 아사자가 발생할 때, 거의 대부분의 경우 무능하거나 **부패한** 정부들이 원인을 제공한다. [기상]

2490
지7 | 서7 | 경찰 | 법원 | 사복

disrupt**
[disrʌ́pt]

타 ¹ 방해하다, 중단시키다 ² (국가 등을) 분열시키다
dis(apart)+rupt(break) → 산산이 깨뜨리다

유 ¹ upset, interrupt, disturb, hinder

disruption 명 ¹ 방해, 중단 ² 분열   **disruptive** 형 ¹ 방해하는 ² 분열시키는

- Even mild damage of heart tissue can kill by **disrupting** the electrical impulses that govern the heart's rhythmic beating. 심장 조직의 경미한 손상마저도 심장 박동을 주관하는 전기 신호를 **방해하여** 사망할 수 있다. [법원]

2491
지9 | 지7 | 사복

interrupt**
[ìntərʌ́pt]

자 타 방해하다, 중단시키다
inter(between)+rupt(break)

interruption 명 방해, 중단

- It can feel like an annoying **interruption** to stop your reading and look up a word. 읽는 것을 멈추고 단어를 찾아보는 것은 귀찮은 **방해**처럼 느껴질 수 있다. [지9]

2492
국7 | 지9 | 서7 | 기상

erupt**
[irʌ́pt]

자 폭발하다, 분출하다
e(out)+rupt(break)

eruption 명 폭발, 분출

- The world of the dinosaurs may have ended with a bang as volcanoes **erupted**. 공룡의 세계는 화산이 **폭발하면서** 쾅 하고 끝났을지도 모른다. [지9]

2493
경찰 | 기상 | 법원

abrupt**
[əbrʌ́pt]

형 ¹ 갑작스러운 ² 퉁명스러운
ab(off)+rupt(break) → 갑자기 떨어져 깨진

유 ¹ sudden, unexpected

abruptly 부 ¹ 갑자기 ² 퉁명스럽게

- The lecture came to an **abrupt** end when the fire alarm went off in the building. 그 수업은 빌딩에 화재 경보가 울리자 **갑작스럽게** 끝났다. [기상]
- He is friendly with customers but **abrupt** with his employees. 그는 고객들에게는 상냥하지만 자신의 종업원들에게는 **퉁명스럽다**.

2494
지7 | 서9 | 법원

bankrupt**
[bǽŋkrʌpt]

형 ¹ 파산한 ² 결여된, 없는   타 파산시키다   명 《법률》 파산자
bank(bench)+rupt(break) 《옛날 금융업자들이 광장에 bench를 갖다놓고 돈을 빌려주다 파산하면 채권자들이 bench를 부순 것에서 나온 표현》

bankruptcy 명 파산

- The company has been close to **bankruptcy**. 그 회사는 **파산**에 임박해졌다.

crete, cree(t), cern
= separate (분리하다), distinguish (분별하다)

암기유발 TIP
secret 비밀
se(away)+cret(separate) → 분리된 → 숨겨진

2495 서7
discrete**
[diskríːt]
형 (같은 종류의 다른 것들과) **별개의, 분리된**
dis(off)+crete(separate)

- Even though linguists do not agree on precisely how many **discrete** languages exist, a reasonable estimate would be six thousand. 비록 언어학자들이 얼마나 많은 **별개의** 언어가 존재하는지에 대해 정확하게 동의하지 않더라도, 합리적인 추정치는 6천 개일 것이다. [서7]

2496 서7
excrete*
[ikskríːt]
타 **배설하다, 분비하다**
ex(out)+crete(separate) → 몸 밖으로 분리하다

excretion 명 배설, 분비 **excretive** 형 배설하는, 분비하는

- Your open pores **excrete** sweat and dirt. 열린 땀구멍으로 땀과 오물을 **분비한다**.

2497
secrete*
[sikríːt]
타 ¹ (분비물을) **분비하다** ² **감추다, 은닉하다**
se(apart)+crete(separate) → 떨어져 나오다

secretion 명 분비

- During sleep, a lot of growth hormones are **secreted**. 잠자는 동안 많은 성장 호르몬이 **분비된다**.

2498 국9 | 경찰 | 국회
discreet**
[diskríːt]
형 **분별 있는, 신중한**
dis(off)+creet(separate, distinguish) → 구분할 줄 아는

반 indiscreet(조심성 없는)

discretion 명 ¹ 분별, 신중함 ² 재량 (권) **discretionary** 형 자유재량에 의한

- She was always very **discreet** about her personal life. 그녀는 항상 자신의 사생활에 대해 매우 **신중했다**.

2499 국7 | 지7
decree*
[dikríː]
명 ¹ **법령** ² **판결** 타 ¹ (법령으로서) **포고하다** ² **판결하다**
de(off, away)+cree(separate) → 법령[판결]으로 분리해내다

- The President issued a **decree** making the day a national holiday. 대통령은 그 날을 국경일로 만드는 **법령**을 발포했다.

2500 국9 | 경찰 | 사복
discern**
[disə́ːrn]
타 (분명하지 않은 것을) **식별하다, 알아차리다**
dis(off, away)+cern(separate, distinguish) → 구분해내다

유 distinguish, differentiate

discernment 명 식별, 인식 **discernible** 형 식별할 수 있는

- Students usually can **discern** the teacher's attitude toward them. 학생들은 대개 자신들에 대한 교사의 태도를 **알아차릴** 수 있다. [경찰]

Appendix

Appendix I
기출 및 출제 예상 복합어

Appendix II
어휘 기출 선택지 빈도

Appendix I 기출 및 출제 예상 복합어

a coming-of-age ceremony	성인식	down-to-earth	현실적인, 실제적인; 세상 물정에 밝은
a quick-returns policy	박리다매 정책	drought-stricken	가뭄으로 고통 받는
a would-be + 명사	~ 지망자	earth-friendly	환경 친화적인
able-bodied	신체가 튼튼한, 몸이 건강한	earthquake-proof	내진(耐震)의
all-or-nothing	양단간의, 이것 아니면 저것인	easygoing / easy-going	태평한; 나태한
all-round	다방면의(= all-around)	eco-card	친환경 카드
around-the-clock	24시간 꼬박의(= round-the-clock)	eco-friendly	친환경적인, 환경 친화적인
assembly-line	(공장 등의) 조립라인	eco-lodge	환경 친화적 숙박 시설
back-breaking	허리를 휘게 하는, 등골 빠지는	either-or	양자택일의, 흑백논리의
battle-scarred	전쟁의 상흔을 입은	end-use	《경제》(생산물의) 최종용도
big-ticket	돈이 많이 드는	energy-dense	에너지 밀도가 높은
brick-and-mortar	소매의, 오프라인 거래의	epoch-making	획기적인, 신시대를 여는
bumper-to-bumper	정체된, 꼬리를 문	ever-changing	늘 변화하는, 변화무쌍한
by-product	부산물; 부작용	ever-evolving	끊임없이 변화하는
cash-and-carry	현금 판매 방식의	ever-expanding	늘 확장하는
cease-fire	정전, 휴전	ever-increasing	계속 증가하는
clean-cut good looks	용모 단정한 모습	ever-present	항상 존재하는
clear-cut	명백한	eye-catching	눈길을 끄는
cliff-hanger	서스펜스가 연속되는 드라마[영화]; 마지막 순간까지 결과를 알 수 없는 경쟁[시합]	eye-opener	놀라운 사건[경험]
		eye-opening	괄목할 만한; 안목을 넓히는
close-knit	(집단 구성원들이) 굳게 단결된	far-fetched	믿기지 않는, 설득력 없는
cold-blooded	(사람들이나 그들의 행동이) 냉혹한	far-off	먼, 멀리 떨어진
co-opt	(모든 다른 구성원들의 동의로 위원 등을) 선임하다	far-reaching	지대한 영향을 가져올
		far-sighted	선견지명이 있는
cost-benefit analysis	비용 편익 분석	fast-paced	(이야기 등이) 빨리 진행되는
cost-effective	비용 대비 효과가 큰	fill-in	대리, 대용품
cover-up	은폐(공작)	first-hand	직접 얻은, 직접 경험한
cross-cultural	여러 문화가 섞인[혼재된]	flash-freeze	급속 냉동하다
cross-reference	(같은 책 중의) 전후[상호] 참조	flat-fee	고정 요금, 정액 요금
crystal-clear	수정처럼 맑은, 아주 투명한; 아주 명백[명료]한	flesh-and-blood	(평범한, 정상적인) 인간
		flesh-colored	(백인의) 피부색의
cure-all	만병통치약	food-borne illness	식중독
custom-designed	주문에 의해 설계된	frame-up	(무고한 사람에게 죄를 뒤집어씌우는) 범행 조작
custom-made	주문 제작한		
custom-tailor	주문에 따라 변경[기획, 제작]하다	free-standing	(조각 등이 지지대 없이) 단독으로 서 있는; 독립된
cut-and-dried	(말, 계획 등이) 틀에 박힌		
cutting-edge	최첨단의	freshly-picked	갓 꺾은
dead-end	막다른; 발전성[장래성]이 없는; 무법의	fuel-efficiency	(자동차) 연비
dead-on	바로 그대로의, 아주 정확한[옳은]	garden-fresh	(정원에서) 갓 따온
death-defying	죽음을 불사하는, 아슬아슬한	gently used / gently-used	완만하게[곱게] 잘 사용된
deep-plan	교묘히 꾸민 계획	get-together	(비격식적인) 모임, 파티
double-edged sword	양날의 검	get-well card	문병 카드
double-time	아주 빨리	glow-in-the-dark	야광의
down-and-out	쇠약한	go-between	중개자

Appendix 503

good-for-nothing	아무 짝에도 쓸모없는 사람	know-it-all	아는 체하는 사람
gravity-free	《물리학》 무중력 (= zero-gravity, weightlessness)	labor-intensive	노동집약적인
		laid-back	한가로운, 은근한
grief-stricken	(특히 누구의 죽음으로 인해) 비탄에 빠진	large-bodied	몸집이 큰
half-day	반나절; 반날[한나절]만 근무하는 날	late-breaking	(뉴스가) 방금 들어온, 임시의
hand-held	손에 쥐고 쓸 수 있는, 소형인	level-headed	분별력 있는
hand-in-hand	손에 손을 잡은, 친밀한; 제휴한	lift-off	(우주선의) 발사
hands-off	불간섭; 손을 대지 않고 조작할 수 있는	line-up	참석 예정자들; (차례로 정리된 사물, 행사 등의) 목록[프로그램]
hands-on	실제의, 직접 해 보는[실천하는]; 손으로 조작하는, 수동의	longest-running	가장 오래 진행된
		long-run	긴 안목으로 본; 장기간에 걸친; 장기 공연[흥행]의
hand-to-mouth	근근이 먹고 사는		
hard-and-fast	(규칙 등이) 엄중한	longstanding / long-standing	다년간의; 오래된
hard-boiled	(달걀이) 완숙된; 감정을 잘 드러내지 않는		
hard-earned	애써서 번	long-term	장기적인
hard-nosed	냉철한	love-hate	강한 애증(의)
hard-pressed	압박당한, 시달리는, (돈, 시간 등에) 쪼들리는	lower-level	하위 계층
hard-sell	끈질긴 판매의	machine-based	컴퓨터 기반의
hard-wire	(프로그램에 의하지 않고) 배선에 의한	made-to-order	주문 제작된, 맞춤의
head-butt	머리로 들이받는	made-up	화장을 한; 지어낸, 가짜의
head-start	유리하게 출발한	make-believe	가장, ~하는 체 하기; 환상
head-to-head	직접 대면하는	many-sided	다방면의[에 걸친], 다재다능한
hide-and-seek	숨바꼭질	matter-of-fact	(아무런 감정 표현 없이) 사무적인
high-end	고급의; 상부, 등급이 높은 것	meaning-making	의미 만들기
high-profile	세간의 이목을 끄는	means-to-an-end	목적을 위한 수단
high-resolution	(사진, 화면이) 고해상도의	melt-in-your-mouth	입에서 살살 녹는 (쿠키 등)
hit-and-run	뺑소니의; 기습적인	merry-go-round	회전목마
hoped-for	기대된, 원하는	mid-career	중도에, 도중에
horrific-sounding	무시무시하게 울려 퍼지는	mindset / mind-set	사고방식[태도]
hunter-gatherer	수렵[채집]인	minute-by-minute	시시각각의
ice-breaker	쇄빙선; (사람들이 처음 만났을 때) 어색함을 누그러뜨리기 위한 말[행동]	mixed-blood	혼혈의
		mixed-breed	잡종
ill-defined	애매한	mixed-up	정서 장애가 있는
ill-fated	(특히 죽음, 실패로) 불행하게 끝나는	mouth-watering	입에 침이 고이는
in-between	개재하는, 중간의; 중간에; 중개자	multifaceted / multi-faceted	다면적인
in-depth	철저하고 상세한, 면밀한		
inflation-adjusted	인플레를 감안한	multi-family residential building	다가구[공용] 주거 건물
information-overload	정보의 과부하		
in-person	생생한, 실황의; 직접의	must-do	꼭 해야 할 일, 필수 사항
in-service	(교육 과정 등이) 재직 중에 진행되는	narrow-minded	속이 좁은, 편협한
internet-based	인터넷을 기반으로 하는	nation-state	국민[민족] 국가
inward-looking	내향적인; 자기와 무관한 일[사람]에 관심이 없는	near-accident	거의 일어날 뻔한 사고
		nearsighted / near-sighted	근시의, 근시안의
jam-up	정체, 혼잡	no-frills	꼭 필요한[기본적인] 요소만 있는
jet-black	(머리 따위가) 새까만, 칠흑의	no-holds-barred	규칙에 얽매이지 않는, 무제한의
job-title	직명, 직위, 직책	non-destination-specific	구체적인 행선지가 정해지지 않은
just-in-time	적기 공급[무재고] 생산 방식의	non-english	영어를 쓰지 않는; 비영어권의
K-12 educational system	유, 초등 교육 시스템	no-nonsense	간단명료한; 허튼짓을 하지 않는
knock-back	거절, 퇴짜		

objective-based	목적 기반의	prize-winning	입상의, 수상한
off-key	음정이 맞지 않는	pro-tourism	관광업을 지지하는
off-season	한산한 시기의, 비수기의	pull-out	책 속의 책
off-shoring	《경영》 오프쇼링, 아웃소싱의 한 형태로, 기업들이 경비를 절감하기 위해 생산·용역 그리고 일자리를 해외로 내보내는 현상	quick-fix	임시변통의; 효과가 빠른, 즉효의
		raised-field	(주변보다) 높은 장소
		ready-made	이미 만들어져 나오는; (옷이) 기성품의
off-site	현장 밖의	rights-bearing	권리를 가진
off-the-books	장부에 기장되지 않은	rip-off	바가지 (물품); 모작(模作), 아류
off-the-record	비공개의, 비밀의, 기록하지 않는; 기밀의	rough-and-tumble	무질서한, 마구잡이의
old-timer	고참; (남자) 노인	roundtrip / round trip / round-trip	일주[왕복] 여행의
on a first-come-first-served basis	선착순으로		
		rule-governed	법에 따르는
on-demand	온디맨드[주문]식의 《이용자의 요구에 따라 네트워크를 통해 필요한 정보를 제공하는 방식》	run-down	황폐한; 부진한; 지친
		savoir-faire	(사교적인) 재치[수완]
		second-guess	예측[추측]하다; 뒤늦게 비판하다
one-dimensional	1차원의; 깊이가 없는, 피상적인	second-rate	썩 훌륭하지는 못한, 이류의
one-man	혼자 하는; 한 사람에게 적절한	self-actualize	자기 능력을 최고로 발휘하다, 자아를 실현하다
one-of-a-kind	특별한, 독특한		
one-on-one	1대 1의[로]	self-appointed	자칭의
one-price policy	균일가격제, 정찰제 《모든 고객에게 동일가격을 적용해서 가격인하 교섭에 응하지 않는 가격 정책》	self-conscious	수줍어하는
		self-consistent	사리에 맞는, 자기모순이 없는
		self-contained	자기만족적인, 자족적인
one-size-fits-all	널리[두루] 적용되도록 만든	self-contradictory	자기 모순적인, 자가당착의
on-ramp	진입 차선	self-define	자기 스스로를 인식하는
on-screen	화면의; 영화에서의	self-definition	자기 인식[확인]
on-site	현지에서, 현장에	self-delusion	자기기만
on-the-job	실지[실습]로 배우는; 근무 중의	self-denial	극기, 금욕
on-the-spot	현지의, 현장의, 즉석의	self-deprecating	자기 비하적인
open-air	옥외[야외]의	self-diagnosis	(질병의) 자기 진단
open-ended	제약을 두지 않은, 조정 가능한	self-disclosure	자기폭로
open-mindedness	허심탄회함; 편견 없음	self-doubt	신념상실, 자신상실
open-mouthed	(놀람, 충격으로) 입이 떡 벌어진	self-driven	자동 추진(식)의
out-of-date	구식의, 낡은, 시대에 뒤떨어진	self-driving vehicle	자율 주행 차량
out-of-doors	집 밖의	self-efficacy	자기 옹호
over-optimistic	지나치게 낙관적인	self-enhancement	자기 고양
over-permissiveness	지나치게 관대함	self-enlightenment	자기 이해, 스스로 깨우침
over-the-counter	약국에서 파는, 처방전 없이 살 수 있는	self-esteem	자부심
peace-waging	평화를 위해 싸우는	self-evident	자명한, 따로 증명[설명]할 필요가 없는
peer-oriented	사교적인	self-examination	자기 성찰
pickpocket / pick-pocket	소매치기(꾼)	self-government	자치 정부; 자치
pick-up	(스포츠 경기가) 즉석에서 준비된	self-gratification	자기 만족
pleasure-seeking	향락적인	selfhood / self-hood	자아; 개성; 이기심
point-blank	(목표물에) 바로 대고 쏜, 아주 가까이에서 쏜; 단도직입적인	self-image	자아상
		self-induced	자기 유도의
poker-faced	무표정한, 표정이 없는	self-interest	사리사욕, 사리 추구
policy-making	정책 입안	self-inventory	자가 (체크) 목록
postage-paid	《표시》 우편요금 지급 필	self-justification	자기 정당화
post-war era	전후 시대	self-knowledge	자기 이해[인식]
predator-free	약탈자[포식자]가 없는		

Appendix 505

self-monitoring	자기 점검	tamper-resistant	손을 타기 어렵게 되어 있는
self-motivated	스스로 동기를 부여하는	task-relevant	업무 관련
self-motivation	자기 동기 부여, 자발성	taste-making	맛을 결정하는
self-obsessed	자기 강박의, 자기 집착의	tech-addiction	기술 중독
self-pity	자기 연민	technology-generated	개발된 기술
self-professed	자칭	tech-savvy	최신기술에 능통한
self-reflection	자아성찰	ten-to-one	십중팔구
self-reliant	자립적인, 자신을 믿는	the well-to-do	부유한 사람들
self-repair	자가 교정	theory-laden	특정한 학설에 준거한
self-respect	자기 존중, 자존심	third party / third-party	제3자; 제3정당
self-revelation	(자연스러운) 자기 현시[표출]	three-dimensional	입체인; 3차원의; 다각적인
self-serving	자기 잇속만 차리는	tight-knit	유대가 긴밀한
self-sufficiency	자급자족	time-consuming	시간이 걸리는, 시간을 낭비하는
self-sustaining	자립하는, 자급자족의	time-honored	예로부터의, 유서(由緒) 깊은
self-worth	자아 존중감, 자부심	tongue-tied	(긴장해서) 말이 잘 안 나오는
semi-final	준결승전	top-down	일반적인 것에서 시작하여 세부적인 사항으로 진행되는; 상의하달식의
sharp-sighted	시력이 좋은; 눈치 빠른		
shoplift / shop-lift	가게 물건을 훔치다[훔치는]	top-notch	최고의, 일류의
short-term memory	단기기억	tourist-generating	관광객을 만들어내는
single-detached	단독으로 다른 집들과 떨어져 있는	tow-away zone	불법주차 견인 구역
single-family	독신가족	trade-in	보상 판매
single-lane	한쪽 차선의, 편도만의 길	trade-off	(서로 대립되는 요소 사이의) 균형
single-minded	외곬수의	traffic pile-up	교통이 정체되다
sit-up	윗몸 일으키기 (운동)	tree-lined	나무가 늘어선
smash-hit	대성공	trick-or-treat	trick or treat 놀이를 하다
so-called	소위, 이른바	*trick or treat: 《핼러윈》'과자를 안 주면 장난칠 거예요'라고 아이들이 집집마다 다니며 하는 말	
sold-out	매진된, 품절의		
soon-to-be	곧	tried-and-true	유효성이 증명된, 신뢰할 수 있는
sought-after	수요가 많은; 인기 있는	tune-up	(자동차 모터 등의) 조정; 준비 운동, 예행 연습[시합]
spin-off	파생 효과; (예기치 않은) 부산물; 텔레비전 연속 프로		
		turn-taking	돌아가면서 (교대로) 하는것
splay-footed	평발의	two-faced	두 얼굴의, 위선적인
sport-utility vehicle	스포츠 유틸리티 카 《원래 거친 노면을 달릴 수 있도록, 흔히 사륜구동으로 제작된 큰 승용차》	two-way	양방향의, 쌍방의; 상호[쌍방]의 노력이 필요한; 송수신이 다 되는
		underage / under-age	미성년인
stand-up comedian	무대에서 단독 연기하는 코미디언	up-and-comer	장래가 유망한 사람
star-gazing	별을 쳐다보는; 공상에 잠기는; 스타를 쫓아다니는	upside-down	거꾸로 된, 뒤집은
		up-slope	오르막 비탈
start-up	신생기업	up-to-date	최신(식)의, 최근의, 첨단적인
state-of-the-art	최첨단 기술을 사용한, 최신식의	up-to-the-minute	가장 최근의; 현대식의, 최첨단의
step-by-step	단계적인, 점진적인	up-to-the-moment	그 순간까지의
sticking-out	눈에 띄는, 잘 보이는	up-to-the-second	최신의
stiff-arm	(상대방을) 밀어내는, 물리치는	vade-mecum	항시 휴대품; 편람(便覽), 안내서
still-relevant	여전히 유의미한	voice-over actor	성우
sub-hourly	한 시간 내로	wake-up call	모닝콜
sub-saharan	사하라 사막 이남의	walking-stick	지팡이
sure-fire	확실한, 틀림없는	warm-blooded	온혈의
take-up	(제의, 서비스 등을) 받는[이용하는] 사람의 비율	water-resistant	물이 잘 스며들지 않는

weak-willed	의지가 약한
weather-beaten	햇볕[비바람]에 거칠어진
well-adjusted	잘 적응한; 정신적·정서적으로 안정된
well-documented	문서[기록]에 의해 충분히 입증된
well-experienced	경험 많은
well-grounded	정당한 근거가 있는
well-heeled	부유한, 돈 많은
well-intentioned	선의의, 선의로 한
well-meaning	선의[호의]의, 선의로 한; 사람이 좋은
well-off	복 받은, 유복한, 순탄한 환경에 있는
well-rounded	포동포동한, 풍만한; 다재다능한
well-roundedness	다재다능한, 전인격을 갖춘
well-tuned	조율이 잘된
well-water	우물 물
wide-eyed	깜짝 놀란
winner-takes-all	승자독식제도
working-class	노동자 계급의
worse-off	(경제적으로) 넉넉지 못한[곤란한]
wound-up	흥분한, 긴장한
year-round	연중 계속되는
zero-sum	(게임, 관계 등이) 쌍방 득실(得失)의; 차가 무(無)인

Appendix II 어휘 기출 선택지 빈도

정답 및 오답 선택지로 총 2회 이상 출제된 어휘를 빈도순으로 살펴보면 다음과 같다.

❶ 5회 출제

initiate	타 시작하다, 착수시키다

❷ 4회 출제

impress	타 감명을 주다, ~을 감동시키다
impressive	형 인상에 남는, 인상적인, 감동을 주는
provoke	타 (감정 따위를) 일으키다
confirm	타 확실히 하다, ~이 옳음을 증명하다
reconcile	타 화해시키다 reconcilable 형 화해할 수 있는; 조화시킬 수 있는

❸ 3회 출제

aggravate	타 악화시키다
aggressive	형 공격적인; 적극적인
appease	타 (사람을) 달래다; 진정시키다, 가라앉히다
conceal	타 숨기다, 숨다
apprehend	타 (의미를) 파악하다, 이해하다; 체포하다; 염려하다 apprehensive 형 걱정되는, 불안한
distinct	형 뚜렷한, 분명한
distribute	타 분배하다, 나눠주다 distribution 명 분배, 배분
divulge	타 (비밀을) 누설하다, 밝히다
enhance	타 향상시키다; (가치 등을) 높이다
erase	타 ~을 지우다, 삭제하다
exacerbate	타 (고통, 병 등을) 악화시키다; 격분시키다
examine	타 검사하다, 조사하다
exclude	타 배제하다, 제외하다 exclusive 형 독점적인; 배타적인
distract	타 (주의 등을) 산만하게 하다
futile	형 쓸 데 없는, 무익한
ignore	타 무시하다, 모른 체하다 ignorant 형 무지한, 무식한
intimidate	타 위협하다, 협박하다 intimidation 명 위협, 협박
pacify	타 달래다, 진정시키다
resolve	타 용해하다; 분석하다; (문제를) 해결하다; 결의하다
sensible	형 분별 있는, 현명한
superficial	형 표면상의, 외면의; 피상적인 superficiality 명 피상; 천박
suspend	타 (매)달다; 일시 정지하다; 정학시키다; 보류하다

❹ 2회 출제

abandon	타 버리다; (계획 등을) 단념하다, 포기하다
abhor	타 몹시 싫어하다; 거부하다
accept	타 받아들이다; 수락하다 acceptable 형 받아들일 수 있는
affirm	타 확언하다, 단언하다; 긍정하다 affirmative 형 긍정적인
affluent	형 풍부한; 부유한
alleviate	타 경감하다, 완화하다
aloof	형 멀리 떨어져, 멀리서
ambiguous	형 애매한, 분명하지 않은
ameliorate	타 개선하다, 개량하다 자 좋아지다
anguish	명 (심신의) 고통, 괴로움 anguished 형 괴로워하는
animosity	명 악의, 원한
apathetic	형 냉담한, 무관심한
assimilate	타 (문화적으로) 동화시키다
audacious	형 대담한; 무례한 audacity 명 대담무쌍; 무례
bolster	타 (기운을) 북돋우다; 지지하다
celebrate	타 경축하다; 기리다
compensate	타 보상하다; 보충하다 compensation 명 보상; 벌충
competitive	형 경쟁의, 경쟁에 의한
complement	명 보충물, 보완하는 것 complementary 형 보충하는
confident	형 자신 있는 confidently 부 자신 있게
confound	타 혼동하다; 당황하게 하다 confounded 형 당황한
consider	타 숙고하다
convenience	명 편안함 convenient 형 편안한
converse	자 대화하다
convert	타 전환하다; 개조하다
correct	형 정확한 corrective 형 바로잡는
crucial	형 중요한
deceive	타 속이다
decisive	형 결정적인, 결정하는; 단호한 decisively 부 결정적으로; 단호하게
defeat	타 패배시키다
defend	타 지키다, 방어하다; 변호하다 defense 명 수비, 방어
deject	타 낙담시키다 dejection 명 낙담, 실의
disappoint	타 실망시키다
discard	타 버리다, 폐기하다 discarded 형 버려진, 폐기된
disclose	타 나타내다; (비밀을) 폭로하다
disrespect	명 불경, 무례
distinguish	타 구별하다, 구분하다
distinctive	형 독특한, 특이한
distorted	형 왜곡된, 일그러진, 비틀린
efface	타 지우다; 삭제하다; 눈에 띄지 않게 하다

efficient	형 효율적인	pleased	형 만족스러운, 기쁜
embarrassing	형 당황스러운	practical	형 실용적인
endurable	형 견딜 수 있는, 감내할 수 있는	precede	타 ~에 앞서다; ~에 우선하다
enlighten	타 계몽하다; 분명하게 알리다	precedented	형 선례 있는
essential	형 필수적인	prevent	타 막다, 방해하다; 예방하다
evoke	타 불러일으키다	production	명 생산, 제작
excavate	타 ~에 구멍을 파다; 파내다	profitable	형 유리한; 유익한
exhume	타 파내다; (특히 시체를) 발굴하다	quarrel	타 싸우다, 다투다 명 싸움, 말다툼
experience	명 경험 타 경험하다	quarrelsome	형 싸우기를[말다툼을] 좋아하는
fabricate	타 만들다, 제조하다	question	명 질문 타 질문하다
fancy	명 공상; 좋아함 형 공상의; (가격이) 엄청난; 멋진	rebellion	명 반란, 반항 rebellious 형 반항하는
	공상하다 fanciful 형 공상에 잠긴, 공상적인	receive	타 받다, 받아들이다
felony	명 중범죄	reciprocal	형 상호적인
finish	타 끝내다	reckon	타 세다; 판단하다
flattering	형 아부하는		reckonable 형 계산할 수 있는; 짐작할 수 있는
genuine	형 진짜의, 진품의	reduce	타 줄이다, 축소하다
heed	타 주의하다 명 주의 heedless 형 부주의한, 무관심한	redundant	형 중복인; 여분의, 과다한
hesitate	타 주저하다, 망설이다 hesitantly 부 주저하면서	rejoice	자 기뻐하다, 좋아하다
hide	타 숨기다 자 숨다 hidden 형 숨은, 숨겨진	release	타 풀어놓다; 공개하다; 해방하다
immediately	부 즉시, 곧	remove	타 제거하다, 없애다
innocent	형 무죄의; 순진한	reserved	형 보류된; 예약의; 예비의; 내성적인, 말 없는
inquire	타 묻다, 질문하다 inquiry 명 질문; 조사	resign	자 사임하다; 포기하다, 단념하다
interesting	형 흥미 있는, 재미있는	respectable	형 존경할만한; 상당한
intrigue	타 흥미를 갖게 하다 intriguing 형 흥미 있는	respective	형 각각의
issue	명 이슈, 사안	resume	타 다시 시작하다
justify	타 정당화하다, 합리화하다	reticent	형 과묵한, 말이 적은
maintain	타 계속하다, 유지하다; 관리하다	reveal	타 드러내다; 알리다, 누설하다
make	타 만들다	revoke	타 자 취소하다, 무효로 하다
mandatory	형 명령의; 강제적인, 의무적인	sagacious	형 현명한, 총명한
mediocre	형 보통의, 평범한; 2류의	settle	타 놓다, 두다; 자리하다, 살게 하다; 해결하다
memorable	형 기억할 만한; 잊기 어려운	simultaneous	형 동시의
meticulous	형 꼼꼼한; 지나치게 세심한	spur	타 박차를 가하다; 자극하다
misbehavior	명 나쁜 행실, 무례	substitute	타 바꾸다, 대용하다
misdemeanor	명 경범죄	suggestion	명 제안; 암시 suggestive 형 암시하는, 시사하는
motivation	명 동기	supervision	명 관리, 감독
need	타 필요하다 명 필요 needy 형 가난한	suspicious	형 의심스러운, 의심 많은
nocturnal	형 밤의, 야간의; 야행성의	systematic	형 체계적인 systemicity 명 체계성
normal	형 정상적인	tenacious	형 완강한, 고집이 센
nullify	타 무효로 하다	terminate	타 끝내다, 종결시키다 termination 명 종료; 결말
obscure	형 어두운; (말 등이) 모호한 타 어둡게 하다	timid	형 겁 많은, 소심한
obstruction	명 방해(물)	tolerate	타 참다, 견디다
obvious	형 분명한	typical	형 전형적인
occasional	형 때때로의; 임시의	unclear	형 불분명한
optimist	명 낙관주의자 optimistic 형 낙관하는, 낙관주의의	unexpectedly	부 뜻밖에, 예상외로
ordinary	형 보통의, 평범한	unstable	형 불안정한
passive	형 수동적인		
perpetual	형 영속하는; 끊임없는		
pivotal	형 중요한		

수록 어휘 INDEX

굵은 글씨의 빨간색 페이지는 표제어, 굵은 글씨의 검정색 페이지는 파생어,
얇은 글씨의 페이지는 유의어, 반의어, cf. 단어, 또는 MORE+ 수록 어휘를 나타냅니다.
기호 ⓣ는 테마북 수록 페이지를 나타냅니다.

A

(a)meliorate	173ⓣ, **184**ⓣ
(em)blazon	289ⓣ
(shoe)lace	168ⓣ
(sky)rocket	327ⓣ, 328ⓣ
(walking) stick	167ⓣ
a cheerleading squad	84ⓣ
a fraud squad	84ⓣ
a narcotic squad	84ⓣ
a relief squad	84ⓣ
a serious crime squad	84ⓣ
a string quartet	68ⓣ
abandon	**81**, 107, 437, 474, 494
abandoned	**81**, 106
abandonment	**81**
abase	**377**
abasement	**377**
abate	321, 340, 459, 497, **248**ⓣ
abatement	**248**ⓣ
abbreviate	224ⓣ
abdicate	107, **184**, 339
abdication	**184**
abdicator	**184**
abduct	**417**
abduction	**417**
aberrant	**276**
aberration	**276**
abhor	139, 136ⓣ
ability	313ⓣ
abject	139, **381**
abjection	**381**
abjuration	**207**
abjure	193, **207**
ablaze	96ⓣ
able	219ⓣ
abnegation	**179**
abnormal	**71**, 276, 80ⓣ
abnormality	**71**
aboard	6ⓣ
abolish	293, 407
abominate	136ⓣ
aboriginal	**464**
aborigine	**464**
abort	**464**, 480
abortion	**464**
abortive	**464**
abound	224ⓣ
abrade	**407**

abrasion	**407**
abrasive	**407**
abreast	**183**ⓣ
abridge	396, 224ⓣ, 298ⓣ
abridgment	239
abroad	6ⓣ
abrogate	288, **296**
abrogation	**296**
abrupt	258, **500**, 177ⓣ
abruptly	**500**
abscess	201ⓣ
abscond	83ⓣ
absent	104, 6ⓣ
absolute	72, **112**
absolutely	**112**, 376
absolution	**112**
absolve	**112**, 364
absorb	231, 431, 449, 280, 306ⓣ
absorption	227ⓣ
abstain	331, **357**, 258ⓣ
abstain ((from))	499
abstainer	259ⓣ
abstemious	92ⓣ, **258**ⓣ, 259ⓣ
abstention	**357**
abstergent	224ⓣ
abstinent / abstentious	**357**, 258ⓣ, 259ⓣ
abstract	239, **412**, 421
abstraction	**412**, 426
abstruse	**384**, 146ⓣ
abstrusely	**384**
abstruseness	**384**
absurd	311
abundance	224ⓣ, 340ⓣ
abundant	313, 314, 401, **224**ⓣ, 288ⓣ
abuse	232, 234, 294, **310**, 414
abusive	**310**
academic	437
accede	**339**, 360
accelerant	226ⓣ
accelerate	258, **301**
acceleration	**301**
accentuate	**200**
accentuation	**200**
accept	230, 331, 351, **426**
acceptable	273, **426**
acceptance	282, **426**
access	**341**

accessibility	**341**
accessible	56, 310, **341**, 367
accession	**339**
accessory / accessary	**341**
accident	**49**ⓣ, 94ⓣ
accidental	279, 242ⓣ
acclaim	**201**, 366, 393, 91ⓣ, 274ⓣ
acclamation	**201**
acclivity	293ⓣ
accommodate	232ⓣ, 304ⓣ
accompaniment	314
accompany	235ⓣ
accomplice	127, **236**, 341
accomplish	**314**
accomplished	**314**
accomplishment	**314**, 474
accord	153, **262**, 419
accord ((with))	205
accordance	**262**
accordant	330
according to	**262**
accordingly	**262**
account	325, 212ⓣ
accountable	53ⓣ
accredit	**125**
accredited	**125**
accretion	**459**
accrue	**460**
accumulate	366, 460, 322ⓣ
accumulative	328ⓣ
accuracy	73, **438**
accurate	275, **438**
accusation	294
accuse	80, 183, 193, 6ⓣ
accused	74
acerbic	384, 153ⓣ
ache	6ⓣ
achieve	314, 6ⓣ, 247ⓣ
achievement	474, 6ⓣ
acid	384
acknowledge	128, 186, 351
acme	**229**
acquiesce	**147**, 282ⓣ
acquiescent	**147**
acquire	**298**, 357, 292ⓣ, 306ⓣ
acquired	**298**
acquirement	**298**
acquisition	**298**

acquisitive	**298**, 436		adjective	**6**ⓣ		aerospace	**92**
acquit	316, 364, 85ⓣ, **151**ⓣ		adjoin	402, **492**		affable	**184**, 137ⓣ
acquittal	**151**ⓣ		adjoining	149, 382, **492**		affair	**6**ⓣ
acre	312ⓣ		adjourn	**252**, 402, 418		affect	304, 397, **473**
acrid	**229**		adjournment	**252**		affectation	**473**
acridity	**229**		adjudicate	**75**		affection	473
acrimonious	**229**		adjudication	73		affectionate	495
acrimony	**229**		adjunct	314, **493**		affinity	**480**, 75ⓣ
acrobat	**326**ⓣ		adjunction	**493**		affirm	183, 198, **268**, 494
acrobatic	**326**ⓣ		adjunctive	**493**		affirmation	**268**
acrobatics	**326**ⓣ		adjure	**207**		affirmative	**268**
acronym	**65**		adjust	237, **183**ⓣ		affix	402
acrophobia	157		adjustable	277, **183**ⓣ		afflatus	**239**
act	288		adjustment	**183**ⓣ		afflict	**391**, 72ⓣ, 174ⓣ
act for	104		administer	380		affliction	280, **391**, 174ⓣ
actionable	**288**		admiration	147ⓣ		afflictive	**391**
activate	**288**		admire	147ⓣ, 217ⓣ		affluence	**304**
activation	**288**		admission	341, **351**		affluent	**304**, 225ⓣ
active	154, **288**, 64ⓣ		admit	186, 316, 340, **351**, 426		afford	**6**ⓣ
activist	**288**		admittance	**351**		affordable	**6**ⓣ
activity	**288**		adolescence	**56**ⓣ		affront	**260**, 284
actual	**288**, 308		adolescent	**56**ⓣ		after-death	91
actuality	**288**		adorable	**192**, 136ⓣ		agency	**290**
acuity	**229**		adoration	**192**		agenda	**290**
acumen	**230**		adore	**192**, 136ⓣ		agendaless	**290**
acuminate	**230**		adorn	245ⓣ, 289ⓣ		agent	**290**, 296, 213ⓣ
acupunctural	**386**		adornment	289ⓣ		aggrandize	**215**
acupuncture	**386**		adroitness	288ⓣ		aggrandizement	**215**
acupuncturist	**386**		adulterate	**452**		aggravate	95, **214**, 462, 173ⓣ, 184ⓣ
acute	**229**, 250, 298, 145ⓣ		advance	280, 301, 343, 372, 414		aggravated	**214**
acutely	**229**		advantage	77, 477		aggravation	**214**
ad lib	142		advantageous	**6**ⓣ		aggregate	**67**
ad nauseam	220ⓣ		advent	**337**		aggress	**344**
adage	172, 175, 182, 218, 140ⓣ		adventitious	242ⓣ		aggression	283, 344
adapt	237, 278, 449, 183ⓣ		adventurous	**6**ⓣ		aggressive	**344**, 385, 415, 421, 277ⓣ
adaptable	231, 277		adversarial	**276**		aggressiveness	**344**
add	413, 489		adversary	**276**		aggrieved	**214**, 223
addition	313, 413, 459, **6**ⓣ		adverse	**276**		agile	**290**, 167ⓣ, 219ⓣ
additional	**6**ⓣ		adversity	99, **276**, 280		agility	**290**
additive	**6**ⓣ, 309ⓣ		advertent	279		agitate	146, **290**
address	**50**ⓣ		advertise	**279**, 457		agitated	**290**
addressee	**6**ⓣ		advertisement	**279**		agitation	**290**, 457, 134ⓣ
adduce	197, 198, **416**		advertiser	**279**		agnostic	**129**
adept	44		advertising	**279**		agnosticism	**129**
adequacy	**444**		advocacy	**196**		agonizing	174ⓣ
adequate	**444**, 476, 216ⓣ		advocate	**196**, 206, 372, 145ⓣ		agony	491, 133ⓣ
adhere	**404**		advocator	372		agoraphobia	157
adherence	**404**		aerate	**91**		agree	**160**
adhesive	**404**		aerial	**91**		agree (to)	153
adjacency	**382**		aerobic	**92**		agree (with)	205, 309
adjacent	149, **382**		aeronautic(al)	**91**			
			aerosol	**92**			

INDEX **511**

agreeable	45, **160**, 164, 184, 252 ⓣ	aloof	457, 125ⓣ, **270**ⓣ	amicability	**164**
agreed	48	aloofness	**270**ⓣ	amicable	**164**, 421
agreement	153, **160**, 262, 337, 249ⓣ	altar	**465**	amid / admist	**468**
		alter	109, 226, 227, **451**, 183ⓣ	amiss	332ⓣ
agriculture	299ⓣ	alterable	108	amity	**164**
agro-industrial	485	alteration	**451**	amnesi(a)c	**124**
aid	222, 308, **6**ⓣ, 208ⓣ	altercation	**452**	amnesia	**124**
aim	332, 369, 380, **6**ⓣ	alternate	**452**	amnesty	**124**
airstrip	204ⓣ	alternately	**452**	amoral	**70**
aisle	284, **6**ⓣ	alternation	**452**	amorality	**70**
alacrity	288ⓣ	alternative	**452**, 255ⓣ	amorphous	149, **227**
alarm	**392**	alternatively	**452**	amorphousness	**227**
alarmed	**392**	altimeter	442	amount	**467**
alarming	**392**	altitude	213, **464**	amphibian	**47**
alcohol	310ⓣ, **6**ⓣ	altruism	**452**, 317ⓣ	amphibious	**47**
alcoholic	**7**ⓣ	altruist	**452**	ample	314, 444, 224ⓣ, **225**ⓣ
alert	128ⓣ	altruistic	**452**	ampleness	**225**ⓣ
alias	65, **450**	alumna	**243**ⓣ	amplify	215, **225**ⓣ
alien	89, **451**	alumni	**243**ⓣ	amputate	**182**ⓣ
alienable	**451**	alumnus	**243**ⓣ	amputation	**182**ⓣ
alienate	399, **451**	amalgam	239ⓣ	amputator	**182**ⓣ
alienation	**451**	amalgamate	489	amuse	358
alight	467	amalgamation	306	an assumed name	65
align	**228**	amass	67, 217ⓣ	an Olympic squad	84ⓣ
alignment	**228**	amateur	**165**	an(a)emic	220ⓣ
alike	448	amazing	158, 178, 146ⓣ, 170ⓣ	anabolism	60ⓣ
allay	400, 462, 235ⓣ, 306ⓣ, **329**ⓣ	ambassador	354	anachronism	**250**
		ambidexterity	**288**ⓣ	anaerobic	92
allegation	**350**	ambidextrous	**288**ⓣ	analects	**190**
allege	**350**	ambience / ambiance	**130**ⓣ	analgesic	126ⓣ
allegory	184, **156**ⓣ	ambient	130ⓣ	analogous	**188**, 451
allergic	276, **7**ⓣ	ambiguity	**290**	analogy	**188**, 140ⓣ
allergy	**7**ⓣ, 258ⓣ	ambiguous	275, **290**, 445, 216ⓣ	analysis	236
alleviate	400, **462**, 235ⓣ, 329ⓣ	ambit	**345**	analyze	226ⓣ
alleviation	**462**	ambition	**345**	anarchism	**59**
alleviative	**462**	ambitious	215, **345**	anarchist	**59**
alliance	**489**	ambivalence	**330**ⓣ	anarchy	**59**
all-knowing	128	ambivalent	**330**ⓣ	anatomic	**236**
allocate	178, 366, **374**, 263ⓣ	amble	**272**	anatomize	**236**
allocation	**374**	ambush	**278**ⓣ	anatomy	**236**
allot	178, 263ⓣ	ameliorate	173ⓣ	ancestor	339, **340**, 461, 242ⓣ
allow	351, 282ⓣ	amelioration	184ⓣ	ancestral	**340**
allowance	365, **7**ⓣ	amenability	**252**ⓣ	ancestry	**340**, 80ⓣ
alloy	239ⓣ	amenable	**252**ⓣ	anchor	244ⓣ, **245**ⓣ
allude	**312**	amend	80, 375, 252ⓣ	anchorage	**245**ⓣ
allure	412, 429, 293ⓣ, 294ⓣ	amendable	252ⓣ	ancient	245
alluring	331	amendment	**80**	ancillary	321, 235ⓣ
allusion	**312**	amends	268ⓣ	anecdotal	**364**
allusive	**312**	amenity	**165**, 472	anecdote	**364**
all-wise	128	amiability	**164**	anesthesia	126ⓣ
ally	276, **489**	amiable	45, **164**, 184	anesthetic	126ⓣ
alone	243			anesthetize	126ⓣ

anew	7⊤		antibiosis	47	apparition	104⊤
anger	132⊤		antibiotic(s)	47	appeal	**293**, 297, 299
anguish	491, **133**⊤		antibody	47, 61⊤	appear	114, 282, 306
anguished	**133**⊤		anticipate	182, 382, 427, **428**	appearance	337, 448, 233⊤, 282⊤
animate	47		anticipation	**428**	appease	160, 162, 297, 218⊤, 235⊤
animation	47		anticipatory	**428**	appeasing	227⊤
animator	47		antidotal	364	append	**402**, 489
animism	47		antidote	364	appendage	**402**
animosity	**48**, 156, 229		antifreeze	240⊤	appendix	313, **402**
animus	48		antifungal	60⊤	appetite	**298**
ankle	7⊤		antigen	61⊤	applaud	201, **393**
annal	**251**		antioxidant	101	applaudable	**393**
annals	250		antipathetic	276	applause	**393**, 274⊤
annex	**489**		antipathy	**156**, 229	appliance	234
annexation	**489**		antipode	277	applicable	**234**
annihilate	**453**, 481		antipoverty	**238**⊤	applicable (to)	256⊤
annihilation	**453**		antiquated	**191**⊤	applicant	**234**
anniversary	**251**		antique	**191**⊤	application	**234**, 482
annotate	**130**		antiquity	106	apply	233, **234**, 267, 494
announce	56, **193**, 201, 279, 152⊤		antirust	238⊤	appoint	64, 178, **384**
announcement	**193**, 325		antiseptic	474, 60⊤	appointment	**384**
announcer	**193**, 245⊤		antisocial	60	apportion	263⊤
annoy	132⊤, 174⊤		antitheft	82⊤	apposite	**370**
annoyance	389, 237⊤		antithesis	277, **373**	apposite (to)	256⊤
annoyed	133⊤		antonym	**65**	appraise	312⊤, 339⊤
annual	**251**		anxiety	48, 110⊤	appreciation	161, 427
annually	**251**		anxious	110⊤, 319⊤	appreciative	161
annuity	**251**, 365		apart from	211	apprehend	429, **431**
annul	197, 221, 293, **453**, 78⊤		apathetic	**156**	apprehension	**431**
annular	179⊤		apathy	154, **156**	apprehensive	**431**
annulment	**453**		ape	62⊤	apprentice	253, **297**⊤
anomalous	**80**⊤		apex	465, 184⊤, **325**⊤	apprenticeship	309, **297**⊤
anomaly	**80**⊤, 237⊤		aphasia	**191**	approach	273, 7⊤, 226⊤
anomie / anomy	**80**⊤		aphorism	182, 218, **140**⊤	approachable	341
anonym	65		aphoristic	**140**⊤	appropriate	295, 358, 7⊤, 267⊤
anonymity	**65**		aplenty	**187**⊤	approval	**309**
anonymous	**65**, 129		aplomb	**318**⊤	approve	133, 247, **309**, 145⊤
anonymously	129		apocalypse	**260**⊤	approved	**309**
answer	289		apocalyptic	**260**⊤	approving	**309**
antagonism	165, **137**⊤		apologetic	82, **188**, 406	approximate	447
antagonist	236, **137**⊤		apologetically	**188**	apt	430
antagonistic	165, 344, 385, **137**⊤		apologist	**188**	aptitude	472
antagonize	**137**⊤		apologize	**188**	aquaculture	**94**
antecedent	**339**		apologue	184	aquafarm	94
antecedents	340		apology	**188**	aquaphobia	157
antedate	339, **365**		apostate	**326**	Aquarius	94
antenna	**126**⊤		apostatical	**326**	aquatic	**94**
anterior	323⊤		appal(l)	**134**⊤	aqueduct	94
anteroom	**204**⊤		appalling	**134**⊤, 174⊤	arable	**299**⊤
anthem	**159**⊤		apparatus	**300**, 311, 227⊤	arbitrate	336, 340, 468, 319⊤, **329**⊤
anthrophobia	157		apparel	**300**, 214⊤	arbitration	75, **329**⊤
			apparent	142, 498, 217⊤		

INDEX 513

arbitrator	**329**ⓣ		arrest	431		assaultable	**284**
arbo(u)r	63ⓣ		arrival	**7**ⓣ		assaulter	**284**, 285
arcade	**7**ⓣ		arrive	249		assemblage	**448**, 316ⓣ
arcana	**105**ⓣ		arrogance	**295**, 432		assemble	67, 291, 336, **448**, 316ⓣ
arcane	**105**ⓣ		arrogant	114, **295**, 465, 348ⓣ		assembly	338, 343, **448**
arch	**178**ⓣ		arrow	**7**ⓣ		assent	**153**, 282
arch(a)eology	**192**ⓣ		arsonist	77, 82ⓣ		assert	183, 186, 198, **494**, 85ⓣ
archaic	191ⓣ, **192**ⓣ		artery	**196**ⓣ		assertion	**494**
archbishop	117ⓣ		artful	**409**		assertive	**494**
archer	**276**ⓣ		arthritic	**201**ⓣ		assess	220, 247, 312ⓣ, **339**ⓣ
archery	**276**ⓣ		arthritis	**201**ⓣ		assessment	**339**ⓣ
archetypal	**295**ⓣ		article	**7**ⓣ		asset	**255**ⓣ
archetype	434, **295**ⓣ		articulate	193, 281, **150**ⓣ		assets	255ⓣ
architect	**334**ⓣ		artifact / artefact	106, **409**		assiduity	**322**
architectural	**334**ⓣ		artifice	**409**		assiduous	**322**
architecture	**334**ⓣ		artificial	**409**, 472		assign	**178**, 350, 374, 263ⓣ
archival	**265**ⓣ		artificiality	**409**		assignment	**178**, 353
archive	**265**ⓣ		artillery	**278**ⓣ		assimilate	421, **449**, 306ⓣ
archivist	**265**ⓣ		artisan	**409**		assimilation	**449**
archly	**178**ⓣ		artwork	**409**		assist	222, **330**, 354, 423, 210ⓣ
archness	**178**ⓣ		ascend	**460**, 461, 466, 209ⓣ, 327ⓣ		assistance	321, **330**
ardent	**94**, 154, 95ⓣ, 96ⓣ, 97ⓣ		ascendancy	**460**		assistant	**330**, 213ⓣ, 235ⓣ
ardo(u)r	**94**, 154		ascendant	**460**		associate	488, **7**ⓣ, 344ⓣ
arduous	478, **337**ⓣ, 347ⓣ		ascension	**460**		associate 《with》	69ⓣ
arduously	**337**ⓣ		ascent	**460**		association	60, 338
area	62, 89, 274, 84ⓣ, 242ⓣ		ascertain	**79**ⓣ		assort	**274**ⓣ
arena	**242**ⓣ		ascertainment	**79**ⓣ		assorted	277, 269ⓣ, **274**ⓣ
argue	494		ascetic	**259**ⓣ		assortment	**274**ⓣ
argument	122, 276, 371, 452, 279ⓣ		ascetically	259ⓣ		assuage	**235**ⓣ
arid	**94**		asceticism	**259**ⓣ		assuagement	**235**ⓣ
arise	463, **7**ⓣ		ascribe	122, **174**		assuasive	**235**ⓣ
aristocracy	**58**		ascribe 《to》	367, 418		assume	139, 371, **432**, 264ⓣ
aristocrat	**58**		ascription	**174**		assuming	**432**
aristocratic	**58**		aseptic	60ⓣ		assumption	353, 373, **432**
arithmetic	**186**ⓣ		asexual	61ⓣ		assurance	**79**ⓣ
armament	392		ash	**7**ⓣ		assure	316, **79**ⓣ
armed	**392**		ask	295		assured	**79**ⓣ, 217ⓣ
armo(u)r	**392**		askance	114ⓣ		asterisk	**99**
armo(u)red	**392**		askew	178ⓣ		asteroid	**99**, 94ⓣ
armo(u)ry	392		asocial	60		asthma	**201**ⓣ
armpit	**194**ⓣ		aspect	259, **7**ⓣ		astonish	233
army	390		asperse	**163**ⓣ		astonishing	178
aroma	147		aspiration	**49**		astound	233, 401, 135ⓣ
aron	77		aspire	**49**		astounding	178
arousal	**328**ⓣ		aspiring	345		astray	206ⓣ, 332ⓣ
arouse	48, 197, 95ⓣ, 328ⓣ, 329ⓣ		assail	**285**		astrologer	**99**
arrange	202, 203, **228**, 229, 284ⓣ		assailant	**285**		astrology	**99**
arrangement	**228**, 293, 316ⓣ		assassin	**83**ⓣ		astronaut	**99**
array	228, 367, **316**ⓣ		assassinate	**83**ⓣ		astronautics	**99**
arrears	**267**ⓣ		assassination	**83**ⓣ		astronomer	**99**
			assault	**284**			

astronomical	**99**		audibility	**144**		avert	231, **278**, 338, 345, 259 ⓣ
astronomy	**99**		audible	**144**		aviation	**243** ⓣ
astrophysics	**100**		audience	136		aviator	**243** ⓣ
astrotourism	**100**		audiovisual	**144**		avid	96 ⓣ, **166** ⓣ
astute	132, 290, 437, 167 ⓣ		auditorium	**144**		avidity	**166** ⓣ
asylee	**323** ⓣ		auditory	**144**		avidly	**166** ⓣ
asylum	**323** ⓣ		augment	313, 459, **327** ⓣ		avocation	**197**
asymmetric / asymmetrical	**442**		augmentation	459, **327** ⓣ		avoid	**115**, 231, 278, 250 ⓣ
asymmetry	**442**		augmentative	**327** ⓣ		avoidable	250 ⓣ
asynchronous	282		aura	**130** ⓣ, 233 ⓣ		avoidance	**115**
atmosphere	130 ⓣ		aural	**144**		avouch	**198**
atonal	159 ⓣ		auspicious	**139**, 127 ⓣ		avow	**198**
atone	**268** ⓣ		austere	103 ⓣ, **258** ⓣ, 259 ⓣ		avowal	186, **198**
atonement	**268** ⓣ		austerity	**258** ⓣ		await	**8** ⓣ
atop	**326** ⓣ		authentic	44, 477		awaken	**8** ⓣ
atrocious	**277** ⓣ		authoritarian	**73** ⓣ, **262** ⓣ		award	262 ⓣ
atrocity	**277** ⓣ		authoritative	**73** ⓣ, **262** ⓣ		aware	**8** ⓣ
attach	402, 404, 488, **7** ⓣ, 343 ⓣ		authority	75, 296, 304, 171 ⓣ, **262** ⓣ		awareness	427, 495
attack	283, 284, 389, **7** ⓣ, 278 ⓣ		authorization	352, **262** ⓣ		awe	**8** ⓣ
attacker	285		authorize / authorise	247, 269, 309, **262** ⓣ		awesome	**8** ⓣ
attain	292 ⓣ		authorized	476		awestruck	146 ⓣ
attempt	**307**		authorship	**144** ⓣ		awful	158, 154 ⓣ, 184 ⓣ
attempted	**307**		autism	201 ⓣ		awkward	**8** ⓣ, 219 ⓣ
attend	**495**		autistic	201 ⓣ		awry	**332** ⓣ
attendance	**495**		autobiographical	**170**		ax(e)	229 ⓣ
attendant	**495**, 190 ⓣ		autobiography	**170**		axiom	172, **140** ⓣ
attention	**495**		autocracy	**58**, 73 ⓣ		axiomatic	**140** ⓣ
attentive	137, **495**, 348 ⓣ		autocrat	**58**, 183, 73 ⓣ		axis	167 ⓣ
attentiveness	105, **495**		autocratic	**58**, 73 ⓣ		axle	**246** ⓣ
attenuate	306, **248** ⓣ		autograph	**169**			
attenuated	**248** ⓣ		autographical	**169**		**B**	
attenuation	**248** ⓣ		autography	**169**		ba(u)lk	**172** ⓣ
attest	73, 83, **84**, 316, 256 ⓣ		autoimmunity	202 ⓣ		babble	**151** ⓣ
attestation	**84**		autokinetic	322 ⓣ		bachelor	**75** ⓣ
attic	**7** ⓣ		automobile	**8** ⓣ		back up	153 ⓣ
attire	**214** ⓣ, 316 ⓣ		autonomous	72		backbone	195 ⓣ
attitude	324, 370, **7** ⓣ		autopsy	52, **260**		backer	**75** ⓣ
attorney	196		auxiliary	321, **235** ⓣ		backlash	289
attract	105, 200, **412**, 229 ⓣ		avail	**222**		bacteria	**8** ⓣ
attraction	105, 293, **412**		available	**222**, 367		bacterial	**8** ⓣ
attractive	**412**, 309 ⓣ		avalanche	**93** ⓣ		bactericide	474
attributable	367		avarice	**302** ⓣ		baffle	401, 284 ⓣ
attribute	122, 125, 174, **367**, 414		avaricious	164, 436, **302** ⓣ		bail	**86** ⓣ
attribute (to)	418		avatar	117 ⓣ		bait	293 ⓣ, 302 ⓣ
attribution	**367**		avenge	**82**, 83 ⓣ, 268 ⓣ		balance	233, **49** ⓣ, 318 ⓣ
attrition	**406**		avenger	**82**		balcony	**8** ⓣ
attune	**159** ⓣ		avenue	273, **336**, 293 ⓣ		bald	**49** ⓣ
attuned	**159** ⓣ		average	71, 203, 467		baleful	112 ⓣ
audacious	159		averse	**276**		balloon	180 ⓣ
audacity	432		aversion	156, **276**, 298		ballot	436, 162 ⓣ
			aversive	**276**		balm	**90** ⓣ
						balmy	**90** ⓣ

ban	**80**, 173, 399, 492	
banal	309 ⓣ	
bandage	**488**, 168 ⓣ	
bandit	**81**	
bane	**340** ⓣ	
baneful	**340** ⓣ	
banefulness	**340** ⓣ	
bang	391, **8** ⓣ, 123 ⓣ	
banish	**81**, 380, 423, 323 ⓣ	
bankrupt	111, **500**	
bankruptcy	**500**	
banned	78 ⓣ	
banquet	304 ⓣ, **305** ⓣ	
banqueting	**305** ⓣ	
baptism	**118** ⓣ	
baptist	**118** ⓣ	
baptize / baptise	**118** ⓣ	
bar	80, 492, **49** ⓣ, **305** ⓣ	
barbarian	**69** ⓣ	
barbaric	**69** ⓣ	
barbarism	**69** ⓣ	
barbarity	**277** ⓣ	
barbarous	**69** ⓣ	
bare	**8** ⓣ	
barely	**53** ⓣ	
bargain	**8** ⓣ, 214 ⓣ	
barge	244 ⓣ	
bark	**8** ⓣ	
barley	**8** ⓣ	
barn	**8** ⓣ	
barometer	442, 312 ⓣ	
barrage	**211**, 93 ⓣ	
barrel	**210**, 312 ⓣ	
barren	244, 420, 130 ⓣ, 236 ⓣ, **300** ⓣ	
barret	300, 216 ⓣ	
barricade	**211**	
barrier	**211**, 326, 388	
barring	**211**	
barrister	**211**	
barter	435, **214** ⓣ	
basalt	239 ⓣ	
base	183	
baseless	**377**	
baseline	**377**	
basement	**8** ⓣ	
bash	390	
bashful	158, **138** ⓣ	
basic	105, 234 ⓣ	
basics	299 ⓣ	
basin	**377**	
basis	336 ⓣ	
bass	159 ⓣ	
bastion	**260** ⓣ	
batch	149	
bathroom	305	
baton	167 ⓣ	
battalion	**390**	
batter	310, **390**, 272 ⓣ	
battle	390, 209 ⓣ, 225 ⓣ, 290 ⓣ	
battlefield	**390**	
battleground	390	
bay	**8** ⓣ	
be composed ((of))	330	
be equivalent to	328	
be made up ((of))	330	
beacon	**247** ⓣ	
beak	62 ⓣ	
beam	**49** ⓣ	
bear	358, 360, 415, 258 ⓣ	
bearable	**8** ⓣ	
bearing	370	
beast	**8** ⓣ	
beat	292, 316, **8** ⓣ, 207 ⓣ, 272 ⓣ	
beckon	**274** ⓣ	
beckoning	**274** ⓣ	
become	295	
bedeck	245 ⓣ, 289 ⓣ	
bedrock	**336** ⓣ	
beep	123 ⓣ	
beeper	123 ⓣ	
befall	**94** ⓣ	
befuddle	284 ⓣ	
beg	414, 85 ⓣ, 294 ⓣ	
beg ((of))	303 ⓣ	
beget	**74** ⓣ	
begin	344, 226 ⓣ, 332 ⓣ	
beginner	253	
beginning	42, 312	
beguile	416, 428, **294** ⓣ	
beguilement	**294** ⓣ	
beguiling	**294** ⓣ	
behalf	**8** ⓣ	
behave	288	
behavioral	**8** ⓣ	
behead	59 ⓣ	
beho(o)ve	**346** ⓣ	
behold	**120** ⓣ	
beholder	**120** ⓣ	
belated	**191** ⓣ	
belch	291, 200 ⓣ	
belie	132	
belief	79 ⓣ	
belittle	219, 220, 446, **173** ⓣ	
bellicose	385, **277** ⓣ	
bellicosity	**277** ⓣ	
belligerent	**421**	
bellow	**158** ⓣ	
belly	180 ⓣ, **194** ⓣ	
belly button	194 ⓣ	
belly laugh	122 ⓣ	
belong	**9** ⓣ	
belong to	358	
belongings	**9** ⓣ	
beloved	**135** ⓣ	
bemoan	**155** ⓣ	
bemused	284 ⓣ	
bend	231, **9** ⓣ, 178 ⓣ	
benediction	**182**	
benefaction	**473**	
benefactor	**473**	
beneficence	**477**	
beneficent	132, **477**	
beneficial	310, **477**, 340 ⓣ	
beneficiary	**477**	
benefit	105, **477**	
benevolence	**132**, 165	
benevolent	45, **132**, 86 ⓣ	
benign	**45**, 132	
bent	375	
benumb	126 ⓣ	
bequest	350, 256 ⓣ	
bereave	**58** ⓣ	
bereaved	**58** ⓣ	
bereavement	**58** ⓣ	
bereft	**210**	
berth	244 ⓣ, 245 ⓣ	
beseech	299, **294** ⓣ	
beseeching	**294** ⓣ	
beset	174 ⓣ	
beside	183 ⓣ	
besides	426	
besiege	456, **278** ⓣ	
besmirch	112 ⓣ	
bestow	419, **262** ⓣ	
bet	**9** ⓣ	
betoken	**254** ⓣ	
betray	**9** ⓣ	
betrayal	**9** ⓣ	
betrayer	179, 114 ⓣ	
betroth	**74** ⓣ	
betrothal	**74** ⓣ	
betrothed	**74** ⓣ	
beveled	177 ⓣ	
bewail	**155** ⓣ	

beware	9 ⓣ		bitter	229, 9 ⓣ		blush	304, 9 ⓣ
bewilder	401, 269 ⓣ, 284 ⓣ		bitterly	53 ⓣ		blustery	90 ⓣ
bewildering	284 ⓣ		bizarre	469, 80 ⓣ, 293 ⓣ		board	49 ⓣ
bewilderment	284 ⓣ		blabber	160 ⓣ		boarding	10 ⓣ
bewitch	199, 294 ⓣ		blacken	285 ⓣ		boast	171 ⓣ
biannual	252		blacksmith	288 ⓣ		boastfully	497
bias	9 ⓣ		blade	229 ⓣ		bobble	210 ⓣ
biased	248, 445, 80 ⓣ		bladed	229 ⓣ		bode	254 ⓣ
bible	174		blame	80, 207, 432, 9 ⓣ		bodily	256, 10 ⓣ
bibliography	171		blanch	135 ⓣ		bog	92
bicentennial	252		bland	130 ⓣ		boggling	146 ⓣ
bid	9 ⓣ		blare	123 ⓣ		bogus	82 ⓣ
biennial	252		blasting	9 ⓣ		boisterous	57 ⓣ, 123 ⓣ
bigamy	74 ⓣ		blatant	95, 270 ⓣ		bold	158, 10 ⓣ
bigotry	80 ⓣ, 258 ⓣ		blatantly	270 ⓣ		boldly	10 ⓣ
bilateral	376, 102 ⓣ		blaze	95, 96 ⓣ		bolster	267, 160 ⓣ, 346 ⓣ
bilingual	168		blazing	95 ⓣ		bombast	171 ⓣ
bilingualism	168		bleach	135 ⓣ		bombastic	216, 171 ⓣ, 349 ⓣ
bill	326, 212 ⓣ		bleak	244, 130 ⓣ, 236 ⓣ		bonanza	339 ⓣ
billow	180 ⓣ		bleakness	236 ⓣ		bond	404, 405, 488, 75 ⓣ, 342 ⓣ
billowy	180 ⓣ		bleed	9 ⓣ		booklet	214 ⓣ
binary	186 ⓣ		blemish	285 ⓣ		booming	212 ⓣ
bind	488, 342 ⓣ		blend	306, 400, 9 ⓣ, 269 ⓣ		boost	462, 10 ⓣ
binocular	260		bless	131 ⓣ		booster	10 ⓣ
binoculars	260		blessing	182		booth	10 ⓣ, 213 ⓣ
bioaccumulate	46		blight	334 ⓣ		booty	277 ⓣ
biochemistry	46		blind	9 ⓣ		border	178, 259, 442, 10 ⓣ, 191 ⓣ
biodegradable	46		blindly	9 ⓣ		border on	492, 168 ⓣ
biodegrade	46		blink	9 ⓣ		borderline	178
biodiversity	46		bliss	232, 131 ⓣ		bore	229 ⓣ, 313 ⓣ
bioethics	46		blissful	131 ⓣ		boring	51, 292
biofuel	46		blissfully	131 ⓣ		borough	71 ⓣ
biographer	170		blithe	325 ⓣ		bosom	194 ⓣ
biographical	170		blithely	325 ⓣ		bossy	10 ⓣ
biography	170		blizzard	91 ⓣ		botanic(al)	63 ⓣ
biological	46		bloat	239, 495, 181 ⓣ		botanist	63 ⓣ
biologist	46		blob	222 ⓣ		botany	63 ⓣ
biology	46		block	399, 428, 485, 283 ⓣ		bother	337, 10 ⓣ, 132 ⓣ, 174 ⓣ, 237 ⓣ
biomass	46		blockade	211		bothersome	10 ⓣ
biometrics	46		bloody	70 ⓣ		bottom	229
bionic	46		bloom	9 ⓣ		boulder	89 ⓣ
biophysical	46		blooming	57 ⓣ		boulevard	293 ⓣ
biopsy	46		blossom	9 ⓣ, 66 ⓣ		bounce	10 ⓣ
biosphere	46		blot	285 ⓣ		bound	178
biotech(nology)	46		bluff	349 ⓣ		boundary	178, 259, 442, 191 ⓣ, 313 ⓣ
biped	264		blunder	208 ⓣ, 209 ⓣ, 210 ⓣ		boundless	479
biracial	57		blundering	209 ⓣ		bountiful	224 ⓣ
birth control	428		blunt	184 ⓣ		bountifully	224 ⓣ
bisect	237		blur	121 ⓣ, 153 ⓣ		bountifulness	224 ⓣ
bishop	117 ⓣ		blurred	103 ⓣ		bouquet	10 ⓣ
bit	229 ⓣ		blurry	121 ⓣ			
bite	344 ⓣ		blurt	150 ⓣ			

bout	**257**T		brooding	133T		bustling	**323**T
bowel	198T		brook	89T		butcher	277T
boycott	**10**T		broom	**11**T		butchery	277T
boyhood	56T		broth	310T		butler	**164**T
bracelet	**10**T		brother or sister	75T		buttock	194T
brag	**171**T		browbeat	158		buttress	**335**T
brag publicly about	160T		browse	**11**T		buzz	292, **11**T
braid	342T		bruise	**286**T		bygone	**11**T
brainwash	415		brusque	151T		bypass	338, 292T
brainy	437		brutal	69T, 138T			
brand-new	310		brutality	277T		**C**	
brass	239T		buck	**11**T		cabin	**11**T, 232T
brave	221, 166T		buddy	**11**T		cacophony	**145**, 262
bravery	268, 273T		buffer	**280**T		cafeteria	304T
breach	336, 499, **78**T, 345T		build	183, 227, 484, 194T		cajole	226T
break	336, 341, 354, 385, 344T		builder	334T		calamity	92T
break out	473		building	477, 483		calculable	**246**
break up	111		bulge	**181**T		calculate	122, **246**
breakdown	335T		bulging	**181**T		calculation	**246**
breast	**10**T		bulgy	**181**T		calculus	**186**T
breathe in	200T		bulk	**188**T, 234T		caliber / calibre	**313**T
breathe out	200T		bully	**174**T, 226T		call	65
breed	415, 416, **10**T		bullying	**174**T		call on	197
breeze	**10**T		bulwark	**259**T		call up	174
breezily	**53**T		bumble	**210**T		calligraphy	**170**
bribe	**10**T		bump (into)	299T		calling	196, **163**T
bribery	**10**T		bunch	488, **11**T, 68T		callous	**270**T
bride	**10**T		bundle	**488**, 265T		calm	48, 95, 146, 110T, 233T
bridle	229T		bungalow	320		calmness	306, 408
brief	**10**T, 141T		bungle	209T		caloric	**11**T
brigade	**275**T		buoy	**245**T		calumniate	**154**T
brigadier	**275**T		buoyant	95, 128T, **212**T, **245**T		calumny	**285**T
bright	290, 97T		burden	490, **11**T, 229T, 292T		camouflage	**314**T
brighten	96, 97T		burdensome	347T		cancel	197, 202
brilliant	95, **11**T		bureaucracy	58		candid	376, **270**T
brim	**169**T		bureaucrat	58		candidate	**11**T
brimful	**169**T		bureaucratic	58		cando(u)r	**270**T
brink	168T, **191**T		burgeoning	188T		cane	**167**T
briskly	57T		burglary	82T		canine	62T, 199T
brittle	220T, **318**T		burial	**11**T		canis	62T
broad	213T		burlesque	143T		cannon	278T
broadcast	382		burn	95, 96T		canny	437, **113**T, 167T
broadcaster	382		burning	95T		canonic(al)	132
broadcasting	382		burp	200T		canteen	**304**T
brochure	187		burrow	**107**T		canvas	**290**T
broke	111		burst	499, **11**T, 78T		canyon	88T
bronchial	198T		bury	91		capability	**430**, 472
bronchitis	198T		bush	**11**T, 88T		capable	298, **430**
bronchus	198T		bushy	250T		capacious	216, **430**, 170T
bronze	239T		business	289, 212T		capacity	**430**
brood	272, **153**T		bustle	**323**T		cape	**257**
						capillary	196T

capita	**258**
capital	**257**, 255ⓣ
capitalism	**257**, 71ⓣ
capitalist	**257**
capitalize / capitalise	**257**
capitation	**249**ⓣ
capitol	81ⓣ
capitulate	**257**
caprice	275, **219**ⓣ
capricious	330, **219**ⓣ
capsize	**257**
caption	**430**, 298ⓣ
captious	**430**
captivate	199, **429**, 435, 136ⓣ, 294ⓣ
captivated	164
captivation	**429**
captive	**429**
captivity	**429**
capture	**429**, 431, 268ⓣ
carbohydrate	**93**
carcinogen	240ⓣ
cardiac	**261**
cardinal	204, 245, **117**ⓣ
cardiologist	261
cardiopulmonary	261
cardiovascular	261
care	495
career	186, 196, 207ⓣ
careful	143, 183ⓣ
careless	128ⓣ, 336ⓣ, 347ⓣ
carelessness	437, 495
cargo	243ⓣ
carnage	**277**ⓣ
carnivore	**433**
carnivorous	**433**
carousel	**243**ⓣ
carpenter	288ⓣ
carriage	246ⓣ
carrier	284, 422
carry on	330
carry out	59ⓣ
cartel	**343**ⓣ
cartograph	**171**
cartographic	**171**
cartography	**171**
carton	**312**ⓣ
carve	173, 238, 239, **289**ⓣ
casa	320
cascade	89ⓣ
case	295
casket	59ⓣ

cast	**382**, 272ⓣ
cast out	192, 380
castigate	**163**ⓣ
cast-off	310
casual	233ⓣ
casualty	315
catabolism / katabolism	60ⓣ
cataclysm	**93**ⓣ
cataclysmic	**93**ⓣ
catalog(ue)	**187**, 337
catalyst	**226**ⓣ
cataract	201ⓣ
cataractal	201ⓣ
catastrophe	99, **92**ⓣ, 93ⓣ, 108ⓣ
catastrophic	**92**ⓣ
catch	304ⓣ
categorical	**11**ⓣ
categorization	275ⓣ
categorize	**11**ⓣ, 274ⓣ
cater	**304**ⓣ
caterer	**304**ⓣ
catering	**304**ⓣ
caterpillar	65ⓣ
caudal	62ⓣ
cause	43, 415, 416, 74ⓣ, 328ⓣ
caustic	384, 153ⓣ, 154ⓣ, 240ⓣ
caution	348ⓣ
cautious	**143**
cautiousness	**143**
cavalier	156
cave	**115**
caver	**115**
cavern	115
cavity	**115**, 106ⓣ
cease	49, 359, 480, **11**ⓣ, 260ⓣ
ceaseless	341
cede	**340**
celebrate	**256**ⓣ
celebrated	147ⓣ, 256ⓣ
celebration	**256**ⓣ
celebratory	**256**ⓣ
celebrity	185
celerity	**301**
celestial	89, **94**ⓣ
cell	**116**, 272
cellar	**116**
cellular	**116**
celluloid	240ⓣ
cellulose	**240**ⓣ
cellulosic	**240**ⓣ

Celsius	342, **313**ⓣ
cemetery	**11**ⓣ
censor	396, **282**ⓣ
censorial	**282**
censorship	**282**
censure	193, **155**ⓣ, 162ⓣ, 285ⓣ
centennial	252
center / centre	**11**ⓣ, 313ⓣ
centigrade	342, 313ⓣ
centipede	264
central	168ⓣ
centralism	**469**
centralize / centralise	**468**
centrifugal	299, **469**
centripetal	**299**
centripetally	**299**
centrist	**469**
ceramic	**11**ⓣ
cereal	**11**ⓣ
cerebral	194ⓣ
ceremonial	**11**ⓣ
ceremony	118ⓣ
certain	290, 371, 217ⓣ
certifiable	**256**ⓣ
certificate	**256**ⓣ
certification	**256**ⓣ
certify	221, **256**ⓣ
certitude	**217**ⓣ
cerulean	121ⓣ
cession	**340**
chain	265, 342ⓣ
chair	320
challenge	**11**ⓣ
chamber	**204**ⓣ
champion	**49**ⓣ
chance	**49**ⓣ, 242ⓣ
chancellor	249ⓣ
change	109, 226, 277, 374, 451
changeable	108, 110, **11**ⓣ
channel	230ⓣ
chant	**199**
chaos	203, 108ⓣ, **283**ⓣ
chaotic	**283**ⓣ
characteristic	386, 414, 475, **12**ⓣ
charcoal	**12**ⓣ
charge	183, 193, 294, 365, 212ⓣ
charisma	**12**ⓣ
charitable	477
charity	**12**ⓣ
charlatan	82ⓣ, 287ⓣ

charm	199, 412, **12**ⓣ, 136ⓣ, 294ⓣ		chronicle	**250**, 251		clarifier	**150**ⓣ
charmed	164		chronicler	**250**		clarify	96, 97, **150**ⓣ, 317ⓣ
chase	413, 414		chronological	**250**		clash	**279**ⓣ
chasten	**163**ⓣ		chronology	**250**, 251		classic	105
chat	276		chronometer	442		classical	**12**ⓣ
chattel	**255**ⓣ		chubby	**194**ⓣ		classification	275ⓣ
chatter	**12**ⓣ		chuck	382, 272ⓣ		classify	**274**ⓣ
chatty	189, 449		chuckle	122ⓣ		clatter	123ⓣ
chauvinism	71ⓣ		chunk	**12**ⓣ, **181**ⓣ		claustrophobia	157
cheapskate	266ⓣ		chunky	181ⓣ		claw	62ⓣ
cheat	312, 428, **12**ⓣ		churn	308ⓣ		clean	184ⓣ, **224**ⓣ
check	**49**ⓣ		circle	281		cleaner	224ⓣ
cheer	393, 245ⓣ		circuit	**345**		cleanse	**224**ⓣ
cheerful	51, **12**ⓣ, 102ⓣ, 128ⓣ, 212ⓣ		circuitous	**345**		cleanser	224ⓣ
cherish	**136**ⓣ		circulate	366		cleansing	224ⓣ
chew	**12**ⓣ		circumference	**420**, 442		clear	97, 275, 386, 130ⓣ
chic	300, 216ⓣ		circumlocution	**189**, 191		clemency	**86**ⓣ
chick	**12**ⓣ		circumscribe	**173**		clement	90ⓣ
chief	244, 467, 234ⓣ, 326ⓣ		circumscription	**173**		clench	322ⓣ
childbirth	478		circumspect	**137**, 143		clergy	117ⓣ
childhood	56ⓣ		circumspection	**137**		clergyman	219
childish	**12**ⓣ, 56ⓣ		circumstance	**324**		cleric	117ⓣ
chill	**125**ⓣ		circumstances	325		clerical	117ⓣ
chilling	**125**ⓣ		circumstantial	**324**		clever	44, 290, 406
chilly	**125**ⓣ		circumvent	**338**, 197ⓣ		cliché / cliche	**192**ⓣ
chip	345ⓣ		circumvention	**338**		clichéd	**192**ⓣ
chirp / chirrup	124ⓣ		citadel	260ⓣ		click	**12**ⓣ
chisel	**239**		citation	**198**		client	**12**ⓣ
chivalrous	166ⓣ		cite	197, **198**, 416		climatic	**91**ⓣ
chivalry	**70**ⓣ		citizen	**12**ⓣ		climax	229, 325ⓣ
chlorinate	**240**ⓣ		citizenship	41		climax ((in, with))	332ⓣ
chlorination	**240**ⓣ		civic	**60**		climb	460, 466
choir	**159**ⓣ		civics	**60**		clime	91ⓣ
choke	82ⓣ		civil	**59**		clinch	**230**
choleric	138ⓣ		civilian	**59**		clinchingly	**230**
choose	225ⓣ		civility	**60**		cline	342ⓣ
chop	**12**ⓣ, **182**ⓣ		civilization	**59**		cling	**12**ⓣ
chopper	**12**ⓣ		civilize	**59**		cling ((to))	404
choral	**159**ⓣ		civilized	**59**		clinic	**12**ⓣ
chore	478, **12**ⓣ		claim	186, 330, 350, **200**, 85ⓣ		clipping	**182**ⓣ
choreographer	171		claimant	**200**		clippingly	**182**ⓣ
choreographic	171		clairvoyant	**143**		clique	472, **68**ⓣ
choreography	171		clamber ((up))	324ⓣ		cloddish	181ⓣ
chosen	436		clamo(u)r	**201**		clog	**283**ⓣ
christen	118ⓣ		clamorous	**201**, 123ⓣ		clogging	421
christening	118ⓣ		clamp	229ⓣ, **322**ⓣ		cloggy	**283**ⓣ
Christian	132		clampdown	**283**		clone	235, **61**ⓣ
chrome	239ⓣ		clan	75ⓣ		close	447
chromosome	61ⓣ		clandestine	321, 436, **302**ⓣ		closet	214ⓣ
chronic	229, **250**		clap	393, **12**ⓣ		closure	**398**
chronically	**250**		clarification	**150**ⓣ		cloth	290ⓣ
						clothe	216ⓣ

clothes	214 ⓣ	collaborate	**479**, 338 ⓣ	commend	163 ⓣ, **262** ⓣ
clothing	300	collaboration	**479**	commendable	**262** ⓣ
cloudy	383	collaborative	**479**, 148 ⓣ	commendation	393, **262** ⓣ
clown	**13** ⓣ	collapse	321, **335** ⓣ, 344 ⓣ	commensal	**63** ⓣ
cloy	**137** ⓣ	collateral	228, **377**, 190 ⓣ	commensalism	**63** ⓣ
cloying	**137** ⓣ	colleague	**13** ⓣ	commensurable	**443**
clue	**13** ⓣ	collect	460, 161 ⓣ, 217 ⓣ, 343 ⓣ	commensurate	**443**
clumsy	203, **13** ⓣ	collection	**13** ⓣ	comment	178, 355, **13** ⓣ
cluster	**68** ⓣ	collective	**13** ⓣ	commerce	**212** ⓣ
clutch	**304** ⓣ	collectivism	**71** ⓣ	commercial	**212** ⓣ
clutter	**284** ⓣ	collide	**279** ⓣ	commercialize	**212** ⓣ
coach	**13** ⓣ	collide (with)	391	commiseration	155
coagulate	224 ⓣ	collision	**279** ⓣ	commission	202, **351**, 262 ⓣ
coal	**13** ⓣ	colloquial	**190**	commit	184, **351**
coalesce	**342** ⓣ	colloquialism	**190**	commitment	**351**
coalescence	**342** ⓣ	colloquially	**190**	committee	**351**
coalition	342 ⓣ	colloquy	**189**	commodities	213 ⓣ
coarse	**125** ⓣ	collude	49, **312**	common	56, 71, 109, 203, 468
coast	207 ⓣ	collusion	**312**	commotion	**457**, 283 ⓣ
coat	116, 282 ⓣ	collusive	**312**	commove	**457**
coax	**226** ⓣ	colonial	**71** ⓣ	communal	60, **450**, 492
coaxer	**226** ⓣ	colony	**71** ⓣ	communally	**450**
coaxingly	**226** ⓣ	colorectal	198 ⓣ	communicable	57, 149, **450**
cockpit	**243** ⓣ	colorful	95	communicate	346, **449**
cocoon	65 ⓣ	colossal	159, **170** ⓣ	communication	**449**
codification	**78** ⓣ	colossally	**170** ⓣ	communicative	**449**
codify	**78** ⓣ	colossus	**170** ⓣ	communicator	**449**
coerce	292, 396, **218** ⓣ	column	**13** ⓣ	communism	**450**
coercible	**218** ⓣ	coma	111 ⓣ	communist	**450**
coercion	**218** ⓣ	combat	331, 370, **390**, 276 ⓣ	community	60, **450**
coercive	**218** ⓣ	combat (with)	208 ⓣ	commutation	109
coeval	**190** ⓣ	combatant	**390**, 276 ⓣ	commute	**109**
coexist	**332**	combative	**390**, 276 ⓣ	commuter	**109**
coexistence	**332**	combination	372, 373	compact	396, **13** ⓣ
coexistent	**332**	combine	236, 242, 300, 306, 342 ⓣ	companion	**13** ⓣ, 316 ⓣ
coffin	**59** ⓣ	combo	310 ⓣ	companionable	67
cognate	**45**	combust	95 ⓣ	company	**49** ⓣ
cognitive	**129**	comeback	463	comparability	**447**
cognizant	**129**	comestible	305 ⓣ	comparable	**447**, 451
cohabit	**50**	comet	94 ⓣ	comparative	422, **447**
cohabitation	**50**	comfort	159, 160, 165, **267**, 235 ⓣ	comparatively	**447**
cohere	**404**	comfortable	**267**, 130 ⓣ	compare	**446**
coherence	**404**	command	**201**, 202, 484, 492	comparison	**446**
coherent	330, **404**	commander	**201**	compart	**249**
cohesion	**405**	commanding	**201**	compartment	**249**, 272, 334 ⓣ
cohesive	**405**	commemorate	**123**, 256 ⓣ	compass	**274**
coil	281, **179** ⓣ	commemoration	**123**	compassion	90, **154**, 155
coinage	282	commemorative	**123**	compassionate	45, 90, 132, **154**, 270 ⓣ
coincide	250, **252** ⓣ	commence	398, **226** ⓣ	compatibility	155
coincidence	**252** ⓣ	commencement	**226** ⓣ	compatible	**155**, 330
coincident	146, **252** ⓣ			compatriot	**68** ⓣ
coincidental	**252** ⓣ			compeer	**447**

compel	267, **292**, 490, 218 ⓣ	
compelling	**292**, 331	
compensate	207, **366**, 435, 268 ⓣ	
compensating	**366**	
compensation	329, **366**, 268 ⓣ	
compensatory	**366**	
compete	84, 346 ⓣ	
compete (with)	496	
competence	**298**, 430	
competent	**298**, 430, 475	
competition	84, 280 ⓣ	
compilation	**343** ⓣ	
compile	**343** ⓣ	
compiler	**343** ⓣ	
complacency	**162**	
complacent	**162**, 325 ⓣ	
complain	158 ⓣ, 349 ⓣ, 350 ⓣ	
complaint	214, 85 ⓣ, 349 ⓣ, 350 ⓣ	
complaisance	**163**	
complaisant	**163**	
complement	**314**	
complementary	**314**, 102 ⓣ	
complementing	403	
complete	112, 148, **313**, 314, 381	
completely	**313**	
completeness	**313**	
completion	**313**	
complex	210, **233**	
complexion	233	
complexity	**233**	
compliance	**315**	
compliant	163, **315**, 415, 70 ⓣ, 252 ⓣ	
complicate	**235**, 401	
complicated	210, 233, **235**, 478	
complicatedly	**235**	
complication	**235**	
compliment	201, 309, **315**, 160 ⓣ	
complimentary	162, 296, **315**, 218 ⓣ	
comply	**315**, 355	
comply (with)	226	
component	343, **372**	
compose	227, 328, **369**	
composed	323, 233 ⓣ	
composedness	408	
composer	**369**	
composite	**369**, 372	
composition	**369**	
compost	**300** ⓣ	
composure	48, **369**, 318 ⓣ	
compound	**372**	
comprehend	**431**, 322 ⓣ	
comprehensible	**431**	
comprehension	**431**	
comprehensive	399, **431**, 438	
compress	**396**, 224 ⓣ	
compressed	**396**	
compression	**396**	
comprise	328, 356, 369, 398, **333** ⓣ	
compromise	**352**, 248 ⓣ	
compulsion	**292**	
compulsive	**292**	
compulsory	202, 272, **292**, 297	
compunction	**386**	
compunctious	**386**	
computation	**122**	
compute	**122**	
comrade	447, **316** ⓣ	
concave	**116**	
conceal	**116**, 316, 398, 104 ⓣ	
concealment	**116**	
concede	**340**	
conceit	**426**	
conceited	162, 295, 465	
conceivable	**426**	
conceive	**426**	
concentrate	400, **469**	
concentrated	**469**	
concentration	**469**	
concentric	**469**	
concept	**426**	
conception	**426**	
conceptual	**426**	
conceptualize	**426**	
concern	281, 358, 408	
concerned	348 ⓣ	
concerted	**148** ⓣ	
concerto	**159** ⓣ	
concession	**340**, 352	
concierge	422	
conciliatory	**227** ⓣ	
concise	**238**, 151 ⓣ	
conciseness	**238**	
conclude	49, 230, 313, **398**	
conclusion	312, **398**	
conclusive	**398**, 480	
concoct	**317** ⓣ	
concoction	**317** ⓣ, 333 ⓣ	
concomitant	**190** ⓣ	
concord	**262**	
concordance	**262**	
concordant	**262**	
concrete	149, 288, **13** ⓣ	
concretely	**13** ⓣ	
concreteness	**13** ⓣ	
concretize	**127** ⓣ	
concur	**282**	
concur (with)	153, 252 ⓣ	
concurrence	153, **282**	
concurrent	**282**, 449	
concurrently	**282**	
concuss	**391**	
condemn	193, **207**, 309, 162 ⓣ	
condemnation	190, **207**	
condensability	**224** ⓣ	
condensable	**224** ⓣ	
condensation	**224** ⓣ	
condense	306, 396, **224** ⓣ, 298 ⓣ	
condescend	**461**	
condescending	**461**	
condiment	**309** ⓣ	
condition	325	
conditional	149, **13** ⓣ	
conditional on	403	
conditions	324	
condole	**157**	
condolence	157	
condominium	320	
condonation	**364**	
condone	**364**	
conduce	**416**	
conducive	**416**	
conduct	**417**	
conduction	**417**	
conductive	**417**	
conductor	**417**	
cone	**177** ⓣ	
confection	310 ⓣ	
confederacy	**127**	
confederate	**127**, 236	
confederation	**127**, 343 ⓣ	
confer	**419**, 262 ⓣ	
conference	338, 343, **419**	
conferment	**419**	
confess	**186**, 340, 351	
confession	**186**	
confessor	**186**	
confide	**126**	
confidence	70, **126**	
confident	95, 125, **126**, 371	
confidential	**126**	
confidentiality	**126**	
configuration	**227**	
configure	**227**	
confine	173, 329, 357, **479**, 491	

confined	429		connection	**488**		consolidation	**342** T
confinement	**479**		connectivity	**488**		consonance	**146**
confirm	73, 83, 247, **268**, 153 T		connivance	**83** T		consonant	**146**, 198
confirmation	**268**		connive	312, **83** T		consort	**69** T
confiscate	372, **85** T, 233 T		connotation	**131**		consortium	**338** T
confiscation	**85** T, 268 T		connotative	**131**		conspicuous	**139**, 284
conflagration	**95**		connote	**131**		conspiracy	**49**, 210, 144 T
conflict	**391**, 279 T, 285 T		connubial	74 T		conspire	**49**, 210, 312, 83 T, 144 T
conflicting	330, 330 T		conquer	475, 493, **13** T		constancy	**327**
confliction	**391**		conquest	430		constant	108, 110, 252, **327**, 190 T
conflictive	**391**		conscience	**128**		constantly	**327**
confluence	493		conscientious	**128**		constellation	**100**
conform	**226**, 280 T		conscientiousness	**128**		constituency	**328**
conformance	226		conscious	**127**		constituent	**328**, 372
conformation	226		consciousness	**127**		constitute	**328**, 369
conformist	320		conscribe	173		constitution	**328**
conformity	226		conscript	**174**, 144 T		constitutional	**328**
confound	**401**, 284 T		conscription	**174**, 144 T		constrain	**491**
confraternity	132		consecrate	**133**		constraint	**491**
confront	126, **260**, 289		consecration	**133**		constrict	412, **491**, 224 T
confrontation	**260**, 279 T		consecution	**294**		constriction	**491**
confrontational	**260**		consecutive	**294**, 300		construct	227, 448, **484**, 333 T, 335 T
confuse	235, **401**, 464, 269 T		consecutiveness	**294**		construction	328, 483, 484
confused	**401**		consensus	**153**, 276		constructive	**484**
confusing	**401**		consent	**153**		construe	**152** T
confusion	203, **401**, 283 T, 293 T		consent ((to)	309, 282 T		consult	**13** T
confute	167 T		consequence	**294**, 391		consultation	316 T
congeal	224 T		consequent	**294**		consumable	433, 305 T
congenial	**45**		consequential	293, **294**		consume	**433**, 304 T, 306 T
congeniality	**45**		consequently	**294**		consummate	**466**
congenital	40, **42**		conservation	**355**		consummation	**466**
congest	**421**		conservationist	**355**		consummatory	**466**
congested	**421**		conservatism	**355**, 71 T		consumption	433
congestion	**421**		conservative	338, **355**		contagion	**149**
congregate	**67**, 280, 336, 161 T		conservatory	**355**		contagious	57, **149**, 450, 72 T
congregation	**67**		conserve	**355**		contain	274, **356**, 333 T
congress	**343**		consider	391, 427, **13** T, 147 T, 152 T		container	**356**, 244 T
congressional	**343**		considerable	177, 324, **53** T		contaminate	452, 474, 112 T
congressman	**249** T		considerate	137, **53** T		contemn	**217** T
congruence	**316** T		consideration	**59** T		contemplate	118 T, **152** T, 210 T
congruent	**316** T		considering	**13** T		contemplation	**152** T
congruous	146, 330, **183** T, 316 T		consign	**178**		contemporary	**251**, 282
conical	**177** T		consignment	**178**		contempt	223, 217 T
conjectural	**382**		consist	**330**		contemptible	**139**, 332 T
conjecture	353, 371, **382**		consistence	**330**		contemptuous	296
conjoin	**492**		consistency	**330**		contend	**496**, 346 T
conjugal	**493**		consistent	282, 326, 327, **330**, 316 T		contender	**496**
conjunct	493		consolation	159, **160**		content	161, **496**
conjunction	**493**		consolatory	**160**		content(ed)	162, **496**
conjure	**206**		console	**160**		contention	122, **496**
connate	40		consolidate	268, **342** T			
connect	289, **488**, 489						

contentious	385, **496**		convalesce	**222**		cord	168ⓣ
contentment	**496**		convalescence	**222**		cordial	**262**
contest	**84**, 280ⓣ		convalescent	**222**		cordiality	**262**
contest (with)	496		convene	197, **336**		cordially	**262**
contestant	**84**		convener	**336**		core	**261**, 324, 336ⓣ
context	**405**		convenience	165, **337**		corn	310ⓣ
contextual	**405**		convenient	**337**		corner	212ⓣ
contiguity	**149**		convention	70, **338**, 343		corporal	**256**
contiguous	**149**		conventional	**338**, 355		corporate	**256**
continent	**13**ⓣ		converge	237, **280**		corporation	**256**
contingency	**149**		convergence	**280**		corporeal	**256**
contingent	**149**		convergent	**280**		corps	256
contingent on	403		conversation	186, 189, **276**, 283		corpse	**256**
continual	327, 341, 257ⓣ		conversational	190, **276**, 449		corpulence / corpulency	**256**, 194ⓣ
continually	**13**ⓣ		converse	**276**		corpulent	**256**
continuation	293		conversely	**276**		correct	226, 275, 375, **14**ⓣ, 268ⓣ
continue	212, 330, 331, 338, 13ⓣ		conversion	**278**		correction	**14**ⓣ
continuous	327, **14**ⓣ		convert	132, 226, 229, **278**		correlate	**422**
continuum	**342**ⓣ		convertible	**278**		correlation	**422**
contort	**232**, 178ⓣ		convex	116		correlational	**422**
contortion	**232**		convey	249, **346**, 366, 230ⓣ		correspond	**205**
contortive	**232**		conveyance	344, 423		correspond (with)	252ⓣ
contour	176ⓣ		conveyor	243ⓣ		correspondence	**205**
contraband	**81**		convict	207, **316**, 151ⓣ		correspondent	**205**
contraception	**428**		conviction	**316**		correspondingly	**205**
contract	337, **412**, 491, 170ⓣ		convince	204, **316**, 416		corridor	**284**
contraction	**412**, 478		convinced	125, **316**, 371		corrigendum	**375**
contractor	**412**		convincing	292, **316**		corrigible	**375**
contradict	**182**, 391, 401, 153ⓣ		convincingly	**316**		corroborate	324, **153**ⓣ, 160ⓣ
contradiction	**182**, 404, 237ⓣ		convivial	**51**		corrode	90ⓣ, 238ⓣ
contradictory	**182**, 330, 330ⓣ		convocation	**197**		corrupt	43, 278, **500**, 346ⓣ
contrary	277, **14**ⓣ		convoke	**197**, 336		corruptible	346ⓣ
contrast	**14**ⓣ		convolute	235, **281**		corruption	375, **500**
contravene	309, **336**, 499		convoluted	232		cosmetic	**14**ⓣ
contravention	**336**		convolution	**281**		cosmonaut	99
contribute	364, 365, **366**		convolve	**281**		cosmopolitan	71ⓣ
contribute (to)	416		convoy	**346**		cost	365
contribution	**366**		convulsion	197ⓣ, 268ⓣ		costume	300, 214ⓣ
contributory	**366**		convulsive	197ⓣ		cottage	320, **14**ⓣ
contrite	**406**		coolness	48		council	343, **14**ⓣ
contrition	**406**		cooperate	479, **338**ⓣ		counsel	196, **14**ⓣ
contrivable	**225**ⓣ		cooperation	**338**		count (on)	402, 489
contrivance	**225**ⓣ		cooperative	148ⓣ, **338**ⓣ		countenance	397, 233ⓣ, **282**ⓣ
contrive	463, **225**ⓣ		coordinate	**203**, 280ⓣ		counter	276
contrived	409		coordination	**203**		counteract	222, **289**, 453
control	72, 75, 397, 73ⓣ, 295ⓣ		coordinative	**203**		counteraction	**289**
controversial	**276**		coordinator	**203**		counterattack	389
controversy	122, **276**		copious	401, 188ⓣ, 288ⓣ		counterbalance	453, **14**ⓣ
controvert	**276**, 153ⓣ		copper	**238**		counterclaim	**201**
controvertible	**276**		coppery	**238**		counterfeit	44, **477**, 113ⓣ, 333ⓣ, 340ⓣ
conundrum	105ⓣ		copy	235, 308, 473, 314ⓣ			
			copycat	314ⓣ			

counterintuitive	**127**ⓣ		crater	88ⓣ		crucial	51, 105, 238, 168ⓣ
countermand	**202**, 413		crave	**303**ⓣ		crude	**288**ⓣ
counteroffensive	**389**		craving	298, **303**ⓣ		crudeness	**288**ⓣ
counteroffer	**419**		crawl	**14**ⓣ, 205ⓣ		crudity	**288**ⓣ
counterpart	445		craze	72ⓣ		cruel	90, **14**ⓣ, 138ⓣ
counterpoison	364		creak	123ⓣ		cruelty	**14**ⓣ, 277ⓣ
counterproductive	**417**		creaky	123ⓣ		cruiser	244ⓣ
counterproposal	419		cream	202ⓣ		crumble	**344**ⓣ
countersign	145ⓣ		crease	197, **215**ⓣ		crumple	**180**ⓣ, 215ⓣ
countervail	**222**		creasy	**215**ⓣ		crumply	**180**ⓣ
countless	242, **187**ⓣ		create	43, 337, **14**ⓣ		crunch	123ⓣ
countryman	68ⓣ		creative	44		crush	**14**ⓣ, 274ⓣ, 344ⓣ
county	71ⓣ		credence	**125**		crust	310ⓣ
coupon	198		credential	**125**		crutch	**228**ⓣ
courage	268, 273ⓣ		credibility	**124**		cryptic	**117**
courageous	159, 221, 166ⓣ		credible	**124**, 393		cryptically	**117**
courier	**284**		credit	**125**, 171ⓣ, 267ⓣ		cryptogram	**117**
course	381, **14**ⓣ		creditable	**125**		cryptography	105ⓣ
courteous	59, **70**ⓣ		credo	**124**		crystallization	**14**ⓣ
courtesy	60, 161, **70**ⓣ		credulity	**125**		crystallize	**14**ⓣ
courtship	**74**ⓣ		credulous	**125**		cube	**177**ⓣ
couturier	237		creed	415		cubic	**177**ⓣ
covenant	**337**, 412		creep	**205**ⓣ		cubicle	**272**
cover	**116**, 273, 215ⓣ, 292ⓣ		creeper	**205**ⓣ		cubism	**177**ⓣ
coverage	**116**		creepy	**205**ⓣ		cue	**14**ⓣ
covered	**116**		crepitate	123ⓣ		cuisine	**308**ⓣ
covering	**116**		crescendo	219, **460**		culinary	**307**ⓣ
covert	321, **105**ⓣ, 302ⓣ		crescent	**460**		cull	**65**ⓣ
covet	**303**ⓣ		crest	88ⓣ		culminate	**332**ⓣ
covetous	436, **303**ⓣ		crestfallen	381, **210**ⓣ		culmination	184ⓣ, **332**ⓣ
covetousness	**303**ⓣ		crew	**14**ⓣ, 84ⓣ		culpable	**80**
coward	**14**ⓣ		crib	76ⓣ		culprit	77, **80**, 473
coxcomb	300, 216ⓣ		criminal	**77**, 473, 287ⓣ		cult	**114**
coy	158		criminate	**77**		cultivable	299ⓣ
cozen	428, 302ⓣ		criminologist	**77**		cultivate	272, 299ⓣ
cozily	**130**ⓣ		crimson	121ⓣ		culture	**50**ⓣ
coziness	**130**ⓣ		crisis	291, 306		cumbersome	172ⓣ
cozy / cosy	**130**ⓣ		crisp	123ⓣ		cumulate	**328**ⓣ
crack	110, 498, 78ⓣ, 182ⓣ		crispy	123ⓣ		cumulative	**328**ⓣ
crackdown	**283**ⓣ		criterion	323		cumulatively	**328**ⓣ
cradle	**76**ⓣ		critical	396, 430, 168ⓣ		cunning	321, 409, 236ⓣ
craft	**14**ⓣ, **236**ⓣ		criticism	315		cupidity	302ⓣ
craftiness	**236**ⓣ		criticize	193, 315, 432, 154ⓣ		curb	356, 397, 491, **259**ⓣ
craftsman	409		crook	**179**ⓣ		cure	414, **438**
crafty	409, **236**ⓣ		crooked	**179**ⓣ		curfew	**116**
cram	**183**ⓣ		crop	415		curious	297
cramp	**197**ⓣ		crop up	282		curly	**15**ⓣ
cranium	195ⓣ		cross	237, 273, 277		currency	**282**
cranky	80ⓣ		crouch	322		current	104, **282**, 222ⓣ
crash	391		crowd	390, 456, 68ⓣ, 183ⓣ, 316ⓣ		curricular	283
crash (into)	279ⓣ, 299ⓣ		crowding	421		curse	182, 207, 140ⓣ, **154**ⓣ
crate	169ⓣ					cursive	283

cursoriness	283	dean	297 ⓣ	decode	105 ⓣ
cursory	283	dear	135 ⓣ	decompose	149, 369, 345 ⓣ
curtail	238	dearth	238 ⓣ, 340 ⓣ	decomposing	345 ⓣ
curtailment	238	deathless	52	decomposition	369
curve	178 ⓣ, 179 ⓣ	debar	212	deconstruct	484
cushion	280 ⓣ	debark	244 ⓣ	decontrol	72
custodial	76 ⓣ	debase	377, 234 ⓣ	decorate	15 ⓣ, 245 ⓣ, 289 ⓣ
custodian	76 ⓣ	debatable	391	decoration	289 ⓣ
custody	76 ⓣ	debate	122, 276, 391	decorative	106
custom	338, 482, 50 ⓣ	debatement	391	decrease	219, 234, 238, 459, 90 ⓣ
customary	338, 15 ⓣ	debilitate	430, 247 ⓣ	decree	501
customer	63	debilitation	247 ⓣ	decrement	459
customize	15 ⓣ	debit	267 ⓣ	decrescendo	219
customs	249 ⓣ	debris	335 ⓣ, 336 ⓣ	decrypt	105 ⓣ
cut	182 ⓣ, 274 ⓣ, 282 ⓣ	debts	267 ⓣ	dedicate	184
cutaneous	197 ⓣ	debunk	167 ⓣ	dedicated	184
cutting	182 ⓣ	decade	15 ⓣ	dedication	184
cylinder	177 ⓣ	decadence	345 ⓣ	deduce	74, 416, 418
cylindrical	177 ⓣ	decadent	345 ⓣ	deduct	417, 244 ⓣ
	D	decay	369, 345 ⓣ	deductible	417
dairy	15 ⓣ	decease	353, 101 ⓣ	deduction	416
dam	244 ⓣ	deceased	15 ⓣ	deductive	416
damage	207, 300, 406, 284 ⓣ, 285 ⓣ	deceit / deception	428, 349 ⓣ	deed	234, 15 ⓣ
damaged	207	deceitful / deceptive	347, 428	deem	427, 152 ⓣ
damn	207	deceive	312, 428, 349 ⓣ	de-emphasize	325
damnable	207	decelerate	301	deface	226, 259
damnation	207	deceleration	301	defamation	185, 285 ⓣ
damp	15 ⓣ	decency	375, 166 ⓣ	defamatory	185
dampen	15 ⓣ	decennial	252	defame	185
danger	306, 308	decent	166 ⓣ	default	102 ⓣ
dangle	324 ⓣ	decently	166 ⓣ	defaulter	102 ⓣ, 267 ⓣ
dangly	324 ⓣ	decentralize / decentralise	468	defeat	316, 475
dank	125 ⓣ	decide	111, 481	defeatist	475
dare	15 ⓣ	deciduous	63 ⓣ	defect	474
daring	159, 15 ⓣ	decimal	15 ⓣ	defective	323, 474, 475, 340 ⓣ
dark	98 ⓣ	decimate	59 ⓣ	defector	474
darken	97 ⓣ	decimation	59 ⓣ	defend	74, 117, 389
dart	228 ⓣ, 278 ⓣ	decipher	105 ⓣ	defendable	359
dash	15 ⓣ, 207 ⓣ, 228 ⓣ	decipherable	168	defendant	74, 389
dashboard	247 ⓣ	decision	238	defender	389, 260 ⓣ
daunt	135 ⓣ, 264 ⓣ	decisive	51, 238, 168 ⓣ	defense / defence	389, 259 ⓣ, 335 ⓣ
dauntless	264 ⓣ	decisively	238	defensible	359
dawn	15 ⓣ	deck	245 ⓣ	defensive	389
dawning	337	declaim	201	defer	402, 418, 269 ⓣ, 270 ⓣ
daze	135 ⓣ	declamation	201	deference	418
dazzling	97 ⓣ	declaration	186, 325, 151 ⓣ	deferment	402
deacon	117 ⓣ	declare	186, 193, 201, 316, 151 ⓣ	deferral	402
deactivate	400	declination	230	defiance	126
deadlock	274	decline	219, 230, 381, 401, 327 ⓣ	defiant	126, 161 ⓣ
deadly	53 ⓣ, 58 ⓣ	declivity	293 ⓣ	deficiency	475, 476
deal	289			deficient	444, 475

deficit	**476**, 188 T	delicacy	**220** T	denounce	**193**, 155 T, 162 T, 285 T
defile	112 T	delicate	153, 359, 499, **220** T	dense	**15** T
definable	479	delicious	308 T	density	**15** T, 240 T
define	**480**	delight	285, 292, 435, **15** T	dent	106 T
definite	227, 371, 386, 445, **480**	delightful	**15** T, 308 T	dental	**199** T
definition	112, **480**	delineate	**228**, 372	dentist	**199** T
definitive	**480**	delineation	**228**	denture	199 T
definitively	**480**	delinquency	**107**	denunciation	**193**
deflate	**239**	delinquent	**107**, 191 T	deny	179, 182, 198, 153 T
deflated	**239**	delirious	**110** T	depart	**249**
deflation	**239**	delirium	**110** T	department	**249**, 472
deflect	**231**	deliver	178	departure	**249**, 347
deflection	**231**	delude	**312**, 428	depend (on)	**402**, 489, 230 T
deforestation	**15** T	deluge	**305**, 314, 222 T, 263 T, 278 T	dependable	124
deform	**226**, 232	delusion	105, **312**	dependant	334 T
deformation	**226**	delusive	**312**	dependence	**402**
deformed	**226**	delve	**105** T, 234 T	dependent	149, **403**
deformity	**226**	demagogue	**57**	depict	172, 228, **142** T
defraud	82 T	demand	**202**, 292, 297, 330	depiction	414, **142** T
deft	**219** T	demanding	**202**, 337 T, 347 T	deplete	**313**, 314, 237 T
deftness	**219** T, 288 T	demarcate	**178**, **145** T	depletion	**313**
defunct	387, **482**	demarcation	**178**, **145** T	deplorable	381, 134 T, **155** T
defuse	**400**	demean	211, 342, 377, **234** T	deplore	82, 309, **155** T
defuser	**400**	demeaning	**234** T	deploy	**233**
defy	**126**, 315, 331, 343	demeano(u)r	**234** T	deployment	**233**
degenerate	**43**, 173 T, 345 T	demented	**120**	depopulation	56
degeneration	**43**	dementia	**120**	deport	81, 291, **423**, 86 T
degenerative	**43**	demise	**353**	deportation	**423**
degradation	**342**	demobilize / demobilise	**456**	deportment	**423**
degrade	**342**, 377, 234 T, 237 T, 247 T	democracy	**58**	depose	**368**
degrading	296	democrat	**58**	deposit	178, 322, **368**, 267 T
degree	**15** T, 247 T	democratic	**58**	deposition	**368**
dehydrate	**93**	democratize	**58**	depository	**368**
dehydration	**93**	demographer	**171**	deprave	278, 500
deification	**115** T	demographic	**171**	depreciate	219, 220, 397, 446
deify	**115** T	demographics	**171**	depreciatory	218 T
deign	461	demography	**171**	depress	396, **397**
deity	**115** T	demolish	115, 375, 407, 436, **335** T	depressed	160, 381, **397**
dejected	160, **381**	demolition	**335** T	depressing	**397**, 236 T
dejection	**381**	demonstrate	97, 184, 221, 327, 434	depression	**397**, 212 T
delay	230, 301, 357, 148 T	demoralize / demoralise	**70**, 261	deprivation	238 T
delayed	191 T	demote	350, **457**, 461, 247 T	deprive	232, 310, 339 T
delectability	**308** T	demotion	**457**	deprived	329
delectable	**308** T	demotivate	458	depute	**213** T
delectation	131 T	den	65 T	deputize	**213** T
delegable	**350**	denominate	**65**	deputy	329, **213** T, 249 T
delegate	104, 281, 346, **350**, 354	denomination	**65**	derange	**229**
delegation	**350**	denotation	**131**	deranged	**229**
delete	176, 385, 282 T	denote	**131**, 177, 254 T	deregulate	**72**
deleterious	**340** T			deregulation	**72**
deliberate	283, 210 T			derelict	**106**

dereliction	106		destine	332		devastate	115, 436
deride	156ⓣ		destiny	332		devastation	115, 108ⓣ
derision	143ⓣ, 156ⓣ		destitute	329, 237ⓣ		develop	280
derisive / derisory	156ⓣ		destitution	329, 238ⓣ		development	343
derivation	463, 292ⓣ		destroy	115, 407, 15ⓣ, 245ⓣ, 335ⓣ		deviant	276, 347
derivative	292ⓣ					deviate	343, 347, 206ⓣ
derive	412, 463, 161ⓣ, 292ⓣ		destruct	484		deviation / diviance	347
dermatologist	197ⓣ		destruction	484, 108ⓣ		devil	15ⓣ
dermatology	197ⓣ		destructive	344, 484, 340ⓣ		devilish	15ⓣ
derogate	296		desuetude	336ⓣ		devious	347
derogatory	296, 218ⓣ		desultory	284		devise	177, 226, 332, 225ⓣ
descend	461		detach	67, 300, 489, 181ⓣ, 343ⓣ		devoid ((of))	329
descendant	339, 340, 461, 242ⓣ					devolution	281
descent	461, 463		detachable	343ⓣ		devolve	281
describe	172, 421, 142ⓣ		detachment	149, 343ⓣ		devote	184, 234, 351
description	172, 414		detail	237		devour	433
descriptive	172		detailed	169, 237, 478		devout	116ⓣ
desecrate	133		detain	357, 431		dew	91ⓣ
desecration	133		detained	429		dewdrop	222ⓣ
desegregate	67		detainee	357		dewy	91ⓣ
desegregation	67		detect	117		dexterity	288ⓣ
desert	81, 474, 494		detectable	117, 427		dextral	288ⓣ
deserted	106, 244, 494		detection	117		dextrous / dexterous	288ⓣ
deserter	326		detective	117		diabetes	201ⓣ
desertification	494		detector	117		diabetic	201ⓣ
desertion	494		detention	357		diagnose	129
deserve	355		deter	158, 204		diagnosis	129
deserved	355		detergent	224ⓣ		diagnostic	129
design	177, 332		deteriorate	43, 431, 173ⓣ, 184ⓣ, 345ⓣ		diagonal	168ⓣ
designate	178, 384, 436					diagonally	168ⓣ
designation	178		deteriorated	43		diagram	172
designer	334ⓣ		deterioration	173ⓣ		dialect	190
desire	106, 295, 297, 298, 303ⓣ		determinant	481		dialectal	190
			determinate	481		dialectic(al)	190
desist	331		determination	111, 359		dialectic(s)	190
desist ((from))	357		determine	111, 183, 384, 480, 481		dialog(ue)	186
desistance	331		determined	112, 238, 358, 481, 264ⓣ		diameter	442, 313ⓣ
desolate	244, 130ⓣ, 236ⓣ					diaper	76ⓣ
desolation	244		deterrence	158		diaphanous	106, 316ⓣ
desperate	174ⓣ		deterrent	158, 388		diarrh(o)ea	200ⓣ
despicable	139, 332ⓣ		detest	84, 133, 139, 192, 136ⓣ		diatomic	236
despise	133, 139, 223, 136ⓣ, 217ⓣ					dichotomize	236
			dethrone	80ⓣ		dichotomous	236
despond	205		dethronement	368		dichotomy	236
despondency / despondence	205		detonate	279ⓣ		dictate	173, 183, 202
			detonator	279ⓣ		dictation	183
despondent	205		detour	292ⓣ		dictator	183, 74ⓣ
despot	74ⓣ		detoxicant	364		dictatorial	183, 73ⓣ
despotic	74ⓣ		detract	412		dictatorship	58, 183, 73ⓣ
despotism	58, 74ⓣ		detractor	412		diction	182, 189
destabilization	328		detriment	406		dictum	182, 140ⓣ
destabilize / destabilise	328		detrimental	406, 340ⓣ		didactic	295ⓣ
			devaluation	220			
destination	332		devalue / devaluate	220, 377, 397, 234ⓣ			

die	101 ⓣ		diplomacy	**233**		discomfort	**267**
diet	**16** ⓣ		diplomat	**233**, 354		disconcert	239, 284 ⓣ
differ	109, **16** ⓣ		diplomatic	**233**		disconnect	**489**, 181 ⓣ, 343 ⓣ, 344 ⓣ
difference	446, **16** ⓣ, 315 ⓣ		dipper	**16** ⓣ		disconnection	**489**
different	110, 445, 446, 448		dire	**174** ⓣ		disconsolate	**160**
differential	**16** ⓣ		direct	201, 320, 376, 417, **16** ⓣ		discontent	496
differentiate	387, **419**, 501		directions	484		discontinue	**359**
differentiation	**419**		directive	202		discord	**262**, 446, 279 ⓣ, 285 ⓣ
difficulty	210 ⓣ		directly	272 ⓣ		discordant	**262**, 183 ⓣ
diffidence	**126**		directory	187		discourage	70, 158, 204, **261**, 284 ⓣ
diffident	**126**		dirty	184 ⓣ, 224 ⓣ		discouragement	**261**
diffract	**499**		disability	203		discourse	186, 189, 276, **283**
diffraction	**499**		disable	430, 285 ⓣ, 320 ⓣ		discourse (with)	419
diffuse	**400**		disabuse	312		discover	117, 413
diffusion	**400**		disadvantage	81		discredit	**125**, 161, 234 ⓣ
dig	115, 107 ⓣ		disadvantaged	77		discreditable	**125**
dig (into)	105 ⓣ		disagree	**160**, 279 ⓣ		discreet	**501**
dig up	115		disagree (with)	323, 370		discrepancy	315 ⓣ
digest	**421**, 449		disagreeable	**161**		discrete	386, **501**
digestion	**421**		disagreement	**160**, 285 ⓣ, 315 ⓣ		discretion	**501**
digestive	**421**		disappear	111, 114, 101 ⓣ, 223 ⓣ		discretionary	**501**
digit	**186** ⓣ		disappearing	114		discriminate	67, 387, 419
dignified	**222**		disappoint	**384**, 284 ⓣ		discriminatory	445
dignify	**222**		disappointment	**384**		discuss	391
dignitary	**223**		disapproval	309		discuss (with)	419
dignity	122, **222**		disapprove	**309**		discussion	391, 316 ⓣ
digress	280, **343**, 206 ⓣ		disapproving	**309**		disdain	**223**, 217 ⓣ
digression	**343**		disarm	**392**, 400		disdainful	**223**
digressive	**343**		disarmament	**392**		disembark	244 ⓣ
dike	244 ⓣ		disarrange	408		disempower	**269**
dilapidated	192 ⓣ, **336** ⓣ		disarray	203, 283 ⓣ		disenchant	312
dilapidation	**336** ⓣ		disaster	**99**, 92 ⓣ, 108 ⓣ		disenchantment	**199**
dilat(at)ion	**170** ⓣ		disastrous	**99**, 112 ⓣ		disengage	489
dilate	**170** ⓣ, 491		disavow	**198**		disentangle	210, 107 ⓣ
dilemma	274		disavowal	**198**		disequilibrium	279
diligence	157		disband	456, **488**, 344 ⓣ		disfigure	226, 232
diligent	**16** ⓣ, 322		disbandment	**488**		disgorge	**188** ⓣ
dilute	**306**, 224 ⓣ, 248 ⓣ		disburse	**266** ⓣ		disgrace	52, 91, 125, **161**, 342
dilution	**306**		disbursement	**266** ⓣ		disgraceful	**161**
dilutive	**306**		discard	494		disgruntle	161
dim	**121** ⓣ, 248 ⓣ		discern	152, 387, 427, **501**		disguise	449, **314** ⓣ
dimension	**443**		discernible	144, **501**		disgust	292
dimensional	**443**		discernment	**501**, 127 ⓣ		disgusting	345 ⓣ
diminish	**219**, 238, 239, 237 ⓣ		discharge	112, 233, 350, 151 ⓣ, 279 ⓣ		disharmony	262
diminuendo	**219**		disciple	297 ⓣ		dishearten	70, 148 ⓣ, 284 ⓣ
diminution	**219**		disciplinary	**295** ⓣ		dishonest	347, 376
dimness	121 ⓣ		discipline	**295** ⓣ		dishono(u)r	52, 161
diner	**16** ⓣ		disclaim	198, **200**		disillusion	**312**
dining	**16** ⓣ		disclaimer	**200**		disillusionment	199, **312**
dioxide	101		disclose	**398**, 150 ⓣ, 152 ⓣ		disinfect	266
dip	**16** ⓣ		disclosure	**398**		disinfectant	**474**
diploma	**298** ⓣ						

disinfection	**474**		dispute	**122**, 182, 391, 496		distinction	**386**
disinflation	**239**		disquiet	**146**		distinctive	**386**
disingenuous	**45**		disquisition	264ⓣ, 297ⓣ		distinguish	**387**, 419, 501
disintegrate	**149**, 499, 344ⓣ		disregard	128, 353, 426		distinguishable	**387**
disintegration	**149**		disreputable	130, 185		distinguished	**387**
disinterest	**105**		disrepute	125, 161		distort	**232**, 278, 178ⓣ
disinterested	**105**, 380, 419		disrespect	**138**		distorted	**232**
disjoin	**492**		disrespectful	**138**, 147ⓣ		distortion	**232**
dislike	156		disrobe	216ⓣ		distract	278, **413**
dislocate	**374**		disrupt	328, 408, **500**		distraction	**413**
dismal	244, 154ⓣ, 236ⓣ		disruption	**500**, 102ⓣ		distraught	110ⓣ
dismantle	149		disruptive	**500**		distress	387, 389, 397, **491**, 133ⓣ
dismay	384, **284**ⓣ		dissatisfaction	**163**		distribute	**366**, 374, 113ⓣ, 263ⓣ
dismayed	**284**ⓣ		dissatisfactory	**163**		distribution	**366**
dismiss	197, 291, **353**, 368, 488		dissatisfy	**163**		distributive	**366**
dismissal	**353**		dissect	237		distributor	**366**
dismount	**467**		dissection	236		district	**491**, 334ⓣ
disobedient	**16**ⓣ, 161ⓣ, 286ⓣ		dissemblance	**448**		distrust	125, 489, 217ⓣ
disobey	126, **16**ⓣ		dissemble	**448**, 449		disturb	228, **408**
disorder	59, **203**, 408, 108ⓣ, 283ⓣ		dissembler	**448**		disturbance	**408**, 457
disorganized	203		disseminate	113ⓣ		disunity	**243**
disorient	**464**		dissension	**154**		disused	482
disorientation	**464**		dissent	**154**, 282		ditch	81, 106ⓣ
disparage	**446**, 154ⓣ, 173ⓣ		dissenter	320, 326		dither	252ⓣ
disparagement	217ⓣ		dissentient	**154**		diurnal	62ⓣ
disparate	**446**		dissertation	373, 264ⓣ, **297**ⓣ		dive	328ⓣ
disparity	**446**, 315ⓣ		dissidence	**320**		diverge	**280**, 343
dispassionate	**154**		dissident	**320**		divergence	**280**
dispatch / despatch	**252**ⓣ		dissimilar	445, 446, **448**		divergent	**280**, 448
dispatcher	**252**ⓣ		dissimilarity	**448**		diverse	**277**, 438, 446, 102ⓣ
dispel	81, **291**		dissimulate	448, **449**		diversification	**277**
dispensable	263ⓣ		dissimulation	**449**		diversified	**277**
dispensary	**263**ⓣ		dissipate	101ⓣ, 344ⓣ		diversify	**277**
dispensation	263ⓣ		dissipated	**101**ⓣ		diversion	**278**
dispense	**263**ⓣ		dissipation	**101**ⓣ		diversity	**277**
dispenser	**263**ⓣ		dissociate	235, **344**ⓣ		divert	231, **278**, 343, 413
dispersal / dispersion	**344**ⓣ		dissociation	**344**		divest	**339**ⓣ
disperse	111, 291, 400, 113ⓣ, **344**ⓣ		dissolution	**111**		divide	145ⓣ
dispirited	381		dissolve	**111**, 149, 344ⓣ		divine	94ⓣ, **115**ⓣ
displace	235ⓣ		dissolvent	111		divinely	**115**ⓣ
display	50, **16**ⓣ		dissonance	**146**, 262		divinity	**115**ⓣ
displeasing	161		dissonant	**146**		division	237, 413, 84ⓣ, 345ⓣ
disposable	**367**		dissuade	158, **204**, 261, 316, 388		divorce	**16**ⓣ
disposal	**367**		dissuasion	**204**		divorced	**16**ⓣ
dispose	**367**		distance	**16**ⓣ		divulge	398, 150ⓣ, **152**ⓣ
disposition	**367**, 287ⓣ		distant	457, **16**ⓣ, 270ⓣ		dizzy	**16**ⓣ, 248ⓣ
disproof	**309**		distend	**495**		docile	163, **415**
disproportion	**318**ⓣ		distil(l)	224ⓣ		docility	**415**
disproportionate	**318**ⓣ		distillation	224ⓣ		dock	**244**ⓣ
disprove	221, **309**, 153ⓣ, 167ⓣ		distillery	224ⓣ		doctorate	**16**ⓣ
disputation	**122**		distinct	275, **386**, 100ⓣ, 130ⓣ, 150ⓣ		doctrinaire	**415**

doctrinal	**415**		downdraft	92 T		dry	93, 94
doctrine	**415**, 428, 79 T		downfall	353		dry out	93
document	**16** T		downgrade	350, 457, **247** T		dual	**17** T
dodge	**323** T		downplay	173 T		dub	**315** T
dodger	**323** T		downturn	230		dubiety	217 T
dodgy	**216** T		dowry	**365**		dubious	296, **216** T
doggedly	323 T		doyen	216		dubiousness	**216** T
dogma	415, **116** T		doze	**16** T, 111 T		ductile	**417**
dogmatic	**116** T		drab	**58** T		dud	**340** T
dogmatics	**116** T		drabness	**58** T		due	**17** T
dole	**157**		draft	**144** T		duel	**280** T
doleful	**157**		drag	414, 205 T, **292** T		duet	**17** T
dolo(u)r	**157**		drain	313, **222** T		duke	81 T
dolorous	**157**		drainage	**222** T		dull	94, **17** T, 124 T, 130 T, 320 T
domain	**62**, 232 T, 242 T		drained	**222** T		dully	**17** T
dome	178 T		dramatist	144 T		dumb	**17** T, 159 T
domestic	**61**		drape	**215** T		dumbfounded	150 T
domestically	**61**		drapeable	**215** T		dummy	**215** T
domesticate	**62**, 70 T		drastic	**219** T		dump	**17** T
domesticated	70 T		drastically	**219** T		duo	68 T
domestication	**62**		draw	273 T		duopoly	212 T
domesticity	**61**		draw out	161 T		duplicate	**235**, 416
domicile	**62**		drawing	409		duplication	**235**
dominance	73 T, 81 T		drawing room	204 T		duplicity	**235**
dominant	269, **73** T, 326 T		dread	**17** T, 134 T		durability	**359**
dominate	431, 493, **73** T, 273 T		dreadful	158, **17** T, 110 T, 154 T		durable	324, **359**, 190 T, 220 T
domination	**73** T		drearily	236 T		duration	**360**
domineer	**73** T		dreary	236 T		dusk	57 T
domineering	**73** T, 218 T		dregs	322		dust	**17** T
dominion	**73** T		drench	305		duty	353, 249 T
donate	173, **364**, 365		dress	214 T		dwell	430, **17** T
donation	**364**		dressmaker	237		dwell (on)	320
donor	**364**		dribble	91 T, **222** T, 306 T		dwell in	56
doom	207, **58** T		dribbly	**222** T		dweller	320
doomed	237 T		drift	273, **322** T		dwelling	**17** T
doomful	112 T		drifter	206 T		dwindle	216 T, **327** T
doomy	**58** T		drill	**50** T, 295 T		dwindling	**327** T
doorstep	335 T		drinkable	306 T		dynamic	51, 280, 288, 325, **17** T
dorm(itory)	**16** T		drip	91 T, **222** T		dynastic	**80** T
dormancy	**64** T		drive	292, 293		dynasty	**80** T
dormant	147, **64** T, 100 T		drive out	192		dysfunction	203, **482**
dorsal	**62** T		drivel	**222** T			E
dosage	**364**		drizzle	**91** T		eager	94, 345, **17** T, 96 T, 166 T
dose	**364**		drool	**222** T, **306** T		ear	**50** T
dote	136 T		droop	178 T		earl	81 T
doubt	137, **16** T		drop	359, 461, 209 T, 222 T		earliest	245
doubter	217 T		drought	**93** T		earn	298, 355, **17** T
doubtful	125, 217 T		drowse	111 T		earnest	**17** T
dour	133 T		drowsy	111 T		earnings	336, **17** T
dowdy	300, 216 T		drudge	205 T		Earth	95 T
downbeat	128 T		drudgery	274, 478, 338 T		earthly	89, 130 T
downcast	381						

ease	462	effusion	**401**	elongate	**212**		
eat	306⒯	effusive	**401**	elongated	**212**		
eatable	305⒯	egalitarian	**444**	elongation	**212**		
eavesdrop	**122**⒯	ego	**317**⒯	eloquence	**189**, 140⒯		
ebb	340, **90**⒯	egocentrism	317⒯	eloquent	**189**, 304		
ebullient	57⒯	egoism	452, **317**⒯	eloquently	**189**		
eccentric	**469**, 293⒯	egomania	317⒯	elucidate	**97**, 372		
echelon	**72**⒯	egotism	317⒯	elucidation	**97**		
echo	299, **17**⒯	egregious	**67**	elucidative	**97**		
eclectic	**438**	ejaculate	**382**	elude	**313**, 338, 345		
eclipse	**95**⒯	ejaculation	**382**	elusive	**313**		
ecoactivist	62	eject	316, **380**	emaciated	220⒯		
ecobomb	62	ejection	**380**	emanate	222⒯, **254**⒯		
ecocentric	62	elaborate	298, **478**, 289⒯	emanation	**254**⒯		
ecological	**62**	elaboration	**478**	emanative	**254**⒯		
ecologist	**62**	elaborative	**478**	emancipate	**429**		
ecology	**62**	elapse	**190**⒯	emancipation	**429**		
economic	**62**	elastic	497, **168**⒯	embalm	**59**⒯		
economical	62, **63**, 275, 291, 225⒯	elasticity	285	embargo	**212**		
economics	**62**	elect	**436**	embark	**244**⒯		
economist	**62**	election	**436**, 162⒯	embark on	344		
economize	**62**	elective	**436**	embarkation	**244**⒯		
economy	**62**	electoral	**436**	embarrass	91, **211**		
ecosphere	62	electorate	**436**	embarrassed	**211**		
ecosystem	**62**	electric(al)	**98**	embarrassing	**211**		
ecotourism	62	electricity	**98**	embarrassment	**211**		
ecovillage	62	electrification	**98**	embassador	346		
ecstasy	**131**⒯	electrify	**98**	embattled	**390**		
ecstatic	**110**⒯	electrocardiogram	98	embellish	245⒯, **289**⒯		
edge	442, **17**⒯, 168⒯, 191⒯	electrocution	98	embellishment	**289**⒯		
edgy	319⒯	electrode	98	embezzle	82⒯, 267⒯		
edibility	**305**⒯	electromagnetic	98	emblem	**144**⒯		
edible	**305**⒯	electron	**98**	emblematic	**144**⒯		
edifice	**477**	electronic	98	embody	328, **127**⒯		
edit	**17**⒯	electronically	98	emboss	289⒯		
educate	**415**, 296⒯	electronics	**98**	embrace	274, 398		
educated	415	elegance	161, **18**⒯	embroider	**289**⒯		
education	66, **415**	elegant	298	embroidery	**289**⒯		
educational	**415**, 295⒯	element	343, 372, 472, **18**⒯	embroil	**315**⒯		
eerie	132	elevate	**461**, 465	embryonic	41		
efface	176, **259**, 407	elevated	**461**	emerge	**306**		
effect	**473**	elevation	**461**	emergence	**306**, 337		
effective	**474**	elicit	412, 434, **161**⒯	emergency	291, **306**		
effectiveness	**474**	elide	**253**⒯	emergent	**306**		
effectual	474	eligibility	**438**	emerging	**306**		
efficiency	**475**	eligible	**438**	emigrant	**458**, 323⒯		
efficient	63, 430, **475**	eliminate	291, 347, 352, 481, 322⒯	emigrate	**458**		
efflorescence	**66**⒯	elision	**253**⒯	emigration	**458**		
effort	**17**⒯	ellipse	**176**⒯	émigré	**459**		
effortful	**17**⒯	elliptical	**177**⒯	eminent	387		
effortless	**18**⒯	elocution	182, **189**	emissary	346, **354**		
				emission	112, **350**, 401		

emit	**350**, 97 T, 254 T		endear	136 T		ensemble	**448**
emollient	**236** T		endearing	**136** T		enshrine	**118** T
emotion	**457**		endearment	136 T		enslave	136 T
emotional	154, 381, **457**		endeavo(u)r	307, **18** T		ensnare	**83** T, 278 T
emotionless	457		endemic	**57**		ensnarement	**83** T
empathetic / empathic	**156**		endless	299, 187 T		ensue	49, **295**
empathize	**156**		endorse	221, 247, **145** T		ensuing	293, **295**
empathy	**156**, 480		endorsement	**145** T		ensure	**78** T, 79 T
emperor	**301**		endoscope	140		entail	281, **235** T
emphasize / emphasise	200, **18** T		endow	364, **365**		entailment	**235** T
			endowment	**365**		entangle	179 T, 315 T
emphatic	**153** T		endurable	**360**		enterprise	338, **18** T
empire	**300**		endurance	**360**		enterpriser	164 T
empirical	**308**, 483		endure	324, **360**, 258 T		entertain	**358**
empiricism	**308**		enduring	108		entertainer	**358**
employ	**233**, 311		enemy	276		entertaining	**358**
employee	**233**		energetic	51, 280, 288		entertainment	**358**, 338 T
employer	**233**		energize	**18** T		enthral(l)	429, 435, **136** T, 304 T
employment	**233**		enforce	**267**, 291		enthralling	**136** T
empower	**269**, 262 T		enforcement	**267**		enthrone	80 T
empowerment	**269**		enfranchisement	162 T		enthusiasm	154
empress	301		engage	289		enthusiast	136 T
empty	113, 106 T		engage (to)	74 T		enthusiastic	94, **18** T, 166 T
emulate	**314** T		engender	**43**		entice	307, 416, 226 T, 227 T, **293** T
emulation	**314** T		engenderment	**43**		
enable	472		engrave	173, 238, 289 T		enticement	**293** T
enact	76, **288**, 293		engross	110 T, **296** T, 304 T		enticing	331, **293** T
enactment	**288**, 326		engrossed	**296** T		entitled	438
enamo(u)red	**164**		engrossing	**296** T		entity	**104**
encapsulate	**298** T		enhance	215, 314, **465**, 173 T		entrance	344
enchant	**199**, 429, 435, 294 T		enhanced	**465**		entrap	230 T
enchantment	**199**		enhancement	**465**		entreat	**414**, 294 T
encircle	173, 398		enigma	**105** T		entreat (for)	303 T
enclave	**232** T		enigmatic	**105** T, 146 T		entreatingly	**414**
enclose	388, **398**, 479, 278 T		enjoin	**492**		entreaty	**414**
enclosure	**398**, 84 T		enlarge	215, 495		entrée	**308** T
encode	105 T		enlighten	59, 312, **296** T		entrench	**107** T
encompass	**274**, 398		enlightening	295 T, **296** T		entrenched	296 T
encompassment	**274**		enlightenment	**296** T		entrenchment	**107** T
encore	**18** T		enlist	174		entrepreneur	**164** T
encourage	66, 158, 239, **261**, 294 T		enmesh	230 T		entrepreneurship	**164** T
			enmity	**165**		entrust	350, 262 T
encouraged	**261**		enormity	**71**, 216		entry	341, **18** T
encouragement	**261**, 388, 423		enormous	**71**, 159, 466, 169 T, 170 T		entwine	281, **179** T
encroach	499, **278** T					enumerate	237, **242**
encroach (on, upon)	173 T		enough	444, 476, 225 T		enumeration	**242**
encroachment	**278** T		enrage	95, **132** T		enunciate	**193**, 150 T
encrypt	105 T		enragement	**132** T		enunciation	182, 189, **193**
encumber	**172** T, 229 T		enrapture	**435**		envelop	398
encumbrance	**172** T, 292 T		enraptured	**435**		envisage	**141**
encyclop(a)edia	**18** T		enroll	421		envision	**141**, 426
end	299, 226 T		ensconce	322		envoy	**346**, 350, 354
endanger	308						

ephemera	171 T		erode	90 T		euphonious	145
ephemeral	171 T, 190 T		erosion	90 T		euphony	145, 188
epic	143 T		err	275		euphoria	188
epicedium / epicede	59 T		errand	18 T		eustress	188
epicenter	469		errant	275		euthanasia	188, 59 T
epicure	307 T		erratic	275, 330		euthanize	59 T
epidemic	57, 72 T		erroneous	275		evacuate	114
epidemiology	57		error	114 T		evacuation	114
epidermis	197 T		erstwhile	191 T		evacuee	114
epigram	172, 175, 140 T		erudite	296 T		evade	278, 338, 345, 250 T
epigrammatic	172		erudition	296 T		evaluate	220, 312 T, 339 T
epilepsy	201 T		erupt	500		evaluation	220
epileptic	201 T		eruption	500		evaluative	220
epilog(ue)	187, 273, 312		escalate	462, 497		evanesce	114
episode	18 T		escape	345, 414		evanescent	114
epitaph	59 T		escapee	83 T		evaporate	223 T
epitome	236		eschew	258 T		evaporation	223 T
epitomic	236		eschewal	258 T		evaporative	223 T
epitomize	236, 434, 127 T		escort	284, 18 T		evasion	345
epoch	189 T, 310 T		esoteric	146 T		evasive	345
epochal	189 T		espionage	140		even	215 T
equal	443, 18 T		espousal	206		evenly	18 T
equalitarian	444		espouse	206		eventful	18 T
equality	443, 446		essence	105, 236, 324, 469, 298 T		eventual	18 T
equalize / equalise	443		essential	51, 104, 105, 148, 100 T		everlasting	52, 190 T
equalizer	443		essentially	105		everyday	130 T
equally	18 T		establish	288, 327, 480, 481, 107 T		evict	316
equanimity	48, 445, 318 T		establishment	327, 329		eviction	316
equate	444		estate	255 T		evidence	83, 142
equation	444		esteem	147 T		evident	142
equator	213, 444		estimate	220, 18 T, 298 T, 339 T		evidential	142
equatorial	444		estrange	451		evil	18 T
equilateral	445		etch	238, 289 T		evince	316
equilibrate	445		eternal	190 T		evitable	250 T
equilibrium	48, 445, 318 T		ethic	79 T		evocation	197
equinoctial	444		ethical	79 T		evocative	197
equinox	444		ethicist	79 T		evoke	197, 161 T
equip	18 T		ethics	70, 79 T		evolution	280
equipment	300		ethnic	57, 58		evolutionary	280
equipoise	445		ethnically	58		evolve	280
equitable	445		ethnicity	58		exacerbate	214, 173 T
equity	74, 444		ethnocentric	58		exacerbation	173 T
equivalence	445, 446		ethnocentrism	58		exact	238, 438, 19 T
equivalent	443, 445, 447, 467		ethnology	58		exaggerate	215, 239, 310, 421
equivocal	445		eugenics	42, 188		exaggerated	421
era	189 T, 310 T		eulogistic	188		exaggeration	421
eradicate	407, 481		eulogize	188, 163 T		exalt	465
erasable	407		eulogy	188, 315, 366		exalted	465
erase	385, 407		euphemism	188, 189, 191		examination	308, 356, 19 T
erasure	407		euphemistic	191		examine	136, 308, 311, 19 T, 226 T
erect	272, 375, 484					examiner	19 T
erection	375						

exasperate	132 T		exemplify	97, 434		expediency / expedience	265
exasperation	132 T		exempt	434, 202 T		expedite	264, 252 T
excavate	91, 115		exemption	434		expedition	265, 346
excavation	115		exercise	494		expeditious	264
excavator	115		exert	494, 225 T		expel	81, 192, 291, 316, 423
exceed	339, 207 T		exertion	494		expellant	291
exceedingly	339		exfoliate	285 T		expend	366, 433, 266 T
excel	274, 301, 461		exhalation	200 T		expendable	367
excellence	301		exhale	200 T		expenditure	336, 365, 366
excellent	301, 323, 146 T		exhaust	433, 222 T, 254 T		expense	365
except	426		exhaust pipe	247 T		expensive	365
except for	211		exhausting	19 T, 337 T, 347 T		experience	307
exception	426		exhaustion	222 T		experienced	278, 307
exceptional / exceptive	40, 203, 426, 468		exhaustive	219, 53 T		experiential	307, 308
exceptionally	339		exhibit	50		experiment	307
excerpt	273, 412, 298 T		exhibition	50		experimentation	307
excess	339, 478		exhilarate	131 T		expert	97, 466, 476, 219 T
excessive	204, 275, 339, 266 T		exhilaration	131 T		expiable	268 T
exchange	109, 329, 435, 102 T, 214 T		exhort	330, 294 T		expiate	268 T
excise	249 T		exhortation	294 T		expiation	268 T
excite	98		exhortative	294 T		expiration / expiry	49
excited	57 T, 110 T		exhumation	91		expire	49
exciting	98		exhume	91, 115		explain	97, 235
exclaim	200, 382, 150 T		exigency	291		explicable	235
exclamation	200		exigent	291		explicate	235
exclamatory	200		exile	81, 291, 423, 459, 323 T		explication	235
exclude	281, 352, 399, 426		exist	282, 331		explicit	236, 376
excluding	399, 426		exist (in)	330		explicitly	236
exclusion	399, 402		existence	331		explicitness	236
exclusive	399		existent	327, 331, 387		explode	19 T, 279 T
exclusively	399		existing	104		exploit	234, 263
exclusivity	399		exit	344		exploitation	234
excoriate	207, 285 T		exodus	107 T		exploitative	234
excoriation	285 T		exonerate	184, 85 T		exploration	265
excrete	501		exoneration	85 T		explore	308, 234 T
excretion	501		exorbitant	177 T, 266 T		exponent	372
excretive	501		exorcism	192		exponential	372
excruciating	174 T		exorcist	192		export	423
exculpate	80, 184, 85 T		exorcize / exorcise	192		exportation	423
excursion	283		exothermic	96		exporter	423
excuse	364, 406, 434		expand	238, 239, 412, 19 T, 170 T		expose	370, 398, 152 T
execrate	133		expanse	19 T		exposition	370
execration	182		expansion	239		expostulate	155 T
execratory	133		expansive	19 T		exposure	370
execute	314, 59 T		expatiate	97, 264 T		expound	97, 235, 372, 264 T
execution	59 T		expatriate	323 T		express	104, 193, 226, 325, 397
executioner	83 T		expect	138, 380, 432		expression	397, 233 T
executive	59 T		expectancy	138		expressive	397
executor	59 T		expectant	138		expropriate	233 T
exemplar	434, 295 T		expecting	45		expulsion	291, 323 T
exemplary	434					expunction	385

expunge	**385**, 387	
expurgate	282 ⓣ	
exquisite	**298**, 220 ⓣ	
exquisiteness	**298**	
extant	**327**, 482	
extempore	**251**, 435	
extemporize	142	
extend	212, 234, 383, **495**, 180 ⓣ	
extended	413	
extensible	497	
extension	**495**	
extensive	71, 438, **495**	
extent	345, 430, 443, **495**	
extenuating	**85** ⓣ	
exterior	477	
exterminate	453, **481**	
extermination	**481**	
external	477, **19** ⓣ	
extinct	**387**	
extinction	**387**	
extinctive	**387**	
extinguish	**387**, 481, 306 ⓣ	
extinguisher	**387**	
extirpate	**322** ⓣ	
extirpation	**322** ⓣ	
extol	315, 465, 163 ⓣ	
extort	**232**	
extortion	**232**	
extortionate	**232**, 266 ⓣ	
extortive	**232**	
extra	235 ⓣ	
extract	**412**, 469, 494, 292 ⓣ	
extraction	**412**	
extracurricular	**283**	
extradite	**86** ⓣ	
extradition	86 ⓣ	
extramural	297 ⓣ	
extraneous (to)	256 ⓣ	
extraordinary	178, **203**	
extrapolate	**298**	
extrapolation	**298** ⓣ	
extraterrestrial	89, 451	
extraterritorial	89	
extraterritoriality	89	
extravagance	**275**, 101 ⓣ	
extravagant	291, **275**	
extreme	145 ⓣ, 219 ⓣ	
extremely	**19** ⓣ	
extricable	210	
extricate	**210**, 93 ⓣ	
extrication	210	
extrinsic	100 ⓣ
extrovert	**279**
extroverted	137, **279**
extrude	**383**
extrusion	**383**
extrusive	**383**
exuberant	**57** ⓣ
exuberantly	**57** ⓣ
exude	**222** ⓣ, 254 ⓣ
exult	**285**
exultant	**285**
exultation	**285**
eyewitness	136

F

f(o)etal	**56** ⓣ
fable	**184**, 156 ⓣ, 290 ⓣ
fabric	405, **290** ⓣ
fabricate	337, 317, **333** ⓣ
fabricated	**333** ⓣ
fabrication	227, **333** ⓣ
fabulous	**184**
facade	**258**
faceless	**258**
facet	**259**
faceted	**259**
facetious	**325** ⓣ
facial	**258**
facile	**472**
facilitate	264, **472**
facilitator	**472**
facility	165, **472**
facsimile	**473**
faction	**472**, 68 ⓣ
factionalism	**472**
factitious	**472**
factor	**472**
factory	305 ⓣ
faculty	**472**, 297 ⓣ
fad	**72** ⓣ
fade	114, **121** ⓣ, 328 ⓣ
fading	114
Fahrenheit	313 ⓣ
fail	314, **225** ⓣ
failure	277, **340** ⓣ
faint	248 ⓣ, 335 ⓣ
faintly	**248** ⓣ
faintness	121 ⓣ
fair	248, **166** ⓣ, 215 ⓣ
fairly	**19** ⓣ, **166** ⓣ
fairness	443, 444, **166** ⓣ
faith	**19** ⓣ
faithful	**19** ⓣ

fake	477, 113 ⓣ, 215 ⓣ, **287** ⓣ
fall	230, 461, 209 ⓣ
fall (behind)	113
fallacious	**114** ⓣ
fallacy	426, **114** ⓣ
fallible	275, 333 ⓣ
fallow	**300** ⓣ
false	275, 409
falsification	333 ⓣ
falsify	333 ⓣ
falter	208 ⓣ, **236** ⓣ
faltering	**236** ⓣ
fame	122, **185**, 147 ⓣ
familiarize	**19** ⓣ
famine	**93** ⓣ
famish	**93** ⓣ
famous	**185**
fanatic	**136** ⓣ
fanatical	**136** ⓣ
fanaticize	**136** ⓣ
fanciful	**106**
fancy	**106**
fantastic	**106**, **19** ⓣ
fantasy	**106**, 312
faraway	457
fare	247
farewell	183, **19** ⓣ
farmable	299 ⓣ
farming	299 ⓣ
farrier	288 ⓣ
farseeing	289
farsighted	289
fart	**200** ⓣ
fascinate	199, 210, **19** ⓣ, 229 ⓣ
fascinated	164
fascinating	292
fast	**50** ⓣ
fasten	113, **53** ⓣ, 229 ⓣ, 245 ⓣ
fastidious	183 ⓣ
fat	256
fatal	78, 480, **58** ⓣ
fatality	**58** ⓣ
fatally	**58** ⓣ
fate	143, **19** ⓣ
fated	237 ⓣ
fathom	234 ⓣ, **312** ⓣ
fathomable	312 ⓣ
fatigue	**19** ⓣ, 222 ⓣ
fatness	**19** ⓣ, 194 ⓣ
fatten	**19** ⓣ
fatty	**19** ⓣ

fatuity	132	festal	**304**ⓣ	fiscally	**265**ⓣ
faucet	**230**ⓣ	fetch	**265**	fissure	182ⓣ
fault	474	feticide	79	fist	**20**ⓣ
faultless	275, 313	fetish	110ⓣ	fit	494, **20**ⓣ
faulty	19ⓣ, 340ⓣ	fetter	**265**	fitful	352, **53**ⓣ
fauna	**61**ⓣ	fetus	**56**ⓣ	fitting	295, **54**ⓣ
favo(u)r	161, 419, **20**ⓣ	feudal	**81**ⓣ	fix	79, 228, 300, 375
favo(u)rable	164, 276, **20**ⓣ	feudalism	**81**ⓣ	fixed	325, 456, 253ⓣ, **296**ⓣ
fawning	294, 354	fiancé	**127**	flabby	195ⓣ
fear	134ⓣ	fiancée	**127**	flag	**248**ⓣ
fearful	158	fiasco	209ⓣ	flagging	**248**ⓣ
fearless	159, 264ⓣ	fiber / fibre	**20**ⓣ	flagrant	67, **95**, 270ⓣ
feasibility	**475**	fickle	330	flake	**345**ⓣ
feasible	393, **475**, 148ⓣ	fiction	227	flaky	**345**ⓣ
feast	**304**ⓣ	fictitious	**476**	flamboyance	**95**
feaster	**304**ⓣ	fidelity	**126**	flamboyant	**95**, 289ⓣ
feat	**474**	fidget	**318**ⓣ	flame	**95**, 96ⓣ
feather	**20**ⓣ	fidgety	319ⓣ	flammable	95
feature	414, **475**	field	62, 242ⓣ	flap	**104**ⓣ, 322ⓣ
fecund	**300**ⓣ	fierce	69ⓣ	flare	95, **96**ⓣ
fecundity	**300**ⓣ	fiery	**95**ⓣ	flash	96, **20**ⓣ, 96ⓣ
federacy	**127**	fight	183ⓣ, 209ⓣ, 257ⓣ, 290ⓣ	flatten	239, **20**ⓣ, 180ⓣ, 274ⓣ
federal	**127**	fighter	276ⓣ	flatter	162, **160**ⓣ, 227ⓣ
federalize	**127**	figment	227	flattering	294, **160**ⓣ
federate	**127**	figure	**20**ⓣ	flattery	**160**ⓣ
federation	**127**	file	176ⓣ	flatulent	200ⓣ
fee	**20**ⓣ	filial	**74**ⓣ	flavo(u)rsome	**20**ⓣ
feeble	499, **248**ⓣ	fill	183ⓣ, 222ⓣ, 265ⓣ	flavorful	309ⓣ
feed	380	filter	**20**ⓣ, 308ⓣ	flavorless	124ⓣ
feet	312ⓣ	filth	**184**ⓣ	flaw	474, **20**ⓣ
feign	432, 448, 287ⓣ, **314**ⓣ	filthily	**184**ⓣ	flawed	475
felicitation	**256**ⓣ	filthiness	**184**ⓣ	flawless	333ⓣ
felicity	131ⓣ	filthy	**184**ⓣ	fledge	65ⓣ
feline	62ⓣ	fin	**20**ⓣ	flee	295, **20**ⓣ
fellow	**20**ⓣ	final	**479**, 480	fleet	275ⓣ
felon	**81**ⓣ, 287ⓣ	finale	**20**ⓣ, 226ⓣ	fleeting	83ⓣ
felony	**81**ⓣ	finalist	**479**	flesh	**194**ⓣ
feminine	57ⓣ	finalize	398, **479**	flex	179ⓣ
fence	**388**	finally	**479**	flexibility	**231**
fend	**389**	finance	206, **20**ⓣ	flexible	**231**, 168ⓣ, 253ⓣ
ferment	224ⓣ	financial	265ⓣ	flexitarian	307ⓣ
fermentation	224ⓣ	financial aid	321	flick	**273**ⓣ
ferocious	69ⓣ	find	117	flicker	97ⓣ
ferry	244ⓣ	fine	106, 478, **50**ⓣ, 125ⓣ	flimsy	208ⓣ, 288ⓣ
fertile	401, **420**, 58ⓣ, 300ⓣ	fine art	409	flinch	264ⓣ
fertility	**420**	finish	313	fling	382
fertilization	**420**	finite	**479**	flip	**20**ⓣ, 273ⓣ
fertilize	**420**	fire	95, 233, 353, 96ⓣ	flippant	325ⓣ
fertilizer	**420**, 300ⓣ	firm	**268**, 456, 219ⓣ, 220ⓣ	float	273, 461, 322ⓣ
fervent	154, **96**ⓣ	firmness	**268**	flock	67, **20**ⓣ, 68ⓣ
fervid	96ⓣ	fiscal	**265**ⓣ	flog	**85**ⓣ, 228ⓣ
fervo(u)r	154, 96ⓣ				

INDEX **537**

flogging	**85**ⓣ	foray	**279**ⓣ	formula(e)	226
flood	**21**ⓣ, **89**ⓣ, **93**ⓣ, **222**ⓣ	forayer	**279**ⓣ	formulaic	226
		forbear	331, 499, **242**ⓣ	formulate	**226**, 484
flop	322	forbear((from))	357	formulation	226
flora	**63**ⓣ	forbearing	155	forsake	494
floral	**63**ⓣ	forbid	50, 147, 173, 352, **21**ⓣ	fort(ress)	**267**, 260ⓣ
florist	**63**ⓣ	forbidden	**78**ⓣ	forte	268
flounder	284ⓣ	forbidding	**78**ⓣ	forthright	**376**, 270ⓣ
flourish	**65**ⓣ, 66ⓣ, 90ⓣ, 224ⓣ	force	267, 292, 390, 218ⓣ	forthrightness	376
		forced	272	fortification	268
flow	305, 403, 90ⓣ	forceful	346ⓣ	fortify	267, **268**, 328
fluctuate	**304**	ford	89ⓣ	fortitude	268
fluctuation	**304**	forebear	339, 340, **242**ⓣ	fortuitous	**242**ⓣ
fluency	**304**	foreboding	120, 153, 253ⓣ	fortunate	**21**ⓣ, 242ⓣ
fluent	281, **304**	forecast	182, 191, **382**, 298ⓣ	fortune	255ⓣ
fluently	**304**	forecaster	**382**	forum	**280**ⓣ
fluff	**62**ⓣ	foreclose	**233**ⓣ	fossil	**192**ⓣ
fluffy	**62**ⓣ	foreclosure	**233**ⓣ	fossilization	**192**ⓣ
fluid	**304**	forefather	339, 340, 461, 242ⓣ	fossilize	**192**ⓣ
fluidity	**304**	forefront	**259**	foster	66, 272
fluidly	**304**	forehanded	289	foul	**124**ⓣ, 184ⓣ, 345ⓣ
fluorescent	240ⓣ	foreign	451	found	327, 329
flush	**304**	foreignness	**21**ⓣ	foundation	**21**ⓣ
fluster	284ⓣ, 322ⓣ	foreknowledge	129	fountain	**21**ⓣ, 254ⓣ
flutter	**322**ⓣ	foremost	245	four-dimensional	443
flux	**305**	forensic	**84**ⓣ	fowl	61ⓣ
foam	**21**ⓣ	foreordain	332	foyer	204ⓣ
focus ((on))	469	forerunner	283	fraction	**498**
foe	276, 279ⓣ	foresee	182, 428, 152ⓣ	fractional	**498**
fog	223ⓣ	foreshadow	227, 496	fracture	**498**, 499, 344ⓣ, 345ⓣ
foggy	**21**ⓣ	foresight	141	fragile	359, **499**, 220ⓣ, 248ⓣ
foil	210ⓣ	forestall	347, 434, **259**ⓣ	fragility	**499**
fold	197ⓣ	forestallment	**259**ⓣ	fragment	**499**, 303ⓣ, 345ⓣ
foliage	63ⓣ	forested	**21**ⓣ	fragrance	**21**ⓣ
folklore	144ⓣ	forestry	**21**ⓣ	frail	**499**, 220ⓣ, 248ⓣ
follow	295, 315, 339	foretell	182, 227, 382	frailty	**499**
follower	249, 326	foreword	185, 273	frame	169ⓣ, 176ⓣ
following	293	forfeit	**478**	framework	290ⓣ
follow-up	293	forge	**333**ⓣ	franchise	**21**ⓣ
folly	167ⓣ	forged	477, 113ⓣ	frank	236, 376, **21**ⓣ, 270ⓣ
foment	**161**ⓣ	forger	**333**ⓣ	frantic	110ⓣ, 338ⓣ
fond	**21**ⓣ	forgery	**333**ⓣ	fraternal	75ⓣ
fondly	**21**ⓣ	forgive	112, 364	fratricide	79
fondness	404, 438	forlorn	236ⓣ	fraud	**21**ⓣ, 287ⓣ
font	**290**ⓣ	form	328	fraught	188ⓣ
foodie	**307**ⓣ	formal	**21**ⓣ	fray	**290**ⓣ
foodstuff	305ⓣ	formalities	246	freak	136ⓣ
fool	312	formalize	**21**ⓣ	freckle	**197**ⓣ
foolhardy	128ⓣ	format	226	free	112, 113, 162, 70ⓣ
foolproof	**332**ⓣ	formation	226	freeway	293ⓣ
foot soldiers	185	formidable	159, 134ⓣ	freewill	114ⓣ
footslog	205ⓣ, 206ⓣ	formless	149, 227	freezing	125ⓣ
forage	**64**ⓣ				

freight	243 T		furrowy	181 T		generic	44
frenzied	110 T		furry	22 T		generosity	452
frenzy	136 T		furtive	302 T		generous	132, 216, 86 T, 224 T
frequent	21 T		furtiveness	302 T		genesis	42 T, 463
fresh	309 T		fury	154, 132 T		genetic	42
freshman	297 T		fuse	400, 342 T		geneticist	42
fret	290 T		fusion	400		genetics	42, 361
friction	262, 279 T, 285 T		fussy	138 T		genial	184, 92 T, 137 T
frictional	285 T		futile	114, 401		genius	22 T
frictionize	285 T		futility	401		genocide	79
friendly	164, 184, 130 T					genome	42
frighten	158, 392, 21 T		**G**			genotype	42
frigid	125 T		gabble	160 T		genre	22 T
fringe	313 T		gadget	311, 227 T		gentle	90 T
fritter	101 T		gadgety	227 T		gentlemanly	166 T
frivolity	321, 462		gaiety	131 T		gentrification	45
frivolous	321, 325 T		gain	357, 306 T		gentry	45
frontage	259		galactic	94 T		genuine	44, 472, 113 T
frontal	259		galaxy	94 T		genus	42
frontier	259		gallant	166 T		geographer	170
frost	21 T		gallantly	166 T		geographic(al)	170
frosty	21 T, 125 T		gallantry	166 T		geography	88, 170
frown	21 T		gallon	312 T		geologic(al)	88
frozen	21 T, 125 T		gallop	207 T		geologist	88
frugal	22 T		galvanize	135 T, 162 T		geology	88
frugality	22 T		gamble (on, at)	139		geometric(al)	88
fruitful	22 T, 300 T		game	50 T		geometry	88
fruitless	22 T		gape	282 T		geophysicist	88, 92 T
frustrate	384, 210 T		garbage	336 T		geophysics	88
fuel	162 T		gardening	22 T		geopolitic(al)	88
fugitive	83 T		garment	214 T		geopolitics	88
fulfill	22 T		garmentless	214 T		geostationary	88
fulfilling	22 T		garrison	275 T		geothermal	88
fullness	22 T		garrulous	150 T		germ	60 T
fumble	274 T		gash	286 T		germane	358
fume	254 T		gasp	82 T, 200 T		germane (to)	256 T
function	481, 337 T		gastronome	307 T		germicide	474
functional	481		gather	67, 280, 68 T, 161 T		germinate	60 T
functionality	481		gauge	312 T, 339 T		gesture	274 T
functionless	481		gaze	22 T		get back	255 T
fund	22 T		gaze at	152 T		ghastly	134 T
fundamental	105, 22 T		gear	300, 22 T, 247 T		ghost	105, 104 T
fundamentals	299 T		gem	22 T		giddiness	279
funeral	22 T		gender	42		giddy	220 T
fungi	60 T		genderlect	42		gift	162, 386
fungible	315 T		gene	41		gigantic	466, 169 T
fungus	176 T		genealogy	42		gigantically	169 T
funnel	230 T		general	43, 56, 399		giggle	122 T
furious	22 T, 132 T		generalizability	43		giggly	122 T
furnace	96 T		generalization	43		gimmick	160 T
furnish	315, 419, 22 T, 263 T		generalize	43		gingerly	128 T
furrow	181 T		generate	43, 282, 416		gist	298 T
			generation	43			

give	104		governor	23 T		greasy	309 T
give in	351		grab	23 T		great	170 T, 225 T
give in (to)	257, 324		grace	161		greed	23 T, 302 T
give off	350		graceful	161		greedy	164, 436
give up	193, 207		gracious	161		green	307
glamorous	22 T		gradation	342		greenhorn	253
glance	120 T		grade	324, 342, 247 T		greenhouse	355
glare	120 T		graded	342		gregarious	61, 67
glaring	97 T, 120 T		grader	342		grid	176 T
glaringly	120 T		gradient	342, 292 T		grief	214, 133 T
glaze	282 T		gradual	342		grievance	214, 133 T
gleam	97 T		gradually	342		grieve	214, 285, 133 T, 155 T
glean	217 T		graduate	23 T		grieve (for)	155 T
gleanable	217 T		graduation	23 T		grievous	214, 133 T
gleaner	217 T		graffiti	23 T		grill	23 T
glee	131 T		graft	61 T, 63 T		grim	154 T
glib	150 T		grammar	172		grimace	282 T
glide	120 T, 207 T		grammarian	172		grin	122 T
glimmer	97 T		grammatical	172		grind	219, 23 T, 305 T, 344 T
glimpse	120 T		grand	215, 419		grip	304 T, 322 T
glisten	97 T		grandeur	215, 217		gripe	349 T
glitter	97 T		grandiloquence	190		gripper	304 T
gloat	349 T		grandiloquent	190, 216		gripping	304 T
gloating	349 T		grandiose	215, 216		grit	268
glob	222 T		granite	239 T		groan	158 T, 350 T
globe	176 T		grant	178, 321, 23 T, 262 T		groom	23 T
gloomy	244, 22 T, 98 T, 236 T		granular	176 T		grooming	23 T
glorify	465, 22 T		grapevine	63 T		grope	125 T
glorious	23 T		graph	169		grotesque	80 T
gloss	97, 282 T		graphic	169		grouch	350 T
glossary	141 T		graphical	169		grouchy	350 T
glow	97 T		grapple	208 T		ground	183
glower (at)	120 T		grasp	323, 23 T, 273 T, 306 T		grounded	23 T
glowing	97, 97 T		grasping	436, 54 T		grounding	23 T
glum	282 T		grass	232		groundless	377, 23 T
glut	314, 188 T		grateful	161		grounds	322
glutton	307 T		gratefulness	161		group	60, 68 T, 84 T, 275 T
gluttonous	307 T		gratification	161		grove	88 T
gluttony	307 T		gratify	161, 303 T		grow	459
go by	190 T		gratis	162		grow vigorously	66 T
go off	279 T		gratitude	161		growl	123 T
goal	369		gratuitous	162		growth	459
goods	213 T		gratuity	162		grudge	137 T
goodwill	229		grave	213, 102 T		grudging	137 T
gorge	88 T, 304 T		gravitate	214		grudgingly	137 T
gorgeous	309 T		gravitation	214		gruel(l)ing	347 T
gory	70 T		gravitational	214		gruesome	110 T
gourmet	307 T		gravity	214		grumble	158 T, 349 T, 350 T
gout	201 T		graze	64 T		grumpy	350 T
govern	72, 23 T, 73 T, 273 T		grazing	64 T		grunt	124 T
governance	23 T		grease	309 T		gruntle	161
government	72, 23 T						

guarantee	23 ⓣ, 79 ⓣ, 256 ⓣ	harassment	174 ⓣ	hectare	312 ⓣ
guard	389, 259 ⓣ	harbinger	283, 253 ⓣ, 254 ⓣ, 349 ⓣ	hectic	338 ⓣ
guardian	334 ⓣ	harbo(u)r	66, 422	hedonic	128 ⓣ
guardianship	294 ⓣ	harden	70 ⓣ, 252 ⓣ	hedonics	128 ⓣ
guess	353, 382, 217 ⓣ	hardness	24 ⓣ	hedonism	128 ⓣ
guffaw	122 ⓣ	hardship	491, 210 ⓣ, 337 ⓣ	heed	294 ⓣ
guide	284, 417, 484	hardy	24 ⓣ	heedful	128 ⓣ, **294** ⓣ
guild	343 ⓣ	hark	122 ⓣ	heedless	128 ⓣ, **294** ⓣ, 325 ⓣ
guileful	236 ⓣ	harm	207, 406, 414, 284 ⓣ	heedlessness	437, 495, **294** ⓣ
guilt	386, 134 ⓣ	harmful	78, 340 ⓣ	hefty	216, 170 ⓣ
guiltless	78	harmless	45	hegemonic	81 ⓣ
guilty	78, 23 ⓣ	harmonious	146	hegemony	81 ⓣ
gullible	125, 83 ⓣ	harmonize	280 ⓣ	height	325, 464
gum	199 ⓣ	harmonize (with)	203	heinous	185, 138 ⓣ
gurney	228 ⓣ	harmonizing	403	heir	360
gush	306, 401, 462, 254 ⓣ	harmony	262	heirless	360
gusto	96 ⓣ	harness	229 ⓣ	heirloom	361
gut	268, 194 ⓣ, **198** ⓣ	harpoon	228 ⓣ	heliocentric	95 ⓣ
gutless	198 ⓣ	harrowing	134 ⓣ	helm	245 ⓣ
		harry	174 ⓣ	help	222, 321, 330

H

h(a)emorrhage	196 ⓣ	harsh	491, 24 ⓣ, 219 ⓣ, 347 ⓣ	helpful	310
habitable	50	harshness	229	helpless	220 ⓣ
habitat	49	hassle	237 ⓣ	hemisphere	313 ⓣ
habitation	50	hasten	301, 24 ⓣ	hemispherical	313 ⓣ
hack	182 ⓣ	hatch	272, 64 ⓣ	hen	24 ⓣ
hacker	182 ⓣ	hate	192, 136 ⓣ	henceforth / henceforward	191 ⓣ
hackneyed	191 ⓣ, 309 ⓣ	hatred	24 ⓣ	herald	253 ⓣ, **349** ⓣ
haggard	220 ⓣ	haughtiness	465	herb	63 ⓣ, 309 ⓣ
hail	91 ⓣ	haughty	465, 171 ⓣ, 348 ⓣ	herbicide	79
hale	219 ⓣ	haul	414, 292 ⓣ	herbivore	433
halfhearted	125 ⓣ	haunt	103 ⓣ	herd	68 ⓣ
hall	284, 204 ⓣ	haunted	103 ⓣ	hereditary	361
hallow	115 ⓣ	haunting	103 ⓣ	heredity	361
hallucinate	112 ⓣ	have	254 ⓣ	heretofore	191 ⓣ
hallucination	312, 112 ⓣ	havoc	207, 92 ⓣ, **108** ⓣ	heritage	350, **361**, 256 ⓣ
hallway	23 ⓣ	hay	24 ⓣ	hermit	117 ⓣ
halt	388, 237 ⓣ, **260** ⓣ	hazard	308, 24 ⓣ	heroic	24 ⓣ
halted	326	hazardous	236 ⓣ	hesitant	405
halter	259 ⓣ	haze	91 ⓣ	hesitate	405
halting	260 ⓣ	hazily	91 ⓣ	hesitation	405
hamper	264, 338, 399, 172 ⓣ	headline	298 ⓣ	heterodox	132
hand on	351	heal	79, 414	heterogeneity	44
handcuffs	264	heap	89 ⓣ, 322 ⓣ, 328 ⓣ	heterogeneous	44
handle	263, 414	hearable	144	heteronyms	170
handwriting	142 ⓣ	hearten	148 ⓣ	hex	154 ⓣ
hang	402, 272 ⓣ, 324 ⓣ	heartening	148 ⓣ	hexagon	168 ⓣ
haphazard	332 ⓣ	heartless	270 ⓣ	hexahedron	177 ⓣ
haphazardly	332 ⓣ	hearty	24 ⓣ	hexapod	264
happen	49, 282	heath	89 ⓣ	hibernate	64 ⓣ
harangue	150 ⓣ	heave	326 ⓣ	hibernation	64 ⓣ
harass	294, 391, 72 ⓣ, **174** ⓣ	heavenly	94 ⓣ	hiccup	24 ⓣ
harassed	174 ⓣ				

hidden	100 T		homicidal	79		humid	25 T
hide	116, 370, 104 T, 314 T		homicide	79		humiliate	52, **91**, 342, 377
hideous	**24** T		homogen(e)ous	**44**, 446		humiliation	**91**, 223
hierarchical	**59**		homogeneity	**44**		humility	**91**
hierarchically	**59**		homograph	170		hump	184 T
hierarchy	**59**		homographs	170		hunch	**178** T
highbrow	216		homonyms	170		hunger	93 T
highlight	200		homophones	170		hunk	345 T
high-pitched	158 T		honest	375, 376		hunt	64 T
high-profile	139		honesty	73, 346 T		hurdle	**172** T
high-quality	310 T		honk	124 T		hurl	258, 382
highway	293 T		honor	147 T, 163 T		hurt	310, 389, 285 T
hijack	**83** T		hoop	**229** T		husbandry	**299** T
hijacker	**83** T		hop	**24** T		hush	**158** T
hijacking	**83** T		horde	68 T		husky	**158** T
hilarious	**131** T		horizontal	277, 279		hut	320
hilariously	**131** T		hormonal	**24** T		hybrid	**25** T
hilarity	**131** T		hormone	**24** T		hydrant	**93**
hill	89 T		horn	**24** T		hydrate	**93**
hillock	89 T		horoscope	140, 94 T		hydration	**93**
hind	62 T, 323 T		horrible	158		hydroelectric	**93**
hinder	264, 330, 148 T, **172** T		horrid	110 T		hydrogen	**93**
hinder (from)	490		horrify	134 T		hydrogenate	**93**
hindrance	211, 326, **172** T, 292 T		hortatory	**160** T		hydrophobia	157
hindsight	**127** T		horticulture	63 T		hydropower	**94**
hinge	**230** T		hospitable	164, **24** T		hygiene	**202** T
hinge (on)	234 T		hospitality	**24** T		hygienic	266, **202** T
hinged	**230** T		hospitalize	329, **24** T		hymn	199, 118 T
hint	234		host	62 T		hype	**170** T
hire	233, 460		hostage	429, **24** T		hyperbole	170
hiss	**122** T		hostile	164, 344, **25** T, 277 T		hypermetropia / hyperopia	260
historic	**24** T		hostility	48, 165, 137 T		hypersensitive	**153**
historical	**24** T		hover	**324** T		hypersensitivity	258 T
hit	390, 272 T		howl	124 T		hypertension	**497**
hitherto	191 T		hub	**329** T		hypertensive	**497**
hive	65 T		hubble	184 T		hyperthermia	**96**
hoard	**255** T		huddle	**316** T		hypnoid(al)	**111** T
hoarder	**255** T		hue	**121** T		hypnosis	**111** T
hoarding	**255** T		huge	71, 159, 169 T, 170 T		hypnotize	**111** T
hoarse	**158** T		hum	**159** T		hypocrisy	**302** T
hobble	**208** T		humane	**90**		hypocrite	**302** T
hobby	274		humanism	**90**		hypocritical	**302** T
hoe	**228** T		humanist	**90**		hypothermal	125 T
hold	254 T		humanitarian	**90**		hypothermia	**96**
hold back	331, 148 T		humanitarianism	165		hypothesis	353, **373**
hole	115, 385, 106 T, 107 T		humanity	**90**		hypothesize	**373**, 264 T
hollow	113, 115, **106** T, 181 T		humanize / humanise	**90**		hypothetical	288, 308, **373**
hollowness	**106** T		humankind	**90**		hysteria	110 T
holocaust	92 T, **108** T		humble	**90**, 295, 348 T		**I**	
hologram	170		humbleness	**90**, 91		icicle	90 T
holograph	170		humbly	**90**		icon	**145** T
holy	132, **24** T, 94 T		humdrum	130 T			

iconic	**145**ⓣ	imbiber	**306**ⓣ	impend	**403**
idea	426	imbue	**161**ⓣ	impending	**403**
idealize	**25**ⓣ	imitate	449, 314ⓣ	impenetrable	146ⓣ
identical	277, 387, 316ⓣ	immaculate	246	imperative	272, **301**, 434, 263ⓣ
identify	444	immanent	**107**, 405	imperceptible	**427**
ideogram	**145**ⓣ	immaterial	149	imperceptibly	**427**
ideological	**71**ⓣ	immature	56ⓣ, 62ⓣ	imperfect	323, 474
ideology	**71**ⓣ	immeasurable	312ⓣ	imperfection	474
idiom	**25**ⓣ	immediate	228, 327, 434, **25**ⓣ	imperial	**301**
idiomatic	**25**ⓣ	immemorial	**123**	imperil	**308**, 328
idiosyncrasy	80ⓣ	immense	159, **443**, 170ⓣ	imperious	**301**, 434
idle	**25**ⓣ, 205ⓣ	immensity	216, **443**	imperishable	52
idleness	157	immerse	306, **307**	impermanent	**114**ⓣ
idolize	147ⓣ	immersion	**307**	impermeable	**223**ⓣ
if not for	211	immigrant	**458**	impermeableness	**223**ⓣ
ignite	**95**ⓣ, 96ⓣ	immigrate	**458**	impermissible	**25**ⓣ
ignition	**95**ⓣ	immigration	**458**	impersonal	**25**ⓣ
ignorance	128, 230	immobile	322, 326, **456**	impersonate	**54**ⓣ
ignorant	128, 176, 278	immobility	**456**	impertinent	**358**, 253ⓣ
ignore	**128**, 253ⓣ	immobilize	**456**	imperturbability	**408**
ill will	112ⓣ	immoderate	266ⓣ	imperturbable	**408**
ill-conceived	332ⓣ	immoral	79ⓣ, 81ⓣ	impervious	**347**, 223ⓣ
illegal	76, 376, 287ⓣ	immortal	**52**	impetuous	293, 407
illegibility	**168**	immortality	**52**	impetus	293, 458, 226ⓣ, 234ⓣ
illegible	**168**, 105ⓣ	immortalize	**52**	impinge	**173**ⓣ
illegitimate	76, 287ⓣ	immovable	**456**, 239ⓣ	impinge (on)	278ⓣ
illicit	**287**ⓣ	immune	434, **202**ⓣ, 220ⓣ	implacable	**162**
illicitly	**287**ⓣ	immunity	**202**ⓣ	implant	61ⓣ, 295ⓣ, **333**ⓣ
illicitness	**287**ⓣ	immunize	261, **202**ⓣ	implantation	**333**
illiteracy	**176**	immunotherapy	202ⓣ	implausible	393
illiterate	**176**	immutable	**108**	implement	**314**, 59ⓣ, 227ⓣ
ill-mannered	358	impact	304, 391, 473, **25**ⓣ	implementation	**314**
illogical	**187**, 221, 113ⓣ	impair	**284**ⓣ	implicate	**235**
illogicality	**187**	impaired	**284**ⓣ	implication	**234**, **235**, 156ⓣ
illstrious	97	impairment	**284**ⓣ	implicational	**235**
ill-treat	414	impale	387	implicit	**234**
illuminate	**96**, 97ⓣ, 296ⓣ	impart	**249**, 346, 401, 449	implied	**234**
illuminated	97	impartial	154, **248**, 380, 80ⓣ	implode	**344**ⓣ
illumination	**96**	impartiality	105, **248**	implore	206, 414, 294ⓣ
illusion	**312**, 426, 114ⓣ	impassable	273	implore (for)	303ⓣ
illusive	**312**	impasse	**274**, 107ⓣ	imply	131, 177, **234**, 298ⓣ
illusory	105, **312**	impassioned	**154**	impolite	358, 253ⓣ
illustrate	97, 228, 434, 142ⓣ	impassive	**155**	import	**423**
illustration	**97**	impatience	**155**	importance	**25**ⓣ
illustrative	**97**	impatient	**155**	important	177
imaginable	**25**ⓣ	impeccable	81ⓣ	importation	**423**
imaginary	**25**ⓣ	impecunious	**238**ⓣ	importer	**423**
imagination	106	impecuniousness	**238**ⓣ	importune	**218**ⓣ
imaginative	**25**ⓣ	impede	**264**, 399, 491, 197ⓣ	importunity	**218**ⓣ
imagine	426	impediment	**264**, 326, 172ⓣ	impose	267, **368**, 391, 462
imbalance	**445**, **25**ⓣ	impel	**291**, 292, 396, 490	imposing	**369**
imbibe	**306**ⓣ	impelling	**291**	imposition	**368**

INDEX **543**

imposture	302 ⓣ		inane	132		incoherent	404
impotence	**269**		inanimate	**47**		income	336, **25** ⓣ
impotent	**269**		inapplicable	**234**		incoming	**25** ⓣ
impound	**372**, 85 ⓣ		inattention	**495**		incommensurate	443
impoverish	**237** ⓣ		inattentive	143, 437, **495**		incomparable	**447**, 451, 73 ⓣ
impoverished	329, **237** ⓣ		inaudible	144		incompatibility	155
impoverishment	**237** ⓣ		inaugural	**151** ⓣ		incompatible	**155**, 330, 399
impractical	483		inauguration	**151** ⓣ		incompetence	299
imprecation	182		inauspicious	139, 112 ⓣ, 127 ⓣ		incompetent	**299**, 476
imprecise	480		inborn	40, 42, 405		incomplete	**313**
impregnable	315, 279 ⓣ		inbred	40, 42		incompleteness	313
impregnate	**114** ⓣ, 223 ⓣ		incalculable	**247**, 187 ⓣ		incomprehensible	387, **431**, 146 ⓣ, 312 ⓣ
impregnation	**114** ⓣ		incandescence	**97** ⓣ		incomprehensive	431
impress	**397**		incandescent	**97** ⓣ		incongruous	**183** ⓣ
impressed	**397**		incapable	299, 430		inconsequent	113 ⓣ
impression	**397**		incapacitate	**430**, 247 ⓣ, 286 ⓣ		inconsequential	**294**
impressionable	**397**		incapacitated	**430**		inconsistency	**330**, 404, 315 ⓣ
impressive	369, **397**, 97 ⓣ		incarnate	**115** ⓣ, 127 ⓣ		inconsistent	**330**
imprison	357, 479, **84** ⓣ		incarnation	**115** ⓣ		inconsolable	**160**
imprisonment	429		incautious	**143**		inconspicuous	**139**
improbable	308		incendiary	**82** ⓣ		inconstancy	305
impromptu	251, 327, **435**, 114 ⓣ		incense	118 ⓣ, 132 ⓣ		incontestable	122
improve	226, **25** ⓣ, 184 ⓣ, 284 ⓣ		incensed	118 ⓣ		inconvenience	**337**
improvement	226		incentive	388, **25** ⓣ, 226 ⓣ		inconvenient	**337**
improvident	142		incessant	252, **341**		incorporate	243, **256**, 398
improvisation	**142**		inchoate	**332** ⓣ		incorporated	**256**
improvise	**142**		incident	**25** ⓣ		incorporeal	149, 256
improvised	435		incidental	377		incorrect	275
imprudence	**325** ⓣ		incinerate	**96** ⓣ		incorrigible	375
imprudent	128 ⓣ, **325** ⓣ		incineration	**96** ⓣ		increase	234, 313, **459**, 327 ⓣ
impudence	**253** ⓣ		incinerator	**96** ⓣ		increase (in)	339 ⓣ
impudent	**253** ⓣ		incipient	41		increasingly	**459**
impugn	**385**		incise	**238**		incredible	124
impugnment	**385**		incision	**238**		incredulity	**125**
impulse	**293**, 386, 388		incisive	**238**		incredulous	**125**
impulsion	**293**		incisor	199 ⓣ		increment	**459**
impulsive	**293**		incite	**199**, 388, 161 ⓣ		incremental	**459**
impunity	**82**		incitement	**199**		incriminate	**77**, 80, 235
imputation	**122**		inciting	95		incrimination	294
impute	**122**, 174		incivility	60		incubate	**272**, 153 ⓣ
inaccessible	341		inclement	**90** ⓣ		incubation	**272**
inaccurate	238, 275		inclination	**230**, 404		incubator	**272**
inaction	**288**		incline	**230**, 178 ⓣ, 292 ⓣ		inculcate	249, **295** ⓣ, 333 ⓣ
inactive	147, **288**, 322, 64 ⓣ		incline (to)	494		inculcation	**295** ⓣ
inactivity	**288**, 326, 320 ⓣ		inclined	**230**		inculpate	**80**
inadequacy	**444**		inclined (to)	490		incumbency	359
inadequate	323, **444**, 476		include	274, 356, **398**, 333 ⓣ		incumbent	**272**
inadvertence / inadvertency	**279**		including	**398**		incur	**282**
inadvertent	131, **279**, 242 ⓣ		inclusion	**398**		incurable	480
inadvertently	**279**		inclusive	**399**		incurrence	**282**
inalienable	**451**		incognito	**129**		incursion	**283**, 279 ⓣ
			incoherence	**404**		incursive	**283**

indebted	111	indulge	303 T, 304 T	inferior	204, 323, 26 T, 216 T
indecent	166 T	indulgent	303 T	inferno	96 T
indecipherable	168, 105 T	industrial	485	infertile	420, 58 T, 300 T
indecisive	238	industrialize / industrialise	485	infest	69 T
indefinite	445, 480, 481	industrialized	485	infestation	69 T
indefinitely	480	industrious	322, 485	infidelity	126
indelible	123, 146 T	industry	157, 485	infiltrate	306, 223 T, 278 T, 322 T
indemnify	207	inebriated	111 T	infiltration	278 T
indemnify (for)	366	inedible	305 T	infiltrator	278 T
indemnity	329	ineffable	185	infinite	479, 187 T
indent	142 T	ineffective	474, 248 T	infinitely	479
indentation	142 T	inefficient	475	infinity	479
independence	403	inelastic	168 T	infirm	268, 499
independent	403	ineligible	438	infirmary	268
indescribable	173, 185	inequality	443, 446	infirmity	268
indeterminate	227, 481	inequitable	445	inflame	95, 95 T
indicate	176, 177, 420, 25 T	inequity	445	inflamed	95
indicator	312 T	inert	288, 64 T, 320 T	inflammable	95
indict	183	inertia	320 T	inflammation	95
indictment	183, 294	inertial	320 T	inflammatory	95, 82 T
indifference	105, 156, 419	inertness	326	inflate	239, 181 T
indifferent	419, 125 T, 233 T, 270 T	inescapable	250 T	inflated	239
indigence	237 T	inessential	218 T	inflation	239
indigenous	44, 57	inevitability	250 T	inflect	231
indigent	329, 237 T	inevitable	192, 341, 250 T	inflection	231
indigestion	421	inevitably	250 T	inflexible	231, 332, 239 T, 253 T
indignant	214, 223	inexorable	192	inflict	391
indignation	223, 389	inexpensive	365	infliction	391
indignity	223	inexperience	307	inflictive	391
indigo	121 T	inexperienced	307, 62 T	inflow	305
indirect	236, 26 T, 315 T	inexpert	299, 307	influence	304, 391, 397, 473
indiscreet	501	inexplicable	235	influential	304
indispensable	51, 105, 297, 341, 263 T	inexpressible	173, 185	influenza	305
indispose	368, 430	inextricable	210, 344 T	influx	305
indisposed	368	inextricably	210	inform	130, 26 T
indisputability	122	infallibility	333 T	informal	190, 26 T
indisputable	122, 296	infallible	333 T	infract	498
indistinct	275, 386, 153 T, 248 T	infamous	130, 185	infraction	498
indistinguishable	387	infamy	185	infrared	98 T
individual	138, 381	infancy	185	infrasonic	145
indivisible	344 T	infant	185	infrastructure	483
indoctrinate	415, 295 T	infanticide	79	infrequent	190 T
indoctrination	415	infantile	185, 56 T	infringe	336, 499
indolence	157	infantry	185	infringe (on)	278 T
indolent	157	infatuation	136 T	infringement	499
indubitable	217 T	infect	474	infuriate	95, 132 T
indubitably	217 T	infection	474, 72 T	infuse	380, 400, 114 T, 161 T
induce	197, 204, 416, 328 T	infectious / infective	57, 149, 450, 474, 72 T	infusion	400
inducement	416	infelicitous	131 T	ingenious	44, 406
induction	416	infer	416, 418, 432	ingenuity	44
inductive	416	inference	418	ingenuous	44

ingest	**420**, 433	
ingestion	**420**	
ingrain	107 ⓣ, 295 ⓣ	
ingrained	405, **296** ⓣ	
ingratiate	**162**, 298 ⓣ	
ingratiation	**162**	
ingratitude	**161**	
ingredient	**343**	
inhabit	**50**, 56, 320, 430	
inhabitable	**50**	
inhabitant	**50**, 320	
inhalation	**200** ⓣ	
inhale	**200** ⓣ	
inharmonious	183 ⓣ	
inherence	**405**	
inherent	40, 42, 107, **405**, 100 ⓣ	
inherently	**405**	
inherit	339, **360**	
inheritance	350, **360**, 361, 256 ⓣ	
inherited	42	
inheritor	**360**	
inhibit	**50**, 272, 338, 396	
inhibition	**50**	
inhibitory	**50**	
inhumane	90	
inhumanity	90, 277 ⓣ	
inimical	**165**	
iniquitous	**446**	
iniquity	**446**	
initial	41, **344**	
initiate	329, **344**, 226 ⓣ, 244 ⓣ	
initiative	**344**	
inject	**380**, 401	
injection	**380**	
injector	**380**	
injurious	340 ⓣ	
injury	**26** ⓣ	
injustice	**74**, 445	
inkling	127 ⓣ	
inlet	89 ⓣ	
inmate	316, **84** ⓣ	
inn	**26** ⓣ	
innate	**40**, 42, 107, 405	
innateness	**40**	
innocence	**78**	
innocent	**78**	
innocuous	**78**	
innocuousness	**78**	
innovate	**253**	
innovation	**253**	
innovative	**253**	
innoxious	78	

innuendo	**156** ⓣ	
innumerable	**242**, 187 ⓣ	
inoculate	**261**, 380	
inoculation	**261**	
inopportune	423	
inordinate	**204**, 266 ⓣ	
inpatient	155	
input	**26** ⓣ	
inquietude	**146**	
inquire	**297**, 298	
inquirer	**297**	
inquiring	**297**	
inquiry / enquiry	**297**	
inquisitive	**297**	
inrush	305	
insane	120, **266**	
insatiability	**164**	
insatiable / insatiate	**164**, 350	
inscribe	**173**, 184, 239	
inscription	**173**	
inscrutability	**146** ⓣ	
inscrutable	**146** ⓣ, 312 ⓣ	
insecticide	79	
insectivore	433	
insecure	**439**, 236 ⓣ	
insecurity	**439**	
inseminate	**56** ⓣ	
insemination	**56** ⓣ	
insensibility	**152**	
insensible	127, **152**	
insentient	153	
inseparable	**344** ⓣ	
inseparably	210, **344** ⓣ	
insert	**494**, 106 ⓣ	
insertion	**494**	
insider	383	
insidious	**321**	
insidiousness	**321**	
insight	230, 427, **26** ⓣ, 127 ⓣ	
insignificance	**177**	
insignificant	90, **177**, 284, 294, 347	
insincere	409	
insinuate	234, **298** ⓣ	
insinuation	156 ⓣ, **298** ⓣ	
insipid	**124** ⓣ, 130 ⓣ	
insist	186, 200, **330**, 357	
insistence	**330**	
insistent	**330**	
insolent	358, 253 ⓣ	
insoluble	111	
insolvency	111	
insolvent	**111**, 238 ⓣ	

inspect	**136**, 152 ⓣ, 226 ⓣ	
inspection	**136**	
inspector	**136**	
inspiration	**48**, 239, 388	
inspirational	**48**	
inspire	**48**, 261, 397, 328 ⓣ	
instability	**328**	
instance	434, **26** ⓣ	
instant	**327**	
instantaneous	**327**	
instantaneousness	**327**	
instantly	**327**	
instigate	199, **388**	
instigation	**388**	
instigator	**388**	
instil(l)	400, 401, **295** ⓣ, 333 ⓣ	
instinct	**386**, 127 ⓣ	
instinctive	**386**	
institute	327, **329**	
institution	**329**	
institutional	**329**	
institutionalize / institutionalise	**329**	
institutor	**329**	
instruct	201, **484**	
instruction	202, **484**, 296 ⓣ	
instructional	**484**	
instructive	**484**	
instructor	**484**	
instrument	314, 227 ⓣ	
instrumental	**26** ⓣ	
insubordinate	161 ⓣ	
insufficient	273, 444, 475, 216 ⓣ	
insular	**283** ⓣ	
insularity	**283** ⓣ	
insulate	113, **283** ⓣ	
insulated	**283** ⓣ	
insulation	**283** ⓣ	
insult	91, **284**, 389	
insulting	**284**, 296	
insuperable	467	
insurance	143	
insurgency	**463**	
insurmountable	**467**	
insurrection	276 ⓣ	
intact	**148**	
intangibility	**149**	
intangible	**149**	
integral	**148**	
integrate	67, **149**, 243	
integration	**149**, 373	
integrative	**149**	

integrity	**148**, 375, 346ⓣ
intellect	**437**
intellective	129
intellectual	129, **437**, **152**ⓣ
intelligence	**437**
intelligent	**437**
intelligible	**437**
intemperate	92ⓣ
intend	332, 371, **495**
intense	298, **497**, 145ⓣ
intensely	**497**
intensify	268, 306, **497**, 235ⓣ
intensity	**497**
intensive	**497**
intent	**495**, 496
intention	369, **496**
intentional	**496**
intentness	307
interact	**289**
interaction	**289**
interactivity	**289**
intercede	336, **340**
intercept	**428**
interception	**428**
intercession	**340**
interconnect	**489**
interdependence	**403**
interdependent	**403**
interdict	**183**
interdiction	**183**
interdisciplinary	295ⓣ
interest	**105**, 210, 274
interested	**105**
interesting	**105**
interfere	**26**ⓣ
interference	**26**ⓣ
interfering	**476**
interglacial	**189**ⓣ
interim	**190**ⓣ
interject	**380**
interlocutor	**189**
interlude	**312**
intermediary	**468**
intermediate	**468**
intermission	312, **354**
intermit	**354**
intermittent	**352**
intern	**277**ⓣ
international	41
internee	**277**ⓣ
internment	**277**ⓣ
interpose	**370**

interpret	96, 235, **26**ⓣ, 152ⓣ
interracial	57
interrelate	**422**
interrelationship	**422**
interrogate	**295**
interrogation	**295**, 297
interrupt	336, 383, 385, **500**
interruption	**500**
intersect	**237**, 280
intersection	**237**
intersperse	**275**ⓣ
interstellar	**100**
intertwine	281, 179ⓣ
interval	312, 354, **26**ⓣ, 209ⓣ
intervene	**336**, 340
intervention	**336**
interweave	342ⓣ
intestine	**198**ⓣ
intimate	420, **26**ⓣ, 130ⓣ, 298ⓣ
intimidate	**158**, 294
intimidation	**158**
intimidatory	**158**
intolerable	**258**ⓣ
intolerance	**258**ⓣ
intolerant	155, **258**ⓣ
intonation	**26**ⓣ
intoxicant	310ⓣ
intoxicated	111ⓣ
intractable	**413**, 161ⓣ
intramural	**297**ⓣ
intrepid	**159**, 264ⓣ
intrepidity	**159**
intricacy	**210**
intricate	**210**, 478
intrigue	**210**, 263
intrigued	297
intrinsic	107, 405, **100**ⓣ
introduce	380, **415**
introduction	312, **415**
introductive / introductory	**415**, 255ⓣ
introspect	**137**
introspective	**137**
introvert	**279**
introverted	137, **279**
intrude	**383**
intrude (on)	278ⓣ
intrude on	345
intruder	**383**
intrusion	274, **383**
intrusive	**383**
intuit	**127**ⓣ

intuition	**127**ⓣ, 386
intuitive	**127**ⓣ
inundate	305, 89ⓣ, **263**ⓣ, 278ⓣ
inundation	**263**ⓣ
inure	**70**ⓣ
invade	274, 383, **345**, 279ⓣ
invader	**345**
invalid	**221**
invalidate	179, **221**, 401, 452, 453
invalidation	**221**
invalidity	**221**
invalidness	**221**
invaluable	**221**
invariable	108, **110**
invariably	**110**
invariant	**110**
invasion	**345**, 430
invasive	**345**
invent	226, **337**
invention	227, **337**, 333ⓣ
inventive	44, **337**
inventory	187, **337**
inverse	**278**
inversely	**278**
inversion	**278**
invert	**278**
invertebrate	61ⓣ
invest	**26**ⓣ
investigate	136, 297, 307, 308, **26**ⓣ
investigation	297, **26**ⓣ
inveterate	296ⓣ
invigorate	**52**, 148ⓣ
invincible	**315**
inviolable	**26**ⓣ
inviolate	**26**ⓣ
invisible	140
invoice	**212**ⓣ
invoke	**197**
involuntarily	**131**
involuntary	**131**
involve	235, **281**, 235ⓣ, 315ⓣ
involved	233, **281**
involvement	**281**, 307
invulnerable	220ⓣ
iridescence	121ⓣ
irksome	132ⓣ
iron	**26**ⓣ
iron out	110
ironic(al)	**26**ⓣ
ironically	**27**ⓣ

irony	27 ⓣ		jam	421, 50 ⓣ, 183 ⓣ, 274 ⓣ		justice	74, 444
irradiate	97 ⓣ		janitor	422		justifiable	74
irradiation	97 ⓣ		jargon	141 ⓣ		justification	74
irradiative	97 ⓣ		jaundiced	132		justified	74
irrational	221, 248		jauntily	264 ⓣ		justify	74, 184, 324, 389
irrationality	248		jaunty	264 ⓣ		justness	74, 443
irreconcilable	155, 399, 280 ⓣ		jaw	199 ⓣ		juvenile	56 ⓣ
irredeemable	435		jeer	156 ⓣ		juxtapose	370
irregular	71, 275, 80 ⓣ, 190 ⓣ		jeopardize	308, 328, 352		juxtaposition	370
irregularity	71		jerk	273 ⓣ, 274 ⓣ, 347 ⓣ		**K**	
irrelevance	256 ⓣ		jibe	284		karma	132
irrelevant	256 ⓣ		jingoism	71 ⓣ		keen	153, 229, 27 ⓣ, 153 ⓣ
irreparable	233 ⓣ		jittery	319 ⓣ		keep	278, 357
irresistibility / irresistibleness	331		job	196		kerchief	300, 216 ⓣ
irresistible	292, 331		jocular	325 ⓣ		kettle	27 ⓣ
irresoluble	111		join	237, 242, 280, 181 ⓣ		kidnap	417, 27 ⓣ
irresolute	112		joint	492, 230 ⓣ		kidnapper	27 ⓣ
irrespective	138		jointly	492		kidney	198 ⓣ
irresponsibility	206		jolly	51, 131 ⓣ		kill	59 ⓣ
irresponsible	206		jolt	273 ⓣ		killer	83 ⓣ
irretrievable	233 ⓣ		jostle	384, 209 ⓣ		kin	75 ⓣ
irreverence	147 ⓣ		jostle (with)	324 ⓣ		kin(s)folk	75 ⓣ
irreverent	147 ⓣ		journal	252		kind	176 ⓣ
irrevocable	197, 233 ⓣ		journalism	252		kindergarten	27 ⓣ
irrigate	299 ⓣ		journalist	252		kindle	95 ⓣ, 96 ⓣ
irrigation	299 ⓣ		journey	252, 265, 283, 346		kindness	161
irritability	132 ⓣ		jovial	131 ⓣ		kindred	75 ⓣ
irritable	95 ⓣ, 132 ⓣ		joyful	264 ⓣ, 325 ⓣ		kinetic	322 ⓣ
irritate	197, 214, 132 ⓣ, 174 ⓣ		jubilate	131 ⓣ		king	301, 81 ⓣ
irritated	133 ⓣ		judder	284 ⓣ		kingdom	300, 242 ⓣ
irritation	132 ⓣ		judg(e)ment	73, 74		kinship	75 ⓣ
isolate	236, 399, 72 ⓣ, 233 ⓣ		judg(e)mental	74		kit	27 ⓣ
isolated	457		judge	74, 75, 319 ⓣ, 339 ⓣ		kleptomaniac	82 ⓣ
isolation	72 ⓣ		judicial	75		kneel	27 ⓣ
issue	27 ⓣ		judiciary	75		knight	81 ⓣ
itch	126 ⓣ		judicious	75, 112 ⓣ		knit	27 ⓣ
itchy	126 ⓣ		juggle	274 ⓣ		knob	27 ⓣ
iterant	218 ⓣ		juicy	309 ⓣ		knock out	135 ⓣ
iterate	218 ⓣ		jumble	269 ⓣ		knoll	89 ⓣ
iteration	218 ⓣ		jumbled	269 ⓣ		knot	27 ⓣ
itinerant	274, 344		junction	493		knowable	27 ⓣ
itinerary	344		juncture	493, 230 ⓣ		knowingly	27 ⓣ
J			junior	297 ⓣ		knowledgeable	278, 296 ⓣ
jab	387		junk	336 ⓣ		knuckle	195 ⓣ
jabber	160 ⓣ		Jupiter	95 ⓣ		**L**	
jackpot	266 ⓣ		jurisdiction	75, 262 ⓣ		label	27 ⓣ
jade	239 ⓣ		jurist	75		labo(u)r	478, 337 ⓣ
jaded	137 ⓣ		juristic	75		labo(u)rer	478
jadedly	137 ⓣ		juror	75		laborious	478
jagged	215 ⓣ		jury	75		labyrinth	293 ⓣ
jail	84 ⓣ		just	248, 166 ⓣ		lack	314, 340 ⓣ

lacking	313, 475		lawful	76, **27** T		lesson	70
laconic	238, **151** T		lawless	**27** T		let on	398, **152** T
laconical	141 T		lawlessness	59		let up	321
lacto-vegetarian	307 T		lawn	232 T		lethal	78, **58** T
lag	**113**, 414		lawsuit	295		lethargic	**320** T
lagoon	**89** T		lawyer	196		lethargy	**320** T
laissez-faire	**71** T		lax	491, **347** T		levee	**244** T
laity	**117** T		laxity	**347** T		level	323, **72** T
lame	**208** T		layer	**290** T		lever	**462**
lament	214, **155** T		layman	**117** T		leverage	**462**
lance	**228** T		laziness	157		levitate	**461**
land	89		lead	113, **50** T		levitation	**461**
landlord	**232** T		lead (to)	416		levity	**462**
landslide	**93** T		leadership	**81** T		levy	**462**, **249** T
languid	**113**		leaflet	**214** T		lexical	**141** T
languish	**113**		league	**27** T		lexis	196
languor	**113**		leak	**222** T, **27** T		liabilities	**267** T
lanky	**324** T		leakage	**27** T		liability	**490**
lantern	**229** T		lean	230		liable	434, **490**
lap	**27** T		lean on	402		liaise	**338** T
lapse	**209** T		learned	**296** T		liaison	**338** T
lapsed	**209** T		lease	**113**		libel	185, **154** T
lapsus	**209** T		leash	113, **168** T		libelous	**154** T
large	**225** T		leave	114, 494, **50** T		liberalism	**71** T
lash	**228** T, **272** T		leave out	352		liberate	210, 429, 493, **151** T
lassitude	**320** T		lees	322		liberation	112
last	330, 479		leftovers	107, 321		libertine	**228** T
lasting	108, 359		legacy	106, **350**		licence	**28** T
latency	**100** T		legal	76, 376, **287** T		license	352
latent	**100** T		legality	**76**		licit	76, **287** T
lateral	**376**		legalization	**76**		lick	**28** T
lateralization	**376**		legalize	**76**		lie	230
lateralize	**376**		legend	**168**		lie (in)	330
latex	**240** T		legendary	**168**		lieutenant	**275** T
latitude	213		legibility	**168**		lifebuoy	**245** T
latter	**27** T		legion	**275** T		lifeless	280
lattice	**176** T		legislate	**76**, 288, 293		lifelike	**28** T
laud	201, **163** T		legislation	**76**		lift	**326** T
laudable	**163** T		legislative	**76**		light	**95** T, **97** T
laudatory	**163** T		legislator	**76**		likable	**28** T
launch	112, 292, 329, 344		legislature	**76**		likelihood	136, **28** T
launder	**306**		legitimacy	**76**		likely	393, 475, **28** T
laundry	**306**		legitimate	**76**, 221		likely (to)	490
laureate	216		legitimation	**76**		liken	**54** T
lava	**305**		legitimize / legitimise	**76**		likeness	**28** T
lavatory	**305**		leisure	**28** T		liking	**28** T
lave	**305**		lend	249		limb	**28** T
lavish	275, **305**, 101 T, **224** T		lengthen	212, **224** T		lime	**239** T
lavishly	**305**		lengthways	212		limit	173, 442, 479, 491
lavishness	**305**		lengthy	213, 238		limited	277, 479
law	326		lenient	**86** T		limitless	479, **187** T
lawbreaker	77, **287** T		lessen	109, 313, **28** T, **248** T		limp	**208** T

limping	208 T
limply	**208** T
line	215 T
lineage	80 T
lineal	**228**
lineally	**228**
linear	**228**
linearly	**228**
liner	244 T
linger	330, **257** T, 324 T
linger (on)	331
lingering	**257** T
lingual	**168**
linguist	**168**
linguistic	**168**
linguistics	**168**
lining	300, 216 T
link	488, 75 T
linkage	**28** T
liquefaction	**223** T
liquefactive	**223** T
liquefy	**223** T
liquid	**28** T
liquor	**310** T
liquorish	**310** T
list	242, 337, 178 T
listless	**54** T, **320** T
liter / litre	312 T
literacy	**175**
literal	**175**
literally	**175**
literary	**176**
literate	**175**
literature	**176**
litigant	**291**
litigate	**291**, 294
litigation	**291**
litigious	**291**
litter	**28** T, **228** T, **284** T
liturgical	118 T
live	331
live (in)	320
livelihood	**28** T
lively	288, **28** T
liven	**28** T
living	387
living room	204 T, 213 T
load	**28** T, 229 T, **243** T
loan	**28** T
loath	**136** T
loathe	133, 192, **136** T
loathing	156
loathsome	**136** T
local	57, 320, **51** T
localize / localise	**28** T
locate	**374**
location	**374**
locksmith	288 T
locomotion	**458**
locomotive	**458**
locus	**242** T
locution	182, **189**
lodge	368, **232** T
lodger	**232** T
lodging	**232** T
loftily	**171** T
loftiness	**171** T
lofty	**171** T
log	**186**
logic	**187**
logical	**187**, 221, 247
logically	**187**
logistic(al)	**188**
logistics	**188**
logo	**187**
logogram	187
logos	132
loiter	273, 324 T
loner	400
longevity	**213**
longing	**213**, 298
longingly	**213**
longitude	**213**
longitudinal	**213**
long-lasting	**190** T
longstanding	**213**
longways	**212**
longwinded	**213**
long-winded	**140** T
look	397, 282 T
loom	120 T
loop	**28** T, 179 T, 229 T
loose	113, 497, **29** T
loosen	112
loot	77
looter	77
lopsided	177 T
loquacious	175, **189**
loquacity	**189**
lord	**29** T, 81 T
lore	**144** T
lorry	246 T
lose	316
loss	475, 477
lost	206 T
lots	162 T
loud	123 T
loudly trumpet	160 T
lounge	**29** T
lousily	**184** T
lousiness	**184** T
lousy	**184** T
lovable	136 T
lower	230, 416
lowly	90
loyal	**29** T
loyalist	63
lubricant	**239** T
lubricate	**239** T
lubrication	**239** T
lubricative	**239** T
lucid	**97**
lucidly	**97**
lucrative	**338** T
lucratively	**338** T
lucre	266 T
lucubrate	**98**
ludicrous	**311**
ludicrously	**311**
lug	292 T
lukewarm	**125** T
lumber	273
luminary	**97**
luminescent	**97**
luminosity	**97**
luminous	**97**
lump	181 T
lunatic	120, **110** T
luncheon	**305** T
lung	**29** T
lurch	324 T
lure	416, **293** T
luring	**293** T
lurk	**104** T, 205 T
luscious	**309** T
lusciousness	**309** T
lush	250 T
luster / lustre	**97**
lustrous	**97**
lusty	57 T
luxuriant	57 T
luxurious	106, 225 T
luxury	**29** T
lymph	**196** T
lyric	**29** T, 143 T

M

macho	**29** T		malignant	**45**, 132		marginalize / marginalise	**29** T
macroclimate	217		malinger	**302** T		marginally	**29** T
macrocosm	**217**		malingerer	**302** T		marine	**92**, 244 T
macroeconomics	217		mall	204 T		mariner	**92**
macronutrient	217		malleable	497, **161** T		marital	493, **74** T
macroorganism	217		malnourished	**66**		maritime	**92**, 244 T
macroscopic	217		malnutrition	**66**		mark	413
madden	**29** T, 132 T		malodo(u)r	**147**		marked	**29** T
magify	421		malodo(u)rous	**147**		markedly	**29** T
magistrate	74		malpractice	417, **483**		marker	245 T
magnanimity	**216**		maltreat	414		market	213 T
magnanimous	**216**		maltreatment	310		marriage	64
magnate	**216**		mammal	**61** T		Mars	95 T
magnification	**215**		mammalian	**61** T		marsh	**92**, 89 T
magnificence	215, **216**, 217		manacle	**264**		marshal	275 T
magnificent	215, **216**		manage	263, 331, 225 T		martial	**276** T
magnifier	**215**		management	**263**		Martian	95 T
magnify	**215**		manager	**263**		martyr	117 T
magniloquence	**216**		managerial	**263**		martyrize	117 T
magniloquent	190, **216**		mandate	**202**		marvel	**146** T
magnitude	**216**		mandated	**202**		marvel(l)ous	**146** T
maid	**29** T		mandatory	**202**, 292		masculine	**57** T
maiden	**29** T		maneuver / manoeuvre	**263**		masculinity	**57** T
maim	**286** T		mangle	182 T		mason	288 T
main	326 T		manhood	56 T		masque	314 T
mainspring	**234** T		maniac	110 T		masquerade	314 T
mainstream	**113** T		manifest	**263**		mass	30 T, 213 T
maintain	299, 330, 355, **357**, 494		manifestation	**263**		massacre	**277** T
maintenance	**357**		manifesto	**263**		massive	443, **30** T
maize	310 T		manifold	**187** T		master	97
majestic	72, 215, 216, **217**, 369		manipulate	**263**		match	226, 295, 274 T
majesty	**217**, 222		manipulation	**263**		matchless	447, **54** T
major	218		manipulative	**263**		material	324, **30** T
majority	**29** T		manipulatory	**263**		materialism	**30** T
majuscule	219		mankind	90		materialistic	**30** T, 276 T
make	472		manly	**29** T		materialize / materialise	**30** T
make known	152 T		manner	**29** T		materially	**30** T
make over	178		mannered	**29** T		maternal	**64**
make up	328, 337, 317 T		mansion	**108**, 320		maternity	**64**
maladroit	288 T		mantle	**163** T		mating	65 T
maledict	**182**		manual	**262**		matriarch	**64**
malediction	**182**		manually	**262**		matriarchal	**64**
malefactor	**473**		manufacture	415, **472**, 333 T		matriarchy	**64**
maleficent	**477**		manufacturer	**472**		matrilineal	**64**
malevolence	132		manufacturing	**472**		matrimonial	493
malevolent	**132**, 138 T, 286 T		manure	**300** T		matrimony	**64**
malformation	226		manuscript	**174**		matrix	**30** T
malfunction	**482**		mar	**334** T		matter	177, 324, 371
malice	**112** T		march	206 T		mature	**30** T
malicious	132, **112** T, 138 T, 286 T		margin	**29** T, 191 T		maunder ((on))	273
malign	**45**, 185, 284, 154 T		marginal	**29** T		mauve	121 T

maxim	172, 175, 182, **218**		memorable	**123**		metropolitan	**71**(T)
maximal	**218**		memorial	120, **123**		microbe	217
maximization	**218**		memorialize	**123**		microclimate	217
maximize / maximise	**218**		memorization	**123**		microcosm	**217**
maximum	**218**		memorize / memorise	**123**		microeconomics	217
mayhem	**283**(T)		menace	158		micronutrient	217
mayor	**30**(T)		mend	**79**, 300, 184(T)		microorganism	217
maze	**293**(T)		mendacity	132		microphone	145
meadow	**88**(T)		menial	**164**(T)		microplastic	217
meager / meagre	216(T), 220(T), 224(T)		menopause	56(T)		microscope	140, **217**
mean	104, 177, 371, 266(T)		mental	**30**(T)		microscopic	**217**
meander	179(T), 204(T)		mention	178, 198		microscopy	**217**
meandering	**179**(T)		mentor	**30**(T)		microsecond	217
meaninglessness	**30**(T)		mercenariness	**276**(T)		microwave	217
meanness	266(T)		mercenary	**276**(T)		middle	**313**(T)
means	467		merchandise	**213**(T)		mien	**233**(T)
measure	**30**(T), 312(T)		merchandiser	**213**(T)		might	**51**(T)
measures	143		merciful	477, 86(T)		mighty	269
meddlesome	**476**		merciless	**30**(T)		migrant	**458**
medi(a)eval	**468**		mercilessness	154		migrate	**458**
medial	**467**		mercury	240(T), 95(T)		migration	**458**
median	**467**		mercy	182, 30(T), 86(T)		migratory	322, **458**
mediate	336, 340, **468**, 280(T)		mercy killing	59(T)		mild	238, 90(T), 92(T)
mediation	**468**		merge	**306**, 400, 269(T), 342(T)		mile	312(T)
mediator	**468**		merger	**306**		military	276(T)
medievalist	**468**		meridian	213		mill	**305**(T)
mediocre	419, **468**		merit	355		millennial	**252**
mediocrity	**468**		meritocracy	59		millennium	**252**
meditate	**118**(T)		merriment	**30**(T)		mimic	**314**(T)
meditation	**118**(T)		merry	51, 264(T)		mince	**219**
meditative	**118**(T)		merry-go-round	243		mincer	**219**
meditator	**118**(T)		mesozoic	**189**(T)		mindful	**31**(T)
mediterranean	**89**		mess	203, 30(T), 284(T)		mindless	**31**(T)
medium	**467**		messy	30(T), 336(T)		mine	106(T)
meet	226		metabolic	**60**(T)		mingle	400, **269**(T)
megabyte	216		metabolism	**60**(T)		minify	215
megacity	216		metabolize	**60**(T)		minimal	64, **218**
megalomania	**216**		metamorphose	**227**		minimalism	**218**
megalomaniac	**216**		metamorphosis	**227**		minimization	**218**
megalopolis	216		metaphor	188, **140**(T)		minimize / minimise	**218**
megaphone	145		metaphorical	**140**(T)		minimum	**218**
megatrend	216		metaphysics	**101**(T)		minister	**219**
melancholic	**133**(T)		meteor	94(T)		ministerial	219
melancholy	**133**(T)		meteorologist	**92**(T)		ministry	**219**
meld	**269**(T)		meteorology	**92**(T)		minor	**218**, 171(T)
mellow	**121**(T)		meter	**442**		minority	**218**
melt	30(T), 223(T)		method	148		minuscule	**219**
membrane	**196**(T)		meticulous	238, 128(T), 183(T), 347(T)		minute	**219**
membranous	**196**(T)		metric	**312**(T)		minutely	219
memento	123		metro	246(T)		mirage	**104**(T)
memo(randum)	123		metropolis	**71**(T)		mirror	231
memoir	123, 170					misanthropic	**137**(T)

misapplication	310		mix	317 T		monopolistic	212 T
misapply	**234**		mix up	401		monopolize	73 T
misapprehend	323, **431**		mixed	269 T		monopoly	**212** T
misapprehension	426		mnemonic	**124**		monotone	**122** T
misbegotten	**332** T		mo(u)ld	**176** T		monotonous	94, **122** T
miscarriage	**59** T		moan	**158** T, 349 T		monotony	**122** T, 143 T
miscarry	**59** T		mob	**456**, 330 T		monoxide	101
miscellaneous	**102** T, 269 T		mobbish	330 T		monument	**120**
mischief	**286** T		mobile	326, 423, **456**		monumental	**120**
mischievous	**286** T		mobility	**456**		mood	130 T
mischievousness	**286** T		mobilize	**456**		moody	**31** T, 282 T
misconception	312, **426**, 114 T		mock	**156** T, 215 T, 273 T		moor	89 T, 244 T, 245 T
misconduct	**417**, 446		mockery	143 T, **156** T		moorish	89 T
misconstrue	323, **236** T		mocking	**156** T		mop	**31** T
misdemeano(u)r	389, 81 T		model	434, 215 T, 295 T		moral	**70**, 79 T, 295 T
misdirect	**375**		moderate	275, 92 T, 177 T		morale	**70**
misdirection	**375**		modest	90, 166 T, 348 T		morality	**70**
miser	**266** T		modesty	91, 497		moratorium	**260** T
miserable	156, 381		modicum	**188** T		morbid	156, **110** T
miserliness	266 T		modify	451		mordant	**154** T
miserly	**266** T		mogul	216		morose	282 T
misery	232, 491, 133 T		moist	**31** T		morphological	**227**
misfortune	94 T		moisten	**31** T		morphologist	**227**
misguide	375		moisture	**31** T, 223 T		morphology	**227**
mishap	**94** T		molar	199 T		morsel	305 T
misinform	**31** T		molecular	**176** T		mortal	**52**
misinterpret	323, 236 T		molecule	**176** T		mortality	**52**
misjudge	**75**, 236 T		mollify	162, 400, **235** T		mortals	90
mislead	375, 428		moment	**31** T		mortgage	**267** T
mismanagement	**263**, 417		momentary	190 T		mortgage interest	267 T
misnomer	**65**		momentum	**458**		mortgage loan	267 T
misperceive	**427**		monarch	59		mortgage payoff	267 T
misperception	**427**		monarchy	**59**		mortgage rates	267 T
misreport	104		monastery	117 T		mortgage repayments	267 T
misrepresent	**104**, 232, 178 T		monastic	117 T		mortician	52
misrepresentation	**104**		monetarily	265 T		mortification	**52**
missing	**353**		monetary	**265** T		mortify	**52**, 91
mission	**353**		money	282, 265 T		mortuary	52
missionary	**353**		money-oriented	276 T		motif	**31** T
mist	**31** T		monitor	72, **120**, 355		motionless	456
mistake	114 T, 209 T		monitoring	356		motivate	**458**
mistreat	**414**		monk	117 T		motivation	457, **458**
mistreatment	**414**		monkish	117 T		motive	**457**, 234 T
mistrust	217 T		monocle	260		motley	**269** T
misty	**31** T		monocrat	183		motor	**51** T
misunderstand	**323**		monogamy	74 T		motorcycle / motorbike	**31** T, 246 T
misunderstander	**323**		monolingual	168			
misunderstanding	426		monolith	**239** T		motto	**31** T
misusage	**310**		monolithic	**239** T		mound	89 T
misuse	**310**, 375		monolog(ue)	**187**, 190		mount	460, **466**
mitigate	462, 235 T, **329** T		monophobia	157		mountaineer	**466**
mitigation	**329** T		monopolist	**212** T		mountainous	**466**

mounting	466	mutate	108	natural disaster	40
mourn	214, 155 T	mutation	108	natural enemy	40
mournful	134 T, 155 T	mute	159 T	natural selection	40
mouthful	31 T	mutilate	286 T	natural vegetation	40
movable	423, 456	mutilation	286 T	naturalist	40
move	288, 371, 397	mutinous	276 T	naturalistic	40
movement	322 T	mutiny	276 T	naturalize	40
mow	31 T	mutter	150 T	naught / nought	453
muck	300 T	mutual	109, 376, 102 T	naughtiness	286 T
muddle	235, 408, 269 T	muzzle	396	naughty	286 T
muddled	269 T	myopia	260	nausea	220 T
muddy	408	myriad	188 T	nauseous	220 T
mudslinging	272 T	mysterious	117, 105 T	nautical	244 T
muff	209 T	mystery	105 T	naval	275 T
muffle	158 T	mystic	121	navel	194 T
muffled	158 T	myth	329, 31 T	navigate	290
mug	51 T	mythical	31 T	navigation	290
mugger	82 T	mythological	113 T	navigational	290
muggy	90 T	mythologize	113 T	navigator	290
mull	210 T	mythology	113 T, 144 T	navy	31 T
mull over	153 T	myths	144 T	nebulous	103 T
multidimensional	443		**N**	necessarily	341
multidirectional	375	nadir	184 T	necessary	297, 341, 234 T
multidisciplinary	295 T	nag	155 T	necessitate	341
multifaceted	259, 277	nagging	155 T, 257 T	necessities	315
multifunctional	482	naggy	155 T	necessitous	341
multilateral	377	naive	78, 125	necessity	105, 341
multilingual	168	name	65	need	491, 238 T
multinational	41	namelessness	65	needless	304
multiple	110	nanny	164 T	needy	32 T
multiplication	234, 413	nap	111 T	negate	179, 221, 401
multiplicity	234	nappy	76 T	negation	179
multiplier	234	narcissism	317 T	negative	179, 276, 371
multiply	234, 459, 113 T, 327 T	narcissistic	114, 317 T	negativism	179
multipurpose	369	narcosis	111 T	negativity	179
multiracial	57	narcotize	111 T	neglect	128, 437, 217 T
multisensory	152	narrate	421, 31 T	neglected	437
multitude	187 T	narrative	31 T	neglectful	437, 270 T
multitudinous	187 T	narrow-minded	283 T	negligence	437, 495
mumble	150 T	nasal	199 T	negligent	107, 137, 437, 270 T
mundane	130 T	nascent	41	negligible	437
municipal	60, 71 T	nash	305 T	negotiable	179
municipality	71 T	nasty	31 T	negotiate	179
murder	79, 31 T, 277 T	national	41, 61	negotiation	179, 289
murderer	83 T	nationalism	41	negotiator	179, 290
murky	408	nationalist	41, 63	neighbo(u)rhood	491
murmur	150 T	nationality	41	neighbo(u)ring	382
muscular	197 T	nationalization	41	neolithic	189 T
muse ((on, over))	153 T	nationalize	41	neologism	141 T
muster	161 T, 343 T	nationwide	41	neon	240 T
mutable	108	native	40, 44, 57, 464	neophyte	253
mutant	108	natural	40, 42, 288 T	Neptune	95 T

nervous	319 T		normal	**71**, 203, 276, 323		nutritional	**66**
nestle	**324** T		normality	**71**		nutritionist	**66**
neural	**198** T		normalize	**71**		nutritious	**66**, 67
neurogenetic	42		normative	**70**		nutritiousness	**66**
neurologist	**198** T		nosedive	**327** T, 328 T		nutritive	**67**
neurology	**198** T		nostalgia	**133** T		nutty	**32** T
neuron(e)	**198** T		nostalgic	**133** T			
neuroplasticity	**198** T		nostril	199 T		**O**	
neuroscience	**198** T		notability	**131**		oar	245 T
neurosis	110 T		notable	**131**, 177		oath	**140** T, 154 T, 249 T
neutral	**453**		notate	**130**		obduracy	**360**
neutrality	**453**		notation	**130**		obdurate	**360**
neutralize / neutralise	222, **453**		notch	**247** T		obedient	163, **32** T
newscast	**32** T		note	**51** T, 294 T		obese	256, **194** T
nexus	**489**		noted	**131**		obesity	**194** T
niche	**164** T		noteworthy	**131**, 177		obey	226, 315, **32** T
nickname	450, 315 T		nothing	453		obfuscate	284 T
niggardliness	266 T		notice	**130**, 355, **32** T		obituary	59 T
niggle	**257** T		noticeable	139, 284, 427		object	369, **380**
niggling	**257** T		notification	**130**		object ((to))	309, 370
nightly	**32** T		notify	**130**		objection	84, 154, **380**
nihilism	**453**		notion	**130**, 426		objective	154, **380**, 381
nihilist	**453**		notional	**130**		objectivity	105, **380**
nihilistic	**453**		notoriety	185		obligate	**490**
nil	**453**		notorious	**130**, 185		obligation	**490**
nimble	290, **219** T		nourish	**66**		obligatory	202, **490**
nip	273 T, 274 T		nourishing	66, 67		oblige	291, **490**
nitrogen	**45**		nourishment	**66**		oblique	168 T
nobility	58, 222		novelty	152, **253**		obliterate	**176**, 387, 407
noble	**32** T, 81 T		novice	**253**		obliteration	**176**
nocturnal	**62** T		noxious	**78**, 340 T		oblivious	127
nocturnally	**62** T		nuance	**32** T		oblong	**212**
nocuous	**78**		nudity	**32** T		obloquy	**190**
node	63 T		nuisance	132 T, 237 T		obnoxious	**78**
noise	201		null	221		obscure	96, 116, 121 T, **153** T
noisy	123 T		nullification	**452**		obscurity	**153** T
nomad	**232** T		nullify	179, 197, 221, **452**, 453		obsequious	**294**, 354, 381
nomadic	**232** T					obsequiousness	**294**
nominal	**64**, 100 T		nullity	**452**		observance	274, **356**
nominate	**64**, 178, 384		numb	152, **125** T, 320 T		observation	**356**, 495
nomination	**64**		numbing	**125** T		observational	**356**
nominee	**64**		numerable	242		observatory	**356**
nonchalance	**233** T		numeral	**242**		observe	120, 315, **355**
nonchalant	**233** T		numerical	**242**		observer	136
nonconformist	326		numerous	242		obsess	431, 103 T, **110** T
nonentity	104		nun	117 T		obsession	233, **110** T
nonintervention	**336**		nuptial	74 T		obsessive	**110** T
nonnegotiable	**179**		nurse	**66**, 414		obsolete	191 T, **192** T
nonprofessional	**186**		nursery	**66**		obstacle	211, **326**, 172 T
nonsense	152		nurture	**66**		obstinate	**332**, 498
nonverbal	**175**		nutrient	**67**		obstruct	211, 264, **485**, 283 T
norm	**70**, 323		nutrition	**66**		obstruction	211, 326, **485**, 172 T
						obstructive	**485**

INDEX 555

obtain	298, **357**, 412, 292 T		olfactory	**147**		oracular	**192**
obtrude	**383**		omen	120, **253** T, 254 T		oral	174, **192**, 196
obtrusive	**383**		ominous	**253** T		orate	283
obverse	**277**		omission	**352**		orator	**192**
obviate	**347**, 259 T		omit	**352**, 399, 426, 253 T		oratorical	**192**
obvious	142, 236, **32** T, 103 T		omnipotence	**269**		oratory	189, **192**, 140 T
occasion	**51** T		omnipotent	**269**		orb	176 T
occasional	352, 190 T		omnipresent	**104**, 100 T		orbit	281, 381, **313** T
Occident	**326** T		omniscience	**128**		orbital	**313** T
occlude	**399**, 485		omniscient	**128**		orchard	**32** T
occludent	**399**		omnivore	**433**		ordain	**203**
occult	**117**, 121		omnivorous	**433**		ordeal	337 T, **347** T
occupancy	359, **430**		one-dimensional	443		order	201, **202**, 292, 284 T
occupant	359, **430**		onerous	**347** T		orderly	**202**
occupation	186, 196, **430**		one-sided	249, 80 T		ordinal	**204**
occupational	**430**		onlooker	136		ordinary	71, 139, **203**, 130 T
occupied	113, **430**		onset	**32** T		ordnance	278 T
occupy	50, 114, **430**		onymous	65		organ	**198** T
occur	49, **282**		ooze	222 T		organic	**60** T
occurrence	**282**, 337		opaque	97, **103** T		organically	**60** T
occurrent	**282**		open	56		organism	**60** T
oceanographer	92 T		openly	376		organization	300, 329, **162** T
octagon	168 T		operate	263, **337** T		organize	203, 228, 466, 483
octogenarian	56 T		operation	**337** T		orient	**464**, 326 T
ocular	**260**		operational	**337**		oriental	**464**
oculist	260		operative	474, **337** T		orientation	**464**
odd	**32** T, 100 T		operose	322		origin	42, 337, **463**
oddity	469		opponent	276, 370		original	235, **463**
odds	**32** T		opportune	**423**		originality	**463**
ode	143 T		opportunism	**423**		originally	**463**
odious	134 T		opportunity	**423**		originate	337, **463**, 225 T
odo(u)r	**147**		oppose	126, 196, 289, 323, **370**		originate (from, in)	292 T
odo(u)rless	**147**		opposing	276		origination	**463**
odo(u)rous	**147**		opposite	276, 277, 370		originative	**463**
offend	**389**		opposition	370, 285 T		originator	**463**
offended	223		oppress	294, **396**		ornament	**289** T
offender	77, **389**, 287 T		oppression	**396**		ornamental	**289** T
offense / offence	**389**, 98 T		opprobrium	163 T		ornamentation	**289** T
offensive	344, **389**, 124 T		opt	**225** T		ornate	**289** T
offer	**419**, 495		optic	**260**		ornateness	**289** T
offering	**419**		optical	**260**		orphan	**32** T
officer	476, **32** T		optician	260		orthodox	132, 355
official	476, 226 T		optics	**260**		oscillation	280
officially	**476**		optimist	**128** T		osculate	176 T
officiate (at)	320		optimistic	**128** T		osmosis	306
officious	**476**		option	452		ossification	**252** T
offset	222, 289, 453		optional	272		ossify	**252** T
offspring	242 T		optometry	260		ostensible	**498**
oil painting	290 T		opulence	**225** T		ostentation	**497**
oily	309 T		opulent	305, **225** T		ostentatious	95, **497**
ointment	**202** T		oracle	**192**		ostentatiously	**497**
old-fashioned	192 T					other than	211

oust	380, 423		overflow	263 T		pack	456, 68 T, 183 T
out of date	192 T		overgeneralization	**43**		packet	**169** T
outburst	401		overgeneralize	**43**		pact	338, **249** T
outcast	**383**, 317 T, **323** T		overhasty	258		pad	**169** T
outcome	294, **32** T		overhaul	253		paddle	**245** T
outcry	330 T		overlap	369		pagan	132
outdated	191 T		overlook	364, **32** T		pain	174 T
outdistance	207 T		overly	**33** T		painkiller	**33** T
outdo	274, 301, 461		overpass	**33** T		painting	409
outer	477		overpopulation	56		pal	**33** T
outflow	401		overpower	147 T		pal(a)eolithic	**189** T
outgoing	137		overrate	247		palatable	308 T
outlaw	76, 80, 173, 83 T		overreach	**303** T		pale	**33** T
outline	412, 466		overreacher	**303** T		paleness	304
outlive	51		overrun	69 T		pallid	220 T
outlook	136		oversee	142, **348** T		pallor	220 T
out-of-date	282		overseer	**348** T		palmer	117 T
outpace	148 T		oversight	209 T		palpable	149, 127 T
outpatient	155		overstate	**325**, 421		palpitate	200 T
outperform	274, **32** T		overstatement	**325**		paltry	266 T
outpost	**275** T		overt	236, 105 T		pamper	303 T
outpouring	401		overthrow	279, 310, 368		pamphlet	214 T
outreach	**238** T		overture	312, **226** T		pandemic	57
outright	376		overturn	257, 278, 279, 209 T		pandemonium	283 T
outrun	**207** T		overuse	**310**		panegyric	**163** T
outset	335 T		overvalue	**220**		panic	392
outshine	301		overview	142		panorama	141
outspoken	196, 270 T		overweight	256		pant	**200** T
outstand	**323**		overweightness	194 T		papal	117 T
outstanding	284, **323**, 403		overwhelm	115, **147** T, 263 T, 278 T		par	**446**
outstandingly	**323**					parable	184, **156** T
outstandingness	**323**		overwhelming	331, **147** T		parabola	176 T
outstretch	**180** T		overwhelmingly	147 T		parachute	**243** T
outstretched	**180** T		overwork	490		parade	**51** T
outstrip	274, 461, **148** T		ovoid	177 T		paradox	**237** T
oval	**177** T		ovo-vegetarian	307 T		paradoxical	**237** T
ovalness	**177** T		owe	**33** T		paragon	434, **295** T
ovation	393, **274** T		own	254 T		paragraph	169
overabundance	314		owner	232 T		parallel	282, 445, **451**
overall	43, 399		oxidant	**101**		parallelism	**451**
overambitious	215		oxide	**101**		paralysis	**320** T
overbearing	**218** T		oxidize	**101**, 238 T		paralytic	**320** T
overcast	**383**, 90 T		oxygen	**100**		paralyze / paralyse	**320** T
overcautious	**143**		oxygenate	**100**		parameter	**442**
overcome	179, 467, **32** T, 147 T		oxymoron	191		paramount	**467**
overdo	310		**P**			paramountcy	**467**
overdose	**263** T		p(a)ediatrics	297 T		paranoia	110 T
overdraw	**267** T		p(a)edology	297 T		paranoid	110 T
overdrawn	**267** T		pace	247, 205 T		paranormal	71
overdue	107, **191** T		pacific	**235** T		paraphrase	191
overemphasize	**32** T		pacification	**235** T		parasite	46, **62** T
overestimate	247		pacify	162, **235** T		parasitic	46, **62** T

INDEX 557

parcel	33 T		passport	33 T		peculiarity	100 T
parched	94		pastime	274		pecuniary	265 T
pardon	112, 124, 352, 364		pastor	117 T		pedagogic(al)	296 T
parental	33 T		pasture	88 T		pedagogue	296 T
parenthood	33 T		pat	33 T		pedagogy	296 T
parenting	33 T		patch	33 T		pedal	264
pariah	383, 317 T		patent	33 T		peddle	214 T
parish	132		paternal	63		pedestrian	264
parity	446		paternity	63		pedigree	265
parked	326		pathetic	156, 134 T		peek	120 T
parking meter	442		pathetically	156		peel	216 T, 345 T
parliament	343, 81 T		pathogen	156		peep	120 T
parliamentarian	81 T		pathogenic	156		peer	447
parliamentary	81 T		pathological	156, 110 T		peerless	447
parlo(u)r	204 T		pathologist	156		pejorative	296, 218 T
parody	143 T		pathology	156		pellet	176 T
parole	86 T		pathos	156		pellucid	97
parry	292, 389, 279 T		patience	155		pen name	65
parsimonious	266 T		patient	155		penal	81
parsimony	266 T		patriarch	63		penalize / penalise	81, 295 T
part	237, 300, 182 T, 318 T		patriarchal	63		penalty	81, 366, 478
partake	306 T		patriarchy	63		penance	82
partial	248, 313		patrilineal	63		penchant	404
partiality	248, 438		patrimonial	64, 256 T		pending	403
partially	248		patrimony	64, 256 T		pendulate	403
participant	429		patriot	63		pendulous	403
participate	429		patriotic	63		pendulum	403
participation	429		patriotism	63		penetrate	106 T, 223 T, 278 T, 322 T
participatory	429		patrol	33 T		penetrating	238
particle	248, 176 T, 182 T		patron	63		penetration	322 T
particular	138, 430, 100 T		patronage	63		penetrative	322 T
particulate	248, 33 T		patronize	63		peninsula	89 T
parting	249		patsy	302 T		peninsular	89 T
partisan	249		paucity	188 T		penitence	82
partition	249		pauperize	237 T		penitent	82
partway	191 T		pause	405		penitentiary	82
party	51 T		pave	292 T		penmanship	142 T
paseo	204 T		pavement	292 T		penniless	237 T, 238 T
pass	309		pavilion	334 T		pension	365
pass by	190 T		paw	62 T		pensionary	365
pass on	351		payback	268 T		pentagon	168 T
passable	273		peace	291		penurious	329, 238 T, 266 T
passage	273		peaceful	147, 163		penury	238 T
passageway	273, 33 T		peak	229, 465, 184 T		pep	58 T
passe	192 T		peasant	81 T		perambulate	273
passenger	273, 33 T		peccable	81 T		perambulator	273
passer	273		peccadillo	209 T		perceive	152, 427, 431
passer-by	136		peck	65 T		perceived	427
passing	353		pecking order	59		perceptible	129, 144, 427
passion	94, 154		peculate	267 T		perception	427, 127 T
passionate	94, 154, 97 T, 346 T		peculation	267 T		perceptive	427
passive	154, 288		peculiar	386, 469, 100 T, 293 T			

perceptual	**427**		perplex	**233**, 401, 284 T		pestiferous	**72** T
percolate	306		perplexed	**233**		petal	63 T
percussion	**391**		perplexity	**233**, 293 T		petition	234, 297, **299**
peregrinate	277		persecute	**294**		petitionary	**299**
peremptory	**434**		persecution	232, **294**		petrify	**135** T
perennial	**252**		persecutive	**294**		petroleum	**239** T
perenniality	**252**		persecutor	**294**		pettiness	**171** T
perfect	112, 466, **474**		perseverance	**257** T		petty	347, **171** T, **257** T
perfection	**474**		perseverant	**257** T		phantom	**105**, 104 T
perfectionist	**474**		persevere	330, **257** T		phase	259
perfidy	**126**		persist	**330**, 257 T		phenom	106
perforate	**106** T		persistence	**330**, 359		phenomenal	**106**, 146 T, 170 T
perforation	**106** T		persistent	252, 327, **330**, 332, 358		phenomenon	**106**
perform	288, 314, **33** T, 59 T		personal	381		philanthropic	**165**, 137 T
perfunctory	**482**		personality	**33** T		philanthropist	**165**
peril	**308**		personalize	**34** T		philanthropy	**165**
perilous	**308**		personify	**34** T, 127 T		philharmonic	**165**
perimeter	**442**, 313 T		personnel	**34** T		philosopher	**165**
period	493, 257 T, 310 T		perspective	**136**, 324		philosophical	**165**
peripheral	354, **313** T		perspicuous	97		philosophy	**165**
periphery	**313** T		perspiration	**49**		phobia	**157**
periphrasis	**191**		perspiratory	**49**		phobic	**157**
periphrastic	**191**		perspire	**49**		phoneme	**145**
periscope	140		persuade	**204**, 230, 261, 316, 416		phonemic	**145**
perish	**101** T		persuasion	**204**		phonetic	**145**
perishable	**101** T		persuasive	**204**		phonetics	**145**
perishing	101 T		pertain	**358**		phonic	**144**
perjure	**206**		pertinacious	**358**, 359		phonics	**144**
perjury	**206**		pertinacity	359		phonogram	145 T
permanence / permanency	**108**		pertinent	**358**		phosphorescence	97 T
permanent	**108**, 251, 114 T, 146 T		pertinent (to)	256 T		phosphorus	240 T
permanently	**108**		perturb	146, **408**		photograph	**169**, 344 T
permeable	347, **223** T		perturbation	**408**		photographic	**169**
permeate	345, 114 T, 161 T, **223** T		perusal	**311**		photography	**169**
permeation	**223** T		peruse	**311**		photon	98 T
permissible	**352**		pervade	**345**, 278 T		photosynthesis	**373**
permission	**352**, 262 T		pervasion / pervasiveness	**345**		photosynthetic	**373**
permissive	**352**		pervasive	**345**, 100 T, 250 T		photovoltaic	98 T
permit	147, 309, **352**		perverse	**278**		phrasal	**191**
permutation	**109**		perversion	**278**		phrase	**191**, 397
permute	**109**		pervert	**278**, 236 T		phrasing	**191**
pernicious	**78**		pervertible	**278**		physical	256
peroration	**192**		pervious	306		physicality	**34** T
perpendicular	279, **404**		pesco-vegetarian	307 T		physician	**34** T
perpendicularity	**404**		pessimism	**128** T		physique	**194** T
perpetrate	351		pessimist	**128** T		pica	110 T
perpetration	81 T		pessimistic	**128** T		pick	225 T, 273 T
perpetual	**299**, 190 T		pest	62 T		picky	**138** T
perpetuate	**299**		pester	155 T, 174 T, 218 T, 237 T		pictogram / pictograph	**172**
perpetuation	**299**		pesticide	**79**		pictorial	**34** T
perpetuity	**299**					picturesque	**34** T

INDEX 559

piece	182ⓣ, 216ⓣ, 303ⓣ	plasticity	220ⓣ	poisonous	78, 34ⓣ, 340ⓣ
piecemeal	257ⓣ	plateau	88ⓣ	poke	387
pierce	385, 106ⓣ, 273ⓣ, 322ⓣ	platter	308ⓣ	policing	34ⓣ
piercing	158ⓣ	plaudit	393	policy	71ⓣ
pile	89ⓣ, 322ⓣ, 328ⓣ	plaudits	274ⓣ	polish	317ⓣ
pilfer	82ⓣ	plausibility	393	polite	59
pilgrim	117ⓣ	plausible	308, 393	politeness	60, 70ⓣ
pillage	277ⓣ	playwright	144ⓣ	politic	70ⓣ
pillager	277ⓣ	plea	293, 85ⓣ	political	70ⓣ
pillar	335ⓣ	plead	235, 293, 299, 85ⓣ	political leader	325
pillow	34ⓣ	pleasant	45, 160, 34ⓣ, 90ⓣ, 325ⓣ	politically	70ⓣ
pilot	34ⓣ	please	161, 358, 496	politics	70ⓣ
pinch	273ⓣ	pleased	214	polity	70ⓣ
pine ((to))	303ⓣ	pleasing	160, 308ⓣ	poll	420, 436, 162ⓣ
pinnacle	184ⓣ	plebiscite	420, 162ⓣ	pollen	66ⓣ
pinnacled	184ⓣ	pledge	197, 198, 140ⓣ, 249ⓣ	pollinate	66ⓣ
pioneer	34ⓣ	plenary	314	pollination	66ⓣ
pioneering	345	plenitude	314	pollo-vegetarian	307ⓣ
pious	116ⓣ	plentiful	314, 401, 224ⓣ, 288ⓣ	pollute	112ⓣ
piquancy	131ⓣ	plenty	314	polygamy	74ⓣ
piquant	131ⓣ	plethora	314	polygon	168ⓣ
pique	131ⓣ	plethoric	314	polyhedron	177ⓣ
piracy	308	pliable	231, 497	polytheistic	132
pirate	308	plight	210ⓣ	pomposity	349ⓣ
pit	106ⓣ	plod	273, 205ⓣ	pompous	190, 216, 295, 349ⓣ
pitch	382, 34ⓣ	plodding	205ⓣ	ponder	391, 118ⓣ, 152ⓣ
piteous	134ⓣ	plot	49, 210, 144ⓣ, 287ⓣ	ponder ((on, over))	153ⓣ
pithy	151ⓣ	plow / plough	299ⓣ	poor	329, 444, 237ⓣ
pitiful	156, 210ⓣ	pluck	273ⓣ	Pope	81ⓣ, 117ⓣ
pity	154, 155, 34ⓣ	plucky	273ⓣ	populace	56
pivot	168ⓣ	plumb	279, 234ⓣ	popular	56
pivotal	51, 168ⓣ	plummet	209ⓣ, 327ⓣ, 328ⓣ	popularity	56, 282
placate	160, 162, 235ⓣ	plump	195ⓣ	popularization	56
placatory	227ⓣ	plunder	77, 277ⓣ	popularize	56, 152ⓣ
placebo	202ⓣ	plunge	461, 274ⓣ, 327ⓣ, 328ⓣ	populate	56
placid	163, 323	pluralism	164ⓣ	population	56
plagiarism	142ⓣ	pluralist	164ⓣ	porcelain	169ⓣ
plagiarist	308	plutocracy	59	porch	34ⓣ
plagiarize	308, 142ⓣ	pneumatic	201ⓣ	pore	197ⓣ
plague	57, 72ⓣ, 110ⓣ, 174ⓣ	pneumonia	201ⓣ	port	422
plain	139, 258ⓣ, 289ⓣ	pneumonic	201ⓣ	portability	423
plaintiff	74, 389	poach	65ⓣ	portable	423
plaintive	134ⓣ	poacher	65ⓣ	portal	422
plan	148, 290, 118ⓣ, 144ⓣ	podium	151ⓣ	portend	496, 254ⓣ
planet	34ⓣ	poem	143ⓣ	portent	120, 496, 253ⓣ
planner	334ⓣ	poetry	143ⓣ	portentous	496
plant	305ⓣ	poignant	384	porter	422
plasma	196ⓣ	point	493	portfolio	34ⓣ
plaster	239ⓣ	pointed	230	portion	318ⓣ
plastered	239ⓣ	pointless	401	portrait	414
plasterer	239ⓣ	poise	318ⓣ	portray	228, 414, 142ⓣ
				portrayal	414

pose	**370**, 496		prank	**156**(T)		predictor	**182**
posit	**371**, 264(T)		prankish	**156**(T)		predilection	**438**
position	233, 324, **34**(T)		pratfall	**210**(T)		predispose	**368**
positive	179, **371**		prattle	160(T)		predisposition	**368**, 404
positivity	**371**		preach	**116**(T)		predominance	**326**(T)
possess	**254**(T)		preacher	353, **116**(T)		predominant	234(T), **326**(T)
possession	**254**(T), 255(T)		preachy	**116**(T)		predominantly	**326**(T)
possessive	**254**(T)		preadolescent	56(T)		predominate	72, **326**(T)
possessor	232(T)		preamble	**273**, 255(T)		preempt	**434**
possible	308		precarious	220(T), **236**(T), 318(T)		preemptive	**434**
postdate	**365**		precariousness	**236**(T)		preexist	**331**
posterior	**323**(T)		precaution	**143**		preexisting	**331**
posterity	339, 340, 461, **242**(T)		precede	295, **339**		preface	**185**, 273, 255(T)
postgraduate	**35**(T)		precedence	339		prefatory	**185**
posthumous	**91**		precedent	339		prefecture	71(T)
postindustrial	485		preceding	246		prefer	**419**
postlude	**312**		precept	**428**		preferable	**419**
postmortem	**52**, 91		precinct	**84**(T)		preference	404, **419**
postpone	**372**, 402, 269(T), 270(T)		precious	221		preferential	**419**
postponement	**372**, 402, 260(T)		precipitate	**258**, 407, 128(T)		prefigure	**227**
postscript	**174**		precipitation	**258**		pregnancy	**45**
postulate	371, **264**(T)		precipitous	**258**, 316(T)		pregnant	**45**
postulation	**264**(T)		precis	**239**, 466		prehistoric	245
postural	**370**		precise	138, **238**, 438		preindustrial	485
posture	324, **370**		precisely	**238**, 434		prejudice	**75**
potable	**306**(T)		precision	**238**		prejudiced	248, 80(T)
potency	**269**		preclude	347, **399**		preliminary	273, 312, **255**(T)
potent	**269**		preclusion	**399**		preliterate	**176**
potential	140, **269**, 352, 100(T)		preclusive	**399**		prelude	**312**, 226(T), 255(T)
potentiality	**269**		precocious	**57**(T)		prelusive	**312**
potluck	**305**(T)		precociously	**57**(T)		premiere	245
pottery	**169**(T)		precocity	**57**(T)		premise	**353**
pouch	**35**(T)		precognition	**129**		premium	**35**(T)
poultry	61(T)		preconceive	**427**		premonition	**120**, 153, 178(T), 253(T)
pound	273, **35**(T), 272(T)		preconceived	**427**		premonitory	**120**
pour	**97**(T)		preconception	**427**		prenatal	**40**
pout	282(T)		precursor	**283**		preoccupation	**431**
poverty	238(T)		predate	**365**		preoccupy	**431**, 110(T), 296(T)
powder	305(T)		predation	**65**(T)		preordain	332, **237**(T)
power	304		predator	433, **65**(T)		preordained	**237**(T)
powerful	269, 292, 219(T)		predatory	**65**(T)		preparation	**300**
powerless	269		predecessor	**340**		preparatory	**300**, 255(T)
practicable	475, **483**, 148(T)		predestine	**332**		prepare	**300**
practical	308, 310, 474, **483**		predestined	237(T)		preponderance	**187**
practicality	311, **483**		predetermine	332, **481**		preponderant	**187**
practice / practise	**482**		predetermined	**481**		prerequisite	**297**
practitioner	**483**		predicament	**183**		prerogative	**296**
pragmatic	**483**		predicate	**183**		presage	227, **254**(T)
pragmatism	**483**		predication	**183**		presbyopia	260
prairie	88(T)		predict	**182**, 382, 428, 298(T)		prescience	**128**
praise	201, 284, 160(T), 163(T)		prediction	**182**, 191, 382		prescient	**128**
praiseworthy	163(T)		predictive	**182**		prescribe	**173**, 183

prescription	173		prim(a)eval	244, **245**		proctor	**348**ⓣ
prescriptive	173		primacy	**244**		procure	357, **438**
preselect	**437**		primal	**244**, 245		prod	387
preselection	**437**		primarily	**244**		prodigal	**291**, 305
presence	**104**		primary	**244**, 245		prodigality	**291**
present	**104**, 282, 416		primate	**245**		prodigious	216, 170ⓣ
presentiment	**153**		prime	**244**, 310ⓣ		prodigy	216
presently	**104**		prime minister	249ⓣ		produce	43, 56, **415**, 472
preservation	**355**		primer	**244**		producer	415
preservative	101, **355**		primeval	245		product	415
preserve	226, 227, 299, **355**, 358		primitive	**245**, 246		production	415, 472
			primogeniture	**245**		productive	415, 475, 288ⓣ, 300ⓣ
preside	**320**		primordial	**245**		productivity	415
presidency	**320**		principal	204, 244, **245**, 117ⓣ		products	213ⓣ
president	297ⓣ		principle	**245**, 415, 428, 140ⓣ		profess	**186**, 494
presidential	**320**		prior	**246**, 397		professed	**186**
press	**396**, 218ⓣ		prioritization	**246**		profession	**186**, 196, 430
pressing	**396**		prioritize / prioritise	**246**		professional	165, **186**
pressure	**396**, 490		priority	**246**		professionalism	**186**
prestige	122, 325, **171**ⓣ		prison	**35**ⓣ		professor	**35**ⓣ
prestigious	**171**ⓣ		prisoner	316		proffer	**419**
presumably	**432**		pristine	**246**		proficiency	**476**
presume	139, 371, **432**		privacy	244		proficient	430, 466, **476**
presumed	121		private	126, 450		profile	**84**ⓣ, **199**ⓣ
presumption	373, **432**		privation	**35**ⓣ		profiler	**84**ⓣ
presumptuous	**432**, 349ⓣ		privatize	41		profiling	**84**ⓣ
presuppose	**371**, 264ⓣ		privilege	**77**, 296		profit	105, **477**
presupposition	**371**		privileged	**77**		profitable	**477**, 338ⓣ
pretend	448, **496**, 287ⓣ, 314ⓣ		prize	266ⓣ		profitless	**477**
pretense	**496**, 497, 314ⓣ		proactive	**289**		profits	336
pretension	**496**		probability	**308**		profound	**145**ⓣ, 146ⓣ
pretentious	295, 496		probable	**308**, 393, 475		profoundly	**145**ⓣ
preternatural	**40**		probably	**308**		profundity	**145**ⓣ
pretest	**35**ⓣ		probation	**309**		profuse	**401**, 288ⓣ
pretext	**406**		probationer	297ⓣ		profusion	**401**
prevail	72, **222**		probe	295, **308**, 234ⓣ		progenitor	242ⓣ
prevalence	**222**		probe (into)	105ⓣ		progeny	**42**
prevalent	56, **222**, 282, 250ⓣ		probity	**346**ⓣ		prognostic	**129**
prevaricate	150ⓣ		problematic	**35**ⓣ		prognosticate	**129**
prevent	50, 158, **338**, 259ⓣ		procedure	338		prognostication	191
prevent (from)	490		proceed	288, **338**, 343		prognosticator	**129**
prevention	143, **338**		proceedings	338		program	290
preventive / preventative	**338**		proceeds	338		program(me)	344
			process	**338**		progress	278, 280, **343**, 205ⓣ
preverbal	**175**		procession	338		progression	343
preview	142		processor	338		progressive	342, 343
previous	246, **35**ⓣ		proclaim	186, 193, **201**, 152ⓣ		prohibit	**50**, 80, 173, 183, 352
prevision	**141**		proclamation	186, **201**		prohibited	78ⓣ
prey	336ⓣ		proclivity	**287**ⓣ		prohibition	**50**
priceless	221		procrastinate	**269**ⓣ		prohibitive	**50**
prick	385, 387, 273ⓣ		procrastination	**269**ⓣ		project	**380**, 383, 181ⓣ
prickly	63ⓣ		procreate	416		projection	**380**
priest	219, **117**ⓣ						

projector	**380**		proportional / proportionate	**318**ⓣ		province	**316**, 232ⓣ, 242ⓣ
proliferate	234, 224ⓣ, **327**ⓣ		proposal	**371**, 226ⓣ		provincial	**316**
proliferation	**327**ⓣ		propose	**371**, 372, 419, 262ⓣ		provision	**141**, 143, 472
prolific	314, **288**ⓣ, 300ⓣ		proposition	353, **371**, 419		provisional	**141**, 190ⓣ
prolificacy	**288**ⓣ		propositional	**371**		proviso	**141**
prolix	175, 213, **140**ⓣ		propound	**372**		provocation	**197**
prolixity	**140**ⓣ		proprietor	**232**ⓣ		provocative	**197**
prolixly	**140**ⓣ		proprietorial	**232**ⓣ		provoke	**197**, 199, 282, 161ⓣ
prolog(ue)	**187**, 312		proprietorship	**232**ⓣ		prowess	**288**ⓣ
prolong	**212**		propulsion	**292**		proximate	**127**ⓣ
prolongation	**212**		prosaic(al)	130ⓣ		proximity	**127**ⓣ
prolonged	**212**, 413		proscribe	**173**, 183		proxy	296, **213**ⓣ
promenade	273, **204**ⓣ		prose	**143**ⓣ		prudence	101ⓣ, **348**ⓣ
promenader	**204**ⓣ		prosecute	**294**		prudent	63, 325ⓣ, **348**ⓣ
prominent	131, 139, 387		prosecution	**294**		prune	63ⓣ
promise	197, 337, **352**, 249ⓣ		prosecutor	**294**		prying	297
promising	139, **352**		proselyte	278		psalm	118ⓣ
promote	66, 279, **457**, 162ⓣ		prosocial	60		pseudonym	**65**, 450
promotion	**457**		prospect	**136**, 141		pseudonymous	**65**
promotional	**457**		prospective	**136**		psyche	**121**
prompt	292, 327, 386, **434**		prosper	66ⓣ, **212**ⓣ		psychiatric	**121**
prompter	**434**		prosperity	**212**ⓣ		psychiatrist	**121**
prompting	**434**		prosperous	304, **212**ⓣ		psychiatry	**121**
promptness	**434**		protagonist	**246**		psychic	**121**
promulgate	**152**ⓣ		protect	**117**, 355, 389		psychoanalysis	121
prone	272, 381, 428		protection	**117**, 143		psychological	**121**, 129
prone ((to))	490		protectionism	**117**		psychologist	**121**
pronounce	**193**, 150ⓣ		protective	**117**		psychology	**121**
pronounced	**193**		protector	259ⓣ		psychomotor	121
pronouncement	**193**		protest	**84**, 154, 380, 85ⓣ		psychopathology	121
pronunciation	182, **193**		protestant	**117**ⓣ		psychotherapy	121
proof	83		protestation	**84**		pub	**35**ⓣ, 305ⓣ
proofread	**264**ⓣ		protester	**84**, 320		puber(t)al	**56**ⓣ
prop	**335**ⓣ		protocol	**246**		puberty	**56**ⓣ
prop up	**160**ⓣ		prototype	**246**, 434, 295ⓣ		public	**56**, 60
propaganda	**161**ⓣ		protract	**413**		publication	**56**
propagandist	**161**ⓣ		protracted	**413**		publicity	**56**
propagate	**113**ⓣ		protractor	**413**		publicize	**56**, 193, 279
propagation	**113**ⓣ		protrude	380, **383**, 181ⓣ		publish	**56**
propel	**292**		protrusion	**383**		pucker	197ⓣ
propellent	**292**		protrusive	**383**		puddle	88ⓣ
propensity	**404**, 287ⓣ		proud	465		puerility	**56**ⓣ
proper	376, **35**ⓣ, 166ⓣ		prove	73, 83, 84, 309, 256ⓣ		puffery	170ⓣ
property	**35**ⓣ, 255ⓣ		provenance	**337**		pugnacious	**385**
prophecy	**191**		proverb	172, **175**, 218		pugnacity	**385**
prophesy	182		proverbial	**175**		pull	490, 273ⓣ, 292ⓣ, 347ⓣ
prophet	**191**		provide	315, 419, 263ⓣ, 304ⓣ		pulley	229ⓣ
prophetic	128, **191**		provide for	304ⓣ		pulsate	126ⓣ
propinquity	**127**ⓣ		providence	**143**		pulsation	**292**
propitiatory	227ⓣ		provident	**142**		pulse	280, **292**
proponent	**372**		providential	**143**		punch	**35**ⓣ, 272ⓣ
proportion	247, **318**ⓣ						

punctual	**386**, 434		quash	396		railroad	292
punctuality	**386**		queasy	220 T		raise	461
punctually	**386**		quench	**306** T, **350** T		rake	**228** T
punctuate	**385**		query	**298**		rally	**343** T
punctuation	**385**		question	295, 298		ramble	**273**, **179** T, **204** T
puncture	**385**, 387, 106 T, **322** T		questionable	122, **296**, 216 T		rambling	284, 232 T
pungency	**384**		questionably	**296**		ramp	**292**
pungent	229, **384**		questioning	297		rampage	**330** T
punish	81		questionnaire	**296**		rampant	**250** T
punishment	81		queue	**176** T		rampantly	**250** T
punitive	**82**		quibble	**315** T		rampart	**260** T
purchase	298		quibbling	430		ramshackle	**336** T
pure	78, **316** T		quick	**219** T		ranch	**299** T
purge	**224** T		quicken	301		rancher	**299** T
purify	**224** T, **317** T		quiescent	**147**		ranching	**299** T
purpose	**369**, 380, 496, 118 T		quiet	163		random	284, **332** T
purposeful	**369**		quietude	**146**		randomize / randomise	**35** T
purposely	**369**		quincentenary	**252**		range	140, 274, 345, **35** T
purposive	**369**		quincentennial	252		rank	324, **72** T
purr	**124** T		quintessence	**105**, 236		ranking	59
pursue	**295**		quintessential	**105**		rankle	**174** T
pursuit	**295**		quit	49, 499		ransack	**82** T
purvey	**304** T		quiver	**134** T		ransom	**435**
purview	**142**		quizzical	**35** T		rant	**158** T
pushy	344		quota	**313** T		rapacious	**436**
put	**106** T		quotation	**51** T		rapacity	**436**, **302** T
put down	397		quote	198, **35** T		rapid	397
put forward	372		quotient	**186** T		rapist	77
put in prison	**84** T			R		rapport	480, **75** T
put off	372, 418		rabble	**330** T		rapt	**435**
put out	387, **306** T		race	**207** T		rapture	**435**
put to death	**59** T		racial	**57**, 58		rarity	**35** T
put up with	324, **258** T		racism	**57**		rascal	**407**
putative	**121**		racist	**57**		rascally	407
putrefaction	**345** T		rack	**169** T		rash	**407**, **128** T
putrescent	**345** T		radial	**97** T		rashly	**407**
putrid	**345** T		radiance	**97** T		rashness	**407**
puzzle	233, **105** T, 284 T		radiant	97, **97** T		rate	220, **247**
	Q		radiate	**97** T		ratification	**247**
quadruped	264		radiation	**97** T		ratify	133, 221, **247**
quaint	**293** T		radiator	**97** T		rating	**247**
quake	159, **134** T		radical	355		ratio	**247**, **318** T
qualification	367		radioactive	**289**		ration	**247**
qualified	438, 447		radioactivity	**289**		rational	152, 221, **247**
quality	**313** T		radius	442, **186** T		rationale	**248**
quarantine	**72** T		rafter	335 T		rationalism	**247**
quarrel	262, 391, 452, **35** T		rag	**215** T		rationality	**247**
quarry	**336** T		rage	154, **35** T, **132** T, 254 T		rationalization	**248**
quart	312		ragged	**215** T		rationalize / rationalise	**248**
quarter	**186** T		raggedness	**215** T		rattle	**123** T
quarterfinal	255 T		raid	284, 345, 279 T, 328 T		raucous	**123** T
quartet	**68** T						

ravage	**436**, 277 T		rebuild	327, 484		record	**36** T
ravagement	**436**		rebuke	202, 309, 155 T, **227** T		recount	237, 421
ravager	**436**		rebut	182, 309, **153** T		recoup	435, 233 T, 255 T, **268** T
ravel	107 T		rebuttal	**153** T		recourse	**283**
raw	288 T		recalcitrant	**161** T		recover	79, 222, **36** T, 233 T
ray	**98** T		recant	**199**, 207, 413		recreate	484, **36** T
raze / rase	**407**		recantation	**199**		recruit	174, 233, **460**
razor	**407**		recap	257		recruitment	**460**
re(af)forestation	**35** T		recapitulate	**257**		rectangle	212, **375**
reach	274		recapitulation	**257**		rectangular	**375**
reachable	341		recapturable	**429**		rectifiable	**375**
react	**288**		recapture	200, **429**		rectification	**375**
reaction	**289**		recede	**340**, 414		rectify	300, **375**, 268 T
reactionary	**289**		receive	426, **427**		rectitude	**375**
reactivate	**288**		receptacle	244 T		recumbent	**272**
reactive	**288**		receptive	**427**, 252 T		recuperate	222, **431**
reactor	**288**		recess	**341**, 354		recuperation	**431**
readable	168		recession	**340**, 212 T		recuperative	**431**
readership	**35** T		recessive	**340**		recur	**283**
readily	**36** T		recipe	**36** T		recurrence	**283**, 299, 202 T
reaffirm	253, **268**		reciprocal	109, 376, 403, **102** T		recurrent	**283**, 299
real	288		reciprocate	**102** T		recurring	**283**
realign	**228**		reciprocation	**102** T		recycle	200, 311
realistic	483		reciprocity	**102** T		redecorate	334 T
reality	312		recit	237		redeem	**435**, 233 T
realize / realise	**36** T, **51** T		recital	**199**		redefine	**480**
realm	300, **242** T		recitation	**199**		redemption	**435**, 115 T
reap	**36** T		recite	**199**		redirect	278, **374**
reapply	**234**		reckless	143, 279, 407, **128** T		redirection	**374**
reappoint	**384**		recklessness	**128** T, 348 T		redolent	**148**
reappraise	339 T		reckon	122, **186** T		redoubtable	146 T
rear	277, 323 T		reclaim	**200**, 429, 233 T, 255 T		redound	339 T
rearm	**392**		reclamation	**200**		redress	300, **268** T
rearmament	**392**		reclinable	**230**		reduce	109, 219, **416**, 248 T
rearrange	**229**, 205 T		reclination	**230**		reduction	**416**, 459
rearrangement	**229**		recline	**230**		redundancy	**218** T
rear-view mirror	247 T		recluse	**400**		redundant	**218** T
reason	457		reclusion	**400**		reek	124 T
reasonable	63, 152, **36** T, 166 T		reclusive	**400**		reestablish	**327**
reasonably	**36** T		recognition	**128**, 427		re-evaluate	**220**
reasoning	**36** T		recognize	**128**, 427		re-evaluation	**220**
reassemble	327		recommence	432		reexamine	339 T
reassess	339 T		recommend	64, 420, **262** T		reface	259
reassessment	339 T		recommendation	**262** T		refer	174, **418**
reassurance	**79** T		recompense	329, **366**, 268 T		refer to	197
reassure	**79** T		reconcilable	155, **280** T, 316 T		referee	447, **319** T
reassuring	**79** T		reconcile	**280** T		reference	**418**
rebel	126, 320		reconciliation	**280** T		referendum	**420**, 436, 162 T
rebellion	463, 276 T		recondite	384, **146** T		referral	**418**
rebellious	126, 161 T		reconfirm	**268**		refill	314
rebirth	41		reconstruct	**484**		refine	**317** T
rebuff	292, **253** T		reconstruction	**484**			

refined	316 T, **317** T	regulation	**72**, 326, 295 T	relocate	**374**, 418, 458
refinement	**317** T	regulatory	**72**	relocation	**374**
refit	253	reign	**72**	rely	**489**
reflation	**239**	reigning	72	rely on	402
reflect	**231**, 118 T	reimburse	207, 366, **268** T	remain	330, 331, 257 T
reflection	**231**	reimbursement	329, 402, **268** T	remainder	**107**
reflective	**231**	rein	229 T	remaining	327
reflex	**231**	reincarnate	**116** T	remains	**107**, 321, 335 T
reflexible	**231**	reincarnation	**116** T	remake	327
reflexness	**231**	reinforce	**267**, 268, 313, 335 T	remark	**178**, 356
reform	**226**, 183 T, 184 T	reinforcement	**267**	remarkable	177, **178**, 203, 170 T
reformation	**226**	reinstate	327	remarkably	**178**
reformist	**226**	reinvent	**337**	remedy	364
refract	**498**	reiterate	253, 283, 218 T	remembrance	**123**
refraction	**498**	reject	292, **381**, 383, 234 T	remind	**36** T
refractive	**498**	rejection	**381**, 226 T, 253 T	reminisce	**120**
refractory	**498**, 286 T	rejoice	285, 131 T	reminiscence	**120**
refrain	331, **499**, 258 T	rejoin	**492**	reminiscent	**120**
refrain (from)	357, 429	rejuvenate	**57** T	remiss	437, **270** T
refuge	133, 83 T	rejuvenation	**57** T	remission	**352**
refugee	323 T	rekindle	**329** T	remissness	**270** T
refulgent	97 T	relapsable	**202** T	remit	**352**, 267 T
refund	**402**, 268 T	relapse	**202** T	remittance	**352**
refurbish	**289** T	relate	**421**, 488	remnant	**107**, 321
refurbishment	**289** T	relation	**421**, 422	remodel	278
refusal	**401**, 253 T	relations	75 T	remonstrance	**85** T
refuse	230, 381, **401**, 426	relationship	**421**	remonstrate	**85** T
refute	182, 221, 309, **153** T	relative	**422**, 447	remorse	386, **134** T
regain	200, 429, 233 T, **255** T	relatively	**422**	remorseful	82, 406, **134** T
regal	**72**	relatives	75 T	remote	382, **457**
regard	427, **36** T, 147 T	relativism	**422**	remotely	**457**
regardless	138	relativity	**422**	removable	**456**, 146 T
regency	**72**	relax	**112**, 497	removal	402, **456**
regenerate	**43**	relaxed	**112**, 347 T	remove	347, **456**, 120 T, 216 T
regent	**72**	relaxing	**112**	remunerate	**268**
regicide	79	release	**112**, 113, 85 T, 151 T	renaissance	**41**
regime	**72**	relegate	**350**, 457	renascent	**41**
region	413, 491, **36** T	relent	**329** T	render	422, **263** T
register	**421**	relentless	192, 257 T, **329** T	rendition	**263** T
registration	**421**	relevance	**256** T	renegade	**179**
registry	**421**	relevant	358, **256** T	renegotiate	**179**
regnant	**72**	reliable	124, **489**	renegotiation	**179**
regress	**343**	reliance	**489**	renew	**253**, 289 T
regress (to)	278	reliant	403, **489**	renewable	**253**
regression	**343**	relic	**106**, 107	renewal	**253**
regressive	**343**	relief	159, **462**	renounce	107, 184, **193**, 234 T
regret	82, **134** T	relieve	**462**, 235 T, 306 T	renouncement	**193**
regretful	82, 406	relieved	**462**	renovate	**253**, 289 T, 334 T
regular	71, **275**	religion	**490**	renovation	**253**
regularity	**71**	religious	**490**	renown	185, **147** T
regularize	**71**	relinquish	**107**, 193, 340	renowned	387, **147** T, 256 T
regulate	**72**	relish	124 T	rent	113

renunciation	**193**	representative	**104**, 105, 290, 213 T	reside in	56
reorder	**202**	repress	**397**	residence	**320**, 359, 430
reorganize / reorganise	229, **36** T, **162** T	repression	**397**, 283 T	resident	**320**, 359
repair	79, 226, 253, **300**	repressive	**397**	residential	**320**
reparable	**300**	reprieve	139	residual	**321**
reparation	**300**, 268 T	reprimand	**202**, 309, 155 T, 227 T	residue	**321**, 322
reparative	**300**	reprise	159 T	resign	**178**, 184
repartee	150 T	reproach	193, 202, **162** T, 227 T	resignation	**178**
repast	305 T	reprocess	311, **338**	resigned	**178**
repatriate	**86** T	reproduce	235, **416**	resilience	**285**
repatriation	**86** T	reproduction	235, **416**	resilient	**285**
repay	83 T, 268 T	reproductive	**416**	resist	126, 272, 289, **331**
repeal	197, 288, **293**, 78 T	reproof	**309**	resistance	**331**
repealable	**293**	reprove	**309**, 155 T, **162** T, 227 T	resistant	**331**, 359
repeat	253, 283, **36** T, 218 T	republic	56	resolute	**112**, 219 T, 264 T
repeatable	**299**	republican	56	resolutely	**112**
repeated	283, **299**	repudiate	**234** T	resolution	**112**
repeating	299	repudiation	**234** T	resolve	110, **111**, 481
repel	**292**, 227 T	repudiative	**234** T	resolved	112
repellence	**292**	repugnance	**385**	resonance	**146**
repellent	**292**	repugnant	**385**	resonant	**146**
repent	**82**	repulse	**292**	resonate	**146**
repentance	**82**, 134 T	repulsion	**292**	resort	283, **234** T
repentant	**82**, 406	repulsive	**292**	resort ((to))	230 T
repercussion	**391**	repurpose	**369**	resound	146
repercussive	**391**	reputation	**122**, 185, 325, 171 T	resource	283
repetition	**299**	repute	**122**, 185	resourceful	**37** T
rephrase	**191**	request	234, 293, **297**, 299	respect	**137**, 147 T, 217 T
replace	322, 329, 235 T	requiem	**147**	respectable	137, 147 T, 166 T
replenish	**314**	require	**297**, 490, 492	respectful	137, 147 T
replenishment	**314**	required	**297**, 341	respective	137
replete	**313**	requirement	**297**	respectively	137
replica	**235**	requisite	105, **297**, 263 T	respiration	**48**
replicable	**235**	requisition	**297**	respiratory	**48**
replicate	**235**, 416	requite	268 T	respire	**48**
replication	**235**	reschedule	229	respite	**139**
replicative	**235**	rescind	**78** T	respond	**205**, 288
reply	**36** T	rescission	**78** T	respondent	**205**
report	325, **36** T	rescue	**36** T, 115 T	response	**205**, 289
reportedly	**36** T	research	297	responsibility	**206**
reporter	**36** T	resent	**154**	responsible	**206**
repose	**367**	resentful	**154**, 214, 223	responsible ((for))	490
repository	**367**, 265 T	resentment	**154**, 389	responsive	**205**
repossess	**255** T	reservation	**356**	rest	112, 230, 321
repossessable	**255** T	reserve	133, 178, **356**, 255 T	restart	432
repossession	**255** T	reserved	126, **356**, 457	restate	191
reprehend	**432**	reservoir	**356**	restful	147
reprehensible	**432**	resettle	458	resting	64 T
reprehension	**432**	reshape	227	restitution	**329**
represent	**104**, 328, 127 T	reside	**320**, 430, 232 T	restitutive	**329**
representation	**104**	reside ((in))	330	restitutory	**329**
				restive	**319** T, 325 T

INDEX **567**

restless	319ⓣ, 338ⓣ		retroactive	289		reward	366, 37ⓣ
restock	314		retrocede	340		rewarding	37ⓣ
restoration	329		retrograde	342		reword	191
restore	199, 253, 314, 289ⓣ		retrogress	343		rhetoric	140ⓣ
restrain	50, 173, 490, 259ⓣ		retrogression	343		rhetorical	140ⓣ
restrained	356		retrogressive	342, 343		rhyme	143ⓣ
restraint	490, 259ⓣ		retrospect	137		riddle	105ⓣ
restrict	173, 479, 491, 259ⓣ		retrospective	137, 289		ridge	88ⓣ
restricted	479		return	329		ridicule	143ⓣ, 156ⓣ
restriction	442, 491		return ((to))	278		ridiculous	311
restrictive	491		reunification	243		rife	250ⓣ
restructure	483		reunion	243		riffle	120ⓣ
result	294, 295, 391, 37ⓣ		reunite	243, 280ⓣ		rifle	278ⓣ
resultant	294, 37ⓣ		reusable	311		rift	345ⓣ
resumable	432		reuse	200, 311		righteous	376, 79ⓣ
resume	253, 432		revalidate	253		rightful	376
resumption	432		revaluation	220		rightmost	376
resurge	463		revalue / revaluate	220		rightness	376
resurgence	463		revamp	334ⓣ		rigid	231, 360, 239ⓣ, 253ⓣ
resurrect	199, 463		reveal	50, 116, 37ⓣ, 150ⓣ		rigidity	253ⓣ
resurrection	463		revealing	37ⓣ		rigidly	253ⓣ
resuscitate	199		revelation	37ⓣ		rigor	347ⓣ
resuscitation	199		revenge	82, 83, 83ⓣ, 268ⓣ		rigorous	491, 154ⓣ, 347ⓣ
retail	238, 213ⓣ		revengeful	83, 84ⓣ		rigorously	347ⓣ
retailer	238		revenue	336		ring	229ⓣ
retain	356, 357, 93ⓣ		revere	147ⓣ		rinse	37ⓣ, 224ⓣ
retained	356		reverence	147ⓣ		riot	457, 276ⓣ, 330ⓣ
retaliate	83ⓣ		reverent	147ⓣ		rioter	330ⓣ
retaliation	83ⓣ		reversal	277		riotous	330ⓣ
retaliatory	83ⓣ		reverse	277, 278		rip	274ⓣ
retard	264, 148ⓣ		reversible	277		ripe	37ⓣ
retardant	148ⓣ		reversion	278		ripple	180ⓣ
retardation	148ⓣ		revert	278		ripply	180ⓣ
retention	358		review	142		rise	230, 459
retentive	357		revile	154ⓣ		risk	139, 308, 338
reticence	138ⓣ		revilement	154ⓣ		risky	37ⓣ, 216ⓣ, 236ⓣ
reticent	356, 138ⓣ		revise	80, 142, 375		rite	356, 118ⓣ
retire	37ⓣ		revision	142		ritual	356, 118ⓣ
retort	232, 153ⓣ		revitalize	199, 329ⓣ		ritualize	118ⓣ
retortion	232		revival	41, 51		rivalry	37ⓣ
retrace	414		revive	51, 199, 463, 329ⓣ		rivet	229ⓣ
retract	413		revivify	51		riveting	229ⓣ
retractable	413		revocation	197		roam	273, 179ⓣ, 206ⓣ
retraction	413		revoke	197, 199, 202, 78ⓣ		roaming	232ⓣ
retreat	283, 284, 305, 340, 414		revolt	276ⓣ		roar	201, 158ⓣ
retribution	367		revolting	345ⓣ		rob	37ⓣ, 277ⓣ, 339ⓣ
retributive / retributory	367		revolution	281		robbery	82ⓣ
retrieval	233ⓣ		revolutionary	281		robe	300
retrieve	327, 233ⓣ, 255ⓣ, 268ⓣ		revolutionize	281		roborant	220ⓣ
retro	192ⓣ		revolve	281, 208ⓣ		robust	194ⓣ, 219ⓣ
			revolver	281		rock	273ⓣ
			revolving	281		rod	167ⓣ

rodent	62 T		sabotage	328, **108** T		satiate	**163**
roguish	286 T		sacred	**132**		satiety	**163**
role	430		sacrifice	315		satire	**143** T
romance	74 T		sadden	397		satirical	**143** T
room	204 T, 334 T		saddle	**229** T		satirize	**143** T
root	463		sadness	157		satisfaction	**163**
rope	113, 342 T		safeguard	335 T		satisfactory	**163**, 273, 166 T
rostrum	151 T		safety	308		satisfy	161, **163**, 496, 303 T
rot	369, **37** T, 345 T		sag	178 T		saturate	**164**, 114 T
rotary	**208** T		saga	143 T		saturated	**164**
rotate	281, **208** T		sagacious	**112** T		saturation	**164**
rotation	207 T		sagacity	**112** T		Saturn	95 T
rote	**297** T		sage	437, 112 T, **113** T		saturnine	282 T
rotund	195 T		sail	290		saunter	204 T
rough	**37** T, 125 T, 288 T		sailboat	244 T		savage	**69** T, 138 T
round	257 T		saint	117 T		savagely	**69** T
rouse	95 T, **111** T		sake	**38** T		savagery	277 T
route	**37** T		salience	**284**		savanna(h)	88 T
routine	**54** T		salient	139, **284**		save	117, 93 T, 101 T
rover	**206** T		saline	308		saving	101 T
row	**37** T		salinity	**308** T		savio(u)r	93 T
rowdiness	138 T		saliva	**306** T		savo(u)r	**124** T
rowdy	123 T		salmon	**309** T		savory	**124** T
royal	72, 301, **37** T		salon	**213** T		saw	**38** T
royalty	**37** T		saloon	246 T		saying	172, 175, 182, 218
rubbish	336 T		salubrious	**266**		scaffold	335 T
rubble	**335** T		salutary	**266**		scale	**38** T
rubric	**298** T		salutation	**266**		scamper	206 T
rude	358, 288 T		salute	**266**		scan	**38** T, 120 T
rudiment	**299** T		salvage	210, **93** T		scant	444, **188** T, 216 T, 225 T
rudimentary	**299** T, 332 T		salvation	**115** T		scanty	**188** T
rug	**38** T		salve	202 T		scar	286 T
rugged	**89** T		sample	139		scarce	314, **38** T
ruggedness	**89** T		sanctimonious	**133**		scarcity	93 T, 340 T
ruin	115, 207, **38** T, 245 T		sanctimony	**133**		scare	158, 392, 104 T
ruins	335 T		sanction	**133**, 247, 352, 262 T		scarp	177 T
rule	70, 72, 326, 73 T, 273 T		sanctity	**133**, 222		scathe	**285** T
rule out	399		sanctuary	**133**, 356		scathing	153 T, **285** T
ruler	301		sane	71, **265**, 110 T		scatter	400, **38** T
rumble	123 T, 180 T, 215 T, 349 T		sanguinary	**70** T		scenario	**38** T
rummage	64 T		sanguine	**128** T		scene	**38** T, 242 T
run	337 T		sanify	**266**		scenery	**38** T
run (into)	299 T		sanitary	**266**		scent	147, **38** T
runway	**204** T		sanitate	**266**		schedule	344
rupture	499		sanitation	**266**		schematic	**287** T
rush	462, 207 T		sanitize	**266**		schematize	**287** T
rust	**238** T		sapling	63 T		scheme	148, 263, **287** T, 323 T
rusty	**238** T		sarcasm	143 T, **156** T		schemer	**287** T
rut	338 T		sarcastic	153 T, **156** T		scheming	409
ruthless	138 T		sardonic	132, 154 T		scholar	437, **38** T
			satellite	**38** T, 275 T		scholarly	**38** T, 296 T
			satiable	**163**			

S

scholarship	38ⓣ	secretion	501	semifinal	255ⓣ
scholastic	38ⓣ	sect	237	seminate	63ⓣ
school	415, 51ⓣ	sectarian	237	senator	249ⓣ
scold	309, 38ⓣ, 162ⓣ	section	237, 182ⓣ	send	252ⓣ
scolding	227ⓣ	sectional	237	senior	297ⓣ
scope	140, 345	sector	237	senior politician	325
score	247ⓣ	sectoral	237	sensation	152
scorn	223, 156ⓣ, 217ⓣ	secular	250	sensational	152
scornful	217ⓣ	secure	328, 357, 439, 245ⓣ	sensationalism	152
scornfulness	217ⓣ	security	439	sense	152, 427
scour	105ⓣ	sedan	246ⓣ	senseless	152
scourer	105ⓣ	sedate	323	sensibility	153
scourge	174ⓣ, 228ⓣ	sedateness	408	sensible	152, 247, 311, 112ⓣ
scout	276ⓣ	sedation	323	sensitive	153, 220ⓣ
scramble	324ⓣ	sedative	323	sensitivity	153
scrap	182ⓣ	sedentariness	322	sensory	152
scrawl	174, 142ⓣ	sedentary	322, 458	sensual	152
scream	135ⓣ, 158ⓣ	sediment	322, 368	sensuous	152
screech	123ⓣ, 135ⓣ, 158ⓣ	sedimentary	322	sentence	207, 52ⓣ
screen	308ⓣ	seduce	416, 428	sentient	153
screw	229ⓣ	seduction	416	sentiment	153
screwy	229ⓣ	seductive	416, 331	sentimental	153
scribble	174, 142ⓣ	sedulous	322	sentinel / sentry	276ⓣ
scribe	172	seediness	192ⓣ	separable	344ⓣ
scripture	174	seedy	192ⓣ	separate	67, 300, 145ⓣ, 343ⓣ
scriptwriter	144ⓣ	seeming	498, 38ⓣ	separately	300
scruffy	215ⓣ, 336ⓣ	seemingly	39ⓣ	separation	300
scrumptious	308ⓣ	seemly	39ⓣ	septagon	168ⓣ
scrupulous	79ⓣ, 183ⓣ	see-through	106	sequel	293
scrutinize / scrutinise	311, 447, 226ⓣ	segment	182ⓣ	sequence	293
scrutinizingly	226ⓣ	segmental	182ⓣ	sequent	293
scrutiny	226ⓣ	segmentation	182ⓣ	sequential	293, 294
scuff	273	segregate	67, 149, 236, 72ⓣ	sequester	233ⓣ
sculpt	289ⓣ	segregation	67, 72ⓣ	sequestered	233ⓣ
scurrilous	132	seize	310, 37ⓣ, 85ⓣ, 268ⓣ	serene	147, 163, 138ⓣ, 233ⓣ
scurry	206ⓣ	seizure	268ⓣ	serenity	48, 138ⓣ
scuttle	206ⓣ	select	399, 436, 225ⓣ	serious	213, 111ⓣ, 325ⓣ
seal	38ⓣ	selection	437	sermon	116ⓣ
seam	290ⓣ	selective	436	servant	39ⓣ
seamless	290ⓣ	self-conscious	127	serve	330, 354, 304ⓣ
seaport	422	self-esteem	222, 147ⓣ, 317ⓣ	service	354
search	64ⓣ, 105ⓣ, 228ⓣ	self-importance	317ⓣ	serviceable	354
season	52ⓣ	self-important	476, 349ⓣ	servile	354, 381
seasoning	38ⓣ, 309ⓣ	selflessness	452	session	39ⓣ
seclude	399, 233ⓣ, 283ⓣ	self-respect	222	set	384
secluded	399	self-satisfied	162, 325ⓣ	set free	151ⓣ
seclusion	399	sell	213ⓣ, 214ⓣ	set up	327, 329
seclusive	399	semantic	141ⓣ	settle	111, 230, 39ⓣ, 280ⓣ
secondary	204, 321, 377, 315ⓣ	semantically	141ⓣ	settle (in)	320
second-hand	310, 315ⓣ	semantics	141ⓣ	sever	499, 181ⓣ, 182ⓣ
secret	126, 436, 105ⓣ	semblance	448	severance	181ⓣ
secrete	116, 501	semiconscious	127		

severe	229, 69 T, 103 T, 154 T	shredder	**182** T	sin	**39** T
sew	**39** T	shrewd	113 T, **167** T, 219 T	sincere	**39** T
sewage	336 T	shrewdly	**167** T	sinecure	**439**
shabbiness	**215** T	shrewdness	230, **167** T	sinful	81 T
shabby	**215** T	shriek	**135** T	singe	96 T
shackle	265	shrill	**158** T	single	243
shackles	264	shrine	118 T	sinister	**112** T
shake	159, 284 T	shrink	239, 495, **39** T, 216 T	sinistral	**288** T
shallow	283, 477, **39** T	shrivel	**216** T	sink	214, 321
sham	496, **287** T	shroud	**215** T	sinuous	179 T
shaman	**106** T	shrub	88 T	sip	**39** T
shamanic	**106** T	shrubbery	88 T	sitting room	213 T
shame	52, 91, 161, 211, 388	shrubby	88 T	situate	**39** T
shape	176 T	shrug	**39** T	situation	324
shapeless	227	shudder	159, 134 T	sizable	**39** T, 324
share	366	shuffle	**205** T	size	443
shared	56, 109, 450, 492	shun	345, **250** T, 323 T	sizeable	324
sharp	230, 238, 386, 158 T	shy	158	skeleton	**195** T
sharpen	230	sibling	**75** T	skeptic	**217** T
shatter	499, **181** T, 344 T, 345 T	sicken	292	skeptical	125, **217** T
shattered	**181** T	sickle	229 T	skepticism	**217** T
shaw	88 T	side	259	skew	232, **178** T
shed	382	sidereal	**94** T	skid	**246** T
sheen	97	sidetrack	278	skid mark	**246** T
sheer	106, 258, **316** T	sideways	376	skilful	476, 219 T
shelter	133, **39** T	sieve	308 T	skill	233, **288** T
shelve	**270** T	sift	**308** T	skilled	298, 476
shelving	**270** T	sifter	**308** T	skim	**120** T
shepherd	**39** T	sign	176, 247 T, 253 T, 349 T	skimpy	**216** T
sheriff	**280** T	signage	**177**	skirmish	279 T
shield	117, 278 T, 283 T	signal	176, 247 T, 274 T, 349 T	skittish	**325** T
shift	304, **39** T, 61 T, 322 T	signature	169, **177**	skulk	104 T, 205 T
shine	96 T	significance	**177**	skull	**195** T
shining	97	significant	**177**, 213, 324	slack	178 T, 347 T
shipment	243 T	signification	**177**	slackness	437
shipwreck	245 T	signify	**177**	slake	200 T, 306 T
shiver	159, 134 T	signpost	**177**	slam	123 T
shivery	134 T	silence	158 T	slander	185, 190, **154** T, 285 T
shooting star	94 T	silent	159 T	slang	**39** T
shop	213 T	silt	322	slant	178 T
shore up	346 T	similar	447, **448**, 451	slanted	168 T
shortage	476, 93 T, 188 T	similarity	446, **448**, 480	slap	**272** T
shorten	212, 396	simile	188, **448**, 140 T	slash	**39** T
shortfall	476	similitude	**448**	slaughter	**277** T
shorthand	171	simple	233	slay	77, 277 T
short-lived	171	simplicity	**39** T	slayer	77
shout	201	simplify	235	sled(ge)	**246** T
shove	384	simulate	432, **449**, 496, 314 T	sleepy	111 T
shovel	**107** T	simulation	**449**	sleigh	**246** T
showcase	**39** T	simultaneous	**449**	slender	**195** T
shred	**182** T, 216 T, 345 T	simultaneously	**449**	slew	**246** T
				slide	207 T

slim	195 T
slimy	39 T
sling	402, 272 T
slink	205 T
slip	183 T, 207 T
sliver	345 T
slog	206 T
slogan	40 T
sloop	244 T
slope	230, 40 T, 270 T, 292 T
sloppy	40 T
slosh	306
slot	494, 106 T
sloth	62 T
slovenliness	336 T
slovenly	336 T
slow	219 T
slow down	148 T
sluggish	288, 290, 40 T, 320 T
slum	238 T
slumber	111 T
slumberous	111 T
slump	40 T, 212 T
sly	321, 236 T
smack	390, 272 T
small-minded	171 T
smart	112 T, 215 T, 219 T
smash	391, 272 T
smear	185, 285 T
smeary	285 T
smell	147
smirk	122 T
smith	288 T
smo(u)lder	96 T
smog	40 T
smoke	254 T
smooth	125 T, 197 T, 215 T, 290 T
smother	82 T, 306 T, 326 T
smug	162, 325 T
smuggle	82 T
smuggler	82 T
smuggling	82 T
snap	273 T, 344 T
snapshot	344 T
snare	230 T
snareless	230 T
snatch	303 T, 304 T
sneak	205 T
sneakiness	205 T
sneaky	409, 205 T
sneer at	156 T

sneeze	40 T
sniff	40 T
snobbish	73 T
snoop	120 T
snooze	111 T
snore	199 T
snort	122 T
snow blast	91 T
snowslide	93 T
snowstorm	91 T
snuff	274 T
snug	130 T
snugly	130 T
soak	40 T
soar	327 T
sob	133 T
sober	111 T
sobriety	111 T
sociability	61
sociable	61, 67
social	60, 67
socialism	61
socialite	61
sociality	60
socialization	61
socialize / socialise	61, 269 T
societal	60
society	60
sociological	60
sociologist	60
sociology	60
sodium	40 T
soften	280 T
sojourn	253
solace	159, 160
solatium	160
soldier	276 T
sole	243, 399
solely	40 T
solemn	213, 102 T
solemnity	102 T
solemnize	102 T
solicit	297, 218 T
solicit (for)	303 T
solicitous	348 T
solicitude	137 T
solid	48, 324, 328, 220 T
solidarity	405
solidify	268, 252 T
soliloquize	190
soliloquy	187, 190
solitary	67, 243, 400

solitude	244
solstice	315 T
soluble	111
solution	111, 364
solve	110, 111
solvent	111
somatic	194 T
somber / sombre	98 T
somnolent	111 T
sonic	145
soot	96 T
soothe	160, 162, 235 T, 329 T
soothing	235 T
soothsayer	127 T
sophomore	297 T
soporific	111 T
sordid	192 T
sorrow	157
sorrowful	40 T
sort	228, 40 T
soul	121
sound	328, 499, 52 T
sour	384
souvenir	40 T
sovereign	72, 217, 301
sovereignty	72
sow	40 T
soy	40 T
space	115
space pilot	99
spade	40 T
span	189 T
spank	272 T
spare	434, 40 T
spark	95 T
sparkle	97 T
sparse	188 T
spasm	197 T, 268 T
spate	407
spatial	250, 40 T
spawn	416, 65 T
speak	283
spear	228 T, 273 T, 278 T
specialize / specialise	54 T
specific	138
specification	138
specify	138, 481, 142 T
specimen	139
specious	498
speck	176 T
spectacle	136
spectacular	136

spectator	136		spot	40 ⓣ		stamp	206 ⓣ, 209 ⓣ
specter	138		spouse	206		stance	324, 370
spectrum	138		spout	230 ⓣ		stanch	196 ⓣ
speculate	139 ⓣ, 152 ⓣ, 267 ⓣ		sprain	195 ⓣ, 274 ⓣ		stand	230, 331, 213 ⓣ, 258 ⓣ
speculation	139		sprawl	322		stand out	323
speed	207 ⓣ		spread	116, 234, 97 ⓣ, 113 ⓣ		stand up to	331
speedometer	442		sprightly	219 ⓣ		standard	70, 323 ⓣ, 313 ⓣ
speedy	219 ⓣ		spring	52 ⓣ		standardize	323
spell	257 ⓣ		sprinkle	41 ⓣ		standby	255 ⓣ
spell out	97		sprint	207 ⓣ, 254 ⓣ		standing	324
spend	266 ⓣ		sprinter	207 ⓣ		standpoint	324, 41 ⓣ
spew	291		spur	292, 162 ⓣ		standstill	237 ⓣ, 260 ⓣ
sphere	176 ⓣ, 242 ⓣ, 313 ⓣ		spurious	113 ⓣ		stanza	143 ⓣ
spherical	176 ⓣ		spurt	254 ⓣ		staple	234 ⓣ
spice	309 ⓣ		sputter	123 ⓣ		starch	310 ⓣ
spigot	230 ⓣ		spy	104 ⓣ		starchy	310 ⓣ
spike	184 ⓣ		spying	140		stark	130 ⓣ
spill	152 ⓣ		squabble	391		starkness	130 ⓣ
spin	167 ⓣ, 207 ⓣ		squad	84 ⓣ, 275 ⓣ		start	288, 332 ⓣ, 335 ⓣ
spindle	167 ⓣ		squander	101 ⓣ		startle	392, 135 ⓣ
spine	195 ⓣ		square	52 ⓣ		startled	135 ⓣ
spiral	179 ⓣ		squash	209 ⓣ, 274 ⓣ		startler	135 ⓣ
spire	179 ⓣ		squeak	123 ⓣ		startling	135 ⓣ
spirit	48, 121		squeaky	123 ⓣ		starvation	93 ⓣ
spiritless	48		squeeze	41 ⓣ, 273 ⓣ, 274 ⓣ		stash	104 ⓣ
spirits	310 ⓣ		squint	120 ⓣ		stasis	326
spiritual	48, 256		squirm	324 ⓣ		state	138, 325, 350, 355, 397
spit	306 ⓣ		squirt	254 ⓣ		state of affairs	324
spite	112 ⓣ		stab	273 ⓣ		state of health	328
spiteful	83, 132, 84 ⓣ, 112 ⓣ		stability	328		statecraft	233
splash	123 ⓣ		stabilization	328		statement	263, 325, 356, 397
splashy	123 ⓣ		stabilize / stabilise	328		statesman	325
splay	180 ⓣ		stable	326, 328, 330, 236 ⓣ		static	322, 325
splendid	215, 216, 146 ⓣ, 170 ⓣ		stack	369, 89 ⓣ, 328 ⓣ		station	326
splendidly	170 ⓣ		stadium	41 ⓣ, 242 ⓣ		stationary	322, 326, 456
splendo(u)r	215, 217, 170 ⓣ		staff	41 ⓣ		stationery	326
splice	342 ⓣ		stage	52 ⓣ		statistical	314 ⓣ
splinter	345 ⓣ, 344 ⓣ		stagflation	239		statistician	314 ⓣ
split	127, 236, 181 ⓣ, 274 ⓣ		stagger	135 ⓣ, 208 ⓣ		statistics	314 ⓣ
splutter	123 ⓣ		staggering	135 ⓣ		statuary	326
spoil	452, 245 ⓣ, 303 ⓣ, 334 ⓣ		stagnant	288		statue	326
spoken	174, 190, 192, 196		stagnate	212 ⓣ		stature	325
sponsor	63, 206		stagnation	280, 305, 212 ⓣ		status	324, 171 ⓣ
sponsorship	206		stain	388, 285 ⓣ		statute	326
spontaneity	114 ⓣ		stake	41 ⓣ		statutory	326
spontaneous	131, 435, 114 ⓣ		stale	309 ⓣ		stay	304, 179 ⓣ, 232 ⓣ, 257 ⓣ
spontaneously	114 ⓣ		stalemate	107 ⓣ		steadfast	456, 264 ⓣ
spook	104 ⓣ		staleness	309 ⓣ		steadiness	159, 41 ⓣ
spooky	104 ⓣ		stalk	63 ⓣ, 205 ⓣ		steady	284, 325, 326, 41 ⓣ
spoonful	40 ⓣ		stall	213 ⓣ		stealing	82 ⓣ
sporadic(al)	352, 190 ⓣ		stamina	58 ⓣ		stealthy	321, 436, 41 ⓣ, 302 ⓣ
			stammer	150 ⓣ, 236 ⓣ			

steam	223 T	stoop	322	strive	307, 494, 225 T, 279 T
steep	258, 177 T	stop	288, 499, 237 T	stroke	42 T
steepen	177 T	stopcock	230 T	stroll	273, 204 T, 206 T
steeple	179 T	storage	41 T	stroller	204 T
steepness	177 T	store	104 T, 213 T, 255 T	strong	269, 499, 208 T
steer	290	story	364, 52 T	structural	483
steering wheel	247 T	storyline	144 T	structure	300, 328, 483, 290 T
stellar	100	stout	194 T	structured	71
stem	41 T	straddle	322	struggle	307, 490, 42 T, 225 T
stenograph	171	straggle	108 T	strut	273
stenographer	171	straggler	108 T	stubborn	332, 360, 498, 42 T
stenography	171	straight	228, 279, 41 T, 179 T	stuck	42 T
step	247 T	straighten	228, 231, 232	stuff	42 T, 183 T, 265 T
sterile	58 T, 300 T	straightforward	232, 270 T, 445	stuffed	42 T
sterility	58 T	strain	490	stumble	208 T, 210 T, 236 T
sterilize	58 T	strained	490	stun	135 T
sterling	316 T	strand	176 T	stunning	135 T
stern	491, 103 T, 154 T, 258 T	strange	40, 100 T	stunt	42 T
sternness	103 T	strangle	82 T	stupefy	135 T
stick	41 T, 273 T	strap	168 T	stupendous	170 T
stick «to»	404	strappy	168 T	stupendously	170 T
stiff	41 T, 253 T	stratagem	287 T	sturdy	324, 194 T, 219 T, 220 T
stiffen	41 T, 252 T	strategic	41 T	stutter	150 T, 236 T
stiffness	285	strategy	148, 287 T	suasion	204
stifle	82 T, 326 T	stratify	72 T	suasive	204
stifling	326 T	stratocracy	59	suave	205
stigma	388	straw	41 T	subcelestial	250
stigmatize	388	straws	162 T	subconscious	127, 146 T
stillbirth	59	stray	280, 343, 179 T, 206 T	subcutaneous	197 T
stillness	280, 158 T	streak	176 T	subdue	396, 417
stimulant	388	stream	42 T, 222 T	subject	381, 428
stimulate	291, 388, 162 T	strengthen	215, 267, 90 T, 335 T	subjection	381
stimulation	388	strenuous	337 T	subjective	381
stimulus	293, 388	strenuousness	337 T	subjectivity	381
sting	387	stress	200	subjoin	492
stinginess	266 T	stretch	413	subjugate	396, 493
stingy	305, 266 T	stretcher	228 T	sublease	232 T
stink	124 T	stretchy	168 T	sublet	232 T
stipulate	138, 173, 142 T	strew	274 T	sublime	146 T
stipulation	142 T	strict	491, 103 T, 258 T, 347 T	subliminal	146 T
stir	290, 41 T	strictly	491	submarine	92
stitch	41 T	stride	273, 205 T	submerge	305, 306, 147 T
stock	337, 356, 41 T, 255 T	stridence	123 T	submerged	306
stockpile	255 T	strident	123 T	submission	351
stoic(al)	259 T	strife	225 T, 279 T	submissive	163, 351, 354, 415
stoically	259 T	strifeful	225 T	submit	104, 272, 351, 232 T
stoicism	259 T	strike	284, 390, 42 T, 272 T	subnormal	71
stolid	126 T	string	42 T, 168 T	subordinate	204, 321, 354
stomach	194 T	stringent	491	subordination	204
stomp	206 T	stringently	491	subscribe	173
stool	41 T	strip	204 T, 216 T, 339 T	subscriber	173

subscription	**173**	suer	**294**	supernatural	**40**, 117, 121		
subsequence	**293**	suffer	113, 358, **418**	superordinate	**203**		
subsequent	**293**	sufferer	**418**	supersede	**322**, 235 ⓣ		
subsequently	**293**	suffering	232, **418**	supersedence	**322**		
subservient	**354**	suffice	**476**	superseder	**322**		
subside	**321**, 248 ⓣ	sufficiency	**476**	supersonic	145		
subsidiary	**321**, 354	sufficient	313, 444, **476**, 225 ⓣ	superstition	**329**		
subsidize	**321**	suffocate	**82** ⓣ, 326 ⓣ	superstitious	**329**		
subsidy	**321**	suffocating	**82** ⓣ	supervise	72, **142**, 496, 348 ⓣ		
subsist	**331**	suffocation	**82** ⓣ	supervision	**142**		
subsistence	**331**	suffuse	**400**	supervisor	**142**		
subsistent	**331**	suffusion	**400**	supine	272		
subsonic	145	suggest	234, 312, **420**, 262 ⓣ	supplant	322, **235** ⓣ		
substance	**324**, 298 ⓣ	suggestion	371, **420**	supple	231, 220 ⓣ		
substandard	**323**	suggestive	**420**	supplement	**313**, 314		
substantial	149, **324**, 220 ⓣ	suicidal	**79**	supplemental / supplementary	**313**, 341, 235 ⓣ		
substantiate	**324**	suicide	**79**	supplementation	**313**		
substitute	**329**, 452, 213 ⓣ, 255 ⓣ	suit	**295**	suppleness	313, 220 ⓣ		
substitute (for)	322	suitability	**295**	supplicate	**235**		
substitution	**329**	suitable	160, **295**, 358, 438	supply	66, **315**, 263 ⓣ, 304 ⓣ		
substitutional	296	suite	295	support	196, 206, **423**, 145 ⓣ		
substitutive	**329**	suited	**295**	supporter	63, 372, **423**, 473		
substratum	336 ⓣ	sulfate	240 ⓣ	supporting	**423**, 213 ⓣ		
subterfuge	82 ⓣ	sulfide / sulphide	240 ⓣ	supportive	**423**		
subterranean	**89**	sulfuric / sulphuric	240 ⓣ	suppose	**371**, 432		
subtitle	430	sulk	282 ⓣ	supposedly	**371**		
subtle	**406**	sulky	282 ⓣ	supposition	**371**		
subtlety	**406**	sullen	**282** ⓣ	suppress	356, **396**, 82 ⓣ, 259 ⓣ		
subtract	**413**, 417, 244 ⓣ	sullenness	**282** ⓣ	suppression	**396**, 283 ⓣ		
subtraction	**413**	sully	112 ⓣ, **173** ⓣ, 285 ⓣ	supremacy	**73** ⓣ		
subtropical	92 ⓣ	sum	**465**	supreme	72, 467, **73** ⓣ		
subversion	**279**	summarize	257, 396, **466**, 298 ⓣ	supremely	**73** ⓣ		
subversive	**279**	summary	260, 412, 421, **466**	sure	216 ⓣ		
subvert	**279**, 328	summate	**466**	surefire	332 ⓣ		
succeed	**339**, 360	summation	**466**	surety	249 ⓣ		
succeeding	293	summit	**465**, 325 ⓣ	surface	**258**, 306, 292 ⓣ		
success	**339**	summon	**120**, 197, 198	surfeit	**478**, 188 ⓣ, 340 ⓣ		
successful	339, 474	summons	**120**	surge	**462**, 180 ⓣ, 327 ⓣ		
succession	339	sumptuous	291, 225 ⓣ	surgeon	42 ⓣ		
successive	294, 339	sunken	106 ⓣ	surgical	42 ⓣ		
successor	339, 340, 360, 242 ⓣ	superb	42 ⓣ	surgically	42 ⓣ		
succinct	238, **141** ⓣ, 151 ⓣ	supercilious	**348** ⓣ, 349 ⓣ	surly	253 ⓣ, 282 ⓣ		
succinctness	**141** ⓣ	superciliously	**348** ⓣ	surmise	**353**, 432		
succintly	**141** ⓣ	superciliousness	**348** ⓣ	surmount	**467**		
succulence / succulency	**309** ⓣ	superficial	283, **477**, 145 ⓣ	surpass	**274**, 301, 339, 148 ⓣ		
succulent	**309** ⓣ	superficiality	**477**	surpassing	73 ⓣ		
succumb	**272**	superfluity	**304**	surplus	476, **188** ⓣ		
succumb to	351	superfluous	162, **304**, 218 ⓣ	surprise	42 ⓣ		
suck	383, **42** ⓣ	superimpose	**369**	surrender	126, 272, 340, **42** ⓣ		
sudden	500	superintend	142, **496**, 348 ⓣ	surrender to	351		
sue	183, **294**	superintendence	**496**	surreptitious	321, **436**, 302 ⓣ		
		superior	203, 436, **42** ⓣ, 73 ⓣ				

surreptitiousness	**436**		swirlingly	**207**ⓣ		taint	452, **112**ⓣ
surrogate	**296**, 329, 213ⓣ		swirly	**207**ⓣ		take out	352
surrogation	**296**		switch	277, 278, 329, 208ⓣ		take over	430
surround	274, 398, 278ⓣ		swivel	**167**ⓣ		take place	282
surrounding	**42**ⓣ		swoop	**328**ⓣ		tale	364, 290ⓣ
surroundings	**42**ⓣ		sword	**43**ⓣ		talent	386
surveil	120, **348**ⓣ		syllabic	**141**ⓣ		talk	189, 283
surveillance	142, **348**ⓣ		syllable	**141**ⓣ		talkative	189, 449, **43**ⓣ
survey	296, 297, 162ⓣ		syllabus	**297**ⓣ		tally 《with》	252ⓣ
survival	**51**		symbiont	**46**		tame	62, **70**ⓣ
survive	**51**, 331		symbiosis	**46**		tameness	**70**ⓣ
survive《on》	331		symbiotic	**46**		tangibility	**149**
surviving	327		symbol	144ⓣ		tangible	**149**, 288
survivor	**51**, 315		symmetric / symmetrical	**442**		tangled	210
susceptibility	**428**					tantalize / tantalise	**350**ⓣ
susceptible	149, 153, **428**, 220ⓣ		symmetry	**442**, 445, 318ⓣ		tantalizing	**350**ⓣ
suspect	**137**, 296		sympathetic	**155**		tantamount	**467**
suspend	372, **402**, 215ⓣ, 260ⓣ		sympathize	**155**		tap	**43**ⓣ
suspended	**402**		sympathy	154, **155**		taper	230, **43**ⓣ
suspender	**402**		symposium	**43**ⓣ		tariff	**249**ⓣ
suspense	**402**		synapse	198ⓣ		tarmac	204ⓣ
suspension	**402**, 260ⓣ		synchronize / synchronise	**250**		tarnish	173ⓣ, 285ⓣ
suspicion	**137**, 217ⓣ					task	353, 371
suspicious	125, **137**, 296, 216ⓣ, 217ⓣ		syndicate	184, 343ⓣ		tasty	309ⓣ
			synonym	**65**		tattered	**215**ⓣ
suspiration	**48**		synonymous	**65**		tatters	**215**ⓣ
suspire	**48**		synopsis	**260**		tatty	**215**ⓣ
sustain	357, **358**, 423, 153ⓣ		syntactic	141ⓣ		taunt	156ⓣ, 273ⓣ
sustainable	**358**		synthesis	**373**		taut	497
sustenance	**358**		synthesize	372, **373**		tavern	**305**ⓣ
suture	290ⓣ		synthetic	**373**, 409		tax	462
swallow	433, **43**ⓣ		system	72, 300, **43**ⓣ		taxing	347ⓣ
swamp	92, 305, 306, **89**ⓣ, 147ⓣ		systematic	71		taxonomic	**275**ⓣ
			systematize	203		taxonomist	**275**ⓣ
swap	**102**ⓣ, 214ⓣ			**T**		taxonomy	**275**ⓣ
swarm	**68**ⓣ		tab	**275**ⓣ		taxpayer	267ⓣ
swath	182ⓣ		tablet	**43**ⓣ		teach	415, 484
sway	**273**ⓣ		taboo	**43**ⓣ		team	84ⓣ, 275ⓣ
swear	197, 352, **43**ⓣ		tacit	**138**ⓣ		tear	274ⓣ
swear word	154ⓣ		taciturn	356, 138ⓣ		tease	**273**ⓣ, 350ⓣ
sweat	49		tackle	**43**ⓣ		teasing	**273**ⓣ
sweatshop	478		tact	**148**, 233		technocracy	59
sweep	**43**ⓣ		tactful	**148**		tedious	213, 130ⓣ
sweeping	**54**ⓣ		tactic	**148**, 263, 287ⓣ, 323ⓣ		teeming	**69**ⓣ
swell	239, 495, **43**ⓣ, 170ⓣ		tactical	**148**		teenager	**56**ⓣ
swelter	**91**ⓣ		tactician	**148**		telecommunicate	**450**
sweltering	**91**ⓣ		tactile	**148**		telecommunication	**450**
swerve	246ⓣ		tactless	**148**		telecommute	**109**
swift	327, **43**ⓣ		tactlessness	233		telecommuting	**109**
swindle	428, 82ⓣ		tadpole	65ⓣ		telegram	**169**
swing	304, 273ⓣ		tailor	**237**		telegraph	**169**
swipe	390		tailor-made	**237**		telegraphic	**169**
swirl	**207**ⓣ		tailpipe	247ⓣ			

telepathy	43 T		tertian	187 T		three-dimensional	443
telescope	140		tertiary	187 T		thresh	300 T
televise	142		test	307		threshold	335 T
telltale	104 T		testament	83		thrift	101 T, 348 T
temerarious	128 T		testify	83, 84, 256 T		thrifty	63, 291, 101 T
temerity	128 T		testimonial	83		thrive	66 T, 90 T, 101 T, 224 T
temperate	90 T, 92 T		testimony	83		thriving	212 T
temperately	92 T		tether	342 T		throb	292, 126 T
temple	132, 43 T		tetrahedron	177 T		throes	174 T
temporal	250		text	405		throne	80 T
temporality	250		textile	405, 290 T		throng	68 T, 187 T
temporarily	251		textual	405		throttle	82 T
temporary	108, 141, 251, 190 T		texture	405		throw	272 T
tempt	307, 412, 274 T, 293 T		thankful	161		throw out	380
temptation	307		thatch	335 T		throwaway	367
tempting	307, 331		thaw	223 T		thrust	384, 273 T, 328 T
tenable	359		the accused	389		thump	272 T
tenacious	332, 358, 359		the masses	330 T		thumping	272 T
tenacity	268, 359		the morning[evening] star	95 T		thwart	338, 384, 475, 210 T
tenancy	430		the planet	95 T		tick	44 T
tenant	359		the rest	107		tickle	126 T
tend	494		the Salvation Army	115 T		ticklish	44 T, 126 T
tendency	403, 404, 494, 287 T		the unconscious	127		tidal	44 T
tender	351, 495		theft	82 T		tide	44 T
tenderness	495		thematic	373		tidy	44 T
tenfold	187 T		theology	115 T		tie	488, 342 T
tense	98, 497		theoretical	307		tie up	113
tensile	497		theory	373		tier	176 T
tension	497		thermal	96		tighten	497
tentative	141		thermometer	96, 442		till	299 T
tenuous	182 T		thermostat	96		tiller	245 T
tenure	359		thesaurus	141 T		tilt	230, 178 T, 270 T
tepid	125 T		thesis	373, 264 T, 297 T		tiltable	178 T
term	43 T		thick	408		tilter	178 T
terminal	480		thicket	43 T		time	106 T
terminate	49, 344, 480, 260 T		thickness	240 T		timeless	44 T
termination	353, 480		thief	82 T		timely	386, 44 T
terminological	141 T		thieve	82 T		timid	158
terminology	141 T		thieving	82 T		timidity	158
ternary	187 T		thigh	194 T		timorous	158
terrain	89		think highly of	137		tin	44 T
terrestrial	89, 94 T		thorn	63 T		tingle	126 T
terrible	158, 174 T, 184 T		thorough	497, 347 T		tint	121 T
terrific	158		thoroughfare	293 T		tiny	219, 443
terrified	158		thoroughly	43 T		tip	162, 178 T
terrify	158		thoughtful	477, 325 T		tiresome	44 T
terrifying	158		thoughtless	143		tissue	44 T
territorial	89		thrash	300 T		titillating	131 T
territory	75, 89, 89, 232 T		thraw	178 T		title	298 T
terror	158		thread	43 T, 290 T		titter	122 T
terrorize	158		threaten	158, 44 T		titular	64, 100 T
terse	151 T						

to the utmost	170 T	tractable	413	transmute	109, 227
toast	52 T	traction	412	transnational	41
toboggan	246 T	trade	102 T, 212 T, 214 T	transparency	103 T
today	104	traditional	338, 355, 44 T	transparent	97, 103 T
toddler	44 T	tragedy	44 T	transpiration	49
toil	337 T	tragic	44 T	transpire	49
toiler	337 T	trail	413, 414	transplant	61 T, 333 T
toilet	305	train	415, 176 T, 295 T	transplantation	61 T
toilsome	337 T	trainee	297 T	transport	344, 423, 61 T, 243 T
token	198, 44 T, 144 T	training	66	transportable	423
tolerable	258 T	trait	414	transportation	423
tolerance	258 T	traitor	179, 114 T	transporter	423
tolerant	155, 258 T	trajectory	381	transpose	371
tolerate	324, 258 T	tramp	273, 205 T, 206 T	transposition	371
toll	44 T	trample	209 T	transverse	277
tollbooth	44 T	trance	111 T	transverseness	277
tomb	213, 44 T	tranquil	147, 163, 323	trap	230 T, 278 T
ton(ne)	312 T	tranquility	147	trash	336 T
tone down	159 T	tranquillize	323	travail	337 T
tool	314	transact	289	travel	273
top	465, 73 T	transaction	289	traversal	277
topographic	171	transactional	289	traverse	277, 237
topography	171	transcend	339, 461	tray	169 T
topple	279, 209 T	transcendence	461	treacherous	114 T
torch	231	transcendent	461	treachery	114 T
torchlike	231	transcribe	173, 176	treadmill	338 T
torment	232, 391, 103 T, 133 T	transcription	173	treasure	136 T
tormenting	232	transfer	344, 418, 61 T, 267 T	treasury	45 T
torpid	320 T	transferable	418	treat	414
torrent	222 T	transference	418	treatable	414
torrential	222 T	transfigure	227	treatise	373, 264 T, 297 T
tortuous	232	transform	109, 226, 227	treatment	414, 495
tortuousness	232	transformation	226	treaty	338, 249 T
torture	232, 294	transformative	226	trek	206 T
tortured	232	transfuse	401	trekker	206 T
torturing	174 T	transfusion	401	tremble	159, 280, 134 T
toss	382, 44 T	transgenic	42	tremendous	158, 159, 170 T
total	67	transgress	343	tremendously	159
totem	118 T	transient	141, 171 T, 190 T	tremor	159
totemism	118 T	transit	344	tremulous	159
touch	125 T	transition	344	trench	89 T
touchy	44 T	transitional	344	trenchancy	153 T
tour	252, 265, 283	transitory	141, 251, 171 T, 190 T	trenchant	229, 384, 153 T, 154 T
tout	160 T	translate	422, 263 T	trend	403, 494, 72 T
tow	292 T	translation	422	trespass	274, 383
towering	44 T	translator	422	trespass (on)	278 T
toxic	78, 340 T	transliterate	173, 176	trespasser	274
trace	413, 100 T	translucent	98	trial	307, 309, 45 T
traceable	413	transmissible	149	tribal	57
tracing	413	transmission	351	tribe	45 T
track	295, 413, 414	transmit	351, 352, 417, 252 T	tribute	366
tract	413	transmitter	351	trickery	409, 45 T

trickle	222 T
tricky	45 T
trident	278 T
triennial	252
trifle	188 T
trifling	64, 347, 257 T
trigger	258, 45 T
trihedron	177 T
trilingual	168
trillion	187 T
trilogy	143 T
trim	45 T
trinity	118 T
trio	68 T
trip	283, 346
tripartite	249
tripod	264
trisect	237
trite	44, 406, 309 T
triteness	406
triumph	222, 339, 45 T
triumphant	45 T
trivia	347
trivial	64, 177, 347, 171 T
trivialize	325, 347
troop	45 T
trope	140 T
tropic	92 T
tropical	92 T
tropics	92 T
trouble	337, 391
troupe	68 T
trousers	45 T
trudge	273, 205 T
truism	140 T
trust	343 T
trustworthy	216 T
truth	73
try	74, 307
tsunami	93 T
tuck	183 T
tucker	183 T
tuft	265 T
tug	490, 274 T, 292 T
tuition	294 T, 296 T
tumble	209 T
tummy button	194 T
tumo(u)r	201 T
tune	45 T
tunnel	107 T
turbid	408
turbidity	408
turbulence	408
turbulent	408
turf	232 T
turmoil	408, 457, 283 T, 330 T
turn	207 T, 208 T
turn down	401
tussle	324 T
tutelage	294 T, 296 T
tutoring	294 T, 296 T
twain	187 T
tweak	178 T, 273 T
twilight	57 T
twine	168 T, 179 T
twist	232, 278, 178 T, 195 T
twitter	124 T
two-dimensional	443
typhoon	45 T
typical	71, 104, 105
typify	434
typographical	171
typography	171
tyrannical	73 T
tyrannize	73 T
tyranny	58, 73 T
tyrant	73 T, 74 T
tyro	253

U

ubiquitous	104, 100 T
ubiquity	100 T
ultimate	480, 45 T
ultrasonic	145
ultraviolet	98 T
umbrage	98 T
umpire	447, 319 T
unadulterated	452
unafraid	264 T
unalloyed	316 T
unalterable	108, 451
unanimity	48
unanimous	48
unannounced	193
unarmed	392
unarmo(u)red	392
unassuming	90
unattached	45 T
unattended	495
unauthorized / unauthorised	76, 226 T
unavailable	222
unavoidable	341, 250 T
unaware	127
unbeliever	217 T
unbiased	248, 380, 453, 80 T
unblemished	285 T
unbridle	259 T
unbridled	259 T
uncanny	113 T
unceasing	45 T, 341
uncertain	290
unchangeable	108
unchanging	108, 110
unchartered	226 T
uncivil	59
unclear	290, 408, 480, 153 T
uncluttered	284 T
uncommon	71, 203, 45 T
uncommunicative	449
uncompromising	352, 257 T
unconcern	156
unconcerned	419
unconnected	300
unconquerable	315
unconscionable	128
unconscious	127, 152
unconstrained	259 T
uncontested	48
uncontrolled	259 T
unconventional	282, 338
unconvincing	208 T
uncoordinated	203
uncover	117, 370, 152 T, 215 T
uncultivated	300 T
undamaged	148
undaunted	264 T
undemanding	202
undercover	45 T, 302 T
undercut	45 T
underdeveloped	45 T
underestimate	220, 247, 45 T
underfunded	46 T
undergarment	214 T
undergo	358, 418, 46 T
underground	89
underhand	347
undermine	248 T, 284 T
underpin	160 T
underpopulation	56
underprivileged	77
underrate	220, 247
undersea	92
undersigned	177
understand	322 T
understate	325
understatement	325

undertake	244 T		unidentified	65		unprecedented	**339**
undertaking	338		unification	**243**		unpredictability	**182**
undervalue	**220**		uniform	325, **46** T		unpredictable	**182**, 275
undeserving	**355**		uniformity	446, **46** T		unprepared	**300**, 435, 114 T
undetected	117		unify	149, **243**		unpretentious	90, **496**
undeveloped	332 T		unilateral	**376**		unprincipled	79 T
undifferentiated	**419**		unimportant	177, 347		unproductive	**300**
undiminished	**219**		unimposing	369		unprofessional	**186**
undisputed	**122**		uninfluential	**304**		unprofitable	338 T
undivided	399		uninhabitable	**50**		unquenchable	164, **306** T, **350** T
undone	323		uninhabited	**50**		unravel	**107** T
undress	216 T		uninhibited	**50**		unreadable	168, 105 T, 142 T
undulate	**180** T		unintended	**495**		unreasonable	221, 166 T
undulation	**180** T		unintentional	131, 279, **496**		unredeemable	233 T
unduly	188 T		uninterested	**105**, 419		unrelated	256 T
undying	52		uninteresting	**105**		unrelenting	**257** T
unearth	91, 115		union	**243**, 373		unrepresentative	104
unease	146		unique	386, 447, **100** T		unrequited	**268** T
uneasy	319 T		unison	**146**		unresolved	403
uneconomical	63		unit	**242**, 275 T		unresponsive	**205**
uneducated	176		unitary	**242**		unrest	408
unemotional	**457**		unite	**242**, 243, 488, 342 T		unrestrained	259 T
unemployed	218 T		united	**242**		unruly	319 T
unenergetic	320 T		unity	**242**, 243, 405		unsafe	236 T
unequivocal	445		universal	65, **54** T, **100** T, **146** T		unsatisfied	**350** T
unerring	**275**, 333 T		universalize / universalise	**46** T		unsavory	124 T
unethical	128, 79 T					unscrew	229 T
uneven	71, 125 T		universe	**46** T		unscrupulous	143, **500**, **79** T
unexpected	500, 152 T, 242 T		unjust	**74**		unseat	209 T
unfailing	333 T		unjustness	445		unsettle	408
unfair	166 T		unlawful	287 T		unsettled	323, 403
unfairness	445		unleash	**113**		unsophisticated	245
unfalteringly	236 T		unlimited	479, 480		unspoiled	246
unfamiliar	451		unlucky	112 T		unstable	328, 318 T
unfasten	343 T		unmethodical	284		unsteady	318 T
unfathomable	**312** T		unmindful	437		unstoppable	192
unfeasible	475		unnamed	65		unsuccessful	114
unfeeling	270 T		unnatural	40		unsuitable	295, 183 T
unfettered	**265**		unnecessary	162, 304		unsurpassed	**274**, 447
unfinished	313		unnerve	123 T		unsuspecting	125
unflattering	300, 216 T		unnoticed	**130**		unsustainable	358
unfledged	**62** T		unobtainable	**357**		untamed	70 T
unflinching	**264**		unoccupied	113		untangle	**107** T
unflinchingly	**264**		unofficial	476, 226 T		untenable	359
unforeseeable	182		unpaid	107, 323		untidy	336 T
unforeseen	**152** T		unparalleled	447, **451**		untilled	**300** T
unforgettable	123, 146 T		unplanned	114 T		untrustworthy	216 T
unfounded	377		unplanted	**300** T		untruth	114 T
unfriendly	161		unpleasant	78, 161		untwist	281
unfruitful	300 T		unplowed	**300** T		unused	**310**
unfurl	180 T		unpopular	56		unusual	40, 71, 203, 276, 293 T
ungratefulness	161		unpracticed	**482**		unutterable	185

unveil	370
unwary	**128** T
unwed	**46** T
unwell	368
unwieldiness	**172** T
unwieldy	**172** T
unwind	**107** T
unwise	**325** T
unwritten	192
up to date	**192** T
upbeat	**128** T
upbraid	**227** T
upbringing	66
update	253
updraft	**92** T
upend	**46** T
upfront	**46** T
upgrade	350, **46** T, 247 T
upheaval	408, 93 T, **102** T, 283 T
uphill	**46** T
uphold	196, 358, **46** T, 145 T
upkeep	**46** T
uplift	**46** T
uppercase	219
upright	322, 375
uprising	**46** T
uproar	201, **330** T
uproot	**46** T
upscale	**46** T
upset	223, 387, 389, 408, 500
upstart	**46** T
upstate	**71** T
upstream	**46** T
uptake	**227** T
uptight	**319** T
upturn	**46** T
upwind	**46** T
Uranus	**95** T
urge	293, 330, **47** T, 294 T
urgent	396, **47** T
urinate	**200** T
urine	**200** T
usable	**310**
usage	**309**
use	233, **309**, 311
used	**310**
useful	**310**
usefulness	**310**, 311
useless	114, 310, 401
usher	417
usual	71, 203, 323, **47** T

usurp	**310**
usurpation	**310**
utensil	**311**
utilitarian	**311**, 483
utility	**311**
utilization	**311**, 309
utilize / utilise	233, 234, **311**
utmost	218, **170** T
utter	313, 325, 130 T, 316 T
utterance	397

V

vacancy	**113**
vacant	**113**
vacate	**114**, 430
vaccinate	261
vacillate	**252** T
vacillation	**252** T
vacuous	**114**
vacuum	**114**
vagary	**275**, 219 T
vagrant	106, **274**, 206 T
vague	138, 236, **275**, 103 T
vagueness	**275**
vain	**114**, 401, 465
valediction	**183**
valedictorian	**183**
valedictory	**183**
valiant	**221**
valid	**221**
validate	73, 76, **221**
validation	**221**
validity	**221**
validness	**221**
valuable	**221**
valuableness	**221**
valuation	**220**
valueless	221
van	**246** T
vandalism	**82** T
vandalize	226
vanish	111, **114**, 306, 101 T
vanished	387
vanishing	114
vanity	**114**
vanquish	**316**
vapo(u)r	**223** T
vaporization	**223** T
vaporize	**223** T
variability	**110**
variable	108, **110**, 275, 327
variance	**110**
variant	**110**

variation	**109**
varied	**109**, 110, 277, 102 T
variegate	**110**
variegated	**110**
variety	**110**
various	**110**, 277, 102 T
varnish	**282** T
vary	**109**, 277, 304
varying	**109**, 110
vast	71, 443, **47** T, 170 T
vault	**178** T
veer	**246** T
vegan	**307** T
vegetarian	**307** T
vegetarianism	**307** T
vehemence	**346** T
vehement	**346** T
vehicle	423, **47** T
veil	**47** T, 215 T, 314 T
vein	**196** T
velocity	301
venal	**346** T
venality	**346** T
vend	**213** T
vendor	**213** T
venerable	**147** T
vengeance	**83**
vengeful	**83**, 84 T
venom	**340** T
venomous	**340** T
venous	**196** T
ventral	**62** T
venture	139, **338**
venturesome	**338**
venue	**336**
Venus	**95** T
veracious	**73**
veracity	**73**
verbal	**174**, 192
verbalize	**174**
verbatim	**175**
verbose	**175**, 140 T
verbosity	**175**
verdict	**73**
verge	**168** T, 191 T
verification	**73**
verifier	**73**
verify	**73**, 184, 268, 256 T
veritable	**73**
verity	**73**
versatile	**277**
versatility	**277**

verse	143 T		villain	287 T		volunteerism	131
versed	278		villainous	287 T		vomit	47 T, 326 T
versus	47 T		vincible	315		voracious	164, 433
vertebra	61 T		vindicate	74, 184, 324		vortex	280
vertebrate	61 T		vindictive	83, 84 T		vote	436, 162 T
vertex	279		vine	63 T		vouch	198
vertical	279		vinegar	309 T		voucher	198
vertically	279		vineyard	63 T		vow	197, 198, 352, 140 T
vertiginous	279		vintage	310 T		vowel	146, 198
vertigo	279		violate	336, 345, 78 T, 278 T		voyage	252, 265, 346
vessel	244 T		violation	78		vulgar	125 T, 288 T
vest	52 T		virtual	474		vulnerability	220 T
vestibule	204 T		virtue	79 T		vulnerable	428, 220 T
vestige	413, 100 T		virtuoso	159 T		vulture	61 T
vestigial	100 T		virtuous	70, 79 T		**W**	
veteran	216		visage	141		wad	265 T
veterinarian	164 T		viscid	240 T		wadding	265 T
veterinary	164 T		viscosity	240 T		waddle	346
veto	309		viscous	240 T		wade	346
vex	197, 133 T, 132 T, 174 T		visibility	140		waft	180 T
vexatious	133 T		visible	140		wag	47 T
vexatiously	133 T		vision	140		wage	47 T
vexed	133 T		visionary	140		wager	47 T
via	346		vista	141		waggle	274 T
viability	148 T		visual	140, 260		wagon	246 T
viable	148 T		visualize	140, 141, 426		wail	133 T
viaduct	247 T		vital	51, 297, 168 T, 263 T		waive	193
vibrant	280		vitality	51		wake	288, 328 T
vibrate	280, 284 T		vitalize	51		walk	204 T
vibration	280		vitiate	339 T		walkathon	206 T
vibrational	280		vitreous	240 T		wander	47 T, 206 T
vicarious	296, 315 T		vivacious	51		wandering	232 T
vicariously	315 T		vivacity	51		wane	328 T
vice	47 T, 138 T		vivid	51, 169, 280		wangle	160 T
vicinity	127 T		vividness	51		want	106
vicious	132, 79 T, 138 T, 340 T		vocabulary	196		war	276 T
vicissitude	280		vocal	196		ward	334 T
victim	315, 336 T		vocalist	196		wardrobe	214 T
victimize	315		vocalization	196		warfare	390, 276 T
vie	346 T		vocalize	196, 150 T		warlike	276 T, 277 T
viewer	136		vocation	196, 353, 163 T		warmish	125 T
viewpoint	136		vocational	196		warning	120
vigil	52 T		vociferous	196		warp	178 T
vigilance	52 T		void	113, 115, 221		warpage	178 T
vigilant	52 T		volition	132		warped	178 T
vigor	51		volitional	132		warrant	74
vigorous	51, 269, 219 T, 337 T		volubility	281		warranty	47 T
vile	139, 154 T		voluble	281		warren	107 T
vilification	190, 154 T, 285 T		volubleness	281		warrior	276 T
vilify	446, 154 T		volume	430, 47 T		wary	137, 128 T
villa	320		voluminous	47 T		washing	306
			voluntary	131, 114 T		waste	101 T, 336 T

wasteful	63, 137, 275, 128 T	widen	170 T	wriggle	324 T
wasteland	89 T	widespread	48 T, 100 T, 250 T	wright	288 T
watermill	305 T	wield	494	wrinkle	197 T, 215 T
waterproof	223 T	wiggle	324 T	wrinkly	197 T
watery	47 T	wight	104 T	wrongdoing	417
wave	180 T, 274 T	wild	70 T	wronged	214
waver	236 T, 252 T, 324 T	wilderness	89 T		**X**
wax	240 T, 328 T	willing	131, 160, 48 T, 114 T	xenophobia	157
way out	344	wilt	90 T	xylophone	145
wayward	286 T	wily	409, 236 T		**Y**
weak	238, 499, 220 T, 248 T	windfall	339 T	yank	347 T
weaken	113, 306, 236 T, 247 T	winding	232, 179 T	yard	312 T
wealthy	304	winding sheet	215 T	yarn	168 T, 290 T
wear	214 T	windingly	179 T	yawn	48 T
wear away	90 T	windmill	305 T	yearn	303 T
wearable	47 T	windshield	247 T	yearning	303 T
wearily	220 T	winnings	266 T	yell ((at))	158 T
weariness	220 T	wipe out	176	yelp	122 T
wearisome	220 T	wisdom	230, 348 T	yield	272, 340, 48 T
weary	220 T	wise	152, 112 T	yield ((to))	257, 351
weave	47 T	wispy	103 T		**Z**
weedy	47 T	witchcraft	117	zeal	96 T
weep	47 T, 155 T	withdraw	199, 340, 48 T, 78 T	zealot	96 T, 136 T
weepy	47 T	wither	90 T, 216 T	zealous	94
weighty	347 T	withered	90 T	zenith	184 T
weird	48 T	withering	90 T	zenithal	184 T
weirdo	136 T, 345 T	withhold	401, 48 T	zip	48 T
weld	342 T	withstand	324, 331, 390	zone	84 T
welder	342 T	witness	136, 48 T	zoology	63 T
weldment	342 T	woe	134 T		
welfare	48 T	woebegone	134 T		
wellness	48 T	woeful	156, 134 T		
wetland	48 T	wonder	106		
wharf	244 T	wondrous	48 T		
wheedle	160 T, 226 T, 227 T	word for word	175		
wheedling	227 T	wordless	281		
wheedlingly	227 T	wordsmith	141 T		
wheeze	122 T	wordy	175, 48 T		
whet	131 T	work up	131 T		
whim	275, 219 T	workable	148 T		
whimper	122 T, 133 T	worldly	78, 250		
whine	158 T, 350 T	worsen	43, 95, 214, 173 T, 284 T		
whip	228 T, 272 T, 308 T	worthless	177, 221		
whirl	207 T	wound	48 T, 285 T		
whisk	308 T	wrap	48 T		
whisper	48 T	wreck	436, 245 T		
whistle	48 T	wreckage	245 T, 335 T		
whole	313, 182 T	wrench	195 T, 274 T		
wholesale	238, 213 T	wrestle	209 T		
wholesaler	213 T	wrestler	209 T		
wholesome	220 T	wretched	139, 156, 381, 210 T		
wicked	48 T				

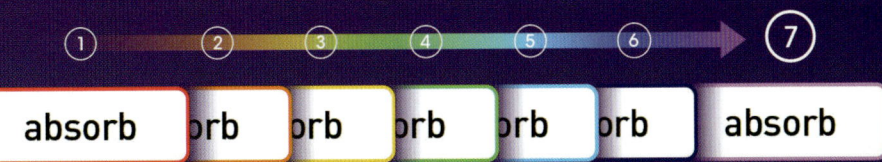

개념 이기고 문제풀이 하다보면 결국 해낸다!

김기훈 공무원 영어 합격생들의 BEST 후기

* 합격생들의 후기 전체는 김기훈 Lab(cafe.naver.com/kihoonenglish)에서 확인할 수 있습니다.

기훈이버스(milk****) — 2019 국가 세무직 합격

이번 국가직도 사실 국어에서 20분이나 쓰게 돼서 시험을 망쳤다고 잠깐 생각을 가졌습니다. 하지만 영어를 30분 내로 풀 수 있다는 자신감이 있었습니다. 실제로도 시험 문제도 쉽게 나와 25분 만에 어려웠던 2문제를 제외한 18문제를 전부 풀었고 만족할 만한 점수를 받게 되었습니다.

독하게공부(dfdf****) — 2019 부산 교육행정직 합격

전 정말 영어가 캐리해서 합격할 거라곤 생각 못했습니다. 왜냐면 매번! 영어 때문에!! 떨어졌으니! 영어 때문에 힘들어하는 공시생 여러분들이 많을 것으로 알고 있습니다. 꼭 김기훈 선생님을 통해서 수험영어의 본질을 알고 조금이라도 빨리 합격하실 수 있었으면 좋겠습니다.

진정경시생(poil****) — 2018 경찰직 합격

제일 중요한 건 영어에 대한 두려움이 없어졌다는 겁니다. 100분 안에 100문제를 풀어야 하는데 두려움 때문에 문제를 풀고 나서 그 찝찝함이 남아 있으면 다른 과목 풀 시간에 영향이 미치잖아요. 김기훈샘이 가르쳐준 대로 풀면 그 확신 때문에 전혀 두렵지 않는 겁니다.

란돌(rand****) — 2019 지방 일반행정직 합격

김기훈 선생님께서 공무원 시험 강의를 시작하시고, Mind Mapping이라는 무료 강의를 처음 들어보고 나서 뒤통수를 크게 얻어맞은 느낌이 들었습니다.

배드보이77(star****) — 2019 경기 사회복지직 합격

선생님의 모의고사 퀄리티가 매우 좋은데 모르는 사람이 꽤 많은 것 같아서 글을 씁니다. 김기훈 쌤을 늦게 알게 된 것이 아쉬웠습니다.

호비짱(hjk1****) — 2019 인천 사회복지직 합격

저는 먼저 마인드맵핑을 너무너무 추천합니다!! 어느 정도 영어 공부한 사람도 이 책을 보면서 자신의 수준이 어느 정도고 무엇이 부족한 것인지 확실히 파악할 수 있습니다.

산산가루(aadd****) — 2019 국가 세무직 합격

저는 '이기다 독해를 무조건 추천하고 싶습니다. 이기다 독해는 문제 유형 따라 지문의 내용, 종류에 따라 독해 방법을 달리하면서 전략적으로 독해를 할 수 있게 해주었습니다.

수닝(imis****) — 2019 국가 행정직 합격

기훈 쌤 강의를 제대로 듣기 시작한 게 1월부터..3개월 짧은 시간이었지만 이전 1년 넘게 공부하던 영어보다 훨씬 남는 게 많습니다. 강의에서도 선생님의 진정성이 느껴졌거든요♥

워럽(ehfa****) — 2019 해양경찰 합격

천일문에서 전체적인 영어 뼈대를 공부했다면 이기다 독해에서는 정말 공시에 적합하게 빠르고 또한 답은 더 정확하게 찾는 법을 배웠습니다.

유쾌한씨(juo1****) — 2019 해양경찰직 필기 합격

선생님께서 다시 배우게 된 게 또 하나의 기적으로 다가오게 된 것 같습니다. 수능 때도 감 독해로 바닥까지 기라앉았던 저를 구원해주시고... 공시에서도 한 번 더 구원해주셨네요♥

청룡(summ****) — 2019 부산 지방직 필기 합격

수능 때와 다른 모습, 분위기 이런 게 느껴져서 저도 흥분되고 열심히 공부할 수 있는 하나의 계기가 됐던 거 같아요!! 영어 100점 맞고 싶었는데 85점밖에 못 맞아서 아쉽네요ㅜㅜ

한겨우(pgm5****) — 2019 국가교정직 합격

공시에 들어와서는 어휘랑 문법만 따로 추가하고 독해는 리딩스킬만 계속 복습했고 고3들 평가원 모의고사 독해 문제 해설 강의만 선생님꺼 수강하는 식으로 공부했습니다.

후르트(rowl****) — 2019 부산 교육행정직 합격

김기훈 선생님의 교재는. 전부다 퀄리티가 너무 높아서, 모든 교재를 다 풀지 못한 것이 너무 아쉽습니다. 누가 처음 공부를 시작한다면, ..하다, 해내다는 꼭 풀어보라고 추천하고 싶습니다.

The top artist(supe****) — 2019 지방 일반행정직 합격

이런 자신감의 원천은 김기훈 선생님입니다. 고등학생 때부터 메가스터디에서 김기훈 선생님의 강의를 들으며 영어와 영어 외적인 부분(삶의 태도와 인성 등)에서 엄청난 발전을 했습니다.

TWININGS(insp****) — 2019 전남 일반행정직 합격

고1때부터 지방에서 인강으로 선생님 강의를 들었었고 수능도 봤었는데 공시 준비하다가 선생님 입성하신다 해서 얼마나 반가웠는지 모릅니다.

공무원 1회 응시 합격을 목표로 합니다!